7TH EDITION

LEADERSHIP

Principles of 리더십원론

CENGAGE
Learning

Principles of Leadership
7th Edition

Andrew J. DuBrin

Original edition © 2013 South-Western, a part of Cengage Learning.
Principles of Leadership, International Edition 7th Edition by Andrew J. DuBrin.
ISBN: 978-1-133-43529-7

This edition is translated by license from South-Western, a part of Cengage Learning, for sale in Korea only.

ISBN-13: 978-89-98338-52-7

Cengage Learning Korea Ltd.
Suite 1801 Seokyo Tower Building
133 Yanghwa-Ro, Mapo-Gu
Seoul 121-837 Korea
Tel: (82) 2 322 4926
Fax: (82) 2 322 4927

Cengage Learning is a leading provider of customized learning solutions with office locations around the globe, including Singapore, the United Kingdom, Australia, Mexico, Brazil, and Japan. Locate your local office at:
www.cengage.com/global

Cengage Learning products are represented in Canada by Nelson Education, Ltd.

For product information, visit **www.cengageasia.com**

Printed in Korea
1 2 3 4 17 16 15 14

LEADERSHIP

Principles of 리더십원론

7TH EDITION

Andrew J. DuBrin

이선규 옮김

카오스북 CHAOS BOOK

CENGAGE Learning

Andover • Melbourne • Mexico City • Stamford, CT • Toronto • Hong Kong • New Delhi • Seoul • Singapore • Tokyo

역자 소개 **이 선 규**

주요 학력 및 경력

- 현, 금오공과대학교 경영학과 교수
- 현, 금오공과대학교 컨설팅대학원 원장
- 성균관대학교 대학원 경영학 박사(조직/인사, 전략)
- 성균관대학교 대학원 경영학 석사
- 연세대학교 대학원 경영학 석사수료
- 미국, University of Michgan 객원교수
- 미국, Editorial Board of HFEM (SCI논문) 역임
- 금오공과대학교 산업대학원 원장 역임
- 한국인사관리학회 부회장 역임
- 한국디지털정책학회 부회장
- 한국정보통상학회 부회장 역임
- 한국인적자원개발학회 상임이사 역임
- 한국인적자원관리학회 상임이사 역임
- 한국기업경영학회 상임이사 역임
- 대한경영학회 이사
- 한국산업기술평가원 기획평가위원
- 행정안전부 지방행정 혁신평가위원 역임
- 경상북도 미래전략위원회 위원 및 행정혁신협의회 위원

주요 논문 및 저서

- 주요 논문:Coping with Job Stress in Industry(SCI논문 4편 외 국내외 전문학술지 90여편)
- 주요저서: 경영학원론, 이땅출판사, 1997

주요 상훈 및 자문, 특강

- 주요상훈: 교육인적자원부 장관상, 산업자원부 장관상, 경상북도 도지사상
- 주요자문 및 특강: LG전자, 한국통신, LG필립스, 두산그룹, (주)대호산업, 한국농어촌진흥공사, 구미시, 김천시, 전라북도 등 다수

LEADERSHIP
Principles of 리더십원론 7TH

발행일 2014년 3월 5일
지은이 앤드류 더브린
옮긴이 이선규
발행인 오성준
발행처 카오스북
주 소 경기도 파주시 문발동 507-9번지
전 화 031-949-2765
팩 스 031-949-2766

등록번호 제406-2012-000111호

디자인 Moon & Park
인 쇄 이산문화사

웹사이트 www.chaosbook.co.kr
ISBN 978-89-98338-52-7 93320

정가 29,000원

저자 서문

리더십 원론(Principles of Leadership) 7판을 구입한 것을 환영한다. 이번 신판은 대학원과 학부의 리더십 강의에서 널리 쓰이고 있는 6판을 전면적으로 업데이트한 것이다.

오랫동안 여러 교육 분야의 핵심 주제였던 리더십은 최근 몇 년 사이 독자적인 교육 과정이 되었다. 많은 학자들과 관리자들 모두 대부분의 조직 내 도전에 맞서기 위해 효율적 리더십이 필요하다고 믿고 있다. 오늘날, 조직들은 리더십이 고위 간부에게만 필요한 것이 아니라는 점을 인식하고 있다. 그 결과, 조직들은 소규모 팀, 프로젝트 팀 그리고 모든 조직 차원의 부서 내에 있는 다른 사람들에게 영감을 주고 영향력을 미칠 수 있는 적절한 리더십 스킬을 갖춘 사람을 요구하고 있다.

모든 조직에서 효율적인 리더십 없이는 수익성, 생산성 그리고 좋은 고객 서비스를 유지하기가 어렵다. 수십 가지의 다양한 방법으로 연구자들과 교육자들은 리더십이 중요하다는 것을 증명해 왔다. 이에 따라 경영대학원과 여타 분야의 많은 교과 과정들은 현재 리더십 스킬의 개발을 강조하고 있다. 최근 들어 CEO가 직원들과 주주들을 희생시켜 자신만을 위한 부를 쌓으려고 하는 등 기업주들의 어두운 면들이 드러나면서 리더의 가치와 개인적 특성에 대해 그 어느 때보다 많은 관심이 쏠리고 있다. 그러한 목적을 위해, 이 책은 리더십 윤리와 사회적 책임에 관한 장을 포함하여 효율적인 리더의 자질을 지속적으로 강조하고 있다.

교재의 목적

이 교재의 목적은 7판의 제목인 '리더십 원론(Principles of Leadership)'에 함축되어 있다. 이 교재는 리더십, 리더십 실행 그리고 스킬 개발에 관한 연구 결과에 주목하고 있는 학부 및 대학원의 리더십 과정을 위해 제작된 것이다. 이 교재는 응용과 스킬 개발을 강조하는 리더십 과정에 가장 적합하다. 이 책 '리더십 원론(Principles of Leadership)'은 또한 경영에서 리더십의 측면을 강조하는 관리자 교육 과정에 적합하게 만들어졌다. 그리고 리더십을 강조하는 조직 행동 또는 경영학 입문과정의 보충 교재로 사용될 수 있다.

이 교재를 완전히 익힌 학생은 연구와 경험 모두를 기반으로 한 방대한 리더십 문헌의 개요를 습득하게 될 것이다. 이 교재에 있는 정보는 연구 조사 그리고 연구와 이론의 조합에 국한되지 않는다. 또한 현역 전문가, 컨설턴트 그리고 자신의 결론을 경험적 연구보다는 관찰에 기반을 두고 있는 저자들의 의견을 포함한다.

연구 논문이 아닌 일반 단행본들 또한 리더십의 성격과 범위를 정의하는 데 도움이 된다. 이 책은 수 천 개의 연구에서 나온 이론과 연구의 통합에 의한 리더십 안내서의 범위와 목적을 그대로 되풀이 하려는 것이 아니다. 또 다른 극단으로, 한 가지 리더십 스킬을 옹호하여 열렬히 전파하려는 의도도 아니다. 방대한 문헌들과 현재의 리더십 붐을 홍보하는 일반서 사이의 중간 지점을 찾으려고 시도하였다. 리더십 원론(Principles of Leadership) 7판은 학문적 진실성, 행동하는 효율적인 리더십 사례들 그리고 스킬 개발을 혼합할 수 있도록 만들어졌다.

리더십 원론(Principles of Leadership)은 조직행동론 교재를 되풀이하거나 대체하려는 것이 아니다. 거의 모든 조직행동론 교재는 개설서(survey text)들로, 이들 교재들은 여기에서 다루어지는 주제들 중 많은 것들을 다룰 것이다. 그러나 나의 접근법은 개념과 이론의 기본적인 설명을 되풀이하기보다는 스킬 개발과 처방을 강조하는 것이다. 조직행동론 또는 경영학 교재에서도 발견될 수 있는 개념들 중 여기에 제시되어 있는 리더십적 측면을 강조함으로써 중복되는 부분을 최소화하기 위해 노력했다. 주제가 중복되는 경우, 여기에서의 설명은 이론과 연구에 대한 검토보다 스킬 개발에 더 초점을 맞춘다. 예를 들어 동기부여에 관한 부분은 기대이론과 공정성이론 같은 동기부여에 관한 기본적인 설명을 적용하는 방법을 강조하지만, 조직행동 교재에 있는 동기부여이론의 개요를 제시하지는 않는다.

조직행동 및 경영학 교재와 의도적으로 중복되는 부분이 하나 존재하기는 한다. 모든 기본적인 리더십 이론에 대한 검토가 그것이다. 그러나 이 경우, 이러한 기존 이론에서 나온 리더십 실행을 위한 스킬 개발과 아이디어를 강조한다.

책의 특징

교재의 목적 달성을 위해, 이 교재는 적절한 리더십 관련 정보를 요약하고 통합할 뿐 아니라 각 장에 많은 특징들을 포함시키고 있다.

- 다루는 주제에 대한 간략한 내용을 독자에게 제공하는 개요
- 독자가 주요 결과에 주의를 집중할 수 있도록 해 주는 학습 목표
- 획이 굵은 활자로 되어 있고, 각 장의 말미에 열거되어 있으며 교재 뒷부분의 용어 사전에 정의되어 있는 주요 용어
- 교재 전반에 걸쳐 있는 실제 및 가상의 사례
- 실제 리더의 리더십 관행, 행동 그리고 개인적 특성을 설명하는 행동하는 리더
- 스킬 및 개인적 특성과 관련된 리더십 자기 평가 퀴즈
- 효율적인 리더의 활동과 스킬을 강조하기 위한 리더십 스킬 구축 연습. 역할극 포함.
- 모든 주요 주제와 개념을 통합하는 각 장 끝 부분의 요약
- 각 장 끝 부분의 행동 및 스킬 개발을 위한 지침. 리더십 스킬 및 관행 개선을 위한 추가적인 제안 제공
- 개인 및 집단 분석에 적합한 토론 질문 및 토론 활동
- 각 장마다 있는 리더십 사례 문제. 각 장의 주요 주제를 설명하고 개인 또는 집단 분석을 위한 질문을 포함
- 사례 문제 내에 있는 대인관계 스킬을 학습하기 위한 기회를 강화하기 위해 거의 모든 사례 문제를 수반하는 역할극
- 리더십 스킬 및 행동 개발 진척 상황을 기록하는 방법을 알려주는 각 장의 리더십 포트폴리오 기술 향상 연습

교재 구성

이 교재는 설명, 스킬 개발, 통찰력 개발 그리고 처방의 혼합물이다. 제1장은 리더의 역할과 추종(followship)의 중요성을 포함하여, 리더십의 의미, 중요성 그리고 본질을 설명한다. 제2장은 국제적, 문화적으로 다양한 환경 속에서의 효율적인 리더십에 대해 논의한다. 제3장은 최근 몇 년 동안 새롭게 중요성이 부각된 주제인 효율적인 리더와 관련된 개인적 특성을 확인한다. 리더십의 개인적 특성에 관

한 이해의 연장선인 카리스마적이고 변혁적인 리더십이 제4장의 주제이다.

제5장은 리더십 윤리와 사회적 책임감에 초점을 맞춘다. 제6장은 리더가 팀워크를 조성하고 팀 구성원들에게 임파워링하는 방법을 설명한다. 제7장은 동기를 부여하고 이끌어 나가는 스킬을 논의한다. 제8장은 다양한 상황에서의 효율적인 리더십과 관련된 행동과 관행을 조사하며, 리더십 유형을 설명한다. 제9장은 리더십의 상황 적합성 및 상황적 측면을 설명함으로써 리더십 유형에 관한 연구를 포괄한다. 제10장은 사람들에게 영향을 미치기 위해 리더가 사용하는 전술을 분석한다. 제11장은 리더가 권력과 정치를 활용하는 방법을 설명한다.

다음의 세 장은 특정 리더십 스킬을 다룬다. 커뮤니케이션(비언어적, 소셜미디어 그리고 다문화간 커뮤니케이션 포함) 및 갈등 해결 기술(제12장), 창의성과 혁신(제13장), 그리고 비전 및 전략 창조와 지식 경영(제14장).

제15장은 리더십 개발 및 학습에 대한 접근법의 복습을 통해 책을 마무리 짓는다. 또한 새로운 리더가 직면하는 리더십 승계와 도전에 관한 논의가 포함되어 있다.

7판에서 바뀐 점

리더십 원론(Principles of Leadership) 7판은 6판을 완전하게 갱신한 것이다. 이번 판에서 바뀐 것 중 일부는 새로운 버전에 포함되어야 한다고 생각한 최근의 리더십 정보를 반영하고 있다. 그러나 대부분의 변화는 사용자와 평론가가 준 제안을 반영하고 있다. 예를 들어, 몇몇 평론가들은 책 전반에 걸쳐 소셜미디어, 윤리, 비교 문화 개념 등 인터넷 상호 작용을 통한 리더십에 더 많은 중점을 두어야 한다고 제안했다. 새로운 소재를 위한 공간을 확보하기 위해 선택적으로 이전 예제와 연구 결과를 정리하고, 교재 내에 있는 또 다른 개념을 약간 다르게 변형한 것으로 보이는 일부 개념을 삭제하였다. 다음에 나오는 목록은 연구와 견해의 업데이트뿐 아니라, 7판에서 바뀐 점을 강조하고 있다.

교재 전반에 걸쳐 바뀐 점

- 각 장 끝에 있는 사례와 관련된 역할극 또는 기타 경험 활동
- 15개 장의 서론이 모두 새로워졌다
- 15개의 '생각하는 리더' 글상자가 새로워졌다.
- 19개의 새로운 사례

- 덜 알려진 기업의 리더, 큰 기업의 중견 간부, 소기업 기업주에 대한 강조
- 각 장에 제시되어 있는 새로운 연구 결과
- 완전히 새로운 예제
- 추가적인 정보로 대체되거나 보강된 8개의 행동 및 스킬 개발을 위한 지침
- 21개의 새로운 스킬 향상 연습
- 5개의 새로운 리더십 자기 평가 퀴즈

각 장 내에서의 내용 수정

제1장은 리더에 대한 몇 가지 새로운 직책, 컴퓨터를 통한 리더십 구축에 관한 정보, 개리 유클(Gary Yukl)의 유연한 리더십 이론, 그리고 리더십의 다중적 특성을 살펴본다. 제2장은 현재 다양성 프로그램이 어떻게 지역 경제에 도움이 되는지에 대한 정보, 제2외국어 능력을 가진 미국 노동자에 대한 수요 증가, 표적 인구 집단을 위한 제품 및 서비스 수정에 대한 정보를 포함한다. 제3장은 리더십 특성으로서의 핵심적인 자기 평가, 남성 CEO의 공격적인 재무 의사결정, 그리고 감성지능 및 신흥 리더십을 추가하였다. 제4장은 카리스마의 효과, 몇몇 회사의 비전 선언문 그리고 카리스마를 보여주기 위한 소셜 네트워킹에 관한 정보를 추가하였다. 제5장은 의욕적인 맹목성이 비윤리적 행위에 어떻게 기여하는지에 관한 정보, 리더십 경력에 있어 도덕률의 중요성, 중견 리더가 박애주의자가 될 수 있는 방법, 그리고 2008년 금융 스캔들에 관한 정보를 추가하였다.

제6장은 전체 팀을 이끌어 나가는 것에 대한 정보, 가상의 팀이 가끔씩 대면 회의를 하는 것의 가치, 팀워크 구축에서의 다문화적 측면 그리고 리더의 지위가 LMX(Leader Membership Exchange)와 어떻게 관련되어 있는지에 대한 정보를 제공한다. 제7장은 리더와 직원의 협력 그리고 목표 달성을 위해 비윤리적이고 역기능적인 손쉬운 방법을 사용함으로써 생기는 문제점에 관한 정보를 포함한다. 이 장은 또한 피드백을 덜 위협적으로 만드는 방법에 대한 새로운 정보를 제공한다. 제8장은 상황에 맞게 자신의 리더십 유형을 수정하고 협력을 체계화하는 것에 대한 정보를 제공한다. 제9장은 리더십 유형의 중재자로서의 조직의 형태에 관한 정보, LMX와 상황 적합 이론과의 관련성, LMX의 의도치 않은 부정적 결과 방지, 그리고 위기 시 결단력의 중요성에 관한 정보를 제공한다. 제10장은 긍정적, 중립적, 부정적 범주의 영향력 있는 전술의 윤리를 정리한다. 진가 인정 영향력 있는 전술은 새로운 내용이다.

제11장은 권력 획득이 어떻게 스트레스를 줄일 수 있는지에 대한 정보, 소수의

양질의 계약의 가치, 긍정적인 심리적 자본 그리고 권력 남용에 관한 정보를 추가하고 있다. 제12장은 다음의 몇 가지 새로운 주제를 추가하였다. 리더를 위한 커뮤니케이션 네트워크(대면 네트워크 및 소셜 미디어), 브레인스토밍과 협상을 위한 물물 교환, 그리고 화상회의의 형태로서의 원거리 영상회의. 제13장은 현재 우뇌와 좌뇌가 창의성에 어떻게 필요한지에 관한 논의, 기존의 틀을 깨는 발상의 한계, 창의성 향상에서의 도덕성, 혁신에 대한 재정적 보상, 그리고 창의적으로 인식되는 것이 리더십 임무 할당을 어떻게 방해하는지에 관한 논의를 추가하고 있다. 제14장은 다음과 같은 새로운 주제를 다루고 있다. 미래를 계획하는 데 투자하는 시간, 리더십 효율성 및 전략 이행에 관한 연구, 그리고 조직 학습을 위한 변혁적 리더십과 거래적 리더십의 역할로서의 환경적 지속성 전략. 제15장은 다음의 몇 가지 새로운 주제를 포 함한다. 촉매 역할의 학습 능력 및 리더십 잠재력, 효율적인 멘토링 행위, 하나 이상의 멘토를 갖는 것의 중요성 그리고 P&G에서의 승계 계획.

감사의 글

이번처럼 복잡한 프로젝트에는 목표 달성을 위해 헌신적이고 재능 있는 팀이 필요하다. 우선, 리더십에 대한 나의 이해도를 향상시키기 위해 내가 관찰해온 많은 현역 리더들에게 감사를 전한다. 그리고 이번 판과 이전 판의 개선을 위해 여러 가지 의견을 제시해 주었던 다음의 교수들에게 감사를 표한다.

Steve Barnett, Unitec NewZealand
Steven Barry, University of Colorado-Boulder
John Bigelow, Boise StateUniversity
Meika Bowden McFarland, AlbanyTechnical College
Bruce T. Caine, Vanderbilt University

Felipe Chia, Harrisburg AreaCommunityCollege
Jeewon Cho, Montclair StateUniversity
Conna Condon, Upper Iowa University
Emily J. Creighton, University of NewHampshire

Michael de Percy, University of Canberra
Rawlin Fairbough, Sacred Heart University
Michael Fekula, The Citadel
Janice Feldbauer, Austin Community College
Justin Frimmer, Jacksonville University
Barry Gold, Pace University
George B. Graen, University of Cincinnati
Stephen G. Green, Purdue University
Nathan Hanson, Palm Beach Atlantic University
James R. Harris, North Carolina Agricultural and Technical State University
Paul Harris, Lee College
Nell Hartley, Robert Morris College
Linda Hefferin, Elgin Community College
Winston Hill, California State University, Chico
Katherine Hyatt, Reinhardt University
Avis L. Johnson, University of Akron
Marvin Karlins, University of South Florida
Nelly Kazman, University of LaVerne
David Lee, University of Dayton
Alan Lockyer, Unitec New Zealand
Brian McNalt, University of Georgia
Ralph Mullin, Central Missouri State University
Linda L. Neider, University of Miami
Andreas Nilsson, Umeå School of Business, Sweden
Rhonda S. Palladi, Georgia State University
Jeff Perlot, Green River Community College
Joseph Petrick, Wright State University
Mark Phillips, University of Texas at San Antonio
Judy Quinn, Kutztown University
Diana Rajendran, Swinburne University of Technology at Lilydale
Clint Relyea, Arkansas State University
Gary Renz, Webster University
Howard F. Rudd, College of Charleston

Silvia Sala , University of Massachusetts at Lowell
Tom J. Sanders, University of Montevallo
Robert Scherer, Wright StateUniversity
Marianne Sebok, Community College of Southern Nevada

Charles Seifert, Siena College
Kimberley L. Simons, Madisonville CommunityCollege
Randall G. Sleeth, Virginia Commonwealth University
Steven Tello, University of Massachusetts at Lowell
Ahmad Tootoonchi, Frostburg StateUniversity
David VanFleet,Arizona State University West
John Warner, University of New Mexico
Velvet Weems-Landingham, Kent StateUniversity - Geauga

센게이지러닝의 편집 및 제작 팀에게도 감사를 표한다. 그들의 이름은 에린 조이너, 스콧 퍼슨, 코노 알렌, 제니퍼 킹, 루스 베란저, 조나단 모나한과 크리스틴 미르이다. 이 책을 만드는데 기여를 해준 매트릭스 프로덕션의 사라 플랭크와 레베카 로비에게도 감사의 마음을 전한다. 사랑하는 사람들이 없이는 글을 쓰는 것이 외로운 작업이 되었을 것이다. 그러므로 나의 가족인 드류, 더글라스와 기젤라, 멜라니와 윌, 로시, 클레어, 카밀라, 소피아, 엘리아나, 카슨, 줄리안 그리고 오웬에게 감사를 표한다.

앤드류 제이 더브린

저자에 관하여

앤드류 더브린(Andrew J. DuBrin)은 로체스터 공과대학(Rochester Institute of Technology) 경영대학의 경영학 명예 교수이다. 학교에서 리더십, 조직행동, 그리고 경력관리 과정과 행동연구를 가르치고 있다. 또한 몇 년 동안 학과장과 팀장으로 재임했었다. 미시간 주립대학교(Michigan State University)에서 산업심리학으로 박사 학위를 받았다.

그는 인력관리 면에서 사업 경험을 갖고 있으며 조직과 개인에게 컨설팅을 해주고 있다. 전문분야는 리더십, 영향력을 갖는 전술, 경력 개발이다. 교재와 일반 단행본 모두에서 인정받고 있는 저자이며, 전문 저널에도 기여하고 있다. 조직행동, 경영, 인간관계론, 조직 정치, 인상관리에 관한 교재를 썼다. 그의 일반서는 카리스마, 팀플레이, 코칭 및 멘토링, 사내 정치 그리고 자기 규율 등 많은 주제를 다루고 있다.

역자 서문

새 정부 출범과 함께 최대의 이슈로 떠오른 것이 창조경제이다. 오늘날 성장과 가치를 창조할 핵심 요소는 기업전반에서 혁신을 개발하는 능력이다. 이를 위해서는 어떻게 할까? 대답은 바로 리더십에 있다. 혁신을 실행으로 이끌어 줄 리더의 중요성을 강조하고 있다.

이 책은 그러한 리더가 되기 위한 틀을 제공할 뿐만 아니라, 기업이 앞으로 이윤을 내고 성장하는 기업으로 이끌어 줄 또 다른 리더들을 만들어 내기 위한 방법과 내용을 제시한다. 또한 조직원들이 역량과 기술, 창의성을 최대한 발휘하여 조직혁신을 높이도록 하기 위한 리더십 기초이론과 응용에 초점을 두고 있다.

이러한 점에 초점을 둔 이 책은 1995년에 초판 발간된 후 매 시기 꾸준히 개정되어 많은 대학과 현장에서 리더십 교재로 사용되어 온 앤드류 제이 더브린(Andrew J. DuBrin)의 『Principles of Leadership』 7판을 번역한 것이다. 리더십에 대한 입문서 성격의 대표적인 도서들이 많이 있지만, 최근에 정부 및 기업에서 강조하는 창의성 및 조직혁신과 관련되는 리더십 도서가 없었던 것이 사실이다. 특히, 경영학의 조직/인사관리 분야나 산업 및 조직심리학 분만 아니라 행정학, 사회학 등의 분야에서도 리더십에 대한 관심이 크게 증대되고 있고, 혁신과 변화를 지향하는 국내 많은 기업이나 공공기관들의 관련 담당자들로부터도 혁신과 리더십에 관한 기본서에 대한 요구가 많았음에도 불구하고, 그간 이 분야의 새로운 지식과 사례를 체계적으로 정리한 책이 많지 않았다.

이에 경영학 분야나 산업 및 조직심리학 분야의 전공생들이나 공학도들이 리더십에 대해 공부하기 위해서는 두꺼운 원서를 읽어야 하는 부담을 덜어주고자 그리고 이 분야의 기본지식을 습득하고자 하는 현장 실무자들에게 조금이라도 도움을 주고자 한국어판 번역을 하게 되었다. 이 번역서가 많은 대학이나 기업 및 공공기관에서 혁신 또는 변화 담당자들에게도 큰 도움이 될 것으로 기대된다. 1차 번역 이후에도 전체내용을 개관하면서 용어 통일에 최대한의 노력을 기울였다. 그러나 각 장별 주제와 맥락에 보다 적합한 용어를 사용하기 위해 동일 영어를 다르게 해석한 경우도 일부 허용하였다. 오랜 기간 동안 공들여 번역하고 교정하였지만 여전히 미진한 부분이 남아 있을 것으로 생각한다. 그럼에도 불구하고 출간을 결심한 이유는 완벽을 기하기보다는 서둘러 이 분야의 리더십에 목말라하는 분들의 요구를 충족시키고자 함이다. 따라서 이 책을 정성들여 번역을 하려고 노력했지만 여러 면에서 부족한 점이 있으리라 생각한다. 앞으로 독자들의 유용한 지적을 받아서 이 책의 모자람을 채워나갈 것을 약속하는 바이다.

끝으로 늦은 진행과 까다로운 주문에도 불구하고, 오랜 기간 동안 묵묵히 지지해준 카오스 북 관계자들에게 고마움을 전하며 꼼꼼히 교정을 보아준 금오공과대학교 대학원 경영학과 박사과정을 수료한 강은구 선생에게도 깊이 감사를 드립니다. 앞으로 이 책이 관련되는 분야의 전공 학생들과 공학도, 그리고 리더십에 관련된 실무에 종사하는 분들에게 조금이라도 도움이 되기를 바란다.

2014년 2월

이 선 규

차례

CHAPTER 02 글로벌 및 다문화 리더십

CHAPTER 05 리더십의 도덕적 측면

CHAPTER 06 집단 내의 팀워크 향상

CHAPTER 07 동기 부여자와 조언자로서의 리더

CHAPTER 08 리더십 활동, 태도, 그리고 유형

CHAPTER 10 리더는 어떻게 영향력을 행사하는가

CHAPTER 11 리더는 어떻게 권력을 얻고 유지시키는가

CHAPTER 12 타인과의 커뮤니케이션 및 갈등 해결

CHAPTER 13 리더의 창의적 그리고 혁신적 측면

CHAPTER 15 리더 및 핵심인재 육성 계획 개발

CHAPTER

01 리더십의 의미와 관련성

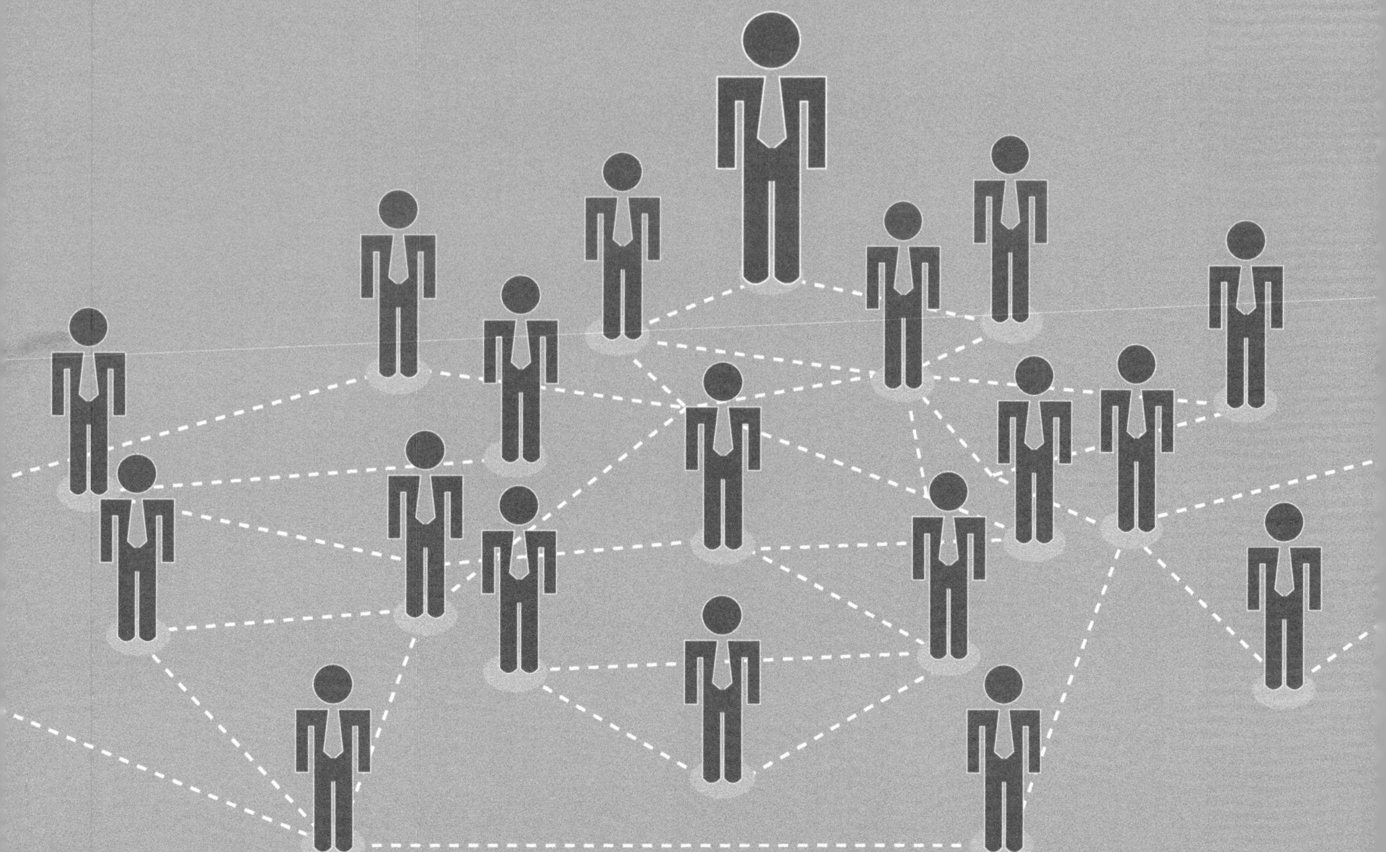

학습 목표

이 장을 학습하고 연습 문제를 풀고 나면, 다음과 같은 것들을 할 수 있게 될 것이다.

- 리더십의 의미 그리고 리더십과 경영의 차이를 설명한다.
- 리더십이 조직성과에 어떻게 영향을 미치는가에 대해 설명한다.
- 몇 가지 중요한 리더십 역할을 정확히 짚어낸다.
- 리더십 역할과 관련된 주요 만족과 좌절들을 확인한다.
- 리더십 이해를 위한 체계를 설명한다.
- 리더십 스킬이 어떻게 개발되는지 인지한다.
- 성공적인 부하의 몇 가지 특징과 행동, 자세에 대하여 정확히 짚어낸다.

개요

1.1 리더십의 의미
파트너십으로서 리더십과 책임 공유
관계로서의 리더십
리더십 대 관리

1.2 리더십이 조직성과에 미치는 영향
연구 및 의견: 리더십은 성과를 바꿀 수 있다
연구 및 의견: 공식적 리더십은 변화를 가져오지 않는다

1.3 리더십 역할

1.4 리더로서의 만족과 좌절
리더의 만족
리더의 불만과 좌절

1.5 리더십 이해를 위한 체계

1.6 리더십에서의 스킬 개발

1.7 팔로워십: 효율적인 집단 구성원 되기
추종자의 유형
효율적인 추종자의 필수적인 자질
리더와 추종자 간의 협력

- 요약
- 핵심 용어
- 행동 및 스킬 강화를 위한 지침
- 리더십 사례 문제

칠레 정부 소유의 엘테니엔테(El Teniente) 구리 광산의 경영자이기도 한 안드레 수가레트(Andre Sougarett)는 신중하면서도 전문적 지식을 가진 기술자이다. 어느 날 33명의 광부가 금광에 갇혔다는 뉴스가 보도되었다. 사건 발생 사흘 뒤, 칠레 대통령 세바스티안 피네라는 수가레트를 호출하였다. 대통령의 명령은 분명했다. 바로 46세의 기술자 출신 리더에게 구조 작전을 수행하도록 하는 것이었다.

광부들이 살았든 죽었든 간에, 최대한 빠르게 구조 작전을 완료하는 것이 수가레트와 그의 팀의 임무였다. 광부들이 있는 장소에 정확하게 도달하기 위해 겹겹으로 된 화산암을 어디에서부터 어떻게 뚫어야 하는가의 문제로 소우가레트는 큰 압박을 받았다.

사고가 난 광산에서, 체계적인 성격의 수가레트는 엄청난 혼란과 걱정에 직면했다. 구조 작업자, 경찰관, 소방관 등을 포함하여 많은 사람들이 고립된 광부들의 상태에 대하여 절망적인 말을 하며 주변에서 서성거리고 있었다. 구조 임무를 시작하고 그러한 혼란들을 잠재우기 위해 수가레트가 취한 첫 번째 조치는 나중에 요청이 있을 때까지 구조 작업자들에게 현장을 떠나 있도록 부탁하는 것이었다. 그는 또한 구할 수 있는 모든 광산 지도를 요청했다.

리스크 매니저(위험관리사)를 포함시키면서 시작한 수가레트의 팀은 몇 주 후 300명까지 늘어났다. 수가레트가 구조 작전을 맡게 되었을 때, 이미 다른 7개의 회사 역시 작업을 배정받은 상태였다. 수가레트는 가장 큰 기여를 할 수 있을 것이라 생각되는 회사들을 계속 고용하였다.

구조 작전의 가장 중요한 부분은 3개의 갱도를 만드는 것이었다. 결국 예상 구조 작업 시간을 앞질러 두 달 만에 28인치 넓이의 플랜B 갱도가 처음으로 광부들에게 도달했다. 남은 단계는 강철 파이프에 깔때기 형태의 상단부를 씌우고 탈출캡슐이 잘 작동하는지 테스트하는 것이었다. 이 시점에서, 수가레트는 전혀 불안한 기색이 없었다. 그는 "마지막 단계는 아주 쉬웠다."라고 말했다.

칠레의 기적을 되돌아보면서, 한 비즈니스 기자는 "…그들을 구출한 것은 우리가 쉽게 볼 수 없는, 화합과 단결된 행동, 계획성, 실행력, 배려 등과 같은 뛰어난 인간의 훌륭한 모범을 보여주었다. 그들은 생명을 살리기 위하여 두뇌와 정신을 사용하였다."라고 하였다.[1]

안드레 수가레트에 대한 묘사는 방향성 제시가 리더의 일 중 하나라는 것, 기술적 전문지식을 보유하는 것이 중요한 리더십의 역할이라는 것, 우수한 리더는 직

원들이 위기를 헤쳐 나가도록 도움을 줄 수 있다는 등의 생각을 포함하여, 이 책에서 다루게 될 많은 리더십 주제와 관련이 있다.

서론 부분인 이번 장은 리더십이 무엇인지에 대한 설명으로 시작된다. 그리고 리더가 영향을 미치는 방법, 리더의 다양한 역할, 리더가 경험하는 주요 만족과 좌절에 대해 검토할 것이다. 또한 이 장은 이 책을 어떻게 읽을 것인가와 여러분의 리더십 스킬을 향상 시켜줄 다양한 퀴즈와 연습문제를 해결하는 방법에 대한 설명이 포함되어 있다. 마지막으로, 리더가 사용할 수 있는 좋은 소재를 제공하는 팔로워십에 대한 논의로 끝을 맺는다.

1.1 리더십의 의미

여러분은 책 전반에 걸쳐 효율적인 조직의 리더에 대해 많이 읽게 될 것이다. 이들 리더들의 공통적인 특징은 가치 있는 목표를 달성하기 위하여 다른 사람들에게 영감과 자극을 주는 능력이 있다는 점이다. 따라서 **리더십**은 조직의 목표 달성을 위해 필요한 사람들에게 자원과 신뢰를 고취시키는 능력이라고 정의할 수 있다.[2]

조직 내 리더십에 관한 기사와 문헌을 구글을 통하여 검색하면 1,400만 개 가량의 항목이 나온다. 이 모든 항목에서 리더십은 다양하게 정의될 것이다. 다음은 리더십에 관한 몇 가지 대표적인 정의들이다.

- 공통의 목표를 이루기 위하여 개인들로 이뤄진 집단에 한 개인이 영향을 미치는 과정
- 지시와 명령을 기계적으로 준수하는 것 이상의 영향력 증가
- 공유된 방향으로 사람들이 행동하거나 응하도록 하는 행동
- 행동 방침을 따르도록 설득하거나 예시를 보임으로써 사람들에게 영향을 미치는 기술
- 타인에 대한 통제력과 영향력을 유지하기 위한 노력
- 조직의 목표 달성에 있어 조직에 동기를 부여하고 조직을 편성하는 주된 원동력[3]
- 책임을 지려는 의지(전설적인 쿼터백 조 몬테나(Joe Montana)의 정의)[4]
- 타인이 생각하는 정당함에 대한 설명을 듣고, 그들이 듣고 싶어하는 바를 말하는 것이 아닌, 먼저 정당함에 대하여 규정을 짓고 그것에 대하여 설명을

하는 것(전 뉴욕 시장이자 대통령 후보였던 루디 줄리아니(Rudy Giuliani)의 정의)[5]

중요한 점은 리더십이 높은 직책에 있는 사람들에게서만 발견되는 것이 아니라는 것이다. 오히려 리더십은 조직 내의 모든 수준에서 필요하며, 공식적으로 리더의 직위를 배정받지 않은 사람에 의해서도 어느 정도 실현될 수 있다. 예를 들어, 하급 회계사로 일하는 사람이 실제 판매 분류에 대해 경영진들이 더 주의를 기울여야 한다고 주도적으로 경영진에게 제안을 할 수 있다. 최근 분석에 따르면, 비즈니스 결과가 향상되었다면 그것은 (CEO, COO, CFO와 같은) '최고 경영인(C suite)' 밑에 있는 매니저들이 주도권을 가지고 과감하게 다른 방향으로 기업을 운영하고 있기 때문이다. 변화는 높은 직위에 있는 특권층의 리더십보다는 낮은 직위의 리더십으로부터 나타나는 것이 필요하다.[6]

리더에 대한 새로운 책임을 반영하여 계속적으로 나타나는 리더와 관리자의 새로운 직책에 대해서 인식하는 것이다. 다음은 비교적 새로운 직함을 갖는 리더 직책의 세 가지 예이다.

- Chief Customer Office 보유 고객 수를 높이기 위하여 소수의 직원과 근무한다.
- Chief Revenue Officer Time Inc.와 같은 미디어 기업에서 기업 광고주를 관리 감독한다.
- Director of Social Media 소셜 미디어 사이트상에서 홍보와 광고를 직접 주도하기 위해 소수의 직원과 함께 작업을 한다.

타인을 효율적으로 이끄는 능력은 보기 드문 자질이다. 직위의 복잡성에 따라 광범위한 리더십 스킬을 요하기 때문에 그러한 능력은 조직의 최고위층에서 더욱 찾기 힘들다. 이것이 새로운 리더를 찾는 기업이 입증된 실적을 가진 유명 경영진을 찾는 이유 중 하나이다. 이것은 또한 요즘 기업들이 기업 전반에 걸쳐 새로운 리더를 만들어 내기 위해 리더십 교육과 개발을 강조하는 이유이기도 하다.

파트너십으로서의 리더십과 책임 공유

최근의 리더십에 대한 해석은 리더십이 책임 공유를 포함한 리더와 집단 구성원 간의 파트너십이라는 것이다. 피터 블록(Peter Block)에 따르면, **파트너십**은 리더와 집단 구성원들 간의 힘의 균형을 유지하는 것과 같은 방법으로 연결되어 있다.

또한 피터 블록은 파트너십을 양육–한 사람(부모)이 다른 사람(아이)의 복지를 책임지는 것–의 반대의 개념으로 설명한다. 파트너십은 권위주의에서 탈피하여 의사결정을 공유하는 방식으로 통제력이 리더에게서 집단 구성원으로 이동할 때 발생한다.[7] 타당한 파트너십이 존재하기 위해서는 다음의 네 가지가 필요하다.

1. **목적 교환.** 파트너십에서 모든 직위의 직원들은 비전과 가치를 규정할 책임이 있다. 여러 직위의 사람들과의 대화를 통해 리더는 널리 용인되는 비전을 명확하게 하는 데 도움이 된다.
2. **No라고 말할 권리.** 반대의견을 드러내는 사람은 징계를 받을 것이라는 믿음은 파트너십에 위배된다. 목소리를 내지 않기보다 차라리 논쟁에서 지는 것이 나을 것이다.
3. **공동 책임.** 파트너십에서 개개인은 결과와 현재의 상황에 대하여 책임을 진다. 실제로, 이것은 각자가 조직 단위의 성공과 실패에 대하여 개인적인 책임을 진다는 것을 의미한다(앞서 언급한 조 몬테나의 리더십에 대한 정의를 참고하라).
4. **절대 정직.** 파트너십에서 다른 사람에게 진실을 말하지 않는 것은 배신행위이다. 권력이 분산되었을 때, 사람들은 영향을 덜 받는다고 느끼기 때문에 사실을 말하고자 하는 성향이 강해진다.

파트너십으로서의 리더십에 대한 피터 블록의 개념은 앞으로 노력해야 할 점이다. 이 책의 두 가지 큰 주제인 임파워먼트와 팀 구축은 파트너십의 개념을 뒷받침한다. 또한, 많은 리더십 이론가들과 관리자들은 팀에서의 리더의 역할은 한 사람의 책임이 아니라는 것에 동의한다. 오히려 팀 내의 일부 구성원들은 공식적인 지위에 의할 뿐만 아니라 비공식적으로도 리더의 역할을 한다. 예를 들어 마케팅 팀의 한 팀원이 제품 홍보를 위해 소셜미디어를 활용할 수 있는 고급 전문지식을 갖고 있는 경우와 같이, 누가 그 상황에 적절한 전문 지식을 보유하였는가에 따라 리더십은 이동될 수 있다.[8]

또한, 파트너십으로서 리더십을 바라보는 것은 조직의 이익을 위해 더 나은 성과를 보이고자 하는 집단 구성원의 낙관론과 연계되어 있기 때문에 중요하다.

관계로서의 리더십

리더십에 관한 현대의 연구는 리더십이 리더와 부하직원 간의 관계로 구성되어 있다는 점을 강조한다. 유명한 리더십 이론가인 켄 블랜차드(Ken Blanchard)의 말을 빌면, "리더십은 여러분이 사람들에게 행하는 어떤 것이 아니다. 그것은 그들과 함께 하는 어떤 것이다."[9] 집단 구성원과 좋은 관계를 갖는 것이 큰 조직 내 3개의 최고위직을 차지하기 위한 주요 성공 요인이라는 연구 결과가 나왔다. 제임스 쿠제스(James Kouzes)와 배리 포스너(Barry Posner)는 5년간 비즈니스 성공의 요인으로 소셜 기술과 인터넷 기술 중 어떤 것이 더 필수적인지를 묻는 온라인 설문 조사를 실시하였다. 응답자 중의 72%가 소셜 기술을, 28%가 인터넷 기술이 중요하다고 답하였다. 이를 통해, 쿠제스와 포스너는 기술적인 부분보다 사람들과의 관계가 더욱 중요하다고 결론을 내렸다(그러나 인터넷 기술이 부족한 사람은 관계를 관리할 수 있는 위치까지 올라갈 기회조차 없었을 것이다).[10] 사람들과의 관계를 형성하는 것은 리더십의 중요한 부분 중 하나이기 때문에 이 교재에서 다양한 시각으로 이 주제를 소개할 것이다.

리더가 관계를 형성하는 방식은 사람들과 컴퓨터로 교류하는 것을 강조하는 현대의 웹 2.0 시대에 들어서면서 바뀌고 있다. 이메일이나 회사의 소셜미디어 사이트나 페이스북, 트위터 등과 같은 대중 소셜미디어 사이트상의 포스팅을 통해 공로를 인정하거나 칭찬을 하는 것은 리더들에게 있어 흔히 있는 일이다. 대표적인 예로, 시스코시스템은 매니저들이 블로그, 동영상 업로드, 사내의 소셜 네트워크를 통하여 그룹 구성원들과 커뮤니케이션할 것을 권장하고 있다.[11]

리더십 대 관리

리더십을 이해하기 위해서는 리더십과 관리 간의 차이점을 파악하는 것이 중요하다. 계획화, 조직화, 지휘화(혹은 명령화), 통제화와 같은 관리의 기능에 대한 일반적인 개념화를 통해 실마리를 얻을 수 있다. 앞서 지휘화 기능은 관리자의 업무 중 큰 부분을 차지하지만 계획화나 조직화, 통제화 등의 기능도 빼놓을 수는 없다.

넓게 말하면, 리더십은 관리자의 업무 중 대인관계의 측면을 다루지만, 반면에 관리적 측면에서 계획화, 조직화 및 통제화 기능도 다룬다. 리더십은 변화, 영감, 동기유발, 영향력과도 관련된다. [표 1-1]은 리더십과 관리의 정형적인 차이점을 보여주고 있다. 대부분 정형화된 항목으로 때론 그 차이점이 과장되어 해석되는 경향이 있다.

유명한 리더십 이론가인 존 코터(John P. Kotter)에 따르면, 관리자는 관리뿐만 아니라 사람을 이끄는 방법에 대해서도 알아야만 한다고 주장한다. 이끌어 나가고 관리할 리더가 없는 경우, 조직은 사라질 위기에 직면하게 된다. 다음은 몇 가지

표 1-1 리더 vs. 관리자

리더	관리자(상관)
통찰적	합리적
열정적	효율적
창의적	지속적
고무적	강한 정신력
혁신적	분석적
상상력 풍부	신중
실험적	권위적
따뜻하고 밝음	냉정하고 내성적
창시자	실행자
코치, 컨설턴트, 교사의 역할을 함	보스 역할을 함
올바른 일을 함	일을 바르게 함
기발한 아이디어를 통해 영감을 불어 넣음	직위를 통해 명령을 함
결과는 사람을 통해 얻는다는 것을 알고 있음	결과에 초점을 맞춤
사기를 높이는 아이디어에 초점을 맞춤	탐구에 초점을 맞춤

출처: Genevieve Capowski, "Anatomy of a Leader: Where Are the Leaders of Tomorrow?" *Management Review*, March 1994, p. 12; David Fagiano, "Managers Versus Leaders: A Corporate Fable," *Management Review*, November 1997, p. 5; Keki R. Bhote, *The Ultimate Six Sigma* (NewYork:AMACOM,2002);"Leaders: Salespeople in Disguise?" *Manager's Edge*, Special Issue, 2007, p. 3; Henry Mintzberg, *Managing* (San Francisco: Berrett-Koehler Publishers, 2009), pp. 8-9.

핵심적인 관리와 리더십 간의 차이점이다.

- 관리는 질서, 일관성, 예측 가능성을 만든다.
- 리더십은 새로운 제품, 새로운 시장, 새로운 경쟁자, 새로운 고객, 새로운 작업 공정에 대하여 변화와 적응력을 만들어 낸다.
- 관리와 대조적으로 리더십은 조직이 추구하는 비전과 사람들이 그것을 달성하도록 촉진시킨다.
- 리더십은 새로운 제품의 출시를 주도하거나 이전 제품에 대해 신규 시장을 형성하는 것과 같이 종종 극적인 정도의 변화를 만들어 낸다. 관리는 어느 정도 예측 가능한 수준과 질서를 만들어 낼 가능성이 높다.
- 최고 직위 리더들은 자신의 조직을 완전히 바꾸려고 하는 반면, 최고 직위 관리자들은 단순히 조직을 관리(혹은 유지)한다.
- 리더는 조직이 나아가야 할 비전(높은 수준의 목표)을 제시한다. 대조적으로 관리자의 핵심 기능은 비전을 실현하는 것이다. 따라서 관리자와 그 팀은 리더가 제시한 목표를 달성하기 위한 방법을 찾는다.[12]

이러한 견해가 극단으로 치닫는 경우, 리더는 영감을 주는 인물이 되고, 관리자는 현 상태에서 헤어나오지 못하는 따분한 관료이다. 그러나 우리는 관리의 중요성을 경시하지 않도록 주의해야 한다. 효율적인 리더는 스스로 좋은 관리자가 되거나 효율적인 관리자의 지원을 받아야 한다. 적절한 예는 직원들에게 동기를 부여하고 고객의 마음을 사로잡는 데 너무 신경을 쓴 나머지 내부 관리업무를 등한시하는 기업가를 들 수 있다. 그 결과, 비용은 수익을 초과하여 급등하고, 기한 내의 퇴직연금의 적립과 대금, 세금 납부 등의 문제가 간과된다. 요약하자면, 리더십과 관리의 차이는 무엇을 강조하는가의 차이이다. 효율적인 리더 역시 관리를 하며, 효율적인 관리자 또한 조직을 이끈다.

경영학 권위자인 맥길대학의 헨리 민츠버그(Henry Mintzberg) 교수는 직접 관찰한 바에 근거하여 리더십과 관리의 차이가 과장되어서는 안 된다는 입장을 강하게 지지한다. 민츠버그는 다음과 저술하였다.

> 사람이나 조직을 이끌어 나가지 않는 누군가가 경영을 하는 것은 어떨까? 그것은 매우 낙담스러운 일일 것이다. 그렇다면 경영을 하지 않는 누군가가 이끄는 것은 어떤가? 그것은 너무 회피하는 것이 될 것이다. 그러한 리더가 상황이 돌아가는 것을 어찌 알 수 있겠는가?[13]

기업이 리더십과 관리의 차이를 어떻게 인식하는지에 대한 예시는 보스턴의 투자회사인 GMO에서 나타났다. 회사는 32년 역사상 처음으로 마크 메이어(Marc Mayer)를 최고경영자로 고용하였다. 그의 역할은 상위 관리자들이 불확실한 시장을 헤쳐 나가는 데 조금 더 집중할 수 있도록(전략적 리더십) 기업 운영에 신경을 쓰는 것이었다(경영).[14]

1.2 리더십이 조직성과에 미치는 영향

리더십 연구는 리더가 조직성과에 영향을 미친다는 가정을 내포하고 있다. 조직의 고위 중역들도 동일한 가정을 한다. 새로 임명된 리더가 실적과 관련된 문제를 해결할 것이라는 희망을 가지고 리더를 교체하는 것은 종종 조직의 주요 문제를 해결하는 방법이 된다. 여기서는 조직성과에 미치는 리더의 영향력에 대한 증거와 의견, 찬성과 반대에 대해 살펴 볼 것이다.

연구 및 의견: 리더십은 성과를 바꿀 수 있다

리더가 실질적으로 조직 성과와 사기에 영향을 미친다는 생각은 타당해 보이며, 이 주제를 다루는 연구와 의견들이 적절하게 존재하고 있다. 칠레에서 광부들을 구조하기 위하여 선봉에 섰던 최고 기술자의 이야기를 다시 생각해보자. 책임을 맡은 효율적인 리더와 관리자 없이 구조 작업을 완수한다는 것은 상상하기 어렵다. 여기에서 우리는 리더가 성과에 영향을 미친다는 주제에 관한 기존 연구와 의견의 예를 살펴보기로 한다.

듀크대학의 리더십 윤리 센터는 공기업과 사기업의 205명의 경영진들에게 임원의 리더십에 대한 설문조사를 실시하였다. 조사된 주제 중 한 가지는 리더십 행동들이 성과에 영향을 미칠 수 있는가에 대한 것이 있었다. 결론은 리더가 책임감 있고 영감을 줄 수 있다고 인지될 때에만 리더십 행동이 실제로 영향을 미칠 수 있다는 것이었다. 그러한 행동에는 직원들에게 회사의 비전에 관여하게 하고, 목표를 높일 수 있도록 직원들에게 영감을 주는 것이 포함된다. 조직성과에 기여하는 또 다른 요소는 직원들이 전체 조직에 대하여 책임감을 가질 수 있는 환경을 조성하는 것이었다.[15]

올버니대학의 경영학 교수 게리 유키(Gary Yuki)가 제시한 **유연한 리더십 이론**(flexible leadership theory)도 리더가 조직성과에 기여하는 시기에 관한 통찰을 제공한다. 이 이론의 명제 중 하나는 중요한 의사 결정에 대한 중간급 및 하위급 리더들의 영향력이 그들의 고유한 관련 지식에 부합될 때 조직성과가 더욱 높아진다는 것이다.[16] 이는 조직 내의 리더들이 그들이 해결해야 할 문제들에 관한 지식을 보유할 경우, 의사결정 과정에 관여하는 것이 기업의 실적을 증가시킨다는 것을 의미한다(이 명제는 의사결정 과정에 누구나 참여할 수 있어야 한다고 생각하는 리더십 조언자들과는 대조적이다).

앞서 언급한 유연한 리더십 이론의 명제에 부합되는 리더가 바로 리더스 다이제스트 어소시에이션(Reader's Digest Association)의 최고 경영자인 메리 베르너(Mary Berner)이다. 그녀와 그녀의 팀은 한때 유력지였던 《리더스 다이제스트》와 그들이 발행하고 있는 100여 개의 잡지들을 다시 살려내기 위하여 최선을 다하고 있다. 전 세계 조직에 있는 중간급 경영자들은 편집과 제작, 재정적인 결정에 대하여 관련된 지식을 가지고 공헌하고 있다.[17] 이러한 많은 리더들의 공헌은 리더스 다이제스트 어소시에이션이 2009~2011년의 파산 상태를 벗어나는 데 도움이 되었다.

또 다른 연구는 연구진들이 10년 이상 150개 회사에서 사용되어 온 200개의 관리 기법을 분석하였다. 리더십의 영향력을 평가하는 연구 양상은 CEO의 영향력이 회사 수익성의 전체 변동량(영향 요인) 또는 주주들에 대한 전체 배당금의 15%를 차지하는 것으로 나타났다. 같은 연구에서, 동일한 산업 내에서 기업 운영은 전체 수익 변동량의 15%를 차지하는 것으로 나타났다. 따라서 CEO 리더의 선택은 업종 변경에 대한 선택만큼 중요하다.[18]

프랜차이즈 산업에 대한 분석은 리더십의 중요성을 지적한다. 보고서에 따르면, 프랜차이즈의 성공을 위한 특정 공식을 정확히 찾는 것이 어려울 수 있지만, 성공한 프랜차이즈 운영자와 대화를 해 보면 열정, 리더십, 사람들과 함께 일하는 능력의 중요성을 강조한다는 것을 알 수 있다(열정이나 사람들과 함께 일하는 능력은 리더십의 중요한 요소이다). 복사, 출력, 포장, 배송 서비스를 제공하는 포스트넷(PostNet International Franchise Corp.)의 설립자 스티븐 그린바움(Steven J. Greenbaum)은 보고서에 언급되어 있는 프랜차이즈 경영자 중의 한 명이다. 그린바움은 "리더십은 매우 중요하다. 비즈니스가 표방하는 비전을 가져야 하고, 회사 임원들 및 가맹점들과 그 비전에 대하여 소통해야 한다."고 말한다.[19]

최근 20년간의 경영 승계에 관한 연구 현황은 리더십이 조직성과에 영향을 미친다는 개념을 더욱 뒷받침하고 있다. 다양한 지표에 의한 측정을 통해서, 담당자가 누구인지에 따른 조직의 성과 달성은 일관된 관련성을 가지는 것으로 나타났다. 다른 방법론을 이용한 연구들에서도 리더십의 변화가 기업 성과의 변화를 야기한다는 동일한 결론에 도달하였다. 통계 분석에 따르면, 리더는 대략 실적의 15%에서 45%쯤 책임이 있다.[20]

워싱턴 대학에서 리더십을 연구하는 브루스 아볼리오(Bruce J, Avolio)는 4명의 동료들과 함께 리더십의 영향에 관한 200개의 연구를 포괄적으로 종합하여 조사하였다. 분석된 연구에는 연구실과 실제 근무환경에서 조사된 것들이 포함되었다. 리더십 연구의 많은 결과들은 부하들의 만족과 조직 성과와 같은 결과들을 포함하였다. 많은 연구 결과 중 하나는 리더의 활동은 긍정적 결과를 달성하는데 있어 66%의 가능성을 갖고 있다는 것이었다.[21]

조직 (또는 부서) 성과에 리더가 얼마나 영향을 미치는가가 이 책의 핵심 주제이다. 예를 들어, 팀워크를 향상시키고 올바른 전략을 수립함으로써 좋은 결과를 얻을 수 있다.

연구 및 의견: 공식적 리더십은 변화를 가져오지 않는다

위의 주장과는 반대로, 반-리더십(anti-leadership) 주장은 조직의 성과에 대한 리더의 영향력은 상황의 영향력보다 작다고 평가한다. 이러한 관점을 개인에게 맞추기 위해서, 자신이 매우 전문적인 투자 은행의 경영자로 임명되었다고 상상해 보자. 당신의 그룹이 얼마나 좋은 성과를 내는지는 당신의 리더십 못지않게 그들의 재능과 경제적 여건에 달려 있다. 리더십의 중요성에 반대하는 세 가지의 주요 주장은 리더십 대체, 리더십 무관성, 복잡성 이론(complexity theory)이다.

리더십의 대체 때로는 유능한 리더십이 필요하지 않을 수 있으며, 무능한 리더십이 작업상황에 중요한 요인과 균형을 맞출 수도 있다. 이러한 상황 하에서는 리더십 자체가 팀 구성원의 성과와 만족에 거의 영향을 주지 않는다. 이 관점에 따르면, 많은 조직들은 **리더십 대체 요인**들을 갖고 있다. [그림 1-1]에서 보듯이 그러한 대체 요인들은 임무 수행을 위한 지침과 인센티브를 제공하는 작업환경 내 요소들이며, 리더의 역할을 거의 불필요하게 만든다.[22]

1. 고도로 숙련된 개인들로 긴밀하게 조직된 팀. 고도로 숙련되고, 응집력 있는 집단의 구성원들이 목표에 집중할 때, 그들은 자신의 과업을 달성하기 위해 리더십을 거의 필요로 하지 않을 것이다.
2. 내재적 만족. 강력한 자기 동기부여(self-motivating)나 내재적인 만족감을 찾을 수 있는 업무에 관여하고 있는 직원들은 최소한의 리더십만이 요구된다. 이유의 일부는 업무 그 자체가 직원의 관심과 에너지를 이끌어 내기 때문이다. 직원은 업무가 원활히 진행되는 한 리더십을 거의 필요로 하지 않을 것이다.
3. 컴퓨터 기술. 오늘날 몇몇 기업들은 많은 관리자의 리더십 기능을 대체하기 위해 컴퓨터 기반의 모니터링과 컴퓨터 네트워크를 활용하고 있다. 컴퓨터는 생산적인 양질의 데이터를 제공하며, 특정 업무에 대한 지침은 정보 시스템에 입력되어 있다(여기서 우리는 컴퓨터가 직원들을 이끌어가기 보다는 통제하는 데 사용되고 있다고 주장할 수 있다).

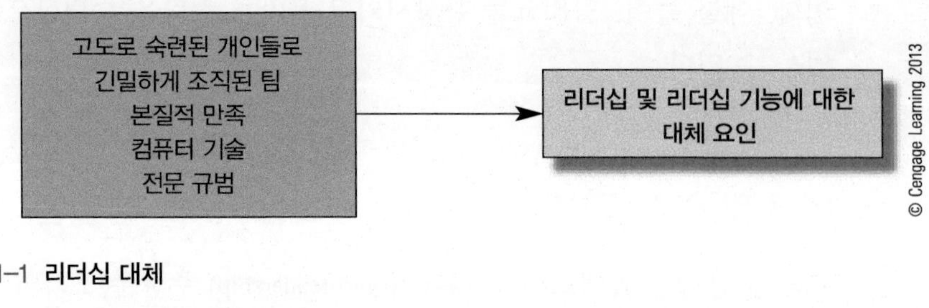

그림 1-1 **리더십 대체**

4. **전문가적 규범.** 강력한 전문가적 규범을 가진 직원은 보통 최소한의 감독과 리더십만을 필요로 한다. 전문적인 공인 회계사 집단은 고객의 회계 장부를 감사하거나 탈세에 대해 조언을 하는 등 정직하게 작업을 수행할 수 있도록 하는 이상적인 리더십이 필요 없을 것이다.

리더십 무관성 스탠포드대학의 조직 행동론 교수인 제프리 페퍼(Jeffrey Pfeffer) 교수는 리더십이 대부분의 조직 성과와 무관하다는 이론을 제시하였다. 오히려 그것은 주의깊게 분석되어야 하는 상황이라는 것이다. 페퍼는 리더십 행동보다 리더가 통제할 수 없는 요인들이 비즈니스 성과에 더 큰 영향을 미친다고 주장한다.[23] 최근 몇 년 동안 스마트폰의 판매량은 노트북과 태블릿 컴퓨터를 포함한 개인용 컴퓨터 판매량을 뛰어넘었다. 스마트폰의 매출 급증은 통신 회사 내의 영감적인 리더십보다는 휴대용 통신 기술이 많은 사람들에게 필수적이 된 외부의 상황에서 기인했다고 할 수 있다.

리더와 무관하다는 주장의 또 다른 관점은 고위직 리더들이 소수 자원에 대해서만 일방적인 통제권을 갖고 있다는 것이다. 게다가, 이러한 자원에 대한 리더의 통제는 소비자와 주주 같은 이해 관계자들을 위한 의무에 의해 제한되어 있다. 마지막으로, 기업은 기업의 가치관과 양립할 수 있는 새로운 조직의 리더를 선택하는 경향이 있다. 따라서 리더는 그 이전의 리더와 유사한 방식으로 행동한다.

기업이 지속되는 방법과 평균적인 실적에서 더 나은 실적으로 성장하는 방법을 광범위하게 연구한 콜린스(Jim Collins) 또한 리더십과 성과의 관련성을 의심하고 있다. 그의 초기 연구에 따르면, 기업의 리더들은 그보다 더 큰 조직의 권력의 노예이다. 콜린스는 마차 안에서 한 쌍의 리본을 잡고 자신이 말을 몰고 있다고 상상하는 어린아이에 비유를 한다. 차이를 만드는 것은 리더의 특성이 아니고 더 중요한 것은 조직의 특성이다.[24]

리더십과 성과의 무관성에 대한 또 다른 주장은 현대 조직에서 효율적인 리더십은 모든 혁신을 이끄는 영웅적인 리더보다는 아이디어를 얻기 위한 광범위한 협력을 의미한다는 것이다. 이 관점에 따르면, 소수에게 리더십이 집중되는 대신에, 권한과 권력은 공유되고, 사람들은 스스로를 이끌어 나간다(공유 리더십의 개념은 파트너십으로서의 리더십과 관련하여 위에서 이미 언급되었으며, 앞으로 교재에서 몇 차례 언급될 것이다.)[25]

리더 무관성 주장은, 리더는 자신이 할 수 있는 것에는 제약을 받지만 여전히 타인에게 영향을 미칠 수 있는 여지를 갖고 있다고 주장하는 **리더 제약이론**(a Leader constraint theory)으로 재구성될 경우 훨씬 실용적인 가치를 가질 것이다.

복잡성 이론 조직은 일반적인 자연 규칙으로는 설명되지 않는 복잡한 시스템이라는 복잡성 이론의 관점은 리더 무관성의 비관적인 관점과 유사하다. 리더와 관리자가 복잡한 조직 시스템 과정을 변경하기 위해 할 수 있는 것은 거의 없다. 같은 관점에서 리더나 관리자의 통제 밖의 영향력이 기업의 운명을 결정한다고 주장한다. 관리자는 어떤 비즈니스 전략이나 제품의 혼용이 살아남을지 예측할 수 없다. 그들이 할 수 있는 최선은 외부의 영향력에 적응하기 위하여 재빠르게 움직이거나 개혁을 하는 것이다. 가장 중요한 것은 리더십과 관리가 아니라 시스템이기 때문이다. 궁극적으로 모든 기업은 소멸하겠지만, 서로 다른 시간대에서 소멸한다.

리더의 중요성에 이의를 제기하는 복잡성 이론의 또 다른 측면은, 조직 구성원이 지시와 감정적 지원을 필요로 하는 수동적인 근로자가 아니라는 것이다. 대신, 그들은 동료들과 영향을 주고받는 능동적인 행위자들이다. 이들은 상부의 지휘 없이도 신기술 수용의 필요와 같은 냉엄한 현실에 대처할 수 있는 능력이 있다.[26]

리더십이 조직의 성과에 영향을 미치는가에 대한 유용한 관점은 리처드 해크만(J. Richard Hackman)과 루스 와게만(Ruth Wageman)이 고안한 적절한 질문을 하는 것이다. 리더가 조직성과에 영향을 미치는가에 대해 묻는 대신, 어떤 상황에서 리더가 조직성과에 영향을 미치는지를 질문해야 한다.[27] 허리케인이나 제품 리콜 이후의 현장 상황을 정상화시키는 것과 같은, 위기의 유형은 강한 리더가 성과의 변화를 만드는 상황의 좋은 예이다.

1.3 리더십 역할

리더십을 이해하는 또 다른 방법은 리더가 수행하는 다양한 역할을 조사하는 것이다. 역할은 한 사람의 직무에서 발생하여 기대되는 일련의 행동이나 행위이다. 리더십의 역할은 헨리 민츠버그와 다른 연구자들이 연구했던 관리자 역할의 일부분이다.[28] 리더십의 역할에 대한 요약을 읽기에 앞서 [리더십 자기 평가 퀴즈 1-1]을 완성해 보라.

무언가를 이끌어 나간다는 것은 복잡한 활동이다. 따라서 민츠버그와 다른 연구자들이 관리에서 리더십 기능을 분류할 수 있는 10가지 역할을 정의한 것은 그리 놀라운 일이 아니다.

리더십 자기 평가 퀴즈 1-1

리더십 역할 준비

방법 다음의 척도를 사용하여 아래 나오는 문장에 어느 정도 동의하는지 표시한다.
① 전적으로 반대한다 ② 반대한다 ③ 중립 ④ 동의한다 ⑤ 전적으로 동의한다

1. 아이디어나 제안에 대해 사람들이 나에게 의지하도록 하는 것을 좋아한다.
   ① ② ③ ④ ⑤
2. 확실히 다른 사람들에게 영감을 줬다.
   ① ② ③ ④ ⑤
3. 일에 대해 사람들에게 도발적인 질문을 하는 것은 좋은 습관이다.
   ① ② ③ ④ ⑤
4. 나에게 있어 다른 사람을 칭찬하는 것은 쉬운 일이다.
   ① ② ③ ④ ⑤
5. 대부분의 사람들보다 소셜 네트워크 사이트에서 더 많은 친구와 팔로워들이 있다.
   ① ② ③ ④ ⑤
6. 내 기분이 우울한 경우에도 사람들을 격려하는 것을 좋아한다.
   ① ② ③ ④ ⑤
7. 내 팀의 성취가 나의 개인적인 영광보다 더 중요하다.
   ① ② ③ ④ ⑤
8. 많은 사람들이 내 아이디어를 모방한다.
   ① ② ③ ④ ⑤
9. 공동체 정신을 구축하는 것은 나에게 있어 중요하다.
   ① ② ③ ④ ⑤
10. 팀의 다른 구성원을 지도하는 것을 즐긴다.
    ① ② ③ ④ ⑤
11. 나에게 있어 그들의 성취에 대해 다른 사람을 인정하는 것이 중요하다.
    ① ② ③ ④ ⑤
12. 보고서 작성에 방해가 된다고 하더라도 우리 회사를 방문한 사람들을 즐겁게 해줄 것이다.
    ① ② ③ ④ ⑤
13. 우리 부서 밖에서 열리는 모임에서 내 팀을 대표하는 것은 즐거울 것이다.
    ① ② ③ ④ ⑤
14. 내 동료의 문제는 나의 문제와 같다.
    ① ② ③ ④ ⑤
15. 갈등을 해결하는 것은 내가 즐기는 활동이다.
    ① ② ③ ④ ⑤
16. 조직의 다른 부서의 구성원들에 의해 맡은 직위에 동의하지 않았더라도 협력할 것이다.
    ① ② ③ ④ ⑤

17. 직장에서 아이디어 생성기이다.
① ② ③ ④ ⑤

18. 기회가 있을 때마다 흥정을 하는 것이 재미있다.
① ② ③ ④ ⑤

19. 내가 말을 할 때 팀 구성원들은 귀를 기울인다.
① ② ③ ④ ⑤

20. 살아오면서 사람들은 나에게 한 활동의 리더를 맡으라고 여러 번 요청했다.
① ② ③ ④ ⑤

21. 언제나 설득력 있는 사람이다.
① ② ③ ④ ⑤

22. 내가 속해 있는 집단의 밝은 미래를 상상하길 즐긴다.
① ② ③ ④ ⑤

23. 몇몇 사람들은 내가 큰 그림을 볼 수 있는 좋은 능력을 갖고 있다고 이야기 한다.
① ② ③ ④ ⑤

24. 사람들이 자신의 일에 대해 불만과 불평을 하는 것을 들어 줄 수 있다.
① ② ③ ④ ⑤

25. 나와는 다른 문화 출신의 사람들과 일할 수 있는 기회를 즐긴다.
① ② ③ ④ ⑤

총점

채점 및 해석 동그라미 친 숫자를 더하여 총점을 계산한다. 점수에 대한 잠정적인 해석은 다음과 같다.

- 90~100점 리더십 역할을 맡을 준비가 잘 되어 있음
- 60~89점 리더십 역할을 맡을 준비가 적절하게 되어 있음
- 40~59점 리더십 역할을 맡기가 좀 불안함
- 39점 이하 리더십 역할을 맡을 준비가 부족함

당신이 이미 성공한 리더이고 이 질문지에서 낮은 점수를 받았다면, 점수를 무시하기 바란다. 당신의 점수가 놀라울 정도로 낮고 당신이 아직 리더가 아닌 경우, 또는 현재 리더로서 제대로 역할을 수행하지 못하고 있는 경우, 위의 문장을 주의 깊게 연구하도록 한다. 정당하게 더 많은 문장에서 4나 5를 답할 수 있도록 당신의 태도나 행동을 바꾸는 것을 고려해 본다. 이 교재의 나머지 부분을 공부한다면 리더로서 당신이 발전하는 데 도움이 될 수 있는 추가적인 통찰력을 얻게 될 것이다.

1. **명목상의 대표자.** 리더, 특히 고위직에 있는 경영자는 의례적인 활동에 참여하거나 대표자 역할을 하는데 일정 부분의 시간을 투자한다. 다음의 네 가지 특정 행동은 리더의 명목상의 대표자 역할에 들어맞는다.
   a. 조직의 공식적인 대표로서 거래처나 고객 접대
   b. 조직의 대표로서 외부인을 위하여 시간 내기

c. 외부 조직과의 모임에서 조직의 공식 대표 역할하기
d. 공식적인 방문객들을 에스코트하기

2. **대변인.** 경영자가 대변인의 역할을 할 때, 주안점은 편지나 질문에 답하고 경영자의 직속 부서 이외의 개인과 단체에게 공식적으로 보고를 하는 것이다. 대변인으로서, 경영 리더는 부서의 활동, 계획, 역량, 가능성(비전)에 대한 것을 지속적으로 5개 그룹에게 알려야 한다.
   a. 상위 레벨의 경영진
   b. 거래처나 고객들
   c. 노동조합과 같은 중요한 외부단체
   d. 전문가 동료
   e. 일반 대중
   외부 집단과 대중을 상대하는 것은 일반적으로 고위급 경영자의 책임이다.

3. **협상가.** 대부분의 경영자의 직무 기술서 중 일부는 필요한 자원을 위해 다른 사람들과 협상을 시도하는 것이다. 다음은 설명에 도움이 되는 네 가지의 협상 활동이다.
   a. 자금, 설비, 장비, 또는 기타 형태의 지원을 위해 상사와 협상하기
   b. 직원 활용, 시설, 장비, 또는 기타 형태의 지원에 대해 조직 내 다른 부서와 협상하기
   c. 서비스, 일정, 배송 시간에 대하여 공급업체 및 판매업체와 협상하기
   d. 초봉 급여와 수당에 대해 입사지원자와 협상하기

4. **지도자 및 동기 부여자.** 효율적인 리더는 팀 구성원을 지도하고 동기를 부여하며, 때때로 조직 내의 집단 구성원을 격려하기 위해서 시간을 투자한다. 이 역할은 다음의 다섯 가지의 특정 행동을 포함한다.
   a. 비공식적으로 팀원의 성과를 인정하기
   b. 비효율적인 성과에 대해 팀원에게 피드백을 제공
   c. 업무 성과를 증진시킬 수 있는 정보를 팀원들이 알 수 있게 해 주기
   d. 좋은 업무 성과를 장려하고 유지하기 위해 상벌제 시행
   e. 카리스마를 발휘하고, 비전을 만들고, 흥미로운 이야기를 하고, 매우 윤리적으로 행동하는 등의 수단을 통해 사람들에게 영감 주기

5. **팀 구축자.** 리더의 역할에서 핵심적인 부분은 효율적인 팀을 만드는 것이다. 이 역할에 기여하는 활동은 다음과 같다.

a. 감사의 편지 등을 통하여 팀 구성원들이 그들의 성과를 인식할 수 있게 하기
b. 파티를 주선하거나 스포츠 팀을 후원하는 등 그룹의 사기에 기여하는 활동을 시작하기
c. 팀원들이 자신의 성취, 문제, 걱정에 대해 이야기할 수 있도록 정기적인 직원회의 열기

6. **팀 플레이어.** 팀 구축자와 관련된 역할이 바로 팀 플레이어이다. 다음은 팀 플레이어의 세 가지 행동이다.
a. 적절한 개인적인 행동을 보여주기
b. 조직의 타부서와 협동하기
c. 상사의 계획과 결정을 전적으로 지지함으로써 상사에 대한 충성심을 보이기

7. **기술적 문제 해결사.** 팀원들이 기술적 문제를 해결하도록 돕는 것은 감독관과 중간 매니저에게 있어 특히 중요하다. 이 역할에 기여하는 두 가지 행동은 다음과 같다.
a. 그룹이 회사 홍보를 위해 소셜 마케팅을 최적으로 사용할 수 있도록 돕는 등 기술 전문가나 조언자의 역할하기
b. 영업 전화를 하거나 기계를 수리하는 등 정기적으로 개별 담당 업무 수행하기

8. **기업가.** 자영업자는 아니지만, 큰 조직에서 일하는 관리자는 혁신적인 아이디어를 제공하거나 회사의 비즈니스적 측면을 발전시킬 책임이 있다. 세 가지의 기업가적 리더십 역할 활동은 다음과 같다.
a. 업계와 직종에서 일어나고 있는 일에 대해 정통하기 위해 업계 간행물과 전문 저널을 읽기
b. 수요와 니즈의 변화를 파악하기 위해 고객이나 조직의 다른 사람들과 대화하기
c. 다른 기업을 방문하고, 전문가 회의나 무역 박람회에 참석하고, 교육 프로그램에 참여하는 등, 부서의 성과를 향상시키는 방법을 제시할 수 있도록 외부 행사에 참여하기

9. **전략 기획가.** 최고 경영자는 일반적으로 조직 내의 다른 사람들의 의견을 받아 전략 계획 수립에 참여한다. 전략 기획가의 역할을 수행하는 것은 전략적 리더십을 실천하는 경영자가 되게 한다. 전략가의 역할은 한 조직 또는 큰 조직 내의 사업 단위의 미래를 형성하는 것과 관련이 있다. 이 역할과 관련된 구체적인 활동은 다음과 같다.

a. 조직의 비전과 방향을 설정하고 추구해야 할 혁신적인 아이디어를 제공
b. 외부의 환경에 기업이 대처할 수 있도록 돕기
c. 조직 정책 개발 돕기

10. **집행자.** 집행자의 역할을 수행하는 과정에서 리더는 계획을 행동으로 옮기면서 그것들이 실제로 이루어지게 한다. 이 역할의 일부는 다음과 같다.
    a. 실행 계획 개발을 돕는 등 전략을 행동으로 전환시키기
    b. 변화가 일어나도록 만들기
    c. 생산적인 업무가 이루어질 수 있도록 사람들에게 책임을 지우기

관리자의 리더십 역할에 있어서 공통적인 의견은 경영 리더가 다양한 방법으로 다른 사람들에게 영감을 주거나 영향을 미친다는 것이다. 《하버드 비즈니스 리뷰》의 한 분석가는 기업 리더의 가장 기본적인 역할은 결단력, 창의성, 기업가 정신을 가능하게 만드는 인간 태도를 발생시키는 것이라는 결론을 내렸다.[29] 실질적으로 중요한 의미는 모든 직위의 관리자들은 리더십을 수행할 수 있다는 것이다. 예를 들어, 팀 리더는 발송 명단의 중복을 최소화하는 방법을 팀원들에게 설명함으로써 효율성에 대한 기업의 취지에 중요한 기여를 할 수 있다. [리더십 스킬 구축 연습 1-1]은 스스로에게 역할 분석을 적용할 수 있는 기회를 제공한다.

여기까지 우리는 리더십의 의미, 리더십이 조직성과에 어떻게 영향을 미치는지, 그리고 리더가 수행한 많은 활동에 대해 알아보았다. 리더십 역할을 맡는 것에 대한 당신의 태도를 탐구하고 개인적으로 리더십 역할 분석을 적용할 기회를 가졌다. 이제 우리는 나아가 리더십에 대한 정보를 개인에게 맞춰야 한다.

아래 수록되어 있는 [행동하는 리더]는 리더십 역할과 리더가 영향을 미칠 수 있다는 사실 모두를 설명해 줄 것이다.

1.4 리더로서의 만족과 좌절

리더라는 용어는 대부분의 사람들에게 긍정적인 의미를 가진다. 리더라고 불리는 것은 일반적으로 추종자나 부하라고 불리는 것보다 낫다. **추종자**(follower)라는 용어는 사실상 조직에서 사라졌다. 그리고 부하라는 용어도 점점 사용하지 않고 있다. 리더나 관리자에게 보고하는 사람에 대해 선호하는 용어는 팀원이나 그룹 구성원 또는 동료이다(그러나 연구자들은 기술적인 목적으로 부하나 추종자라는 표현을 사

리더십 스킬 구축 연습 1-1

리더십 역할 분석

이것은 위에서 이미 설명한 10가지 리더십 역할을 성공적으로 수행하기 위한 당신의 현재 리더십 스킬 수준 또는 잠재적 능력을 생각해 볼 수 있는 기회이다. 각각의 역할은 역할의 핵심적인 측면 중 하나를 상기시켜주는 것과 함께 나열되어 있다. 각각의 역할에 대해 당신이 현재 수행할 수 있는 활동인지 아니면 경험과 준비가 더 필요한 무엇인지 표시한다. "현재 수행 가능"이라고 표시한 활동에 대해서는 이 분야에서 성공한 당신의 예를 적어 본다. 예를 들어, 7번 역할에 대해 "지금 수행 가능"이라고 표시했다면, 기술적 문제 해결사는 다음과 같이 썼을 것이다.

"나는 부지배인으로 일하고 있는 레스토랑이 한산한 시간에 더 많은 수입을 올릴 수 있도록 도움을 주었다. 나는 고령자를 위한 조기 만찬 담당으로 승진하였다."

이 책의 독자들은 이러한 역할의 대부분을 수행한 경험이 없을 것이다. 따라서 전일제 업무, 아르바이트, 봉사활동, 클럽, 위원회, 스포츠 등 당신이 했던 리더십 경험에 특정 역할을 결부시키도록 한다.

리더십 역할	현재 수행 가능	준비와 경험 필요
1. 명목상의 대표자 (의례 활동 참가, 외부인에 대한 집단 대표)	☐	☐
2. 대변인 (질문에 답변, 외부인에게 집단에 대해 정보 보고)	☐	☐
3. 협상가 (필요한 자원을 위해 타인과 거래)	☐	☐
4. 지도자 및 동기 부여자 (성취 인정, 격려, 피드백과 조언, 영감주기)	☐	☐
5. 팀 구축자 (집단 사기에 기여, 업적과 우려에 대해 이야기할 수 있는 회의 개최)	☐	☐
6. 팀 플레이어 (올바른 행동, 타인과의 협력, 충성)	☐	☐
7. 기술적 문제 해결사 (집단 구성원이 기술적 문제를 해결하도록 도움, 개별 기여자 업무 수행)	☐	☐
8. 기업가 (혁신적 아이디어 제안 및 집단의 비즈니스 활동 발전시키기, 집단을 위해 새로운 프로젝트 물색)	☐	☐
9. 전략 기획가 (외부 환경에 따라 다른 사람을 위한 방향 설정)	☐	☐
10. 집행자 (종종 계획을 행동으로 옮기게 돕는 등 일을 실행에 옮기기)	☐	☐

해답 10가지의 역할을 수행할 준비가 되어 있을수록, 당신은 경영자로서의 기능을 수행하거나 관리자 업무를 수행할 준비가 되어있는 것이다. 리더십을 공부함으로써 이러한 역할을 더 효율적으로 수행할 수 있을 것이다. 리더십 스킬 개발을 위해, 준비와 경험이 필요한 역할 중 하나를 선택한다. 이 교재나 다른 곳에서 역할에 대한 정보를 읽고, 기회가 왔을 때 그 역할을 연습한다. 아니면 그 역할을 연습할 수 있는 기회를 만든다. 예를 들어, 소셜 미디어 사이트에서 팔로워를 모을 수 있는 중요한 기술을 갖고 있다고 가정해 보자. 다음 몇 주 동안, 효과적으로 소셜 미디어 게시물을 만들 수 있는 방법을 초보자에게 가르쳐 준다.

용하고 있다). 그러나 팀 리더, 부회장, 또는 COO(최고 운영 책임자)와 같은 리더가 되는 것이 항상 개인적인 만족감을 가져오는 것은 아니다. 활기찬 구성원들이 있는 성공적인 집단의 리더가 되는 것과 같이, 일부 리더의 업무는 다른 것들보다 더 즐거울 수 있다.

행동하는 리더

페이첵스의 CEO 마틴 무치는 변화를 원한다

2010년 회사 내부에서 마틴 무치(Martin Mucci)가 페이첵스(Paychex)의 회장이자 최고 경영자로 임명되었을 때 수많은 직원들이 환호하였다. 페이첵스는 중소기업에게 급여관리, 인력, 수당관리 아웃소싱 서비스를 제공하는 인정받는 회사이다. 회사 설립자이자 자선 사업가인 톰 골리사노는 "마틴 무치는 그의 성격과 업적, 영감을 줄 수 있는 리더로서의 자격에 기반하여 이 회사의 CEO가 될 기회를 얻었다."라고 말했다. 수석 부사장이자 CEO이며 회계담당자인 존 모어피는 "마티가 있다는 것은 존경할 수 있는 누군가를 당신이 가졌다는 것이며, 그가 많은 시간을 사람들과 보내고 그들에게 관심을 가질 것이라는 것을 의미한다. 동시에 그는 편리한 방법으로 필요한 결정을 내릴 것이다."라고 언급하였다.

통신 회사의 전 동료였던 토르 콘스탄티노는 페이첵스가 선두에 서 있는 무치와 함께 반드시 성공할 것이라고 덧붙였다. "그는 비즈니스 관점에서 천부적이다." 라고 콘스탄티노는 말했다. "그는 고객과 직원 그리고 개인을 최대한 활용하는 방법에 대해 매우 정통한 배경을 갖고 있으며 그에 대한 것을 잘 파악하고 있다. 최고의 조직에게 있어 마티와 같은 일류 임원이 있다는 것은 페이첵스에게 앞으로 좋은 일만 있을 것이라는 것을 의미한다."

CEO직을 수락하면서 무치는, "페이첵스를 더 나은 성과를 올릴 수 있는 단계로 이끌어갈 수 있는 기회를 가진 것에 설렙니다. 우리에게는 12,000명 이상의 성실한 직원과 숙련된 경영진이 있습니다. 따라서 나는 회사의 성공을 위해 함께 일하기를 기대합니다."라고 말했다.

무치는 조직의 거의 모든 면에 참여할 것이며, 거의 모든 일을 처리할 것이라고 말했다. 2002년부터 페이첵스에서 운영부문 수석 부사장을 역임해 온 그는 "이사진들은 사업을 성장시키고 꾸준히 지속적으로 운영하기 위해 장기적으로 비즈니스를 재건할 수 있는 사람을 찾아왔습니다."라고 말했다. "나는 그 역할을 내가 할 수 있다고 믿으며 장기간에 걸쳐 지속적으로 회사를 재건하는 도전을 받아들이겠습니다."

그는 페이첵스가 적합한 제품을 확보할 뿐만 아니라 더 나은 판매를 통한 고객 기반의 성장을 통해 번영할 것이라고 말했다. 회사는 기업인수와 영업을 통해 급여대장 고객 기반을 확대할 계획이라고 덧붙였다. 페이첵스는 또한 급여관리 및 인력 아웃소싱 외에 들어갈 수 있는 시장이 있는지도 분석하고 있었다. 무치는 중소기업이 필요로 하는 회계 프로그램과 신용카드 처리와 같은 새로운 것들이 있는지 궁금해 했다.

CEO의 역할에 관해 이야기하면서, 무치는 결과를 얻기 위해 책임을 지는 것을 즐긴다고 말했다. 그는 12,000명의 직원 중 8,000명을 이미 보았으며 자신이 사람을 보는 센스가 있다고 언급했다.

"페이첵스와 거의 40년에 걸쳐 형성된 문화는 변화할 것이지만 대부분은 그대로 유지될 것입니다. 이미 성공적인 것을 망쳐서는 안 됩니다. 나는 변화를 만들기 위해 이 자리에 뛰어 들었으며, 그 변화는 사업의 성공과 장기적인 성장일 것입니다. 사람, 프로세스, 또는 제품에 변화가 필요하면 그렇게 할 것입니다."

무체는 로체스터대학의 사이몬 스쿨에서 MBA를 이수하였으며, 이전에 페이첵스 운영 부문 부사장이었다. 다른 경력으로는 전화 회사의 CEO와 프런티어 커뮤니케이션(Frontier Communications)의 전화 교환 서비스 부문 회장을 지냈다.

질문

1. 무치는 리더로서 어떠한 방식으로 영향력을 발휘하기를 원하는가?
2. 무치가 자신이 어떤 리더십 역할을 맡고 있다고 보는가?
3. 무치는 페이첵스의 CEO 자리를 차지할 자격을 갖춘 것으로 보이는가?

출처: 다음 출처에 있는 사실을 바탕으로 스토리를 구성하였다: Matthew Daneman, "Mucci's Goal: Build Sales Quickly, Repeat," Democrat and *Chronicle Business*, October 20, 2010, pp. 5B, 6; Nate Dougherty, "Numbers Guy: Martin Mucci Will Focus on Restoring Sales Growth at Paychex," *Rochester Business Journal* (www.rbj.net), October 22, 2010, pp. 1-6; "Paychex Names Martin Mucci President and Chief Executive Officer," *Business Wire* (www.techzone360.com/news), September 30, 2010; "Paychex Names Martin Mucci CEO, President," *Fairport-East Rochester Post* (www.fairport-erpost.com), September 30, 2010, p. 1.

여러분들의 대다수는 리더가 되거나 리더십 역할에 조금 더 가까이 다가가려고 하기 때문에, 조직의 리더가 되면서 많은 사람들이 경험하는 잠재적인 만족과 좌절들을 살펴볼 가치가 있다.

리더의 만족

공식적인 리더가 되면서 얻을 수 있는 만족의 형태는 특정 리더십의 위치에 따라 다르다. 급여와 동일 그룹 내에 있는 사람들의 유형 같은 요인들이 리더의 만족에 영향을 미친다. 리더는 7가지의 원천을 통해 만족을 경험한다.

1. **권력과 위신.** 리더가 되면 자동적으로 몇 가지 권력이 부여된다. 많은 사람들은 리더를 존중하기 때문에 위신이 자연스레 따라온다. 어떤 조직에서는, 최상위급 리더에게 미스터, 미시즈, 또는 미즈의 호칭을 붙이는 반면, 낮은 직위의 사람들은 그들의 성으로 부른다. 하지만 대부분의 리더들은 자신을 이름으로 불러 줄 것을 권한다.
2. **다른 사람을 성장 발전시킬 기회.** 리더는 사람들과 직접적으로 일을 하며, 종종 그들에게 업무 기술을 알려주고, 멘토의 역할을 하고, 개인적인 문제를 들어 준다. 리더의 직무중에는 관리자나 리더가 될 수 있도록 다른 사람을 돕는 것이 포함된다. 리더는 종종 인사 관리자나 카운슬러만큼 조력자의 느낌을 갖는다. 컨테이너스토어(Container Store)의 설립자 킵 틴델은 자신의 직업에서 가장 보람 있는 부분 중 하나는 사람들의 삶을 풍요롭게 해주는 것이라고 말했다.
3. **고소득.** 일반적으로 리더는 팀원보다 더 많은 급여를 받으며, 거대 비즈니스 기업의 중역급 리더들은 보통 일 년에 수백만 달러를 받는다. 소수의 기업 임원들은 일 년에 1억 달러 이상을 받고, 일부는 해고에 대한 보상으로 1억 5천만 달러 이상을 받는다. 만일 돈이 중요한 동기요인이거나 만족요인이라면, 리더가 되는 것으로 기본적인 만족감이 보장된다. 일부 경우에 팀 리더는 실질적으로 다른 팀원들과 마찬가지의 급여를 받는다. 그러나 팀 리더의 위치를 맡는 것은 높은 연봉을 받는 리더십 자리로 가는 출발점이다.
4. **존경과 사회적 지위.** 리더는 흔히 집단 구성원의 존경을 받는다. 리더의 역할을 수행하지 못하는 사람들보다 더 높은 사회적 지위를 향유한다. 지위는 리더의 직위에 임명되는 것에 동반된다. 개인의 자격이 그 자리와 어울릴 때 그 사람의 지위는 더욱 높아진다.

5. **많은 승진 기회.** 일단 리더가 되면, 당신의 승진 기회는 늘어난다. 리더의 자리를 얻는 것은 많은 조직에서 경력을 발전시키는 필수적인 첫걸음이다. 스태프나 개별 담당직(individual contributor position)이 개인의 전문적인 경험을 넓혀주는 데 도움이 되지만, 대부분의 중역들은 경영자 과정을 통해 성장한다.

6. **일에 있어서의 존재감.** 리더가 되면서 얻는 부가적인 이익은 더 많은 내부정보를 얻는다는 것이다. 예를 들어, 경영자로서 당신은 경영 회의에 참석을 요청받았다. 그 회의에서 당신은 개별 담당자들에게는 전달되지 않는 정보를 얻는다. 하나의 작은 정보가 기업 확장이나 축소 계획이 될 수 있다.

7. **자금과 자원을 통제할 기회.** 리더는 보통 부서 예산을 준비하고 지출을 승인하는 데 도움을 주는 위치에 있다. 이 자금을 개인적으로 사용하지는 못한다고 할지라도, 재정 문제에 대한 당신의 판단이 신뢰를 받는다는 것으로도 어느 정도의 만족감은 제공한다. 사조직과 공조직의 많은 리더들이 수백만 달러의 연간 예산을 관리한다.

리더의 불만과 좌절

대략 직원의 10명 중 1명은 감독관, 관리자, 또는 경영자로 분류된다. 이들 모두가 진정한 리더는 아니다. 그러나 이들이 경험하는 문제들은 종종 자신의 업무 중 리더십 부분에서 기인한 것이다. 많은 개별 담당자들은 리더가 견뎌야 하는 좌절을 목격했기 때문에 리더의 역할을 거절한다. 이러한 좌절은 다음과 같다.

1. **과도한 무보수 초과 근무.** 리더의 직무에 있는 사람들에게는 일반적으로 다른 직원들에 비해 더 많은 시간을 근무할 것으로 기대된다. 그러한 무보수 시간을 비정기적 초과 근무라고 한다. 조직에서 리더의 자리에 있는 사람들은 일반적으로 일주일에 약 55시간을 근무한다. 업무 수요가 정점일 때는 이 수치가 일주일에 80시간까지 급증한다.

2. **너무 많은 골칫거리.** 리더가 직면하는 모든 잠재적인 문제를 목록으로 작성하려면 여러 장이 필요할 것이다. 리더가 되는 것은 "잘못될 가능성이 있으면 반드시 그렇게 된다."라는 머피의 법칙의 유효성을 발견하기에 좋은 길이다. 리더는 사람과 일이 수반된 문제에 시달린다. 많은 사람들은 리더의 자리가 스트레스의 근원이라는 것을 알고 있고, 많은 경영자들은 극도의 피로를 경험한다.

3. **'성과를 내거나, 아니면 죽거나' 사고방식에 직면.** 많은 리더들이 성과를 창출하거나 해고를 당하게 되는 엄청난 압박에 직면해 있다. 이러한 압박은 종종 사모펀드(또는 기업 매수합병 전문회사)가 소유한 회사에서 찾아볼 수 있다. 사모펀드가 소유한 각 회사의 수장은 비용 삭감, 국제 시장에서의 판매 촉진, 부채 탕감 등의 수단을 통해 기업의 수익을 창출해야 한다. 또한 CEO는 보다 효율적인 운영을 해야 한다는 상당한 압박을 받고 있다.[31]

4. **책임을 완수하기에 충분치 못한 권한.** 관리자의 직위에 있는 사람들은 자신이 통제할 수 없는 것 이상의 책임을 가지고 있다는 것에 불만을 나타낸다. 리더로서, 당신은 성과가 나쁜 팀원과 일을 해야 할 수 있지만, 당신은 그 사람을 해고할 권한이 부족하다. 아니면 당신은 소수의 직원들과 함께, 그리고 직원을 충원할 권한도 없이 최고의 서비스를 창출해야 할 수도 있다.

5. **고독함.** 전 미 국무장관이자 육군 원수인 콜린 파웰(Colin Powell)은 "사령부는 외롭다."라고 말한다. 리더로서의 지위가 보다 높아질수록, 어떤 의미에서 당신은 더욱 외로워질 것이다. 리더의 자리는 비밀을 털어놓을 수 있는 사람들의 수를 제한시킨다. 고용주에 대한 안 좋은 감정을 팀원에게 털어놓는 것은 곤란한 일이다. 마찬가지로 집단 구성원 중 한 명에 대해 다른 사람에게 하소연하는 것도 곤란한 일이다. 리더의 자리에 있는 일부 사람들은 한 패거리의 일원이 되는 것을 그리워하기 때문에 외로움을 느낀다.

6. **사람들과 관련된 너무 많은 문제들.** 리더가 직면하는 큰 좌절은 조치를 필요로 하는 인적자원 문제이다. 당신의 리더십 직위가 낮을수록 그러한 문제에 더 많이 직면하게 된다. 예를 들어, 사무 감독관은 최고 정보책임자보다 직원 문제를 처리하는 데 더 많은 시간을 할애한다. 사람관련 문제를 다루고 싶지 않다면 당신은 리더나 경영자의 자리에 적합하지 않다.[32]

7. **과도한 조직 정치.** 사무보조부터 이사장까지 조직에 있는 모든 사람들은 정치적 요소를 인지하고 있어야 한다. 하지만 리더보다는 개별 담당자일 때 정치적인 상황을 더 쉽게 피할 수 있다. 리더로서 당신은 아래, 옆, 위의 세 방향으로부터의 부차적인 정치적 사건에 관여해야 한다. 동맹 및 연합과 같은 정치적 전술은 리더의 역할에 있어 필수적인 부분이다. 조직 정치의 또 다른 어렵고 곤란한 측면은, 특히 당신이 현재의 상황을 바꾸려고 할 때, 당신을 게임 밖으로 밀어내려고 도사리고 있는 자들이 존재한다는 것이다. 이러한 내부의 적은 당신이 시행하려고 하는 변화에 대한 논의를 피하기 위해 당신의 성격과 스타일로 쟁점을 바꾸어 직접적으로 공격할 수 있다. 아니면 상사가 당신의 변화 노력에 대

한 세부 사항으로 압력을 가하여, 목표로부터 당신의 주의를 돌려놓으려고 할 수 있다.[33] 또한 중상모략가는 앞에서는 당신에게 동의하지만 다른 사람에게 당신에 대한 험담을 할 수 있다.

8. **상충되는 목표의 추구.** 리더가 직면하는 큰 어려움은 상충되는 목표 사이에서 방향을 잡는 것이다. 이러한 딜레마의 핵심 주제는 독립적으로 행동할 수 있는 권한을 타인에게 부여하는 것이지만, 여전히 공통의 목적을 위해 그들이 보조를 맞추게 하거나 함께 협력하도록 이끌어야 하는 것이다.[34] 이러한 상충되는 목표들과 관련한 많은 주제들은 이 책의 후반부에서 다뤄지고 있다.

9. **특히 당신이 기업 임원인 경우, 비윤리적으로 인지되는 것.** 최근 공개된 많은 기업 금융 스캔들은 CEO가 정직하지 못하며, 비윤리적이며, 그들의 행위가 범죄자에 가깝다는 극단적인 인식을 심어주었다. 기업 리더의 95%가 정직하고 자신의 지지자들에게 헌신적이라 하더라도, 리더는 끊임없이 정직하지 못하다고 인식될 수 있는 가능성에 대처해야 한다.

1.5 리더십 이해를 위한 체계

관행에 더불어 연구 주제로서의 리더십에 대한 흥미 때문에, 리더십에 대한 많은 다른 이론들과 설명들이 발달하였다. 다수의 리더십 이론을 하나의 포괄적인 체계로 통합하고자 하는 시도가 여러 차례 있었다.[35] 여기에 제시된 체계는 리더십 효율성에 영향을 미치는 주요 변수에 초점을 맞추고 있다. 체계에 내재되어 있는 기본 가정은 심오한 의미를 지닌 단순한 공식으로 다음과 같이 표현될 수 있다.

$$L = f(l, gm, s)$$

이 공식은 리더십 과정이 리더, 집단 구성원(또는 추종자), 그리고 다른 상황 변수들 간의 함수라는 것을 의미한다. 브루스 아볼리오는 리더십이 리더와 추종자 그리고 상황(장소와 환경)의 복잡성 사이의 함수라는 것을 강조한다.[36] 즉, 리더십은 추상적으로 존재하는 것이 아니라 리더와 지시를 받는 사람들, 그리고 환경의 다양한 요인을 고려해야 한다. 카리스마 또는 비전 리더는 곤경에 처한 조직이 세계적인 성공을 거두는 데 필요한 존재일 수 있다. 그러나 파트타임 텔레마케터 그룹은 응답하는 사람들 대부분이 자신들의 전화를 퉁명스럽게 거절했을 때 그들을 도와 줄

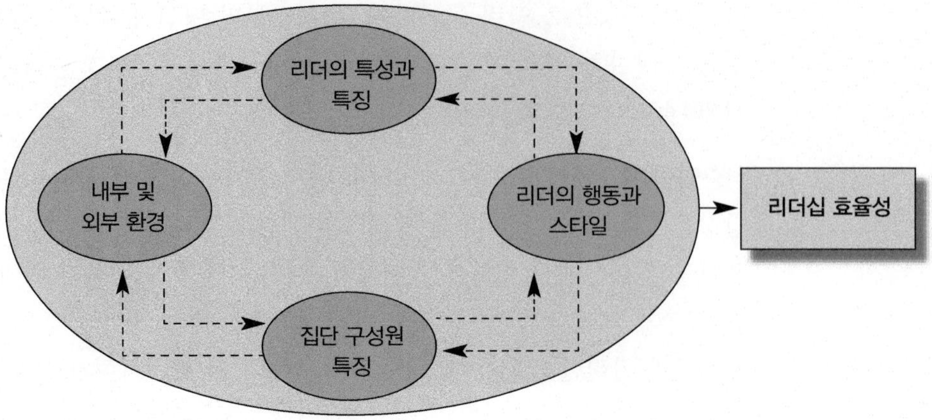

그림 1-2 **리더십 이해를 위한 체계**

수 있는 더 직접적이고 집중된 유형의 리더가 필요할 수 있다.

[그림 1-2]에 제시된 모델은 이러한 상황적 관점을 확대시킨다. 이 모델에 따르면, 리더십은 리더의 특징과 특성, 리더의 행동과 스타일, 집단 구성원 특성, 내부 및 외부 환경이라는 핵심 변수의 검토를 통해 가장 잘 이해될 수 있다. 체계의 오른쪽에 있는 **리더십 효율성**은 생산성, 품질, 주어진 상황에 대한 만족과 같은 바람직한 성과를 얻는 것을 나타낸다. 리더의 효율성은 네 가지 변수에 달려 있다.

원의 상단부에서 시작해 보면, **리더의 특징과 특성**은 자신감과 문제해결 능력 같은 내적 자질을 나타내는 것으로, 이것은 리더가 다양한 상황에서 효과적으로 기능할 수 있도록 도와준다. **리더의 행동과 스타일**은 특징적인 접근법을 포함하여 리더가 참여하는 활동을 나타내는 것이며, 리더의 효율성과 관련되어 있다. 예를 들어, 종종 집단 구성원을 지도하고 참여적 리더십을 실천하는 리더는 많은 경우에 효율적일 수 있다.

집단 구성원 특성은 리더십 시도가 얼마나 효율적인지와 관련되어 있을 수 있는 집단 구성원의 속성을 나타낸다. 예를 들어, 총명하고 동기부여가 잘 된 집단 구성원은 리더가 주요 직무를 수행하는 데 도움이 된다. **내부 및 외부 환경** 또한 리더십 효율성에 영향을 미친다. 예를 들어, 다양한 문화적 환경에 속한 리더는 효율성을 위해 다문화적 스킬을 가져야 한다. 이 교재에 있는 모든 주제들은 이 모델의 특정 부분에 적합하고, 적합도는 특정 부분에서 더욱 명확해질 것이다. [표 1-2]는 리더십 모델의 요소들이 어떻게 이 책에 있는 각 장들과 이어지는지를 보여주고 있다.

표 1-2 각 장 주제와 리더십 이해를 위한 체계 간의 관계

모델의 요소	관련된 장
리더의 특징과 특성	제3장, "리더의 개인적 자질" 제4장, "리더의 카리스마적이고 변형적인 측면" 제5장, "리더십의 도덕적 측면" 제12장, "타인과의 커뮤니케이션 및 갈등 해결" 제13장, "리더의 창의적 그리고 혁신적 측면'
리더의 행동과 스타일	제5장, "리더십의 도덕적 측면" 제6장, "그룹 내의 팀워크 향상" 제8장, "리더십 활동, 태도, 그리고 유형" 제10장, "리더는 어떻게 영향력을 행사하는가"
집단 구성원 특징	제7장, "동기 부여자와 조언자로서의 리더" 제9장, "리더는 당면한 문제에 대해 어떻게 반응하는가"
내부 및 외부 환경	제2장, "글로벌 및 다문화 리더십" 제11장, "리더는 어떻게 권력을 얻고 유지하는가" 제14장, "전략적 사고와 지식경영" 제15장, "리더 및 핵심인재 육성 계획 개발"

[그림 1-2]에서 네 가지의 변수를 연결하고 있는 화살표는 그들 간의 상호 영향을 시사한다. 이러한 연결의 일부는 다른 것들보다 강하다. 가장 뚜렷한 연결은 리더의 특징과 특성이 일반적으로 리더의 유형에 영향을 미친다는 것이다. 특정 개인이 외향적이고, 따뜻하고, 배려심이 많다면, 그 사람은 사람지향적 리더십 유형을 택하는 것이 자연스러울 것이다. 또 다른 연결은 집단 구성원의 특징이 리더의 유형에 영향을 미칠 수 있다는 것이다. 구성원이 능력이 있고 자립적인 경우, 리더는 집단에게 자유를 허용하는 리더십 유형을 선택할 가능성이 높다. 이는 리더가 조직 구성원을 임파워시키는 데 더욱 용이할 것이다. 마지막 연결은 내부 및 외부 환경이 리더의 특성에 어느 정도 영향을 미치거나 매개역할을 할 수 있다는 것이다. 창의성과 위험 감수가 조성된 환경에서, 리더는 창의적 문제해결과 위험 감수에 대한 자신의 성향을 표현할 가능성이 높다.

이 모델의 핵심은 리더십이 다중적인 현상이라는 것이다. 리더는 집단 구성원과 차례로 상호 작용을 하고, 집단과도 상호 작용을 한다. 동시에, 리더십은 조직과 외부 환경의 맥락에서 발생한다. 리더십 학자 프란치스 야마리노(Francis J. Yammarino)와 프레드 댄스로(Fred Dansereau)가 지적한 바와 같이, 리더십은 하나의 단계(개인적인 단계)에서 더 높은 단계(리더-추종자 집단 단계)로의 움직임을 포함한다.[37] 그 후에 조직과 사회적 단계로 이동한다. 다음은 다중적인 현상으로서의 리더십에 대한 간략한 예이다.

> 팀 리더 에쉴리는 파워포인트 프레젠테이션을 만들 때, 자신의 아이디어를 더 강렬하게 표현할 수 있는 방법을 팀원 리에게 지도하기로 결정했다. 에쉴리는 리가 수줍음이 많다는 것을 알고, 천천히 개인 교습을 진행했다. 에쉴리는 그녀가 지원팀에서 일한다는 것을 알고 있었기 때문에, 그녀가 어떠한 진전을 보이건 간에 팀이 그녀에게 용기를 북돋아 줄 거라 생각했다. 게다가, 에쉴리는 전체 조직이 자기주장을 독려한다는 것을 인지하고 있기 때문에, 리가 자신의 프레젠테이션에서 더 적극적이 되도록 그녀를 지도하는 것이 정당하다고 느낀다. 그러면서도 동시에 에쉴리는 리가 겸손함과 수줍음을 가치 있게 여기는 문화(사회적 단계)에서 자라온 것을 알기 때문에 빨리 개선을 시키려고 너무 급하게 밀어 붙이지는 않았다.

1.6 리더십에서의 스킬 개발

리더십 스킬은 수요가 높다. 고위급 경영진을 채용하는 이사진들은 그들이 원하는 최고의 자질로서의 리더십 스킬 목록을 작성한다. 리더십 역량은 신입 전문직 후보에서도 찾을 수 있다.[38] 리더십을 공부하는 학생들은 이러한 사실에 고무될 수 있으나, 리더십 스킬을 개발하는 것은 컴퓨터에 추가적으로 메모리 카드를 삽입하는 것처럼 구조화된 기술을 개발하는 것보다 훨씬 복잡하다. 그럼에도 불구하고, 여러분은 이 책을 공부함으로써 리더십 스킬을 개발할 수 있다. 다음의 내용은 일반적인 학습 모델이다.

1. **개념적 지식과 행동 지침.** 이 교재에 있는 각 장은 [행동 및 스킬 강화를 위한 지침]이라는 제목의 절을 포함하여 리더십에 관한 유용한 정보를 제공한다.
2. **사례를 통해 보여준 개념적 지식과 행동하는 리더에 대한 간략한 설명.** 학생들은 리더가 얼마나 효율적으로(또는 비효율적으로) 운영을 하는지에 대한 것을 읽음으로써 많은 것을 배울 수 있다.
3. **체험 훈련.** 이 교재는 사례, 역할극, 그리고 자기 평가 퀴즈를 통해 실행과 내면화할 수 있는 기회를 제공한다. 스스로 퀴즈를 내는 것은 정보를 자기에게

맞추는 데 도움이 되는 효과적인 방법이며, 그렇게 함으로써 개념 정보를 자신에게 연결시킬 수 있기 때문에 강조되고 있다. 예를 들어, 당신은 리더십에서의 자기주장의 중요성에 대한 글을 읽고 자기주장 퀴즈를 작성하게 될 것이다.

4. **기술 활용 또는 성과에 대한 타인으로부터의 피드백.** 피드백 훈련은 이 책의 여러 군데에서 나타난다. 교실을 벗어나 밖에서 몇몇 기술을 사용하는 것은 피드백에 대한 추가적인 기회를 제공할 것이다.

5. **실제적 환경에서의 연습.** 기술 개발은 적극적인 연습을 요구한다. 특정 기술은 리더의 운용 방식에 자연스레 통합되기 전에 실제적 환경에서 반복 연습되어야 한다. 학습의 기본 원리는 기술을 개발하고 향상시키기 위해 연습이 필수적이라는 것이다. 예를 들어, 7장에서 설명하는 것처럼, 당신이 질문 방식으로 충고를 하는 것에 대해 읽었다고 가정해 보자. 당신이 실제 상황에서 적어도 이 기술을 6번 연습했다면, 당신은 아마도 다른 사람들을 지도하는 중요한 새로운 기술을 습득했을 것이다.

[리더십 스킬 구축 연습 1-2]는 당신에게 체계적인 리더십 개발을 시작할 수 있는 기회를 제공한다.

리더십 스킬 구축 연습 1-2

리더십 포트폴리오

여기서, 우리는 당신의 리더십 능력과 경험에 대한 개인적인 문서가 될 리더십 포트폴리오 개발을 시작할 것을 청하는 바이다. 각 장마다 우리는 포트폴리오를 위한 새로운 항목을 추천할 것이다. 동시에, 우리는 무엇을 리더십 포트폴리오에 추가하면 적절한지를 결정하는데 있어 상상력을 활용할 것을 권한다.

당신이 연습하고자 하는 리더십 유형을 설명하는 개인적인 과제 진술로 포트폴리오를 시작할 것을 제안한다. 예컨대, "나는 존경받는 기업 전문가, 행복하고 건강한 가족의 중요한 구성원, 그리고 지역 사회에 기여하는 사람이 되고자 한다. 나는 건설적인 활동 방향으로 많은 사람들을 이끌어 나가고 싶다."가 될 수 있다. 포트폴리오에 활동 이력을 포함시키고, 리더십 경험에 특별 구획을 지정한다. 이러한 경험은 직업, 지역 사회 및 종교 활동, 스포츠에서 나올 수 있다([리더십 자기평가 퀴즈 1-2] 참조).

리더십 자기 평가 퀴즈 1-2

리더십 경험 검사

방법 이 책의 독자들은 리더십, 경영 그리고 관리 경험이 상당히 다양할 것이다. 하지만 아직 공식적인 리더 직책에 없는 독자라도 최소한 리더가 된다는 것을 한 번은 경험해 보았을 것이다. 과거에 또는 현재 당신이 했을 가능성이 있는 리더십 경험을 기록하기 위해 다음의 체크리스트를 활용하도록 한다.

- 부사장, 부서장, 매니저, 부팀장, 팀 리더, 그룹 리더, 또는 조장 같은 공식적인 리더 직위에 있었다.
- 그러한 책임이 주어지지는 않았지만, 직장에서 문제를 처리할 수 있는 기회를 잡았다.
- 위원회나 대책위원회를 이끌었다.
- 운동부의 주장이나 공동주장이었다.
- 고등학교, 직업학교, 또는 대학 클럽에서 한 역할을 맡았다.
- 학교 신문 또는 스포츠면 같은 신문 섹션의 편집자였다.
- 수업의 스터디 그룹을 조직했다.
- 에이본(Avon), 메리케이(Mary Kay), 또는 타파웨어(Tupperware)와 같은 상품의 방문판매를 위한 지속적인 활동을 조직했다.
- 다단계 판매에 종사하고 새로운 회원을 모집하고 지도했다.
- 학교나 종교 단체를 위한 자선 운동을 준비했다.
- 친구나 가족을 위한 휴가 여행을 준비했다.
- 불타는 건물이나 침수된 집에서 사람들이 탈출하는 것을 돕는 것처럼 위기 시에 리더의 자질을 보였다.
- 신체장애가 있는 노인들과 같이 도움이 필요한 사람들을 돕기 위한 집단을 조직하였다.
- 기타

해석 표시를 한 항목이 많을수록 당신은 이미 많은 리더십 경험을 갖고 있는 것이다. 어떠한 유형의 리더십 경험이라도 사람들과 잘 지내고 그들의 활동을 조직화하기 위한 학습에 유용하게 사용될 수 있다. 다양한 분야의 많은 CEO들은 패스트푸드 레스토랑의 부지배인으로 리더의 역할을 처음 시작했다.

1.7 팔로워십: 효율적인 집단 구성원 되기

효율적인 리더가 되기 위해서는 스스로 좋은 추정자가 되어야 한다. 리더는 추종자 없이는 존재할 수 없다. 이 책의 처음에 언급했듯이, 추종자라는 용어는 부정확한 정치적 용어에서 파생되었지만, 리더십 연구가들에게는 중립적인 용어로 사용되고 있다. 리처드 해크만과 루스 와게만이 설명한 것처럼, 리더십에 대한 현대적 관점을 나타내는 견해는 리더 또한 추종자이며 추종자 또한 리더십을 발휘한다는 것이다. 팀 리더가 중간 경영자에게 보고를 하는 것처럼, 각각의 보스들 또한 부하이기도 하다.[39] 그리고 부하들은 단기 프로젝트를 이끌거나 올해의 명절

파티를 조직하는 등 종종 리더의 역할을 수행한다. 추종자에 대한 또 다른 관점은 그들이 일을 처리하는 사람들이라는 것이며, 리더의 번득이는 아이디어는 행동가들 없이는 소용이 없다는 것이다.[40]

리더십 연구 주제의 대부분은 조직의 목표를 달성하기 위해 집단 구성원들에게 영감을 주고, 동기를 부여하고, 영향을 주는 것에 초점을 맞추고 있다. 그러나 효율적인 집단 구성원이 되기 위한 세 가지 핵심적인 측면, 즉 추종자의 유형, 생산적인 추종자의 개인적인 특성, 리더와 추종자 간의 협력의 중요성에 초점을 맞추는 것 역시 가치있는 일이다.

추종자의 유형

리더가 되는 데 있어 큰 어려움은 추종자들의 재능과 동기가 상당히 다르다는 것을 인식하는 것이다. 마찬가지로, 효율적인 추종자가 되는 것의 어려움은 집단의 일원이 되기 위한 당신의 근본적인 접근법을 이해하는 것이다. 바바라 켈러먼(Barbara Kellerman)은 추종자들이 서로 어떻게 다른지를 설명하는 데 도움이 되는 표상을 제시한다. [그림 1-3]에 제시된 것처럼, 그녀는 다섯 가지 유형의 추종자에 도달하기 위해 리더 또는 집단에 개입하는 수준의 요인을 정의하는 데 중점을 두고 있다. 연속체의 한쪽 끝은 "아무 것도 느끼지 못하며 하지 않는 것"이다. 또 다른 끝은 "열정적으로 헌신하며 깊이 관여하는 것"이다.[41]

1. 고립자. 아주 무심하며, 변화를 가져오기 위한 행동을 취하지 않음으로써 현 상태를 수동적으로 뒷받침한다. 그들은 리더에 대해 별로 관심이 없으며 조

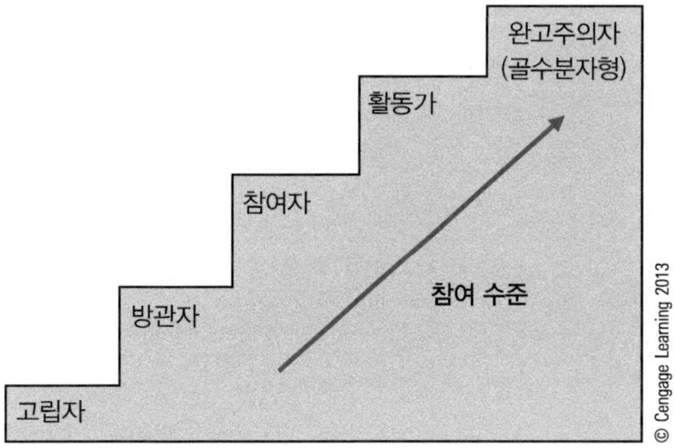

그림 1-3 **참여 수준에 따라 분류된 추종자**

직 전반에 대해 흥미도 없이 자신의 일만 한다. 고립자는 지도가 필요하지만, 때때로 그들을 해고하는 것이 유일한 해결책이다.

2. **방관자.** 자신의 흥미와 관심에 부합할 때만 무임승차하는, 일반적으로 무관심한 사람이다. 회의에서 방관자는 다과에 더 신경을 쓰고 문자 메시지를 몰래 보고 있을 가능성이 높다. 방관자는 낮은 내적 동기를 갖기 때문에, 리더는 방관자에게 행동을 촉발시킬 수 있는 적절한 동기 요인을 찾기 위해 열심히 노력해야 한다.

3. **참여자.** 집단에게 도움이 될 수 있는 새로운 기술을 주도적으로 배우는 등 변화를 가져오기 위해 자신의 시간과 돈을 투자할 만큼 충분한 참여도를 보여준다. 참여자는 때때로 리더와 회사에 찬성하기도 하고 때때로 반대하기도 한다. 리더는 참여자가 건설적인지를 판단하기 위해 그들의 업무와 태도를 주의 깊게 검토해야 한다.

4. **활동가.** 상당히 관여를 하며, 사람들과 프로세스에 많은 투자를 하며, 자신의 지지와 반대를 보여주고 싶어 한다. 그들은 긍정적이든 부정적이든 간에, 자신의 리더와 조직에 대해 확고한 견해를 가지며 그에 따라 행동한다. 활동가는 회사의 목표를 달성하는 데 열정적이거나, 회사가 잘못된 일을 하고 있다고 확신하면 고발(외부 기관에 회사를 신고)할 수 있다. 리더는 활동가들이 회사에 동조하는지 아니면 반대하는지를 인지하고 있어야 한다.

5. **완고주의자.** 대의명분을 위해 기꺼이 굴복하거나, 리더가 잘못된 방향으로 가고 있다고 느끼면 기꺼이 축출하려고 할 정도로 높은 개입 수준을 보인다. 완고주의자들은 리더에게 자산 또는 부채가 될 수 있다. 완고주의자는 행동가보다 밀고자가 될 수 있는 성향이 더 강하다. 예를 들어, 완고주의자는 회사가 파는 아동용 가구에 쓰이는 페인트의 납 함유량을 스스로 테스트해 볼 수 있다. 리더는 그들의 에너지가 조직을 위해 사용되고 있는지를 확인하기 위해 완고주의자들과 지속적으로 접촉을 유지해야 한다.

제시된 추종자 범주는 리더의 어려운 역할에 대한 이해를 돕기 위해 실제를 약간 보태어 덧붙였다. 집단에 있는 모든 사람들이 과도하게 열정적이고 조직의 목표를 달성하기 위해 협력하는 것은 아니다.

효율적인 추종자의 필수적인 자질

로버트 켈리(Robert E. Kelley)에 따르면, 효율적인 추종자는 네 가지 필수적인 자질을 가진다.[42]

1. **자기 관리.** 좋은 추종자가 되기 위한 핵심은 철저한 감독 없이도 스스로 생각하고 업무를 잘 수행하는 것이다. 효율적인 집단 구성원은 자신의 리더만큼 능력이 있다고 스스로 생각한다.
2. **몰입.** 효율적인 추종자는 자신 이외의 것, 즉 대의명분, 제품, 부서, 조직, 아이디어, 또는 가치 등에 몰입한다. 몰입된 집단 구성원을 위하여, 리더는 목표 달성을 위한 진전을 가능하게 할 수 있다.
3. **역량과 집중.** 효율적인 추종자는 자신의 역량을 구축하고 최대의 효과를 위해 자신의 노력을 집중한다. 역량은 조직에 도움이 되는 기술을 연마하는 데 집중한다. 효율적이지 못한 집단 구성원은 훈련이나 개발 계획에 참여하는 일이 거의 없다.
4. **용기.** 효율적인 추종자는 독립적이고 비판적인 사고자로서 자리를 잡으며 자신이 옳다고 믿는 것을 위해 싸운다. 좋은 추종자는, 예컨대 지급 계정을 이행하는 데 90일이나 걸리거나 최고 경영층과 유사한 인구통계학적 특성을 가진 사람들 중에서 아주 배타적으로 핵심 인재를 채용하거나 하는 회사 정책에 이의를 제기할 것이다.

이 항목은 필수적인 실례로써, 대부분의 어떠한 긍정적인 인간의 자질도 효율적인 집단 구성원 또는 추종자가 되는 데 직간접적으로 기여를 할 수 있을 것이다. 효율적인 추종자의 자질을 표현하는 또 다른 방법은 그러한 추종자는 리더들의 개인적 특성과 자질을 투영한다고 하는 것이다. 리더가 집단 구성원의 성격을 변화시킬 수는 없지만, 이러한 자질을 북돋아 주기 위한 조치를 취할 수는 있다. 지도, 임파워먼트, 지원적 커뮤니케이션, 잦은 피드백 등과 같은 관여는 효율적인 팔로워십을 뒷받침할 것이다.

리더와 추종자 간의 협력

추종자의 핵심 역할은 조직의 목표 달성을 위해 리더와 협력하는 것이다. 리더십 전문가 워렌 베니스(Warren Bennis)에 따르면, 포스트–관료 조직(팀 기반 조직과 같이 관료주의 시대 이후에 나타나는 조직 형태)은 리더와 추종자 간의 새로운 형태의 연합을 필요로 한다. 고위급 리더가 모든 의사결정을 하는 것이 아니라 지식을 가진 조직 구성원으로부터 나오는 조언을 구하려고 할 때, 리더와 추종자는 더욱 긴밀하게 일하게 된다.[43]

이와 관련된 사항이 새로운 리더와 추종자는 긴밀한 협력자라는 것이다. 위대한 리더는 위대한 집단에 의해 만들어 진다. 모든 조직 구성원은 리더가 역할을 성공적으로 수행할 수 있도록 에너지와 재능을 제공할 필요가 있다.

요약

리더십은 조직의 목표를 달성해야 하는 사람들에게 자신감을 고취시키고 그들을 뒷받침하는 능력이다. 조직의 목표를 달성하기 위한 사람들 사이에서 자신감을 고양시키고 뒷받침을 하는 능력이다. 앞서 이끄는 것은 관리자 업무에 있어 중요한 부분이지만, 관리자 또한 계획을 짜고, 조직을 하고, 통제를 한다. 리더십은 변화, 영감, 동기유발, 영향력을 다루는 것이라 할 수 있다. 반대로, 관리는 균형과 현 상태를 유지하는 것이다. 리더십은 흔히 리더와 집단 구성원 간의 파트너십 혹은 협력으로 볼 수 있다.

많은 사람들은 조직의 성과가 리더십 행동 때문이라고 생각한다. 몇몇 연구 결과는 널리 인정받고 있는 이러한 견해를 뒷받침한다. 예를 들어 한 연구는 리더십 행동이 성과에 영향을 미칠 수 있다는 것을 보여주었다. 하지만 이것은 리더가 책임감 있고 감화를 준다고 인식되는 경우에만 해당된다. 다른 연구들은 리더십을 대체하는 근무 환경에서의 특정 요소들이 리더의 역할을 거의 불필요하게 만든다고 주장한다. 이러한 요소에는 고도로 숙련된 인력으로 긴밀하게 조직된 팀, 업무에 대한 본질적 만족, 컴퓨터 기술, 전문 규범이 있다. 리더십에 반대하는 또 다른 주장은 상황이 더 중요하며 리더는 몇 가지 자원에 대해서만 단독으로 통제를 할 수 있기 때문에 리더가 대부분의 조직 성과와는 무관하다는 것이다. 게다가, 새로운 리더는 그들의 가치관이 기업의 가치관과 양립할 수 있을 때 선택되기 때문에 그러한 가치관이 실질적으로 더 중요하다.

복잡성 이론은 리더와 관리자가 복잡한 조직 시스템 과정을 변경하기 위해 할 수 있는 일은 거의 없다고 주장한다. 모든 회사가 궁극적으로 소멸하는 것에 영향을 주는 것은 리더가 아니라 시스템이다.

리더가 수행하는 역할을 검토하는 것은 리더십의 기능을 이해하는 데 도움이 된다. 10가지 리더십 역할은 명목상의 대표자, 대변인, 협상가, 지도자 및 동기 부여자, 팀 구축자, 팀 플레이어, 기술적 문제 해결사, 기업가, 전략 기획가, 집행자이다. 이러한 역할들이 갖는 중요한 의미는 모든 단계의 매니저들이 리더십을 발휘할 수 있다는 것이다.

리더의 자리는 종종 만족스럽다. 왜냐하면 권력, 위상, 남을 도울 수 있는 기회, 고소득, 그리고 자원을 통제할 수 있는 기회를 제공하기 때문이다. 어떤 때는 리더가 된다는 것은 '성과를 창출해 내거나 아니면 죽거나' 하는 사고방식, 충분치 못한 권한, 사람과 관련된 많은 문제에 대한 처리, 그리고 과도한 조직 정치 등과 같은 수많은 좌절감을 수반한다. 리더는 또한 직원들이 독립적이어야 한다는 점과 공동의 목적을 위해 헌신해야 한다는 점 사이에서 균형을 유지해야 하는 어려움을 겪기도 한다.

여기에 제시되어 있는 리더십 이해를 위한 체계는 리더십 과정이 리더, 집단 구성원, 그리고 기타 상황 변수의 함수라는 개념을 바탕으로 하고 있다. 이 모델에 따르면, 리더의 특징과 특성, 리더의 행동과 스타일, 집단 구성원 특성, 내/외부적 환경과 같은 핵심 변수를 검토함으로써 리더십을 가장 잘 이해할 수 있다. 리더십 효율성은 네 가지 변수에 따라 결정된다. 모델의 또 다른 요점은 리더십이 개인, 소규모 집단, 조직을 포함하는 다단계라는 것이다. 사회와 문화 또한 고려해야 할 필요가 있다.

리더십 스킬은 개념 지식 습득, 사례 읽기, 경험적 훈련하기, 피드백 얻기, 자연스러운 상황에서 연습하기 등을 포함하는 일반적인 학습 모델을 따라 함으로써 개발될 수 있다.

리더가 직면하는 큰 어려움은 추종자들이 특성에서 큰 차이를 보인다는 것이다. 이러한 추종자들의 특성에는 아무것도 느끼지 않고 하지 않는 것에서부터 총체적인 열정, 헌신, 개입까지의 참여 수준을 포함한다. 효율적인 리더가 되기 위해서는 자기 관리, 몰입, 역량과 집중, 용기와 같은 특징을 가진 좋은 추종자가 필요하다. 추종자의 핵심 역할은 조직 목표 달성을 위해 리더와 협력하는 것이다. 포스트-관료 조직은 리더와 추종자 간에 새로운 형태의 연합을 필요로 한다.

핵심 용어

리더십
리더십 대체 요인
파트너십
리더십 효율성

행동 및 스킬 강화를 위한 지침

리더와 리더십에 관한 방대한 양의 정보가 수집되었고, 다양한 리더십 이론이 개발되었다. 많은 리더십 연구 결과와 이론은 사람을 혼란스럽게 만들고 모순을 안고 있다. 그럼에도 불구하고, 이 정보의 숲에서 더 효율적인 리더가 될 수 있도록 당신을 이끌어 줄 많은 유용한 리더십 개념과 기술이 등장하였다.

당신은 리더십 효율성을 위해 노력하고 있기 때문에, 우선 이 본문에 기술된 리더십 접근 방법과 친숙해져야 한다. 그리고 당신이 직면한 리더십 상황에 가장 적합한 것으로 보이는 정리를 선택한다. 예를 들어, 당신이 팀을 이끌고 있다면, 팀 리더십에 관한 정보를 검토한다. 일반적으로 효율적인 리더는 주어진 상황의 요구를 충족시키기 위해 몇 가지 리더십 접근법을 결합할 필요가 있다. 예를 들어, 리더는 팀이 위기로부터 다시 일어설 수 있도록 창의적인 문제해결과 구성원들에 대한 정서적 지지를 결합해야 할 수도 있다.

우리가 추천하는 절충적(많은 접근법 중 선별) 접근법은 "리더십 성공으로 가는 여섯 가지 비밀이 있다."와 같은 아이디어를 받아들이는 것보다 더 효율적일 수 있다.

토의 문제 및 토의 활동

1. 최근 몇 년 동안 리더십이란 주제에 대한 관심을 급상승시킨 환경 또는 사회적 영향력 요

인은 무엇인가?

2. 공식적인 리더의 지위를 갖고 있는 상황에서 직장이나 외부에서 리더십을 발휘한 예를 들어본다. 당신의 활동을 리더십으로 표현할 수 있는 이유를 설명한다.
3. 자신이 효율적인 리더이자 효율적인 경영자라는 것을 입증하기 위해 당신의 보스는 무엇을 해야 하는가?
4. 매우 효율적이라고 생각하는 비즈니스 리더 또는 스포츠 지도자를 알아보고, 왜 그 사람이 효율적이라고 생각하는지 설명한다.
5. 비공식적인 설문 조사에 의하면, 고등학교 졸업 앨범에서 '가장 성공할 것 같은 사람'으로 뽑힌 대부분의 사람들은 나중에 직업상 리더가 되었다. 이러한 결과에 대해 어떻게 설명할 수 있는가?
6. 주요 대기업의 고위급 리더들은 직장에서 가장 높은 보수를 받는다. 비즈니스 리더들에게 그렇게 많은 임금을 주는 이유는 무엇인가?
7. 리더십에 관한 유용한 정보가 많음에도 불구하고, 왜 우리는 여전히 부하의 존경을 얻을 수 없는 많은 경영자들을 발견하게 되는 것인가?
8. 10가지의 리더십 역할 중 어느 것이 당신의 경력 단계에 가장 적합하다고 생각하는가? 이유를 설명하라.
9. 패스트푸드 레스토랑 지점의 25살 먹은 매니저는 그녀가 효율적인 리더가 아니라는 말을 상사에게서 들었다. 그녀는 대답했다. "1년에 2만 5천불의 연봉으로, 어떻게 내가 효율적인 리더가 되길 기대할 수 있죠?" 그녀의 주장에 대해 어떻게 생각하는가?
10. 어떤 방법으로 효율적인 추종자는 한 사람에게 효율적인 리더가 될 수 있도록 준비를 도와줄 수 있는가?

리더십 사례 문제

서브프라임 부서는 우울하다

매리 첸은 수년 간 대형 은행의 서브프라임 모기지 부서의 매니저로 일하고 있다. 작은 부서임에도 불구하고, 그녀와 경영진들은 그들의 임무가 중요하다고 생각했다. 첸은 다음과 같이 설명한다. "우리는 낮은 신용등급을 가진 사람들이 주택 소유자가 될 수 있도록 해 줍니다. 우리는 여러 가지 이유로 우수한 신용등급을 갖지 못한 정직하고 열심히 일하는 사람들을 위해 대출금을 만들어 줍니다. 그래서 여러 곳에 압류가 있음에도 불구하고, 우리는 이 세상에서 좋은 일을 하고 있습니다."

변동금리 모기지(ARM) 금리가 상승함에 따라, 체납자의 수는 3배가 되었고, 압류는 두 배로 늘어났다. 매일같이 미디어는 잠재적인 경기침체와 주식 시장의 급격한 하락이 서브프라임 대출 기관 때문이라고 비난하면서, 그들을 맹공격했다.

부서에 있는 사람들을 감독하는 것이 점점 어려워졌다. 첸은 다음과 같이 말했다. "서브프라임 혼란이 진행됨에 따라, 우리 부서에서 미소를 거의 찾아 볼 수 없었어요. 직원들은 빈번하게 전화로 병가를 냈습니다. 부서에 있는 사람들 중 절반이 1등급 신용 기록을 가진 고객들에게 대출을 해주는 모기지 부서로 이동을 신청했습니다. 최고의 직원들조차도 스트레스로 지쳐 보였죠."

경력 4년의 모기지 전문가 말콤 플린은 서브프라임 부서의 근무 조건을 이러한 말로 설명하였다. "큰일입니다. 사람들이 우리를 마치 마약상인 것처럼 보고 있다는 것을 알고 있습니다. 사람들은 우리가 상환할 수단이 없는 사람들에게 대출을 해주었기 때문에 타락했다고 생각합니다."

"우리들 중 대부분은 은행 밖에서 사람들과 이야기할 때 우리가 어떤 일을 하고 있는지 말하지 않을 것입니다. 우리는 일이 더 재미있어지기를 바라며 매일 출근하지만, 그런 일은 절대 없습니다."

첸이 자신의 집단 내에서 그녀가 직면하고 있는 사기 문제를 논의하고 있을 때, 그녀의 매니저는 첸에게 '더 좋은 리더'가 되라고 조언했다. 매니저는 또한 진정한 리더는 힘든 시간을 통해 집단을 이끌어 나갈 수 있다고 말했다.

첸은 마음속으로 생각했다. "이 조언은 말로는 그럴 듯해 보이지만, 앞으로 무엇을 해야 될지 모르겠어."

질문

1. 부서의 사기를 회복할 수 있도록 첸에게 어떠한 조언을 해 주겠는가?
2. 이 집단이 걱정에서 벗어날 수 있도록 첸은 어떠한 리더십 역할을 강조해야 하는가?
3. "진정한 리더는 힘든 시간을 통해 집단을 이끌어 나갈 수 있다."고 한 첸의 매니저의 말을 어느 정도까지 믿는가?

관련 역할극 팀 격려하기

한 학생은 금요일 아침 10시에 사기진작 회의를 열기로 한 매리 첸 역할을 한다. 그녀는 베이글, 도넛, 신선한 과일, 그리고 몇 가지 에너지 음료가 포함된 음료를 제공한다. 첸의 의도는 자신의 그룹을 격려하려는 것이며, 그들의 업무가 사회에 있어 얼마나 중요한지를 인식시키고자 하는 것이다. 몇몇 다른 학생들은 자신의 업무에 대해 혼합된 태도를 가진 부서 구성원의 역할을 한다. 약 8분 동안 역할극을 진행한다. 관찰자들은 첸이 얼마나 성공적으로 보이는지, 그리고 집단 구성원들이 얼마나 효율적으로 자신의 감정을 표현하는지에 집중한다.

CHAPTER

02 글로벌 및 다문화 리더십

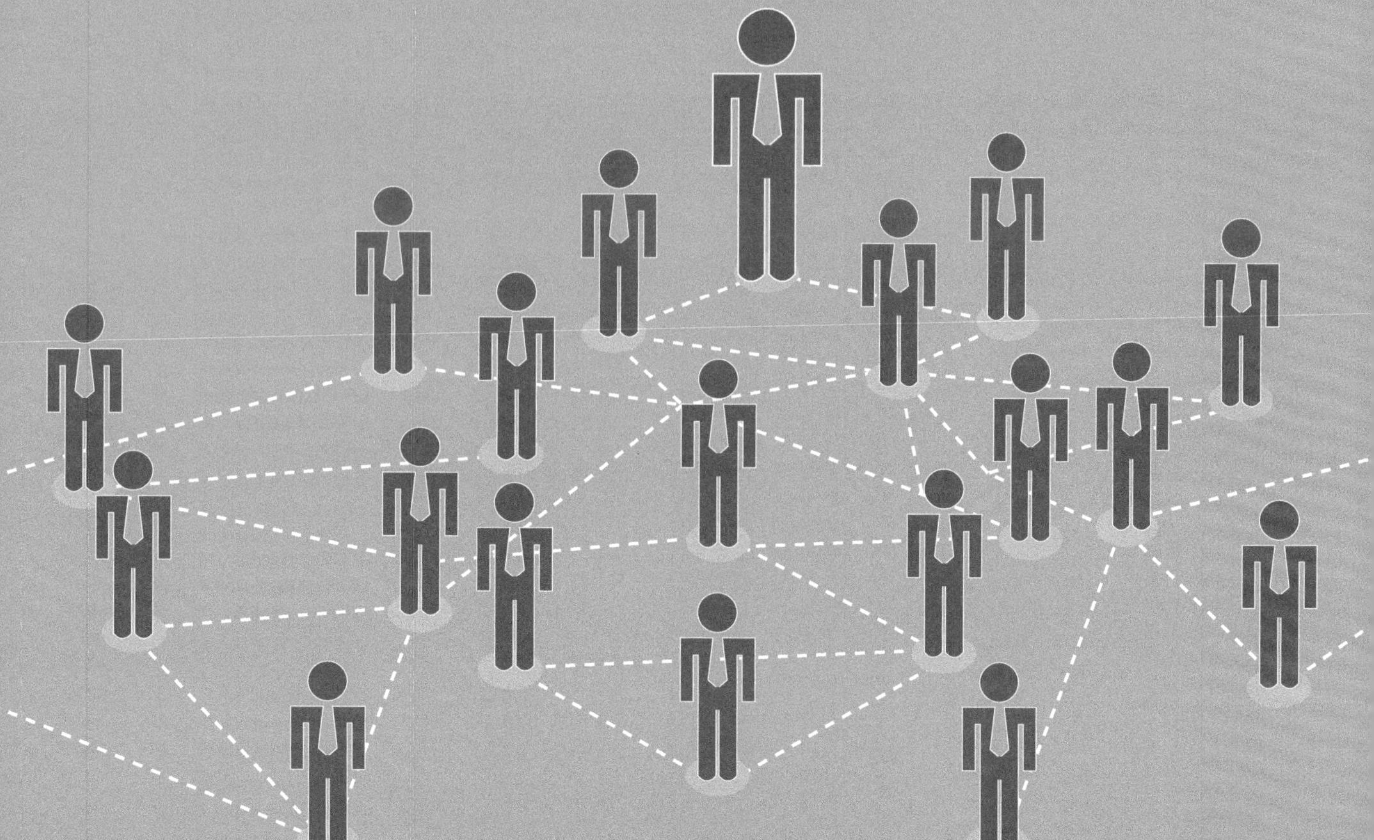

학습 목표

이 장의 학습과 훈련을 통해, 당신은 다음을 할 수 있을 것이다.

- 다양성을 이끌어 가고 관리하는 것으로부터 잠재적인 윤리적 우위와 경쟁우위를 설명한다.
- 가치를 포함한 문화적 요인이 리더십 관행에 어떠한 영향을 미치는지 설명한다.
- 문화적 민감성과 문화 지능이 리더십 효율성에 기여하는 바를 설명한다.
- 글로벌 리더십 역량이 리더십 효율성에 어떻게 기여하는지 설명한다.
- 문화적 다양성의 수용을 높이기 위한 리더십 계획을 정확히 집어낸다.

개요

자동차와 건물 유리를 공급하는 세계적인 기업인 (주)일본 판유리(Nippon Sheet Glass, NSG)는 2년 만에 일본 회사에 있어서는 두 번째로 흔치 않은 채용을 했다. 듀폰의 경영자 출신이며 외국인인 크래그 네일러가 대표이자 CEO로 임명되었다. 그는 회사가 두 번 연속으로 고용한 비일본인 CEO였다. (주)일본 판유리의 회장인 가츠지 후지모토는 네일러에 대해 "우리가 기대하는 글로벌 리더의 기본적인 자질을 갖추고 있으며, NSG를 한 단계 더 발전시킬 인물"이라고 말했다.

네일러는 1970년 듀폰의 영국 지사에 입사하여 다국적 화학 회사에서 꾸준히 승진하였다. 그는 스위스, 미국, 중국에서 일한 경험이 있고, 1987년부터 1991년까지 일본 지사의 대표로 근무하였다. 듀폰에서 그의 마지막 직책은 미국에 있는 전자통신계열사의 부사장이었다.

일본 판유리에서 네일러는 세계적인 관점과 문화의 다양성을 강조하고 있다. 그는 우선적으로 국내 문제를 강조하는 일본식 경영 방식을 버리기 위해 노력했다. 네일러는 많은 영국 미국 기업의 특징인 빠른 의사결정 관행을 좋아하지 않는 NSG 직원들의 저항에 부딪혔다. 대신에 일본 근로자들은 의사결정에 대한 의견일치 방식을 선호했다.

몇 년 전 영국 유리 제조업체인 필킹턴(Pilkington PLC)을 인수한 이후, (주)일본 판유리는 영어를 공식 언어로 채택하였다. 동시에 네일러는 본사에서 개발된 전략을 단순하게 실행하는 것이 아니라, 전략을 만드는 데 투입되는 다문화, 다중지역 팀을 만들었다. 네일러는 자신이 듀폰 일본 지사로 발령받았을 때, 종종 지역적 특징을 고려하지 못한 기획안을 받았던 것을 기억한다. 그는 글로벌 기업의 효과적인 전략에는 현지의 조언이 필요하다고 굳게 믿고 있다.

네일러는 미국의 다국적 기업의 대부분의 이사회는 다문화적 구성을 더 선호하며, 특히 미국 이외의 국가 출신 이사진을 더 선호한다고 생각한다.

NGS에서 영어가 공식 언어가 되는 것에 대해, 네일러는 언어 장벽을 극복하기 위해 직원들이 비즈니스 커뮤니케이션에서 숙어와 속어를 지양하도록 하고 있다. 그는 "일본인들은 잘 이해할 수 없기 때문에 그러한 표현을 없애야 한다."고 말한다. 일본인들이 영어 실력을 향상시키기도 해야 하지만, 영국인들도 그들을 이해시켜야 한다.[1]

일본 기업을 이끌고 있는 영국인 경영진에 관한 이야기는 언어와 현지화 같은 문화적 요소가 성공적인 회사 운영에 있어 중요하다는 것을 보여준다. 다른 나라

에서 일하면서 자신과는 다른 문화 집단을 다룬다는 것은 많은 고위 관리직에게 필수 요건이 되고 있다. 앞서 언급하였듯이, 최근 몇 년 동안 제조업체들은 글로벌한 공급업체와 거래하고 문화적 차이를 극복할 수 있는 리더를 찾고 있다. 일례로, 지난 몇 년간 중국과 인도에서 빠르게 성장하고 있는 회사인 캐터필러(Caterpillar)를 들 수 있다.[2]

게다가 기업의 성공, 이윤, 성장은 증가하는 국내외의 다양한 노동력 관리에 점점 더 의존하고 있다. 미국 인구조사국에 따르면, 2042년까지 소수 인종은 미국 인구와 노동력의 50% 이상을 차지할 것이라고 전망한다. 유럽 국가들 또한 보통 다수의 외국인 노동자를 유치하기 위해 고안된 자유로운 이민 정책으로 인해 점점 더 다양해지고 있다.[3]

직장 내 다양한 문화적 인구 집단들은 리더와 동료들이 존경, 존엄성, 공정성, 세심함을 가지고 자신들을 대해 줄 것을 원한다. 동시에, 이들 집단은 고객의 다양성에 응대하고 다양한 아이디어를 발생시키기 위해 서로 원만하게 협력을 해야 한다.[4]

다양성에 대한 초점은 조직에 전적으로 참여할 수 있는 기회를 가진 다양한 유형의 사람을 포함하기 때문에, **포용**(inclusion)이라는 단어가 종종 다양성을 대신해 사용된다. 노동력이 더욱 다양해질 뿐만 아니라, 비즈니스 또한 점점 글로벌화 되고 있다. 대기업을 비롯하여 중소기업들도 점점 글로벌 무역에 대한 의존도가 증가하고 있다. 게다가 대부분의 공산품은 하나 이상의 국가에서 들여온 부품들을 포함하고 있으며, 글로벌 아웃소싱 또한 지배적인 추세가 되고 있다.

국가 내 그리고 국가 간 문화적 다양성에 대한 접근법은 리더십 관점을 강조한다. 핵심 주제는 다양성 관리의 윤리적 우위와 경쟁우위, 문화적 요인이 리더십 관행에 어떠한 영향을 미치는지, 문화적 민감성과 글로벌 리더십 기술이 리더십 효율성에 어떻게 기여하는지를 포함한다. 이 장은 또한 문화적 다양성 수용을 향상하는 계획을 설명한다. 기본 주제는 다양한 사람들에 대한 효율적 리더십은 문화적 차이에 대한 세심함과 향유를 요구한다는 것이다.

2.1 다양성 관리의 이점

리더와 조직의 윤리적이고 사회적으로 책임 있는 목표는 다양한 노동력을 적절하게 제공하는 것을 포함한다. 따라서 윤리적인 리더는 인사 결정의 근거로서 편애나 편견 대신에 장점을 활용해야 한다. 또한 다양성을 받아들인 기업은 사회적 책임을 지는 행동으로 사회적 책임을 한다. 예를 들어, 발달 장애가 있는 실업자 5명을 고용하기로 한 리더는 사회적 책임을 지는 행동을 하고 있는 것이다. 이러한 사람들을 고용하는 것은 그들에 대한 경제적 복지의 책임을 국가나 민간 자선 단체 대신 고용주가 하는 것이다(일부는 이들을 고용하는 것이 비용대비 효과적이지 않은 이상, 회사가 주주에 대한 책임을 도외시하고 있다고 주장한다).

각종 연구와 견해에 따르면, 다양성 관리는 기업에게 경쟁우위를 가져온다. 맥도널드의 글로벌 최고 다양성 책임자(Chief Diversity Officer)인 패트리샤 해리스는 그 문제를 매우 직접적으로 언급한다. "우리는 소수 민족 사회에서 더 많은 햄버거를 판매하기 위한 최고의 방법이 다양성이라는 것이 명확해지면서 사업 다변화를 시작했습니다."[5] 그러한 우위는 다양성이 기업의 전략에 반영되었을 때 발생하게 될 가능성이 크다. MIT대학 교수인 토마스 코카(Thomas S. Kocha)의 장기간의 연구에 따르면, 다양성은 적절한 훈련이 동반되고 조직 문화가 그 다양성을 뒷받침하는 경우에만 기업 성과를 향상시킬 수 있다.[6] 게다가, 조직의 최고 경영자는 포용을 가치 있게 여기는 옹호자가 되어야 하며, 조직 전체의 다른 사람들을 위해 다양성에 관한 시각을 확립하고 관련 조치를 취해야 한다.[7]

여기에서는 인구학적 그리고 문화적 다양성의 경쟁우위에 관한 증거와 의견을 살펴보기로 한다.

1. **이직률과 결근으로 인한 비용의 감소.** 조직은 더욱 다양해지고 있지만, 다양성 관리 비용은 거의 늘어나지 않고 있다. 소수 집단이 스스로 정당한 대우를 받고 있다고 느낄 때 이직률과 결근은 감소한다. 보다 효과적인 다양성 관리는 다양한 집단의 작업 만족도를 증가시켜 이직률과 결근 그리고 그와 관련된 비용을 감소시키는 것이다. 다양성을 잘 관리하기 위한 올스테이트(Allstate Corporation)의 주요 계획들은 본사와 현장 모두에서 라틴계 미국인과 아프리카계 미국인의 이직률을 실질적으로 감소시키고 있다.[8]

2. **다양성을 잘 관리하는 것에는 마케팅적인 이점이 있다.** 표상적 노동력은 상품과 서비스의 판매를 촉진하며, 그러한 노동력에 대한 수요는 점점 증가하고 있다. 다양성 마케팅의 이점에 있어 중요한 요소는 회사 고객의 다양성에 부합하는 노동력이 다양한 고객들에게 호소를 하는 데 있어 유리하다는 점이다. 미래 노동 연구소에 따르면, 미국 내 상품 및 서비스 분야에서 가장 빠르게 성장하고 있는 내수 시장은 소수 민족 공동체가 될 것이다. 그러한 신흥 집단 중 하나는 아프리카 이민자들로, 구매력 측면에서 빠르게 성장하고 있는 시장을

대표한다.[9]

뱅크오브아메리카의 리더는 그들의 동료, 고객, 클라이언트, 주주의 요구를 이해하고 충족시키는 비즈니스적 이점을 제공하기 때문에 거대 은행이 다양하고 폭 넓은 작업 환경을 조성한다고 말한다.[10]

또 다른 마케팅 이점은 문화적으로 다양한 집단 출신 사람들의 대부분은 다양성 관리에서 좋은 평판을 가진 회사의 제품 구매를 선호한다는 점이다. 올스테이트 보험사는 다양성 계획의 주도로 유명하며, 올스테이트는 아프리카계 미국인과 라틴 사람들의 보험 회사로서 미국 내 선도 기업이 되었다. 올스테이트 지도부는 포괄적 다양성이 핵심 가치의 하나라고 말한다.[11] 많은 수의 이들 두 집단 출신의 대리인과 고객 서비스 담당자들로 인해 아프리카계 미국인과 라틴 사람들을 고객으로 유치하여 유지하는 비율이 매우 높다. 스테이트 팜(State Farm)은 사업 전략의 일환으로 다양성을 촉진하는 재무 서비스 회사의 또 다른 예이다.

3. **다양성 관리에 좋은 전력을 갖고 있는 회사는 인재 채용과 유지에 있어 확실한 이점이 있다.** 다양성을 기꺼이 받아들이는 것으로 호의적인 평판을 가진 회사들은 여성과 소수 인종 및 민족 중 가장 강력한 입사 지원자들을 끌어 들인다. 또한, 다양한 노동력을 받아들이지 않는 회사는 잠재적 지원자의 공급이 줄어들게 된다. 채용 과정에서 다양성을 위해 노력하는 조직은 수월하게 지원자들을 검색할 수 있는 더 큰 인력풀을 갖게 된다. 유력한 한 예로, 최근 기업들이 고위직 리더로서 여성이나 외국인에 대한 선택이 증가하고 있다는 것이다. 기업이 문화적으로 다양한 직원을 고용하고 성공에 필요한 모든 도구, 자원, 기회를 제공할 때, 기업은 노동력의 최대의 능력을 이끌어 낼 수 있다.

4. **노동력의 이질성은 회사에게 창의적인 이점을 제공할 뿐 아니라, 문제해결 및 의사결정 능력을 향상시킬 수 있다.** 문제에 대한 창의적 해결은 다양한 집단이 문제에 접근할 때 도출될 가능성이 높다. 스콧 페이지(Scott E. Page)의 실험에 따르면, 다양한 관점과 경험칙(heuristics; 문제 해결을 위한 경험 법칙)을 가진 구성원으로 이루어진 집단은 개인적으로 최고의 역량을 가진 구성원들로 이루어진 집단을 지속적으로 능가했다.[12] 이러한 결론은 때로는 복잡한 세무 규정을 이해하거나 망막 레이저 수술법에 대한 지식과 같은 전문화된 지식이 절대적으로 필요하다는 한계점을 갖기도 한다.

5. **다양성 프로그램 및 포용 프로그램은 지역 경제를 도와 사회적 책임을 증폭시킨다.** 많은 대기업들은 지역, 소수 민족, 그리고 여성 공급업자로부터의 구매를 위한

다양성 계획을 세운다. 실질적인 구매는 자금 회전뿐 아니라 고용의 측면에서 지역 경제에 도움을 준다. 샌프란시스코에 기반을 둔 공익사업체 PG&E의 다양성 및 포용 담당 이사인 조이스 이바돌라사는 이렇게 말한다. "소수 민족이 소유한 사업체에 돈을 쓰는 것은 지역 경제에 긍정적인 순효과를 발생시킨다는 것에 대해서는 의심의 여지가 없습니다."[13]

과학적 연구는 다양성의 이점에 대한 이해를 지속적으로 개선시키고 있다. 많은 연구 분석에 따르면, 문화적 다양성은 (레스토랑이나 호텔과 같은)서비스 산업 분야에서 긍정적인 효과를 가졌다. 반면, 제조업 환경 내에서의 문화적 다양성은 약간의 부정적인 효과를 가져왔다. 서비스 환경에서 직원들은 고객들과 빈번하게 상호작용하기 때문에, 성별, 인종, 연령의 차이와 관련된 문제 해결에 경영진이 더 적극적이라는 것이다.[14]

밀리켄(Frances J. Milliken)과 마틴(Luis L. Martins)에 따르면, 다양성은 양날의 칼처럼 보일 수 있다. 다양성은 창의성, 집단 구성원이 만족을 하지 못하고 집단과의 동질감을 느끼는 데 실패할 가능성 모두를 증가시킨다(다양한 관점은 종종 창의성을 향상시킨다).[15] 또 다른 주의 사항은 다양한 집단의 리더는 구성원들이 협력하도록 돕지 않으면 다양한 관점의 이점은 사라지게 된다.[16]

다양성의 잠재적 이점을 활용하는 방법에 대한 당신의 의식 수준을 높이기 위해 [리더십 스킬 구축 연습 2-1]을 한다. 이 연습은 다양성 기술이 리더십과 관련된 대인관계 기술의 또 다른 중요한 일부분이라는 것을 보여준다.

리더십 스킬 구축 연습 2-1

다양성 활용하기

학급을 약 여섯 명의 학생으로 이루어진 소규모 그룹들로 구성한다. 학생들은 중간 규모의 제조업체 또는 서비스 기업의 최고 경영진 역할을 맡는다. 각 그룹은 다음의 과제를 수행한다. "사회적인 의식이 높고, 윤리적이며, 사고에 있어 현대적인 당신 회사는 이미 매우 다양한 인력을 보유하고 있다. 하지만, 어찌된 일인지 당신 회사는 경쟁자보다 더 나은 수익성을 보이지 않는다. 회사 리더(다양성 집단)로서 오늘 당신은 회사 내의 문화적 다양성을 더 잘 활용하는 문제에 착수를 하게 될 것이다. 약 15분 동안 작업을 하여 당신 회사가 다양성을 활용할 수 있는 몇 가지 구체적인 아이디어를 개발한다." 문제해결이 완료된 후, 팀 리더는 다른 그룹에게 자신의 아이디어를 발표한다.

2.2 리더십 관행에 영향을 미치는 문화적 요인

다문화 리더란, 인종, 성별, 나이, 사회적 태도, 그리고 생활 방식 전반에 걸쳐 사람들에게 실질적으로 공감하고 동기를 부여하는 역량과 태도를 지닌 리더를 말한다. 다양한 사람들에게 문화적으로 영향을 주고, 동기부여를 하며, 영감을 주기 위하여, 리더는 명백하고 미묘한 문화적 차이를 인식하고 있어야 한다. 그러한 문화를 기반으로 한 차이가 일반화되더라도, 차이점은 다른 문화 출신의 사람을 이끌기 위한 리더의 시도에 대한 출발점이 된다. 예를 들어, 많은 아시아인들은 대중 앞에서 칭찬을 받는 것에 대해 남의 시선을 의식한다. 왜냐하면 그들은 개인적으로 주목 받는 것이 집단의 조화를 유지하고자 하는 자신들의 바람과 충돌한다고 느끼기 때문이다. 따라서 매니저는 자신이 그 집단 구성원의 선호도를 이해할 때까지 집단 앞에서 아시아인 집단 구성원을 칭찬하는 것을 삼가도록 해야 할 것이다. 관리자는 특히 많은 아시아인들이 자신의 모국 밖에서 일할 때, 동료 앞에서 칭찬 받는 것을 환영한다는 점을 발견할 수 있을 것이다.

여기서는 리더가 문화적으로 다양한 업무 현장에서 관리하는 방법을 배우는 데 도움이 되는 두 가지 주제인 (1) 문화적 가치의 차이에 대한 핵심 관점 이해하기와 (2) 문화적 가치가 리더십 스타일에 미치는 영향에 대해 살펴볼 것이다.

문화적 가치 차이의 핵심 차원

국가 문화가 얼마나 다른지를 이해하는 한 가지 방법은 그들의 가치 또는 문화적 차원을 살펴보는 것이다. 여기에 제시되어 있고 [그림 2-1]에 나와 있는 문화적 차원은 62개 사회 문화에서 실시된 연구 프로그램인 GLOBE(Global Leadership and Organizational Behavior Effectiveness)에 포함된 것을 대부분 바탕으로 하고 있으며, 문화적 차원에 대한 선행 연구 분석을 기반으로 하고 있다.[17] 또한 타문화의 사람들과 일할 때 유용한 두 가지 다른 차원인 시간에 대한 태도와 업무 지향성을 포함시켰다. 이러한 문화적 차원은 특정 문화의 표상적인 사람에게 적용되는 정형화된 이미지이며, 모욕하려는 의도는 아니라는 것을 명심한다. 개인적 차이는 상당히 많은 편이다. 예를 들어, 많은 미국인들은 적극적이지 않으며 많은 프랑스 사람들은 기꺼이 주당 70시간을 일한다.

그림 2-1 **문화적 가치의 차원**

1. **성과 지향성.** 사회가 성과 개선 및 우수성에 대해 집단 구성원을 격려하고(또는 격려해야 하고) 보상을 하는 정도이다. 성과 지향성이 높은 국가는 미국과 싱가포르이며, 러시아와 그리스는 낮은 편에 속한다.

2. **적극성.** 개인이 다른 사람과의 관계에서 적극적이고, 대립적이며 공격적인(그리고 그래야 하는) 정도이다. 이 차원에서 평가가 높은 국가는 미국과 오스트리아이며, 낮은 국가는 스웨덴과 뉴질랜드이다. 적극적인 사람들은 비즈니스에서의 경쟁을 즐기는 반면, 적극적이지 않은 문화의 사람들은 조화, 충성심, 연대를 선호한다.

3. **미래 지향성.** 개인이 만족감을 뒤로 미루고, 계획을 짜서 미래를 위해 투자를 하는 것과 같이 개인이 미래 지향적인 행동에 참여하는 (또는 참여해야 하는) 정도이다. 싱가포르와 스위스가 장기적인 관점을 가진 사회의 예인 반면, 러시아와 아르헨티나는 미래 지향성이 낮다.

4. **시간 지향성.** 국가와 개인이 시간에 부여한 중요성이다. 급박한 시간 지향성을 가진 사람들은 시간을 희소 자원으로 인식하며 초조해 하는 경향이 있다. 무심한 시간 지향성을 가진 사람들은 시간은 무한정의 영구 자원으로 보며

참을성이 있는 편이다. 미국인들은 급박한 시간 지향성으로 유명하다. 그들은 종종 기한을 정하고 사업을 시작하길 바란다. 반면, 아시아인, 멕시코인, 중동 사람들은 인내심이 강한 협상가들이다.

5. 인간 지향성. 개인이 공정하고, 이타적이고, 타인을 배려하는 것에 대해 사회가 격려하고 보상하거나 그렇게 해야 하는 정도이다. 이집트와 말레이시아는 이 문화적 차원에서 높은 순위에 있으며, 프랑스와 독일은 낮다.

6. 내집단 집단주의. 개인이 자신의 조직과 가족들에 대한 자부심, 충성도, 응집력을 표현하거나 표현해야 하는 정도이다. 이집트와 러시아를 비롯하여, 아시아 사회들은 집단주의를 강조한다. 집단주의로 인한 한 가지 결과는 가족 구성원과 자신을 고용한 집단에 자부심을 갖는 것이다.

7. 성적 평등주의. 문화가 성적 불평등을 최소화하거나 최소화해야 하는 정도이다. 유럽 국가들은 성적 평등주의를 강조하며, 미국과 캐나다도 마찬가지이다. 한국은 성적 평등주의에서 낮은 수위에 있고 남성 주도형 국가의 대표적 예이다.

8. 권력간격. 사회 구성원이 권력이 불균등하게 분배될 것으로 예상하거나 예상해야 하는 정도이다. 권력과 권위를 수용한 개인은 상사가 중요한 결정을 내릴 것으로 기대한다. 이와 같이 사고하는 개인들은 권위 있는 위치의 사람들에게 격식을 차리는 것이 최근 들어 전 세계적으로 상당히 감소하고 있음에도 불구하고 더 격식을 차린다. 권력과 권위에 대한 수용에서 높은 점수를 받은 사회의 예는 태국, 브라질, 프랑스, 일본이다.

9. 불확실성 회피. 사회 구성원이 미래 사건의 불확실성을 줄이기 위해 사회적 규범, 규칙, 절차에 의존하는(그리고 의존해야 하는) 정도이다. 불확실성을 피하려는 욕구가 클수록, 사람들은 질서, 일관성, 일상생활에서 벌어지는 상황을 다루기 위한 법을 추구하는 경향이 있다. 높은 불확실성 회피 성향을 가진 사회의 예는 싱가포르와 스위스이다. 낮은 불확실성 회피 성향 사회로는 러시아와 그리스가 있다.

10. 업무 지향성. 휴가나 다른 비업무 활동에 비하여 업무에 투자할 것으로 예상하는 주당 업무 시간과 연간 업무 주간의 수치를 말한다. 미국 기업의 전문가들은 일반적으로 주당 55시간을 일하고, 45분의 점심시간들을 갖고, 2주 동안 휴가를 떠난다. 미국사람들은 유럽 사람들보다 업무 지향성이 더 강한 경향이 있지만 아시아인들보다는 약한 편이다. 미국 고용인은 노르웨이 노동자의

1,407시간 그리고 프랑스의 1,564시간과 비교하여 평균적으로 연간 1,804시간을 일한다. 한국, 방글라데시, 중국을 포함한 아시아 7개국의 노동자는 연간 2,200시간을 일한다.[18]

보다 효율적인 리더가 되기 위해 가치의 차이에 대한 정보를 매니저는 어떻게 활용할 수 있을까? 출발점은 한 사람의 국가적인 가치가 그 사람의 행동에 영향을 미칠 수 있다는 점을 인식하는 것이 될 수 있다. 낮은 권력간격 성향을 가진 사람이 최고의 성과를 이끌어내도록 영향을 미치고 싶어 하는 리더가 있다고 가정해 보자. 낮은 권력간격 성향을 가진 사람은 상사가 제안을 했다는 이유만으로 갑자기 행동을 나타내지도 않을 것이다. 대신, 리더는 최고의 성과를 달성하는 것에 대한 개인적 이익을 참을성 있게 설명할 필요가 있다. 또 다른 예로는 품질을 향상시키기 위해 집단주의적 가치를 지닌 사람들을 고용하는 리더를 들 수 있다. 이에 대한 예비 전략은 개인주의에 가치를 두는 사람들에게 단체 행동의 장점에 대해 조언하는 것이다. [리더십 자기 평가 퀴즈 2-1]은 가치가 업무 성과를 어떻게 조정할 수 있는지(또는 영향을 줄 수 있는지)에 대해 생각하는 데 도움이 될 것이다.

문화적 가치와 리더십 유형

문화에 기반한 가치들은 리더와 관리자의 행동뿐 아니라 다른 직원들의 행동에도 영향을 준다. 거트 홉스테드(Geert Hofstede)의 설명과 같이, 사회에서 사람들 간의 관계는 사람들에 내재된 가치에 영향을 받는다. 경영은 대인관계를 주로 다루기 때문에, 경영과 리더십은 문화적 가치에 의해 영향을 받는다. 경영과 리더십 프로세스는 문화에 따라 다르지만, 가치에 바탕을 둔 이러한 프로세스는 각 사회에서 강한 지속성을 보인다.

프랑스인 관리자 경영과 리더십에 대한 가치의 영향의 한 예로 프랑스 관리자의 행동을 들 수 있다. 프랑스는 항상 계급을 강조해 왔다. 프랑스의 전형적인 제조 공장에는 몇 가지의 노동자 계급이 있다. 관리자와 전문가들은 **간부**(cadre)라고 한다. 최고 등급의 감독관은 **현장 감독**(maitrise)이라고 부른다. 그리고 가장 낮은 등급의 노동자는 **비간부직**(non-cadre)이다. 각 계급 내에서 더 높고 낮은 간부처럼 추가적인 지위의 구분이 존재한다. 주요 경영대학(그랑제꼴, Grand Écoles)에 다녔던 프랑스 관리자가 지위가 가장 높다.

프랑스 관리자, 특히 대기업의 관리자들은 엘리트 계층의 일원이며, 그들은 거

리더십 자기 평가 퀴즈 2-1

문화적 가치 프로필 작성하기

방법 각각의 10가지 가치 차원에 대해, 자신의 입장과 가장 정확하게 부합하는 숫자를 고른다. 예를 들어, 자신이 "높은 인간 지향성"을 갖고 있다고 생각한다면, 5번의 항목에서 ⑦에 동그라미를 친다.

1. 낮은 성과 지향성 / 높은 성과 지향성
   ① ② ③ ④ ⑤ ⑥ ⑦
2. 낮은 적극성 / 높은 적극성
   ① ② ③ ④ ⑤ ⑥ ⑦
3. 무심한 시간 지향성 / 급박한 시간 지향성
   ① ② ③ ④ ⑤ ⑥ ⑦
4. 낮은 미래 지향성 / 높은 미래 지향성
   ① ② ③ ④ ⑤ ⑥ ⑦
5. 낮은 인간 지향성 / 높은 인간 지향성
   ① ② ③ ④ ⑤ ⑥ ⑦
6. 내집단 개인주의 / 내집단 집단주의
   ① ② ③ ④ ⑤ ⑥ ⑦
7. 낮은 남녀평등주의 / 높은 남녀평등주의
   ① ② ③ ④ ⑤ ⑥ ⑦
8. 낮은 권력 거리 / 높은 권력 거리
   ① ② ③ ④ ⑤ ⑥ ⑦
9. 낮은 불확실성 회피 / 높은 불확실성 회피
   ① ② ③ ④ ⑤ ⑥ ⑦
10. 낮은 업무 지향성 / 높은 업무 지향성
   ① ② ③ ④ ⑤ ⑥ ⑦

채점 및 해석 각 차원마다 하나의 숫자를 고른 후, 마커, 펜, 또는 연필을 사용하여 원을 연결한다. 이것은 당신의 문화적 가치 프로필이 된다. 연결된 선이 차원의 명칭을 가로지르는 것에 대해서는 신경쓰지 않아도 된다. 당신의 프로필을 학급에 있는 다른 사람들과 비교해 본다. 시간이 된다면, 열 가지 차원 각각에 대해 학급 평균을 구해 평균을 연결하여 학급 프로필을 만든다. 표본 크기가 충분히 큰 경우, 문화적 가치 프로필에 지역적 차이(서구와 동양)가 존재하는지 비교한다. 리더십 개발과 연결 지을 수 있는 한 가지는 당신의 리더십에 어떤 유형의 프로필이 가장 잘 반응하는지 그리고 가장 덜 반응하는지 가설을 세우는 것이다.

만하고 권위적인 방식으로 행동을 한다는 리더십 스타일을 암시하는 것이다(모든 프랑스 매니저들이 권위주의의 문화적 전통을 따르는 것은 아니다. 더 근대적인 매니저들은 계급을 거의 의식하지 않는다). 관리자의 전통적인 유형은 집단 구성원들로부터의

행동하는 리더

모든 직급의 맥도널드 리더들은 문화적 차이를 고려한다

세계 최고의 패스트푸드점으로 알려진 맥도널드의 리더십은 회사의 문화적 다양성에 대하여 자랑스러워한다. 본사와 미국 지점 인력의 60% 이상이 소수 인종 또는 민족, 아니면 여성이다. 대략 회사 노동력의 약 3분의 2정도가 미국 이외의 지역에 있다. 또한 회사는 패스트푸드 산업에서 가장 많은 수의 소수 민족 및 여성 프랜차이즈 점주를 보유하고 있다.

맥도널드는 118개국에 지점을 가지고 있으며, 그 지점들 모두 지역의 입맛에 맞추고 있다. 대부분의 해외 가맹점들은 현지인들이 소유하고 있으며, 그래서 지역 입맛에 맞춘 메뉴를 적용하는 데 도움이 된다. 몇 가지 예를 들자면, 이집트에서는 맥펠라펠을 주문할 수 있고, 일본에서는 해초 버거를 제공한다. 인도에서는 소고기가 제공되지 않으며, 독일의 뮌헨에서는 맥주를 주문할 수 있다. 프랑스의 몇몇 가맹점에서는 토끼고기를 제공하기도 한다.

점장 수준의 리더와 매니저들은 고객의 문화적 취향에 맞출 뿐만 아니라, 직원의 문화적 가치에도 맞춘다. 맥도널드의 부사장이자 최고 인사 책임자인 리처드 플로레쉬는 특정 시장의 매니저는 관리 방식에서 문화적 차이를 갖게 할 것이라고 설명한다. 전 세계 국가의 매니저들은 자신의 노동력을 다루는 데 있어 상당한 독립성을 보장 받는다. 예를 들어, 중국에서의 매니저는 더 빨리 상사의 승인을 요청할 수도 있다. 브라질의 매니저는 가족의 밤 행사에 새로운 십대 직원의 부모를 초대함으로써 지역 사회의 기대에 부응할 수 있다. 이러한 방식은 부모가 자녀의 업무에 대하여 더 많이 알 수 있게 하므로써 가족의 가치를 강화시킨다.

맥도널드는 사람을 관리하는 방법에 대해서 말하지 않는다고 플로레쉬는 말한다. "그것은 문화적 규범의 일부가 되어야 합니다."

질문

1. 만일 맥도널드가 여전히 미국의 한 기업이라면, 왜 해외 지역의 관리자들은 지역의 문화적 가치를 따르는 것에 대하여 우려해야 하는가?
2. 맥도널드가 그렇게 대단하게 가족의 가치를 장려하려고 하는데, 일부 가맹점에서는 왜 맥주를 제공하는가?

출처: Story created based on facts and observations reported in the following: Aman Singh,"McDonald's Makes Diversity about the Bottom Line," *The CSR Blog* (http://blogs.forbes.com), September 8, 2010, pp. 1–3; Janet Wiscombe, "McDonald's Corp." *Workforce Management*, November 2010, pp. 38–40; Patricia Harris, "The McDonald's Diversity Story," *Guest Insights* (http://views.washing-tonpost.com), November 2009, pp. 1–14; "Americanization or Cultural Diversity," *Global Envision* (www.globalenvision.org), June 22, 2007, pp. 1–5; "Diversity at McDonald's: A Culture of Inclusion and Diversity," (www.aboutmcdonalds.com). Accessed May 11, 2011.

순종과 높은 존경을 기대하며, 관료주의를 강조하는 경향이 있다.[20]

독일인 관리자 문화와 관련된 독특한 리더십 유형의 또 다른 예는 독일인 관리자에 대한 고정관념이다. 독일인 관리자는 GLOBE 프로젝트의 일환으로 연구되었다. 통신, 식품 가공, 금융 사업에 종사하는 457명의 중간 관리자를 대상으로 문화와 리더십에 관한 데이터가 수집되었다. 강력한 성과 지향성이 가장 두드러진 독일의 문화적 가치로 드러났다. 따라서, 독일의 중간 관리자는 불확실성을 피하고, 적극적이며, 타인을 전혀 배려하지 않는 경향을 보였다.

독일인 관리자들은 일반적으로 동정심을 거의 보이지 않으며, 그들의 대인관계는 단순하고 엄격하다(이러한 결과에 대한 또 다른 해석은 독일인 관리자의 성과 지향성이 매우 강하기 때문에 비교적 대인 관계에 대한 관심이 적다는 것이다. 이것이 독일인 관리자들과 리더들이 사려 깊지 못하다는 것을 의미하지는 않는다).[21] 그리고 그들이 기대하는 강력한 성과는 짧은 기간에 달성되어야만 한다!

말레이시아인 관리자 말레이시아 관리자의 특징적인 리더십 유형은 다른 아시아인 관리자들도 동일한 유형을 사용하기 때문에 유용하다. 말레이시아는 특히 아웃소싱 흐름으로 인해, 미국과 유럽의 무역 파트너로서 중요해지고 있다. 말레이시안 리더십 유형에 대한 다음 결과 또한 GLOBE 프로젝트에 근거한 것이다.[22] 말레이시아인들은 집단의 행복(집단주의)을 강조하고, 계층적 차이(높은 권력 격차)를 존중하는 사회 내에서 강력한 인간 지향성을 보여준다. 이 문화는 공격적이고 대립적인 행동을 지양하고, 조화로운 관계를 선호한다. 따라서 선호하는 조직 리더십 유형은 관리자가 연민을 보이고, 동시에 참여적이기보다는 독재적이어야 한다. 말레이시아인 직원은 상사의 의견을 따르고 그럼으로써 존경과 연민어린 대우를 받는다. 말레이시아인 감독관은 직원에게 일반적으로 다음과 같이 말할 것이다. "여기에 내가 정확히 원하는 업무 방식이 있지만, 나는 당신들이 스스로 즐기기를 바라며 일을 하는 동안 무언가 가치 있는 것을 배우길 바란다."

미국 북부와 남부의 관리자들 큰 나라 내의 지역 간 문화적 가치의 차이 또한 영향을 미칠 수 있다. 지역 간 차이점의 한 예는 미국 남부의 관리자가 북부의 무뚝뚝한 관리자들보다 한층 더 소극적이며 관계 형성에 더 관심이 있다는 것이다. 북부 출신의 리더는 효율성과 신속한 업무 처리로 유명하다. 남부 출신의 리더는 그러한 행동을 무례하고, 강압적이며, 관계 형성이 결여되어 있다고 생각한다. "도널드 트럼프가 남부 출신이었다면, 그는 '당신을 해고합니다. 하지만 당신의 그 동안의 노고에는 감사하오'라고 말했을 것입니다."라고 테네시주 클린턴에 있는 홀링스워드(Holllingsworth Companies)의 CEO인 조 홀링스워드는 말한다.[23] 이 언급에서의 요점은 남부의 기사도가 리더십 유형에 적용된다는 점이다.

그런데 남부 비즈니스 리더가 태평스럽고 행동이 느리다는 고정관념에 반론이 제기되었다. 남부에서의 비즈니스는 에어컨이 보편화되기 전에 더 더디게 이루어졌을 수도 있다. 더위는 사람을 느긋하게 만드는 경향이 있다. 시멘텍(Symantec Corporation)의 전 CEO이자 현재 회장인 존 톰슨은 플로리다 A&M 졸업생이다. 그는 기업 성과를 얻는 데 있어 지역은 문제가 되지 않는다고 말한다. "나는 남부에서 성장했고, 전 세계를 돌아다니며 IBM에서 27년을 일했습니다. 나는 경영

방식이 지역화 될 수 있다고 생각하지 않습니다."[24]

리더십 유형에서 문화적 기반의 차이에도 불구하고, 사람들에게 명확한 방향을 제시하고 목표 달성에 대해 적절한 보상을 수여하는 것과 같은 특정 리더십 관행은 모든 문화에서 효과적일 것이다. 이러한 일반화를 근거로, GLOBE 연구는 "모든 문화에서, 리더의 팀 지향성과 추종자들의 비전, 가치, 신뢰에 대한 소통은 매우 효율적인 리더십 행동이라고 보고된다."라는 결론에 이르렀다.[25]

2.3 문화적 민감성과 문화 지능

일부 관리자들은 다른 사람들에 비해 다양성 있는 집단을 이끄는 데 있어 더 효율적이다. 3장, 4장, 8장에 소개될 특징과 행동은 다양한 집단을 이끌어가기 위한 사람이 갖추어야 할 것이다. 또한, 문화적 민감성, 문화 지능, 그리고 특정 글로벌 리더십 기술은 자신의 문화와 다른 문화 출신의 사람들에게 영향을 주는 데 있어 필수적인 요소이다. 이들 요소는 서로를 보완해 주지만, 여기에서는 문화적 민감성과 문화 지성을 별개로 설명하고자 한다. 글로벌 리더십 스킬은 너무나 많은 행동을 포함하기 때문에 별도의 장에 따로 설명할 것이다.

문화적 민감성

다른 사람들과 마찬가지로, 외국 출신의 사람에게 영향을 주려는 리더는 발생할 수 있는 문화적 차이를 인식해야 한다. 리더는 기꺼이 지역 관습에 대한 지식을 습득하고 적어도 지역 언어를 말할 수 있는 수준으로는 배워야 한다. 이문화 리더(cross-culture leader)는 참을성, 적응력, 유연성을 갖춰야 하며, 또한 기꺼이 듣고 배우려는 의지를 가져야 한다. 이러한 모든 특성은 타 문화권 사람들의 행동 방식에 대한 관심과 그 이유를 연구하고자 하는 의지인 **문화적 민감성**의 일부이다.

문화적 민감성을 가진 사람은 자신이 받아들인 문화의 사람들과 더 나은 관계를 형성하는 데 도움이 되는 관습상의 특정 뉘앙스를 파악할 수 있을 것이다. 다양한 국가에서 적절하거나 그렇지 않은 행동의 표본은 12장에 있는 [표 12-2]를 참조한다(이러한 표본은 예시일 뿐 절대적인 규칙은 아니다). 문화적 민감성의 또 다른 측면은 문화 간의 미묘한 차이에 관대하다는 것이다. [리더십 자기 평가 퀴즈 2-2]는 다문화 쟁점에 대한 관용성을 돌이켜 볼 수 있는 기회를 제공한다.

리더십 자기 평가 퀴즈 2-2

문화적 차이에 대한 나의 포용력

방법 다음의 상황들에서 당신이 얼마나 편안하게 느끼는지 표시한다.
매우 불편하다(VU) 불편하다(U) 그저 그렇다(N) 편안하다(C) 매우 편안하다(VC)

	VU	U	N	C	VC
1. 남성과 여성 모두 있는 팀에서 일하기	①	②	③	④	⑤
2. 모든 구성원이 나와 다른 성으로 이루어진 팀이나 클럽 코치하기	①	②	③	④	⑤
3. 성전환자 상사를 두는 것	①	②	③	④	⑤
4. 나와 다른 인종의 상사를 두는 것	①	②	③	④	⑤
5. 이성의 상사를 두는 것	①	②	③	④	⑤
6. 당신이 이성애자라면 6a에, 동성애자라면 6b에 답하기	①	②	③	④	⑤
6a. 게이나 레즈비언 상사를 두는 것					
6b. 이성애자 상사를 두는 것					
7. 내가 애완동물이라고 생각하는 것을 먹는 사람과의 저녁 식사	①	②	③	④	⑤
8. 내가 혐오 동물이나 벌레라고 생각하는 것을 먹는 사람과의 저녁 식사	①	②	③	④	⑤
9. HIV보균자 동료와 함께 근무하기	①	②	③	④	⑤
10. 차량 인사사고로 복역한 동료와 함께 근무하기	①	②	③	④	⑤

총점

채점 및 해석

- 40~50점 당신은 폭넓은 범위의 사람들과 일한다는 측면에서 높은 관용성과 유연성을 가진다. 이러한 자세는 당신이 효과적인 다문화 리더가 되는 데 도움이 될 것이다.
- 21~39점 다른 사람들과 근무하는 데 있어서의 당신의 관용성은 평균적인 수준이다. 차이에 대하여 더 많이 관용적이 된다면, 당신은 효율적 다문화 리더가 될 가능성이 있다.
- 10~20점 당신은 자신과 아주 다른 사람들과 일하는 데 어려움을 겪을 것이다. 그 결과, 다문화적 리더로서 당신의 효율성은 발휘되지 못할 것이다. 만일, 다양한 다문화적 경험을 원한다면, 당신은 차이에 대하여 더욱 관용적이 될 필요가 있다.

문화적 민감성은 또한 한 사람이 **다문화 일꾼**(multicultural worker)이 되는 데 도움이 되기 때문에 중요하다. 그러한 개인은 모든 문화가 똑같이 훌륭하다고 확신하며 다른 문화에 대해 배우는 것을 즐긴다. 다문화 일꾼과 리더는 일반적으로 어린 시절에 하나 이상의 문화에 노출되었던 사람이다(다문화 관계에 대해서는 [리더십 자기 평가 퀴즈 12-2]를 참조한다). 다문화적이 되는 것은 그 사람이 또 다른 문화 출신의 사람으로부터 인정받는 데 도움이 된다.

문화적 고정관념은 타인을 다루는 데 있어 전적으로 신뢰할 만한 지침을 거의 제공하지 않기 때문에 민감성은 타문화의 사람들을 리드하는 데 있어 매우 중요한 특성이다. 예를 들어, 아시아인들이 권위에 따른다고 알려져 있기 때문에, 미국인 매니저는 아시아인 집단 구성원이 자신의 지시를 즉각적으로 받아들일 거라고 기대할 수 있다. 그러나 각각의 아시아인들은 권위를 받아들이기 전에 상당한 설득이 필요할 수 있다.

문화적 오해를 가진 리더의 문제점은 다섯 가지 분야로 묶을 수 있다.[26] **언어의 차이**는 문제를 양산한다. 미국인 직원들(대부분 단일어를 사용)은 동료의 억양과 제한된 영어 능력에 의해 좌절할 수 있기 때문이다. 비영어권 사람들은 자신이 팀에 적합하지 못하다고 느낄 수 있다. **종교**의 차이는 많은 오해의 근원이다. 많은 문화에서, 종교는 미국인들이 이해하기 힘든 방식으로 삶을 지배하고 있다. **업무 습관**은 마찰과 좌절을 일으킬 만큼 문화 간에 다양하다. 일부 문화의 직원들은 업무 중에 개인적인 시간을 갖지 않으려고 한다. 휴식 시간에 같이 커피나 차를 마시거나 일과 시작 전에 함께 노래를 부르는 것 같은 직장 내 의식들로 인해 문제가 발생할 수도 있다.

여성의 역할은 미국에서의 여성의 역할과 상당히 다를 수 있다. 많은 국가의 여성들은 미국 여성만큼 독립성이나 교육 및 높은 수준의 직무에 대한 접근성이 없을 수 있다. 따라서 다양한 국가 출신의 직원들은 미국인 여성 관리자의 권위를 받아들이는 데 어려움을 느낄 수 있다. **외모와 행동**은 문화에 따라 상당히 다양하다. 차림새, 업무 복장, 식습관, 비언어적인 커뮤니케이션 등은 미국의 기준에서 확연하게 벗어날 수 있다. 전 세계의 많은 근로자들은 미국인 근로자들에 대하여 과도하게 친한 척하고, 적극적이거나 또는 무례하다고 생각할 수 있다.

외모에 있어 핵심은 다른 문화에서 근무할 때 적절한 복장을 갖추는 것이다. 문화적 민감성은 어떤 형태의 복장이 적절한지 간파할 수 있게 해준다. 인도에서는 소가 종교적인 의미를 갖기 때문에 많은 힌두인들이 잘 다듬어진 소가죽 벨트나 서류 가방에 불쾌해 할 수 있는 것과 같은 많은 실례를 범할 가능성이 있다. 아시아 일부 지역에서는 흰색이 애도의 상징이다. 전문가를 위한 다문화 가이드라인에 따르면, 비즈니스에 있어 어두운 색의 잘 재단된 정장과 타이, 간단한 보석류 같은 보수적인 액세서리가 전 세계적으로 허용된다는 것이다.[27]

세대 차이는 문화적 차이의 또 다른 표현이며, 리더가 소속된 문화 안에서도 자주 나타난다. 예를 들어, 젊은 사람들은 일반적으로 더 많은 인정과 보상 그리고 유연한 일정 관리를 원한다. 나이든 사람들은 자신의 지식과 경험에 대한 더 많은 존중을 원할 수 있다.

직장 내에 상당수의 트랜스젠더 직원이 있다는 현실은 리더나 관리자의 입장에서 상당한 문화적 민감성을 요구한다(트랜스젠더는 이성의 옷을 입는 수준을 넘어서며, 수술과 호르몬 치료를 통해 반대의 성으로 전환한다). 관리자는 직원과 고객에 대한 관용과 유연성뿐 아니라 트랜스젠더(또는 성전환자) 직원에 대해 관용을 가지고 상대해야 한다. 문화적 민감성에서 특히 필요한 점은 공식적으로 "그녀" 또는 "그"인 직원에게 "그" 또는 "그녀"라고 부르는 것이다.[28] 일반적인 지침은 트랜스젠더 직원이 드물지만, 여전히 문화적으로 다양한 노동력의 일부이며, 그들은 고용 차별에 있어서 어느 정도 법적 보호를 받아야 한다는 것이다.

문화적 민감성은 문화적 훈련에 의해 향상되며, 또한 단순히 주의 깊게 듣고 관찰하는 것만으로도 향상될 수 있다. 핵심 원칙은 다른 문화 출신의 사람들을 대할 때 유연하라는 것이다. 또한 문화적 민감성은 주말에 사람들이 일하기를 기대하는 것이 합리적인지와 같은 질문을 함으로써 향상된다. 성과에 대한 다문화적 쟁점이 발생하면, 리더/관리자는 다음과 같이 질문하는 것이 현명하다. "나의 직무는 여러분의 성과를 관리하는 것입니다. 여러분의 직무는 우리의 성과 기준을 충족시키거나 초과하는 것입니다. 그렇게 하려면 내가 어떻게 당신들을 도와야 할까요?"

문화 지능

문화적 민감성을 개선하고 확장시킨 것이 **문화 지능**(cultural intelligence, CQ)이다. 이는 누군가의 낯설고 모호한 동작을 그 사람의 동료들이 하는 방식을 통해 유추하는 능력이다.[30] 예를 들어, 미국인이 유럽에서 비즈니스 미팅에 참석하게 될 수 있다. 그 미국인은 참석한 유럽인들이 회의에서 사업 목적을 논의하기 전에 한 시간 정도 미국의 정책과 무역협정(또는 최근의 사건들)에 대하여 논의하는 것을 선호한다는 단서를 얻을 수 있다. 따라서 이 방문자는 정책과 무역 협정에 대한 활발하면서 공정한 토론에 참여하게 된다. 문화적 지능은 세 가지의 측면 또는 요소를 가진다.

- 인지적 CQ(두뇌). 문화적 지능의 첫 번째 측면은 마감 기한의 중요성 등과 같은 관련 행동에 대한 사실적 단서를 얻는 능력이다.
- 육체적 CQ(신체). 외국인들에게 당신이 그들의 습관과 버릇을 수용함으로써 그들의 세계에 발을 들여놓았다는 것을 당신의 행동과 태도로 증명해야 한다. 당신은 프랑스 동료들의 양 볼에 다정하게 키스를 할 수 있으며(또는 키스를 받을 수 있으며), 도쿄에서 일본인 동료와 악수를 하지 않고 인사의 형태로

가볍게 목례를 하거나 미소를 지을 수 있어야 한다.

- 감성적/동기적 CQ(마음). 새로운 문화에 적응하는 것은 장애물과 걸림돌의 극복을 수반한다. 당신의 행동을 외국인 노동자들에게 적응시키려는 당신의 최초의 시도들이 형편없었다고 하더라도, 계속 시도하려는 자신감과 용기가 필요하다. 당신 스스로에게 이렇게 이야기해야 한다. "내가 멕시코인 근로자 옆에 아주 가까이에 있었을 때, 그들은 서로 가까이 서 있었지만 내가 옆에 서 있는 것을 좋아하지 않았어. 아마도 내가 약간 뻣뻣해 보였을 거야. 조금 더 연습을 해야겠다."

최고 수준의 문화 지능을 얻기 위하여, 당신은 세 가지 측면 모두에 능숙해져야 하고, 머리, 신체, 마음은 모두 원활하게 움직여야 한다. 당신은 사실을 수집하고, 당신의 행동방식과 외모를 그 문화에 맞도록 조정하고, 더욱 개선시킬 수 있도록 동기부여를 해야 한다.

문화 지능은 감성 지능과 유사하다. 하지만 문화 지능은 (a) 문화에 대한 의문에 의해 생성되고, (b) 특정 개인에게 고유한 것이며, 그리고 (c) 모든 인간들에게서 발견되는 행동들 간에 구분을 가능하게 함으로써 한 단계 더 앞서 나간다. 당신이 독일에서 파워포인트 프레젠테이션을 하던 중 구두로 공격을 받았다고 가정해 보자. 당신은 스스로에게 묻게 된다. "이것이 독일인의 특성인가? 이 사람들은 그저 적대적인가? 아니면 내 슬라이드가 누구나 뭐라고 할 만큼 나쁜가?" 하지만, 단서를 찾아 이해하게 되면 독일 기업 전문가들이 아이디어에 이의를 제기하는 것을 당연하게 여긴다는 점과 개인적인 감정에서 비롯된 것이 아니라는 것을 알게 된다.

2.4 글로벌 리더십 스킬

일반적으로, **글로벌 리더십 스킬**은 다양한 국가에서 효과적인 리더십을 실행하는 능력을 말한다. 이러한 정의는 글로벌 리더십의 본질이 리더와 유사하지 않고, 다른 문화적 배경 출신의 사람들에게 영향을 주는 능력이라는 개념에서 유래한다.[31] 따라서 그러한 스킬은 이미 살펴본 개념들, 즉 문화적 민감성, 다문화 일꾼 되기, 그리고 문화 지능 등을 포함한다. 여기에서는 특정 모델, 국제적 직위에서의 성공 요인, 다른 문화에서 직원에게 동기부여하기와 같은 몇 가지 관점에서 글로벌 리더십 스킬을 살펴본다.

글로벌 리더십 스킬은 회사의 평판을 향상시키고 지속적인 경쟁우위에 공헌하기 때문에 매우 중요하다.[32] 훌륭한 글로벌 리더는 (1) 수익성과 생산성, (2) 지속성과 효율성, (3) 몰입과 사기, 그리고 (4) 적응과 혁신이라는 네 가지 기준의 측면에서 우수한 기업 성과를 만들어 내는 리더십 유형을 갖는다. **행동의 복합성**은 조직성의 네 가지 기준 모두를 달성하기 위한 리더의 능력과 관계된 용어이다. 훌륭한 글로벌 리더들은 앞서 언급한 네 가지 관점에서 비롯된 복잡한 문제들을 이해할 수 있고 적절한 균형을 잡을 수 있다. 예를 들어, 기업이 성숙한 시장에 직면하였을 때, 높은 수익률을 달성하는 것보다 혁신에 더 많은 노력을 투자하는 것이 필요할 것이다.

글로벌 리더는 타문화 내에서 충성심과 신뢰, 팀워크를 구축하기 위해 인간 동기의 보편적 수준에 깊이 접근해야 한다. 보편적 욕구는 모든 문화의 사람들에게서 찾을 수 있다. 예를 들어, 도미니카 공화국 사람들과 이누이트족 사람들 모두 어떤 집단의 일부가 되길 원한다. 또 다른 보편적 욕구의 예로 수행하는 업무에 의미를 갖는 것을 들 수 있다. 따라서 의미 있는 업무는 또 다른 보편적 욕구가 될 것이고, 많은 사람들이 그들이 유의미하다고 생각하는 업무를 수행하기를 원한다. 몇몇 사람들은 의약품을 생산하는 것이 의미 있다고 생각하는 반면, 다른 사람들은 비디오 게임을 개발하는 것이 의미 있다고 생각하는 것처럼, 사람들이 의미 있는 작업이라고 생각하는 것은 매우 다양하다.

국제 관리직의 성공 요인

국제 관리직의 성공 요인들에 대한 연구가 실시되었다. 두 가지 특성이 국제 비즈니스 수행에서의 성공과 특히 관련이 있었다. 문화적 차이의 민감성과 문화적으로 모험을 즐기는 것이 그것이다.[33] 문화적 민감성은 이미 앞서 설명하였다. 모험적 측면은 새로운 문화를 체험할 기회를 가지고, 실험하려는 의지를 일컫는다. 남아프리카 공화국 요하네스버그에서 6개월간 일하는 업무에 지원한 애리조나주 피닉스 출신의 멕시코계 미국인은 문화적으로 모험심이 강하다고 할 수 있다. 마찬가지로, 경영자 행동 분야의 전문 컨설팅 그룹인 DDI, Inc.가 관찰한 바에 따르면, **글로벌 탐험가**(global explorer)가 된다는 것은 효율적인 리더십을 가능하게 했음을 시사한다. 글로벌 탐험가는 고유문화에 대한 열정을 갖고 있으며, 사업 목적으로 방문하고 있는 국가에서 어떻게 일이 돌아가는지 그리고 왜 그런 일이 가능한지에 대해 많은 질문을 할 것이다.

DDI에 따르면, **상황에 적응**하는 것 역시 매우 중요하다. 문화적 민감성에서와 같이, 효율적인 글로벌 리더는 낯선 역할과 환경에 적응할 수 있다. *Handig*은 적응성에 대한 네덜란드 용어이다. 국가 간 무역 중개자 역할을 하는 네덜란드 리더들은 유연성과 적응력, 전문성을 갖추었다고 평판을 받아왔다. 상황 대처에 대한 또 다른 예로, 스칸디나비아 인들은 낮은 권력간격을 가치 있게 여기기 때문에, 스칸디나비아에서는 협의적 유형의 리더십을 강조한다.[34]

한 연구는 남미, 유럽, 일본에서는 감성 지능의 결핍이 임원의 업무상 과실의 원인이 된다는 것을 입증해 주었다.[35] 다른 문화 출신의 사람이 당신의 제안을 얼마나 잘 받아들이고 있는지에 대해 평가를 할 때 감정을 읽는 것은 특히 도움이 된다.

모호성에 대한 포용은 일반적으로 리더들에게 중요하며, 글로벌 리더십 역량을 개발하는 데 특히 중요하다. 리더가 일하는 모든 국가들마다 업무 방식이 다르기 때문에, 리더는 일반적인 지침을 갖고 일해야 한다. 미국 기업 출신의 리더가 한국 계열사를 방문할 수 있다. 리더는 아마도 다음과 같이 심사숙고할 것이다. "한국인들은 권위를 매우 존중하며, 동시에 강한 직업윤리를 갖고 있다. 그렇다면 나는 어느 수준까지 질문을 해야 하는가? 그들은 내가 리더로서 모든 해답을 갖고 있다고 기대할 수 있다. 그러나 동시에, 그들은 자신의 지식을 보이고자 한다." 프레젠테이션에 앞서 한국인 관리자에게 질문을 하는 것이 좋은 생각일 수 있다.[36]

모호함에 대한 포용이 성공 요인이 되는 또 다른 분야는 리더에게 다문화 팀을 제공하는 것이다. 가장 뚜렷한 다문화적 차이의 하나는 팀의 다양한 구성원들이 계급과 권위(또는 권력간격)에 대해 서로 다른 태도를 취한다는 점이다. 일부 문화 출신의 팀 구성원은 대부분 팀의 수평 구조를 어려워할 수 있다. 팀 구성원들이 더 높은 지위에 있는 팀 구성원을 따르는 경우, 그들의 행동은 팀의 대부분이 위계적 문화 출신인 경우 적절한 행동으로 간주될 것이다. 반면, 팀 구성원의 대부분이 낮은 권력간격(평등주의) 문화 출신인 경우, 권위를 따르는 팀 구성원은 자신의 위상과 신뢰성을 손상시킬 수 있다. 다문화 팀에 속한 멕시코 출신의 한 매니저는 다음과 같이 한탄했다.

> 멕시코 문화에서, 당신은 항상 겸손해야 합니다. 따라서 어떤 것에 대하여 당신의 이해 여부와 상관없이, 당신은 질문의 형태로서 그것을 언급해야 합니다. 당신은 끊임없이 존경심을 표해야 합니다. 사실상 이러한 문화는 나에게 별 도움이 되지 못했는데, 미국인들은 내가 말하고 있는 것에 대해 나 자신이 실제로 모른다고 생각하기 때문입니다. 그들은 내가 자신의 해답에 주저하는 것으로 여긴다는 느낌이 들었습니다.[37]

지위와 계층의 문제에 대한 가능한 리더십 중재는 문제에 대해 미리 말하고, 대부분의 팀 구성원에게 적합한 행동을 장려하는 것이다. 팀 리더는 팀이 수평적 구조이며, 모든 팀 구성원은 동등한 발언권을 갖는다는 것을 여러 번 언급할 수 있다. 문화적 가치는 행동을 강하게 규제하기 때문에, 메시지는 자주 반복되어야 할 것이다.

외국인 직원과 일하는 대부분의 사람에게 있어 혼란스러운 기술은 제2 외국어를 자유자재로 구사하는 것의 중요성이다. 혼란의 일부는 영어가 비즈니스, 기술, 엔지니어링, 과학 분야의 표준 언어가 되었다는 사실에서 비롯된다. 예를 들어, 각기 다른 국가 출신의 유럽 사람들이 비즈니스 회의에 참석할 때, 그들은 영어로 커뮤니케이션을 한다. 그러나 다른 문화 출신의 사람에게 영향을 미치려고 할 경우, 당신이 그 사람의 언어를 말하고, 읽고, 쓸 수 있다면 당신은 더 큰 영향력을 가진다. 제2 외국어의 구사력 또한 개인의 카리스마를 증진시킨다.

하나의 언어를 다른 언어로 변환시켜주는 인터넷 번역기를 포함한 많은 전자기기가 있음에도, 외국어를 할 수 있는 미국 근로자에 대한 수요는 점점 증가하고 있다. 피닉스 대학 연구재단에서 실시한 최근의 연구 조사에 따르면 설문에 응한 고용주의 42%는 10년 내에 중국어 능력에 중간 또는 높은 수요가 있을 것으로 예상했다. 대략 70%는 스페인어에 대한 수요가 있을 것으로 예상한다(아랍어와 러시아어 수요가 그 뒤를 이었다). 연구는 또한 상대적으로 스페인어와 중국어 능력을 개발하려는 직원이 거의 없었다는 점을 밝혀냈다.[38] 따라서 그러한 능력을 개발한 직원은 자신의 리더십 자격을 강화할 수 있을 것이다.

다른 문화에서 직원들에게 동기 부여하고 영감 주기

7장의 기대이론에 대한 논의는 다른 문화에서 사람들에게 동기를 부여하는 가장 일반적인 단서—어떠한 보상이 그들에게 가장 유의성을 갖는지—를 제공한다. 기본적인 생필품이 부족한 직원은 500달러짜리 고급 만년필이나 시계보다는 스쿠터나 자전거가 더 나은 보상이 될 것이다. 직원은 욕구만족이 뒤따르는 정도에 따라 동기부여가 되고 고무될 것이다.

다문화 교육담당자 낸시 세틀머피(Nancy Settle-Murphy)는 또 다른 예를 든다. 미국 출신 팀 구성원들은 인기와 인정받기를 원하는 경향이 있다. 독일인의 목표는 세세한 부분까지 집중하여 훌륭한 업무를 수행하는 것이다. 이것이 의미하는 바는 독일인 전문가들은 흥미로운 업무를 통한 동기부여를 선호하는 반면, 미국인들은 외적인 보상을 선호한다는 것이다. 아시아 문화 출신의 팀 구성원들은 집단 보상과 같이 집단의 조화를 강조하는 보상을 통해 더 동기 부여가 된다(또 다시 오랜 시간 작용을 해 온 문화적 고정 관념을 볼 수 있다).[39]

그렇다면, 이 절에서 설명된 대부분의 속성을 가진 글로벌 리더십을 가진 리더의 예는 누구인가? 눈에 띄는 예가 '지구상에서 가장 열렬한 자동차 사나이'로 알려진 닛산과 르노자동차의 최고 경영자 카를로스 곤(Carlos Ghosn)이다. 그는 파리와 도쿄를 논스톱으로 비행할 수 있는 회사 전용기를 타고 전 세계를 돌아다닌다. 곤은 또한 미국에 있는 닛산 사업체를 방문하는 데 상당한 시간을 쓴다. 그는 두 개의 서류 가방을 갖고 다니는데, 하나는 르노, 또 다른 하나는 닛산을 위한 것이다. 그는 아주 유용하게 시간대와 문화를 넘나든다. 레바논인 부모를 두고 있고, 브라질에서 태어나, 파리에서 대학을 졸업한 곤은 다양한 언어로 말하고 여러 나라의 요리를 즐긴다.[40]

2.5 문화적 다양성을 달성하기 위한 리더십 계획

다양성을 가치 있게 여기는 조직의 경우, 최고 경영진은 그것을 위해 최선을 다해야 한다. 몰입은 조직 전략뿐 아니라 조직의 생활과 문화에 기반하였을 때 가장 명확해 진다. 다양성 계획은 피상적이지 않고 깊이가 있어야 한다.[41] 진정한 다양성 전략은 인종, 성별, 민족적 배경, 그리고 차이로 규정되는 그 어떠한 것과도 무관하게, 모든 직원이 자신의 독특한 재능, 기술, 전문 지식을 조직의 운영에 제공하도록 해야 한다. [표 2-1]은 앞으로 논의될 다양성 향상을 위한 8가지의 리더십 계획을 열거하고 있다.

표 2-1 문화적 다양성을 달성하기 위한 리더십 계획
1. 관리자가 다양성 달성을 책임지게 하기.
2. 소수자 채용, 이직 방지, 그리고 멘토링 프로그램 확립하기.
3. 다양성 훈련 실시하기.
4. 다문화 훈련 실시하기.
5. 직원 네트워크 개발 장려하기.
6. 개인-조직 적합성을 추구하는 고용을 할 경우 집단적 특성 피하기.
7. 목표하는 인구통계학적 그룹을 위해 제품과 서비스 수정하기.
8. 조직 리더들 간의 다양성 확보하기.

관리자가 다양성 달성을 책임지게 하기

영향력이 큰 다양성 계획은 고위급 조직 리더가 관리자에게 모든 수준에서의 다양성 결과에 대한 책임을 지게 하는 것이다. 관리자가 다양성의 영역에서 행동과 비즈니스 변화에 대한 책임을 지는 경우, 다양성을 뒷받침하는 조직 문화는 발전하기 시작할 것이다. 다양성에 대한 책임은 다양성 목표 달성이 실적 평가에 포함될 때 그리고 보상이 다양성에 대한 결과 달성과 부분적으로 연관될 때 생긴다.

올스테이트는 기업 내에서 관리자들이 문화적 다양성 달성을 책임지도록 노력한 기업의 대표적 예이다. 올스테이트의 다양성 전략의 핵심 요소는 모든 직원들에 대한 효과적인 교육과 훈련이다. 다양성 교육 프로그램은 포용과 동시에 성과의 최대화에 초점을 맞추는 메시지를 전달한다. 관리자를 포함한 모든 직원들은 다양성에 대한 수업과 온라인 교육에 참여해야 한다.[42]

소수자 채용, 이직 방지, 멘토링 프로그램 확립하기

다양한 노동력 구성을 위한 필수적인 계획은 목표한 소수 집단의 구성원을 채용하고 유지하는 것이다. 능력 있는 소수 집단과 여성들을 채용하는 것은 경쟁력이 있기 때문에, 신중한 인력 계획이 필요하다.

문화적으로 다양한 노동력을 채용하려는 노력은 높은 이직 방지율을 이끄는 리더십과 관리적 접근이 뒷받침되어야 한다. 이직 방지율을 높이기 위해, 다양성 컨설턴트는 고용주에게 문화훈련 프로그램을 강화하고, 직원의 잠재적 기술과 재능을 알아보고, 다양성 위원회에게 최고 경영진에 대한 영향력 행사 권한을 제공할 것을 충고한다.[43] 또한 직원에게 도전적인 업무, 당면한 목표, 피드백, 목표달성에 대한 가치 있는 보상을 제공하는 것과 같이, 직원을 유지하는 것도 일반적인 리더십과 관리의 기능이다. 멘토링은 소수 집단 구성원의 이직을 방지하고, 또한 그들의 진급을 가능하게 하는 중요한 계획이다.

어떤 조직에서 문화적 다양성을 겸비한 리더를 얻기 위한 요소로 다양한 인구통계적 그룹 출신의 성공한 매니저들과 강력한 네트워크를 형성한 헤드헌팅 회사와 제휴하는 것이 있다. AESC(Association of Executive Search Consultants, 헤드헌팅 기업협회)는 기업 회원들이 다양한 후보자를 홍보하고 동일한 채용 기회를 갖도록 돕기 위한 인적자원센터를 개설하였다.[44]

다양성 훈련 실시하기

다양성 훈련은 조직 내에서 다양성을 향상시키기 위한 방법으로 널리 사용되고 있다. 다양성 훈련의 목적은 다양한 동료들과 더 잘 지낼 수 있는 방법을 가르쳐 줌으로써 직장의 조화를 가져오는 것이다. 때론 이 프로그램은 인종주의와 성차별주의에 대한 공개적 표현을 최소화하는 것을 목표로 한다. 모든 형태의 다양성 교육은 몇 가지 주요 방식으로 차이점을 가진 사람에 대한 인식과 공감을 높이는 데 중점을 둔다. 최근 몇 년간, 다양성 훈련은 비즈니스 성과를 향상시키기 위해 다양성을 높이는 데 중점을 두고 있다.[45] 성과 향상은 이 장 첫 부분에 설명되어 있다.

차이에 가치를 두는 교육은 남성과 여성, 또는 다른 인종의 사람들이 상이한 가치, 태도, 문화적 배경을 반영하는 방식에 초점을 두고 있다. 이러한 교육은 몇 시간에서 며칠 또는 더 긴 과정으로 다양할 수 있다. 때때로 프로그램은 대립적일 수도, 아닐 수도 있다.

다양한 집단에게 더 효과적으로 결부되는 필수적인 부분은 그들의 관점에 공감하는 것이다. 교육 참가자들이 공감을 형성할 수 있도록, 다양한 집단의 대표는 직장 문제들에 대해 느끼는 감정을 설명한다. [리더십 스킬 구축 연습 2-2]는 효과적인 다양성 훈련 연습에 참여할 수 있는 기회를 제공한다. 다양성 훈련의 틀을 짜는 유용한 방법은 그것이 대인관계 능력의 일부분이라고 설명하는 것이다. 몇 가지 유의미한 방식으로 당신이 다른 동료들과 효과적으로 연결되는 것은 당신의 대인 관계 효율성을 증가시킨다.

다양성 훈련의 확장은 인구통계적으로 다양한 그룹과 함께 업무를 함으로써 리더가 다양한 집단에 대한 공감대를 형성하도록 하는 것이다. 공감대 형성과 더불어, 경영진은 다양한 집단과 더 편안하게 결부되는 법을 배운다. 흔치 않는 예이나, 급식 회사의 임원인 로드 본드가 여성식품서비스 포럼의 참석을 위해 여성 동료와 동행했을 때, 그는 1,500명 여성들 사이의 유일한 남성이었다. 본드는 "나는 다르다는 것이 어떤 것인지 느끼기 시작했다."라고 말했다. 다른 예로 레이시온(Raytheon, 미국 방위산업 통합솔루션 전문회사)의 미사일 시스템 부서는 매니저들에게 사무실에서 하루를 휠체어에 앉아 보낼 것을 요구하기도 한다. 목적은 장애인 직원의 고충을 이해하기 위함이었다. 다양성 전문가는 경영진이 장애인 직원의 정규 업무와 관련된 활동에 참가함으로써 다양성이 얼마나 연관되어 있는지를 알 수 있다고 생각한다.[46]

다양성 훈련에 대해 자주 언급되는 우려는 그것이 집단에 대한 고정관념을 강

리더십 스킬 구축 연습 2-2

다양성 모임

일부 다양성 교육 담당자들은 직원들이 다양성을 인정하고 잘못된 편견들을 극복하도록 다양성 모임이라는 훈련을 활용한다. 그 훈련은 수업에서도 잘 적용될 수 있다. 약 10명의 학생들로 그룹을 만든다. 의자들을 원형으로 배열하고, 원 가운데 의자 하나를 배치한다. 어떤 식으로든 다르다고 느끼는 그룹의 한 명이 자원하여 가운데 의자에 앉고 첫 번째 인식 대상이 된다. 대부분의 사람들이 어떠한 방식으로든 다양성을 가지기 때문에, 누구든 가운데 의자에 앉을 자격을 가진다.

가운데 있는 사람은 다른 사람들에게 어떻게 다양성이 있다는 것 또는 다르다는 것에 대해 느꼈는지, 사람들이 그의 다양성에 어떻게 반응했는지를 이야기한다. 예컨대 어떤 참가자는 동료 직원들이 그가 술을 조절할 수 있는지에 대하여 걱정하면서, 맥주를 마시러 가자고 묻는 것에 얼마나 주저했는지를 설명한다. 이 훈련의 또 다른 이름은 "나는 어떻게 차이점을 느꼈는가?"이다. 왜냐하면 각각의 사람들은 인생의 한 지점에서 다른 사람과 얼마나 다르다는 것을 느꼈는지 설명하기 때문이다.

이 과정에서 동등한 효과를 구하는 방법은 각각의 구성원들이 강의실 앞에 나와서 자신이 다르다는 것을 설명하는 것이다. 각 구성원들의 발표가 끝난 뒤, 관찰과 해석에 대한 토론이 이루어질 수 있다.

더 효율적인 리더가 되는 데 도움이 될 수 있는 이 훈련을 통해 대인 관계에 대해 어떤 교훈을 얻었는가?

화한다는 것이다. 참가자들은 문화적 가치와 같은 집단의 차이에 대한 정보를 얻고, 예컨대 라틴 아메리카인과 관계할 때 더 많은 보디랭귀지를 사용하는 것과 같은 이러한 차이를 모방할 수도 있다.

다양성 훈련 연습의 리더들은 참가자들이 과도하게 대립하지 않도록 하여 지나친 적대감을 표현하지 않도록 주의해야 한다. 이러한 교육 중에 직원들이 너무 노골적인 경우 나중에 업무 집단 내에서 대인관계를 수습하는 게 어려울지도 모른다. 때때로 다양성 교육 담당자는 집단 구성원들에게 터무니없는 행동, 예컨대 여성이 남성에게 성희롱을 하여 남성들이 어떤 기분인지 알 수 있도록 하는 것과 같은 행동을 주문하기도 한다. 다양성 훈련에 대한 부정적 반응의 핵심 주제는 정치적 단정과 백인남성 우월주의에 대한 자극이다.

다양성 훈련이 다문화에 대한 이해를 높이는 데 효과적이고, 다문화적 관계를 개선한다고 할지라도, 그러한 교육이 관리직에 편입되는 소수 집단 구성원과 여성의 수를 가속화하지는 못한다. 830개 직장에서 31년에 걸쳐 얻은 데이터를 검토해 보면, 다양성 훈련이 의무적이거나 차별 소송에서 책임을 피하기 위한 목적인 경우, 라틴 아메리카인과 아시아인을 포함한 소수 집단뿐 아니라 경영진에서의 여성의 수가 감소하는 것으로 나타났다.

반면, 다양성 훈련이 자발적이고 회사의 사업전략 발전을 위해 시행되었을 때, 훈련은 경영진의 다양성 증가와 관련이 있었다. 또 다른 중요한 발견은 다양성 훈련은 멘토링 관계를 구축하고 여성과 소수 집단에게 그들이 고위직에서 성공적으로 업무를 수행할 수 있다는 것을 증명할 수 있는 기회를 주는 것처럼, 조직 역량에 초점을 맞출 때 가장 효과가 있다는 것이다.[47]

다양성 교육은 아직은 그 교육이 조직에 커다란 충격을 미치는 것에 대한 포용을 보장하는 문화에 내재되어야 할 필요가 있는 또 다른 하나의 계획일 뿐이다. 다양성 훈련의 선구자 루스벨트 토마스(Roosevelt Thomas)의 말을 빌자면, "나는 (다양성 훈련을 받은 후에)일부 기술을 보여줄 수 있습니다. 하지만 이러한 기술을 효율적으로 사용하려 한다면, 그것의 사용을 지지하고 보장하는 문화가 필요하다는 것을 알고 있습니다."[48]

다문화 훈련 실시하기

몇 년간, 기업과 정부 부처에서는 해외 근무를 위해 매니저와 직원들을 준비시켜 왔다. 자주 선택되는 방법은 **다문화 훈련**으로, 직원들이 다른 문화의 관습, 전통, 믿음을 이해할 수 있도록 고안된 학습 체험이다. 외국어 교육은 일반적으로 문화 교육에 포함된다. 다문화 리더는 영어가 미국, 영국, 호주, 남아프리카 공화국 등 다른 국가들 사이에서 다르게 사용된다는 것을 알아야 한다. 예를 들자면,

- 영국인은 "keen"이라고 말하지만, 미국인은 "enthusiastic"이라고 한다.
- 영국인은 "to table (an idea)"이라고 말하지만, 미국인은 "to put (an idea) for discussion"이라고 한다.
- 영국인은 "to put (an idea) aside"라고 말하지만, 미국인은 "to table (an idea)"라고 한다.
- 영국인은 "lift"라고 말하지만, 미국인은 "elevator"라고 한다.[49]

다문화 훈련은 일반적으로 12장에 포함된 문화적 실수에 대한 정보 유형을 포함한다. 포함되어 있는 대상 국가에 따른 수백 가지의 재미있는 이야기 중에는 중국에서는 어떻게 젓가락 다루는지(절대 밥그릇에 젓가락을 꽂지 않는다)도 있고, 핀란드에서는 클라이언트와 사우나를 같이 하는 것이 자연스럽다(그곳에서는 비즈니스를 하는 자연스러운 방법이다)는 것도 있다.[50]

볼에 키스를 하는 기술은 다문화 훈련의 재미있으면서 중요한 측면이다. 미국인들은 인사를 위해 악수를 하는 것을 선호하지만, 아시아를 제외한 대부분의 국가에서는 상대방의 뺨에 가벼운 키스를 하는 것이 더 자연스럽다. 동성과 이성에

게 키스를 하는 것은 인사의 목적을 갖는다. 그러나 이성의 사업상 지인에게 키스를 하는 것은 더 당연하고 적절한 것이다. 네슬레(Nestle USA Inc.)의 두 사업부의 글로벌 리더인 프랭크 히긴스는 "멕시코 출신의 여성 동료에게 키스하지 않았다면 무례할 뻔했다."라고 말한다. 회사의 취리히 본부에서 히긴스는 3번에 걸쳐 볼키스를 한다.[51]

문화 간 훈련에서의 또 다른 개발은 글로벌 리더에게 문화 지능을 훈련시키는 것이다. 이 장의 앞부분에서 설명한 문화 지능 모델에 따라, 글로벌 매니저는 인지적, 육체적, 정서적 또는 동기적 영역에서 교육을 받는다. 훈련은 상당히 복잡하며, 리더는 통찰력을 비롯하여 수십 가지의 서로 다른 개념과 행동을 배워야 한다. 문화 지능에는 어떤 훈련이 수반되는지에 대한 표본은 다음과 같다.[52]

> 캐나다인 매니저는 "타이 미소"를 이해하고자 한다. 먼저, 그녀는 미소 자체와 더불어 제공되는 다양한 단서(예를 들어, 다른 표정이나 몸짓, 근처에 있는 사람들의 의미, 원래 미소의 원천)를 관찰하고 그것을 의미가 있는 완전체로 조합하여 타이 직원들이 실제로 경험한 것이 무엇인지 이해해야 한다. 둘째, 그녀는 혼란스럽고 도전적인, 혹은 여러 가지 신호가 섞여 있는 표정을 유지하기 위한 불가결한 동기(노력과 자신감)를 가져야 한다. 셋째, 그녀는 적절하게 반응하기 위해 올바른 행동을 선택하고, 생성하고, 실행해야 한다. 만일 이러한 요소 중 어느 것이라도 부족하다면, 그녀는 태국인 직원을 다루는 데 비효율적일 가능성이 크다. 높은 CQ를 가진 매니저는 이렇게 그들과 같이 세 가지 측면 모두를 조화롭게 할 수 있는 능력을 갖추고 있다.

다시 말하자면, 문화 지능은 문화적 민감성이 개선된 것이다. 환경의 신호에 민감한 국제적 리더는 다른 문화의 사람들과 관계를 형성하는 데 많은 도움이 된다.

직원 네트워크 개발 장려하기

문화적 차이를 인지하기 위한 또 다른 리더십 계획은 직원들이 **직원 네트워크(혹은 친화) 집단**을 만들도록 허용하고 장려하는 것이다. 네트워크 집단은 기업 전체에서 인종, 민족, 성별, 성적 취향, 또는 신체적 능력 등과 같은 집단 특성을 바탕으로 가입한 회사 직원들로 구성된다. 집단 구성원은 일반적으로 비슷한 관심사를 가지고 있으며 조직 내에서의 성공에 대한 정보를 공유하는 수단으로 집단을 바라본다. 일부 인적자원 전문가들은 네트워크 집단이 분열로 이어질 수 있다고 우려하지만, 다른 전문가들은 그들이 긍정적인 역할을 한다고 생각한다.

올스테이트는 최소 7개 이상의 항시 운영되는 직원 네트워크를 보유하고 있다. 두 가지 예로, 3AN(Allstate Asian American Network; 올스테이트 아시아계 미국인 네트워크)과 ANGLES(Allstate Network of Gay and Lesbian Employees and Supporters; 올스테이트 게이 및 레즈비언 직원과 지지자들의 네트워크)가 있다. 3AN의 강령은 "3AN은 전문적 개발, 네트워킹, 문화적 의식, 지식 공유를 통하여 미래의 리더를 양성한다."이다. 이 집단의 비전 선언문은 "올스테이트를 뒷받침하는 가치를 창조하기 위해 올스테이트에 있는 아시아계 미국인의 다양한 경험들을 활용한다."이다.[53]

메이시즈(Macy's)는 직원 자원 그룹(employee resource group)으로도 알려진 친화 집단을 통해 다양성을 권장하는 또 다른 기업이다. 집단들은 메이시즈 내의 다양한 역할과 지원에 걸쳐 직원들이 네트워크를 구성하고 연대할 수 있도록 한다. 친화 집단은 여성, 아프리카계 미국인, 라틴아메리카인들, 미국 원주민, 중국계 미국인들, 장애인들, 게이, 레즈비언, 트랜스젠더 직원들을 위한 집단을 포함한다.[54]

직원 네트워크 집단은 종종 사회적 역할 외에 조직 내에서 기능적 역할을 한다. 대표적인 예로 펩시코의 스낵식품 사업부 프리토레이(Frito-Lay)에는 아델란떼(Adelante)라고 하는 라틴계 직원 네트워크가 있다. 이 집단은 '도리토스 과카몰리 또띠아 칩'의 개발과정에서 큰 공헌을 하였다. 아델란떼 구성원들은 라틴계 커뮤니티에서 제품의 신뢰성을 확보할 수 있도록 맛과 포장에 대한 피드백을 제공하였다. 네트워크 구성원들의 통찰력은 과카몰리 맛이 나는 도리토스를 프리토레이 역사상 가장 큰 성공을 거둔 신제품의 하나로 만들어 주었다.[55] 올레!

직원 네트워크 집단들에 대해 주의할 점은 집단이 직원을 통합하기보다는 분리하는 결과를 야기할 수 있으며, 그로 인해 다양성 계획의 목적을 무산시킨다는 것이다. 앞서 언급한 것과 동일한, 800여개 이상의 기업에 대하여 실시된 일련의 연구에 따르면 네트워크 및 친화 집단은 직장에서의 인종차별을 부활시킬 수 있다.[56]

개인–조직 적합성을 위해 고용을 할 때 집단적 특성 피하기

직원 채용과 고용에서 중요하게 고려할 점은 높은 **개인–조직 적합성**, 즉 개인과 조직의 공존 가능성을 찾는 것이다. 보통 공존 가능성은 업무와 관련된 개인의 주요한 업무 관련 가치와 성격 특성이 조직 문화의 주요 요소에 부합하는 정도에 중점을 둔다. 이러한 개념에 따르면, 모험적인 성향과 위험을 감수하는 성격의 사람은 모험적인 행동과 위험 감수가 가치가 있는 곳에서 최고의 성과를 달성할 수 있다. 반대로, 체계적이고 보수적인 개인은 천천히 움직이는 관료 조직에 합류해야 한다.

오늘날 많은 기업들이 높은 개인–조직 적합성을 보이는 직원을 채용하는 데 시간과 노력을 투자하고 있다. 이러한 유형의 선발 전략은 응집력 있는 강한 조직 문화로 이어질 수 있다. 그러나 위험 요소는, 고용주가 고용과정에서 문화적 적합성에 너무 역점을 두게 될 경우, 의도치 않게 보호를 받아야 하는 근로자 계층을 차별할 수 있다는 점이다. 구체적으로, 고용 매니저는 외모와 지원자의 출신 학교와 같은 문화에 부합하는 피상적인 측면에 초점을 맞출 수 있다. 비슷하게 보이고 비슷하게 행동하는 지원자를 선발하는 것은 다양성 전략과 마찰을 일으키게 된다. 노동 및 고용 전문 변호사인 일레인 폭스는 "문화에 근거하여 고용할 때 발생하는 가장 큰 문제들 중 하나는 당신이 편안하게 느끼는 문화일지라도 그것이 여성과 소수자들에게 길을 열어주지 않는다."라고 경고한다.[57]

리더들은 이러한 문제를 방지하기 위한 계획을 세울 수 있다. 문제를 피하는 방법은 개인–조직 적합성을 평가하는 데 집단의 특성(인종, 성별, 민족, 또는 신체적 상태 등)을 사용하지 않는 것이다. 대안은 지능, 팀 플레이어로서의 능력과 같은 특성과 행동에 초점을 두는 것이다. 마이크로소프트의 리더들은 명석한 사람들이 자신의 문화에 적합하기 때문에 영리한 사람만을 고용할 것을 강조한다. 영리하다는 것은 집단의 특성보다는 개인의 차이이다.

목표 인구 집단을 위해 제품과 서비스 수정하기

다양성 관리는 보통 목표 인구 집단에 대한 매력을 높이기 위해 제품과 서비스를 수정하는 것을 의미한다. 라틴계 커뮤니티에서는 신문과 인터넷에 그들의 매력을 향상시키기 위한 스페인어 광고들을 포함한 수백 가지의 사례가 일상에서 넘쳐난다. 유대인이 많은 지역에 위치한 슈퍼마켓에 큰 유대인 식료품 구획이 있는 것과 같은 평범한 행위들조차 이러한 직설적인 비즈니스 전략의 한 예이다. 스테이트팜 보험사는 리더가 소수 민족을 대상으로 하는 서비스를 강조하는 대표적인 기업이다. 자문위원회는 히스패닉 고객의 요구를 더 잘 충족시키기 위한 방법을 논의하기 위해 매년 회의를 한다. 스페인어를 구사하는 거주자들의 비율이 높은 텍사스 시골 지역은 중점을 두는 지역 중 하나다. 보험 청구서는 영어와 스페인어로 보내지고, 지역 콜센터의 고객 상담원들은 영어와 스페인어로 전화 상담을 처리하기 위하여 2개 국어 사용자로 구성된다.[58]

조직 리더들 간의 다양성 확보하기

다문화적 조직을 달성하기 위하여 기업은 또한 **리더십 다양성**을 실행해야 한다. 즉, 문화적으로 이질적인 리더들의 집단을 갖추는 것이다. 많은 글로벌 기업들은 이미 민족성에서 있어서는 리더십 다양성을 이루었다. 성별은 리더십 다양성의 또 다른 핵심 영역으로, 오늘날 많은 조직들이 최고 경영진에 여성을 임명하고 있다. 또한, 진정한 리더십 다양성을 갖춘 조직은 감독관, 중간 매니저, 팀 리더들과 같은 직위들에서 이질적인 리더 집단을 갖추고 있다. 맥도널드와 제록스는 소수 집단 출신과 여성을 포함한 C(최고)-레벨 경영진을 갖춘 대표적인 두 개의 기업이다. 맥도널드의 경영진 직책의 하나는 최고 다양성 관리자로, 펩시코를 포함한 다수의 다른 대기업들에서도 시행되고 있다.

요약

기업의 성공, 이윤, 성장이 다양한 노동력 관리에 점점 더 의존하기 때문에 현대의 리더는 다문화적이어야 한다. 리더와 조직의 윤리적이고 사회적 책임의 목표는 다양한 노동력을 적절하게 공급하는 것을 포함한다.

다양성 관리는 몇 가지 측면에서 기업에 경쟁우위를 제공한다. 소수 집단들이 더 만족을 하기 때문에 이직률과 결근에 대한 비용이 감소하게 될 것이다. 표상적 노동자가 상품 판매와 서비스를 용이하게 만들기 때문에 마케팅이 향상될 수 있고, 다양성 관리로 인한 좋은 평판은 소비자들을 끌어 모을 것이다. 다양성 관리에서 좋은 성적을 거둔 기업들은 능력 있는 소수 집단 구성원을 채용하고 유지하는 데 우위를 차지한다. 또한 다양성을 관리하는 것은 간과되었을지도 모르는 직원들의 훌륭한 잠재력을 발휘할 수 있도록 한다. 이질적인 노동자는 창의성과 문제해결에서 우위에 있다. 다양성과 포용 프로그램은 부분적으로 소수 집단 공급업체에 대한 의존으로 인해 지역 경제에도 도움이 된다.

문화적으로 다양한 사람들에게 영향을 주고, 동기부여를 하며, 격려하기 위해, 리더들은 명백하고 세심한 문화적 차이를 인지하고 있어야 한다. 문화적 가치의 차이는 사람들 간의 차이를 설명하는 데 도움이 된다. 10가지의 이러한 가치들은 다음과 같다. (1) 성과 지향성, (2) 적극성, (3) 미래 지향성, (4) 시간 지향성, (5) 인간 지향성, (6) 내집단 집단주의, (7) 남녀평등주의, (8) 권력간격(공식적인 권위의 수용), (9) 불확실성 회피, (10) 업무 지향성.

문화적 가치는 다른 직원의 행동과 더불어 리더십 유형에도 영향을 미친다. 예를 들어, 프랑스인 매니저들은 계급 구조를 따른다. 문화가 리더십에 어떻게 영향을 주는지를 이해할 수 있는 또 다른 방법은 문화 집단 간의 리더십 유형을 비교하는 것이다. 말레이시아인 매니저들이 선호하는 조직 리더십 유형은 연민을 보여주는 것이며, 동시에 참여적 이기보다 독재적이다. 미국 남부의 매니저들은 북부 지역 매니저에 비해 관계 형성에 더 관심을 둔다는 고정 관념처럼, 리더십 유형에서의 문화적 차이는 같은 나라 내에서도 존재한다.

문화적 민감성은 다른 문화 출신의 사람들을 격려하는 데 필수 요소다. 이러한 민감성의 일부는 지역적 관습에 대한 지식을 습득하고 지역 언어들을 배우려는 리더의 의지이다. 문화적 민감성을 가진 사람은 다른 문화 출신의 사람들과 더 나은 관계를 형성하는 데 도움이 되는 관습상의 특정 뉘앙스를 인지할 것이다. 문화적 오해는 다음의 다섯 가지의 영역에서 나타나는 경향이 있다. (1) 언어적 차이, (2) 종교적 차이, (3) 업무 관행, (4) 여성의 역할, 그리고 (5) 개인의 외모와 행동. 다른 문화에서 비즈니스를 수행하기 위한 적절한 복장을 선택하는 것은 세심한 관찰이 요구된다. 세대 차이들은 문화적 차이의 또 다른 표현이다. 트랜스젠더 직원의 수가 많다는 현실은 상당한 문화적 민감성을 필요로 한다.

문화 지능은 외부인으로 하여금 누군가의 낯설고 모호한 동작을 그들의 방식으로 이해하도록 도와준다. 이러한 문화 지능은 다음의 세 가지 측면을 가진다. (1) 인지적(두뇌), (2) 육체적(신체), (3) 정서적/동기적(마음).

글로벌 리더십 스킬은 기업의 평판을 향상시키고 지속 가능한 경쟁우위에 기여한다. 그러한 스킬 중 한 가지 모델은 행동의 복합성이 리더가 높은 조직성과를 이룰 수 있도록 한다고 주장한다. 국제 관리직의 성공 요인들에는, 문화적 민감성, 문화적 모험 성향(또는 글로벌 탐험가가 되는 것), 상황 적응력(낯선 것에 대한 적응력), 감성지능, 모호함에 대한 관용이 있다. 제2 외국어를 능숙하게 구사하는 것은 다른 문화 출신의 사람에게 영향을 주는 데 도움을 준다.

다양성 중시에 대한 최고 경영자의 헌신은 다양성에 대한 중시가 조직의 전략에 내재되어 있을 때 가장 분명해진다. 다양성 중시를 위한 특정 리더십 계획은 다음의 8가지 범주로 구분될 수 있다. (1) 관리자가 다양성 달성을 책임지게 하기, (2) 소수자 채용, 이직 방지, 멘토링 프로그램 확립하기, (3) 다양성 훈련 실시하기, (4) 다문화 훈련 실시하기, (5) 직원 네트워크 개발 장려하기, (6) 개인-조직 적합성을 추구하는 고용을 할 때 집단적 특성 피하기, (7) 목표 인구 집단을 위해 제품과 서비스 수정하기, (8) 조직 리더들 간의 다양성 확보하기

핵심 용어

다문화 리더
성적 평등주의
글로벌 리더십 스킬
성과 지향성
권력간격
다양성 훈련
적극성

불확실성 회피
다문화 훈련
미래 지향성
업무 지향성
직원 네트워크 (또는 친화) 집단
시간 지향성
문화적 민감성

인간 지향성
다문화 일꾼
리더십 다양성
내집단 집단주의
문화 지능(CQ)

행동 및 스킬 강화를 위한 지침

다양한 노동력 개발을 관리하는 데 있어 가장 큰 문제점은 회사 리더가 어렵게 채용한 직원들의 이직률을 감소시키는 것이다. 소수 집단 출신의 금융전문가 490명을 대상으로 한 보고서에 의하면, 다양한 직원들을 고용하기 위하여 노력한 기업들이 직원의 이직을 막기 위한 노력은 거의 하지 않는다. 보고서에 있는 제안 중에는 직원의 승진을 위한 명확한 길을 알려주는 것과 실적 평가부서 등의 개발을 위한 제안이 포함된다. 보고서는 또한, "유색인종 직원들은 동료들과의 점심이나 커피, 술자리 초대, 매니저와의 친목 등을 포함한 정보 공유의 비공식적 메커니즘과 사회 네트워크의 외부에 있거나, 또는 그들 스스로를 외부에 있다고 인식한다."라고 언급한다.[59]

다양성 관리를 시행하는 데 주의할 점은 매니저와 기타 면접관이 소수 집단 사람들을 편안하게 느끼도록 만들려는 노력이 적정선을 넘지 말아야 한다는 점이다. 헤드헌팅 기업의 자문인 마틴 드 캄포는 "면접관들이 흑인, 리틴아메리카인, 또는 아시아인들의 입장이 되려고 너무 노력할 때, 매우 진부하다는 인상을 준다."고 말한다. 소수 집단 인력채용 회사의 대표인 존 후지는 이렇게 말한다. "소수 집단의 지원자들이 편안하게 느끼도록 하는 최고의 방법은 그들이 직위에 대하여 동등한 경쟁 기회를 얻는다고 느끼게 하는 것이다. 그것이 그들이 원하는 모든 것이다."[60]

토의 질문 및 질문 활동

1. 일부 미국 소비자들은 "영어 사용자는 1번을 누르시오."와 같은 지시를 포함한 고객 지원 시스템의 음성 메시지에 반대한다. 관리자는 그러한 반대에 어떻게 대응해야 하는가?
2. 당신의 아랍인 친구가 중간 관리직 자리를 얻기 위하여 구직 활동을 하고 있다. 많은 기업들이 문화적으로 다양한 관리자 집단을 구축하려고 한다는 것을 고려하면, 당신의 친구는 이력서에 그의 사진을 포함해야 하는가? 이유를 설명하시오.
3. 이메일을 포함하여, 매우 많은 비즈니스가 인터넷을 통해 이루어지고 있는 상황에서, 다문화적 차이의 가치를 이해하는 것이 왜 중요한가?
4. 비즈니스 리더가 한 문화에서 많은 사람들에게 카리스마를 지녔다는 평가를 받는다면, 그 리더는 어느 정도의 다른 많은 문화들에서 카리스마를 가졌다고 평가받을 것이라고 생각하는가?
5. 다양성에 대한 자신의 관심이 수사적인 표현을 넘어선다는 것을 증명하기 위해 리더는 어떠한 조치를 취해야 하는가?
6. 레스토랑 체인점과 같이 매니저가 직원의 대부분이 25세 미만인 부서의 리더가 되었다고 가정해 보자. 리더에게 부서 직원들과의 관계 형성을 위해 피어싱이나 문신을 할 것을 추천하겠는가? 이유를 설명하시오.
7. 많은 국제적인 기업들은 다른 국가에 있는 회사의 핵심 관리직에 지역 주민을 고용하는 것이 매우 유용하다는 것을 알게 되었다. 지역 주민이 기업에 제공하는 이점은 무엇인가?
8. 영업을 위하여 공무원에게 뇌물을 주는 것이 비윤리적이라고 여기는 기업에서 일하는 뛰어난 영업 담당자가 있다고 가정하자. 영업 담당자는 뇌물이 일반적인 관례인 국가에서 엄청난 규모의 협상을 거의 달성하기 직전이다. 계약서 사인에 대한 그녀의 커미션은 6만 달러이다. 만일, 공무원이 거래를 매듭짓기 전에 4천 달러 상당의 선물을 요구한다면, 담당자는 어떻게 해야 하는가?

9. 당신이 팀의 리더이고 당신의 팀 멤버 중 한 명은 자신의 문화적 가치에 기반한 강한 업무 윤리를 가지고 있다고 가정하자. 단순히 그가 다른 팀 구성원들보다 기꺼이 더 오래 더 열심히 일한다는 이유로 그에게 더 많은 일을 부여하는 것이 정당한가?
10. 다문화 리더가 되기 위한 준비를 하기 위해 이번 주에 무엇을 할 수 있는가?

리더십 사례 문제 A

루이를 어떻게 해야 할까

루이는 미국 5대호 지역에 있는 마이티 머플러 브레이크 서비스센터의 매니저이다. 센터는 머플러와 배기 장치 교체, 브레이크 시스템, 오일 교환, 급유, 정비, 정기 검사를 포함한 차량에 대한 다양한 서비스를 제공한다. 루이의 지점은 차량이 많이 다니는 고속도로 근처에 있지만, 상가와 주택가와도 매우 가깝다. 그의 지점은 가장 큰 규모이며, 최고의 이윤을 남기는 지점 중 하나이다.

마이티의 경영진은 루이의 매장 재무관리에 만족하지만, 직원과 고객과의 관계에서 불만들이 나타나고 있다. 회사의 인사 및 고객 서비스 담당인 엠마는 최근에 고객이 회사로 보낸 고객 만족 카드를 세세하게 살펴보고 있었다. 그녀는 루이가 몇 가지 부적절한 발언을 하였다는 몇몇 고객들의 지적을 보았다. 다음은 고객들의 피드백 내용이다.

"내 차의 브레이크를 교환하고 배기 장치에서 나는 덜컥거리는 소리를 잘 고쳐 주었다. 하지만 매니저는 지금 새로운 배기 장치로 교체할지 여부를 남편과 상의하고 있다고 하면서 나에게 모욕감을 주었다."

"나는 수리한 부분과 가격에 대한 불만은 전혀 없다. 하지만, 그 매니저는 교체하는 것이 더 낳을 것이다. 그는 완전히 구시대 사람 같다. 내 파트너와 나는 게이라는 것을 자랑스러워한다. 그래서 우리는 가끔씩 공공장소에서의 애정 표현을 숨기지 않는다. 당신의 매니저는 내가 파트너의 볼에 가볍게 키스하는 것을 보고 우리가 샌프란시스코에서 왔냐고 놀렸다."

"3시까지 차를 고쳐 놓겠다는 말을 들었음에도 불구하고 두 시간을 더 기다려야 했다. 또한, 베이지색의 가죽 시트에서 얼룩을 발견하였다. 내가 매니저에게 불만을 표시하자, 그는 '할머니, 혈압을 주의하세요. 노인이 너무 흥분하는 것은 좋지 않아요.'라고 했다. 너무나 모욕적이었다."

이러한 지적들에 대하여 걱정하면서, 엠마는 고객과 직원들 사이의 문화적 다양성을 관리하는 데에 있어서 루이가 갖고 있을 수 있는 문제를 조사하기 위하여 루이의 지점에 들러보기로 계획하였다. 엠마는 루이에게 본사는 현재 직원들의 관계가 좋은지, 얼마나 함께 일을 잘하고 있는지를 확인하기 위하여 정기적인 출장을 간다고 설명하였다. 루이는 "아무에게나 물어 보세요. 나는 지점 직원들과 약간씩 농담을 하기도 하지만, 매우 잘 지내고 있습니다."

루이의 마이티 머플러에 있는 직원들과 편안한 대화를 한 결과, 엠마의 생각에 직원 관계는 대체적으로 만족스러웠다. 그러나 몇 가지 문제가 되는 말들을 발견하였다. 어린 아프리카계 미국인은 자신이 특별히 무언가를 잘하고 있을 때나, 또는 자기에게 전적으로 동의하는 일이 있을 때, 루이가 자기에게 하이파이브를 한다고 말했다. 대조적으로 백인과 라틴아메리카인 직원들에게는 각각 존경을 담은 축하의 악수나 주먹 인사(fist bump: 서로의 주먹을 맞대는 행위)를 한다.

여성 브레이크 기술자는 루이가 친절한 마음을 가진 상사이지만, 때때로 그 자신도 모르게 사람을 깔보는 경향이 있다고 말했다. 그녀는 한 사건에 대하여 자진해서 말했다.

"쉬는 시간에 종종 내가 특히 좋아하는 땅콩과 건포도를 파는 자동판매기가 있는 대기실에 갑니다. 어느 날, 막 휴게실로 들어가려고 하는데, 루이가 나를 불러 세웠습니다. 폭주족 같이 생긴 사내가 트럭을 고치려고 기다리고 있는데, 그가 생각하기에 '여자 아이'가 그의 트럭을 고쳐 준다면, 고마워하지 않을 것이라고 루이가 말했습니다. 요즘 세상에 어떻게 그런 성차별주의자가 있을 수 있을까요?"

엠마는 그녀가 발견한 것에 대하여 CEO, 관리직 부사장과 함께 논의하기 위해 본사로 돌아갔다. 엠마는 루이가 회사에 기여하고 있지만, 몇 가지 변화가 필요하다고 말했다. 두 명의 다른 경영진들은 루이가 조금 더 다문화적으로 되어야 한다는 데 동의했지만, 그들은 루이가 쉽게 경쟁자와 손을 잡을 수도 있기 때문에 그를 너무 화나게 하고 싶지는 않았다. 엠마는 "그렇기 때문에, 우리가 루이에 대해 무엇이든 조치해서 보여 줄 필요가 있다고 생각합니다."라고 결론을 내렸다.

질문

1. 루이에게 문제가 있는가, 아니면 그에 대해 너무 예민하게 반응하여 부정적으로 말하는 사람들이 문제인가?
2. 루이가 진정한 다문화 매니저가 되기 위해서는 어떤 개선사항이 필요한가?
3. 루이를 더욱 문화적으로 민감하게 만들 수 있도록 어떠한 활동이나 프로그램을 추천하겠는가?

관련 역할극

한 학생이 엠마의 역할을 한다. 그녀는 문화적으로 더욱 민감해지도록 루이를 지도하는 책임을 맡기로 했으며, 첫 번째 코칭 시간을 위해 루이와 약속을 잡는다. 다른 사람은 그 약속의 목적에 대해 잘 이해하지 못하지만, 약속에 동의하는 루이의 역할을 한다. 첫 번째 코칭 시간 동안에 엠마는 루이가 문화적으로 더욱 민감해져야 한다는 것을 인식할 수 있도록 포커스를 맞출 것이다. 루이는 그 시간 동안 약간 방어적이 될 수 있다. 관찰자들은 엠마가 루이를 납득시키고 있는지를 특히 주목한다.

리더십 사례 문제 B

이런, 프랑스에서 다시 실패인가

프랑스 디종에 계열사가 있는 미국의 즉석사진 인화기 제조사는 "국제 연락 담당자"라는 직책을 만들기로 결심하였다. 연락 담당자는 디종에서 본사의 대리인으로 한 달에 5일을 보내며 본사와 디종 사이의 중재자로서 유럽의 영업활동에 대하여 몇 가지 조언을 하게 된다.

제품개발 매니저인 에린 바커가 그 새로운 직위를 맡을 적절한 인물로 선정 되었다. 바커는 기술적으로 능숙할 뿐 아니라 훌륭한 대인관계 기술을 보유하고 있고 프랑스어를 할 줄 알았다. 그녀는 프랑스에서 고등학교를 졸업하였고 대학 프로그램의 일환으로 프랑스에서 한 학기를 보냈다. 최근 몇 년간, 그녀는 프랑스로 두 번의 휴가를 다녀왔다.

에린은 여전히 제품개발 매니저로서의 직위를 유지하였다. 그녀는 약 절반의 시간을 새로운 업무에 쓰기로 했다. 제품개발 매니저 책임의 일부는 해당 부서의 두 명의 전문가들에게 위임되었다. 에린은 연락 담당자 자리를 차지하는 것에 대하여 다소 회의적이었는데, 왜냐하면 그 자리의 성격이 모호하였기 때문이었다. 디종의 그룹은 그녀가 회사 본부를 대표하기 때문에 그녀의 권위를 인정해야 했다. 그러나 디종의 그룹은 실제로 그녀가 아닌 회사 CEO에게 보고를 했다.

에린은 디종으로의 첫 번째 출장을 위해 마음의 준비를 하였다. 그녀는 디종에 본부를 둔 기업의 유럽 비즈니스에 관한 적절한 사실과 수치를 모았으며, 2주 동안 프랑스어 학습 CD를 들었다. 따끔거리는 목과 투지를 갖고, 어느 월요일 아침 에린은 프랑스 그룹과의 첫 번째 회의를 위해 디종의 회의실로 걸어갔다. 에린은 공장 경영진들에게 프랑스어로 인사하였다. "안녕하세요. 만나서 반갑습니다. 저는 며칠간 머무를 예정입니다. 저는 여러분의 사업에 대해 알고 싶습니다. 또한, 본사의 경영에 대해 설명하고 여러분들의 질문에 대답할 것입니다."

"오, 프랑스어를 약간 할 줄 아는군요."라며 공장 매니저 질 나울루가 영어로 대답하였다. 에린은 나울루와 다른 프랑스 관리자들이 영어로 말하는 것에 여념이 없어 보이는 것에 대하여 깜짝 놀랐다. 그녀는 이를 그들에 대한 그녀의 관심이 중요하게 받아들여지지 않는다는 신호로 해석했다. 또한 에린은 디종에서의 첫 일정들이 매우 의례적이라고 생각했다. 그녀는 비즈니스를 수행하는 임원이라기 보다는 공장 투어를 하는 방문객 같은 느낌을 받았다. 에린이 영업이나 생산 예측과 같은 비즈니스 주제를 언급하면, 디종의 대표는 그저 어깨를 으쓱하고 화제를 돌렸다.

다음 달에 에린은 디종을 재방문했고 나울루와 프랑스의 영업 부장인 피에르 케발리아를 다시 만났다. 그녀는 다음과 같은 말로 회의를 시작했다. "지난 번 방문은 매우 즐거웠습니다. 디종 매니저를 알 수 있는 기회를 갖게 되어 감사했습니다. 이제, 우리 사업의 성공과 관련된 기획을 논의하고자 합니다." 또 다시 나울루는 대부분 표면적인 주제에 대해 이야기했지만, 몇 가지에 대해서는 프랑스어로 대답하였다. 다른 관리자들은 그녀의 면전에서 그들 간에 프랑스어로 말하면서도, 진지한 비즈니스 문제들에 대해서는 말하기를 주저하였다.

에린은 본사로 돌아와서 CEO와 만났다. 그녀는 디종 매니저들과 진지한 비즈니스를 시작하는데 있어 더딘 진전에 대하여 논의하였다. 그러자 CEO는 그녀에게 회사가 그 일에 다른 사람을 배정했으면 하는지 물었다. 에린은 대답하였다. "저는 아직 디종에 작별을 고하고 싶지 않습니다. 제 자신을 증명할 시간을 조금 더 주십시오."

질문

1. 에린이 비즈니스를 시작하기 위해 앞으로 디종을 방문했을 때 어떻게 행동해야 하는가?
2. 회사는 국제 연락 담당자의 지위를 에린 대신 다른 사람으로 대체해야 하는가? 여러분의 결론을 설명하시오.
3. 이 사례를 통해 여러분이 얻은 글로벌 비즈니스 관계에 대한 교훈은 무엇인가?

관련 역할극

한 명의 학생이 디종을 다시 한 번 방문한 에린의 역할을 한다. 그녀는 경영진 그룹과의 저녁 식사에 초대되었고, 자신의 목적의 진지함을 보여줄 좋은 기회라 생각하여 초대를 수락한다. 다른 몇몇 학생은 진지한 비즈니스를 논의하기보다 편안하고 사교적인 식사를 하는 것에 더 관심이 있는 디종 간부의 역할을 수행한다. 관찰자들은 에린이 자신의 역할의 진지함을 전달할 수 있는지를 특히 주목한다.

리더십 스킬 구축 연습 2-3

리더십 포트폴리오

효율적인 다문화 리더가 되기 위하여, 여러분은 자신과는 다른 인구 및 문화 집단의 사람들과 효율적으로 일을 해야 한다. 최근 여러분과 아주 다른 사람들과 일했거나 효율적으로 관계를 맺으면서 어떤 경험을 했는지 설명한다. 만일 그러한 경험이 없다면, 문화적으로나 인구통계학상 당신과 아주 다른 사람들과 의미 있게 관계를 맺기 위한 다음 주의 계획을 세운다. 재무를 전공하는 스테파니는 이러한 경험을 하였다.

특수 교육 교사인 클레어는 우리 구역에 살고 있다. 클레어는 법적 시각 장애인 임에도 불구하고 매 수업일마다 출근한다. 그녀는 시각 도우미와 함께 컴퓨터 화면 상의 내용 등은 읽을 수 있다. 그러나 클레어는 종이 서류를 다루는 것에 익숙지 않다. 나는 어느 날 밤 클레어에게 전화를 해서 필요하다면 그녀의 올해 소득세 신고 준비를 도와줄 수 있다고 하였다. 클레어는 동의하였고, 일은 잘 처리되었다. 나는 이제 시각장애를 가진 사람과 함께 일하는 것에 더욱 편안함을 느낀다. 게다가 복잡한 세무서식을 준비하는 실무 경험까지 얻었다.

리더십 스킬 구축 연습 2-4

직장에서의 긍정적인 다문화 경험

여러분이 직장에서 관찰하였거나, 관찰하고자 하는 최소 6개 이상의 긍정적인 다문화 경험들을 확인하기 위한 브레인스토밍 그룹을 조직한다. 휠체어 사용, 시각 상태, 민족, 인종, 연령 등과 같은 다양한 종류의 인적 속성을 포함하기 위해 폭넓은 다문화적 관점을 취한다. 브레인스토밍이 끝난 후, 결과들로부터 결론을 이끌어 낸다. 여러분 그룹의 결과를 다른 브레인스토밍 그룹의 것과 비교하면 더 많은 데이터를 얻을 수 있기에 결론을 이끌어내는 데 도움이 될 것이다.

CHAPTER

03 리더의 개인적 특성

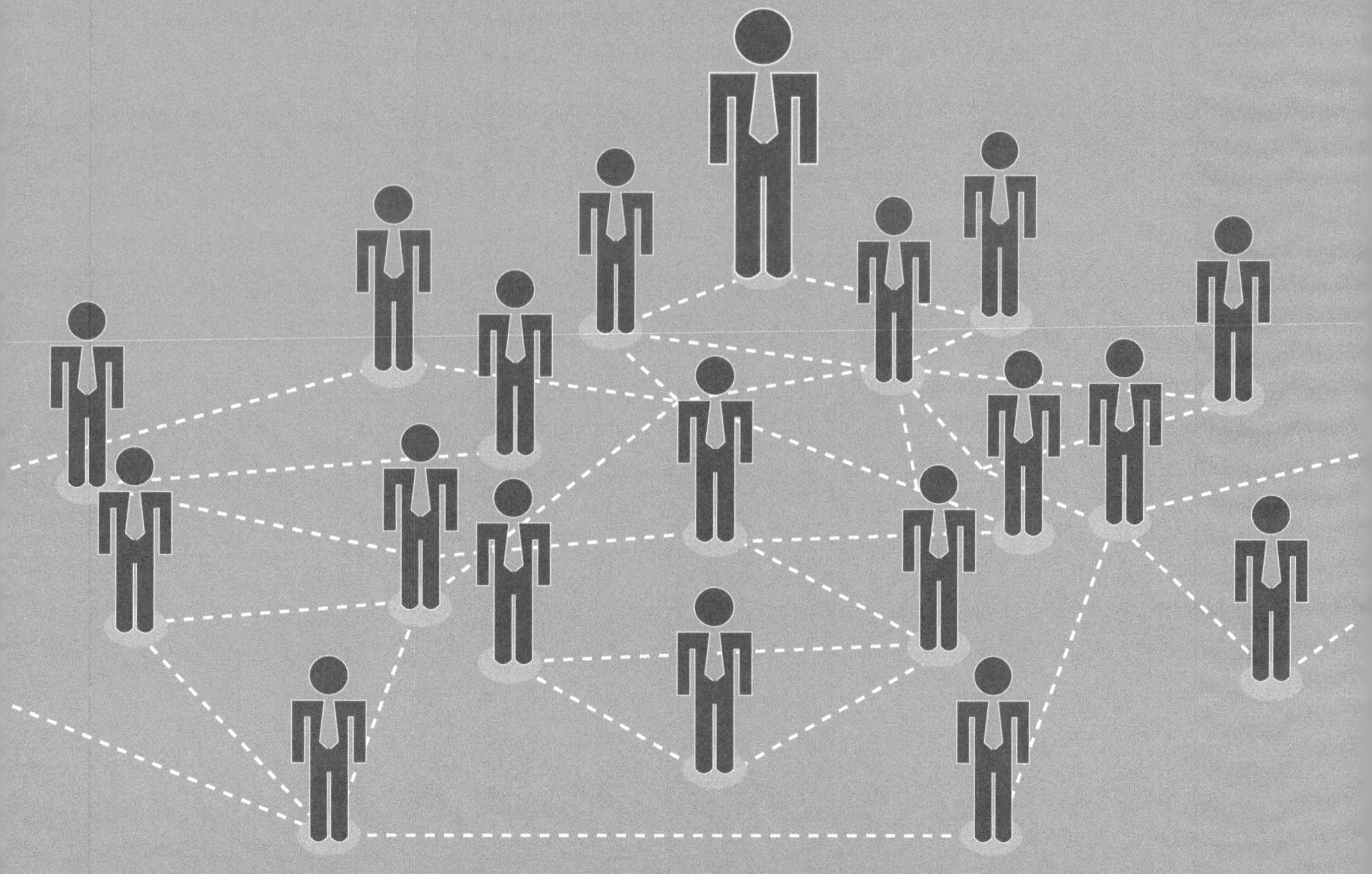

학습 목표

이 장을 학습하고 훈련을 통해, 당신은 다음을 할 수 있을 것이다.

- 리더십 효율성에 기여하는 일반적이며 업무 관련 특성을 파악한다.
- 감성 지능이 리더십 효율성에 어떻게 기여하는지 설명한다.
- 리더십 효율성에 기여하는 핵심 동기를 파악한다.
- 리더십 효율성과 연관된 인지 요소를 설명한다.
- 리더십 효율성과 관련하여 유전적 요인 대 환경 요인을 토론한다.
- 리더십 특성 접근법의 장단점을 요약한다.

개요

3.1 효율적 리더의 성격 특성
- 일반적 성격 특성
- 업무관련 성격 특성

3.2 리더십 동기
- 권력동기
- 추진력과 성취동기
- 끈기와 회복력

3.3 인지 요소와 리더십
- 인지(또는 분석) 지능
- 비즈니스 또는 집단 과업에 대한 지식
- 창의성
- 사람과 상황에 대한 통찰력
- 선견지명과 개념적 사고

3.4 리더십에 미치는 유전과 환경의 영향

3.5 특성 접근법의 강점과 한계

- ■ 요약
- ■ 핵심 용어
- ■ 행동 및 스킬 강화를 위한 지침
- ■ 리더십 사례 문제 A
- ■ 리더십 사례 문제 B

타마라는 비너스 베버리지의 마케팅 부서장이다. 이 회사는 시장의 다른 음료에 비해 인공 재료의 비율이 낮고, 높은 비율의 천연 재료를 함유한 음료를 공급하는 작은 틈새 제조업체이다. 비너스는 전국 및 지역 슈퍼마켓에서 점유율을 높이는 데 성공하지는 못했지만, 적정한 수의 직판점을 찾았다. 비너스의 음료를 파는 점포들 중에는 건강식 판매점, 편의점, 지역 식료품점, 휴게소 등이 포함되어 있다.

주간 직원회의에서 최고재무책임자인 브레트는 "비관론자처럼 행동하기 싫지만, 재정적인 어려움이 있습니다. 이번 분기에 이미 25만 달러의 손실이 발생하였고, 올해 약 90만 달러의 손실이 예상됩니다. 직원의 3분의 1을 해고하거나, 아니면 어서 수익을 늘려야 합니다."라고 사람들에게 말하였다.

제품개발부 관리자인 나탈리는 웃으며 말했다. "몇 달간 준비해 온 신제품 브레이즌의 출시에 대하여 이야기할 때가 된 것 같습니다. 아시다시피, 이 제품은 카페인과 법적 허용 수준의 알코올을 포함하고 있습니다. 이는 에너지 음료 분야에서 빠르게 성장하는 틈새시장입니다. 몇몇 주에서 이 음료의 판매를 반대하려고 하지만, 제 생각에 반대는 곧 사라질 것으로 생각합니다."

타마라는 대답하였다. "나탈리씨, 브레트씨, 제 말을 잘 들어보세요. 여러분의 회사의 재정 문제에 대한 생각에 대해 박수를 보냅니다만, 큰 그림을 그려 봅시다. 우리는 비너스 베버리지의 평판을 지키기 위해 열심히 노력해야 합니다. 카페인과 알코올이 포함된 음료는 사회적으로 무책임한 것입니다. 십대들은 그 음료를 일반 청량음료처럼 마십니다. 카페인은 알코올에 취하는 것을 드러나지 않게 합니다. 치명적인 교통사고를 비롯하여 너무나도 많은 사망사건이 에너지 음료의 과다 섭취로 인해 발생했어요. 우리는 건강에 좋은 유기농 청량음료를 만든다는 우리의 원칙을 고수할 필요가 있습니다. 모두 함께 재정적인 문제를 타개하기 위하여 명예롭게 일합시다. 우리는 해법을 찾을 수 있을 겁니다."[1]

위에서 제시된 글은 특별히 개념적으로 생각하는 능력(큰 그림 보기)뿐 아니라 신뢰성과 낙관 같은 이 장에서 다룰 리더십 특성 중에 몇 가지를 지니고 있는 고위급 관리자를 서술하고 있다.

사람들이 리더십 효율성 측면에서 관리자를 평가할 때, 종종 관리자의 특성과 개인적 특징을 면밀히 판단한다. 관리자의 성과에만 초점을 맞추지 않고, 높은 수준을 고수하는 관리자의 태도에 상당한 가중치를 둔다. 많은 사람들은 직관적으로 개인적 특징이 리더십 효율성을 결정한다고 생각한다.

특성을 기반으로 한 리더십 관점은 지난 수십 년간 관심 끌지 못하다 최근 들어 다시 주목 받고 있다. 스테판 자카로(Stephen J. Zacarro)는 특성이 유의미한 방법으로 통합될 때 그 리더십 행위와 효율성을 이해하는 데 도움이 되는 경향이 있다는 것에 주목한다.[2] 특성에 기반한 견해는 고도의 전문기술자들의 감독관에게 문제해결 능력이 강조되는 것처럼, 상황에 따른 특성에 영향을 미친다는 것을 인정했다. 반면에 반복 작업, 비전문적 업무를 하는 작업자들의 감독관은 동기부여와 같은 열정을 강조할 필요가 있다.

이 장과 이어지는 장은 개인적 특성에 초점을 맞춘다.

8장은 리더십 효율성에 기여하는 행동과 스킬에 대하여 설명한다. 그러나 개인 특성과 리더십 스킬 및 행동 간의 긴밀한 관계를 인지해야 한다. 예를 들어, 창의적인 사고 능력(특성)은 리더가 흥미로운 비전을 제시(리더십 행동)할 수 있게 한다.

리더십과 연관될 수 있는 특징은 개인적 특성, 동기, 그리고 인지 요소로 나뉘는 세 가지의 넓은 범주로 규정될 수 있다. 이러한 행동 범주는 유익한 지침으로 제공된다. 그러나 이것이 절대적인 것은 아니다. 하나의 범주에 존재하는 리더십의 측면은 다른 것으로 대체될 수 있다는 주장이 때론 설득력을 얻기도 한다. 그럼에도 불구하고, 개인적 특성이 어떤 식으로 분류되는지에 관계없이, 효율적인 리더는 필요한 자질에 의해 만들어진다는 결론에 집중된다. 특성 관점에 대해 출간된 연구는 19세기 중반에 처음으로 나타났고, 현재까지 계속 이어지고 있다. 리더십과 관련하여 지금까지 발견된 모든 개인적 특성의 총 목록은 수백 페이지에 이르기 때문에, 이 장에서는 중요하고 가장 지속적으로 발견되는 리더십 효율성과 관련된 특성만을 설명하기로 한다.

3.1 효율적 리더의 성격 특성

수십 가지의 조사 연구들이나 관리자와 인적자원 전문가들의 견해에 따르면 리더는 특정한 개인적 특성들을 갖고 있다는 것을 보여준다.[3] 리더의 유형이 상황에 합리적으로 적합되는 한, 이러한 특성들은 많은 상황에서 리더십 효율성에 기여한다. 예를 들어, 한 경영자가 다양한 문화의 최첨단 회사에서 리더로서 업무를 훌륭하게 수행했을 수 있다. 그러나 그의 지적인 방식은 생산직 직원들과는 잘 어울리지 않을 수 있다. 리더의 개인적 특성은 자신감 및 신뢰감 같은 일반적인 성격 특성과 내적 통제성과 같은 업무관련 특성의 두 가지 유형으로 나눌 수 있다.

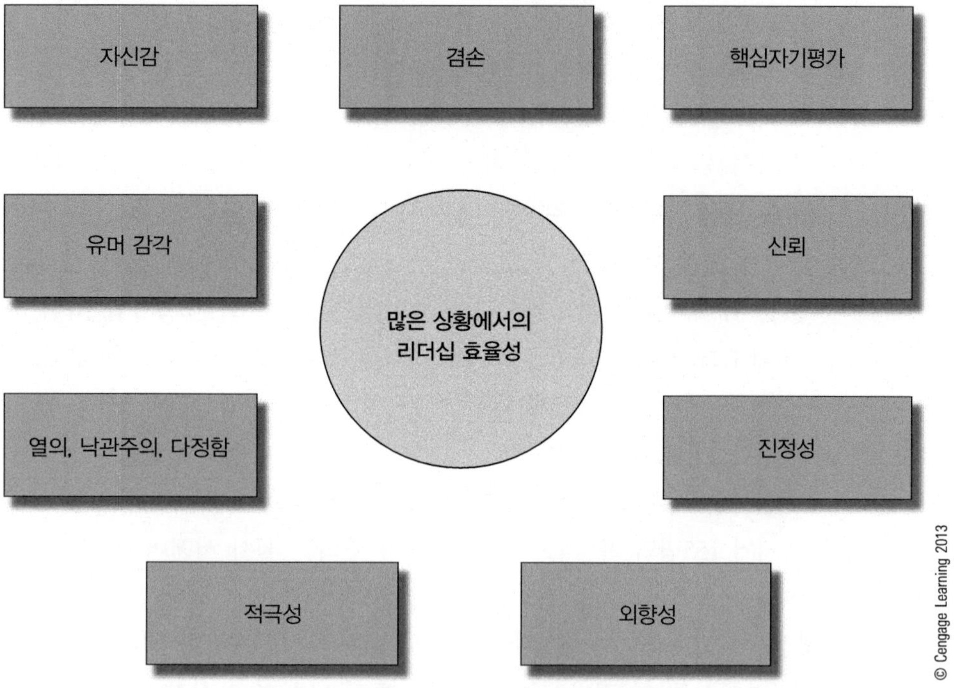

그림 3-1 **효율적인 리더의 일반적인 개인적 특성**

일반적 성격 특성

일반적인 성격 특성이란 업무와 업무 이외에도 동시에 관찰되는 특성으로 정의한다. 즉, 동일한 일반적인 특성은 업무와 사생활 모두에서의 성공 및 만족과 관련 있다. [그림 3-1]은 성공적인 리더십에 기여하는 일반적인 성격 특성의 목록이다.

자신감 자신감은 리더십을 포함하여 다양한 과업에서의 성과를 향상시킨다.[4] 과장되거나 오만하지 않으면서 자신감 있는 리더는 팀 구성원에게 자신감을 심어준다. 자신감 있는 팀 리더는 불가능해 보이는 기한에 직면한 집단에게 이렇게 말할 것이다. "우리는 일손도 부족하고 과도한 업무에 시달리고 있지만, 이 기획을 제 시간에 끝낼 수 있다는 것을 압니다. 이전에 이처럼 어려운 일을 해낸 적이 있습니다. 우리가 진정한 팀으로 일한다면, 우리는 해낼 수 있을 것입니다."

자신감은 연구자들이 증명한 첫 번째 리더십 특성 중 하나이며, 현재 리더십 효율성의 주요 요소로서 상당히 주목 받고 있다.[5] 자신감을 가지는 것에 더해, 리더는 집단에게 그 자신감을 보여줘야 한다. 분명한 표현을 사용하고, 좋은 자세를 유지하고, 검지 손가락으로 포인트를 명확히 가리키는 등의 적절한 제스처를 사용함으로써 자신감을 보여줄 수 있다.

자신감이 성격 특성인 것만은 아니다. 자신감은 또한 다양한 상황에서 사람이 드러내는 행동과 대인관계 기술과 관련이 있다. 이것은 압박을 받는 상태에서도 침착함을 유지하는 것과 비슷하다. 대규모 제품 리콜을 관리하는 일 같은 위기 상황에서도 평정을 유지할 때, 우리는 그 사람을 자신감 있는 리더라고 결론지을 수 있다. 대인관계의 기술은 혼란스러운 상태에서 다른 사람들을 진정시킬 수 있는 데서 발휘된다. 미시간대학의 국제비즈니스 파트너십 책임자인 노엘 티치(Noel Tichy) 교수는 군 장교 출신 입사 지원자들의 적합성에 관해 이야기하면서, "그들을 진정 가치 있게 만들어 준 위급상황 대처경험을 가진 장교들은 큰 인재들이다."라고 말했다.[6]

침착한 리더에 대한 유명한 예로 2009년 1월 비행기를 허드슨 강에 안전하게 착륙시켜 155명의 목숨을 구한 "설리"라 불리는 첼시 서렌버거(Chelsey Sullenberger) 기장의 상황을 꼽을 수 있다. 기적 같은 착륙에 대한 몇몇 분석에 따르면 이러한 기적은 무엇보다도 오랜 준비와 위기 상황에서의 침착함 덕분이었다.[7]

[리더십 자기 평가 퀴즈 3-1]을 통해 당신의 자신감 수준에 대하여 생각해 볼 수 있다.

겸손 비록 자신감이 핵심적인 리더십 특성이지만, 겸손 또는 적절한 시기에 겸손해 하는 것 역시 중요하다. 겸손의 일부는 팀원들과 외부인에게 자신의 실수를 인정하는 것을 비롯하여, 당신이 모든 것을 다 알지는 못하며 그리고 모든 것을 다 할 수 없다는 것을 인정하는 것이다. 어떤 리더는 성과에 대한 칭찬을 받는 즉시 팀의 공로로 돌려 설명할 것이다. 컨설팅 회사의 대표 스테판 해리슨(Stephen G. Harrison)은 리더십 특성으로서의 겸손의 사례로 위대한 리더십의 정의는 어떻게 변화되었는가에 대한 언급에서 강조하였다. "위대한 리더십은 축소해서 말할 줄 아는 사람에 의해 나타나고 표현됩니다. 리더십의 가치는 겸손에 있으며, 당신 자신이 아닌, 다른 사람들을 주목받게 하는 것에서 나옵니다. 리더십은 절제이며, 위엄이며, 봉사이며, 이타심입니다."[8]

무엇이 회사로 하여금 실적을 지속하고 극적으로 향상시키는가에 관한 짐 콜린스(Jim Collins)의 연구는 겸손의 중요성을 뒷받침한다. 그는 가장 뛰어난 리더를 설명하기 위해 레벨5 리더(Level 5 Leader)라는 용어를 사용한다. 레벨5 리더는 자신의 목표를 달성하는 데 겸손하면서도 단호하다.[9]

핵심자기평가 자신감은 리더십 효율성에 기여하는 자기 자신을 바라보는 한 가

리더십 자기 평가 퀴즈 3-1

당신은 얼마나 자신감 있는가

방법 다음의 질문에 대해 어느 정도 동의하는지 표시한다. ①부터 ⑤까지의 척도를 사용한다.
① 대단히 그렇지 않다(DS) ② 그렇지 않다(D) ③ 보통이다(N) ④ 그렇다(A) ⑤ 매우 그렇다(AS)

상황	DS	D	N	A	AS
1. 종종 사람들에게 "확신이 없다"라고 말한다.	⑤	④	③	②	①
2. 리더십 업무 맡기를 주저한 적이 있다.	⑤	④	③	②	①
3. 내가 속한 단체에서 나에게 리더가 되길 요청받은 적이 몇 차례 있었다.	①	②	③	④	⑤
4. 살면서 대부분의 상황에 대처를 잘한다.	①	②	③	④	⑤
5. 적어도 몇 사람은 내가 근사하고 믿음직한 악수를 한다고 얘기했었다.	①	②	③	④	⑤
6. 승자보다 패자에 가깝다.	⑤	④	③	②	①
7. 패자보다 승자에 가깝다.	①	②	③	④	⑤
8. 내 삶에서 실질적인 변화를 만드는 데 있어 조심스럽다.	⑤	④	③	②	①
9. 스마트폰이나 비디오카메라 같은 새로운 디지털 기계의 사용법을 배우는 것이 두렵다.	⑤	④	③	②	①
10. 헤어스타일이나 단어 선택 같은 자잘한 문제들에 대해서도 다른 사람을 거리낌 없이 비평한다.	⑤	④	③	②	①
11. 곧 집단이나 학급 앞에서 발표를 해야 할 순서일 때 극도로 긴장한다.	⑤	④	③	②	①
12. 학급이나 다른 집단 앞에서 말하는 것은 나에게 있어 무시무시한 경험이다.	⑤	④	③	②	①
13. 나의 충고를 원할 경우, 기꺼이 충고한다.	①	②	③	④	⑤
14. 혼자 사교 행사에 참석하는 것이 거리낌 없다.	①	②	③	④	⑤
15. 다른 사람이 나에게 이의를 제기한다고 해서 내 의견을 바꾼 적이 거의 없다.	①	②	③	④	⑤

채점 및 해석 동그라미 친 숫자를 더해 총 합을 계산한다. 점수에 대한 잠정적인 해석은 다음과 같다.

- 65~75점 오만해 보일 수도 있는 기질을 가진 매우 강한 자신감
- 55~64점 바람직한 높은 수준의 자신감
- 35~54점 적정하거나 평균적인 자신감
- 15~34점 강화가 필요한 자신감

지 방법이다. 광범위한 연구는 리더십 효율성에 기여하는 자기 인식과 관련된 네 가지로 제시한다. **핵심자기평가**는 자존심, 내적 통제성, 일반화된 자기효능감(self-efficacy), 정서적 안정감으로 구성된 실질적인 자기 평가를 포착할 수 있는 광범위한 성격 특성이다. 네 가지 특성들 모두 서로에게 긍정적으로 관련되어 있다. 자존심은 자신에 대해 긍정적인 감정을 다루며, 일반화된 자기효능감은 대략적으로 다양한 상황에서 자신감을 가지는 것과 같은 것을 의미한다. 내적 통제성은 어떤 사람

이 자신에게 일어난 사건에 대하여 개인적인 책임감을 느끼는지에 대한 것을 언급하는 것이며, 이것에 대해서는 이 장의 후반부에서 설명할 것이다. 정서적인 안정감은 전전긍긍하지 않고, 감정을 통제하며, 좋은 정신 건강을 가지는 것이다.

긍정적인 핵심평가를 하는 리더는 더 빨리 의사결정을 하고 결정의 실현을 위해 계획을 밀어 붙일 가능성이 높다. 그러한 리더는 자신감을 느끼고, 압박 하에서도 안정적이며, 자신의 어느 정도 외부 상황을 통제할 수 있다고 생각한다.[10]

신뢰 신뢰나 정직이 리더십 효율성에 기여한다는 증거와 견해는 점점 증가하고 있다.[11] 효율적인 리더나 관리자는 말한 것은 실천한다고 믿어진다. 따라서 행동과 말 사이에 일관성을 보여줘야 한다. 이러한 맥락에서, **신뢰**는 상대방의 의도와 동기에 대한 확신과 상대방의 말의 진정성에 대한 확신으로 정의된다.[12] 리더는 신뢰할 수 있어야 하며, 또한 집단 구성원을 신뢰해야 한다. 많은 사람들이 정치적 리더들과 고위직의 비즈니스 리더들을 불신한다는 것을 고려할 때, 신뢰를 얻고 유지하는 것은 매우 어려운 일이다. 다음의 신뢰 구축법들은 미래의 리더가 관심을 갖고 구현할 가치가 있다.[13]

- 당신의 행동이 당신의 의도와 일관되게 한다. 언행일치를 하고 모범을 보인다. 다른 사람들이 당신의 의도를 알게 하고 당신이 그것을 달성하기 위해 얼마나 잘하고 있는지에 대한 피드백을 요청한다.
- 당신의 조직 또는 조직 단위가 문제에 맞닥뜨렸을 때, 잘못된 것을 책임질 다른 사람들을 찾는 대신 문제해결 국면으로 전환한다.
- 비밀을 지킨다. 기밀 정보를 퍼뜨리는 하나의 사건으로 인해 비밀을 침해당한 사람에게 영원히 신뢰를 잃게 된다.
- 높은 수준의 진실성을 유지한다. 정치적인 결과에 굴하지 않고 당신이 도덕적으로 옳다고 생각하는 것을 함으로써 명성을 쌓는다.
- 사람들이 검증할 수 있는 방식으로 진실을 말한다. 당신이 이전에 한 거짓말에 맞추기 위해 당신의 이야기를 계속해서 고칠 필요가 없을 경우 일관성 있게 행동하는 것이 훨씬 수월하다. 집단 구성원이 매니저가 실제 약속처럼 새로운 회의실 가구를 구입하려 했는지 보는 것도 검증의 한 예가 될 수 있다.
- 실수를 인정한다. 특히 모든 사람이 당신이 실수를 했다는 것이라는 것을 아는 데 그것을 감추는 경우 급속하게 신뢰가 허물어진다.
- 보상을 받는다는 차원에서 신뢰를 지불하게 한다. 신뢰는 이득을 얻는 방법으로 보여 질 필요가 있다.

리더가 신뢰를 구축하는 데는 오랜 시간이 걸린다. 하지만 신뢰할 수 없는 행동으로 인한 하나의 간단한 사건이 신뢰를 영원히 무너트릴 수 있다. 일반적으로 리더는 적정한 정도의 정직한 실수는 용인된다. 반대로, 부정한 실수들은 리더십 효율성을 빠르게 약화시킨다.

리더가 신뢰 받을 수 있을 때, 그 조직은 득을 본다. 커트 더크스(Kurt T. Dirks)와 도널드 페린(Donald L. Ferrin)은 리더십의 신뢰에 대한 지난 40년 동안의 연구 결과와 의미를 검토했다. 이 검토에는 106개의 연구와 27,103명의 개인들이 포함되었다. 메타 분석(연구의 양적 통합)은 집단 구성원과의 일상의 상호 작용에 대한 신뢰의 중요성에 기반 한 관리 리더십(supervisory leadership)을 강조하였다. 리더를 신뢰하는 것은 집단 구성원들의 다양한 업무 태도들과 더욱 강하게 연관되어 있었다. 신뢰와 관련된 가장 높은 특정 관계는 다음과 같았다.[14]

- 직무 만족($r=.51$)
- 조직 몰입($r=.49$)
- 이직 의도($r=.40$)(당신의 리더를 신뢰하는 경우, 이직 할 가능성은 더 적다.)
- 리더가 제공하는 정보에 대한 믿음($r=.35$)
- 결정에 대한 몰입($r=.24$)
- 리더에 대한 만족도($r=.73$)
- LMX($r=.69$)(LMX는 리더와의 호의적인 교환관계를 뜻한다.)

업무 성과와 신뢰의 관계는 통계적으로 유의미하지만 매우 낮았다($r=.16$). 이에 대한 한 가지 이유는 많은 사람들이 해고나 불량 직원리스트에 오르는 것을 두려워하여 자신이 불신하는 리더를 위해서도 좋은 성과를 낸다는 것이다.

신뢰할 수 있다는 것과 신뢰를 얻는 것은 효율적인 리더십에 있어 필수적인 요소로 간주되기 때문에 일부 회사는 리더와 관리자를 평가하는 데 이러한 요소를 활용한다. 신뢰할 수 있는 것으로 인식되는 것 또한 투자자들을 찾는 기업가들에게 중요하다. 영국의 28개의 벤처 기업에 대한 한 연구는 잠재적인 대출 기관과 투자자들에게 신뢰를 얻기 위해 세세한 일이 중요하다는 것을 발견했다. 신뢰의 메시지를 전달할 수 있는 사소한 것들에는 웹 사이트를 세련되고 전문적으로 만드는 것이나, 잠재적 투자자와의 회의 후 감사 인사를 보내는 것들이 포함된다. 연구는 또한 가장 성공적인 창업자들은 안정성과 신뢰를 암시하는 상징적인 제스처를 하는 데 능숙하다는 점을 발견하였다. 그러한 제스처는 고급스러운 곳에서 회의를 열고, 기업가의 웹 사이트 상에 만족한 고객들로부터의 추천서를 갖고 있

리더십 자기 평가 퀴즈 3-2

신뢰할 수 있는 리더의 행동과 태도

방법 여기에는 그들의 그룹 구성원들과 다른 구성원들에게 일반적으로 신뢰 받고 있는 리더의 행동과 태도가 나열되어 있다. 각각의 특성을 읽은 뒤, 당신이 이미 개발한 것으로 보이는 행동이나 태도인지, 아니면 현재 당신에게 적합하지 않은 것인지를 오른 쪽에 표시한다.

	적합하다	적합하지 않다
1. 사람들에게 무엇인가를 할 예정이라고 말하고, 말한 것을 항상 이행하고 완수한다.	☐	☐
2. 신뢰할 만한 사람이라는 말을 듣는다.	☐	☐
3. 비밀과 보안을 잘 유지할 수 있다.	☐	☐
4. 항상 진실을 말한다.	☐	☐
5. 사람들이 듣고 싶어 하는 것을 최대한 줄여서 말한다.	☐	☐
6. "말한 것은 실천한다."는 말을 듣는다.	☐	☐
7. 언행일치의 측면에서 다른 사람들에게 일관된 메시지를 준다.	☐	☐
8. 다른 사람이 기대하는 일을 한다.	☐	☐
9. 남의 잘못을 말하는 자리에 끼지 않음으로써 위선을 최소화한다.	☐	☐
10. 다른 사람들로부터 행동에 대한 피드백을 기꺼이 받아들인다.	☐	☐
11. 다른 사람들과 대화를 할 때 시선을 마주한다.	☐	☐
12. 자신의 입장을 설명할 때, 편안하면서도 자신감을 나타낸다.	☐	☐
13. 여러 사람들에게 "당신 대단해"와 같이 말하기보다 개개인에 맞춰 칭찬한다.	☐	☐
14. 다른 사람들이 긴축적인 생활을 할 거라 예상하는 동안 자신을 위한 호화로운 특혜를 누리려 하지 않는다.	☐	☐
15. 단지 협력을 얻어 내기 위해(실제로는 그렇지 않더라도) 위기가 임박했다고 사람들에게 말하지 않는다.	☐	☐
16. 창의적인 의사결정을 위해 다른 사람과 협력한다.	☐	☐
17. 디지털 방식과 직접 접촉을 통해 모든 단계의 조직 사람들에게 정보를 전달한다.	☐	☐
18. 다른 사람들과 기꺼이 재무정보를 공유한다.	☐	☐
19. 사람들의 말을 경청하고 그들 제안의 대부분을 행동한다.	☐	☐
20. 일반적으로 예측 가능한 행동을 한다.	☐	☐

채점 및 해석 이들 문장들은 대부분 자기반성을 위한 것이며, 따라서 특정한 점수가 존재하지 않는다. 솔직하게 답변하였다는 가정 하에, 당신에게 맞는 명제가 많을수록, 당신은 신뢰할 수 있는 사람이다. 당신을 잘 아는 누군가가 당신에 대하여 대답할 경우, 이 자기평가 퀴즈의 유용성은 증가한다. 최근 많은 비즈니스 리더들이 신뢰할 수 없다고 인식되고 있기 때문에, 이 퀴즈에 명시된 일부 행동을 이행하는 당신의 능력과 의지는 당신의 경력에 엄청난 영향을 미칠 수 있다. 따라서 신뢰 받을 수 있다는 것은 경력 자산이다.

는 것을 포함했다.[15]

[리더십 자기 평가 퀴즈 3-2]를 통해 신뢰에 대한 당신의 성향을 파악할 수 있다.

진정성 신뢰할 수 있다는 특성에 내포된 것은 **진정성**이다. 이것은 당신의 성격, 가치, 믿음에 대해 성실하고 정직하며 진정성을 갖는다는 것을 의미한다. 하버드 비즈니스스쿨 교수이며 메드트로닉(Medtronic)의 전직 회장 및 CEO 출신의 빌 조지(Bill George)는 진정성 리더십의 개념을 개발하였다. 그의 말을 빌리자면, "진정성 리더는 자신의 목적에 대한 열정을 보여주고, 자신의 가치관을 지속적으로 실천하고, 이성과 감성으로 사람들을 이끈다. 그들은 장기적으로 의미 있는 관계를 형성하고 결과를 얻기 위한 자기 수양이 되어 있다. 그들은 자신이 누구인지를 알고 있다."[16] 진정성 리더가 되기 위하여, 그리고 진정성을 보여주기 위하여, 다른 누군가를 흉내 내기보다 스스로 행동한다. 당신이 어느 정도 위선보다는 진정성이 있기 때문에 다른 사람들이 당신의 리더십에 반응하게 된다. 진정한 리더는 가식 없이 서로 다른 사람들에게 서로 다른 가치와 특성을 강조할 수 있다. 예를 들어, 굿이어 서비스 센터의 관리자는 재무 분석가들과 회의할 때보다 서비스 센터를 방문할 때 더 가벼운 농담을 할 것이다.

당신은 중간 관리자, 소규모 사업가, 이름 없는 운동 프로그램의 코치 중에서 진정한 리더를 발견할 가능성이 높다(제시된 모델들은 일반적으로 강력한 권력 지향적인 영예 추구자가 아니라는 점을 주목한다). 그러나 조지는, 제약 회사 노바티스(Novartis)의 전직 CEO이자 2010년에만 회장직을 맡았던 다니엘 바셀라(Daniel Vasella)의 사례를 든다. 그는 생명을 구하는 신약 개발을 통해 사람들을 도울 수 있는 세계적인 의료 기업을 만들었다. 노바티스 문화의 초석은 연민, 역량, 그리고 경쟁이다.

조지와 몇몇 동료들은 리더가 어떻게 진정성을 발휘하고 유지하는지 이해하기 위해 125개 분야의 비즈니스 리더에 대하여 집중적인 리더십 개발 연구를 실시하였다. 진정한 리더는 경험을 되돌아봄으로써 그 경험을 통해 배운다. 또한 그들은, 리더가 염려하는 것이 직원의 만족과 관련이 있는 것인지와 같이, 리더 자신이 믿는 것이 무엇인가를 알기 위해 그들 스스로를 세심하게 관찰한다. 연구의 저자들은 리더가 진정성을 갖는 것이 장기적이고 긍정적 비즈니스 결과를 창출하기 위한 유일한 방법이라는 결론을 내렸다.[17]

진정한 리더는 또한 집단 구성원과의 일상의 상호작용 면에서도 성과를 낼 수 있다. 중국의 두 개의 통신 회사에 대한 연구는 진정성 리더 행동을 보이는 감독관에게 보고하는 직원은 보다 더 조직시민 행동을 보이는 경향이 있었으며, 또한 자신의 업무에 더 많이 관여했다는 사실을 발견했다(조직시민행동은 보상을 바라지 않고 자기업무 내용을 벗어나 도움을 주려는 의지를 말한다).[18]

외향성 외향성은 리더가 대부분의 상황에서 사교적이고, 외향적이며, 낙관적이 되는 데 도움이 되기 때문에 리더십 효율성에 기여를 하는 것으로 인정받고 있다. 또한 외향적인 사람은 리더십 역할을 맡고 집단 활동에 참여하고 싶어할 가능성이 높다. 11,705명을 대상으로 한 73개의 연구들에 대한 메타 분석은 외향성이 리더십 효율성 및 리더십 출현과 관련된 가장 일관된 성격 요소임을 밝혀냈다(출현(emergence)은 누군가가 리더십 자질을 갖추었다고 간주되는 것을 말한다).[19] 외향성은 또한 주요한 변화를 가져오기(변용적 유형)보다는 리더십의 유형에 가장 지속적이고 강력하게 연계된 성격 특성이기도 하다.[20]

외향성은 거의 대부분은 타고난 성격 특성일 수 있지만, 대부분의 사람들은 미소 짓기와 질문하기를 등을 통하여 사람들에게 의식적으로 친숙하게 다가가려고 함으로써 더 외향적이 될 수 있다.

외향성이 리더십과 관련이 있다는 생각은 논리적이지만, 많은 효율적인 리더들은 의외로 태평스럽고 심지어 내성적이기까지 하다. 델의 유명한 설립자인 마이클 델(Michael Dell)은 때때로 평범한 성격의 소유자로 표현될 만큼 내성적인 사람이다(델은 더 외향적이 되려고 시도하고 있다).

적극성 다른 사람들이 당신의 입장에 대하여 알 수 있도록 하는 것은 리더십 효율성에 기여하며, 또한 외향적이 되거나 외향성을 나타내는 데 도움이 된다. **적극성**이란 요구, 의견, 감정, 태도를 표현하는 데 있어서 솔직한 것을 말한다. 적극적이 되는 것은 리더가 많은 과업을 수행하고 목표를 달성하는 데 도움이 된다. 이러한 적극성에는 집단 구성원의 실수에 대해 그들과 대치하는 것, 더 높은 성과를 요구하는 것, 높은 기대치를 설정하는 것, 그리고 상위 경영진에게 정당한 요구를 하는 것 등이 있다. 이동전화 서비스 부서의 한 임원은 자신의 직원들에게 말을 할 때 적극적이었다. "우리의 이동전화 서비스는 업계에서 최악입니다. 개선시켜야만 합니다." 적극적인 사람은 공격적이고 불쾌한 사람이라기보다는 합리적인 요령이 있는 사람이다.

남성 리더의 높은 수준의 공격성이 갖는 잠재적인 문제점은 그것이 충동적인 재무 의사결정으로 이어질 수 있다는 점이다. (테스토스테론이 최고조에 이르는 45세 이하의)젊은 남성 CEO들은 충동적이고, 예측 불가능한 경향이 있으며, 결국 주주가치를 망칠 수 있다는 연구 결과가 있다. 연구자들은 젊은 남성 CEO들이 입찰을 철회하고, 비우호적으로 교섭을 하고, 다른 기업을 흡수하기 위하여 공개 매입을 사용할 가능성이 높다는 사실을 발견했다. 예컨대 젊은 남성 CEO들은 제안을 거절하는 것이 자신의 가장 큰 이익에 반하는 것일지라도, 제안을 거부하는 경향이 있다. 연구자들은 이러한 전투적인 천성이 젊은 남성들에게서 더 높은 테스토스테론 수치에 기인한다는 결론을 내렸다(대조군으로서의 젊은 여성 CEO들에 대한 연구가 이루어지길 바란다!).[21]

열의, 낙관주의, 그리고 온정 대부분의 모든 리더십 상황에서는 리더가 열의를 갖는 것은 바람직하다. 집단 구성원들은 열의에 긍정적으로 반응하는 경향이 있는데, 이는 부분적으로 열의가 건설적인 행동에 대한 보상으로 인식될 수 있기 때문이다. 또한 열의는 팀 구성원과 좋은 관계를 형성하는 데 도움을 주기 때문에 바람직한 리더십 특성이다. 리더는 열의를 말("잘했어", "마음에 들어")과 행동(주먹 인사를 하거나 하이파이브를 하는 행동) 모두를 통해 표현할 수 있다.

마스터 카드의 CEO인 아제이 반가는 열의있는 경영진의 전형적인 예다. 2009년 대표이자 최고운영책임자로서 회사에 합류한 뒤 얼마 지나지 않아, 그는 복도에서의 포옹과 주먹 인사를 통해 회사의 절제된 문화를 대대적으로 바꾸면서, 회사의 치어리더라는 평판을 얻었다.[22]

열의는 집단이 어려운 목표를 성취하는 데 긍정적인 분위기를 유지하고 희망적인 태도를 가질 수 있도록 하는 낙관주의 형태를 취하기도 한다. 따라서 낙관적인 리더는 뛰어난 수준의 실적을 달성할 가능성이 높다. 그러나 낙관적인 리더에게도 잠재적인 단점이 존재한다. 리더는 기대한 만큼 잘 진행되지만은 않는 프로젝트를 처리하기 위한 비상 대책을 마련하지 않을 수도 있다.[23] 예컨대 매우 낙관적인 IT 매니저는 기업의 데이터가 저장되어 있는 지역에 지진이 발생할 수도 있다는 점을 고려하지 않을 수도 있다.

다정한 사람이 되고 그 온정을 투영하는 것은 열의의 일부이며 여러 면에서 리더십 효율성에 기여한다. 그 첫 번째로, 온정은 집단 구성원과의 친밀한 관계 확립에 도움이 된다. 둘째로, 온정의 투영은 카리스마의 핵심 요소다. 셋째로, 온정은 집단 구성원에게 감성적 지원을 제공하는 특성이다. 그러한 도움은 중요한 리더십 행동이다. 넷째로, 코건 페이지(Kogan Page)의 말에 따르면, "온정은 일상적인 것이다. 냉담한 사람은 사람들에게 흥미를 잃게 만들기 때문에 좋은 리더가 될 수 없다."[24]

유머 감각 유머가 특성이건 행동이건 간에, 유머의 효과적인 사용은 리더 역할의 중요한 부분이다. 유머는 접근성과 리더의 사람 지향성을 증가시킨다. 웃음과 유머는 직장에서 긴장과 지루함을 줄이고 적대감을 완화하는 기능을 한다. 유머는 리더가 긴장을 완화하고 갈등을 해소시키는 것을 돕기 때문에 리더가 집단에 대하여 영향력을 행사할 수 있도록 한다. 조직 리더의 자기를 드러내 보이지 않는 유머는 재능있는 코미디언의 유머와 비슷하다. 표면에 나서지 않음으로써 리더는 누군가를 모욕하거나 무시하지 않으면서 생각을 밝힌다. 너무 전문적인 것에 대해 직원을 비난하는 대신, 리더는, "잠시, 당신의 도움이 필요합니다. 내가 이해할 수 있는 용어로 신제품이 어떻게 작동하는지 설명해 주시겠습니까?"라는 식으로 말할 것이다.

리더가 사용하는 유머는 상당히 중요한 연구 주제가 되고 있는데, 다음은 이 연구에 바탕을 둔 몇 가지 의견이다.[25]

- 고위직에 있는 사람들은 상대적으로 낮은 지위의 사람들에 비해 더 높은 비율로 농담을 하며 다른 사람들로부터 웃음을 더 잘 이끌어내는 경향이 있다(고위직의 사람들이 웃음을 더 이끌어낸다는 것이 가능한 이유는 낮은 지위의 사람들이 그들을 기쁘게 하는 것을 원하기 때문이다).
- 자기 자신을 돋보이게 하는 유머(자신을 과대 포장)는 리더의 매력을 증가시킴으로써 상사로부터 리더가 권력을 획득하는 것을 가능하게 한다.
- 자기 비하적인(극단적으로 자신을 내세우지 않는) 유머는 권위에 부정적이며, 리더가 너무 장난기가 많고 진지하지 못하다는 인식으로 이어질 수 있다.
- 공격적인 유머는 부당한 괴롭힘과, 경시, 그리고 누군가에 대한 경멸의 유형으로 사용할 수 있다. 그리고 이것은 스트레스와 집단 구성원 간의 반목 같은 부정적인 반응을 이끌어 낼 것이다(독자에게는 놀라운 일도 아니다).

[리더십 스킬 구축 연습 3-1]은 유머를 효과적으로 사용할 수 있는 기회를 제공한다.

업무관련 성격 특성

효율적인 리더의 특정한 성격 특성은 과업의 성공과 밀접하게 연관되어 있다. 여기서 설명하는 업무관련 특성은 [그림 3-2]에 대략적으로 서술되어 있다.

업무와 사람들에 대한 열정 효율적인 리더의 지배적인 특징은 업무와 업무를 완수할 수 있도록 도와주는 사람들에 대한 열정이다. 열정은 열의를 넘어서며 종종 기업의 목표를 달성하는 것에 대한 집착으로 표현된다. 많은 리더들은 오전 6시에 출근하여 오후 7시에 퇴근한다. 저녁 식사 후에도 그들은 두 시간 이상 업무

리더십 스킬 구축 연습 3-1

직장에서의 유머 감각

두 가지 시나리오 모두 6명을 위한 훈련이다.

시나리오 1 기업 파산. 한 사람은 상업 대출을 해주고 다른 기업들에게 기업재무에 대해 조언하는 회사의 CEO 역할을 한다. CEO는 그 회사가 지불금과 대출금의 상환 능력이 없기 때문에 법정관리를 선언해야 한다는 것을 설명하기 위해 긴급 담당직원 회의를 소집한다. CEO는 약간의 유머를 통해 가라앉은 분위기를 쇄신하려 할 것이다. 담당직원 역할을 하는 다른 5명의 사람들은 CEO의 말에 응하여 유머를 효과적으로 사용해야 한다.

시나리오 2 풍차 터빈 제조 공장 매니저. 한 사람은 다른 회사들과 지역사회가 대기로 많은 오염 물질을 내보내는 에너지원의 사용을 줄일 수 있도록 풍차 터빈을 만드는 제조 공장의 책임자 역할을 맡는다. 매니저는 몇 가지 우울한 소식을 논의하기 위해 회의를 소집했다. 공장이 대기 중에 유독성 폐기물을 너무 많이 방출하는 바람에 환경보호국에 의해 법정에 소환되었다. 시급히 개선이 이루어져야 한다. 책임자는 긴장감과 걱정을 완화시켜줄 몇 가지 우스운 말을 해야 한다. 풍차 터빈 제조 공장의 부서장 역할을 맡은 다른 5명의 사람들은 CEO의 말에 응하여 유머를 효율적으로 사용해야 한다.

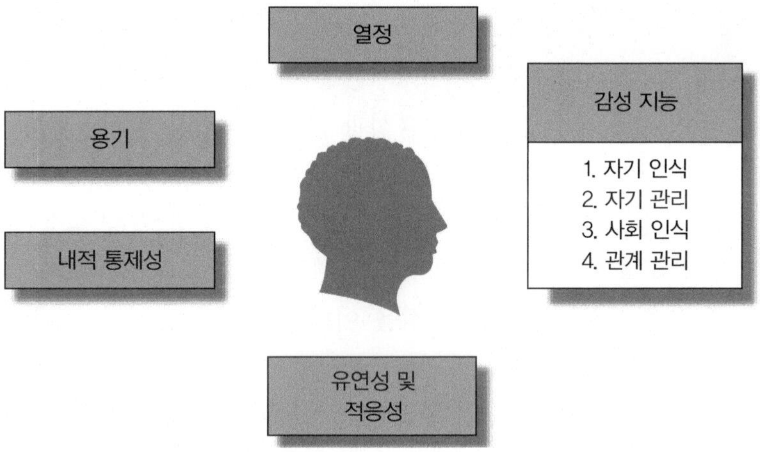

그림 3–2 **리더의 업무관련 성격 특성**

를 처리하기 위하여 재택근무를 한다. 골프나 가족 여행에서조차 사무실과의 연락을 가능하게 하는 PDA(개인 휴대 정보 단말기)나 휴대 전화 같은 IT기기들이 업무에 대한 열정을 충족시킨다. 업무에 대한 과도한 열정의 단점은 이것이 일중독으로 이어질 수 있으며, 따라서 다른 인생의 즐거움을 방해할 수 있다는 것이다.

리더의 업무에 대한 열정은, 크기나 업종에 상관없이, 기업가 리더들에게서 특히 확연하게 눈에 띈다. 엔진 개조 같은 정해진 업무는 외부인에게 시시해 보일 수 있다. 그러나 그러한 업무를 맡은 리더는 구식 엔진을 해체하는 것과 그 일을 돕는 훌륭한 사람들에 대해 기꺼이 몇 시간 동안 이야기를 나누려 할 것이다.

생활 개선의 디바인 마사 스튜어트(Martha Stewart)는 자신의 기업에 대해 열정을 가진 매우 성공적인 경영자이기도 하다. 오랫동안 스튜어트를 관찰해온 한 기업체 간부는 다음과 같이 논평했다. "마사를 아는 사람은 누구나 마사스튜어트 리빙 옴니미디어(Martha Stewart Living Omnimedia)가 그녀 인생의 최고 목표라는 것을 압니다. 그녀의 생각은 비즈니스에 대한 것으로 가득 차 있습니다."[26]

기업가가 비즈니스에 열정을 도입하기 위한 한 가지 방법은 '**창조 이야기**(creation story)'를 말하는 것이다. 그 이야기는 당신의 제품이나 조직이 어떻게 세상을 더 나은 곳으로 만들지를 사람들에게 이해하게 만들어야 한다. 다음은 스타벅스의 설립자이자 회장인 하워드 슐츠(Howard Schultz)의 예다.[27]

> 슐츠의 이야기는, 그의 아버지가 일하던 중 발목을 다쳐서 수입이나 보험, 혹은 가족을 부양하기 위한 다른 그 어떤 길도 없이 떠난 1961년부터 시작된다. 가족의 두려움은 변화를 야기하였다. 슐츠는 직원들이 존중과 존엄으로 이루어진 안전망을 가진 기업을 만드는 것을 목표로 하며 성장하였다.

감성 지능 대인관계 효율성과 리더십 역량을 결정짓도록 하는 감정, 동기, 성격의 다양한 측면들은 **감성 지능**이라는 포괄적인 이름 안에 들어 있다. **감성 지능**은 감정을 이해하고, 타인에게 공감하고, 삶의 질을 향상시키기 위하여 자신의 감정을 조절하는 것 등의 능력을 말한다. 일반적으로 이러한 유형의 지능은 사람들과 관련지어 그들의 감정을 이해하기 위한 능력과 함께 사용해야만 한다. 이 장의 주제들(온정과 같은)과 이 교재를 관통하는 주제(정치적 역량 같은)의 대부분은 감성 지능과 관련 있는 것으로 볼 수 있다.

수십 개의 기업들을 대상으로 한 연구를 바탕으로, 다니엘 골먼(Daniel Goleman)은 대부분의 효율적인 리더들이 하나의 본질적인 측면에서 비슷하다는 것을 발견했다. 그들은 모두 높은 수준의 감성 지능을 보유한다. 인지 지능(또는 일반적으로 지적 능력)과 전문 기술은 경영진 직위에서의 성공을 위한 최소한의 필수적 능력으로 간주된다. 골먼에 따르면, 높은 수준의 감성 지능 없이도 훌륭한 교육, 우수한 분석 기술, 많은 양의 혁신적인 제안들을 가질 수 있지만, 훌륭한 리더가 될 수는 없다. 또한 감성 지능이 고위 경영직에서 중요한 역할을 하며, 그러한 고위 경영직에서는 전문 기술의 차이가 갖는 중요성이 대수롭지 않다는 점을 밝혀냈다(그럼에도 불구하고, 대부분의 고위직 매니저가 상당한 전문 기술이나 비즈니스 지식이 부족하다면 승진하지 못했을 것이라는 점을 명심하라). 나아가, 상급 요직에서 최고의 실적을 낸 사람과 평균적인 사람을 비교했을 때, 감성 지능의 차이는 인지 능력의

차이보다 더 확연히 드러났다.[28]

감성 지능의 네 가지 핵심요소는 다음에 설명하고 있으며, 네 가지 요소가 리더십 효율성과 어떻게 연관되는지 간단한 설명을 덧붙였다. 감성 지능의 구성 요인들은 몇 가지 견해로 나타났으나, 여기서 사용한 구성 요인이 리더십 및 대인관계 스킬과 밀접하게 관련되어 있다. 감성 지능에서 높은 점수를 획득한 리더는 **공명적**(resonant; 공감을 불러일으키는)으로 묘사된다.[29]

1. **자기 인식.** 스스로의 감정을 이해하는 능력은 네 가지 감성 지능 역량에서 가장 필수적인 것이다. 높은 수준의 자기 인식을 갖는 것은 자신의 강점과 한계점을 알 수 있게 하고 높은 자부심을 갖도록 한다. 공명적 리더들은 자신의 기분을 정확하게 알기 위해 자기 인식을 사용하며, 그들은 자신의 기분이 다른 사람들에게 어떻게 영향을 미치는지에 대하여 직관적으로 이해한다(효율적인 리더는 자신의 행동이 다른 사람들에게 얼마나 잘 받아들여지는지를 알기 위하여 피드백을 요청한다. 훌륭한 자기 인식을 가진 리더는 사람들이 자신을 좋아하는지 또는 자신이 사람들에게 적절한 양의 압력을 가하고 있는지와 같은 요소를 인지할 수 있을 것이다).
2. **자기 관리.** 이것은 일관되고 융통성 있는 방식으로 감정을 제어하고 정직성과 진실성을 가지고 행동하는 능력이다. 적절한 수준의 자기 관리는 계획한 대로 업무가 이루어지지 않을 때 투정 부리는 것을 방지해준다. 공명적 리더들은 자신의 우발적인 불쾌감에 하루를 망치거나 하지 않는다. 불쾌감을 극복하지 못한다면, 동료들에게 그 문제에 대해 털어 놓고 그리고 그것이 지속되는 동안 알 수 있게 한다(자기 관리가 잘 되어 있는 리더는 하나의 다른 의견 때문에 집단 구성원을 갑자기 해고하려 하지 않는다).
3. **사회 인식.** 이것은 타인에 대한 공감과 조직적 문제에 대한 직관력을 갖는 것을 포함한다. 사회적 인식이 높은 리더들은 그들이 관심을 가지고 있다는 것을 표현함으로써 타인의 감정을 느끼는 것을 넘어선다. 게다가, 그들은 사무실 내의 정치 세력을 정확하게 판단한다(사회 인식, 또는 공감을 가진 팀 리더는 팀 구성원에게 프로젝트를 배정해도 될 만큼의 충분한 열정을 갖고 있는지를 가늠할 수 있을 것이다. 노동조합의 요구들에 대하여 공감을 가진 CEO는 소모적인 파업을 피하기 위해 노조위원장과 성공적으로 협상할 수 있을 것이다).
4. **관계 관리.** 이것은 명확하고 설득력 있게 커뮤니케이션하고, 갈등을 해결하고, 강한 개인적 유대를 형성할 수 있는 대인관계 역량을 포함한다. 공명적

리더는 종종 친절함과 유머를 바탕으로 자신의 열의를 전파하고 반대 의견을 해결하기 위해 관계 관리 스킬을 활용한다(훌륭한 관계 관리 스킬을 가진 리더는 사람들과 원만하게 지내고 도움이 필요할 경우 도움을 받을 수 있도록 사람들과의 네트워크를 꾸준히 확장한다. 훌륭한 관계 관리 역량을 갖춘 리더나 매니저는 새로운 경력을 탐색하는 헤드헌터로부터 손짓을 받을 가능성이 높다).

감성 지능이 임원진에 적합하다기보다 리더와 관련이 있다는 것을 인식하는 것도 유용하다. 조직행동론을 듣는 학생들에게 소규모 그룹 프로젝트를 부과하여 실시한 두 개의 최근 연구는 감성 지능이 창발적 리더십(emergent leadership)과 어떻게 연관되어 있는지를 알려준다. 측정된 감성 지능의 차원 중에서, 감정을 이해하는 능력이 리더십 출현과 가장 일관적으로 연관되어 있다는 것이 발견되었다.[30] 즉, 타인의 감정을 이해하는 데 최고의 기술을 가진 연구 참가자들은 리더십 자질을 가진 것으로 간주될 가능성이 높았다.

만일 리더가 감성 지능을 가지고 있지 않다면, 높은 인지 지능을 보유하고 있더라도 자신의 잠재력을 최대한 발휘할 수 없을 것이다. 거의 매일, 신문이나 온라인 뉴스를 살펴보면 형편없는 감성 지능으로 인해 망신을 당하거나 해고를 당한 조직 리더를 발견할 수 있을 것이다. 때때로, 그 중에 비즈니스 리더로 뛰어난 평판과 실적을 갖고 있는 경우가 있는데, 그 예가 휴렛팩커드의 전 CEO인 마크 허드(Mark V.Hurd)이다. 허드는 운영 효율성, 비용 절감, 이윤 극대화에 숙련된 최고 경영진의 기준이 되었다.

그러나 비용절감을 주장하는 그의 행동은 HP의 계약직인 조디 피셔에게는 적용되지 않았다. 2007년부터 2009년까지 그녀의 역할은 허드가 참석하는 최고 경영진회의를 준비하고 중역들을 도와 회사를 위해 일하는 것이었다. 허드의 사임으로 이어진 구체적인 혐의는 판공비 유용과 관련된 것이었다. 문제가 된 약 20,000달러 정도를 허드는 회사에 변상하려고 하였다. 게다가 피셔는 때때로 구체적인 업무가 없는데도 급여를 지급받은 것으로 보였다. 여배우이자 리얼리티쇼 참가자인 피셔는 허드에 대하여 성희롱 혐의를 제기하였으나, 그의 혐의는 회사의 조사에서 인정되지 않았다. 또한 피셔는 그러한 배상 요구를 허드와 사적으로 해결하였다.

허드의 퇴직금은 약 4천 5백만 달러였으며, 그는 오라클의 대표직으로 곧바로 고용되었다. 많은 주주들은 "HP의 기업 행동 규범을 침해했다."라고 회사에서 규정한 사람에게 너무 관대한 퇴직금을 지급했다고 불평했다.[31]

허드의 문제와 감성 지능 사이의 핵심적인 연결 고리는 의사결정을 하기 전에 그것이 뉴스보도에서 어떻게 보일지를 고려해야 한다는 기업규범 준수에 계약직에 대한 그의 사적 감정이 개입되는 것을 허용했다는 것이다. 그의 높은 인지 지능에도 불구하고 허드는 그의 감정으로 인해 대중적 망신을 당했다.

이 책에서 묘사되는 대부분의 리더들은 훌륭한 감성 지능을 가지고 있다. 다음은 근무 중 감성 지능을 잘 활용한 두 가지 사례이다.[32]

- 당신의 회사가 합병에 이르게 되었다. 조사 과정은 모든 것이 순조롭다는 것을 나타내고 있지만, 당신의 직감은 뭔가 잘못되었다고 말한다. 당신의 직감을 무시하지 말고 회사의 원칙에 대한 자세한 정보 수집을 위한 동기부여로 직감을 적용한다.
- 당신은 프레젠테이션을 준비할수록 긴장이 된다. 당신의 걱정은 준비를 제대로 하지 못하였다는 생각에서 기인한 것일 수도 있다. 정서적으로 현명한 대응은 걱정이 기대와 자신감으로 대체될 때까지 프레젠테이션을 세부적으로 파헤치고 연습하는 것이다.

감성 지능과 리더십에 대한 연구는 성과에 영향을 미치는 리더의 기분의 중요성에도 초점을 맞춘다. 다니엘 골먼, 리처드 보야치스(Richard Boyatzis), 애니 맥키(Annie McKee)는 리더의 기분과 그와 관련된 행동이 실질적인 성과에 매우 큰 영향을 미친다고 생각한다. 그에 대한 한 가지 이유로 기분이 전염성을 가지고 있다는 점이다. 짜증을 잘 내고 무자비한 리더는 낮은 성과를 거두는 직원(잠재력에 비하여 훨씬 더 낮은 실적을 거두는 직원)으로 이루어진 해로운 조직을 만들어 낸다. 이에 반해, 긍정적이고 영감을 주는 리더는 대부분의 어려움을 극복할 수 있는 추종자를 길러 낸다. 결국 기분은 이윤과 손실에 영향을 주게 된다. 이는 리더가 자신의 기분에 관한 감성 지능을 개발해야만 한다는 것을 암시한다. 유머감각을 키우는 것 역시 도움이 되는데, 즐거움은 가장 전염이 잘되는 기분이기 때문이다.[33]

교장과 선생님들에 대한 연구는 감정 전염이 리더십에서 중요한 요인이라는 한 단계 더 발전된 단서를 제공한다(감정 전염은 사람들 사이에 감정의 자동적이고 무의식적인 이동을 말한다). 한 가지 특히 흥미로운 사실을 보여주는 결과는 업무에서 보다(감정적으로) 긍정적인 영향력을 가진 교장들의 소속학교에서는 다음 여름에 교사들이 이직할 확률이 더 낮았다는 것이다. 이 말은 규칙적으로 긍정적인 감정을 표현하는 리더는 집단 구성원이 그만 둘 가능성이 낮다는 것을 의미한다.[34]

감성 지능에 대한 연구의 결론은 감성 지능이 감정을 효과적으로 활용하는 리더의 중요성을 강조하기 때문에 리더십 이해에 기여한다는 것이다. 그러나 감성 지능의 일부 지지자들은 리더십 효율성과 관련한 중요성을 주장하는 데 있어 극단으로 치닫는다. 엄밀히 말하자면, 효율적인 리더가 되는 데 있어 일반적인 지적 능력(인지 지능)이 기여하는 점을 간과해서는 안 된다. 최근 통합된 조사 연구들에 따르면, 감성 지능은 리더가 성취하는 것에 영향을 주는 (다른 성격 특성, 인지 능력, 업무 기술 등을 포함하는)다양한 요인 중의 하나일 뿐이라고 한다.[35]

유연성과 적응성 리더는 변화를 용이하게 하는 사람이다. 따라서 리더는 기술의 진보, 인원감축, 글로벌 아웃소싱, 고객층의 변화, 노동력 변화와 같은 변화들에 대하여 충분히 대처할 수 있을 만큼 유연해야 한다. **유연성**, 즉 다른 상황에 적응하는 능력은 중요한 리더십 특성으로 오랜 기간 인식되어 왔다. 유연한 리더들은, 마치 ABS브레이크가 자동차를 도로 상태의 변화에 적응할 수 있도록 하는 것처럼, 변화하는 상황의 요구들에 적응할 수 있다. 잠재적인 유연성의 특성이 없다면, 하나 혹은 두 가지 상황에서만 효율적인 리더가 될 수밖에 없을 것이다. 제조업은 상황 적응성이 특히 중요한 분야의 전형적인 예이다. 왜냐하면 이 분야의 최고 경영자들은 고도로 숙련된 전문직뿐 아니라 전통적인 생산 직원 모두에게 리더십을 발휘해야 하기 때문이다.

내적 통제성 핵심자기평가와 관련하여 언급한 대로, **내적 통제성**(Internal Locus of Control)을 가진 사람들은 자신이 발생하는 사건의 주요 원동력이라고 생각한다. 그러한 리더는 근본적으로 책임을 질 수 있는 타고난 능력을 믿기 때문에, 내적 통제성은 리더가 책임을 지는 사람의 역할을 할 수 있게 해준다. 내적 통제성은 자신감과 밀접한 연관을 가진다. 이 사람은 자신이 좋은 성과를 낼 수 있을 만큼 환경을 통제할 수 있다고 인지하기 때문에 강력한 내적 통제성은 자신감을 북돋아 준다.

내적 통제성을 가진 리더가 집단의 총애를 받을 가능성이 높다. 이에 대한 하나의 이유로, "내적인" 사람은 중요한 일에 대하여 스스로 책임을 지기 때문에 "외적인" 사람보다 더 강인한 것으로 인지된다는 점이다. 2001년 9월 11일 세계무역센터 테러 당시 사무실이 파괴당한 많은 용감한 매니저들이 그랬던 것처럼, 내적 통제성을 가진 리더는 자신이 불리한 조건을 바꿀 수 있다고 강조한다. 2008~2009년의(그리고 2010년까지 이어진) 대불황으로 인해 많은 비즈니스 리더들은 회사 생존에 대한 계획을 갖고 있다는 것을 직원들에게 확신시켜 주어야 했다.

리더십 스킬 구축 연습 3-2

내적 통제성 개발하기

한 사람의 통제위(locus of control)는 보통 오랜 시간 동안 형성된 깊게 뿌리박힌 사고방식이다. 그럼에도 불구하고, 당신은 그 동안의 중요한 일들의 결과에 얼마나 많은 영향력을 미쳤는지 판단하기 위한 과거의 성공과 실패에 대한 분석을 통하여 더 강력한 내적 통제성을 개발할 수 있다. 사건을 형성하는 데 있어 내/외부적 요소들의 상대적 기여를 반복적으로 분석함으로써, 당신의 인생에서 중요한 사건들에 대해 더 많은 책임감을 느낄 수 있을 것이다. 다음의 사건들은 좋은 시작점이 될 것이다.

1. **우승하거나 좋은 성적을 낸 경연이나 운동 경기.**
   우승이나 좋은 성적으로 이어진 통제력 내부의 요소는 무엇이었는가?
   ____
   ____
   우승이나 좋은 성적으로 이어진 통제력을 넘어선 요소는 무엇이었는가?
   ____
   ____
2. **나쁜 점수를 받았던 수업.**
   이러한 낮은 점수로 이어진 통제력 내부의 요소는 무엇이었는가?
   ____
   ____
   이러한 낮은 점수로 이어진 통제력을 넘어선 요소는 무엇이었는가?
   ____
   ____
3. **결과가 나빴던 그룹 프로젝트.**
   나쁜 결과로 이어진 통제력 내부의 요소는 무엇이었는가?
   ____
   ____
   나쁜 결과로 이어진 통제력을 넘어선 요소는 무엇이었는가?
   ____
   ____

개인적 분석을 준비한 후에, 소규모 집단으로 관찰한 바를 토론하는 것이 도움이 될 것이다. 분석한 상황에서의 강력한 내적 통제성으로부터 사람들이 어떻게 이득을 보게 되었는지에 초점을 맞춘다.

[리더십 스킬 향상 연습 3-2]는 내부 통제성을 강화시켜 줄 기회를 제공한다. 외적 통제성에서 내적 통제성으로 이동하기 위해서는 상당한 노력을 필요로 할 것이다.

용기 일반적으로 리더는 신중하게 위험을 감수하고 계획을 수립하는 도전에 직면할 용기가 필요하다. 심장을 뜻하는 프랑스 단어 *coeur*가 암시하는 것처럼,

용기는 심장에서 나온다. 리더는 책임을 직시하고 자신의 명성을 걸어야 한다. 사업이 실패하는 경우 리더는 보통 실패한 것으로 비치기 때문에, 리더가 새로운 사업을 제안하는 데는 용기가 필요하다. 많은 사람들은 고인이 된 스티브 잡스(애플의 전 CEO이자 당시 회장)와 경영 팀이 애플 스토어를 계획하였을 때 그들을 비난하였다. 왜냐하면 이러한 직접 판매 시장이 제공할 수 있는 유용한 틈새는 없다고 생각했기 때문이다. 애플 스토어는 즉각적으로 지속적 성공을 거두었고, 잡스와 그의 팀의 판단이 옳았음을 증명했다. 사건을 야기하는 리더의 힘에 더 많은 믿음을 실어줄수록 결과가 좋지 않을 때 리더에 대한 비난은 더욱 강해진다.

케서린 리어돈(Kathleen K. Reardon)에 따르면, 비즈니스에서의 용기는 경험에서 비롯되는 일종의 계산된 위험감수와 같은 특별한 것이다. 현명한 도박을 하기 위한 필수 요건 중 하나는 만일의 사태에 대비한 계획을 세우는 것이다.[36] 예를 들어, 애플 스토어가 실패하였다면, 앱 스토어를 다른 돈 많은 소매업자에게 매각할 수 있으며, 그럼으로써 가능한 손실을 줄일 수 있었을 것이다.

3.2 리더십 동기

효율적인 리더는 흔히 **동기**와 욕구로 구분되어 왔다. 일반적으로 리더는 다른 사람들에 대한 책임을 지는 자리를 점하려 하고, 그들을 통제하려는 강렬한 욕구를 가진다. [그림 3-3]은 네 가지의 특정 리더십 동기 또는 욕구를 나타낸다. 세 가지 동기 모두 업무와 관련되어 있다고 볼 수 있다.

권력동기

효율적인 리더는 자원을 통제하려는 강한 욕구를 가진다. 높은 권력동기를 가지는 리더들은 다음 세 가지의 두드러진 특징을 가진다. (1) 권력을 행사하기 위하여 정력적이고 단호하게 행동한다. (2) 타인들의 행동과 사고를 바꾸기 위한 방법을 생각하는 데 많은 시간을 투자 한다. (3) 자신을 둘러싼 사람들 사이에서의 개인적 위치를 신경 쓴다.[37] 권력동기는 리더가 다른 사람들에게 영향을 미치는 것에 관심을 두고 있다는 의미이기 때문에 중요하다. 권력이 없다면, 다른 사람에게 영향을 미치는 것은 훨씬 어려울 것이다. 권력이 반드시 선 또는 악인 것만은 아니다. 권력은 실권자를 위해(개인화된 권력 동기) 혹은 다른 사람들을 돕기 위해(사회화된 권력 동기) 이용될 수 있다.[38]

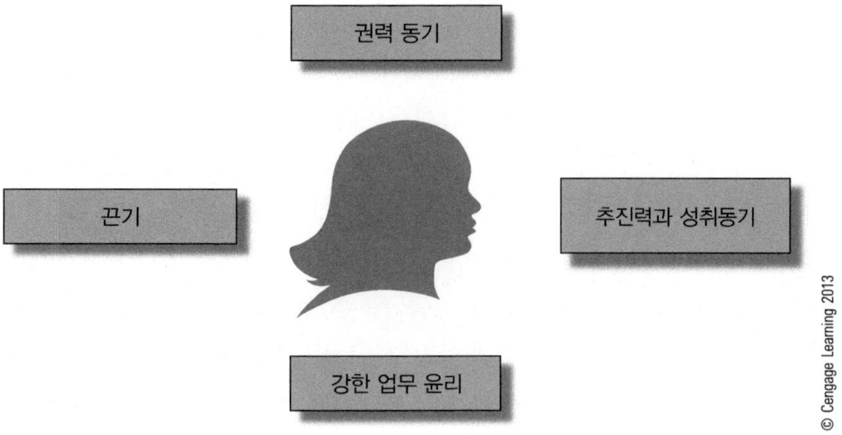

그림 3-3 **리더십 동기들**

개인화된 권력동기 개인화된 권력동기를 가진 리더는 대개 자신의 이익을 늘리기 위해 권력을 추구한다. 그들은 지위의 상징, 사치, 돈과 같은 것들로 권력을 드러내고자 한다. 최근 몇 년간, 일부 리더들은 파워보팅이라고 하는 고속 보트 경주를 시작하였다. 한 기업 리더에게 파워보팅을 얼마나 좋아하는지 물었을 때, 그는 "재밌습니다만, 시작 비용이 대략 3십 5만 달러정도 들더군요."라고 대답했다. 강한 개인화된 권력동기를 가진 일부 리더들은 일반적으로 다른 사람들을 지배하는 것을 즐긴다. 그들의 지배에 대한 욕구는 흔히 아첨꾼과 예스맨인 순종적인 부하들로 이어질 수 있다.

개인화된 권력동기를 가진 리더들의 또 다른 특징은 조직 구성원 모두가 서로 연관지어져야 한다는 것에 대해 걱정하지 않는다는 점이다. 그들은 권력을 얻을수록 적도 얻게 된다는 것을 알고 있다. 성공한 대학 풋볼 코치 스티브 스퍼리어의 말을 빌리자면, "사람들이 당신을 너무 많이 좋아한다면, 그것은 아마도 그들이 당신을 능가하고 있기 때문일 것이다."[39]

사회화된 권력동기 사회화된 권력동기를 가진 리더들은 권력을 주로 조직의 목표나 비전을 달성하는 데 이용한다. 이 맥락에서, **사회화된**(socialized) 이라는 용어는 리더가 주로 권력을 다른 사람들을 돕는 데 사용한다는 것을 의미한다. 결과적으로 그는 더욱 효율적인 리더십을 제공할 가능성이 높다. 사회화된 권력동기를 가진 리더들은 개인화된 권력동기를 가진 리더들에 비해 훨씬 더 정서적으로 성숙한 경향이 있다. 그들은 조직 전체의 이익을 위하여 권력을 행사하고 권력을 이용하여 다른 사람을 조종하려 하지 않는다. 또한 사회화된 권력동기를 가진 리더는 덜 방어적이면서 전문가의 조언을 더 기꺼이 받아들이려 한다. 마지막으로, 그들은 장기적인 관점을 가진다.[40]

개인화된 권력동기를 가진 리더와 사회화된 권력동기를 가진 리더들 간의 사이를 엄격하게 구분 짓지 않는 것이 중요하다. 다른 사람들에게 좋은 일을 하는 것과 자기 자신에게 좋은 일을 하는 것 사이의 구분은 종종 매우 주관적인 기준에 근거하여 이루어진다. 이에 대한 사례로 시스코 시스템의 회장이며 최고경영자인 존 챔버스(John T. Chambers)를 들 수 있다. 그가 대표로 있는 이 기업은 인터넷을 작동시키는 장비를 구축하고 설치하기 때문에 오랫동안 인터넷의 성장과 관련되어 왔다. 만일 인터넷이 세상에 좋은 영향력이라고 생각한다면, 챔버스는 사회화된 권력동기를 가진다고 주장할 수 있을 것이다. 동시에, 최근 몇 년간 경기가 완연한 하락세임에도 불구하고, 수 년 간에 걸친 시스코의 성장은 수천 개의 일자리를 창출해 왔다.

챔버스에 대한 또 다른 관점은 그가 영향력 있는 저명한 경영진이라는 사실을 즐긴다는 것이다. 몇 년 전, 그는 다양한 제품들과 시장에 대한 업무를 수행하는 많은 상이한 협의회나 위원회로 이루어진 조직 구조를 만들었다. 몇몇 관찰자들은 챔버스의 협의회에 기반한 접근이 자신의 권력을 강화하는 데 효과적인 방법이라고 말한다. 협의회 전반에 권한을 확산시켜 그것을 희석시키는 것은 한 명의 매니저가 과도한 통제력을 얻는 것을 막아줄 수 있다.[41] 챔버스가 권력을 잡고 있다는 분석은 개인적인 권력동기를 암시한다.

추진력과 성취동기

리더는 자신의 목표를 성취하기 위하여 열심히 일하는 것으로 알려져 있다. **추진력**은 목적 달성을 위해 높은 에너지를 쏟아 붇는 경향과 그 에너지를 쓰는 데 있어서의 끈기를 말한다. 또한 추진력은 성취 자체에서 기쁨을 찾는 **성취동기**를 포함한다. 기업가와 고위급 기업 매니저들은 일반적으로 강한 성취동기를 가진다. 그러한 사람들은 다음과 같은 일관적인 열정을 가진다.

1. 자신의 노력을 통해 성취하고 성공과 실패에 대하여 책임을 진다.
2. 자신의 노력을 통해 감당할 수 있는 만큼의 위험을 감수한다.
3. 자신의 성과 수준에 대한 피드백을 받는다.
4. 새롭거나, 혁신적인, 또는 창의적인 해결책을 제시한다.
5. 목표를 계획하고 설정한다.[42]

우리는 때때로 많은 리더들이 모든 어려운 업무를 직원에게 위임하기 때문에 게으르다는 주장을 듣는다. 실상은, 대부분의 리더들은 그들 스스로 해야 할 분석적 업무가 많기 때문에, 책임을 위임했다 할지라도 열심히 일하고 있다.

끈기와 회복력

조직 리더의 동기부여적 특징에 대한 마지막 의견은 그들이 **끈기가 있다**는 것이다. 끈기는, 다른 기업을 인수하는 것과 같이, 새로운 프로그램을 시작하거나 비즈니스 거래를 완성하는 데 오랜 시간이 걸리기 때문에 조직 리더에 있어서의 중요성이 증대된다. 회복력은 끈기의 일부이다. 끈기 있는 사람은 꾸준한 노력을 통해 실패로부터 다시 재기하기 때문이다.

처방약 도매업자 스튜어트 라는 비상장 회사인 킨레이의 전 소유주다. 그는 성공의 많은 부분이 거절을 극복하고 계속 시도하는 자신의 능력 덕분이라고 본다. 그는 "나는 코헨 약국의 찰리 코헨이 나에게 '당신에게 오늘 줄 것은 아무 것도 없다'라고 말하고, 계속해서 전화를 끊어버렸던 것을 기억합니다."라고 초창기를 회상하며 말한다. 라의 끈기는 비록 아스피린 몇 병뿐이었지만 결국 주문을 얻어냈다. 현재 그의 기업은 약품, 붕대, 교정용 신발을 7개 주의 2,000개의 독립 약국에 공급한다. 업계의 엄청난 경쟁에도 불구하고 킨레이는 번창하고 있다. 2010년, 라이벌인 카디널 헬스는 킨레이를 현금으로 13억 달러에 인수하였으며, 라는 고문으로 회사에 계속 남아 있다. 또한 라는 흑색종 암을 극복하면서 사생활에서도 회복력을 보여주고 있다.[43]

[리더십 자기 평가 퀴즈 3-3]은 회복력을 시험적으로 측정할 수 있는 기회를 제공한다.

3.3 인지 요소와 리더십

성격만큼이나 지적 능력 역시 리더십 성공에 중요하다. 사람들에게 영감을 주고, 건설적인 변화를 이루어내고, 창의적으로 문제를 해결하기 위해, 리더들은 지적으로 예리해져야 한다. 또 하나의 지적 능력의 필요조건은 중요한 정보들 중에서 덜 중요한 것을 골라낸 다음 가장 중요한 정보를 기억하는 것이다. 문제해결 및 지적 기술들은 총괄적으로 **인지 요소**로 지칭된다. 인지라는 용어는 정보가 모아지는 정신 과정이나 능력을 말한다. [그림 3-4]에서 보는 바와 같이, 인지 능력

리더십 자기 평가 퀴즈 3-3

개인 회복력 퀴즈

방법 자신에게 적용해 보면서 다음의 각 항목에 대해 "대체로 동의한다." 아니면 "대체로 반대한다."로 답한다. 이러한 설문조사를 하는 데 있어, 하나의 특정 항목에 대한 진정한 해답은 "상황에 따라 다르다"라는 주장이 항상 제기될 수 있다. 논평에 대한 타당성은 논외로 하고, 항목에 대체로 동의하는지 아니면 반대하는지를 고르는 데 최선을 다한다.

	대체로 그렇다	대체로 그렇지 않다	점수 (해답지 참조)
1. 승리가 모든 것이다.	☐	☐	______
2. 직장이나 학교에서 안 좋은 하루를 보냈다면, 나의 저녁 시간을 망쳐버리는 경향이 있다.	☐	☐	______
3. 계속 노력하다 보면, 행운을 잡을 수 있을 것이다.	☐	☐	______
4. 감기가 낫는 시간이 대부분의 사람들보다 훨씬 더 오래 걸린다.	☐	☐	______
5. 내가 겪었던 몇 가지 안 좋은 일들만 없었다면, 내 경력은 훨씬 더 좋아졌을 것이다.	☐	☐	______
6. 실패에 망신은 없다.	☐	☐	______
7. 일반적으로 자신감 있는 사람이다.	☐	☐	______
8. 꼴찌가 되는 것이 전혀 경쟁하지 않는 것보다 낫다.	☐	☐	______
9. 승리 확률이 적다고 할지라도, 기회를 잡을 것이다.	☐	☐	______
10. 연이어 두 번의 좌절을 겪더라도, 나는 패배감에 빠질 것을 걱정하지 않는다.	☐	☐	______
11. 패배를 잘 인정하지 않는다.	☐	☐	______
12. 잘 실망하지 않는다.	☐	☐	______
13. 내가 맞닥뜨리는 모든 "No"는 "Yes"에 한 단계 더 다가선 것이다.	☐	☐	______
14. 나는 해고를 당하거나 기업의 인원감축에 포함되는 수치를 견딜 수 있을지 확신하지 못한다.	☐	☐	______
15. 나는 가끔씩 약자가 되는 것을 즐긴다.	☐	☐	______

점수 요점 다음의 정답과 일치하는 각 항목에 1점을 준다. 일치하지 않는다면 0점을 준다. 총점 계산을 위해 15개 항목에 대한 점수를 더한다.

1. 대체로 그렇지 않다
2. 대체로 그렇지 않다
3. 대체로 그렇다
4. 대체로 그렇지 않다
6. 대체로 그렇지 않다
6. 대체로 그렇다
7. 대체로 그렇다
8. 대체로 그렇다
9. 대체로 그렇다
10. 대체로 그렇다
11. 대체로 그렇지 않다
12. 대체로 그렇다
13. 대체로 그렇다
14. 대체로 그렇지 않다
15. 대체로 그렇다

채점 및 해석 개인 회복력 퀴즈에 대한 점수는 역경에서 재기하는 능력에 대한 전반적인 성향에 대한 대략적인 지표를 제공한다. 점수가 높을수록, 낙담, 실패, 좌절을 다루는 데 있어 더 많은 회복력을 지니고 있다. 다음의 점수에 대한 분석은 당신의 회복력의 정도를 판단하는 데 도움을 줄 것이다.

- 13점 이상 대단한 회복력이 있는 편 당신은 실패에서 재기하거나, 회복력에서 뛰어난 효율을 가진다. 당신의 회복력은 다른 사람들에게 차질이 발생하였을 때, 이끌어 줄 수 있다.
- 4~12점 적당한 회복력이 있는 편 대부분의 사람들처럼, 당신은 아마도 몇 가지 유형의 역경에 대하여 잘 대처하겠지만, 다른 것에 대해서는 그렇지 못할 것이다.
- 0~3점 회복력이 없는 편 당신은 역경에 대처하는 데 어려움을 겪는 전형적인 사람이다. 실패에 어떻게 대처하고 대담한 견해를 어떻게 유지시키는지에 대하여 학습하는 것에 초점을 두는 것은 여러분이 리더로서 발전하는 데 도움이 될 수 있다.

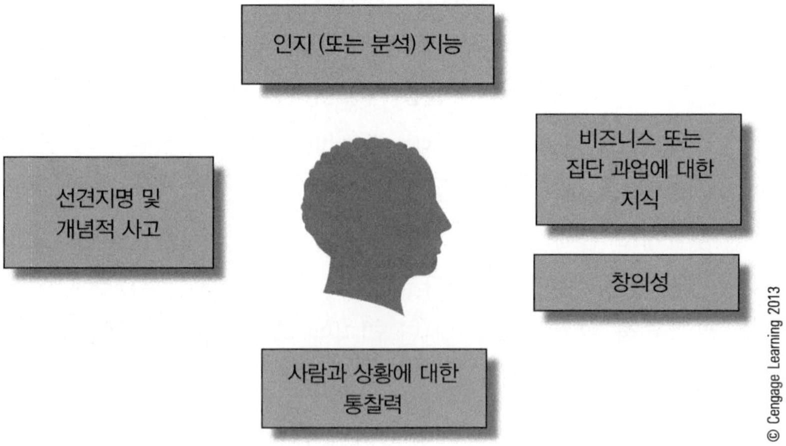

그림 3-4 **인지 요소와 리더십**

과 밀접하게 관련된 다섯 가지의 요소들에 대하여 논의할 것이다. 인지적(的)이란 감성 지능으로부터 전통적인 지적 능력을 구분하기 위해 필요한 일종의 필수적인 기술어이다.

인지(또는 분석) 지능

문제를 해결하는 데 아주 능숙하다는 것은 모든 분야에 효율적인 리더의 기본 특성이다. 예를 들어, 비즈니스 리더는 기업의 재무상태 분석, 최신 소프트웨어의 사용 방법, 재고관리 기법, 국제무역규정 대처 방법을 이해하는 것이 필요하다. 100여 년에 걸친 조사에는 IQ를 포함한 여러 지적 능력 테스트에서 리더가 대부분의 사람들보다 더 높은 점수를 받았다는 점이 나타나고 있다(시험 점수라는 용어는 많은 사람들에게 지능과 동의어이다). 151개 연구들의 메타 분석은 다양한 상황에서 리더들의 지능과 업무실적 사이의 긍정적인 관계를 발견하였다. 리더가 의사결정에 적극적인 역할을 하고 지나치게 스트레스를 받지 않은 경우 더 높은 관련성을 가질 가능성이 있다.

연구자들은 리더가 대부분의 집단 구성원들보다 크게 더 영리하지 않을 때, 지능이 리더십 효율성에 가장 많이 기여한다는 오래된 생각에 대한 증거도 발견하였다.[44] 하지만, 이러한 사실이 진실일지라도, 다른 통합된 연구들의 결과는 리더십 지위가 대개 우수한 지능과 연관되어 있다는 것을 보여주었다.[45] 다시 말해, 집단 구성원들은 지능에서 차이가 크지 않더라도 평균적인 집단 구성원보다 더 영리한(지능이 높은) 리더를 선호한다.

환경에 적응하고 준비를 하기 위해 경험에 근거한 지식을 활용하여 일상의 문제를 해결하는 능력인 **실용 지능**이 더해질 때, 인지 능력은 리더십에 훨씬 더 도움이 된다. 실용 지능(practical intelligence)은 때때로 세상 물정에 밝은 것을 일컫는다.[46] 예를 들어, 훌륭한 실용 지능을 지닌 리더는 대부분의 직원들이 엄청난 천둥번개로 인해 집이 단전되는 것을 걱정하는 날에는 전망보고서를 전달하지 말아야 한다는 것을 알고 있다.

훌륭한 인지 지능을 지닌 리더에 대한 수천 가지의 잠재적인 사례들 중 한 가지는 라이언브릿지 테크놀로지에서 최고 영업책임자, 수석 부사장, 총괄 본부장을 맡고 있는 파울라 쉐넌에 관한 것이다. 이 글로벌 기업은 기업들에게 백여 가지 이상 언어들의 통역 서비스를 제공한다. 대학교에서 쉐넌은 스페인어, 독일어, 러시아어를 전공하였으며 또한 컴퓨터공학도 공부하였다. 라이언브릿지에 입사 전, 그녀는 다른 언어기술 기업에서 근무하였다.[47]

비즈니스 또는 집단 과업에 대한 지식

지적인 능력은 비즈니스나 집단이 수행하고 있는 핵심 업무에 대한 지식을 보유하는 것과 밀접하게 연관되어 있다. 효율적인 리더는 몇 가지 분야에 있어서 기술적으로 능숙해야 하며, 특히 전문가 집단을 이끌 경우에 더욱 능숙하여야 한다. 리더가 집단 구성원들이 무슨 일을 하고 있는지 그리고 언제 집단이 리더의 전문 기술을 존중하지 않는지에 대하여 모르면 집단 구성원과 관계를 형성하는 것이 어려워진다.

리더십 효율성에 비즈니스 지식이 기여한 대표적인 예로 2011년 월마트의 최고 상품 기획 관리자가 된 던컨 맥나프턴의 상황을 들 수 있다. 이 자리를 맡기 전에, 그는 상품 기획 분야에서 여러 차례 중요한 직책을 맡았다. 비즈니스에 대한 그의 지식은 자신이 개발한 상품 판매 증진 계획에 반영된다.

> 우리 월마트는 액션 앨리(action alley)를 효과적으로 활용하여 홍보의 강도를 높여 고객들이 쇼핑을 더욱 즐겁게 할 수 있도록 하고자 한다. 통로 끝 쪽에 상시 저가 판매하는 좋은 제품을 배치할 것이다(액션 앨리는 가격 인하 특별 행사가 특징인 내부 통로 상품 전시를 말한다).[48]

비즈니스 지식의 중요성은 경영자 리더십의 속성으로 인식되고 있다. 모든 직급의 리더들은 조직이나 조직 단위의 임무를 수행하기 위한 훌륭한 아이디어를 제공해야 한다. 신문사 경영자인 게리 프루이트는 오늘날은 사업의 크기를 줄여야 할지, 늘려야 할지, 또는 회사에 새로운 부서를 만들어야 하는지를 결정해야 하는 건축가 CEO의 시대라고 표현한다. "지금은 CEO가 경영에 대하여 직접 나서야 하고, 깊숙한 부분까지 관여하고, 박식해야 하는 시대입니다."[49]

비즈니스 또는 집단 과업에 대한 지식은 전략을 세울 때, 강령을 만들어 낼 때, 외부의 환경을 평가할 때 특히 중요하다. 14장은 전략 수립에 대하여 상세히 다룬다.

창의성

많은 효율적인 리더들은 복잡한 문제에 대해 창의적이고 독창적인 해법에 도달할 수 있다는 점에서 창의적이다. 창의적인 능력은 연속선상에 있으며, 일부 리더는 다른 사람들보다 더욱 창의적이다. 창의적인 연속선의 한 끝에는 혁신적인 제품과 서비스를 고안하는 비즈니스 리더가 있다. 한 가지 예로 고인이 된 스티브 잡스가 있다. iPhone과 iPad로 이어진 iPod 개발 승인을 포함하여, 잡스는 창의적인 제품 아이디어로 자신의 회사에 공헌했다. 심지어 병가 중에도 집에서 일하면서, 제품개발과 기업 전략 수립에 관여했다.

창의성 연속선의 중간에는 비즈니스 문제에 대해서는 창의적지만 새로운 지평까지 열지는 못하는 해법을 찾는 리더가 있다. 창의성 연속선의 낮은 쪽 끝 부분은 조직의 문제들에 대해 일반적인 해법을 가지고 집단 구성원들이 매진할 수 있도록 격려하는 리더가 있다. 창의성은 현대 조직에서 리더 역할의 매우 중요한 측면이기 때문에 창의적인 문제해결 역량의 개발은 13장에서 따로 언급하기로 한다.

사람과 상황에 대한 통찰력

리더의 또 하나의 중요한 인지적 특성은 상당한 직감과 상식을 요구하는 이해의 깊이인 **통찰력**이다. 직감은 종종 문제에 대한 이해를 제공하는 데 사용되는 정신 과정이다. 통찰력은 의사결정이 빠르게 이루어지도록 한다. 유니시스의 전 회장이자 대표이사이며 CEO였던 로렌스 웨인백은 이렇게 설명한다. "리더가 되기를 원한다면, 약 75%의 사실만으로 결정을 내려야 한다. 95%까지 기다린다면, 당신은 팔로워가 될 것이다."[50] 아마존 닷컴의 제프 베조스는 특정한 사업을 시작할지의 여부와 같이, 결정이 커질수록 통찰력과 직감의 역할도 커진다고 생각한다.

사람과 사람을 포함한 상황에 대한 통찰력은 관리자적인 리더의 필수적인 특징이다. 통찰력은 리더가 자신의 그리고 타인의 재능들 모두를 가장 잘 활용할 수 있도록 하기 때문이다. 예를 들어, 통찰력은 핵심적인 임무를 위한 사람을 선택하는 데 있어 현명한 선택을 할 수 있게 해준다. 매니저가 구성원의 장점과 단점을 현명하게 평가할 수 있기 때문에, 통찰력은 또한 매니저가 팀 구성원을 훈련하고 개발하는 업무를 더 잘할 수 있게 해준다.

통찰력을 가지는 것의 또 다른 중요한 장점은 리더가 상황을 파악하고 그에 따른 리더십 접근법을 적용할 수 있다는 것이다. 예컨대, 집단 구성원들은 위기 상황에서 직접적이고 결단력 있는 리더십을 환영한다. 사람을 읽을 수 있는 능력은 관리자에게 이러한 리더십을 부여한다. 많이 요구되는 리더십 스킬은 이문화인의 마음을 읽어 문화적 차이를 넘어설 수 있는 리더십 스킬이다. 최근, 글로벌 아웃소싱으로 인하여 미국의 제조업체들은 그러한 리더십 스킬을 가진 리더를 찾기 위해 헤드헌터를 고용하였다.[51]

사람들과 비즈니스 상황들에 대한 당신의 예감과 예상들의 정확도를 기록하여 당신의 통찰력을 측정할 수 있다. 예를 들어, 새로운 동료나 매니저를 당신이 할 수 있는 최대한으로 평가해 본다. 관찰내용을 기록하고 몇 달 후 그가 어떻게 행동하는지에 대해 관찰 내용을 확인한다. 이러한 유형의 연습을 통한 피드백은 당신의 통찰력을 향상시킬 것이다.

선견지명과 개념적 사고

비전과 기업 전략을 개발하기 위하여, 리더에게는 행동과 정책의 장기적인 영향을 이해하는 능력인 **선견지명**이 필요하다. 장기적인 안목을 지닌 리더는 지금 재능 있는 직원을 채용하는 것이 기업에게 장기적인 경쟁우위를 제공할 것이라는 것을 알고 있다. 더 단기적인 관점은 당장의 고용수요를 만족시키기 위해 상대적으로 재능이 적은 직원을 채용하는 것이다. 장기적인 안목을 가진 리더/매니저가 단기적 수요를 무시할 수는 없다. 하지만 그들은 적절한 재능을 가진 사람을 찾을 때까지 임시직을 채용하는 것과 같은 중도적인 해법을 고안한다.

개념적 사고는 전체적인 관점을 보는 능력을 말하며, 이것은 선견지명을 가능하게 한다. 개념적으로 사고하는 사람은 **시스템적 사고를 하는 사람**(systems thinker)이라고도 하는데, 외부 환경이 조직에 어떤 영향을 주는지, 조직의 부서들은 어떻게 서로에게 영향을 미치는지를 이해하기 때문이다. 개념적 사고를 하는 훌륭한 사람은 자신의 조직 단위가 기업에 어떻게 기여하는지 또는 기업이 외부세계와 어떻게 맞물리는지를 인지한다.

펩시코의 CEO인 인드라 누이는 오늘날의 모든 CEO에게 필요한 단 하나의 가장 중요한 기술은 전략적인 예리함(개념적 사고와 선견지명을 의미함)이라고 믿는다. 그녀는 25년 전의 상황을 언급한다. 당시 그녀가 펩시코의 유럽지역 비즈니스를 운영할 사람으로 선택되었을 때, 당시 회사 CEO였던 로저 엔리코는 "나는 당신을 선발한 것을 취소하겠습니다."라고 말했다. 누이가 이유를 묻자 그는 대답했다. "나는 회계부서를 운영할 임원진은 구할 수 있습니다. 그러나 나는 펩시코를 재개념화하는 것을 도울 사람을 찾을 수가 없군요. 가장 부족한 것은 그 스킬입니다."[52]

다음에 기술된 [행동하는 리더]는 그녀의 개인적 자질을 연구할 수 있는 유명한 하이테크 경영자의 사례이다.

지금까지 소개된 핵심적인 리더십 특성에 대한 정보를 개인화하기 위해, [리더십 스킬 구축 연습 3-3]을 한다.

3.4 리더십에 미치는 유전과 환경의 영향

유전과 환경 중, 어느 것이 리더십 효율성에 더 영향을 미칠까? 리더는 타고난 것인가, 아니면 만들어지는 것인가? 당신은 리더로서 적절한 자질을 가져야만 하는가? 많은 사람들이 현재 리더십 연구에서 유행하고 있는 이러한 문제들에 대하여 곰곰이 생각하고 있다. 가장 알맞은 대답은 리더십 효율성에 요구되는 특성, 동기, 성격은 유전과 환경의 조합에 의해 생겨난다는 것이다. 리더는 타고난 것이면서 만들어진 것이다. 개인적 특성과 지적 능력 특성은 발전을 위한 적절한 기회를 요구하는 특정 유전적 성향과 소질에 근거한다. 인지 지능이 좋은 예이다. 우리는 얼마나 많은 정신적 힘을 가질지에 대한 외부 한계를 설정하는 기본 용량을 물려받는다. 그러한 사람들은 리더십 자리에 선택될 만큼 현명한 행동을 할 수 있도록 자신의 인지 지능을 개발하기 위한 적절한 기회가 필요하다.

행동하는 리더

캐롤 바츠, 야후의 유명한 전직 CEO

캐롤 바츠(Carol Ann Bartz)는 그녀가 누려온 성공, 낙관주의, 그리고 솔직함과 화려한 표현들로 유명한 하이테크 경영자다. 야후 CEO가 되고 얼마 후, 그녀는 그녀의 경력에서 가장 큰 계약 중의 하나를 성사시켰다. 그녀는 마이크로소프트와 10년간 수익을 공유하는 조건으로 야후의 검색 사업권을 포기하였다(Bing 엔진이 야후검색을 작동시킨다). 그 계약은 주주들과 비즈니스 전문가들에게 비판을 받았지만, 바츠는 많은 광고들이 검색 엔진에 들어올 것이기 때문에 장기적으로 마이크로소프트와의 계약은 야후에 도움이 될 것이라고 생각하였다.

바츠는 위스콘신대학에서 컴퓨터공학 학위를 받고 정보통신분야에의 경력을 시작하였다. 초창기에는, 3M과 디지털 이퀴프먼트사에서 영업직을 맡았다. 야후 입사 전의 그녀의 임원 경력은 선 마이크로시스템즈의 전 세계 운영부사장, 오토데스크의 최고경영자를 역임했다.

바츠는 야후의 가장 중요한 자산이 30개국 6억 명에 이르는 사람들에게 그들의 컴퓨터나 스마트폰에 광고를 올리는 능력이라고 주장한다. 그녀는 상당히 영업 지향적인 사람이다. 수 년간 바츠를 알고 지내온 한 경영자는, "그녀는 사람들이 무엇을 구입하는지, 왜 그들이 그것을 구입하는지, 그리고 그들이 더 많은 돈을 쓰도록 무엇을 할 수 있는지를 파악하는 데 재주가 있다."고 말한다.

바츠가 야후의 CEO를 받아들인 이유 중 하나는 2006년 오토데스크에서 은퇴한 뒤로, 경영자 생활에서의 일상의 흥분, 심지어 스트레스가 그리웠기 때문이다. 그녀는 특히 위기 상황에서의 업무를 즐긴다.

바츠는 자신의 비즈니스 경력 중에 개인적 고난을 극복하기도 했다. 오토데스크 CEO로서의 둘째 날, 그녀는 유방암에 걸렸다는 것을 알고 유방절제술을 받아서 4주 동안 입원하였다. 그녀는 병원에서 회사 문제에 관한 업무를 보았다. 야후에 입사하고 얼마 후, 그녀는 왼쪽 무릎을 인공 관절로 교체하였다.

바츠는 가식 없는 말로 유명했다. 야후에서, 그녀는 회사의 정보를 누출한 그 누구에게라도 "빌어먹을, 화성까지 갈 수 있게 발차기를 날려주겠다."고 직원들에게 말했다. 피드백을 주는 것에 관하여, 그녀는 강아지 이론을 믿는다고 말한 적이 있다. "강아지가 양탄자에 오줌을 쌌다면, 당신은 그것이 잘못되었다는 것을 강아지에게 말해주는 행동 평가를 6개월씩이나 기다리지 않을 것이다."

스티브 잡스에게 애플 디바이스에 대한 수준 높은 광고를 유지하기 위한 노력에 대해 칭찬을 하면서 바츠는 말했다. "멋진 iPad에 필요한 마무리는 러시아 신부나 미백 치아 광고를 보는 것이다." 잡스에 대한 그녀의 언급은 디바이스에 탑재하는 정보에 대한 애플의 규제로 인해 채택되지 않았다. 그녀는 애플이 디바이스 상에 보일 수 있게 하는 광고와 컨텐츠의 종류에 대해 "아주 불쾌한 통제"를 하고 있다고 말하며, 하지만 그 통제는 오래 가지 못할 것이라고 했다.

바츠는 가끔씩 야후의 직원들에게 격려의 이메일을 쓴다. 다음은 이러한 메시지들 중의 하나에서 발췌한 일부 내용이다.

> "우리에 대한 글을 쓰는 사람들이 많이 있습니다. 그것들 중에는 어처구니없는 이야기도 있습니다. 저는 그런 것들에 신경 쓰지 않으며, 여러분도 마찬가지일 것입니다. 왜냐하면, 정말 경이로운 사실은 더 나은 야후를 만들기 위하여 우리가 여기까지 왔다는 것입니다!
>
> 당신이 만드는 모든 것들은 실현될 것입니다.
>
> 여러분의 두려움 없는 리더,
> 캐롤

바츠는 야후의 비즈니스 성과들의 향상을 위해 일하는 동안, 어떤 기자에게 이렇게 말했다. "당신은 느닷없이 나타나 마법을 부리려고 하지 않는다. 기술을 업그레이드하고 관계를 만들어내는 것이 무엇인지 안다." 그녀의 접근법은 효과가 있는 것으로 보였지만 야후 이사진들에게는 너무 느렸다. 이사진은 2011년 가을 바츠를 해고했다.

질문

1. 이 이야기에서 바츠가 훌륭한 인지적 기술을 보유한다고 제시된 증거는 무엇인가?

2. 바츠는 어떤 개인적 특성을 지니고 있는 것으로 보이는가?
3. 바츠가 당신 분야에 유효한 직업을 갖고 있다고 가정하여, 당신은 어떻게 그녀에게 즐겁게 직접 보고할 것인가?

출처: 다음과 같은 다양한 출처에서 제공된 사실과 관찰을 통해 이 이야기가 만들어졌다: "Carol Bartz," *Forbes*, September 7, 2009, pp. 84-88; Jon Fortt, "Yahoo's Taskmaster," *Fortune*, April 27, 2009, pp. 80-84; Sarah Lacy, "And Now a Folksy Update from Carol Bartz, "Massive Outage Relegated to 'PS'," *TechCrunch* (http://techcrunch.com), October 15, 2010, pp. 1-2; Joann S. Lublin, "Some CEOs Face Big Repair Jobs in 2011," *The Wall Street Journal*, January 4, 2011, p. B6; Amir Efrati and Jessica E. Vascellaro, "No 'Fairy Dust' for Yahoo Turnaround," *The Wall Street Journal*, September 16, 2010, p. B1; Scott Morrison, "Yahoo Chief Defends Her Site, Strategy," *The Wall Street Journal*, June 25, 2010, p. B7.

리더십 스킬 구축 연습 3-3

리더십 특성에 대한 집단 피드백

학급을 약 7명으로 구성된 그룹들로 나눈다. 한 명의 지원자가 각 그룹의 중앙에 앉는다. 각 그룹의 구성원들은 책임이 막중한 자리에 있는 그 사람을 똑바로 바라보며 그가 어떤 리더십 특성, 성격, 또는 동기를 갖고 있는 것으로 보이는지 말한다. 피드백 제공자는 자신의 관찰에 대해 약간의 부연 설명을 하면 도움이 될 것이다. 예컨대 자신감을 가지고 있다는 평가를 받은 참가자는 또한 다음과 같은 말을 들을 수도 있다. "나는 당신이 업무에서의 성공에 대하여 얼마나 자신감 있게 말했는지를 주목했다." 다음 사람으로 넘어가면서 계속 이런 식으로 진행된다(우리는 여러분이 이 훈련 이전에 반 친구를 관찰할 기회가 어느 정도 있었으리라 가정한다).

이와 같이 각 구성원은 그룹의 다른 모든 구성원들로부터 리더십 특성과 성격에 대한 긍정적인 피드백을 받게 된다. 모든 구성원들이 피드백을 다 받고 난 후에, 훈련의 가치에 대하여 그룹으로 토의한다.

스탠포드대학에서 리더십 개발 프로그램을 총괄하는 이브린 윌리엄스(Evelyn Williams)는 다음과 같은 비유를 이용한다. "나는 리더십이 본성과 교육의 조합이라고 생각합니다. 일부 음악가들이 악기를 연주하는 데 특별한 재능을 가지고 있는 것처럼, 어떤 사람들은 리더십 재능을 가지고 태어난 것처럼 보입니다. 그러나 타고난 재능이 무엇이든 간에, 사람들은 분명히 더 나은 음악가, 더 나은 리더가 되는 법을 배울 수 있습니다."[53]

최근의 연구는 유전이 리더십 잠재력을 결정하는 데 기여한다는 개념을 뒷받침한다. 서로 다른 부모들이 키운 일란성 쌍둥이의 47%는 캘리포니아 성격검사(California Personality Inventory로 알려져 있는 개인성격 테스트)로 측정된 리더십 잠재력에서 동일한 수준을 가졌다는 연구 결과가 있다.[54]

에너지의 물리적 요소 또한 본성 대 교육의 문제를 재조명한다. 어떤 사람들은 다른 사람들에 비해 더욱 활기찬 생물학적 성향을 가지고 태어난다. 그러나 그 에너지가 적절하게 전달되지 못한다면, 그 사람이 효율적인 리더가 되는 데 도움이 되지 못할 것이다.

감성 지능에 관한 연구는 리더십이 유전과 학습 요인의 조합이라는 것에 대해 지금까지 만들어진 명제들을 강화시켜 준다. 통상적으로 대뇌 신피질로 알려진 두뇌의 가장 바깥쪽 부분은 분석적인 사고와 전문적 기술을 통제하며, 인지 또는 전통적인 지능과 연관되어 있다. 두뇌의 가장 안쪽 부분은 고객에게 비난을 받을 때 느끼게 되는 분노와 같은 감정들을 통제한다. 감성 지능은 대뇌 변연계의 신경전달물질에서 유래하며, 그것은 감정, 충동, 동기를 통제한다.

따라서 사람의 유전자는 리더십에 필요한 감성 지능에 영향을 미치게 된다. 그러나 경험은 나이가 먹을수록 늘어나기 때문에 감성 지능에 있어 중요하며,[55] 사람은 일반적으로 연습을 통해 관계를 관리하는 데 더 능숙해 진다. 한 구조조정 매니저는 말했다. "나는 다섯 개의 서로 다른 기업을 구조조정했으며, 사기를 완전히 떨어트리지 않고 구조조정을 하는 법을 배웠습니다."

마지막으로 주목할 점은 일부 리더십 특성은 다른 것들보다 일깨우거나 개발하는 것이 더 어렵다는 것이다. 사람과 일에 대한 열정이 예가 될 수 있다. 컨설턴트이자 MIT 부교수인 조나선 번스(Jonathan Byrnes)는 당신은 리더로 발전하기 위한 적절한 사람을 데리고 있어야 한다고 말한다. "당신은 집에 가고 싶어하는 누군가에게 일에 대한 열정을 가르칠 수는 없습니다."[56]

3.5 특성 접근법의 장점과 한계

특성 접근법에서 흥미로운 주장은 리더는 리더가 아닌 사람들과는 다른 개인적 특징을 갖고 있다는 확실한 증거가 존재한다는 것이다. 이 장에서 기록된 연구 유형에 대한 자신들의 논평에 근거하여, 커크 패트릭(Kirkpatrick)과 로크(Locke)는 다음과 같은 결론을 내렸다. "리더들은 성공하기 위해 천재나 전지적인 예언자 같은 위대한 사람이 될 필요는 없다. 하지만 그들은 '적절한 자질'을 가져야만 하며 이 자질은 모든 사람들에게 동등하게 나타나는 것은 아니다."[57] 실제적으로 특성과 태도, 행동으로 나타나는 감성 지능, 카리스마, 그리고 윤리적인 품행에 대한 최근의 강조는 특성 접근법의 중요성을 강화한다.

효율적인 리더들의 특성을 이해하는 것은 리더십 선택에 있어 중요한 지침으로 작용한다. 우리가 창의성과 상상력을 포함하여 정직과 진실성이 필수적인 리더십 특성이라고 확신한다면, 그러한 특성을 가진 리더를 선택하는 데 집중할 수 있다. 특성 접근법의 또 하나의 중요한 장점은 사람들이 리더십의 책임과 그에 동반한 모든 이슈들에 대하여 대비할 수 있도록 한다는 점이다. 어떤 사람은 자신감, 훌륭한 문제해결 능력, 적극성 등의 필수적인 특징을 개발할 수 있게 해주는 경험을 추구할 수도 있다.

특성 접근법의 한계는 어떠한 특성들이 특정 리더십 상황에서 반드시 필요한지에 대하여 설명해주지 않는다는 점이다. 또한 우리는 어느 정도의 특성, 특징, 동기가 적정한 양인지도 모른다. 예를 들어, 어떤 리더들은 그들의 야망이 탐욕과 탐닉의 경계선을 넘어가도록 둔 탓에 윤리적, 법적 문제에 직면한다. 게다가, 특성 접근법에 대한 과도한 초점은 리더십의 엘리트주의를 야기할 수도 있다. 핵심 리더십 특성과 특징에서 두드러지지 못한 사람은 리더십 자리를 찾는 것을 단념할 수도 있다.

특성 접근법의 미묘한 한계는 일부 사람들에게, 효율적이 되기 위해 거의 모든 리더십 특징에서 높은 위치를 차지하고 있어야 한다고 믿게 만든다는 점이다. 실제로, 대부분의 효율적인 리더들은 많은 특징들에서 두드러지지만 그 외의 부분에 대해서는 낮은 편이다.

특성 접근법에 대한 균형 잡힌 관점은, 특정한 특성, 동기, 특징이 리더가 효율적일 수 있는 가능성을 높여주지만, 효율성을 보장하지는 않는다는 것이다. 리더십 상황은 종종 어떤 특성이 가장 중요할지에 영향을 미친다.[58] 동시에, 서로 다른 상황들은 특성의 다른 조합을 요구한다. 이전에 전혀 일을 해 본 적이 없는 10대를 직원으로 두고 레스토랑을 관리한다고 스스로 상상해 보자. 당신은 온정, 열의, 유연성, 적응성을 강조할 필요가 있다. 인지 역량과 권력동기에 대한 강조는 덜 요구될 것이다.

요약

리더십의 특성에 근거한 관점은 특정한 개인적 특징과 기술이 많은 상황들에서 리더십 효율에 영향을 준다고 주장한다. 효율적인 리더십과 연관되어 있는 일반적인 성격 특성은 (1) 자신감, (2) 겸손, (3) 핵심자기평가, (4) 신뢰, (5) 진정성, (6) 외향성, (7) 적극성, (8) 열의, 낙관주의, 온정 그리고 (9) 유머감각을 포함한다.

효율적인 리더의 몇 가지 성격 특성은 과업 성취와 밀접한 관련이 있다. 성격 특성에는 (1) 업무와 사람들에 대한 열정, (2) 감성 지능, (3) 유연성과 융통성, (4) 내적 통제성, (5) 용기가 있다. 감성 지능은 자기 인식, 자기 관리, 사회 인식, 그리고 관계 관리의 네 가지 특성으로 구성된다.

리더십 효율성과 연관된 특정 동기와 욕구는 과업 성취와 밀접한 관련이 있다. 그러한 것에는 (1) 권력동기, (2) 추진력과 성취동기, 그리고 (3) 끈기와 회복력이 있다. 인지 요소 또한 리더십 성공에 있어 중요하다. 그 요소에는 인지(또는 분석적) 지능과 비즈니스 또는 집단 과업에 대한 지식(또는 전문적인 능숙함)이 포함된다. 실용 지능은 인지 지능에 기여한다. 창의성은 리더에게 있어 또 하나의 중요한 인지적 역량이지만, 효율적인 리더는 창조적인 기여에 따라 다양하다. 비즈니스 기회에 대해 효율적 판단을 하는 능력을 포함하여, 사람과 상황에 대한 통찰력 역시 리더십 효율성에 기여한다. 선견지명과 개념적 사고는 리더가 행동과 정책의 장기적인 영향을 이해하고 전반적인 시각을 갖도록 한다.

리더가 타고난 것인지 교육되는 것인지에 대한 문제는 종종 발생한다. 적정한 대답은 리더십 효율성에서 필요한 특성, 동기, 특징이 유전과 환경의 조합이라는 것이다.

리더십에 대한 특성 접근법은 리더가 리더 아닌 사람과는 다르며, 효율적인 리더는 효율성이 덜한 리더와 다르다는 점을 보여주는 많은 연구에 의해 뒷받침되고 있다. 그럼에도 불구하고, 특성 접근법은 어떤 특성이 어떤 상황에 가장 중요한지 또는 얼마만큼의 특성이 요구되는지에 대해 알려주지 않는다. 또한, 서로 상이한 상황들은 다른 특성의 조합을 요구한다.

핵심 용어

핵심자기평가	통찰력	성취동기
유연성	진정성	감성 지능
실용 지능	동기	인지 요소
신뢰	선견지명	추진력
내적 통제성	적극성	

행동 및 스킬 강화를 위한 지침

감성 지능은 리더십 성공에 있어 매우 중요하기 때문에, 많은 조직들은 매니저를 위한 감성 교육을 지원한다. 감성 지능 향상을 시작하기 위한 방법의 하나는 그러한 교육 프로그램에 참여하는 것이다. 그러나 모든 형태의 교육들처럼, 감성 지능 교육은 꾸준하고 단호한 연습이 뒤따라야만 한다. 감성 지능 향상의 현실적인 출발점은 사회 인식의 공감 측면처럼 네 가지 요소 중 하나를 가지고 업무를 하는 것이다.

당신을 알고 있는 사람들로부터 가능한 많은 피드백을 얻는 것부터 시작한다. 당신이 그들의 감정적 대응을 이해한다고 생각하는지, 그리고 당신이 그들을 얼마나 이해한다고 생각하는지를 묻는다. 다른 문화 출신의 사람에게 물어보거나 원활히 소통하는 데 심각한 문제가 있는 사람에게 질문하는 것 또한 도움이 된다.(당신과 상당히 다른 누군가와 소통을 잘하는 것에는 더 높은 수준의 공감이 요구된다.) 내부 또는 외부 고객을 알고 있다면, 당신이 그들의 입장을 잘 이해하는 것으로 보이는지 물어본다.

부족한 부분이 발견되면, 그 결점에 대하여 꾸준히 노력한다. 예를 들어, 당신은 당신과 아주 다른 견해를 이해하는 데 시간을 투자하는 것으로 보이지 않을 수도 있다. 다른 사람의 견해를 이해하려고 노력하자. 당신이 현실적으로 모든 사람들에게 돈이 가장 중요한 동기라고 강력하게 믿는다고 가정하자. 다른 의견을 가진 사람에게 이야기하고 당신이 그 사람의 견해를 이해할 때까지 경청한다.

몇 달 후, 당신의 공감 능력에 대해 더 많은 피드백을 얻도록 한다. 당신이 발전을 하고 있다면, 계속 연습하도록 한다. 그리고 이러한 단계를 감성 지능의 다른 측면에 대해서도 반복한다. 이러한 연습의 결과로, 당신은 또 다른 가치 있는 대인관계의 기술을 개발하게 될 것이다.

감성 지능을 개발하는 또 다른 방법은 자신의 사고와 행동들에 대해 더 많이 인식하는 것을 일컫는 명상을 통해서이다. 당신이 사람들에게 어떻게 반응하는지와 당신이 무슨 생각을 하는지에 대하여 주의 깊게 되돌아본다. 명상을 하는 동안, 그 순간에 세심하게 신경 쓴다. 예를 들어, 당신은 진지한 회의에 참가하고 있으며, 처음으로 참을 수 없을 정도의 재치 있는 말을 생각했다. 명상을 통해 당신은 진지한 분위기가 누그러질 때까지 그 말을 미루기로 결심할 수 있다.[59]

주어진 상황에서 목적을 달성하기 위해 특성이론을 적용하는 건설적인 접근법은 어떤 특성의 조합이 그 상황에서 가장 긍정적인 결과를 이끌어낼지를 생각하는 것이다. 강조해야 할 적절한 특성군을 찾는 것은 보통 한 가지의 특성만을 강조하는 것보다 훨씬 유용하다. 당신이 한 집단을 이끌게 되었다고 예를 들자. 집단을 이끌어간다는 것은 더 생산적이 되기 위한 창의적인 아이디어를 요구하기 때문에 걱정거리이다. 여기에서 당신은 자신의 인지 역량을 강조하고, 적극적으로 당신의 아이디어를 표현하며, 또한 집단의 성공 기회에 대한 열정을 나타낼 수 있다.

토의 질문 및 토의 활동

1. 공직 선거를 할 때 투표자들은 리더십의 특성이론을 얼마나 신뢰하는가?
2. 자기 전공에 대한 열정이 부족한 대학생이 졸업을 한다고 가정하자. 이 사람은 열정적인 리더가 되기 위하여 무엇을 해야 하는가?
3. 주어진 한 특정 리더십 상황에서 높은 자신감이 어떻게 도움이 되지 않을 수도 있는지 설명하라.
4. 당신의 직속 매니저는 자신이 감성 지능을 갖고 있다는 것을 당신에게 확신시키기 위하여 무엇을 해야 하는가?
5. 당신이 개인적으로 알거나 TV에서 본 열정이 없는 리더나 매니저에 대하여 설명하라. 열정의 부족은 집단 구성원에게 어떠한 영향을 미치는가?
6. 당신이 리더가 진실하지 못하다(위선자)라고 결론을 내리게 한 것은 무엇이었는가?
7. 가장 발달이 잘된 당신의 리더십, 특성, 동기, 특징은 무엇인가? 어떻게 그것을 아는가?
8. 당신이 관찰했던, 훌륭한 인지 지능을 가졌으나 실용 지능은 부족한 리더의 예를 들어 보라.
9. 이 수업을 강의하는 사람의 리더십 특성, 동기 또는 특징 중 어느 것이 가장 두드러진다고 생각하는가? 당신의 대답을 설명하라.
10. 특성 접근법을 반대하는 많은 사람들은, 그럼에도 불구하고, 여전히 리더십 직무자를 채용할 때 인터뷰를 실시한다. 이러한 인터뷰의 실시가 왜 특성 접근법에 대한 그들의 태도와 모순되는가?

리더십 사례 문제 A

매장 관리자, 지미 뱃저 소위

고등학교 최고 학년에 다니는 동안, 지미 벳저는 해군장교 교육 프로그램(Naval Reserve Officers Training Program, NROTC)의 장학금을 신청하기로 결심하였다. 예상되는 수업료, 교재비, 실험실 사용료, 간단한 생활비 등을 포함하는 장학금은 엄청나 보였다. 지역 사회 봉사 활동을 비롯한 리더십 스킬의 개발에 초점을 둔 NROTC 프로그램은 지미에게 또 다른 이점이었다. 그는 또한 자신이 받게 될 정규 교육이 그가 선택하는 분야로 진출하는 데 도움이 될 것이라고 판단하였다. 그의 말을 빌리자면, 나라에서 해군이 필요하다면, 그는 자신의 몫을 해낼 것이다.

지미는 대학 졸업 후 현역으로 최소 5년 이상 복무하면, 해군 예비역 소위로 임관하게 될 것이라는 점도 매력적이라 생각하였다. 자신이 선택한 주립 대학교에서 성공적인 4년을 보낸 후, 지미는 잠수함 장교 벳저 소위가 되었다. 그는 해군에서 5년간 복무를 이행하였다. 지미는 선원들, 같은 계급의 장교들, 그리고 선임 장교들과의 복무를 즐겼다. 지미는 특히 리더가 되는 것과 많은 책임을 지는 것을 즐겼다. 그는 "잠수함에서 하나의 실수는 수백 명의 재앙으로 이어질 수 있다."고 언급했다.

지미의 상관들은 그의 업무를 높게 평가하였고, 그들은 그에게 지속적으로 뛰어난 인사 고과를 주었다. 해군 장교로서 그의 행동 중 개선을 요하는 한 가지 부분은 때때로 그가 통솔하는 동안 업무 수행에 대한 기대치가 비현실적으로 높은 경향이 있다는 것이었다. 한 선임 장교는 그에게, "벳저 소위, 여기는 자네 할아버지의 해군이 아니네. 자네는 젊은 선원들에 대해 좀 더 참을성을 가져야 해."라고 말했던 적이 있다.

전역일이 다가오면서 지미가 일자리를 찾기 시작하였을 때, 그는 많은 회사에서 군 장교 출신을 활발히 채용하고 있다는 것을 알았다. 가장 매력적인 기회들은 관리직 또는, 관리직으로 빠르게 이어질 수 있는 관리자 교육 프로그램들이었다. 간단한 구직 조사 후, 지미는 가장 유명한 주거용품 지점 중 한 곳의 관리자 교육직을 선택했다.

교육 프로그램을 시작하면서 지미는 그의 경력에 비춰 좋은 선택을 했다고 생각했다. 그는 정규 교육과 아르바이트를 비롯하여, 해군에서의 지휘 경험이 매장 관리자로서 성공하는 데 강한 조합을 이룰 것이라고 굳게 믿었다. 지미는 신입 단계에서부터 일을 배우기 위하여 3개월간 매장의 평사원으로서 일을 시작하였다. 그 다음, 그는 9개월간 매장의 관리자로 배정되었다.

지미의 리더의 지위를 향한 약진은, 콜로라도 덴버에 있는 중간 규모의 매장에 관리자로 배정되었을 때부터 시작되었다. 매장 관리자 및 다른 핵심 인물들과의 첫 번째 회의에서, 지미는 그들에게 말했다. "이 지점을 맡게 되어 정말 기쁩니다. 회사 지점들 중에서 우리가 어떻게 하면 최고의 실적을 올릴지에 대한 여러분의 제안들을 듣고자 합니다. 언제나 소통할 준비가 되어 있습니다. 제 블랙베리는 제가 목격한 문제점들을 여러분에게 알려주기 위해서, 그리고 여러분들의 문제들을 듣기 위해 항상 켜져 있습니다."

관리자로서의 몇 달이 지난 후, 지미는 매장 감독관을 포함하여 지점의 모든 직원들에게 이메일을 보냈다. 이메일의 일부는 다음과 같다. "지난 늦은 밤 점검 중에 주차장에서 다시 반복되지 않기를 바라는 몇 가지 문제점을 보았습니다. 쇼핑 카트들이 지정된 장소가 아닌 주차장

여기저기에 흩어져 있었습니다. 땅에는 쓰레기도 떨어져 있었습니다. 우리 지점의 직원 두 명이 매장 밖에서 담배를 피우는 것도 보았습니다. 이러한 것들은 용납될 수 없는 것들입니다. 여러분의 교대 근무 시간이 끝날 때까지 문제점을 어떻게 고칠지 제게 말씀해 주시기 바랍니다."

지미의 첫 해가 끝나갈 무렵, 인사과는 회사 인트라넷을 이용하여 일 년간의 직업 만족도와 사기에 대한 설문조사를 실시하였다. 참여자들은 모든 응답이 익명으로 처리될 것이라는 보장을 받았다. 그 결과, 참여자들은 전체적으로 솔직하게 응답하였다. 매장 관리자 지미 벳저에 대해 적은 몇 가지 지적은 다음과 같았다.

- 우리 매니저는 활동적이고 승리를 갈망한다. 그는 여전히 주거 개선 사업에 대해 배우고 있지만, 언젠가는 그의 높은 기준이 우리에게 도움이 될 것이라고 생각한다.
- 나는 지미가 잠수함 장교였다고 들었다. 누군가 지미에게 걱정 좀 줄이라고 얘기해 줄 수 없을까? 직원의 한 가지 실수 때문에 우리가 익사하지는 않을 것이다.
- 지미 벳저는 훌륭한 리더다. 하지만 그는 직원들 중 일부 버릇없는 사람들이 한 번의 질책만으로 자신의 실수를 고치지 않는다는 점을 알아야 한다.
- 나는 우리 매장 관리자를 좋아한다. 하지만 그는 우리 배가 가라앉고 있고 그의 업무는 구출 임무를 성사시키는 것이라고 생각하는 것 같다.

질문

1. 이 사례에서 지미 벳저와 관련하여 밝혀진 리더십 특징은 무엇인가?
2. 당신 결론의 정당성을 보이라.
3. 지미는 자신의 리더십 접근법을 어느 정도까지 바꿔야 하는가?
4. 관리자 교육 프로그램에 전 군인 장교를 채용하는 데 대한 주거 개선 용품 지점의 긍정적인 편견에 대하여 어떻게 생각하는가?

관련 역할극 지미 벳저의 업무 능력 검토

지역 관리자인 로라 산체스는 매장 관리자인 지미 벳저의 업무 능력을 평가한다. 한 명의 학생은 이러한 평가를 별로 기대하지 않는 로라의 역할을 한다. 그녀는 지미의 성과들에 대해서 기뻐하면서도, 행동에 대한 높은 기준과 매장 규칙 준수를 지속적으로 요구하고 있는 것에 대해 우려한다. 로라는 지미의 성과와 행동에 대한 높은 기준이 누군가의 비자발적 이직을 시킬 수 있다고 걱정한다. 다른 학생이 성과와 행동에 대한 자신의 높은 기준으로 인해 뛰어난 인사고과를 기대하고 있는 지미의 역할을 한다. 약 8분간 역할극을 하고, 관찰자들은 역할극이 끝나면 몇 가지 피드백을 제공한다.

리더십 사례 문제 B

에이미 터치스톤은 클럽을 개선시키고 싶어한다

27살의 에이미 터치스톤은 요즘 기분이 매우 좋다. 이스트앤드 애슬레틱 클럽의 운영 관리자로 승진하였기 때문이다. 지난 2년간, 클럽에서 그녀는 관리자이자 접수 담당자로서 일하였다. 이 클럽은 광범위한 피트니스 설비를 제공한다. 10개의 실내 테니스 코트, 6개의 스쿼시 코트, 1개의 농구 코트, 마사지를 포함한 다양한 피트니스 프로그램들을 포함한다.

터치스톤에게 보고를 하는 직원은 10명이며, 그 중 3명이 상근직이고 7명은 시간제 직원이다. 그녀의 주된 책임은 운동 프로그램과 마케팅 이외에 클럽이 원활하게 돌아가도록 하는 것이다. 경리부와 청소부들도 그녀에게 보고한다.

터치스톤이 상사인 클럽 매니저에게 운영 책임자로서 무엇을 해야 할지에 대해 물었을 때, "이스트앤드는 우리가 청구하는 사용료만큼 효율적이고, 깨끗하고, 세련되지 못합니다. 그러니 그것을 바로 잡도록 하세요."라는 말을 들었다. 터치스톤은 이러한 총괄적인 지시들을 좋아했지만, 개선을 위한 구체적인 아이디어가 필요하다고 생각했다.

마케팅 수업에서 배웠던 기술을 적용하여 그녀는 안내 데스크에 있는 회원 건의함에 있는 제안들을 조사하기로 결심하였다. 에이미는 3개월간의 제안을 조사하였다. 이러한 제안들에서 드러난 클럽의 주요 개선 항목은 다음과 같았다.

- 손님들이 바닥에 수건을 던져놓기 때문에 남자 탈의실은 끔찍하다. 이런 사람들은 클럽을 존중하지 않는다.
- 직원들 중 일부는 회원들에게 관심이 없는 것 같다. 때때로, 우리들에게 집중해야 할 때 자기들끼리 얘기하고 있다. 종종 우리가 찾고자 할 때 너무 오래 기다려야 한다.
- 여기서 일하는 사람들 중 일부는 그들이 우리가 시설을 이용할 수 있도록 우리에게 호의를 베풀고 있는 것처럼 행동한다.
- 이미 매달 상당한 금액의 회비를 내고 있기 때문에, 테니스 코트 이용과 같이, 모든 것에 대해 요금을 부과하는 것을 멈춰야 한다.

에이미는 제안들 중에서 부정적인 주제들을 검토하였고, 그것을 몇 년간 알고 지낸 피트니스 코치 조 펠라그리노와 논의하였다. 펠라그리노는 다음과 같이 말했다. "얼마 되지 않는 불평들에 대해 신경 쓰지 마세요. 불만을 가진 사람들이나 일부러 건의함에 무언가를 넣는 거예요."

에이미는 혼자 생각했다. "조의 말은 일리가 있다, 하지만 그 제안들은 매우 중요해 보인다. 내일부터 개선을 위한 행동을 시작해야겠다. 직원들에게 접근할 수 있는 좋은 방법을 생각해 봐야겠다."

질문

1. 클럽 운영을 개선하기 위하여 터치스톤이 역점을 두어야 하는 리더의 개인적 특징은 무엇인가?
2. 클럽 운영을 개선하기 위하여 터치스톤은 어떤 리더십 역할에 역점을 두어야 하는가?(1장을 복습하라.)
3. 당신은 터치스톤이 개선작업에 대한 그녀의 리더십 책무를 이행한 다음에 할 것은 무엇이라고 조언하겠는가?

관련 역할극

한 학생이 직원들과 회의를 하고 있는 에이미의 역할을 한다. 다른 몇 명의 학생들은 에이미가 중요하다고 생각하는 변화를 다루는 데 그녀에 비해 큰 관심이 없어 보이는 직원의 역할을 한다. 에이미는 변화의 필요성을 설명하는 데 있어 적절히 자신감을 갖고 적극적이 되고자 할 것이다. 에이미는 효율적이지만 거슬리지 않는 리더가 되고자 한다. 약 10분간 역할극을 진행한다. 다른 학급 구성원들은 클럽 직원회의의 효율성에 대한 피드백을 제공한다.

리더십 스킬 구축 연습 3-4

리더십 포트폴리오

당신의 리더십 포트폴리오에 추가하기 위하여, 우선적으로 이 장에서 설명한 특성, 동기, 특징 중 당신이 이미 드러내고 있다고 생각하는 5가지를 고른다. 이러한 각각의 자질에 대하여, 당신이 그것을 갖고 있다고 생각하는 다음의 예와 같이 그 이유를 설명하라.

사람과 상황에 대한 통찰력: 레스토랑 매니저로서, 내 업무는 레스토랑 운영의 책임 일부를 공유할 수 있는 부 매니저를 채용하는 것이다. 내 친구 중의 한 명인 로라는 레스토랑에서 일한 적이 없지만, 나는 그녀에게 그 자리에 지원해 볼 것을 청했다. 나는 그녀가 능률적이며 또한 사람들과 좋은 관계를 갖고 있다는 것을 알아차렸다. 로라가 채용되었고, 그녀는 훌륭한 부 매니저임을 증명하였다. 그녀에 대한 나의 판단은 매우 정확하였다.

두 번째로, 당신의 리더십 스킬 향상을 위하여 개발되어야 한다고 생각하는 몇 가지 리더십 특성, 동기, 또는 특징을 선택한다. 이러한 개발이 왜 필요하다고 생각하는지 그리고 그것을 어떻게 얻을 수 있다고 생각하는지를 다음과 같은 예로써 설명하라.

업무와 사람들에 대한 열정: 지금까지 업무나 그 외의 다른 어떤 부분에서도 나는 특별히 열정적이지 않았다. 때문에 리더가 되는 것에 대해 매우 흥분하는 일은 거의 없다. 나는 나의 분야에 대하여 더 많은 글을 읽고, 이 분야에 참여하는 데 즐거움이 될 수 있는 몇 가지 측면을 찾기 위해 이 분야에서 성공한 사람들을 몇 명 인터뷰할 계획이다.

리더십 스킬 구축 연습 3-5

널리 알려진 리더의 특성, 동기, 특징 분석하기

토론의 주제로서 널리 알려진 리더 중 한두 명을 선택한다. 이 문맥에서 '널리 알려진'이란 개인적으로 또는 인터넷, 신문을 포함한 미디어를 통해, 그리고 유튜브 상에서 대다수의 사람들이 관찰할 수 있는 누군가를 말한다. 어떤 리더를 분석할지를 합의하기 위해 약간의 시간을 갖는다. 가능성 있는 인물은 (a) 대학교 총장, (b) 당신 나라의 대통령 또는 총리, (c) 유명한 스포츠 코치 등이 있다.

다음 단계는 학급이 이 장에 있는 아이디어를 활용하여 그 리더의 특성, 동기, 특징을 논의하는 것이다. 리더의 제일 강한 그리고 가장 약한 개인적 자질에 대해 의견 일치를 할 수 있는지 살펴보자.

CHAPTER

04 리더의 카리스마적 그리고 변혁적 측면

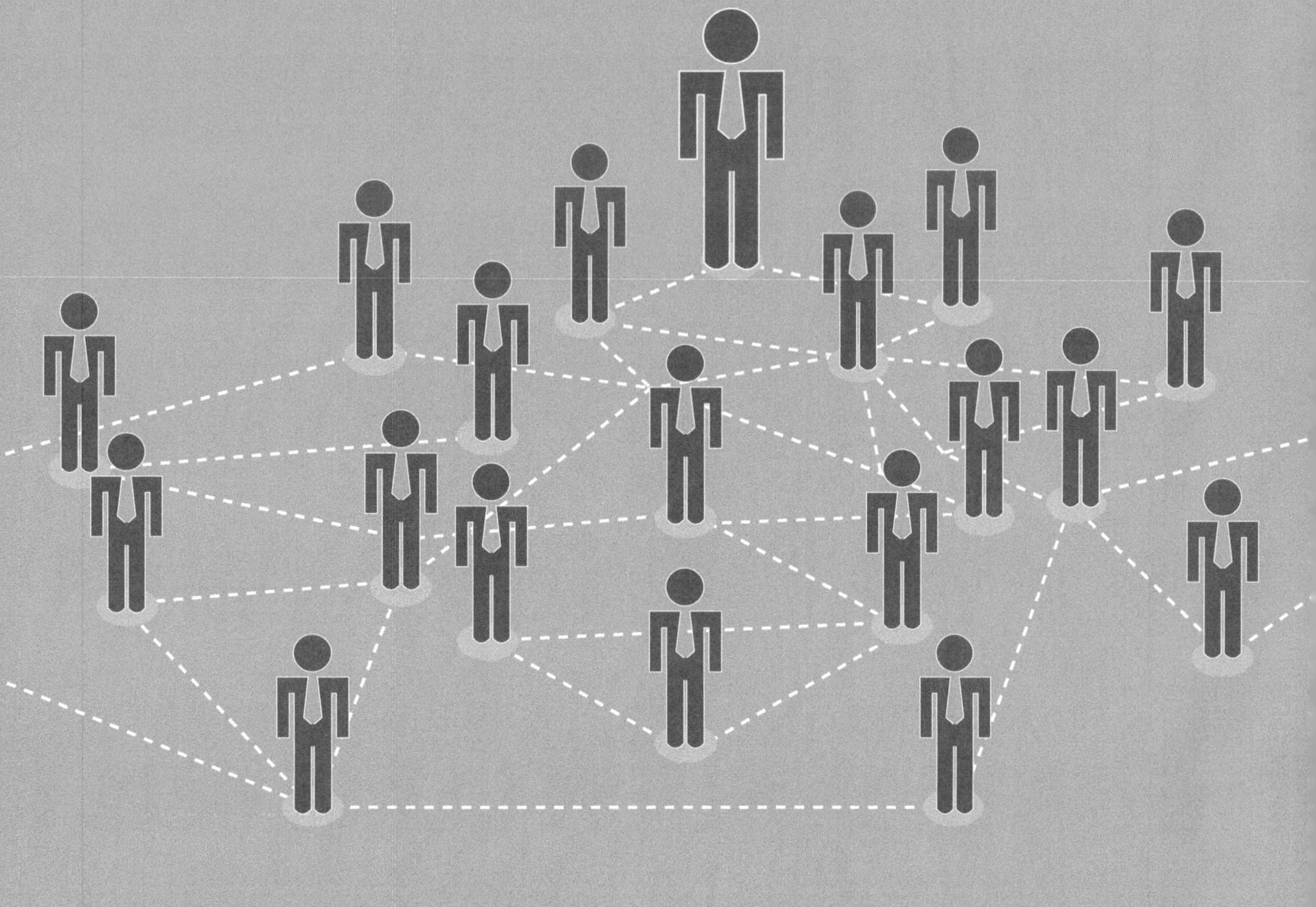

학습 목표

이 장을 학습하고 훈련을 통해, 당신은 다음을 할 수 있을 것이다.

- 카리스마적 리더의 많은 특성들과 행동들에 대하여 설명한다.
- 카리스마적 리더십의 비전 요소를 설명한다.
- 카리스마적 리더의 커뮤니케이션 유형을 설명한다.
- 카리스마적 개발을 위한 실행 계획을 수립한다.
- 변혁적 리더십의 본질을 설명한다.
- 실적과 행동에 대한 카리스마적 그리고 변혁적 리더십의 몇 가지 영향력을 확인한다.
- 과학적이고 도덕적 관점에서 카리스마 리더십에 관한 우려를 설명한다.

개요

4.1 카리스마의 의미
　카리스마: 리더, 집단 구성원, 기타 이해관계자 간의 관계
　카리스마의 효과

4.2 카리스마 리더의 유형

4.3 카리스마 리더의 특징

4.4 카리스마 리더십의 비전 요소

4.5 카리스마 리더의 소통 유형
　영감을 통한 관리
　스토리텔링을 통한 관리
　소셜 네트워킹의 광범위한 활용

4.6 카리스마 개발
　카리스마 개발을 위한 기법

4.7 변혁적 리더십
　변혁은 어떻게 일어나는가
　변혁적 리더의 자질
　변혁적 • 카리스마적 리더십이 성과 및 행동에 미치는 영향

4.8 카리스마 리더십에 대한 우려
　카리스마 리더십의 타당성에 대한 도전
　카리스마 리더십의 부정적 측면

- 요약
- 핵심 용어
- 행동 및 스킬 강화를 위한 지침
- 리더십 사례 문제 A
- 리더십 사례 문제 B

패트리아크 파트너스의 CEO이자 대표인 린 틸턴이 회의장으로 성큼성큼 걸어 들어오면, 이전에 그녀를 만난 적이 없던 비즈니스 경영자들과 재무 분석가들은 놀란다. 그러한 회의의 목적은 일반적으로 어려움을 겪고 있는 또 다른 제조업체의 인수를 논의하는 것이다. 그 경우 그녀의 복장은 보통 5인치의 하이힐, 호화로운 다이아몬드 목걸이, 검은 가죽의 점프 슈트 또는 치마를 포함한다. 기회가 생기면, 틸턴은 상황과 관련된 시원시원한 논평을 할 것이다.

80억 달러의 사모투자회사 패트리아크 파트너스를 이끄는 53세의 틸턴은 예일대학에서 미국학을 전공하였고 콜럼비아대학에서 재무관련 MBA를 이수하였다. 그녀의 회사에서의 임무는 어려움을 겪는 기업들에게 투자를 하여 그들이 살아남고 정상화될 수 있도록 그들과 파트너가 되는 것이다. 틸턴은 패트리아크 파트너스가 25만 개 이상의 일자리와 250개 이상의 기업들을 구해왔다고 주장한다. 그녀와 그녀의 직원들은 어려움을 겪고 있는 제조업체들을 위한 혁신적인 재무 솔루션을 개발하고 또한 재정적인 회생을 돕는다고 그녀는 설명한다. 2011년에 발행된 《포브스》의 보고서는 틸턴과 패트리아크 파트너스의 실제 가치평가가 어려움을 겪는 회사들의 채무에 근거한 "구조화 투자회사(structured finance vehicles; SFV)" 등의 복잡한 재무기법이 포함되어 있기 때문에 어렵다고 말한다.

틸턴은 헬리콥터를 타고 뉴욕의 사무실에 출퇴근할 정도로 호화스러운 생활을 한다. 그녀는 플로리다, 아리조나, 하와이에 집을 가지고 있으며, 이탈리아에 별장도 소유하고 있다. 그녀 사무실의 장식품들에는 친구들이 보내온 채찍과 수갑이 있으며, 뉴에이지 그림, 검은 벤츠 승용차에 걸터앉은 그녀의 초상화가 있다.

이러한 화려함 이면에 틸턴은 정교한 투자자이자 제조업 전문가로서 자수성가한 미국의 가장 부유한 여성 사업가 중의 한 명이다. 그녀와 그녀의 회사는 모두 합치면 12만여 명에 이르는 직원에 74개의 기업들을 소유하거나 관리하고 있다. 그녀는 미국의 미래가 강력한 제조업 기반에 달려있다고 주장한다.

록 가수 비슷한 외모로 틸턴은 그녀가 방문한 많은 공장들의 노동자들을 놀라게 한다. 그러나 세속적인 유머감각, 훌륭한 본성, 깊은 제조업 지식으로, 그녀는 곧바로 감탄과 지지를 받는다.[1]

린 틸턴의 말과 행동은 카리스마적이고 변혁적인 리더에 대한 두 가지의 핵심을 나타낸다. 그들은 크게 생각하고, 때때로 개인적으로(틸턴처럼 엄청나지 않더라도)

화려하다. 특성 이론의 확장인 카리스마적, 변혁적 리더십의 연구는 리더십을 이해하는 중요한 방법이 되고 있다. 카리스마가 중요한 많은 이유들 중 한 가지는 리더가 역할을 더 쉽게 수행할 수 있도록 한다는 점이다. 잭 웰치와 수지 웰치의 의견에 따르면, 카리스마는 리더의 역할을 더욱 쉽게 만든다. 오늘날 무섭도록 경쟁적인 세계 경제에서, 리더들은 자신의 구성원들을 이전보다 더욱 정열적으로 만들어야 한다. 사람들이 도전적 목표를 달성하도록 하고 변화가 왜 필수적인지에 대하여 이해시키는 것은 오로지 추론과 논리에만 의존하는 것보다 카리스마를 통해 더 빠르게 할 수 있다(도전적 목표는 당신 능력의 많은 부분을 시험하지만 실패할 정도로 어렵지는 않다).[2]

이 장에서는 카리스마 리더십의 의미와 효과와, 카리스마 리더의 특징들, 그러한 리더가 어떻게 비전을 형성하는지, 그리고 카리스마를 어떻게 개발하는지에 대하여 검토할 것이다. 또한, 밀접하게 연관되어 있고 중첩되는 변혁적 리더십의 주제에 대해서도 설명할 것이다. 마지막으로, 카리스마 리더십의 부정적인 부분을 살펴 볼 것이다.

4.1 카리스마의 의미

리더십 자체가 그렇듯, 카리스마는 다양한 방법으로 정의되어 왔다. 그럼에도 불구하고, 리더십을 이해하고 실행하는 부분에서 카리스마를 유용한 개념으로 만들기 위한 정의들 사이에는 매우 일관적인 면이 존재한다. 그리스어로 **카리스마**는 '신이 내린 재능'이라는 의미를 가진다. 리더십 연구에서, **카리스마**는 목적, 영향력, 그리고 비범한 결단력으로 다른 사람들과 구분되는 리더의 특별한 자질이다.[3] 일반적으로 카리스마라는 용어는, 농구 스타 카멜로 앤서니(Carmelo Anthony)나 여성 축구 스타 미아 햄(Mia Hamm)에게서 나타나는 것처럼, 매력적이고 화려한 성격을 보유하는 것을 의미한다.

카리스마에 대한 다양한 정의들은 통일된 주제를 가진다. 카리스마는 많은 다른 사람들이 그것을 지닌 사람들에 의해 이끌어지기를 원하게 만드는 긍정적이고 강제적인 자질이다. **다른 사람들**이라는 용어는 조심스럽게 선택된 것이다. 모든 구성원들에게 카리스마적이라고 여겨지는 리더는 거의 없다. 일례로, 카리스마를 논할 때 자주 나오는 이름인 애플의 타계한 스티브 잡스를 들 수 있다. 몇 년 전, 그는 '올해의 엔터테이너'로서 《타임》의 올해의 인물 후보에 오르며, 다음과 같은 찬사를 받았다. "그는 기술 혁명을 계속 이끌어 나가는 진정한 공상가다. 해가 거듭될수록, 애플은 우리의 삶의 방식을 만드는 반드시 가져야 할 제품들을 만들어 낸다. 잡스와 애플은 우리를 놀라운 신기술의 세계로 인도하고 있다."[4] 2년 후, 《포춘》은 그가 죽음을 모면하고(잠시 췌장암을 극복하였다), 우리의 세계를 변화시켰다는 공로로 잡스를 "최근 10년의 CEO(CEO of the Decade)"에 선정하였다.[5]

이와는 대조적으로, 한 신문기자이자 소설가는 잡스를 "영리하지만 강한 자의식을 가진 통제하기를 좋아하는 것으로 알려진 성미 급한 사람"으로 묘사하였다. 그는 고집이 세고 오만한 것으로도 유명하다.[6] 그러한 행동은 영감을 주는 리더의 특징이 거의 될 수 없는 것이다.

카리스마는 인식에 근거한다는 조건 하에서, 카리스마 리더십의 중요한 요소는 리더의 특성과 리더가 달성한 결과들에 대해서, 집단 구성원들이 생성하는 귀인(attributions)을 포함한다. 귀인이론(attribution theory)에 따르면, 사람들이, 리더가 비전을 가지는 것과 같이, 특정한 특성을 갖추었다고 판단한다면, 그 리더는 보다 카리스마 있다고 여겨질 가능성이 높아질 것이다. 카리스마의 귀인은 리더에 대한 몰입이나, 자기희생, 높은 성과 등과 같은 다른 사람들의 행동 결과를 이끌기 때문에 중요하다.

귀인과 카리스마에 대한 한 연구는 어떤 사람이 속한 네트워크가 그가 만드는 귀인 영향 하에 있다는 것을 발견하였다. 연구는 경찰 조직 책임자를 평가한 경찰관들과 경영학개론을 강의하는 교수의 카리스마를 평가한 수강생들을 대상으로 이루어졌다. 연구는 연구 참여자들이 그들의 리더나 교수가 카리스마적이라고 생각하는지의 여부에 네트워크 구성원들이 어느 정도 영향을 준다는 점과 카리스마에 대한 인식은 네트워크 내부의 동료 사이에서 매우 비슷하다는 점을 발견하였다.[7] 당신은 어떤가? 당신의 교수의 카리스마에 대한 당신의 인식은 네트워크 구성원들의 의견에 영향을 받는가?

카리스마: 리더, 집단 구성원, 기타 이해관계자 간의 관계

카리스마 리더십의 핵심 차원은, 모든 리더십과 마찬가지로, 그것이 리더와 리더가 이끄는 사람들 사이의 관계나 상호작용을 포함한다는 점이다. 더욱이, 리더십을 받아들이는 사람들은 리더에게 카리스마적인 자질을 부여해야 한다. 존 가드너(John Gardner)는 카리스마가 영감과 비이성적 소통에 대하여 뛰어난 재능을 가진 리더와 구성원들 간의 관계에 적용된다고 생각한다. 동시에 구성원들의 반응은 경외, 숭배, 헌신, 혹은 정서적인 의존 등으로 특징지어진다.[8] 고인이 된 월마트 스토어의 설립자 샘 월튼은 많은 직원들과 이러한 형태의 관계를 가졌다. 월튼의 가장 열렬한 지지자들은 그가 그들의 경력을 맡길 수 있는 탁월한 경영자라고 믿었다.

카리스마 리더는 집단 구성원들과 의도적으로 특정 관계를 구축하기 위하여 인상 관리를 활용한다. 다시 말해서, 리더는 호의적이면서, 성공적인 인상을 창조하고, 그들이 카리스마 리더로서 결정짓는 조직 구성원의 인식에 인지되기 위한 단계를 밟는다.[9] 인상 관리는 이들 리더가 세상에 카리스마적인 얼굴을 보여주는 데 능숙한 배우라는 것을 암시하는 것처럼 보인다. 그러나 진정한 카리스마 리더의 행동과 태도는 화려한 옷을 입거나 말을 잘하는 것과 같은 피상적인 인상 관리 측면을 넘어선다. 예를 들어, 진정한 카리스마 리더는 집단 구성원을 위한 긍정적인 비전을 세우기 위하여 열심히 일할 것이다.

카리스마적, 변혁적 리더들의 주목할 만한 측면은 그들의 영향력이 직속 업무집단과 보고관계를 넘어서 확장된다는 점이다. 예를 들어 특정한 기업 리더의 카리스마에 기초해, 일부 소비자가 기업의 제품을 구매하는 것에 영향을 받고, 일부 공급업체들은 그 기업과의 비즈니스를 원한다는 것이다.[10] 에이본의 멋쟁이 회장인 안드레아 정이 좋은 예이다. 정에 관한 이야기를 비즈니스 잡지에서 보거나 텔레비전에서 그녀의 인터뷰를 본 후, 많은 소비자들이 에이본의 제품을 시험해 보려고 한다.

상당히 카리스마적 리더가 외부 이해관계자들에게 영향을 주는 또 하나의 방식은 리더가 조직의 상징이 되는 것이다. 강력한 인물을 확인하고 싶어 하는 것과 같이, 이해관계자들(또는 추종자)의 욕구를 리더가 충족시킨다면, 이해관계자들은 그 조직과 바람직한 상호작용을 할 것이다. 성공한 엄마의 모습을 확인하고 싶어 하고, 안드레아 정을 멋있다고 여기는 십대 소녀를 상상해 보자. 그녀는 에이본의 충성스러운 고객이 될 수 있다. 또 다른 예로, 어려움을 겪고 있는 자동차 부품 회사의 소유주는 그가 패트리아크 그룹의 직원이 되고 싶어 할 정도로 린 틸턴의 개인적 자질을 존경할 수 있다.

카리스마 리더십은 특정한 조건들 하에서 가능하다. 구성원들이 반드시 리더의 믿음을 공유해야 하고 리더에 대한 무조건적인 수용과 애정을 가져야 한다. 집단 구성원들은 리더에게 기꺼이 복종하여야 하며, 그들은 카리스마 리더의 미션과 그들 스스로의 목표들 모두에 대하여 정서적으로 몰입되어야 한다. 결국, 구성원들은 리더와 일체감을 가지려는 강한 욕구를 가져야만 한다.[11]

카리스마의 효과

카리스마에 대한 연구는 카리스마를 가짐으로써 리더가 생산성을 높이고, 사고를 줄이며, 직무 만족도를 높이는지의 여부와 같이, 카리스마의 효과가 인정을 받을 때 더욱 중요성을 갖는다. 카리스마 영향력의 상당수는 카리스마 리더가 집단 구성원에게 유발하는 긍정적인 영향(감정)에 근거한다. 한 연구팀은 카리스마의 정서적인 요소가 부하들의 분위기와 행복에 어떻게 영향을 미치는지를 조사하기 위하여 소방관과 그들의 리더에 대하여 연구를 실시하였다.

소방관 연구는 리더의 감정이 부하의 행동에 어떻게 영향을 미치는지를 조사하기로 한 대학생들의 사전 실험실 연구 후에 실시되었다. 이 현장 연구는 216명의 소방관과 48명의 지휘관을 포함하였다. 긍정적인 감정과 부정적인 감정(불행)을 비롯한 행복정도를 설문조사를 통해 측정하였다. 리더의 카리스마는 이 장의 후반에 있는 설문조사와 매우 유사한 것으로 측정되었다. 카리스마적인 지휘관의 명령을 받는 소방관들은 카리스마적이지 않은 지휘관의 명령을 받는 것보다 더 행복하다는 결과가 나타났다. 긍정적인 감정과 생각들을 표현하는 카리스마 리더들은 소방관의 긍정적인 감정 상태에 더 강한 영향을 미치는 경향이 있었다. 지휘관의 긍정적인 영향은 또한 소방관 사이의 부정적인 영향을 감소시켜주는 경향을 보였다.

소방관의 범위를 넘어선 이 연구의 결론은 카리스마 리더는 자신의 긍정적인 영향력을 강화시키는 방법으로 부하들에게 정서적으로 접근한다는 것이다. 더불어, 더욱 행복한 리더는 자신의 긍정적인 분위기를 집단 구성원들에게 전파시킨다.[12]

카리스마의 영향을 이해하는 또 하나의 방법은 고위직 리더들이 중요한 목표를 성취하기 위한 조직 구성원을 얻기에 충분한 카리스마를 갖고 있지 못하다고 인식되면 종종 권력과 직위를 잃기도 한다는 것이다. 일례로 모건 스탠리의 전 공동대표이자 후계자였던 조 크루즈를 들 수 있다. 크루즈는 몇 년 전 모기지 사태에서 손실을 입은 투자은행 부문을 관리하였다. 그녀는 손실 후의 유혈 사태로부터 벗어난 것으로 보였다. 그러나 그녀는 자신의 리더십 유형에 대해 많은 동료들의 비판으로 고통 받았다. 동료들은 그녀가 카리스마가 부족하고 사람들에게 편안함을 주지 못한다고 말했다. 크루즈는 어쩌면 모건 스탠리 내부의 정치적 싸움의 희생자가 된 것일 수도 있다.[13] 그러나 당신이 인기가 많다면, 당신이 정치적 희생자가 될 가능성은 더 적다.

방금 보여준 정보는 포부가 큰 카리스마 리더에게 도움이 된다. 직원들이 행복할 수 있도록 카리스마와 긍정적 분위기를 활용하는 것은 가치가 있다. 스트레스가 줄어들어 병가로 인한 작업 시간의 손실을 줄임으로써 생산성이 증가할 수 있다. 또한, 충분한 카리스마가 없으면 고위 리더십 직위를 유지하는 데 어려움을 겪을 수 있다.

4.2 카리스마 리더의 유형

카리스마라는 용어를 일상적으로 사용한다는 것은 그것이 간단하고 쉽게 이해할 수 있는 특성이라는 것을 의미한다. 그러나 앞서 설명하였듯이, 카리스마는 각기 다른 의미와 차원을 가진다. 결론적으로, 카리스마 리더는 사회화된 카리스마, 개인화된 카리스마, 임원(officeholder) 카리스마, 개인적 카리스마, 종교적 카리스마의 다섯 가지의 유형으로 분류될 수 있다.[14]

권력동기의 구분에 따르자면, 일부 카리스마 리더들은 자신의 권력을 다른 사람들의 이득을 위하여 사용한다. **사회화된 카리스마**란 다른 사람의 이익을 위하여 권력의 사용을 제한하는 리더이다. 또한 이러한 유형의 리더는 자신의 가치를 집단 구성원의 가치와 연관 지으려고 한다. 사회화된 카리스마는 집단 구성원들의 욕구를 채워주고 그들에게 지적 자극을 제공하는 목표들을 수립하고 추구한다. 사회화된 카리스마를 따르는 사람들은 자율적이고, 권한을 갖고 있고, 책임감이 있다. 의료 조직에 대하여 실시한 한 연구는 사회화된 카리스마로 여겨지는 리더의 직속 부하가 업무일탈(거짓말, 절도, 부정행위 등)에 관여할 가능성이 적다고 지적했다. 그 이유 중 일부는 사회화된 카리스마가 집단 구성원들에게 긍정적인 가치를 전한다는 점이다.[15]

사회화된 카리스마 직원들에게 미치는 영향은 카리스마 유형에 대해서 더 많은 통찰력을 제공한다. 사회화된 관계에서, 추종자들은 자신이 누군지에 대한 명백한 이해와 가치관을 가지고 있다. 예를 들어, 지구를 보호하기 위해 함께 일하길 원한다는 것과 같이, 카리스마적인 관계는 집단 구성원이라는 틀 내에서 자신의 중요한 가치관을 표현할 수 있는 기회를 제공한다. 사회화된 관계에서, 추종자들은 리더와의 동일시가 아닌, 리더의 메시지로부터 방향 감각과 자기표현을 얻는다.[16] 이러한 상황에서의 사회화된 카리스마의 메시지는 아마도, "우리는 돈을 벌길 원한다. 하지만 동시에 지속 가능한 환경에 기여를 해야 한다."라는 것이 있을 것이다.

카리스마 리더의 두 번째 유형은 **개인화된 카리스마**다. 그러한 사람들은 주로 자신의 이익에만 기여하기 때문에 자신의 권력 사용에 제한을 거의 두지 않는다. 개인화된 카리스마 리더는 자기 잇속만 차리는 목표를 구성원들에게 부여하고, 그들이 자신의 목표에 도움이 될 때에만 구성원들에게 보수와 지원을 제공한다. 개인화된 카리스마의 추종자들은 전형적으로 복종적이고, 순종적이며, 의존적이다. 또한 그들은 리더의 메시지보다 리더 자체와 동일시하며, 압류될 가능성이 높은 큰 주택 보유자에 대한 대출과 같이, 리더가 비윤리적 방법을 사용하더라도 따라갈 수 있다.

카리스마 리더의 또 하나의 유형은 **임원**(officeholder) **카리스마**다. 이 유형의 리더의 경우, 카리스마 리더십은 개인적 특성이라기보다 그가 속한 사무실의 속성에 더 가깝다. 예를 들어, 프록터 앤 갬블(P&G)의 CEO는 상당히 빛이 날 수 있지만, 그가 사무실을 떠나는 순간 그 빛의 대부분은 사라질 것이다. 임원 카리스마는 가치 있는 역할의 차지를 통해 높은 지위를 획득한다.

임원 카리스마와 대조적으로, **개인적 카리스마**는 다른 사람들에게 그들 스스로가 가지고 있는 신념을 통해 매우 높은 존경을 얻는다. 개인적인 카리스마는 올바른 특성, 성격, 행동을 가지고 있기 때문에 직위의 높고 낮음에 상관없이 영향력을 발휘한다. 전 국무장관인 콜린 파웰은 많은 사람들에게 개인적 카리스마를 인정받을 것이다. 미 육군의 최고 장군으로 전역한 뒤, 파웰은 기업의 이사진 제안들과 강연회 요청을 엄청나게 받았다. 그는 결국 조지 부시 행정부의 국무장관으로 임명되었고 부시의 첫 번째 임기 동안 재임하였다. 이후에도 그는 세계무대에서 영향력 있는 인물로 남게 되었다.

역사적으로 중요한 카리스마 리더의 유형은 **종교적 카리스마**다. 본래 카리스마 리더십은 신학적인 개념으로, 종교적 카리스마 리더는 신의 은총으로 재능을 부여받은 사람이었다. 1924년, 막스 베버(Max Weber)는 신비롭고, 자기도취적이며, 사람들을 위기에서 인도하기 위하여 나타난 매우 매력적인 구원자로 카리스마 리더를 정의하였다. 노트르담(Norte Dame)과 샌프란시스코 포티나이너스(San Francisco 49ers)의 조 몬타나는 수백만 명의 사람들에게 최고의 쿼터백으로, 그는 따뜻하고 매력적인 성품을 가졌다. 그의 풋볼에서의 전문가적인 영향력과 한 사람으로서의 지시력(referent power)의 조합은 풋볼 은퇴 후에 조 몬타나 레시피의 사업 성공으로 이어졌다.

유명인(celebrity) **카리스마**는 정치와 연예계를 비롯한 조직 생활에서 발견할 수 있다. 이러한 유형의 카리스마적인 사람들은 사회화된 카리스마나 개인적 카리스마와 같은 다른 유형들과 겹칠 수도 있다. 전 HP CEO이자 미국 상원의원 후보였던 칼리 피오리나는 많은 사람들에게 유명인 카리스마를 가진 것으로 평가 받았다. 그녀는 종종 HP의 내부 운영에 신경을 쓰기보다 개인적 명성에 더 많은 관심을 둔다고 비난 받았다. 다음에 높은 카리스마를 지닌 재무 경영자 멜로디 홉슨에 관한 글을 읽게 될 것이다. 그녀가 텔레비전 쇼에 출연한 뒤로, 그녀 기업의 뮤츄얼 펀드에 대한 문의가 늘어났다.

4.3 카리스마 리더의 특징

카리스마 리더의 두드러진 특징은 그들이 카리스마적이며, 따라서 그들은 다른 사람들을 이끌거나, 끌어들일 수 있고, 동기부여를 할 수 있다는 점이다. 또한, 그들은 다른 구분되는 특징들을 가지고 있다. 카리스마는 변혁적 리더십의 핵심 구성 요소이기 때문에, 이러한 특징들의 많은 부분들 역시 변혁적 리더에게 적용된다. **변혁적 리더**(transformational leader)는 조직에 긍정적이고 중대한 변화들을 가져오는 사람이다. 그러나 많은 카리스마 리더들이 변혁적인 것만은 아니다. 그들이 영감을 부여하는 사람일지라도, 중대한 조직 변화를 일으키지 못할 수도 있다. 카리스마 리더들의 특징에서 살펴보았듯,[17] 이러한 특징의 상당수가 보통 리더들에게 적용된다는 점에 주목하게 될 것이다.

우선, 카리스마 리더들은 조직이 지향하는 목표와 그 목표에 도달할 방법에 대한 흥미로운 이미지를 제공하는 비전을 제시한다. 비전(vision)은 예측보다 조금 더 나아간 것이다. 이것은 전체 조직이나 조직단위의 이상적인 미래의 모습을 묘사한다. 다음 절에서는 비전을 개발하는 방법에 대한 지침을 포함하여, 리더십의 비전에 대한 추가적인 정보를 제공할 것이다. 또한, 사업 전략의 리더십 측면을 논의하는 14장 역시 비전 수립에 대한 정보를 포함하고 있다. 카리스마 리더는 또한 **능숙한 소통 기술**을 가지고 있다. 사람들에게 영감을 주기 위하여, 카리스마 리더는 화려한 표현과 자극적인 비유 및 유추를 사용한다(카리스마 리더의 소통 기술에 대한 더 많은 정보는 이 장 후반에 소개되어 있다). 또 하나의 핵심 특징은 **신뢰감을 주는 능력**이다. 구성원들은 카리스마 리더의 진정성에 대한 강한 믿음이 있기 때문에 그들은 경력 상의 위험을 무릅쓰고 리더의 비전을 추구할 것이다. 또한 카리스마 리더들은 **집단 구성원들이 유능하다는 느낌을 받을 수 있게 할 수 있다**. 종종 그들은 상대적으로 쉬운 프로젝트에서 집단 구성원들이 성공하게 함으로써 이런 일을 한다. 그 다음에 그들은 집단 구성원들을 칭찬하고 그들에게 더 힘든 업무를 부여한다.

카리스마적인 사람들은 다른 사람들의 감정을 읽는 능력(감성 지능의 부분)을 바탕으로, 사회적인 상황에서 대체로 요령 있게 행동한다. 흔하게 사용되는 얘기인, "네 고통을 알고 있어."처럼, 감정을 읽는 것은 사람들과 관계를 가지는 능력이다. 예를 들어, 경기가 매우 좋지 않을 때, 기업의 리더는 이렇게 말할 수 있을 것이다. "당신이 직장을 잃을까봐 걱정하는 것을 잘 알고 있습니다. 당신과 한 팀으로 일하면서, 우리는 해고를 피하기 위해 노력할 것입니다."

덧붙여, 카리스마 리더들은 **에너지 및 행동 지향성**을 보여준다. 기업가들처럼, 대부분의 카리스마 리더들은 정력적이고 업무가 제시간에 이루어지도록 모범을 보인다. **감정 표현력과 온화함** 역시 주목할 만한 특징이다. 한 은행의 부사장은 상당수 카리스마적인 사람들의 자질은 다음과 같이 매우 간단하게 설명될 수 있다고 주장한다. "나는 긍정적인 기분을 표현하는 데 솔직합니다. 사람들을 칭찬하고, 그들을 안아주며, 필요하다면 환호도 해줍니다. 나는 또한 부정적인 감정도 표현하지만, 훨씬 더 작게 표현합니다." 따뜻한 몸짓과 가끔 집단 구성원들과의 신체적 접촉(성적인 의미가 아닌)과 같은 비언어적인 감정의 표현들 역시 카리스마 리더의 특징이다.

GE의 인더스트리얼 솔루션 부서의 CEO인 루이스 마뉴엘 라미레즈는 감정 표현력과 온화함을 행동 지향성과 결합한 카리스마적인 비즈니스 경영자의 한 예이다. 한 관찰자에 따르면, 그는 "GE의 새로운 WATT 전기자동차 충전기들 중 하나처럼 에너지를 발산한다. 그의 손은 끊임없이 움직인다. 공중을 가르며 오케스트라를 지휘하듯이 움직이다가도, 무엇인가 강조하기 위하여 대담자의 손목을 부드럽게 잡기 위해 손을 뻗어 온다."

감정 표현 외에도 다양한 글로벌 환경에 적응하는 라미레즈의 능력이 또한 그의 카리스마를 향상시킨다. 다음은 라미레즈의 설명이다.

> "중동 사람들이 내 얼굴을 볼 때, 그들은 내가 중동 사람이라고 생각한다. 인도에서는, 그들이 내가 인도 사람이라고 생각한다. 유럽에서는, 아마도 내가 남부 스페인에서 태어났다고 생각할 것이다. 사람들이 내가 전형적인 영국계 미국인이 아니라고 보고, 내가 어디 출신인지 묻는다. 이것은 어색함을 누그러뜨리기 위한 행동과 비슷하다."[18]

감정 표현력은 카리스마를 갖는 데 그리고 카리스마적이 되는 데 있어 중요한 부분이기 때문에, [리더십 자기 평가 퀴즈 4-1]을 해보기 바란다. 당신이 카리스마 매력을 개발하는 실질적인 방법에 대해 생각하는 데 도움이 될 것이다.

카리스마 리더의 또 다른 특징은 그들이 **위험을 미화한다는** 점이다. 그들은 위험이 없으면 공허함을 느낄 정도로 위험을 매우 많이 즐긴다. 넷스케이프의 전

리더십 자기 평가 퀴즈 4-1

감정 표현력의 척도

방법 다음의 각 항목들이 당신을 얼마나 잘 설명하는지 가장 적절한 답에 동그라미를 표시한다.
전혀 그렇지 않다(VI) 그렇지 않은 편이다(I) 그저 그렇다(N) 그런 편이다(A) 매우 그렇다(VA)

	VI	I	N	A	VA
1. 영화를 보는 동안 가끔 소리 내어 웃거나 동조한다.	①	②	③	④	⑤
2. 그룹 회의를 하는 동안 가끔씩 "그래." 나 "대단하다."와 같은 말로 소리 내어 찬성했었다.	①	②	③	④	⑤
3. 그룹 회의를 하는 동안 나는 가끔씩 "절대 안 돼."나 "끔찍하다." 같은 말을 외치면서 반대를 표시했었다.	①	②	③	④	⑤
4. 회의에 참석하는 동안 "지루해 보인다."라는 말을 몇 번 들은 적이 있다.	⑤	④	③	②	①
5. 사교 모임에 참석하는 동안 "지루해 보인다."라는 말을 몇 번 들은 적이 있다.	⑤	④	③	②	①
6. 사교 모임이나 비즈니스 회의에서, "잠이 오십니까?"라는 말을 많이 들었었다.	⑤	④	③	②	①
7. 내 부탁을 들어 주었을 때, 크게 사의를 표한다.	①	②	③	④	⑤
8. 결혼식, 졸업식, 약혼식 등의 행사에서 우는 것이 드문 일은 아니다.	①	②	③	④	⑤
9. 비행기 추락 같은 사건들에 대해 읽거나 보면서 눈물을 흘린다.	①	②	③	④	⑤
10. 어렸을 때, 몸싸움이나 말싸움에 필요 이상으로 끼어들었었다.	①	②	③	④	⑤
11. 동료에게 화를 내야 할까 봐 두렵다.	⑤	④	③	②	①
12. 친구들 사이에서 한 번 이상 울었던 적이 있다.	①	②	③	④	⑤
13. 다른 사람들이 내가 다정하다고 말했었다.	①	②	③	④	⑤
14. 다른 사람들이 내가 냉정하고 냉담하다고 말했었다.	⑤	④	③	②	①
15. 나는 운동 경기를 보면 너무나 흥분해서 다음날 목소리가 쉰다.	①	②	③	④	⑤
16. 다른 사람에게 애정을 표현하는 것이 어렵다.	⑤	④	③	②	①
17. 혼자일 때조차, 나는 가끔 기쁨이나 고통으로 소리를 지른다.	①	②	③	④	⑤
18. 많은 사람들이 내 미소에 대하여 칭찬했었다.	①	②	③	④	⑤
19. 나를 잘 아는 사람들은 내 얼굴 표정을 보고 내 감정을 쉽게 얘기할 수 있다.	①	②	③	④	⑤
20. 한 번 이상, 사람들은 "당신을 어떻게 파악해야 할지 모르겠다."라고 말했었다.	⑤	④	③	②	①

채점 및 해석 당신이 고른 숫자들을 더하고, 카리스마적이고 역동적인 측면에서 당신의 감정 수준에 대한 지침으로서 다음을 활용한다.

- 90~100점 당신의 감정 수준은 당신의 카리스마를 방해할 수도 있다. 많은 사람들이 당신의 행동을 통제 불능이라고 해석한다.
- 70~89점 당신의 감정 수준은 카리스마적인 개인으로서 적절하다. 당신은 감정적으로 표현을 하지만, 당신의 감정적 표현 수준은 성가실 정도로 심하지 않다.
- 20~69점 당신의 감정 수준은 아마도 당신의 카리스마를 향상시키기에 너무 낮을 것이다. 더욱 카리스마적이고 역동적으로 되기 위하여, 당신은 감정 표현을 더 열심히 해야 한다.

만약 감정 표현력이 당신의 범위 또는 성향을 벗어난 특성이자 행동이라고 생각한다면, 카리스마와 관련된 다른 특성과 행동을 개발하는 것에 노력을 기울인다. 예컨대 당신은 비전과 위험 감수를 개발하는 데 노력할 수 있다.

CEO이자 현재 온라인 창업 기업들의 벤처 투자자인 짐 박스데일은 실패의 두려움이 당신의 심장박동을 빠르게 한다고 말한다. 엄청난 기회주의자로서, 카리스마가 넘치는 사람들은 다른 사람이 이전에 한 적이 없는 활동을 성취하기를 열망한다. 다른 사람들은 그러한 용기를 존경하기 때문에 위험 감수가 그 사람의 카리스마를 가중시킨다. 위험을 소중히 하는 것과 더불어, 카리스마 리더는 성공을 이루기 위해 **독특한 전략**을 활용한다. 카리스마 리더는 중요한 목표들을 달성하기 위해 일반적이지 않은 전략들을 수립함으로써 다른 사람들에게 영감을 준다. 전 세계적인 화장품 체인 더 바디샵의 작고한 설립자 애니타 로딕은 자신의 목표를 색다르게 달성하였다. 그녀는 제조 과정에서 환경이나 동물에게 무해한 천연 화장품 재료를 찾기 위하여 전 세계의 원주민 마을을 돌아다녔다.

카리스마 리더들은 종종 **자기 홍보적**(self promoting) 특성을 가진다. 그들은 흔히 자기 자랑을 하고 다른 사람들이 그들이 얼마나 중요한 존재인지 알도록 한다. 버진 그룹의 화려한 회장인 리처드 브랜슨은 버진 상표를 가진 약 200개 기업들의 집합체인 그의 제국을 건설하는 데 자기 홍보를 이용해 왔다. 그의 별난 행동들 중에는 열기구를 타고 세계 일주를 하고 뉴욕시 빌딩에 부착된 은색 공에서 미끄러져 내려가는 것이 있었다. 또한, 그는 버진아일랜드에 있는 자신의 개인 섬에서 온라인으로 많은 비즈니스를 한다.

많은 카리스마 리더들에게서 발견되는 또 다른 특징은 그들이 도전적이고, 재촉을 잘하며, 참견을 한다는 것이다. 그들은 "당신 직원들은 정말로 당신을 필요로 합니까?"와 같은 질문을 던져 당신의 용기와 자신감을 시험한다. 도널드 트럼프는 정기적으로 그의 건축업자들에게 왜 더 낮은 비용으로 빌딩의 일부를 더 좋아 보이게 짓지 못하냐고 묻는다.

더욱 카리스마적으로 되기 위한 마지막 전략은 이미 소개된 개념들을 실제로 결합하는 것이다. 유의미하고 긍정적인 방식으로 **인상적이고 독특한 존재**가 되는 것은 카리스마에 있어 중요한 기여 요소이다. 이 자질은 정력, 자기 홍보, 위험의 미화, 감정 표현력 등과 같은 요소의 결합에서 기인한 것이다. 리더십 학자인 워런 베니스(Warren G. Bennis)는 위대한 리더, 특히 공인으로서의 리더는 위대한 배우라고 주장한다. 효율적인 리더는 사람들에게 그들의 정신을 고양시킬 비전을 납득시킨다.[19] 앞서 언급한 리처드 브랜슨은 세계에서 가장 인상적이고 독특한 비즈니스 경영자 중 한 명이다. 그는 가수 윌리 넬슨 팬클럽 티셔츠를 입고 콘서트에 나타나기도 하고, 민간 항공사, 이동 통신, 소다, 보드카, 우주여행 등의 다양한 시장에 뛰어들기도 한다.[20]

4.4 카리스마 리더십의 비전 요소

리더십과 경영에서 가장 유행하는 단어는 색다르고 더 나은 미래의 상황을 상상하는 능력과 그것을 이루기 위한 방법인 **비전**이다. 비전은 고결하고 장기적인 목표다. 효율적인 리더는 비전을 가져야 하지만, 비효율적인 리더는 비전이 부족하거나 불분명하다. 비전을 가진다는 것은 일반적인 업무와 큰 차이가 있으며, 신경과학 분야의 최근 연구는 비전을 가진 리더가 다른 사람들과 다르게 뇌를 사용한다고 말한다.

피에르 발다자드(Pierre Balthazard)는 애리조나주립대에서 실시한 연구에서 참여자들에게 미래에 대하여 생각할 것을 주문했다. 두뇌 활동은 EEG기술을 이용하여 측정되었다. 두뇌 활동의 수준이 선지자로 여겨지는 참여자와 그렇지 않은 참여자 간에 유의미하게 차이가 있었다는 점이 핵심적인 결과였다. 비즈니스, 학문, 정치 분야의 어떤 리더를 "선지자"로 분류하는 것은 인터뷰를 통한 관찰에 근거하였다. 선지자는 시각화 과정 및 정보의 조직화와 관련된 두뇌 영역에서 훨씬 더 높은 수준의 두뇌 활동을 나타냈다. 예를 들어, 선지자들은 시각화 과정과 절차 기억(procedural memory)에 관련된 후두엽에서 더 높은 활동을 보여주었다.[21]

많은 사람들이 **비전**과 **미션**이라는 용어를 혼용하여 사용하지만, 경영학 이론가들은 그 둘을 다른 것으로 본다. 조직 변화 전문가인 피터 센게(Peter M. Senge)에 따르면, 미션은 목적이고 존재의 이유인 반면, 비전은 만들고자 하는 미래의 모습이나 이미지이다.[22] 고객들과 소규모 사업체에게 사설 창고를 대여하는 회사의 미션은 "책임 있는 사람들의 생활 및 업무 공간을 넓힌다."가 될 것이며, 그 회사의 비전은 "더 편하고, 덜 갑갑한 10년 후의 세상을 창조한다."가 될 것이다.

비전을 세우는 것은 최고 경영진의 주요 업무 중 하나지만, 때로 비전 선언문은 구성원들에게 영감을 주는 데 실패한다. 짐 콜린스(Jim Collins)에 따르면, 비전 선언문은, 다음 세 가지의 요소들을 결합할 때 더욱 영감을 줄 가능성이 높다.

1. 돈을 버는 것 이상의 것에 대한 이유
2. 영원불변의 핵심 가치관
3. 야심적이면서도 달성 가능한 목표

그러고 나서 가치관을 행동으로 실천하는 메커니즘을 수립해야 한다.[23] 예를 들어, 구글에서는 기술자들이 자신이 열정을 느끼는 것에 대한 프로젝트를 자유롭게 추진할 수 있는 "20%의 시간"을 갖는다.[24] 이러한 정책은 '세계 최고의 혁신가 되기'라는 기업의 비전을 뒷받침한다. 비전은 전략 실행의 중요한 일부분으로 여겨진다. 리더가 비전을 세우고, 관리자가 실행한다는 의견이 있지만, 비전을 실행하는 것(또는 비전이 실행되도록 하는 것)이 리더 역할의 일부라는 것은 사실이다.

비전 선언문은 일반적으로 조직 전체와 연관되지만, 단위 조직을 책임지는 리더나 관리자는 성취를 위한 시도에 대한 비전을 가질 수 있다. 그 예가 스마트그리드 시스코의 수석 부사장이자 총괄 본부장인 라울라 입센이다. 그녀의 큰 아이디어(비전)는 21세기 에너지 생태계를 만드는 것이고, 1,000억 달러의 시장 규모가 될 것이라고 예상되는 스마트 그리드 시장에서 큰 몫을 차지하는 것이다.[25]

비전이 점점 인기를 얻게 되면서 몇몇 회사들은 손지갑만한 크기의 카드, 열쇠고리, 머그컵 등에 비전을 새겼다. 이것은 비전을 티셔츠에 새기는 것보다 효과적이라고 한다. 다음은 비전 선언문의 몇 가지 예다.

구글 항상 거의 모든 정보가 모두에게 접근가능하게 만든다.

마이크로소프트 단어를 통하여 사람들이 자신의 잠재력을 깨닫게 한다.

알코아 알코아에서, 우리의 비전은 우리의 고객들과, 주주들과, 사회와, 사람들의 시각에서 세계 최고의 회사가 되는 것이다. 우리는 알코아의 가치를 항상 상기함으로써 우리가 제공해야 하는 최고를 기대하고 요구한다.

블랙스톤 탁월한 세계적인 부동산 기업이 된다.

에스티로더 우리가 영향을 미치는 모두에게 최고를 제공한다.

크래프트 푸드 전 세계의 사람들이 더 잘 먹고 더 잘 살도록 돕는다.

많은 비전 선언문들이 15분 만에 만들어질 수 있는 것처럼 보이지만, 매니저들은 준비하는 데 상당한 시간을 투자하고 종종 많은 데이터들을 활용한다. 비전을 세우기 위하여 다음에 소개된 출처들에서 필요한 만큼 최대한 정보를 확보하도록 한다.[26]

- 당신 분야의 발전에 대한 자신만의 직감, 당신이 종사하는 시장, 지역 인구 동향, 그리고 구성원들의 선호도. 최고의 산업 표준이 무엇인지 생각한다.
- 미래학자들의(미래에 대해 예측을 하는 전문가들) 연구. 이것은 당신의 업무 유형과 관련이 있다.
- 당신의 집단이 상대하는 사람들을 기쁘게 하기 위해 무엇이 필요한가에 대한 집단 토론.

리더십 스킬 구축 연습 4-1

비전 수립하기

당신의 동료와 함께, 새로운 활력이 필요한 조직이나 단위 조직의 최고 경영진의 역할을 맡는다. 당신의 활성화 임무는 조직의 비전을 세우는 것이다. 본문에 설명된 비전 개발을 위한 지침을 활용하여, 25개의 단어 이내로 비전을 표현한다. 비전이 필요한 조직이나 큰 단위 조직에 대해 빠르게 합의를 한다. 또는 다음 중에서 한 가지를 고른다.

- 전기 자동차 제조업체
- 유료 온라인 음악 배급업체
- 쓰레기 처리 회사
- 주택 개조 및 철물 매장 체인점
- 최소 25,000달러 짜리 시계 제조업체

- 다른 사람이 만든 비전 선언문의 유형을 파악하기 위한 연간 보고서들, 경영 관련 서적, 비즈니스 잡지.
- 집단 구성원들과 친구들의 미래에 대한 희망과 꿈에 대해 알기 위해 개별적으로 그리고 전체적으로 이야기한다.
- 단위 조직의 비전을 위하여, 전제 조직의 비전을 지지한다. 당신 부서의 비전을 조직의 비전과 맞추는 것에 대해 몇 가지 아이디어를 얻을 수 있을 것이다.

[리더십 스킬 구축 연습 4-1]은 비전 형성을 연습할 수 있는 기회를 제공한다. 한 비전 선언문 비평가가 종종 비전과 망상 간의 차이점을 구별하는 것이 어렵다고 말했다는 것을 명심한다.

4.5 카리스마 리더의 소통 유형

카리스마적이고 변혁적인 리더는 일반적으로 자신의 비전, 목표, 명령을 다채롭고, 창의적이며, 풍부한 표현 방법으로 전달한다. 게다가, 그들은 집단 구성원들과 솔직하게 소통하고 편안한 대화 분위기를 조성한다. 구성원들의 흥미를 대변하는 안건을 설정하기 위하여, 카리스마 리더는 정기적으로 중요한 문제에 대한 구성원들의 견해를 요청한다. 그들은 계속해서 자신감을 북돋아 주면서 구성원들과 쌍방향 소통을 장려한다.[27] 여기서는 카리스마 리더의 소통 유형에 관한 세 가지 관련 측면인 영감에 의한 관리, 스토리텔링에 의한 관리, 소셜 네트워크를 통한 소통을 설명한다.

영감을 통한 관리

제이 콘저(Jay A. Conger)에 따르면, 명령에 의한 관리의 시대는 영감에 의한 관리의 시대로 대체되고 있다. 다른 사람들에게 영감을 주는 중요한 방법은 매우 감성적인 메시지를 정확하게 설명하는 것이다. CEO가 자신의 최고 경영진에게 다음과 같이 설명하는 것을 예로 들 수 있다. "요즘 우리가 하고 있는 일을 계속 한다면, 우리는 12개월 내에 파산할 것입니다." 콘저는 영감을 주는 리더의 두 가지 중요한 수사적 기법인 은유와 비유의 활용, 그리고 다양한 청중들에게 적합한 언어 조율 능력을 주시했다.[28]

은유와 비유 사용하기 잘 선택된 비유나 은유는 지적 능력, 상상력, 가치관에 호소한다. 화장품 기업 매리 케이의 설립자인 카리스마적인 매리 케이(지금은 고인이 됨)는 일을 하는 동안 자주 은유를 사용하였다. 동료들에게 더 높은 성과를 달성하도록 격려하기 위해, 그녀는 종종 이렇게 말했다. "보시다시피, 벌은 날지 못했어야 합니다. 벌의 몸은 날개에 비해 너무 무겁습니다. 하지만 호박벌은 그 사실을 알지 못하며 잘 날아 다닙니다." 매리 케이는 호박벌 은유의 메시지를 이러한 방식으로 설명하였다. "우리를 찾아오는 여성들은 자신이 날 수 있다는 사실을 모릅니다. 결국, 도움과 격려를 통해 그들은 자신의 날개를 찾고, 정말 잘 날 수 있게 됩니다."[29]

다양한 청중들에게 적합한 언어 조율하기 은유와 비유는 영감을 주는 것이지만, 효율적인 리더는 또한 자신의 청중들에게 적합한 언어 수준을 선택하여야 한다. 구성원들의 언어 소양은 매우 다양하기 때문에 이러한 선택은 중요하다. 예컨대, CEO가 어느 날은 월스트리트 재무 분석가 그룹을 격려할 수 있고, 그 다음날에는 제한된 연봉 인상률에도 불구하고 열심히 일을 하도록 신입 사원들에게 격려를 줄지도 모른다.

일상적인 대화체 수준으로 말하는 경영자의 능력은 매력을 발산하는 데 도움이 된다. 임원이라는 높은 지위를 가진 사람은 고상한 언어 유형을 사용할 것이라고 예상한다. 그러나 생산직 직원들의 일상어를 사용할 때, 예상외의 특별한 긍정적인 반응을 이끌어 낼 수도 있다. 도날드 트럼프가 건설 노동자와 상인들에게 많은 인기를 얻는 많은 이유들 중 하나는 그가 종종 그들에게 익숙한 거친 언어로 이야기한다는 점이다.

스토리텔링을 통한 관리

카리스마적이고 변혁적인 리더들의 소통 유형에서 또 다른 중요한 측면은 그들이 메시지를 전달하기 위하여 기억에 남는 이야기들을 폭넓게 사용한다는 점이다. **스토리텔링에 의한 관리**는 대단히 흥미로운 이야기를 함으로써 구성원들에게 영감을 주고 지시를 하는 기법이다. 이 기법은 강력한 기업 문화를 형성하는 데 크게 기여한다. 스토리텔링은 또한 조직 변화의 필요성을 이끌어 내는 데 도움이 된다. 세계은행(WB)의 전 매니저였던 스티븐 데닝은 핵심 전략으로 지식 공유를 채택하도록 은행의 리더들을 설득하는 데 스토리텔링이 어떤 도움을 주었는지 설명한다.

> 1995년 여름, 잠비아에 있는 작은 마을의 건강한 노동자는 질병통제예방센터 웹사이트에 가서 말라리아 치료법에 대한 문제의 답을 얻었습니다. 잠비아는 세계에서 가장 가난한 국가들 중 하나이며, 이 마을은 수도로부터 375마일이나 떨어져 있었습니다. 그러나 적어도 우리에게 있어, 이 이야기 중의 가장 눈에 띄는 요소는 세계은행이 가난에 대한 노하우를 갖고 있음에도 불구하고, 거기에 없었다는 것입니다. 세계은행이 거기에 있었다면 어땠을지 상상해 보시기 바랍니다. 어떤 조직이 될 수 있었을지 생각해 보세요.

이 간단한 이야기는 세계은행의 직원들과 매니저들이 다른 미래를 상상하고 궁극적으로 지식 경영에서 세계적인 리더가 될 것을 촉구하였다(직접적인 증거는 없지만, 데닝은 카리스마를 가진 인물로 보인다).[30]

리더십 도구로서의 스토리텔링은 일부 기업이 경영진들로 하여금 그 기술을 개발할 수 있도록 기업 스토리텔링 컨설턴트를 고용할 정도로 중요성이 높아지고 있다. 스토리텔링은 사람들이 변화를 받아들이도록 하는 유용한 도구로서 간주되고 있는데, 이는 잘 만들어진 이야기가 사람들의 관심을 사로잡기 때문이다.

스토리텔링에 의한 관리 기술 개발을 시작하기 위해 [리더십 스킬 구축 연습 4-2]를 하도록 한다.

소셜 네트워킹의 광범위한 활용

대인 관계 소통을 원활하게 하기 위해, 카리스마 리더는 대면 상호작용과 소셜 미디어 사이트 모두를 소셜 네트워크로 광범위하게 사용한다. 네트워크의 구성원들은 기본적으로 일종의 관계가 있는 리더와 접촉을 한다. 거의 대부분의 관리자

리더십 스킬 구축 연습 4-2

스토리텔링을 통한 카리스마 리더십

방법 전/현직 고용주에게 실제로 발생하였거나, 발생했을 만한 무언가에 대한 영감을 주는 일화를 개발하기 위해 소규모 문제해결 집단으로 모인다. 기업의 중요한 가치를 분명히 보여주는 시나리오를 찾는다. 예를 들어, 큰 국제은행의 CEO는 휴가 중에 제대로 작동하지 않는 회사 ATM을 발견하였다. 그는 즉시 문제를 조사하고 어떠한 조치를 취할 수 있는지 알아보기 위해 은행 지점으로 들어갔다.

당신의 이야기를 다른 학생들과 공유하고, 이 훈련이 리더십 개발에 도움이 되는지 논의하도록 한다.

와 전문가들 또한 소셜 네트워킹에 의존한다. 그러나 카리스마 리더는 특히 자신의 목적 달성을 위한 소셜 네트워킹의 타당성을 인식하고 있다.

1. **대면 네트워크** 카리스마 리더는 구성원과의 효율적인 관계를 형성하기 위한 대면 상호작용의 중요성을 알고 있다. 따라서 카리스마 리더는 다음과 같은 활동에 시간을 투자할 가능성이 높다. 집단 구성원들과 점심 식사하기, 집단 구성원들의 사무실이나 공간 방문하기, 주차장이나 카페테리아에서 직원들과 대화하기, 잠시 동안 대화를 위해 휴게실 방문하기, 그리고 회사 사교 모임에 가능한 많이 참석하기.

   관계형성과 목표달성을 위한 내부 네트워크들의 중요성을 인지하는 일부 대기업은 공식적인 네트워크 집단을 만든다. 한 예로, 전 세계적으로 40,000명의 활동 회원을 가진 GE여성네트워크가 있다. 리더십, 승진, 경력 확대 기회에 초점을 맞춘 GE네트워크는 여성이 회사 총수익의 20%까지 차지하는 기업이 되는 데 도움을 주었다. GE 외부에서 여성들이 일부 중요한 네트워크 행사에 초대되며, 이를 통해 GE의 여성들은 자신의 외부 그리고 내부 네트워크를 강화할 수 있었다. 또한 회사 외부인들은 더 나은 업무 관계와 더 많은 판매를 이끌어내는 GE 여성들과 유대 관계를 발전시킬 수 있는 핵심 고객들이다.[31]

2. **소셜 네트워크 사이트** 카리스마 리더는 페이스북, 트위터, 링크드인 같은 대중 소셜 네트워킹 사이트와 회사의 특별한 소셜 미디어 사이트의 일상적인 사용 범위를 넘어선다. 이러한 웹사이트들의 일반적인 사용은 현황보고서 게시하기, 마감 일자 보여주기, 질문하기, 그리고 아마도 사소한 개인 정보 게시하기가 될 수 있다. 소셜 네트워크 사이트를 더욱 카리스마적으로 사용하는 것

은 영감을 주고, 동기를 부여하며, 집단 구성원들이 그들 스스로와 조직 모두에 대해 좋은 기분을 갖도록 하는 메시지를 게시하는 것이 될 것이다. 카리스마를 투영할 수 있는 메시지의 몇 가지 예는 다음과 같다.

- 오늘 아침 회의에서 당신이 말한 비용 절감 제안이 마음에 듭니다. 내 생각에 그것은 효율적인 비용 절감을 이끌어낼 것입니다.
- 전문 사무 관리자(professional office administrator) 자격을 획득한 것을 축하합니다. 우리 회사는 이러한 전문성을 더욱 많이 이용할 수 있겠군요.
- 15살 고양이 타부의 죽음에 애도를 표합니다. 그래도 오랫동안 당신의 사랑과 애정을 받아서 행복할거예요(카리스마 리더는 종종 공감을 표현한다).

유튜브나 훌루(Hulu)에 카리스마적인 메시지를 보내는 리더의 관행은 소셜 네트워크 사이트를 통한 소통과 관련되어 있다. 이러한 인기 있는 영상 사이트들의 활용은 아직 상대적으로 드물기 때문에, 이것은 인상적인 접근이다. 취리히 파이낸셜 서비스의 최고 경영자 제임스 시로는 모든 직원들이 볼 수 있도록 정기적으로 유튜브에 약 1분 30초 가량의 영상을 게시한다. 시로는 그 비디오가 "전략을 분명히 설명하고, 그들에게 우리가 어디로 향하는지, 그들이 무엇을 했으면 하는지, 그리고 조직의 좋은 점과 나쁜 점에 대해 내가 듣고 있는 것을 그들에게 말하기에 충분하다."고 말한다.[32]

카리스마의 투영을 위해 네트워크 사이트를 긍정적으로 사용할 수 있지만, 리더는 신제품 또는 새로운 서비스에 대한 아이디어, 또는 회사가 직면할 수 있는 법적인 문제와 같은 민감한 정보를 게시하지 않도록 조심해야 한다.

[행동하는 리더]는 다양한 청중에 대한 커뮤니케이션을 강조하는 카리스마 리더를 보여주고 있다.

4.6 카리스마 개발

카리스마가 있는 사람들의 몇 가지 특성, 특징, 행동을 개발함으로써 카리스마를 향상시킬 수 있다. 이 장의 서두에서 설명한 몇몇 카리스마적 특성들은 개발 가능한 것들이다. 예를 들어, 대부분의 사람들은 자신의 소통기술을 향상시키고, 더욱 풍부한 감정 표현력을 가질 수 있으며, 더 많은 위험들을 감수하고, 자기 자신을 더 홍보할 수 있다. 이 절에서는 실천과 자기 수양을 통해 개발될 수 있는 카리스마적인 사람들의 몇 가지 행동들을 검토할 것이다.

행동하는 리더

멜로드 홉슨의 공식적인 직함은 시카고에 위치한 대형 뮤추얼 펀드 기업인 아리엘 캐피탈매니지먼트의 회장이다. 회장으로서 홉슨의 주된 책무는 전략 수립을 포함하여, 기업을 관리하는 것이다. 그녀는 프린스턴대학에서 국제관계학과 공공정책학 학위를 받고 1991년 졸업 후 회사에 입사했다.

홉슨은 기업의 친선대사로서 더 유명하며, 아프리카계 미국인 공동체의 구성원들이 뮤추얼 펀드에 투자하도록 권장하는 리더로 알려졌다. 홉슨은 경제 분야에 대한 지식과 금융 교육에서 전국적으로 인정받는 권위자가 되었다. 다음과 같이 말한 그녀의 말이 잡지에 인용되었다. "나의 꿈은 편안하게 은퇴하여, 해변에서 목욕 가운을 입고 있는 흑인 할머니를 보는 것입니다. 나의 꿈은 그 해변이 그들의 선택사항이 되는 것입니다."

그녀는 정기적으로 《굿모닝 아메리카》에 기고를 하고 있으며, 수많은 강연을 한다. 홉슨은 유명한 사업가, 정치인, 배우, 운동선수들과 전문적으로 매우 좋은 관계를 맺고 있다. 그들 덕분에 그녀가 산업, 민족, 인종, 계층 전반에서 원활하게 움직일 수 있기에, 홉슨은 상당한 시간과 노력을 이러한 관계를 형성하는 데 투자한다. 그녀의 네트워크의 많은 유명인사들 중에는, 아리엘의 설립자 존 로저스 주니어, 《굿모닝 아메리카》의 다이앤 소이어, 에스티로더의 윌리엄 로더, 미국 대통령 버락 오바마가 있다.

2008년 금융 위기 때 그녀가 팔로워들에게 전달하려고 했던 핵심적인 교훈은 당황하지 말고, 대신에 반대 의견을 가진 투자자들에 대해 장기적 안목으로 접근하라는 것이었다. 그녀는 투자가들에게 로렌스 곤잘레스(Laurence Gonzales)가 쓴 『생존(Deep Survival)』에서 중요한 교훈을 배울 수 있을 것이라고 말했다. "당신이 당신의 삶을 위하여 싸울 때, 당신은 적당히 움켜쥐고 언제든지 버릴 수 있는 계획을 고수해야 한다." 더불어 중요한 것은, "융통성 없는 사람은 위험한 사람이다."라는 것이다. 아리엘은 인내와 부의 축적을 위한 완만한 접근법을 상징하는 거북이를 기업의 로고로 선정하였다. 홉슨은 자신의 사무실을 거북이 그림과 모형으로 대대적으로 꾸며 놓았다.

홉슨의 대중적인 모습의 일부는 반짝이는 보석들과 밝은 색깔의 하이힐들을 포함한 화려한 패션의 옷차림이다. 그녀는 따뜻한 미소를 풍기며 긍정적이고 행복한 모습을 표출하고 좋은 몸 상태를 유지한다.

질문

1. 이 이야기에서 홉슨이 카리스마적이라는 것을 나타내는 증거는 무엇인가?
2. 홉슨이 비전을 가졌다고 볼 수 있는 증거는 무엇인가?
3. 홉슨의 유명인사의 지위가 아리엘에서의 그녀의 관리 책임과 어떤 식으로 갈등을 야기할 수 있는가?

출처: 이 이야기는 2008년 10월 27일자 《포춘》지의 "침몰하지 않는 멜로드 홉슨"과 2009년 4월 22일자 《블랙 엔터프라이즈》에 실린 멜로드 홉슨의 "나는 생존할 것이다" 등을 포함한 사실을 바탕으로 구성된 것이다.

카리스마 개발을 위한 기법

다른 사람들을 위한 비전을 세운다. 다른 사람들을 위한 비전을 세울 수 있다는 것은 당신이 카리스마를 가진다고 평가받게 되는 가장 큰 요인이 될 것이다. 비전은 다른 사람들에게 희망을 주고 마음을 사로잡는다. 비전을 세우기 위하여, 이 장의 앞에 제시한 지침들을 활용한다. 비전을 가진 사람은 조직이나 단위 조직에서 가질 수 있는 능력에 대한 이미지를 만들기 위해 가까운 미래를 넘어서 본다. 비전은 현재와 이상적인 모습 사이의 간극을 줄이도록 고안되어야 한다. 따라서 비전은 현재의 실체 이상을 본다.

리더에 의해 만들어진 효율적인 비전의 또 다른 특징은 비전이 구성원의 목표와 꿈을 이어준다는 점이다.[33] 예를 들어, 전기 자동차의 연료 전지를 제조하는 그룹의 리더는 팀 구성원들이 대기 오염을 줄이고자 하는 그들의 열망에 대해 이야기하는 것을 듣고 나면, 비전 선언문을 "지구를 살리기 위한 열망" 또는 "지구 온난화를 줄이자"에 기초할 것이다.

열정적이고, 낙관적이며, 정력적이 된다. 카리스마적인 사람들의 주요 행동양식은 열정, 낙관주의, 높은 에너지의 조합이다. 세 가지 특징의 상당한 수준이 없이는 많은 사람들에게 카리스마가 있다고 인식될 가능성이 낮다. 카리스마적인 사람들의 주목할 만한 자질은 그들이 전체 근무시간뿐만 아니라 그 이외에도 높은 열정, 낙관주의, 에너지를 유지한다는 것이다. 당신의 에너지 수준을 높이는 것은 상당한 노력을 필요로 한다. 하지만 여기에 몇 가지 실현 가능한 제안이 있다.

- 밤에 충분한 휴식을 취하고, 가능하다면 15분 정도 낮잠을 잔다. 주목 받기를 원하는 만찬 회의에 참석한다면, 그 전에 샤워를 하고 잠깐 잠을 자둔다.
- 걷기를 포함하여, 매일 최소 10분 동안 운동을 한다. 너무 바쁘다거나 피곤하다거나 날씨가 문제라는 식의 변명은 용납되지 않는다.
- 건강하고 에너지를 높이는 식단으로 바꾼다.
- 마음에 걸리는 끝내지 못한 업무가 남아 있지 않도록 할 일 목록에서 하나씩 지워나간다. 끝내지 못한 업무는 당신의 에너지를 소모시킬 것이다.

활동 지향성은 당신이 열정적이고, 낙관적이며, 정력적으로 되는 데 도움이 된다. "해보자"는 카리스마 리더의 슬로건이다. 또한, 활동 지향성은 카리스마적인 사람이 의사결정 전에 수십 가지의 사실과 미묘한 차이로 인하여 고민하는 것을 선호하지 않는다는 것이다.

현명하게 고집을 부린다. 카리스마의 높은 에너지 수준과 밀접한 관계가 있는 것은 거의 노(No)를 받아들이지 않는 그들의 태도다. 뛰어난 리더와 개별 기여자들은 손실을 줄여야 할 때를 알기 때문에 거의(almost)라는 단어를 강조한다. 아이디어나 제품이 더 이상 효과가 없다면, 합리적인 카리스마는 손해를 받아들이고, 더 이득이 되는 방향으로 옮겨간다.

사람들의 이름을 기억한다. 다른 성공한 사람들과 마찬가지로, 카리스마 리더들은 보통 몇 번 밖에 만나지 않은 사람들의 이름을 외운다(일상 업무 동료의 이름을 외우는 것은 카리스마로 인정할 수 없다). 이 능력은 부분적으로 카리스마 리더들이 다른 사람들에게 가지는 강한 개인적인 관심 때문이다.

따라서 이름을 외우는 가장 확실한 방법은 사람들에 대해 진정으로 관심을 가지는 것이다. 이것이 실패할 경우, 이름을 외우는 최고의 방법은 이름을 주의 깊게 듣고, 바로 그 이름을 반복하고, 그 사람의 얼굴을 자세히 살펴보는 것이다. 또한 당신은 그 사람의 이름을 시각적 이미지로 연관시키는 등의 이름 암기에 유용한 많은 시스템이나 장치들을 이용할 수 있다. 예컨대 당신이 벳시 애플화이트라는 여성을 만난다면, 당신은 그녀를 그녀 머리 위의 하얀 사과(또는 하얀색 컴퓨터)로 시각화할 수 있다. 그러나 이름을 잊지 않기 위한 최고의 시스템은 결국, 이름을 주의 깊게 듣고, 바로 이름을 반복하고, 그 사람의 얼굴을 자세히 보는 것이다.

다른 사람들과 동시성을 개발한다. 매우 카리스마적인 사람의 미묘한, 그러나 분명한 측면은 다른 사람들과 좋은 관계를 가지는 것이다. 심리학 교수인 프랭크 베르니에리(Frank Bernieri)는 사람들이 다른 사람에게 보내는 물리적 신호를 연구하였고, 물리적으로 다른 사람들과 맞는(synch) 것이 카리스마의 일부라고 결론 내린다. 누군가가 당신과 맞는다면, 당신은 그가 카리스마 있다고 생각하는 경향이 있다. 타인과 맞게 되는 실질적인 방법은 당신의 자세를 그 사람의 자세에 일치하도록 조정하는 것이다. 다른 사람이 똑바로 서있다면, 당신도 똑같이 따라한다. 그가 구부정하게 있다면, 당신 역시 그렇게 한다. 카리스마가 있는 사람들은 이러한 자세 조정을 거의 무의식적으로 하거나, 적어도 큰 생각 없이 한다. 고도로 숙련된 카리스마적인 사람들은 호흡, 동작, 억양의 타이밍을 통해 "화자와 동화되어 숨 쉬고 움직이는" 지점까지 청자를 끌어들여 동기화시킬 수 있다.[34]

강렬한 외모를 비롯하여, 개인 브랜드를 개발한다. 승진에서의 최근 추세는 개인 브랜드를 만드는 것이다. 당신의 강점들을 이해하는 것은 **개인적 브랜드** 개발의 근거가 된다. 페이스북과 같은 소셜 네트워크 사이트 등을 포함하여, 인터넷상에 보여지는 당신의 정체성 또한 개인 브랜드의 일부이다. 당신의 개인 브랜드는 당신을 특별하게 만들고, 그로 인해 경쟁자들과 당신을 구분시켜 준다.[35] 아마도 당신의 브랜드는 나이키나 롤렉스만큼의 인지도를 가지지 못하겠지만, 이것은 당신의 명성을 발전시키는 데 도움이 될 것이다. 개인적 브랜드는 다른 사람들이 리더십을 받아들이도록 끌어들이는 데 도움이 될 것이다.

당신의 개인적 브랜드의 또 다른 구성 요소는 당신의 외모다. 세련된 외모를 만듦으로써, 개인은 카리스마적인 이미지를 투영하는 데 약간의 이득을 볼 수 있다. 일부 사람들은 멋지게 보임으로써 큰 이득을 볼 수 있다. 미국 역사상 가장 성공한 패션 디자이너 중 한 명인 랄프 로렌은 완전무결한 신체적 외모를 통해 자신의 카리스마를 향상시킨 리더다. 그가 패션업계에 종사한다는 것을 감안하면, "랄프 로렌 같은" 외모는 그의 개인적 이미지뿐 아니라 브랜드 이미지를 형성하는 데 있어 중요하다.

그러나 대부분의 사례들에서, 외모의 효과는 상황에 따라 다르다. 강렬한 의상과 훌륭한 외모만으로 어떤 사람이 카리스마 리더가 될 수 있다면, 고급 백화점의 그러한 인상 깊어 보이는 매장 점원들은 모두 카리스마 리더가 될 수 있을 것이다. 따라서 외모를 통해 카리스마를 향상시키고자 한다면, 어떤 유형의 외모가 인상적인지를 가늠하기 위해 당신의 업무 환경을 분석하는 것이 필수적이다. 강렬한 슈트, 커프스단추, 포켓 행커치프를 갖춘 랄프 로렌은 실리콘 벨리 기업에서는 부정적인 이미지를 만들 것이다. 공을 들인 그의 외모는 그의 카리스마를 손상시킬 것이다(물론, 로렌은 그의 가벼운 폴로 라인의 복장을 갖춰 그의 카리스마를 향상시킬 수 있다).

이러한 단서에도 불구하고, 당신이 외모를 향상시키기 위하여 할 수 있는 것들은 많이 있다. 최근, 사람들에게 영향을 미치고 채용에 유용한 외모를 가꾸는 기업인들에게 도움을 주는 이미지 컨설턴트가 급증하고 있다. 이러한 컨설턴트들은 당신이 새로운 의상을 사는 데 도움을 주고, 새로운 머리 스타일을 제안하고, 또는 당신의 구부정한 자세를 교정하도록 도움을 주는 등의 서비스를 제공한다.[36]

솔직해진다. 카리스마가 있는 사람들, 특히 효율적 리더는 사람들에게 매우 솔직하다. 무신경한 것은 아니지만, 카리스마적인 사람은 일반적으로, 그 평가가 긍정적이든, 부정적이든 상황을 평가하는 데 있어 솔직하다. 카리스마가 있는 사람들은 사람들이 그들의 위치를 알 수 있도록 간접적이기보다는 직설적으로 말한다. 직원에게 "오늘 오후에 많이 바쁜가요?"라고 묻는 대신에, 카리스마 리더는 "오늘 오후에 당신의 도움이 필요합니다. 시간 되나요?"라고 물을 것이다.

시스코 시스템즈의 존 챔버스는 솔직한 카리스마 리더의 전형적 예이다. 그는 자신의 기업을 매우 자랑스러워하면서도, 가까운 미래에 수익이 감소될 것이라는 것을 알면 대중들에게 그것을 인정한다.[37] 투자자들은 챔버스의 솔직함이 시스코 주가에 타격을 입힐 수 있다고 생각할 수 있지만, 그의 솔직함은 CEO로서 그의 평판을 향상시킨다.

대담한 태도를 보인다. 카리스마가 있다고 인식되는 우선적인 방법은 긍정적이고, 따뜻하며, 인간적이 되는 것이다. 그러나 비즈니스나 스포츠 분야의 사람들을 비롯하여 일부 사람들은 거칠고 고약한 모습을 통해 카리스마적이라는 평판을 얻어낸다. 대담한 태도는 일부 헌신적인 지지를 가져다주지만, 또한 많은 비난도 가져다줄 것이다. 거친 태도는 스스로 무례하고 공격적인 존재가 되고자 하는 사람들에게 매력적이다.

4.7 변혁적 리더십

변혁적 리더십은 리더가 무엇을 성취하는가에 초점을 두지만, 또한 여전히 리더의 개인적 특성과 집단 구성원과의 관계에 대해서도 관심을 가진다. 앞서 언급하였듯, 변혁적 리더십은 이기심을 넘어서 집단, 조직, 또는 사회에 좋은 방향으로 조직 구성원을 이끌어 감으로써 중요한 긍정적인 변화를 일으키는 데 도움이 된다. 변혁적 리더십의 본질은 사람들을 발전시키고 변화시키는 것이다.[38] 그 결과, 조직은 탈바꿈된다. 대조적으로, **거래적**(transactional) 리더는 일상적인 거래와 기준을 충족한 집단 구성원에 대한 보상에 더욱 포커스를 둔다(contingent reinforcement, 유관 강화). 버나드 배스(Bernard M. Bass)의 광범위한 연구는 변혁적인 것과 거래적인 것의 차이가 광범위하고 다양한 조직과 문화에서 관찰되어 왔다고 지적한다.[39]

[리더십 자기 평가 퀴즈 4-2]는 직원들의 인식에 따라 변혁적 리더십이 어떻게 측정되는가를 보여준다.

그렇다면, 누가 변혁적 리더인가? 노동조합 부문의 한 가지 예를 들어보자. 2010년에 국제서비스노조(Service Employees International Union, SEIU)의 대표에서 물러난, 앤드류 스턴을 들 수 있다. 14년의 임기 동안에 SEIU는 가장 빠르게 성장하는 노동조합이 되어 220만 명으로 규모가 두 배가 늘어났다. 이 조합은 이전에는 주로 노동조합에 의해 대표되지 않았던 서비스 노동자를 조직하여 조합을 결성함으로써 성장하였다. 버클리대학의 노동 전문 교수인 할리 쉐이컨(Harley Shaiken)은 스턴에 대하여, "그는 조합을 만들고 계약을 협상하는 것을 도움으로써 전체 직업 계층—잡부부터 요양원 노동자까지—을 중간 계층의 직업들로 탈바꿈시켰다."라고 말했다.

스턴은 동료 조합 간부들 중에서도 눈에 띄었는데, 그가 공장의 가장 말단 업무에서부터 승진한 사람이기보다는 아이비리그 졸업생이었기 때문이다. 스턴은 노동조합 경력 초기에 다른 노동조합 리더들이 부인하고 있었던 사실을 눈치챘

리더십 자기 평가 퀴즈 4-2

2단계 변혁적 리더십(TFL) 척도

방법 당신이 현재 하고 있는 또는 과거에 담당했던 특정 매니저나 감독관과 관련하여 다음 항목 중 사실이거나 비교적 사실인 것을 고른다.

개인에 초점을 둔 TFL 부척도

1. 스스로를 위해 높은 목표를 설정하도록 나를 격려한다. ☐
2. 나에게 높은 실적을 기대한다고 말한다. ☐
3. 성과 기대치를 충족시키기 위한 나의 능력에 대한 신뢰를 나타낸다. ☐
4. 전면적인 신뢰를 나타낸다. ☐
5. 잠재력을 발휘하도록 나를 격려한다. ☐
6. 나의 강점을 개발하도록 도와준다. ☐
7. 직무를 수행하기 위한 나의 능력을 향상시킬 교육을 제안한다. ☐
8. 발전적인 경험들을 제공한다. ☐
9. 나의 능력들을 개발하는 데 도움이 되는 피드백을 제공한다. ☐
10. 나에게 업무 실적을 향상시키도록 조언을 제공한다. ☐
11. 다른 각도들에서 문제를 바라보도록 한다. ☐
12. 새로운 방법으로 예전 문제들에 대해 생각할 것을 요구한다. ☐
13. 주어진 업무들에 대한 나의 접근법에 있어 혁신적이 될 것을 요구한다. ☐
14. 독립적인 생각을 하는 사람이 되도록 나를 격려한다. ☐
15. 목표를 달성하였을 때, 나를 칭찬한다. ☐
16. 업무를 잘 수행하였을 때, 긍정적인 피드백을 준다. ☐
17. 일을 아주 잘한 경우, 특별한 보상을 준다. ☐
18. 나의 업무 자질의 향상을 인정한다. ☐

그룹에 초점을 둔 TFL 부척도

1. 팀원들이 자부심을 가지도록 격려한다. ☐
2. 팀의 구성원인 것을 자랑스럽게 느끼도록 하는 말을 해준다. ☐
3. 팀에 대하여 긍정적인 것을 말한다. ☐
4. 자신의 이익보다 팀의 이익을 우선시하도록 다른 사람을 격려한다. ☐
5. 팀의 독창성을 강조한다. ☐
6. 우리 팀의 미래에 대한 설득력 있는 비전을 자세히 설명한다. ☐
7. 우리 팀의 미래에 대하여 긍정적으로 말한다. ☐
8. 우리 팀이 달성해야 하는 것에 대하여 열정적으로 말한다. ☐
9. 우리 팀이 지향하는 방향에 대하여 분명하게 말한다. ☐
10. 팀원 간의 협동을 조성한다. ☐
11. 집단 구성원들이 팀 플레이어가 되도록 격려한다. ☐
12. 팀원들 간의 팀 사고와 공동체 정신을 발전시킨다. ☐
13. 같은 목표를 위하여 팀이 함께 일하도록 한다. ☐
14. 팀원 간의 마찰을 팀의 이익의 관점에서 해결한다. ☐

채점 및 해석 변혁적 리더십 척도는 직원들이 자신의 매니저와 관련된 것에 응답하는 연구 도구다. 매니저에게 적용되는 항목의 수가 많을수록 매니저는 변혁적 리더이다.

다. 그것은 미국노동총연맹산별조합회의(AFL-CIO) 회원이 감소하고 있으며 늙어 가고 있다는 사실이었다. 스턴은 노동 운동의 줄어드는 회원들을 대체하기 위한 방법으로써 서비스 노동자의 조합을 만드는 일에 열심히 노력했다.[40]

변혁은 어떻게 일어나는가

리더는 종종 낮은 실적에서 만족스러운 실적으로 또는 만족스러운 실적에서 더 높은 실적으로 조직을 변혁시켜야 할 필요성에 직면한다. 또 다른 경우, 리더는 위기 상황에서 유리한 상황으로 기업을 변혁시킬 거란 기대를 받는다. 이러한 높은 목적을 달성하기 위해, 변혁적 리더는 조직문화나 하위문화를 전면적으로 개편하려고 한다. 리더의 업무는 조직 변화의 과정만큼 어마어마한 것일 수 있다. 리더의 역할에 구체적인 초점을 두면서, 변혁이 일어나는 몇 가지 방식을 살펴보기로 한다.[41]([그림 4-1] 참조.)

1. **사람들의 의식을 높인다.** 변혁적 리더는 집단 구성원들이 특정 보상의 중요성과 가치를 인식하게 하고, 그것들을 어떻게 달성하는지를 알게 한다. 리더는 기업이 그 분야에서 1등이 되면 직원이 경험할 수 있는 자부심을 들먹일 수 있다. 동시에, 리더는 그러한 성공에 수반되는 금전적 보상들에 대해서도 지적해야 한다.

2. **사람들이 이기심 이상의 것을 볼 수 있도록 돕는다.** 변혁적 리더십은 집단 구성원들이 팀과 조직의 이익을 위하여 큰 그림을 보도록 한다. 은행의 부사장은 직

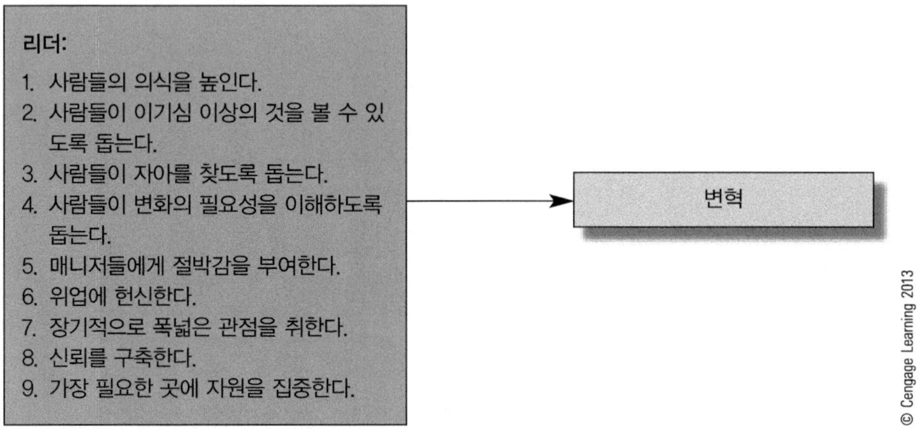

그림 4-1 **변혁은 어떻게 일어나는가**

원들에게 다음과 같이 말했다. "나는 여러분들 대부분이 자신의 지원 업무를 하는 것을 싫어한다는 것을 알고 있습니다. 그러나 여러분이 더 편하도록 더 많은 직원을 고용한다면, 우리는 손해를 보게 될 것입니다. 그러면, 정부는 우리가 더 큰 은행에 인수되도록 할 수 있습니다. 얼마나 많은 사람들이 해고될지 누가 알겠습니까?"

3. **사람들이 자아를 찾도록 돕는다.** 변혁적 리더는 사람들이 작은 만족에 초점을 맞추는 것을 넘어 자기실현을 추구하도록 돕는다. 리더는 다음과 같이 설명할 것이다. "여러분이 가진 모든 휴가를 쓸 수 있도록 보장하는 것이 중요하다는 것을 나는 알고 있습니다. 그러나 우리가 이 제안을 제시간에 처리한다면, 우리는 다른 기업들의 부러움을 받게 될 계약을 얻어낼 수 있을 것입니다 (업계에서 부러움의 대상이 되는 것은 자아실현에 대한 욕구를 만족한다).

4. **사람들이 변화의 필요성을 이해하도록 돕는다.** 변혁적 리더는 집단 구성원들이 정서적으로 그리고 지적으로 변화의 필요성을 이해하도록 도와야 한다. 문제는 변화가 혼란과 불편을 수반한다는 것이다. 효율적인 변혁적 리더는 변화에 저항하는 이러한 정서적 요소를 인지하고 그것을 열린 자세로 다룬다. 조직의 변화는 인생의 변화와 상당히 닮았다. 새로운 시작이 가능하려면 결말이 반드시 성공적으로 이루어져야 한다. 사람들은 자신의 과거에서 벗어나야 한다. 많은 직원들의 정서적 갈등을 처리하는 것은 분명히 매우 큰일이다. 성공한 리더가 사용하는 한 가지 방법은 관리자와 직원들이 변화에 대해 자신의 감정을 자유롭게 논의할 수 있는 토론 그룹을 시행하는 것이다. 이 방법은 기업이 인원을 감축할 때 매우 효과적으로 사용되어 왔다. 많은 유능한 동료들이 직업을 잃는 동안 자신은 여전히 고용되어 있다는 것에 대해 많은 생존자들은 죄책감을 느낀다. 분명히, 이러한 회의를 시행하는 것은 매니저의 입장에서 상당한 경청 스킬을 요한다. 기업회생 전문가 리더인 그렉 브레네만은 콘티넨탈 항공, 버거 킹, 퀴즈노스와 같은 유명한 기업들을 이끌었다. 그의 회생 전략의 핵심은 말을 퍼뜨리기 시작하는 것이다. 매주 금요일에 퀴즈노스에서 프랜차이즈 가맹점들은 브레네만으로부터 비즈니스에 대하여 업데이트하고, 필요한 변화들을 지시하는 음성 메일을 종종 받았다.[42]

5. **관리자들에게 절박감을 부여한다.** 변혁을 이루어내기 위하여, 리더는 비판적인 관리자들을 모아서 그들에게 변화의 위급함을 주입한다. 또한 관리자는 무엇이 필요하고 무엇을 달성할 수 있는지에 대한 사령탑의 비전을 공유해야 한다. 이 개선된 조직에 대한 비전을 납득시키기 위하여, 변혁적 리더는 가능한

기회들을 활용하여야 한다.

6. **위업에 헌신한다.** 피터 코스텐바움(Peter Koestenbaum)은 비즈니스가 개인과 조직의 위업을 위한 기회가 될 수 있다고 주장한다. 이러한 위업을 중시하는 태도를 채택함으로써, 리더는 인간 본성의 품격을 높이고 사회를 강화할 수 있다. 위업은 이윤과 높은 주식 가치 같은 비즈니스 효율성뿐 아니라 완벽한 윤리를 위한 노력을 망라한다. 윤리적 리더십에 대한 강조는 고객 서비스와 품질에 대한 열망을 불어넣고 소유권과 개입 감정을 강화한다(물론, 위업에 대한 헌신은 카리스마 리더에게만 국한된 것이 아니라 모든 리더에게 중요하다).[43]

7. **장기적인 관점을 취하는 동시에 좁은 관점보다 넓은 관점에서 조직의 문제를 관찰한다.** 변혁적 리더의 역할에 대한 이러한 생각은 많은 집단 구성원들이 비슷하게 행동을 하도록 한다. 많은 사람들이 미래 지향적이고 폭넓게 생각하지 않는다면, 조직은 탈바꿈할 수 없다.

8. **신뢰를 구축한다.** 기업을 바꾸기 위한 또 다른 유용한 과정은, 기업 회생 과정에서 특히 불신과 의심이 난무하기 때문에, 리더와 집단 구성원 간에 신뢰를 구축하는 것이다. 경영자 카를로스 곤은 신뢰를 형성하는 것이 일본 닛산자동차 회생 노력의 필수 구성 요소라는 것을 깨달았다. 신뢰를 구축하는 한 가지 요소는 조직 전체에 투명성을 부여하는 것이었다. 이러한 방법으로 모든 사람들은 다른 사람들이 하고 있는 것에 대하여 알 수 있었다.[44]

9. **가장 변화가 필요한 곳에 자원을 집중한다.** 회생 전문가나 변혁적 리더가 곤경에 빠진 조직의 모든 문제들을 동시에 신경 쓸 수는 없다. 실용적인 전략은 가장 변화가 필요하고 가장 큰 잠재적인 대가를 가진 문제 부문의 자원에 집중함으로써 자금, 인력, 장비 등에 대략적인 제한을 두는 것이다. 예를 들어, 경찰서장 빌 브래튼이 1990년 중반 많은 비방을 받은 뉴욕 경찰을 회생시킬 때, 그는 많은 범죄가 마약과 관련되어 있기 때문에 자원을 마약 전담반에 집중하였다. 브래튼이 뉴욕 경찰의 수장으로 재직하는 동안, 중범죄가 33% 하락하였고, 살인 사건은 50% 하락하였다.[45]

변혁적 리더의 자질

변혁적 리더는 다른 효율적 리더, 특히 카리스마 리더의 개인적 특징을 가지고 있다. 연구 모음집에 따르면, 거기에 더해 아홉 가지 자질이 리더가 변혁을 가져오는 데 특히 유용하다.[46] 아홉 가지 자질에 대한 논의는 다음과 같다.

무엇보다도, 변혁적 리더는 카리스마적이다. 카리스마를 향상시키는 두 가지 핵심적인 성격은 친절함과 외향성이며, 이 둘은 대인 관계 향상을 위해 결합된다. 이들 중 외향성은 가장 큰 영향력을 가진다.[47] 변혁적 리더의 카리스마에 포함되는 것은 다른 사람들의 관점에 대한 그들의 낙관주의와 솔직함이다.

그들이 모든 것을 새로 시작하는 잔인한 유형의 회생 매니저가 아닌 이상, 변혁적 리더들은 집단 구성원들의 존경, 신뢰, 충성심을 가진다. 이유 중 하나는 변혁적 리더십 스타일을 이용하는 매니저는 감성 지능에 더 높은 점수를 주는 성향이 있기 때문이다. 여기에서의 특별한 속성은 변혁적 리더가 감정을 잘 파악한다는 것이다.[48]

카리스마적이고 변혁적인 리더들은 비전을 세운다. 비전을 소통함으로써, 그들은 직원들을 유도하고 동기를 부여하는 가치들을 전달한다. 그러한 선지자 중 한 명은 뉴욕시 교통국장인 자네트 사디칸이다. 업무 초창기에 그녀는 미국에서 가장 혼잡한 장소 중 하나인 타임 스퀘어에 2.5에이커 규모의 보행자 광장을 계획하였다. 사디칸은 "식민지 이전 시절의 좁은 길이 뉴욕의 심장을 가로 지르고 있으며 200년 이상 혼잡을 초래해 왔다."고 논평했다. 그녀의 대담한 성취는 전 세계의 시장들과 교통 관계자들의 관심을 끌었다.[49]

변혁적 리더가 종종 조직의 생존에 대하여 큰 관심을 갖긴 하지만, 그들은 **직원들의 개인적인 개발을 장려**하는 데도 시간을 투자한다. 집단 구성원이 발전하면, 그들의 실적 또한 증가할 가능성이 크다. 변혁적 리더는 또한, 집단 구성원들에게 긍정적인 피드백을 제공하고 개인의 성취를 인정하는 등 **지원적 리더십**을 발휘하기도 한다. 지원적 리더십 역시 구성원의 개발에 기여한다.

대부분의 효율적인 리더와 매니저들과 마찬가지로, 변혁적 리더는 의사결정 과정에 팀 구성원들을 포함시킴으로써 **임파워먼트**를 한다. 임파워먼트는 집단 구성원들의 개발에 있어 핵심 요소다. 또 하나의 중요한 특징인 혁신적 사고는 변혁적 리더가 자신의 목표를 달성하도록 돕는다. 예를 들어, 그들은 자산을 증가시키고 비용을 감소시키는 혁신적인 방법들을 개발할 수 있다. 변혁적 리더는 직원들 역시 혁신적으로 생각하도록 장려하고 그들에게 도전적인 업무를 부여한다. 다른 효율적인 리더들과 매니저들처럼, 그들 역시 솔선수범한다. 예를 들어, 비용절감 시기 동안, 변혁적 리더들은 비즈니스석을 타고 이동하고 사무실로 배달되는 고급음식을 먹는 대신 구내식당에서 먹을 것이다.

132명의 매니저와 407명의 직원을 대상으로 실시한 연구에서 변혁적이라고 여겨지는 매니저들이 **도덕추론** 테스트에서 거래적 리더들에 비해 더 높은 점수를 기록하였다.[50] 언급한 연구의 변혁적 리더 유형과는 반대로, 실패한 기업들을 회생시키는 데 특화된 리더들은 도덕추론에서 높은 점수를 기록하지 못하였다. 그러한 행동에는 많은 회사 시설들을 폐쇄하고, 많은 수의 인력을 해고하고, 다양한 하청업체와의 계약을 취소하는 것이 포함된다.

변혁적으로 분류된 모든 리더가 위에서 설명한 9개의 자질을 보유하는 것은 아니다. 예를 들어, 어떤 변혁적 리더는 사람들에게 친절하기보다는 무뚝뚝하다. 게다가 특정 리더가 정확하게 변혁적이라고 표현될 수 있는지를 결정하는 것은 항상 쉬운 일이 아니다. 때때로 상황적인 요인들은 리더의 개인적 특성보다 회생에 더욱 크게 영향력을 행사한다. 실내 테니스 클럽의 관리자가 적은 회원 수와 파산 직전의 클럽을 어떻게 변모시켰는지에 대하여 칭찬을 받았다. 그가 대답했다. "우리 경쟁 클럽 두 군데가 문을 닫았고, 저는 단지 그들의 회원들을 끌어왔을 뿐입니다."

변혁적 • 카리스마적 리더십이 성과 및 행동에 미치는 영향

최근의 논의는 주로 변혁적 리더십을 다루고 있지만, 카리스마 리더십의 성과에서 변혁적 리더십의 성과에 대한 영향을 분리하는 것은 인위적이다. 앞서 논의한 대로, 카리스마 리더십은 변혁적 리더십의 한 요소라는 것이 중요한 이유이다. 변혁적 리더십 영향력의 일반적인 그림은, 최상의 상태에서 변혁적 리더십이 추종자들을 높은 사고의 수준까지 자극할 수 있다는 것이다. 변혁적 리더는 구성원들의 이상과 가치에 호소하고, 그럼으로써 신경을 써서 만든 비전에 대한 헌신을 향상시킨다. 추종자들은 문제들에 대하여 새로운 방식의 사고를 개발하도록 자극받는다. 집단 구성원들은 영감을 받기 때문에 더 책임감을 갖게 되며, 그들은 조직시민행동(organizational citizen behavior), 즉 대가가 보장되지 않더라도 도움을 주는 식의 건설적인 행동에 더 많이 관여한다.[51] 변혁적 리더에게 보고하는 직원은 근무를 하는 동안 긍정적인 분위기를 가질 가능성이 더 높다.[52]

여기에서는 직장에서의 카리스마 및 변혁적 리더십의 영향에 관한 경험적 연구 몇 가지를 살펴보기로 한다. 변혁적 리더십의 전반적인 분석과 두 가지 특정 연구에 대해 검토할 것이다. 여기에 요약된 연구들은 변혁적 리더십이 행동에 어떻게 영향을 미치는가를 이해하는 것에도 도움이 된다.

변혁적 리더십의 전반적인 타당성 티모시 저지(Timothy A. Judge)와 로널드 피콜로(Ronald F. Piccolo)는 다양한 성과의 척도들에 대한 변혁적 리더십의 영향력을 조사하기 위하여 87개의 연구들을 검토하였다. 그들은 성과에 있어서 거래적 리더십의 영향력과 자유방임 리더십의 영향력에 대해서도 평가하였다. 자유방임 리더십은 집단 구성원들에게 기본적으로 거의 아무런 지시 없이 그들이 원하는 것을 할 수 있는 자유를 부여하는 유형이다. 리더십에 대한 세 가지 접근법은 직원들의 인식에 바탕을 둔 설문조사를 통해 측정되었다.

변혁적 리더십은 전체적으로 다음 여섯 개의 영역에서 가장 높은 관련성이 나타났다. (a) 추종자 업무 만족도, (b) 추종자 리더 만족도, (c) 추종자 동기, (d) 리더 실적, (e) 집단이나 조직의 실적, 그리고 (f) 리더 효율성 평가. 흥미롭게도 거래적 리더십 역시 좋은 결과를 양산하는 것으로 나타냈으며, 자유방임적 리더십은 부정적인 결과들과 관련되었다. 이전의 연구들과 달리, 거래적 리더십은 변혁적 리더십과 강한 긍정적 관계로 나타났다(일반적으로, 변혁적 리더십과 거래적 리더십은 부정적으로 연관되어 있는데, 이는 변혁적 리더가 집단 구성원과의 일상적인 거래에 관여하지 않아야 한다고 하기 때문이다). 변혁적 리더십은 자유방임 리더십과 부정적인 관계를 가진다.[53] 변혁적 리더는 집단 구성원들과 적극적으로 관계한다는 해석이 가장 가능성 높은 해석이다.

팀 차원의 성과 변혁적이고 카리스마적인 리더십은 또한 업무 팀에 긍정적인 영향력을 갖는다. 한 대형 은행의 미국 및 홍콩 지점의 218개의 재무 서비스 팀에서의 변혁적 리더십 행동과 집단성과 간의 관계에 대한 연구가 이루어졌다. 변혁적이라고 평가되는 지점 감독관은 팀 효율성의 관리 평가를 통해 측정하였을 때 간접적으로 팀 성과를 향상시켰다. 다음은 변혁적 리더십을 측정하는 명제의 세 가지 사례다. "열정적이고 흥미진진한 방식으로 미래에 관해 말한다.", "차선으로 만족하지 않는다.", "나에게 인간적으로 관심을 보인다."

이 연구는 팀원들에게 변혁적으로 인지된 리더십이 팀이 강력하다고 느끼는 데 도움이 되었다는 것을 보여주었다. 팀의 잠재적 능력은 다양한 상황에서 다양한 업무를 잘 수행할 수 있는 팀의 능력에 대한 구성원의 일반적인 믿음이다. 결국, 팀의 잠재적 능력은 팀 성과를 향상시켰다.[54]

조직 차원의 성과 한 연구팀은 중소 규모 기업의 성과에서의 변혁적 CEO의 영향력을 조사하였다. 대규모 조직을 대상으로 하지 않은 것은 대기업이 너무나 복잡해서 기업 결과들에 대한 CEO 특성의 영향력을 조사하기가 어렵기 때문이다. 변혁적 리더십은 [리더십 평가 퀴즈 4-2]에서 있는 것과 유사한 척도로 측정되었다. 158개 기업의 CEO들과 431명의 최고 경영팀 구성원(자신의 CEO에 관한 변혁적 리더십 설문 조사에 응한 사람들)으로부터 연구에 사용될 응답을 확보하였다. 기업의 성과는 CEO와 관계되는 영업 성장률과 실적의 측면에서 측정되었다.

CEO의 변혁적 리더십은 기업 성과의 객관적인 부분과 주관적인 부분 모두에서 긍정적인 연관성을 나타냈다. 연구자들은 자신들의 결과가 기업 차원에서 변혁적 리더십의 중요성을 보여준다고 결론 내렸다.[55] 이러한 속성의 연구는 운동이 신체의 건강을 증진시킨다는 것을 보여주는 연구와 매우 유사하다. 우리는 이미 그것이 사실임을 알고 있지만, 경험적인 증거를 통해 재확인하는 것이다.

4.8 카리스마 리더십에 대한 우려

이제까지 카리스마 및 카리스마 리더에 대한 개념 모두의 긍정적인 모습을 살펴보았다. 공정성과 과학적 진실성을 위해, 대조적인 관점에 대해서도 살펴보아야 한다. 카리스마 리더십이라는 주제는 개념의 타당성과 카리스마 리더의 잘못된 행동이라는 두 가지의 주요 관점으로부터 도전을 받아왔다.

카리스마 리더십의 타당성에 대한 도전

일부 리더십 연구자들은 카리스마가 정확하게 정의되거나 측정될 수 있는지에 대하여 의심하고 있다. 카리스마에 관한 연구 수행은 높은 품질에 관한 연구 수행과 유사하다. 보면 알겠지만, 조작적 용어(operational terms)로 정의하기는 어렵다. 게다가 어떤 리더가 카리스마적이라고 여겨질 때조차도, 그 리더에게는 많은 비방자가 있다. **리더십 양극성**(leadership polarity) 개념에 따르면, 리더들은 보통 존경받거나 그렇지 않으면 매우 인기가 없다. 마샤 스튜어트는 리더십 양극성을 경험한 리더의 아주 적절한 예이다. 그녀의 많은 팬들은 그녀의 성격과 업적에 매료당한다. 반면, 그녀의 많은 비방자들은 그녀를 매우 싫어하고(아마도 질투하기 때문에) 그녀가 내부거래로 고소당해 교도소에서 수감되었을 때 매우 기뻐하였다.

카리스마 개념의 또 다른 문제는 그것이 리더십 효율성에 필수적이지 않을 수 있다는 점이다. 워렌 베니스(Warren Bennis)와 버트 나누스(Burt Nanus)는 카리스마가 효율적 리더십을 야기한다는 것 대신에 그 반대가 진실일 수 있다는 즉, 뛰어난 리더인 사람들은 성공의 결과로서 구성원들에게 카리스마를 인정받는다는 가설을 세웠다.[56]

미국의 주요 기업 18명의 CEO들과 770명의 최고 경영팀 구성원들에 대한 연구는 동일한 개념을 뒷받침한다. 훌륭한 조직성과는 CEO가 카리스마적이라는 차후의 인식과 연관된다는 것이 주요 결론이었다. 대조적으로, CEO가 카리스마적이었다는 인식은 기업의 미래성과와 관련이 없었다.[57] 이를 통해 알 수 있는 것은 당신이 목표를 달성하는 데 성공한다면, 당신의 카리스마는 향상될 거라는 것이다.

카리스마 리더십의 부정적 측면

일부 사람들은 카리스마 리더십이 나쁜 목적으로 발휘될 수 있다고 생각한다. 이러한 주장은 앞서서 카리스마 리더들과 관련하여 소개하였다. 45년 전, 로버트 터커(Robert Tucker)는 카리스마의 부정적 측면, 특히 정치 리더에 대한 부정적 측면에 대해 경고하였다.

> 생각 없는 자들을 매료시킬 마법의 메시지(그리고 때때로 능숙한 어법 전문가를 통해 제공될 수 있는 메시지)는 상황이 단순히 더 나아질 것이 아니라 완벽할 것이라고 약속한다. 카리스마 리더들은 유토피아를 약속하는 데 전문가들이다. 완벽함이 끝나면, 때론 극악무도한 행동이 외견상 그 결론을 위한 필요한 수단으로 용인될 수 있다.[58]

몇몇 카리스마 리더들은 비윤리적이고, 그들의 조직들과 외부인들을 불법적이고 비도덕적인 종말로 이끈다. 사람들은 카리스마 리더의 개인적 매력 때문에 카리스마 리더를 따라 기꺼이 준 불법적인 길을 걸어간다. 아마도 역사적으로 가장 널리 알려진 금융사기는 버나드 매도프가 저지른 사건일 것이다. 투자자들은 몇 년 후에 그들 돈의 약 10%를 되돌려 받기까지, 약 500억 달러를 잃었다. 유명한 주식 거래소 나스닥의 대표 출신인 매도프는 인기가 있었고, 많은 사람들에게 따뜻하고 카리스마적으로 인식되었다. 다른 사람들을 사취하는 그의 능력은 쉽게 인기를 얻고 금전을 위탁 받는 그의 매력에 어느 정도 의존하였다.

성격 전문가 로버트 호간(Robert Hogan)은 카리스마 리더의 잠재적인 문제는 그들 중 일부가 자아도취된 자(잘못에 자기 스스로 관대함)라는 점이라고 말한다. 이들 리더들은 적극적이고, 매력적이며, 강력한 카리스마적 속성을 가지고 있지만, 그들은 결코 실수들을 받아들이지 않기 때문에 종종 실패한다. 카리스마는 완전한 효율성에 대한 겸손과 결합될 필요가 있다.[59]

최근 들어 이사회는 기업 경영을 희생시키면서 카리스마와 유명인의 지위를 지나치게 추구하지 않는 CEO들을 찾는다. 이러한 방식으로, 카리스마의 부정적인 측면은 최소화될 수 있다. 진정한 카리스마 리더와 변혁적 리더는 복지와 조직의 뛰어난 실적을 달성하는 데 높은 관심을 가진다는 것을 인식하도록 한다.

요약

카리스마는 그들이 지닌 목적, 영향력, 그리고 탁월한 결정에서 다른 사람들과 구분되는 리더의 특별한 자질이다. 그것은 많은 사람들로 하여금 그 사람의 리드를 원하게 하는 긍정적이고 설득력 있는 자질이다. 다른 많은 사람들을 이끌어 갈 수 있는 사람의 긍정적이고 강제적인 자질이기도 하다. 카리스마 리더십의 중요한 요소는 리더의 특성과 그들이 성취한 결과에 대해 집단 구성원들에 의해 형성된 속성들을 포함한다. 소셜 네트워크 구성원들은 종종 사람의 카리스마 속성에 영향을 미친다. 집단 구성원과 리더의 관계는 이러한 속성들 때문에 중요하다. 카리스마 리더는 보통 집단 구성원들과의 관계를 구축하기 위하여 자신의 외모를 관리한다.

카리스마 영향력의 상당수는 집단 구성원들 사이에서 카리스마 리더가 야기하는 긍정적인 효과들에 근거한다. 소방관들에 대한 연구는 카리스마 리더를 보유하는 것이 그들의 행복에 기여한다는 것을 보여주었다. 최고위 경영직에서 충분한 카리스마를 보유하지 못한 것으로 인식되는 것은 당신의 몰락으로 이어질 수 있다.

카리스마 리더는 사회화된 카리스마, 개인화된 카리스마(이기적), 임원(officeholder) 카리스마, 개인적 카리스마(빼어난 특징들), 종교적 카리스마 등의 다섯 가지의 유형으로 세분화될 수 있다. 카리스마 리더는 그렇지 않은 리더들과 구분되는 특징을 갖는다. 그들은 비전, 능숙한 소통 기술들, 신뢰를 주는 능력, 그리고 집단 구성원이 유능하다고 느끼도록 하는 능력을 가진다. 그들은 요령이 있다. 그들은 정력적이고 활동 지향성을 지닌다. 그들은 감정적으로 풍부하고 따뜻하다. 그들은 위험을 미화시킨다. 그들은 독특한 전략을 이용한다. 그들은 자기를 홍보하는 성격을 가진다. 그리고 그들은 인상적이고 독특한 존재가 되는 것을 강조한다.

카리스마 리더들은 다른 사람들에게 희망을 주는 매력적인 비전을 불어 넣기 때문에 비전의 개념은 카리스마와 밀접하게 연관되어 있다. 선지자들은 그렇지 않은 사람들보다 뇌의 특정 영역에서 다른 수준의 두뇌 활동을 보인다. 비전은 미션보다는 더욱 미래지향적이다. 비전을 수립하는 과정에서, 자신의 직감, 미래학자, 집단 구성원들을 포함한 다양한 출처에서 정보를 모으는 것이 도움이 된다.

카리스마적이고 변혁적인 리더들은 자신의 비전, 목표, 명령들을 화려하고, 창의적이며, 표현력 있는 방식으로 소통한다. 소통의 효율성은 영감을 통한 경영을 가능하게 한다. 다른 사람에게 영감을 주는 한 기법은 은유, 비유, 그리고 조직의 이야기를 활용하는 것이다. 또 다른 방법은 각기 다른 청중의 수준에 맞는 말을 하는 것이 있다. 카리스마적이고 변혁적인 리더들은 메시지를 전달하기 위하여 기억할 만한 이야기나 일화들을 광범위하게 사용하기도 한다. 소셜 네트워크 사이트가 리더의 카리스마를 소통하기 위하여 사용될 수 있다.

사람은 몇 가지 특성, 특징, 행동 개발을 통해 자신의 카리스마를 향상할 수 있다. 여기에 제시된 제안들은 타인을 위한 비전 수립하기, 열정적이고 긍정적이며 정력적으로 되기, 현명하게 고집부리기, 사람 이름 기억하기, 개인 브랜드를 개발하고 인상적인 외모 갖추기, 솔직해지기, 대담한 태도를 보여주기를 포함한다.

변화를 일으키기 위하여, 변혁적 리더는 조직문화나 하위문화를 전면적으로 개편하려고 한다. 특정한 변화 기법에는 특정 보상의 중요성에 대한 사람들의 인식을 증가시키는 것과 팀과 조직의 이익을 위하여 그들의 이기심 이상을 바라보도록 하는 것을 포함한다. 변혁적 리더는 사람들이 자기실현을 추구하고 변화의 필요성을 이해하도록 하며, 그들은 매니저에게 절박감을 심어준다. 변혁적 리더는 위업에 헌신하고, 장기적인 관점을 취하며, 신뢰를 형성하고, 변화가 가장 필요한 곳에 자원을 집중한다.

변혁적 리더들은 다른 효율적인 리더들의 특징과 유사한 특징을 지닌다. 게다가, 그들은 카리스마적이고, 외향적이며, 비전을 세우고, 직원들의 개인적 개발을 장려하며, 지원적 리더십을 발휘한다. 임파워먼트, 혁신적 사고, 솔선수범 또한 강조된다. 또한 변혁적 리더는 도덕 추론에서 강할 가능성이 높다.

변혁적 리더십은 추종자들에게 고차원적 사고를 불러일으키고, 더욱 건설적인 행동에 관여하게 한다. 변혁적 리더십은 추종자 업무 만족도, 리더 만족도, 추종자 동기부여, 리더 업무 실적, 그룹 또는 조직의 성과, 리더 효율 평가 등의 범주와 긍정적인 관련을 가진다. 거래적인 리더십은 더 낮은 정도에서 동일한 결과를 얻으며, 이에 반해 자유방임 리더십은 그러한 범주에서 부정적인 관계를 가진다. 변혁적 리더십과 카리스마 리더십은 업무 팀에서 긍정적인 영향을 미친다. 한 연구는 변혁적 리더로 여겨지는 것이 중소 규모 기업의 실적과 연관이 있다는 것을 보여주었다.

카리스마적이고 변혁적인 리더십에 대한 한 가지 우려는 개념이 불분명하다는 점이다. 카리스마적이지 않은 많은 리더들도 유능하다. 또 다른 우려는 일부 카리스마 리더들은 비윤리적이고 정직하지 못한 행동을 한다는 것이며, 카리스마가 있다는 것이 반드시 조직에 도움이 되는 것은 아니라는 것을 시사한다. 진정한 카리스마적이고 변혁적인 리더는 복지와 조직 목표달성에 큰 관심을 둔다.

핵심 용어

카리스마	사회화된 카리스마	개인화된 카리스마
변혁적 리더	비전	스토리텔링을 통한 관리
개인적 브랜드	리더십 양극성	

행동 및 스킬 강화를 위한 지침

다음은 카리스마적인 방식으로 행동하도록 도움을 주는 제안들이다. 이들 제안 모두는 널리 받아들여지고 있는 대인관계기술 기법과 관련되어 있다.

1. **당신이 만나는 모든 사람을 그날 만날 가장 중요한 사람처럼 대하라.** 예를 들어, 기업 회의 때, 당신이 만나는 모든 사람들과 악수하라.

2. **악수의 효과를 크게 증가시켜라.** 아프지 않게 단단하게 악수를 하고, 다른 사람의 눈동자 색깔을 알 수 있을 만큼 충분히 눈을 맞춰라. 그렇게 하는 것이 어렵다면, 관심과 염려를 보여준다. 당신이 악수하는 사람에 대하여 긍정적인 생각을 하라.
3. **진심이 담긴 칭찬을 하라.** 대부분의 사람들은, 특히 그럴듯한 말을 할 때, 아첨을 잘 한다. 당신이 칭찬할 만하다고 생각하는 행동, 생각, 자세에 대해서만 칭찬을 시도하라. 당신은 칭찬할 만한 무언가를 찾기 위하여 노력해야 할지도 모르지만, 이것은 훌륭한 시간투자가 될 것이다.
4. **사람들에게 자주 특히 당신의 집단 구성원들에게 감사하라.** 다른 사람에게 감사를 표하는 것은 여전히 드문 일이기 때문에, 감사는 당신에게 카리스마적 힘을 부여한다.
5. **기분이 좋지 않더라도 자주 웃어라.** 따뜻한 미소는 자신감과 다른 사람에 대한 관심을 나타내는 것처럼 보이며, 이것은 카리스마 인식에 기여한다. 미소는 일반적으로 이렇게 말한다. "당신을 좋아합니다. 당신을 믿습니다. 우리가 함께해서 기쁩니다."
6. **당신의 세계에 아이 같은 관심을 유지하라.** 다른 사람의 생각, 행동, 계획, 꿈, 물질적인 목표에 열정과 관심을 표현하라. 다른 사람들에게 직접적으로 닿는 당신의 열정은 당신 안에 열정을 불러일으킬 것이다.
7. **다른 사람들보다 더 활기차라.** 더욱 카리스마적으로 여겨지는 사람들은 다른 사람들보다 더욱 활기차다. 그들은 더 자주 웃고, 더 빠르게 말하며, 더 나은 표현을 하고, 그들의 머리와 몸을 더 자주 움직인다.[60]
8. **크게 생각하라.** 당신이 카리스마적이고 변혁적인 리더가 되기를 원한다면, 훌륭하고 포괄적인 비전을 제시하는 능력을 개발하고 늘 크게 생각해야만 한다. 우리는 매일 직면하는 작은 문제들, 예를 들어, 높은 기름 값이나 적은 스마트폰 배터리 에너지와 같은 것들에 사로잡히기 쉽다. 그러한 문제들은 관심을 필요로 하지만 그것들이 당신의 마음을 사로잡을 경우 이상적이고 카리스마적인 사고를 방해할 수 있다.

토의 질문 및 토의 활동

1. 당신이 카리스마적이라고 생각하는 비즈니스, 정부, 교육, 스포츠 리더를 찾아본다. 판단에 대한 근거를 설명하라.
2. 자주 웃으며 관중을 몰고 다니는 운동선수나 다른 유명인들은 종종 카리스마적인 존재로 묘사된다. 이들에게 카리스마라는 용어를 사용하는 것이 잘못되거나 부족한 점은 무엇인가?
3. 카리스마적이라는 인상을 주도록 이메일을 어떻게 쓸 수 있는지 설명하라.
4. 카리스마 리더의 출현이 왜 조직 구성원들의 업무 만족도를 향상시키는지 설명하라.
5. 카리스마가 있는 리더는 종종 무능하다고 우려되어 왔다. 그들은 좋은 인상을 심어주기 때문에 간단하게 요직에 앉는다. 이러한 주장에 대하여 어떻게 생각하는가?
6. 값비싼 옷을 입는 것이 조직 내에서 리더의 카리스마에 어느 정도 기여한다고 생각하는가?
7. 변혁적 리더가 매우 영리하고 비전을 보유하였다고 가정한다면, 그의 리더십 접근법에서 왜 임파워먼트를 강조해야 하는가?
8. 변혁적 리더임을 증명한 운동 코치의 사례를 들어보고, 당신의 의견을 정당화 시켜보라.
9. 진정한 변혁적 리더는 기업의 이윤을 위하여 수천 명의 직원들을 해고하여야 한다고 생각하는가?
10. 초년 감독관이나 팀 리더가 변혁적 리더가 되기 위해 어떠한 기회를 가져야 하는가?

리더십 사례 문제 A

팀은 온라인에 그의 카리스마를 올려놓는다

팀은 국제 자동차부품 공급회사의 영업 관리자다. 그의 회사가 상대하는 많은 고객들 중에는 소규모 자동차부품 매장, 휴게소, 정비소, 슈퍼마켓, 소규모 소매업자 등이 있다. 팀은 15명의 외부 영업담당자와 5명의 온라인 및 전화 영업을 담당하는 내부 영업담당자들을 데리고 있다.

자동차부품 공급 사업은 매우 경쟁이 심한 분야이며, 경쟁사 대부분은 동일한 좋은 품질의 부품과 서비스를 제공한다. 따라서 개인적인 접촉은 영업 실적을 얻기 위하여 매우 중요시 되고 있다. 종종 구매한 부품에 대한 주문들을 채워주거나 제시간에 배달하는 등의 좋은 서비스를 제공하는 것은 필수적이다. 팀은 경쟁우위를 점하기 위하여 영업 직원들에게 영감을 주는 것 역시 필수적이라고 생각한다. 그는 "내가 영업담당자들에게 영감을 준다면, 그들이 고객들과 관계 형성을 더 잘 할 수 있을 것이다. 내가 영업담당자들이 부품을 더 많이 그리고 더 잘 팔 수 있도록 영감을 준다면, 그들은 고객들이 더 많은 우리 부품과 물품을 사도록 자극할 수 있을 것이다."라고 말한다.

팀은 영감을 주고 동기부여를 하기 위한 그의 시도가 상당히 잘 적용되고 있지만, 개선점이 필요하다고 추측했다. 적당한 시점마다 그는 개인적으로 직원들을 만나고, 그들에게 전화를 하며, 종종 음성이나 문자 메시지를 보낸다. 그러나 팀은 자신이 더 많은 것을 할 수 있을 것이라고 생각했다. "나는 상사와 친구들에게 카리스마적이라는 말을 듣곤 했다. 내가 직원들에게 영감을 주기 위하여 소셜 미디어를 더 잘 사용한다면, 아마도 나의 카리스마로부터 더 큰 효과를 얻을 수 있을 것이다."

팀은 다음 달에 내부 직원을 비롯한, 모든 영업 직원들의 페이스북, 트위터, 링크드인에 영감을 주는 메시지를 게시하기로 결심하였다. 팀은 자신의 페이지에도 같은 메시지를 게시할 것이다. 그의 카리스마를 드러내고 직원들에게 영감을 주기 위한 6가지의 게시물은 다음과 같다.

- 우리가 가진 유일한 한계는 우리 스스로에게 부과한 것이다.
- 당신이 아직도 숨 쉬고 있다면, 아마도 그리 나쁜 날은 아닐 것이다.
- 나는 당신 각자에게 있는 내부의 위대함을 일깨우고 싶다.
- 당신이 아니라면, 누가?
- 모든 노(No)를 환영한다. 그것은 당신이 '예스'에 한 걸음 더 가까이 가는 것을 의미한다.
- 당신이 더 열심히 노력한다면, 당신은 더 많은 행운을 얻을 것이다.

팀은 예상했던 것보다 적은 응답을 받았지만, 몇몇 영업담당자들은 긍정적인 아이디어에 대해 고마워하였다.

질문

1. 팀의 게시물이 그의 카리스마를 표현하는 측면에서 어떤 효과가 있다고 생각하는가?
2. 영업 담당자들에게 더 많은 부품과 물품을 팔도록 영감을 주는 목적의 팀의 게시물은 어떤 효과가 있다고 생각하는가?
3. 소셜 네트워크 웹사이트들을 통해 그의 카리스마를 표현하기 위한 다른 방법으로 팀에게 어떤 것을 추천하겠는가?

리더십 사례 문제 B

윌로우 폰드에서 재기할 시간

히더 오사카는 HMO병원과 요양원에서 10년간 병원 관리 업무를 하였다. 그러나 그녀는 아직 최고 관리자에 오르지 못하였다. 어느 날 오후, 그녀는 현재 구인회사에서 일하는 예전 동급생 제이크 워포드에게 문자 메시지를 받았다. 메시지는 "아마도 당신에게 큰 기회가 될 것입니다. 연락 주세요."라고 되어 있었다.

오사카는 워포드에게 바로 답장을 하였다. 그가 언급한 기회는 오사카가 지금 살고 있는 도시에 있는 중간 규모의 유료 요양 시설인 윌로우 폰드의 책임자 자리였다. '요양(assisted living)'은 자신을 썩 잘 돌볼 수는 없지만, 양로원(nursing home)이 제공하는 보살핌의 수준은 필요 없는 노인 거주자들을 돕는 것을 말한다. 제이크는 히더에게 윌로우 폰드가 문제가 많으며, 이전 책임자는 해고되었다고 솔직하게 말했다. 그러나 그 시설은 여전히 운영하는 데 문제없을 만큼 주 규정을 따르고 있었다.

언론의 관심을 받고 있는 그 시설의 가장 최근 문제는 윌로우 폰드에 걸어 들어가서 한 거주자의 원룸에 몰래 침입하여 성추행한, 전과 기록이 있는 남성과 연루된 것이었다. 주거 지역에 접근하기 위해 그 침입자는 자원 봉사자들을 위한 "윌로우 폰드 프렌즈"라고 쓴 작업복을 입고 있었다. 그렇게 해서 그는 주거 지역을 쉽게 배회할 수 있었다.

최종적으로 그 자리를 수락하기 전에, 히더는 노인들을 위한 몇 개의 다른 시설을 운영하고 있는 소유주와 대화를 하였다. 더불어 감독관 몇 명과 상의하였고, 허락을 얻어 윌로우 폰드의 거주자들과 인터뷰도 하였다. 소유주와 히더는 다음과 같은 가장 긴급한 문제를 같이 인식하였다.

- 거주자들과 그들의 가족들은 형편없는 음식에 불만을 제기한다.
- 거주자들 중 많은 사람들이 직원들에게 냉담한 대우를 받고 있다. 단추를 꿰매어 달라는 등과 같은 특별한 요구나, 메뉴에 없는 것을 요청하는 경우 "닥치세요."라는 말을 종종 듣는다.
- 많은 젊은 직원들은 마지막 수단으로 거주자 돌보미 직업(resident-care job)을 택하기 때문에, 직원들의 이직률이 산업 평균에 비해 너무 높다. 윌로우 폰드에서 일하는 사람들 중 거주자 돌보미 경험이 있는 많은 사람들은 더 많은 급여나 더 좋은 분위기를 찾아 빠르게 윌로우 폰드를 떠난다.
- 시설의 위생 상태는 주 당국의 요구사항을 간신히 충족하고 있으나, 건물은 지저분하고 방치된 상태다.
- 많은 장비와 가구들이 오래되고 낡았다. TV는 잘 나오지 않는 게 많다.
- 윌로우 폰드는 인터넷 속도가 느려서 거주자들은 자신의 방과 아파트에서 인터넷을 사용하기 위해 컴퓨터와 씨름해야 한다.
- 의사와 간호사의 서비스가 다른 시설들에 비해 신뢰가 가지 않는다.
- 윌로우 폰드는 3년 연속 적자를 기록하고 있다.

업무 첫날, 히더는 혼잣말을 했다. "이건 슈퍼우먼, 아니면 적어도 엄청난 회생 전문가를 위한 일처럼 보인다. 그렇다면 나는 어디에서부터 변화를 시작해야 할까?"

질문

1. 이 사례가 왜 카리스마적이고 변혁적인 리더십에 관한 이 장에 포함되었는가?
2. 히더는 윌로우 폰드의 재기를 위하여 변혁적인 리더십의 어떤 측면을 강조해야 하는가?
3. 그녀의 성격 중 카리스마적인 측면을 강조하는 것은 히더가 필요한 변화를 가져오는데 어떻게 도움이 될 수 있는가?
4. 어째서 윌로우 폰드에서의 업무가 히더 오사카의 경력에 훌륭한 기회가 될 수 있는가?

관련 역할극

히더는 업무 이튿날, 윌로우 폰드 운영에 있어 중요한 변화를 위해 함께 일할 것이라는 것을 직원들에게 주요하게 설명할 목적으로 직원회의를 열었다. 그녀는 사례에 간단하게 적혀 있는 것처럼 필요한 몇 가지의 큰 변화를 언급할 계획이다. 한 학생이 히더의 역할을 수행한다. 네 명의 다른 학생들은 회의에 참석한 감독관의 역할을 수행한다. 그들 중 두 명은 중얼거린다. “개혁에 열성적인 신입자가 왔군. 우리는 예전에도 변화가 필요하다는 말을 들었다구.”

리더십 스킬 구축 연습 4-3

리더십 포트폴리오

이번 주에 당신은 얼마나 많은 카리스마, 또는 카리스마적인 행동을 얼마나 보여줬는가? 지난 1~2주 동안 사람들과의 모든 상호 작용을 떠올려 본다. 카리스마적이라고 해석될 수 있는 행동은 무엇이었는가? 본문과 [행동 및 스킬 개발을 위한 지침]에서 설명한 카리스마 리더의 특징을 다시 살펴본다. 예를 들어, 당신은 누군가에게 따뜻한 미소를 지어 보였는가, 당신은 가끔 보는 사람들에게 손을 흔들고 그의 이름을 불러 주었는가? 당신은 당신의 팀이나, 클럽, 집단이 그들의 미래에 대하여 심각하게 생각하도록 도움을 주었는가? 같은 훈련의 일부로써, 다음 주를 위한 당신의 카리스마적인 행동을 기록한다. 카리스마를 보여줄 수 있는 기회에 주의를 기울인다.

리더십 스킬 구축 연습 4-4

소셜 네트워크 사이트에서 영감을 주는 메시지 연관 훈련

이 훈련의 목적은 소셜 미디어 웹사이트들에서 몇 가지 영감을 주는 메시지를 찾는 것이다. 예를 들어, 앞선 사례에서 팀이 게시한 것과 같이 영감을 주는 메시지를 적어도 두 개 찾을 수 있는지 보기 위해 당신의 트위터 팔로워들의 트윗을 살펴본다. 이러한 메시지들이 당신에게 가지는 효과에 대하여 생각해 본다. 이러한 메시지가 보낸 사람의 카리스마에 대한 당신의 인식에 어떤 영향을 미치는가? 당신의 결과를 한두 명의 학생들의 것들과 비교해 본다.

CHAPTER

05 리더십의 도덕적 측면

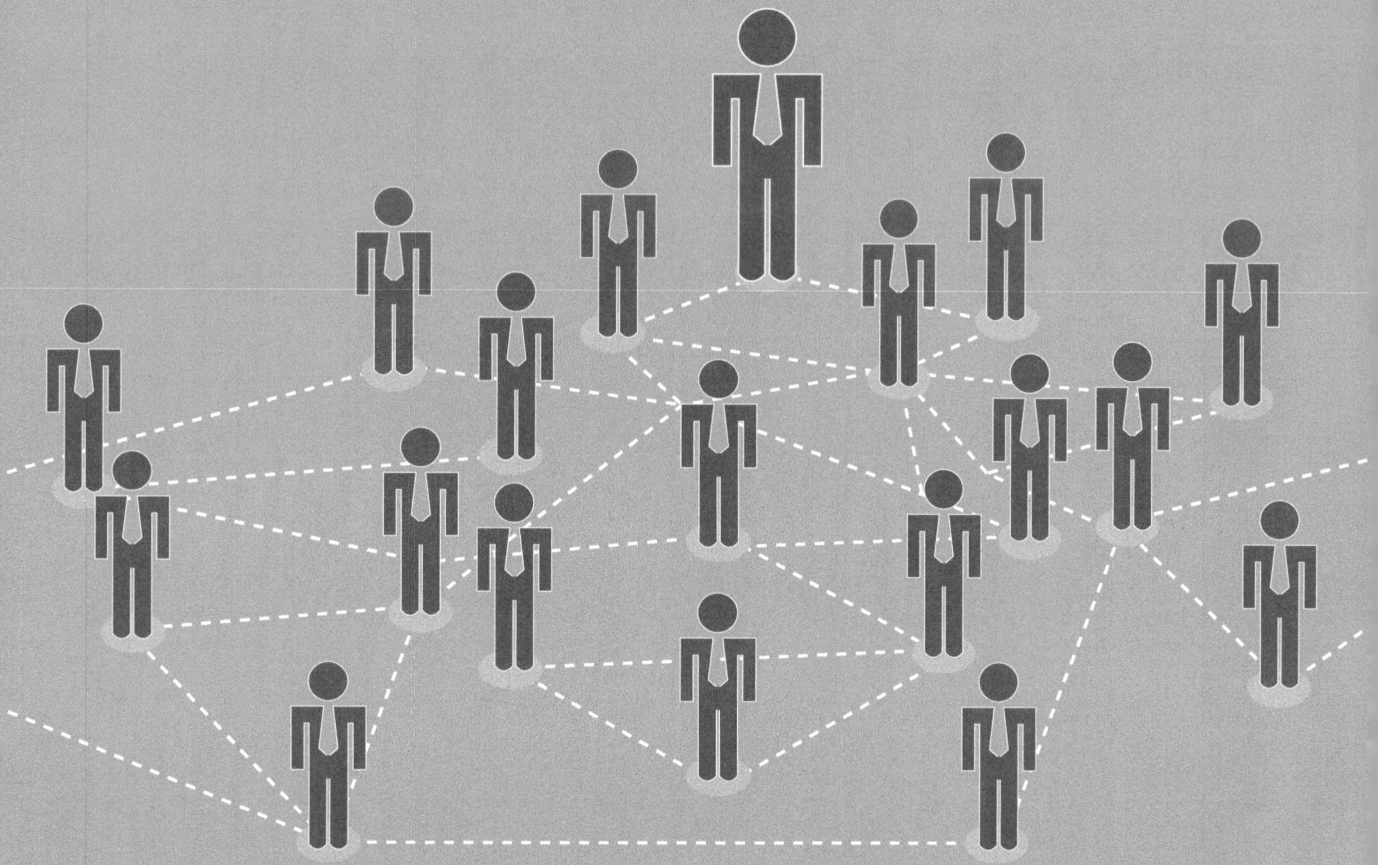

학습 목표

이 장을 학습하고 훈련한 뒤, 당신은 다음을 할 수 있을 것이다

- 윤리적이고 도덕적인 리더십의 핵심 원칙을 규정한다.
- 윤리적인 결정을 위한 지침을 적용한다.
- 비즈니스 리더의 비윤리적인 행동의 대표적인 예를 제시한다.
- 윤리적이고 사회적인 책임을 지는 조직을 형성하기 위하여 리더가 할 수 있는 일을 설명한다.
- 기업 윤리와 조직성과 간의 연결점을 설명한다.

개요

5.1 윤리적 그리고 도덕적 리더십의 원칙과 실행

네 가지 윤리적 리더십 행동

윤리적 차이의 원인이 되는 요인

리더의 윤리적 사고방식

5.2 결정의 윤리성 평가 지침

5.3 비윤리적 리더십 행동의 표본

5.4 리더십, 사회적 책임, 그리고 윤리적 조직 문화 형성

윤리 및 사회적 책임의 전략적 리더십 제시하기

즐거운 직장 분위기 조성하기

지속 가능한 환경 구축하기

자선 활동 참여하기

업무 환경 개선을 위해 공급업체와 협력하기

윤리적 행동에 관한 명문화된 규정 확립하기

윤리적 문제를 다루는 공식적 절차 개발하기

내부 고발인 인정하기

윤리 및 사회적 책임에 대한 교육 제공하기

개인적 이익보다 기업의 이익 중시하기

5.5 윤리적이고 사회적으로 책임을 지는 행동과 조직성과

- 요약
- 핵심 용어
- 행동 및 스킬 강화를 위한 지침
- 리더십 사례 문제

영유아용 의류 소매업체 제조부서장인 줄리 첸은 이윤 압박으로 인한 딜레마에 직면하였다. 의류 가격은 인상하지 못한 채, 면직물 가격과 임금의 대폭 상승으로 훨씬 더 많은 제조비용이 들게 되었다. 다른 많은 의류 회사의 경영자들은 지난 20년 간 의류 가격이 그대로거나 줄어들고 있었기 때문에 제조비용의 상승으로 인해 속상해 했다. 첸과 다른 회사 경영자들이 직면한 문제는 가격 인상에 반대하는 지출에 민감한 소비자들이었다.

첸은 다른 일부 의류 제조업체들이 원가절감을 위하여 시행하고 있는 방법인 "해체" 방식을 알고 있었다. 해체 방식은 의류의 옷감이나 단추의 양을 줄이기 위하여 약간의 수정을 가하는 것이다. 34달러 정도에 팔리는 카키바지 한 벌을 제작할 때, 접어 젖힌 아랫단, 주름, 동전 주머니 등을 제거하거나 또는 금속 후크와 버클을 단추로 대체하는 방법을 통해 한 벌 당 50센트 정도를 절약할 수 있었다.

어느 날, 첸은 가장 잘 팔리고 있던 두 종류의 아동복 바지인 "카키 왕자"와 "카키 공주"의 제작에서 약 1달러를 절약하기 위하여 어떤 원가절감 조치를 시행할지를 생각하고 있었다. 컨설턴트는 "아이들이나 부모들이 차이를 파악할 수 있겠습니까?"라는 이유를 들며, 바지의 동전 주머니를 제거할 것을 제안하였다. 첸은 한 벌 당 40센트 가량을 절약할 수 있는 이 특별한 방법에 대하여 고민하다가 그 방법을 거절하였다. "무엇보다 우리 아이들과 조카, 이웃집 아이들이 그 작은 동전 주머니를 좋아합니다. 일전에 나는 그 주머니 안에서 잔가지랑 5센트 동전 외에 돌멩이 두 개가 들어있는 것을 보았습니다. 그때 나는 만일 '쥬디 첸이 동전 주머니를 제거하여 아동복 한 벌당 40센트씩 절감하여 기업을 구했다.'라는 트윗 게시글을 본다면 어떻게 느낄지를 스스로에게 물어봤습니다. 우리는 제품가격을 줄이기 위한 다른 방법을 찾아야 합니다."[1]

이 장에서는 다음과 같은 몇 가지 주요한 관점에서 리더십 윤리와 사회적 책임을 살펴본다. 윤리적이고 도덕적인 리더십의 원칙, 윤리적 의사결정 지침, 윤리 침해 사례, 리더들이 윤리적이고 사회적으로 책임지는 문화를 조성하는 방법, 그리고 기업 윤리와 조직성과 간의 관계이다.

5.1 윤리적 그리고 도덕적 리더십의 원칙과 실행

윤리적이고 도덕적인 리더십의 몇 가지 원칙들을 부각하기 위해 모든 직급의 리더들이 무엇을 해야 하는지에 대한 많은 관심이 표출되고 있다. 리더들의 이상적인 행동을 다루는 용어들은 매우 막연히 사용되기 때문에, 이러한 용어들이 비즈니스 사회에서 일반적으로 어떤 의미를 가지는지를 정의하는 것은 가치있다. **윤리학**(ethics)은 도덕적 의무, 또는 잘못된 것으로부터 바른 것을 구분하는 것을 연구하는 학문이다. 집단이나 단체들에 적용되는 행동 지침을 의미하는 복수명사 형태로도 사용될 수 있다.[2] 이러한 의미에서 무엇이 옳고 그른지에 대한 개인의 결정을 뜻하는 **도덕률**(moral)과 상당히 비슷한 의미를 가진다. 도덕률은 개인의 가치관에 의해 영향을 받는다. 가치관은 윤리와 밀접한 관계에 있는데, 이는 윤리가 가치를 행동으로 바꿔주는 매개체가 되기 때문이다. 공정함을 가치 있게 여기는 리더는 집단 구성원을 개인적 친분이 아닌, 그들의 실적을 바탕으로 평가할 것이다. 그리고 도덕적 리더는 매우 윤리적으로 행동할 것이다.

목표이론가인 에드윈 로크(Edwin H. Locke)는 합리적인 리더의 목표가 모든 사람들의 이익과 조직의 번영을 위하여 모든 당사자들의 이익을 융합시키는 것이기 때문에, 윤리가 리더십의 중심에 있다고 주장한다.[3] 윤리적 연계(ethics link)는 모두가 이득을 얻으려면 모든 사람들은 윤리적으로 대우받아야 한다는 것이다.

이 절에서는 합리적인 사람들의 합의에 의해 리더가 올바른 일을 해야 한다는 개념에 초점을 맞춘 윤리적이고 도덕적인 행동의 표본을 제시한다. 그러나 이러한 용어들의 그 어느 것도 아주 정확하게 정의될 수는 없다. 또한, 리더들의 윤리적이고 도덕적인 행동이 왜 현저하게 차이가 나는지에 대하여 간단한 설명을 하고, 윤리적 사고방식의 중요성에 대해서도 따로 설명할 것이다. 이러한 원칙을 학습하기 전에, 당신의 업무 관련 윤리와 도덕성에 대해 생각해 보기 위해 [리더십 자기 평가 퀴즈 5-1]을 해 본다.

네 가지 윤리적 리더십 행동

정직하고 신뢰할 수 있으며 다른 사람들을 대할 때 진실성을 가진다. 최근에 발생한 사기와 스캔들로 인하여 많은 조직들에서 우선순위에 윤리적인 행동이 차지하는 비중이 높아졌다. 문제는 윤리적인 문제들이 리더와 조직 모두에 대한 신뢰를

리더십 자기 평가 퀴즈 5-1

리더십 윤리 퀴즈

방법 각 항목이 당신의 현재 태도와 행동을 얼마나 묘사하고 있는지, 또는 항목에 제시된 상황에 처하였다고 가정할 때 어떻게 행동할지를 가리키는 숫자를 선택한다.
응답 선택 사항: ①=대단히 그렇지 않다 ②=그렇지 않다 ③=어느 정도 그렇다 ④=매우 그렇다.

1. 영업을 위한 적은 뇌물은 전적으로 정당하다.	①	②	③	④
2. 매니저로서 부하의 혁신적인 아이디어를 가로채는 것은 문제가 없다.	①	②	③	④
3. 큰 계약을 따내기 위하여 고객에게 성접대를 제공하는 것은 정당하다.	①	②	③	④
4. 사무실을 비울 때 부하들이 무엇을 하는지 확인하기 위하여 감시 카메라를 설치할 용의가 있다.	①	②	③	④
5. 전체 비용의 약 10%까지 소요 경비를 사취하는 것은 일반적으로 용인된다.	①	②	③	④
6. 정직한 사람들은 꼴찌가 되는 경향이 있다.	①	②	③	④
7. 내가 해고된다면 사업 기밀을 훔쳐 고용주에게 복수할 것이다.	①	②	③	④
8. 내 자리의 경쟁자가 될 수 있는 사람은 고용하지 않을 것이다.	①	②	③	④
9. 대부분의 기업들이 이미 많은 세금을 냈기 때문에 정부를 상대로 바가지를 씌우는 것은 정당하다.	①	②	③	④
10. 모든 조건이 동일하다면, 나와 같은 민족이나 인종의 사람들에게 더 높은 업무실적 평가를 할 것이다.	①	②	③	④
11. 내가 개인적으로 싫어하는 직원은 고의적으로 더 낮은 업무실적 평가를 한다.	①	②	③	④
12. 일반적으로 집단이나 팀에서 편파적이다.	①	②	③	④
13. 단지 상사에게 잘 보이기 위하여 생산성 수치를 속일 수 있다.	①	②	③	④
14. 도움이 필요한 집단 구성원에게 조언하기 위해, 중요한 보고서를 쓰는 시간을 할애하지는 않을 것이다.	①	②	③	④
15. 직원들이 너무 자신감을 가지지 않도록 그들이 저지르는 실수를 과장한다.	①	②	③	④
16. 나를 나쁘게 보이게 하는 조직 구성원에게 복수할 방법을 찾는다.	①	②	③	④
17. 그 사람이 한 일에 대해 비난거리를 찾지 못하면, 좀처럼 직원을 칭찬하지 않는다.	①	②	③	④
18. 내가 원치 않는 어떤 것을 부하들이 나에게 원할 때, 그것을 하지 않으려고 상사의 핑계를 댄다.	①	②	③	④
19. 내차를 수리하게 하거나 나를 위한 쇼핑 등 직원들에게 심부름을 시키는 것이 정당하다고 생각한다.	①	②	③	④
20. 직원들의 문제에 대한 지원 요청을 무시하고 인터넷 서핑에 개인적인 시간을 허비한다.	①	②	③	④

채점 및 해석 20개의 항목들에 대한 당신의 응답들을 더한다. 사람들은 실제 자신의 모습보다 스스로를 더 윤리적이고 정직하게 여기는 경향이 있기 때문에, 당신의 점수가 긍정적으로 편향되어 있을 수 있다는 점을 인지한다.

- 20~25점 이 범위의 점수를 기록하였다면, 당신은 매우 윤리적이고 신뢰적인 리더 또는 잠재적 리더의 자아상이다. 당신의 답이 정확하다고 가정했을 때, 당신의 윤리성은 리더로서 당신에게 재산이 될 수 있다.
- 26~45점 이 범위의 점수는 평균적인 수준의 윤리성을 가진 리더 또는 잠재적 리더의 자아상을 암시한다. 당신이 더욱 윤리적으로 행동할 때, 아마도 더 향상될 것이다.
- 46~80점 이 범위의 점수는 매우 비윤리적인 리더 또는 잠재적 리더의 자아상을 암시한다. 점수가 당신의 행동을 정확하게 반영한다면, 당신은 당신의 경력에 악영향을 미칠 수 있을 정도로 비윤리적이고 정직하지 못하게 간주되고 있다. 당신은 심각하게 윤리학을 공부하여야 한다.

무너뜨린다는 점이다.[4] 신뢰할 수 있는 리더의 중요성에도 불구하고, 비즈니스 리더들의 신뢰도가 낮다는 증거가 나타나고 있다. 직원 태도와 의견에 대해 현재 진행 중인 연구의 일환으로, 미국윤리자원센터(Ethics Resource Center, ERC)에서 2,852개의 다양한 산업들 전반에 대하여 설문조사를 실시하였다. 관찰된 비윤리적인 행동은 다음과 같았다. 직원들에 대한 거짓말(19%), 이해관계에 연루(16%), 이해관계자에 대한 거짓말(12%), 건강과 안전을 침해한 행동(11%) 등이다.[5]

윤리적인 리더는 정직하고 신뢰할 수 있으며 그렇기 때문에 진실성을 가진다. 윤리 연구가인 토마스 베커(Thomas E. Becker)에 따르면, 이러한 자질은 정직성과 양심을 넘어서는 것이다. **진실성**은 합리적 원칙에 대한 충성심을 말하는데, 감정이나 사회적 압박에 구애받지 않고 말하는 대로 실천하는 행동(언행일치)을 의미한다.[6] 예를 들어, 진실성 있는 리더는 직원들이 공정하게 대우 받아야 한다고 믿을 것이며, 경비 절감의 압박 때문에 직원 재배치 비용을 지원한다는 약속을 어기지는 않을 것이다. 또 다른 예로 문화적 다양성을 설파하는 리더는 팀의 다양성을 구축할 것이다.

모든 이해관계자들에게 관심을 갖는다. 윤리적이고 도덕적인 리더들은 자신의 결정에 의해 영향을 받는 모든 이해관계자들을 공정하게 대하기 위하여 노력한다. 그렇지 않다면, 많은 결정들이 이루어진 후에 승자와 패자가 생겨나게 된다. CEO의 주된 책임이 주주의 부를 극대화하는 것이라는 광범위한 믿음은 모든 이해관계자들에게 관심을 가져야 한다는 원칙과 충돌한다. 경영학자들은, "예전에는 기업을 경제 및 사회 기관, 즉 주주의 편협한 이익만이 아닌 균형적으로 이해관계자 전체를 위해 일하도록 만들어진 조직으로 인식하곤 했다."라고 말한다.[7] 주주의 부를 극대화시키는 데 관심이 있는 리더는 (1) 인건비를 줄이기 위해 소중한 직원들을 해고하고, (2) 투자자들에게 강한 인상을 심어주기 위해 이윤을 과장하고, (3) 고객에게 바가지를 씌우고, (4) 퇴직자들을 위한 의료 혜택 줄이기 등과 같은 방법으로 비용을 감소시키고 이윤을 증대시키려 할 수 있다. 이러한 관행이 일반적이라 할지라도, 이것들은 모두 이해관계자들의 권리를 침해한다.

소프트웨어 회사 SAS의 CEO인 짐 굿나잇은 직원의 만족과 생산성 및 이윤의 증가 사이에는 강한 연관성이 존재한다고 주장하는 비즈니스 리더들 중 한명이다. 그는 이렇게 설명한다. "우리는 예전부터 직원 지향적(employee-oriented) 방침을 고수하였기 때문에, 장기적인 이득이 단기적인 비용보다 훨씬 더 크다는 점을 보여주는 오랜 기간에 걸친 경험적 이득을 취하고 있다. 대부분의 기업들은 그들의 연간 보고서에서 그러한 종류의 이득을 어떻게 보여주어야 하는지 모른다."[8]

또 다른 진정성 리더의 행동은 자신의 역할이 모든 주주에 대한 윤리적인 책임까지 포함한다고 여기는 것이다. 타인의 안녕은 그들 자신의 개인적 안녕에 우선한다(servant leadership, 서번트 리더십). 진정한 리더들은 자신의 개인적 성장만큼이나 이해관계자들의 성장에도 매우 헌신한다.[9]

공동체를 형성한다. 모든 이해관계자들의 요구를 고려하는 것의 필연적인 결과는 사람들이 공동의 목적을 달성하도록 리더가 돕는다는 것이다. 리더십 연구가 피터 노스하우스(Peter G. Northouse)는 리더는 그들 자신과 추종자들의 목적을 고려해야만 하고 모두에게 적용될 수 있는 목표들을 찾아야만 한다고 설명한다.[10] 많은 사람들이 동일한 건설적 목표를 향해 일할 때, 그들은 공동체를 형성한다. 많은 사람들과 함께 가난한 학생들을 돕기 위하여 일하는 비즈니스 리더는 공동체를 형성하는 리더의 이상적인 예가 된다.

비즈니스 활동이 인권, 노동, 환경의 기준을 따르도록 하기 위한 UN의 계획인 글로벌 콤팩트(Global Compact)는 국제적인 규모로 공동체를 형성하고자 한다. 130개 이상의 국가들에서 8,700개 이상의 기업 참가자들과 기타 이해관계자들이 참여하고 있다. 이 협약은 세계에서 가장 큰 자발적인 기업 시민 집단이 되고 있다. 글로벌 콤팩트의 목표들 중에는 기업이 그들의 정책에 인권에 관한 명백한 성명을 포함하도록 하는 것이 있다.[11]

개인을 존중한다. 개인을 존중하는 것은 도덕성의 다른 측면들을 포함하는 윤리적이고 도덕적인 리더십의 원칙이다. 진실을 말한다는 것은 충분한 정직성으로 다른 사람을 존중한다는 것이다. 약속을 지킨다는 것은 또한 존중을 보여주는 것이다. 존중함을 표한다는 것은 또한 다른 사람을 공정하게 대하는 것이다.[12] 개인에게 존중을 나타내는 것은 또한 모든 사람이 내적 가치를 가지고 있으며 정중하고 친절하게 대우받아야 한다는 것을 당신이 인지하고 있다는 것을 의미한다. 한 부서장이 부서 사무실에 들어온 관리인에게 "당신의 업무를 더 수월하게 하기 위해 우리가 무엇을 해드릴까요?"라고 물음으로써, 그의 부서 앞에서 존중을 표하였다.

윤리적 차이의 원인이 되는 요인

리더들 간의 윤리성과 도덕성이 차이나는 데에는 많은 이유가 있다. 한 가지는 리더의 탐욕, 탐닉, 욕구의 수준이다. 많은 사람들은 다른 사람들을 희생하면서까지 개인적인 이익을 극대화시키려 한다. 연방준비제도 이사회의 전 의장인 앨런 그린스펀은 공개적으로 경영자의 탐욕 문제를 언급하였다. 그는 경영자들이 한 명 한 명 수입을 조작하거나 급등하는 주가를 활용하여 분식회계를 하는 등, 전염병 같은 탐욕이 1990년대 후반 재계를 오염시켰다고 말했다.[13] 2008년 황폐화된 주식 시장의 하락세는 몇 가지 유사한 원인들에 기인한 것으로 나타났다. [표 5-1]은 탐욕의 흔적으로 해석될 수 있는 경영자 보상의 표본을 보여준다. 그들 자신을 위하여 많은 돈을 가지는 대신, 직원들과 주주들을 위하여 그 돈을 공유하거나, 고객들을 위하여 더 낮은 가격으로 상품을 제공하면 어땠을까? 이에 반하는 주장은 능력 있는 CEO 공급의 한계로 인한 수요와 공급의 법칙에 좌우된다는 것이다. 그래서 연간 1억 달러가 넘을지라도, 경쟁력을 유지하기 위하여 유능한 경영자들에게 많은 돈을 보상으로 지불해야 한다는 것이다.

세계적인 회계법인 KPGM의 회장인 티모시 플린은 어째서 훌륭한 사람들이 잘못된 길로 빠져드는지에 대하여 확실한 이유들을 제시한다. 한 가지 이유는 사람들이 행동 자체가 아닌 행동의 의도에 초점을 두는 합리화이다. 예컨대 사람들은

표 5-1 비즈니스 경영자들의 막대한 연봉의 표본

경영자와 기업	최근 연봉, 보너스, 스톡옵션
로렌스 컬프 주니어, 다나허(Danaher Corp.)	$141,000,000
로렌스 엘리슨, 오라클(Oracle Corp.)	$114,000,000
어브레이 맥클렌던, 체서피크 에너지(Chesapeake Enregy)	$114,000,000
레이 이라니, 옥시덴틸 석유(Occidental Petroleum)	$103,000,000
데이비드 노박, 얌 브랜즈(Yum Brands)	$76,000,000

출처: Scott DeCarlo, "What the Boss Makes," *Forbes.com*, April 28. 2010; Joann S. Lublin, "CEO Pay in 2010 Jumped 11%," *The Wall Street Journal*, May 9, 2011, p. B1.에 있는 데이터로부터 만든 표이다.

클라이언트를 돕기 위해 (이윤 과장과 같은)잘못된 일을 하거나 또는 투자자들을 돕기 위해 자신이 주가를 상승시키고 있다고 말한다. 또 다른 이유로 "누구도 나에게 하지마라고 얘기하지 않았기 때문에, 괜찮을 것이다."라는 암묵적 승인이 있다.[14] 예를 들어 하지마라는 말을 듣지 않았기 때문에, 관리자는 요직에 개인적으로 친분있는 친구와 친척을 계속 기용할 수 있다.

리더의 윤리와 도덕성에 기여하는 네 번째 핵심 요소는 도덕적 발달수준(level of moral development)이다. 종종 유년시절 형성된 정신 상태로 인하여, 일부 리더들이 도덕적으로 높은 수준을 가진 반면, 어떤 사람들은 도덕적으로 장애가 있다. 사람들은 도덕적 추론에서 세 가지 발달수준 단계를 거친다. 전(前)인습적 수준(pre-conventional level)에 속하는 사람은 외부적인 보상을 받는 것과 처벌을 피하는 것에 우선적으로 관심을 가진다. 이 발달 단계의 리더는 많은 상여금을 받는다는 최우선의 목적을 위해 손익 계산서를 위조할지도 모른다. 인습적 수준(conventional level)에 속하는 사람들은 주변의 주요 인물과 사회 규범에 의해 정의된 훌륭한 행동의 기대치를 따르도록 배운다. 이 단계의 리더는 공평한 임금 인상이나 유나이티드 웨이(United Way, 미국의 자선단체)의 캠페인에 대한 기부 장려 등과 같은 행동을 통해, 겉보기에 충분히 훌륭한 도덕성을 갖출 수 있을 것이다. 후(後)인습적 수준(post-conventional level)에서, 사람들은 특정 사회의 법들조차 초월할 수 있는 내면화된 보편적 원칙을 따른다. 도덕적 행동의 후인습적 수준에 있는 리더는 대다수의 사람들을 위하여 가장 이익이 되는 것을 하는 데 관심을 가질 것이며, 그러한 행동이 자신에게 인정이나 부를 가져다줄 지에 대해서는 고려하지 않을 것이다.[15] 나중에 8장에서 설명할 서번트 리더는 도덕적 발달에서 가장 높은 수준에 있다.

비즈니스 리더들의 부도덕한 행동의 원인이 되는 다섯 번째 요소는 그들 중 많은 사람들이 **특권의식**이 발달되어 있다는 것이다. 몇몇 심리학자들과 기업 지배구조 전문가들의 의견에 따르면, 일부 CEO들은 현실감을 상실하고 그들은 무엇이든 가져갈 수 있거나 훔칠 수 있는 **자격**을 부여받았다고 생각한다. 예를 들어, 홀링거 인터내셔널의 CEO 콘라드 블랙은 회사에서 자신의 개인 고용인들의 월급을 지불할 수 있는 권한을 주었다고 생각했다. 또한, 많은 경영자들은 특별한 보상을 받을 자격이 주어진다고 생각한다.[16] 주요 기업들의 CEO 평균 급여는 현재 가장 낮은 급여를 받는 직원들보다 263배나 더 높다.[17]

비윤리적이고 부도덕한 리더십 행동의 원인이 되는 여섯 번째 요소는 상황이며, 특히 조직문화이다. 조직의 최고 직위에 있는 리더가 경솔하고, 준법률적인 위험들을 감수하는 경우, 기업 내의 다른 리더들도 유사하게 행동할 수 있다. 최근 투자자들의 돈을 앗아간 투자 은행의 서브프라임 모기지에서의 경솔한 위험 요소 또한 공격적인 문화가 반영된 것이다. 재무담당 경영자들은 종종 투자자들의 안녕을 고려하지 않은 이윤의 극대화로 내몰렸다.[18]

사람의 됨됨이는 윤리적 차이점의 원인이 되는 일곱 번째 요소이다. 됨됨이가 훌륭할수록, 그 사람이 윤리적이고 도덕적으로 행동할 가능성이 더욱 높아진다. 예를 들어, 정직하고 협조적인 리더는 그렇지 않은 리더에 비해 더욱 윤리적으로 행동할 것이다. [리더십 자기 평가 퀴즈 5-2]를 통해 미 공군이 파악한 훌륭한 성격의 행동 세부 사항을 살펴볼 수 있다.

여기서 고려해야 할 비윤리적 리더십 행동에 기여하는 마지막 요소는 동기화된 맹목성(motivated blindness), 즉 보고 싶은 것만 보며 모순된 정보를 빠트리는 것이다. 재정적 보상을 신청한 CEO로부터 돈을 받은 보상 컨설턴트의 입장과 같은 이해가 상충하는 결과가 생긴다. 컨설턴트는 비록 정직해지려고 하지만, CEO의 비위를 맞추기 위해 후한 봉급을 추천하여 CEO가 과도한 연봉을 받을 수 있게 된다. 동기화된 맹목성의 또 다른 예는 어떤 사람을 채용한 매니저가 신규 채용자에 대한 선택의 오류가 반향을 일으킬 수 있기 때문에 신규 채용자 개인의 비윤리적인 행동을 묵과하는 것이다.[19]

리더의 윤리적 사고방식

인지교육 심리학자 하워드 가드너(Howard Gardner)는 리더가 윤리성을 유지하기 위해서는 **윤리적 사고방식**, 또는 개인이 일반적인 동료, 기업, 사회의 문제를 올바르게 처리하길 기대할 수 있게 하는 관점을 개발해야 한다고 생각한다.[20] 윤리적인 사고방식을 개발하는 것은 조직의 건전성을 위해 윤리적 나침반을 유지하는 것이 필수적이라는 믿음과 함께 시작한다. 시험에서의 부정행위와 논문 표절을 못하게 하는 등의 유년기의 영향은 좋은 출발점이 된다. 그 다음, 리더는 자신의 윤리적 신념을 명시하고 고수해야 한다(이 장에서 이미 언급한 윤리적 신념은, 모든 이해 당사자에게 관심을 가져야 한다고 확신하는 것 등과 관련이 있다). 리더는 또한 그러한 가치관이 지켜질 수 있도록, 예컨대 편애 대신 실적이 승진의 핵심 기준인지를 확인하는 등의 엄격한 자기 평가를 실시해야 한다. 신념을 되돌아보는 시간을 가지는 것은 리더가 윤리적인 행동에 초점을 유지하는 데 도움이 될 수 있다. 행동의 윤리성에 대한 평가를 멘토에게 요청하는 것은 유용한 실질적 점검 방법이 될 것이다. 마지막으로, 윤리성을 유지하기 위하여 리더는 예를 들어, 회사 전용기를 가족 휴가를 위하여 사용하는 동료에게 맞서는 것처럼, 타인의 비윤리적인

리더십 자기 평가 퀴즈 5-2

공군 성격 특성 평가항목

방법 다음에 정의되어 있는 것은 미 공군이 리더 계급에서 보길 원하는 성격 특성들이다. 각 특성에 대하여, 당신의 위치를 '(H) 높음, (A) 평균, (L) 낮음'으로 고른다. 이러한 본성에 대한 평가항목은 자기 고양적(self–serving) 편향이 존재하므로, 객관적으로 될 수 있도록 최대한 노력한다. 해당되는 경우, 특정 성격 특성을 어떻게 표현했었는지, 아니면 표현하지 않았었는지에 대한 사례를 떠올린다.

요인	설명	나의 위치 H	A	L
진실성	도덕적 또는 윤리적 규범이나 기준을 항상 고수함. 대안적인 선택과 마주했을 때, 항상 올바른 것을 선택하는 사람.	☐	☐	☐
정직성	항상 다른 사람들에게 진실함.	☐	☐	☐
충성심	조직, 상사, 동료, 부하들에게 헌신하고 전념함.	☐	☐	☐
이타심	다른 사람들의 안녕에 대한 진심어린 걱정과 다른 사람들과 조직의 이익을 위해 희생하려는 의지.	☐	☐	☐
연민	다른 사람의 고통이나 안녕에 대한 관심 그리고 다른 사람을 위해 도움을 제공하거나 자비심을 보이는 것.	☐	☐	☐
숙련도	주어진 모든 과업을 탁월하게 잘함. 효율적이고 능률적.	☐	☐	☐
존중	다른 사람들에게 존경, 배려, 감사를 나타낸다.	☐	☐	☐
공정함	모든 사람을 동등하고, 공정하게, 그리고 예의바르게 대한다.	☐	☐	☐
책임감과 자기 수양	합리적이고 논리적인 결정을 하고 배정된 과업을 하는 데 신뢰할 수 있다. 감독 없이도 주어진 과업을 수행할 수 있다.	☐	☐	☐
결단력	적절한 때에 논리적이고 효율적인 결정을 내릴 수 있는 능력. 결정에 적절한 자료를 검토한 후 즉시 올바른 결정을 내린다.	☐	☐	☐
정신적 공감	다른 배경과 문화 출신 개인 간의 정신적 다양성을 가치 있게 여기고 신념의 차이로 인한 모든 개인의 권리를 존중한다.	☐	☐	☐
협동심	공동의 결론 또는 목적을 위한 과업 달성을 위해 타인과 함께 일하거나 행동하는 의지.	☐	☐	☐

해석 당신이 H(높음)에 체크한 특성들이 많을수록 다른 사람들은 당신이 훌륭한 성격을 가지고 있다고 생각할 가능성이 높다. 이 목록은 리더십 개발을 위한 몇 가지 실마리를 제공할 수 있을 것이다. 예를 들어, 당신이 진실성과 협동심에서 낮다고 판단된다면, 당신은 다른 사람들에게 영향을 주기 더 어려울 수 있다.

주: 숙련도와 결단력은 보통 성격 특성으로 간주되지 않지만, 능숙하고 결단력 있는 것은 좋은 성격을 갖는 데 도움이 된다.

출처: U.S. Air Force, Cassie B. Barlow, Mark Jordan, and William H. Hendrix, "Character Assessment: An Examination of Leadership Levels," Journal of Business and Psychology, Summer 2003, 568.에서 재출판 되었음.

행동에 신속히 강력한 조치를 취해야 한다.

그렇다면 어떤 리더가 윤리적인 사고방식을 갖고 있는가? 당신은 아마도 열심히 일하는 중간 관리자들 중에서 많이 발견하게 될 것이다. 윤리적인 사고방식을 가진 유명한 비즈니스 리더는 투자의 현인 워렌 버핏일 것이다. 그는 변함없이 세계에서 가장 부유한 사람들 중의 한 명이지만, 그는 자신과 그의 투자회사인 버크셔 헤더웨이에 대하여 높은 윤리적 기준을 유지하고 있다. 버핏은 자신의 기업이 소유한 회사들에게 정기적으로 윤리성을 유지할 것을 조언하는 메모를 보낸다. 그리고 "다른 사람들도 그것을 하고 있다."라는 정당화는 용납될 수 없다고 한 그의 말은 폭넓게 인용되고 있다.[21]

5.2 결정의 윤리성 평가 지침

몇 가지 지침들이나 윤리적 장막은 리더나 다른 영향력 있는 행위자가 주어진 행동이 윤리적인가 여부를 결정하는 데 도움을 주기 위해 개발되었다. 벤틀리대학의 기업윤리센터는 특정 결정의 윤리성을 평가하기 위하여 여섯 개의 질문을 개발하였다.[22]

- 올바른가? 이 질문은 "도둑질하지 마라"와 같이 확실하게 누구에게나 받아들여지는 올바름과 그릇됨의 기준이 되는 원칙들이 존재한다고 하는 윤리학의 의무론에 기초한다.
- 정당한가? 이 질문은 특정 행동이 본질적으로 정당하다 아니면 부당하다는 정의에 대한 의무론에 기초한다. 예를 들어, 상대적으로 덜 유능한 처가 친척을 채용하기 위해 높은 실적을 달성한 직원을 해고하는 것은 부당하다.
- 누가 피해를 입는가? 이 질문은 최대 다수의 최대 행복을 추구하는 공리주의적 관점에 기초한다.
- 당신의 결정이나 행동들의 상세 내용이 미디어나 이메일을 통해 세상에 알려지면 당신은 기분이 좋겠는가? 이 질문은 폭로의 보편적 원칙에 기초한다.
- 당신의 자식, 형제자매, 또는 어린 친척에게 무엇을 하라고 말할 것인가? 이 질문은 의사결정자의 역할을 바꿈으로써 결정의 윤리성을 평가하는 가역성(reversibility)의 의무론적 원칙에 기초한다.
- 그것의 낌새가 어떻게 느껴지는가? 이것은 직감과 상식에 근거한다. 예를 들어, 인터넷을 통한 제품 문의를 판매로 계산하는 것은 합리적인 사람에게는 나쁜 낌새를 풍기는 것이다.

리더십 스킬 구축 연습 5-1

이 계약이 얼마나 중요한가

기업용 소프트웨어 및 IT서비스를 개발하는 한 기업은 페르시아만 근처에 있는 정부기관과 제품 판매 계약을 성사시키기 위하여 열심히 뛰고 있다. 그 거래는 첫 2년간 약 2백만 달러의 수익을 내고, 다음 몇 년 동안 서비스 계약에서 약 50만 달러를 벌어들일 것이다. 지난 2년간 비스니스 실적이 좋지 못하였기 때문에, 새로운 수입이 매우 필요한 상태다. 페르시아만 지역에서 일하는 영업담당자는 어느 날 아침 중요한 메시지를 알려주기 위해 전화를 걸었다. 그녀는 정부 기관이 며칠 내로 사인을 하고 1백만 달러를 먼저 지급할 준비가 되었다고 말한다. 그리고 담당자는 판매를 위한 사전 조건을 설명한다. "나는 기관장에게 미화 10만 달러가 채워진 운동 가방을 가져다 줘야 합니다. 그는 돈을 각각 100달러, 50달러, 20달러짜리로 나눠 받기를 원합니다. 기관장은 집이 없는 아이들에게 쉴 곳과 음식을 제공하는 데 그 돈이 쓰일 것이라고 주장합니다."

기업의 리더는 계약을 위한 그 사전 조건을 승인할지의 여부를 빠르게 결정해야 한다. 결정의 윤리성을 평가하기 위한 지침을 통해 심사숙고한 결정을 내리기 위해 소규모 그룹으로 토론하라. 반드시 결정을 내리도록 한다!

지침에 따른 결정이 필요한 윤리적 문제들은 보통 노골적이라기보다 미묘한 편, 즉 애매한 범주에 속하는 결정이다. 서브프라임 모기지 위기 동안에 투자 은행 골드만삭스의 한 중개인 그룹의 금융 거래가 그 한 예이다. 이 그룹의 도박은 가치가 떨어질 수 있는 위험한 주택담보 대출에 의해 받쳐지고 있는 유가증권으로 일 년 만에 거의 40억 달러의 수익을 발생시켰다는 것이다(이러한 관행을 공매도라고 한다). 때마침, 서브프라임 모기지(비우량 주택 담보 대출)가 빠르게 출시되어 골드만삭스의 고객들에게 팔리고 있었다. 자신의 고객들에게 판매한 투자 상품들이 빠르게 가치를 잃을 것이라 예상하여 그룹은 많은 돈을 준비하였다. 윤리적인 질문은 '왜 골드만은 자신의 중개인들이 이러한 투자 상품들이 하락할 것이라고 예상했음에도 계속해서 고객들에게 부채담보채권을 팔았는가?'하는 것이다.[23] 더불어 골드만의 중개인들은 고객들에게 판 투자 상품의 가치가 급격히 떨어질 것이라는 예상을 고객들에게 이야기했어야 했는가? 당신은 이 지역의 주택 가치 하락에 개인적인 내기를 건 중개인으로부터 집을 구매하겠는가?하는 것이다.

리더들은 정기적으로 윤리 테스트를 통하여 결정 실행을 고려해야 할 처지에 놓인다. [리더십 스킬 구축 연습 5-1]은 기업용 소프트웨어 및 서비스를 제공하는 한 기업이 직면하는 결정의 윤리성을 생각할 수 있는 기회를 제공한다.

5.3 비윤리적 리더십 행동의 표본

이 장의 앞부분에서, 비윤리적인 행동에 대하여 언급하였다. 여기에서는 과거와 현재의 비윤리적 행동들의 표본을 제시한다. 종종 인용되는 말이 약 95%의 비즈

표 5-2 비즈니스 리더의 비윤리적 행동 사례들

리더와 기업	범죄와 결과
버나드 매도프 버나드매도프 투자 증권의 전 CEO이자 나스닥의 전 회장	몇 년에 걸쳐 약 500억 달러를 투자자로부터 사취하여 유죄 선고를 받았다. 기본적으로 투자자들에게 유령상품을 판매하고, 이를 통해 투자자금의 대부분을 사취하였다. 그리고 이전 투자자로부터 받은 돈으로 신규 투자자에게 일부를 지급하였다. 그에게 알선을 해주는 브로커와 다른 연줄이 있었다. 담보 사기, 국제적인 자금 세탁, 우편 사기, 그리고 인터넷뱅킹 금융사기로 150년 형을 선고 받고 수감되었다. 유죄 확정 시 그가 한 말은 '죄송합니다'였다.
안젤로 모지토 컨츄리와이드 파이낸셜 (현 뱅크오브아메리카의 계열사)의 전 CEO	CEO 재직 시 고 위험 고객들에게 담보대출을 발행하였고, 그 후, 이 담보대출을 기반으로 유가 증권을 높은 안전 등급을 가진 증권이라고 홍보하면서 판매하였다. 많은 대출자들이 그들의 대출을 상환하지 못할 것이라는 것을 안다는 혐의로 고소되었다. 민사상 사기와 내부 거래 혐의에 대하여 6천 7백 5십만 달러의 벌금을 물었으나 기소되지는 않았다. 후에 느슨한 증권 인수 기준이 주택 담보 대출 증권의 붕괴로 이어졌다고 주장하는 올스테이트의 소송에서 피고로 포함되었다.
마샤 스튜어트 마샤 스튜어트 리빙 옴니미디어의 회장이자 CEO	임클론의 주식 판매와 관련하여 공모와 재판 방해 및 고의적인 거짓 진술로 기소되었다. 2004년 유죄를 받았으며, 5개월간 복역한 후, 전자발찌를 차고 5개월간 가택 연금을 당했다. 복역 후 그녀는 회사에 복귀하고 텔레비전에도 출연하였다. 당시 그녀는 반성의 기회와 함께, 지인들의 도움으로 수감 생활을 잘할 수 있었다고 말했다.
페트리샤 던 HP의 비상임 회장	언론에 기밀을 누설한 사람을 밝히기 위해 다른 이사진들을 감시하였다. HP를 담당하는 9명의 기자들도 감시하였다. 통화기록을 확보하기 위하여 기자와 이사진 행세를 한 정보원들에게 32만 5천 달러 이상을 지급하였고, 또한 가짜 이메일 주소를 사용하여 한 이사진의 컴퓨터에 스파이웨어를 설치하였다. 던은 HP에서 사임하였다. 2007년, 캘리포니아주는 형사 고소를 취하하였다.
폴 디바인 애플의 글로벌 조달 매니저	2010년 아시아 지역의 애플 공급업체로부터 백만 달러 이상의 뇌물을 받은 혐의로 연방 대배심원에 기소되었다. 디바인은 인터넷 금융사기, 자금 세탁, 불법 자금 거래를 포함한 범죄행위로 고발되었다. 애플 역시 디바인의 정직하지 못한 행동에 대하여 전혀 관용을 베풀 수 없다며 형사 고발을 하였다.
데니스 코즐로프스키 타이코인터내셔널의 전 CEO	회사에서 빌린 대규모 자금을 갚지 않았다, 수입을 조작하여 미술품 판매세를 지불하지 않았다. 2004년 8년에서 25년 형으로 수감되었고, 7천만 달러의 배상금을 지불하였다. 후에, 연방 판사는 코즐로프스키의 1995년부터 2002년 사이의 모든 연봉 소득을 압수해야 한다고 판결하였다.

여기에 제시된 행동 표본들은 형사 고발로 이어진 행동들과, 당혹스러움과 부정적인 언로보도로만 이어진 행동들을 포함한다.

출처: 표에 있는 사실들은 언론에 널리 유포된 것들이다. 사실에 대한 대표적인 출처는 다음과 같다: "As If a Credit Tsunami Weren't Enough: The Case of Accused Ponzi Schemer Bernard L. Madoff," January 19, 2009, p. 61; David Benoit, "Allstate Sues Countrywide," *The Wall Street Journal*, December 29, 2010, p. C2; "High Profiles in Hot Water," *The Wall Street Journal*, June 28, 2002, p. B1; James S. Granelli, Kim Christensen and Jim Puzzanghera, "HP Spied on More Than Phone Calls," www.latimes.com/business, September 21, 2006; Barbara Kiviat, "The One that Got Away," Time, September 4, 2006, pp. 38-39; Yukari Iwatani Kane, "For Apple Suppliers, Pressure to Win." *The Wall Street Journal*, August 16, 2010, p. B3; "Executives on Trial," The Wall Street Journal, May 26, 2006, p. A9; Chad Bray, "Judge Orders Ex-Tyco CEO to Forfeit Compensation," *The Wall Street Journal*, December 3, 2010, p. B3.

니스 리더들은 윤리적이나 5%의 암적인 존재가 모든 언론의 관심을 받는다는 것이다. 그러나 비윤리적인 리더십의 영향력은 엄청나다. 비윤리적인 행동은 기업을 파산으로 몰아넣고, 수천 명의 노동자 해고로 이어지고, 주식 투자에 대한 신뢰를 약화시키고, 많은 능력 있는 젊은이들의 취업난을 가중시킨다.

[표 5-2]는 비즈니스 리더들이 저지른, 언론에 보도된 몇 가지 비윤리적이고, 부도덕하며, 때론 불법적인 행동들을 보여준다. 수천 가지의 다양한 비윤리적인 행동들, 예컨대 비즈니스 오너가 회사의 임금대장에 가족이나 친구, 연인을 등재하여 임금을 부풀리는 등 같은 경우는 신고되지도 않았다.

5.4 리더십, 사회적 책임, 그리고 윤리적 조직 문화 형성

기업의 사회적 책임에 대한 개념은 계속해서 진화하고 있다. 최근, 이 개념은 조직의 어떤 관리자가 이해관계자들과의 관계에 대하여 고려하고 논의할 것인가와 그들이 공익을 달성하기 위하여 어떻게 일할 것인가의 과정으로써 설명되고 있다. 그렇기 때문에 어떤 한 기업의 사회적 책임을 분석하기 위하여, 그 기업이 다른 사람과의 관계에서 무엇을 생각하고, 말하고, 무엇을 하는 경향이 있는지를 이해하는 것이 필수적이다.[24] 윤리학 교수 프리만(R. Edward Freeman)에 따르면, 기업의 사회적 책임은 더 이상 추가적인 것이 아닌, 비즈니스의 핵심 목표가 되었다.[25] 기업의 사회적 책임이 주주들과 이해관계자들을 위한 가치를 만들어 낼 때, 그것은 훌륭한 비즈니스 전략으로 간주된다.[26]

사회적으로 책임을 지는 것은 '해야만 한다(Thou Shalt)' 접근법, 즉 사회에 긍정적으로 기여하기 위하여 리더가 더 나은 방법을 찾는 접근법에 부합한다. 대조적으로, '하지 말라(Thou Shalt Not)' 접근법은 [표 5-2]에 설명된 것과 같은 부정행위를 피하는 데 초점을 둔다.[27] 여기에서는, [그림 5-1]에 개략했듯이 윤리적인 행동을 장려하는 조직문화를 형성하는 것을 비롯하여, 리더가 사회적 책임을 향상시키기 위하여 할 수 있는 활동 사례들에 초점을 맞출 것이다.

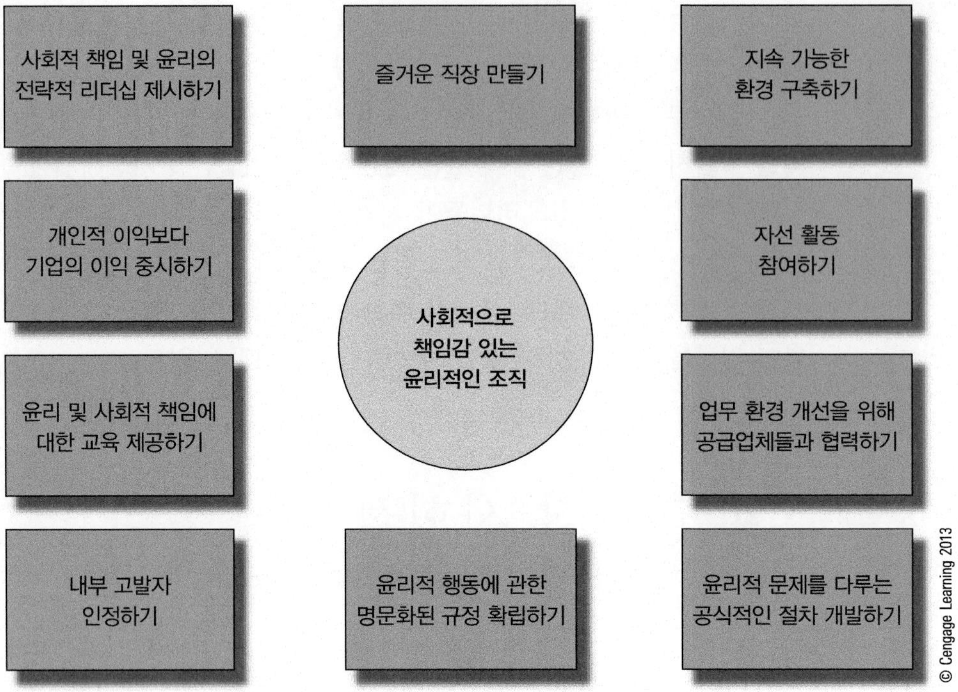

그림 5-1 **사회적으로 책임감 있고 윤리적인 조직을 이룩하기 위한 계획**

윤리 및 사회적 책임의 전략적 리더십 제시하기

윤리적이고 사회적으로 책임을 지는 조직을 위한 가장 효과적인 경로는 고위 경영진들이 그러한 방향으로 전략적 리더십을 제시하는 것이다. 이러한 방식으로, 고위 간부는 윤리적 리더가 된다. 그들의 정책과 활동은 조직에 대한 윤리적 그리고 사회적 책임의 분위기를 조성한다. 높은 윤리성이 최우선 사항이 된다면, 모든 직급의 직원들이 윤리적으로 행동할 가능성이 높다. 2008년 즈음에 금융업계가 직면한 문제에 대한 분석에 따르면, 도덕적 리더십의 결핍이 원인 요소였다. 금융업계에 종사하는 크리스티나 렉스로드는 다음과 같은 글을 썼다.

> 금융업계가 의회에 의해 부과된 전면적인 새로운 규칙들과 규정들을 받아들이고는 있지만, 적법성이 도덕성과 같은 것은 아니다. 일부 은행에서는 사람들이 기술적으로 합법적인 한 서브프라임 모기지 발행과 같이 문제가 되는 관행을 보고도 못 본 척한다.[28]

윤리 및 사회적 책임의 전략적 리더십은 솔선수범을 통해 이끌어 가는 것을 내포한다. 기업 전체 직원들이 윤리적 처신은 받아들여지고 비윤리적 처신은 배제

된다고 믿는다면 윤리적 행동이 만연할 것이다. 보상을 받는 윤리적 행동은 지속될 가능성이 크다. 린다 클레베 트레비노(Linda Klebe Trevino)와 마이클 브라운(Michael E. Brown)은 높은 성과를 창출하고 매니저, 동료, 고객에게 진실하다는 평판을 얻은 사람에 대한 승진과 포상을 통해 윤리적 행동이 보상을 받을 수 있다고 말한다. 더불어, 비윤리적으로 행동하는 직원들이 보상을 받아서는 안 되며, 어쩌면 징계를 받아야 할 수 있다.[29] 한 달을 35일로 여기는 판매부장이 이전 달의 실적을 부풀리기 위해 다음 달에서 당겨 쓴 5일간의 매출에 대해 보상을 받을 수는 없을 것이다.

즐거운 직장 분위기 조성하기

편안하고, 즐거우며, 지적으로 자극을 주는 직장 환경을 조성하는 것은 직원들의 행복에 직접적으로 영향을 주는 사회적 책임 추진이다. 많은 사람들은 자신의 시간의 약 3분의 1을 일하는 데 투자하기 때문에, 즐거운 직장 환경은 그들의 삶이 더욱 풍부해질 수 있는 기회를 증가시킨다. 일하기 좋은 기업연구소(Great Place to Work® Institute의 Robert Levering)의 모스코비츠(Milton Moskwoitz)와 레버링(Robert Levering)은 《포춘》과 합동으로 "일하기 좋은 최고의 기업" 되기라는 개념을 제도화했다. 고용주들이 스스로를 후보로 추천하고, 점수의 3분의 2는 조직 문화를 측정하는 설문조사인 '일하기 좋은 직장 신뢰지표(Great Place to Work Trust Index©)'에 대해 임의로 선택된 직원들의 응답을 바탕으로 한다. 일하기 좋은 기업연구소의 연구원들에 의한 직장 문화감사(Culture Audit) 평가가 점수의 나머지 부분을 결정한다. 직원의 만족도에 초점을 두는 조사이지만, 또한 일반적으로 "일하기 좋은 최고의 100대 기업"으로 선정된 기업들은 이익도 얻는다. 이러한 기업들이 제공하는 혜택들 가운데에는 유연한 업무시간, 직장 보육원, 세탁물 찾기 같은 심부름 대행, 동성 파트너에 대한 동거 혜택(domestic partner benefits), 전액 유급 안식기간 보장 등이 있다. 다음은 가장 높은 등급을 받은 세 회사이다.[30]

> **SAS, 케리, 노스캐롤라이나.** 이 비스니스 분석 소프트웨어 및 서비스 기업은 2년 연속 최고의 기업으로 선정되었고 14년 동안 순위에 들었다. 주목할 만한 혜택에는 출장 의료 서비스, 직원 자녀들을 위한 여름 캠프, 세차와 내부 청소 서비스, 상점, 그리고 회사 부지 내 대규모 체육관 등을 포함한다. 이 기업의 철학은 "직원들이 변화를 만들고, 그리고 만들어 낼 것처럼 대한다."이다.

구글, 마운틴뷰, 캘리포니아. 회사 이름이 동사가 된 이 회사는 실리콘 밸리의 표준이 되었다. 이 회사의 혜택 중에는 무료 고급 음식, 실내 풀장, 무료 출장 의료 서비스 등이 있다. 엔지니어들은 독립적인 프로젝트에 자신의 업무 시간의 20%를 쓸 수 있는 자율권을 가진다. 구글 직원들은 다른 동료에게 175달러의 즉석 현장 보너스를 수여하는 권한이 있으며, "구글러"의 3분의 2 이상이 수상하였다. 모든 직원들에 대해 최근 10%의 임금 인상이 이루어졌다. 채용 기준은 엄격하며, 탁월함, 좋은 팀 플레이어 역량, 그리고 다양한 관심사를 강조한다. 연봉 자료는 공개되지 않았지만, 많은 구글 직원들은 적법한 스톡옵션의 행사를 통해 부자가 되었다. 직원의 90%가 스톡옵션을 받는다.

웨그먼스 푸드 마켓, 로체스터, 뉴욕. 71개의 식료품 체인점을 보유한 이 비공개 기업의 창립 신조는 "직원이 우선이고, 고객이 두 번째"이다. 웨그먼 가족은 직원들이 행복할 때 고객들도 행복해질 것이라고 믿는다. 이 비공개 식료품 체인은 근처에 웨그먼스 지점이 생기길 바라는 고객들이 보낸 편지를 매일 수천 통씩 받는다. 최근 몇 년간 11,000명의 웨그먼스 직원들은 8주간 하루에 과일과 야채 5컵 먹기와 10,000 걸음 걷기 도전에 참여하였다.

근무하기에 최고의 직장이라는 자격을 얻은 회사의 직원 프로그램은 직원의 혜택들에 초점을 둔다. 그러나 이러한 기업들의 리더들은 업무 격려 또한 강조한다.

지속 가능한 환경 구축하기

사회적으로 책임을 지는 리더들은 독성 폐기물 관리와 같이 의무적인 환경 규제 이상의 다양한 활동들을 통하여 외부 환경을 유지하고 보존하도록 다른 사람들에게 영향을 미친다. 지속 가능한 환경의 구축을 돕는 것은 수백 가지의 다양한 행동들을 포함한다. 예를 들어, 포장을 더 작게 만들고, 형광등을 더 광범위하게 활용하고, 화석 연료를 대체하여 태양 전지판과 풍력 터빈으로부터 얻은 에너지를 가능한 사용하는 것이다. 게다가, 많은 회사들이 운동장을 만들거나 가난한 이웃의 낡은 집을 재단장하는 활동 등의 공동체 행사를 지원한다. 오래된 건물을 보존하는 것은 새로운 건물을 짓는 것보다 더 적은 에너지를 사용하며, 이것은 환경의 미학적 측면 역시 향상시킨다.

몇몇 기업에서는 최고 지속가능경영 책임자(chief sustainability officer) 같은 직함을 만드는 등 상대적으로 새로운 리더십 직위가 만들어지고 있다. 코카콜라의 최고 지속가능경영 책임자 비아 페레즈의 주요 역할은 포장과 재활용, 수질, 기후 보호, 공동체와 관련한 지속 가능성 문제들에 관한 일을 하는 것이다.[31]

지속 가능한 환경의 조성을 돕기 위한 대표적인 리더십 계획의 세 가지 특정 사례는 다음과 같다.

- 브릿지스톤과 미쉐린을 포함한 몇몇 타이어 회사들은 주행 저항, 즉 차량을 움직이기 위해 타이어가 극복해야 하는 힘을 줄인 타이어를 생산하고 있다. 주행 저항이 줄어들면 연료 소비가 줄어들지만, 타이어의 수명이 짧아진다는 점과 젖은 표면에서 제동 거리가 늘어난다는 우려가 있다.[32]
- UPS는 최근 몇 년간 국내 운송 수단들의 연료 소비 효율을 약 10%정도 향상시켰다. 추가적인 10% 향상을 위해 회사는 대체 연료 차량들을 더 많이 도입하였다. UPS는 현재 전기 차량, 하이브리드 차량, 압축 천연 가스 차량, 그리고 액체 천연 가스 차량을 보유하고 있다.[33]
- 리스토어 프로덕트의 청소용품은 경쟁사의 친환경적인 경쟁자들보다 상당히 더 환경 친화적이다. 고객들은 22개의 협력 매장에 빈 병을 가져와 내용물을 채울 수 있다. 이때 컴퓨터는 바코드를 읽어 새로운 제품을 혼합하여 병을 채운 후 할인 쿠폰을 출력한다.[34]

방금 제시된 세 가지 사례가 환경 친화적인 기업으로 보여지기 위한 선전활동이라고 생각할지는 모르겠지만, 환경은 혜택을 받고 있다. 환경을 돕기 위한 리더의 또 다른 방법은 재활용 사업에 직접적으로 참여하는 것이다. 전자 제품은 세계에서 가장 급증하고 있는 고형 폐기물이며, 수은이나 크롬 같은 독성 물질을 포함하고 있기 때문에 전자 제품의 재활용은 특별히 더욱 중요하다. 이 분야에서 꽤 규모가 큰 기업으로 캘리포니아 프레즈노에 있는 ERI(Electronic Recyclers International)가 있다. ERI의 최고 경영자 존 쉬게리안은 사회가 한 걸음 더 나아갈 수 있도록 선행을 베풀고 있다. 200명의 정규직 및 시간제 직원의 3분의 1은 주로 전과자와 약물 중독자를 포함하는 재활 프로그램의 일원이다.[35] 이러한 공익적인 측면은 고용이 됨으로써 범죄 행위나 약물 중독으로 다시 돌아가지 않도록 해준다는 데 있다. [리더십 스킬 구축 연습 5-2]는 환경 감사를 실시할 수 있는 기회를 제공한다.

자선 활동 참여하기

사회적 책임에 대한 표준적인 조직의 리더십 접근법은 자선 단체와 기타 다양한 조직들에게 돈을 기부하는 것이다. 대부분의 자선 단체들은 기업의 후원에 크게

리더십 스킬 구축 연습 5-2

환경 감사 실시하기

환경 친화적인 직장을 만들기 위하여, 누군가는 변화의 기회를 찾고자 솔선수범해야 하며, 이를 통해 리더십을 발휘해야 한다. 약 다섯 명으로 이루어진 그룹을 만들고, 한 사람이 팀 리더를 맡는다. 당신의 임무는 직장의 환경감사이기 때문에 교실 밖에서 일을 해야 할 수 있다. 외부 환경감사는 예배실, 학교, 또는 운동 시설 같은 비영리적 장소를 포함할 수 있다. 수업 동안에 감사를 한다면, 교실, 운동시설, 구내식당 같은 학교의 일부분을 평가한다.

당신의 업무는 직장의 에너지 효율성과 유익성에 관련하여 환경 감사를 실시하는 것이다. 1부터 10까지의 척도로 판단을 하고, 다음의 요인들에 대하여 평가를 추가한다.

1. 빌딩 단열, 형광등 사용, 냉난방, 태양 전지판 사용과 같은 요소들의 측면에서 직장은 얼마나 에너지 효율적인가?
2. 오염원과 물리적 사고를 막기 위한 조치의 측면에서 환경은 얼마나 안전한가?
3. 시각 및 청각 공해에 대한 보호 측면에서 환경은 얼마나 미학적(aesthetic)인가?

한 페이지 미만으로 당신의 결론과 제안을 항목별로 요약한다. 반 친구들 그리고 어쩌면 직장의 매니저에게 당신의 결론을 발표한다. 반 친구들은 당신의 결론이 실질적으로 생태학적 관점에서 지구를 개선시킬 수 있는지에 대해 평가할 수 있다.

의존한다. 전문대학, 대학, 직업학교 또한 기업의 기부금으로부터 혜택을 얻는다. 주요 자선가들 중 상당수는 유산을 통한 기부보다는 일생에 걸쳐 기부를 한다. 가장 눈에 띄는 예는 마이크로소프트의 빌 게이츠 부부이다. 이들은 극심한 가난을 줄이고, 에이즈를 예방하며, 어린이들에게 예방 접종을 하는 것을 최우선으로 하는 재단을 설립하였다. 금융가인 워렌 버핏 역시 재단 이사이다. 미국에서는 교육 기회 및 IT 접근성에 더 많은 초점을 두고 있다. 2010년, 이 재단은 24억 5천만 달러의 기금을 확보하였으며, 2006년 버핏은 이 금액의 두 배를 기부하였다. 빌 게이츠는 가난한 사람들이 더 많은 혜택을 받을 수 있도록 자본주의의 개선을 주장하고 있다. 게이츠는 기술, 의료, 그리고 교육의 발전이 부자를 도와주고 가난한 자들을 외면하는 경향이 있기 때문에 걱정스럽다고 말했다.[36]

많은 기업의 기부자들은 자신의 자선 투자가 형식적인 절차로 인해 방향성을 잃지 않고, 최종 소비자에게 혜택이 가길 원하며, 측정 가능한 결과가 나타나길 원한다. 새로운 유형의 자선가들은 잠재적 사업 투자로서 각 자선 조직을 검토하며, 사회적 영향력 측면에서 최대 수익을 추구한다. 또한, 이러한 자선가는, 예를 들어 얼마나 많은 아이들이 읽는 법을 배웠는지 또는 AIDS의 신규 발생이 얼마나 감소했는지와 같은 후속 데이터를 요구할 수 있다. 우리는 일반적으로 자선가를 대기업의 경영자들이나 자수성가한 백만장자와 억만장자들이라고 생각한다.

실제로는, 더 적은 인지도와 재산을 가진 많은 리더들이 자선가이다. 대표적인 예로, 포드 자동차의 글로벌 품질담당 부사장인 베니 포울러를 꼽을 수 있다. 그는 육체노동, 훈련, 교육, 긍정적 관계를 통해 젊은이들에게 긍정적인 성격과 가치관을 개발하는 것을 목적으로 하는 파워스트로크 애슬레틱 클럽을 설립하였다. 포울러는 일주일에 10시간을 클럽에서 달리기와 농구를 가르치는 데 투자하고 있다. 파워스트로크는 1년에 두 번의 모금 행사, 최소한의 등록비, 그리고 등록비를 낼 수 없는 아이들을 위한 후원자들의 지원을 받고 있다.[37]

자선 활동의 또 다른 방법은 기업 대표들이 신체적, 정신적, 감정적으로 도움이 필요한 사람들을 돕는 것이다.

업무 환경 개선을 위해 공급업체와 협력하기

사회적 책임을 실천하기 위한 어떤 기회는 기업의 리더들이 물리적 그리고 정신적 작업 여건을 개선하기 위하여 공급업체와 협력하는 것이 있다. 경영진은 노동력을 착취하는 공급업체와의 계약을 거부하는 대신, 공장 작업 여건을 개선하기 위해 그 공급업체와 함께 일할 수 있다. 공급업체의 상태를 개선하는 데 도움을 주는 것의 정당성은 공급업체의 직원들은 보통 임금노동을 절실히 필요로 한다는 데 있다. 극심한 빈곤에 직면해 있거나 주거와 식량을 위해 많지 않은 임금에 의존하는 사람에게는 거의 모든 직업이 무직보다 훨씬 낫다. 공급 업체의 작업 여건을 개선하도록 도움을 주는 것은, 기업의 사회적 책임을 보여주는 또 다른 방법으로써 기업들이 긍정적인 사회 변화를 위한 매개체로 인식하면서 개념화되어 왔다.[38]

의류회사 갭은 공급업체들의 작업 여건을 개선시키기 위하여 중요한 계획을 세웠다. 기업의 리더는 갭에 공급할 의류를 생산하는 전 세계 3,000여 개의 공장들 중 많은 곳의 작업 여건이 완벽과는 꽤 거리가 멀다는 점을 인정하는 보고서를 발행하였다. 작업 여건 침해 사례들 중에는 중국 공장의 10~25%가 정신적인 강압이나 언어폭력을 행사하였다는 것이 있었다. 사하라 사막 이남의 아프리카에 위치한 공장들의 50% 이상은 적절한 안전장치 없이 기계를 운영하였다. 갭의 대표들은 현재 공장들을 교육시키고 작업 여건 규정 준수를 위한 프로그램을 개발하는 것을 돕는 데 더 많은 시간을 투자하고 있다. 갭의 초기 계획은 갭 매장에서 판매될 옷들을 만드는 노동자들의 삶을 개선시키기 위하여 기획된 윤리적 무역계획(Ethical Trading Initiative, ETI)으로 진화하였다.[39]

윤리적 행동에 관한 명문화된 규정 확립하기

많은 조직들은 윤리적이고 사회적으로 책임을 지는 행동을 위한 지침으로서 명문화된 규정을 이용한다. 자기 관리형 팀들에 속한 직원들은 예전보다 더 적은 통제를 받기 때문에 이러한 지침들은 그 중요성이 계속해서 증가하고 있다. 각종 산업을 막론하고, 대부분의 규정들은 매우 유사한 문제들을 다룬다. 테네시 녹스빌에 위치한 커버넌트 헬스의 청렴성 준법책임자(integrity Compliance officer)인 패트리샤 브리딩(Patricia Breeding)은 이렇게 말한다. "그들은 이해 상충, 선물, 업체 관계 따위를 다룹니다. 그들은 한편으로는 '고객'이라는 단어를 사용하고 다른 편으로는 '환자'라는 단어를 사용합니다. 하지만 모두 옳은 일을 하는 것에 관한 것입니다."[40]

정부나 기업 임원의 뇌물수수를 반대하는 금지 규정은 잠재적인 주요 문제들을 방지하기 위한 윤리 규정에 더 빈번하게 포함되고 있다. 예를 들어, 2011년 미국의 규제 담당자들은 한국에서 고용주들이 현금을 채운 쇼핑백을 전해주었다고 주장하며, IBM을 아시아에서 10년 동안의 뇌물수수혐의로 고소하였다. 알려진 바에 따르면, 중국에서 IBM은 공무원들에게 수백만 달러의 계약에 대한 답례로 접대 자리를 마련하였다. IBM은 뇌물에 연루된 자회사의 100명 이상의 직원들에 대한 민사고발을 해결하기 위하여 천만 달러를 지출하는 데 합의하였다(IBM이 윤리와 사회적 책임에서 긍정적인 평판을 가지고 있었기 때문에 이 사건은 놀라운 것이었다).[41]

2000년 경 금융 스캔들로 인해 촉발된 사베인즈 옥슬리법(the Sarbanes-Oxley Act)은 공개 기업들이 고위 재무 관리자들에게 윤리 규정을 적용하였는지의 여부를 밝힐 것을 요구한다. 보잉사와 같은 일부 기업들은 모든 직원들에게 행동 규정에 동의할 것을 요구한다. 명문화된 행동 규정은 기업 내의 공식적 그리고 비공식적 리더들이 자주 언급을 할 때 행동에 영향을 미칠 가능성이 높다. 덧붙이자면, 규정의 준수는 반드시 보상 받아야 하고 규정의 침해는 반드시 처벌 받아야 한다.

윤리적 문제를 다루는 공식적 절차 개발하기

많은 대기업들은 다양한 유형의 윤리 프로그램들을 가지고 있다. 대규모 조직들은 종종 윤리적이고 사회적으로 책임 있는 행동을 하도록 윤리 위원회를 만든다. 이러한 공식적 절차에서의 최고위 리더의 참여는 그들에게 더 많은 영향력을 부여한다. 위원들은 최고 경영진 대표와 조직 전반의 다양한 관리자들을 포함한다.

인사부서의 윤리 및 사회적 책임 전문가 또한 집단에 참여할 수 있다. 위원회는 윤리 및 사회적 책임에 대한 정책을 수립하고 기업 활동의 윤리감사도 실시할 수 있다. 게다가, 위원들은 윤리적 문제들에 대한 불만을 검토할 수도 있다.

미 연방정부는 윤리적 문제들을 처리하기 위해 펜타곤의 행위기준부서(Pentagon's Standards of Conduct Office)라고 부르는 부서를 포함하고 있다. 이 부서의 가장 강력한 무기는 펜타곤의 법률가인 스티븐 엡스테인에 의해 인터넷상으로 편찬된 정부 내 윤리적 실패 목록인 《윤리적 실패의 백과사전(Encyclopedia of Ethical Failure)》이다. 다양한 정부 부서들에서 공무원직을 해임 당한 사례와 놀랍도록 형편없는 판단의 축약된 사례들이 소개되어 있다. 한 예로, 어떤 육군 간부는 자신의 여자 친구의 딸과 위조 사업에 매진하다 체포되었다. 엡스테인은 이 사례의 헤드라인으로, "어떤 행복한 가족은 교도소에서 함께 시간을 보내고 있다."라고 기록하였다.[42]

이로써 알 수 있는 바는 바로 대규모 조직 내의 비윤리적 행동은 공개가 될 수도 있으며, 그 결과는 고발된 피의자에게 상당한 창피와 경력 상의 차질을 야기할 수 있다는 것이다.

내부 고발인 인정하기

내부 고발인은 조직의 잘못된 행동에 대해 조치를 취할 수 있는 당사자에게 제보하는 직원이다. 손실을 숨기는 것과 같은 엔론의 불미스러운 금융 관행이 드러나는 과정도 내부 고발인에 의해 시작되었다. 부사장인 쉬론 왓킨스는 부정하거나, 부적절한 재무 보고서를 폭로하는 한 장의 익명의 편지를 썼다. 엔론이 자산이 없는 두 개의 기업체에 대해 장부상의 이득을 취했다는 내용이다. 그녀는 그 편지를 다음날 기업 본사에 투서하였다.

내부 고발인들은 고용주에 의한 사기 또는 낮은 윤리의식이라고 간주되는 것을 고발하기 위해 때론 연방 정부에 직접 찾아가기도 한다. 지금까지 가장 많은 액수의 단일 소송 건 합의금은 미국에서 두 번째로 큰 병원 체인인 테넷 헬스케어를 상대로 한 9억 2천만 달러이다. 여섯 명의 내부 고발인이 주장한 혐의에 따라 검사들은 노인의료보험 지불 명목으로 정부에 8억 6백만 달러를 과다 청구하고, 건강관리기관으로 환자들을 보내준 의사들에게 4천 9백만 달러의 뇌물을 공여한 혐의로 테넷을 고소하였다.[43] 2010년 7월에 통과된 도드-프랭크(Dodd-Frank) 금융개혁법은 앞으로 더 큰 합의들을 이끌어낼 수도 있다.

내부 고발인들은 그들이 개선되길 바라는 기업들에게 종종 외면당하고 굴욕을 경험하기도 한다. 예를 들어, 그들은 더 이상의 승진을 할 수 없거나 형편없는 실적 평가를 받을지도 모른다. 또한, 많은 내부 고발인들은 사실로 증명된 확실한 정보에도 불구하고 해고되거나 좌천 당한다.[44] 사배인즈-옥슬리 법은 내부 고발인을 위한 몇 가지 보호 장치를 포함하고 있다. 기업 회계, 내부 회계 조작, 감사와 관련된 사기행각을 알린 직원들은 소송비용과 급여를 되돌려 받을 뿐만 아니라 복직할 수 있는 길이 생겼다. 내부 고발인들의 주장 절반 이상이 무시당하고 있다.

버나드 매도프의 투자 사업이 사기라고 의심한 보스턴 출신의 파생상품 전문가 해리 마르코폴로는 무시당한 내부 고발자의 대표적 예다. 직감과 분석, 추리를 통해 마르코폴로는 매도프가 주장한 것처럼 꾸준한 수익을 벌어들일 수 없다는 것을 증명했다. 마르코폴로는 그것을 증권거래위원회에 알렸지만, 그의 주장은 받아들여지지 않았고 기각되었다.[45] 내부 고발인의 주장이 종종 묵살되기 때문에, 모든 직급의 리더들이 정당한 내부 고발을 위해 편안한 분위기를 조성하는 것이 중요하다. 리더는 말썽을 부리는 자와 진정한 내부 고발인을 구분할 줄 알아야 한다.

솔선수범하여 변화를 가져온다는 측면에서 내부 고발인이 되는 것은 작은 리더십 행동을 필요로 한다. 그러나 고발당한 조직의 리더는 변화를 건설적으로 받아들이지 않을 수도 있다.

윤리 및 사회적 책임에 대한 교육 제공하기

윤리 교육의 형태는 기업의 리더로부터의 윤리와 사회적 책임에 관한 메시지, 대학교의 윤리 강의, 그리고 윤리적 훈련을 포함한다. 이러한 교육 프로그램들은 윤리적이고 사회적으로 책임을 지는 행동이 도덕적으로 옳고 비즈니스에 좋다는 개념을 강화시켜 준다. 이 장에 있는 내용의 대부분은 그러한 프로그램에서 전달된 정보 유형을 반영한다. 윤리 및 사회적 책임에 관한 교육 프로그램들은 조직문화가 윤리적 행동을 장려할 때, 더욱 효과적일 수 있다.

건축과 채굴 장비 제조업체인 카터필러는 현대적인 윤리교육 방법을 가진 대표적 예다. 연례 교육 기간 동안 95,000명의 모든 직원들은 인터넷이나 서면을 통해 그들에게 제시된 일련의 질문들에 대하여 곰곰이 생각한다. 내부에서 작성된 시나리오들은 직원들이 특정 상황에서 최선의 행동 방법을 고려할 것을 독려한다. 직원들은 시나리오에 반영된 윤리규정을 참고할 수 있다. 한 시나리오는 현재 사용하고 있는 세척제에 다른 직원들이 사용했던 세척제를 첨가하는 공장 바닥 청소원의 사례를 포함하고 있다. 이에 따른 한 가지 대책은 "그 혼합이 안전한지 확

리더십 스킬 구축 연습 5-3

해고를 통한 수익 증대

대기업의 중간 리더인 당신의 업무는 기업의 인원 감축을 위하여 해고할 직원의 목록을 작성하는 것이다. CEO는 당신이 50명의 해고자 명단을 작성하기를 원한다. CEO는 당신이 삭감한 비용이 많을수록 회사에게는 더욱 좋은 것이지만, 높은 실적을 가진 직원을 유지하도록 주의를 기울여야 한다고 말한다. 당신과 당신의 팀이 직원 연봉을 자세히 조사하면서, 나이 든 직원들은 오랫동안 연봉이 증가하였기 때문에 일반적으로 가장 높은 연봉을 받는다는 것에 주목하라. 이러한 고액 연봉의 직원들은 실적 평가의 결과를 근거로 할 때, 뛰어난 실적을 내는 직원들부터 평균적인 직원, 평균 이하의 직원이 섞여 있다. 반드시 뛰어난 실적을 내지 못한다고 볼 수 없는 더 젊은 일부 직원들이 상대적으로 낮은 급료를 받는다는 것에 주목하라.

당신의 업무는 재무적인 요소와 윤리적인 요소 모두를 고려하여 해고할 50명의 직원 선택 기준을 세우는 것이다. 당신은 윤리적이고 사회적으로 책임을 지는 리더십을 발휘하고 싶지만, 또한 회사 비용을 많이 감축하기 위해 해고를 하고 이를 통해 CEO를 만족시키고 싶어한다.

인하기 위해 환경 보건 및 안전 담당 그룹과 확인하라."이다.[46]

미래의 윤리적인 리더들을 양성하기 위하여 몇몇 경영대학원들은 학생들에게 기업 범죄에 대한 강연을 위해 기업관련 범죄 전과자들을 섭외한다. 이것은 MBA 수강생들에게 직접적으로 겁을 주기 위함이다. MCI에서 6백만 달러의 자금 세탁 계획에 관여하여 연방 교도소에서 2년을 복역한 월터 파블로 주니어는 그러한 전과자 중 한 명이다. 당신도 미심쩍을 수 있겠지만, 자신의 범죄에 대해 이야기해 달라고 범죄자에게 돈을 지불하는 것에 대해서는 논란이 많다.[47]

[리더십 스킬 구축 연습 5-3]은 약간의 윤리 훈련에 참여할 수 있는 기회를 제공한다.

개인적 이익보다 기업의 이익 중시하기

고위 경영진이 엄청난 포상을 받는 데 자신을 천거하는 것과 같은 많은 윤리적 침해는 관리자가 자신의 개인적 이익을 회사 및 다른 직원의 안녕보다 중요시하는 데 기인한 것이다. 뢰스 호텔의 회장이자 CEO인 조나단 티시는 상호 의존적인 오늘날의 세계에서 성공은 "우리(we)리더", 즉 더 큰 이익 추구를 위한 동반자 관계를 형성하기 위해 개인적 이익 이상의 것을 바라보는 사람들을 필요로 한다고 말한다. 우리리더들은 분리하기보다는 통합하고, 경쟁하기보다는 협력하며, 잘하는 것(do well)과 좋은 일을 하는 것(do good)이 동시에 가능하다고 믿는다. 동반자

관계를 형성하는 데 가장 필요한 것은 공정함이다. 모든 사람이 동반자 관계에서 이익을 얻어야 한다.[48]

경영학 교수 크레이그 피어스(Craig L. Pearce), 찰스 만즈(Charles C. Manz), 헨리 심스 주니어(Henry P. Sims Jr.)의 연구와 이론화에 따르면, 경영진들은 리더십이 공유되었을 때 부패할 가능성이 줄어든다(그래서 기업의 이익을 최우선으로 한다). 이 연구자들은 권력은 부패할 수 있고 절대적인 권력은 특히 유해한 영향을 미칠 수 있다고 추론한다. 공유된 리더십은 견제와 균형의 견실한 체제를 제공하고, 이를 통해 비즈니스 리더들의 비윤리적인 행동과 범죄 행위의 가능성을 일부 줄일 수 있다.[49] 그럼에도 불구하고 여전히 현실을 직시하여야 한다. 버나드 매도프와 같은 범죄자 비즈니스 리더들은 아마도 자신의 대대적인 사기 행위를 성사시키기 위해 몇몇 다른 경영진의 협력을 요청하였을 것이다(따라서 공유된 리더십에 관여하게 됨).

[리더십 스킬 구축 연습 5-3]은 당신에게 윤리 및 사회적 책임의 문제를 생각해볼 기회를 제공한다.

5.5 윤리적이고 사회적으로 책임을 지는 행동과 조직성과

높은 윤리와 사회적 책임은 때때로 좋은 재무실적과 연관된다. 기업의 사회적 성과와 이윤 간의 관계에 대한 최근 모델은 공급과 수요의 역할을 강조한다. 이 모델은 사회적 책임 투자 수요가 증가할 때, 가치를 최대화하는 매니저들은 현금 유동성이 감소하더라도 이러한 투자를 기꺼이 할 것이다. 또한, 이러한 투자 기회들의 수요가 공급보다 훨씬 크다면 자금 지출에도 불구하고 기업의 시장 가치는 증가할 것이다. 예를 들어, 가난한 아이들의 문맹률을 개선시키기 위한 프로그램에 투자하는 것은 이러한 형태의 투자에 대한 수요가 크기 때문에 보상을 받게 될 수 있다.[50] 그러나 애리조나주 사막의 도마뱀을 보호하기 위하여 자금을 투자하는 것은 수요가 낮기 때문에 큰 보상을 받지 못할 수 있다.

사회적 책임과 이윤 사이의 관계는 또한 두 가지 방향으로 작용할 수 있다. 더 수익성 있는 기업은 사회적 책임 계획에 더 많이 투자할 수 있고, 이러한 계획들은 더 많은 수익으로 이어질 수 있다. 산드라 워독(Sandra A. Waddock)과 새뮤얼 그레이브스(Samuel B. Graves)는 선구적인 연구에서 2년의 기간 동안 13개의 산업에 걸쳐 469개의 기업을 대상으로 기업의 사회적 성과와 기업의 재무실적의 관계를 분석하였다. 그들은 사회적 성과와 재무실적 측정에 다양한 측정방법을 적용하였다. 사회적 성과의 예로 가난한 지역의 재개발에 도움을 주는 것이 있다.

연구자들은 기업의 사회적 성과에 투자한 자금보다 훨씬 많은 재정적 성공을 거둔다는 것을 확인했다. 연구는 또한 좋은 기업의 사회적 성과는 자산수익률과 매출이익률에 의해 측정된 것처럼 재무실적 향상에 기여한다는 것을 확인하였다. 워독과 그레이브스는 사회적 성과와 재무실적과의 관계는 기업의 사회적 성과와 기업의 재무실적이 서로 교감하고 강화한다는 것을 의미하는 **선순환**(virtuous circle)이라는 결론을 내렸다.[51]

윤리자원센터(Ethics Resource Center)가 실시한 연구에 따르면, 윤리적인 환경에서 근무하는 직원들은 더욱 동기부여를 받는 경향이 있다. 이 연구는 자기 자신보다 더 큰 무언가를 위해 기여할 수 있는 기회와 그로 인해 인정을 받는 것이 뛰어난 성과를 올리는 데 있어 직원들에게 강한 동기요인이라는 결론을 내렸다.[52] 시멘트 제조업자가 시멘트는 많은 사람들의 필요에 부응하는 건설 인프라에 있어 필수적이라고 설명하는 것처럼, 이러한 접근법의 활용은 기업의 리더들이 왜 그 업무가 본래 가치보다 더 막중한가를 설명하는 데 도움이 될 것이다.

또한, 윤리성을 갖추는 것은 인종 차별에 대한 고발 그리고 부적절한 재무보고서로 인한 집단 소송 비용 등을 포함한 부적절한 행위에 대한 엄청난 벌금을 지불하는 것을 피할 수 있도록 해준다. 앞서 언급한 IBM에 부과된 벌금은 비윤리적인 것에 대한 잠재적인 비용의 예이다. 비윤리적이고 불법적인 행동들로 소송을 당하는 것 역시 고객과 클라이언트의 급격한 감소로 이어질 수 있으며, 신규 고객과 클라이언트를 확보하는 측면에서도 심각한 어려움을 겪게 될 것이다.

간단히 말해서, 매우 윤리적이고 사회적으로 책임을 지는 분위기를 조성하는 데 성공한 리더는 회사의 돈을 절약하고 많은 돈을 벌 수 있다. 그러나 사회적으로 책임을 다하려 하는 경우 이윤이 잠식 당할 때도 있다. 얼스마마 엔젤베이비(Earth Mama Angel Baby)라는 작은 회사는 출산 전후의 여성 및 유아용 유기농 무방부제 로션, 샴푸, 그리고 기타 상품을 포장하기 위해 재활용 재료를 사용한다. 회사 소유주 멜린다 올센은 그녀의 이상이 경쟁사와 비교할 때 총 이익 대비 13%정도 하락을 유발하는 유기농 재료들의 비용으로 인한 높은 판매가격에 부딪힌다고 말한다.[53] 그러나 리더로서 그녀는 이윤을 극대화하기보다 이상에 더 높은 가치를 둔다.

요약

윤리적이고 도덕적인 리더십의 원칙은 합리적인 사람들의 합의에 의해 인지된 것처럼 리더가 올바른 일을 해야 한다는 개념에 초점을 맞추고 있다. 윤리적이고 도덕적인 리더십의 핵심 원칙들은 다음과 같다. (1) 정직하고 신뢰할 만한 사람이 되고 다른 사람들을 대할 때 진실성을 가진다, (2) 모든 이해 당사자들에게 관심을 가진다, (3) 공동체를 형성한다, 그리고 (4) 개개인을 존중한다.

윤리성과 도덕성에서의 차이는 다음의 7개의 요소로 밝혀질 수 있다. (1) 리더의 탐욕, 탐닉, 욕구의 수준, (2) 합리화, (3) 비윤리적인 행동들에 대한 암묵적인 동의, (4) 리더의 도덕적 발달 수준, (5) 자격의 측면, (6) 상황적 영향, (7) 개인의 성격.

윤리성을 유지하기 위하여 리더는 반드시 올바른 업무에 초점을 맞춘 윤리적인 사고방식을 개발해야 한다고 제안되고 있다. 명백하게 윤리적이지 않거나 노골적으로 비윤리적인 문제에 대해 결정을 내리기 전에, 리더나 매니저는 다음과 같은 질문에 대한 답을 찾아야 한다. 올바른가? 정당한가? 누가 손해를 보는가? 비윤리적인 행동은 기업을 파산으로 몰아넣고, 수천 명의 노동자 해고로 이어지고, 주식 투자에 대한 신뢰를 약화시키고, 많은 능력 있는 젊은이들의 취업난을 가중시킨다.

리더가 윤리적이고 도덕적으로 될 수 있는 또 다른 방법은 올바른 행동을 지향—사회적으로 책임을 지고 윤리적인 조직 문화를 창조하는 것—하며 기업이나, 부서의 선두에 서는 것이다. 가능성 있는 사회적으로 책임을 지는 윤리적 행동에는 (1) 사회적 책임과 윤리의 전략적 리더십 제시, (2) 즐거운 직장 조성, (3) 지속 가능한 환경 조성 돕기, (4) 자선활동, (5) 업무 환경 개선을 위한 공급업체와의 협력, (6) 행동의 명문화된 규정 수립, (7) 윤리적인 문제를 다룰 공식적인 절차 개발, (8) 내부 고발인 수용, (9) 윤리 교육 제공, (10) 개인적 이익보다 기업의 이익 우선 등이 있다.

연구 자료와 의견들에 따르면, 높은 윤리와 사회적 책임은 때때로 좋은 재무 실적과 연관된다. 수요가 많은 경우 재정적 수익을 얻게 될 가능성이 높다. 수익성이 더 높은 기업은 훌륭한 사회 프로그램에 투자할 기금을 가진다. 윤리성을 갖추는 것은 비윤리적인 행동으로 인한 많은 부담금을 피하도록 하고, 윤리적인 조직은 더 많은 노동자들을 끌어들인다. 사회적으로 책임을 지는 행동은 비용 대비 효율적이 될 수 있다. 한편, 사회적으로 책임을 지는 것은 때때로 이윤 폭을 낮출 수 있지만 리더의 이상이 중요하다.

핵심 용어

윤리학	도덕률	진실성
자격	윤리적 사고방식	기업의 사회적 책임
내부 고발인	선순환	특권의식

행동 및 스킬 강화를 위한 지침

리더십 경력을 개발하기 위한 단단한 기초는 개인적인 윤리 규정을 확립하는 것이다. 윤리 규정은 가치관에 근거하여 어떤 행동이 올바르고 잘못된 것인지, 훌륭하고 나쁜 것인지를 구분한다. 가치관은 문화적 교육, 종교적 가르침, 동료의 영향, 직업이나 산업 표준에서 기인한다. 직업윤리 규정은 리더가 뇌물을 받고, 동료를 모함하고, 업무 동료를 성추행하는 것 같은 문제를 다루는 데 도움이 된다.

비윤리적 행동의 원인에 대한 자극적인 설명은 사람들 사이의 관계의 힘을 강조하는 것이다. 두 사람이 서로 매우 긴밀하게 연결되어 있다고 가정하자. 그들은 오랜 시간 동안 함께 근무했을 수도 있고, 또는 업무 내외적으로 서로 알고 있을 수도 있다. 결과적으로, 그들은 근무 중에 서로에게 윤리적으로 행동할 가능성이 높다. 반대로, 둘 사이가 약한 관계일 경우, 적어도 둘 중 한 명은 상대방을 좋지 않게 대할 것이다. 업무 환경에서 관련된 사람들은 당신의 업무 동료이거나, 연줄이 닿는 사람, 또는 내부 고객 및 외부 고객이 될 수 있다.[54] 리더인 당신을 위한 메시지는 윤리적 행동의 빈도수를 늘리기 위하여 다른 사람들과 강력한 관계를 형성하라는 것이다.

토의 질문 및 토의 활동

1. 만일 IBM과 애플같이 평판이 좋은 회사들이 매출을 늘리기 위해 뇌물을 써서 기소되었다면, 왜 윤리적이 되는 것에 대해 우려해야 하는가?
2. 비윤리적인 행동으로 고소된 대부분의 비즈니스 리더들은 경영대학원 과정이나 학부 과정에서 윤리학을 공부하였다. 그렇다면 무엇이 잘못되었다고 생각하는가?
3. 당신의 고용주가 파산을 고민하고 있다는 내부 정보를 얻었고, 당신의 가족 구성원이 당신 고용주의 주식 2만 달러 가량을 구입하려고 한다는 것을 알게 되었다고 가정한다. 가족 구성원의 투자를 만류하는 것이 당신에게 있어 어느 정도까지 비윤리적이라고 할 수 있는가?
4. 직원들이 소셜 미디어 사이트에 경쟁사에 대한 고약한 게시글을 달지 않도록 확실히 하기 위해 회사 리더는 어떤 역할을 해야 하는가?
5. 소비자가 비즈니스 리더의 윤리적인 행동을 통제하기 위하여 인터넷을 어떻게 활용할 수 있는가?
6. 어떤 면에서 많은 소매고객들이 매우 비윤리적인가?
7. 1억 달러나 그 이상을 연봉으로 받는 비즈니스 리더의 윤리성에 대한 당신의 입장은 무엇인가?
8. 심장질환과 비만을 야기할 수 있는 음식을 생산하는 기업의 리더들은 사회적으로 무책임한 행동의 표적이 되어야 하는가?
9. 리버티 뮤추얼 연구재단(Liberty Mutual Research Institute)의 연구는 미국에서 약 2,600명의 사망, 33만 명의 부상, 150만 건의 재산 피해가 운전 중 이동전화 사용에서 기인한다는 것을 밝혀냈다. 이러한 문제를 다루는 데 있어 이동전화 제조업체와 이동전화 서비스 제공업체는 어떠한 사회적 책임 의무를 가져야 하는가?
10. 노숙자를 위한 보호소를 제공하거나 가난한 아이들을 위한 인터넷 망을 설치해주는 것과 같이, 사회적으로 책임 있는 단체에 당신의 고용자가 투자를 할 수 있도록 10% 이하의 급여 인상이나 상여금을 받아들일 용의가 있는지 설명하라.

리더십 사례 문제

환경을 생각하자

모니카는 수천 명의 직원을 보유한 병원과 클리닉 체인의 CEO다. 의료 기관들은 보험사들이 상대적으로 저비용의 공급업체들과 파트너십을 형성하고 인구가 고령화되면서 계속적으로 성장하고 있다. 최근 모니카는 의료기관들이 환경의 지속 가능성을 추구하는 데 제조 기업들만큼 적극적이지 않다는 점을 생각하고 있었다. 그녀는, "의료 기관들이 훨씬 더 환경적일 수 있습니다. 분명히 우리는 오염된 붕대와 신체를 강에 버리지 않습니다. 그러나 우리는 여전히 더 많은 것을 할 수 있습니다. 나는 우리의 리더들과 직원들이 환경에 대하여 더 많이 생각하게 해야 한다고 봅니다."라고 말한다.

그 다음 주에 모니카는 병원과 클리닉의 매니저, 감독관, 직원들이 녹색 환경을 만드는 데 일조할 수 있는 실행 안건을 찾기 위해 행정 보좌관인 힐러리와 함께 작업을 했다. 모니카는 집단행동만이 지속 가능한 환경을 만들 수 있다고 강하게 믿고 있으며, 그것은 모든 직원이 의료 시설들이 더 환경 친화적이 되도록 일조해야 한다는 것을 의미한다. 그 다음에 그녀는 녹색 환경을 만들기 위한 제안 이메일을 모든 직원들의 업무 이메일 주소로 보냈다. 모니카는 또한 병원이 몇 가지 환경 계획을 위한 기금을 모으는 데 도움을 주기 위한 핵심 예산을 편성했다고 설명하였다. 병원과 클리닉이 지속 가능한 환경에 기여하도록 하는 그녀의 제안에는 다음 6개를 비롯하여, 25개의 제안들을 포함하였다.

- 동절기에 업무구역 실내 온도를 더 낮추고, 하절기에 온도를 더 높이도록 온도조절 장치를 조절하여 에너지를 보존한다.
- 수건 세탁은 많은 에너지를 소비하기 때문에 환자들이 수건을 아껴 쓰도록 권장한다.
- 병원과 클리닉을 방문하는 사람들이 시설에 더 가까운 주차 공간을 찾기 위하여 주차장에서 연료를 낭비하지 않도록 권장한다. 환자들과 그들의 가족들은 최소한으로 걸으려고 공기 중으로 이산화탄소를 너무 많이 배출하고 있다.
- 직원들은 가능하다면 어느 지역이라도 대중교통을 이용할 것을 권장한다.
- 스티로폼 대신 머그컵을 사용하고, 알루미늄 캔들과 플라스틱 병들을 재활용하기 위한 분리수거통을 설치한다.
- "인쇄하기 전에 생각하라."라는 안내판을 만들어 그것을 프린터와 복사기 근처에 게시한다. 동시에 당신의 이메일 서명에 반드시 필요할 때가 아니면 이 메일을 인쇄하지 않도록 장려하는 한 문장을 포함시킨다.

대량 배포된 그녀의 이 메일들에 대해 처음 온 답장들은, "감사합니다. 우리가 당신의 조언을 따른다면, 우리는 곧 전국에서 가장 친환경적인 건강관리 체인점 중 하나가 될 것입니다."와 "좋은 생각입니다만, 우리 직원들은 이미 격무에 시달리고 있어서 환경에 대해 노력할 수 있을지 의문입니다."였다.

질문

1. 지속가능한 환경을 장려하기 위하여 이메일 메시지를 보내는 모니카의 리더십 효율성에 대해 어떻게 생각하는가?
2. 병원과 클리닉들이 지속가능성을 지향하도록 하기 위하여 모니카가 사용할 수 있는 다른 리더십 기법은 무엇이 있는가?
3. 지속가능성을 지향하는 그녀의 노력들을 포함하는 비전을 명시하여 CEO 모니카를 도와라.

관련 역할극 의견차 해결하기

CEO 모니카가 이끌고 있는 체인 병원 중 한 곳의 감독관 역할을 맡기 위해 소규모 그룹으로 모인다. 당신 그룹은 병원이 지속 가능한 환경에 기여하도록 하기 위해 몇 가지 아이디어를 얻기 위한 브레인스토밍을 하기로 결정한다. 15분간 집단 브레인스토밍을 한다. 약 여섯 가지의 유용한 제안으로 목록을 줄인다. 친환경적으로 되는 데 있어 당신 집단이 리더십을 발휘하길 원한다는 것을 보여주기 위해 제안 목록을 모니카에게 보내라.

리더십 스킬 구축 연습 5-4

리더십 포트폴리오

이 장의 연습을 위해서, 당신의 리더십 포트폴리오 안에서 최근에 윤리적이거나 사회적으로 책임 있는 행동을 실천할 수 있는 기회가 될 수 있었을 시나리오를 생각해 본다. 그 시나리오는 고용, 동료 학생들과의 상호관계, 또는 특정 유형의 고객이 되는 것과 관련되어 일어날 수 있었다. 시나리오를 작성하고, 당신이 그것에 어떻게 대응했는지도 쓴다. 자신에 대해 무엇을 배웠는지를 기록한다. 다음은 한 가지 예다.

> 나는 컴퓨터에 있는 사진들을 관리하고 편집하기 위하여 고급 소프트웨어를 구입할 생각을 했었다. 내가 필요한 소프트웨어는 가격이 수백 달러에 이른다. 어느 날 이 메일을 통해서 내가 원하던 소프트웨어를 50달러에 살 수 있다는 광고를 보았다. 처음에 나는 이것이 돈을 아낄 수 있는 좋은 기회가 될 것이라고 생각했다. 그러나 윤리적인 문제에 대해 생각한 뒤로 나는 이 소프트웨어를 파는 사람이 아마도 저작권 침해자일 수 있다는 것을 깨달았다. 그 사람에게서 구매를 한다면, 나는 소프트웨어 불법 복제물을 옹호하는 것이 될 것이다. 그 외에도 훔친 물건을 구입하는 것조차도 범죄가 된다고 생각했다. 나는 이 사건을 통해서 일상생활에서 옳고 그름의 윤리를 실천할 기회가 많다는 것을 배웠다. 나는 도덕적인 리더가 되고자 하므로 올바른 윤리성을 실천하는 것이 나에게 도움이 될 것이다.
>
> 추신: 윤리적인 사람이 되면서 나는 아마도 내 컴퓨터를 엉망으로 만들 수도 있는 바이러스에 감염된 소프트웨어의 구입을 피할 수 있었다.

리더십 스킬 구축 연습 5-5

전자 제품 재활용에 위한 회사 방침

당신이 회사에서 리더십 직위에 있다고 가정하자. 당신과 다른 몇 명의 매니저들은 개인용 컴퓨터, 노트북, 스마트폰, 텔레비전 등의 전자제품 폐기물로 환경이 더럽혀지는 것을 걱정한다. 당신은 이러한 폐기물들을 책임감 있게 폐기하고 재활용하기 위한 적절한 경로가 있다는 것을 알고 있지만, 이러한 경로를 종종 무시했다. 당신 회사는 전자기기 폐기에 대해 환경적인 부분을 고려하는 절차를 갖고 있다. 그러나 당신은 직원들이 집에서 사용한 전자 제품을 안전하게 폐기하기 위한 적절한 행동을 하지 않는다는 것을 우려한다.

직원들이 더 이상 사용하지 않는 전자 제품들을 버릴 때 사회적 책임감을 가질 수 있도록 하는 회사 방침을 개발하기 위해 개별적으로 또는 다른 학생과 함께 연구하라. 회사는 개인 생활에서의 직원의 행동에 대해 제한적으로만 통제할 수 있다는 것을 유념하라. 해야 할 일은 약 100단어 정도 길이로 회사 방침을 만드는 것이다.

CHAPTER

06 집단 내의 팀워크 향상

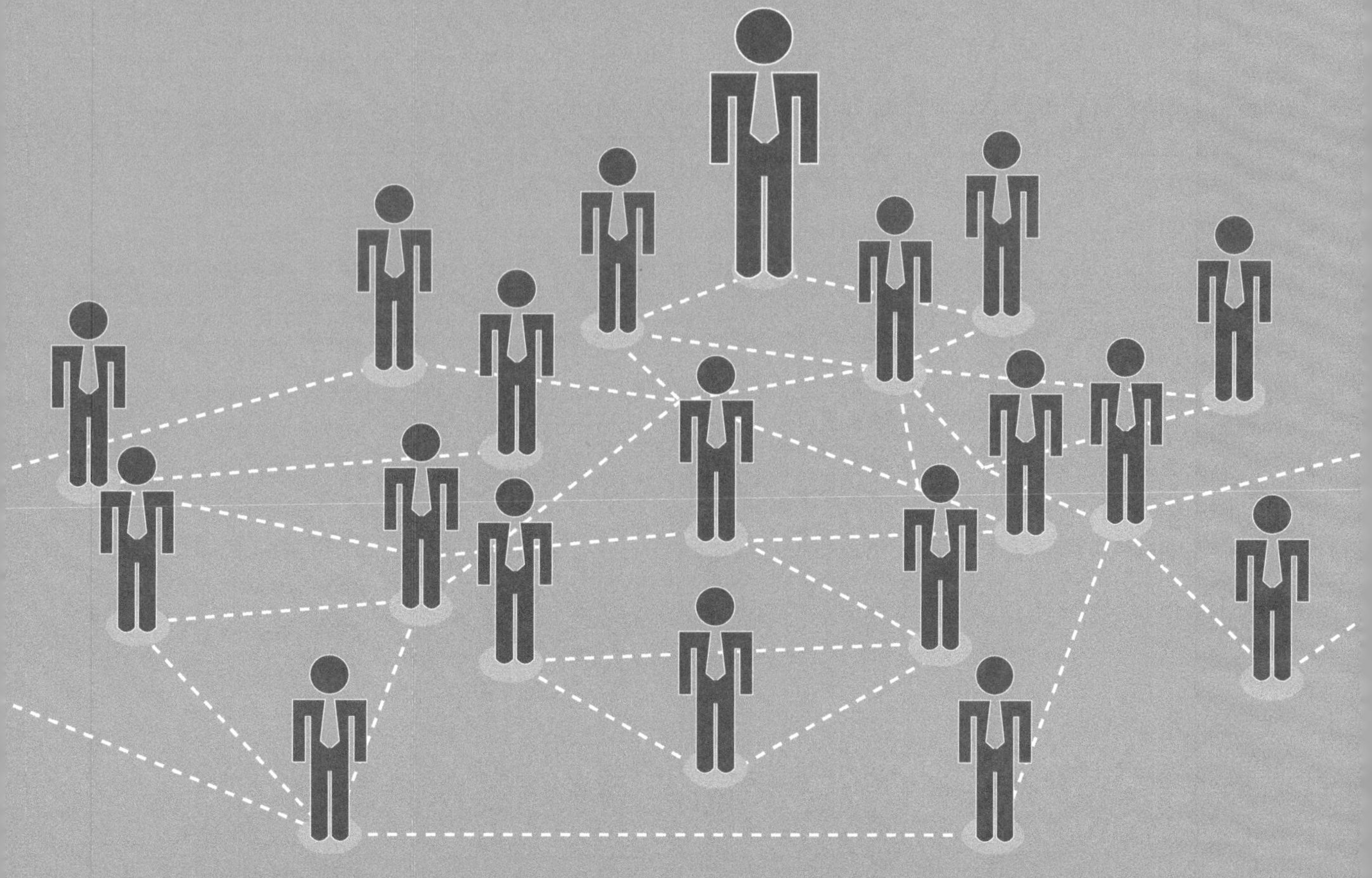

학습 목표

이 장을 학습하고 연습문제를 풀고 나면, 다음의 것들을 할 수 있을 것이다.

- 팀 기반 조직 내에서 리더의 역할을 이해한다.
- 팀워크를 증진시키는 리더의 행위들을 기술한다.
- 야외 교육훈련이 팀 리더십 향상에 기여하게 된다는 것을 설명한다.
- 리더–구성원 교환관계 모델이 어떻게 리더십을 이해하는 데 보탬이 되는가를 설명한다.

개요

6.1 팀 기반 조직 내에서 리더의 역할

6.2 팀워크를 증진시키는 리더의 행동

자체 자원을 활용하여 리더가 취할 수 있는 행동

일반적으로 조직 구조나 정책을 요구하는 행동

6.3 사외 연수 및 팀 개발

야외 및 사외 연수 프로그램의 특징

팀 개발을 위한 야외 교육훈련 평가

6.4 리더–구성원 교환관계 모델과 팀워크

질적으로 다른 관계

첫인상

- 요약
- 핵심 용어
- 행동 및 스킬 강화를 위한 지침
- 리더십 사례 문제 A
- 리더십 사례 문제 B

대릴은 지역사회와 기업에 풍력터빈을 판매하는 영업부의 매니저이다. 풍력터빈 판매는 부서 내 최소 5명의 협력과 주의 깊은 팀워크를 필요로 하는 장시간의 복잡한 일이다. 오늘 대릴은 견적 업무를 담당할 후보자로 케이트를 인터뷰한다. 케이트는 이미 전화 인터뷰를 마친 상태이다. 만일 오늘 인터뷰를 성공적으로 해낸다면, 그녀는 다음 단계로 팀 내 몇 명의 다른 구성원들과 동시에 인터뷰를 하게 될 것이다. 대릴은 케이트가 이미 훌륭한 팀워크 역량이 구축되어 있는지 여부를 판단하려 할 것이다.

대릴: 대학교 때 꽤 잘 했다는 것을 알겠군요. 당신이 공부했던 것 가운데 집단적 노력과 협조적 학습을 요구하는 것은 얼마나 있었나요?

케이트: 제가 들었던 과목 가운데 최소한 10개는 그룹 및 팀 프로젝트를 요구했었고, 특별히 경영 과목들이 그러했습니다. 어떤 프로젝트에서는 우리 그룹이 지방 도자기 가게의 사업 확장을 도와주는 경영 컨설턴트의 역할을 수행했었습니다.

대릴: 당신에게 그 경험은 어땠나요?

케이트: 대단히 좋았습니다. 우리 그룹은 실제로 그 도자기 가게의 매출을 증가시키는 데 도움을 주었습니다. 우리 그룹은 정말 대단했어요.

대릴: 훌륭하군요. 그렇지만 당신이 대학 테니스 팀에서 활동하고 있었다는 것도 알고 있습니다. 그것이 진정한 팀 스포츠는 아니죠, 그렇지 않나요?

케이트: 테니스가 하키나 축구처럼 팀 스포츠는 아닙니다. 그러나 우리 코치는 팀워크를 강조했습니다. 우리는 실제로 실력을 배양하기 위해서 연습하는 동안 서로를 도왔습니다. 우리는 그룹 내에서 개인 시합 전략을 계획했습니다. 그리고 팀으로서 함께 많은 시간을 보냈습니다.

대릴: 그 외에 다른 어떤 팀워크의 경험을 가지고 있습니까?

케이트: 대략 4년 동안 파트타임으로 고급레스토랑에서 근무했습니다. 주인은 레스토랑의 성공이 모든 사람의 협력에 달려있다고 강하게 믿고 있었고, 우리는 서로 협력했습니다. 우리가 훌륭한 서비스를 제공한다면 더 많은 손님이 올 것이고, 더 많은 팁을 받게 될 테니까요. 우리는 레스토랑의 전체 성과에 따라서 매달 약간의 보너스를 받았습니다. 팀으로 일하는 서빙 스태프라는 것은 엄청난 아이디어였습니다.

풍력터빈 영업 매니저에 대한 사례는 기업이 더 나은 팀워크 형성에 부여하는 중요성을 보여준다. 이러한 전략의 일부에는 팀 플레이어가 되는 데 적합한 직원을 고용하는 문제도 포함한다. 팀워크 향상은 중요한 리더십의 역할이므로 팀 구축에 따라 성공적인 리더와 성공하지 못한 리더가 구별될 수 있다.[1] 더 나아가서 팀워크 구축을 잘 한다는 평판을 얻은 리더, 예컨대 애플의 새 CEO 팀 쿡과 같은 리더들을 찾는 수요가 종종 있다. 회사에서 다른 원칙을 지닌 매니저들과 매끄럽게 업무를 수행해 나가는 그의 능력 덕에 스티브 잡스를 대신할 애플의 CEO가 되었다.

팀을 이해하는 데 있어서 한 가지 어려움은 **팀**(team)과 **팀워크**(teamwork)라는 단어가 지나치게 사용되고 너무 느슨하게 적용된다는 점이다. 몇몇 사람들에게 팀은 단순히 집단(group)의 또 다른 용어일 뿐이다. 여기서 사용된 것처럼 **팀**은 개별 구성원이 최적의 성공과 성취를 경험하기를 원하는 경우, 협력에 의존해야만 하는 업무 집단이다.[2] **팀워크**는 모든 팀 구성원이 집단의 목표를 이해하고 몰입하면서 업무를 수행하는 것이다.

모든 팀들은 집단이지만 모든 집단이 팀인 것은 아니다. 존 카트젠바흐(Jon R. Katzenbach)와 더글라스 스미스(Douglas K. Smith)는 직장에 대한 방대한 연구를 기반으로 팀과 집단 사이의 분명한 차이점을 밝혀냈다.[3] 팀은 공동의 헌신이라는 특징을 갖는 반면에, 집단 내에서의 헌신은 그다지 강하지 않을 수도 있다. 팀은 많은 집합적 업무를 수행하지만, 집단 구성원들은 때때로 조금 더 독립적으로 일을 한다. 팀은 공유된 리더십 역할을 갖지만, 집단 구성원들은 강력한 리더를 갖는다.

비록 집단과 팀 사이의 특징이 유효하다고 할지라도 집단과 팀이라는 용어를 바꾸어 사용하는 습관을 벗어던지기는 어렵다. 예를 들면, 고객 서비스팀은 팀워크가 저조하지만 여전히 팀이다.

이 장의 핵심은 팀워크를 증진시키는 특정한 리더의 행동들에 대한 설명이다. 우리는 또한 팀워크 발전을 위해 널리 사용되는 방법인 야외 교육훈련에 대해서도 설명한다. 또한 팀워크가 업무 집단 내에서 어떻게 나타나는지에 대한 통찰력을 제공하는 리더십 이론을 요약한다.

당신에게 친숙한 어떤 업무의 팀 혹은 집단이 팀으로서 그 역할을 얼마나 잘 수행하는지를 평가하기 위해서, [리더십 자기 평가 퀴즈 6-1]을 한다. 이 퀴즈는 당신이 중대한 팀 효과성을 일깨워주는 데 도움이 될 것이다.

리더십 자기 평가 퀴즈 6-1

팀워크 평가항목

방법 이 평가항목은 팀워크를 진단하는 비공식적 지표로 사용된다. 직장 내에서 혹은 밖에서 팀을 이끌었던 당신의 경험에 기초하여 답변한다. 당신의 팀이 다음 특징들을 가지고 있는지(혹은 가지고 있었는지) 여부를 표시한다.

	대체로 그렇다	대체로 그렇지 않다
1. 각각의 구성원이 알고 있으며 이해하는 명확한 목표	___	___
2. 명확하게 정립된 역할과 책임	___	___
3. 문제를 일으키는 강한 자기애나 성격을 가진 자 없이 함께 잘 일하는 구성원들	___	___
4. 행위 및 기본 규칙에 대해 문서화된 지침	___	___
5. 합의에 이른 후, 모든 팀 구성원들로부터의 지지	___	___
6. 성공을 이루어냈었다는 팀 구성원들의 자각	___	___
7. 신뢰하는 분위기 속의 열린 커뮤니케이션	___	___
8. 적절한 기술에 대한 지속적인 교육과 훈련	___	___
9. 유연하고 열린 자세를 갖춘, 그리고 의존할 만한 팀 구성원들	___	___
10. 인내심이 있으며 협조적인 상위 경영진	___	___
11. 자신의 업무에 자부심을 가진 개별 구성원	___	___
12. 팀뿐만 아니라 개인 결과에 따른 보상	___	___
13. 팀 리더의 개입 없이 자동적으로 상호 지원과 협력을 제공하는 팀 구성원들	___	___
14. 이메일 메시지, 문자 메시지, 그리고 소셜 미디어 게시글 등 정보의 잦은 공유	___	___
15. 커피 브레이크, 점심, 때로는 업무 시간 이후의 상호 교류	___	___

채점 및 해석 "대체로 그렇다."라고 대답한 항목이 많을수록, 현재 팀워크가 좋은 상태라고 볼 수 있다. 당신의 대답은 팀워크와 집단 효율성 향상을 위한 팀 구성원 사이의 토론 사항으로 사용될 것이다. 항목에 대한 부정적인 답변은 집단 내 팀워크 향상을 위해서 어떤 조치를 취해야 할지에 대한 제안으로써 사용될 수 있다.

출처: 항목의 대부분은 Mark Kelly, '*The Adventures of a Self-Managing Team*(San Diego, CA: Pfeiffer, 1991); "Team Leadership: How to Inspire Commitment, Teamwork and Cooperation," (brochure, Seminars International, Olathe, Kansas, 1996)에서 얻은 자료에 기반하고 있다.

6.1 팀 기반 조직 내에서 리더의 역할

비록 팀에 기반을 둔 조직의 중대한 목표가 집단 구성원들이 리더십과 경영활동에 참여하도록 하는 것일지라도, 리더는 여전히 중요한 역할을 수행한다. 실제로 리더들은 새로운 방식으로 이끌어가는 것을 배운다. 팀 기반 조직은 팀 프로세스에 대한 지식을 습득하고, 예를 들어 피드백을 주고 갈등을 해결하는 등 팀의 대인관계 요구들에 도움을 줄 수 있는 리더들을 필요로 한다. 종종 그러한 리더는 한 번에 2개 혹은 3개 팀과 업무를 수행하는 조력자이다. 리더는 개인 특성과 업무 스타일의 차이로 문제가 발생할 때 팀이 집중할 수 있도록 돕는다. 효율적인 리더십이 없다면 팀은 코스에서 벗어나 너무 멀리 나가거나 또는 충분히 나가지 못할 수도 있고, 자신의 책무를 보지 못하고, 상호 갈등으로 닫힌 상태가 될 수도 있다. 효율적인 리더십은 집단 역사의 초기 단계에서 그 잠재력에 도달하도록 돕는 데 특히 중요하다. 팀 기반 조직 내에서 리더의 주요 역할은 다음과 같다.

- 신뢰 구축과 팀워크 고취
- 팀과 집단 구성원들을 상위의 성과로 향하도록 지도
- 팀 의사결정 촉진 및 지지
- 팀 능력 확대
- 팀 정체성 창조
- 변화에 대한 예측 및 영향
- 상위 성과를 지향하도록 팀 격려
- 집단 구성원에게 업무 수행을 위한 임파워먼트
- 팀 구성원들이 가치가 낮은 업무를 배제하도록 격려[4]

이러한 역할의 몇 가지는 이 책에 이미 기술되어 있으며, 신뢰 구축과 코치 등 또 다른 몇 가지는 후반부에 기술되어 있다. 이 모든 역할은 일반적으로 효율적 리더십에 기여한다. 예를 들어 업무수행을 가능하게 하는 역할은 임파워먼트에 집중되어 있다. 여전히 팀 구성원에 대한 적절한 동기부여는 업무 수행을 가능하게 하거나 촉진시키기도 한다. 11장에서 논의될 임파워먼트 프로세스는 업무 수행을 가능하게(enabling) 하는 주요 부분이다. 다음 장에서 설명할 팀워크를 증진시키는 리더의 행위와 태도는 팀 기반 조직에서의 리더의 역할 중 일부분으로 해석될 수도 있다.

우리는 팀 기반 조직 내에서 리더의 주요 역할이 때로는 자신에게 직접 보고하지 않는 집단 구성원을 이끄는 것이라는 점을 다시 한 번 강조하고자 한다.[5] 결론적으로 이 장에서 설명하고 있는 여러 팀워크 발전 전략은 결과를 달성하는 데 보다 더 중요하다.

리더가 팀 구성원이 아닌 경우의 리더를 **외부 리더**(external leader)로 분류한다. 자율-경영(self-management) 팀을 가진 세 종류의 산업 현장에서 실시된 연구는 외부 리더의 역할에 대한 이해를 제공한다(자율경영 팀은 상당한 자율권을 가진다). 일반 업무 조건하에서 리더가 팀을 코치하는 일이나 의미탐색에 지나치게 관련되어 있는 경우, 리더십 만족도는 감소한다. 의미탐색(Sense making)이란 중요한 주변 사건을 규명하고 팀에게 이 사건의 의미를 부여하는 것을 지칭한다. 일례가 천연가스의 가격 상승을 규명하고 가격 상승이 설비 유지보수팀 업무에 어떻게 영향을 미칠지 설명하는 것이다. 이례적인 과도한 업무 혹은 기술의 급속한 변화 등 팀이 불안감을 주는 상황에 직면하였을 때, 리더의 코치와 의미탐색은 리더십에 대한 만족도를 증가시킨다.[6]

6.2 팀워크를 증진시키는 리더의 행동

팀워크를 증진시킨다는 것은 리더의 주목을 받을 만한 가치가 있는데, 이는 팀워크가 팀의 성공에 중요한 공헌을 하기 때문이다. 인도의 130개 해외 지사에 대한 연구를 통해 두 명의 연구자들은 성공과 실패를 결정짓는 것이 한 지역에서 다른 지역으로의 지식 전달의 용이성이 아니라는 것을 밝혀냈다. 대신에 성공의 주요 요인은 팀워크 관리, 즉 국내와 국외 근무자들이 연계 업무를 효율적으로 조정하도록 돕는 것이다. 조정 작업을 한 프로젝트는 그렇지 못한 프로젝트보다 거의 4배의 성과를 올렸다.[7]

가끔 리더의 영감을 주는 성격만으로도 팀워크를 증진시킬 수 있다. 네덜란드의 경영대학생들을 대상으로 한 실험은 카리스마적이고 공정하다고 여겨지는 리더들이 집단 구성원들 사이의 협력을 촉진시킨다는 것을 보여준다.[8] 그러나 카리스마적인 리더뿐만 아니라 영감을 주는 리더들 역시 자신의 태도와 행위를 통하여 팀워크를 조성할 수도 있다. [표 6-1]은 다음 페이지에 나오는 팀워크 강화 행위 목록이다. 편의상 이 행동들은 다음의 두 가지 유형으로 나눌 수 있다. 자체 자원(비공식적 기법)을 활용하여 리더가 취할 수 있는 행동과 일반적으로 조직 구조 혹은 정책(공식적 기법)을 요구하는 행동이 있다.

자체 자원을 활용하여 리더가 취할 수 있는 행동

팀의 미션 정의하기 팀워크를 발전시키는 출발점은 팀의 미션을 구체화하는 것이다. 분명한 미션에 대한 헌신은 매우 효율적인 팀의 주요 관행이다. 집단의 미션 기술서는 "왜 우리가 이것을 행하는가?" 그리고 "우리가 무엇을 얻으려고 노력하고 있

표 6-1 팀워크를 증진시키는 리더의 행동
자체 자원을 활용하여 취할 수 있는 행동
1. 팀의 미션과 과제 정의하기
2. 신뢰 분위기 조성하기
3. 감성 지능을 포함한 팀워크 규범 개발하기
4. 탁월함에 대한 자부심 강조하기
5. 권한 공유를 포함한 팀워크 모델 역할하기
6. 합의된 리더십 유형 사용하기
7. 긴박감 조성, 성과 표준 요구 및 지침 제시하기
8. 다른 집단과의 경쟁 조장하기
9. 전문용어 사용 장려하기
10. 마이크로매니지먼트 최소화하기
11. 가상팀을 위한 e-리더십 실행하기
일반적으로 조직 구조나 정책을 요구하는 행동
1. 커뮤니케이션을 촉진하는 물리적 구조 만들기
2. 집단 인정과 보상 강조하기
3. 의식과 행사 개최하기
4. 오픈 북 경영 실행하기
5. 팀 지향적 구성원 선발하기
6. 소셜 미디어를 포함한 팀워크를 촉진하는 기술 사용하기
7. 국내 기업 및 외국 출신 대표자를 선발하여 한 팀으로 섞기

는가?"라는 질문에 답하는 데 도움을 준다. 이 질문에 답을 하려면, 미션 기술서는 구체적인 목표, 목적, 철학적 어조를 규정해야만 한다. 미션 기술서 안에 포함된 어떤 목표도 조직 목적과 맞아야만 한다. 만일 팀이 공급자 수를 줄이고자 한다면, 조직도 동일한 의도를 갖고 있어야 한다. 팀 미션 기술서의 두 가지 예를 보자.

- 우리의 고성능 이미지를 강화하고 경쟁적 우위를 보강하기 위해서 새로운 제조 방법을 계획하고 실행한다.
- 웹사이트 개발 능력을 강화하기 위해 현재의 최고 수준을 넘어서는 웹사이트 개발에 대한 지원과 조직 내의 의사결정자를 제공할 수 있다.

팀이 형성될 때 혹은 어느 때라도 리더는 그 미션을 구체화할 수 있다. 오랜 기간 존속한 팀의 미션을 개발하는 것은 팀의 활동에 새로운 생명을 불어넣는다. 미션에 대한 헌신은 미션을 정하는 과정과 마찬가지로 팀워크를 향상시킨다. 명확하게 규정된 미션을 고안하는 데 필수적인 대화는 팀 구성원들이 감정과 아이디어와 의견을 표현할 수 있는 분위기를 조성한다. 팀워크를 강화하는 거의 다른 방법들과 마찬가지로 미션을 개발하는 데 참여적 리더십이 요구된다.

미션 완수에 도움을 주려면, 리더가 팀의 임무를 규정하거나, 이 임무를 규정하는 데 있어서 집단과 함께 일하는 것이 매우 유익하다. 그 다음에 팀 구성원들은 개별 구성원이 책임을 지는 하위 임무를 규정할 수 있다.[9] 예를 들어, 어떤 치과에서 왜 많은 환자가 떠나가는지를 알고 싶어한다. 팀 구성원 한 명은 이전 환자와 연락하는 업무를 할당 받고, 다른 구성원은 현재 환자에게 치과 치료에 있어서 다른 문제를 겪고 있는지를 물어보는 업무를 맡는다.

신뢰 분위기 조성하기 만일 팀 구성원들이 서로를 신뢰하지 못하거나 리더를 믿지 못한다면, 그들은 협조적으로 일을 하기 어려울 것이다. 신뢰는 협력의 핵심이다. 팀 구성원들이 서로를 신뢰하지 않는다면, 상호 의존적이지 않을 것이고 결국 팀으로서 제대로 업무를 하지 못할 것이다.[10] 신뢰 분위기 구축의 출발점은 리더가 믿을 만하고 3장에 서술하였던 신뢰할 만한 여러 다른 행위들에 관여하는 것이다. 문제점에 대하여 열린 커뮤니케이션을 격려하고 정보를 공유하는 것은 리더가 신뢰 분위기를 향상시키는 데 기여할 수 있는 구체적인 두 가지 방법이다. 집단이 마주한 문제점에 대하여 개방적이고, 의견을 표현할 때 터놓고 말할 수 있다는 것은 흔히 말하듯, 리더가 "**투명하다**(transparent)"라는 의미이다.

감성 지능을 포함한 팀워크 규범 개발하기 팀워크 개발의 주요 전략은 집단 구성원들 간에 효율적으로 함께 일하는 것이 기대된다는 태도를 고취시키는 것이다. 회사 내에 개인주의 문화가 강하다면 리더가 팀워크 규범을 만들기가 어렵다. 핀란드에 뿌리를 둔 통신회사 노키아는 조직적 문화의 팀워크 유형을 보여준다. 동료 간의 협력관계 문화의 일부는 핀란드의 특징에서 그 기원을 찾을 수 있다. 노키아 직원들은 함께 일하며 의견 차이를 해결해 나가는 것이 자연스럽다. 노키아는 기술 자격증 검증과 더불어 지원자들의 성격에 매우 관심을 두고 있다. 회사의 리더들은 팀워크와 노키아의 창조 정신에 기여할 만한 성격을 가진 새로운 직원을 찾는다.[11]

협력이론 팀워크를 쌓는 전략으로써 경쟁보다는 협력과 협동에 대한 믿음을 강조하는 것이 **협력이론**(Cooperation Theory)이다.[12] 인정, 월급 인상, 그리고 자원을 위해 서로 경쟁하는 데 익숙한 개인들은 이제 협력해야만 한다. 문화적 변화라는 도전에도 불구하고, 리더는 다음과 같은 행동을 함으로써 팀워크 규범을 확립할 수 있다.

- 팀 구성원들이 서로가 고객인 것처럼 대하도록 격려하여 협조적인 행위와 공손함을 증진한다.
- 말과 글로 정기적인 팀워크의 바람직한 측면을 명백하게 언급한다.
- 팀워크를 지지하는 단어와 문구들을 자주 사용하여 팀워크의 규범에 대하여 소통한다. **팀 구성원**(team members) 혹은 **팀원**(teammate)이란 단어를 강조하고 부하(subordinates)나 직원(employees)이란 단어를 강조하지 않아야 팀워크의 규범을 알리는 데 도움이 된다.
- 누구나 따르기로 동의하는 미션 기술서를 집단과 함께 확립한다. 미션 기술서는 "절대로 팀원을 포기하지 않는다.", "절대 어느 누구의 자존심도 상하게 하지 않는다." 그리고 "합의사항을 지킨다."는 내용을 담는다.

영향력 있는 팀원에 의한 팀워크에 대한 규범적인 언급도 팀워크 규범을 강화하는 데 유용하다. 한 팀 구성원은 동료들에게 이런 말을 함으로써 리더 역할을 맡을 수 있다. "이 프로젝트가 협업이라서 매우 기쁩니다. 저는 협업이 우리에게 이득을 가져다 줄 것을 알고 있습니다."

집단 감성 지능 팀워크를 발전시키는 리더의 역할은 집단이 감성 지능을 개발하도록 돕는 것이라고 할 수 있다. 리더는 구성원 간 상호신뢰를 구축하는 규범을 만들어 집단의 감성 지능에 기여한다. 구성원들이 미션 기술서에 정의된 집단 정체성을 이해하는 것도 매우 중요하다. 집단 효능감(group efficacy), 즉 집단 업무를 완수하는 데 유능하다고 느끼는 것도 역시 감성 지능에 기여한다. 적절한 기술을 집단이 보유하고 있다는 확신은 그러한 효능을 강화시킬 수도 있다. 이러한 세 가지 조건—상호 신뢰, 집단 정체성, 그리고 집단 효능감—은 협력과 협동의 기초이다.

리더는 집단과 일대 일 만남 모두에서 감정을 드러냄으로써 집단 감성 지능을 향상시킬 수 있다. 리더는 그때 이러한 감정이 집단의 업무에 어떻게 영향을 미치는지를 논의한다.[13] 예를 들어, 팀 구성원들이 조직에 대한 자신의 중요성에 대하여 어떻게 느끼는지를 논의할 수도 있다. 한 유지보수 집단은 장비의 주요 부품이 고장 나기 전까지는 자신들이 전적으로 그 가치를 인정받지 못한다고 느끼며, 이러한 저평가는 반대로 그들의 사기에 영향을 미친다고 말했다. 팀 리더는 그 집단이 자신들의 생산성 향상 기여에 대한 내부 홍보 캠페인을 전개하는 데 도

리더십 스킬 구축 연습 6-1

노숙자를 위한 쉼터

이 연습은 35분 정도 소요된다. 강의실 안팎에서 진행이 가능하다. 대략 6명 정도로 팀을 조직한다. 각 팀은 노숙자를 위한 일시 쉼터를 세우는 계획을 수립하는 과제를 이행한다. 예를 들어, 당신이 계획하는 거주지는 전기 및 수도시설을 갖춘 방 2개의 오두막이 될 수도 있다. 과제 수행기간 동안, 노숙자 쉼터 건립에 앞서 계획을 수립해야 한다. 특정 역할을 각 팀원에게 할당함으로써 업무 분담을 고려하라. 다음 질문들에 대한 잠정 답안을 구상하라. (1) 이 기획에 대한 자금조달을 어떻게 할 것인가? (2) 어떤 노숙자들을 도울 것인가? (3) 쉼터는 어디에 마련할 것인가? (4) 누가 건설을 맡을 것인가?

계획이 완성된 후에, 집단 내에서 이루어진 팀워크의 질을 평가한다. 팀워크 향상을 위해 당신이 사용한 기법에 해당하는 각 장을 검토한다.

이 연습에서 당신이 사용한 동일한 종류의 팀워크 기술을 직장의 대부분의 팀워크 과제에 이미 적용했을 수도 있다. 일부 팀들은 구성원이 제너럴리스트(generalist, 다방면에 걸쳐 많이 아는 사람)가 되기를 요구하겠지만, 업무 분담은 여전히 집단적 노력의 주요 원칙이라는 점을 주의한다.

움을 주었다.

감정을 다루는 또 다른 본보기는 집단이 비생산적이거나 지나치게 생산적이라고 느낄 때 구성원들이 목소리를 내도록 북돋아주는 것이다. 긍정적 감정의 표현은 활력소가 될 수 있다.

탁월함에 대한 자부심 강조하기 팀워크가 아닌 경우, 공동체 정신을 구축하는 보통의 방법은 성취에 대해 자신감을 가져야 하는 이유를 집단이 깨닫도록 하는 것이다. 대부분의 집단은 특별히 몇몇 업무에 능숙하다. 리더는 집단이 그 업무나 특징을 규정하도록 도와야 하며 이를 중요 역량으로 발전시켜야 한다. 예를 들어, 운송부서는 지역 내 최고의 정시 운송 기록을 보유하고 있을 수 있다. 또는 불만 처리 부서는 보험 회사에서 초과 지불을 가장 적게 하고 있을 수 있다.

뛰어난 팀을 이루는 데 도움을 주려면 [리더십 스킬 구축 연습 6-1]을 해 본다.

권한 공유를 포함한 팀워크 모델 역할하기 리더가 팀워크를 증진시키는 강력한 방법은 팀플레이의 긍정적 모델이 되는 것이다. 그리고 팀워크의 좋은 예가 되는 길은 집단 업무에 관련된 아이디어와 태도에 대한 주요 정보를 공개하는 것이다. 이러한 행위의 결과로, 팀 구성원들은 그 선례를 따를 것이다. 리더의 자기노출(self-disclosure)은 인식과 관심의 공유로 이어지기 때문에 팀워크를 발전시킨다.[14] 자기노출은 리더의 투명성을 이루는 하나의 요소이다.

팀 구성원들과의 집중적 소통은 팀워크 모델의 하나로 작용하는데, 이것이 팀 발전이 일어나는 메커니즘—잦은 비공식적 커뮤니케이션—을 보여주기 때문이다. 팀 구성원들과 소통하는 동안, 팀 리더는 자신이 팀의 일원이라는 점을 강조한다. 예를 들어, 팀 리더가 "마감일을 기억하라. 목요일까지는 우리가 이 제안서를 메일박스에 보관하고 있어야 한다."라고 말한다. 다소 팀 구성원 중심적이지 못한 발언이 "마감일을 기억하라. 목요일까지 나는 이 제안서가 필요하다."일 것이다.[15]

팀워크 모델이 되는 또 다른 방식은 집단 구성원들과 권한을 공유하는 것이다. 왜냐하면 바람직한 팀 플레이어는 권력을 독점하고 모든 의사결정을 내리는 것을 피하려고 하기 때문이다. 각각의 팀 구성원이 권력을 행사할 기회를 갖기 때문에 자신이 팀 전체 노력에 주요한 공헌자라고 느끼게 된다. 존스 홉킨스 병원의 마취과 의사이자 중환자 치료 전문가인 피터 프로노보스트는 외과의사와 다른 의료진들 사이에 권한이 나눠져 있는 병원일수록 환자에게 더 안전하다고 믿는다(그가 언급한 병원 내 실수는 잘못된 약을 처방하거나 엉뚱한 부위에 수술을 하는 것을 포함한다). 프로노보스트는 간호사가 의사에게 이의를 제기할 수 있는 권리를 가져야 하고, 의료팀 구성원이 의학적 실수를 최소화하기 위한 권한 공유의 측면에서 비행기 승무원처럼 일할 필요가 있다고 믿는다.[16]

리더로서 팀플레이의 본보기가 되려면, 당신은 팀플레이어의 자세를 취할 필요가 있다. [리더십 자기 평가 퀴즈 6-2]를 통해 그러한 자세를 측정해 볼 수 있다.

합의된 리더십 유형 사용하기 리더가 합의된 의사결정을 이행할 때 팀워크는 강화된다. 중요한 결정에 대한 기여도는 집단 구성원들이 팀에서 그들 스스로가 매우 가치 있다고 느끼도록 만든다. 합의된 의사결정은 집단 내 아이디어 교환으로도 이어지고, 의견을 상호 지지하고 다듬도록 만들어준다. 결과적으로 문제에 관해 함께 일한다는 느낌이 강화된다. X세대 관리자(1965년에서 1980년 사이에 태어남)와 Y세대 관리자(1981년에서 2002년 사이에 태어남)는 합의된 리더십을 실행하려는 경향이 있다. 당연히, Y세대 가운데 나이가 더 많은 구성원들이 관리자의 위치를 점하고 있다. 그 이유 가운데 일부분은 많은 이들이 리더십 과정을 거쳤기 때문이다. 인사전문가 보니 슈테트는 X세대 관리자에 대한 이 분석은 오늘날에도 여전히 유효하며 Y세대 관리자에게도 적용할 수 있다고 한다.

> 나는 그들을 매우 전도유망한 세대라고 보고 있습니다. 그들은 특히 관리자로서 업무에 많은 힘을 가져옵니다. X세대들은 유연하고, 협력에 능하고, 합의를 이루어내면서 그들의 나이에 비하여 성숙한 경향이 있습니다. X세대들은 또한 멀티태스킹이 가능합니다.

리더십 자기 평가 퀴즈 6-2

팀 플레이어의 자세

방법 다음 각각의 항목에 얼마나 동의하는가를 아래 척도에 따라 표시하라.
대단히 그렇지 않다(DS) 그렇지 않다(D) 보통이다(N) 그렇다(A) 매우 그렇다(AS)

	DS	D	N	A	AS
1. 혼자 일할 때 상태가 최상이다.	⑤	④	③	②	①
2. 어릴 때 이후로 클럽이나 팀에 소속되어 있었다.	①	②	③	④	⑤
3. 집단과 업무를 수행하는 데 시간이 너무 오래 걸린다.	⑤	④	③	②	①
4. 집단 속에서 일할 때의 동료애를 좋아한다.	①	②	③	④	⑤
5. 거대 기업의 일원이 되기보다는 1인 사업을 운영하고 싶다.	⑤	④	③	②	①
6. 주요 업무에 있어서 집단 내 타인을 신뢰하기가 어렵다.	⑤	④	③	②	①
7. 타인을 고무시키는 것은 내게 자연스러운 일이다.	①	②	③	④	⑤
8. 집단 내에서 가능한 아이디어의 '기브 앤 테이크'를 좋아한다.	①	②	③	④	⑤
9. 집단 내에서 타인과 책임을 공유하는 것이 즐겁다.	①	②	③	④	⑤
10. 동일한 수의 사람들이 각기 일할 때보다 팀으로 일할 때 성취할 수 있는 것이 훨씬 더 많다.	①	②	③	④	⑤
11. 소셜 미디어 포스팅을 통해서 나의 업무 집단 내 다른 구성원을 종종 놀리기도 할 것이다.	⑤	④	③	②	①
12. 소셜 미디어 포스팅으로 팀 구성원을 칭찬할 것이다.	①	②	③	④	⑤

총점

채점 및 해석 표시한 숫자를 모두 더하면 당신의 총점이 된다.

- 46~60점 당신은 팀 일원이 되어 다른 구성원들과 협력해 일을 해나가는 데 매우 긍정적인 태도를 갖고 있다.
- 35~46점 당신은 팀 일원이 되어 다른 구성원들과 협력해 일을 해나가는 데 적당히 호의적인 태도를 갖고 있다.
- 15~34점 당신은 팀 일원이 되기보다는 혼자 일하는 것을 훨씬 좋아한다. 팀워크를 중시하는 회사 내에서 효율적으로 일하기 위해서, 당신은 타인과 함께 일하는 데 대한 보다 긍정적인 자세를 개발할 필요가 있다.

> X세대 관리자들은 대단히 팀 지향적이고 팀에 들어온 누구라도 신뢰를 얻기를 절대적으로 바라고 있습니다.[17]

합의에 이른다는 것은 모든 갈등이 잠재워져 사람들이 동의함을 의미하지는 않는다. 쟁점에 대해 동의하지 않는다는 것은 건전하며, 팀 구성원들이 자신의 목소리를 낸다면 합의된 결정에 더 잘 따를 가능성이 높다. 목소리를 낼 때 일부 권한이 공유된다. 쟁점에 대한 갈등 사례 하나로 판매원의 할인이 궁극적으로 판매를 향상시키는지 여부를 토론하는 자동차회사의 마케팅 팀을 들 수 있다.

긴박감 조성, 성과표준 요구 및 방향 제시하기　팀 구성원들은 팀이 긴급하고 건설적인 목표를 갖고 있다고 믿을 필요가 있다. 그들은 명백한 기대치 목록을 원한다. 근거가 보다 긴급하고 유효할수록 팀은 그 가능성을 달성하기 쉽다. 고객서비스 팀은 고객서비스 향상 없이 기업이 발전할 수 없다는 말을 들었다. 이런 정보에 힘을 받은 팀은 도전을 충족시켰다.

위기를 조성하기 위해 리더가 정기적으로 집단에 도전하는 것이 도움이 될 것이다. 리더가 현재 상태를 개선하기 위해 협력하도록 팀에게 그들을 고무시키는 유효한 사실과 정보를 제공할 때 팀워크는 강화된다. 새로운 정보는 팀이 직면한 도전에 대한 의미를 재정의하고 확장시키는 데 도움을 준다. 결과적으로 팀은 공통의 목적에 초점을 맞추고 보다 분명한 목표를 정해 더 원활하게 함께 일을 해나갈 수 있게 된다.[18]

다른 집단과의 경쟁 조장하기　팀워크를 고취시키는 가장 잘 알려진 방법 가운데 하나는 외부로부터의 실제 또는 상상의 위협에 대항하여 집단의 지지를 결집하는 것이다. 경쟁이 당신 조직 외부에 존재할 때 그 경쟁에서의 승리는 보다 더 의미가 있을 것이다. 적이 내부에 있는 경우 팀 기풍이 내부적으로는 전체 조직에 해로울 수도 있으며, '우리–그들(we-they)' 문제가 발생할 것이다. 다른 집단과의 경쟁을 조장하는 동안, 리더는 거짓 혐의를 씌우는 것과 같은 비윤리적 비즈니스 관행으로 이어질 수 있는 극심한 경쟁이 아니라 경쟁자를 격려해야만 한다. 다른 집단과의 윤리적 경쟁의 예는 리서치인 모션(RIM: 블랙베리 제조회사)의 상품개발팀이 애플의 iPad에 대항하기 위해 태블릿 컴퓨터를 생산하는 경우가 그것이다.

특수용어 사용 장려하기　리 볼먼(Lee G. Bolman)과 테렌스 딜(Terrence E. Deal)은 집단의 상징적이고 의례적인 체계가 팀워크에 상당히 기여한다는 데 동의한다. 이 체계의 주요 부분은 단결과 헌신을 강화시키는 특화된 언어이다. 본질적으로 이 특화된 언어는 집단 내부의 전문용어로 외부와 이 집단을 구별 짓고, 독특한 가치와 믿음을 강화하여 기업 문화에 기여하며, 그리고 거의 오해 없이 쉽게 팀 구성원들이 커뮤니케이션을 할 수 있게 해 줌으로써 팀 구성원들 사이의 유대를 생성한다.[19] 마이크로소프트가 지적인 사람에게 "대역폭(bandwidth)"이 있다고 하거나, 심각한 사람을 "하드코어(hardcore)"라고 부르는 것이 내집단에서의 특수용어의 예이다.

마이크로매니지먼트 최소화하기　팀워크를 고취시키는 전략적 시각은 리더가 **마**

이크로매니지먼트, 즉 집단 구성원 행위 대부분에 대한 밀접한 감시(리더십 행위와 관련하여 8장에서 다뤄지게 될 것임)를 최소화한다는 것이다. 좋은 팀 리더가 되기 위해서 매니저는 집단 구성원들이 그 자신의 행위를 관리할 수 있는 충분한 기회를 부여해야만 한다. 마이크로매니지먼트를 피하는 것은 임파워먼트의 핵심 요소인데, 이는 임파워된 직원들이 자신의 행동을 관리할 수 있는 상당한 자유를 부여받기 때문이다. 제안에 끼어들거나 지침을 내리지 않는 것이 팀 구성원들의 발전에 도움이 되며, 전문가로 성장하고 있다는 의식은 때론 더 강한 공동체 정신으로 강화되는 직원으로 변화될 것이다.

마이크로매니저는 지나치게 많은 통제권을 유지하려고 하기 때문에 병적인 통제자로 여겨진다. 이전에 갭에 있다가 지금은 제이 크루의 CEO인 미키 드렉슬러는 스스로 인정한 병적인 통제자였다. 그의 직업적 만족도는 심지어 단추를 선택하는 것과 같은 상품화의 전 측면에 있어서 관련되어 있을 때 가장 높았다. 그는 구매자들에게 이메일과 전화로 개인적 응대를 한다. 드렉슬러는 그의 상품화 능력을 널리 인정받고 있고, 제이 크루의 CEO이자 소유주이기에 그의 마이크로매니지먼트가 받아들여진다. 팀 차원에서 마이크로매니저는 짜증나게 하는 것 이상으로 인식되어질 것이다.[20]

위기 시의 리더는 마이크로매니지먼트를 피하는 것과 팀 구성원들이 하나의 조직으로 잘 기능하기 위해 필요한 지침과 책무를 제시하지 않는 것 사이의 적정선을 인식한다. 컨설턴트인 브루스 툴건은 "우리가 직원들에게 상사로부터 원하는 게 무엇이냐고 물었을 때, 그들이 언급한 첫 번째는 승진이 아니다. 그것은 언제나 더 많은 코치, 지도, 더 확실한 목표, 보다 건설적인 비판과 성취에 대한 보다 넓은 인식이다."라고 말한다.[21] 그 의미는 마이크로매니지먼트에 적게 물든 관리자가 이러한 건설적인 행위에 관련될 가능성이 크다는 것이다.

가상팀을 위한 e-리더십 실행하기 커뮤니케이션 기술의 엄연한 존재는 특히 팀 구성원들이 물리적으로 같은 공간에서 일하지 않는 상황에서 팀 리더십에 중요한 영향을 미친다.

시애틀에 있는 팀 리더 제니퍼가 뭄바이에 있는 팀원 서린다에게 축하 메시지를 보낸다면, 그녀는 e-리더십을 실행하고 있는 것이다. 제니퍼와 서린다는 가상팀의 일원이다. 그들은 함께 일하지만 동일한 물리적 시설을 공유하지는 않는다. **e-리더십**은 업무가 정보기술을 통해 전해지는 맥락에서 실행되는 리더십의 형태이다. 인터넷이 수많은 사람들과의 연계를 가능하게 하기 때문에 이 리더십의 초점은 개인으로부터 관계 네트워크로 옮겨간다.[22] 그러므로 인터넷이 사람들을 연결시킬 때 리더에 의해 수행된 어떤 행동이라도 e-리더십으로 망라된다. 여기서 우리의 관심은 어떻게 e-리더십이 팀워크를 특히 가상 팀 안에서 팀워크를 조성하는가이다.

팀 구성원들이 지리적으로 널리 퍼져 있을 때, 업무 완수에 필요한 정보 전파를 포함하여 리더의 팀 구성원과의 커뮤니케이션은 IT 기술을 사용하여 이뤄진다. 참여적 리더는 최종 결정에 도달하기 전에 가상팀 전체 구성원들로부터 의견을 구하기 위해 채팅방을 열 수도 있다. 리더는 논쟁이 되는 쟁점에 대한 합의를 얻고자 전자투표를 실행할 수도 있고 팀 구성원들이 인트라넷이나 소셜 미디어 사이트에서 자신의 반응을 공유하게 만들 수도 있다.

리더는 업무를 잘 이행한 직원에게 축하 이메일 메시지를 보냄으로써 공동체 정신을 길러낼 수 있다(그리하여 팀워크도 길러낼 수 있다). 간단히 말하자면, e-리더는 팀 구성원들에게 전자적 연결 상태를 유지함으로써 팀워크를 향상시킨다. 짜증낼 정도로 너무 많은 메시지 공격을 퍼붓는 지경이 아니라면 말이다.

관찰과 인터뷰, 조사 자료를 바탕으로, 두 개의 중점 연구는 가상 팀에 속한 효율적 리더의 리더십 관행을 밝혀냈다. 이 관행의 목적은 즉 팀이 집중과 지시가 필요할 때 직접 만날 수 없는 경우와 같은 가상 팀을 관리하는 데 있어서의 독특한 상황을 극복하는 것이다. 주로 팀워크 구축을 다루는 일부 다른 연구들과 더불어 이들 연구자들의 결론은 다음에 소개되어 있다.[23]

1. **가상 팀을 구성할 때, 가능한 한 자원자를 요청하라.** 위키피디아와 리눅스의 경험에서 보았듯이, 가상 팀은 중요한 기술을 가진 자원자들을 포함하고 있을 때 번창하기 시작한다. 자원자들로 꾸려진 팀은 공동체 정신에 기여하는 엘리트 지위를 갖는다. 자원자에 더하여 가상 팀이 이미 서로 알고 있는 구성원들을 포함하는 것도 도움이 된다. 이렇게 동지애의 구성 요소는 이미 존재하고 있다.

2. **업무가 팀과 회사에 의미 있는 일이라는 것을 확신시켜라.** 이상적으로는 팀 업무가 각각의 구성원의 가치와 팀 전체의 가치가 같이 조화를 이뤄야 한다. 유관한 직무에 종사하는 팀 구성원들이 보다 정신적으로 고무되고 협력적일 가능성이 많다 알맞은 사례가 알코아가 글로벌 프라이머리 프로덕트(Global Primary Products) 부서 내에서 지식 전수와 혁신의 향상을 꾀하고자 했을 때이다. 대부분의 기술 팀 구성원에게 있어서 지식 공유와 혁신은 매우 가치가 있는 것으로, 이는 그들이 지적 호기심이 많은 경향이 있기 때문이다. 회사는 전통적 권한의 라인을 넘나들며 작동하는 전 세계 가상 팀들의 웹을 구축하였다.

가상 팀은 생산량의 실질적인 증가를 가져왔고 운영비를 수백만 달러 줄이는 것으로 그 공로를 인정받았다. 팀에 할당된 사람들은 정규 업무 외 초과업무를 요구받았다. 이러한 업무 과중이라는 문제를 처리하기 위해서 전문가들은 기술적으로 그들의 흥미를 자극하는 도전적인 과업들을 할당받았다. 중요한 것은 가상 팀 구성원들이 씨름해야 할 과제를 선택하는 데 있어 어느 정도 재량을 갖고 있었다는 것이다.[24]

3. **커뮤니케이션 기술을 사용해서 신뢰를 구축하고 유지하라.** 가상 팀과 함께 작업할 때 주된 어려움은 어떤 정보를 주고받고 누구에게 전달하는가를 결정하는 문제이다. 어떤 경우에는, 팀 외부의 어떤 사람에게도 부정적인 정보를 주지 못하도록 규범이 정해져 있을 수 있다. 규범은 또한 모든 팀 구성원이 그들 시간으로 새벽 3시에 회의를 하는 것과 같은 시차로 인한 애로사항을 동등하게 보장하도록 하는 데 유용할 수 있다. 회의 시간은 돌아가면서 정해짐에 따라 동 시간대에 속한 팀 구성원들은 시달리지 않을 것이다.

4. **팀 내 다양성을 이해하고 평가하며, 활용하도록 하라.** 팀 내 다양성은 경험이나 기술, 관심사 등과 같은 여러 형태를 지닐 수도 있다. 다양성이 이해되고 평가받는다는 것을 확신시키기 위해, 리더는 처음 팀이 구성될 때 흔히 **전문지식 안내책자**(expertise directory)를 개발한다. 이 안내책자는 구성원 각각의 교육과 경력, 이전 업무 등에 관한 자세한 정보와 더불어 사진을 포함할 수 있다. 팀 구성원들의 기술 매트릭스는 동일한 목적으로 사용할 수 있다.

5. **가상 미팅을 포함한 빈번한 커뮤니케이션을 유지하라.** 연구에 포함되어 있는 팀 리더의 대부분은 모든 구성원이 참여하는 정기적인 음성회의가 팀의 활력소이며, 심지어 팀 구성원들 사이에 업무가 분배될 때에도 그렇다고 말했다. 가상 회의는 구성원들이 계속 업무에 관여하고, 업무에 대해 기대하고, 서로와의 긴밀한 관계를 유지시키는 데 사용된다. 회의 초반에 팀 구성원들이 각각 인간적인 측면으로 다시 연결되도록 만드는 것이 유용하다. 개인적 이야기를 나누는 것은 친밀감을 형성하는 데 도움이 된다.

   음성회의 이외의 다른 커뮤니케이션의 형태는 팀워크를 발전시키는 기능을 수행할 수도 있다. 예를 들어 노키아에서는 선호하는 커뮤니케이션 도구가 문자메시지인 반면에 다른 회사에는 이메일과 음성 메일이 더 효율적이었다. 팀 구성원 간의 빈번한 상호 작용을 공유하도록 내부 소셜 미디어 웹사이트를 사용하는 회사들이 점점 늘어나고 있다. 가장 중요한 것은 커뮤니케이션이 빈번하고 빨라야 한다는 점이다.

가상 팀이 긴밀한 접촉을 하는 사례 가운데 하나가 소비자 목적에 따라 어떤 색채가 가장 유행할 것인지 예측하기 위해 전 세계에 걸쳐 조사를 수행하는 팬톤 컬러연구소의 팀이다. 팀이 국내 각지에 흩어지고 해외여행을 가는 동안 그들은 자신이 발견한 것을 공유하고 해석하기 위해서 전화, 이메일, 또는 직접적인 만남을 통해 빈번하게 접촉을 하고 있다. 팀 리더인 리트리스 아이즈먼은 "예측은 트렌드 방향성과의 결합입니다. 그것은 얼마나 많은 장소에서 내가 색깔을 보느냐 하는 것입니다. 색깔은 그래픽과 제품에서 튀어나올 수 있습니다. 패션쇼의 런웨이에만 국한된 것이 아닙니다."라고 말한다(자신들이 발견한 것을 혼합하기 위해 팀이 다 함께 조화롭게 일해야만 한다는 점을 주목하라).[25]

6. **기술 활용을 통해 팀 발전을 감시하라.** 감시의 사례는 누가 팀의 온라인 지식창고를 정기적으로 사용하는지 그리고 누가 그렇지 않은지 확인하는 것이다. 리더는 또한 일부 구성원들이 업무에 대한 자신의 정당한 몫을 못하는지를 보기 위해 확인할 수 있으며, 그리고 나서 성과가 저조한 사람을 지도할 수 있다. 게으른 사람은 팀의 발목을 잡을 수 있기 때문에 이러한 접근 방식이 팀워크를 향상시킬 수 있다.

7. **팀과 그 구성원들의 외부 지명도를 강화시켜라.** 가상 팀의 구성원들은 최소한 두 명의 상사(가상 팀의 리더와 현장 상사)를 갖게 될 수도 있어서 가상 팀의 업무를 외부에 알리는 것이 중요하다. 전자 측정 산업의 가상 팀은 운영위원회에게 팀의 결과를 보고하는 것이 요구된다. 보상과 인정을 받는 것이 공동체 정신 구축에 도움이 된다는 데 팀워크와의 연관성이 있다.

8. **가상 팀 참여로 개인적 이익을 얻을 수 있다는 점을 확신시켜라.** 구성원들이 훌륭한 팀 플레이어일지라도 그들은 공동체 정신 경험을 통해서 개인적 이익을 얻을 필요가 있다. 팀원 모두에게 선물을 배달시켜 주고 가상의 파티를 여는 등의 가상의 포상 의식을 갖는 것도 하나의 접근법이다(파티는 팀원들의 집에서 이뤄지는 것이기 때문에 여기서는 파티 실무자를 따로 지명할 필요도 없다!). 팀 리더는 또한 팀 구성원들의 업무환경에 속해 있는 임원들이 그들에게 감사를 표하도록 격려할 필요가 있다. 전문가의 약식 강의와 같은 개인적 성장 기회를 제공하는 것 또한 유용할 것이다.

9. **인간적인 접촉을 할 수 있는 환경을 유지하기 위해 일 년에 한두 번 대면회의를 실행하라.** 온포인트 컨설팅의 CEO인 리차드 렙싱거에 따르면, 전자기술은 인간 상호작용의 완벽한 대체재가 되지 못한다. 가상회의 동안의 주의력 결핍은 대

체수단을 물색해야 할 경고 표시이다. 한두 번의 연례 대면회의에 투자를 하는 가상 팀은 그러한 미팅을 실행하지 않는 팀보다 성과가 더 높은 경향이 있다.[26] 가장 발전된 영상회의 장비나 스카이프를 사용하더라도 동료들과 얼굴을 마주 대하는 상호작용의 느낌은 부족하다.

10. **평균 이상의 개인 및 팀 성과를 인정하고 보상하라.** 다른 형태의 팀과 마찬가지로, 가상 팀에 대한 보상은 개인 및 팀 목표와 연계되어야 하며, 가상 팀은 자주 보상을 받아야 한다.

당신은 가상 팀을 이끌어 나가기 위한 10개의 제안이 리더가 취할 수 있는 행동뿐만 아니라, 기업 기술의 활용을 포함한다는 것을 관찰하게 될 것이다.

일반적으로 조직 구조나 정책을 요구하는 행동

커뮤니케이션에 유용한 물리적 구조 만들기 집단 결속, 그리고 이에 따른 팀워크는 팀 구성원들이 서로 근접해 있고 빈번하고 쉽게 상호작용할 수 있을 때 육성된다. 반대로, 개인 사무실이나 좁은 자리에서 대부분의 시간을 보내는 사람들은 상호작용을 덜 하게 된다. 빈번한 상호작용은 종종 동료애와 소속감으로 이어진다. 물리적 근접성에 도달하는 유용한 전술은 물리적 시설을 공유하도록 만드는 것으로, 회의실이나 자료실 혹은 라운지 공유가 그 예이다. 이런 공간은 건물 내 다른 구역과 다르게 꾸며야 하며, 커피포트, 전자레인지 오븐, 냉장고와 같은 일부 편의시설을 추가해야 한다. 팀 구성원들은 휴식과 집단 상호작용을 위한 공간으로 이곳을 활용할 수 있다.

물리적 시설 공유가 팀워크를 고취시키는 데 기여한다는 것을 알기 때문에 많은 조직들은 개인 사무실을 없애고 작업장을 보다 열린 공간으로 만들었다. 많은 사람들은 이러한 사생활 침해에 대해 불만을 표시하지만, 업무에 대해 조용히 심사숙고할 수 있는 기회가 제한됨으로 인한 생산성 손실과 사기 문제를 평가하기는 어렵다.

집단 인정과 보상 강조하기 사람들은 자신이 협력하여 성취한 것에 대한 보상을 원하기 때문에 집단의 업적에 대해 보상을 지급하는 것은 팀워크를 강화한다. 또한 조직 내에서 수행하는 많은 업무는 협력을 요구하기 때문에 집단 보상은 정당화될 수 있으며 합리적이다. 보상을 수반하는 인정은 조직에 대한 개인의 가치보다 팀의 가치를 강조하는 것이다. 인정받은 팀은 그 기여도와 발전에 대한 자신감을 갖게 됨으로써 팀 정체성이 강화된다. 팀을 인정하기 위한 사례는 다음과 같다.

- 공적 증명서와 계획, 기타 소식 등의 팀 활동을 위한 벽면 전시 공간
- 티셔츠와 운동모자, 머그잔, 재킷, 열쇠고리, 명함 등의 품목들에 새겨진 팀 로고
- 첫 번째 활동, 비용절감, 안전 기록 등과 같은 중요 사안을 기록하기 위한 기념행사
- 팀 색상으로 칠한 장비
- 소프트볼이나 배구, 볼링과 같은 팀 운동 경기
- 팀 구성원들이나 전체 팀에게 조직이 선물을 증정하는 이 달의 팀 시상

한 가지 경고할 점은 많은 직원들이 자신의 임금을 위태롭게 하는 팀 기반 임금제로의 전환을 부담스러운 제안으로 볼 수 있다는 것이다.

의식과 행사 개최하기 팀워크를 강화시키는 또 다른 방법은 의식과 행사를 주도하는 것이다.[27] 의식과 행사는 가치 강화와 정신력 재생, 직원 및 팀과의 유대감 형성을 위한 기회를 제공한다. 중요한 계약을 수주하는 등의 중요한 이정표를 세울 때마다 팀 회식을 갖는 것도 그 예가 된다. 또 다른 공식적 의식은 책무와 목표를 향상시키고 동료애를 북돋아주기 위한 팀 수련회이다. 팀이 함께 일하고 수련회 동안 친밀하고 사교의 시간을 갖게 될 때—심지어 하루뿐이더라도—팀워크는 강화된다.

오픈 북 경영 실행하기 회사를 팀으로 운영되게 만드는 방법은 회사 재무전략 정보를 수많은 직원들과 공유하는 것이다. **오픈 북 경영**(open-book management)에서 모든 직원들은 교육을 이수하고, 임파워되고, 회사의 사업 목표를 이해하고 추구할 동기를 부여 받는다. 이러한 방식으로 직원이 사업 파트너가 되며 스스로를 팀의 구성원으로 인식한다.

완전한 형태의 오픈 북 경영에서 직원은 책임뿐만 아니라 전략적 정보와 재무적 정보도 공유한다. 회사는 위험과 결과에 대한 보상도 공유하기에 직원들이 회사가 성공할 수 있도록 하나의 팀으로 힘을 합칠 가능성이 높다.[28] 이 개념은 정보공유가 이루어지고, 파트너 중심적이며, 그리고 고도의 성과를 이루는 기업을 만드는 것이다. 회사 리더들이 재무정보에 대한 원탁토론을 주최함으로써 직원들

이 지속적으로 정보를 숙지하도록 만들 수도 있다. 다른 접근법은 정기적으로 회사의 재무 진행상태 정보를 이메일로 전달하는 것이다.

팀 지향적 구성원 선발하기 훌륭한 팀워크를 이뤄내기 위한 기본 전략은 팀워크에 맞는 자세와 기술 및 관심을 가진 구성원을 뽑는 것이다(팀 지향적 구성원 선발은 회사 정책이 되기도 하지만, 매니저가 스스로 취할 수 있는 행동이기도 하다). 출발점은 자기선택이다. 팀 리더가 팀 구성원이 되기를 원하는 직원을 뽑는다면 최고의 선택이 될 것이다. 과거 팀 활동 기록은(이 장에서 사례로 제시되었던 바대로) 효율적인 팀원이 될 수 있는지를 가려내는 데 도움이 될 것이다. 많은 매니저들은 팀 스포츠에 지금 참여하고 있거나 과거에 참여했던 사람들이 직무에서도 훌륭한 팀원이 될 가능성이 높다고 믿는다.

때로, 직원들은 팀 리더나 구성원에 의해 선발되기보다는 팀에 배정을 받기 때문에 팀 지향적인 구성원을 선발하는 것이 불가능하다. 팀워크 중심 구성원 선발의 주요 기준은 팀워크 경험, 팀원으로서 과거 성공사례, 그리고 상냥함이나 외향성 같은 바람직한 개인적 특성 등이 될 것이다.

구글의 직원 채용 매니저인 토드 칼리슬은 새 직원을 선발할 때, 주의 깊게 팀워크 선호도와 기술을 살펴본다. 그의 기준 가운데 하나는 단순히 지원자에 대한 호감 정도이다. "당신은 인터뷰 후에 그를 점심식사에 데려가고 싶어야 합니다. 다른 사람과 즐겁게 놀 수 있는 리더를 고용하는 것이 중요하며, 그래서 팀에서 일한 그들의 경험에 대해 질문을 해야 합니다. 자신이 옳거나 모든 것에 대한 공을 인정받았다는 것을 모든 사람들에게 납득시켰다고 떠벌리는 것은 적신호입니다."[29]

팀워크를 향상시키는 기술 사용하기 직원들이 협력을 강화하는, 종종 **그룹웨어**(groupware)라 불리는 IT 기술을 사용할 때, 그들은 더 잘 협력할 수 있다. 예를 들어, 빈번한 이메일이나 메신저를 통한 메시지 교환이라는 간단한 행동은 협동을 촉진할 수 있다. 전자 장비를 이용한 브레인스토밍은 그룹웨어의 또 다른 표본이다. 가상 팀은 본질적으로 팀워크를 강화시키는 IT 기술에 의존한다.

화상회의의 진보는 지리적으로 멀리 떨어진 직원들이 가상회의에 참여하며 대면회의와 거의 비슷한 만큼 효율적으로 아이디어를 교환할 수 있는 편리성을 제공함으로써 팀워크를 촉진시킨다. 시스코 시스템즈가 자체 사무실과 고객 사무실, 회사 임원의 집에 설치한 최첨단 회의 시스템인 텔레프레젠스(TelePresence)를 광범위하게 의존하고 있는 것이 그 사례 가운데 하나이다. 회의는 동시다발적으

로 소집될 수 있고, 출장 없이도 재빠르게 집단 의사결정이 이뤄질 수 있다.[30]

많은 직원들이 서로 간에 정보를 교환하고 보다 광범위하게 협력할 수 있기 때문에 소셜 네트워크 조성은 팀워크 강화를 위한 가장 광범위한 기술이라고 볼 수 있다. 또한, 사람들은 타인들이 어떤 정보를 교환하는가를 미리 볼 수 있을 때 협동 정신을 발전시킬 수 있다. 농담이나 흥미로운 유튜브와 훌루 동영상의 교환조차도 공동체 정신을 향상시킬 수 있다.

인디애나대학교의 켈리경영대학에서 이머징 테크놀로지(emerging techology) 분야 부책임자를 맡고 있는 데이빗 에이서트(David Eisert)는 "당신이 관여하고 있는 네트워크와 정보 공유, 열린 커뮤니케이션에 사람들을 가담시켜 놓았을 때, 거기에서 지식이전의 정수가 나오는 것이다."라고 말한다.[31] 지식의 이전이 더 높은 협력으로 이어질 때 팀워크가 강화된다. 게시판에 올려놓은 정보를 단순히 쳐다보고 아무것도 하지 않으면 팀워크에는 어떠한 긍정적 영향도 미칠 수 없다.

다음의 [행동하는 리더]는 리더가 팀워크 향상을 위해 소셜 네트워크 웹사이트를 어떻게 활용하는지를 보여준다.

국내 기업 및 외국 출신 대표자를 선발하여 한 팀으로 섞기 다문화에 대한 고려는 리더십의 대부분의 측면뿐 아니라 팀워크 강화에도 포함된다. 본사 국가에서 온 대표자뿐만 아니라 자신의 고국에서 온 사람들과도 일한다는 사실은 팀워크를 강화시키기도 한다. 아마도 본사에서 파견된 대표자가 있으면서도 여전히 지역 인재를 존중하는 것은 협동정신을 불러일으킬 수 있을 것이다. 또한, 문화적 차이의 혼합은 일부 직원들에게 매력적이며 그들로 하여금 팀으로서 성과를 내는 데 더 관심을 갖도록 만들 수도 있다.

AIG의 재보험 분야 현장운영 수석부사장인 제시카 아이작의 경험이 바로 그 예가 될 것이다. 그녀는 이렇게 말했다. "우리가 새로운 국가에서 회사를 시작할 때마다 고국에서 사람들을 그리로 실어 보내는 대신 과도기를 겪으면서 현지 인재들을 보다 많이 채용하기 시작했습니다. 최고의 성과를 내는 나의 팀들은 일부 파견자들이나 외국 인재들이 많은 현지 인재들과 간간히 섞여 있는 팀들입니다. 균형을 맞춘다는 것은 모든 이의 기술을 실질적으로 최적화하며 새로운 기회를 열어줍니다."[32]

행동하는 리더

롱 리얼티의 케빈 카프란은 내부 소셜 네트워크를 이용하여 팀워크를 구축한다

애리조나주 투손의 롱 리얼티 중개인들은 몇 년 전 부동산 거품이 터진 이후에 부동산 시장의 복잡성을 토론할 만한 안전한 장소를 찾고자 했다. 대리인들 가운데 몇 명이 페이스북에서 정보를 교환하기 시작했지만, 고객이나 은행가를 포함한 누구라도 그들의 논평을 읽을 수 있었다.

롱 리얼티의 마케팅 및 기술 부사장인 케빈 카프란은 페이스북이 대화를 나누기에 적절한 공간이 아니라고 지적했다.

결과적으로 롱 리얼티는 롱 커넥트라 불리는 혁명적인 신규 중개인 소셜 미디어 네트워킹 플랫폼을 발족시켰다. 이를 통해 중개인들은 다른 롱 리얼티 전문가들과 안전한 온라인 환경에서 접속할 수 있게 되었다. 이것은 산업을 주도하고 있는 롱 리얼티가 최고 수준의 서비스를 제공하고, 자신의 부동산 전문가들이 더 현명하고 더 효율적으로 일할 수 있도록 돕는 또 다른 방법이다.

몇 년 동안 부동산 중개인들은 마케팅 목적으로 소셜 미디어를 활용해 왔다. 사진과 동영상 공유를 활용하여 목록을 더 매력적으로 만듦으로써, 많은 중개인들이 더 많은 구매자를 끌어들일 수 있었다. 팔려고 내놓은 집에 대한 평범하지 않은 이야기를 제공하는 것이 그 예이다. 부동산 전문가들은 판매 기법을 연마하기 위해 전문가 네트워킹 사이트를 활용하기도 한다. 그러나 부동산 회사 내에서 팀워크를 강화하기 위해 소셜 네트워크를 활용하는 것은 최근의 발전이다.

롱 리얼티는 이러한 형태의 사내 소셜 미디어 네트워크를 시행한 최초의 부동산 기업들 가운데 하나이다. 이것은 중개인들이 상호작용을 하며 네트워크를 쌓고, 그들의 업무를 수행하는 완전히 새로운 방식이다. 이러한 새로운 온라인 중개인 커뮤니티를 형성함으로써 롱 리얼티는 중개인들 사이의 협동과 팀워크를 더 넓게 확장시키는 데 유용한 기술적 표준을 세우고 있다.

중개인들은 구매자와 판매자의 연결을 돕기 위해 더 효율적으로 서로와 관계를 맺고 정보를 공유할 수 있다. 롱 리얼티 중개인들은 최근 업계 발전, 최신 마케팅 및 기술 트렌드 그리고 최고의 경영사례를 따라잡도록 서로 그리고 회사로부터 배우는 새로운 플랫폼으로 이를 활용할 수도 있다.

롱 컴퍼니스의 CEO인 로시 코베리에인은 다음과 같이 말하고 있다. "롱 커넥트는 최신 엔터프라이즈2.0 기술로, 부동산 전문가들로 이루어진 우리 팀이 지식과 생산성 수준을 높이면서 가능한 최고의 서비스를 제공하도록 만들어 주고 있습니다."

"롱 커넥트는 영업 사원, 핵심 서비스 팀과 직원들을 연결하기 위해 안전한 인트라넷 환경에서 강력한 소셜 미디어 기술들을 사용하고 있습니다."라고 카프란은 말한다. 온라인 포럼, 미디어 갤러리, 마이크로 블로깅과 커뮤니티 그룹은 부동산 전문가들이 상호 연결되도록 만드는 특징들이다. 롱은 소셜 미디어를 일상적인 사업 관행으로 통합하는 큰 걸음을 내딛었다.

롱 커넥트 덕분에 롱 리얼티 중개인들은 전문적인 관계를 발전시키고, 자신의 부동산 기술을 향상시키며, 자신의 사업을 부동산의 미래를 그려볼 수 있는 탄탄한 비즈니스 모델로 성장시킬 수 있다.

질문

1. 내부 소셜 네트워킹 사이트인 롱 커넥트는 어떻게 팀워크를 조장하는가?
2. 전화를 걸거나 점심을 함께하는 것과 같은 과거의 방식들보다 롱 커넥트가 중개인들 사이에 협동을 더 강화시키는 이유는 무엇인가?
3. 케빈 카프란은 어떤 유형의 리더십을 행사하고 있는가?

출처: Debbie Goodman-Butler, "Long Realty Launches New Social Media Platform to Help Agents connect," *www.thesmarterwaytosell,com/Longconnects.asp*, © 2001-2011 Long Realty Company. A Home Services of America Inc. company; Susan Ladika, "Socially Evolved," *Workforce Management*, September 2010, PP. 18-19; Lauren Beale, "More Real Estate Agents Turning to Social Media,'' Los Angeles Times, June 16, 2011 (http://articles.latirnes.Com/2011);Erica Swallow, "How Real Estate Pros are Using Social Media for Real Results," *http://mashable.com*, June 28, 2010,pp. 1-2.

6.3 사외 연수 및 팀 개발

팀워크 향상을 위한 전략 및 전술에 대한 인지정보는 잠재적으로 그 가치가 매우 크다. 그러한 정보를 읽는 사람들은 선택적으로 그 개념을 적용하고, 결과를 관찰하며, 접근방식을 조정할 수 있다. 팀워크를 발전시키는 다른 방식은 경험적 행동(이 책을 통해서 이미 몇 가지가 제시되어 있다)에 참여하는 것이다.

팀워크와 리더십 스킬을 형성하기 위한 가장 흔한 경험적 접근방식은 야외 교육훈련이라고도 불리는 야외연수이다. 야생훈련(wilderness trainning)은 아마도 미네소타 북단의 얼어붙은 평야에서처럼 환경이 더 거칠 수 있다는 가능성을 제외하면 야외 교육훈련과 밀접한 관련이 있다. 일부 야외 교육훈련 형태는 집을 짓거나 재건축을 하기 위해서 도시 그 자체에서 뿐만 아니라 도시 공원에서도 나타난다.

야외연수와 야생훈련 모두 행동을 통해 배운다는 형태를 지닌다. 참가자들은 물리적 도전에 맞서서 그들 스스로에게 주어진 한계를 극복함으로써 리더십과 팀워크 기술을 터득하게 된다. 야외 교육훈련의 목적은 다른 훈련 집단에게도 합리적으로 부합된다. 빅락 크리크 캠프는 팀 개발과 리더십 훈련을 제공하는 기관으로 다음과 같은 대표적인 목표를 설정하고 있다.

- 당신의 강점과 약점을 발견하라.
- 당신의 한계를 시험하라(그 한계는 당신이 상상하는 것보다 훨씬 멀리 있다).
- 팀으로서 함께 일하라.
- 즐겨라.
- 당신이 누구인지 그리고 무엇으로 이루어져 있는지 그 핵심을 대면하라.

야외 및 사외 연수 프로그램의 특징

연수 참가자들은 프로그램을 완수하는 데 있어서 자신이 지니고 있는 줄 몰랐던 스킬과 서로를 의지해야 하는 힘든 야외 환경에 놓이게 된다. 팀워크 조성뿐만 아니라 리더십에 대한 자신감이 강조된다. 때로는 리더십, 자신감, 팀워크에 대한 강의가 활동에 선행된다. 팀 빌딩 활동을 이루는 요소들의 목록은 계속 늘어나 지금은 줄타기, 팀 음식 만들기, 서바이벌 게임, 보물찾기도 들어있다. 필요로 하는 사람들을 위한 집짓기나 집수리는 이 장의 끝부분에 제시된 사례 가운데 하나로 인기가 많다. 또 다른 참신한 접근방식은 참가자들이 상사와 직원 역할(말에 의해 수행되는 역할)을 가장하여 마구간에서 말들과 함께 움직이는 것이 있다. 이러한 팀 빌딩 활동 가운데 하나로, 눈을 가린 사람이 말을 타고 동료들이 이끄는 대로 그들을 의지하여 장애물 코스를 통과하는 것이 있다.[33]

아웃워드 바운드(Outward Bound)는 가장 잘 알려진 최대 야외 연수 프로그램이다. 이 프로그램은 20개 주와 지방의 야생 지역에서 500개 이상의 코스를 제공한다. 이들 코스는 대개 3일에서 4주짜리로 운영된다. 전 세계적으로 아웃워드 바운드는 5대륙에서 약 48개 학교를 운영하고 있다. 조직 리더들을 위해 고안된 아웃워드 바운드 전문성 개발 프로그램은 팀워크와 리더십, 위험 감수를 강조한다. 교실은 야생의 자연이고, 교관은 야외 활동과 직장 사이의 유사성을 알려준다. 제공되는 코스에는 개썰매, 스키 및 겨울 캠핑, 사막 배낭여행, 카누 탐험, 요트, 바다 카약, 알파인 등산, 산악 배낭여행과 승마, 사이클링 등이 있다.

로프 활동은 전형적인 야외 훈련이다. 참가자들은 로프가 달린 안전한 도르래에 연결되어 있다. 그리고 사다리를 기어 올라가 다른 지점으로 점프를 한다. 때로 로프는 두 그루의 나무 사이에 이어져 있다. 또 다른 활동은 트러스트 폴(trust fall)인데, 플랫폼에 설 차례가 되면 팔을 벌리고 뒤에 서 있는 동료들을 향해 뒤로 쓰러지는 것이다. 트러스트 폴은 지상에서도 실행할 수 있다. [리더십 스킬 구축 연습 6-2]와 [리더십 스킬 구축 연습 6-3]은 대표적인 사외 활동을 보여준다.

리더십 스킬 구축 연습 6-2

신문지로 만든 오두막

이 활동의 목적은 커뮤니케이션 스킬과 협동, 기획, 즐거움을 탐구하면서 팀 상호작용을 관찰하는 데 있다. 학급을 약 7명 내지 10명의 인원으로 나눠 팀을 구성한다. 필요한 재료는 신문지와 보호 테이프나 접착테이프이다.

당신은 사막이나 고립된 섬에 갇혀 있다고 상상한다. 당신의 임무는 지지대 없이 단독적으로 서 있는 구조물을 만들어 태양으로부터 전체 집단을 보호하는 것이다(만일 날씨와 시간이 허락한다면, 이 활동은 야외에서 이뤄져도 좋다). 당신은 대략 15분 안에 구조물을 어떻게 만들지 구상해내야 한다. 15분이 지나서 그 구조물을 짓는 데 20분의 시간이 주어지지만, 구조물을 세우는 동안 서로 말을 해서는 안 된다.

이 활동이 끝나고 나면, 팀의 진행과정에 대한 다음 질문에 답변한다.

1. 그 과정을 통해 무엇을 이루었는가? 무엇이 그 과정을 방해하였나?
2. 계획은 어떻게 진행되었나?
3. 모든 이들이 적극적인 역할을 담당했는가?
4. 구조물 구축단계 동안 말을 할 수 없다는 것은 어떤 느낌이었나?
5. 당신은 팀으로서 작업했는가? 그것을 어떻게 아는가?
6. 이 연습을 하는 동안 당신 스스로에 대해서 그리고 팀원들에 대해서 무엇을 배웠는가?

출처: 워싱턴 주립대학의 리더십센터에서 각색

리더십 스킬 구축 연습 6-3

나를 믿어주세요

팀 구성원들을 신뢰한다는 것은 일부분 그들을 믿고 당신의 물리적 안전을 맡긴다는 뜻이다. 여기서 설명하는 신뢰 구축은 여러 팀 구축 프로그램에 포함되어 있다. 과정은 다음과 같다.

- 1단계: 집단 구성원 각각은 차례가 되면 스카프 등을 이용해서 눈을 가린다.
- 2단계: 남은 팀원들은 5~8개의 의자들을 선택한 형태대로 배열하는데, 눈을 가린 팀원이 달라질 때마다 다른 형태를 만든다.
- 3단계: 팀원들에게서 적당한 신호가 오면 눈을 가린 사람은 걷기 시작한다. 다른 팀원들은 눈을 가린 사람이 의자와 충돌 없이 그 대열을 지나갈 수 있도록 방향을 알려준다.
- 4단계: 눈을 가린 사람의 순서가 끝나면 그는 즉시 다음 질문에 답을 한다. (a) 이 연습과정에서 눈을 가렸을 때 어떤 기분이 들었는가? (b) 당신은 왜 팀원들을 믿었는지 혹은 믿지 않았는지 설명하라. (c) 눈을 가리고 있는 동안 팀원에게서 당신이 필요로 했던 것은 무엇인가?
- 5단계: 모든 순서가 끝난 후에 팀 내에서 다음 주제를 토론하라. (a) 이 연습이 팀 내 신뢰 발전에 미치는 영향, 그리고 (B) 이 연습을 통해 팀워크에 대하여 당신이 무엇을 배웠는가.

야외 교육훈련은 사람들과의 작업을 통해 무언가가 이루어지는 과정을 참가자들이 살펴보도록 함으로써 팀워크를 강화한다. 참가자들은 서로에게 절벽의 규모에 대한 정확한 지침을 줌으로써 안전하게 절벽을 내려오는 레펠 강하 같은 훈련에서 커뮤니케이션 스킬을 연습한다. 동시에 그들의 생존은 신뢰에 달려 있기 때문에 서로를 믿는 법을 배워야 한다.

야외 교육훈련을 통한 팀 빌딩의 가장 집약적이고 광범위한 사례는 하드드라이브 제조 선두업체인 시게이트 테크놀로지에서 매년 시행되고 있다. 전 세계에서 모인 대략 200명가량의 직원들이 지구의 남부에 위치한 뉴질랜드의 퀸스타운에서 1주일을 함께 보낸다. 하이킹, 카약, 탐험 레이스, 협력 강화와 팀 중심의 회사를 만들기 위한 목표가 적혀 있는 판 격파가 활동에 포함되어 있다(탐험 레이스는 빙하로 된 바닥처럼 익숙하지 않은 코스에서 달리거나 자전거를 타는 것이다). 참가자들은 여러 활동을 하면서 서로에게 자주 "정말 대단해!"라고 소리치게 된다. 대규모 팀 빌딩 활동의 주된 이유는 사람들이 낯선 환경에 놓여 있거나 유난히 지쳤을 때 도움을 요청하고 팀으로 일하려는 경향이 높기 때문이다.[34]

팀 개발을 위한 야외 교육훈련 평가

여러 야외 연수 교육자와 참가자들은 야외 교육훈련을 통해서 실질적인 개인적 장점을 이끌어낸다고 굳게 믿고 있다. 가장 중요한 개인적 장점 중에는 보다 큰 자신감, 숨겨진 능력의 진가 확인, 그리고 타인과의 협력 방법 학습 등이 있다. 야외 교육훈련을 강력히 지지하는 사람들은 교육훈련을 인정하지 못하는 사람들이 단순히 그것을 이해하지 못하는 것이라고 생각한다. 여러 훈련 지도자들도 야외 교육훈련에 대해서 긍정적인 자세를 갖고 있다. 그들은 야외 교육훈련을 경험한 업무 팀이 사무실로 돌아가서도 더 협력하여 일한다고 생각한다. 예를 들어, 액션 센터드 트레이닝 대표인 론 로버츠는 서바이벌 게임이 업무와는 아무런 상관도 없겠지만 대단한 효과를 미칠 수 있다고 지적한다. 승리하기 위해서는 강력한 커뮤니케이션을 포함한 팀워크가 요구된다. 로버츠가 말하기를 "만일 그들이 팀으로 움직이지 않는다면 총에 맞아 고통을 경험하게 됩니다. 그러나 이것이 모두에게 해당되는 것은 아닙니다. 그렇지만 커뮤니케이션과 팀워크, 리더십 그리고 전략적 계획의 원칙이 거기에 있습니다."[35]

그럼에도 불구하고 많은 사람들은 야외 교육훈련에 대해 타당한 의구심을 갖고 있다. 야외 연수 교육자가 거의 사고가 일어나지 않는다고 주장하더라도, 건강과 생명에 대한 위협이 존재하고 부상이 잦다(사고를 최소화하기 위해 참가자들은 보통 의료검진을 통과해야 한다). 또 다른 우려는 야외 교육훈련에서 배운 팀워크가 업무 환경으로 전해지지 않는다는 것이다. 자신의 연구를 바탕으로 경영학 교수 크리스 넥(Chris Neck)은 전체 팀을 위한 장기적 이점에 대한 납득할 만한 증거는 거의 없지만, 훈련 이후에 즉각적으로 개인의 태도와 팀워크 역량이 향상된다는 증거는 존재한다는 결론을 내린다.[36]

사외 연수에 대한 주요 우려 중의 하나는 일부 혹은 잠재적 참가자들이 이를 혐오스럽게 생각하는 것이다. 모든 직원들이 게임을 하고, 바위를 오르거나, 몇 시간 동안 동료들과 요리를 준비하는 것을 좋아하지는 않는다. 그들은 자원봉사를 하거나 직장에서 가족의 날 행사를 하는 것과 같은 더 자연스럽고 편안한 환경에서 팀워크를 구축하는 것을 선호할 수 있다.[37]

야외에서의 훈련을 직무로 전환시키는 방법 가운데 하나는 수행결과 보고를 하고 후속 이행 시간을 갖는 것이다. 수행결과 보고는 야외 교육훈련 끄트머리에 실시한다. 참가자들은 자신이 배운 것을 검토하고 어떻게 업무에 적용할지를 논의한다. 후속 이행은 야외 교육훈련에서 얻은 통찰력을 적용하면서 어떤 발전이 있는가를 설명하는 시간을 정기적으로 개최할 수 있다.

6.4 리더-구성원 교환관계 모델과 팀워크

팀워크 개발에 관한 연구와 이론은 리더십에 관한 여러 다른 측면에 관한 연구와 이론보다 뒤처져 있다. 그럼에도 불구하고, 조지 그랜(George Graen)과 그 동료들이 개발한 리더-구성원 교환관계 모델은 왜 사업부 내 어떤 하위 집단은 단결력이 응집되어 있는 팀의 일부가 되고, 다른 집단은 제외되는지를 설명하는 데 유용하다.[38] 이미 이 책에서 여러 차례 언급된 이 이론은 리더와 팀 구성원 사이의 관계를 다룬다. 그런데 이 이론은 팀워크에 대해서도 우리에게 많은 것들을 설명해준다.

리더-구성원 교환관계 모델(leader-member exchange model, LMX)은 리더가 집단 구성원들과 독특한 업무관계를 발전시킨다고 제안한다. 직원들의 한 부분집합인 내집단은 자신의 충성심과 성과에 대한 대가로 추가적인 보상과 책임, 신뢰를 받는다. 이 내집단은 공식 리더에 의해 추동되는 원활하게 기능하는 팀의 일부가 된다. 반대로 외집단 직원들은 리더-집단 구성원 관계에 대한 형식적인 이해에 상응하는 취급을 받는다. 외집단 구성원들은 괜찮은 팀워크를 경험할 가능성이 더 낮다.

[그림 6-1]은 리더-구성원 교환관계 모델의 주요 개념을 나타낸다. 여기서 우

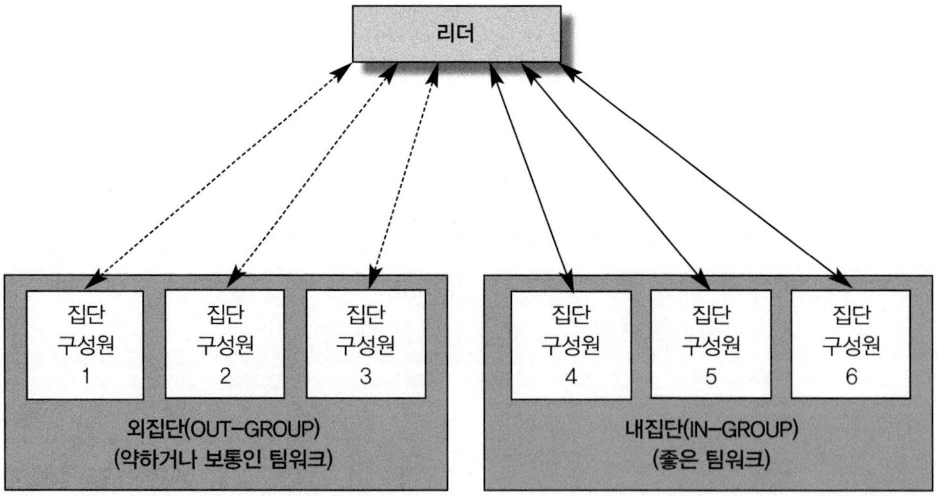

그림 6-1 **리더-구성원 교환관계 모델**

출처: Gregory Moorhead and Ricky W. Griffin, *Organizational Behavior: Managing People and Organizations*, 4th ed., 314. Copyright © 1995 by Houghton Mifflin Company. Houghton Mifflin Company의 허가 하에 재 인쇄됨.

리는 LMX가 팀워크에 가장 밀접하게 연관되어 있는 몇 가지 측면을 바라볼 수 있다. 여러 다른 측면의 직장 내 행위와 관련되어 리더-구성원 교환관계가 연구되어 왔으며, LMX에 대해 발표된 연구도 계속 늘어나고 있다.

질적으로 다른 관계

리더들은 모든 집단 구성원들을 다룰 때 일반적으로 동일한 리더십 유형을 사용하지 않는다. 대신에 그들은 각각의 구성원을 다소 상이하게 대한다. 리더와 개별 팀원 사이에 존재하는 연계(관계)는 아마도 질적으로 다를 것이다. 이론적으로 그 차이점은 낮은 질에서 높은 질까지의 연속선상 위에 놓여 있다. 그 연속선상의 상위 절반의 집단 구성원들과 리더는 좋은 관계를 유지하며, 하위 절반에 속하는 구성원들과 리더는 약한 관계를 갖는다. 이러한 관계로 이뤄진 각각의 쌍은 구성원이 리더와 함께 들어있는지 아닌지에 따라 판가름되어야 한다. 리더와 구성원이 서로에게 갖는 긍정적 인식은 이러한 관계의 질에 주요한 기여 요인이다.[39]

리더-구성원 교환관계에서 주의할 점은 리더와 구성원들이 교환의 질을 서로 다르게 인식한다는 증거가 제시되고 있다는 것이다.[40] 예를 들어, 리더는 교환이 긍정적이라고 생각하는 반면에 부하는 교환이 중립적이거나 부정적이라고 생각할 수도 있다. 이러한 인식의 차이 때문에 리더는 특정 부하와의 관계의 질에 대한 증거를 주의 깊게 살펴야 한다.

내집단과 외집단 구성원에 대한 처우 내집단 구성원들은 중요한 의사결정을 내릴 때 참여를 요청받고, 추가적인 책임이 주어지며, 흥미로운 소문에 접근할 수 있다. 외집단 구성원은 고용 계약서의 요건에 따라 관리된다. 그들은 좀처럼 따스함, 영감, 혹은 격려를 받지 못한다. 내집단 구성원들은 외집단 구성원들보다 더 높은 수준의 성과와 헌신, 만족감에 도달하는 경향이 있다. 더 나아가서 그들은 직장을 그만둘 확률도 더 낮다. 소매업에 관해서 실시된 연구에 의하면, 리더-구성원 교환의 질이 높을 때 집단 구성원들은 회사 목표에 더욱 노력을 기울인다.[41] 결국, 직원들이 협력하여 목표를 추구하기 때문에 이러한 헌신은 더 강력한 팀워크로 이어진다.

리더와 구성원들 사이의 호혜주의 내집단 대 외집단 구도는 호혜주의 혹은 교환의 요소를 갖고 있다. 리더가 내집단 구성원에게 더 많은 호의를 베풀면, 그들은 그 보답으로 훌륭한 팀원이 되는 데 기여한 리더를 만족시키기 위해 더 열심히 일한다. 감독관과 집단 구성원 사이의 긍정적 교환관계 결과에 대한 아주 구체적인 정보를 두 개의 연구가 제공하고 있다. 병원을 배경으로 한 연구에서 긍정적 교환관계는 구성원이 훌륭한 시민 행동, 그리고 소임을 다하기 위해 노력을 배가하는 등의 내집단 역할 행동에 더 많이 관여하는 것에 관련이 있었다.[42] 결과적으로 리더는 내집단에 급여인상이나 예산 증액처럼 더 많은 자원을 허용할 때 정당성을 느끼게 될 것이다.

추가역할 행동 다양한 산업 현장에서 진행된 연구는 감독관과 직원 사이의 질 높은 교환관계가 직원들이 추가적인 역할을 이행하거나 그들에게서 기대하지 않았던 방식으로 협력하는 데 기여한다는 것을 발견했다. 직원 이타주의에 대한 감독 평가는 마치 회계사가 영업 본부장이 매출 예측을 준비하는 데 도움을 주는 것처럼, 도움을 주는 행동을 측정하기 위해 사용되었다. 연구자들은 감독관들이 구성원과의 높은 질적 관계를 개발함으로써 구성원들에게 동기를 부여하고, 동료들뿐만 아니라 감독관들에게도 이득을 가져다주는 행위를 하도록 이끌 수 있다고 결론 내렸다.[43]

안전 성과 긍정적 리더–구성원 교환관계의 또 다른 이점은 다양한 작업 환경에서 팀워크의 중요한 측면인 좋은 안전 성과를 조장한다는 점이다. 제조업 공장의 64개 집단의 리더들이 연구에 참여했다. 이 연구의 주요발견은 리더–구성원 교환관계가 안전성에 대한 커뮤니케이션이 많을수록 긍정적이라는 것이다. 커뮤니케이션 증가는 안전에 대해 보다 몰입하게 만들어 직무상 사고가 더 적게 발생하였다.[44]

변혁적 효과 긍정적 리더–구성원 교환관계의 많은 결과 가운데 하나는 리더가 변혁적 효과(transformational effects)의 경험을 가능하게 할 수 있다는 것이다. 여러 직업 유형에서 뽑은 283명에 대한 연구는 변혁적 관계가 감독관과 질적으로 높은 관계를 갖는 추종자들에게서 현저히 강하다는 것을 보여주었다. 변혁적 관계의 예 가운데 하나는 문제해결이나 변화를 모색할 때 부하들이 다른 관점을 찾아보도록 고무시키는 것이다.[45] 직원들이 함께 목표를 달성하기 위해 힘을 내기 때문에 변혁적 효과는 팀워크와도 밀접이 연결되어 있다.

리더의 지위 집단 구성원들이 리더가 높은 자리를 차지하고 있다고 여길 때 리더는 훌륭한 팀워크에 도움이 되는 질적으로 높은 형태의 관계를 형성하기가 쉽다. 184명의 은행직원들과 42명의 관리자들에 관한 연구를 보면, 상사와 질적으로 높은 관계를 가진다고 생각되는 리더, 그리고 구성원들과 강한 네트워크로 연결되어 있는 리더가 상대적으로 높은 지위를 갖는 것으로 간주된다. 결과적으로 그 리더들은 부하와 질적으로 높은 관계를 맺을 수 있었다.[46]

첫인상

집단 구성원들의 능력에 대한 리더의 첫인상은 구성원의 위치를 내집단이나 외집단으로 결정하는 데 중요한 역할을 수행한다. 다른 핵심 연결 요인은 리더와 팀 구성원의 공감대가 긍정적인지 부정적인지 여부이다. 우리는 정치적 전술과 영향력을 효율적으로 사용하는 구성원들이 내집단 구성원이 될 가능성이 높다고 가정할 수 있다.

현장 연구에 따르면 첫인상은 확실히 차이가 있는 것으로 보인다. 연구자들은 한 쌍의 매니저–구성원에 대한 6개 특성에 등급을 매긴 자료를 수집하였다. 그 결과 리더가 구성원들에게 갖는 초기 기대치와 구성원들이 리더에게 갖는 기대치는 2주차와 6주차에서 리더–구성원 교환관계의 좋은 예측지표가 되었다. 리더에 대한 구성원의 기대 역시 6개월이 지난 지점에서 리더–구성원 교환관계의 질에 대한 구성원 평가를 정확하게 예측하였다. 이 결과는 리더–구성원 교환관계가 관계 첫날 형성된다고 해석될 수 있다.[47] 속담처럼 "당신이 좋은 첫인상을 주는 기회는 오직 한 번뿐이다."

요약하면 리더–멤버 교환관계 모델은 팀워크 개발에 대한 부분적인 설명을 하고 있다. 내집단 구성원들은 특권의식을 느끼기 때문에 상호간에 그리고 리더와도 조화롭게 업무를 진행한다. 외집단 구성원이 된다고 팀워크가 줄어들지 않을지도 모르지만, 확실히 긍정적인 기여를 하지는 않는다.

요약

리더들은 집단 문제해결과 고도의 성과 달성 같은 주요 활동에 요구되는 팀워크를 구축해야만 한다. 팀워크는 모든 집단 구성원들이 갖는 집단 목표에 대한 이해와 헌신이다.

리더는 여전히 팀 기반 조직에서 팀 프로세스 전문가나 조력자가 되거나 신뢰구축 및 팀워크 고취, 팀 구성원들에게 업무를 완수할 수 있도록 능력을 부여하는 등의 중요한 역할을 수행한다. 업무를 수행할 수 있게 하는 역할은 임파워먼트에 집중한다. 자율경영 팀의 외부 리더는 팀이 불안감을 주는 상황에 맞닥뜨렸을 때 주요한 역할을 수행한다.

리더의 광범위한 행동은 팀워크를 증진시킨다. 리더가 자신의 자원을 활용해서 취할 수 있는 조치는 다음을 포함한다. (1) 팀의 미션과 과제 정의, (2) 신뢰 분위기 조성, (3) 감성 지능을 포함한 팀워크 규범 개발, (4) 탁월함에 대한 자부심 강조, (5) 권한 공유를 포함한 팀워크 모델 역할, (6) 합의된 리더십 유형 사용, (7) 긴박감 조성, 성과 표준 요구 및 방향 제시, (8) 다른 집단과의 경쟁 조장, (9) 특수용어 사용 장려, (10) 마이크로매니지먼트 최소화, (11) 가상 팀을 위한 e-리더십 실행이다.

조직 구조나 정책에 의존하기를 요구하는 팀워크 촉진 기법은 다음 사항을 포함한다. (1) 커뮤니케이션을 촉진하는 물리적 구조 고안, (2) 집단 인정과 보상 강조, (3) 의식과 행사 개최, (4) 오픈 북 경영 실행, (5) 팀 지향적 구성원 선발, (6) 소셜 미디어를 포함한 팀워크 촉진 기술 사용, (7) 국내 기업 및 외국 출신 대표자를 선발하여 한 팀으로 섞기이다.

팀워크와 리더십 스킬 개발에 가장 인기 있는 경험적 접근방식인 야외(혹은 사외) 연수에서의 핵심은 자신감을 정립하는 것이다. 야외 교육훈련은 참가자들이 협동과정을 관찰하도록 도와줌으로써 팀워크를 강화시킨다. 아웃워드 바운드 전문성 개발 프로그램(Outward Bound Professional Development Program)은 조직 리더들을 위해 설계된 프로그램이다. 팀워크와 리더십 스킬 개발을 위한 야외 교육훈련의 효율성에 대한 의견은 혼재되어 있다. 야외에서 학습된 스킬이 직무로 전이되지 않는다는 관점이 강조되기도 했다.

리더-구성원 교환관계 모델은 업무 조직 내의 어떤 하위집단이 결집된 팀의 일부분이 되고 어느 집단은 제외되는가에 대한 이유를 설명하는 데 도움을 준다. 이 모델에 따르면 리더는 부하들과 독특한 업무관계를 발전시킨다. 결과적으로 내집단과 외집단이 만들어진다. 내집단 구성원들은 성과가 더 뛰어날 가능성이 높고, 만족도가 높으며, 외집단 구성원보다 더 강한 팀워크를 보여준다. 집단 구성원의 능력에 대한 리더의 첫인상은 그 사람을 내집단에 놓을 것인지 외집단에 놓을 것인지에 중대한 영향을 미친다.

핵심 용어

팀
마이크로매니지먼트
팀워크
e-리더십
협력이론
오픈 북 경영
리더-구성원 교환관계 모델(LMX)

행동 및 스킬 강화를 위한 지침

팀워크 개발을 시도할 때 리더는 보통 더 효율적인 팀 구성원이 될 수 있도록 개별 팀 구성원을 지도하는 방법을 생각하고 있을 것이다. 그러나 일부 연구에 따르면 팀워크는 팀 리더가 팀을 하나의 독립체로 지도할 때 더 강화되기 쉽다고 주장한다.[48] 예를 들어 팀 리더는 물리적으로나 사내 웹사이트를 통해서 집단과 만나 "나는 여러분이 서로에게 충분히 건설적인 피드백을 전하는 것을 보지 못하고 있습니다. 효율적인 팀 안에서는 구성원들이 서로에게 배웁니다."라고 말할 것이다.

사무실 설계를 통해 팀워크를 발전시키는 것이 상당한 주목을 받고 있다. 텍사스 전문가 트레이닝 협회는 당신(리더/매니저)의 공간이 팀워크를 향상시키도록 디자인하는 방법을 다음과 같이 설명해준다.

1. **공용 공간을 만들어라.** 팀이 공식적으로 또는 비공식적으로 만날 수 있도록 당신 사무실 도처에서 접근할 수 있는 넉넉한 공간을 확보하라. 회의가 없을 때라도 팀 회의 도구–플립 차트, 칠판 등–를 그 곳에 남겨둬라. 그런 건물은 직원들이 창조적인 상호작용 및 팀워크를 고취시키기 위해 고안된 독립적인 단층 공간 안에서 더 많은 협력을 가능하게 한다.
2. **당신 스스로를 중심부에 놓아라.** 사무실 뒤편을 차지하는 대신에 당신 스스로 중앙에 있도록 노력하라. 당신은 일상적 활동에 근접하여 당신 팀에 더 가까이 다가갈 수 있다.
3. **다용도룸을 만들어라.** 사무실 뒤편은 매번 팀 구성원이 개인적으로나 집단으로 그들 책상과 멀리 떨어져서 보다 생산적이 될 수 있다고 느끼는 잘 갖춰진 작업실이나 도서관으로 사용될 수 있다.
4. **활동 발전기를 집어넣어라.** 왕성한 활동은 소통을 이끌어내어 사람들을 모이게 하는 발전기를 갖고 있느냐에 달려있다. 당신의 사무실에서 이것은 커피포트나 우편함, 안내 데스크가 될 수도 있다. 이러한 공간을 팀 구성원들이 모여 편안하면서도 생산적으로 커뮤니케이션할 수 있는 장소로 바꾸어라.[49]

토의 질문 및 토의 활동

1. 카리스마가 있으면서 확실한 비전을 가진 팀 리더를 선택할 때 잠재적 단점은 무엇이 있는가?
2. 팀 구성원들이 실제로는 당신 부하가 아닐 때, 당신은 어떻게 팀 리더가 될 수 있을까?
3. 회사 혹은 비영리 조직의 임원 집단의 구성원에게 요구되는 팀워크는 어느 정도라고 생각하는가?
4. 당신이 팀 리더이고 그 팀의 무리들이 업무 후에 한 잔 마시자고 당신을 초대하였다고 상상해 보자. 팀워크 강화라는 기준에서 팀에 합류하는 것이 효율적인지 설명하라.
5. 팀 기반 조직 내에서 독립적인 사고를 하는 결단력 있는 창조적 리더를 위한 역할이 있는가? 설명하라.
6. 자국 문화 안에 내재되어 있는 요인 가운데 훌륭한 팀원이 되는 데 영향을 미치는 긍정적인 요소와 부정적인 요소는 무엇인가?
7. 팀 리더로서 당신은 팀 내 다른 사람들과 거의 동일한 패션의 옷을 입어야만 하는가? 아니면 좀 더 멋지게 입어야 하는가? 당신의 이유를 설명하라.
8. 업무 현장에서 훌륭한 팀원이 되기 위한 팀 스포츠 경험의 가치를 어떻게 생각하는가?
9. 음식 준비와 같은 팀빌딩 활동이 업무에서의 팀워크를 강화시키는 이유는 무엇인가?
10. 정치적 역량은 어떻게 사람들이 리더–구성원 교환관계 모델에 반대로 영향을 받지 않도록 만들 수 있는가?

리더십 사례 문제 A

세계적인 보험사는 팀에 이름을 붙인다

캘빈은 글로벌 보험 회사의 재해보험 이사이다. 그는 뉴욕에 자신만의 큰 부서를 갖고 있지만, 또한 전 세계의 10명의 서로 다른 대리인들의 팀 리더이다. 각 팀 구성원은 홍수, 허리케인, 지진, 테러리스트 공격 등의 위험을 다루는 재해보험을 판매하도록 전 세계에 있는 사무실의 판매 대리인들을 독려하는 책임을 맡고 있다.

캘빈은 "나는 두 개의 중요한 역할을 하고 있습니다. 하나는 재해보험분야 전문가 집단의 리더입니다. 다른 하나는 전 세계에 있는 팀 구성원들에게 재해보험 판매를 독려하는 팀 리더이자 제품담당 책임자입니다. 이 자리의 어려운 점은 팀 구성원들이 저에게 진정으로 보고하지 않는다는 점입니다. 설상가상으로 실제 보험대리인들은 저희 팀 구성원들에게 사실상 보고를 하지 않습니다."라고 말한다.

재해보험 팀이 어떤 성과를 거두는지 물어보면, 캘빈은 "만족할 만큼 잘하지는 않습니다. 나는 팀 구성원들에게 회사가 재해 위험을 처리하도록 돕는 역할을 상기시켜 주기 위해 그들을 쫓아다녀야 합니다. 영국에 있는 저희 팀의 리더 힐러리는 저에게 고객들이 재해보험에 관심을 갖게 하려면 제가 유럽에 지진을 일으켜야 한다고 말하더군요. 그녀는 제게 두 번째 가능성으로 대홍수를 일으키라고도 했습니다."

"제가 직면한 또 다른 문제는 팀 구성원들 사이에 통합된 노력을 보지 못하고 있다는 것이죠. 모두에게 보내진 공통 관심사를 논하는 몇 개의 이메일을 보지만, 그게 매우 잘 조율된 노력이라고 보지는 않습니다."라고 캘빈은 말한다.

"우리는 위원회의 모든 사람들이 함께 노력하기 위해 올해 초 화상회의를 열었습니다. 한 가지 문제는 시간대가 넓어서 회의 시간을 잡기 어렵다 보니 전체가 참여할 수 없다는 것이었습니다. 자기 부인이 그가 실제로 늦은 밤 회의에 참석 하는 게 아니라 술집에 가는 거라고 생각했다는 호주에 있는 톰의 말에 조금 웃었지요."

"제가 극복해야 할 다른 장애물은 사업가들이 재해보험에 부여하는 중요성에 어떤 문화적 차이가 있다는 점입니다. 컬럼비아에 있는 우리 팀 구성원 소피아는 남미 국가의 임원들은 미국인보다 잠재적 재난에 대하여 걱정이 덜 하다고 말했습니다. 결과적으로 그녀는 자신이 다른 팀 구성원들처럼 재난보험을 파는 데 열렬히 헌신하기는 어렵다고 말했습니다."

"올해 제게 가장 큰 화두는 재해보험 팀이 자신들의 노력을 더 조직화하도록 하는 것입니다."라고 캘빈은 결론을 지었다.

질문

1. 캘빈이 직면하는 팀워크 문제를 규정하라.
2. 전 세계 재해보험 팀 내 팀워크를 강화하기 위해서 캘빈에게 어떤 조치를 취하라고 권유하겠는가?
3. 글로벌 팀에게 더 강력한 리더십을 제공하기 위해 캘빈이 무엇을 할 수 있겠는가?

관련 역할극

한 학생이 재해보험을 판매하는 데 있어 팀워크를 북돋아 주기 위해 초국가적인 화상회의를 여는 캘빈 역을 한다. 다른 4, 5명의 학생들이 전 세계에서 참석한 구성원 역할을 한다. 그들 중 모두가 재해보험이 그들 나라에서 잘 판매될 것이라고 확신하지는 않는다.

리더십 사례 문제 B

팀코의 집수리하는 날

5년 전, 마리아 코테즈는 기업체의 기술 설명서를 쓰는 프리랜서 작가로 활동하고 있었다. 그 설명서들은 가정용 전자제품, 경보 시스템, 잔디 깎기, 트랙터 등 수많은 상품을 다루었다. 코테즈는 프리랜서 활동이 늘어서 관리할 수 없는 지경에 이르러 다른 프리랜서를 고용하였다. 그러고 나서 또 다른 프리랜서를, 그러고 나서도 또 다른 프리랜서를 고용하였다. 2년 후, 코테즈는 팀코를 설립하였고, 회사는 지속적으로 성장하였다. 회사는 현재 기술 설명서와 교육개발 및 외국어 번역과 해석 업무를 제공하고 있다.

팀코는 현재 업무량이 많을 때나 전문 서비스가 필요할 때 돕는 약 45명의 프리랜서와 75명의 정규직을 고용하고 있다. 예를 들어 프리랜서 한 명이 소프트웨어를 일본어로 번역하고, 다른 프리랜서는 디지털 카메라와 디지털 비디오카메라 사용 설명서만을 준비한다.

코테즈는 최근 회사 내 부서 책임자와 다른 주요 인력들이 특별히 팀으로 일하지 않는다는 것을 알게 되었다. 그녀는 교육전문가인 팀 애킨스에게 "우리 모두가 팀코라는 회사를 위해서 일하지만, 독립체나 프리랜서처럼 움직입니다. 저는 우리 구성원이 함께 점심을 먹지 않는다는 것을 알았습니다. 제가 두 개의 부서와 저녁 약속을 하고 음식을 함께 먹었지만 팀 정신이 발전되는 것 같지는 않습니다."라는 말을 전했다.

"저는 우리가 더 나은 팀워크를 갖고 있다면 부서가 서로를 도울 수 있을 것이라고 생각해요. 심지어 교차판매를 더 잘할 수도 있습니다. 제가 예를 하나 들어 보죠. 기술 설명서 부서의 한 사람이 전자제품 설명서를 준비하는 일을 할당 받습니다. 그 사람은 팀코에 설명서를 외국어로 번역할 수 있는 다른 집단이 있다는 것을 언급해야만 합니다. 미국의 수많은 설명서는 영어, 스페인어, 프랑스어로 쓰여져 배포됩니다."

애킨스는 "저도 십여 개 넘는 회사의 잘 되고 있는 팀 활동을 운영하고 싶었습니다. 꽤 간단하죠. 우리가 먼저 팀으로서 가장 발전이 필요한 집단에 누구를 포함시켜야 하는지 당신이 생각하고 있는 사람을 지명합니다. 당신은 팀 구축 활동을 위한 작업일 하루를 선택합니다. 가난한 이웃 가운데 수리가 절실하게 필요한 오래된 가옥을 대상으로 하면 됩니다. 폐가는 해당 안 됩니다. 가족이 살고 있는 집이 필요해요. 주변의 교회와 작업하면 기꺼이 도움을 받을 적당한 집과 가족을 쉽게 찾을 수 있습니다."

"팀 빌딩 1주일 전, 손재주 있는 사람과 저는 필요한 작업이 무엇인지 알아보려고 그 집을 방문해 페인트, 지붕 재료, 나무, 그 외 필요한 품목들을 구입합니다. 그리고 사다리, 페인트 붓, 기타 도구들을 모읍니다. 우리 팀은 집수리를 하는 당일 아침 7시쯤에 그 집에 도착합니다."

"팀 빌딩 날에는 부서가 그 집에 도착해서 집수리 과정을 시작합니다. 보통 이틀정도 필요합니다. 만일 금요일에 시작하면 토요일에 끝낼 수 있습니다. 이렇게 하면 부서는 하루 업무를 쉬고 구성원들은 하루 봉사를 하는 것이지요."

코테즈는 애킨스의 아이디어에 너무 매료된 나머지 즉석에서 5월 19일 금요일을 팀 빌딩 날로 하는 데 동의했다. 그녀는 팀코의 집수리의 날로 정하자는 제안을 했다. 코테즈는 자신을 포함하여 팀 구축 활동에 참가할 10명의 주요 직원 목록을 만들었다.

금요일 아침, 팀코 임직원과 사다리, 도구, 집수리 장비들을 실어 브로짓가(街) 47번지에 도착했다. 기술매뉴얼 감독관인 티나 존스는 일동에게 "집 주변과 복도의 쓰레기를 제거한 다음에 시작합니다. 다 같이 쓸어 모읍시다. 대형쓰레기통이 오고 있는 중입니다."라고 외쳤다.

"몇 사람을 데리고 가서 원하는 것을 하세요."라고 기술문서 감독관인 래리가 말했다. "만일 우리가 지붕을 먼저 수리하지 않으면, 다른 아무 것도 소용이 없습니다. 저를 도와줄 고소공포증이 없는 두 분이 필요해요." 코테즈를 비롯한 7명이 청소를 맡고, 다른 두 명이 래리와 같이 작업하기로 하였다.

"목수일은 제 몫입니다."라고 번역 서비스 부서에서 온 매리가 말했다. "망치와 톱, 못, 나사를 가지고 나가서 부서진 현관을 먼저 고칩시다. 우리가 내일 정오까지 페인트칠에 대비해서 준비를 해놓겠습니다."

"매리, 당신이 원하는 일을 하세요."라고 기술교육 팀 리더인 데일 젠킨스가 말했다. "저는 집의 배관설비나 화장실을 잘 알고 있는데, 여기 싱크대가 타이타닉보다 심하게 물이 새는군요. 저를 도와줄 솜씨 좋은 두 분이 필요해요. 누구 자원하실 분 없나요?"

매리가 "여러분이 쓰레기를 치우고 고치는 동안 제가 점심과 간식이 될 만한 음식을 나가서 가져오고 저녁으로 피자를 주문하겠습니다."

"오늘 제가 들었던 것 중 가장 합리적인 생각이네요."라고 래리가 말을 이었다.

팀코 팀 빌딩 참가자들은 오후 5시에 함께 저녁을 먹은 후, 다음날 아침 7시에 다시 모이기로 하고 저녁 8시에 집으로 돌아갔다. 토요일 오후 1시경 참가자 10명이 모두 함께 페인트칠을 시작했다. 저녁 7시30분까지 브로짓가(街) 47번지의 그 집에 페인트를 칠했다. 이웃과 함께 지내다가 돌아온 가족들은 환호성을 지르며 기쁨의 눈물을 흘렸다.

팀코의 팀 구성원들은 웃음과 하이파이브를 주고받으며 서로 껴안아주었다. "우리 모두는 지금 팀으로써 정말 중요한 어떤 일을 해냈다는 기쁨을 가지고 집으로 돌아갈 수 있습니다. 그리고 월요일 아침 혹이 나고 멍이 들긴 했지만, 우리가 팀으로 함께 일을 해낼 수 있다는 것을 알고 사무실로 돌아갈 것입니다."

"훌륭한 찬사예요, 매리" 기술 매뉴얼 부서의 이안 그레엄이 말했다. "그렇지만 저는 낡은 지붕 수리가 저를 더 훌륭한 팀원으로 만들어주었는지는 확신할 수 없군요."

질문

1. 이 사례에서 팀코의 서로 다른 부서에서 온 구성원들이 서로를 잘 알게 되었을 것이라는 증거로 제시된 것은 무엇인가?
2. 집수리의 날이 진정한 팀 개발로 이어질 수 있는 기회로 개선하기 위해 다음번에 코테즈는 무엇을 해야 하는가?
3. 집수리의 날이 공동체 정신을 활성화시킨다는 증거가 이 사례 안에 제시되어 있는가?
4. 지붕 수리가 더 나은 팀원이 되는 데 아무런 영향력이 없다는 이안 그레엄의 발언은 어떻게 유효한가?

관련 역할극 팀 구축 보고 시간

한 학생은 집짓기 4일 이후에 보고를 듣는 세션을 열기로 한 마리아 코테즈의 역할을 한다. 그녀는 팀코의 팀 구성원들이 팀워크 개발에 있어서 그 날이 얼마나 소중했는지를 평가하는 데 도움을 주고자 한다. 몇몇 다른 학생들은 회의에 참석하는 팀 구성원의 역할을 한다. 최소한 1명의 학생은 집수리의 날의 팀 빌딩 가치에 대하여 회의적인 역할을 한다. 관찰자들은 리더십 역량을 포함하여, 보고 시간을 운영하는 데 있어서의 마리아 코테즈의 효율성에 대한 피드백을 제공한다.

리더십 스킬 구축 연습 6-4

리더십 포트폴리오

당신은 팀워크 강화에 대한 상당한 아이디어를 공부했기 때문에 몇 가지 전략을 실행해서 기술 레퍼토리를 늘릴 수 있을 것이다. 다음번에 집단 활동에 관여할 때는, 리더이거나 집단 구성원으로서 집단 내부의 협동과 팀워크를 강화시키는 시도를 한다. 최소한 팀워크 향상을 위한 추천 전술 중 두 가지를 사용한다. 처음 팀워크 강화를 시도한 후 일기에 내용을 적는다. 여기 그 예가 있다.

> 나는 우리 대학 히스패닉 비즈니스클럽의 지도자이다. 최근 모임에서는 참석자들이 많지 않았고, 클럽은 나아갈 방향을 못 찾고 있다. 그래서 지난번 회의에서 나는 강령을 만드는 데 전체 회의 시간을 쓰자고 제안했다. 나는 우리가 우리의 목표가 무엇인지 안다면 아마도 협동이 더 잘 이루어질 것이라고 설명했다. 우리는 여전히 강령을 만들고 있다. 하지만 강령은 히스패닉계 비즈니스 지도자들의 영향력과 평판 강화와 관련이 있어야 한다. 나는 또한 우리가 자랑할 만한 로고가 담긴 티셔츠에 투자하자고 제안했다. 이 아이디어가 진부하게 들릴지 모르지만, 새 티셔츠를 통해 결속력을 다지자는 아이디어로 클럽은 실제로 다시 결집하게 되었다.

리더십 스킬 구축 연습 6-5

트러스트 폴

아마도 팀 구축 활동에서 가장 널리 사용되는 것은 트러스트 폴이며, 이것은 여러 독자들에게 익숙할 것이다. 그럼에도 불구하고 이 연습을 적용할 때마다 새롭고 유익한 결과가 나타나는 경향이 있다. 학급을 여러 팀으로 나눈다. 개별 팀 안에서 자원하는 구성원이 의자 위에 선 다음 뒤로 돌아 팀 동료들의 팔 안으로 떨어진다. 공포감에 덜 시달리며 의자에서 떨어지는 방법은 단순하게 선 채로 있다가 단순히 뒤로 넘어가는 것이다. 신체적 또는 정신적 이유가 무엇이든, 다른 사람들에게 뒤로 떨어지고 싶지 않거나 다른 사람을 붙잡는 데 참여하고 싶지 않은 구성원들은 무조건 제외된다. 그렇지만, 그들은 관찰자로 참가할 수 있다. 트러스트 폴이 실행된 이후, 팀 리더는 다음 질문에 대한 답변을 모아서 학급의 나머지와 그 해답을 공유한다.

1. 이 연습이 팀워크를 어떻게 발전시키는가?
2. 이 연습이 리더십 스킬을 어떻게 발전시키는가?
3. 참가자들은 자시 자신에 대하여 무엇을 배웠는가?

CHAPTER

07 동기 부여자와 조언자로서의 리더

학습 목표

이 장을 학습하고 연습문제를 풀고 나면, 다음의 것들을 할 수 있을 것이다.

- 직원 몰입에 있어서 리더의 역할을 설명한다.
- 기대이론과 관련된 리더십 기술을 정의하고 설명한다.
- 목표이론을 설명한다.
- 리더가 인정을 통해서 어떻게 다른 사람들에게 동기를 부여할 수 있는가를 설명한다.
- 리더가 사회적 공정성이론을 통해서 어떻게 동기부여 할 수 있는가를 설명한다.
- 코칭의 특성 그리고 코칭기법 및 기술을 실행하는 방법을 이해한다.
- 임원 코치들이 리더십 기술 강화에 어떻게 도움을 주는가를 설명한다.

개요

공동 설립자인 빌 게이츠 뒤에서 수년간 2인자로 일했던 스티브 발머는 2001년 마이크로소프트의 CEO가 되었다. 발머와 미래의 상사 게이츠는 1973년 하버드대학에서 학생으로 만났을 때 마음이 잘 맞았다. 발머는 몇 개의 학생 대표 역할을 맡았던 외향적인 인물이고, 반면에 게이츠는 상당히 내성적인 인물이었다. 게이츠는 마이크로소프트에 상근으로 일하려고 학교를 그만두었다. 발머는 하버드에 남아 응용수학과 경제학 학위를 받았다.

발머는 P&G에서 직장생활을 시작하여, 1980년 대학 동창인 게이츠의 마이크로소프트에 들어간다. 발머는 마이크로소프트를 소프트웨어 분야의 지배적 위치에 올려 놓은 마케팅 및 판매 전략을 창조하여 신임을 받는다. 여러 관찰자들은 마이크로소프트의 영향력이 줄어들고 있다고 믿지만, 이 기업은 여전히 여러 소프트웨어 상품에서 지배적인 시장점유율을 가진 가장 수익성이 좋은 회사이다.

발머는 유난히 지적인 전략적 사고를 하는 인재이면서도, 기업으로서의 마이크로소프트의 제품 및 직원에 대한 대단한 열정으로 더 알려져 있다. 발머는 열정을 표현하는 데 아주 극단적이기도 하다. 그가 1991년 일본 회의에서 "윈도우, 윈도우, 윈도우"를 계속 외치고 나서는 성대를 수술해야 할 정도였다. 최근 몇 년간 그의 감정 표현은 유튜브에도 동영상으로 올라와 있다. "몽키 댄스"에서 그는 혼자 격정적 춤을 추며 무대 위에서 흔들어댄다. 그의 비명과 외침은 "Going Crazy," 그리고 "I Love This Company"라는 유튜브 동영상에서 잘 나타나고 있다.

마이크로소프트의 25주년 기념식에서, 발머는 거대한 축하 케이크 안에서 튀어나와 청중들을 놀라게 했다. 며칠 뒤에는 개발자 회의에서 땀에 흠뻑 젖은 발머가 당황한 청중들 앞에서 "devlopers"를 14번이나 외쳤다(물론, 유튜브 동영상에서 볼 수 있다).

발머는 《포춘》지에 "피스톤이 강철을 두드리는 것만큼 끈기 있는 치열한 세일즈맨"으로 묘사되었다. 그는 자신의 유별난 열정이 기술 담당자들뿐만 아니라 마이크로소프트의 판매를 촉진시키는 중요한 요소라고 믿는다. 몇몇 사람들은 발머가 마이크로소프트의 핵심적인 동기 부여자이며 코치라고 생각한다. 회사에 대한 그의 열정은 전염성이 있다는 생각이 든다(그러나 일부에서는 그의 동기부여 형태가 지나치다는 비판도 있다).[1]

유명한 기업 임원에 대한 이 이야기는 동기를 불러일으키는 리더가 어떻게 조직을 앞으로 나아가게 만드는지를 보여준다. 어떤 이들은 땀에 젖어 열광적으로 날

뛰는 모습이 다소 진부하다고 생각할지도 모르지만, 그 기법은 CEO가 성과 향상에 신경 쓰고 있다는 것을 보여주는 데 효과가 있다. 효율적인 리더는 뛰어난 동기 부여자이며 코치이다. 그들은 이전에 설명했던 여러 방식으로 타인들에게 영향을 미친다. 게다가, 그들은 특별한 동기유발이나 코칭 스킬도 자주 사용한다. 모든 리더가 공식적인 권위나 카리스마, 감동의 리더십만으로 타인에게 영향을 미칠 수 없기 때문에 이러한 기법들은 중요하다. 얼굴을 맞대고 매일 매일하는 동기유발 스킬 역시 매우 중요하다. 직원에게 자극을 주는 것이 코칭의 중요한 일부분이기 때문에 훌륭한 코칭은 경영의 핵심적 기능과 연관되어 있다. 코칭을 하는 동안, 리더는 사람들이 코칭을 받도록 자극하려는 시도를 자주 하게 될 것이다.

이 장에서, 우리는 다양한 시각에서 동기유발 및 코칭 스킬에 접근한다. 우선, 직원 몰입에서 리더의 역할을 설명함으로써 동기유발을 살펴본다. 그러고 나서 먼저 리더가 집단 구성원들에게 동기를 불러일으키기 위해서 어떻게 기대이론과 인정, 목표 설정 그리고 공정성이론을 효과적으로 사용하는지 살펴본다. 두 번째, 코칭 기술과 임원 코치의 역할을 포함해서 코칭에 대해 설명한다. 이 책의 독자들 대부분이 이미 동기부여에 대해 배웠기 때문에, 강화이론(reinforcement theory)이나 매슬로(Maslow)의 욕구단계이론(Need Hierachy)과 같은 이미 배운 이론에 대한 논의를 반복하기보다는, 여기서는 일부 인기 있는 동기유발 이론을 어떻게 적용할 수 있는가를 설명한다.

직원 동기부여에 대한 몇 가지 접근법을 읽기 전에 [리더십 자기 평가 퀴즈 7-1]에서 동기 부여에 대한 이해를 점검한다.

7.1 리더십과 직원 몰입

동기부여와 코칭 스킬을 적용하는 리더가 갖는 보다 넓은 목표는 직원들로 하여금 자기 일에 매진하면서 조직을 위해 일하는 것에 흥미를 느끼도록 하는 것이다. **몰입**(engagement)은 직원이 자신의 고용주에게 바치는 헌신을 지칭하는 요즘 유행어이다. 갤럽조사 연구원인 짐 하터(Jim Harter)에 따르면, 몰입—혹은 몰입의 결핍—은 사업 조직이 자신의 목표를 얼마나 잘 달성하느냐에 대한 실질적인 의미를 갖는다.[2] 몰입은 회사에 머무르며 자신의 직무 범위를 넘어서라도 일하겠다는 직원의 의지에 반영되어 있다. 몇몇 연구에서 대부분의 미국인 직원들이 업무에 완전히 충실하지 않다는 것이 밝혀졌기 때문에 직원의 헌신을 얻는다는 것은

리더십 자기 평가 퀴즈 7-1

타인에게 동기를 부여하는 나의 접근법

방법 다른 사람에게 동기부여를 시도할 때, 다음 항목에서 지시하는 방식으로 얼마나 자주 행동하거나 생각하는지를 표시하라.

아주 드물게(VI) 드물게 (I) 가끔씩 (S) 자주 (F) 매우 자주 (VF)

	VI	I	S	F	VF
1. 다른 사람들에게 그 상황에서 무엇을 성취하기를 원하는가 묻는다.	①	②	③	④	⑤
2. 내가 필요한 일을 해낼 수 있는 능력을 다른 사람이 가지고 있는지 밝혀내려는 시도를 한다.	①	②	③	④	⑤
3. 다른 사람이 열심히 일하지 않을 때, 대개는 게으르다는 의미이다.	⑤	④	③	②	①
4. 내가 동기를 부여하고자 하는 사람에게 내가 원하는 바를 정확하게 설명한다.	①	②	③	④	⑤
5. 타인에게 먼저 보상을 지급해 그 사람이 자극을 받게 되기를 원한다.	⑤	④	③	②	①
6. 다른 사람이 나를 위해 업무를 수행할 때, 피드백을 많이 준다.	①	②	③	④	⑤
7. 직원 동기부여를 위한 유일하게 합리적 방법은 업무 이행 후 성과가 좋은 사람에게 금전적으로 더 많은 보상을 해주는 것이다.	⑤	④	③	②	①
8. 다른 사람이 공평하게 대우받는다고 느끼도록 한다.	①	②	③	④	⑤
9. 내가 얼마나 열심히 일하는지를 설명한다면, 다른 사람도 나만큼 일하게 만들 수 있다는 것을 알고 있다.	⑤	④	③	②	①
10. 타인에게 공포심을 갖도록 함으로써 업무가 진행되도록 시도한다.	⑤	④	③	②	①
11. 수행되어야 할 일이 무엇인지 정확하게 말하지만, 다른 사람들에게 최선의 방법을 선택할 약간의 여유를 준다.	①	②	③	④	⑤
12. 나의 업무 수행에 도움을 준 사람들을 후하게 높이 평가한다.	①	②	③	④	⑤
13. 성공적인 업무 수행은 자체로 보상이다. 그러므로 나는 최소한의 칭찬만 한다.	⑤	④	③	②	①
14. 업무에 대한 나의 기대치를 그들이 얼마나 잘 충족시켰는지를 사람들이 확실히 알게 한다.	①	②	③	④	⑤
15. 공정성을 기하기 위해 사람들의 성과에 상관없이 비슷하게 보상을 해주고자 한다.	⑤	④	③	②	①
16. 나를 위해 일하는 누군가가 성과가 좋을 때, 그의 공로를 신속하게 인정한다.	①	②	③	④	⑤
17. 누군가에게 보상을 주기 전에, 그 사람 마음에 드는 것이 무엇인지 알아내려 한다.	①	②	③	④	⑤
18. 월급을 받기 때문에 그 일을 하는 사람에게 감사할 필요가 없다는 것이 나의 방침이다.	⑤	④	③	②	①
19. 사람들이 업무를 수행하는 방식을 알지 못한다면, 동기부여도 고통이 될 것이다.	①	②	③	④	⑤
20. 적절하게 배치하면, 많은 업무는 그 자체가 보람이 될 수 있다.	①	②	③	④	⑤

총점

채점 및 해석 표시한 숫자를 모두 더하면 당신의 총점이 된다.

- 90~100점 업무 환경에서 타인 동기부여와 관련하여 고급 지식과 기술을 갖고 있다. 당신이 세운 단단한 기반 위에서 계속 확장하면 된다.
- 50~89점 당신은 타인 동기부여와 관련하여 평균적 지식과 기술을 갖고 있다. 공부와 경험을 더하면 발전된 동기부여 기술을 개발시킬 수 있을 것이다.
- 20~49점 업무 환경에서 타인에게 효과적인 동기를 부여하고자 한다면, 당신은 동기부여 이론과 기술에 관한 당신의 지식을 크게 확장시킬 필요가 있다.

출처: 본문 내용이 아닌 퀴즈의 일반적 아이디어는 David Whetton and Kim Cameron, *Developing Management* Skills, 5th ed. (Upper Saddle River, N.J.: Prentice Hall, 2002, pp. 302-303)에서 인용.

이 시대에서는 특히 중요하다.[3] 그들은 해야 만 하는 일을 수행하지만 두드러지기 위해서 추가적인 정신적 육체적 공헌을 더하지는 않는다.

이 조사의 양적 근거는 직원 몰입의 영향에 대하여 지적하고 있다. 갤럽이 거의 32,400개 사업부를 연구한 결과에 따르면 상위 25%의 몰입도에 속한 사람의 생산성이 18% 정도 더 높고, 몰입도 하위 25%에 속하는 기업보다 사고가 29% 더 적게 발생한다.[4] 몰입도는 설문지 응답으로 측정하였다.

리더십, 동기부여 및 코칭 스킬, 그리고 몰입도 사이의 핵심적인 관련성은 직원이 몰입을 유지할 수 있게 리더가 동기부여와 코칭 스킬을 사용할 필요가 있다는 것이다. 직원에게 긍정적 피드백을 주는 리더가 몰입을 강화시킨다는 1,000명의 직원에 대한 설문조사 결과는 코칭 스킬의 가치를 보여주는 사례이다. 더 나아가서, 대개 부정적인 피드백을 주는 것도 피드백이 없거나 무관심보다는 낫다. 여기 그 구체적인 수치가 제시되어 있다.

- 감독관이 그들의 장점에 주목하고 있다고 믿는 직원의 61%가 몰입하였다(직원의 37%는 이 범주에 속한다).
- 감독관이 그들의 약점에 주목한다고 믿는 직원의 45%가 몰입하였다(직원의 11%가 이 범주에 속한다).
- 감독관이 그들을 무시한다고 생각하는 직원의 2%가 몰입하였다(직원의 25%가 이 범주에 속한다).[5]

보다 광범위하게 동기부여를 강화시키는 리더의 역할을 살펴보자. 애틀랜타에 기반을 둔 인적 자원 컨설턴트 진 휴스턴(Jean Houston)은 매니저가 전체적으로 그들을 바라보면서 신뢰를 구축할 고무적인 대화를 나눔으로써 직원들을 몰입시킬 수 있으며, 실제로 무슨 일이 일어나고 있는지 확인할 수 있다고 말한다. 휴스턴은 커뮤니케이션, 인정, 멘토링, 관심 갖기 등의 소프트 스킬이 큰 영향을 미칠 수 있기 때문에 매니저들이 소프트 스킬을 학습하고 활용할 것을 권장한다(이 장과 이 책에서 다루는 핵심이 그것이다).[6]

블레싱 화이트(Blessing White Inc.)에서 실시한 최근 조사에 따르면 응답자의 20%가 몰입을 유발시키는 요인으로 승진을 꼽았다. 그러므로 경력 논의를 시작하는 것도 리더가 직원들을 몰입시키는 하나의 특정 기술이다.[7]

7.2 기대이론과 동기부여 스킬

기대이론(expectancy theory)은 두 가지 이유로 리더가 동기부여에 대한 체계적인 설명을 어떻게 적용할 수 있는가를 배우기에 좋은 출발점이 된다. 먼저, 이 이론은 포괄적이다. 목표이론과 행동수정 등을 포함해서 다른 동기부여 이론들의 특징을 포함하여 통합하고 있다. 두 번째, 리더에게 집단 구성원들의 건설적 노력을 촉발하고 유지시키기 위한 여러 지침을 제공한다. 요즘에는 기대이론에 대한 연구가 많이 진행되지는 않지만, 여전히 업무 동기부여를 이해하기 위한 안정적 접근 방식으로 남아있다.

동기부여에 대한 **기대이론**은 자신이 쏟는 노력의 양이 대가로 받을 것으로 기대되는 보상의 크기에 달려있다는 가정에 근거를 두고 있다. 이 이론은 광범위할 뿐만 아니라, 인지와 처리과정도 다루고 있다. 기대이론은 사고, 판단, 자극을 받은 자의 욕구를 강조하기 때문에 인지적이다. 이것은 동기부여가 어떻게 발생하는가를 설명하려는 시도이기 때문에 과정이론이기도 하다.

이 이론은 실제 인간의 합리적, 경제적 관점에 기초한 이론들의 집합체이다.[8] 어떤 상황이 주어졌을 때, 사람들은 이익을 극대화하고 손실을 최소화하기를 원한다. 이 이론은 여러 대안 가운데 자신의 판단이 이익을 얻을 최고의 기회를 선택한다고 가정한다. 더 나아가서, 개인적으로 가장 큰 보상을 줄 것으로 보이는 대안을 선택한다. 일단 선택하면, 사람들은 가장 잘 처리할 수 있으면서 최대의 이익을 가져다 줄 것이라고 생각되는 임무를 선택할 것이다.

기대이론의 기본 요소

기대이론은 유의성(valence), 수단(instrumentality), 그리고 기대(expectance)의 세 가지 기본 요소들을 갖고 있다. 이 세 가지 요인들 덕분에 이 이론은 VIE이론이라고 하기도 한다. [그림 7-1]은 기대이론의 기초를 보여준다. 세 요소 모두 동기부여를 위해서 반드시 필요하다. 동기부여를 위해 사람들은 보상의 가치를 매기고, 그들이 실행할 수 있을지를 생각하며, 성과가 보상으로 이어질 것인지에 대한 타당한 확신을 가져야 한다.

유의성 결과의 가치나 매력은 **유의성**(valence)으로 볼 수 있다. [그림 7-1]에 나타난 대로 업무 상황마다 다양한 결과를 갖는다. **결과**는 성과로부터 나올 수 있는, 예를 들면 보상과 같은 어떤 것이다. 각각의 결과는 그 자체의 유의성을 갖는

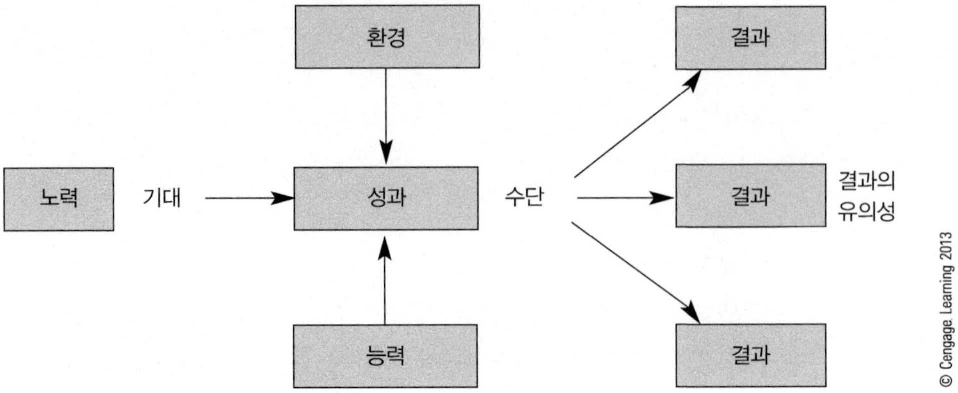

그림 7-1 **동기부여에 대한 기대이론**

다. 그리고 각 결과는 **2차적 결과**(second-level outcome)라고 하는 다른 결과 혹은 결론으로 이어질 수 있다. 뛰어난 성과평가(a first-level outcome, 1차적 결과)를 받는 사람은 승진(2차적 결과)할 가능성이 높아진다. 2차적 결과도 유의성을 갖는다. 열심히 일한 사람이라면 모든 유의성의 총합이 양의 값이 될 것이다. 만일 유의성의 총합이 음수라면, 그 사람은 결과를 회피하려고 열심히 일할 수도 있다.

여기에 제시된 기대이론에서 유의성은 −100에서 +100사이의 값을 갖는다(−1.00에서 +1.00의 값을 갖도록 하는 보통의 유의성 측정 방법은 선호도의 실제 차이를 올바로 평가하지 못한다). 유의성이 100이라는 의미는 그 사람이 결과를 간절하게 원한다는 것이다. −100의 유의성은 그 사람이 해고나 파산 선고 같은 결과를 피하려는 강력한 동기를 갖고 있음을 뜻한다. 유의성이 0이라면 결과에 무차별하다는 의미이며, 동기부여 기제로서 아무 쓸모가 없다는 뜻이다.

CEO가 변화하지 않는 기업이 어떻게 망가지는가, 그리고 변화하는 기업이 얼마나 멋지게 성장하는가를 보여주기 위해서 데이터를 사용하는 것은 부정적 및 긍정적 유의성을 동시에 적용하는 사례 가운데 하나이다.

수단 성과가 특정 결과로 이어질 개연성에 대한 개인의 평가가 **수단**(instrumentality)이다(수단은 특정 방식으로 사람들이 성과로부터 기대하는 결과와 연관되어 있기 때문에 성과에서 결과로의 기대(performance-to-outcome expectancy)라고도 한다). 특정 행위에 몰입할 때, 사람들은 원하는 결과나 보상을 얻으려는 의도를 갖고 그 행동을 한다. 수단은 0에서 1.0의 값을 가지며, 0은 원하는 보상을 받을 확률이 없다는 의미이고, 1.0은 보상이 확실히 따른다는 믿음이다. 예컨대 시간제 노동자가 "초과근무를 하면 초과근무수당을 받는다."라고 하는 믿음이다.

기대 노력이 정확한 업무성과로 이어질 개연성에 대한 개인 평가가 **기대**(expectancy)이다(노력에서 성과로의 기대(effort-to-performance expectancy) 역시 동일한 개념을 갖는다.). 임무 수행을 위해 노력을 쏟아 붓기 전에 스스로에게 던져야 할 중요한 질문 하나는 "만일 이 일에 몰두한다면 내가 과연 제대로 해낼 것인가?"이다. 기대는 0에서 1.0 사이의 값을 가지며, 0은 임무를 온전히 수행할 가망이 전혀 없다는 의미이고, 1.0은 업무를 적절하게 수행할 수 있다는 절대적인 믿음을 표시한다. 따라서 기대는 사람이 보상을 받기 위해 매진하느냐에 영향을 미친다. 자신감이 있는 사람은 자신감이 약한 사람보다 더 높은 기대를 갖는다. 훈련을 잘 받은 사람은 업무를 수행할 수 있다는 주관적 판단이 향상된다.

동기부여에 대한 높은 기대 보유의 중요성은 **자기 효능감**(self-efficacy), 즉 특정 업무 수행 능력에 대한 확신의 기여도와 잘 들어맞는다. 당신이 업무에 대해 높은 자기 효능감을 갖고 있다면, 당신의 동기는 강력할 것이다. 낮은 자기 효능감은 약한 동기로 연결된다. 어떤 사람들은 스카이다이빙에 별다른 흥미가 없는데, 그들은 120mph로 자유낙하하면서 낙하산 줄을 잡아당길 수 있을지 의심하기 때문이다.

간단히 말해서 업무관련 스킬에 대한 확신이 있다면, 그것을 사용하여 업무 수행 활동을 하게 될 것이다. 당신이 노력을 하기 위해 필요한 스킬과 자신감을 사람들에게 제공하는 이유 가운데 하나가 바로 이것이다.

기대이론 내 분명한 모순은 설명할 필요가 있다. 어떤 이들은 성공적인 신제품을 개발하려 하거나 대기업의 CEO가 되려고 노력하는 등, 기대감이 낮은 행위에 몰두한다. 보상 요인은 이러한 성취와 연관된 2차적 결과에 붙어 있는 커다란 유인성이다. 성공적인 신제품을 도입하거나 CEO가 되었을 때 얻는 보상이 크기 때문에 사람들은 기꺼이 꾸준한 시도를 하는 것이다.

간단한 증거 조사 작업 동기부여에 기대이론을 적용하는 것은 거의 40여 년 동안 연구주제가 되어 왔다(1964~2004). 두 명의 연구자들이 기대이론의 다양한 측면이 성과와 노력 같은 업무 현장 기준에 얼마나 잘 연결되어 있는가를 관찰하는 77개 연구에 대한 메타분석을 수행하였다. 결과는 일관적이지 않았으나, 기대이론의 세 요소가 업무현장 기준과 양의 관계를 갖는다는 일반적인 결론에 도달했다. 예를 들어, 업무성과는 유의성, 수단, 기대 그리고 전체 VIE 모델과 양의 상관관계가 있다. 전체 VIE 모델은 보통 유의성, 수단, 그리고 기대의 값의 곱으로 나타낸다. 다른 결과에서, 업무에 쏟는 노력은 유의성, 수단, 기대감, VIE 모델 그리고, 성과와 양의 상관관계가 있는 것으로 나타났다.[9] 직원 동기부여에 대한 리더와 관리자의 관심사는 이러한 상관관계에 의해 합당한 것으로 판명되었다. 더 열심히 일하려고 하는 사람들이 더 좋은 성과를 거둔다.

기대이론과 관련된 리더십 스킬 및 행동

기대이론은 타인에게 동기를 부여하려는 측면에서 리더와 관리자에게 여러 영향력을 갖는다.[10] 이런 의미 가운데 일부는 다른 동기부여 이론으로부터 나왔으며, 일반적으로 훌륭한 경영 관행에 잘 부합된다. 각각의 내포된 의미를 읽으면서 리더십 임무를 수행하는 동안 그 스킬이나 행위를 어떻게 적용할 것인지 곰곰이 생각해 본다.

1. **조직목표 달성에 필요한 성과의 수준과 유형을 결정하라.** 타인 동기부여는 직원이 수행해야 할 업무가 무엇인지 명확하게 이해하고 있을 때 가장 잘 이루어진다. 동시에 리더는 원하는 성과수준이 가능한 정도라는 것을 확실히 밝혀야 한다. 예를 들어, 시장이 이미 특정 상품이나 서비스에 포화 상태라면 판매량이 지나치게 높게 책정될 수도 있다.
2. **동기를 부여받은 개인이 도달할 수 있는 정도의 성과 수준을 정하라.** 집단 구성원들이 대단히 어려운 업무를 수행해야 한다고 믿는다면, 그들 대부분은 낮은 욕구에 괴로워할 수도 있다. 임무란 일반적으로 동기부여를 통해 성취 가능한 것으로 인식되어야 한다.
3. **사람들을 훈련시키고 격려하라.** 리더는 집단 구성원에게 그들이 요구받은 업무를 수행할 수 있다는 자신감을 갖도록 만드는 데 필요한 교육을 제공하고 격려해주어야 한다. 동기부여가 잘 되지 않은 것으로 보이는 일부 집단 구성원들은 단순히 올바른 스킬과 자신감이 부족한 것이다.
4. **보상과 성과 사이의 관련성을 명확히 하라.** 집단 구성원들이 기준에 맞는 정도로 직무를 수행한다면 약속된 보상을 받게 될 것이라는 확신이 필요하다.
5. **보상이 충분히 크다는 것을 명확히 하라.** 몇몇 올바른 보상도 동기부여에 실패하는데, 그 이유는 보상의 양이 적당하지 않기 때문이다. 월급을 크게 인상시켜준다는 약속은 동기유발이 되지만, 1% 인상은 직원 대부분에게 자극제가 되지 않을 것이다.

6. **보상효과에 반대로 작용하는 요소가 무엇인지 분석하라.** 직무 집단 내에서 리더의 보상 패키지와 다른 영향력 사이의 갈등으로 인해 리더는 보상에 대한 수정이 필요할 수 있다. 예를 들어, 직무 집단이 현상유지를 선호한다면, 혁신적 사고를 고취시키는 데 대규모 보상이 필요할 수도 있다.

7. **2차적 결과의 의미와 함의를 설명하라.** 바람직한 성과평가를 받는 등 특정 결과의 가치를 직원들이 이해하는 것은 유용하다(예를 들어, 이것은 월급 인상, 상위 업무 팀으로의 배치, 혹은 승진으로 이어질 수 있다).

8. **유의성에 있어서 개인 차이를 이해하라.** 집단 구성원들에게 효과적 동기부여를 하기 위해서 리더는 보상에 대한 개인적 차이 및 선호를 인식해야 한다. 직원들에게 유의성이 높은 보상을 실시하는 시도를 해야 한다. 한 직원은 매우 도전적인 업무에 가치를 두고 있을 수 있고, 다른 직원은 일상적이고 평범한 업무에 높은 유의성을 가질 수 있다. 유의성에 있어서 문화적 차이 역시 발생할 수 있다. 예를 들어, (모두가 그런 것은 아니지만)아시아계 직원들은 집단 앞에서 혼자 지목되어 인정받는 것을 좋아하지 않는다. 그들의 문화적 가치에 따르면, 집단 앞에서 혼자 인정받는 것은 몰상식하고 당혹스러운 것이다. 또 다른 사례는 백화점 상품권이 이탈리아보다 미국에서 그 유의성이 높은데, 이탈리아에서는 직원들이 소규모 패션 양품점을 선호하기 때문이다. [리더십 스킬 구축 연습 7-1]은 유의성 측정의 어려움을 다룬다.

9. **직원들이 긍정적인 기분으로 근무할 때, 높은 유의성, 수단, 기대는 높은 성과와 연결될 확률이 높다는 것을 인지하라.** 긍정적 기분의 참여자들은 그렇지 않은 참여자들보다 더 나은 성과를 거두고, 더 끈기가 있으며, 열심히 일하고, 더 높은 수준의 동기를 갖는다는 것이 대학생들을 상대로 한 실험에서 드러났다. 긍정적인 영향은 보상을 더 매력적으로 보이게 만들었다(높은 유의성). 분위기가 좋다는 것은 또한 노력과 실적 사이의 관련성(기대) 뿐만 아니라 실적과 결과 사이의 연계(수단)를 강화시켰다.[11] 주목하건대 이 실험에서의 기분 상승제는 오로지 사탕 한 봉지였다는 것이다. 매니저는 긍정적 효과를 증진시키는 보다 지속 가능한 방법을 찾아야 할 것이다. 직원들을 기분 좋은 상태로 유지시키는 것은 감성지능 적용의 발전된 양태이다.

리더십 스킬 구축 연습 7-1

기대이론 적용을 위한 유의성 측정

방법 기대이론 적용에 있어서 주요 장벽 가운데 하나는 유의성이 가져올 잠재적 결과를 측정하는 것이다. 리더나 매니저 역시 주어진 업무 상황에서 잠재적 보상이나 징계를 알고 있어야 한다. 보상과 징계가 아래 목록에 나열되어 있으며, −100에서 +100까지의 점수를 매길 수 있다. 대략 6명의 팀원과 같이 작업을 하고, 각각은 모든 보상과 징계에 대해 등급을 매긴다.

잠재적 결과	등급(−100~+100)
1. 부사장으로 승진	______
2. 1단계 승진	______
3. 평균 이상의 인사 고과	______
4. 최고 등급 인사 고과	______
5. 8,000달러 실적 상여금	______
6. 4,000달러 실적 상여금	______
7. 150달러 상품권	______
8. 이 달의 사원 상패	______
9. 이메일이나 소셜 미디어 웹사이트 게시글 또는 첨부된 파일을 통한 감사장	______
10. 좋은 식당에서의 상사와의 점심	______
11. 구내식당에서의 상사와의 점심	______
12. 새로운 업무 도전	______
13. 개인용으로 항공사 마일리지 적립 허용	______
14. 개인용으로 최신 태블릿 컴퓨터 구입 허용	______
15. 개인용으로 최신 스마트폰 할당	______
16. 전망이 좋은 개인 중역실	______
17. 정규직 보좌관 할당	______
18. 저조한 성과에 대한 문서화	______
19. 해고	______
20. 해고 및 업계 기피 대상자 리스트에 기재	______
21. 1단계 강등	______
22. 신입 수준으로 강등	______
23. 공개적인 모욕	______
24. 무급 정직	______
25. 선호하지 않는 지역으로의 전근	______

총점 ______

등급을 매긴 이후에 다음 안건을 토의하라.

1. 가장 다양한 점수를 받은 보상과 징계는 무엇인가?
2. 비슷한 점수를 받은 보상과 징계는 무엇인가?

또 다른 분석적 접근은 각 결과마다 유의성의 평균과 표준편차를 계산하는 것이다. 수업 참여자는 각자의 유의성 등급을 수업 표준과 비교한다. 데이터베이스에 추가하기 위해, 모든 학생들은 수업에 포함되지 않은 직원들의 등급표를 두 세트 가져올 수 있다.

이런 스킬을 업무에 적용하려면 당신의 상황에서 추구할 수 있는 잠재적 결과를 적합하게 수정한다. 팀원들에게 당신이 보상과 징계를 더 다듬으려 하고 있으며 팀원들의 생각이 필요하다는 것을 설명한다. 팀 구성원들이 매긴 점수는 유익한 토론의 장을 만들어 줄 것이다.

7.3 목표이론

목표 설정은 업무 동기부여에 관한 모든 주요 이론들에 있어서 직접적 혹은 간접적인 부분이 되는 기초 과정이다. 리더와 관리자는 성과의 향상과 유지를 위한 수단으로써 목표 설정을 널리 받아들이고 있다. 예를 들면, 비전은 정말로 고귀한 목표이다. 직원에게 영감을 주기 위해 아이스크림 체인업체 콜드스톤 크리머리의 설립자 더그 듀시는 "세계가 우리를 궁극의 아이스크림 체험으로 인식하게 될 것이다."라는 비전을 만들었다. 듀시는 이 비전이 지난 5년 동안 회사가 74개 매장에서 1,000개 매장으로 성장하는 데 도움을 주었다고 믿는다.[12]

목표이론의 핵심 결론은 "최선을 다하라!" 같은 쉽고 불특정한 목표가 주어졌거나 목표가 없는 사람들보다 특정한 고난도 목표를 받은 개인이 훨씬 더 나은 성과를 거둔다는 것이다. 그렇지만, 동시에 개인들은 충분한 능력을 갖추고, 목표를 인정하고, 업무에 관련된 피드백을 받아야만 한다.[13] 목표이론에 대한 개요는 이 기본적 결과에 잘 녹아 들어 있다.

목표이론의 기본 결론

목표이론(혹은 목표 설정이론)의 기본 가정은 행위가 가치와 목표에 의해 규제된다는 것이다. **목표**는 사람이 달성하고자 하는 바이다. 우리의 가치는 그에 부합하는 방식으로 행동하려는 욕망을 우리 내부에서 창출시킨다. 예를 들어, 정직에 가치를 두는 리더는 정직한 직원만을 고용하려는 목표를 세울 것이다. 그러므로 리더는 추천 확인서와 정직성 테스트를 광범위하게 사용할 것이다. 에드윈 로크(Edwin A. Loke)와 게리 라샴(Gary P. Latham)은 목표에 대한 수백 개의 연구를 목표설정 및 업무성과에 대한 이론으로 엮어내었다.[14] [그림 7-2]는 일부 일관성 있는 결과를 요약한 것이며, 이에 대한 설명은 아래 이어진다. 리더가 목표 설정을 통해서 사람들에게 동기부여를 실행할 때, 이러한 사항을 반드시 기억해야 한다.

우선, **구체적인 목표가 일반화된 목표보다 더 높은 성과를 창출한다**는 것을 기억하라. 사람들에게 "최선을 다하라"라고 말하는 것은 일반화된 목표이다. "이번 여름에 우리 경영교육 프로그램에 신규 등록자 수를 15명까지 늘리자."라는 것은 특정 목표가 된다. 또 다른 주요 핵심은 **성과는 일반적으로 목표 난이도에 정비례하게 향상된다**는 것이다. 목표가 어려울수록 더 많이 성취한다. 목표가 지나치게 어려울 때, 성과가 더 낮아지는 것은 중요한 예외적 경우이다. (기대이론과의 관계에서 설명한 대로)목표달성의 어려움은 좌절로 이어지고, 다시 저조한 성과로 이어진다.

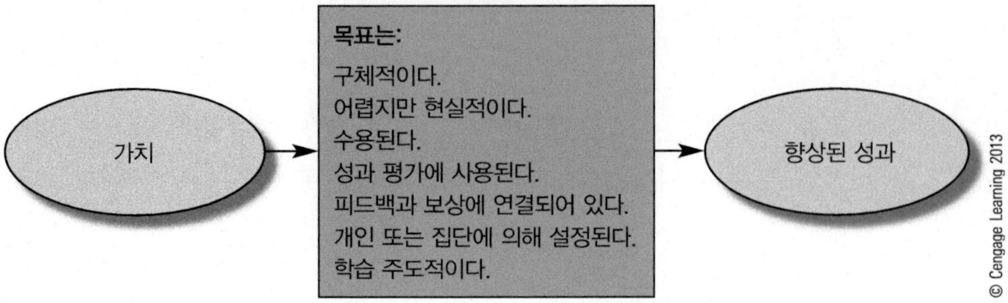

그림 7-2 **목표이론**

현실적인 목표가 효과적이라는 개념은 고도의 복잡한 업무 수행에 있어서는 거의 적용될 수 없다. 효율적인 리더는 보통 숭고한 이유나 어떤 비장함이라는 측면에서 목표를 설정하여 구성원들에게 영감을 준다. 예를 들어, 사진 프린터를 만드는 집단의 관리자는 고품질 프린터를 만드는 것이 사람들에게 그 기억을 보존하도록 만들어준다고 설명할 수 있다.[15] 여기 숭고하고 강력한 목표 개발을 위한 두 가지 제안이 있다.

- 당신 집단을 위한 일종의 이상적인 성취와 같은 크고 포괄적인 목표를 세워라
- 보다 작은 단계, 예를 들어 집단을 위해 두 명의 최고 인재를 고용한다는 것처럼 목표를 분류한다. 각 단계(혹은 하위 목표)가 당신을 목적지로 이끌기 위한 프로젝트라고 생각하라.[16] 동일한 접근법을 "마라톤보다 단거리 경주"라고 말할 수 있다.

성과를 향상시키는 목표라면, 집단 구성원은 그 목표를 수용해야 한다. 만일 집단 구성원이 거부하는 목표라면 계획에 포함시킬 수 없을 것이다. 집단 구성원들에게 목표를 강요하는 대신 토론하는 것이 유용한 이유가 이것이다. 그렇지만, 최근 연구는 목표에 대한 몰입의 중요성이 과장되어 있을 수 있다고 주장한다. 연구 참여자들이 목표에 몰입한다고 느끼건 느끼지 않건, 목표는 성과를 향상시키는 것으로 나타났다.[17] 최근 이러한 발견에도 불구하고, 여러 매니저와 리더들은 직원이 목표에 몰입하는 것이 중요하다고 생각한다.

목표설정에 대한 참여는 목표 수용을 향상시킬 때를 제외하고는 직무성과 수준에 큰 영향을 미치지 않는다. 그러나 리더는 참여가 목표설정 과정에 대한 높은 만족도로 이어질 수 있기 때문에 참여 자체가 가치 있다는 것을 인식해야 한다.

목표는 성과 평가에 사용될 때 보다 효과적이다. 직원들이 그들 성과가 목표를 얼마나 잘 달성했는가에 따라 평가받게 될 것을 알고 있을 때, 목표의 영향력이 커진다.

목표는 피드백 및 보상과 연결되어야 한다는 중요 원칙을 기억하라. 목표달성에 따른 보상은 가장 널리 수용된 경영 원칙이다. 또 다른 목표 설정 원칙이 집단목표 설정은 **개인목표 설정만큼 중요하다**는 것이다. 직원들이 특정한 팀 목표를 갖고 팀으로 일하도록 만드는 것이 개인목표를 갖고 개인으로 활동하는 것보다 생산성을 증가시킨다. 더 나아가서, 양립 가능한 집단목표와 개인목표의 조합은 개별 개인목표 혹은 집단목표보다 효과적이다.

마지막 목표 설정 원칙은 **학습목표 지향성**이 **성과목표 지향성**보다 성과를 더 많이 향상시킨다는 것이다. 학습(혹은 전문기술)목표 지향성인 사람은 새로운 기술을 습득하고 새로운 상황을 주도함으로써 능력을 배양시키고자 한다. 반대로, 성과목표 지향성인 사람은 선호할 만한 판단을 내리고 부정적 판단을 회피함으로써 그 능력을 증명하고 확인하려 한다. 이러한 구분을 뒷받침하는, 의료장비 판매 대표자에 대한 연구는 결정된 목표가 지지를 받는 상태에서 학습목표 지향성이 판매성과와 긍정적 관계를 갖는다는 것을 밝혀냈다. 반대로, 성과목표 지향성은 판매성과와 관련이 없었다.[18]

목표달성 방법의 중요성과 기타 관심사

성과동기 부여라는 목표를 사용하는 데 있어서 주요 관심사는 다른 직원뿐만 아니라 리더들도 목표달성을 위해서 비윤리적이고 역기능적인 편법을 사용한다는 것이다. 예를 들어, CEO는 주(株)당 이익과 같은 수익 목표를 달성하기 위해서 연구개발에 대한 투자를 과감히 줄이고 능력 있는 여러 직원을 해고할 수도 있다. 더군다나, 매니저는 판매목표 달성을 위해서 미완성 제품을 배송한다든가 하는 비윤리적 행위에 연루되는 것으로 알려져 있다.[19] 기능 문제를 불러일으키지 않고 목표 설정을 수행하려면, 윤리적 행위에 특별히 관심을 두고 목표를 어떻게 달성할 것인지를 구체화하는 것이 필수적이다.

목표달성에 대한 금전적 유인을 활용하는 것은 비윤리적 행위를 고무시키기도 한다. 펜실베니아대학 와튼스쿨에서 수행한 한 분석은 금전적 유인에 대한 과도한 의존성이 최근 역사적으로 주요한 금융 스캔들을 일으킨 장본인이라고 주장한다.[20] 대공황을 촉발한 월스트리트 금융스캔들이 그 사례에 해당한다. 엄청난 수수료를 챙기려고, 수많은 투자은행가들은 해로운 증권—서브프라임 모기지에 기초한 증권—을 위험성을 인지하지 못한 투자자들에게 팔았다(거대 투자은행회사인 골드만삭스는 이러한 비윤리적 행위로 자주 고발당한다). 그러나 우리는 금전적 유인만이 사악한 요인은 아니라는 점을 강조하고자 한다. 금전적 보상을 얻기 위해 사용된 방법을 감시하지 않는 것이 문제의 주요 원인이다.

목표를 과도하게 강조하면 직원들이 목표달성에 지나치게 관심을 기울인 나머지 위기상황과 새로운 기회들을 무시하는 것과 같은 문제점이 발생할 수 있다. 예를 들어, 채용 담당자가 회사 웹사이트에서의 구인 할당량의 마무리에 급급해서 전도유망한 자들의 구직 문의를 묵살할 수도 있다.

목표에 대한 과도한 의존성이 갖는 잠재적 위험은 아래 연구자들이 던진 목표설정에 관한 "경고 문구" 안에 해학적으로 응축되어 있다.[21]

> **경고**
>
> 목표는 좁은 시야와 증가한 위험부담, 비윤리적 행위, 차단된 학습, 줄어든 협동 및 줄어든 내재적 동기부여 탓에 조직 내에서 체계적인 문제를 일으킬 수 있습니다. 당신의 조직에서 목표를 적용할 때 주의하십시오.

리더와 관리자는 목표 설정을 널리 실행하고 있지만, 대개는 목표이론에 대해 주의 깊게 생각하지는 않는다. [리더십 스킬 구축 연습 7-2]는 목표 설정에 대해 당신이 배운 바를 적용할 기회를 제공한다.

리더십 스킬 구축 연습 7-2

목표이론의 적용

다섯 내지 여섯 명의 사람들로 이루어진 집단에서 당신 집단을 업무 팀으로 상상하여 보라. 이 집단은 회사를 환경적으로 지속가능(친환경적)하게 만들기 위한 제안을 하고 이를 실행하는 사명을 갖고 있다. 회사는 운동화, 수영복, 축구 유니폼 등의 스포츠 의류를 제조한다. 구성원 가운데 한 명은 업무 팀 리더의 역할을 수행한다. 목표이론의 원칙에 따라 리더는 자극이 될 만한 목표를 그 집단이 설정하는 데 도움을 주어야 한다.

오늘 회의의 목표는 회사를 친환경으로 이끌면서도 비용이 과하지 않도록 만드는 4개의 목표를 설정하는 것이다. 각 팀은 그 목표를 설정한 후에 다른 학생들에게 이를 발표한다. 학생들은 다른 집단의 목표를 듣고 건설적인 피드백을 내놓아야 한다.

리더와 매니저들은 자주 목표를 세워야 하기 때문에 효과적인 목표 설정 연습은 유용하다. 최소한 목표이론의 주요 결과 일부가 목표를 따라올 때, 생산성 증가의 가능성은 더 높아진다.

7.4 타인의 동기유발을 위한 인정과 자부심 이용하기

다른 사람들을 인정하고 칭찬함으로써 동기부여를 하는 것은 긍정적 강화, 즉 보상을 제공함으로써 적절한 행위를 강화하는 방식의 직접적인 적용이라고 할 수 있다. 그럼에도 불구하고, 인정은 잠재적으로 강력한 동기요인이기 때문에 별도로 관심을 가질 가치가 있다. 물론, 직원에게 보상을 주고 동기를 부여하는 인정 프로그램은 기업과 비영리 단체의 표준 관행이다. 일례로 상위 성과 직원에게 이달의 사원과 같은 문구와 회사 로고를 새긴 크리스탈 꽃병을 준다. 다음에 설명되어 있는 것처럼, 자부심은 인정과 관련되어 있다. 자신의 일을 자랑스러워하는 사람들은 훌륭한 행위에 대해 인정받고 싶어 한다.

인정은 인간의 정상적인 욕구이기 때문에 이것은 강력한 동기요인이 된다. 당신 자신의 인정에 대한 욕구의 강도를 생각해보기 위해 [리더십 자기 평가 퀴즈 7-2]를 해 본다. 직원들 대부분은 충분히 인정받지 못한다고 느끼기 때문에 인정은 또한 매우 효과적이다. 인텔리스펜드 프리페이드 솔루션(Intelispend Prepaid Solution)의 직원개발 및 인사 부문 부사장인 디나 베이커는 "직원 몰입도를 이끌어내는 최고의 방법 가운데 하나는 창조적인 보상 및 인정 프로그램이다."라고 말한다.[22] 그러나 관리자들은 인정을 베푸는 공식적인 회사 프로그램을 필요로 하지 않는다.

지난 55년이란 시간에 걸쳐 진행된 몇몇 연구는 직원들은 정기적 급료만큼이나 뛰어난 업무 수행으로 칭찬받는 것을 환영한다는 것을 밝혀냈다. 한 연구에 따르면, 직원의 66%가 가장 중요한 자극제로 감사패를 지목했다.[23] 이 결과를 월급의 적절한 대체재가 칭찬이라고 해석해서는 안 된다. 직원은 보답을 자격으로 간주하고 인정은 선물로 인식하는 경향이 있다.[24] 동료를 포함한 직원들은 자신의 결과가 누군가에게 유익하다는 것을 알고 싶어 한다.

타인의 인정욕구에 호소하기

타인의 인정욕구에 호소하려면, 칭찬할 만한 행위를 규정하고 그 행위를 말이나 글로, 혹은 물질적 보상으로 인정하라. 바람직한 행위를 지속시키기 위해(동기부여의 주요 부분) 인정을 사용하는 두 가지 예가 다음에 제시되어 있다.

리더십 자기 평가 퀴즈 7-2

나는 얼마나 인정받길 원하는가

방법 다음 척도에 따라 아래 항목에 답하라.
전혀 그렇지 않다(DS), 그렇지 않다(D), 보통이다(N), 그렇다(A), 매우 그렇다(AS).

	DS	D	N	A	AS
1. 내 생활공간에 내가 받은 거의 모든 상장, 메달이나 트로피를 전시해두고 있다(혹은 전시하려 한다).	①	②	③	④	⑤
2. 누군가가 내 노력을 칭찬해 줄 때마다 나는 기분 좋은 흐뭇한 감정을 느낀다.	①	②	③	④	⑤
3. 누군가 나에게 "잘했어"라고 말할 때 하루가 즐겁다.	①	②	③	④	⑤
4. 누군가를 칭찬할 때, 답례로 나도 칭찬을 기대한다.	①	②	③	④	⑤
5. 내 업무 성과에 대해서 100달러의 상여금보다 이달의 직원상을 받고 싶다.	①	②	③	④	⑤
6. 내가 자선단체에 기부할 자원이 있다면, 결코 익명으로는 하지 않을 것이다.	①	②	③	④	⑤
7. 어린 시절을 돌이켜 생각해보면, 나는 선생님한테 잘했다고 작은 금별을 받거나 유사한 인정을 받는 것을 좋아했다.	①	②	③	④	⑤
8. 세계 최고 부자 중에 한 사람이 되기보다 타임지에 올해의 인물로 선정되고 싶다.	①	②	③	④	⑤
9. 내 이름이 종이나 화면에 나타나 있는 것을 보고 싶다.	①	②	③	④	⑤
10. 받아도 될 만큼의 존경을 받지 못하고 있다.	①	②	③	④	⑤
11. 인터넷 검색창(Google이나 Bing 같은)에 내 이름이 나타나는 횟수를 정기적으로 확인한다.	①	②	③	④	⑤

총점

채점 및 해석 표시한 숫자를 모두 더하면 당신의 총점이 된다.

- 50~55점 당신은 평균 이상의 인정 욕구를 갖고 있다. 그러므로 인정은 당신에게 강한 동기요인이 된다. 당신은 훌륭한 업무 수행을 인정받을 수 있는 직업에서 가장 행복할 것이다.
- 30~49점 당신은 평균적인 인정 욕구를 갖고 있으며 훌륭히 해냈다는 것을 계속 재확인시켜줄 필요는 없다.
- 11~29점 당신은 평균 이하의 인정욕구를 가지고 있으며 당신의 훌륭한 업적 자체가 확산되는 걸 좋아한다. 당신이 인정받게 되면, 성과에 매우 구체적인 것을 선호하며 지나치게 후한 인정은 좋아하지 않을 것이다. 당신은 대개 기술 분야 사람들과 함께 일할 때 편안함을 느낄 것이다.

- 팀 리더로서, 당신은 팀원 가운데 한 명인 케이트에 대한 고객의 감사편지를 받았는데, 케이트는 그 고객의 문제를 해결해준 적이 있다. 당신은 편지를 코팅하여 케이트에게 선물로 주었다(훌륭한 고객서비스를 강화해 주는 것이다).
- 우리 부서 직원 제이슨은 기계 기사이다. 전국 엔지니어 주간 동안 부서가 점심을 먹는 자리에서, 당신은 일어나서 "전국 엔지니어 주간을 축하하며 제이슨을 위해 건배하고 싶습니다. 만일 제이슨이 이 건설현장에서 도움을 주

지 않았더라면 저는 확실히 오늘 이 사무실 건물 안에 앉아있고 싶지 않았을 겁니다."라고 말한다(여기서, 오직 제이슨의 선의에 대해서만 강화시키는 것으로, 당신의 동기부여 접근방식은 일반적이고 구체적이지 않다).

칭찬을 포함해 동기요인으로서의 인정의 탁월한 이점은 비용이 전혀 들지 않거나 매우 저렴하지만 강력하다는 것이다. 보상 전문가인 밥 넬슨은 돈이 직원에게 중요하지만 사려 깊은 인정은 그들의 성과 향상을 고취시킨다는 점을 상기시켜준다.[25] 이렇듯 인정은 현금 상여금에 비해서 투자대비 상당한 수익을 가져온다. 동기부여 목적으로 인정과 칭찬을 사용하기 위한 몇 가지 제안은 다음과 같다.

1. 동기부여 영향을 극대화하기 위해서, 인정은 기업 가치와 연계되어야 하며 직원들이 개인 목표를 달성하는 데 도움이 되어야 한다. 환경 보존에 강한 열정이 있는 경비원이 안전 및 에너지 보존 감시원이라는 새로운 직함으로 인정받게 된 경우를 상상해보라. 이 직함은 에너지에 대한 자신의 관심과 외부 출입구 폐쇄와 불필요한 전등 끄기에 대한 회사의 관심사를 결합시키고 있다.[26]

2. 집단과 조직 내 다른 구성원들에게 직원회의에서 언급하거나 인트라넷 게시글 등을 통해 이로운 행위에 대해 알려준다. 특정 업무와 관련된 칭찬 역시 보통 일반적 칭찬보다 더 효과적이다. 직원들은 칭찬에 감사해 하지만, 예를 들면 "폴란드 공장에서의 기어 절단장비 판매에 대한 당신의 예측이 정확이 맞아떨어졌습니다. 축하합니다."라고 하는 특별히 무엇 때문에 칭찬을 받는지 알고 싶어 한다.

3. 직원들을 서로 경쟁시키기 위해 칭찬을 활용하지 않는다. 칭찬받을 만한 직원을 치하하라, 그러나 다른 직원들이 그보다 못하다는 것을 암시해서는 안 된다.
   "잘했어, 호세. 저는 다른 분들도 이와 같은 노력을 하길 바랍니다."[27]

4. 칭찬 유형에 대한 개인 선호도를 고려하라. 효과적인 인정 사용의 문제점은 모든 사람들이 동일한 형태의 인정에 반응을 하지 않는다는 점이다. 고도의 기술 분야 종사자는 "잘했네" 혹은 "대단해"와 같은 일반적인 칭찬을 좋아하지 않는 경향이 있다. 대신에, 그들은 자신의 업무가 어떠한 기여를 했는지에 대한 배경이 드러나는 사실적인 언급을 선호한다. 한 연구에 따르면, 자신을 보다 기술 지향적이라고 생각하는 사람일수록 매우 구체적이고 기술 지향적

인 칭찬을 더 좋아한다.[28] 컴퓨터 바이러스를 막 잡아낸 기술센터 직원은 "바이러스를 치료하고 제 컴퓨터를 완벽하게 복구해주셔서 감사드려요."와 같은 칭찬을 선호할 것이다. 이런 칭송은 "환상적입니다, 당신은 세계정상급 바이러스 퇴치자입니다."보다 더 좋을 것이다.

자부심에 호소하기

자부심을 느끼고 싶다는 욕망은 많은 직원들에게 동기를 부여하며, 훌륭한 업무 완수에 대한 인정은 자부심을 느끼고자 하는 이러한 욕구를 만족시키는 데 도움을 준다. 자신이 성취한 것에 자부심을 느끼는 것은 선물 증정과 같은 외재적(비본질적인) 동기요인보다 내재적(본질적인) 동기요인이다. 따라서 자부심을 경험할 수 있는 기회를 직원에게 주는 것은 강한 내적 동기요인이 될 수 있으며, 직원들은 동시에 인정을 받을 수 있다.

당신이 개인 고객 맞춤형 RV(레저 차량)를 제작해주는 회사의 보조 서비스 매니저라고 상상해 보라. 당신의 매니저는 당신에게 대개 RV에서 시간을 보내는 사람들을 위한 최신 유행하는 개조에 대해 파워포인트 발표를 준비하도록 요구한다. 당신은 최고 경영진 앞에서 발표를 하고, 청중은 박수를 치고, 임원들이 당신과 악수를 하고, 이후에 몇 개의 축하 이메일을 받는다. 당신이 경험한 여러 감정 중 하나는 훌륭한 성과에 대한 자부심일 것이다. 당신은 계속해서 일을 잘 해내겠다는 동기를 갖게 된다.

직원들은 인정 상징물과 관련된 자부심도 경험할 수 있다. 예를 들어, 직원이 운반비용 수천 달러를 절감한 공로로 큰 시계를 받을 수도 있다. 시계는 성취의 상징으로 그 직원에게는 집안 장식 이상의 가치가 있다. 자부심은 대형 시계를 받았기 때문이 아니라 가치 있는 활동(회사 비용 절감)을 이룩했기 때문에 느낄 수 있는 것이다.

컨설턴트인 존 카첸바흐(Jon R. Katzenbach)에 따르면 관리자와 리더는 자부심을 통해 동기부여의 단계를 달성할 수 있다. 핵심 전술은 관리자가 돈이 아니라 자부심에 대한 지침을 설정하는 것이다. 직원들이 일상의 일에 자부심을 느끼는 것이 주요 목표달성으로 느끼는 자부심보다 훨씬 더 중요하다. 관리자는 도달(주요 목표)만큼 동일하게 진전(혹은 작은 목표달성)을 축하해야 한다. 가장 효과적인 자부심 촉진 리더는 사람들에게 자부심을 심어줄 작은 성취를 식별하고 이를 인정하는 데 있어서의 전문가들이다.[29]

7.5 공정성이론과 사회적 비교

기대이론은 앞서 설명한 대로, 인간의 이성과 사고를 강조한다. 유사하게 다른 이론도 특정 참고 집단과 비교해서 사람들이 얼마나 공정하게 대우를 받고 있다고 생각하는지에 초점을 맞추고 있다. **공정성이론**(Equity Theory)에 따르면, 직원 만족도와 동기부여는 그들이 동료와 비교해서 받는 대우를 얼마나 공정하게 믿는지에 달려있다. 이 이론은 직원들이 그들의 업무를 통한 산출(outcomes)에 대해서뿐만 아니라, 그 산출을 얻기 위해 투자된 투입(inputs)에 대해서도 확실한 신념을 갖고 있다고 주장한다.

고용 산출은 직장에서 나오는 월급, 수당, 지위, 인정, 본질적 직무요소, 그리고 직원들이 유용하다고 여기는 그 이외의 어떤 것들이 해당된다. 투입은 직원들이 업무에 대한 자신의 투자라고 여기거나, 업무에 쏟는 어떤 가치 있는 것이라고 여기는 모든 요소들을 포함한다. 이러한 투입은 자격 요건, 기술, 교육 수준, 노력, 회사에 대한 신뢰, 동료의 지원 그리고 협조 행위를 포함한다.

공정성이론의 핵심은 직원들이 자신의 투입과 산출을 직장 내 다른 사람들과 비교한다(사회적 비교)는 점이다.[30] 만일 직원들이 투입과 관련해서 공정한 산출을 받고 있다고 믿는다면, 그들은 대체로 만족스러워하며 동기를 부여받고 있는 것이다. 직원들은 공정하게 대우받는다고 믿을 때, 보다 기꺼이 열심히 일하려고 한다. 반대로, 직원들이 조직에서 받는 것과 비교해서 지나치게 많이 투입하고 있다고 믿으면, 긴장 상태와 불만족, 의욕상실이 발생한다. 예컨대 어떤 영업 사원은 자신이 갖고 있는 정보에 따라서 동종 업계의 다른 영업 사원과 비교하게 될 것이다.

두 종류의 비교가 있다. 사람들은 자신이 받은 산출과 관련해서 자신의 투입을 고려하며, 다른 사람들이 동일한 투입에 대해서 받을 산출을 평가한다. 공정성은 개인이 자신의 **산출/투입** 비율이 다른 사람의 비율과 동일하다고 결론을 내릴 때 존재할 수 있는 것이다. 불공정성은 자신의 비율이 다른 사람의 비율과 동일하지 않을 때 생겨난다. 이러한 모든 비교는 기대이론에 따라 사람들이 내리는 판단과 유사하며, 그것이 유효할지 혹은 그렇지 않을지 하는 주관적인 예감이다. 공정성 비율은 대개 다음과 같이 구한다.

$$\frac{\text{개인의 산출}}{\text{개인의 투입}} \quad \text{대비} \quad \frac{\text{타인의 산출}}{\text{타인의 투입}}$$

공정성이론에 따르면, 개인이 비교 대상과 동일한 비율을 가질 때, 최고 수준의 동기부여가 일어난다. 사람들이 불공정하다고 느낄 때, 고용주에 대한 부정적인 결과로 이어지는 다음의 세 가지 행동 중 하나 이상에 관여할 가능성이 높다.

1. **산출을 바꿔라.** 처우가 잘못되어 있다고 느끼는 사람은 임금 인상이나 상여금, 승진기회 혹은 휴가 연장을 요구할 수 있다. 일부는 합당하게 느낄 만큼의 돈을 얻으려고 회사에서 도둑질을 할 수도 있다. 다른 사람들은 타인에게 적게 지급하도록 경영진을 설득할 수도 있다.
2. **투입을 바꿔라.** 불공정한 대우를 받고 있다고 느끼는 사람은 업무에 들이는 시간과 노력을 감소시킬 수 있다. 급여가 적다고 느끼는 사람은 개인 업무를 하기 위해 거짓으로 병가를 내는 등의 자기방어 행위를 할 수 있다. 극단적인 어떤 이들은 다른 사람들의 투입을 줄이도록 꼬드겨 그들도 적게 받도록 만들 수도 있다.
3. **그 상황에서 떠나라.** 극단적으로 갈수록 불공정한 대우를 받는다고 느끼는 사람은 직장을 그만둘 수 있다. 이들은 자유롭게 다른 위치에서 더 공정한 대우를 추구할 것이다.

기대이론과 공정성이론의 실용적 시사점은 리더와 관리자가 모두에게 동일한 임금 인상이나 상여금을 지급할 수 없다는 것이다. 문제는 가장 많은 투입을 제공한 직원들이 가장 공정하지 못하게 대우받고 있다고 생각할 수 있다는 점이다. 잭 웰치와 수지 웰치에 따르면, 이 같은 상황에서 "최고의 성과를 내는 자들은 불가피하게 직장을 그만둔다."[31]

공정성이론은 부하직원의 의욕을 북돋으려 노력하는 리더에게 몇 가지 직접적인 의미를 갖고 있다. 첫째, 생산성이나 비용절감 프로그램이 얼마나 잘 고안되었던지 간에 공정한 임금을 지불해야 한다. 그렇지 않으면, 직원들의 부정적 인식이 경영목표 달성에 대한 덜한 노력으로 이어질 수 있다. 둘째, 리더는 회사에게 주거나 혹은 회사로부터 받는 것에 관해 그들이 공정한 거래를 하고 있다는 인식을 부하 직원에게 심어주려고 노력해야 한다. 예를 들어, 어떤 직원과의 논의에서 직원이 교육과 훈련, 경험 측면에서 충분히 활용되지 못한다는 느낌을 갖고 있다는 것이 드러날 수 있다. 그 직원에게 새롭고 도전적인 업무를 할당한다면 직원 입장에서 더 높은 동기부여가 될 것이다.

동기부여 강화에 대한 또 다른 접근 방식은 직원을 더 높은 급여 수준을 받는 업무에 배치하여, 직원이 공정하게 대우받는다고 느끼게 한다(물론 리더가 임금과

리더십 스킬 구축 연습 7-3

공정성이론의 적용

이 연습의 목표는 공정성이론을 당신 스스로에게 적용하는 것이며, 그러고 나서 당신은 이 이론을 타인에게 동기부여를 하는 데 적용할 수 있게 된다. 연습의 초점은 두 가지 비율의 값을 구하는 것이다.

1. 개인의 산출/개인의 투입

현재 혹은 과거에 당신이 가졌던 업무를 생각해보라. 먼저, 당신이 받았거나 받고 있는 모든 산출물 목록을 만들어라. 이 책의 정보가 당신에게 어떤 아이디어를 줄 것이다. 임금, 상여금, 동료애, 휴가 그리고 신규 학습과 같은 요소를 다 기입하라. 그 다음, 교육, 사전 훈련, 교육비와 협력 행위 등 당신의 모든 투입 목록을 만들어라.

2. 타인의 산출/타인의 투입

이 비율 계산에 필요한 데이터를 얻으려면 조사를 해야 한다. 아마도 현재 혹은 과거 동료에게 이메일을 보낼 수도 있다. 다른 사람들이 어떤 종류의 일을 함으로써 무엇을 얻는지 알아내려면, www.salary.com이나 유사 웹사이트의 도움을 받아도 좋다. 당신이 공정하게 대우를 받았거나 지금 공정한 대우를 받고 있는지에 대한 결론에 도달한다.

그 다음, 공정성에 대한 당신의 평가가 과거 혹은 현재 동기유발에 어떠한 영향을 미칠 수 있는가를 숙고하라. 몇몇 수강생들에게 이 연습에서 얻은 그들 결과에 대해 질문하라. 당신 분석에 근거하면, 공정성이론이 리더가 적용할 동기부여 이론으로써 어떤 가능성을 제시하고 있다고 보이는가?

직무할당을 얼마나 조정할 수 있는가에 대해서는 제약이 있다).

[리더십 스킬 구축 연습 7-3]은 당신이 공정이론을 자신에게 맞게 맞추는 데 도움을 줄 것이다.

7.6 동기부여 방법으로서의 코칭

효율적인 리더는 좋은 코치이며, 좋은 코치는 효율적인 동기부여자이다. 코칭의 필요성은 금융거래자, CEO, 이사회 의장과 같은 조직 구성원들과 거의 대면하지 않는 리더들에게는 그다지 강렬하지 않다. 그럼에도 불구하고, 모든 직급의 리더십에는 코칭 요소가 자리하고 있다. 얍브랜드의 대표이사인 데이비드 노박은 그 자신을 우두머리라기보다는 코치나 응원단원으로 생각한다. 코치가 된다는 것은 직원들의 생각을 주의 깊게 들어주는 일을 포함한다.[32]

코칭은 타인이 자신의 강점에 따라 행동하고 그것을 기반으로 삼도록 하는 방법이다. 코칭은 개인적 관계를 형성하기 위해 시간을 쏟을 만큼 그 사람에 대해 충분히 신경을 쓰는 것이다. 코칭을 받는 많은 직원의 생산성 증대 덕택에 조직은 코칭으로부터 이득을 얻는다. 코칭은 직원을 끌어들이는(혹은 동기를 부여하는) 주요한 수단으로 간주된다. 갤럽 국제경영관리 수석연구원 제임스 하터(James Harter)는 관여된 직원의 대다수는 부하직원이 성공할 수 있도록 상당한 시간을 쏟는 관리자들을 위해 일한다고 주장한다.[33]

코칭의 주요 특성

직장 내 코칭은 보통 경영기술이라고 설명할 수 있다. 코칭 관계가 독특하기 때문에 지도를 받는 사람은 조직을 위해 목표를 달성하려는 동기가 더 강하다. 코칭은 두 사람, 대개 관리자와 직원 사이의 상호작용이다. 이 상호작용의 목적은 직원의 자기개발을 위해 직무에서 무엇인가 배우는 데 기여하는 것이다.[34] 두 인격체의 상호작용은 코칭 결과에 영향을 미친다. 예를 들어, 일부 리더들은 특정 사람들에게 성공적인 코칭을 수행하지만, 다른 사람들에게는 그렇지 않다.

코칭은 적정 수준의 대인관계 리스크와 관계 내에서의 양측에 대한 신뢰를 요구한다. 코치는 지도를 받는 사람에게 잘못된 조언을 할 수도 있다. 혹은 지도를 받는 사람이 코치의 격려를 거부할 수도 있다. 농구 선수가 코치에게 잘 안 되는 슛 동작을 어떻게 고치면 좋을지 조언을 구하는 경우에 연관된 위험을 생각해보라. 코칭의 결과로, 모두에게 당황스럽게도 그 선수 슛이 더 악화될 수도 있다. 비슷하게, 조직 리더는 역효과를 낳는 방향으로 팀 구성원을 지도할 수도 있다. 예를 들면, 전보다 판매가 줄어드는 결과를 초래하기도 한다.

창의적 리더십 센터(Center for Creative Leadership)에서 실행된 연구는 관리자가 코칭을 단순히 사람들에게 무엇을 실행하라는 전달로 인식하는 경우가 너무 많다는 것을 발견하였다. 효과적인 코칭은 주어진 상황에서 직속 부하에게 해야 할 일을 전달하는 것보다는 개인의 성장과 개발에 초점을 맞춘다. 부하직원의 성장과 발전을 도우려면, 코치로서 리더는 부하직원들이 스스로 의사결정을 하는 데 필요한 자원을 제공하여야 한다. 지도를 받는 사람들은 어렵지만 올바른 해결책을 찾아야 하고 어떻게 좋은 성과를 거두었는지에 대한 피드백을 받아야 한다.[35]

한 매니저가 고층건물 건설 사고율의 실질적 감소를 원한다고 가정하자. 이 목표를 어떻게 달성할 것인지 직속 부하에게 정확하게 말해주는 대신, 매니저는 사고 감소를 위해 도움이 되는 새로운 원천을 지적해야 한다. 그 과정에서 직속 부하는 매니저가 이미 알고 있지 않는 해결책을 찾을 수도 있다.

코칭의 주요 이점은 새로운 행동의 가능성을 창출하고 성과에 대한 돌파구를 찾는다는 점이다. 부사장이 직위가 낮은 관리자에게 "당신 부하들이 목표 설정에 더 많이 참여하게 만드는 것을 고려해본 적이 있는가? 만일 그렇게 한다면, 더 나은 몰입과 마무리를 얻게 될 걸세."라고 말한다면, 중간 관리자는 관리자들을 목표 설정에 더 많이 연루시키기 시작하고 성과는 올라간다. 이런 상황에서 코칭은 실질적 결과물을 거두게 된다.

코칭의 참 모습은 더 높은 동기부여를 포함하여 구체적인 기여를 한다는 것이다. 효율적인 코치는 정신력을 배가시키고 자주 칭찬과 인정을 해준다. 훌륭한 코칭은 개인 발전으로도 이어진다. 집단 구성원은 상호교차 훈련을 받고 서로에 대한 지원군으로서 역할을 하도록 권장 받는다. 효율적인 코치는 팀 구성원들이 서로의 기술을 인식하게 하고, 이 기술들이 어떻게 집단 목표 수행에 이바지 할 수 있는지를 깨닫게 만든다.[36]

코칭에 대한 그릇된 생각

리더십의 코칭 기능을 이해하는 다른 접근법은, 이안 커닝햄(Ian Cunningham)과 린다 호놀드(Linda Honold)가 설명했듯이, 코칭에 관한 어떤 일반화된 오류를 조사하는 것이다.[37] 잘못된 믿음 중 하나는 코칭은 **일대일 작업에만 적용한다**는 것이다. 실제로, 팀이나 다른 집단도 코칭을 받을 수 있다. 팀 리더로서 당신은 집단에게, 예컨대 "왜 그런 중요한 사안을 서둘러 처리하는가?" 같은 제안을 할 수도 있다. 하나의 중요한 오해는 **코칭이 대개 새로운 지식과 기술을 전달한다**는 것이다. 사람들은 보통 지식과 기술보다 아래 놓인 습관에 대한 도움을 더 많이 필요로 한다는 것이 사실이다. 근무 습관과 시간 관리에 대한 코칭이 좋은 예이다. 당신은 유용한 지식과 기술을 개인에게 제공할 수 있다. 그러나 꾸물거리는 사람이라면 시간 관리 기술의 도움을 받기 전에 질질 끄는 버릇을 줄여나가야 한다.

또 다른 고정관념은 중요한 윤리 문제를 다룬다. 만약 **코치가 지식과 기술 지도를 넘어서 더 나아가면, 심리요법에 빠질 위험이 있다**. 코치가 다른 사람의 말을 들어주고, 실제적인 문제에 대해 이해하려고 노력하고, 지원과 격려를 주는 등 효율적인 부모 모델을 단순하게 따라야 한다는 반론도 있다. 스포츠에 비유하자면, 훌륭한 코치가 뛰어난 운동선수이어야 하거나 그랬었을 필요는 없다. 코치의 중요한 역할은 적절한 질문을 던지고 듣는 일이다. 질문을 하고 듣는 행위는 다른 사람들이 실제적 학습목표를 세우는 데 도움을 준다.

이해할 만한 고정관념은 **코칭이 얼굴을 마주보고 진행되어야 한다**는 것이다. 대면 방식은 코칭을 촉진시킨다. 그럼에도 불구하고 전화와 이메일, 문자메시지는 시간 및 공간 장벽이 있을 때 유용한 대안이다. 예를 들어, 현지 출장을 나간 직원

행동하는 리더

친절한 코치 타미

타미는 자동화시스템 생산 판매업체인 퀄리티 컴퍼넌트의 관리담당 부사장이다. 회사는 차량 라디에이터의 누수검사 장비와 같은 특별한 기계를 만든다. 그녀의 25년 근속기념 오찬 자리에서, 타미는 간략한 인사말을 부탁 받았다. 그녀의 연설은 다음과 같았다.

"우리의 CEO, 브래드가 저에게 퀄리티 컴퍼넌트와 함께한 4반세기 동안 가장 자랑스러워하는 것이 무엇인지를 물었습니다. 제 직함은 10년 동안 본질적으로는 똑같았습니다만, 저한테는 괜찮았습니다. 제 생각에 이 정도 수준의 회사 리더는 승진보다는 직원개발에 더 관심을 가져야 한다는 것입니다. 우리는 때로 매니저가 사업가이면서 선생님이자 코치라는 사실을 잊어버립니다.

제가 가장 자랑스러워하는 것은 의심의 여지없이, 내가 할 수 있는 조언과 격려를 전하며 그들과 오랜 시간 함께 했다는 것입니다. 퀄리티에서 가장 행복한 날들은 제가 누군가에게 조언을 하고 그 사람이 그 조언 덕택에 효율적으로 변모하는 순간이었습니다."

타미가 자기자리로 내려온 후에, 사무 감독관 테리가 일어서서 "타미의 말이 옳습니다. 우리 가운데 상당수가 그녀의 도움을 받았습니다. 제가 몇 년 전 회사에 들어왔을 때를 돌아보면, 저는 퀄리티 컴퍼넌트에서 성공할 수 있을지 긴장되고 의심스러웠습니다. 타미는 대단했습니다. 그녀가 저를 지도해주었죠. 제가 실수를 하면 그녀는 제게 건설적인 피드백을 던져주었습니다. 그녀는 제가 제 자신을 믿도록 이끌었습니다. 그래서 타미에게 바칩니다. 위대한 코치이자 위대한 리더."

질문

1. 부하직원을 지도하는 것의 중요성에 대하여 이 짤막한 내용은 당신에게 무엇을 말해주고 있는가?
2. 타미는 승진과 훌륭한 코치가 되는 것 사이에 발생할 수 있는 갈등에 대하여 무엇을 암시하고 있는가?

출처: 이 이야기를 구성하는 사실은 Fairfax, Virginia에서 2011년 4월, 익명으로 남기를 원하는 제보자로부터 입수되었다.

은 관리자에게 다음과 같은 메일을 보낼 수도 있다. "내가 만일 이번 장비 설치에서 실수를 하면, 다시는 우리와 일하지 않겠다고 고객께서 말씀하시네요. 다른 대안이 있을까요?"

여기 첨부된 [행동하는 리더]를 보면, 효과적인 코칭이 조직에 어떻게 기여하는지 드러난다.

7.7 코칭 스킬과 기법

리더와 관리자는 코칭에 대한 다양한 소질을 갖고 있다. 코칭 스킬을 습득하는 한 가지 방법은 기본 원칙과 제안을 배운 다음 이를 실행하는 것이다. 또 다른 방법은 모델링(모방을 통한 학습)과 역할극 같은 코칭 훈련 프로그램에 참가하는 것이다. 여기에서는 코칭을 위한 수많은 제안을 살펴볼 것이며, 이러한 모든 것들은 또한 개인과 팀이나 집단을 코칭 하는 데 적용할 수 있다. 리더가 팀을 코치하는 전형적인 시나리오는 모든 혹은 대부분의 집단 구성원들이 참석한 회의에서 발생한다. 기술을 시행한 경우, 그 제안들은 코칭이 개인과 집단의 성과 향상으로 이어지게 될 기회를 증진시킬 것이다.

1. **집단 구성원과 분명한 기대치를 소통하라.** 사람들이 좋은 성과를 거두고 지속적으로 배우고 성장하려면, 그들에게 기대하는 것이 무엇인지에 대해 명확한 인식을 가져야 한다. 지위에 대한 기대감은 성과 판단의 기준이 되어, 코칭의 기준점이 된다. 만일 팀 구성원들이 관리 개선을 위한 세 가지의 새로운 아이디어를 매달 제시하기로 되어 있으나, 매달 평균 단 한 개만의 아이디어가 제시되는 경우 코칭이 정당화된다.

2. **관계를 형성하라.** 효율적인 코치는 팀 구성원들과 개인적 관계를 형성하고 그들의 대인관계 기술을 발전시키기 위한 일을 한다.[38] 팀 구성원들과의 관계가 이루어진 후에 그들과의 코칭 관계로 진입할 수 있게 된다. 적극적으로 듣고 감정적으로 지원하는 것은 관계 형성의 일부분이다.

3. **구체적 발전을 요구하는 영역에 대하여 피드백을 제공하라.** 집단 구성원에게 보다 높은 수준의 성과를 지향하도록 지도하려면, 리더는 어떤 구체적인 행동과 자세, 혹은 기술이 향상되어야 하는지 정확히 짚어준다. 효율적인 코치는 "당신이 제출한 상품확대 제안서를 읽었네. 좋아, 하지만 자네가 늘 보여주던 수준의 창의력에 못 미치더군. 우리 경쟁자들은 이미 자네가 말한 상품들을 가지고 있어. 자네는 어떻게 생각하나?"라고 말한다. 구체적인 피드백을 주는 데 중요한 다른 요소는 일반화와 과장을 회피하는 것이다. 예를 들면, "당신은 절대로 훌륭한 상품 아이디어를 낼 수 없어." 혹은 "내가 본 사람 중에 가장 상상력이 없는 상품개발 전문가야."와 같은 일반성과 과장은 회피해야 한다. 좋은 피드백을 주려면, 감독관이 안전문제 처리를 주시하는 것처럼, 리더나 관리자가 성과와 행위를 직접 그리고 자주 관찰해야 한다.

   피드백 처리과정에 겁먹지 않게 하려면, 코칭을 시작하기 전에 허락을 받고, 목적을 제시하고, 긍정적 의도를 설명하는 것이 도움이 된다. 예를 들어, "잭, 나랑 이야기할 시간 있어요? 몇 분이면 되요."(허락) "벤처 투자자들 앞에서 방금 당신이 한 발표에 대해서 당신한테 하고 싶은 말이 있습니다."(목적) "나는 당신 창의력이 좋아요. 하지만 다음 발표에서 당신이 쓸 수 있는 몇 가지 아이디어가 있어요."(긍정적 의도)[39] 코치가 어떤 행동을 줄이고 어떤 행동을 증가시켜야 하는가를 설명하면, 피드백은 훨씬 덜 위협적이다. 이 접근방법은 지도를 받는 사람에게 모욕을 주지 않기 위해서 칭찬과 비난을 혼합하는 것의 변형이다. 당신은 "타니아, 당신은 업무의 질을 더 강조하고 속도에 대해서는 좀 줄였으면 해요."라고 말해야 한다.

예를 들면 코치가 질문으로 시작하면 피드백이 좀 덜 위협적이 될 수 있다. "당신이 지금 하고 있는 것에 대해서 어떻게 생각하나요?"처럼 질문은 코칭 대상자로 하여금 문제점의 당사자가 되도록 만들고, 소외되지 않고 합류되어 있다는 느낌을 갖는 데 도움을 준다.[40]

비판에 매우 민감한 사람을 코치가 다루게 된다면, 코칭 대상자를 겁먹지 않도록 비판을 긍정적인 조언으로 바꾸는 편이 유용할 것이다. "당신의 지난번 보고서에서 사실 중에 일부는 잘못되어 있었습니다."를 "사실을 다시 확인해서 정확도를 더 향상시킬 수 있겠네요."로 대체하라.[41]

4. **경청하라.** 듣기는 코칭 시간의 핵심적인 요소이다. 적극적인 청자는 사실과 감정 모두를 사로잡으려고 한다. 집단 구성원의 비언어적 커뮤니케이션을 관찰하는 것이 적극적 듣기의 또 다른 일부분이다. 리더는 참을성이 있어야 하고 자신과 집단 구성원 사이의 의견 차이에 대한 반박에 침착함을 잃어서는 안 된다. 코칭 시간을 질문으로 시작하면 경청의 단계를 설정하기가 수월해진다. 질문은 직원의 사고에 불을 지피고 토론의 틀을 잡아 줄 것이다. 예를 들어, "우리 직원들의 매출 증대에 도움이 될 수 있는 유사제품 구매 고객의 신규 데이터베이스를 어떻게 활용할 수 있을까?"

   좋은 청자(聽者)가 되려면, 코칭 대상자가 자신의 성과에 대하여 이야기하도록 격려한다. 결론이 없는 질문을 통해 대화를 이어나간다. 예를 들어, "어제 마케팅 부서와의 갈등을 처리하는 당신 방식에 대해서 어떻게 느끼시나요?"라고 묻는다. 동일한 일에 대한 결론이 있는 질문은 "어제 마케팅 부서와의 갈등을 더 잘 해결할 수 있었다고 생각하나요?"일 것이다.

5. **장애물 제거를 도우라.** 능력의 최대치 정도로 성과를 내려면, 규칙과 규율의 미로와 융통성 없는 예산과 같은 장애물들을 제거하는 데 도움이 필요할 것이다. 따라서 조직에서 리더의 중요한 역할 중 하나는 장벽 파괴자가 되는 것이다. 리더와 관리자는 팀 구성원보다 유리한 위치에서 고위 관리자에게 승인을 얻고, 다른 예산에서 자금을 확보하고, 구매 주문을 신속히 처리하거나, 지원해줄 임시 직원을 뽑을 수 있다. 그러나 코치가 집단 구성원을 위해 지나치게 빨리 장애물을 제거한다면 그 구성원은 자립심을 발전시키지 못할 수도 있다.

6. **정서적 지지와 공감을 전하라.** 유용하고 건설적인 리더가 됨으로써 최선의 성과를 내지 못하는 집단 구성원에게 매우 필요한 정서적 지지를 보낸다. 코칭 시간이 심문이 되어서는 안 된다. 정서적 지지를 보내는 효과적인 방법은 부정적 동기보다는 긍정적 자극을 사용하는 것이다. 예를 들어, 리더는 "당신이 어제 행한 일이 맘에 들었고, 최고의 성과를 올리도록 당신한테 해줄 몇 가지 조언이 있어요."라고 말해야 한다.

   공감 표현은 정서적 지지를 보내는 효과적인 방법이다. "직원이 줄어서 당신이 엄청난 마감 압박에 시달리는 것을 저는 이해합니다."와 같이 구성원이 직면한 어려움을 당신이 이해하고 있음을 말로 전달하라. 당신이 보여주는 진정한 관심이 문제를 함께 풀어나가는 데 유익한 협력관계 형성에 도움이 될 것이다.

7. **내용이나 의미를 심사숙고하라.** 의미를 깊이 생각하는 효과적인 방법은 그 구성원이 말한 것을 그대로 다시 반복하고 요약하는 것이다. 표준 정도의 성과를 내는 직원이 "제가 심하게 뒤쳐진 이유는 우리 회사가 관료주의라는 악몽에 빠져있다는 사실 때문입니다. 우리는 고객만족을 위해 수많은 서류 작성에 종일 치이고 있습니다. 제가 아직 읽지 못한 이메일이 55개나 있습니다."라고 말할지도 모른다. 당신은 "주의가 필요한 수많은 서류와 메시지 때문에 그토록 뒤쳐져 있었군요."라고 대답해야 한다. 집단 구성원은 "그게 정확히 제가 말하는 바입니다. 당신이 제 문제를 이해해줘서 기쁘군요."라고 화답할 것이다(리더가 문제 이면에 집단 구성원의 감정을 표현할 기회를 부여하고 있다는 점을 주목하라).

8. **다정한 조언과 지침을 전하라.** 지나치게 많은 조언은 쌍방향 커뮤니케이션을 방해하지만, 몇몇 조언은 성과를 올릴 수도 있다. 지도를 받는 직원들은 대개 조언 받는 것을 기대한다. 매니저는 집단 구성원이 "이 문제에 대해서 제가 무엇을 할 수 있을까요?"라는 질문에 답을 찾도록 지원해야 한다. 흔히 질문이나 가정법의 형태로 조언하는 것은 매우 효과적이다. 그 예가 "당신 문제의 근원이 불충분한 계획일 수도 있나요?"와 같은 발언이다. "당신 문제의 근원은 분명히 불충분한 계획입니다."라는 직접적인 언급은 곧잘 사람을 분노하게 하고 방어적으로 만든다. 질문에 답을 함으로써 코칭 대상자는 발전하고 있다는 느낌을 많이 받을 것이다.

   발전을 위한 다정한 지침 전달의 일부는 "**해야만 한다**" 대신 "**해도 좋다**"라는 단어들을 사용하는 것이다. "당신은 이것을 실행해야 합니다."라는 말은 당사자가 현재 그릇된 것을 하고 있다는 뜻이 있어서, 방어적인 자세를 유발할 수 있다. "당신은 이 일을 해도 좋다."는 당사자에게 선택의 여지를 남겨 놓는다. 당신의 투입을 받아들이거나 거절하고 그 결과를 감당한다.[42](당신이 더 훌륭한 코치가 되려면 이 조언을 받아들여도 좋다!)

9. **바람직한 성과와 행동 모델링을 허용하라.** 효과적인 코칭 기술 하나는 무엇이 바람직한 행위를 이루고 있는지 그 예를 집단 구성원에게 보여주는 방법이다. 무결점 기준을 만족시킨 상품이라고 속여서 매니저가 진실을 왜곡하는 말을 고객에게 하고 있다고 상상해 보라. 그를 코칭할 때, 매니저의 상사는 매니저에게 자신이 어떻게 유사한 상황에서 고객을 다루는지 관찰하도록 할 수 있다. 매니저의 상사는 고객에게 전화를 걸어서 "고객님께서 우리 회사 레이저 프린터에 무결점 기준을 적용했는지 여부에 대해서 궁금해 하셨습니다. 현재 우리는 오류가 없는 제품을 생산하도록 최선을 다하는 중입니다. 그러나 지금까지 저희는 공식적으로 무결점 프로그램을 실시하지 않고 있습니다. 저희는 부가되는 비용 없이 어떤 결함이라도 고쳐드릴 수 있게 자사 프린터를 준비해 놓고 있습니다."라고 말할 수 있다.

10. **변화에 대한 몰입을 얻어내라.** 리더가 팀 구성원으로부터 문제에 대해 제시된 해결책을 실행하기 위한 몰입을 얻지 못한다면, 그 팀 구성원은 더 높은 성과를 거두지 못할 것이다. 경험이 많은 매니저는 직원이 성과향상에 골몰할 때를 감지하기 위한 직관을 개발한다. 변화에 대한 몰입이 부족하다는 증거는 (1) 변화의 필요성에 대한 과도한 동의 그리고 (2) 변화에 대한 감정표시 없는 동의이다.

11. **뛰어난 성과에 환호하라.** 경기장과 직장에서 효율적인 코치는 응원단이다. 그들은 훌륭한 성과를 응원함으로써 격려하고 긍정적 강화를 전달한다. 일부 효율적인 코치는 개인이나 팀이 뛰어난 결과를 이루었을 때 환호하며, 어떤 이들은 갈채를 보낸다.

[리더십 자기 평가 퀴즈 7-3]은 당신이 효율적인 코치가 되는 데 필요한 발전을 생각해 보게 한다. 만일 당신이 이미 효율적인 코치라면, 향상을 위한 방법을 찾아본다. [리더십 스킬 구축 연습 7-4]는 코칭을 실행할 기회를 제공한다.

리더십 자기 평가 퀴즈 7-3

효율적인 코치의 특징

방법 다음은 효율적인 코치의 특성, 태도, 그리고 행위 특징 목록이다. 이들 중 개발할 필요가 있는 각각의 특성, 태도, 또는 행동 옆에 표시를 하라(예를 들어, 인내심을 키워야 할 필요가 있는가). 다른 종이에 개발할 필요가 있는 각각의 특성, 태도, 또는 행동에 대한 개선 실행 계획을 수립하라. 인내심 개선을 위한 실행 계획의 예는 다음과 같다. "내가 언제 초조해 하는지 말해 줄 것을 사람들에게 요청할 것이다. 또한 나의 성급함에 대한 자제력을 개발하려고 노력할 것이다."

특성, 태도 또는 행동

특성, 태도 또는 행동		특성, 태도 또는 행동	
1. 공감(타인의 입장이 되기)	☐	10. 인간에 대한 열정	☐
2. 경청 기술	☐	11. 타인의 성장을 돕는 데 느끼는 만족	☐
3. 인간에 대한 통찰력	☐	12. 집단 구성원 발전에 대한 관심	☐
4. 외교술과 재치	☐	13. 집단 구성원 각각에 대한 높은 기대	☐
5. 인간에 대한 인내심	☐	14. 정확한 피드백 제공 능력	☐
6. 대중의 복지에 대한 관심	☐	15. 인간의 잠재력에 대한 관심	☐
7. 인간에 대한 낮은 적개심	☐	16. 정직과 진실성(혹은 신뢰성)	☐
8. 자신감과 정서적 안정	☐	17. 우정	☐
9. 집단 구성원과 경쟁하지 않음	☐	18. 신뢰와 존경 개발	☐

출처: 항목 11-15는 William D.Hitt의 *The Leader- Manager: Guidelines for Action* (Columbus, OH, Battelle Press, 1988, pp 183-186) 내 자료에서 수집

리더십 스킬 구축 연습 7-4

성과 향상을 위한 코칭

클레이튼은 유수의 재무 서비스 기업의 지점에서 근무하는 재무 컨설턴트(주식 중개인)이다. 그의 매니저 말린은 클레이튼이 회사가 제공하는 신규 금 뮤추얼펀드 판매에서 할당량에 25%나 미치지 못하는 것을 주목하고 있다. 말린은 클레이튼이 할당량을 채우도록 도와주고자 그녀 사무실에서 늦은 오후 회의 일정을 잡았다. 그녀는 클레이튼에게 "신규 금 펀드에 관한 당신 판매 성과에 대해서 이야기하고 제가 무엇을 도울 수 있는지 찾아보고 싶어요."라고 말했다. 클레이튼은 그 만남이 훈계를 가장한 것인지도 모른다고 걱정했다.

수강생 한 명이 말린의 역할을, 다른 한 명이 클레이튼의 역할을 맡도록 한다. 말린은 추천받은 코칭 기법을 실행하려고 노력할 것이다. 다른 학생들은 관찰 후 건설적인 피드백을 제공한다.

대면 리더십의 상당 부분이 집단 구성원과 관련된 성과문제를 해결하는 데 관련이 있기 때문에 이 연습은 리더십 스킬 구축에 매우 중요하다. 모든 직원이 뛰어나고 독립적인 행위자라면, 우리는 관리자와 리더가 덜 필요할 것이다.

7.8 임원 코칭과 리더십 효율성

관리자가 보다 효과적인 리더가 되도록 하고 그들의 직장 경력을 지도하기 위해서 전문 코치에게 조언을 받는 최근의 한 코칭 형태다. **임원 코칭**(executive coaching)은 "전문적 발전 그리고/혹은 사업 성과와 관련된 목표달성에 기여하도록 코치와 경영진급의 고객 사이에 공식적으로 계약된 일대일 개발 과정"이다.[43]

과거에는 경영심리학자들이 외부 코치로 고용되어 관리자들이 보다 효율적인 리더가 되는 것을 보조하였다. 오늘날, 다양한 배경의 사람들이 경력 코치, 인생 코치뿐만 아니라 임원 코치가 된다. 많은 임원 코치들은 전직 임원들이다.

임원 코치가 제공하는 특별한 형태의 지원

임원 코치는 관리자가 보다 효율적인 리더가 되도록 다양한 형태의 도움을 준다. 140명의 주요 임원 코치들에 대한 설문 조사를 통해 드러난, 코치가 고용되는 중요한 세 가지 이유는 (1) 고도의 잠재력을 개발시키거나 직무전환을 촉진한다(48%), (2) 상담역을 한다(26%), 그리고 (3) 틀어지거나 실패한 행동을 다룬다(12%)이다.[44] 코치를 고용하는 여러 이유에 대해 다음에 그 설명이 나와 있다. 그러나 코치 한 명이 이러한 서비스를 모두 제공하거나, 한 명의 관리자가 이 모두를 원할 가능성은 별로 없다.

- 운동 코치가 뛰어난 운동선수와 함께 일하는 것과 유사하게 기업의 주요 인사가 최고의 성과를 얻도록 돕기. 성과를 강조하는 접근방식은 리더가 이미 가지고 있지만 자각하지 못했던 개인의 자산과 능력을 발견하도록 돕는 것이다. 리더의 미개발된 창의성과 상상력을 발견하는 것이 그 예가 될 수 있다.[45]
- 지나치게 적대적이거나 성급하다는 등의 효율성을 방해하는 약점에 대해 리더와 상담하기. 코치는 동료 및 부하직원과 인터뷰를 통해 피드백을 요청하고, 임원에게 도움이 되도록 피드백을 정제한다. 한 임원은 코치의 발언이 어떻게 그에게 대단히 중요한 순간을 가져다 주었는지에 대해 설명하였다. "제 코치가 직접 저에게 대담해지라고 그리고 경영 팀 구성원으로서 자신의 많은 부분을 내어 놓으라고 저를 자극했던 때가 그 순간이었습니다. 잠시 이것에 대해 생각을 했는데, 바로 그 도전이 제게 필요했던 것이었습니다. 타이밍이 적절했어요."[46]

- 리더가 전략과 운영, 혹은 인사문제에 대해 복잡한 결정에 직면할 때 상담역으로 활동하기. 상담역이 되는 것은 임원이 왜 특정 전략을 추구하는가와 같은 곤란한 질문을 던지는 코치의 능력과 밀접한 관련이 있다.[47]
- 외모와 타성에 대한 조언을 포함하여 자아 증진(self-promotion)과 이미지 강화에 대한 구체적인 조언하기
- 리더가 직장과 가정생활 사이의 균형을 잘 이루도록 도와서 리더십 역할에 에너지를 더 집중하도록 만들기
- 리더가 다른 사람들과 이야기하기에 불편하다고 느끼는 문제를 토론해 줄 믿을 만한 측근 역할하기. 예를 들어, 직위가 불안전하다고 느끼는 것에 대하여 토론하기
- 진로 개발과 같은 경력 관리에 대해 조언하기
- 임원이 사안에 대하여 폭넓게 생각하고 그의 행동이 조직체계에 어떻게 영향을 미칠지 평가하는 데 도움으로써 임원의 전략적 의사결정 역량 강화하기. 코치는 리더의 의사결정에 있어서의 맹점, 예컨대 그 결정의 결과가 사람들에게 미치는 영향의 일부를 무시하는 것 등을 지적할 수 있다.
- 임원이 직속부하를 선발할 때 다른 자격요건을 검토할 뿐만 아니라 후보자와 임원 사이의 양립성을 찾아내어 임원 보조하기[48]

코치는 행동에 대한 조언자로서의 역할을 하지만 명확하게 직무의 구체적인 기능, 예를 들면 어떻게 신상품 전략을 개발하는지 혹은 조직을 구성하는지 등에 관해서 리더를 돕지는 못한다는 점을 기억하라.

리더/관리자의 고용주는 대개 임원 코치를 고용한다. 코치를 데려오는 목적은 유명하고 능력 있는 직원의 발전을 가속화시키고 소프트 스킬 문제를 갖고 있는 임원을 돕기 위함이다. 예컨대 컨설팅 회사에서 어떤 매니저의 직속 부하들이 그녀를 "예초기"라 부르고 있어서, 그 임원의 감성 지능을 높이도록 임원 코치가 고용되었다. 임원은 직원들이 자신의 목소리 톤과 몸짓이 그들을 공격하는 것으로 인지하고 있다는 것을 금방 깨달았다. 코칭은 그녀의 접근 방식을 온화하게 만들었고, 다른 사람들과 더불어 일을 더 잘 할 수 있게 되었다.[49]

개인 코칭의 치밀함은 코치가 개인 및 업무 관련자와도 함께 일한다는 것이다. 코치는 집단 구성원들에게 피드백을 요청하고 그들이 관리자로서의 발전에 기여하도록 끌어들인다. 예를 들어, 매니저가 짜증을 내거나 불합리한 요구를 할 때 코치는 팀 구성원들에게 그들의 권리를 주장하라고 말할 것이다. 코치는 지도를 받는 사람의 상사나 동료와 같이 일하기도 한다. 코치 마샬 골드스미스는 "사람

들이 점점 나아진다는 것이 나만의 작용만으로 그렇게 된 것이 아니라는 것을 깨달으면서 코치로서의 제 성공률은 극적으로 올라갔습니다. 그것은 그 사람과 그의 주변 사람들의 작용이었습니다."[50]

임원 코칭의 기여와 우려

임원 코칭은 이전에 언급한 목록에서 구체화했던 몇 개의 결과에 자주 도달한다. 그렇지만 임원 코칭은 리더에게 일부 잠재적 결함을 갖고 있다. 중요한 문제점은 코치가 특별한 업무 설정을 이해하지 못하기 때문에 역효과를 불러일으키는 조언을 할 수도 있다는 것이다. 외부에서 영입된 한 코치는 IT 기업의 매니저에게 의사결정을 할 때 더 단호하게 그리고 합의에 대한 의존을 줄이라고 말했다. 기업문화가 합의의 의사결정을 강조하였기 때문에 이 충고는 역효과를 낳았다. 더 나아가서, 자신이 임원코치라고 소개하는 많은 사람들이 전문적인 자격요건을 갖추지 않거나 기업에 대한 지식이 별로 없는 경우도 있다.[51]

윤리 문제는 여러 코치들이 정신건강 전문가에게 넘겨야 할 개인 정서적 문제를 깊이 파고든다는 점이다. 심리치료사인 스티븐 버글라스(Steven Berglas)는 임원 코치들이 자신들이 이해하지 못하는 심리적 문제를 무시할 때 안 좋은 상황을 더 악화시킬 수 있다고 주장한다.[52] 타인에 대한 적개심과 같은 근원적인 문제 때문에 성과가 저조한 리더에게 친절함에 대한 피상적인 조언을 하는 경우가 해당된다(릴레이션십 코치가 그런 조언을 할 만한 경험이나 자격조건이 없이 사업적인 조언을 할 때는 또 다른 반대의 윤리적 문제가 발생한다). 또 다른 잠재적 윤리 문제는 리더/관리자가 중대한 결정을 내리기 전에 코치에게 확인을 하면서 지나치게 코치에게 의존할지도 모른다는 점이다.[53]

요약

효율적인 리더는 뛰어난 동기부여자이면서 동시에 코치이며, 오늘날 리더와 관리자의 역할은 코칭을 강조한다. 동기부여와 코칭 스킬을 리더가 적용하는 폭넓은 목적은 직원들이 그 일에 몰두하고 조직을 위한 업무에 흥미를 느끼도록 만드는 것이다. 몰입은 회사에 머무르며 자신의 직무 범위를 넘어서라도 일하겠다는 직원의 의지 안에 반영되어 있다. 리더는 직원이 계속 몰입하도록 돕기 위해서 동기부여와 코칭 스킬을 사용한다.

동기부여에 대한 기대이론은 여타의 동기부여 설명에 기초하여 포괄적으로 성립되었기 때문에 이 이론은 동기부여 스킬 개발에 유용하다.

기대이론은 유의성, 수단, 그리고 기대라는 세 가지 주요 요소를 갖고 있다. 유의성은 결과의 가치나 매력도이다. 업무 환경마다 여러 결과를 갖고 있고, 각각의 결과는 그 자체의 유의성을 갖는다. 여기서 제시된 기대이론 유형의 유의성은 −100에서 +100사이의 값을 갖는다. 유의성이 0이라는 것은 무차별하다는 뜻이며 따라서 자극이 없다. 매우 높은 유의성은 왜 일부 사람들이 보상 가능성이 낮음에도 불구하고 계속 노력하는가를 설명하는 데 도움이 된다. 수단은 성과가 특정 결과로 이어질 개연성에 대한 개인의 평가이다(결과는 보상과 같이 성과에 수반되는 어떤 것이다). 기대는 노력이 정확한 업무 수행으로 이어질 개연성에 대한 개인 평가이다.

기대이론은 함축된 의미를 갖고 있고 리더를 위한 지침을 제공하는데, 그 내용은 다음과 같다. (1) 필수 성과수준을 결정한다, (2) 도달 가능한 성과수준을 설정한다, (3) 사람들을 교육시키고 격려한다, (4) 보상과 성과 사이의 관련성을 명확히 설정한다, (5) 보상의 크기가 충분히 크다는 것을 보장한다, (6) 보상의 유효성에 반하는 요인을 분석한다, (7) 2차적 결과의 뜻과 함의를 설명한다, (8) 유의성에 관한 개인적 차이를 이해한다, 그리고 (9) 직원이 좋은 기분에서 근무할 때, 유의성과 수단 그리고 기대는 성과를 강화시킬 가능성이 높다는 것을 인지한다.

목표 설정은 모든 주요 동기부여 이론의 직간접적 일부분이 되는 기본 과정이다. 목표이론은 다음과 같은 개념을 포함하다. (1) 구체적이고 어려운 목표는 높은 성과를 가져온다(그러나 엄청난 목표는 영감을 줄 수도 있다), (2) 목표를 집단 구성원들이 수용해야만 한다, (3) 목표가 피드백 및 보상과 연계되어 있을 때 훨씬 효과적이다, (4) 개인 목표와 집단 목표의 조합은 대단히 효과적이다, 그리고 (5) 학습목표 지향성은 성과목표 지향성보다 훨씬 더 효과적이다.

성과 동기부여라는 목표를 사용하는 데 있어서 주요 관심사는 다른 직원뿐만 아니라 리더들도 목표달성을 위해서 비윤리적이고 제대로 기능하지 못하는 편법을 취할 수 있다는 점이다.

인정과 칭찬을 타인에게 전달함으로써 동기를 부여하는 것은 긍정적 강화의 직접적인 적용으로 간주된다. 직원들에게 보상을 주고 동기부여를 하는 인정 프로그램은 표준 관행이다. 인정을 갈구하는 것은 정상적인 인간 욕구이며 직원들은 곧잘 충분히 인정받고 있다고 느끼지 못하기 때문에, 인정은 강력한 동기요소이다. 타인의 인정욕구에 호소하려면, 칭찬할 만한 행위를 규정하고 그 행위를 말이나 글로, 혹은 물질적 보상으로 인정하라. 동기부여 영향을 극대화하기 위해서 인정은 기업 가치 및 개인 목표와 연결되어 있어야 한다. 인정과 칭찬은 비용이 전혀 들지 않거나 매우 저렴하지만 강력한 동기요소가 된다.

직원에게 있어서 자부심 경험 기회의 부여는 강력한 내부 동기요소가 될 수 있고, 직원들은 동시에 인정받을 수도 있다. 자부심을 통한 동기부여를 실행하기 위해서 관리자는 돈이 아니라 자부심에 대한 지침을 설정하고 직원들은 일상의 성취를 자랑스러워하는 것이 최선이다.

공정성이론은 직원 동기부여에 적용 가능하다. 이 이론의 핵심은 직원들이 그들의 투입과 산출을 직장 내 다른 사람들과 비교한다는 점이다. 직원들이 공정하게 대우받는다고 믿을 때, 보다 기꺼이 열심히 일하려고 한다. 부하직원이 회사에 대한 그들의 기여와 보상의 관점에서 스스로 공정한 거래를 하고 있다고 바라보는지 확인해야 한다.

코칭의 주요 목적은 팀 환경에서 열정과 높은 성과를 획득하는 것이다. 몇몇 코칭의 특징은 리더십과의 밀접한 관계에 기여를 한다. 코칭은 훌륭한 코치가 되려면 능력 있는 팀을 필요로 한다는 조언을 제시하는 양방향 과정이다. 코칭은 관계를 맺는 양측 당사자 사이에 높은 수준의 대인

관계 위험과 신뢰를 요구한다. 효과적인 코칭은 주어진 상황을 어떻게 다룰 것인지를 이야기 해주기보다는 사람들의 성장과 발전에 초점을 맞춘다.

몇 가지 흔한 오해를 인식함으로써 코칭 기능을 이해할 수도 있다. (1) 코칭은 일대일 관계에만 적용한다, (2) 코칭은 대개 새로운 지식과 기술 제공에 관한 것이다, (3) 코칭은 쉽게 심리요법에 빠진다, (4) 코치는 지도하는 분야의 전문가여야 한다, 그리고 (5) 코칭은 얼굴을 마주 대하고 실행하여야 한다.

코칭을 향상시키기 위한 조언은 다음과 같다. (1) 분명한 기대치를 전달하라, (2) 관계를 형성하라, (3) 구체적 발전을 요구하는 영역에 대하여 피드백을 제공하라, (4) 적극적으로 들어라, (5) 장애물 제거를 도와라, (6) 정서적 지지와 공감을 전하라, (7) 내용이나 의미를 심사숙고하라, (8) 다정한 조언과 지침을 전하라, (9) 바람직한 성과와 행동 모델링을 허용하라, (10) 변화에 대한 합의를 얻어내라, 그리고 (11) 뛰어난 성과에 환호하라.

관리자들은 효율적인 리더가 되는 데 도움을 받고자 임원 코치와 자주 상담을 한다. 임원 코치는 최고 성과를 이룰 수 있게 하며, 약점에 대해 상담하고, 삶의 균형을 이루는 데 도움을 주며, 리더에게 감춰져 있는 자산을 발견할 수 있도록 돕고, 경력에 대한 조언을 주는 등의 다양한 서비스를 제공한다. 임원 코칭은 종종 그 목적을 달성하지만 잠재적 문제점들도 존재한다. 임원 코치가 대개 자격을 갖추지 않을 수 있음으로 잘못된 조언을 주거나, 정신건강 문제에 대해 다룸으로써 리더가 코치에게 지나치게 의존적일 수도 있다.

핵심 용어

몰입	기대	결과
수단	임원 코칭	목표
공정성이론	유의성	
기대이론	자기 효능감	

행동 및 스킬 강화를 위한 지침

목표를 추구하는 윤리적 방법에 대한 신중한 동의가 있지 않을 때, 동기부여 전략으로써 목표 설정이 역효과를 일으키기 쉽다는 점은 반복할 만한 가치가 있다. 예를 들어, 트럭 운송 부문 매니저가 10% 비용절감이라는 목표를 지시받았다. 타이어와 브레이크 교체시기를 지연시키는 비윤리적 수단으로 해서 트럭의 안전성을 떨어뜨리게 될 것이다.

인정이 상대적으로 저렴하지만 매우 효과적인 동기요소라고 가정하면, 리더/관리자는 가능한 형태의 인정을 염두에 두어야 한다. 다음 목록에 있는 인정의 형태들을 참작하고, 당신의 상상력을 사용하여 다른 형태의 인정에 대해서도 생각해 보자. 인정 기술이 잘 작동하려면 검토 대상인 개인과 집단에 대해 높은 유의성을 가져야 한다.

- 예컨대 "당신은 우리가 우리의 사명을 다하도록 도움을 주었습니다." 혹은 "우리 고객들은 당신이 그들을 위해서 하고 있는 일을 좋아해

요.” 등과 같은 칭찬
- 좋은 업무 성과에 대한 격려
- 상사와의 동료애
- 등 두드려주기나 악수
- 인트라넷이나 소셜 미디어 웹사이트(회사 전용 혹은 공개) 같은 곳에 공개적 치하 표현
- 임원과의 치하 모임
- 팀 유니폼, 모자, 티셔츠, 혹은 컵
- 개인에게 보내는 감사 인사(친필, 이메일 혹은 문자메시지)
- 이메일로 고객에게서 온 칭찬 편지 뿌리기
- 이달의 사원 상
- 직원 파일에 특별 추천 기입
- 손목시계, 시계 혹은 핀 등과 같은 회사 인정 프로그램에 따른 선물

인정에 대한 접근법은 항상 똑같은 형태를 취하지 않을 때 특별한 위력을 가질 수 있다. 직무를 잘 수행한 덕택에 직원은 훈훈한 이메일을 한 주 받고, 그 다음 주는 상품권을 받고, 미래에는 이달의 사원으로 지명될 수 있을 것이다.

토의 질문 및 토의 활동

1. 왜 많은 사람들은 동기부여가 리더의 직무 가운데 가장 중요한 부분이라고 생각하는가?
2. 리더가 직원 몰입도에 대해 취할 수 있는 두 가지 행위를 설명하라.
3. 리더십 지위를 맡는 것에서 당신이 기대하는 몇 가지 산출을 찾아라. 그 결과에 당신은 어떤 유의성을 두겠는가?
4. 카리스마 리더가 발휘하는 영향력은 어떻게 기대이론과 연결될 수 있는가?
5. 도미노 피자의 리더가 매장 매니저에게 동기부여를 위해 적용할 수 있는 대의명분의 예는 어떤 것이 있는가? 월풀의 일렉트로룩스(Electrolux) 부문에서 근무하는 직원에게 대의명분은 어떤가?(최고라고 알려진 일렉트로룩스 상품은 진공청소기이다)
6. 팀 구성원을 자주 인정해주는 것은 카리스마 있는 리더로 인식하는 데 어떤 방식으로 기여하는가?
7. 인정을 해주기 위해 많은 기업들은 회사 로고가 들어 있는 손목시계, 시계, 운동복을 지급한다. 이런 형태의 인정 효율성에 대해 당신은 어떻게 생각하는가?
8. 리더/관리자는 주어진 집단 구성원의 투입/산출 비율을 어떻게 인식하고 공정성이론을 적용하는가?
9. 집단 구성원 사이에 윤리적 행위를 높이기 위해 리더는 코칭을 어떻게 사용할 수 있는가?
10. 매니저나 코치에게 그들이 직무에 사용하는 코칭의 양을 설명해달라고 요청하라. 당신의 결론을 수업에 가져오도록 준비한다.

리더십 사례 문제 A

저스틴 살리스버리가 약간의 직원 인정을 시도하다

저스틴 살리스버리는 큰 규모의 스프-샌드위치 체인점인 대형 프랜차이즈를 운영하고 있다. 그는 동일 지역에 12개의 점포를 소유하고 있는데, 이를 위해 2백만 달러를 투자했다. 투자의 절반은 물려받은 유산과 그가 프랜차이즈 사업을 하기 전에 실행한 투자에서 가져왔다. 투자금의 나머지 반은 빌렸으므로, 그는 부채 상환과 생활비를 벌기 위해서 점포에서 충분한 이익

을 거둬야 한다는 상당한 압박을 느끼고 있다.

저스틴은 안락한 생활을 위한 충분한 순이익을 거두려면 점포 매출을 약 15% 증가시켜야 한다고 생각했다. 그는 사업이 이익을 거둘 만큼 충분히 괜찮은 상태이며, 회사가 마케팅과 광고 지원을 충분히 제공하고 있다고 믿었다. 저스틴은 또한 매니저들이 효율적으로 운영을 하고 있다고 생각했다. 그러나 그는 매니저들이 매장에서 주문을 받는 직원들을 격려하여 고객들에게 더 많은 주의를 기울이도록 함으로써 훌륭한 고객 서비스를 제공하는 데 충분히 노력하고 있지 않다고 걱정했다. 예를 들어, 저스틴이 매장을 방문했을 때(혹은 가족을 그곳에 보냈을 때), 주문 받는 직원이 환하게 웃지 않거나 "그 외에 더 주문하실 것이 있나요?"라고 자주 물었다.

저스틴은 매장 매니저에게 어떻게 직원들을 동기부여 시킬 것인지 얘기 하는 따위의 마이크로매니지먼트는 하지 않겠다고 결심했다. 그렇지만 매니저들과 함께 그가 원하는 바—주문받는 직원과 계산하는 직원의 동기부여라는 더 나은 방식으로 인한 수익증대—에 대해 토론을 하기로 했다. 그는 매장 매출증대에 대해 보상과 인정을 하겠다고 12명의 매장 매니저에게 알렸다. 매니저들과의 상담 후, 저스틴은 12개월 이내에 15% 매출 증대라는 목표를 설정하였다.

12명의 매장 매니저들과 함께한 목표 설정 토의 2주 후, 15% 혹은 그 이상의 매출 증대를 달성한다면 저스틴이 다음 형태의 인정 가운데 두 가지를 보상으로 실시할 것이라고 선언했다.

- "올해의 매장 매니저"로 지명하는 벽걸이 상패
- 매니저와 배우자 혹은 파트너를 위한 운동 클럽 연간 회원권
- 연봉의 2%에 해당하는 상여금
- iPad와 iPod 중 택일
- 매니저와 그 가족을 위한 놀이공원이나 테마파크 1일 경비 전액 지원

저스틴은 제안했던 인정 계획에 대한 매니저들로부터의 반응을 기다렸다. 그의 프로그램에 대해 감사를 표하는 몇 개의 이메일을 받았지만 열정적이지는 않았다. 저스틴은 "어려운 재무목표달성이 얼마나 대단한 것인지 매니저들이 이해하지 못한다는 생각이 든다. 그들은 보상을 받을 때는, 훨씬 더 열정적이 될 것이다."라고 혼잣말을 했다.

질문

1. 인정 프로그램 중 가장 그럴듯한 동기부여 결과에 관해 저스틴에게 어떤 조언을 하겠는가?
2. 저스틴은 매장 매니저들에게 어떤 다른 형태의 인정을 제시해야 하는가?
3. 저스틴이 매니저들보다 주문받는 직원과 계산원을 직접 대상으로 하는 인정프로그램을 실시하는 것이 더 낫지 않은가? 이유를 설명하라.

관련 역할극

한 학생이 저스틴의 역할을 맡는다. 그는 인정 프로그램에 열정적이며, 지금까지 매장 매니저들의 반응이 미온적인 이유를 이해하고 싶어 한다. 저스틴은 그가 제시한 인정 프로그램에서 무엇이 잘못되어 있는지 진단하려고 매장 매니저들과 대면 회의를 갖기로 한다. 다른 학생 한 명은 인정 프로그램이 시간낭비라고 생각하는 매장 매니저 역할을 한다. 매니저는 결국에는 좋은 결과가 자신을 말해주며 돈으로 보상을 받아야 한

다고 판단한다. 그러면서도 매장 매니저는 저스틴과 좋은 관계를 유지하고 싶다.

관찰자들은 저스틴이 자신의 프로그램에 대한 열정을 얼마나 잘 전달하는지, 그리고 매장 매니저에게 얼마나 귀를 기울이는지 살펴본다. 관찰자들은 매장 매니저가 얼마나 요령이 있는지, 그리고 자신의 요지를 얼마나 잘 전달하는지도 보게 될 것이다.

리더십 사례 문제 B

코치 샐리 고먼

샐리 고먼은 교외의 은행지점 담보대출 부서 매니저이다. 그녀는 6명의 직속부하를 두고 있으며, 그 중 3명은 대출 컨설턴트이다. 컨설턴트는 은행의 정규직원으로 일하고 있지만, 월급과 혜택이 없이 수수료에 따라 일하는 하위계약자로 간주된다. 이러한 보상 계약의 결과로 담보대출 컨설턴트는 은행 고객에게 주택 담보대출을 판매해야 하는 상당한 압박 아래 놓여 있다. 담보대출 승인이 나올 때까지 컨설턴트는 금전적 보상이 전혀 없다.

28세의 담보대출 컨설턴트인 토니는 최근 대출관련 문제를 해결하고자 샐리에게 면담을 요청했다. 더 많은 대출상품이 이 부서에 할당되어 샐리도 압력을 받고 있었기 때문에, 그녀도 토니를 만나고 싶어 했다. 그들이 만나서 나눈 이야기의 일부분은 다음과 같다.

토니: 샐리, 당신 도움을 청하려고 왔어요. 몇 달 동안, 먹고 살만큼 충분한 대출상품을 판매하지 못했어요. 제 아내와 저는 2명의 자녀가 있는데 그녀 월급만으로는 감당할 수가 없어요. 은행에서 월급을 받을 수 있는 방법이 없나요? 아니면 몇 달 가불을 해주실 수 있나요? 저는 과거에 성과가 좋았었어요.

샐리: 어른스럽게 굴어요, 토니. 당신이 이 직업을 택했을 때, 월급이 없고 은행에서 가불을 허락하지 않는다는 것을 알고 있었잖아요. 우리는 당신이 일을 해내길 요구하지만 은행 규칙을 바꿀 수는 없어요. 여기는 소규모 영세업체가 아닙니다.

토니: 저쪽은 지금 얼마나 지독한 상태인지 아세요? 주택 판매가 이 지역에서 20% 감소했습니다. 대출을 위해 은행을 찾아오는 사람들도 별로 없습니다. 게다가 승인 위원회는 최근에 제 거래를 너무 많이 거절했습니다.

샐리: 정신 차려요, 토니. 담보대출 영업은 최근 변했어요. 우리 포트폴리오에 더 위험한 대출을 추가할 수는 없습니다. 그런 담보대출을 다른 기관에 재판매하기는 너무 어렵습니다.

토니: 좋아요, 그런데 담보대출 위원회가 승인할 수 있는 대출 계약을 더 많이 할 수 있도록 당신은 어떤 제안을 해 주겠어요?

샐리: 당신이 최선을 다해야지요. 당신은 전문가예요. 당신 앞에 찾아오는 좋은 대출이 가능한 사람들에게 더 많이 노력해요. 설득력을 가져요. 강하게 나가세요. 잘 해내거나 그렇지 못하다면 물러나세요.

토니: 노력하고 있습니다. 은행이 담보대출을 원하는 만큼 저도 수수료를 원해요.

샐리: 더 열심히 노력해요. 그리고 결과물을 갖고 다시 오세요. 변명은 안돼요.

토니: 은행과 제가 한 배를 타고 있다는 생각이 듭니다. 나중에 이야기할게요, 샐리.

질문

1. 토니에 대한 코칭을 더 잘할 수 있도록 샐리 고먼에게 어떤 조언을 할 수 있는가?
2. 코칭 시간에 더 낳은 결과를 얻을 수 있도록 토니에게 어떤 조언을 하겠는가?
3. 코치로서 샐리가 한 가장 긍정적인 것은 무엇인가?
4. 코치로서 샐리가 한 가장 부정적인 것은 무엇인가?

관련 역할극 의견차 해결하기

한 학생이 샐리 고먼의 역할을 한다. 그녀는 냉정해 보이지만, 혹시 역할 수행자가 좀 더 그녀를 고무적인 사람으로 만들어도 좋다. 다른 학생은 자신의 판매성과에 낙담하지만 더 잘해내기를 원하는 토니 역할을 한다. 관찰자들은 코칭 시간이 토니의 정신력을 끌어올리고 성과 향상으로 향하게 만드는 어떤 약속을 제시하는지 살펴본다. 이 역할은 약 8분이면 충분할 것이다.

리더십 스킬 구축 연습 7-5

리더십 포트폴리오

가장 쉬우면서도 가장 강력한 동기부여 방법 가운데 하나는 이 장에서 설명한대로 그들의 노력을 인정하는 것이다. 다른 대인관계 기술과 마찬가지로 효과적으로 인정하려면 연습이 필요하다. 다음 1주일 동안, 인정을 해 줄 3명을 찾고, 당신의 인정에 대해 그들이 어떻게 반응하는지 관찰하라. 예를 들어, 당신에게 좋은 서비스를 제공한 식당 직원이 있다면, 식사 후에 당신이 얼마나 그 서비스를 즐겼는지를 설명하고 평균 이상의 팁을 남긴다. 만일 당신 미용사가 잘했다면, 비슷하게 칭찬하고 팁을 많이 준다. 또는 팁은 없지만 칭찬으로 인정해줄 도우미 몇 명을 찾아라. 얼굴 표정과 그들이 하는 말과 같은 이 사람들의 반응을 관찰하라. 더 중요한 것은, 다음번에 그들과 소통할 때 이들이 당신에게 서비스를 제공하고 싶어 하는지를 관찰하라.

당신의 리더십 포트폴리오의 다른 부분과 마찬가지로, 당신에게 일어났던 일과 당신이 기술을 얼마만큼 발전시켰다고 생각하는지를 기록한다.

리더십 스킬 구축 연습 7-6

동기 유발에 관한 의견서

리더/관리자가 직원 동기부여에 시간을 투자해야 하는지 여부에 관해 의견서를 쓰라. 부하직원 동기유발에 시간 소비가 필요하다는 리더를 위한 일반적 주장은 외부 요인이 동기부여를 하지 않으면 인간은 본래 아주 열심히 일하지 않는다는 것이다. 부하직원 동기부여에 대한 시간 소비가 필요하다는 리더에 반대하는 일반적 주장은 사람들은 열심히 일할 거라 기대된다는 것인데, 왜냐하면 특히 그들은 금전적으로 보상을 받기 때문이다.

CHAPTER

08 리더십 활동, 태도, 그리고 유형

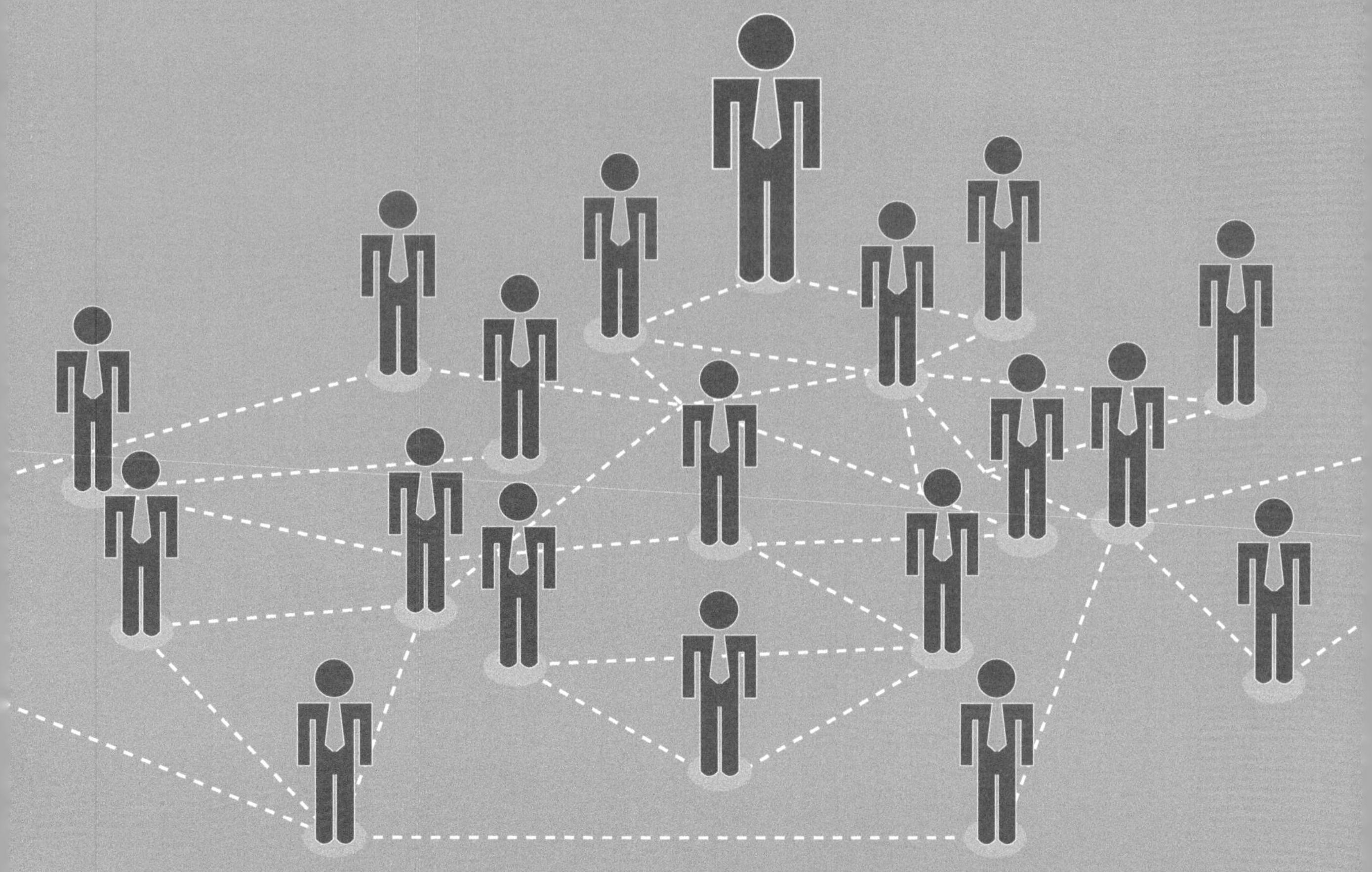

학습 목표

이 장을 학습하고 연습문제를 풀고 나면, 다음의 것들을 할 수 있을 것이다.

- 구조주도와 배려의 핵심적 리더십 차원을 설명한다.
- 최소한 5개의 업무지향적 리더십 행동과 태도를 설명한다.
- 최소한 5개의 관계지향적 태도와 행동을 설명한다.
- 성과 향상을 목표로 리더가 다면 평가를 어떻게 활용하는지 설명한다.
- 전제적 그리고 참여적 리더십 유형을 설명한다.
- 기업가 유형의 리더십 사례와 리더십 유형에서 성별 차이 사례를 제시한다.
- 가장 적절한 리더십 유형 선택 방법을 결정한다.

개요

8.1 배려와 구조주도의 고전적 차원

8.2 과업관련 태도와 행위

8.3 관계지향적 태도와 행위

8.4 리더십 접근법의 미세 조정을 위한 다면 평가

8.5 리더십 유형

참여적 리더십

전제적 리더십

리더십 그리드™ 유형

기업가 리더십

리더십 유형에서 성별 차이

최고의 리더십 유형 선택

- 요약
- 핵심 용어
- 행동 및 스킬 강화를 위한 지침
- 리더십 사례 문제 A
- 리더십 사례 문제 B

로리 그릴리는 미국과 해외에 1,000개 이상의 매장을 가진 50억 달러 규모의 친숙한 의류 소매업체 빅토리아 시크릿의 CEO이다. 그녀는 혈통에서부터 타고난 사업가이다. 그녀의 할아버지는 지방의 목재하치장을 소유하고 있었다. 아버지의 발자취를 따르고 싶지 않았던 그녀의 아버지는 발굴 및 건설 사업을 시작했다. 목재하치장은 그릴리의 어린 시절 놀이터였다. 그녀 아버지의 이름이 새겨진 트럭은 지역사회에서 그녀 가족의 위상을 상기시켰다. "밝은 곳에서는 어디서나 우리 가족의 이름을 보았어요."라고 그녀는 말했다. 그것은 '그녀의 꿈을 추구하게 만드는 잠재의식의 강화'였다.

그릴리는 수석으로 고등학교를 졸업하고 벅넬대학교(Bucknell University)의 필드하키 선수로 전액 장학금을 받았다. 그녀는 1982년 심리학 학사학위를 받았다. 후에 그녀는 소매업 분야에 뛰어들었다. "나는 소매업이 매일 매일의 실적을 가져다주기 때문에 좋아했다는 것을 깨달았습니다."라고 그녀는 말했다. "당신은 판매 전략을 수립하거나 그렇지 않을 수도 있습니다. 만일 당신이 위험을 감수하고 내기하기를 좋아하는 사람이라면 정말 할 만한 일이죠." 2년 더 소매업에서 성공적인 경험을 한 후, 1989년 그릴리는 빅토리아 시크릿의 어소시에이트 바이어(associate buyer)로 채용되었다.

CEO로서 그릴리는 자신이 다른 사람과 관계를 맺고 위험을 감수하는 환경을 만들려고 노력했다고 말한다. 회의 시간에 그녀는 사람들 머리에서 '사고 거품(thought bubble: 이것은 아이디어는 갖고 있지만 이를 표현하지 않는 것을 뜻한다.)'이라 부르는 것을 찾는다. 그녀는 사람들이 마음을 터놓도록 이끈다. "좋은 청자가 되는 것이 언제나 정말 중요하다."고 그녀는 언급한다. "사람들은 아이디어가 항상 채택되기를 요구하진 않지만 누군가 들어주고 있다는 것은 알고 싶어 한다."

그릴리는 완전히 실패한 한 가지 상품, 아프리카 여성 농부들이 키운 100% 공정무역 유기농 면으로 만든 란제리 제품군을 출시했던 이야기를 꺼내놓았다. 빅토리아 시크릿은 상품이 사회적으로 의식 있는 소비자들에게 인기를 끌기 바라면서 여성들과 협업을 추진했었다. 그러나 그 생산품의 가격이 너무 높다고 판명되었다. "이 아이디어는 사장될 뻔 했습니다."라고 그릴리가 말했지만, 이 프로젝트에 공을 들였던 빅토리아 시크릿 직원들은 여성 목화 농부들과 계속적인 협업 추진을 원했다. 그래서 회사는 모든 면 팬티에 소량의 유기농 면을 사용하는 방안을 제시했다. "현재 대부분의 면 팬티는 이들 여성들의 수확한 면이 섞여있습니다."라고 그릴리는 말했다. "가격은 조금 비싸지만 우리는 고객들에게 그것을 전가하지도 않았고, 고객에게 홍보하고 있지도 않습니다."

직장 경력에 관한 그릴리의 조언은 가슴을 따라가서 당신이 하고 싶은 일을 하라는 것이다. "당신이 하는 일을 정말로 잘 해라."[1]

성공한 소매업 CEO에 대한 이야기는 리더의 행동이 그 효율성에 어떻게 영향을 미치는가를 보여준다. 이러한 행동 중에는 피드백 환영, 위험감수, 직원에게 귀 기울이기 등이 있다. 이 장은 관리자가 리더로서 기능하는 데 도움이 되는 수많은 중요한 행동과 태도를 설명한다. 또한 밀접하게 연관된 리더십 유형에 대한 주제도 설명한다.

이 장에서 그리고 이 책의 다른 부분에서도 리더십 효율성에 관한 참고문헌이 자주 언급된다. **효율적인 리더**는 높은 품질과 고객 서비스, 직무만족도를 포함하여, 집단 구성원이 생산성을 달성하는 데 도움을 주는 사람이라고 잠정적으로 정의한다. 리더십 효율성은 일반적으로 두 가지 기준으로 측정한다.

첫 번째 기준은 매출, 생산, 안전, 집단이 배출한 특허 수, 비용절감, 또는 예산 준수와 같은 객관적 자료와 관련이 있다 직무 만족 및 이직률 측정은 또한 리더십 효율성을 측정하는 데도 사용된다. 두 번째 기준은, 예를 들어 감독관에 대한 플랜트 매니저의 평가 혹은 CEO에 대한 이사회의 평가처럼, 리더의 효율성에 대한 타인의 판단에 초점을 맞춘다. 이 책에서 인용된 대부분의 연구는 연구 설계 내에 리더십 효율성 측정을 포함하고 있다.

8.1 배려와 구조주도의 고전적 차원

1950년대 오하이오주립대에서 진행된 연구는 리더십의 1,800개 특별한 행동 사례를 규정하여, 이를 리더십 기능에 대한 150개 설문지 항목으로 축소시켜 놓았다.[2] 그 기능을 **리더십 행위 차원**(dimension of leadership behavior)이라고도 한다. 이 연구는 리더십 행위, 태도 그리고 유형에 대한 많은 미래 연구의 초석이 되었다. 연구자들은 팀 구성원들에게 설문에 응답하는 방식으로 그들의 감독관을 묘사하도록 요청하였다. 리더는 리더십 차원에서 그들 자신을 평가해달라는 요청을 받았다. **배려**(consideration)와 **구조주도**(initiating structure)의 두 개의 리더십 차원이 리더십 행위에 대한 설명 가운데 85%를 차지하였다.

배려는 리더가 정서적 지지, 따스함, 우정과 신뢰의 환경을 창출하는 정도이다. 친절하고 접근 가능하도록 하고, 집단의 개인적 안녕을 추구하고, 새로운 발전에 집단이 뒤처지지 않도록 하며, 집단을 위해 약간의 호의를 베풂으로써 리더는 이러한 환경을 창조해낸다.

배려 요인에서 높은 점수를 받는 리더는 전형적으로 친절하고 믿음직스러우며, 존경을 받고, 팀 구성원들과 훈훈한 관계를 맺고 있다. 배려 요인에서 낮은 점수를 기록하는 리더는 대개 권위적이고 집단 구성원과의 관계에 냉담하다. 배려 요인을 측정하는 세 가지 설문 항목은 다음과 같다.

1. 업무 집단 내에서 사람들에게 개인적 호의를 베푼다.
2. 업무 집단 내에서 모든 사람들을 동등하게 대한다.
3. 직원들을 유쾌하게 만드는 일을 좀처럼 하지 않는다.

이 장 후반부에 설명되어 있는 관계지향적 행위는 특별한 측면의 배려이다. 배려의 또 다른 주요 본보기는 사람들과의 **관계 맺기**이다. 다인에쿼티사의 최고 경영자인 줄리아 스튜어트는 관계 맺기가 가장 핵심적인 리더 역할 가운데 하나라고 믿는다. 애플비(지금은 다인에쿼티의 한 부문)에 있던 시절을 되돌아보면, 그녀는 그녀에게 직접 보고를 하는 9명의 매니저의 안부를 확인하는 데 매일 약 5분가량을 소모했다. 그들은 주말에 어디서 식사를 했었는지(심지어 애플비가 아니어도)와 같은 사교적인 주제에 대해서 이야기를 나누었다. 스튜어트는 리더가 잡담을 나누는 시간조차 낼 수 없는 것은 아니라고 말한다. "나는 시간의 80% 혹은 90%를 위기 속에서 보내는 상사들이 염려스럽습니다. 매일 직원들과 처음 몇 분을 함께 보내면서, 그들을 불평하게 만드는 것에 대해 더 많이 이해하게 되었습니다."[3]

리더가 토론을 지배하지 않으려고 할 때 직원은 존중받는다고 느끼기 때문에, 부드럽게 말하는 것은 배려에 기여하는 리더십 유형 요소이다. 마크 볼랜드는 영국의 성공한 소매업 CEO이다. 그의 최근 직함은 영국의 유명한 상점 막스 앤 스펜서의 대표이다. 그가 인정받는 방향전환 기술의 일부는 부드럽게 말하기이며 동료들의 제언에 기꺼이 귀를 기울인다.[4]

구조주도는 특정 업무 할당, 후속 절차 구체화, 업무 일정 짜기 및 팀 구성원 기대치의 명확한 정립 등의 활동에 가담하여 집단 내 관계를 조직화하고 규정하는 것을 의미한다. 집단 구성원이 실질적인 목표를 설정하도록 돕는 팀 리더는 구조주도에 관련되어 있는 것이다. 동일한 개념의 다른 표현으로는 **생산 강조**, **업무 지향성**, 그리고 **업무 동기부여** 등이 있다. 이 장 후반부에 설명된 업무관련 리더십 행위와 태도는 구조주도의 특정 측면이다.

이 차원에서 높은 점수를 받는 리더들은 그들이 직원에게 수행하길 기대하는 역할 뿐만 아니라 그들 자신과 직원 사이의 관계도 규정한다. 그러한 리더들은 명확하게 규정된 커뮤니케이션 채널과 업무 수행 방식을 수립하기 위해서 대단히 노력한다. 구조주도를 측정하는 세 가지 자기 평가항목은 다음과 같다.

1. 업무 집단 내에서 당신 자신의 신규 아이디어를 시험한다.
2. 회의 마감 날짜를 강조한다.
3. 업무 집단 내 사람들이 최대의 능력을 발휘하고 있는지 확인한다.

구조주도를 강조하는 리더의 긍정적 사례가 야후의 CEO인 캐롤 바츠이다(3장에 제시된 행동하는 리더가 그녀이다). 예를 들어, 바츠는 스스로를 관리직원이라고 여기며 회사 조직구조를 설계하는 데 매우 적극적이다.[5]

리더는 배려와 구조주의를 얼마나 강조하는가라는 측면에서 분류되어 왔다. [그림 8-1]이 나타내듯이, 두 차원은 상호 배타적이지 않다. 리더는 양쪽 모두에서 높거나 낮은 상태에 도달할 수도 있다. 예를 들어 효율적인 리더는 높은 생산성에 기여하고 따뜻한 인간관계도 상당히 강조한다. [그림 8-1]의 네 개 부분은 리더십 유형을 설명하는 몇 가지 접근방식의 주요 요소이다. 우리는 이 장 후반부와 9장에서 이 주제로 다시 돌아간다.

배려와 구조주도의 유효성에 관한 연구는 이 고전적인 차원이 리더십의 결과와 연결되어 있기 때문에 리더십을 이해하는 데 정말로 중요하다는 점을 알려준다.

메타 분석은 배려가 집단 구성원의 직무 만족도, 리더에 대한 만족도, 직원 동기부여와 리더 효율성 등에 강하게 연관되어 있음을 보여주었다. 구조주도는 업무성과, 집단성과, 조직성과와 다소 더 강하게 연관되어 있었다.[6] 그러나 구조주

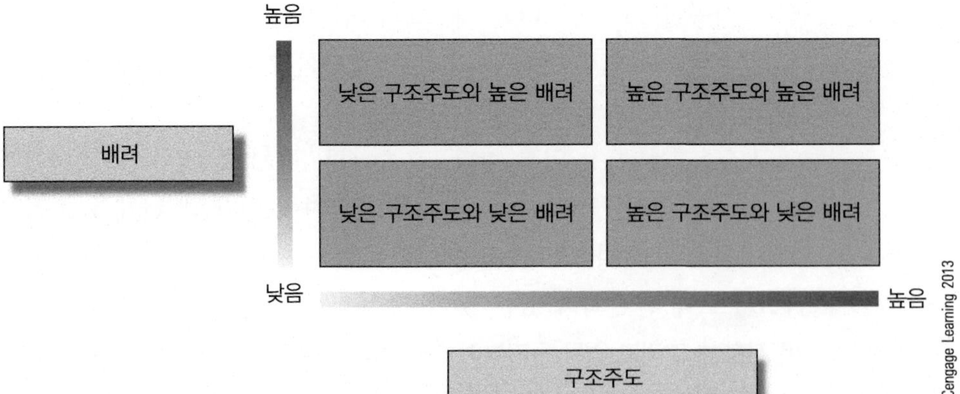

그림 8-1 **구조주의와 배려의 네 가지 조합**

도 역시 만족감과 성취와도 연관되어 있다. 이러한 결과는 선구적인 연구의 중요성을 강화시키기 때문에 고무적이다.

8.2 과업관련 태도와 행위

과업관련 분류와 관계관련 분류는 리더십 태도, 행위, 관행을 이해하는 유용한 틀로 남아있다. 이 절은 [표 8-1]에 나타나 있는 것처럼, 효율적 리더의 특징인 과업관련 태도와 행위를 규정하고 설명한다. 이 맥락에서의 **과업관련**이란 행위, 태도, 또는 기술이 리더십의 대인관계 측면이 아니라 수행하는 업무에 보다 초점을 맞추고 있다는 뜻이다.[7]

1. **상황 적응력.** 효율적인 리더는 상황에 적응한다. 적응력은 상황적 관점을 반영한다. 전술은 닥친 상황에 근거하여 선택된다. 심리적으로 미성숙한 집단 구성원을 책임지고 있는 리더는 그들을 면밀히 지도할 필요가 있음을 알아차린다. 만일 집단 구성원들이 성숙하고 자신감이 있다면, 리더는 감독을 덜 하게 될 것이다. 적응력이 있는 리더는 마치 브레인스토밍 집단과 위원회 사이의 선택처럼 상황의 요구에 가장 잘 맞는 조직 구조를 선택한다.
2. **방향 설정.** 리더십의 주요 책임이 변화 생성이라면, 리더는 그러한 변화의 방향을 설정해야 한다. 방향 설정은 비전 창출의 일부분이고 전략의 한 요소이다. 전략은 비전을 완수하는 가능한 방안을 알려준다. 전직 GE 임원에서 작가로 변신한 래리 보시디는 기업이 어디로 가고 있으며, 회사가 목표를 달성한다면 왜 그리고 어떻게 이익을 얻을 것인지를 분명하게 전달하는 것이 비즈니스 리더 역할의 일부분이라고 믿는다.[7]

표 8-1 과업관련 리더십 태도와 행위

1. 상황 적응력
2. 방향 설정
3. 높은 성과기준
4. 집단 구성원 능력으로의 집중
5. 위험 감수와 계획 실행
6. 직접적인 지침과 피드백
7. 곤란한 질문을 던지는 능력
8. 협업을 위한 조직화

3. **높은 성과기준.** 효율적인 리더는 집단 구성원에게 높은 성과기준을 꾸준히 적용한다. GE의 CEO이자 회장인 제프 이멜트는 "냉혹하지 않으면서도 높은 성과를 요구하는 능력은 오랫동안 GE의 일부였다."라고 말한다.[8] 높은 성과 기준은 다른 사람들의 생각에 도전하는 형태를 취하기도 한다. 제너럴 모터스 CEO 대니얼 애커슨은 기획과 계획을 정당화하도록 회의 시간에 임원들에게 압력을 가한다고 알려져 있다. 게다가, 그는 문제가 복잡하다는 말을 들으면 포기하지 않는다. 애커슨은 쟁점이 복잡해서는 안 되며, 대신에 단순화되어야 한다고 대응할 것이다.[9]

   높은 기준에 반하는 성과가 측정되었을 때, 생산성이 증가할 가능성이 높은데, 이는 사람들이 자신 상관의 기대치에 부응하려는 경향이 있기 때문이다. 이를 **피그말리온 효과**(Pygmalion Effect)라고 하는데, 이것은 감지하기 힘들며 거의 무의식적으로 작용한다. 경영 리더가 집단 구성원이 성공할 것이라고 믿을 때, 관리자는 무의식중에 이 믿음을 전달한다. 반대로, 리더가 집단 구성원이 실패할거라고 예상한다면 그 사람은 관리자의 예측을 저버리지 않을 것이다. 성공이나 실패에 대한 관리자의 예상은 자기 충족적 예언이 된다. 이것은 인식이 성공이나 실패에 기여하기 때문이다.

4. **집단 구성원의 강점에 집중.** 효율적인 리더십과 경영에 관한 원칙은 개선이 필요한 부분을 수습하는 데 노력을 집중하기보다는 집단 구성원의 강점을 더 잘 활용하는 것이다. 효율적인 리더는 사람들이 발전하도록 돕지만, 그 강점을 이용한다. 팀 구성원이 훌륭한 대인관계 기술을 갖고 있지만 기술적으로는 부족할 수도 있다. 대인관계 기술을 강조하는 역할을 그 직원에게 할당하는 것이 최선이며, 동시에 그가 기술을 향상시키도록 도와야 한다. 마커스 버킹엄(Marcus Buckingham)은 집단 구성원들이 그들 능력이나 관심 밖의 업무는 열심히 하려 하지 않기 때문에 개개인의 독특한 기술 형태를 활용하는 것이 시간절약이라는 점을 강조한다. 매니저는 직원 각자의 특성에 가장 잘 맞는 업무를 개발해야 한다.[10] 당신이 콜센터 매니저이고 직원 한 명이 화난 고객을 진정시키는 데 탁월한 능력이 있다고 가정해보자. 다른 콜센터 직원은 고객의 분노를 잘 다스릴 수 있는 직원에게 격분한 고객을 넘겨주라는 말을 듣게 된다.

5. **위험 감수와 계획 실행.** 건설적인 변화를 가져오려면, 리더가 위험을 감수하고 기꺼이 위험한 결정을 실행해야 한다. 래리 보시디는 실행의 중요성에 대해 다음과 같이 말한다. "나는 참을성이 없는 사람입니다. 생각만 하거나 모래성

을 쌓기보다는 일이 끝나는 것을 봐야 만족감을 느낍니다. 많은 사람들은 실행을 비즈니스 리더의 위엄 아래 놓인 구체적인 작업이라고 생각합니다. 그것은 잘못된 생각입니다. 이것이 리더의 가장 중요한 업무입니다."[11]

월마트의 CEO 마이크 듀크는 보시디가 제안하는 방식으로 회사를 운영한다. 듀크의 운영 방식은 문제점을 재빨리 연구하고 나서 행동을 개시하는 것이다. 그가 월마트 인터내셔널의 사장이 되었을 때, 그가 한 첫 번째 행동 가운데 하나는 회사의 독일 사업부를 없애버리는 것이었다. 독일 사업부는 여러 해 동안 월마트의 골칫거리였다.[12]

6. **직접적인 지침과 피드백.** 기술적 유능함과 경영 지식이 중요한 리더십 특징이라는 것을 기억할 것이다. 이 특징 덕분에 리더는 집단 구성원들에게 중요한 업무 수행 방법에 관한 직접적인 지침을 제공할 수 있다. 이러한 지침을 제공하는 리더는 집단이 중요한 업무를 수행하는 데 도움을 준다. 동시에 집단 구성원들은 중요한 기술을 배운다. 그러나 지나치게 많은 가르침은 적은 임파워먼트와 마이크로매니지먼트(지나치게 면밀한 관리)의 징후가 될 수 있다. 지침을 너무 적게 주고 매크로매니지먼트를 실행하면 관리자가 집단 구성원들에게 제공하는 방향성이 너무 적거나 아예 없어진다. 헨리 민츠버그(Henry Mintzberg)는 리더가 사업운영을 이해하지 못하기 때문에 리더의 전략이 악화될 수 있다고 말한다.[13]

   직접적인 경영 기술을 개발하기 위해서 로웨스 호텔의 약 150명가량의 임직원들은 미국과 캐나다의 18개 호텔 가운데 한 곳에서 신입 직원의 직무에 투입되어 매년 하루를 보내야 한다. 그들은 임시 부서에서 직원들과 생각을 공유하고 업무를 더 수월하게 수행하기 위한 아이디어를 얻으려고 한다. 룸서비스 카트에 손잡이를 설치해서 웨이터가 밀기 편리하도록 한 것이 그 결과 중의 하나이다.[14]

   성과에 관해 잦은 피드백을 제공하는 것은 지도와 밀접한 관련이 있다. 리더는 적절한 성과 피드백 없이는 집단 구성원들의 행동에 거의 영향을 미칠 수 없다. 이 피드백은 집단 구성원들에게 그들이 얼마나 잘 해내고 있는가를 알려주며, 필요할 때 올바른 조치를 취할 수 있게 한다. 이것은 집단 구성원들이 계속해서 바람직한 행동을 하도록 부추기는 강화제로도 작용한다. [리더십 스킬 구축 연습 8-1]은 피드백 기술 개발을 위한 훈련을 제공한다.

7. **곤란한 질문을 던지는 능력.** 리더들은 종종 답을 제공하기보다는 곤란한 질문을 던짐으로 해서 효율적일 수 있다. **곤란한 질문**은 개인이나 집단을 멈추게

리더십 스킬 구축 연습 8-1

피드백 기술

소집단이 사례 질문이나 토의 질문에 답하는 등의 과제를 수행하고 난 후에 성과 피드백 시간을 갖는다. 그리고 이전의 문제해결 활동에서 당신이 관찰한 것을 피드백의 기초로 활용한다. 각 집단 구성원은 다른 구성원이 얼마나 잘 했는지에 대해 서로 피드백을 제공한다. 이런 종류의 피드백은 일부 개인에게는 불편하고 불안감을 줄 수 있기 때문에, 지원자들만 활용한다. 피드백을 받지 않는 학생들은 관찰자의 역할을 하고 나중에 이 연습시간 동안 발생한 일에 대한 그들의 생각을 제시할 수 있다. 이러한 경험으로부터 유익함을 얻을 확률을 증가시키기 위해서 피드백을 받는 사람들은 적극적으로 청취해야 한다. 피드백과 적극적 경청에 대한 더 많은 정보는 코칭 스킬과 기법에 관한 7장 소단원을 참조하라.

이 연습을 편리하게 실행하려면 모두가 원을 그려 앉는다. 처음에 피드백을 받을 한 명을 선발하라. 시계방향으로 돌아가면서, 각각의 집단 구성원이 그 사람에게 피드백을 전달한다. 모든 사람들이 발언을 한 후에, 피드백을 받은 학생은 자신의 반응을 보인다. 첫 번째 피드백 수혜자의 왼편에 있는 사람이 다음 차례로 피드백을 받는다.

모든 사람이 차례로 성과 피드백을 받은 후에, 일반 토론을 진행하라. 다음의 세 가지 주요 문제를 확실히 토론하도록 한다.

1. 피드백은 얼마나 유용했는가?
2. 긍정적 피드백 대 부정적 피드백의 상대적 효율성은 무엇인가?
3. 일부 집단 구성원들이 다른 구성원들보다 피드백 전달 측면에서 더 우수했는가?

행동하는 리더

피아트와 크라이슬러의 CEO 세르지오 마르치오네

2004년부터 피아트 S.p.A.(이탈리아 토리노에 있는 자동차 공장)의 CEO이며, 2009년부터 크라이슬러의 최고 경영자인 세르지오 마르치오네는 사무실에 장난감 자동차와 트럭, 토공장비를 늘어놓은 큰 책상을 갖고 있다. 모든 차량은 피아트와 크라이슬러 제품의 복제품이다.

마르치오네의 전공은 법과 회계이지만, 최근에 자동차 회사 구조조정 전문가가 되었다. 그는 이탈리아와 캐나다 시민권자이다. 마르치오네의 사업적 영웅은 스티브 잡스인데, 그가 애플을 고전하는 컴퓨터 회사에서 멋진 소비재의 세계적 표준으로 변모시킨 방식 때문이다.

크라이슬러에 있을 당시 마르치오네의 초기 노력은 상당한 기름을 소비하는 대형 자동차 생산을 연비가 좋은 차량 제조업체로 바꾸는 데 집중되었다. 예외가 있다면, 마르치오네의 지휘 아래 크라이슬러가 강건한 규격의 스포츠 범용차량(SUV) 지프 체로키의 생산과 마케팅에 집중했었다는 것이다. 이런 추진력의 일환으로, 마르치오네는 2010년에 미국 기준에 맞도록 피아트 소형차량을 개량해서 크라이슬러 딜러들을 통해 판매하겠다는 생산 계획을 발표했다.

크라이슬러 변화 초기에, 마르치오네는 엔지니어와 매니저가 긴밀히 협력해서 매일 의사결정을 내리기를 원한다고 말했다. "그는 매우 실천적이 된다는 것이 무엇인지를 보여주었습니다."라고 크라이슬러의 고위 임원으로 일한 사람은 말했다. 마르치오네는 조직설계 문제에 깊이 몰두하였다. 운영 효율성을 높이고 비용을 절감하기 위해서 그는 상당한 시간을 피아트와 크라이슬러 사이의 사업 운영 통합에 투자했다.

어느 날 마르치오네는 닷지 차량의 문손잡이에 작은 틈이 생겨서 안으로 물이 새고 전자장비에 피해를 준다는 보고를 받았다. 마르치오네는 엔지니어들에게 가차없이 이 문제를 해결하라는 업무를 맡겼다. 다른 회의에 참석하고 있는 동안, 마르치오네 스마트폰 중 하나에 문제의 원인인 2개의 플라스틱 부품 사이의 부적합이 발견되었다는 메시지가 깜빡거렸다. 마르치오네는 안도했고, 자신의 우려를 이렇게 설명했다. "우리가 지금 조치하고 있고, 나에게 뇌졸중을 가져다주는 문제의 일부는 아마 10년 전에 감추어 두었던 것일 수 있습니다. 그러나 여러분이 정말로 이 사업을 해나가고 싶다면, 여러분은 이 정도로 몰두할 필요가 있습니다."

세심한 운영에 대한 마르치오네의 뚜렷한 선호에도 불구하고, 그는 자신을 마이크로매니저로 인정하지는 않는다. "CEO로서 나의 임무는 사업에 관한 의사결정을 내리는 것이 아니라 목표를 설정하고 매니저들이 거기에 어떻게 도달할 것인지 찾아내도록 돕는 것이다."라고 그는 적었다. 또한 마르치오네는 직원들에게 누구나 이끌어나갈 수 있는 문화를 확립하고 있다고 말한다.

질문

1. 이 이야기에 나타난 증거에 기초해서 마르치오네는 자신이 생각하는 것보다 어느 정도 더 마이크로매니저로 보이는가?
2. 핵심적인 2개의 자동차 회사의 CEO가 물이 새는 문손잡이에 관심을 갖는 것이 당신에게는 얼마나 타당하게 보이는가?
3. 마르치오네가 이탈리아와 캐나다의 이중 시민권자라는 사실이 피아트와 크라이슬러 조합의 CEO로서 역할에 어떻게 자산이 될 수 있는가?

주: 본 저자는 수 년 동안 지프를 포함한 크라이슬러 제품을 자랑스럽게 소유했다는 것을 여기 공개하는 바이다.

출처: 이 사례는 다음의 자료에서 발견된 사실에 근거하여 꾸며졌다: Jeff Bennett, "Chrysler Narrows Loss, Sees Profit," *The Wall Street Journal*, February 1, 2011, p. 84; March 2, 2011, pp. 1-4; Peter Gumbel, "The Turnaround Artista," *Time*, June 29, 2009, pp. 42-43; Neal E. Boudette, "Fiat CEO Sets New Tone at Chrysler," *The Wall Street Journal*, June 19, 2009, p. 81; Paul Ingrassia, "The Weekend Interview with Sergio Marchionne: Resurrecting Chrysler," *The Wall Street Journal*, July 3-4, 2010, p. A9.

하여 그들이 왜 일을 하는지 혹은 왜 어떤 일을 하고 있지 않는지에 대해 생각하도록 만드는 것이다(곤란한 질문은 적절한 질문으로 생각할 수도 있다). 이런 방식으로, 집단 구성원들은 그들 행동의 효율성에 대해 생각하도록 강요당한다. 그들은 스스로에게 "이것은 매우 분명해 보이는데 왜 나는 그것을 생각하지 않았는가?"라고 물어볼지도 모른다. 집단 구성원들은 흔히 조직이 직면한 어려운 문제에 답을 갖고 있기 때문에 질문하는 것은 중요하다.

밸런 머랠리가 포드자동차의 CEO로 새로 임명되었을 때, 그는 고객이 소형차 포커스를 구매할 때마다 회사가 3,000불 가까이 손해를 보고 있다는 말을 들었다. 그는 "왜 이윤을 낼 수 있는 방법을 생각하지 않은 것입니까?"라고 물었다. 몇 가지 변명을 들은 후, 머랠리는 다시 거듭해서 말했다. "나는 왜 아무도 이 차를 이윤을 남기면서 만드는 방법을 생각하지 않았는지를 알고 싶습니다. 미시간이나, 중국, 또는 인도에서 만들어야만 할 조건이었다면, 방법을 생각했었어야 했습니다."[15]

8. 협업을 위한 조직화. 업무지향성과 관계지향성 사이의 경계선에 해당하는 리더십 행위는 직원들이 서로 간의 협동을 원하는 것이다. 업무의 핵심은 정보 공유를 생성하는 것이고, 관계의 핵심은 집단 구성원들이 협력해서 일하는 것

이다. 웹 2.0(혹은 엔터프라이즈 2.0) 기술은 협력 향상을 위해 자주 실행되고 있다. CEB(Corporate Executive Board)라는 연구 및 자문 서비스 회사는 더 많은 협력을 원하는 리더들에게 다음 세 단계를 권고한다.

- 먼저, 협업 기술을 선택하기 전에 신제품 개발 가속화와 같은 높은 가치의 사업 산출물을 규정하라.
- 두 번째, 협업 활성화 장소를 규정하라. 직원들의 커뮤니케이션 형태와 업무흐름을 이해하기 위해 그들에게 말을 걸어라(여기서 누가 누구와 상호작용을 하는가와 같은 업무흐름 지도를 그리는 데 도움을 주기 위한 전문가가 필요할 수 있다. 12장에서 이 주제에 대해 더 많이 다룰 것이다).
- 기존의 업무흐름을 향상시키거나 가속시키는 기술을 선택하라. 예를 들어, 사내에서 사용하는 검색 엔진은 효과적일 수 있다. 대부분의 리더는 협업을 가장 증대시킬 가능성이 있는 기술을 찾기 위해 IT 컨설턴트와 함께 일해야 한다.[16]

이제 과업지향적 태도와 행위의 다양한 요소들을 공부했으므로, [리더십 자기평가 퀴즈 8-1]을 해본다. 이것은 리더와 관리자의 업무 활동에 대해 더 일깨워 줄 것이다.

8.3 관계지향적 태도와 행위

리더십은 사람들에게 영향을 미치는 것과 관련이 있으므로, 여러 효율적인 리더십 태도, 행위, 그리고 관행이 대인관계를 다루게 된다. 신규기술 기업의 출범을 돕는 랜디 코미사르는 어떻게 회사를 조사하고 직원을 효율적으로 관리하는지에 대한 질문을 받았다. 그는 대답했다. "저는 관계의 힘을 믿지 내 직함에서 나오는 전형적인 지위의 힘을 믿지 않습니다. 저는 사람들과 관계를 맺고 그들에게 감명을 주는 것이 제 리더십의 핵심이라고 알고 있습니다. 제 생각에는 그것이 매니저에서 리더가 되는 방법입니다."[17]

[표 8-2]는 다음에 논의할 7가지의 관계지향적 태도와 행위 목록이다(이 책의 다른 부분은 대부분 리더십의 대인관계 스킬을 설명한다).

리더십 자기 평가 퀴즈 8-1

과업지향적 태도와 행위

방법 다음 항목에 대하여 대체로 동의하는지 아니면 반대하는지를 표시한다. 이 항목을 당신이 타인의 업무에 책임을 졌던 업무 상황—스포츠, 공동체 활동, 그리고 학교 활동 포함—에 연관시킨다. 업무 상황이 떠오르지 않더라도 당신이 어떻게 행동할 것인지 혹은 생각할 것인지 상상하라.

	대체로 그렇다	대체로 그렇지 않다
1. 생산성 수치를 면밀히 확인하고 집단에게 해석해준다.	☐	☐
2. 자주 이메일과 문자 메시지를 집단 구성원에게 보내 업무 진행에 대한 정보를 제공한다.	☐	☐
3. 우리 집단이 달성해야 할 품질 목표를 명확하게 지정한다.	☐	☐
4. 분명한 성과기준을 유지한다.	☐	☐
5. 내가 회의를 주재하면 참가자들은 명확한 의제를 기대할 수 있다.	☐	☐
6. 우리 팀이 생산성 목표에 도달하거나 그것을 넘어서기만 한다면 1주일 근무시간 내내 기분이 좋다.	☐	☐
7. 그 활동이 실제로 생산성을 증가시키지 않는다면 근무시간에 직원들이 이메일, 문자메시지 혹은 인터넷에 접속해서는 안 된다.	☐	☐
8. 기준에 못 미치는 업무를 자유롭게 비판한다.	☐	☐
9. 주당 업무시간의 최소 5%를 내 계획이나 팀 구성원의 계획을 돕는 데 사용한다.	☐	☐
10. 기술적 혹은 사업상 나의 문제점을 해결하는 데, 또는 집단 구성원이 동일한 문제를 해결하는 것을 돕는 데 많은 시간을 소비한다.	☐	☐

해석 "대체로 그렇다"라고 8개, 9개 혹은 10개 항목에 답했다면, 당신은 강력한 과업지향성을 갖고 있다. 만일 "대체로 그렇지 않다"라고 4개 혹은 그 이상의 항목에 답했다면, 당신은 평균 이하의 과업지향적 행위와 태도를 갖고 있다.

역량 개발 과업지향성은 목표달성과 생산성에 직결될 수 있기 때문에 중요하다. 그럼에도 불구하고 과업지향성이 최대의 효율성을 발휘하려면 강한 인간지향성 및 대인관계와 균형을 이루어야 한다.

표 8-2 관계지향적 태도와 행위

1. 사람들과의 연합
2. 직원 의견에 대한 개방성
3. 영감과 가시(可視)성(visibility) 창조
4. 높은 수준의 욕구 충족
5. 정서적 지지와 격려 전달
6. 원칙과 가치관 증진
7. 서번트 리더 되기

1. 사람들과의 연합. 사람들을 같은 방향으로 부드럽게 조화를 이루어 나아가도록 하는 것은 대인관계에 있어서 중요한 도전과제이다. 사람들을 다함께 나아가도록 하기 위해서, 여러 사람들과 이야기를 하는 것이 필수적이다. 목표로 하는 대중은 여러 다른 이해 당사자들을 포함할 수 있다. 그들 가운데는 공급업자와 공무원, 고객도 있고, 관리자와 팀 리더, 고위직 인사들, 동료, 조직의 다른 부서 직원들도 있다. 비전과 전략을 수행할 수 있거나 시행을 가로막을 수 있는 누구와도 연합해야 한다.[18] 조직 구성원들은 연합한 이후에 더 높은 목표를 향해 뭉칠 수 있다. 연합은 집단이 원만하게 협력할 수 있도록 하는 것을 포함한다.

   헤어커터리를 포함하여 미국 내 최대 가족소유 경영 미용실 체인 라트너의 CEO이자 설립자인 데니스 라트너의 리더십 전략에서 협동에 대한 강조가 두드러진다. 라트너는 업무를 이해하고 책임을 공유하는 행복한 사람들의 기업에 대한 비전을 자신이 갖고 있다고 말한다.[19]

2. 직원 의견에 대한 개방성. 관계지향적 리더십의 주요 부분은 **경영 개방성**, 또는 부하직원이 자신의 의견을 표출시키는 동기와 특히 관련되어 있는 일체의 리더 행위에 있다.[20] 리더가 이런 식으로 개방적일 때, 부하직원들은 상사가 그들에게 귀를 기울이고, 그들의 아이디어에 관심을 가지며, 제안을 공평하게 고려한다고 인식한다. 직원 의견에 개방적이라는 것은 배려 차원의 일부이면서 참여적 리더십의 핵심이기도 하다.

3. 영감과 가시(可視)성 창조. 카리스마 리더십과 변혁적 리더십을 논의할 때 설명했듯이, 타인에게 영감을 주는 것은 필수적인 리더십 관행이다. 예컨대 스노우모바일 사업부서장이 직원들에게 눈 쌓인 지역에 사는 사람들의 겨울을 더 즐겁게 만들어 주고 있다는 믿음을 고취시키는 것처럼, 영감을 주는 것은 보통 타인의 감정과 가치에 호소하는 것과 관련되어 있다.

   인간적 접촉과 관계는 영감을 더 강하게 만들기 때문에 가시성과 시간적 여유를 갖는 것은 영감을 주는 것의 또 다른 일부이다. IBM의 CEO 샘 팔미사노가 사람들에게 영감을 주는 여러 방식 가운데 하나는 그의 가시성을 통해서이다. 그는 회사 내 모든 직급의 직원들과 얼굴을 맞대고 자주 소통한다. 만나는 거의 모든 사람들과 잡담을 주고받는 그의 끼는 그를 직원과 고객들에게 쉽게 다가설 수 있게 만든다.[21]

4. 높은 수준의 욕구 충족. 사람에게 영감을 주기 위해서, 효율적인 리더는 높은 수준의 욕구 즉, 성취, 개인 성장, 소속감, 인정, 자존감, 자신의 삶에 대한 통

제감과 같은 욕구를 충족시킴으로써 그들에게 동기부여를 한다. 조직의 여러 리더들은 직원과의 우호적 관계설정을 위해 욕구충족의 중요성에 대한 관심을 표현한다. 높은 수준의 직원 욕구를 만족시키는 강력한 방법은 그들이 전문적으로 성장하도록 돕는 것이다. 보잉사의 현 회장이자 CEO인 유명한 경영자인 제임스 맥너니는 주로 다른 사람들이 더 좋은 성과를 내도록 도와줌으로써 세 개의 주요 회사에서 성공적인 임원이 되었다고 말한다. 맥너니는 성장하는 사람은 변화에 열려있고, 그렇게 할 용기를 갖고 있으며, 열심히 일하는 훌륭한 팀 플레이어라고 주장한다. 그의 말을 빌리자면, "자신이 하는 일은 사람들 속에 있는 그것을 열어젖히는 방법을 발견하는 것이다. 왜냐하면 대부분의 사람들은 자기 내부에 그것을 갖고 있기 때문이다. 그러나 그들은 그들을 눌러버린 관료주의적인 환경에 종종 갇혀있다."[22]

5. **정서적 지지와 격려 전달.** 팀 구성원들을 지지하는 행위는 일반적으로 리더십 효율성을 증가시킨다. 지지를 해주는 리더는 격려와 칭찬을 자주 전달하고 아픈 직원 가족의 건강 등 업무와 관련 없는 사안에 대해서도 관심과 친절을 드러낸다. 격려란 용기를 가득 채우는 것을 의미한다는 것을 기억하라.[23] 사람들을 격려하는 여러 업무관련 방식 가운데 하나는 사람들이 의사결정에 참여하도록 허락하는 것이다. 정서적 지지는 일반적으로 사기를 향상시키고 때때로 생산성을 향상시킨다. 장기적으로 정서적 지지와 격려는 자신감을 북돋을 수 있다. 공감하는 따뜻한 리더는 자연스럽게 감정적으로 지지한다.

   온라인 비디오 광고 팀인 유미(YuMe)의 CEO 마이클 마티유는 자신의 직업에 정착하게 된 이유 중 일부는 자신의 성격 때문이라고 믿는다. 그의 성격에는 직원을 고무시키려는 의지가 들어 있다. 그는 직원들이 절대로 자신들의 아이디어가 바보 같다는 말을 듣게 될지 모른다는 공포감이 전혀 없이 그에게 이야기를 꺼낼 수 있다고 말한다.[24]

6. **원칙과 가치관 증진.** 최고 리더의 중요한 역할 하나는 개인과 조직 복지에 기여하는 가치관과 원칙을 높이는 데 도움을 주는 것이다. 이러한 원칙과 가치관 증진은 직접적으로는 사람들의 정서와 태도를, 간접적으로는 업무를 다루기 때문에 관계지향적이라고 분류할 수 있다. 희망을 주는 메시지로 널리 인용되고 있는 스티븐 코비(Stephen Covey)는 미션 기술서에는 대의명분이 있어야 한다고 충고한다.[25] 이러한 대의명분을 믿는 리더는 직장에서 사람들이 선한 행동을 하도록 이끄는 가치관과 원칙을 옹호할 것이다. 관리자와 다른 모든 직원들이 높은 도덕 수준을 갖고 업무를 수행하도록 고취시키기 위해서,

많은 기업들은 그들의 가치관을 문서로 작성해 놓고 있다. 그 가치관은 직원 수첩과 회사 인트라넷, 또는 회사 웹사이트에 들어있을 수 있다.

올바른 가치관을 구성하는 요소는 리더의 핵심 신념에 달려있다. 메드트로닉의 전직 회장이자 CEO이며 현재 하버드 경영대 교수인 빌 조지(Bill George)는 진성 리더십(authentic leadership)에 대한 그의 생각으로 많은 매니저들에게 감명을 주었다. 그러한 리더들은 기업 계층구조에서 고객과 직원의 안녕을 주주의 안녕보다 상위에 놓는다. 진정성 리더의 또 다른 주요 가치관은 직장과 가정생활 사이에서 직원들이 적정한 균형을 유지하도록 돕는 것이다.[26] 그의 책 『나침반 리더십(True North)』에서 조지는, 진정한 리더는 머리뿐 아니라 가슴으로 사람들을 이끌며, 그들에게 열정을 품을 수 있게 해준다고 말했다. 그 예가, 스타벅스의 설립자인 하워드 슐츠이다. 그는 그의 아버지가 자랑스럽게 여길 수 있는 기업을 발전시키기를 원했다. 또 다른 진정성 리더는 에이본의 안드레아 정으로, 그녀가 그 회사와 연을 맺음으로써 여성들에게 자기충족(self-sufficiency)을 달성할 수 있게 하였다. 일반적으로, 진정한 리더는 심지어 압박을 받는 순간에도 자신의 가치관에 충실하다. 더 나아가서, 그들은 직원들이 업무에서 단지 돈이 아니라 의미와 의의를 추구한다는 점을 명심한다.[27]

종종 기업을 돕는 또 다른 가치관은 직원 복지에 대한 강한 강조이다. 성공적인 패스트푸드 체인 인앤아웃 버거의 CEO 리치 스나이더의 리더십은 주목할 만한 사례이다. 임금과 복지가 상대적으로 높고, 목표를 달성한 매니저들은 회사가 지원하는 화려한 휴가를 즐길 수 있다. 결과적으로 인앤아웃 버거는 그 업계에서 가장 낮은 이직률을 자랑한다.[28]

도덕적 리더십 규정은 자신의 가치관을 이해함으로써 시작된다. [리더십 스킬 구축 연습 8-2]는 당신의 업무관련 가치를 생각해서 도덕적 리더십을 다른 사람들에게 더 잘 전할 수 있는 기회를 제공한다.

7. 서번트 리더 되기. 다른 사람들을 돕고자 하는 당신의 바람은 또 하나의 중요한 직장 가치이다. **서번트 리더**(servant leader)는 자신의 목적이 아니라 구성원들의 목적 달성을 돕기 위해 그들을 대신하여 일함으로써 구성원들을 섬긴다. 로버트 그린리프가 표현한 것처럼, 서번트 리더십의 이면에는 리더십이 봉사에 대한 헌신에서 자연스럽게 파생되었다는 개념이 있다.[29] 직원, 고객 그리고 지역사회를 포함한 다른 사람들에 대한 봉사는 서번트 리더의 근본적 동기이다. 그리고 진정한 리더십은 다른 사람을 돕겠다는 깊은 바램에서 나온다. 그러므로 서번트 리더는 도덕적 리더이다. 서번트 리더십은 집단 구성

리더십 스킬 구축 연습 8-2

대인관계 직업 가치관 확인하기

해답 효율적인 가치 리더십을 제공하기 위해, 먼저 타인을 상대하는 것과 관련해서 당신 자신의 가치관을 이해하는 것이 필수적이다. 한 사람으로서 당신에게 다음의 가치들의 중요성을 1부터 15까지 등급을 매겨라. 목록에서 가장 중요한 가치는 1등급을 주고, 가장 가치가 적은 것은 15등급을 부여한다. 만일 직업상 대인관계와 관련된 중요한 가치가 빠져있다면 "기타" 옆의 공간을 활용하여 추가하라.

____ 타인의 존엄성을 존중한다.
____ 타인이 흥미로운 업무를 수행하고 있다고 확신한다.
____ 타인의 신뢰를 얻는다.
____ 타인의 존경을 받는다.
____ 타인에게 당신 집단의 성과에 대한 깊은 인상을 심어준다.
____ 타인에게 그들의 업무에 대해 적절한 인정을 해준다.
____ 자기 자신을 포함하여 집단 내 각 구성원의 분야에 대한 지속적 학습을 격려한다.
____ 자신과 타인에게 약속 이행에 대한 책임을 진다.
____ 타인의 성장과 발전을 돕는다.
____ 높은 생산성과 품질을 달성하기 위해 타인을 격려한다.
____ 믿을 만한 사람이라는 평판을 개발한다.
____ 소셜 네트워크 사이트를 이용하여 동료와 정기적으로 연락한다.
____ 동료의 업무 만족에 기여한다.
____ 동료에 대해 강한 직장 불만족을 초래하는 일을 피한다.
____ 기타(   )

1. 이 가치들에 매긴 당신의 등급과 당신 옆 사람의 등급을 비교하고 토론하라.
2. 강사의 도움을 받아 수강생 각각의 가치에 대해 학급 평균을 얻을 수 있을 것이다. 학급의 평균 등급과 당신의 등급을 어떻게 비교할 수 있는가?
3. 당신의 등급을 다시 보라. 당신의 등급은 어떤가?
4. 학급 등급에 어떤 놀랄만한 점이 있는가? 어떤 가치가 가장 높은 등급과 가장 낮은 등급일 것이라고 생각했는가?

리더십에 대한 당신의 가치관을 명확하게 하는 것은 유쾌한 연습 그 이상의 의미가 있다. 많은 비즈니스 리더들은 종업원, 주주, 외부감사, 법률 체계 등으로부터 용납될 수 없는 가치로 인해 불명예를 얻고 자신의 회사를 파산에 이르게 했다. 예컨대 "믿을만한 사람이라는 평판 구축하기"를 가치 있게 여기는 CEO라면 수천 명의 종업원들에게 최저 임금에 가까운 돈을 지불하면서 회사에서 4억 달러를 대출하지는 않을 것이다.

원들이 보다 더 현명하고 건전하며 자율적이 될 때 이루어진다. 다음은 서번트 리더십의 핵심적인 측면이다.[30]

- 자신의 이익보다 봉사를 우선한다. 서번트 리더는 권력, 특권, 금전적 보상과 지위를 얻는 것보다 타인을 돕는 데 더 관심을 가진다. 서번트 리더는 금전적 보상이 없더라도 도덕적으로 옳은 일을 행하려고 한다. 리더는 타인의 욕구를 알아차리고 타인을 만족시키려는 바램에 따라 움직인다(당신은 타인의 욕구 충족을 원한다는 것이 기본적인 관계 행동임을 떠올리게 될 것이다).
- 타인에 대한 신뢰를 드러내기 위해 먼저 경청한다. 서번트 리더는 집단 구

성원의 관심사와 요구사항을 알기 위해서 듣는 것에 대단히 몰두한다. 다른 사람에게 자신의 의지를 강요하려는 대신에, 서번트 리더는 어떤 행동 방침이 타인의 목표달성에 유용할 것인지 이해하기 위해 주의 깊게 듣는다. 타인을 이해한 후에, 최선의 행동 방침을 선택할 수 있다. 예를 들어, 경청을 통해서 서번트 리더는 집단이 회사차원의 인정을 얻으려고 노력하기보다는 공동체 정신과 조화에 더 관심을 두고 있다는 것을 알게 될 수 있다. 그 때 리더는 팀의 가시적 성과 증대 방안을 모색하기보다는 팀워크 구축에 더욱 집중한다.

- 신뢰할 수 있는 사람이 되어 신뢰를 불어넣는다. 신뢰할 수 있다는 것은 서번트 리더의 기본적인 행위이다. 리더는 타인에게 양심적으로 정직하며, 통제를 버리고, 타인의 행복에 중점을 둔다. 대개 이러한 리더들은 이미 도덕적이기 때문에 신뢰할 수 있는 존재가 되기 위해 열심히 노력할 필요가 없다. 이 원칙을 뒷받침하는 조사에 따르면 대부분의 직원들은 동료가 아니라 신뢰받는 리더를 상사로 원한다.[31]
- 성취 가능한 것에 집중한다. 서번트 리더가 이상적이라고 할지라도, 이 리더도 한 개인이 모든 것을 완수할 수 없음을 인정한다. 그러므로 리더는 집단 구성원이 당면한 문제들을 경청한 후 몇 가지에 집중한다. 이리하여 서번트 리더는 어떤 문제들은 체계적으로 무시한다. 노동조합 임원은 구성원의 모든 관심사와 불평을 주의해서 듣고 나서 가장 긴급한 문제를 처리해야 한다.
- 도움을 준다. 서번트 리더는 선한 사마리아인 역할을 할 기회를 찾는다. 슈퍼마켓 관리자로서의 리더는 바쁜 기간 동안 상품을 담아주는 일을 도울 수도 있다. 혹은 서번트 리더는 허리케인 직후에 회사 로비의 진흙 청소를 도울 수도 있다.
- 정서적 치유를 제공한다. 서번트 리더는 집단 구성원의 개인적 관심사에 대한 민감성을 보여준다. 장애인 부모를 돌보는 데 걱정이 많은 직원이 그 예이다. 의류 소매업체인 맨스웨어 하우스에서는 서번트 리더십이 유행이다. 맨스웨어 하우스의 지역 매니저는 퇴근해서 가족과 함께 있고 싶지만 매장 매니저에게 그가 남아서 매장을 관리하겠다고 말한다. 그러면 매장 매니저는 아이의 야구 경기에서 가족들과 시간을 보낼 수 있다. 이 속에 담긴 의미는 매니저가 타인을 돕는 일에 최우선권을 부여한다는 점이다.[32]

논리적 타당성과 더불어, 182명의 직원을 대상으로 한 연구는 서번트 리더십이 조직의 시민 행동, 업무 성과 그리고 조직 잔류와 긍정적 관계가 있음을 보여

리더십 스킬 구축 연습 8-3

관계지향적 그리고 과업지향적 태도와 행위 적용하기

험난한 외부 조건을 참아낼 수 있는 약 6명의 역할 수행자가 이 연습에 필요하다. 설정은 북극권 내 원유 시추장치로, 그곳에서 심층 석유 매장량이 발견되어 현재 에너지 기업들이 시추작업을 벌이고 있다. 오늘의 체감 온도는 영하 40도에 달한다. 5명의 직원들은 아침에 시추작업을 어떻게 시작할 것인지 불안해하고 혼란스러워하고 있다. 감독관의 리더십 업무는 이 직원들이 시추작업을 완수하도록 돕는 것이다.

감독관 A는 집단에 관계지향적 태도와 행위를 투입하려 한다. 감독관은 이 책에서 언급한 몇 가지 행위를 사용할 것이다. 다른 5명 정도의 역할 수행자들은 그의 리더십에 반응을 한다. 이 역할극을 약 10분 정도 진행하라.

첫 번째 시나리오가 끝나고 나면, 감독관 B가 이 책에서 언급된 행위 몇 가지를 사용해 업무지향적 태도와 행위를 보여준다. 다른 5명 정도의 역할 수행자들은 이 리더십에 반응을 보인다. 10분 정도 역할극을 진행하라.

얼어붙은 툰드라에 던져지지 않은 수강생들은 감독관과 직원들 사이의 상호작용을 관찰한다. (a) 리더십 태도와 행위가 얼마나 잘 이행되었는가, 그리고 (b) 이러한 태도와 행위가 시추작업 개시라는 임무 수행에 얼마나 유용했는가에 대하여 피드백을 제공하라.

준다.[33] 케냐의 7개 다국적 기업에 관한 연구는 서번트 리더십이 긍정적 환경(회사 분위기)을 만들어 직원들로 하여금 훌륭한 조직시민이 되게 한다는 것을 제시하였다.[34]

[리더십 스킬 구축 연습 8-3]은 당신이 관계지향적 행동과 과업지향적 행동을 실천할 기회를 제공하며, 이것은 때로 리더십의 기본으로 여겨진다.

8.4 리더십 접근법의 미세 조정을 위한 다면 평가

대부분의 거대 조직에서 리더들은 집단 구성원에게 피드백을 제공할 뿐만 아니라, 자신의 태도와 행위의 효과에 대한 통찰력을 주는 피드백도 받는다. 이런 피드백은 리더와 상호작용하는 당사자들의 전체 표본으로부터 체계적으로 추출된다. 특히, **다면 평가**(360-degree feedback)는 업무와 직간접적으로 연관된 사람들로부터 때로는 고객과 공급자들까지 포함한 사람들에게서 나오는 조언(입력)에 근거한 상급자에 대한 공식 평가이다. 이것을 다중출처 피드백(multisource feedback) 혹은 다면 피드백(multirater feedback)이라고도 한다. 이 과정을 다면 조사(360-degree survey)라고 하기도 하는데, 그 이유는 그 조언이 몇 안 되는 사람들에 대한 조사에 기인하기 때문이다. 다중입력은 리더십 효율성을 측정하는 또 다른 방법이 된다. 특정한 다면 평가 양식이 종종 특정 회사의 요구에 따라 만들어지지만, 이 양식을 사용하는 회사의 25%는 표준화된(특별 주문이 아닌) 양식을 이용한다.

그 분야의 전문가들은 다면 평가가 인사고과와 연봉체계와 같은 관리적 목적보다는 관리자나 리더의 개발이라는 본래의 목적에 더 잘 들어맞는다고 본다. 다면 평가가 개발을 위해 사용될 때는 엄격한 계량적 순위보다는 질적 평가를 강조해야 한다.[35] 예를 들어, "회의시간에 눈을 마주치지 않는다."라는 말을 듣는 것이 "타인을 편안하게 한다."는 항목에 단순히 낮은 평가를 받는 것보다 훨씬 더 유용하다. 피드백은 (다면 평가를 받는 다른 사람들뿐만 아니라) 리더에게 전해지고 인사전문가나 외부 컨설턴트의 지원을 받아 해석된다.

조사에서 얻은 자료는 리더가 자신의 태도와 행위를 미세 조정하는 데 유용하게 사용될 수 있다. 예를 들어, 모든 이해관계자들이 리더에게 "타인에 대한 공감" 부분에서 낮은 평가를 매긴다면, 공감에 대한 책을 읽고, 세미나에 참석하거나, 다른 사람과 의견 갈등이 있을 때 공감하려는 의식적인 시도를 하는 등의 방법을 사용하여 빠르게 자신의 공감능력을 향상시킬 수 있다.

다면 평가 방식의 예가 [그림 8-2]에 나타나 있다. 이 사례는 리더의 자가인식과 집단인식 사이의 격차를 보여준다. 그러한 격차가 발생할 때, 전문적으로 교육을 받은 상담사나 기업 코치가 다면 평가에 관여해야 한다. 몇몇 사람들은 대인관계 기술 차원에서의 자가인식과 타인들의 인식 사이의 큰 차이를 발견할 때, 감정적으로 짓밟히는 기분을 느낀다. 다면 평가에 관여된 중간 관리자는 사람들이 자기를 얼마나 좋아하는가에 대해서 스스로 자랑스러워했다. 하지만 드러난 피드백은 그녀에 대해 겁박하고, 적대적이며, 교활하다고 묘사하였다. 피드백을 받자마자 그녀는 화를 내고(피드백이 사실이란 게 증명됐음!) 낙담해 했다. 전문가 상담은 때론 사람들이 비판적인 피드백에서 이득을 얻고, 이를 균형 잡힌 시선으로 바라보게 하는 데 도움을 준다.

최상의 결과를 위해서 다면조사는 조직이 가장 높게 가치를 부여하는 행위와 태도를 반영하는 것이 무엇보다 중요하다. 측정하는 차원이 리더십 기능의 중요 측면을 반영한다는 점에도 주의해야 한다. 다음은 다면조사를 보다 잘 활용하기 위한 몇 가지 제안이다.[36]

- 사업 목표와 전략에 집중하라. 피드백은 리더와 관리자에게 조직의 목표달성을 돕는 데 필요한 기술에 대한 통찰력을 제공해야만 한다.
- 피드백 차원이 리더십 기능의 중요한 측면을 반영한다는 것을 보장한다.

평가대상 매니저: 제레미 블랙스톤 등급(최고 10)

행위이나 태도	자가평가	집단평균평가	차이
1. 적정한 양의 구조와 지침을 준다.	9	6.5	-2.5
2. 적정한 양의 유익한 피드백을 준다.	9	6.5	-2.5
3. 사람들의 감정을 고려한다.	10	6.2	-3.8
4. 집단이 노력해가야 할 방향을 설정한다.	8	5.9	-2.1
5. 높은 성과 기준을 설정한다.	7	9.0	+2.0
6. 필요할 때 팀 구성원들을 지도한다.	10	6.3	-3.7
7. 사람들이 팀으로서 함께 일하게 한다.	9	5.1	-3.9
8. 팀 구성원들에게 영감을 준다.	10	2.8	-7.2
9. 필요할 때 정서적 지지를 해준다.	8	3.7	-4.3
10. 전략적 사고를 한다.	9	8.5	-0.5

그림 8-2 **다면 평가 차트**

주: 부정적 차이는 당신이 행위나 태도에 있어서 당신 집단이 주는 등급보다 자신에게 더 높이 등급을 매긴다는 의미이다. 긍정적 차이는 당신이 자기 자신을 평가하는 것보다 집단이 더 높은 등급을 매긴다는 의미이다.

- 직원들에게 피드백을 주고받는 훈련을 시킨다. 건설적인 피드백 전달은 코칭과 교육, 연습을 필요로 한다.
- 피드백에 기초하여 각 리더를 위한 개선 실행 계획을 만든다. 예를 들어, 대인관계에서 낮게 평가받은 리더는 감성지능 교육으로 혜택을 받을 수 있다.
- 피드백을 관리적 통제보다는 개인 발전을 위해 맞춰진 방식으로 인식하도록 평가를 받은 매니저가 피드백 정보를 다 갖고 있도록 한다.

다면 평가의 잠재된 문제점은 익명성이다. 소셜 미디어 웹사이트에 험담을 늘어놓는 사람들처럼, 화가 난 부하가 다면 평가 양식에 관리자에 대해 모욕적이고 치명적인 표현을 쓸 수 있다. 그러나 그런 비난은 아무런 이득이 없을 것이다.

8.5 리더십 유형

리더의 태도와 행위의 조합은 집단 구성원들을 대하는 데 어떤 규칙성과 예측가능성으로 이어진다. **리더십 유형**은 리더를 특징짓는 상대적으로 일정한 행동 양식이다. 리더십 유형 연구는 리더십 행위와 태도에 대한 이해의 연장이다. 리더십 유형에 대한 대부분의 분류는 배려와 구조주도 차원에 기반하고 있다. "그는 정말 명령–통제 유형이다."거나 "그녀는 합의적 리더"와 같은 표현은 이미 대중적이다.

우리는 여기서 참여적 리더십 유형, 전제적 리더십 유형, 리더십 그리드(Leadership Grid), 기업가 리더십 유형, 리더십 유형의 성별 차이, 그리고 최선의 리더십 유형 선택 등을 설명한다. 9장에서는 몇 가지 상황 리더십 이론을 제시하면서 리더십 유형을 계속 탐구한다.

참여적 리더십

집단 구성원들과 의사결정을 공유하고 그들과 함께 일한다는 것은 근대 조직에서 일반적으로 인정받는 리더십 접근법이 되었다. **참여적 리더**는 집단 구성원들과 의사결정을 공유한다. **공유 리더십, 협력적 리더십, 팀 리더십**은 모두 참여적 리더십과 같은 개념을 지칭한다. 참여적 리더십은 대단히 많은 행위들을 망라하기 때문에 협의적 리더십, 합의적 리더십, 그리고 민주적 리더십의 세 가지 하위유형으로 구분할 수 있다.

협의적 리더(consultative leader)는 의사결정 이전에 집단 구성원들과 상의한다. 그러나 그들은 의사결정의 최종 권한을 유지하고 있다. **합의적 리더**(consensus leader)는 합의를 추구한다. 그는 사안에 대한 집단 토론을 장려하며 일반적 동의를 반영하는 결정 그리고 집단 구성원이 지지할 결정을 내린다. 의사결정의 결과에 관련된 모든 직원들은 조언을 제공할 기회를 갖는다. 모든 관련 당사자들이 적어도 그 결정에 지지를 보내는 것으로 드러날 때까지 그 결정은 최종결정으로 간주되지 않는다. **민주적 리더**(democratic leader)는 집단에 최종 권한을 부여한다. 그들은 집단 의견의 수렴자의 기능을 수행하고 결정을 내리기 전에 투표를 실시한다.

참여적 유형은 경영 공개를 근간으로 하는데, 왜냐하면 리더가 집단 구성원들로부터 운영 관리에 관한 제안을 받아들이기 때문이다. 아래로부터의 아이디어를 환영한다는 것은 매우 중요한데, 기술이 발전하고 조직이 분권화될 때, 최전선의 직원들이 보다 많은 독립심과 책임감을 갖기 때문이다. 이 직원들이 시장에 더 가까이 있으며, 상품이 어떻게 사용되는지 더 가까이서 보고, 그리고 여러 인력 문제에 더 가까이 있다. 최전선 직원들의 지식은 마케팅 전략 개발과 직원 유지와 같은 목적을 위해 리더에게 유용한 조언을 제공할 수 있다.

참여적 유형은 팀워크 접근법을 포함한다. 참여적 리더의 두드러진 행위는 팀 구성원 코칭, 그들의 요구 협상, 타인과의 협력을 포함한다. 보통 업무에 가장 유효한 지식을 갖고 있는 팀 구성원은 리더의 역할을 한다. 연구에 따르면, 성과가 저조한 팀은 종종 팀 리더에게 지배를 당하는 반면에 성과가 좋은 팀은 공유 리더십을 특징으로 갖는다.[37]

참여적 유형은 책임을 맡고 싶어 하는 유능한 사람들을 관리하는 데 매우 적합하다. 그러한 사람들은 의사결정과 경영진에게 피드백을 주는 데 관여하고 싶어 한다. 경영학과와 전문과정 프로그램 졸업생 대부분이 의사결정에 관여하길 기대하기 때문에, 참여적 리더십은 새로운 종류의 매니저와 전문직 종사자들과 잘 맞는다.

브라질 장비 공급업체 셈코의 CEO 리카르도 세믈러는 참여적 리더십 경영을 극단적으로 적용하였다. 그 회사는 실질적으로 계속 성장하며 수익을 내고 있는데, 3,000명의 직원 투표권 중에서 세믈러는 단 한 표만 할당 받는다. 교육자 보이지키안과 함께 일하면서 세믈러는 다음을 포함한 급진적인 과정을 밟았다.

- 회사 식당에 관한 불평을 자주 들은 그는 직원들에게 식당을 개선하는 데 도움을 요청했고 결국 식당을 직원들에게 넘겨주었다.
- 그는 직원들에게 자신의 보수를 결정하도록 권한을 위임했다. 애널리스트가 다른 회사들을 벤치마킹하여 직위에 따른 평균임금 수준을 설정한 후, 경쟁력을 높이기 위해서 10%를 더 추가하여 임금수준을 공개 정보로 만들었다.[38]

참여적 리더십은 몇 가지 문제점을 내포하고 있다. 이 리더십은 팀 회의와 위원회 등으로 인해 지나치게 시간을 소모하는 결과를 곧잘 초래한다. 한편, 합의적 리더와 민주적 리더는 때로 방향 제시를 소홀히 하거나 매크로매니저로 비판을 받는다. 때로는, 참여적 리더십이 과도하게 이뤄진다. 팀 구성원들은 경영진이 쉽게 독립적으로 처리할 수 있는 사소한 문제에 대해서도 상담을 받게 된다. 또 다른 문제는 여전히 많은 관리자들이 구성원들과의 의사결정 공유가 그들의 권력을 축소시킨다고 믿는다는 점이다.

민주적 리더십이 한 걸음 더 나아가면 극도의 매크로매니지먼트가 되는데, 이를 자유방임 리더십(laissez-faire leadership) 유형이라 부른다. 4,500명의 노르웨이 직원들을 대상으로 한 연구는 자유방임형 리더가 관리하는 직원들은 역할 모호성을 경험했다는 걸 알아냈다. 모호성 때문에 직원들은 성과평가가 진행될 때 자신의 감독관이 어떤 기준을 따라가는지 걱정하고, 최우선적으로 해야 할 업무가 무

엇인지도 고민한다.[39]

참여적 리더십, 특히 합의적 하위유형에서 실질적 문제는 특히 의사결정을 위한 수많은 회의로 엄청난 시간을 소비한다는 것이다. 구글에서 상위 3명의 임원들은 수년간 의사결정에 동일하게 관여해 왔다. 2011년, 경영구조를 단순화한 이유 가운데 하나는 의사결정 속도를 높이는 것이었다.[40]

전제적 리더십

참여적 리더의 반대가 **전제적 리더**(autocratic leaders)이며, 이들은 대부분의 권한을 가지고 있다. 그들은 확신에 차서 의사결정을 내리고, 집단 구성원들이 따를 것이라고 가정하며, 결정에 대한 집단구성원들의 태도에 과도하게 신경 쓰지 않는다. 전제적 리더는 업무 완수를 많이 강조하기 때문에 업무지향적이라고 간주된다. 전형적인 전제적 행위는 사람들에게 해야 할 업무의 지시, 권위의 과시, 팀 구성원들을 위한 모델의 역할 등을 포함한다.

특정 상황에서, 그리고 특정 조직 문화에서는 전제적 리더십이 요구된다. 댄 애커만은 2010년에 제너럴모터스(GM)의 CEO가 되었는데, 신속한 결단이 요구되는 시기였다. 그는 이전에도 재무담당자로서 GM에서 1년간 근무했었다. 애커만은 전직 해군장교로 성과를 타진하는 데 있어 의지가 강하고 매우 단호한 사람이라는 평가를 받았다. 사모펀드 매니저로서도 그는 분명한 목표를 신속하게 달성해야 하는 구조조정 상황에서 회사를 이끌었다. 다른 효율적인 전제적 리더들과 마찬가지로, 애커만은 많은 의사결정에 있어 신속하게 움직이지만 믿을만한 조언자로부터의 약간의 조언을 구한다.[41] 전제적이라는 말을 듣는 것이 반드시 리더가 강압적이거나 고지식하다는 의미는 아니다.

리더로서의 기술 개발의 일부는 자신의 리더십 유형이나 잠재적 유형에 대한 통찰력 획득을 수반한다. 이를 위해서 [리더십 자기 평가 퀴즈 8-2]를 해본다.

리더십 그리드™ 유형

리더십 유형을 구분하는 고전적 방식은 효율적인 리더십 달성을 위한 최고의 방법이 업무와 관계 지향성을 통합하는 것이라고 말한다. **리더십 그리드™**(Leadership Grid™)는 생산과 사람에 대한 리더의 관심 정도를 명시하는 틀이다.[42]

생산에 관한 관심은 격자의 가로축에 있다. 생산에 관한 관심은 결과, 최종 결산 결과, 성과, 이익, 그리고 사명 등을 포함한다. 사람들에 관한 관심은 세로축

리더십 자기 평가 퀴즈 8-2

당신은 어떤 유형의 리더인가 혹은 어떤 유형의 리더가 될 것인가

방법 당신이 과거에 했던 행동이나 하게 될 것이라 생각하는 행동을 기억하면서, 서술된 시나리오와 태도에 관한 다음 항목에 답하라.

	대체로 그렇다	대체로 그렇지 않다
1. 영향력이 큰 임무를 집단 구성원에게 돌리기보다는 나 스스로 해결할 가능성이 높다.	☐	☐
2. 집단 구성원들과 직접 일하는 것보다 매니저 업무의 분석적 측면을 선호한다.	☐	☐
3. 집단 관리에 대한 내 접근 방식에 있어서 중요한 부분은 그들의 업무에 영향을 미칠 수 있는 정보를 거의 매일 그들에게 전달하는 것이다.	☐	☐
4. 집단 내 2명에게 동일한 문제를 주고 나서 최선으로 나타나는 해결책을 선택하는 것은 좋은 생각이다.	☐	☐
5. 업데이트가 단순한 문자 메시지나 인스턴트 메시지 일지라도, 부하의 업무 진척에 대해 하루에도 몇 번씩 최신 정보를 받기를 좋아한다.	☐	☐
6. 간단한 사안일지라도, 의사 결정을 하기 전에 집단의 조언을 얻을 기회를 찾는다.	☐	☐
7. 만일 집단 구성원 몇 명이 내가 잘못했다는 증거를 제시한다면, 결정을 뒤집을 것이다.	☐	☐
8. 업무 집단 내 의견 차이는 건전하다.		
9. 토요일에 가난한 가정의 집을 수리하는 등의 공동체 정신 함양 활동은 아주 훌륭한 시간투자라고 생각한다.	☐	☐
10. 만일 나의 집단이 새로운 구성원을 채용한다면, 집단 전체가 그 사람을 인터뷰하기를 원한다.	☐	☐
11. 효율적인 팀 리더는 오늘날 팀 구성원들과의 커뮤니케이션의 98%를 이메일이나 다른 디지털 미디어를 이용하여 해결한다.	☐	☐
12. 최고의 아이디어 가운데 일부는 매니저에게서가 아니라 집단 구성원들로부터 나오는 경향이 있다.	☐	☐
13. 우리 집단이 회식을 하게 된다면, 어떤 종류의 음식이 나오기를 원하는지에 대해 구성원 각자에게 조언을 얻을 것이다.	☐	☐
14. 나는 박물관이나 공원 등지에서 위원회의 동상을 본적이 없다. 따라서 인정을 받고 싶다면 왜 위원회가 의사 결정을 하게 하는가?	☐	☐
15. 집단 구성원이 어떤 사안에 대해서 내 직위에 도전할 때, 이를 극도로 싫어한다.	☐	☐
16. 일반적으로 집단 구성원들에게 그들이 할당된 업무를 수행하기 위해서 어떻게 (무슨 방법을) 활용해야 하는지를 설명한다.	☐	☐
17. 내가 일주일 동안 사무실을 비우는 경우, 부서 내 중요한 업무의 대부분은 어떻게든 이행될 것이다.	☐	☐
18. 중요한 업무의 위임은 나에게 매우 어려울 수 있는(혹은 현재도 어려운) 일이다.	☐	☐
19. 집단 구성원이 문제를 갖고 나에게 찾아올 때, 바로 끼어들어 해결책을 제시하는 경향이 있다.	☐	☐
20. 집단 구성원이 문제를 갖고 나에게 찾아올 때, 일반적으로 "당신이 지금까지 어떤 해결책을 생각해 놓았는가?"와 같은 질문을 던진다.	☐	☐

채점 및 해석 참여적 리더를 위한 정답은 다음과 같다.

1. 대체로 그렇지 않다.
2. 대체로 그렇지 않다.
3 대체로 그렇다.
4. 대체로 그렇지 않다.
5. 대체로 그렇지 않다.
6. 대체로 그렇다.
7. 대체로 그렇다.
8. 대체로 그렇다.
9. 대체로 그렇다.
10. 대체로 그렇다.
11. 대체로 그렇지 않다.
12. 대체로 그렇다.
13. 대체로 그렇다.
14. 대체로 그렇지 않다.
15. 대체로 그렇지 않다.
16. 대체로 그렇지 않다.
17. 대체로 그렇다.
18. 대체로 그렇지 않다.
19. 대체로 그렇지 않다.
20. 대체로 그렇다.

▶ 만일 당신의 점수가 15점이거나 그 이상이라면, 당신은 현재 (또는 미래에) 참여적 리더일 가능성이 매우 높다. 만일 당신의 점수가 5점이거나 그 이하라면; 당신은 현재(혹은 미래에) 전제적 리더가 될 가능성이 매우 높다.

역량 개발 방금 마친 이 퀴즈 역시 스킬 개발을 위한 기회이다. 20개 항목을 검토하고 참여적 리더십을 갖추기 위한 암묵적 조언을 찾아보라. 예를 들어, 20번 항목은 당신이 집단구성원들로 하여금 그들 자신의 문제 해결책을 찾아 이행하도록 격려하는 것을 제시하고 있다. 만일 당신의 목표가 전제적 리더가 되는 것이라면, 이 항목들은 유용한 지침으로 작용할 수도 있다. 예를 들어, 19번 항목은 전제적 리더가 집단 구성원을 위해 문제 해결을 일단 고려하라고 제안한다.

위에 매겨져 있으며, 집단 구성원들과 동료에의 관심을 포함한다. 이 두 개의 관심 모두 리더십 태도 혹은 리더십에 대한 사고방식이다. 각각의 관심 (혹은 차원)은 1부터 9까지 연속선을 따라 다양한 정도로 존재한다. 한 개 관심사에 대한 매니저의 위치는 나머지 다른 관심사에 대한 위치에 영향을 주지 않는다고 전제한다. [그림 8–3]에 나타난 대로, 그리드는 7가지 리더십 유형을 포함하고 있다. 당신이 이미 이 그리드에 익숙하다면, 유형의 명칭이 이 버전에서 달라졌음을 알아차릴 것이다.

그리드의 창시자들은 (9, 9)의 견실한(Sound, 기여와 헌신) 리더십의 가치에 대해 강한 찬성론을 편다. 그들 연구에 따르면, 견실한 경영 접근법은 성공한다. 이것은 성과 개선, 낮은 결근율과 이직율, 그리고 높은 사기로 이어진다. 견실한 (9, 9) 경영은 신뢰와 존경에 의지하며, 이 두 요소는 좋은 결과를 가져오기 위해 결합된다.

(9, 9) 리더에 적합할 수 있는 관리자의 예는 뱅크오브아메리카(BOA). 글로벌 자산투자관리 부문 사장 샐리 크로첵(Sallie Krawcheck)이다. 아마도 월스트리트에서 가장 영향력 있는 여성으로서, 그녀의 집단은 BOA 내에서 최고의 실적을 내는 집단 가운데 하나이다(생산 강조). 동시에 크로첵은 부드러운 인간미를 유지한다(인간 강조). 시티은행(Citibank)에 근무할 때 그녀는 가치가 폭락한 서브프라임

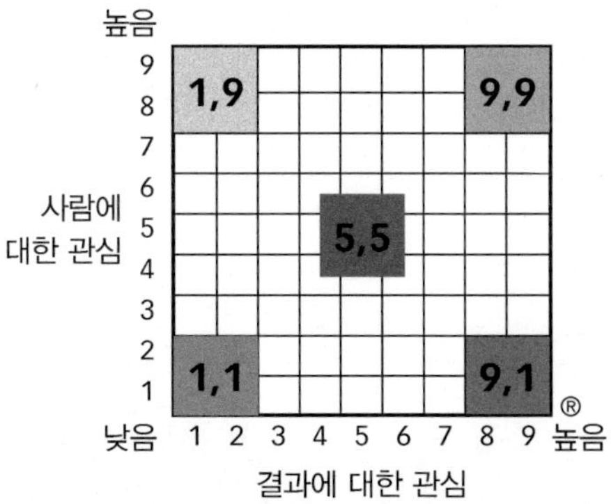

7가지 경영 그리드(managerial grid) 유형

9,1 통제적(지시와 지배)

- 나는 행동 방침을 명확하게 언급함으로써 결과를 기대하고 주도권을 잡는다.
  나는 우수한 결과를 유지하고 일탈을 허용하지 않는 규칙을 강조한다.

1,9 순응적(양보와 준수)

- 나는 화합을 구축하고 강조하는 결과를 지지한다.
  나는 업무의 긍정적이고 유쾌한 측면을 부각시켜 열정을 이끌어낸다.

5,5 현상 유지(균형과 타협)

- 나는 인기 있는 결과를 지지하지만 불필요한 위험감수는 하지 말라고 경고한다.
  나는 지속적인 용인가능성을 보장하기 위해 관여한 사람들과 나의 의견을 시험한다.

1,1 무관심(모면과 회피)

- 나는 문제에 말려드는 것을 피하기 위해 결과에 적극적으로 책임을 지는 것으로부터 거리를 둔다.
  어쩔 수 없는 경우, 나는 소극적이거나 지지하는 입장을 취한다.

PAT 온정주의적(규정과 지도)

- 나는 나 자신과 타인들을 위해 주도권을 정함으로써 리더십을 제공한다.
  나는 지지에 대해 칭찬과 감사를 전하고, 내 생각에 대한 도전을 단념시킨다.

OPP 기회주의적(착취와 조작)

- 나는 내게 사적 이익을 가져다 줄 결과를 지지하도록 다른 사람들을 설득한다.
  만일 그들도 혜택을 받는다면, 지지를 얻기가 훨씬 좋다.
  나는 이익을 담보하기 위해 필요한 어떤 접근법에라도 의존한다.

9,9 견실한(기여와 헌신)

- 나는 참여와 헌신을 불러들이는 방법으로 팀 활동을 시작한다.
  나는 최선의 해결책에 대한 이해를 공유하기 위해 모든 사실과 대안을 조사한다.

그림 8-3 **리더십 그리드™**
경영 그리드(또는 리더십 그리드)는 직장 행동과 결과 관계를 특징짓는 7가지의 기본 유형을 명쾌하게 규정하는 매우 단순한 틀이다. 7가지 경영 그리드 유형은 두 개의 기본 관심(사람에 대한 관심과 결과에 대한 관심)이 사람들이 상호작용할 때마다 달라지는 수준에서 어떻게 나타나는가에 기초한다.

주택융자 담보증권을 사들였던 고객에게 상환을 해주려고 했었다. 메릴린치가 BOA에 합병되었을 때, 그녀는 개인적으로 찾아가 브로커들을 설득하기 위해 열심히 노력했다.[43]

기업가 리더십

많은 기업가들이 자신의 성격적 특징과 환경에서 비롯된 유사한 리더십 유형을 사용한다. 비록 기업가에 대해 다른 유형과 정의가 있지만, 일반적으로 기업가란 혁신적인 사업을 세우고 운영하는 사람이다. 따라서 프랜차이즈 운영자를 포함해 모든 기업 소유주가 기업가적 리더는 아니다. 기업가는 일반적으로 업무지향적이고 카리스마적인 인물로 그려진다. 기업가는 자기 자신과 타인들을 혹독하게 밀어붙이지만, 그들의 성격이 타인들에게 영감을 주기도 한다.

이러한 기업가 리더십 유형은 다음 문단에 묘사된 행위를 자주 포함한다.[44] 그러나 권위자들은 기업가적 특성 존재 여부에 대해 동의하지 않는다.

1. **강력한 성취동기와 합리적 위험 감수.** 기업가들은 대부분의 리더에 비해서 강력한 성취동기를 갖고 있다(3장 참조). 사업을 일으키는 것은 성취와 위험감수의 뛰어난 수단이다. 완수할 필요가 있다고 생각하는 것을 이루기 위해서 기업가는 기꺼이 하루 12시간이란 엄청난 시간을 일하며, 일주일 내내 일하는 것도 드물지 않다. 기업가들은 합리적으로 위험을 감수하기 때문에 많은 이들이 자신을 위험 감수자라고 여기지 않는다. 마치 줄타기 곡예사가 스스로 통제할 수 있다고 인식하기 때문에 스스로 위험을 감수하지 않는다고 믿는 것처럼 말이다. [리더십 자기 평가 퀴즈 8-3]은 당신의 위험감수 경향에 대해 생각할 기회를 제공한다.

2. **높은 수준의 열의와 창의성.** 기업가들은 매우 열정적인데, 부분적으로 그들은 자신의 성취에 매우 흥분하기 때문이다. 『앙트러프러너(Entrepreneur)』라는 잡지가 말한 바와 같이, "그들을 기업가이게 하는 것은 로켓 발사와 같은 최고의 짜릿한 경험이다." 기업가의 열의는 그들을 설득력 있게 만든다. 결과적으로, 그들은 종종 카리스마적이라고 인식된다. 일부 기업가들은 대단히 감성적이어서 괴짜라고 여겨지기도 한다.

   기업가의 열의는 종종 열정으로 발전되기도 한다. 작고한 보디샵 설립자 안나 로딕은 "성공하기 위해서 당신은 열정을 갖고 무언가를 믿어야 하며 그

리더십 자기 평가 퀴즈 8-3

당신의 위험 감수 성향은 어떠한가

방법 다음의 각 항목이 당신의 태도나 행위를 얼마나 잘 반영하는지를 표시하라. 척도는 다음과 같다.
매우 부정확하게 반영(VI) 부정확하게 반영(I) 적당히 잘 반영(MW)
정확하게 반영(A) 매우 정확하게 반영(VA).

	VI	I	MW	A	VA
1. 기회가 된다면, 휴가 때 그랜드 캐넌 위를 날아서 건너는 등 헬리콥터를 타고 싶다.	①	②	③	④	⑤
2. 채권이나 CD(양도성 예금증서)에 훨씬 더 많은 돈을 투자한다(혹은 투자할 것이다).	⑤	④	③	②	①
3. 자신만의 사업을 시작한다는 생각은 내게 매력적이다.	①	②	③	④	⑤
4. 기꺼이 소개팅에 자주 나가려고 한다(혹은 나갔었다).	①	②	③	④	⑤
5. 젊은이들에게 주는 경력과 관련된 나의 조언이란 현장에 신입을 많이 필요로 하는 안정된 직장을 추구하라는 것이다.	⑤	④	③	②	①
6. 내 가족이나 친구가 없는 도시로 나는 기꺼이 전근을 갈 것이다.	①	②	③	④	⑤
7. 지난 몇 해 동안, 나는 새로운 운동과 춤 또는 외국어를 스스로 시작했다.	①	②	③	④	⑤
8. 보장된 급여를 기반으로 적어도 90%를 나에 대한 보상으로 갖기를 선호한다.	⑤	④	③	②	①
9. 전화번호와 주소를 소셜 네트워크 웹사이트에 올려놓는 데 아무런 문제가 없다.	①	②	③	④	⑤
10. 내 소유의 단발 엔진 비행기를 몰고 바다를 건너는 생각은 내게 매력적이다.	①	②	③	④	⑤

총점

채점 및 해석 당신이 표시한 숫자들을 모두 더해서 최종 점수를 얻는다.

- 56~60점 때로 무분별하게 경계선을 타는 당신은 심각한 위험 감수자이다. 당신은 진행을 하기 전에 충분히 주의해서 위험을 평가하지 않을 가능성이 아주 높다.
- 48~55점 당신은 아마도 합리적인 위험 감수자이며 다른 사람들에게 당신의 리더십이 갖는 호소력을 강화시키는 방면에서 다소 모험적인 사람이다.
- 15~47점 당신은 위험회피 성향을 갖고 있다. 이러한 측면에서 당신의 보수주의는 기업가 리더십 유형을 손상시킬 수 있다.

카리스마 리더와 기업가 리더 모두 위험감수로 유명하기 때문에 위험 감수는 리더십에 상당히 중요하다. 더군다나, 당신이 위험을 회피하려고 한다면 변화를 가져오기(핵심적인 리더십 기능)가 어렵다.

러면 그것은 실현된다."라고 주장하였다. 기업가적 열정에 대한 이론적 분석은 세 가지 역할에 투자할 것을 제안한다. 첫 번째는 제품이나 서비스에 대한 시장의 요구를 이해하는 등의 기회를 인식하는 창안자의 역할이다. 두 번째는 관련된 경영 및 리더십의 모든 책임을 지고 벤처기업을 만드는 설립자의 역할이다. 세 번째는 전 세계 시장으로의 진출 등과 같은 벤처기업을 성장시키는 개발자의 역할이다.[45]

3. **기회가 왔을 때 재빨리 행동하는 성향.** 기업가는 기회를 잡는 것으로 유명하다. 거래가 일어날 조짐이 보일 때, 그들은 자기 자신과 주변 사람들을 강하게 밀어붙인다.

4. **성급함과 결합된 끊임없는 조급함.** 기업가들은 항상 서두른다. 하나의 회의를 진행하는 동안, 그들의 마음은 대개 다음 회의에 조점을 맞추기 시작한다. 그들의 넘치는 활기는 집단 구성원과 주변 사람들에게도 옮겨간다. 기업가들은 시간절약을 위해 단순한 의상 스타일을 채택하며, 보통 약속 시간 사이에 약간의 틈도 허용하지 않는다.

5. **끈기와 결합된 공상적 시각.** 한창 때의 기업가는 공상가이다. 효율적인 리더의 다른 유형들과 마찬가지로, 그들은 다른 사람이 보지 못한 기회를 본다. 특히, 그들은 문제를 확인하고 해답에 도달하는 능력을 갖추고 있다. CNN의 테드 터너는 기업가적 공상가의 전설적인 사례이다. 터너는 사람들이 언제라도 접근할 수 있는 뉴스 전문 케이블 채널이라는, 사람들이 원하는 트렌드를 집어냈다. CNN은 상업적으로 성공을 거두었을 뿐만 아니라 사람들이 전 세계에서 나오는 뉴스를 얻는 방식에 혁명을 일으켰다. 비전이 확립된 후, 기업가는 필요하다면 일주일에 80시간이나 일을 하면서 끈기 있게 비전을 이행한다.

   많은 기업가들에게 있어서 사업을 성장시키는 데는 끈기를 요구한다. 마크 주커버그가 바로 유용한 예로, 20대 초반에 그는 이 시대에 가장 잘 알려진 기업가 가운데 한 명이 되었다. 대대적인 경제위기 동안 그는 돈과 시간을 투자해 페이스북을 개발하였고, 엔지니어링 순위에서 50% 성장했다. "우리에게 있어서 2009년은 사이트를 더 좋게 만들고 사용자가 확대된 해였다."라고 주커버그는 말한다.[46]

6. **위계질서와 관료주의 혐오.** 기업가들은 관료주의적 체제에서 일하는 데 이상적으로 적합한 기질을 갖고 있지 않다. 여러 성공한 기업가들은 관료적 체제의 제약에 좌절했던 사람들이다. 리더십 유형의 함의는 기업가들이 사람들을 관리할 때 규율과 규칙을 중요시하지 않는다는 것이다.

7. **외부 고객응대 선호.** 기업가들이 관료주의에 곤란함을 느끼는 한 가지 이유는 그들이 자신의 에너지를 직원보다 상품, 서비스, 고객에게 쏟기 때문이다. 일부 기업가들은 고객과 채권자에게 너그럽지만 회사 내부인들에게는 퉁명스럽다. 많은 기업가들이 갖는 맹점은 왜 자신의 직원들이 업무와 고객 중심에 대한 열정을 공유하지 않는지를 이해하지 못한다는 점이다. 결과적으로, 그들은 회사에 대한 헌신을 공유하지 못하는 직원들에게 무뚝뚝해질 수 있다.

리더십 스킬 구축 연습 8-4

기업가 리더십

기업가 역할의 중요한 한 부분은 다른 사람들이 당신 회사에 투자하거나 당신에게 돈을 빌려주도록 당신 아이디어의 장점을 그들에게 확신시키는 것이다. 두 명의 학생이 신제품이나 새 서비스를 갖고 사업을 시작하고자 하는 한 팀의 기업가 역할을 수행한다(두 명의 기업가는 상품이나 서비스를 선택한다). 약 5명의 다른 학생들이 벤처 투자자나 은행원 집단의 역할을 수행하며 투자할 것인지 혹은 대출을 해줄 것인지를 결정하기 위해 발표를 듣는다. 기업가들은 훌륭한 사업 계획에 덧붙여, 자신의 제품에 대한 열망과 헌신을 전달한다(당신은 12장의 설득적 커뮤니케이션에 관한 자료를 재빨리 검토하고 싶을지도 모른다). 참여하지 않는 학생들은 두 명의 기업가가 기업가 리더십 유형의 여러 측면을 얼마나 잘 보여주는가를 평가한다.

8. **미래를 향한 눈.** 기업가들은 심지어 현재 사업이 연착륙하기 전에 미래의 거래와 사업기회에 대하여 생각하는 뚜렷한 특징을 갖는다. "다음 거래는 어디서 나올까?"는 진정한 기업가의 주문이다. 현재의 사업을 통해 엄청난 부를 축적했다 하더라도 기업가 리더는 미래의 기회를 바라본다. 리차드 브랜슨이 좋은 예로, 그의 제국에는 버진(Virgin) 상표를 단 250여개의 회사가 있지만, 그는 계속해서 새로 시작하거나 인수할 다음 회사를 물색한다.

   기업가의 성격이 극단적으로 흐르면 약물남용과 같은 중독성 행동으로 이어질 수 있다. 기업가 리더십의 한 측면 연습을 위해 [리더십 스킬 구축 연습 8-4]를 해보자.

리더십 유형에서 성별 차이

여성과 남성이 다른 리더십 유형을 갖는지에 관한 논란은 계속되고 있다. 몇몇 연구자들 및 관찰자들은 여성이 관계지향적 리더십에 맞는 후천적인 특성과 행위를 지니고 있다고 주장한다. 결과적으로, 여성 리더들은 팀 구성원을 보살피는 것을 포함해 협력적이고 임파워먼트적인 유형을 자주 보여준다. 이와 동일한 관점에 따르면, 남성은 명령-통제, 군대식 리더십 유형에 더 기울어져 있다. 여성은 사람들과의 상호작용에서 보다 편안함을 느끼는 것으로 드러나기 때문에, 남성보다 참여적 경영을 더 자연스럽게 여긴다. 게다가 사람들에 대한 여성의 선천적 민감성 덕분에 집단 구성원들의 의사결정 참여를 독려하는 데 남성보다 우월하다고 주장한다. 여기서 우리는 리더십 유형에서 성별 차이가 있는가에 대한 증거와 추론 일부를 간단히 살펴보기로 한다.

많은 연구자들이 남성과 여성 사이의 차이에 관한 인식을 지칭하는 **성별**(gender)이라는 용어를 사용한다. 여성 매니저가 남성 동료에 비해 남의 말을 더 잘 들어주는 경향이 있다고 믿는 것이 그 예이다. 성별 차이는 남성과 여성이 차지하는 역할을 의미한다. 그러나 **성**(sex) 차이는 실제(객관적이고 계량적인) 차이를 지칭하는데, 예를 들어 남성의 평균 신장이 여성의 평균 신장을 능가한다는 것은 사실이다. 그럼에도 불구하고, 성별(gender)과 성(sex)이라는 용어는 여전히 일상과 학술 논문에서 어느 정도 같은 의미로 혼용된다.

리더십 유형에서 남성-여성 차이를 지지하는 주장 직장 내 성별 문제 전문가인 주디 로즈너(Judy Rosener)는 남성과 여성이 반대 유형을 지향하는 경향이 있다고 결론 내렸다. 자기보고서를 근거로 남성은 명령-통제 유형을 지향하는 경향이 있는 반면 여성은 대인관계 기술에 크게 의존하면서, 변혁적 리더십 유형을 지향하는 경향이 있다는 결론을 내렸다.[47] 기업 매니저로서 여성은 직원들을 배려하고 보살피는 관계를 형성하는 데 비중을 두는 경향이 있다. 여성은 또한 남성보다 집단 구성원을 더 칭찬하는 경향이 있다. 그리고 직원이 기대에 못 미쳤을 때, 여성은 칭찬받을 만한 어떤 것을 찾아내서 비판을 완화할 가능성이 더 많다.[48]

남성과 여성의 생물학적 및 심리학적 구조에 있어서 근본적 차이점은 두 성별이 다른 리더십 유형을 발현시킬 가능성이 있다는 증거로써 사용된다. 뇌 연구가인 라켈 구르(Raquel Gur)와 루벤 구르(Ruben Gur)는 차이점 가운데 하나를 발견했다. 그들은 여성이 남성보다 정서적 신호와 언어적인 미묘한 차이에 훨씬 더 민감할 수 있다는 것을 밝혀냈다. 따라서 여성 리더는 집단 구성원의 감정에 반응하고, 특정한 말을 통해 그들이 진짜 의미하는 바를 이해하는 데 더욱 적합할 것이다.[49]

커뮤니케이션에서 성별 차이 역시 리더십 유형에 반영된다. 무엇보다도, 여성은 남성보다 관계 설정과 정서적 지지 전달을 위해서 구두 커뮤니케이션을 사용할 가능성이 더 높다.[50] 남성은 정보 유포와 능력 입증에 더 집중한다. 따라서 여성은 관계지향적 리더십 유형을 선택할 가능성이 더 높다.

리더십 유형의 성별 차이를 반대하는 주장 문헌조사를 근거로 하여 잔 그란트(Jan Grant)는 남성과 여성 매니저들 사이에 성격 혹은 행동 차이가 있다손 치더라도 거의 미미하다고 분명하게 결론을 내렸다. 또한, 여성들이 승진을 할수록 경영에서 성공한 남성 모델과의 동일성을 중요시 한다. 결과적으로 그들은 일찍이 지지받았을 몇 안 되는 경영자의 여성적 특징조차도 거부한다.[51]

어느 정도까지 남성과 여성의 리더 차이에 대한 고정관념이 사실인지를 판단하는 것은 어렵다. 만일 리더십 유형에서 남성과 여성의 차이점이 존재한다고 하더라도, 그 차이점은 적정한 관점에 놓여야만 한다. 남성과 여성 리더 모두 리더십 유형에 관해서는 자신들 사이에서도 다르다. 많은 남성 리더들이 관계지향적이고 많은 여성 리더들이 명령과 통제를 실시한다(극단적인 업무 지향성). 많은 여성들은 여성 매니저가 남성 매니저보다 더 적대적이고 집념이 강할 수 있다고 믿는다.

소매업 회사인 티제이엑스스의 최고 경영자인 캐롤 메이로비츠는 리더십의 성별 차이에 대해 다음과 같은 강력한 언급을 한다. "훌륭한 리더십과 훌륭한 성과는 어떤 하나에 관련된 것이 아니라, 다수의 요소와 환경에 관련된 것이다."[52]

아마도 리더십에 대한 최고의 접근방법은 남성과 여성 모두의 긍정적 특성을 이용하는 것이다. 세계 시장에서 경쟁하려면 기업은 남성과 여성을 아우르는 다양한 리더십 팀을 요구한다. 남성과 여성 유형 양쪽이 필요하다는 것을 인정하지 않으면 여성 매니저들에게 혼란을 일으킬 수 있다. 앨리스 이글리(Alice H. Eagly)와 린다 칼리(Linda L. Carli)는 여성 리더들이 적절하고 효율적인 리더십 유형—많은 사람들이 성공에 필요하다고 생각하는 더 냉엄한 자질과 여성들이 선호하는 공동의 자질을 조화시킨 것—을 배양하기 위해 투쟁하고 있다고 쓰고 있다.[53]

최고의 리더십 유형 선택

이 장과 다음 장에 있는 리더십 유형에 대한 토론의 근본적인 주제는 최고의 또는 가장 효과적인 한 가지의 리더십 유형은 없다는 것이다. 3,000명의 임원을 대상으로 한 연구는 최선의 결과를 내는 리더들이 하나의 유형에 의지하지 않는다는 것을 밝혀냈다. 대신에, 그들은 여러 다른 유형을 한 주일 동안 사용하는데, 예를 들어 어떤 상황에서는 전제적인, 또 다른 상황에서는 민주적인 리더십을 사용하는 것이다.[54] 또 다른 고려사항은 리더십이 발생하는 지역의 민족문화이다. 대부분의 독일 직원에게 효율적인 리더십 유형은 높은 성과(업무)지향성과 적당한 양의 동정심(배려)이 될 것이다.[55] 그러나, 스칸디나비아 직원들은 민주적 리더십 유형에 가장 잘 반응한다.

조직문화 역시 어떤 리더십 유형이 용인되고 효과적일 것인지에 영향을 미친다. 친절하고 협력적인 문화는 합의적 유형의 리더십을 더 많이 요구한다. 반대로, '성과를 내거나 또는 파멸하거나(perform-or-perish)' 하는 문화에서는 보다 지시적이거나 전제적 리더십 유형이 효과적일 것이다.

이 책의 몇몇 부분에서 우리는 리더-구성원 교환관계(LMX) 이론을 언급할 것이다. 이 이론의 핵심은 리더가 집단 구성원 각자와 질적으로 다른 관계를 형성

리더십 스킬 구축 연습 8-5

리더십 유형 대조하기

한 학생이 생명보험 및 다른 투자 상품을 판매하는 금융 서비스 기업에서 일하는 새로운 동료직원의 역할을 수행한다. 이 동료직원은 6주간의 교육 프로그램을 이수하였고 현재 정규직으로 일하고 있다. 4주가 지났지만, 이 동료직원은 여전히 판매를 하지 못했다. 이 동료의 상사는 진척을 논의하고자 오늘 이 동료를 만날 계획이다. 또 다른 학생은 업무지향적 리더의 역할을 수행한다. 두 명이 검토 시간에 참가한다.

동료직원 혹은 상사의 역할을 수행하기(혹은 맡기) 전에, 몇 분 동안 당신이 실제 삶에서 그 역할에 놓이게 된다면 어떻게 행동할 것인지 생각하라. 좌절한 동료에게 혹은 업무지향적 리더에게 공감하라. 훌륭한 역할 수행자는 작가이자 배우이다.

매니저가 강한 관계지향적 리더라는 점을 제외하고 동일한 시나리오를 또 다른 두 명의 학생이 반복한다. 그리고 두 쌍 이상의 학생들이 교대하여 업무지향적 그리고 관계지향적 성과 검토를 실연한다. 이 역할극의 또 다른 변형은 한 사람이 업무지향적이면서 관계지향적인 상사의 역할을 하는 것이다. 다른 학급 구성원들은 관찰을 한 후 두 유형의 리더십의 효율성에 대한 피드백을 제공한다.

한다는 것이다.[56] 질적으로 높은 관계형성은 일부 리더가 부하 각자의 욕구를 충족시키기 위해 자신의 유형을 변화시킨다는 것이다. 예를 들어, 랜디에게는 더 많은 지도를 하고, 수잔에게는 더 독립적으로 일할 수 있게 한다.

40년 전에, 선구적 연구자인 랠프 스톡딜(Ralph Stogdill)은 오늘날에도 여전히 유효한 리더십 선택에 관한 명언을 남겼다.

"가장 효율적인 리더는 그들에게 놓인 변화하고 모순적인 요구들에 자신의 행동을 맞출 수 있는 어느 정도의 재능과 유연성을 드러내는 것처럼 보인다."[57]

이 장 끝부분으로 옮겨가기 전에, 유연성을 다루는 [리더십 스킬 구축 연습 8-5]를 한다.

요약

오하이오주립대학의 고전적 연구에서 강조한 대로, 효율적인 리더십은 적절한 행위, 기술, 그리고 태도를 요구한다. 배려와 구조주도라는 두 개의 주요 리더십 행위의 차원이 규명되었다. 배려는 리더가 정서적 지지와 따스함, 우정 그리고 신뢰의 환경을 창조하는 정도이다. 사람들과의 관계 맺기는 배려가 통용되는 측면이다. 구조주도는 리더가 업무할당과 과정 구체화와 같은 활동으로 집단 내 관계를 조직하고 규정하는 정도이다. 배려와 구조주도 모두 직업 만족도와 성과와 같은 중요한 리더십 결과와 관련이 있다.

효율적인 리더의 여러 가지 과업관련 태도 및 행위들이 확인되었다. 그 가운데 (1) 상황 적응력, (2) 방향 설정, (3) 높은 성과 기준, (4) 집단 구성원 능력으로의 집중, (5) 위험 감수와 계획 실행, (6) 직접적인 지침과 피드백, (7) 곤란한 질문을 던지는 능력, (8) 협업을 위한 조직화 등이 있다.

리더의 여러 관계지향적 태도와 행위 역시 확인되었다. 그 가운데 (1) 사람들과의 연합, (2) 직원 의견에 대한 개방성, (3) 영감과 가시성 창조, (4) 높은 수준의 욕구 충족, (5) 정서적 지지와 격려 전달, (6) 원칙과 가치관 증진, (7) 서번트 리더 되기 등이 있다.

서번트 리더는 자기 자신의 목적 달성보다는 다른 사람들에게 봉사하는 데 헌신한다. 서번트 리더십의 여러 측면은 자기의 이익보다 봉사를 우선시하고, 다른 사람들에게 귀를 기울이고, 신뢰할 수 있는 사람이 되어 신뢰를 불어 넣고, 성취 가능한 것에 집중하고, 도움과 정서적 치유를 전달하는 것을 포함한다.

많은 리더가 리더를 위해 일하거나 함께 일하는 사람들이 리더의 성과에 대한 피드백을 제공하는 다면 평가 형식으로 자신의 행동과 태도에 관해 광범위한 피드백을 받는다. 그러한 피드백이 사업 목적과 전략 그리고 리더십의 중요 측면에 관련되어 있을 때, 피드백을 주고받는 것에 대한 교육이 제공될 때, 실행 계획이 개발되었을 때, 관리자가 피드백 평가를 갖고 있을 때, 그 피드백은 유용할 가능성이 크다. 다면 평가에서 익명의 진술은 문제가 될 수 있다.

리더십 유형을 이해한다는 것은 리더십 태도와 행위에 대한 이해의 연장이다. 참여적 리더는 집단 구성원과 의사결정을 공유한다. 참여적 유형은 협의형, 민주적 리더십으로 다시 나눠질 수 있다. 참여적 유형은 책임을 맡고 싶어 하는 유능한 사람들을 관리하기에 매우 적합하다. 그러나 그 과정은 시간 소모적일 수도 있고, 일부 관리자들은 그들의 권력에 대한 도전으로 인식한다. 전제적 리더는 그들 자신을 위해서 대부분의 권한을 유지한다. 리더십 그리드™는 생산(업무 완수)과 사람들에 대한 그들의 관심에 따라 리더를 분류한다.

또 다른 중요한 리더 유형은 기업가이다. 기업가 유형은 리더의 개인적 특징과 자기고용의 환경에서 비롯된다. 이것은 강한 성취욕구와 합리적 위험 감수, 높은 정도의 열정(정열 포함)과 창의성, 기회가 있을 때 재빨리 행동하려는 성향, 조급함과 성급함, 공상적 시각, 위계질서와 관료주의 혐오, 외부 고객 응대 선호, 그리고 미래를 향한 눈을 포함한다.

리더십 유형에서 남성-여성의 차이가 목격되고 있다. 여성은 관계지향적 리더십을 지향하는 경향이 있는 반면에, 남성은 명령-통제 리더십을 지향하는 경향이 있다. 몇몇 사람들은 리더십에 있어서 남성-여성 차이가 모순되며 중요하지 않다고 주장한다.

한 가지의 최고 유형의 리더십을 추구하기보다 관리자들은 상황을 진단하고 그에 맞는 적절한 리더십을 선택하라는 조언을 듣는다. 효율적이 되기 위해서, 리더는 환경에 유형을 적용시킬 수 있어야 한다.

핵심 용어

효율적인 리더	합의적 리더	리더십 유형
경영 개방성	구조주도	전제적 리더
협의적 리더	다면 평가	곤란한 질문
배려	민주적 리더	참여적 리더
서번트 리더	피그말리온 효과	리더십 그리드™

행동 및 스킬 강화를 위한 지침

리더십 유형을 선택할 때 주요 고려사항은 당신이 상황에 맞게 당신의 유형을 수정해야 한다는 것이다. 예를 들어, (이 장에서 제시한 리더십 이론에서 설명했듯이)당신의 집단 구성원들이 어느 시점에서는 세세한 지침을 요구하고, 다른 때에는 더 적은 지침을 요구할 수 있다.

대부분의 리더십 유형 분류는 지시적인(과업지향적) 차원 대 비지시적인(관계지향적) 차원에 기반하고 있다. 이 두 유형 가운데 어느 것이 최선인가 결정할 때, 다음의 질문들을 고려하라.

1. 당신의 조직 구조와 업무 본질은 무엇인가? 예를 들어, 기업비밀을 다루는 것과 같은 어떤 종류의 업무에는 더 엄격한 통제가 필요하다고 결정할 수 있다.
2. 어떤 유형이 당신에게 가장 잘 맞는가? 당신의 성격과 가치관, 신념은 당신이 얼마나 선뜻 다른 사람들에게 책임을 넘길 수 있는지에 영향을 미친다.
3. 어떤 유형이 당신의 상사와 조직문화에 맞는가? 예를 들어, 당신이 대단히 비지시적이라면, 매우 지시적인 상사는 당신을 유약하다고 생각할 수도 있다. 현실적이고, '성과를 내거나 또는 파멸하거나(perform-or-perish)'하는 문화에서 당신은 매우 지시적인 리더십 유형의 사용을 원할 수 있다.
4. 업무 부서에서 높은 갈등 잠재력이 있는가? 지시적 리더십 유형은 독립적이고 강한 의지를 소유한 사람들과 갈등을 유발할 수 있다. 보다 비지시적 유형은 더 많은 토론의 자유를 허용하며, 그것은 갈등을 완화시킨다.[58]

토의 질문 및 토의 활동

1. 좋은 인지적 기술은 구조주도에서 리더가 효율적이 되는 데 어떠한 도움을 주는가?
2. 당신의 감독관이 당신을 위해 보여준 높은 수준의 배려 행동의 예를 제시하라. 그의 행동에 대한 당신의 반응은 무엇이었는가?
3. 임파워먼트와 공유 리더십의 시대에서 방향 설정은 왜 여전히 중요한 리더십 행동인가?
4. 팀 구성원들이 성숙한 성인이라도 효율적인 리더는 왜 그들에게 정서적 지지를 보내야 하는가?
5. 어떤 유형의 리더가 서번트 리더와 정반대인가?
6. 과업지향 및 관계지향적 행동 모두를 수행하는 데 매니저는 이메일과 문자메시지를 어떻게 사용할 수 있는가?
7. 당신이 흥미 있는 분야에서 리더의 위치에 있는 상황을 그려보자. 당신 팀 구성원들이 실천하는 리더로 당신을 묘사하면 어떤 기분이겠는가?
8. 당신이 좋아하는 임원, 운동선수, 코치, 또는 상사 역할을 하는 TV 속 인물의 리더십 유형을 어떻게 특징짓겠는가?
9. 35세 이하 직원들에게 리더십을 제공하는 데 왜 합의적 리더십이 널리 추천되는가?
10. 몇몇 사람들은 이 장이 "리더십의 기본"을 다루고 있다고 말했다. 그들은 무엇 때문에 그런 말을 하는가?

리더십 사례 문제 A

프랭크는 "할 수 없다"라는 대답을 받아들이지 않을 것이다

프랭는 연방정부, 주정부 그리고 지방정부에 비즈니스 프로세스 개선 솔루션을 제공하는 자그마한 회사의 사업개발 매니저이다. 그의 회사 조직구조는 프로젝트 매니저이면서 신규 사업을 찾아내는 4명의 프로젝트 매니저를 두고 있다. 작년까지 이 회사는 수익을 내기에 충분한 계약을 체결했다. 올해, 몇 개의 대규모 정부계약이 만료되면서 아직까지 재계약이 이뤄지지 않고 있다. 결과적으로 회사는 손실을 보고 직원의 1/3을 해고해야 할지도 모른다.

프랭크는 특히나 걱정이 된다. 그는 매출 증가의 필요성을 논의하기 위해 4명의 프로젝트 매니저와의 회의를 요청한다. 회의가 몇 분 지난 후, 프랭크는 4명의 직속 부하들에게 이렇게 알린다. "변명의 시간은 끝났습니다. 파산하지 않으려면 최소한 1백만 달러 상당의 새 계약이 필요합니다. 나는 거의 1년 동안 당신들 가운데 누구도 새 계약을 진행시키고 있다는 말을 듣지 못했었습니다. 우리는 신규 사업이 필요합니다. 그리고 그것도 지금 당장 말입니다."

프로젝트 매니저 제니퍼가 대답했다. "프랭크, 당신 말을 듣고 있어요. 다른 프로젝트 매니저들도 듣고 있습니다. 그러나 정부 지출이 긴축되었습니다. 그들이 예산이 없다면 정부 대리인으로부터 계약을 쥐어 짜내는 것은 불가능해요."

다른 프로젝트 매니저 올리버가 대답했다. "프랭크, 나도 제니퍼의 의견에 동의합니다. 우물이 말랐을 때 정부 대리인에게서 계약을 이끌어낼 방법은 없습니다. 우리도 당신도 정부 예산이 국방비를 제외한 모든 부분에서 깎이고 있다는 것을 알고 있습니다. 계약을 따낼 수 있는 새로운 방향을 지시해서 우리를 도와주세요. 당신은 우리가 밀고 나갈 수 있는 민간 부분 계약을 갖고 있습니까?"

낙담하여 머리를 떨구면서 프랭크는 말했다. "충분한 변명을 들었습니다. 나도 당신들이 노력하고 있다는 것을 알지만 거기서 벗어나서 더 열심히 뛰어야 합니다. 당신들 가운데 누가 계약을 성사시키건 상관없어요. 하지만 6개월 이내에 새로운 미결계약이 내 승인을 기다리기를 바랍니다."

"나도 회사를 위해서 신규 사업 발굴에 할 수 있는 모든 것을 할 것입니다. 그러나 당신의 업무를 해주기 위해 내가 여기 있는 것은 아닙니다. 뭔가 진전이 있을 때 나를 찾아오세요."

질문

1. 제한된 증거에 기초해서 당신은 프랭크의 리더십 유형을 어떻게 특징지을 수 있는가?
2. 어떤 리더십 행위와 태도를 프랭크가 보여주고 있는가?
3. 프랭크는 신규 사업개발에 관해서 프로젝트 매니저들에게 그 이외에 어떻게 접근하면 좋겠는가?

관련 역할극

프로젝트 매니저/회계 매니저가 몇 개의 신규 거래를 가져오도록 격려하기 위해서 효과적인 리더십 접근법을 사용하고자 하는 프랭크의 역할을 한 학생이 담당한다. 그는 이것이 어려운 리더십 임무라는 것을 알고 있다. 4명의 다른 학생들은 프랭크의 리더십 계획에 반응하는 프로젝트 매니저 역할을 수행한다. 피드백을 제공하는 학급 구성원들은 특별히 프랭크의 리더십 접근 방법을 잘 지켜봐야 한다.

리더십 사례 문제 B

마르고는 너무 거시적인가

마르고 산첼리는 금융서비스 회사의 지방정부채권 그룹 책임자이다. 산첼리는 그녀에게 보고하는 4명의 매니저를 두고 있고, 그들 각각은 소매, 기관 판매, 고객 서비스, 그리고 내부 관리를 포함하는 그룹의 부서를 감독한다.

지점 책임자이자 회사 부사장인 로라 고든은 그 그룹이 충분한 감독을 받고 있지 않다는 소문을 들어 조사를 하기로 결정했다. 로라가 요청한 만찬 회동 동안, 그녀는 마르고에게 그룹을 이끌어가는 그녀의 접근방식에 대해 물었다. 마르고는 대답했다.

> "마치 모두 책임 있는 전문가처럼 4명의 매니저를 이끌고 있습니다. 나는 예외 관리(management by exception)를 믿습니다. 내가 문제를 인지하고 있지 않는 한, 매니저들의 업무 수행 방식에 관여하는 것을 주저합니다. 지방정부채권 그룹의 수장으로서 당신과 다른 고위 임원들과 만날 뿐만 아니라, 주요 고객과 시간을 보낼 책임을 어느 정도 갖고 있다는 것을 잊지 말아 주세요. 나는 매주 회의를 주재하고, 요구받은 대로 연간 성과 검토를 실행합니다."

로라는 마르고에게 저녁자리에 참석해줘서 감사하다는 인사를 하고, 만남이 유익했다는 말을 전했다. 마르고가 허락한다면, 로라는 그녀가 4명의 매니저들과 간단한 대화를 하기 위해 지방정부채권 그룹을 방문할 것이라고 말했다.

마르고의 리더십에 대하여 질문을 받은 첫 번째 매니저는 산첼리의 별명이 '매크로 매크로'라고 말했다. 그 이유는 마이크로매니저가 되는 대신에 다른 한쪽으로 지나치게 쏠려서 그룹과 최소한의 접촉만을 유지하는 매크로매니저이기 때문이었다. 그는 때로는 마르고가 무슨 일이 일어나고 있는지 신경 쓰는 것 같지도 않다고 덧붙였다. 그 매니저는 "저는 최근에 제게 병원 내 연금 펀드매니저를 소개시켜줄 수 있는 좋은 인맥을 찾는 일에 대해 마르고의 조언을 구했습니다. 마르고는 제가 스스로 인맥을 개발하는 것이 제 일의 큰 부분이라고 말했습니다."

로라가 말을 건넨 두 번째 매니저는 마르고가 그녀를 괴롭히지 않는 좋은 사람이기 때문에 그와 함께 일하는 것이 좋다고 말했다. "나한테 목표를 달성해라, 제 시간에 일을 마치도록 하라고 상기시켜주는 상사는 필요하지 않아요. 여기저기에서 격려의 작은 미소를 지어주는 게 제가 필요한 전부예요."라고 그 매니저는 말했다.

세 번째 매니저는 로라에게 "나는 마르고가 몇 년 후에는 저한테 훌륭한 매니저가 될 거라 생각해요. 그러나 지금은, 그렇게 생각하지 않아요. 마르고는 내가 뭔가 배울 점을 가진 유능한 사람이에요. 하지만 그녀는 그녀의 매니저들보다 고객과 고위 경영진에 더 많이 관여를 하고 있습니다. 나는 이 분야에 신참이라서 매니저의 코칭 스타일을 더 활용할 수 있을 거예요."

네 번째 매니저는 "저는 마르고와의 몇 번의 만남을 기억합니다만, 그녀에 대해서는 기억나는 게 많지 않아요. 그녀가 제 매니저라고 하셨죠? 나는 내가 한 언급이 다시 돌아오는지는 신경 쓰지 않아요, 왜냐하면 다음 달에 경쟁사에 합류할 예정이거든요."

질문

1. 마르고 산첼리는 금융 서비스 회사에서 자신의 부서 매니저를 이끄는 데 어느 정도의 적절한 방법을 선택하였는가?

2. 마르고가 더 효율적인 리더가 되도록 당신은 그녀에게 어떤 조언을 해줄 수 있는가?
3. 마르고가 더 효율적인 리더가 되도록 돕기 위해 당신은 로라에게 어떤 조언을 해줄 수 있는가?
4. 당신이 생각하기에 로라가 마르고의 리더십 접근방식에 대하여 마르고의 직속부하에게 질문을 던지는 것이 정당한지 혹은 그렇지 않은지를 설명하라.

관련 역할극 의견차 해결하기

한 학생이 마르고 역할을 맡는다. 그녀는 문제를 갖고 있는 부하 매니저와 간단한 대면회의를 진행할 것이다. 또 다른 학생은 상대적으로 새로운 금융상품인 지수연동 연금을 판매하는 데 어려움을 겪는 매니저 역할을 수행한다. 연금은 선택한 주식시장 지수에 따라 배당을 지급하기로 되어 있다. 그러나 이런 종류의 투자는 이해하기가 매우 어렵고, 아마도 윤리적으로 의심스러워 비판을 받고 있다. 결과적으로 판매 대리인은 상품 판매에 상당한 어려움을 겪고 있다. 마르고는 그녀의 일상적인 매크로매니지먼트 그 자체로, 그녀가 마주한 매니저를 상당히 좌절시키고 있다. 피드백을 제공하는 학급 구성원들은 특별히 (a) 마르고가 매크로매니저 역할을 얼마나 잘 수행하는지, 그리고 (b) 그녀의 직속부하 매니저들이 그 상황을 얼마나 잘 처리하는지 주의 깊게 지켜본다.

리더십 스킬 구축 연습 8-6

리더십 포트폴리오

당신의 리더십 포트폴리오에 이 부분을 추가하기 위해서, 당신이 이번 주에 보여주었던 네 가지의 리더십 과업지향적 행동 혹은 관계지향적 행동을 확인하라. 당신의 목록은 두 세트의 행동의 어떠한 조합으로도 구성될 수 있다. 또한 당신이 이러한 행동의 연습을 통해서 터득한 결과를 적어 놓는다. 여기 한 사례가 있다.

"목요일 밤, 나는 방향 설정을 적용했으며 그것은 정말로 효과가 있었다. 대략 5명으로 구성된 각각의 그룹으로 이루어진 마케팅 강좌의 집단 과제가 있다. 우리 과제는 셀프서비스가 슈퍼마켓과 주거용품 상점에서 얼마나 잘 운용되고 있는지를 분석하는 것이다. 인터넷 검색에서 홈디포와 같은 가게 홍보 광고 밖에 찾을 수 없어서 우리 그룹은 벽에 부딪치고 있었다. 나는 우리 각자가 슈퍼마켓이나 주거용품점을 방문해서 자동결제 시스템을 사용하고 있는 고객을 직접 관찰하자고 제안했다. 그리고 그 활용을 감리하는 점원에게 몇 가지 질문을 하자고도 제안했다. 우리 그룹은 나의 아이디어를 좋아했고, 프로젝트는 대성공이었다. 우리는 직접 체험한 현지 조사에 기사들을 보완을 했다. 나는 우리 그룹을 올바른 방향으로 자리매김했다."

리더십 스킬 구축 연습 8-7

기업가 리더십 유형

소그룹으로 기업가 리더에 대한 에세이를 작성하라. 먼저, 이러한 자료에 대한 인터넷 접근을 포함하여, 잡지와 신문에서 구할 수 있는 정보가 상당히 있을 것 같은 기업가에 대해 합의를 본다. 400여개의 단어로 된 에세이를 준비하는데, 그 사람의 기업가적 특성과 행동에 집중한다. "높은 정도의 열정과 창의성" 같은 범주를 위한 몇 가지 아이디어를 모으기 위해 기업가 리더십에 관한 단원으로 되돌아가 참조를 한다. 그리고 당신이 이 책에서 언급하지 않은 특성이나 행동을 규정할 수 있는지 찾아본다. 기업가는 페이스북의 마크 주커버거처럼 창조적인 아이디어를 바탕으로 사업을 세우고 발전시켜나가는 사람이란 것을 기억하라.

CHAPTER

09 리더는 당면한 문제에 대해 어떻게 반응하는가

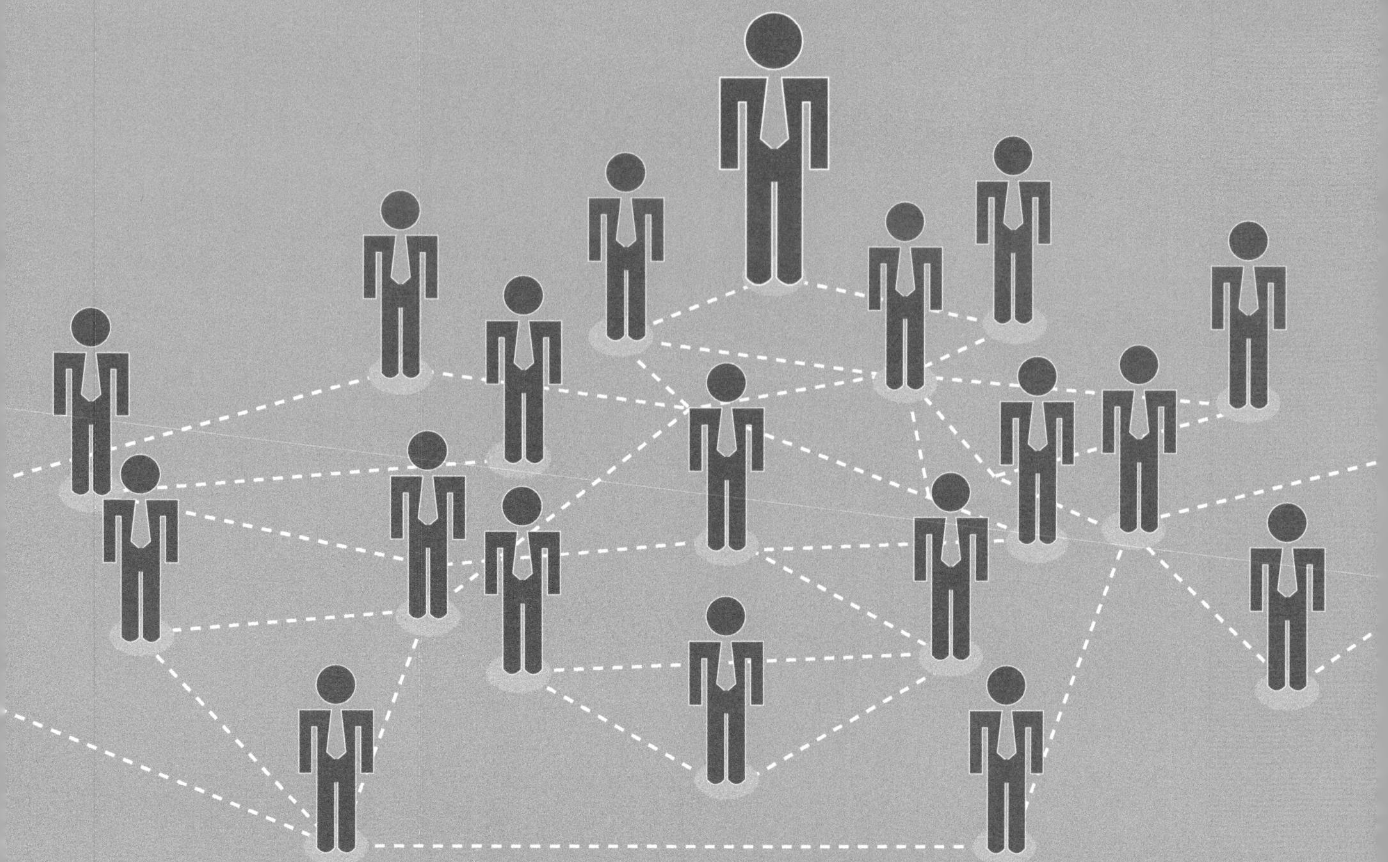

학습 목표

이 장을 학습하고 연습 문제를 풀고 나면, 다음의 것들을 할 수 있을 것이다

- 상황이 리더십 목표 선택에 어떻게 영향을 미치는지 설명한다.
- 리더십 효율성의 상황적합이론 개요를 제시한다.
- 리더십 효율성의 경로목표이론을 설명한다.
- 상황적 리더십® II(SLII)을 설명한다.
- 주어진 상황에서 가장 적절한 의사결정 유형을 결정하기 위해 규범적 의사결정모델을 활용한다.
- 위기 시 리더십의 기본을 설명한다.
- 증거기반 리더십이 상황적합 및 상황적 리더십에 어떻게 기여할 수 있는지 설명한다.

개요

9.1 효율적 리더십 행동에 영향을 미치는 상황

9.2 리더 효율성에 대한 피들러의 상황적합이론
리더십 유형 평가: 최소선호 동료(LPC) 척도
리더십 상황 평가
전반적인 결론
리더에게 더 유리한 상황 만들기
피들러의 상황적합이론 평가

9.3 리더십 효율성의 경로목표이론
상황에 맞는 리더십 유형
성과와 만족도에 영향을 주기 위해 리더가 취할 수 있는 조치들

9.4 상황적 리더십® II (SLII)
SLII의 기본
SLII 평가

9.5 규범적 의사결정 모델
의사결정 유형
상황적합 요소와 모델의 적용

9.6 리더–구성원 교환관계 모델(LMX)과 상황적합이론

9.7 위기 시의 리더십

9.8 상황적합 및 상황적 접근법을 위한 증거기반 리더십

- 요약
- 핵심 용어
- 행동 및 스킬 강화를 위한 지침
- 리더십 사례 문제 A
- 리더십 사례 문제 B

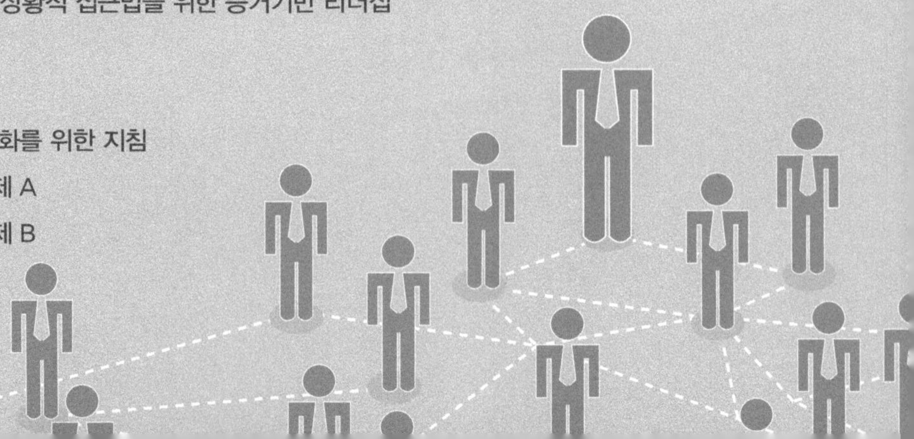

디트로이트

교육구의 비상재정담당관으로 임명된 지 2년 후, 로버트 밥은 여전히 위기를 해결하기 위해 고군분투하고 있었다. 학군은 그가 왔을 때보다 더 심각한 위기에 빠져 있다. 밥의 희망은 더 단호한 적자감축 계획이 문제해결에 도움이 될 수 있다는 것이었다. 그는 예산삭감으로 학군이 5억 달러의 적자로 떨어지는 것을 예방하고 있다고 믿었다.

2010년 밥이 2년 차 되었을 때, 미시건 주지사 제니퍼 그랜홈은 자신의 처방에 있어서 두려움이 없는 밥이라고 불렀다. 그녀는 또한 그의 관용없는 처방이 바로 디트로이트 교육구를 위해 내린 의사의 처방과 같다고 말했다. "주지사 제니퍼 그랜홈과의 완벽한 협상으로 디트로이트에 내가 계속 있을 수 있게 되어 기쁩니다."라고 밥은 말했다. "현 시점에서 할머니가 해주신 말이 생각나는군요. 시작한 것은 끝을 내야 한다고 말입니다."

밥은 재정 문제해결이 그가 착수하고 있는 대규모 작업의 일부에 불과하다고 말했다. "우리는 날이 갈수록 우리가 갖고 있는 문제가 재정적 위기뿐만이 아니라, 학교의 위기가 있다는 것을 알게 됩니다. 읽기 능력도 비상입니다. 그리고 초기에 재정적자에 대해 다시 언급했던 것처럼, 여러 사실들이 점점 명확해 짐에 따라 우리의 업무가 완료되기 전까지 해결해야 할 많은 비상사태에 대해 새로운 통찰력을 얻을 수 있었습니다."

"어른들과 아이들 모두에게 출석의 문제에 따른 책임이 있습니다. 한편 어떤 경우에는 육아 문제도 위기입니다. 우리는 빈번한 안전 및 보안 비상사태에 대한 대응 방법을 지속적으로 찾아야 하는 상황에 직면해 있습니다."[1]

문제를 겪고 있는 학교 시스템의 비상재정담당관에 관한 이야기는 점점 중요해지는 리더의 임무—사람들이 위기를 헤쳐 나가도록 이끄는 것—를 보여준다. 이러한 유형의 리더십은 이 장의 일반적인 주제 중에서 특별한 경우이다. 상황적합 및 상황 리더십은 어떠한 상황에서 어떤 유형을 활용해야 하는지에 대한 특정 지침을 추가함으로써 리더십 유형에 대한 연구를 확장시켰다.

이 장에서 우리는 리더십에 대한 상황적 관점의 개요를 제시하고자 한다. 그리고 리더십에 관한 네 가지의 전형적인 상황적합이론(상황적합이론, 경로목표이론, 상황리더십 모델, 그리고 규범적 의사결정 모델)을 요약한다. 피들러의 또한 더 현대적인 이론인 리더-구성원 교환관계 이론이 상황 적합 관점을 이해하는 데 어떻게 기여하는지를 설명한다. 더불어서, 위기를 통해 사람들을 이끌어 가는 것은 최근 몇 년 동안 자주 직면하는 문제가 되었기 때문에 위기 리더십에 대해서도 설명하기로 한다. 마지막으로, 증거기반 리더십과 경영이 상황적합 접근법에 어떻게 기여하는지 설명한다.

9.1 효율적 리더십 행동에 영향을 미치는 상황

상황은 리더가 강조하는 리더십 행동이나 유형에 영향을 미칠 수 있다. **리더십에 대한 상황적합 접근법**의 핵심은 리더들이 집단 구성원의 특성을 포함한 상황적 힘에 따라 행동을 취할 때 가장 효율적이 된다는 것이다. 내부 및 외부 환경은 모두 리더 효율성에 상당한 영향을 미친다. 예를 들어, 노동력의 질과 환경의 경쟁력은 리더가 어떠한 행동을 강조하느냐에 영향을 줄 수 있다. 유능한 직원을 감독하는 매니저는 쉽게 합의 리더십을 실행할 수 있을 것이다. 그리고 경쟁적인 환경에 직면한 관리자는 사람들이 새로운 비전을 추구하도록 조정하는 것이 훨씬 수월하다는 것을 알 수 있을 것이다.

상황적합 리더십을 이행하는 데 있어 유용한 관점은 관리자가 현재 상황에 더 이상 맞지 않는 오래된 아이디어에 집착하지 않을 만큼 유연해야 한다는 것이다.[2] 주어진 상황에서 무엇이 효과가 있는지에 대해 고집을 부리고 오래된 아이디어에 집착하는 것은 비효율적인 리더십을 야기할 수 있다. 효율적인 리더는 변화하는 환경에 적응한다. 예를 들어, 어느 특정 시점에서는 직원들에게 필요 이상의 수당을 제공하는 것이 동기부여가 되지 않을 수도 있다. 실제로는, 건강보험과 같은 혜택을 줄인 많은 고용주들에게 있어 이러한 혜택이 사실상 근로자들을 유치하고 유지하는 데 도움이 될 수 있다.

이 책의 여러 곳에서 언급한 바와 같이, 리더는 어떤 리더십 접근 방식이 유리한 결과로 이어질지를 선택할 때 조직 문화의 주요 상황변수를 고려할 필요가 있다. 명령-통제 리더십(command-and-control leadership) 유형은 협력적이고 우호적인 조직문화에서는 효과가 없을 수 있다. 문화가 고위직 리더가 달성하려는 목표와 상충하는 경우, 리더는 문화를 바꾸려고 시도할 수 있다.

빅터 브룸(Victor H. Vroom)과 아서 제이고(Arthur G. Jago)는 리더십 상황 역할에 관한 세 가지 결론을 밝혀냈다. 이러한 연구 결과는 1장 [그림 1-2]에 있는 리더십 모델을 뒷받침 한다. 결론은 리더십이 공동의 목표 추구를 위해 협력할 수 있도록 사람들에게 동기부여를 수반한다는 개념을 뒷받침하는 데 적합하도록 맞춰져 있다.[3]

1. **조직의 효율성은 리더의 통제가 아닌 상황적 요인에 영향을 받는다.** 리더는 상황에 영향을 미칠 수 있다. 하지만 몇몇 상황적 요인은 리더의 완전한 통제를 벗어

난다. 번창하고 있는 독자적인 커피숍의 매니저는 10년 동안 성공적으로 자신의 사업을 운영하고 직원들을 이끌어 왔을 수 있다. 갑자기 스타벅스가 길 건너편에 문을 열면서, 성공적으로 기업을 이끌고 있는 그녀의 능력에 심각한 영향을 미치게 된다. 그녀는 스타벅스가 맞출 수 없는 서비스를 제공하는 비상계획을 갖고 있을 만큼 똑똑할 수 있다. 하지만 사업을 유지하는 것에는 어려움을 겪을 것이다.

2. **상황은 리더가 행동하는 방식을 만들어 낸다.** 상황적합이론가들은 리더의 행동을 형성하는 데 있어 상황의 영향력이 리더의 개인적 특성보다 3배 이상 강하다고 믿는다. 따라서 리더가 행동하는 방식은 실질적으로 환경의 힘에 의해 영향을 받는다. 스타벅스와의 경쟁에 직면한 커피숍 주인은 현재 더 큰 긴박감을 갖고 행동하고, 직원들에게 해야 할 일을 이야기할 때 더 명령조가 되며, 덜 따뜻하고 불친절해질 수 있다. 그녀의 정상적인 열정의 수준도 감소할 수 있다.

3. **상황은 리더의 행동 결과에 영향을 미친다.** 경영 및 리더십에 관한 인기 있는 책들은 특정 유형의 리더 행동이 모든 상황에서 효과가 있다고 가정한다. 하지만 상황이론가들은 이러한 입장에 전적으로 반대한다. 대신, 특정 유형의 리더십 행위는 상이한 상황에서 상이한 결과를 가져올 수 있다. 리더의 임파워먼트 행위는 이러한 개념을 잘 보여준다. 아마도 임파워먼트는 커피숍 주인에게 효과가 있을 수 있다. 왜냐하면 커피숍 주인은 자신의 일자리와 회사가 지속되길 원하는 헌신적인 직원을 갖고 있기 때문이다. 그러나 약한 직업윤리를 가진 무능력한 직원들이 권한을 부여 받은 경우 직원들은 추가적인 책임에 저항할 가능성이 높기 때문에 역효과를 낳을 가능성이 있다.

민츠버그의 비교적 최신 연구는 조직의 형태가 어떤 리더십 방식이 가장 효율적일 수 있는지에 영향을 미치는 핵심 상황변수라는 것을 밝혀냈다. 여기에 두 가지 사례가 있다. **기업가 조직**(entrepreneurial organization)에서 핵심 리더는 상당한 업무와 거래에 관여할 뿐 아니라 비전 창조에 관여한다. **기계 조직**(machine organization), 또는 전형적인 관료 체제에서 리더는 상당한 양의 통제에 관여한다.[4]

이 장에서뿐만 아니라 책 전반에 걸쳐 다른 사람을 이끌어 나가는 데 있어 고려해야 할 가능한 상황 요인이 언급되어 있다. 이러한 모든 요인을 알아차릴 수 있는 일반적인 접근법은 리더가 환경에서 발행하는 사건에 주의를 기울이는 것이다. 당신이 주의를 한다면 당신 주변에서 일어나고 있는 일에 민감해질 것이다.

스트레스 연구가 존 카밧진(Jon Kabat-Zinn)에 의하면 당신은 당면한 순간에 직감적으로 리더십 상황에서 발생하는 어떤 일이든 주의를 기울이는 방법을 계획적으로 배워야 한다.[5]

9.2 리더 효율성에 대한 피들러의 상황적합이론

프레드 피들러(Fred E. Fiedler)는 최고의 리더십 유형은 리더가 활동하고 있는 상황에 의해 결정된다는 상황적합이론을 40년 전에 개발하였으며, 이 모델은 널리 연구 인용되고 있다.[6] 여기서 우리는 유형과 상황이 평가되는 방법, 이론에 대한 전반적인 연구 결과, 그리고 리더가 상황을 자신에게 유리하게 수정할 수 있는 방법을 살펴보기로 한다.

리더십 유형 평가: 최소선호 동료(LPC) 척도

피들러의 이론은 관리자의 리더십 유형을 관계지향 또는 과업지향으로 구별한다. 따라서 리더십 유형은 리더의 관계지향 또는 과업지향 정도에 기반을 두고 있다. 피들러에 따르면, 리더십 유형은 비교적 행동의 영속적인 측면이기 때문에 수정하기 어렵다. 리더는 일관된 과업 또는 관계성향 유형을 갖는 것으로 간주되고 있다. 피들러는 리더가 자신의 특정 리더십 유형을 파악하면, 그 유형에 맞는 상황에서 작업을 해야 한다고 추론한다. 마찬가지로, 조직은 매니저가 리더십 유형과 상황에 부응할 수 있도록 도와야 한다.

최소선호 동료(least preferred coworker, LPC) 척도는 리더가 자신이 가장 덜 선호하는 동료 즉, 함께 일을 하기 가장 힘든 직원을 호의적으로 또는 불리하게 설명하는 정도를 측정한다. LPC를 상대적으로 호의적인 조건에서 설명한 리더는 관계지향적인 성향이 있다. 반면, 동료를 불리한 방식으로 설명하는 사람은 과업지향적인 성향이 있다. 동료는 다음과 같이 여덟 개의 완전히 정반대인 일련의 형용사로 등급을 매겨 설명한다.

유쾌	8	7	6	5	4	3	2	1	불쾌
긴장	1	2	3	4	5	6	7	8	편안

[리더십 자기 평가 퀴즈 8-1]에 제시된 리더십 유형 측정은 당신의 리더십 유형을 측정할 수 있는 더 직접적이고 덜 추상적인 방법이다. 다시 말해서, LPC 방식에 대한 일반적인 개념은 당신이 함께 일하는 데 어려움이 있었던 사람들에 대해 긍정적이고 너그러운 태도를 갖고 있다면, 아마도 당신은 관계지향적인 사람이라는 것이다. 반면, 당신을 힘들게 했던 사람들에 대해 비관적인 관점을 취한다면, 당신은 아마도 과업지향적인 사람일 것이다. 여기에서 얻을 수 있는 메시지는 관계지향적인 리더가 다양한 개성을 지닌 사람들과 잘 일할 수 있을 것이다.

리더십 상황 평가

피들러의 상황적합이론은 상황을 고도, 중간 그리고 낮은 통제로 구분한다. 리더가 더 많이 통제할수록 상황은 리더에게 더 유리해진다. 통제 분류는 다음의 세 가지 차원에 대해 상황을 평가함으로써 결정된다. (1) **리더-구성원 관계**는 집단과 리더가 얼마나 잘 지내는지를 측정한다. (2) **과업구조**는 업무의 과정, 목표, 그리고 평가가 얼마나 명확하게 정의되느냐를 측정한다. 그리고 (3) **직위권력**은 리더가 고용하고, 해고하고, 징계하고, 집단 구성원에게 급여 인상을 승인하는 권한을 측정한다.

리더-구성원 관계는 과업구조와 직위권력의 결합이 그런 것처럼 상황적 우호성에 많은 기여를 한다. 따라서 리더는 구성원과의 관계가 가장 좋은 상황에서 가장 많은 통제력을 갖는다.

전반적인 결론

피들러의 상황적합이론의 핵심 요소는 [그림 9-1]에 간단하게 요약되어 있다. 본래의 이론은 훨씬 더 복잡하다. 리더십 효율성은 더 많은 통제력을 행사할 수 있는 상황에 리더를 결부시키는 것에 따라 다르다. 따라서 리더는 자신의 리더십 유형에 알맞은 또는 부합하는 상황에 배치되어야 한다. 이러한 조건이 이루어지지 못하는 경우, 상황은 다음의 세 가지 상황 변수 중 하나 이상을 조작하여 리더의 리더십 유형에 맞게 수정될 수 있다.

이론에 따르면, 과업지향적 리더는 높은 통제력과 낮은 통제력을 가진 상황 모두에서 최고의 성과를 낸다. 관계지향적 리더는 중간 정도의 통제력을 갖는 상황에서 최고의 성과를 낸다. 많은 연구 결과는 관계지향적 리더가 8개 상황 중 3개

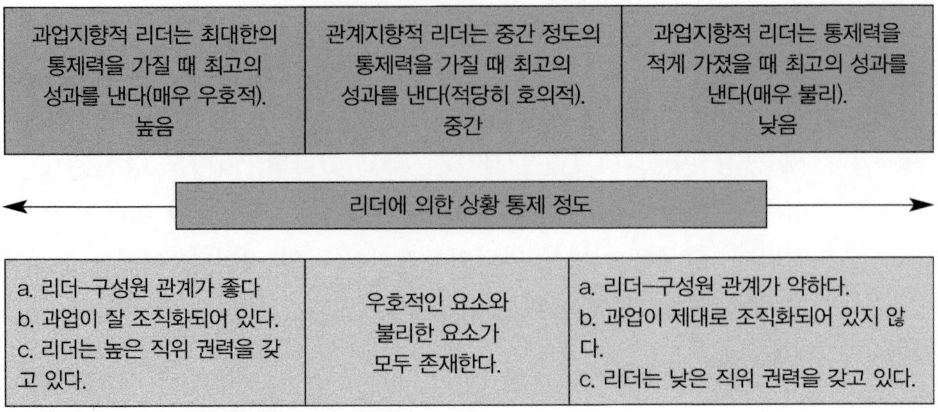

그림 9–1 **피들러의 상황적합이론 결론 요약**

상황적 특성

상황(n/8) 번호	1	2	3	4	5	6	7	8
리더–구성원 관계	좋음	좋음	좋음	좋음	나쁨	나쁨	나쁨	나쁨
과업 구조	높음	높음	낮음	낮음	높음	높음	낮음	낮음
직위 권력	강함	약함	강함	약함	강함	약함	강함	약함

그림 9–2 **피들러의 상황 적합 이론에서의 8개의 서로 다른 상황**

상황에서 과업지향적 리더를 상회하지만, 나머지 다섯 개 상황에서는 그 반대였다고 지적했다. [그림 9–2]에서와 같이, 8개의 상황은 두 가지 중 하나(좋음 또는 나쁨, 높음 또는 낮음, 아니면 강함 또는 약함)로 분류되는 3개 상황 변수 중 각각의 변수에서 기인한 것이다.

과업 지향적인 리더들은 과업에 신경 쓰지 않아야 하기 때문에 통제력을 발휘하기에 매우 유리한 상황에서 더 나은 성과를 보인다. 대신, 그들은 관계에 공을 들일 수 있다. 적당히 우호적인 상황에서 관계지향적인 리더는 관계에 공을 들이고 과잉관리를 하지 않기 때문에 더 높은 집단 생산성을 얻을 수 있다. 통제력이 매우 낮은 상황에서 과업지향적 리더는 혼란을 구조화하여 파악할 수 있는 반면, 관계지향적 리더는 집단 구성원들에게 정서적인 지원을 제공하거나 회의를 소집하려고 한다.

리더에게 더 유리한 상황 만들기

상황적합이론의 실질적인 의미는 리더가 자신의 리더십 유형에 맞게 상황을 수정하여 효율적이 될 수 있는 가능성을 향상시켜야 한다는 것이다. 과업지향적인 리더 집단이 더 높은 작업 단위 생산성을 달성하기 위해 상황에 대해 더 많은 통제를 하기로 했다고 가정해 보자. 상황에 대한 통제력을 늘리기 위해 그들은 다음 중 하나 이상을 할 수 있다.

- 집단 구성원의 개인 복지에 관심을 표하고, 그들과 함께 식사를 하고, 그들의 걱정에 적극적으로 귀를 기울이고, 일화를 이야기해주고, 일반적으로 좋은 사람이 됨으로써 리더-구성원 관계를 개선한다.
- 기대치에 대해 더 구체적으로 말하고, 기한을 규정하고, 허용되는 업무의 예시를 보여주고, 성문화된 지침을 제공하는 등 구조화 착수에 관련된 행동에 관여함으로써 과업구조를 증가시킨다.
- 상위 경영진에게 공식적인 권한을 더 요청함으로써 직위권력을 더 많이 행사한다. 예를 들어, 리더는 자신이 보너스를 주고 승진을 강력하게 추천할 수 있는 권한을 갖고 있다는 것을 알게 할 수 있다.

이제 집단에 필요한 존재가 되기 위해 적절한 우호적 상황을 만들고자 하는 관계지향적 리더를 상상해 보자. 리더는 구조화가 낮은 과업을 집단에게 부여하고 자신의 직위권력에 대한 강조를 덜 할 것이다.

피들러의 상황적합이론 평가

피들러의 논문이 가장 중요하게 기여한 바는 다른 사람들로 하여금 리더십의 상황적합 특성에 관한 연구를 촉발시켰다는 점이다. 피들러의 이론은 산업/조직심리학에서 가장 널리 연구되고 있는 이론 중 하나이며, 한때 리더십 훈련 프로그램의 기초로 널리 사용되었다. 이 모델은 또한 통제력을 얻는 데 있어 상황 판단의 중요성을 리더들에게 알려주었다. 동시에 피들러는 리더십을 더 잘 이해하기 위해 특성과 상황 모두를 고려하는 데 있어 선도적인 역할을 했다.[7]

그러나 이러한 잠재적인 장점에도 불구하고, 상황적합이론은 대부분의 리더에게 영향력을 미치기에는 너무 복잡하다. 가장 큰 문제는 상황을 리더에게 일치시키는 데 있다. 대부분의 상황에서 리더가 행사하는 통제력의 정도가 그때그때 다르다. 예를 들어, 관계지향적 리더가 통제력을 행사하기에 너무 우호적이 되어 버린 상황에 처하게 되는 경우, 리더가 덜 우호적인 상황으로 이동할 수 있는지 또는 상황을 덜 우호적으로 만들어야 하는지가 의심스럽다.

9.3 리더십 효율성의 경로목표이론

로버트 하우스(Robert House)가 개발한 리더십 효율성에 대한 **경로목표이론**(Path-goal theory)은 주어진 상황에서 높은 생산성과 사기를 달성하기 위해 리더가 해야 하는 것을 명시한다. 일반적으로, 리더는 집단 구성원이 개인적인 보상을 받을 수 있도록 집단 구성원을 위해 목표 경로를 명확히 하려고 한다. 동시에, 이 집단 구성원의 직무 만족도와 성과는 향상된다.[8] 경로목표이론의 기반이 되는 기대이론처럼, 경로목표이론은 다각적이며 여러 가지 버전이 있다. 주요 특징은 [그림 9-3]에 요약되어 있다.

이론이 매우 복잡하기 때문에 세부사항을 공부하기 전에 개요를 검토하는 것이 도움이 된다. 경로목표이론의 주요 명제는 관리자가 집단 구성원의 특성과 과업의 요구사항을 고려하는 리더십 유형을 선택해야 한다는 것이다. 게다가, 구조화

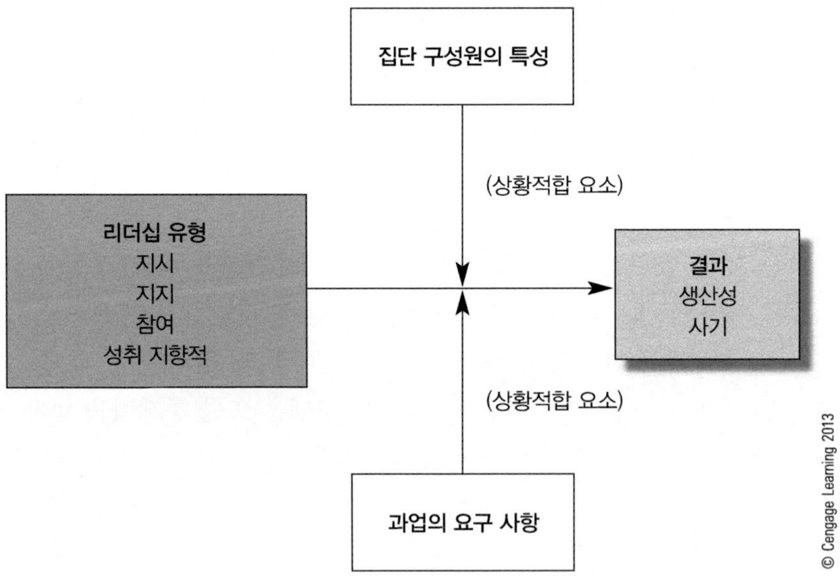

그림 9-3 **리더십 경로목표이론**
생산성과 사기라는 결과를 얻기 위해 매니저는 (a) 상황 특성과 (b) 과업의 요구 사항에 따라 네 가지 리더십 유형 중 하나를 선택한다.

에 착수하는 것은 부하의 과업 구조의 정도가 낮은 상황에서 효과적이지만, 고도로 구조화된 과업 상황에서는 비효율적이다. 그 근거는 첫 번째 상황에서 부하들은 구조화 착수가 모호한 과업에 체계를 제공하는 데 어느 정도 도움이 되기 때문에 구조화를 환영한다는 것이다. 단순히 아무렇게나 활동하지 않도록 리더는 지침을 제공한다. 고도로 구조화된 과업 상황에서, 더 이상의 구조화는 불필요하면서도 지나치게 엄격한 감독에 결부되어 있는 것으로 비친다.[9]

새로 만든 경로목표이론에서, 하우스는 이론과 관련된 아찔한 분량의 연구와 이론화의 요약본을 제공하는 메타 명제(명제에 대한 명제)를 내놓았다. 이 메타 명제를 이해하는 것은 이론에서 벗어나는 데 도움이 될 것이다. 효율적이고자 하는 리더는 부하의 환경과 능력을 보완하는 행동에 관여해야 한다. 그들은 결함을 보충하고 부하의 만족뿐 아니라 개인과 부서의 성과를 강화하는 식으로 이러한 행동에 관여해야 한다.[10] 예를 들어, 커피숍 주인이 직원 중 한 명이 스타벅스와의 경쟁으로 인해 실직하게 될 것을 두려워하고 있다는 것을 알게 되면, 그녀는 그를 많이 격려해 주고 커피숍의 생존 계획을 자세하게 설명해야 한다.

리더십 유형을 상황에 일치시키는 것과 성과 및 만족도에 영향을 미치기 위해 리더가 취할 수 있는 조치라는 이 이론의 두 가지 핵심 측면이 논의될 것이다.

상황에 맞는 리더십 유형

경로목표이론은 리더가 주어진 상황에서 최적의 결과를 달성하기 위해 네 가지 리더십 유형 중 하나를 선택해야 한다고 강조한다. 두 가지 중요한 상황적합 요인은 부하의 유형과 그들이 수행하는 작업의 유형이다(핵심 환경 요인). 부하의 유형은 그들이 환경(통제 장소)에 대해 얼마만큼의 통제력을 가질 수 있는지에 따라 그리고 그들이 할당된 과업을 얼마나 잘 할 수 있다고 생각하는지에 따라 결정된다.

환경적 상황적합 요인은 집단 구성원의 통제 안에 있지는 않지만 만족도와 작업성과에 영향을 미치는 것들이다. 환경 상황적합 요인의 세 가지 일반적인 분류는 (1) 집단 구성원의 과업, (2) 조직 내 권한 시스템, 그리고 (3) 작업 그룹이다.

경로목표이론을 사용하기 위해, 리더는 우선 환경관련 변수를 평가해야 한다. 그러고 나서 리더는 다음과 같은 상황적합 요인에 가장 적합한 네 가지 유형 중 하나를 선택한다.

1. **지시 유형.** 지시를 내리는 리더(과업지향형과 유사)는 계획, 조직화, 통제 같은 공식적인 활동을 강조한다. 과업이 불분명할 때 지시 유형은 사기를 향상시킨다.

2. **지원 유형.** 지원을 해주는 리더(관계지향형과 유사)는 집단 구성원의 복지에 대한 관심을 표현하고 정서적으로 지원을 하는 분위기를 만든다. 지원을 해주는 리더는 집단 구성원이 불만족스럽고 스트레스가 많거나 좌절감을 주는 과업에 착수해야 할 때 사기를 향상시킨다. 자신에 대해 확신이 없는 집단 구성원들은 지원을 해주는 리더십 유형을 선호한다.

3. **참여 유형.** 참여를 하는 리더는 집단 구성원들의 제안을 수집하기 위해 그들과 상담을 하고, 의사결정을 할 때 이러한 제안들을 진지하게 고려한다. 참여적 리더는 반복적이지 않은 과업을 수행하는 동기화가 잘된 직원들의 사기를 향상시키는 데 적합하다.

4. **성취지향적 유형.** 성취지향적인 리더는 팀 구성원들을 위해 도전적인 목표를 설정하고, 작업 개선을 촉구하고, 높은 기대치를 설정한다. 여기에서는 팀 구성원들 또한 책임을 져야 한다. 이 리더십 유형은 성취지향적인 팀 구성원들과 불명확하고 반복적이지 않은 과업을 수행하는 사람들에게 잘 들어맞는다.

조합 가능성은 경로목표이론에 명시되어 있지 않지만, 리더는 때때로 네 가지 유형 중 하나 이상을 성공적으로 조합할 수 있다. 예를 들어, 제품 리콜과 같은 위기 시에 마케팅 관리자는 집단이 빠른 조치를 취할 수 있도록 명령을 내릴 필요가 있다. 초기 비상조치를 취한 후, 리더는 직원들이 얼마나 스트레스를 받았는지를 알아보고 지원 모드로 전환할 수 있다.

성과와 만족도에 영향을 주기 위해 리더가 취할 수 있는 조치들

상황에 맞게 리더십 유형을 추천하는 것 외에, 경로목표이론은 리더에게 또 다른 제안을 한다. 그러한 제안의 대부분은 다음과 같은 동기와 만족도와 관련되어 있다.

1. 리더가 통제하는 집단 구성원의 요구를 인식하거나 활성화한다.
2. 작업 목표를 달성하기 위해 팀 구성원들에 대한 개인적 보상을 늘린다. 리더는 높은 성과를 올린 직원에게 특별 포상을 줄 수도 있다.
3. 코칭과 방향 제시에 의해 급여(보상)에 대한 경로를 용이하게 해준다. 예를 들어, 관리자는 상급 프로젝트에 팀 구성원이 선발되도록 도울 수 있다.
4. 집단 구성원들로 하여금 노력이 좋은 성과로 어떻게 이어지는지 그리고 성과가 보상으로 어떻게 이어지는지에 대한 기대치를 명확하게 알 수 있도록

도와준다. 리더는 "과거에 이 훈련을 받았던 사람은 ISO 9000(품질 기준) 프로그램을 실행하는 방법을 알고 있습니다. 그리고 이러한 기준을 충족시키는 방법을 배운 대부분의 사람들은 급여가 인상됩니다."라고 말할 수 있다.

5. 목표에 도달할 수 있도록 좌절감을 주는 장벽을 줄여 준다. 예를 들어, 리더는 집단 구성원이 밀린 서류작업 및 이메일을 처리할 수 있도록 임시 직원을 고용할 수 있다.
6. 만약에 집단 구성원이 효과적으로 업무를 수행하는 경우 개인적인 만족감을 위한 기회를 늘린다. '만약(if)'은 리더의 역할에서 조건부적인 행위를 반영하기 때문에 중요하다.
7. 이미 잘하고 있는 것에 대해 지시를 함으로써 사람들을 자극하지 않도록 주의한다.
8. 높은 성과와 만족도를 얻기 위해, 리더는 구조화되지 않은 경우 구조화를 제공해야 하며, 성과에 따른 적절한 보상을 제공해야 한다. 이를 위해 리더는 집단 구성원에 대한 목표의 타당성을 명확히 해야 한다.[11]

리더로서 당신은 성과에 영향력을 미치는 이러한 여덟 가지 방법을 적용함으로써 경로목표이론에서 특정한 이득을 얻을 수 있다. 최근 몇 년 동안 경로목표이론에 대한 연구적인 관심은 거의 사라졌지만, 이론의 기본 원리는 연구 대상이 되고 있다. 리더십에 관한 포괄적 이론은 리더의 행동이 집단 구성원의 동기와 만족도에 큰 영향을 미친다는 개념을 포함해야 한다.[12] 경로목표이론의 잠재적인 공헌에도 불구하고, 이 이론은 너무나 많은 미묘한 차이와 복잡성을 담고 있어 관리자들의 관심을 거의 끌지 못하고 있다.

9.4 상황적 리더십® II(SLII)

지금까지 제시된 리더십에 대한 두 가지의 상황적합 접근법은 과업, 리더의 권한, 그리고 부하의 특성을 총체적으로 고려한다. 상황적합 리더십에 관한 또 다른 설명은 집단 구성원의 특성에 가장 중점을 두고 있다. 블랜차드(Kenneth H. Blanchard)와 그의 동료들이 개발한 **상황적 리더십 II**(Situational Leadership II, SLII)는 주어진 과업에서 리더십 유형을 집단 구성원의 능력에 맞추는 방법을 설명한다.[13] 여기에 제시된 SLII 모델은 이전 허쉬-블랜차드의 상황리더십이론(Situational Leadership Theory, SLT)의 새로운 버전이다. 예를 들어, 당신이 새로운 과업을 수행

리더십 자기 평가 퀴즈 9-1

상황적 관점 평가하기

방법 다음의 척도를 활용하여, 아래 나오는 항목에 얼마나 동의하는지 표시한다.
DS = 대단히 그렇지 않다 D = 그렇지 않다 N = 보통이다 A = 그렇다 SA = 매우 그렇다
가장 정확한 답에 동그라미를 친다.

1.	당신이 직원들에게 높은 기대치를 두기 전에 직원들이 철저하게 훈련을 받을 필요가 있다.	DS	D	N	A	AS
2.	아는 것이 많은 직원은 사소한 일상의 목표의 필요성이 덜 하다.	DS	D	N	A	AS
3.	자신감이 있고 총명한 직원은 다른 직원들보다 감독과 지도를 덜 필요로 한다.	DS	D	N	A	AS
4.	일반적으로 불안해하는 직원들은 많은 위안이 필요하다.	DS	D	N	A	AS
5.	대부분의 직원들은 동일한 속도로 학습을 한다. 따라서 매니저는 각각의 직원에게 동일한 양의 가르침을 줄 수 있다.	DS	D	N	A	AS
6.	잘 전달된 동일한 격려의 말은 일반적으로 모든 직원들에게 호소력을 갖는다.	DS	D	N	A	AS
7.	매니저는 일반적으로 위기 시 명확한 방향을 제시해줄 필요가 있다.	DS	D	N	A	AS
8.	매니저로서, 나는 가장 능력 있는 직원을 감독하는 데 최소한의 시간을 투자할 것이다.	DS	D	N	A	AS
9.	감정적으로 미숙한 직원을 감독하기 위한 효과적인 방법은 그들에게 많은 자유를 보장하는 것이다.	DS	D	N	A	AS
10.	열정이 없는 직원들을 감독하는 데 많은 노력을 쏟지 않는 것이 최선이다.	DS	D	N	A	AS
11.	효율적인 리더는 집단 구성원에게 동일한 양과 유형의 업무를 위임한다.	DS	D	N	A	AS
12.	나는 팀 구성원이 불안하고 근심이 있는 것처럼 보일 경우, 그 사람에게 특별히 명확한 지시와 가르침을 줄 것이다.	DS	D	N	A	AS
13.	많은 유능한 직원들은 상대적으로 적은 리더십과 감독을 필요로 하는 단계에 있다.	DS	D	N	A	AS
14.	그 사람이 젊은지 나이 먹은지 여부는 종종 그 사람을 이끌어 나가는 최선의 방법에 영향을 미친다.	DS	D	N	A	AS
15.	한 사람의 문화적 배경은 일반적으로 그 사람에게 적절한 리더십을 제공하는 데 있어 크게 중요하지 않다.	DS	D	N	A	AS

채점 및 해석

1. DS = 1, D = 2, N = 3, A = 4, AS = 5
2. DS = 1, D = 2, N = 3, A = 4, AS = 5
3. DS = 1, D = 2, N = 3, A = 4, AS = 5
4. DS = 1, D = 2, N = 3, A = 4, AS = 5
5. DS = 5, D = 4, N = 3, A = 2, AS = 1
6. DS = 5, D = 4, N = 3, A = 2, AS = 1
7. DS = 1, D = 2, N = 3, A = 4, AS = 5
8. DS = 1, D = 2, N = 3, A = 4, AS = 5
9. DS = 5, D = 4, N = 3, A = 2, AS = 1
10. DS = 5, D = 4, N = 3, A = 2, AS = 1
11. DS = 5, D = 4, N = 3, A = 2, AS = 1
12. DS = 1, D = 2, N = 3, A = 4, AS = 5
13. DS = 1, D = 2, N = 3, A = 4, AS = 5
14. DS = 1, D = 2, N = 3, A = 4, AS = 5
15. DS = 5, D = 4, N = 3, A = 2, AS = 1

- 46~75점 당신은 리더와 관리자로서 강한 상황적 관점을 갖고 있다(또는 가질 것이다).
- 31~45점 당신은 리더와 관리자로서 평균적인 상황적 관점을 갖고 있다(또는 가질 것이다).
- 15~30점 당신은 리더와 관리자로서 상황적 관점을 거의 취하지 않는다(또는 취하지 않을 것이다).

역량 개발 대부분의 리더십과 관리의 과제에서 상황적 관점을 연마하는 것은 이득이 된다. 당신의 점수가 기대했던 것보다 낮다면, "이 상황에서 리더-관리자로서 나의 효율성에 영향력을 미칠 핵심 요소는 무엇인가?"라고 스스로에게 질문을 함으로써 상황에 대한 당신의 통찰력을 연마하도록 한다. 상황에 따른 사람과 과업 모두를 연구하도록 한다.

할 때보다 과업에 익숙해져 있는 경우 당신은 감독관으로부터의 지침이 덜 필요할 수 있다. 상황모델은 특히 감독관과 팀 리더 같은 일선 지도자들에게 적용 가능하다.

SLII는 능력을 개발하고, 직원들이 몰입하게 되고, 인재의 이직률을 감소시키기 위해 관리자와 집단 구성원 간의 성과 및 전문적인 개발에 관한 대화의 빈도와 질을 향상시키기 위해 설계되었다. 리더는 상황의 요구에 일치하거나 대응하는 리더십 유형을 사용하는 방법을 배운다.

상황적 리더십 모델을 더 조사하기에 앞서, [리더십 자기 평가 퀴즈 9-1]을 해본다. 이 퀴즈는 가장 효율적인 리더십 유형을 선택하는 데 있어 핵심적인 상황 적합 요소를 집단 구성원의 특성으로 간주하는 것과 관련된 특정 행동을 알려주는 데 도움이 될 것이다.

SLII의 기본

상황적 리더십 II(SLII)는 최초의 상황모델에서 기인한 것이다. SLII의 주요 전제는 효과적인 리더십을 위한 기본이 주어진 과업에서 리더와 부하 간의 관계를 관리한다는 것이다. SLII모델의 주요 개념은 [그림 9-4]에 제시되어 있다. SLII에 따르며, 효율적인 리더는 주어진 과업을 완수하기 위해 특정 부하의 헌신과 능력 수준에 자신의 행동을 맞춘다. 예를 들어, 팀 구성원 타냐는 연말까지 빈 사무실을 임대하는 데 헌신하고 그러한 업무 활동에 고도로 숙련되어 있을 수 있다. 아니면 그녀는 업무가 힘들고 단조로우며 사무실 임대 업무에 많은 기술이 필요하지 않다고 생각할 수 있다. 부하의 헌신과 능력의 조합은 다음과 같이 그 사람의 발달 수준을 결정한다.

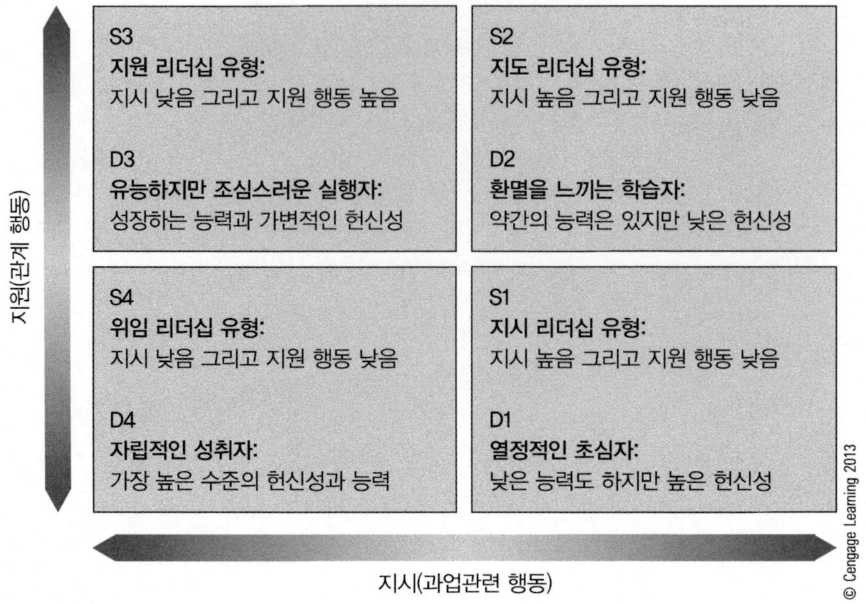

그림 9-4 **상황적 리더십 II(SLII)**

D1: 열정적인 초심자. 학습자는 능력이 떨어지지만 높은 헌신성을 갖고 있다.

D2: 환멸을 느끼는 학습자. 개인은 일정한 능력을 얻었지만 여러 난관을 경험한 후 실망한 상태이다. 이 상태에서 헌신성은 낮다.

D3: 유능하지만 조심스러운 실행자. 학습자의 능력은 성장하고 있지만 헌신성은 가변적이다.

D4: 자립적인 성취자. 학습자는 높은 능력과 헌신성을 갖고 있다.

SLII는 효율적 리더십이 두 개의 독립적인 행동, 즉 **지원** 및 **지시**에 달려 있다고 설명한다(지금까지, 이 이분법에 대해서는 이 장에서뿐만 아니라 8장에서도 여러 번 읽었을 것이다). 지원은 리더의 경청, 인정, 커뮤니케이션, 그리고 격려와 같은 관계 행동을 말한다. 지시는 리더의 주의 깊은 방향 제시와 통제와 같은 과업관련 행동을 말한다.

[그림 9-4]에서 보는 바와 같이, 네 가지 기본 유형은 다음과 같다.

S1: 명령. 높은 지시 행동/낮은 지원 행동.

S2: 지도. 높은 지시 행동/높은 지원 행동.

S3: 지원. 낮은 지시 행동/높은 지원 행동.

S4: 위임. 낮은 지시 행동/낮은 지원 행동.

주어진 과업에 대한 최상의 결과를 위해, 리더는 집단 구성원의 발달 수준에 자신의 유형을 맞춰야 한다. [그림 9-4]에 있는 각각의 사분면은 리더 유형과 부하의 발달 수준 간의 이상적인 조합을 나타낸다.

SLII의 핵심은 단일유형이 최선이 아니라는 것이다. 효율적인 리더는 주어진 과업에서 부하의 발단 수준에 따라 네 가지 유형을 모두 활용한다. S1에서 S4중에 가장 적절한 리더십 유형은 각각 D1에서 D4까지의 부하의 발달 수준에 부합한다. 열정적인 초심자(D1)는 지시를 내리는 리더(S1)가 필요하다. 환멸을 느끼는 학습자(D2)는 지도를 해주는 리더(S2)가 필요하다. 유능하지만 조심스러운 실행자(D3)는 지원을 해주는 리더(S3) 유형이 필요하다. 그리고 자립적인 성취자(D4)는 위임을 해주는 리더(S4)가 필요하다.

SLII 평가

상황적 리더십은 집단 구성원과 관련된 리더십 행동에 대한 생각의 합의에 해당한다. 유능한 사람들은 덜 유능한 사람들보다 구체적인 지시가 덜 필요하다. 이 모델은 또한 과업과 관계 행동의 역할을 강조하는 리더십에 관한 다른 설명을 기반으로 하고 있기 때문에 유용하다. 그 결과, 이 모델은 리더십 훈련을 위한 기초자료로써 유용한 것으로 입증되었다. 적어도 3백만 명의 매니저가 모델의 다양한 단계를 포함하는 상황적 리더십에 관한 교육을 받았다. 따라서 우리는 상황적 리더십이 관리자와 회사에게 있어 타당성이 있다고 가정할 수 있다. 상황모델은 또한 상식을 뒷받침해주며 따라서 직감적인 호소력이 있다. 적절한 리더십 유형을 선택하기 전에 집단 구성원의 준비상태를 진단함으로써 이 모델을 통해 이득을 얻을 수 있다.

SLII를 적용하는 데 있어서 문제는 리더가 주어진 시간에 집단 구성원이 어떤 업무를 수행하는지 지켜보고 있다가 올바른 유형을 이행해야 한다는 것이다. 업무할당은 빠르게 변경될 수 있고 집단 구성원은 보통 하루에 하나 이상의 업무를 하기 때문에, 리더는 리더십 유형을 계속 바꿔야 할 것이다.

SLII는 범주와 지침을 매우 정확하게 제공하기 때문에 결점이 없다는 인상을 준다. 실제로, 리더십 상황은 사분면에서 제안하는 것처럼 명확하지 않다. 또한 리더십에 대한 처방은 일정 부분만 효과가 있다. 예를 들어, 많은 감독관들은 환멸을 느끼는 학습자(D2)에게 지도 유형(S2)을 사용하고 형편없는 결과를 얻는다. 주된 우려는 높은 과업, 높은 관계지향성이 최고의 결과를 낳지 않는 몇몇의 리더십 상황이 존재한다는 것이다.

리더십 스킬 구축 연습 9-1

상황적 리더십 II 적용하기

당신은 대형 가전매장에서 고객 서비스를 개선해야 하는 책임이 부여된 팀의 리더 역할을 하고 있다. 이 업무에 뛰어들기 전에, 당신은 SLII의 사용을 결정한다. 오늘, 당신은 세 명의 팀 구성원들을 개별적으로 만나 고객서비스 개선 작업 수행과 관련하여 그들의 개발 수준을 평가할 것이다. 당신은 과업수행을 위한 그들의 능력과 헌신도를 평가하고 싶어 한다(세 명의 서로 다른 사람들은 준비성을 평가받는 집단 구성원의 역할을 한다). 짧은 인터뷰(약 5분)를 한 후, 인터뷰를 한 각각의 사람들에게 대해 어떠한 리더십 유형을 사용할 것인지 발표한다. 역할극에 직접 참여하지 않는 학급 구성원들은 당신이 팀 구성원의 준비 정도를 얼마나 잘 평가했는지에 대한 피드백을 제공한다.

[리더십 스킬 구축 연습 9-1]은 상황적 리더십 모델 이행을 연습할 수 있는 기회를 제공한다. 동일한 연습은 다른 상황적합 및 상황모델도 뒷받침한다.

9.5 규범적 의사결정 모델

또 다른 상황적합 모델 관점은 리더가 의사결정을 할 때 집단 참여의 올바른 정도를 이끌어내는 유형을 선택해야 한다는 것이다. 리더와 집단 구성원 간의 많은 상호 작용은 의사결정을 수반하기 때문에, 이 관점은 합리적이다. **규범적 의사결정 모델**은 리더십을 의사결정 과정으로 간주한다. 리더는 어떤 의사결정 유형이 가장 효율적일지를 결정하기 위해 상황 내에서 특정 요인들을 검토한다. 여기서 우리는 10만 명 이상의 매니저를 대상으로 실시된 연구를 기반으로 한 빅터 브룸(Victor Broom)과 그의 동료들의 작업으로부터 30년에 걸쳐 진화해 온 가장 최신 버전을 제시한다.[14] 모델은 변화했지만 모든 모델들은 의사결정 유형을 상황 요인에 일치시키는 기본 개념을 포함하고 있다.

의사결정 유형

규범 모델(이전에는 리더-참여자 모델로 알려졌었음)은 다섯 가지 의사결정 유형을 구별하며, 각각은 집단 구성원의 서로 다른 참여 정도를 반영한다.

1. 결정. 리더가 혼자 의사결정을 하고 집단에게 발표하거나 납득시킨다. 리더

는 문제와 관련된 정보를 갖고 있을 것으로 보이는 집단이나 타인으로부터 정보를 수집하는 데 전문 지식을 활용할 수 있다.

2. **상담(개별적).** 리더는 집단 구성원들에게 개별적으로 문제를 제시하고, 그들의 제안을 수집하고 나서 의사결정을 한다.

3. **상담(집단).** 리더는 회의에서 집단 구성원에게 문제를 제시하고, 그들의 제안을 수집한 다음 의사결정을 한다.

4. **조장.** 리더는 해결해야 될 문제와 의사결정이 내려져야 하는 경계를 정의하는 조력자의 역할로서 문제와 그 행동을 제시한다. 리더는 동의를 구하고 지위에 의해 자신의 아이디어가 더 많은 비중을 갖는 것을 피한다.

5. **위임.** 리더는 규정된 한도 내에서 집단이 결정을 내리는 것을 허용한다. 명백하게 요청을 받지 않는 한 직접적으로 집단의 토의에 관여하지 않지만, 리더는 자원을 제공하고 격려를 해 주면서 은밀히 작업을 한다.

상황적합 요소와 모델의 적용

리더는 가장 적절한 의사결정 유형을 선택하는 데 기여하는 7가지 변수, 즉 상황적합 요소의 측면에서 상황을 진단한다. 이러한 변수에 따른 해답에 기초하여, 리더나 관리자는 다섯 가지의 의사결정 유형 중 하나를 선택하기 위해 의사결정 매트릭스를 통한 경로를 따라간다. 모델의 하나는 시간이 결정적일 때, 그리고 또 다른 하나는 집단 구성원의 의사결정 능력 개발이 더 중요한 고려사항일 때의 두 가지 버전이 있다. 집단 구성원의 계발에 더 높은 우선순위를 둔다면, 리더나 관리자는 과정이 시간낭비더라도 의사결정을 위해 집단에게 더 의지한다.

[그림 9-5]는 시간 중심의 집단 문제를 위한 매트릭스로 신속하게 결정에 도달해야 하는 상황을 보여준다. 상황 요인, 즉 문제 변수는 매트릭스 상단에 나열되어 있다. 이러한 요인들을 명시함으로써 모델은 상황적합 접근법이 된다. 선택된 의사결정 유형은 다음과 같이 정의된 요인들에 따라 달라진다.

- 의사결정의 중요성: 프로젝트 또는 조직의 성공에 있어 결정의 중요성(중요성은 의사결정의 질을 다룬다).
- 헌신의 중요성: 의사결정에 대한 팀 구성원의 헌신의 중요성(헌신은 의사결정 수용을 다룬다).

- 리더의 전문 지식: 문제와 관련된 지식이나 전문 지식.
- 헌신 가능성: 당신 혼자 내릴 수 있는 결정에 팀이 헌신할 가능성.
- 집단의 지원: 문제가 되고 있는 조직의 목표를 지원하는 정도.
- 집단의 전문 지식: 문제와 관련된 팀 구성원의 지식이나 전문 지식.
- 팀의 능력: 문제해결 과정에서 함께 작업하기 위한 팀 구성원의 능력.

방법: 매트릭스는 깔때기처럼 운용된다. 마음속에 특정 의사 결정 문제를 생각하면서 왼쪽에서 시작한다. 세로열 머리글은 그 문제에서 상황적 요소가 존재하는지 여부를 나타낸다. 각각의 관련 상황 요소에 대해 높음 또는 낮음(H or L)을 선택하여 진행한다. 권장되는 프로세스에 도달할 때까지, 판단을 요구하는 상황 요소들을 판단하여, 아래쪽으로 진행한다.

	의사 결정의 중요성	헌신의 중요성	리더의 전문 지식	헌신 가능성	집단의 지원	집단의 전문 지식	팀의 능력	
문제 진술	H	H	H	H	–	–	–	결정
	H	H	H	L	H	H	H	위임
	H	H	H	L	H	H	L	상담(집단)
	H	H	H	L	H	L	–	상담(집단)
	H	H	H	L	L	–	–	상담(집단)
	H	H	L	H	H	H	H	조장
	H	H	L	H	H	H	L	상담(개별)
	H	H	L	H	H	L	–	상담(개별)
	H	H	L	H	L	–	–	상담(개별)
	H	H	L	L	H	H	H	조장
	H	H	L	L	H	H	L	상담(집단)
	H	H	L	L	H	L	–	상담(집단)
	H	H	L	L	L	–	–	상담(집단)
	H	L	H	–	–	–	–	결정
	H	L	L	–	H	H	H	조장
	H	L	L	–	H	H	L	상담(개별)
	H	L	L	–	H	L	–	상담(개별)
	H	L	L	–	L	–	–	상담(개별)
	L	H	–	H	–	–	–	결정
	L	H	–	L	–	–	H	위임
	L	H	–	L	–	–	L	조장
	L	L	–	–	–	–	–	결정

그림 9–5 **의사결정 유형 선택을 위한 시간 중심 모델**

출처: Victor H. Vroom's Time-Driven Model, *A Model of Leadership Style*에서 복사. Copyright 1998. 저자의 허가 하에 재인쇄함.

이 일곱 가지 상황에 대해 정확한 답을 얻는 것은 도전이 될 수 있다. 리더는 직관에 크게 의존해야 하며, 또한 약간의 전문 지식을 갖고 있다고 착각하지만 실제로는 그렇지 않은 경우와 같은 왜곡된 사고를 최소화해야 할 것이다.

모델을 적용하기 위해, 자신을 의료용품 회사의 부장이라고 상상해 보자. 당신이 직면한 결정은 무릎 지지대 제조를 전 세계적으로 아웃소싱할지 여부이다. 많은 사람들이 운동을 하면서 무릎을 비틀거나 심하게 손상시키기 때문에 산업은 호황을 누리고 있다. 그러나 경쟁이 늘어나면서 제조비용을 줄여야 한다. 집단을 위한 문제 진술은 “무릎 보호대 제작을 말레이시아에 있는 의료부품 회사에 아웃소싱 할까?”이다. 염두에 두고 있는 회사는 목발과 보철 장치와 같은 다른 의료 제품의 제조에 있어 훌륭한 명성을 얻고 있다. 당신은 다음과 같은 절차를 진행한다.

1. [그림 9–5]에 있는 매트릭스의 왼쪽의 “문제 진술”에서 시작한다. 매트릭스의 상단에는 일곱 개의 상황 요인이 있으며, 각각의 요인은 그 문제에 있어 존재할 수도(높음의 H) 또는 존재하지 않을 수도(낮음의 L) 있다. 매트릭스를 통해 진행을 하면서 수평 라인을 넘어갈 수 없다는 것을 명심한다.
2. 결정이 중요성을 띠거나 프로젝트 성공에 큰 영향을 미치는지를 확인하고, H를 선택한다.
3. 오른쪽으로 이동하여 헌신의 중요성에 대한 두 번째 질문에 답한다. 무릎 보호대 제조와 같이 복잡한 활동에 헌신할 수 있는 팀의 핵심 멤버가 틀림없이 필요할 것이다. 따라서 H를 선택한다.
4. 다시 오른쪽으로 이동하여, 이번에는 리더의 경험에 관한 질문에 답한다. 전 세계적으로 의료 제품을 아웃소싱(해외구매)하는 것에 관한 관련 경험이 충분하지 않다고 결론을 내린다. 따라서 L이라고 답한다.
5. 수평 라인을 넘지 않고 다시 오른쪽으로 이동하여, 헌신 가능성에 대한 질문에 답한다. 당신 혼자 내릴 수 있는 결정에 팀이 헌신할 것 같지 않다고 결정한다. 따라서 L로 이동한다.
6. 다시 수평 라인을 넘지 않고 오른쪽으로 이동하여, 집단의 지원에 관한 질문에 답한다. 집단이 무릎 보호대 가격을 낮추려는 조직의 목표를 지지한다고 생각한다. 따라서 H로 답한다.
7. 오른쪽으로 이동하고, 선을 넘지 않도록 한다. 그리고 집단의 전문 지식에 관한 질문에 답한다. 집단이 무릎 보호대 아웃소싱에 관한 전문 지식을 획득할 수 있다고 판단한다. 따라서 H로 답한다.

8. 계속 오른쪽으로 이동하여 매트릭스의 끝까지 가서, 문제해결 시 같이 일할 수 있는 팀 구성원의 능력에 관한 질문에 답한다. 당신의 팀이 집단 문제해결에 강하다는 것을 알고 있다. 따라서 H라고 답한다.
9. 오른쪽으로 약간 이동하면, "조장"이라고 되어 있는 음영이 있는 칸에 도달하게 된다. 따라서 당신은 의사결정 유형 4번 조장을 사용한다. 그리고 말레이시아에서 무릎 보호대 제작을 아웃소싱할지 여부에 대한 결정을 내리는데 있어 조력자의 역할을 할 것이다.

[그림 9-5]에 있는 모델을 가지고 약간의 의사결정 연습을 한다면, 결정을 내리는 것이 많이 쉬워질 것이다. 매트릭스에서 수평 라인을 넘어가지 않고 계속 진행을 한 경우, 다섯 가지 권고 의사결정 유형 중 하나에 도달할 것이다. 때때로 최종적인 결정이 L, L 같은 두 가지 요소를 바탕으로 이루어질 수 있다. 다른 결정들은 (L, H, H 같이) 세 가지, (H, H, H, H 같이) 네 가지, 또는 (H, H, L, L, H, H, H 같이) 무려 일곱 가지 요소를 필요로 한다.

상황 요인에 대해 서로 다른 답을 하는 다양한 사람들은 상황에 있어 권고되는 결정 유형에 대해 상이한 결론에 도달할 것이다. 리더는 일곱 가지 질문 각각에 답을 할 수 있도록 충분한 정보가 필요하다. [리더십 스킬 구축 연습 9-2]는 모델을 적용할 수 있는 또 다른 기회를 제공하기 위해 브룸이 개발한 시나리오를 제공한다.

규범 모델은 현역으로 활동하고 있는 관리자와 리더에게 귀중한 서비스를 제공한다. 이 모델은 의사결정 상황에서 상황적합변수에 관한 질문을 하도록 그들을 유도한다. 모델의 이전 버전의 경우, 절차를 따른 관리자는 자신의 의사결정의 효율성을 증가시킬 가능성이 있는 것으로 알려졌다. 게다가, 모델과 일치하는 의사결정을 내린 관리자는 효율적이라고 인식될 가능성이 높다.[15]

9.6 리더-구성원 교환관계 모델(LMX)과 상황적합이론

리더-구성원 교환관계 모델 이론은 상황적합 접근법에 관한 또 다른 관점을 제안한다. 자신의 스타일을 집단 내의 서로 다른 개인에게 적용하거나, 개별 집단 구성원들과의 서로 다른 양질의 관계를 갖고 있는 리더는 본질적으로 상황적합

리더십 스킬 구축 연습 9-2

시간 중심 모델 적용하기

여기에 제시된 연습은 개별적으로 또는 소규모 그룹으로 할 수 있다.

은행 감독관들이 막 떠났으며, 그들은 상업용 부동산 대출의 대부분이 감가상각 되어 이미 바닥난 자본을 고갈시키고 있다고 주장했다. 해당 지역에 있는 다른 많은 은행들처럼, 당신의 은행은 규제 당국에 의해 폐쇄될 심각한 위기에 처해 있다. 재정적인 문제가 표면화되면서, 많은 고위 간부들은 다른 이익을 추구하기 위해 은행을 떠났다. 하지만 다행히도 당신은 세 명의 매우 유능한 젊은 매니저들로 그들을 대체할 수 있었다. 그들은 이전에 서로 친분이 없었지만, 각자 머니센터뱅크 중 하나에서 제공하는 훌륭한 교육 프로그램을 이수했다. 그 교육 프로그램에서 그들은 은행 기능과 관련된 모든 직책에서 순환 근무를 했다.

업계에서의 폭넓은 경험에 따르면, 유일한 희망은 거의 대부분의 주요 경비 삭감과 다른 은행으로의 자산매각을 포함하는 두 가지 접근법이라는 결론을 피할 수 없다. 대출 포트폴리오의 추가적인 질적 저하는 자본잠식을 야기하고 규제 당국으로 하여금 은행 문을 닫게 할 수 있기 때문에 이 업무는 신속하게 수행되어야 한다.

전략은 명확하다. 하지만 많은 세부사항을 해결해야 한다. 당신은 은행이 미래에도 번영하기 위해 어떤 정보가 필요한지를 알고 있다고 생각한다. 당신을 도와줄 세 명의 젊은 임원이 있다는 점에서 당신은 운이 좋다. 그들은 함께 일을 해본 경험이 거의 또는 전혀 없지만, 그들 각자가 은행의 생존을 위해 헌신할 것이라는 점을 안다. 당신처럼 그들도 무엇을 해야 하고 어떻게 해야 하는지를 알고 있다.

제안된 경로는 9장을 위한 참고 문헌에서 찾을 수 있다.

출처: Victor H. Vroom's Time-Driven Model, *A Model of Leadership Style*에서 복사. Copyright 1998. 저자의 허가 하에 재인쇄함.

리더십을 실천하고 있다. LXM이론에 관해서는 수백 가지의 연구가 실행되었다. 리더와 집단 구성원 간의 관계의 질을 측정하는 데 사용되는 많은 설문지 중 하나가 [리더십 자기 평가 퀴즈 9-2]에 제공되어 있다. 여기서 리더십에 대한 상황적합적 접근법을 제안하는 LMX 연구의 몇 가지 결론을 제시하고자 한다.

1. 리더는 외집단 구성원과 내집단 구성원의 객관적인 성과가 동일한 경우에도, 내집단 구성원에게 더 유리한 성과등급을 주는 경향이 있다. 이러한 결과는 리더가 자신이 좋아하는 집단 구성원에 대해 더 동정할 수 있다는 개념을 반영한다.
2. 리더는 항상 각각의 집단 구성원과 완전히 다른 관계를 발전시키는 것은 아니지만, 집단의 일부 구성원에게는 동일한 방식으로 대응할 수 있다. 예를 들어, 리더는 8명으로 이루어진 팀에서 세 명의 구성원에게 평등한 관심과 신뢰를 보여줄 수 있다.[16]
3. 더 규모가 큰 집단에서는 리더-구성원 교환관계에 있어 더 많은 차이가 있을 수 있다. 그 결과, 큰 집단의 리더는 집단 구성원의 몇몇에게는 더 권위적이

리더십 자기 평가 퀴즈 9-2

리더-구성원 관계의 속성

방법 특정한 현직 또는 전직 특정 감독관과 관련된 다음의 항목에 동의하는지 여부를 표시한다.

	동의한다	동의하지 않는다
1. 한 사람의 인간으로서 감독관을 매우 좋아한다.	☐	☐
2. 업무에 관한 감독관의 지식과 능력을 존경한다.	☐	☐
3. 감독관은 내가 실수를 할 경우 조직 내의 다른 사람들에 맞서 나를 옹호할 것이다.	☐	☐
4. 자신의 일에 대한 감독관의 지식에 감명을 받았다.	☐	☐
5. 감독관은 친구로 삼았으면 싶은 사람이다.	☐	☐
6. 감독관과 함께 일하는 것이 매우 즐겁다.	☐	☐
7. 감독관을 위해 열심히 일을 해도 상관없다.	☐	☐
8. 감독관의 전문적 기술을 존경한다.	☐	☐
9. 감독관은 내가 다른 사람으로부터 '공격'을 받는 경우 나를 방어해 줄 것이다.	☐	☐
10. 감독관의 업무 목표를 충족시키기 위해 일반적으로 요구되는 것 이상의 추가적인 노력을 할 의사가 있다.	☐	☐
11. 쟁점에 대해 완벽하게 알지 못하더라도 감독관은 상관에게 나의 업무 행위를 옹호한다.	☐	☐
12. 감독관을 위해 나의 직무 내용에 명시되어 있는 것 이상의 일을 한다.	☐	☐

채점 및 해석 당신이 위의 항목에 동의하는 수가 많을수록 당신의 리더-구성원 교환관계의 질은 높다. 9개 이상의 항목에 동의하는 경우는 양질의 리더-구성원 교환 관계를 나타난다. 3개 이하로 동의하는 경우는 리더-구성원 관계가 빈약하다는 것을 의미한다. 4개와 8개 사이의 질문에 동의하는 것은 평균적인 리더-구성원 관계를 의미한다.

출처: Robert Eisenberger et al., "Leader-Member Exchange and Affective Organizational Commitment: The Contribution of Supervisor's Organizational Embodiment," *Journal of Applied Psychology*, November 2010, p. 1091

되는 등 다양한 집단 구성원들에게 약간 다른 유형을 사용할 가능성이 높다.

4. 관리자는 양질의 교환 관계를 갖고 있는 부하에 대해 섬기는 리더의 역할을 할 가능성이 높다.[17] 그 결과, 내집단 구성원들은 그들이 자신을 대신하여 일하는 리더를 갖고 있다고 인식할 가능성이 있다.
5. 리더는 양질의 교환 관계(또는 좋은 관계)를 갖고 있는 집단 구성원에게 권한을 부여할 가능성이 높은데, 이는 리더가 그 구성원들을 더 신뢰하기 때문이다. 그러나 연구 결과에 따르면, 리더가 더 많은 집단 구성원과 양질의 관계를 갖고 그들에게 동시에 임파워먼트시키려고 하는 경우 조직에 있어 더 나은 결과를 얻을 수 있다.[18]

행동하는 리더

포드 자동차의 CEO인 앨런 맬러리는 포드뿐 아니라 미국 제조업의 과거의 영광을 회복시킨 업적으로 인해 세계에서 가장 존경 받는 기업 임원 중 한 명이 되었다. 맬러리는 두 가지의 서로 다른 산업에서 핵심적인 역할을 했다. 1990년대 말 보잉사의 상용기 사업 회장으로서 그는 디지털 기술을 강력히 추진하는 등 회사를 소생시켰다. 그는 또한 우주 항공 산업을 크게 역행시켰던 2001년 9.11 테러 공격의 여파에서 회사가 살아남는 데 도움을 주었다.

맬러리는 2006년 당시 붕괴 직전이던 포드를 회복시키기 위해 포드의 CEO로 고용되었다. 당시 포드는 붕괴 직전이었다. 맬러리가 처음으로 한 위대한 조치 중 하나는 포드의 자산을 담보로 230억 달러를 빌리는 것이었다. 대출 목적은 회사의 현금 유동 상태가 개선될 때까지 살아남기에 충분한 현금을 회사에 공급하는 것이었다. 엄청난 금액의 대출로 인해 회사는 파산과 연방정부의 구제금융을 피할 수 있었다. 그 결과 영업권이 개선되었고, 브랜드에 매료되는 사람들의 수가 증가하였다. 몇 년 후, 맬러리는 크게 할인을 받아 액면 이하로 100억 달러의 부채를 다시 매입했다. 2010년에는 포드가 다시 안정적이고 수익성 있는 기업이 되었다.

포드 활성화의 일환으로 맬러리는 몇 가지 과감한 조치를 실시해야 했다. 그는 회사 직원의 약 절반을 해고했고, 살아남은 직원들에 대한 보상, 즉 급여와 수당을 모두 삭감했다. 또 다른 핵심적인 회생 계획의 일부는 제조, 마케팅, 제품 개발의 글로벌 책임자를 만들어, '하나의 포드(One Ford)'라는 통합에 기여하게 하는 것이었다. 하나의 포드를 만드는 것과 관련하여, 포드의 이름을 달지 않은 명품 브랜드인 랜드로버, 재규어, 볼보를 매각하였다. 포드 머큐리는 회사 간소화의 일환으로 생산이 중단되었다. 성장의 측면에서, 맬러리는 포드 토러스 모델을 소생시키기 위한 움직임을 주도했다.

맬러리의 문제해결 접근법은 다량의 데이터를 분석하여, 단순하고 명료한 계획으로 데이터를 축소시키는 일을 포함한다. 그는 약 한 페이지 반 정도 분량에 제품 및 운영 계획을 포함한 전체 포드사의 전략을 제시한다. 계획은 다음의 네 가지의 목표 또는 기대 행동을 포함한다. (1) 기능적이고 기술적인 우수성을 육성한다, (2) 협력하여 일한다, (3) 포드의 가치를 행동으로 나타낸다, 그리고 (4) 성과를 낸다. 각각의 목표는 더 상세히 설명된다. 예를 들어, (1)의 하위 목표는 "우리 비즈니스와 고객에 대해 알고 그것에 대한 열정을 갖는다."이다.

맬러리의 규율적인 사고의 일부로서, 그는 옆 사람과 이야기를 하거나 스마트폰을 사용하는 등 회의 중 산만한 행위를 허용하지 않는다. 회의 중의 행동과 관련하여, 맬러리는 "누군가 수다를 시작하거나 그들이 서로를 존중하지 않는 경우, 회의는 중지"라고 말한다.

그의 온화한 태도에도 불구하고, 맬러리는 특히 다른 사람들의 사고를 자극하기 위해 대립을 일삼기도 한다. 회생 계획을 수립하는 중에 맬러리는 손익 계산서를 자세히 읽고, 그의 팀에게 말했다. "알다시피, 작년에 14억 달러의 손실을 보았습니다. 여기서 나빠질 것이 있나요?"

질문

1. 맬러리가 상황에 적응할 수 있다는 증거는 무엇인가?
2. 맬러리는 포드사를 이끌고 어떤 위기를 헤쳐 나갔는가?
3. 맬러리는 리더로서 자신의 인지 능력을 어느 정도 활용하는가?

출처: 앨런 맬러리에 관한 이야기는 다양한 사실을 통해 구성된 것이다. Alex Taylor III, "2010's Top people in Business," *Fortune*, December 6, 2010, p. 136; Keith Naughton, "The Happiest Man in Detroit," *Bloomberg Business Week*, February 7-February 13, 2011, pp. 66-71; David Kiley, "Ford's Savior?" *Business Week*, March 16, 2009, pp 03.034; Alex Taylor III, "Fixing up Ford," *Fortune*, pp. 44-51; Steve Ballmer, "Alan Mulally," *Time*, May 11, 2009, p. 74; Bill Saporito, "How to Make Cars and Make Money Too," *Time*, August 8, 2010, pp. 36-39.

[행동하는 리더]는 조직을 위기에서 구하는 등 다양한 상황에 잘 적응하는 핵심 산업 리더의 모습을 묘사하고 있다.

9.7 위기 시의 리더십

조직이 직면하는 잠재적 위기에는 급격한 매출 감소, 임박한 파산, 직장 내 살인, 경영진의 스캔들이나 범죄 행위, 허리케인, 홍수, 또는 지진과 같은 자연재해, 핵 방사능 유출, 그리고 폭탄테러와 기타 테러공격이 있다. 위기 시에 조직을 이끌어 나가는 것은 상황적합 리더십으로 간주될 수 있다. 왜냐하면 상황은 리더가 특정 행동, 태도, 특성을 강조할 것을 요구하기 때문이다. **위기 리더십**은 갑작스럽고 크게 예상하지 못한, 몹시 부정적이고 감정적으로 소모가 큰 상황에서 집단 구성원들을 이끌어 가는 과정이다. 여기서 우리는 위기를 헤치고 조직 또는 조직 부서를 성공적으로 이끌어 나는 것과 관련 있는 여덟 가지 리더십 자질과 행동을 설명하고자 한다.

결단력이 있어야 한다. 위기 리더십에서 가장 인정받는 원칙은 리더가 상황을 해결하기 위해 단호한 조치를 취해야 한다는 것이다. 위기가 심각할수록 리더가 다양한 사람들과 상담할 수 있는 시간은 적어진다. 계획이 수립되면, 난국에 대해 구체적인 무엇인가 이루어지고 있다는 것을 집단 구성원들에게 재확인해 주기 위해 널리 전파해야 한다. 2001년 9월 11일 세계무역센터에 대한 테러공격으로 물리적인 시설이 파괴된 후, 몇몇 리더들은 다음 날 회사를 근처의 예비 장소로 이사할 것이라고 발표했다. 계획을 공표하는 것은 회사와 회사에 있는 사람들에게 무슨 일이 일어나고 있는지에 대한 불확실성을 감소시키는 데 도움이 된다. 위기에 대처하기 위해 상당히 가시적인 조치를 취하는 리더는 유능한 것으로 간주될 수 있다.[19]

위기 시에 결단력을 보이는 것의 당연한 귀결은 우유부단하거나 위기 한가운데서 그것을 외면하지 않는다는 것이다. 위기 리더십의 첫 번째 단계는 위기 상황을 안정시키고 시간을 버는 것이다.[20] 예를 들어, 다섯 명의 핵심 관리자들이 경쟁사에 들어가기 위해 동시에 회사를 떠나고, 한 명만이 사내에서 대체 가능하다고 가정해 보자. 위기상황 해결을 위해 CEO는 임시 관리자와 전문가를 공급하는 전문 취업기관에서 네 명의 관리자를 고용할 수 있다. 다음 단계는 가까운 미래에 회사를 그만두는 관리자를 대체하기 위해 다른 회사 직원을 준비하는 것이다.

위기에 대응하여 결단력을 갖는 것은 조직이 위기에 대해 어느 정도 책임이 있다는 가정과 위기를 유발한 문제를 해결하기 위한 계획을 널리 소통시키는 것을 포함한다. 2010년 존슨 앤 존슨의 맥네일 소비자건강 사업부는 일반의약품을 수

차례 리콜했는데, 이는 제약 회사에게 끔찍한 위기였다. 최고 관리자 윌리엄 웰던은 리콜을 유발하고 회사에 대한 범죄 수사를 촉발한 제조상의 문제해결을 위한 그의 계획을 직원들에게 설명함으로써 위기에 대응했다.[21] 이러한 계획 발표는 직원들에게 앞으로는 더 나아질 거라는 희망을 주는 것이 분명했다.

결단력의 또 다른 구성 요소는 위기를 벗어나기 위한 필요 조치를 방해할 수도 있는, 실패에 대한 두려움을 방지한다는 것이다. 『극한의 리더십; High Altitude Leadership』의 저자인 크리스 워너(Chris Warner)와 돈 슈민케(Don Schmincke)는 두려움이 궁극적으로 전략에 있어 치명적이라고 리더들에게 충고한다. "두려움은 직원들이 중대한 결정을 내리는 것을 막고, 변화 매개체가 현재의 상황을 깨뜨리는 것을 막고, 리더가 이끌어 나가는 것을 막는다."[22] 소멸된 토러스 모델을 부활시키려는 포드사의 맬러리의 결정은 실패에 대한 두려움을 피한 좋은 예이다. 포드사 관계자는 매출감소로 인해 토러스의 생산을 중단하였지만, 맬러리는 이 모델이 예전에 인기가 있었기 때문에 대중들의 인기를 다시 모으게 될 거라고 생각했다.

연민을 갖고 이끌어 나간다. 집단 구성원의 우려, 불안, 그리고 좌절에 연민을 보이는 것은 위기 리더십에 있어 핵심적인 대인관계 기술이다. 조직에 치유를 가져오는 온정적인 리더십 유형은 고통을 완화해주고, 활동하도록 다른 사람을 격려하는 일부 공개적인 행동 유형을 포함한다. 온정적인 리더십은 두 가지의 관련 행동을 포함한다. 첫 번째는 위기나 재난에 대해 이야기하는 집단회의처럼, 직원들이 자신이 느끼는 바를 자유롭게 이야기할 수 있는 환경을 만드는 것이다. 둘째는 고통을 경험하거나 목격한 직원들이 자신과 타인의 고통을 완화하기 위한 방법을 찾을 수 있는 환경을 만드는 것이다. 리더는 재난의 희생자가 된 직원의 가족을 돕기 위해 특별 기금을 설립하거나 슬픔 치유 카운슬링을 받을 수 있는 기회를 직원에게 제공할 수 있다.

연민을 표시하는 또 다른 방법은 위기를 벗어나기 위해 다른 사람들에게 희생을 요구하기 전에 리더가 개인적인 희생을 하는 것이다.[23] 조직이 재정적 위기에 직면하고 있을 때, 많은 리더들은 다른 사람들의 감봉을 지시하기 전에 자발적으로 자신의 급여를 삭감했다. 문제를 겪고 있는 회사의 CEO가 취할 수 있는 극단적인 접근법은 회사가 다시 수익을 올릴 때까지 이사회의 연봉을 1달러로 해줄 것을 요청하는 것이다(회의론자들은 1달러의 연봉을 받는 임원들이 일반적으로 관대한 스톡옵션을 받는다고 지적할 것이다).

평상시의 일과를 재건한다. 성과와 생산성의 일시적 하락은 조직이 직접적으로 영향을 받지 않는다 하더라도, 지진이나 테러 공격과 같은 재난이 발생한 후에는 대부분의 직원들에게 있어 필연적인 결과이다.

냉담해 보이고 납득이 안 될 수 있지만, 리더는 성과하락의 일시적인 본질을 강조해야 한다. 사람들이 직장의 위기를 해결하도록 도와주는 효과적인 방법은 그들을 자신들의 규칙적인 업무로 복귀하도록 격려하는 것이다. 직원들이 일에 다시 집중하기 전에 위기에 관한 자신의 감정을 표현하는 것이 중요하다. 하지만 그들이 일단 감정을 표현하면, 업무 복귀는 그들이 현실을 깨우치고 삶의 목표를 되찾는 데 도움이 된다. 뉴욕주 정신보건청의 랜달 마샬(Randall Marshall)은 9.11 이후 "이러한 유형의 상황에 대한 건전한 반응은 일상으로 돌아가는 것입니다."라고 말했다.[24]

방어적인 사고방식을 피한다. 위기를 헤치고 집단을 이끌어가는 최악의 방법 중 하나는 당신에 대한 비평에 대해 강하게 자신을 방어하거나 부정행위를 부인하는 것이다. 동일한 거부 방법으로 벙커 심리(bunker mentality)를 유지하거나 문제에 비협조적이 되는 것이 있다. 위기 시에 다른 이해 관계자들과 협력을 하는 대신, 리더는 방어적인 자세를 취한다. 좋은 예가 미 내무장관 켄 살라자르가 2009년 멕시코 만에서 발생한 처참한 BP사(영국 정유사) 기름유출 사건의 한 국면을 처리했던 방식이다. 문제의 일부는 미 광물관리청과 정유사 간의 지나치게 각별한 관계에서 기인한 것이었다. 이런 관계 때문에 석유시추에 대한 조사를 철저히 하지 않았을 것이다. 광물관리청에 문제가 있었다는 것을 부인하는 대신, 살라자르는 재빨리 정부 조직을 해양에너지관리부라는 새로운 이름으로 재조직했다. 새로운 기관은 석유시추 장비와 과정을 검사하는 데 있어 더 독립적으로 행동할 것이라는 것을 보여주기 위해 더 엄격한 윤리 기준도 부과되었다.[25]

낙관론을 보여 준다. 위기 때마다 비관론자들이 넘쳐나기 때문에 낙관적인 리더는 집단 구성원들이 힘든 시간을 극복하는 데 도움을 줄 수 있다. 위기 시에 효율적인 리더는 사람들에게 더 나은 미래에 대한 희망을 주는 행동 계획을 이끌어 낸다. 바바라 베이커 클라크(Barbara Baker Clark)는 위기 시의 리더의 역할은 희망을 북돋아 주는 것이라고 주장한다. 그녀는 다음과 같이 말한다.

> 수익이 완전히 엉망이 되거나, 사람들이 전장에서 죽어가고 있는 데 얼굴에 바보 같은 웃음을 띠어야 한다는 것은 아닙니다. 내가 하고자 하는 말은 비관론에 빠지지 말라는 것입

니다. 믿거나 말거나, 당신이 상당히 긍정적인 상태를 유지하는 것이 당신 직원들에게 있어 중요합니다. 그러한 당신의 태도는 불안을 감소시키고 모든 사람들에게 의욕을 갖게 할 것입니다. 그것이 리더십의 힘입니다.[26]

재난 계획을 통해 위기를 방지한다. 위기 리더의 이상적인 형태는 재난 계획을 통해 위기를 방지하는 것이다. 예를 들어, 물리적인 재난에 대한 계획의 핵심 부분은 당신이 어디로 가고, 어떻게 직원들과 연락을 하고, 임시 작업장을 어디에 세울 수 있는지를 예측하는 것이다. 공급업체들이 물리적인 재난을 당한 경우 예비 공급업체 목록을 갖고 있는 것도 중요하다. 소규모 회사의 기업주는 다른 기업주들과 네트워킹을 형성하고 위기가 발생했을 경우 서로 돕기로 합의해야 한다. 슬픔 극복 카운슬링 같은 지원단을 사전에 준비하는 것도 재난 계획의 또 다른 핵심 요소이다. 재난 계획이 준비되어 있다는 것을 직원들에게 알리는 것은 직원들의 불안을 낮출 수 있기 때문에, 그 사실만으로도 효과적인 리더십 행위가 될 수 있다. 또한 리더는 회사가 재난보험을 들었다는 것을 알려줄 필요가 있다.

딥워터호리즌 기름유출 재난은 부분적으로 불충분한 재난 계획 탓이었다. 전 BP 경영진이었던 토니 해이워드는 회사가 재난에 대해 사전에 충분히 계획을 세우지 않았다는 것이 사실일 수 있다고 말했다. 그는 "사후에 만들기보다는 즉시 사용할 수 있는 몇 가지 역량을 갖고 있었어야 했습니다."라고 말했다. 분명히 BP는 심해 유출에 대처하기 위한 지속적인 장기 프로세스가 준비되어 있지 않았다.[27]

안정적인 성과를 제공한다. 효율적인 리더는 과도한 업무량과 불확실한 상황에서도 꾸준히 성과를 내는 사람이다. 위기 상황에서 꾸준함을 유지하는 것은 효율성에 일조를 한다. 왜냐하면 꾸준함은 팀 구성원들이 상황에 대처하는 데 도움이 되기 때문이다. 리더가 평정을 유지하면 집단 구성원들은 모든 일이 잘 될 거라고 안심을 하게 된다. 안정감은 또한 경영 리더가 압력을 받는 상황에서도 전문적이고 냉정해 보이는 데 도움이 된다. 대표적인 예가 투자 회사 티로우 프라이스의 CEO인 제임스 케네디이다. 그는 리먼브러더스 붕괴 등 2008년 금융 재난 시 직원과 투자자의 신뢰를 유지했다. 케네디는 사생활을 위한 시간을 내는 등 차분한 태도를 유지했다. 게다가, 케네디는 선제적으로 비용절감을 주도했고, 그것이 티로우 프라이스가 경제 위기 상황을 헤쳐 나가는 데 도움이 되었다.[28]

변혁적 리더가 된다. 광범위하고 지속적인 위기의 시기에는 변혁적 리더십이 선택될 수 있다. 변혁적 리더는 흔히 고통으로부터 조직을 벗어나게 할 수 있다.

변혁적 리더십은 즉각적인 위기를 처리하고 장기적으로 더 나은 성과를 보임으로써 문제를 겪고 있는 조직에 이득이 될 가능성이 높다. KFC, 타코벨, 피자헛, 롱존 실버스를 거느리고 있는 얌브랜드의 CEO 데이비드 노박은 텔레비전과 유튜브에 방송되었던, 레스토랑 내 기생충 출몰 등으로 위기를 겪었다. 그는 정직, 일관성, 커뮤니케이션의 연속성이 이러한 쟁점을 관리하는 핵심이며 변혁에는 6개월에서 9개월이 걸릴 수 있다고 말한다.[29]

변혁적 리더가 회사나 부서가 위기에 대처하는 데 도움을 줄 수 있는 또 다른 방법은 위기가 발생하기 오래 전에 신뢰 풍토를 확립하는 것이다.[30] 직원과 다른 주주들이 리더를 신뢰하는 경우, 그들은 위기 시에 리더의 지시를 더 진지하게 받아들인다. 월마트와 맥도널드의 리더들은 허리케인 카트리나가 지나간 후, 직원들을 단결시키는 주목할 만한 일을 해냈다. 임원들과 점장들은 매장이 정상 운영되는 대로 그들 모두 업무에 복귀하게 될 것이라는 것을 약속하기 위해 직원들과 재빨리 연락을 취했다. 일반적으로 멕시코 연안 지역에 있는 노동자들은 두 회사의 리더십을 신뢰하고 있었다.

9.8 상황적합 및 상황적 접근법을 위한 증거기반 리더십

상황적합 리더십을 연습하기 위한 독보적인 방법은 주어진 상황을 해결하는 최선의 방법에 대한 연구에 기초한 증거를 찾는 것이다. 행동을 취하기 전에, 리더는 "연구 문헌에 따르면 이 상황에서 무엇이 가장 효과가 있을까?"라고 물을 수 있다. **증거기반 리더십 또는 관리**는 관리자가 최고의 증거에 기반한 원칙을 조직관행으로 옮기는 접근법이다.[31] 종종 최고의 증거는 (경험에 기반한)실증적인 최근의 증거이다. 하지만 때때로 오래된 원칙이 여전히 유용할 수 있다. 예를 들어, 관리자가 너무 많은 부하를 두고 있는 경우에 부하의 업무를 조정하는 것이 어렵다는 것은 적어도 한 세기 동안 알려져 왔다. 증거기반 리더십에 대한 대안은 특정 상황에 적합한지 여부를 떠나 상식에 크게 의존하고 다른 회사들이 사용하는 관행을 채택하는 것이다. 이 교재 전반에 제시되고 있는 원칙과 제안들의 대부분은 매니저가 증거기반 리더십을 실천하는 데 도움이 될 것이다.

증거기반 리더십을 활용하는 예는 다음과 같다. 연구에 따르면, 관리자나 리더가 권력을 공유하는 것을 선호하는 문화적 가치를 가진 집단 구성원에게는 임파워먼트가 성공할 가능성이 높다. 반면, 집단 구성원이 리더에게 대부분의 권력을 유지하기를 기대할 때 임파워먼트는 성공할 가능성이 적다(그에 대한 증거는 2장을 참조한다). 이 예에서, **원칙**(문화적 가치가 양립할 수 있을 때 임파워먼트는 가장 효과가 있다)은 **실천**(직원들의 문화적 가치가 임파워먼트와 양립할 수 있는 경우 직원들에게 동기를 부여하고 직원들을 만족시키기 위한 임파워먼트를 활용)으로 바뀐다.

관리자의 경험에서 나온 증거기반 리더십을 활용한 예는 일을 잘한 것에 대해 정기적으로 감사를 표현하는 것이다.[32] 감사의 마음은 구두로 또는 서면으로 표현될 수 있으며, "소셜 미디어를 활용하여 당신이 빈자리에 대한 잠재적인 후보들을 찾아낸 준 덕분에 네 명의 훌륭한 예상 후보들을 배출할 수 있었습니다. 전문 지식을 빌려줘서 감사합니다."와 같이 그 사람이 성취해 낸 특정한 것에 초점을 맞춰야 한다.

증거기반 리더십과 관리는 아직 널리 실행되고 있지 않지만, 리더십과 관리를 진지하게 연구함으로써, 관리자들과 리더들은 자신의 관행과 결정의 토대를 유효한 증거에 두게 될 것이다. 그 결과는 더 정밀한 상황적합 리더십이 될 가능성이 높다.

요약

상황적합 및 상황리더십 이론은 어떠한 상황에서 어떤 리더십 유형을 사용해야 하는지에 관한 더 구체적인 지침을 추가함으로써 리더십 유형에 관한 연구를 발전시키고 있다. 리더는 집단 구성원의 특성 등 상황적 물리력에 따라 행동을 취할 때 가장 효율적이다. 조직 효율성은 리더의 통제가 아닌 상황적 요인에 영향을 받는다. 상황은 리더가 행동하는 방식을 형성하고, 또한 리더의 행동 결과에 영향을 미친다.

피들러의 상황적합이론은 최고의 리더십 유형은 리더의 작업 상황에 따라 결정된다고 말한다. 피들러의 이론에서, 리더십 유형은 최소선호 동료(LPC) 척도에 의해 측정된다. 당신이 최소로 선호하는 동료에 대해 상당히 긍정적인 태도를 갖고 있다면, 당신은 관계지향적이다. 당신의 태도가 부정적이라면 당신은 과업지향적이다. 상황통제, 즉 호감도는 리더-구성원 교환관계의 질, 과업구조의 정도, 그리고 리더의 직위권력의 조합을 통해 측정된다.

피들러 이론의 핵심명제는 통제가 높거나 낮은 상황에서 과업지향적 유형의 리더가 더 효율적이라는 것이다. 통제가 적정한 상황에서는 관계지향적 유형이 더 효과가 있다. 리더는 리더-구성원 관계, 과업구조, 그리고 직위권력을 수정함으로써 상황 통제력을 향상시킬 수 있다.

리더십 효율성의 경로목표이론은 리더가 주어진 상황에서 높은 생산성과 사기를 달성하기 위해 무엇을 해야 하는지를 명시한다. 이론의 주요 명제는 매니저가 집단 구성원의 특성과 과업의 요구사항을 고려한 리더십 유형을 선택해야 한다는 것이다. 리더가 구조를 수립하는 것은 집단이 모호한 과업에 직면해 있을 때 가장 효과가 있다. 효율적인 리더는 목표달성을 위한 경로를 명확히 하고, 집단 구성원이 이 경로를 따라 나아갈 수 있도록 돕고, 목표달성을 가로막는 장벽을 제거한다. 리더는 두 가지의 상황적합 요인-부하의 특성과 과업-에 가장 적합한 유형을 선택해야 한다. 경로목표이론의 네 가지 유형은 지시, 지지, 참여, 그리고 성취 지향적이다.

블랜차드가 개발한 상황적 리더십II(SLII)는 주어진 과업에서 리더십 유형을 집단 구성원의 능력에 맞추는 방법을 설명한다. 부하의 헌신과 능력의 조합은 열정적인 초심자, 환멸을 느끼는 학습자, 유능하지만 조심스러운 실행자, 그리고 자립적인 성취자의 네 가지 발달 단계를 결정한다. 이 모델은 리더가 관여하는 지원과 명령의 상대적인 양에 따라 리더십 유형을 분류한다. 지시, 지도, 지원, 그리고 위임의 네 가지 유형은 높고 낮음으로 등급이 매겨지는 과업과 관계 행동의 서로 다른 조합이다. 가장 적절한 리더십 유형은 부하의 발달 수준에 부합한다. 예를 들어, 열정적인 초심자는 지시를 내리는 리더가 필요하다.

규범적 의사결정모델은 리더십이 의사결정과정이라는 것을 설명한다. 리더는 시간 중심적 상황 또는 전개 상황에서 어떤 의사결정 유형이 가장 효과적인지를 결정하기 위해 상황 속의 특정 상황적합 요인을 검토한다. 이 모델은 다섯 가지의 의사결정 유형, 즉 두 가지의 개인 유형과 세 가지의 집단 유형을 정의한다. 매트릭스에 있는 일곱 가지 진단 질문에 답을 함으로써 관리자는 권고 의사결정 유형에 이르는 길을 따라가게 된다.

리더-구성원 교환이론은 상황적합 리더십에 대한 몇 가지 통찰력을 제공한다. LMX는 집단 구성원이 서번트 리더십(servant leadership)을 받는 인사고과 호감도, 그리고 임파워먼트의 정도와 같은 요소에 영향을 미친다.

위기를 헤치고 다른 사람들을 이끄는 것은 상황적합 리더십의 한 형태로 간주될 수 있는데, 리더는 자신의 리더십 유형을 상황에 맞추기 때문이다. 위기 시 리더는 (a) 결단력이 있어야 하며, (b) 연민을 갖고 이끌어 나가야 하며, (c) 평상시의 일과를 재건하고, (d) 방어적인 사고방식을 피하고, (e) 낙관론을 보여주고, (f) 재난 계획을 통해 위기를 방지하고, (g) 안정적인 성과를 제공하고, (h) 변혁적 리더가 되어야 한다.

상황적합 리더십을 연습하기 위한 최첨단 방법은 주어진 상황을 처리하는 최선의 방법에 관한 연구기반 증거를 찾는 것이다. 이 접근법은 증거기반의 리더십 또는 관리를 활용한다는 것을 의미한다.

핵심 용어

리더십에 대한 상황적합적 접근법	위기 리더십	규범적 의사결정 모델
상황적 리더십II(SLII)	경로목표이론	증거기반 리더십 또는 관리

행동 및 스킬 강화를 위한 지침

1. 팀 또는 집단의 리더를 위한 중요한 상황적합 요소는 리드를 당하는 개인의 재능과 동기이다. 재능이 있고 동기화가 잘 된 직원들은 그들의 노력에 대해 면밀한 관찰을 필요로 하지 않을 수도 있지만, 높은 성과를 유지하기 위해 여전히 격려와 인정을 필요로 한다. 그렇

지 않은 경우, 리더는 팀 또는 집단의 구성원을 유지하기 위해 그들의 성과나 의도에 거의 영향을 미치지 못한다.

2. 집단에 의해 의사결정이 잘 내려졌는지를 결정하여, 참여 리더십을 실행하기 위한 지름길로 네 가지 요소를 고려한다. 지원 또는 헌신에 대한 필요성이 강할수록 집단 참여가 더 중요하다. 다양한 관점은 일반적으로 창의력을 향상시키기 때문에 창의적인 해결이 중요한 경우, 집단의 조언은 매우 가치가 있다. 시간이 부족한 경우, 리더가 의사결정을 하는 것이 더 낫다. 더 큰 그림을 반영하는 결정이 필요한 경우, 보통 리더가 결정을 내릴 수 있는 최선의 위치이다.
3. 집단 구성원들과 독특한 관계를 형성함으로써 리더십의 리더–구성원 교환관계이론을 실행할 때, 이 유형의 리더십에 있어 의도하지 않은 잠재적인 부정적 결과를 최소화하는 것이 중요하다. 도덕적 의도를 위해 집단 내에서의 편애나 특별한 총애를 보이는 것을 삼가하고, 다른 집단 구성원과 오로지 피상적이고 기계적인 관계 맺기를 피하는 것이 중요하다.
4. 상황적합 리더십을 실천하는 미묘한 방법은 당신의 리더십 위치에서 요구되는 일이 변화될 수 있는 시점에 적응하는 것이다.[32] 당신은 새로운 상황을 충족시키기 위해 리더십 접근방식을 미세하게 조정해야 한다. 병원 행정직원 매기가 10년 동안 자신의 자리를 유지하고 있다고 가정해 보자. 자신의 역할에 대한 그녀의 인식에 따르면, 리더십의 초점은 환자 치료를 위해 최선의 행동을 하도록 직원들을 격려하는 것이다. 하지만 현재 그녀의 역할은 바뀌었다. 환자에게 좋은 것에 초점을 맞추는 일은 여전히 우선 사항이지만, 병원 운영비용 절감을 위해 자신의 그룹을 격려하는 방법을 찾는 것이 자신의 리더십과 경영 역할에서 중요한 부분이 되었다는 현실을 직감적으로 받아들여야 한다.

토의 질문 및 토의 활동

1. 회사에서 리더 자리를 찾을 목적으로 이력서를 준비하고 있는 자신을 상상해 보자. 이력서에 당신이 상황적합 리더십을 실천하고 있다는 사실을 포함할 것인지 아닌지를 설명한다.
2. 매니저가 카리스마가 있으면서도 상황적합 리더십을 실천하는 것이 가능할 수 있는 방법을 설명한다.
3. 매니저가 상황적합 리더로서 기능하는 데 도움이 된다고 생각하는 성격적 특성을 찾아본다. 또한 상황적합 리더로서 기능하는 매니저의 능력을 손상시킬 수 있을 것 같은 특성을 찾아본다.
4. 상황적합 리더십을 실행하는 데 도움을 주기 위해 리더는 다른 작업 상황에 맞게 어떻게 자신이 입는 의상을 수정할 수 있는가?
5. 주어진 상황의 어떤 변수가 자신이 취하려고 하는 리더십 접근법에 영향을 미칠 수 있는지 매니저는 어떻게 알 수 있는가?
6. 네 가지 경로 목표 유형 중 어떤 것이 프로 미식축구팀이나 프로 축구팀을 관리하는 데 가장 좋은가? 답변의 타당성을 보여주라.
7. 전장(戰場) 경험은 비즈니스 상황에서 효과적인 위기 리더가 되는 데 어느 정도 도움이 된다고 생각하는가?
8. 변혁적 리더는 어째서 위기 시에 도움이 될 수 있는가?
9. 대부분의 기업주들은 어느 정도까지 경험기반의 리더십이나 관리를 활용한다고 생각하는가?
10. 효율적인 교사는 상황적합 리더십을 어떤 방식으로 실천하는가?

리더십 사례 문제 A

레드 래스칼의 관리 유형

제시카 페레즈는 전국에 수백 개의 체인이 있는 저렴한 가격의 레스토랑 레드 래스칼 레스토랑의 매니저이다. 제시카는 최근 지역회의에 참석하고 돌아왔다. 그녀는 회의에서 각 레스토랑에서 몇몇 발달장애인을 직원으로 모집하는 새로운 프로그램에 대한 정보를 얻었다. 레스토랑은 지적장애가 있는 개인들에게 직업훈련을 제공하는 지역 기관과 긴밀하게 협력할 것이다. 많은 지역사회에서 이들 기관들은 지역 대학의 심리학과 및 특수교육과와 함께 그들의 활동을 조직화하고 있다.

발달장애가 있는 직원들은 샐러드 요리사, 제빵사, 식기세척기 담당, 그리고 잡일 등 그들의 능력에 맞는 자리에 고용될 것이다. 레스토랑 매니저들은 발달장애 직원들의 능력을 최적화하는 방법과 필요시 직원들에게 동기를 부여하거나 징계를 하는 방법을 교육받게 된다.

3개월 뒤 프로그램이 시작되었고, 제시카의 지점은 3명의 발달장애 청년을 고용하여 모두 주방 내의 업무를 할당하였다. 제시카는 발달장애 직원 감독에 관하여 주방 감독관들을 지도하는 데 약간의 시간을 투자했다. 그녀는 명확하고 단순한 지시를 내리는 것의 중요성, 그리고 잦은 배치 변경으로 인해 이들 직원들이 주눅들지 않게 하는 것 등의 중요성을 강조했다. 지역 본부의 지시대로 제시카 또한 지적장애가 있는 신입사원들에 대한 긍정적인 피드백과 격려 제공의 필요성을 설명했다.

몇몇 발달장애인을 주방직원으로 고용하는 프로그램은 레드 래스칼에서 일반적으로 잘 되고 있는 것으로 보였다. 새로운 직원들이 준비하는 음식에는 특별한 문제점이 발견되지 않았고, 음식 준비도 지연되지 않았으며 출근율도 만족스러웠다. 하지만 웨이터들과 주방 직원을 포함하여 몇몇 식당 동료로부터 이야기를 들었을 때, 제시카는 몇 가지 불평을 접했다. 총 주방장 타미는 이러한 말로 우려를 표명했다. “왜 이런 일이 벌어지고 있는지 정확히 모르겠는데, 요즘 내 상사 민디는 나를 10살짜리 취급을 하고 있어요. 그녀는 너무 아랫사람을 다루듯 하죠. 그리고 그녀는 그녀가 원하는 바를 아주 세부적으로 알려줍니다. 나는 민디에게 내가 준비한 새로운 샐러드드레싱의 맛을 봐 줄 것을 요청했어요. 그녀는 나에게 말했죠.” “타미, 당신이 자랑스럽군요. 아주 잘했어요.” “그녀는 내가 무슨 바보인 것처럼 행동하고 있어요.”

식당 종업원인 커트는 제시카에 대해 유사한 발언을 했다. 그는 말했다. “갑자기 당신은 마치 내가 조금 더딘 사람인 것처럼 나를 대하고 있어요. 내 구두가 반짝거리고 셔츠에 주름이 없다는 이유만으로 당신은 호들갑을 떨었죠. 내가 지적장애자가 아니라는 것을 잊어버린 건가요?”

제시카는 레드 래스칼의 몇몇 관리 유형에 문제가 있다고 생각하기 시작했다.

질문

1. 상황적합 리더십을 가지고 위에서 제시된 레스토랑 시나리오에서 해야 할 일은 무엇인가?
2. 레드 래스칼 직원들의 지적 수준의 차이에 적응하기 위해 제시카와 감독관들은 자신의 리더십 유형을 어떤 방식으로 수정해야 하는가?
3. 레드 래스칼 주방직원과 웨이터들의 문제는 무엇인가? 모든 직원들이 세심한 지도, 피드백, 격려를 받아야 하지 않을까?

관련 역할극 새로운 샐러드 요리사와 일하기

한 학생이 감독관의 역할을 한다. 감독관의 책임은 발달장애가 있는 신입사원에게 거대한 그릇에 샐러드를 준비하고, 필요할 때마다 샐러드를 1인분 씩 나누는 방법을 보여주는 것이다. 다른 학생은 이전에 음식을 준비해 본 적이 전혀 없는 20살 신입사원의 역할을 맡는다. 관찰자들은 특히 감독관이 효율적인 리더십 유형을 사용하고 있는지를 관찰해야 한다.

리더십 사례 문제 B

트위터에 대해 어떠한 결정을 내려야 할까

브라이언 캐시는 건설업을 위한 전자제품을 제조하고 판매하는 중견회사인 빌더 일렉트로의 CEO이다. 빌더 일렉트로 제품의 일부는 주거용품점 및 철물점에 팔린다. 가장 성공한 제품은 공사 중인 차고나 집 같이 난방이 안 되는 곳에서 일할 때 건축업자들이 사용하는 석영히터이다. 또 다른 성공적인 제품 라인은 배터리로 작동하는 드릴과 스크루 드라이버이다.

캐시는 최근 소셜 네트워킹 사이트, 특히 트위터 상에 회사와 직원에 대한 골치 아픈 언급이 있다는 것을 알게 되었다. 몇몇 포스팅은 "빌더 일렉트로를 위해 최선을 다한 좋은 하루였다."와 같이 회사에 우호적인 것이었다. 몇몇 비우호적인 트윗은 회사에 대해 공격적이었으며, 잠재적으로 회사의 명성에 있어 모욕적이었다. 두 가지 예는 다음과 같다. "빌더 일렉트로 히터를 사용하면 동상에 걸릴 수 있다."와 "빌더 일렉트로에서 올해의 최악의 보스를 만날 수 있습니다."이다. 대부분의 공격적인 트윗은 회사 직원들이 게시한 것으로 보인다.

브라이언 캐시는 빌더 일렉트로에 관한 부정적인 게시물을 중지시키기 위한 조치를 취할 필요가 있다고 확신한다. 하지만 그는 또한 반대 의견과 언론의 자유가 억압받는 환경을 만드는 것에 대해 우려하고 있다. 캐시가 첫 번째로 생각해 낸 것은 회사의 법률 고문과 상담을 하고 나서 회사에 대해 비판적인 직원의 인터넷 게시물에 관한 회사정책을 발표하는 것이었다. 많은 회사들이 그러한 정책을 갖고 있기 때문에 효율적인 정책은 기본적으로 금방 마련할 수 있다. 캐시는 회사에 관한 부정적인 게시물의 전체 쟁점이 며칠 내에 해결될 수 있다고 생각했다.

캐시는 인력개발 부장인 나오미 콜버트에게 이메일을 보내 빌더 일렉트로에 관한 부정적인 트윗을 억제하는 방법에 관한 자신의 결정을 설명했다. 나오미는 브라이언은 그러한 큰 결정을 하기 전에 기다려야 한다고 대답했다. 그녀는 다음과 같이 구체적으로 제안을 했다. "브라이언, 이러한 부정적인 게시물에 대한 정책을 수립하기 전에 모든 부사장 및 이사들과 일련의 회의를 개최해야 한다고 생각합니다. 이것은 난해한 문제예요."

브라이언은 당황했다. 그는 부정적인 트윗에 관한 정책을 빨리 수립할 수 있을 것이라고 생각했다. 현재 그는 의사결정을 하는 데 전체 임원진들을 관여시켜야 할지를 생각하고 있다.

질문

1. 빌더 일렉트로에 대해 비판적인 직원의 소셜 미디어 게시물에 대해, 혼자 정책을 결정해야 할지 여부를 브라이언 캐시에게 조언하도록 한다.

2. 캐시가 직원의 인터넷 게시물에 대해 개인적인 의사결정을 할지 또는 집단 의사결정을 할지 결심하는 데 도움이 될 수 있는 리더십 이론을 제안한다.
3. 캐시는 언론의 자유에 대한 직원의 권리를 어느 정도까지 차단하려고 하는가?

관련 역할극 소셜 미디어 정책에 대한 집단 의사결정

한 학생이 브라이언의 역할을 맡는다. 그는 소셜 미디어, 특히 트위터상의 부정적인 발언 게시에 관한 회사정책을 개발하는 데 있어 네 명의 핵심 관리자로부터 조언을 얻어야 한다고 판단을 내렸다. 하지만 브라이언은 규정된 정책 사용을 위해 변호사와 작업을 하는 것이 문제에 대한 해답이라고 생각한다. 네 명의 다른 학생들은 소셜 미디어 정책에 관해 상담을 하는 관리자의 역할을 맡는다. 네 명 모두 이 결정에 가치 있는 조언을 하고 싶어 한다. 관찰자들은 브라이언이 실제 사용하고 있는 의사결정 유형에 관해 피드백을 제공한다.

리더십 스킬 구축 연습 9-3

리더십 포트폴리오

이 장의 연습을 위해서 당신의 리더십 포트폴리오 안에 당신이 직접 목격했거나, 읽었거나, 아니면 TV나 영화에서 본 두 개의 서로 다른 리더십 시나리오를 마음속으로 그려 본다. 당신이 리더였다면 각각의 시나리오에 대해 당신은 서로 다른 리더십 접근법을 어떻게 사용했을 지를 생각해 본다. 예를 들어, 당신이 초고층 건설 현장을 지나가면서 크레인 기사가 자신감 있고 능력이 있어 보인다는 것을 주목했다고 가정해 보자. 당신은 다음과 같은 결론을 내릴 수 있다. "이 상황에서, 그녀가 너무나 자신감이 넘쳤기 때문에 나는 크레인 기사에게 위임 리더십 유형을 사용했었을 것이다. 그런데도 여전히 그녀가 교대를 할 때 그녀가 잘 한 일에 대해 약간의 인정만을 해주었었다."

또 다른 시나리오로 당신은 프로하키 경기에서 혈투를 목격할 수 있다. 당신은 다음과 같은 결론을 내릴 수 있다. "이 상황에서, 나는 가능한 결단력을 보일 것이다. 나는 선수들을 자격 정지시키고 그들에게 벌금을 부과할 것이며 협상의 여지는 없다. 프로 경기에서 폭력을 진압하기 위해 단호한 행동을 취해야 한다."

리더십 스킬 구축 연습 9-4

위기 리더십

소규모 그룹으로 연구하여, 비즈니스 또는 비영리 조직이 요즘 직면하고 있는 위기를 찾아본다. 수백 명의 소비자들에게 질병을 유발한 일반 의약품을 리콜해야 하는 제약회사 또는 내부거래 혐의로 몇몇 핵심 임원들이 기소된 투자은행을 예로 들 수 있다. 어떤 위기를 해결해야 할지를 합의한 후, CEO가 상황을 어떻게 처리해야 하는지에 대한 제안 목록을 만든다. 실행 계획서를 만드는 데 도움이 될 수 있도록 이 장에서 제시된 위기 리더십에 관한 절에 있는 몇 가지 아이디어를 활용한다.

CHAPTER

10 리더는 어떻게 영향력을 행사하는가

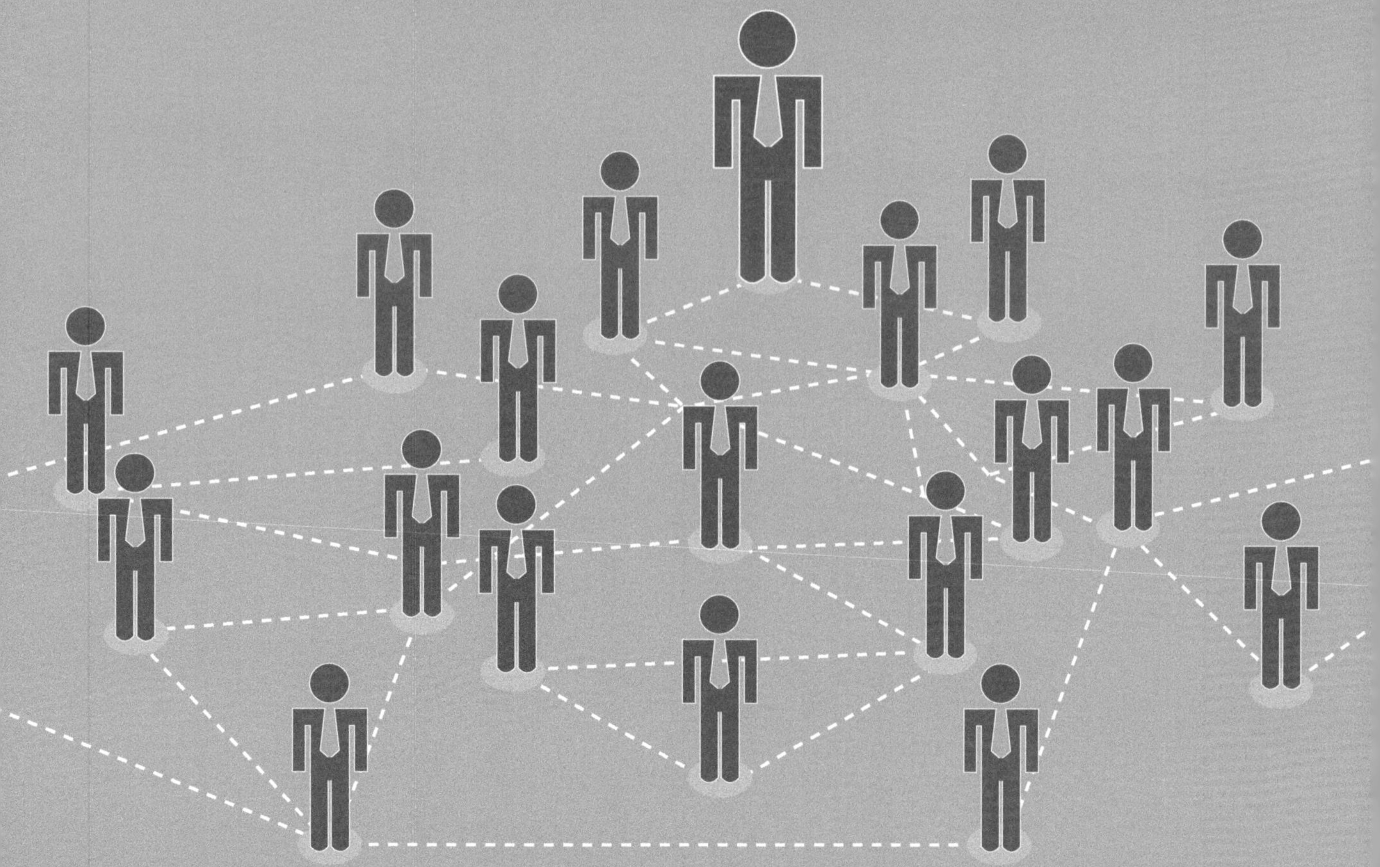

학습 목표

이 장을 학습하고 연습 문제를 풀고 나면, 다음의 것들을 할 수 있을 것이다.

- 권력과 영향력의 관계를 설명한다.
- 정직하고 윤리적인 영향력 전술을 식별한다.
- 윤리와 정직에 대해 상대적으로 중립적인 영향력 전술을 식별한다.
- 불성실하고 비윤리적인 영향력 전술을 식별한다.
- 영향력 전술의 효율성과 연속성에 관한 몇몇 경험적 연구를 요약한다.
- 내재적 리더십 이론이 집단 구성원들에게 영향을 미치는 리더의 능력과 어떻게 관련되어 있는지 설명한다.

개요

10.1 권력 및 영향력 모델

10.2 영향력을 가진 전술에 관한 묘사와 설명

근본적으로 윤리적이고 정직한 전술

근본적으로 중립적인 영향력 전술

근본적으로 부정직하고 비윤리적인 전술

10.3 조직 변화에 대한 리더의 영향력

10.4 영향력을 가진 전술의 상대적 효율성과 순서

영향력을 가진 전술의 상대적 효율성

영향력을 가진 전술의 순서

10.5 내재적 리더십이론과 리더의 영향력

- 요약
- 핵심 용어
- 행동 및 스킬 강화를 위한 지침
- 리더십 사례 문제 A
- 리더십 사례 문제 B

2010년 9월 하버드 법대 교수인 엘리자베스 워렌은 소비자보호국 설립을 돕기 위해 소비자 보호국 특별 보좌관으로 임명되었다. 원래 워렌이 소비자보호국 설립 아이디어를 제안했다. 그녀는 이 기관이 은행들이 신용카드 조약과 주택 담보대출에 슬며시 넣어 놓은 '속임수와 함정'에 대한 방어 수단이 될 수 있을 것이라고 생각했다.

워렌은 일찍이 TV쇼 '닥터 필'에 출연하여 아직 어린 아이를 둔 가정들에게 재정적 조언을 주는 등, 소비자 운동가로 활약했다. 그녀는 자신의 딸과 함께 『맞벌이의 덫(The Two-Income Trap)』이라는 단행본을 저술하였다. 부실자산 구제 프로그램(Troubled Asset relief Program, TARP)을 감독하는 패널의 일원이었을 때, 워렌은 더 많은 정보를 요구하며 미 재무부를 귀찮게 따라다녔다. 동시에, 그녀는 곤경에서 벗어난 은행들이 더 나은 투자 이익을 내기를 원했으며 대출자들을 돕기 위해 더 한층 노력했다.

워렌은 미상공회의소 연설에서 자신과 회원들이 중요한 공통의 신념을 갖고 있다고 강조했다. 그녀는 "나는 이것이 당신들에게 충격으로 다가가지는 않을 것이라는 것을 알지만, 상공회의소와 내가 쟁점에 대해 항상 의견을 같이 하지는 않습니다. 그러나 나는 우리가 경쟁 시장이 소비자와 기업에게 좋다는 원칙을 공유한다고 믿기 때문에, 내 자신이 현재 적대적인 입장에 있다고 생각하지는 않습니다. 중요한 문제는 어떻게 시장이 경쟁력을 갖게 하느냐 입니다."라고 말했다.

워렌은 또한 다음과 같이 말했다. "소비자를 지키는 경찰이 시장의 자유나 효율성을 줄이지는 않습니다. 오히려 정직한 경쟁이 번창하도록 허용합니다. 당신이 야구선수로서 스테로이드를 사용하지 않는 사람 중 한 명이라면, 스테로이드를 마시는 사람들과 경쟁하고 싶지 않을 것입니다. 경쟁은 규칙이 지속적으로 시행될 때만 번성할 수 있습니다."

연설에 앞서 몇몇 하원의원들은 소비자보호국이 불필요하며 기업을 규제로 옭아매는 부담거리라고 지칭했다. 워렌은 소비자보호국의 중요성에 대해 의회 의원들과 금융계에 영향을 미치려고 끊임없이 시도했다. 그녀의 계획에 대해 대부분의 공화당원, 일부 온건파 민주당원, 그리고 월스트리트 대표자들이 심하게 반대했다. 2011년 7월, 워렌은 행정 보좌관직에서 물러났으며, 사실상 수석 보좌관이 직무 대행자가 되었다.[1]

자신의 리더십 역할에 있어서 엘리자베스 워렌은 그녀의 노력에 반대하는 집단에게 영향을 미치기 위해 열심히 노력했다. 그녀는 논리에 호소했으며, 또한 전문

지식으로 상당한 기여를 했다. 효과적인 영향력을 가진 전술이 없는 경우의 리더는 공을 차는 법을 배우지 못한 축구 선수나 말을 하지 못하는 뉴스캐스터와 같다. 종종 반복해서 이야기되는 것처럼, 리더십은 영향을 미치는 과정이다.

효율적인 리더가 되기 위해서는 다른 사람들에게 영향을 주기 위해 리더가 사용하는 특별한 전술을 알고 있어야 한다. 여기에서는 여러 특정 영향력을 가진 전술을 논의하기로 한다. 하지만 리더십의 다른 양상들 또한 영향력과 관련되어 있다. 4장에서 설명했듯이, 카리스마가 있는 사람은 많은 사람들에게 영향을 미친다. 11장에서 보았듯이, 리더는 권력과 정치를 통해 타인에게 영향을 미친다. 게다가, 7장에서 설명했듯이, 동기부여 및 지도 기술은 가치 있는 쪽으로 타인들에게 영향을 미친다.

영향력과 **권력**이라는 단어는 때때로 호환해서 사용할 수 있는 반면, 어떤 때에는 권력이 영향력을 유발하고, 영향력이 권력을 유발한다고 한다. 이 책에서, 우리는 다음과 같이 권력과 영향력을 구분한다. **영향력**은 특별한 지시로 타인의 행동에 영향을 미치는 능력이다.[2] 반면 **권력**은 영향력을 미치는 잠재력이나 역량이다. 리더는 그들이 권력을 행사할 때에만 영향력을 미친다. 따라서 리더는 타인에게 영향력을 행사하기 위해 권력을 획득해야 한다.

리더나 기업 전문가들은 타인에 대한 공식적인 권한 없이 빈번하게 영향을 미쳐야 하기 때문에 영향력을 가진 전술은 점점 더 중요해지고 있다. 그 예가 잠재적인 기업 고객들을 위한 소프트웨어를 수정하지 않은 gmail 엔지니어들에게 영향력을 행사해야 했던 구글의 부회장이다. 그는 자신의 노력을 평화유지군의 임무에 비유한다. 즉, 성심껏 노력을 하지만 자신의 의지를 관철시키기 위한 권력은 없다는 것이다.[3]

영향력을 가진 전술의 중요성에 기여하는 또 다른 요소는 리더, 특히 CEO가 오랫동안 자리를 유지할 거라는 사실이 종종 의심받는다는 것이다. 그 결과, 직원들은 환영받지 못하는 명령을 준수하기보다는 보스의 임기가 끝나기를 기다린다. 따라서 관리자들이 효율적이 되기 위한 가장 믿을 만한 방법은 직원들을 자기편으로 끌어들이는 것이다.[4]

이 장은 권력 및 영향력 모델, 영향력을 가진 전술에 대한 묘사와 설명(윤리적 그리고 덜 윤리적인 전술), 리더가 대규모 변화에 영향을 미치는 방법에 대한 설명, 그리고 영향력을 가진 전술의 상대적인 효율성과 연속성에 대한 연구 개요를 소개한다. 또한 리더의 영향을 받을 수 있도록 집단 구성원이 리더에게 기대하는 특징에 관한 이론을 소개한다.

10.1 권력 및 영향력 모델

[그림 10-1]에 있는 모델은 리더가 지닌 영향력의 최종 결과가 리더가 사용하는 전술의 작용이라는 것을 보여준다. 영향력을 가진 전술은 결국 리더의 특성, 리더의 행동, 그리고 상황에 의해 완화되거나 영향을 받는다.

모델의 오른쪽을 보면, 세 가지의 가능한 결과는 헌신, 준수, 저항이다. **헌신**은 가장 성공적인 결과이다. 영향력 행사의 대상은 요청을 수행하는 것에 대해 열정적이면서 모든 노력을 기울인다. 헌신은 복잡하고 까다로운 업무에 있어 특히 중요하다. 이러한 업무는 완전한 집중과 노력을 요구하기 때문이다. 당신이 시스템 운영 소프트웨어를 업그레이드하도록 엔지니어에게 영향을 미치고 있다면, 당신은 그 사람의 헌신이 필요할 것이다. **준수**는 영향력 행사가 부분적으로 성공한 것을 의미한다. 대상 인물은 요청을 수행하는 데 있어서 무관심하며(매우 기뻐하지 않으며) 적당한 노력만을 기울인다. 영향력 행위자는 사람의 행동을 변화시키지만 그 사람의 태도를 변화시키지는 않는다. 장거리 운전을 하는 트럭 기사는 일정 시간 동안 잠을 자야 한다는 요구 사항을 준수할 수 있다. 하지만 그는 운행시간을 허비하는 것을 그리 달가워하지 않는다. 공사 현장에서 안전모를 착용하는 것과 같은 통상적인 작업에 대한 준수는 일반적으로 괜찮다. 저항은 성공적이지 못한 영향력 행사이다. 목표대상은 요청을 수행하는 것을 반대하며 준수하지 않는 방법을 찾거나 형편없이 일을 한다. **저항**은 업무가 왜 이행되지 않았는지에 대한

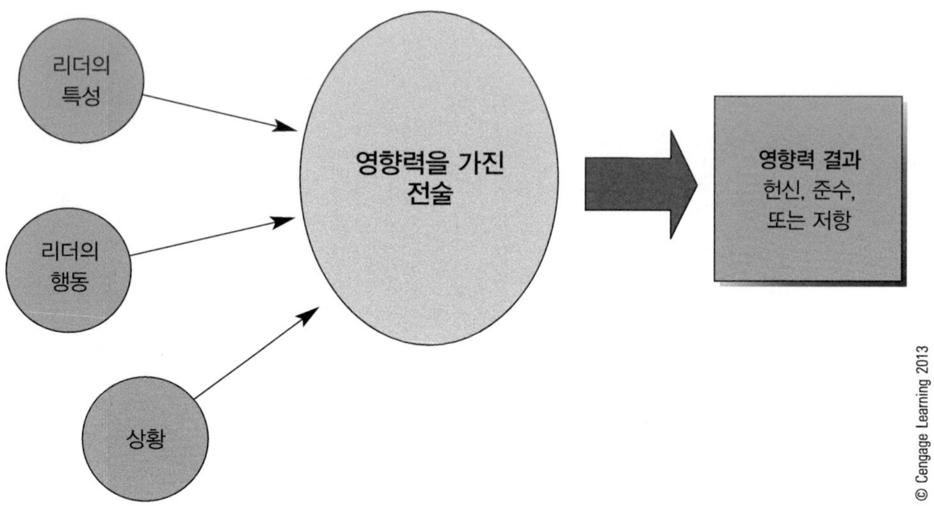

그림 10-1 **권력 및 영향력 모델**

변명과 업무 이행을 노골적으로 거부하는 것을 포함한다.[5]

모델의 왼쪽을 보면, 리더의 성격적 특성이 영향력을 가진 전술의 결과에 영향을 미친다. 카리스마가 있는 외향적이고 따뜻한 리더는 내성적이고 냉정한 리더보다는 약간의 영향력을 가진 전술을 더 잘 사용할 수 있다. 예컨대 리더는 감동을 주는 호소를 할 수 있다. 매우 영리한 리더는 주제 전문가(subject matter expert, SME)로서 명성을 쌓았기 때문에 타인에게 영향을 줄 수 있을 것이다. 리더가 어떤 영향력을 가진 전술을 선택하건 간에, 목표는 집단 구성원을 자기편으로 만드는 것이다.

특히 영향력을 가진 전술이 행동이나 행위이기 때문에, 리더의 행동 또한 다양한 방식으로 영향력을 가진 전술의 결과에 영향을 미친다. 예를 들어, 높은 기준을 설정하는 것은 감동을 주는 호소를 용이하게 한다. 게다가, 지속적으로 좋은 활약을 보이는 리더는 자신이 좋은 역할 모델이기 때문에 선례로서 더 잘 이끌어 나갈 수 있다.

마지막으로, 상황은 어떠한 영향력을 가진 전술이 효과적인지를 부분적으로 결정한다. 조직의 문화나 하부 문화는 그러한 핵심적인 상황 요인의 하나이다. 예를 들어, 첨단기술 환경에서 감동을 주는 호소와 감정적인 표현은 이상적인 설득이나 주제 전문가가 되는 것보다 효과적일 가능성이 낮다. 왜냐하면 첨단기술직 근로자는 감정보다는 사실에 영향을 받을 가능성이 더 크기 때문이다.

이 장의 나머지 부분에서는 상황 변수에 대한 언급을 포함하여 영향력을 가진 전술을 확인하고 설명한다. 리더의 특성과 권력은 이전 장들에서 설명되어 왔다. [리더십 자기 평가 퀴즈 10-1]은 당신이 사용하는 영향력을 가진 전술에 관해 생각해 볼 수 있는 기회를 제공할 것이다.

10.2 영향력을 가진 전술에 관한 묘사와 설명

영향력을 가진 전술은 보통 도덕적 관점에서 바라본다. 이 관점에 따라, 여기서 서술된 영향력을 가진 전술은 다음의 세 가지 범주로 구분된다. (a) 근본적으로 윤리적이고 정직한 전술, (b) 근본적으로 윤리와 정직함에 있어 중립적인 전술, 그리고 (c) 근본적으로 교활하고 부정직한 전술. 여기에 제시된 분류가 절대적인 것은 아니다. 극단적인 것을 제외하고, 대부분의 전술은 어떻게 사용되느냐에 따

리더십 자기 평가 퀴즈 10-1

영향력을 가진 전술에 관한 설문 조사

방법 여기에 있는 영향력을 가진 전술을 얼마나 자주 사용하는지 표시한다.
VI=매우 드물게 또는 사용 안 함(1점) I=드물게 사용(2점) S=때때로 사용(3점)
F=빈번하게 사용(4점) VF=매우 빈번하게 사용(5점)

	VI	I	S	F	VF
1. 나 자신이 올바른 행동을 보여줌으로써 이끌어 나간다.	☐	☐	☐	☐	☐
2. 타인을 설득하기 위해 사실과 논리에 의존한다.	☐	☐	☐	☐	☐
3. 사람들은 나의 전문 지식 때문에 종종 나의 말에 귀를 기울인다.	☐	☐	☐	☐	☐
4. 무언가를 해 주길 요구할 때, 보답으로 호의를 베풀 준비가 되어 있다.	☐	☐	☐	☐	☐
5. 가격이나 제안을 협상하는 것을 즐긴다.	☐	☐	☐	☐	☐
6. 적극적이다(요구하는 바에 있어 개방적이고 직선적이다).	☐	☐	☐	☐	☐
7. 주장을 입증하기 위해 다른 사람과 농담을 하거나 타인을 놀린다.	☐	☐	☐	☐	☐
8. 때때로 주장을 입증하기 위해 상당히 감정적이 된다.	☐	☐	☐	☐	☐
9. 내가 원하는 바를 얻기 위해 보상을 약속한다.	☐	☐	☐	☐	☐
10. 나의 논점을 인정받기 위해 다른 사람들을 내편으로 만들려고 시도한다.	☐	☐	☐	☐	☐
11. 타인에게 영향을 미치기 위해 다른 사람들과 협력한다.	☐	☐	☐	☐	☐
12. 리더로서 집단의 업무에 깊이 관여를 한다.	☐	☐	☐	☐	☐
13. 다른 사람과 연합을 한다.	☐	☐	☐	☐	☐
14. 해당 책임자를 넘어 윗사람에게 찾아가겠다고 위협한다.	☐	☐	☐	☐	☐
15. 다른 사람을 칭찬한다.	☐	☐	☐	☐	☐
16. 내 마음대로 하기 위해 가능한 매력을 활용한다.	☐	☐	☐	☐	☐
17. 동료가 내가 특별히 좋아하는 무언가를 한 경우, 페이스북 등의	☐	☐	☐	☐	☐
소셜 미디어 상에 그 사람에 대한 긍정적인 언급을 게시할 것이다.	☐	☐	☐	☐	☐
18. 나는 다른 사람이 무엇을 해주길 바라는 데 익숙지 않다는 것을 언급할 것이다.	☐	☐	☐	☐	☐
19. 좋아하는 음료나 멋진 볼펜과 같은 작은 선물을 가져갈 것이다.	☐	☐	☐	☐	☐
20. 전체 조직의 선을 위해 특정 작업을 하는 것의 중요성을 언급한다.	☐	☐	☐	☐	☐

채점 및 해석 이러한 전술을 자주 또는 아주 빈번하게 사용할수록 당신이 영향력을 미칠 가능성이 높다. 잠재적으로 영향력을 미칠 수 있지만 아직 이러한 전술을 활용할 수 있는 기회가 없었기 때문에 경험이 관건이다.

역량 개발 영향력을 가진 전술에 관한 설문조사는 역량 개발을 위한 몇 가지 단서를 제공할 수 있다. 당신이 역량 개발이 필요한 곳에서 좋은 아이디어를 대변하는 것으로 보이는 영향력 전술을 찾아보라. 다음으로, 전술을 연습할 기회를 잡는다. 예를 들어, "다른 사람을 칭찬한다."라는 15번 문장을 선택한다. 아마도 타인에게 영향을 미치고자 할 때, 다른 사람에 대한 칭찬을 도외시 할 수 있다. 영향을 미치고자 다른 사람을 칭찬하는 연습을 하기 위해 다음 장에 있는 아첨에 대한 지침을 활용한다.

표 10-1 근본적으로 윤리적이고 정직한 영향력을 가진 전술
1. 본보기와 존중을 통해 이끌어 나가기
2. 합리적인 설득 활용하기
3. 목표 대상에게 통지하기
4. 개인적 호소하기
5. 주제 전문가로서의 명성 쌓기
6. 호의를 교환하고 협상하기
7. 요청을 합법화하기
8. 감화를 주는 호소를 하고, 매력을 이용하고, 감정을 표현하기
9. 다른 사람과의 상담
10. 연합 형성하기
11. 팀 플레이어 되기
12. 현장 리더십 실행하기

라 세 가지 범주 중 하나에 들어갈 수 있다. 예를 들어, 선의의 방식 또는 비열한 방식으로 "농담과 장난" 전술을 사용할 수 있다. 농담과 장난은 따라서 "근본적으로 윤리적," "근본적으로 중립적," 또는 "근본적으로 부정직하고 비윤리적"으로 구분될 수 있다.

근본적으로 윤리적이고 정직한 전술

이 절은 [표 10-1]에 요약된 것처럼 타인에게 영향을 미치기 위한 근본적으로 윤리적이고 정직한 전술과 전략을 설명한다. 재치, 외교술, 선의와 함께 사용되는 이들 전략은 가치 있는 목표를 달성하는 데 있어 다른 사람들이 당신에게 동참할 수 있도록 해준다. 이러한 영향력을 가진 전술은 상당히 복잡하기 때문에 전략 개발에 얼마나 많은 시간이 요구되는지에 따라 다양하다.

솔선수범과 존중을 통해 이끌어 나가기 집단 구성원들에게 영향을 미치는 간단하지만 효과적인 방법은 **솔선수범**을 통해 이끌어 나가는 것, 즉 긍정적인 역할 모델을 하는 것이다. 이상적인 접근법은 언행일치하는 매니저, 즉 행동과 말이 한결같은 매니저가 되는 것이다. 행동과 말은 서로를 확인해 주고 보조하며 때로 명확하게 해준다. 존경을 받는다는 것은 솔선수범을 통해 이끌어 나가는 것을 용이하게 해준다. 집단 구성원들은 자신이 존경하는 리더의 솔선수범을 따라 할 가능성이 높기 때문이다.

솔선수범을 통해 이끌어 나간다는 것은 보통 리더가 오랜 시간 열심히 일하고, 다른 사람도 똑같이 하길 기대한다는 의미로 해석된다. 이러한 유형의 행위는 직원을 고용하는 기업가 사이에 만연하여 있다. 좋은 예가 아주 성공적인 재정서비스 및 헤지펀드 회사인 SAC 캐피탈을 세운 스티븐 코헨이다. 그는 주말을 주식거래 업무를 하면서 보낸다.[6]

합리적 설득 활용하기 합리적 설득은 타인에게 영향을 미치기 위한 중요한 전술이다. 이것은 제안이나 요청이 실행가능하며 목표를 달성할 가능성이 크다는 것을 확신시키기 위한 논리적인 논쟁과 사실적인 증거의 활용을 포함한다. 신중한 조사와 결합된 자기주장은 합리적 설득을 효과적인 전술로 만드는 데 있어 필수적이다. 이것은 똑똑하고 이성적인 사람들에게 가장 효과가 있을 가능성이 크다. 최고 경영자는 일반적으로 제품 다각화와 같은 프로젝트가 필수적이라는 것을 이사회에 확신시키기 위해 합리적 설득을 활용한다. 합리적 설득에서 중요한 조절변수는 영향력 행위자의 신뢰성이다. 신뢰성은 두 가지 방식으로 더 설득력이 있는 사람이 되는 데 기여한다. 첫째, 신뢰성은 사람을 더 설득력 있게 만든다. 둘째, 개인의 인지된 권력에 기여하며, 더 많은 권력을 갖고 있는 것으로 인지될수록 더 많은 목표 대상이 영향을 받는다.[7]

다음의 두 문장은 영향력 프로세스에 관한 연구에서 부하들에게 인지되는 것으로 평가되는 합리적 설득 방법에 대한 예시이다.

- 요청이나 제안된 변화가 업무 목적을 달성하는 데 왜 필수적인지를 명확하게 설명한다.
- 제안된 활동이나 변화가 성공할 가능성이 크다는 것을 보여주는 정보나 증거를 제공한다.[8]

합리적인 의사결정 모델을 강조하는 리더는 합리적 설득을 좋아한다. 예를 들어, 이 모델을 좋아하는 리더는 "사기가 떨어지고 있는 것 같다."라고 말하는 부하에게 "당신이 어떻게 생각하는지는 말하지 말고, 나에게 사실을 제시하라."라고 말할 것이다. 구글의 리더들은 그러한 사실에 기반한 의사결정을 매우 강조한다. 회의에 참석한 구글 전문가가 "구글 이미지에 너무나 많은 임의적인 사진이 있다고 생각한다."라고 말했다면 그 사람은 퇴짜를 맞을 것이다. 반면, "100개의 구글 이미지 표본을 추출하였고, 그 중 8개의 임의적인 것을 발견했다."라고 말했다면 그 사람의 의견은 받아들여질 것이다.

목표 대상에게 통지하기 타인에게 영향을 미치는 매우 효과적인 방법은 그 사람이 당신의 요청을 감사히 받아들이는 경우 그 사람에게 무슨 이득이 있는지를 설명하는 것이다. **통지하기**는 영향력 행위자가 요청을 수행하거나 제안을 지지하는 것이 출세를 포함하여 대상자에게 개인적으로 어떠한 이득이 되는지를 설명하는 것을 의미한다.[9] 목표 대상에게 통지하기의 예로 관리자가 부하에게 "아마도 북극권에 있는 회사의 석유 굴착 현장에서 한 달 동안 일을 돕는 것은 어려운 일로 보일 수 있다. 하지만 당신은 최고 경영진들에게 영웅으로 보일 것이며, 당신은 훌륭한 인맥을 쌓을 수 있을 것이다."라고 말하는 것을 들 수 있다.

리더의 역할에 있어서 두 가지의 통지 행위는 다음과 같다.

- 과업이나 행위를 함으로써 당신이 얻을 수 있는 혜택을 설명한다(예를 들어, 새로운 기술을 배운다, 중요한 사람을 만난다, 명성을 높인다).
- 당신이 하길 바라는 일이 당신 경력에 얼마나 도움이 되는지를 설명한다.

개인적 호소하기 영향력 이론의 맥락에서의 개인적 호소는 일상생활에서와 마찬가지이다. 행위자는 대상자에게 친구로서 호의를 갖고 요청을 이행하거나 안을 지지해 줄 것을 부탁한다.[10] 개인적 호소의 또 다른 형태는 "나를 위해서 중요한 일을 해 줄 수 있겠어?"처럼, 호의의 본질을 구체화하기 전에 개인적인 호의를 요청하는 것이다. 호의의 본질을 구체화하지 않고 부탁을 하는 것은 직장에서는 전문가답지 못하다고 해석될 수 있다. 리더에 의한 개인적 호소를 반영하는 두 가지 행위는 다음과 같다.

- 무언가를 해달라고 요청할 때 당신의 우정에 호소한다.
- 개인적인 부탁으로 당신의 도움을 요청한다.

주제 전문가로서의 명성 쌓기 조직에게 중요한 주제에 있어 주제 전문가(SME)가 되는 것은 영향력을 얻는 효과적인 전략이다. 주제 전문가가 되는 것은 합리적 설득의 부분집합으로 간주될 수 있다. 관련 분야에 대한 전문지식을 가지고 있고 지속적으로 그 지식을 구축하는 매니저는 다른 사람들을 설득하여 작업 수행을 돕도록 만들 수 있다. 본문에서 설명하는 대다수의 리더들은 타인에게 영향력을 미치기 위해 전문 지식을 활용한다. 구글과 포스퀘어(Foursquare) 같은 인터넷 및 소셜 미디어 회사의 리더들은 보통 주제 전문가이다.

특히 작은 회사의 기업주들은 제품이나 기술 지식을 바탕으로 기업을 차렸기 때문에 주제 전문가가 되는 것에 의존한다(또한, 주요 하이테크 회사들도 보통 소규모 회사에서 시작했다). 예컨대 소프트웨어 회사의 리더는 일반적으로 소프트웨어 개발 전문가이다.

호의를 교환하고 협상하기 다른 사람이 당신의 업무 목표달성을 돕는 경우 호의 교환을 제안하는 것은 또 다른 일반적인 영향력을 가진 전술이다. 호의를 교환함으로써, 당신은 상대방과 협상을 한다. 교환은 보통 차후에 기꺼이 화답을 한다는 것으로 해석된다. 또한 상대방이 당신의 과업달성을 돕는 경우 혜택을 공유한다는 약속일 수 있다. 예를 들어, 어떤 사람이 데이터를 분석하고 표 만드는 것을 도왔다면 당신은 상부에 올리는 보고서에 그 사람의 이름을 넣는 것을 약속할 수 있다.

호의를 요청하는 데 있어 추천하는 방법은 "이달 말까지 10분만 시간을 내서 나를 도와 줄 수 있을까?"라고 하면서, 상대방에게 업무를 완수할 수 있을 만큼 충분한 시간을 주는 것이다. 즉각적인 도움을 강요하지 않는 것은 요청에 대한 저항을 낮추는 경향이 있다. 상이한 수준의 도움에 대한 선택권을 주는 것 또한 저항을 낮추는 데 도움이 된다. 예를 들어, 1개월의 업무 동안 기술자를 빌릴 수 있는지를 다른 관리자에게 요청하거나, 또 다른 선택으로 기술자가 일주일에 10시간씩 프로젝트에 시간을 투자할 수 있는지를 요청할 수 있다.[11] 요청이 교환으로 인지될 수 있도록 당신이 생각하고 있는 상호성을 설명해야 한다. 그것은 동료로부터 받은 도움을 그 사람의 관리자에게 언급하는 것이다.

호의를 교환하고 협상하기 위한 두 가지 특정 행위는 다음과 같다.

- 당신의 도움과 지원에 대한 답례로 당신을 위해 특정 업무를 해주겠다고 제안한다.
- 지금 당신이 도와주는 것에 대해 미래에 당신을 위해 무언가를 해주겠다고 제안한다.

요청을 합법화하기 합법화하는 것은 영향력을 미치려는 시도가 당신의 권한범위 내에 있다는 것을 검증하는 것이다. 합법화의 또 다른 측면은 당신의 요청이 조직의 정책, 관행, 그리고 전문가들의 예측과 일치한다는 것을 보여주는 것이다. 대부분의 직원들은 기꺼이 규정을 준수하려고 하기 때문에 합법적인 요청을 하는 것은 효율적인 영향력 전술이다. 따라서 팀 리더는 다음과 같은 말을 하면서 영향력을 행사할 수 있다. "최고 경영진은 내년까지 소비자의 불만을 25% 줄이기를 원합니다. 따라서 나는 누구나 찾을 수 있는 어떤 소비자 문제들도 수습할 것을 요구하는 바입니다."

때때로 합법화는 미묘한 조직 정치의 양상을 지닌다. 자신의 계획이 고위 경영진의 철학이나 전략에 부합한다는 이유로 직원이 계획의 승인을 요구할 수 있다. 예를 들자면, 월마트의 마이크 듀크 회장은 진정한 의미의 환경보존을 원하는 환경주의자로 잘 알려져 있다. 점포 매니저는 모든 플라스틱 병을 재활용함에 넣도록 직원들을 독려할 수 있다. 왜냐하면 "그것이 마이크가 우리가 하길 바라는 무엇이기 때문이다."

합법화를 반영하는 두 가지 리더십 행위는 다음과 같다.

- 자신의 요청이 공식적인 규칙 및 정책과 일치한다고 말한다.
- 작업 지시서, 정책 매뉴얼, 헌장, 규약, 또는 공식 계약과 같은 문서를 언급하면서 요청이 합법적이라는 것을 검증한다.

감화를 주는 호소를 하고, 매력을 이용하고, 감정 표현하기 리더는 타인에게 영감을 주어야 한다. 따라서 결과적으로 감화를 주는 호소는 중요한 영향력 전술이다. 제프리 페퍼(Jeffrey Pfeffer)는 "조직 내에서 영향력을 행사하려는 임원진들과 기타 사람들은 보통 전략적인 방식으로 자신의 감정을 보여주거나 또는 보여주지 않는 기술을 개발한다."라고 지적한다.[12] 감화를 주는 호소는 일반적으로 감정을 표현하고 집단 구성원의 감정에 호소하는 것을 포함한다. 감화를 주는 호소나 감정 표현의 효율성에서의 조절변수는 영향력을 미치는 행위자의 **개인적 매력**, 즉 매혹적이고, 매력적이며 카리스마적인 자질이다. 개인적인 매력을 갖고 있으면 리더는 쉽게 사람들에게 영감을 줄 수 있다.

리더에게 있어 감화를 주는 호소의 유용한 구성 요소는 업무가 전체 조직 또는 외부 세계에 의미를 갖는다는 것을 보여주면서 업무에 의미를 부여하는 것이다. 대부분의 사람들은 중요한 프로젝트에 참여하는 것을 좋아하므로, 때때로 리더는 그 업무가 왜 중요한지를 설명해야 한다.[13] 예를 들어, 서브프라임 모기지 전문 회사의 리더는 "우리가 하는 것과 같은 업무가 없다면, 보통의 소득을 가진 사람들은 주택을 소유할 수 없을 것이다."라고 설명할 수 있어야 한다.

영향력이 있는 사람들은 때때로 개인적인 매력을 더 강인한 자질들과 결합한다. 스티븐 슈워츠먼은 거대 투자자문 회사 블랙스톤 그룹의 CEO이다. 한 경제기자는 "개인 자산이 30억 달러 이상으로 추정되고 월스트리트에서 가장 인기 있는 회사에 지배력을 행사하고 있는 슈워츠먼은 월스트리트에서 가장 공격적이고 까다로운 상사 중 한 명이라는 명성에도 불구하고, 목소리가 부드럽고 심지어 매

력적이기까지 하다."라고 언급했다.[14]

감화를 주는 호소를 하는 리더의 최고의 두 가지 행위는 다음과 같다.

- 제안된 활동이나 변화가 진정으로 흥미진진하고 보람 있는 일을 할 수 있는 기회라고 말한다.
- 제안된 활동이나 변화에 대한 열정을 자극하기 위해 감동적인 연설이나 프레젠테이션을 한다.

다른 사람과의 상담 의사결정을 하기 전에 다른 사람과 상담을 하는 것은 리더십 유형이면서 영향력 기법이다. 영향력의 대상은 의사결정 과정에 참여하기 때문에 행위자의 요청을 따르는 데 더 적극적이 된다. 상담은 영향을 받는 사람의 목적이 리더의 목적과 일치할 때 영향력 전술로서 가장 효과적이다.[15] 그러한 목표 일치의 예가 한 주요 기업에서 발생했다. 회사는 소수의 양질의 공급업체들과 더 긴밀한 협력관계를 형성하기 위해 이용 가능한 공급업체의 수를 축소하기로 결정했다. 이러한 지시를 따르도록 다른 사람들에게 영향을 미치는 방법으로 제조부문 부사장은 직원들에게 말했다. "우리의 전략은 품질을 개선하고 비용을 절감하기 위해 많은 수의 공급업체와의 거래를 축소하는 것입니다. 이 전략을 어떻게 구현할지를 나에게 알려주시기 바랍니다." 부분적으로 직원들 또한 더 간소화된 공급업체와의 관계를 원했기 때문에 부사장의 영향력 시도는 큰 환영을 받았다. 상담을 반영하는 두 가지 특정 리더십 행위는 다음과 같다.

- 업무 목표를 달성하도록 또는 문제를 해결할 수 있도록, 할 수 있는 일을 제안해 줄 것을 요청한다.
- 당신에게 지지를 바라거나 수행할 수 있는 제안 또는 예비 계획을 개선하는 방법의 제안을 요청한다.

연합 형성하기 때때로 단독으로 개인이나 집단에게 영향력을 미치는 것은 어렵다. 따라서 리더는 필요한 영향력을 만들어 내기 위해 다른 사람들과 연합을 해야 한다. **연합**은 권력을 합치기 위해 함께 일하는 당사자들의 특별한 합의이다. 옛 속담을 인용하자면, '백짓장도 맞들면 낫기' 때문에 연합 형성은 영향력을 가진 전술로서 효과가 있다. 사업에서의 연합은 숫자 게임이다. 당신 편이 많을수록 더 좋다. 그러나 리더의 영향력이 강할수록 연합을 형성할 필요성은 적어진다.

영향력이 있는 사람과 네트워크를 형성하는 것은 연합 구성을 용이하게 한다. 예컨대 공원 인근에 사무용 건축의 인허가를 받는 것처럼 무언가를 해야 할 때, 당신은 그것이 좋은 아이디어라는 것을 영향력 있는 사람들이 동의할 수 있게 해야 한다.

최고의 인맥 중 한 명이며 그렇기 때문에 업계에서 가장 영향력 있는 사람 중 한 명이 현재 시티그룹의 회장인 리처드 파슨스이다. 그의 최고의 인맥에는 버락 오바마 대통령과 조지 부시 대통령, 티모시 가이트너 미 재무장관, 타임워너의 CEO 제프리 뷰케스, 로스차일드의 CEO 린 드 로스차일드, 그리고 뉴욕 시장이자 몇몇 기업정보 서비스회사의 소유주인 마이클 블룸버그가 있다.

영향력 있는 사람들과의 인맥은 파슨스가 문제가 있는 회사를 바로 잡는 전문가가 되는 데 도움이 되었다. 그 반대도 마찬가지이다. 기업회생의 전문가가 된 것이 그가 영향력 있는 사람들과 연이 닿는 데 도움이 되었다. 파슨스가 회생하도록 도와준 세 개의 회사는 다임 저축은행, 타임워너, 그리고 시티그룹이다. 파슨스는 자신의 대인관계 기술과 정치적 인맥으로 시스템을 작동시키는 구식 해결사라고 평가받고 있다. 예컨대 시티그룹 구제를 위해 파슨스는 워싱턴의 은행 규제기관 및 정책 입안자들과 많은 시간을 보냈다(워싱턴의 정책 입안자들과 일하는 것은 파슨스의 네트워크가 자신의 조직과 외부 세력 간의 연합을 어떻게 가능하게 하는지를 보여주는 예이다).[16]

연합 형성을 반영하는 두 가지 특정 리더십 행위는 다음과 같다.

- 당신이 지지를 요청할 때, 그 제안에 대해 보증하는 다른 사람의 이름을 언급한다.
- 요청이나 제안을 하기 위해 만날 때 지원을 해줄 누군가를 데려간다.

팀 플레이어 되기 좋은 팀 플레이어가 됨으로써 타인에게 영향을 미치는 것은 업무를 완성하는 데 있어 중요한 전략이다. 리더는 업무량이 최고로 많을 때 일에 협력함으로써 팀 플레이어가 될 수 있다. 한 예로 회사 컴퓨터 네트워크 상의 바이러스 공격을 물리치기 위해 팀 구성원들과 밤새 일을 하는 IT팀 리더가 있다.

팀 플레이어가 되는 것은 점점 확산되고 있는 현실적이고 결단력 있는 문화보다는 협력을 강조하는 조직문화에서 더 효과적인 영향력 전술이다. 매수기업의 CEO 리더십 프로파일에 대한 연구에 따르면, 팀워크는 지속성과 효율성 같은 특성보다 성공과의 연관성이 덜한 것으로 나타났다. 매수기업의 리더는 매우 경제지향적이어서 관계 구축보다는 협상을 하는 데 더 많은 관심이 있다.[17]

현장 리더십 실행하기　　**실천하는 리더**는 작업 세부사항과 과정에 직접 관여하는 사람이다. 그러한 리더는 전문지식을 갖고 있고 업무지향적이며, 본보기를 통해 사람들을 이끌어 나간다. 집단의 업무 활동에 직접적으로 관여함으로써 리더는 특정 신념을 유지하고 특정 절차와 과정을 따르도록 부하들에게 영향을 미친다. 예를 들어, 고객문제 해결에 직접 관여하는 관리자는 그러한 문제들이 어떻게 해결돼야 하는지를 다른 직원들에게 보여준다.

실천하는 리더는 일반적으로 중역들보다 낮은 직위에 있지만, 많은 고위 경영진들 또한 실천하는 리더이다. 확실한 예가 8장에서 서술한 크라이슬러와 피아트의 CEO인 서지오 마르치오네로, 그는 물이 새는 자동차 문손잡이와 같은 문제에 관여한다. 실천하는 리더의 단점은 과도한 경우 사소한 일까지 챙기는 사람이 된다는 것이다.

근본적으로 중립적인 영향력 전술

이 절에서 서술하고 있는 [표 10-2]의 네 가지 영향력 전술은 윤리와 정직의 측면에서 가장 중립적으로 간주될 수 있다. 선의를 갖고 시행할 경우, 이들 전술은 긍정적인 경향이 있지만, 반대 의도를 갖고 시행할 경우 부정적인 경향이 있다.

아부　　아부가 충분한 자격이 있는 아첨 또는 칭찬의 형태를 띠는 경우 긍정적인 전술이다. 하지만 당신이 다른 사람을 좋아하지 않는데, 다른 누군가가 당신을 좋아하게 하는 것은 약간 교묘한 영향력 전술로 간주될 수 있다.

아부는 종종 조직정치에서처럼 상사가 자신을 좋아하게 만들려고 하는 부하의 측면에서 보면 위를 향한 것이다. 아부는 또한 리더가 자신의 부하들이 자신을 좋아하게 만들려고 하는 경우 아래쪽으로의 효과도 있다. 부하에 대한 전형적인 아부 기술에는 오찬 초대, 칭찬, 근사한 업무의 배당, 직원의 컬렉션에 희귀한 우표를 기부하는 것처럼 부하의 취미를 충족시켜주는 것이 포함된다.

평소에 아부를 꽤 반대하는 리더는 때때로 중요한 목적에 맞게 겸손하고 상냥

표 10-2　근본적으로 중립적인 영향력 전술
1. 아부
2. 농담과 장난
3. 상부에 대한 호소
4. 적대자 포용

하기 위해 애를 쓴다. 좋은 예로 종종 익살스러우면서 예리한 빌 게이츠가 있다. 게이츠가 마이크로소프트에서 일할 때 한 번은, 회사가 독점적 관행으로 미 법무부에 의해 고소를 당했다. 게이츠는 샌프란시스코와 실리콘밸리를 순회하는 이벤트가 결합된 친선 여행을 떠났다. 대중과의 만남 동안, 게이츠는 겸손하고 때때로 자기를 낮추며 경쟁자를 칭찬하기도 했다. 그는 악수를 하고 사인도 해주고 자주 미소를 지었다. 게이츠가 너무나 확신에 차 있어서 한 여학생은 "그는 돈 때문에 그렇게 한 것이 아니었다. 그는 소프트웨어가 더 좋아지기를 원한다."라고 말했다(나중에 게이츠와 그의 아내는 전 세계의 가난한 아이들을 돕는 박애주의자가 되었다. 따라서 아마도 그 여학생은 통찰력이 있었을 것이다!).[18]

영향력 전술에 관한 연구에서 확인된 아부 전술은 다음을 포함한다.

- 요청을 수행하는 데 필요한 특별한 기술이나 지식을 갖고 있다고 말한다.
- 무언가를 해주기를 요청할 때 기술이나 지식을 칭찬한다.

[리더십 자기 평가 퀴즈 10-2]는 당신의 아부 성향을 측정하고 상사의 환심을 사는 것이 무엇을 의미하는지에 대해 좀 더 생각할 수 있는 기회를 제공한다. 상사에게 총애를 받는다는 것은 당신이 승진을 하고, 더 많은 보상을 받고, 감원을 피해가는 데 도움이 되지만, 정직하지 못한 것은 피해야 한다는 것을 기억하자.

농담과 장난 가벼운 농담은 직설적인 말이 혹독한 비난으로 해석될 수 있을 때 특히 효과적이다. 농담이나 장난은 따라서 영향력의 목표 대상이 영향력을 주는 행위자에게 화를 내게 될 위험성을 낮추면서 메시지를 전달해 줄 수 있다. 농담과 장난은 비판을 하는 사람이 비판의 전체적인 충격을 완화해 줌으로 해서 정직하지 않거나 또는 매우 재치 있는 것으로 받아들일 수 있다. 작은 기업의 사장은 접수 담당자가 그 자리에 더 적합하게 옷을 입도록 농담과 장난을 성공적으로 활용하였다. 사장이 사무실로 들어섰을 때, 그는 접수 담당자가 탱크 톱을 걸치고 아주 큰 원형 귀걸이를 착용한 것을 보았다. 사장은 말했다. "멜리사, 아주 멋져 보여요. 하지만 당신이 날짜를 혼동하는 것 같군요. 당신은 피크닉용 옷을 입고 있는데 피크닉은 내일이에요." 멜리사는 미소를 지었고, 훗날 더 프로답게 옷을 입었다.

상부에 대한 호소 **상부에 대한 호소**에서, 리더는 영향력을 발휘하기 위해 더 공식적인 권한을 가진 사람을 영입함으로써 팀 구성원들에게 영향력을 행사한다.

리더십 자기 평가 퀴즈 10-2

조직에서의 아부행위 측정(MIBOS)

방법 아래 리스트에 상사를 기쁘게 하는 전술을 얼마나 빈번하게 사용하는지(또는 사용할 것인지) 표시한다.
N=전혀 사용하지 않는다(1점) S=거의 사용하지 않는다(2점) OC=가끔 사용한다(3점)
OF=자주 사용한다(4점) A=거의 항상 사용한다(5점)

	N	S	OC	OF	A
1. 감독관의 기분을 좋게 하기 위해 주어진 상황에서 감독관만이 당신을 도울 수 있다고 말함으로써 깊은 인상을 남긴다.	☐	☐	☐	☐	☐
2. 실제로 좋아하지 않는 경우에도 감독관의 아이디어에 열광한다는 것을 감독관에게 보여준다.	☐	☐	☐	☐	☐
3. 사람들이 당신을 좋아한다는 것을 감독관이 알도록 한다.	☐	☐	☐	☐	☐
4. 감독관이 당신의 성공을 알게 한다.	☐	☐	☐	☐	☐
5. 감독관이 참석하지 않은 회의에서 감독관의 리더십 하에 이루어낸 성과를 강조한다.	☐	☐	☐	☐	☐
6. 당신이 좋아하지 않더라도 감독관이 관심 있어 하는 무언가에 대해 열정과 관심을 표현하기 위해 자주 미소를 지어준다.	☐	☐	☐	☐	☐
7. 두 사람이 닮았다는 것을 인식시키기 위한 방법으로 감독관과 비슷한 업무 태도를 보여준다.	☐	☐	☐	☐	☐
8. 감독관의 경험으로부터 많은 것을 배울 수 있다고 감독관에게 말한다.	☐	☐	☐	☐	☐
9. 감독관을 높이 평가한다는 인상을 전달하기 위해 상사의 훌륭한 자질을 과장한다.	☐	☐	☐	☐	☐
10. 사소하거나 중요하지 않은 문제들에는 반대하더라도 감독관이 당신으로부터의 지지를 기대하는 문제에는 동의한다.	☐	☐	☐	☐	☐
11. 늦게까지 일하거나 때때로 주말에 일하는 등 감독관의 업무 행태를 모방하려고 한다.	☐	☐	☐	☐	☐
12. 감독관이 당신의 미덕과 장점을 알 수 있도록 기회를 찾는다.	☐	☐	☐	☐	☐
13. 당신이 감독관의 재능을 존경한다고 느낄 수 있도록, 감독관 자신이 똑똑하다고 생각하는 분야에서 조언을 구한다.	☐	☐	☐	☐	☐
14. 감독관을 위한 당신의 사심 없는 관용을 보여주는 무언가를 하려고 노력한다.	☐	☐	☐	☐	☐
15. 감독관을 존경할 수 있는 기회를 찾아본다.	☐	☐	☐	☐	☐
16. 당신이 감독관과 공유하는 태도를 감독관이 알 수 있도록 한다.	☐	☐	☐	☐	☐
17. 그것이 개인적으로 얼마나 매력적이든 간에, 감독관의 성취에 대해 칭찬한다.	☐	☐	☐	☐	☐
18. 정말 재미가 없는 경우에도 감독관의 농담에 진심으로 웃는다.	☐	☐	☐	☐	☐
19. 일부러 감독관의 심부름을 한다.	☐	☐	☐	☐	☐
20. 당신의 개인적인 인맥을 활용하여 감독관에게 도움을 준다.	☐	☐	☐	☐	☐
21. 당신의 능력을 감독관에게 납득시키려고 할 때, 설득력 있게 당신의 자질을 보여주도록 한다.	☐	☐	☐	☐	☐
22. 좋은 아파트를 찾고, 좋은 보험 대리인을 찾는 것과 같은 문제에 있어 자발적으로 감독관을 돕는다.	☐	☐	☐	☐	☐
23. 전혀 관심이 없더라도 감독관의 개인적인 문제를 들어 준다.	☐	☐	☐	☐	☐
24. 잔업을 하게 되더라도 감독관의 업무를 자발적으로 도와준다.	☐	☐	☐	☐	☐

채점 및 해석 이러한 아부행위를 빈번하게 또는 거의 항상 사용할수록 당신은 아부를 하고 있는 것이다. 40점 미만은 당신이 매니저를 기쁘게 하기 위해 많은 노력을 하지 않는다는 것을 의미하며, 감독관과 좋은 관계를 형성하기 위해 약간의 아부가 필요할 수 있다. 41점에서 99점 사이의 점수는 보통 수준의 아부행위를 의미한다. 100점 이상은 당신이 너무 아부를 하고 있으며 너무 정치적이거나 진실하지 못한 것으로 간주될 수 있다. 따라서 눈치가 있다면, 약간의 정직함이 요구된다.

역량 개발 리더나 미래의 리더는 적절한 아부행위가 상사와의 관계에서 일반적인 것이라는 것을 기억해야 한다. 당신에게 보고를 하는 사람의 환심을 사는 것 또한 유용한 영향력 전술이 될 수 있다.

출처: Kamalesh Kumar and Michael Beyerlein, "Construction and validation of an Instrument for Measuring Ingratiatory Behaviors in Organizational Settings," 각색. *Journal of Applied psychology*, October 1991, p. 623. Copyright © by the American Psychological Association. 허가 하에 각색.

일부 매니저와 연구자들은 상부에 대한 호소를 윤리적이고 표준적인 관행으로 간주한다. 하지만 이것은 조작과 물리력 행사를 포함하고 있다. 예를 들면, "나는 그가 내 말을 들으려 하지 않을 때 그를 상사에게 보냈다. 그에 대한 문제가 해결되었다." 상부에 대한 호소를 너무 자주 사용하면 집단 구성원과 상사에게 대한 리더의 위상이 약화되며, 효율성이 약화된다. 리더는 상부에 대한 호소를 다른 방식으로 적용할 수 있다. 리더는 상위 경영진이 자신의 요청을 승인했다고 말하면서 다른 직원을 설득할 수 있다. 영향력을 받는 대상은 따라서 자동적으로 승낙을 하게 된다. 아니면 리더는 다른 사람이 요청을 따를 수 있도록 상위 경영진의 도움을 요청할 수 있다. 그럼으로써 영향력 대상은 압박감을 느낀다.[19]

적대자 포용　　갈등해결 방법이면서 잠재적으로 효율적인 영향력 전술은 타인 또는 집단으로 하여금 당신과 협력하기 위한 현명한 방법을 찾는 것이다. 이런 의미에서, 적대자를 **포용**하는 것은 그들을 당신 팀의 일부로 만들거나 그들에게 시스템 지분을 제공함으로써 상대방을 설득하는 것이다.[20] 최고 재무책임자가 인력개발부장의 일부 계획을 상당히 반대하고 있다고 가정하자. 예를 들어, CFO가 그녀가 제안한 다문화 훈련 프로그램을 반대하고 있다. 반대를 완화하고, 어쩌면 그를 협력자로 만들기 위해 인력개발부장이 CFO에게 회사 경영진과 저명한 지역 인사들로 구성된 "인력자문위원회"의 멤버가 되어 줄 것을 요청한다.

근본적으로 부정직하고 비윤리적인 전술

이 절에서 설명하는 전술은 솔직하고 윤리적이지 않지만 부정직한 정도에 따라

표 10-3	근본적으로 부정직하고 비윤리적인 전술
1. 고의적인 권모술수	
2. 사람과 상황의 가벼운 조종	
3. 과도한 압박	
4. 품위 저하	

다양하다. 대부분의 사람들은 여기에 제시되어 있는 처음 두 가지 전략을 비윤리적이고 기만적이라고 여길 것이다. 하지만 다음 두 가지 전술은 충분히 솔직하지는 않지만 여전히 허용 가능한 윤리의 범주 내에 있다고 간주할 수 있다. 문제의 전술은 [표 10-3]에 간략하게 정리되어 있다.

고의적인 권모술수 마키아벨리(Niccolò Machiavelli)는 사람들이 자기중심적이고 자기 잇속만 챙기기 때문에 왕은 강력하고 무자비하며 냉소적인 리더여야 한다고 권고했다. 따라서 직장에서 무자비하게 다른 사람들을 조종하는 사람을 **마키아벨리안**이라고 부르게 되었다. 그들은 다른 사람들과 행동을 개시하는 척하면서 그 상호작용을 통제하려고 하는 경향이 있다. 권모술수에 능한 사람은 자주 속임수를 쓰고 허세를 부리며 여타의 교활한 전술을 사용한다.[21] 고의적인 권모술수의 현대적인 예는 초과수당을 지급하지 않고 관리직과 전문직 직원들에게 강제로 초과근무를 하게 하는 관행이다. 직원들이 초과 근무를 거부하면 승진할 만한 가치가 없거나, 좋은 팀 플레이어로 간주되지 않을 것이라는 말을 듣는다. 다른 회사에 일자리가 있는 경우에도 경력을 중시하는 대부분의 사람들은 좋은 평판을 유지하길 원하기 때문에 지금의 자리에 머물러 있을 것이다.

사람과 상황의 가벼운 조종 타인에게 영향을 미치려고 하는 일부 사람들은 술수에 능하지만, 노골적인 권모술수보다는 덜하다. 그들은 거짓 진술을 하거나 특정 행동을 날조함으로써 다른 사람의 추종을 얻어 낸다. 예를 들어, 내부집단 간의 충돌에서 동료가 그의 입장을 지지하는 경우, 리더는 그 사람이 승진 추천을 받을 수 있다는 암시를 줄 것이다. 또 다른 조종 방법은 영향력 대상이 영향력 행위자의 요구를 따르지 않는 경우, "비록 나를 위해 추가적인 노력을 하고 싶지 않을 지라도, 우리가 목표를 달성하지 못함으로 인해 가족이 있음에도 불구하고 해고 될 사람을 생각해 보라."와 같은 말로 무고한 사람에게 치명적인 결과를 은연중에 풍기는 것이다.

널리 사용되는 조종 방법은 **밴드왜건 기법**(bandwagon technique)이다. 이 기법은 다른 사람들이 비슷한 무엇인가를 하고 있기 때문에 그냥 무언가를 하는 것이다. 일례로 '다른 여러 회사도 하기 때문에' 최신 소셜 네트워킹 세미나 참석 예산을 확대해야 한다고 관리자가 부사장에게 통지하는 것이다.

밴드왜건 기법은 집단 구성원에게 영향을 미치기 위해 동료 압박과 결합될 수 있다. 한 사람이 팀 구성원으로서 업무에 잘 어울리려고 하지 않는 경우, 관리자는 다음과 같이 말할 것이다. "밥, 부서에 있는 모든 사람들은 팀 분위기를 만들기 위해 노력하고 있습니다. 우리는 당신이 팀의 일부가 되었으면 좋겠습니다."[22]

과도한 압박 효율적인 리더는 보상과 가벼운 처벌 같은 동기부여 기법을 사용한다. 그러나 보상이 추종에 대한 뇌물이 되고 처벌 위협이 가차 없어지면, 대상 인물은 과도한 압박이나 강압의 대상이 된다. 관리자가 뇌물을 주는 예는 다음과 같을 수 있다. "이번 주 80시간 동안에 이 프로젝트를 한다면 나는 당신을 가장 높은 급여 등급으로 추천할 것이다." 압력을 주는 또 다른 방법은 관리자가 협박의 형태로 부하에게 소리 지르고 욕하는 것이다. 압력을 받고 있는 어떤 관리자는 부하에게 다음과 같이 소리칠 것이다. "이번 주말까지 이 미수금의 일부를 받아오던가 아니면 다른 일을 찾아봐!"

조사연구에서 압력이라는 꼬리표가 붙은 두 가지 특정 행동은 다음과 같다.

- 당신이 무언가를 하도록 할 때 위협이나 경고를 사용한다.
- 요청을 수행하도록 당신에게 압력을 가한다.

품위저하 **품위저하**는 교묘한 조작 전술로 다른 사람의 행동을 통제하기 위해 품위를 떨어뜨리거나 모욕하는 것이다. 위에서 언급한 리차드 파슨스는 사람들을 무장해제시키기 위해 품위저하를 사용한다. 오래된 친구는 파슨스에 대해 다음과 같이 말한다. "사람들이 그를 과소평가하도록 만드는 파슨스의 능력은 훌륭한 기술이다. 상식적인 사람이라면 그들은 어디에 타격을 가해야 하는지 알고 있다. 황소와 투우사 중에 누가 이기겠는가?"[23] 연구를 통해 밝혀진 특정한 품위저하 전술은 다음을 포함한다. "그녀가 자신을 낮추도록 하기 위해 나 자신을 낮춘다." 그리고 "그녀가 겸손하게 행동하도록 나 자신이 겸손하게 행동한다."[24]

가장 가혹한 비윤리적 영향력(그리고 정치적) 전술을 연구하는 데 있어, 이러한 영향력 방식의 사용이 인간의 고통을 야기할 수 있음을 인식하는 것은 중요하다. 예컨대 집단 괴롭힘과 협박 전술은 불법이 아닐 수 있다. 하지만 이것은 비윤리적이다. 조직 내 학대는 많은 문제를 양산한다. 한 관찰자가 언급했듯이, "학대는

리더십 스킬 구축 연습 10-1

윤리적 영향력을 가진 전술

한 학생이 공군 군수장교 역할을 맡는다. 또 다른 학생은 항공기 제조업체 자금관리이사 역할을 한다. 둘은 점심을 먹으면서 230억 불짜리 계약에 대해 논의하고 있다. 자금관리이사는 회사를 위해 이 계약을 절실히 원하고 있으며, 공군 군수장교는 이번 거래를 약간의 사적인 이득을 얻을 수 있는 기회로 보고 있다. 진급도 하고 딸의 남자친구가 항공기 제조업체에 취직하는데 도움을 줄 수 있을 것이다. 그러나 사적인 이득에 대한 군수장교의 암시에도 불구하고, 회사 자금관리이사는 계약을 따내기 위해 윤리적인 영향력을 가진 전술을 사용하기로 결정한다. 역할을 맡은 두 사람은 약 10분 동안 인터뷰를 한다. 후에, 관찰자들은 두 사람이 사용한 영향력을 가진 전술의 효율성에 대해 피드백을 제공한다.

리더십 스킬 구축 연습 10-2

영향력 전술 구분하기

방법 여기에 있는 각각의 전술을 읽고서 다음 중 하나의 예가 될 수 있는 것을 표시한다.

I=아부 E=호의 교환 R=합리적 설득 C=연합 형성 U=상부에 대한 호소

	전략 코드
1. 내 요구로 인해 추가된 문제에 대해 그 사람을 동정했다.	______
2. 내가 원하는 것을 그 사람이 한다면 도와주겠다고 했다.	______
3. 내 제안에 대해 우리 팀 내 대부분의 최고참 멤버들로부터 지원과 격려를 받았다.	______
4. 윗사람의 비공식적인 지원을 얻었다.	______
5. 설득을 하기 위해 논리를 활용하였다.	______
6. 나의 요청을 뒷받침하기 위해 더 높은 상관에게 공식적인 호소를 하였다.	______
7. 나의 제안을 뒷받침하기 위해 다른 부서에 있는 몇몇 사람들의 협력을 요청했다.	______
8. 내가 원하는 것을 그 사람이 할 수 있다면 개인적인 희생을 하겠다고 제안했다 (예를 들어, 늦게까지 일을 하거나 더 열심히 일하는 것).	______
9. 요청을 하기 전에 나에 대해 긍정적으로 생각하도록 만들었다.	______
10. 내 요청에 대한 이유를 설명했다.	______

해답 1. I 2. E 3. C 4. U 5. R 6. U 7. C 8. E 9. I 10. R

역량 개발 전략적 영향력을 가진 전술을 구분할 수 있는 능력은 다른 사람들에게 영향을 미치는 방법과 당신에게 영향을 미치기 위해 다른 사람들이 어떠한 전술을 사용하는지에 대한 당신의 인식을 높여준다.

출처: 다음의 정보를 바탕으로 하였다: Chester A. Schriescheim and Timothy R. Hinkin, "Influence Tactics Used by Subordinates: A Theoretical and Empirical Analysis and Refinement of the Kipnis, Schmidt, and Wilkinson Subscales," *Journal of Applied Psychology*, June 1990, p. 246.

노골적으로 비윤리적이며 윤리적으로 행동하려는 집단의향을 감소시키는 지적, 정서적, 도덕적 사회악을 통해 조직의 특성을 잠식한다."[25] 학대의 예는 집단 구성원의 신체적 외모를 모욕하거나 그 사람을 경시하는 것이다.

[리더십 스킬 구축 연습 10-1]은 위험성이 높은 경영 상황에서 영향력을 가진 전술을 연습할 수 있는 기회를 제공한다.

[리더십 스킬 구축 연습 10-2]는 이 장에서 서술된 몇 가지 영향력을 가진 전술을 인식하는 데 도움이 될 것이다. 연습 문제에서 언급된 또 다른 전술인 자기주장은 3장에 나와 있다.

10.3 조직 변화에 대한 리더의 영향력

지금까지 논의된 것의 대부분은 한 번에 하나씩 또는 소규모 집단에서 사람들에게 영향을 미치는 리더/관리자에 관한 것이다. 최상위 리더는 보통 조직문화를 정비하려는 시도를 통해 조직 전체에 변화를 가져오는 방향으로 영향력을 발휘하려고 시도한다. 그러한 변화 중 하나는 더 신속하고 독립적으로 의사결정을 하기에 너무 협력적인 문화에 영향력을 미치려는 시도이거나 그 반대의 시도일 것이다. 또 다른 변화는 시장이 원하는 제품에 더 집중하고, 자체 혁신에는 초점을 덜 맞추는 문화를 만드는 것이 될 수 있다. 그러나 CEO가 직면하고 있는 또 다른 문화적 변화는 위험을 회피하는 직원들이 더 사업수단을 발휘하고 위험을 감수하도록 만드는 것이다.

거대한 문화적 변화를 시도하기 전에 리더는 기존의 문화를 연구하고 그것이 조직의 번영과 성장에 어떻게 기여했는지를 이해해야 한다. 예를 들어, 2010년 레오 아포데커가 HP의 CEO로 임명되었을 때, 그의 전임자인 마크 허드는 판공비 스캔들에 연루되어 있었다. 허드 이전의 CEO 칼리 피오리나는 HP CEO자리에서 쫓겨났다. HP는 여전히 오랜 우수한 전통을 지닌 훌륭한 기술 회사였기 때문에 아포데커는 변화를 제안하기 전에 천천히 조심스럽게 움직였다. 아포데커는 회사를 돌아다니면서 회사 문화에 대해 그가 할 수 있는 것들을 받아들였다. 그의 말을 빌리자면, 그는 무엇이 효과가 없는지, 무엇을 개선해야 하는지, 그리고 무엇이 가장 빨리 개선될 필요가 있는지에 대해 배울 수 있었다. 그는 직원들에게 깊은 인상을 받았다.[26] 어쨌든 1년 안에 아포데커는 몇 가지 주요한 변화를 이루어냈다. 그는 관리책임자의 자리를 없앴고, 회사에 대해 더 많은 책임감을 갖길 바라면서 더 많은 임원들이 그에게 직접 보고를 하도록 만들었으며, HP가 컴퓨터 서비스에 더 집중하도록 만들었다. 이사회는 아포데커가 가져온 모든 변화를 좋아한 것은 아니어서 11개월 후 그를 CEO에서 해고했다.

새로운 CEO가 임명되면 일반적으로 "나의 최우선 과제는 문화를 변화시키는 것입니다."라는 취지의 공개 성명을 내놓는다. 리더는 건강한 기업문화가 유지되도록 할 뿐 아니라 변화를 가져오기 위해 다음의 것들을 해야 한다.

- 원하는 태도와 행동에 대한 역할 모델을 한다. 리더는 조직 전반에 걸쳐 모방되었으면 하는 가치 및 관행과 일치하는 방식으로 행동해야 한다. 리더가 원하는 변화가 고객 서비스에 강하게 초점을 맞추는 것이라면, 리더는 직원을 고객처럼 대해야 하며, 그렇게 함으로써 고객이 받아야 하는 대우에 대한 역할 모델을 해야 한다. 리더는 또한 "우리 업무의 진정한 기쁨은 고객이 자신의 문제를 해결하는 것을 돕는 것입니다."와 같은 말로 고객 서비스에 대한 긍정적인 관점을 이야기해야 한다. 역할 모델을 통해 변화를 가져오는 데 자주 사용되는 또 다른 방법은 조직 전체에 절약을 장려하기 위해 새로 임명된 CEO가 검소해지는 것이다. 예컨대 검소한 CEO는 회사 제트기가 아니라 상업 항공사를 이용하여 이동을 하고, 여러 명의 행정 보좌관을 두는 대신에 한 명의 행정 보좌관만을 두며, 회사 구내식당에서 점심을 먹을 수 있어야 한다.
- 행정 명령을 통해 새로운 접근법을 부과한다. GE의 회장과 CEO로서의 업무를 시작한 제프 이멜트는 부하를 혹사시키는 프로세스 중심의 회사를 창의성이 가득하고 사업 성장에 열중하는 조직으로 변화시키기 위한 임무를 수행했다. 뛰어난 업무 효율성에 더불어, 이멜트는 위험 감수, 정교한 마케팅, 그리고 가장 중요한 혁신을 위한 새로운 계획을 발표했다.[27]
- 혁신적인 문화를 촉진하기 위해 제안에 대해 큰 상금을 주는 등 문화를 강화하는 보상 시스템을 확립한다. 보잉에서 CEO 맥너니는 공동의 문화를 창조하고 공유된 목표를 향해 회사가 일하기를 원했다. 그래서 소모적인 내부 경쟁과 정보의 비축을 억제하기 위해 그는 임원진 보상에 대한 근거의 일부를 관리자들이 회사 내의 다른 부서와 정보를 얼마나 잘 공유하는지에 두었다.[28]
- 모든 직위에 대해 원하는 문화의 가치에 들어맞는 후보를 선별한다. 많은 회사들은 좋은 팀 플레이어가 될 수 있음(문화적 가치)을 시사하는 업무 경험과 학력을 가진 후보자만을 고용한다.
- 원하는 문화적 가치를 뒷받침하는 신규교육 및 개발 프로그램을 지원한다. 많은 사례 중에서, 최고 경영자들은 문화적 다양성의 중요성을 옹호하는 다양성 교육을 지원하거나, 품질의 가치를 옹호하는 품질 교육을 지원할 수 있다.

행동하는 리더

스타벅스의 CEO 하워드 슐츠, 커피 체인점을 일으키다

스타벅스의 뿌리는 1971년으로 거슬러 올라가 위싱턴 주 시애틀의 단일 원두커피 로스팅 및 소매점에서 시작되었다. 40년 후, 스타벅스는 50개 국가에 17,000개가 넘는 매장을 갖고 있으며, 미국에 약 11,000개의 매장을 갖고 있다. 전체 운영 규모에도 불구하고 스타벅스 매니저들은 아이디어 제안을 할 때, "호위 아저씨는 어떻게 생각할까?"라고 할 것이다. 문제의 아저씨는 커피 체인이 6개 있을 때 회사를 매입한 CEO 하워드 슐츠이다. 그는 매장에서 커피콩을 로스팅해야 하는 빈도수와 스타벅스 로고 문양 같은 문제에 대한 의사결정에 여전히 비중 있게 참여하고 있다.

스타벅스가 세계에서 가장 잘 알려진 브랜드 중 하나로 성장했음에도 불구하고, 회사는 몇 가지 난관에 직면해 있다. 회사는 경기불황 동안 상당한 매출감소를 경험했다. 외부 분석가들은 소비자들의 레스토랑 커피 구매가 더 낮은 가격의 대체재, 즉 던킨 도넛, 맥도널드, 세븐 일레븐, 팀 홀튼으로 옮겨 갔다고 말했다. 슐츠는 스타벅스의 고객들이 경쟁사로 옮겨간 것이 아니라 단순히 밖에서 커피를 덜 구입한다고 주장했다.

회사의 이익 회복을 위해, 8년간만 회장직을 맡았던 슐츠는 CEO 자리에 복귀했다. 슐츠는 스타벅스가 방향을 잃고 있는 것을 염려했다. 스타벅스는 너무 거대해졌고, 너무 관료적이 되었으며, 매장은 자신만의 분위기를 상실했다. 슐츠는 회사를 다시 근본으로 되돌려 사랑받기를 원했다. 그의 첫 번째 조치 중 하나는 고객이 하루 종일 커피 분쇄기의 윙윙거리는 소리를 들으면서 커피 향을 맡을 수 있도록 작업 프로세스를 수정하는 것이었다. 슐츠는 미리 분쇄되어 있는 커피로의 전환이 스타벅스를 방문하는 낭만과 극적 효과를 없애버렸다고 우려했다. 그는 스타벅스의 파트너가 고객의 입장이 되어 고객의 경험을 강화하기를 원했다.

슐츠는 다른 기업처럼 되고 싶지는 않았지만, 수익 개선을 위한 중요한 조치를 취했다. 그는 미국에서 800개의 매장을 닫았으며 약 8,000명의 직원을 해고했다. 슐츠는 또한 커피 준비의 효율성 문제에 앞장섰다. 예를 들어, 바리스타들이 수백만 달러의 남은 우유를 하수구에 쏟아 붇고 있다는 사실이 발견되었다. 이 문제를 해결하기 위해, 바리스타가 각 크기의 음료에 얼마만큼의 우유를 사용해야 하는지를 정확히 알 수 있도록 스팀 피처에 선을 그어 놓았다. 파트너(혹은 직원들)에게 영감을 주기 위해 이야기와 비유를 많이 사용하는 슐츠는 "스타벅스 매장에서 그 선을 기념하는 것은 하나의 상징이 되었습니다. 우리는 얼마나 많은 다른 선들을 찾을 수 있을까요?"라고 말했다.

스타벅스의 재기에 있어 중요한 한 부분은 소셜 미디어에서의 많은 참여를 통해 이루어져 왔다. 슐츠는 회사에 대한 신뢰를 재구축하고 회사 가치를 알리는 수단으로 소셜 미디어의 존재를 대단히 지지했다. 스타벅스는 2,000만 개의 페이스북과 연계되어 있으며 140만 명의 트위터 팔로워를 갖게 되었다.

슐츠는 그가 제안한 변화를 회사가 얼마나 잘 이행했는지, 그리고 경기 침체에서 얼마나 잘 반등했는지에 대해 큰 자부심을 가졌다. 그는 2011년 "우리는 5년 중에 최고로 높은 매출과 수익, 그리고 주가를 올렸습니다. 이것은 우연이 아닙니다."라고 파트너에게 말했다 .

질문

1. 스타벅스를 다시 활성화시키기 위해 슐츠는 어떠한 영향력을 가진 전술을 시도하고 있는가?
2. 앞으로도 회사를 성공시키기 위해 스타벅스는 어떠한 변화를 가져야 하는지를 알려 줄 수 있는 메모를 항목별로 적어 본다.
3. 최근에 스타벅스 매장을 방문했을 때를 생각해 보자. "낭만과 극적인 효과"를 경험했는가? 당신이 스타벅스 이용자가 아니라면, 스타벅스 이용자인 사람에게 동일한 질문을 한다.

출처: 이 이야기는 다음의 출처에서 나온 사실과 관찰을 바탕으로 구성되었다: Julie Jargon, "Coffee Talk: Starbucks Chief on Prices, McDonald's Rivalry," *The Wall Street Journall*, March 7, 2001, p. B6; Howard Schultz, Onward (New York: Rodale, 2011); Heather Caliendo, "Leadership and Accountability: Howard Schultz, CEO of Starbucks," 360 *Feedback*. A Leadership Blog (http://360degreefeedback.blogspotcom), October 5, 2010, pp. 1-3; Burt Helm and Jena McGregor, "Howard Schultz's Grande Challenge," *Business Week*, January 21 , 2008, p. 028; Sarah Skidmore, "Starbucks: New Logo, New Plan," Associated Press, January 6, 2011; J . ie Jargon, "At Starbucks, It's Back to the Grind," *The Wall Street Journal*, June 17, 2009, pp. B1 , B2; Susan Berfield, "Howard Schultz versus Howard Schultz," *Business Week*, August 17, 2009, pp. 028-033; "Recession Forces Starbucks to Think Lean," *MSN Money*, August 6, 2009, pp. 1-4; "Starbucks Company Profile," www.starbucks.com (2011년 5월 1일 접속).

이러한 행동을 전부 보여주는 리더는 모든 긍정적인 변화로 인해 변형적 리더로서의 자격을 갖춘다. 다음에 나오는 [행동하는 리더]는 약간의 변화를 가져오려고 하는 CEO에 대해 이야기하고 있다. 당신은 이를 통해 라떼 가격에 대한 투자 경험을 할 수 있을 것이다.

10.4 영향력을 가진 전술의 상대적 효율성과 순서

영향력을 가진 전술에 대해 개별적으로 서술하였지만, 이들 전술은 서로 연관되어서 이해되어야 한다. 영향력을 가진 전술을 비교하는 두 가지 방법은 상대적인 효율성을 검토하는 것과 최상의 결과를 얻기 위해 사용될 수 있는 순서를 연구하는 것이다.

영향력을 가진 전술의 상대적 효율성

영향력을 가진 전술은 리더십의 중요한 요소이기 때문에, 상대적 효율성에 대한 연구는 주목할 가치가 있다. 게리 유클(Gary Yukl)과 브루스 트레이시(J. Bruce Tracey)의 연구는 영향력을 가진 전술의 상대적 효율성에 대한 통찰력을 제공한다.[29] 이 연구에는 120명의 관리자와 526명의 부하, 543명의 동료, 그리고 관리자의 영향력을 가진 전술의 활용을 평가한 128명의 상관이 참여하였다. 절반의 관리자들은 제조업에 종사했으며 절반은 서비스업에 종사했다.

관리자와 함께 일하는 사람들은 관리자가 사용하는 아홉 가지의 영향력 전술을 식별하기 위해 설문지를 작성했다. 참가자들을 위해 정의된 전술은 다음과 같았다. (1) 합리적 설득, (2) 영감을 주는 호소, (3) 상담, (4) 아부, (5) 교환, (6) 개인적 호소, (7) 연합, (8) 합법화, 그리고 (9) 압력.

또 다른 질문은 얼마나 많은 행위자의 영향력 전술의 실행이 대상 응답자의 완전한 헌신을 이끌어냈는지를 물었다. 응답자는 또한 관리 직무를 수행하는 데 있어 매니저의 전반적인 효율성을 평가해 줄 것을 요청 받았다. 항목은 아홉 개로 나누어졌으며, '내가 아는 한 가장 비효율적인 관리자'부터 '가장 효율적인 관리자'로 나뉘었다.

결과에 따르면 가장 효율적인 전략은 합리적 설득, 영감을 주는 호소, 상담이었다(효과적인 전술은 업무에 대한 헌신으로 이어지고, 다양한 평가자에 의해 효율적으로 인식되어지는 관리자가 사용하는 전술이었다). 반면, 가장 비효율적인 전술은 압력, 연합, 그리고 합법적 권위에 대한 호소(합법화)였다. 아부와 교환은 팀 구성원과 동료들에게 영향을 미치는 데 적절하게 효과적이었다. 그러나 동일한 전술이 상사에게 영향을 미치는 데는 유효하지 않았다. 관련된 데이터의 해석에 따르면, 태도 변화에 대한 합리적이고 정당한 근거를 제시하는 비강제적인 전술이 위협을 하거나 조종을 하려는 시도보다 설득을 하는 데 더 효과적이다.[30]

영감을 주는 호소, 아부, 그리고 압력은 주로 아래쪽 방향, 즉 하위직급의 사람에게 사용되었다. 개인적인 호소, 교환, 그리고 합법화는 주로 측면 방향으로 많이 사용되었다. 또한 연합은 측면과 위쪽 방향에서 많이 사용되며, 합리적 설득은 위쪽 방향으로 가장 많이 사용되는 것으로 나타났다.

연구진들은 일부 전술이 다른 전술보다 성공할 가능성이 높다는 결론을 내렸다. 그러나 연구진들은 이들 전술이 항상 업무에 대한 헌신으로 이어지는 결과를 의미하지는 않는다고 경고한다. 특정 영향력 시도의 결과는 대상의 동기와 조직문화와 같은 다른 요인에 의해서도 결정된다. 또한 전술이 상황에 적합하지 않을 경우 또는 미숙하게 적용된 경우 대상의 저항을 유발할 수 있다. 재치, 외교술, 그리고 통찰력이 전략의 효과적인 응용에 요구된다.

매니저가 효율적이라고 여겨서 선택할 수 있는 영향력을 가진 전술은 얼마나 많은 집단 구성원의 신뢰를 받느냐에 따라 어느 정도 달라진다. 사람들을 불신하는 경우, 그들의 행동을 통제할 가능성이 높다. 웰스(Carole V. Wells)와 키프니스(David Kipnis)는 275명의 관리자와 267명의 직원을 대상으로 신뢰에 대한 설문 조사를 실시하였다. 관리자들은 부하에 관한 질문에 응답을 하였고, 부하들은 관리자에 대한 질문에 응답을 하였다. 두 그룹은 서로에 대한 묘사는 하지 않았다. 주요 연구 결과에 따르면 관리자와 직원들 모두 상대방을 불신하는 경우 강력한 영향력 전술을 사용하였다. 연구된 강력한 영향력 전술은 더 높은 권한을 가진 사람에게로의 호소, 자기주장, 연립 형성, 그리고 제재였다.[31]

영향력을 가진 전술의 상대적 효율성에 관한 또 다른 관점은 유통회사에 근무하는 지역 매니저와 해당 서비스센터 매니저에 관한 연구에서 찾아 볼 수 있다. 여기서의 주요한 발견은 리더와의 관계(리더-구성원 교환관계, 즉 LMX)의 질이 영향력 전술의 효율성에 영향을 미친다는 것이었다. 집단 구성원이 자신과 리더와의 관계가 약하다고 생각하는 경우, 리더가 영감을 주는 호소와 교환관계를 활용하는 것이 구성원들로 하여금 동료를 돕는 데 별로 도움이 되지 못했다. 그러나 리더의 상담 전술은 동료를 돕는 구성원과 긍정적인 연관성이 있었다. 집단 구성원들이 리더와의 관계를 긍정적으로 인식하는 경우, 리더의 교환 전략은 도움을 주는 행동에 긍정적으로 결부되어 있었다.

이러한 상호작용에 대한 해석은 리더에게 교훈을 준다. 관계가 좋지 않은 구성원들은 가치에 대한 호소, 목표, 아부나 교환 제의를 허무한 것으로 해석할 수 있다. 그 결과, 구성원들은 영감을 주는 호소에 기반 한 조력 행위에 관여하지 않을 수 있다. 그러나 상담은 더 효과적이며 구성원들이 더 협조적이 되도록 유도할 수 있다.[32]

영향력을 가진 전술의 순서

영향력을 가진 전술을 사용하는 데 있어 고려해야 할 또 다른 중요한 사항은 적용되어야 하는 순서이다. 일반적으로 가장 긍정적인, 또는 덜 거슬리는 전술부터 시작해야 한다. 당신이 추구하는 이득을 얻지 못하는 경우에 더 강력한 전술을 시행한다. 예를 들어, 처음에 할당된 것보다 더 큰 연봉 인상을 원한다면 합리적 설득을 시도한다. 설득이 효과가 없으면 호의교환으로 이동한다. 최후의 수단으로 상부에 대한 호소와 같이 더 거친 전술을 사용한다. 그 이유는 거친 전술이 복수와 보복을 유발하기 때문이다. 정부 부서와 같은 외부기관에 불평을 하는 사람들은 자신의 조직에서 제한된 미래를 갖고 있다. 그러한 호소가 법적으로 정당하다 하더라도, 정치적으로는 현명하지 못하다.

전술의 순서는 비용과 위험의 측면에서도 고려될 수 있다. 현명한 방법은 저비용에 위험도가 낮은 전략부터 시작하는 것이다. 결과가 영향력 행위자에게 있어 중요한 경우, 행위자는 더 많은 비용과 높은 위험도가 따르는 전술을 실행할 수 있다. 저비용의 위험도가 낮은 전략의 예로 농담과 장난을 들 수 있다. 자기 그룹에게 배정된 예산에 실망한 회계담당자는 상관에게 "새로운 예산에 따르면 우리 팀이 토너 카트리지와 녹색 차양에 대한 비용을 스스로 지불해야 한다는 것을 의미하는 것이지요?"라고 말할 수 있다. 이것은 예산 확대를 요구하는 데 있어서 다른 저예산 집단과 연합을 형성하기 위한 시간과 잠재적인 보복에서 훨씬 더 비용이 클 수 있다.

전술의 순서와 더불어 영향력 행위자는 정황 요소로서 영향력 시도의 방향을 고려해야 한다. 일반적으로 개인이 다른 사람에 대해 더 많은 지위권력을 발휘할수록 영향력 전술의 사용에 신중할 필요가 덜하다. 예를 들어, 부사장은 반대의 경우보다 더 쉽게 감독관에 대해 과도한 압력을 사용할 수 있다. 더 많은 권력을 가진 경우, 더 강력한 전술의 사용으로 인한 부정적인 결과가 적을 수 있다.

리더십 스킬 구축 연습 10-3

영향력을 가진 전술 적용하기

학급을 소규모 팀으로 나눈다. 각 그룹은 각 팀 구성원에게 리더십 영향력을 가진 전술을 한 가지씩 지정한다. 다음 한 주 정도 동안, 각 팀 구성원은 일을 할 때 또는 개인적인 환경에서 지정된 영향력을 가진 전술을 실천하도록 한다. 영향력을 가진 전술을 시도한 후, 동일한 학급 팀원들과 함께 집단 토론을 한다. 다음에 관한 정보를 발표한다. (1) 어떠한 환경에서 영향력을 가진 전술을 시도하였는가, (2) 영향력의 대상은 어떠한 반응을 보였는가, 그리고 (3) 긍정적 그리고 부정적인 면에서 어떠한 결과를 얻었는가.

영향력을 가진 전술을 직접적으로 연습하는 것은 리더십 효율성에 도움이 된다. 왜냐하면 리더십은 영향력에 초점을 맞추고 있기 때문이다. 관리자가 아닌 당신이 리더십을 발휘하는 경우, 당신의 공식적인 권한은 상당히 제한되기 때문에 영향력을 가진 전술을 사용하는 데 있어 특히 능숙해야 할 것이다.

[리더십 스킬 구축 연습 10-3]은 다양한 영향력을 가진 전술 실행을 연습할 수 있는 기회를 제공한다. 다른 스킬과 마찬가지로, 영향력을 가진 기술은 현장 조건에 맞춰 실행되어야 한다.

10.5 내재적 리더십이론과 리더의 영향력

영향력 전술에 관한 마지막 관점은 사람들이 기대치에 부응하는 리더에 의해 영향을 받을 가능성이 크다는 것이다. **내재적 리더십이론**은 이상적인 조직 리더를 특징짓는 특성과 능력에 관한 개인적인 추정이다. 진술되거나 진술되지 않은 이러한 추정들은 사회화와 리더의 과거 경험을 통해 발전한다. 추정은 기억 속에 저장되며 집단 구성원이 리더 자리에 있는 사람과 상호 작용할 때 활성화된다. 리더에 대한 우리의 추정은 직장에서 일어나는 일을 이해하는 데 도움이 된다. 레지가 비즈니스 리더를 존경받고 헌신적이고 똑똑하다고 생각하는 가정과 지역에서 성장했다고 가정해 보자. 레지가 후에 전문 정규직에서 일을 할 때 그는 헌신적이고 똑똑하다고 인식되는 감독관의 영향을 받을 가능성이 크다. 왜냐하면 이 감독관은 리더가 행동해야 하는 방법에 관한 레지의 선입견에 들어맞는 사람이기 때문이다.

표 10-4 내재적 리더십이론 관점

리더십 원형	리더십 반원형
1. 세심함(연민, 세심)	1. 폭정(지배적, 이기적, 교활)
2. 지성(똑똑한, 영리한)	2. 남성성(남성, 남자다운)
3. 헌신(헌신적인, 의욕적인)	
4. 카리스마(카리스마적, 역동적)	
5. 강인함(강한, 대담한)	
6. 매력(잘 차려 입는, 세련된)	

출처: Olga Epitropaki and Robin Martin, "Implicit Leadership Theories in Applied Settings Factor Structure, Generalizability, and Stability over Time," *Journal of Applied psychology*. April 2004, 297-299에서 정보 취합.

내재적 리더십 이론에 따르면, 리더의 특성과 행동에 대해 가정을 하고 기대치를 갖는 것의 일환으로 사람들은 리더의 원형(原型, prototype)과 반원형(反原型, antiprototype)을 만들어 낸다. **원형**은 리더의 긍정적인 특성화인 반면, **반원형**은 사람들이 리더에게서 보고 싶지 않은 특징과 행동이다. 사람들은 리더에게서 원하는 기대치가 다르다. 하지만 한 영국 기업의 두 개의 서로 다른 샘플에 속한 939명의 부하들을 대상으로 실시된 연구에 따르면, 내재적 리더십이론에 있어 약간의 일관성이 있다는 것을 보여준다. 연구에 따르면 이들 이론은 서로 다른 직원 그룹들 사이에서도 일관되며, 또한 리더십 특성에 기초한 정형화된 이미지에 고착되어 있음을 보여준다.[33] 영국에서 실시된 또 다른 연구는 리더가 올바른 특성을 갖고 있다는 직원의 추정에 부응하는 경우, 리더-구성원 교환관계(LMX)가 더 긍정적이라는 것을 보여주었다. 결국, 집단 구성원은 더 쉽게 리더의 영향을 받게 될 것이다.[34]

[표 10-4]는 집단 구성원이 리더에게서 보고 싶어 하는 여섯 가지 특성(원형)과 더불어 리더에게서 보고 싶어 하지 않는 두 가지 특성(반원형)을 보여주고 있다. 3장과 4장에서 공부한 리더십 특성은 이러한 리더십 특성을 보완해 줄 것이다. **남성성**의 반원형은 추종자들이 지시와 통제를 하는 리더보다 자비롭고 관계지향적인 리더를 선호한다는 것을 보여준다. 이러한 사실이 의미하는 바는 집단 구성원의 원형에 들어맞는 리더는 반원형에 맞는 리더보다 집단 구성원들에게 영향을 미칠 가능성이 크다는 것이다.

요약

효율적인 리더가 되기 위해서는 특정한 영향력을 가진 전술을 알고 있어야 한다. 영향력은 특정 방향으로 타인의 행동에 영향을 미치는 능력이다. 반면, 권력은 영향을 미치는 잠재력 또는 능력이다. 여기에 제시된 모델은 리더의 영향력에 따른 결과가 그 사람이 사용하는 영향력을 가진 전술의 함수라는 것을 보여준다. 결국, 영향력을 가진 전술은 리더의 특성과 행위 그리고 또한 상황에 의해서 조정이 되거나 영향을 받는다. 영향력 행사의 결과는 헌신, 준수, 또는 저항이며, 이들 모두의 영향력은 집단의 성공이나 실패와 같은 결과로 끝을 맺는다.

영향력을 가진 전술은 보통 윤리적 관점에서 본다. 일부 전술은 명백하게 윤리적이고, 일부는 중립적이지만, 다른 전술들은 명확하게 비윤리적이다. 재치, 외교술, 그리고 선의로 사용되는 윤리적 영향력을 가진 전술은 상당히 효과적일 수 있다. 여기에 서술된 근본적인 윤리적 전술은 솔선수범과 존경을 통해 이끌어 나가기, 합리적 설득 활용하기, 목표대상에게 통지하기, 개인적 호소, 주제 전문가 되기, 호의 교환 및 협상, 요청 합법화하기, 감화를 주는 호소와 감정적 표현하기, 상담, 연합 형성, 팀 플레이어 되기, 그리고 실천적인 리더십 실행이다.

윤리의 관점에서 본질적으로 중립적인 영향력 전술은 아부, 농담과 장난, 상부에 대한 호소, 그리고 적대자 포용이다. 여기에서 제시한 본질적으로 부정직하고 비윤리적인 전술은 고의적인 권모술수, 사람과 상황에 대한 가벼운 조종, 과도한 압박, 그리고 품위저하이다.

고위급 리더들은 종종 조직문화를 정비하려고 시도함으로써 전체 조직에 변화를 가져오기 위해 많은 영향력을 시도한다. 리더는 우선 오래된 문화의 장점을 찾기 위해 문화를 연구해야 한다. 리더에 의한 문화 변화를 위한 전술은 역할 모델, 행정적 명령, 문화 강화를 위한 보상 시스템, 문화에 적합한 후보자 선택, 문화를 뒷받침하기 위한 훈련 및 개발 프로그램 확립을 포함한다.

영향력을 가진 전술에 대한 연구에 따르면, 가장 효과적인 것은 합리적 설득, 감화를 주는 호소, 그리고 상담이었다. 가장 효과가 적은 것은 압박, 연합, 그리고 합법적 권위에 대한 호소였다. 리더-구성원 교환관계의 질은 영향력 전술의 효율성에 영향을 미치며, 약한 관계는 영감을 주는 호소와 교환관계의 효율성을 떨어뜨린다.

일부 전술은 위쪽으로 영향력을 행사하는 데 더 효율적인 반면, 다른 전술들은 아래쪽으로 영향력을 미치는 데 더 적합하다. 예를 들어, 영감을 주는 호소, 아부, 그리고 교환 관계는 부하와 동료에게 영향력을 미치는 데 적절히 효과적이다. 그러나 동일한 전술은 윗사람들에게 영향력을 미치는 데에 효과적이지 않다. 사람을 불신하는 경우, 우리는 더 높은 권한을 가진 사람들에게 호소를 하는 것과 같이 더 강한 영향력을 가진 전술이 효과적이라고 생각한다.

영향력을 가진 전술의 순서는 중요하게 고려해야 할 또 다른 요인이다. 일반적으로 가장 긍정적인, 또는 덜 거슬리는 전술부터 시작한다. 당신이 추구하는 이익을 얻지 못한 경우, 더 강한 전술을 사용한다. 또한 가장 비용이 적게 들고 위험도가 낮은 전술부터 시작한다.

내재적 리더십이론은 이상적인 조직 리더를 규정하는 특징과 능력에 관한 개인적 추정이다. 원형은 리더의 긍정적인 특성화인 반면, 반원형은 부정적이다. 부하들은 자신의 리더 원형에 적합하고 반원형에 적합하지 않은 리더에 의해 영향을 받을 가능성이 높다.

핵심 용어

영향력	헌신	저항
통지하기	연합	상부에 대한 호소
권모술수	품위저하	솔선수범
권력	준수	포용
개인적 매력	실천하는 리더	마키아벨리안
밴드왜건 기법	내재적 리더십이론	

행동 및 스킬 강화를 위한 지침

현장 연구는 더 강압적인 영향력을 가진 전술이 부하에게 효과가 있다는 정황에 대한 근거를 제공한다. 관리자는 부하의 거절이 그 사람의 역할에서 기대되는 일과 관련되는 경우, 그리고 부하가 엄살을 부릴 때 혹독한 후속 전술을 사용하는 경향이 있었다. 이에 대한 예로 채무회수 전문가를 들 수 있다. "당신은 너무 오랫동안 빈둥거리고 있군요. 연체고객의 계좌추적을 하지 않는다면, 당신은 내년에 월급이 인상되지 않을 수 있습니다." 리더와 구성원과의 교환관계가 긍정적이지 않은 경우 더 강경한 전술이 사용되었다. 관리자는 자신의 요청이 부하의 역할을 벗어나는 것으로 여기거나 요청이 모호했을 때 자신의 요청을 철회했다. 리더–구성원 교환관계가 덜 긍정적인 경우, 관리자가 역시 요청을 철회할 가능성이 컸다.[35]

토의 질문 및 토의 활동

1. 다음의 비유를 설명하라. 영향력과 리더십의 관계는 오믈렛에 있어서의 달걀과 같다.
2. 이 장에서 서술된 영향력을 가진 전술 중 어느 것이 당신에게 가장 도움이 된다고 생각하는가? 이유는 무엇인가?
3. 매니저는 자신의 부서에서 윤리적인 행동을 개발하기 위해 솔선수범을 통한 지도를 어떻게 활용할 수 있는가?
4. 당신은 직원이 많은 회사에서 일하고 있으며, CEO가 회사 비용의 5%를 절감하기로 결심했다고 가정하자. 이러한 메시지를 전달하기 위해, CEO는 목표를 설명하는 트위터 메시지를 전 직원에게 보낸다. 이러한 메시지가 얼마나 효과적이라고 생각하는지 설명하라.
5. 당신이 업무 중에 목격한 또는 상상할 수 있는 두 가지의 호의교환을 찾아보라.
6. 주제 전문가(SME) 되기는 어떤 식으로 권력과 영향력을 가진 전술의 원천이 되는가?
7. 리더십이 대인관계 스킬과 깊은 관련이 있는 경우 리더가 주제 전문가로서 명성을 쌓는 것이 왜 중요한가?
8. 경영주는 직원들이 더 건강한 생활방식을 이끌어 나갈 수 있도록 어떻게 밴드왜건 기법을 활용할 수 있는가?
9. 최고위 경영진이 특정 방향으로 조직을 변화시키려고 할 때, 왜 기존 조직문화에 대한 존중을 염려해야 하는가?
10. 가장 효율적인 영향력을 가진 전술에 관해 숙련된 리더의 의견을 구한다. 결과물을 학급 구성원과 공유하라.

리더십 사례 문제 A

센트럴 플로리다 인베스트먼트 웨스트게이드에서 적응하거나 소외당하기

센트럴 플로리다 인베스트먼트(CFI)는 중부 플로리다 지역에서 가장 큰 비상장 기업이 되었다. CFI는 호텔, 보험, 잡지, 부동산, 여행사, 석유, 축산, 그리고 인터넷 회사를 포함하여 수십 개의 사업을 운영하고 있다. 플로리다주 올랜도의 휴양지에 기반을 둔 CFI 웨스트게이트 리조트의 직원들은 건강에 대한 인센티브를 갖고 있다. 직원들이 회사 전체 체중감량 대회에 참가하여 목표를 달성하는 경우, 상금을 받거나 호화로운 휴가를 상으로 받을 수 있다.

대회에 대한 영감은 몇 년 전에 20파운드 이상을 감량한 CEO 데이비드 시겔로부터 온 것이다. 최고 운영책임자인 마크 월트립은 "그가 계속 주시를 하고 있습니다."라고 말하면서, 대회 첫 해에 일부 직원들이 60파운드까지 체중을 감량했다고 덧붙였다.

웨스트게이트는 몇 년 전 흡연에 대해 강경노선을 취한 최초의 회사 중 하나였다. 와튼 인적자원센터의 원장인 피터 캐펠리는 금연 캠페인에 대한 의견을 요청 받았다. 그는 업무 중에 또는 업무시간 외에 흡연을 하는 직원들에 대한 엄중한 단속은 "서막에 불과하다. 흡연과 흡연가를 공격하는 것이 사회적으로 용인되고 있다. 비만에 대해서도 같은 시각일까? 아마도 그럴 시기가 무르익었다."고 말했다.

2002년, 시겔은 모든 웨스트게이트 직원들이 담배를 완전히 끊거나 결말을 짓는데 1년의 시간을 갖게 될 것이라고 발표했다. 월트립에 따르면, 회사는 금연 교실과 니코틴 패치 외에도 다른 지원을 제공했다. 그는 시겔이 가까운 친구가 폐암으로 죽은 이후, 그리고 플로리다 주법이 흡연자를 보호하지 않는다는 것을 알게 된 후 정책을 결심했다고 말했다. 또 다른 우려는 흡연자가 건강 보험료를 상승시킨다는 사실이었다.

"누군가 흡연을 하고 싶다면, 그것은 그 사람의 선택입니다. 하지만 그들의 선택이 고용주와 동료 직원들에게 영향을 미치는 경우, 솔직히 우리는 견딜 수 없을 것입니다."라고 월트립은 말한다. 2003년 마침내 금연법이 제정된 이래, 웨스트게이트는 건강 보험료가 평균 5% 상승했는데, 이것은 다른 회사의 인상률보다 더 낮은 수치였다.

시겔이 플로리다 방송국에서 웨스트게이트가 직원들을 건강하게 만들기 위한 모든 법적인 조치를 취할 것이라고 말했을 때, 자신이 논란의 중심에 있다는 것을 알게 되었다. "당신이 알코올 중독자인 경우, 그리고 우리가 당신을 해고할 권리가 있다면 우리는 역시 그렇게 할 것입니다."라고 그는 말했다. 블로거와 온라인 논평가들은 과체중인 사람에 대한 부당한 차별과 직원의 사생활에 대한 과도한 간섭에 대해 시겔을 공격했다. 한 임산부는 "지난 번 임신을 했을 때, 40파운드가 쪘습니다. 해고되기 전에 그 체중을 감량할 수 있는 시간은 얼마나 있을까요?" 라고 말했다.

그러나 월트립에 따르면, 웨스트게이트는 시겔의 논평이 암시하는 것보다 더 조심스럽게 비만 문제에 접근하고 있다. "체중(과체중을 의미)은 복잡한 문제입니다. 과체중은 질병을 유발할 수 있습니다. 따라서 과체중인 직원에게 처벌을 가하기 전에, 그에 대해 이해하고 합의를 만들어낼 필요가 있습니다." 그는 현재 회사가 과체중이거나 비만인 직원들을 처벌하고 있지는 않다고 말한다.

질문

1. 직원의 흡연 및 비만과 싸우기 위한 시도에서 데이비드 시겔은 어떠한 영향력을 가진 전술을 사용하고 있는 것으로 보이는가?
2. 직원들의 체중 조절에 영향력을 미치려는 그의 시도가 더욱 성공적일 수 있도록 시겔에게 어떠한 제안을 할 수 있는가?
3. 직원들이 비만해지지 않도록 하려는 CEO의 윤리에 대해 어떠한 평가를 내리겠는가?

출처: "From Incentives to Penalties: How Far Should Employers Go to Reduce Workplace Obesity?"에서 각색 및 발췌. *Knowledge@Wharton* http://knowledge.wharton.upenn), January 9, 2008; " Westgate Resorts,"에서 추가적인 사실 발췌. *www.westgaleresorts.com*. 1998-2011.

관련 역할극

짐작하는 것처럼, 한 학생이 동일한 신장을 가진 사람들의 평균을 50kg이상 상회하는 몸무게를 가진 웨스트게이트 전화예약 담당자 역할을 맡는다. 이 직원은 또한 하루에 한 갑씩 담배를 피우는 것으로 알려져 있다. 또 다른 학생은 CEO 시겔의 역할을 맡는다. 그는 이 직원에 대한 이야기를 들었고 체중을 감량하고 담배를 끊을 수 있도록 하기 위해 개인적인 만남을 서둘러 요청하였다. 예약 담당직원은 자신의 시민적 자유가 침해당하는 것에 대해 상당히 민감하다. 관찰자들은 시겔이 어떠한 영향력을 가진 전술을 사용하는지 그리고 전술을 시행하는 데 있어 얼마나 효율적인지를 관찰한다.

리더십 사례 문제 B

교활한 조정자 마야

마야는 다른 회사들을 위해 무역 박람회와 전시회 같은 이벤트를 준비하는 회사인 유나이티드 이벤트의 영업이사이다. 호텔이나 컨벤션 홀 공간을 준비할 뿐만 아니라, 유나이티드 이벤트는 부스를 세우고 더하여 이벤트를 위한 소통 기술을 마련한다. 이벤트를 준비하는 것이 내부적으로 하기에는 너무 복잡해졌다는 현실로 인해 회사는 최근 몇 년간 성공적이었다.

대부분의 고객들과 직원들은 마야가 정신적으로 예리하고 매력적이라고 생각한다. 하지만 몇몇 영업사원들은 그녀가 자신들을 다루는 방법에 대해 우려하고 있다. 리더십 코치는 두 명의 영업사원과 대화하면서 다음과 같은 사실을 알게 되었다. 뉴저지 지역의 영업 담당자인 이반은 말했다. "마야는 자신이 하려고 하는 것에 대한 암시와 실제 그녀가 하는 것 사이에 약간의 일관성 없는 모습을 보여줍니다. 6개월 전 나는 한 회사의 연례회의를 주관하게 될 가능성이 있었습니다. 문제는 계약을 따기 위해 엄청난 시간을 투자해야 한다는 것이었습니다. 그 회사는 끝없는 세부사항에 대한 검토를 요구했습니다. 더불어 그들은 우리가 다른 회사를 위해 계획했던 연례회의 문건을 요구했습니다."

"나는 이 계약이 내가 다른 가능성에 쏟을 수 있는 시간을 모두 빼앗을 수 있기 때문에 비용 대비 효율적이지 않을 수 있다고 마야에게 말했습니다. 마야는 계약이 되면 CEO가 매우 기뻐할 것이고, 내가 두 배의 보너스를 받을 수 있을 것이기 때문에 계속 노력하라고 말했습니다."

"이 거래는 내 개인 시간을 상당히 잡아먹었지만 마침내 계약을 체결했습니다. 나는 두 배의 보너스가 아닌 보통 보너스를 받았습니다.

마야에게 보너스 금액에 대해 물어보았을 때, 그녀는 내가 두 배의 보너스를 받을 자격이 될 수 있지만 그걸 보장한다는 의미는 아니었다고 말했습니다."

시카고 지역의 영업 당당자인 코트니는 회사에서 일한 5년 동안 지난해가 최고의 해였다고 말했다. 마야와 직접 만나 회의를 하는 동안, 코트니는 그녀의 가장 큰 개인 매출을 마야의 공적으로 해도 괜찮은지 질문을 받았다. 마야가 그녀에게 말했다. "당신은 올해 최고의 실적을 올렸지만, 올해 나의 개인 실적은 평균을 약간 밑돌고 있어요. 마지막 큰 매출에 대해서 전적으로 내가 공로를 인정받더라도 당신의 실적은 여전히 최고일 겁니다. 당신의 리더로서 내가 당신에게 거래를 성공시킬 수 있는 조언을 해주었다는 것을 잊어서는 안 됩니다."

코트니가 자신의 가장 큰 매출을 마야의 공적으로 돌리는 것에 주저했을 때, 마야는 "코트니, 내가 당신의 협력자임을 기억해요. 작년에 어떻게 내가 회사경비 비리 혐의에서 당신을 벗어나도록 해줬는지 기억하죠? 매출에 대한 것을 나의 공적으로 돌리면 부정에 대해 눈 감아 줬던 것에 대한 생각을 바꾸지는 않을 거예요."

질문

1. 어떠한 특정 방법으로 마야는 조정자가 되고 있는가?
2. 마야의 행동이 어느 정도까지 정당화될 수 있다고 생각하는가?
3. 이반과 코트니는 상황을 어떻게 처리했어야 하는가?
4. 더 효과적인 리더가 될 수 있도록 마야에게 어떠한 제안을 할 수 있는가?

리더십 스킬 구축 연습 10-4

리더십 포트폴리오

영향력은 리더십에 있어 오믈렛의 계란과 같은 존재이다. 따라서 당신의 리더십 효과를 높이기 위해 영향력을 가진 전술을 연습할 필요가 있다. 리더십 실행기록에 대한 이 장의 항목에서, 당신이 최근에 실행했던 영향력을 가진 전술을 기술한다. 당신이 어떠한 행동을 했으며 영향력 대상이 어떠한 반응을 보였는지 기술한다. 다음번 영향력 시도에서 전술을 어떻게 다르게 활용할 수 있는지에 대해서 언급한다. 또한 다가오는 주에 어떠한 영향력을 가진 전술 또는 전술의 조합을 사용할 계획인지 서술한다. 여기에 가능한 예시가 있다.

나는 서부 추장들(West Side Chiefs)이라는 청소년 농구팀의 코치이다. 아이들은 훌륭하고, 나는 이런 경험을 즐기고 있다. 그러나 추장(Chiefs)이라는 이름은 나를 신경 쓰이게 만든다. 왜냐하면 그 이름은 시대에 뒤떨어졌을 뿐 아니라, 많은 사람들이 스포츠에서 추장이라는 용어를 사용하는 것이 인종 차별적이라고 생각하기 때문이다. 따라서 나는 감독으로 하여금 이름을 바꿀 필요가 있다고 설득하려고 했다. 나는 추장이 스포츠 팀에게 있어 얼마나 구식이 되었는지에 대해 다수의 사실들을 사용하여 논거를 제시했다(나의 기술은 합리적 설득이었다). 그는 내 말에 귀를 기울였지만, 이름 변경에 대한 승인을 하지는 않았다. 그래서 영감을 주는 호소와 논리적 주장을 결합했다. 우리 팀이 서부 중국인들(The West Side Chinese)이나 서부 유대인들(West Side Jews)이라고 불리면 좋겠냐고 리그 감독들에게 물었다. 마침내, 나의 영향력을 가진 전술은 효과가 있어서 다음 시즌에 우리 팀은 서부 수다쟁이들(West Side Rattlers)로 이름이 바뀔 것이다.

리더십 스킬 구축 연습 10-5

리더십 에세이

이 장에서 리더십 권력과 영향력에 대해 공부를 했기 때문에, 이제 당신이 리더십에 관해 무언가를 쓸 차례이다. "강력하고 영향력 있는 리더가 되기 위한 방법"이란 주제로 혼자서 하든가, 소규모 집단으로 협력하여 기사를 작성한다. 기사는 약 400단어 길이 정도 되어야 하며, 인쇄되거나 온라인 잡지에 실릴 예정이다. 개인이나 그룹은 자신의 기사를 다른 학급 구성원들과 공유할 수 있다. 기사 간의 유사점과 차이점을 살펴본다.

CHAPTER

11 리더는 어떻게 권력을 얻고 유지시키는가

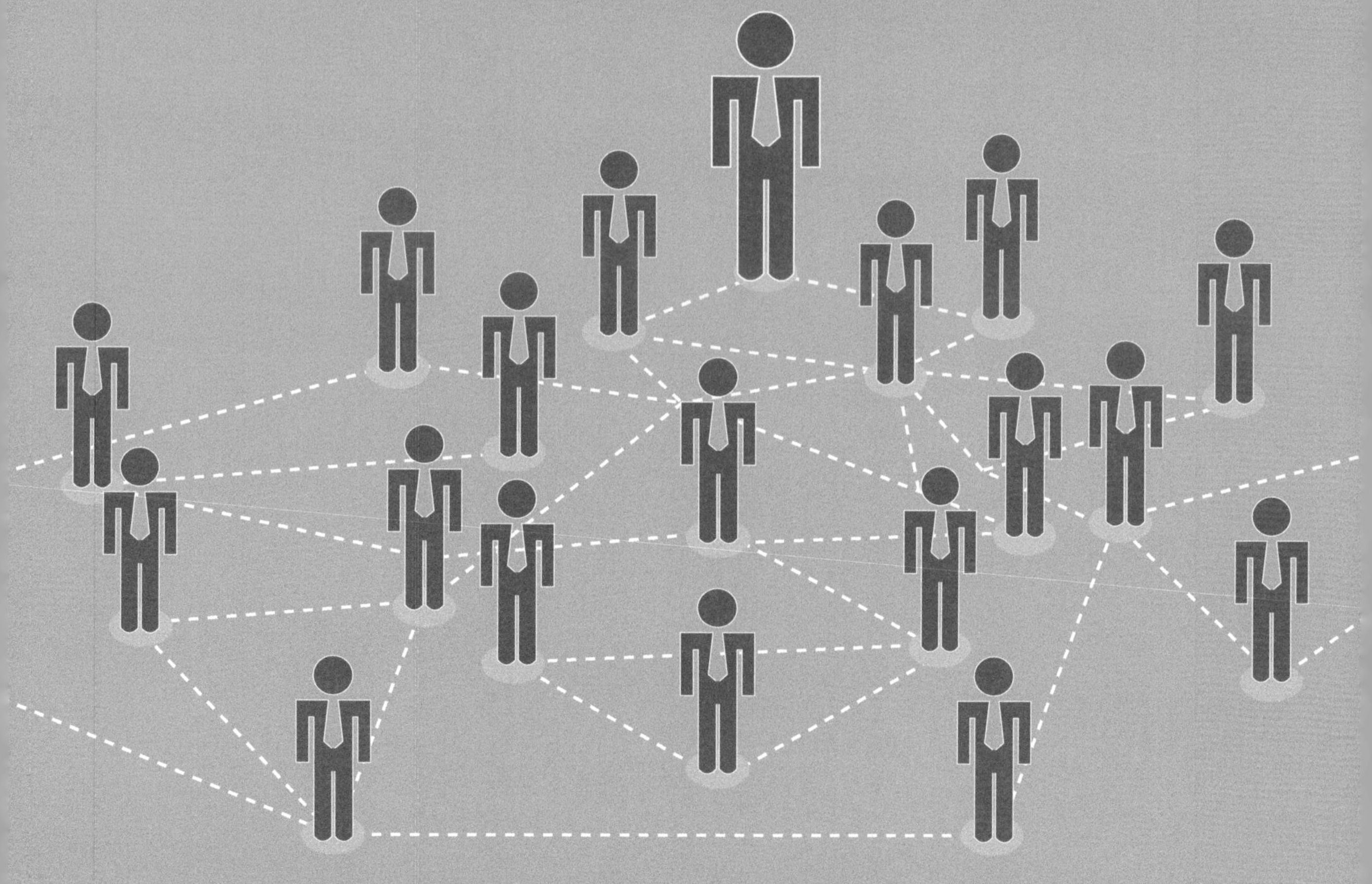

학습 목표

이 장을 학습하고 연습 문제를 풀고 나면, 다음의 것들을 할 수 있을 것이다

- 다양한 유형의 권력을 인식한다.
- 임파워먼트하는 리더가 되는 데 사용되는 전술을 식별한다.
- 임파워먼트를 뒷받침하는 위임의 활용 방법을 안다.
- 조직 정치에 기여하는 요소를 정확히 찾아낸다.
- 윤리적 그리고 비윤리적인 정치적 행위를 설명한다.
- 리더가 제대로 작동하지 않는 정치를 제어할 수 있는 방법을 설명한다.

개요

11.1 권력의 원천과 유형
- 직위권력
- 개인적 권력
- 지분에 기인한 권력
- 의존에 기인한 권력
- 기회 활용에서 파생된 권력
- 중대한 문제 처리에서 기인한 권력
- 권력에 근접함으로써 나오는 권력

11.2 임파워링 리더가 되기 위한 전술
- 임파워먼트의 본질
- 임파워먼트 관행
- 효율적인 위임과 임파워먼트

11.3 조직 정치에 기여하는 요인들
- 피라미드 형태의 조직 구조
- 성과의 주관적인 기준들
- 환경적 불확실성과 불안정성
- 정서적 불안
- 마키아벨리식 성향
- 부하들의 칭찬 부추기기

11.4 정치적 전술과 전략
- 윤리적인 정치 전술과 전략
- 비윤리적 정치 전술과 전략

11.5 제대로 작동하지 않는 정치에 대한 통제력 행사

- ■ 요약
- ■ 핵심 용어
- ■ 행동 및 스킬 강화를 위한 지침
- ■ 리더십 사례 문제 A
- ■ 리더십 사례 문제 B

셰릴 샌드버그는 그녀의 보스인 페이스북의 설립자 마크 주커버그보다 덜 알려져 있지만, 실리콘밸리에서 가장 강력하고 영향력 있는 리더 중 한 명이다. 1969년생인 샌드버그는 회사에서의 공식 직함이 최고 운영책임자(COO)이다. 샌드버그에게 직접 보고되는 사업에는 매출, 마케팅, 사업 개발, 인력, 공공 정책, 정보통신이 포함된다.

페이스북에 합류하기 전, 샌드버그는 구글 글로벌 온라인 운영 판매부문 사장, 그리고 빌 클린턴 대통령 시절 미 재무부 수석 보좌관을 역임했다. 샌드버그는 높은 평가를 받는 임원이었기 때문에 그녀가 구글을 떠난다는 것은 회사의 손실로 간주되었다. 그녀는 몇 년 동안 구글 수익의 대부분을 차지한 두 프로그램의 온라인 운영을 구축하는 데 영향력을 미쳤다. 그녀의 부서는 4명의 직원에서 시작하여 몇 년 사이에 수천 명으로 늘어났으며, 샌드버그는 구글에 있는 동안 억만장자가 되었다. 페이스북에 고용되었을 때, 샌드버그는 말했다. "또 다른 젊은 기업이 글로벌 리더로 성장할 수 있도록 돕는 기회는 평생 단 한 번 밖에 없는 절호의 찬스입니다."

일찍이 샌드버그는 명망 있는 맥킨지 앤 컴퍼니의 경영 컨설턴트였으며, 세계은행의 이코노미스트였다. 그녀는 하버드에서 경제학 학사와 MBA 학위를 받았다. 샌드버그는《포춘》의 가장 영향력 있는 재계 여성 50인에 뽑혔다.

그녀는 예리한 지성과 사업상의 의사결정 기술 이외에 사교성을 포함하여 뛰어난 대인 기술로 명성을 쌓았다. 그녀는 주커버거와 매주 2번씩 만나 그의 비즈니스적 결정과 리더십 기술에 관한 조언과 피드백을 준다. 샌드버그는 원래 수익보다는 사용자 확대에 더 효율적이었던 페이스북에 수익을 창출하는 데 도움이 되는 세계 최대 광고주들 중 일부와 긴밀한 사업 관계를 구축하고 있다.

페이스북 사용자들의 불만과 요구를 처리하는 툴을 구축하는 팀의 리더인 페드램 키니는 샌드버그에 대해 다음과 같이 논평한다. "그녀는 모든 단계를 관리합니다. 그녀는 전략에 능숙하고 깊숙이 관여하여 팀들이 함께 일하는 방법을 이해합니다." 샌드버그는 페이스북 직원들에게 좋은 평가를 받고 있지만, 다른 직원들처럼 청바지와 운동화를 신고 출근하지 않는다. 대신 그녀는 고급스러운 옷을 입고, 그렇게 함으로써 자신의 개성을 유지한다.[1]

이 강력하고 영향력 있는 인터넷 회사 임원의 이야기는 전문지식과 양질의 관계 형성 능력을 포함하여 리더가 갖는 권력의 몇 가지 원천을 보여준다. 이 장은 권

력의 본질, 리더가 권력을 획득하고 타인을 임파워먼트시키는 방법, 그리고 조직 정치의 활용과 통제를 다룬다.

11.1 권력의 원천과 유형

영향력을 발휘하기 위해서 리더는 **권력**, 즉 결정에 영향을 미치고 자원을 통제하는 잠재력이나 능력을 갖고 있어야 한다. 조직의 권력의 원천은 다양하다. 사람들이 권력을 획득하는 방법은 대개 그들이 추구하는 권력의 유형에 따라 다르다. 따라서 권력 획득의 역학을 이해하기 위해서는 어떠한 유형의 권력이 존재하고, 이러한 권력 유형의 원천과 기원을 이해해야 한다. 일부 하위유형을 포함하여 7가지의 권력 유형을 다음 절에서 설명하기로 한다.

직위권력

권력은 흔히 그것이 조직에서 기인한 것인지 또는 개인에게서 기인한 것인지에 따라 분류된다.[2] 권력의 네 가지 기반—합법적 권력, 보상 권력, 강압적 권력, 그리고 정보 권력—은 조직 내 개인의 지위에서 기인한다.

합법적 권력 의사결정을 하고 명령준수를 요구하는 당당한 권리를 **합법적 권력**(legitimate power)이라고 한다. 조직에서 가장 높은 자리에 있는 사람들은 그렇지 않은 사람들보다 더 많은 권력을 갖는다. 그러나 조직문화는 누군가의 권력에 대해 한계를 두는 데 도움이 된다. 예를 들어, 새로 임명된 임원들은 보통 큰 변화를 가져오는 데 걸리는 시간에 좌절한다. 이동통신사의 수익성 개선을 위해 채용된 자금관리이사(CFO)는 "회사는 3년 동안 규모를 축소해 왔습니다. 현재 필요로 하는 것보다 더 많은 사무공간과 제조용량을 갖고 있습니다. 하지만 비용절감을 위해 부동산 매각에 대해 이야기할 때면 냉대를 받습니다."라고 언급했다.

조직의 상부에서 리더의 합법적 권력은 최고경영자와 회장 직함 모두를 달고 있을 때 강화된다. 예를 들어, 제프리 이멜트는 GE의 회장이자 최고경영자이다. 합법적 권력에 이어 2011년 그는 오바마 대통령에 의해 백악관의 차기 경제자문위원회 위원장으로 임명되었다.

합법적 권력의 강화와는 달리 일부 조직은 공동 CEO를 갖는 관행처럼 두 사람 간에 지위권력을 공유하는 방식을 마련한다. 권력 공유는 CEO보다 낮은 단계의 지위에서 발생할 수 있다. 몇 년 전, 거대 은행 제이피 모건은 이동통신 투자은행 그룹의 책임자에게 공동으로 그룹의 기술, 미디어, 이동통신 팀을 운영할 수 있도록 승진시켰다. 승진을 한 커트 사이몬은 이전에 그룹의 책임자였던 제니퍼 네이슨과 권력을 나눠 가졌다. 권력 공유의 목적은 그 지위에 더 많은 전문지식을 가지려는 것이었다.[3]

보상 권력 직원들에게 명령준수에 대한 보상을 제공하는 권한이 **보상 권력**(reward power)이다. 운영부문 부사장이 생산성 목표를 달성한 감독관들에게 직접적으로 현금 보너스를 지급할 수 있다면, 이 감독관은 상당한 권력을 행사하게 될 것이다. 공식적인 자리를 차지하고 있는 거의 모든 리더들은 약간의 보상 권력을 갖고 있다. 부하에게 긍정적인 인사고과를 주는 능력조차도 보상 권력의 한 형태이다.

강압적 권력 **강압적 권력**(coercive power)은 위반을 처벌하는 권력이다. 이것은 두려움을 기반으로 하고 있다. 임원에게 있어 일반적인 강압적 전술은 임원의 변화 계획안을 따르지 않은 부하 관리자를 좌천시키는 것이다. 강압적 권력은 처벌과 두려움이 동기요인으로서 혼재되어 결과를 달성한다는 점에서 제한적이다. 강압적 권력에 너무 의존하는 리더는 권력에서 축출될 수 있다는 지속적인 위협에 시달린다. 그럼에도 불구하고 강압적 권력은 널리 실행되고 있다. 메릴린치의 전직 최고 경영자 스탠리 오닐은 상당한 강압적 권력을 휘둘렀다. 그는 23,000개 이상의 일자리를 없애고, 300개 이상의 사무실을 폐쇄하고, 19명의 고위 간부를 쫓아내는 등 월 스트리트 역사상 가장 혹독한 구조조정 중 하나를 주도했다. 그 과정에서 그는 자신의 권력 장악을 강화하기 위해 핵심 인물들을 전부 제거했다. 몇 년 후, 회사가 서브프라임 모기지와 관련된 투자에서 수십억 달러의 손실을 입자 오닐은 즉시 쫓겨났다.[4]

정보 권력 **정보 권력**(information power)은 사람들이 일을 할 때 필요로 하는 정보에 대한 공식적인 통제로부터 기인하는 권력이다. 고객 조회에서 나오는 정보를 관리하는 세일즈 매니저는 상당한 권력을 잡고 있다. 부동산 중개소의 지점 매니저는 다음과 같이 지적한다. "모든 정보가 나한테 직접적으로 오기 시작한 이후로 대리인들로부터 많은 협력을 받고 있습니다. 그 전에 그들은 나를 단순한 사무실 매니저로 취급했습니다." 특별히 부동산과 같은 분야에서 많은 사람들이 더 많은 정보에 접속하게 됨으로써, 월드와이드웹(www)은 권력의 원천으로서의 정보를 어느 정도 약화시켜왔다. 조직 내에서도 전산화된 데이터베이스는 정보 권력을 손상시킨다. 자신이 원하는 정보를 찾는 데 필요한 기술을 갖고 있을 경우, 많은 사람들은 그들이 필요로 하는 정보에 접속을 하기 때문이다.

개인적 권력

권력의 세 가지 원천인 전문적 권력, 준거적 권력, 그리고 위상 권력은 권력 주체의 특징이나 행위에서 기인한다. 이 모든 권력들은 조직보다는 개인에게서 나오는 것이기 때문에 **개인적 권력**으로 분류된다. 전문적 권력과 준거적 권력은 카리스마에 일조를 한다. 준거적 권력(referent power)은 개인의 바람직한 특성과 성격을 통해 다른 사람들에게 영향을 미치는 능력이다(4장 참조). 전문적 권력(expert power)은 특화된 지식, 기술, 또는 능력을 통해 다른 사람들에게 영향을 미치는 능력이다. 상당한 전문적 권력을 가진 리더의 예로 월마트의 CEO 마이크 듀크를 들 수 있다. 그의 전문 기술 중 하나는 국제시장을 헤쳐 나가는 것이다. CEO가 되기 전에 듀크는 월마트의 급속한 해외 확장을 이끌었다. 듀크의 또 다른 전문 기술 분야는 어떤 제품이 회사의 목표 인구집단에 가장 관심을 끌 수 있는지를 이해하는 판촉 분야이다.[5]

개인적 권력의 또 다른 중요한 형태는 개인의 지위와 명성으로부터 기인하는 **위상 권력**(prestige power)이다.[6] 중요한 사업적 성공을 축적한 관리자는 위상 권력을 얻게 된다. 관리자는 자신의 명성을 기반으로 한 가시성을 얻는다. 레스토랑이나 호텔 산업에서 이직률을 줄이는데 성공한 중간 관리자가 그 예이다. 진실성은 리더의 명성을 강화시키기 때문에 위상 권력에 기여하는 또 다른 요인이다. 간부 인사담당자는 뛰어난 실적 (또는 위상)을 근거로 손쉽게 고위직을 대체할 수 있는 임원을 찾는다.

[경영 평가 퀴즈 11-1]은 권력의 다섯 가지 원천-3종류의 지위 권력과 2종류의 개인적 권력-과 연관된 특정 행동의 표본을 제공한다.

지분에 기인한 권력

경영진 리더는 주주를 대신해 행동하는 대리인의 입장에서 권력을 축적한다. 지분 권력의 견고함은 리더가 주주와 이사회와 얼마나 가깝게 연결되었느냐에 달려 있다. 리더의 지분 권력은 회사에 얼마나 많은 투자를 하였는지와 관련이 있다.[7]

경영 평가 퀴즈 11-1

매니저의 권력 평가하기

방법 현재 감독관이 있거나 과거의 감독관 중 한 명을 명확하게 기억할 수 있다면, 그 감독관을 평가한다. 다음의 척도를 사용하여 당신의 대답에 맞는 적절한 번호에 동그라미를 친다.

5=매우 그렇다 4=그렇다 3=동의하지도 반대하지도 않는다 2=그렇지 않다 1=대단히 그렇지 않다

(실제 척도는 무작위로 항목을 보여준다. 이들 항목들은 편의상 권력 원천에 따라 분류하였다).

나의 매니저는 ~할 수 있다 (또는 전직 매니저는 ~할 수 있었다)	동의				반대
보상 권력					
1. 나의 급여 수준을 인상시키는 것	⑤	④	③	②	①
2. 나의 월급 인상에 영향을 미치는 것	⑤	④	③	②	①
3. 특정 혜택을 제공하는 것	⑤	④	③	②	①
4. 나의 승진에 영향을 미치는 것	⑤	④	③	②	①
강압적 권력					
5. 나에게 탐탁지 않은 업무를 할당하는 것	⑤	④	③	②	①
6. 내 일을 어렵게 만드는 것	⑤	④	③	②	①
7. 이 시점에서 상황을 불쾌하게 하는 것	⑤	④	③	②	①
8. 일하는 데 달갑지 않게 만드는 것	⑤	④	③	②	①
합법적 권력					
9. 만나야 할 책무가 있는 것처럼 느끼게 한다.	⑤	④	③	②	①
10. 작업 요구사항을 충족시켜야 하는 것처럼 느끼게 한다.	⑤	④	③	②	①
11. 충족해야 할 책임이 있는 것처럼 느끼게 한다.	⑤	④	③	②	①
12. 완수해야 할 과업이 있다는 것을 인식하게 만든다.	⑤	④	③	②	①
전문적 권력					
13. 좋은 기술적 제안을 해준다.	⑤	④	③	②	①
14. 자신의 상당한 경험 그리고/또는 교육을 나와 공유한다.	⑤	④	③	②	①
15. 건전한 업무 관련 조언을 해준다.	⑤	④	③	②	①
16. 필요한 기술적 지식을 제공한다.	⑤	④	③	②	①
준거적 권력					
17. 나에게 가치 있는 느낌을 준다.	⑤	④	③	②	①
18. 나를 인정한다는 느낌을 준다.	⑤	④	③	②	①
19. 나에게 개인적으로 받아들여지고 있다는 느낌을 준다.	⑤	④	③	②	①
20. 나에게 중요하다는 느낌을 준다.	⑤	④	③	②	①

총점

채점 및 해석 총점 계산을 위해 동그라미 친 숫자를 전부 더한다. 다음과 같이 점수에 대한 해석을 할 수 있다.

- 90점 이상 **높은 권력**
- 70점~89점 **중간 권력**
- 70점 이하 **낮은 권력**

그리고 하나의 범주에서 당신의 감독관을 더 높게 평가한 것이 있는지 확인한다.

역량 개발 이 역량 개발 평가는 권력의 유형에서 높은지 낮은지를 인식하는 데 활용할 수 있는 특정 행위를 지적하기 때문에 리더로서의 당신에게 도움이 될 수 있다. 예를 들어, 준거적 권력을 확립하기 위한 특정 행동으로 "사람들에게 중요하다는 느낌을 들게 하는" 것이 있다(20번).

대주주인 임원은 주식 지분이 없는 임원보다 이사회에 의해 해고될 가능성이 더 낮다. 첨단기술 회사의 CEO들은 일반적으로 회사 설립자들이다. 이들은 나중에 주식을 팔아 상장회사로 회사를 전환한다. 주식공모 이후 이들 CEO의 상당수는 수백만 달러의 가치가 있는 주식을 소유하여 자신의 지위를 공고히 한다. 많이 회자되는 소문처럼 페이스북이 상장을 하면 설립자인 주커버그는 세계에서 가장 부유한 사람 중 한 명이 될 가능성이 높다. 황금을 소유한 사람에 의한 새로운 황금률이 적용된다.

의존에 기인한 권력

의존성 관점에 따르면, 사람들은 다른 사람들이 가치 있는 것에 대해 그들에게 의존할 때 권력을 축적한다. [그림 11-1]은 이러한 권력 원천의 기본 모델을 보여주고 있다. 물리적 자원이나 개인적 관계가 가치 있는 것이 될 수 있기 때문에 의존 권력은 지위와 관련이 있거나 개인적인 것일 수 있다. 에머슨(Richard M. Emerson)은 권력은 암암리에 다른 사람의 의존에 기인한다고 지적했다.[8] 리더-집단 구성원의 예는 생존을 위해 상당한 인정이 필요한 집단 구성원이 그러한 인정의 고정적인 원천인 리더에게 의존하게 되는 것을 들 수 있다. 조직의 예로 미국의 의료보험제도가 시스템을 간소화하기 위해 정보통신에 점점 더 의존적이 되어가는 것을 들 수 있다.

의존이론의 연장은 **자원의존 관점**이다. 이 관점에 따르면, 조직은 지속적인 인

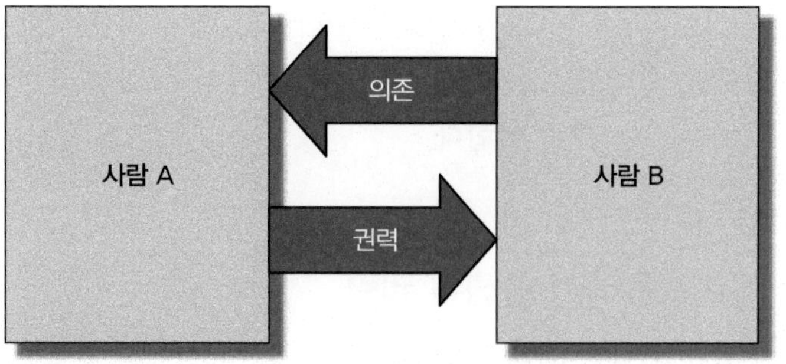

그림 11-1 **권력의 의존 이론**

출처: Wilf H. Ratsburg, "Power Defined" 각색, www.geocities.com/Athens/Forum/1650/htmlpower.html, 2008년 1월 4일 접속.

력, 돈, 소비자와 고객, 기술적 투입, 지속적인 기능을 위한 재료의 유입이 필요하다. 이러한 핵심 자원을 제공할 수 있는 조직의 하부 단위나 개인은 권력을 축적한다.[9]

리더가 자원에 대한 통제력을 잃기 시작하면 그들의 권력은 축소된다. 그 좋은 예가 도널드 트럼프이다. 그의 어마어마한 보유 자산이 양호한 현금 흐름을 만들어 내고 비상한 힘을 갖고 있는 이미지였을 때, 그는 많은 수의 자발적인 투자자를 찾을 수 있었다. **트럼프**라는 이름은 부동산의 가치를 증가시켰다. 그러나 그의 현금 유동 상태가 악화됨에 따라 트럼프는 호가에 그의 부동산을 사려고 하는 투자그룹을 찾기가 어려워졌다. 그러나 1993년 중반, 트럼프의 현금 유동 상태가 다시 개선되면서 투자자들은 다시 관심을 보였다.

몇 년 후 트럼프는 자원을 통제하는 능력을 모두 되찾았으며, 투자자들의 돈은 그가 원하는 방향으로 막힘없이 유입되었다. 2004년 트럼프 카지노 사업이 파산신청을 했는데, 거의 부채 상환을 위한 융자 때문이었다. 트럼프 엔터테인먼트 리조트는 2009년 다시 파산보호신청을 했으며, 트럼프 브랜드의 가치(권력)는 다음 해에 논의의 대상이 되었다. 트럼프는 주도권을 잡으려고 노력하는 투자자 칼 아이칸에 맞서 애틀란틱 시티 카지노 중 세 곳에 대한 주도권을 되찾으려고 노력했다. 트럼프는 자신의 브랜드가 여전히 영향력이 있다고 주장했다.

그러나 트럼프는 여전히 트럼프라는 이름으로 된 자산을 많이 갖고 있으며, 그것은 많은 개발업자들이 그를 의존하게 만드는 자원이다. 예컨대 많은 아파트 개발업자들은 사업상 트럼프란 이름을 사용하기 위해서 도널드 트럼프에게 회사 지분을 양도한다. 어찌 되었건 트럼프는 자신이 "지구상에서 가장 인기 있는 브랜드"라고 주장한다.[10] 외견상 모순되는 이 사례의 핵심은 당신이 자원에 대한 주도권을 잃으면 당신의 권력은 감소하지만, 당신이 상당한 영향력을 갖고 있다면 곧 회복할 수 있을 것이라는 점이다. 게다가 과거에 축적된 권력을 다른 사람들이 빼앗아 가는 것은 어렵다.

기회 활용에서 파생된 권력

권력은 적절한 때에 적절한 위치에 있고 적절한 행동을 취하면 나올 수 있다. 움직임이 일어나는 곳에 있어야 이득이 된다. 예를 들어, 변화가 많은 회사에서의 최고의 기회는 성장하는 부서에 있다. 또한 많은 소규모 재활용 회사들은 2000년대 말 환경의 지속 가능성에 대한 관심이 급등하면서 폐품 처리장에서 생태적 환경기업으로 변모했다. 개인이나 회사는 더 대규모로 재생할 수 있는 능력을 갖추는 등 기회를 활용하기 위한 적절한 자원을 갖고 있어야 한다.

기회를 활용한 또 다른 생태관련 사례는 아웃도어 의류 제조업체 파타고니아에서 일어났다. 수년간, 설립자 이본 취나드는 의류에 친환경적인 재료와 직물을 사용하자는 캠페인을 주도해 왔다. 파타고니아는 또한 환경파괴 없는 지속가능한 제조 관행을 개척해왔다. 경기불황 동안 파타고니아는 사상 최고의 2년을 향유했다. 활용한 기회로는 다음의 두 가지 측면이 있었다. 첫째, 경제 불황에도 불구하고 많은 고소득의 소비자들은 여전히 친환경적인 제품 구입을 원한다.[11] 둘째, 경기불황 동안 많은 소비자들은 예를 들어 하이킹, 스키, 쇼핑 등에 일상적으로 입을 수 있는 재킷 같은 내구성이 있는 다용도 의류 구매를 원한다.

중대한 문제 처리에서 기인한 권력

권력의 **전략적 상황적합이론**은 회사의 중대한 문제점과 불확실성에 가장 잘 대처할 수 있는 부서가 상대적으로 큰 권력을 획득한다고 말한다.[12] 예컨대 이 이론은 조직이 중대한 소송에 직면했을 때, 법무팀이 권력을 잡고 조직의 결정에 영향을 미치게 된다는 것을 암시한다. 전략적 상황적합이론의 또 다른 중요한 양상은 중심성의 덕목에 의해 하부조직이 획득하는 권력과 관련이 있다. 앞부분의 샌드버그에 관한 이야기를 상기시켜 보자. 페이스북에서의 그녀의 초기 권력 중 일부는 놀라운 인기를 통해 회사가 돈을 벌도록(현금화하기) 도와주는 것에서 기인했다.

중심성(centrality)은 부서의 활동이 조직 활동의 시스템에 연계된 정도이다. 한 부서가 하는 일이 다른 부서가 하는 업무의 중요하고 필수적인 부분을 차지할 경우 높은 중심성을 갖는다. 따라서 두 번째 부서는 첫 번째 하위 부서에 의존한다.

영업부가 높은 중심성을 가질 수 있는 반면 직원 신용조합은 낮은 중심성을 갖게 된다.

권력에 근접함으로써 나오는 권력

사람은 권력에 근접할수록 더 많은 권력을 행사한다. 이와 마찬가지로, 부서가 더 높은 회사 고위층에 보고를 할수록 더 많은 권력을 소유하게 된다. 실제로 이것은 CEO에게 보고하는 부서를 책임지는 리더가 부사장에게 보고를 하는 부서를 책임지는 리더보다 더 많은 권력을 갖는다는 것을 의미한다. 더 많은 권력을 추구하는 리더는 일반적으로 조직에서 더 높은 보고 지위를 얻기 위해 책략을 쓴다.

역사학자 로버트 카로(Robert A. Caro)는 권력 획득만으로는 위대한 리더십에 도움이 되지 않는다고 말한다. 야심 찬 사람이 권력을 획득하는 데는 시간이 걸리며, 중요한 정보를 비밀리에 간직하거나 다른 사람들을 당신에게 의존하게 만드는 것처럼 때때로 권력 획득 방법이 윤리적이지 않을 수 있다. 축적된 권력을 훌륭한 비전을 창조하고 이행하는 데 사용하는 사람은 뛰어난 리더로서의 자격이 있다.[13] 누가 훌륭한 리더인가라는 개념은 그 사람의 가치에 바탕을 둘 수 있지만, 이 책에서 이미 이야기한 두 명의 리더, 아리엘 캐피탈 매니지먼트의 멜로디 홉슨과 포드자동차의 앨런 머렐리는 자격이 있다.

다음의 [행동하는 리더]는 자신의 임무를 달성하기 위해 지금까지 설명한 몇 가지 권력 유형을 활용하는 리더를 간략하게 묘사하고 있다.

11.2 임파워링 리더가 되기 위한 전술

리더의 권력과 영향력은 리더가 권력을 다른 사람들과 공유할 때 증가한다. 따라서 임파워먼트는 공유 또는 분산 리더십의 기본 요소이다. 팀 구성원이 더 많은 권력을 받는다면, 그들은 더 많은 것을 성취할 수 있으며 더 생산적일 수 있다. 그리고 매니저들은 팀 구성원들의 공적에 대한 인정을 공유하기 때문에 더 강력해진다. 진정으로 강력한 리더는 스스로 과업을 완수할 수 있도록 팀 구성원들을 임파워먼트시킨다.

임파워먼트에 대한 비교적 합리적인 근거는 지식, 판단, 정보에 점점 더 의존하는 경쟁적인 환경에서 성공한 대부분의 조직은 모든 팀 구성원들의 재능을 효과적으로 활용하는 조직이라는 점이다.[14] 스티븐 코비가 지적하는 것처럼 임파워

행동하는 리더

포드의 디젤 왕, 아담 그리글랙

당신이 포드의 수석 디젤 엔지니어 아담 그리글랙과 전화 연결이 된다면 "디젤"이라는 인사말을 듣게 될 것이다. 그의 인사말은 그와 그의 팀이 수행하고 있었던 것, 즉 '2011 포드 슈퍼 임무'를 위한 터보차저 디젤 엔진 개발에 대한 그의 열정을 투영한다. "이 새로운 디젤을 위한 기대치는 상승해 있으며 엔진 팀은 환상적인 업무 미팅 성과와 내구성 목표를 이루어 냈습니다."라고 그리글랙은 말했다. 회사 터 밖에 자리 잡고 있는 그의 팀은 작업을 신속하게 끝마치는 데 도움이 되는 엔지니어링, 디자인, 제조, 구매를 포함하고 있었다. 그리글랙의 의욕적인 태도는 그의 팀 구성원과 프로젝트 방문자들에게 깊은 인상을 준다.

공동체 정신을 키우기 위해 그리글랙은 디젤에 자신이 좋아하는 록밴드의 이름을 따 스콜피온이라는 코드명을 붙였다. 팀 로고인 엔진 부품으로 디자인한 기계 전갈이 내부 보고서에 삽입되었다. 스콜피온 팀의 공동체 정신은 기계 부품으로 장식한 실물 크기의 눈사람을 만들어 팀 동료의 책상 위에 놓는 등 팀 구성원이 서로에게 장난을 치는 높은 수준에 도달하였다. 팀은 미니 나무차량 경주(Pinewood Derby) 대회를 개최했는데, 소나무 대신 알루미늄으로 차를 만들었다. 일부 미니어처 차량은 원격 조정기와 전기 모토를 장착했다.

새로운 엔진을 만드는 데 있어 그리글랙은 위험을 무릅쓰고 연료 효율을 증가시킬 수 있는 더 가벼운 물질의 사용을 주도했다(위험 요소는 엔진이 제대로 작동하지 않을 수 있다는 것이었다). 디젤 엔진을 사용하여 개발된 슈퍼 트럭은 현재의 연방 규정을 충족하는 최첨단 공해 방지 기술을 사용한 종류로는 첫 번째 것이었다. 연료 절감은 평균 이상이며 트럭은 첫 30만 마일 동안 정기 정비만 하면 된다.

스콜피온 프로젝트의 엔지니어인 토니 허드슨은 그리글랙의 리더십과 팀의 노력에 열광했다. 그는 팀이 처음에 불가능한 것으로 보이는 것을 완수해냈다고 말했다. "그 경험은 우리에게 다시 할 수 있다는 가능성을 줄 것입니다."

질문

1. 팀 리더인 아담 그리글랙은 임무를 완수하기 위해 어떠한 유형의 권력을 사용하는가?
2. 새로운 트럭 엔진을 만드는 임무를 완성하는 데 있어 공동체 정신이 왜 중요한가?
3. 리더십을 공부하는 사람은 왜 자동차 제조회사의 트럭 부분 디젤 수석 엔지니어의 활동에 관심을 가져야 하는가?

출처: 다음 출처에 있는 사실들을 재구성한 이야기이다: "Adam Gryglak: Providing 'Stinging' Inspiration for All-New Ford Power Stroke Diesel Engine," *www.media.ford.com*, August 3, 2010, pp. 1-2; "Ford motor Company Team organized a Team Pinewood Derby," *www.fastpinewoodderbytips.com* (2011년 3월 25일 접속), pp. 1-4; David Kiley, "Putting Ford on Fast Forward,' *Business Week*, October 26, 2009, pp. 056-057; Keith Griffin, "Interesting Profile of the Man Behind the New Ford Power Stroke Diesel Engine," *Hartford Autos Examiner*, August 31, 2009, pp. 1-4.

먼트와 리더십 분산은 전 세계의 진보적인 회사에서 일어나고 있다. 또한 신뢰하는 문화일수록 직원들이 보다 임파워먼트 될 가능성이 더 크다.[15]

비용 측면에서 직원들에게 더 많은 관리 책임을 지도록 임파워먼트하면 상사가 많지 않더라도 조직이 돌아갈 수 있다. 유럽에서의 연구에 따르면 어느 정도의 커뮤니케이션과 모니터링의 기술로 인해 관리자의 통제 범위(부하의 수)가 30명 이상의 직원이 될 수 있다. 직원을 임파워먼트시키는 리더/관리자는 팀을 통제하는 데 신경을 덜 쓸 수 있고, 직원들이 혁신적인 아이디어 추진 등의 애로를 극복하거나 기회를 활용하는 데 더 많은 도움을 줄 수 있다.[16]

여기서 우리는 몇 가지 관행과 임파워먼트에 관한 두 가지 주의사항을 논의하기 전에 임파워먼트의 본질을 간략하게 살펴보기로 한다.

임파워먼트의 본질

임파워먼트는 기본적인 의미에 있어서 의사결정 권한과 책임을 관리자로부터 집단 구성원들에게 전달하는 것을 의미한다. 거의 모든 유형의 참여 경영, 의사결정 공유, 위임은 임파워먼트로 간주할 수 있다. 그레첸 스프라이처(Gretchen M. Spreitzer)는 임파워먼트의 심리학적 정의를 위해 몇몇 직장에서 연구를 실시했다.[17] 의미, 자신감, 자결권, 영향이라는 네 가지 구성 요소가 확인되었다. 전면적인 임파워먼트는 네 가지 요소에 더불어 다섯 번째 요소인 내재적 몰입을 포함한다.

의미(meaning)는 개인의 이상이나 기준과 관련하여 평가되는 업무 목표의 가치이다. 업무는 업무 역할의 요건과 개인의 신념, 가치, 행위 사이에 조화가 이루어질 때 의미를 갖는다. 의미 있는 작업을 하는 사람이 임파워먼트 되었다고 느낄 가능성이 크다. 자신감(competence), 또는 자기 효능감(self-efficacy)은 특정 과업을 잘 실행하는 자신의 역량에 대한 개인의 믿음이다. 예를 들어 신용 분석가가 "나는 10,000불까지의 신용 리스트를 평가할 수 있는 임파워먼트 받았으며 내가 잘할 수 있다는 것을 안다."라고 하는 것처럼, 유능하다고 생각하는 사람들은 자신들이 주어진 상황에서 성과 요건을 충족시킬 역량을 갖고 있다고 믿는다. 임파워먼트의 더 새로운 모델은 동료 구성원에게 자신이 권력을 얻었다고 느끼게 하는 자기 효능감과 자신감의 핵심적인 역할을 특징으로 삼는다.[18]

자결권(self-determination)은 행동을 시작하고 조절하는 데 있어 선택을 하는 개인의 감각이다. 자결권의 고차원적인 유형은 직원들이 특정 문제를 해결하기 위한 최선의 방법을 선택할 수 있다고 느낄 때 나타난다. 자결권은 또한 업무 속도와 업무 장소의 선택에 대한 고려를 포함한다. 고도로 임파워먼트된 직원은 사무실에 남아 있기보다는 유람선을 타고 여행하면서 필요한 작업을 수행하는 것을 택할 수 있다.

영향(impact)은 직원이 근무 중에 전략적, 관리적, 또는 운영 결과에 영향을 미칠 수 있는 정도이다. 회사의 방침을 무조건 따르기만 하는 게 아니라 회사의 미래에 대한 발언권을 가질 수 있다. 중간 관리자가 "우리가 적극적으로 활용해야 하는 소수집단 출신 직원 채용 기회가 있다. 그리고 그렇게 하기 위한 실행 계획이 여기 있다."라고 할 수 있는 것이다.

집단 구성원들에게 있어 진정한 임파워먼트의 또 다른 차원은 업무 목표를 향한 **내재적 몰입**(internal commitment)을 전개하는 것이다. 직원이 개인적 동기를 위해 특정 프로젝트, 사람, 또는 프로그램에 최선을 다할 때 내재적 몰입이 발생한다. 자신이 더 아름다운 세상을 창조하는 데 일조하고 있다고 믿는 잔디깎기 생산 공장의 엔지니어가 그 예가 될 수 있다.

따라서 임파워먼트의 초점은 개인 안에서 일어나고 있는 변화에 맞춰져 있다. 그러나 또한 집단 풍토가 이러한 태도와 감정에 기여하는 방식으로 집단이 임파워될 수 있다. 임파워먼트 풍토를 반영하는 것이 예컨대 "우리 조직의 구성원들은 적절한 시기에 조직성과에 관한 정보를 얻을 수 있다."와 같이 진술하는 것이다.[19] 임파워된 집단의 일원이 되게 함으로써 구성원들이 공유된 목표를 달성하는 데 있어 최선을 다하도록 할 수 있다.

임파워먼트 관행

임파워먼트를 촉진하는 관행들은 결정을 내리기 전에 팀 구성원들과 상의를 하는 등의 참여 경영에 대한 표준 접근 방식을 보완한다. [그림 11-2]에 나와 있는 것처럼 관행은 성공한 리더에 대한 직접적인 관찰과 실험 증거에 기반하고 있다. 이러한 관행들에 관해 읽기 전에 [리더십 자기 평가 퀴즈 11-1]을 해본다.

주도권과 책임감을 조성한다. 리더는 단순히 팀 구성원의 임무에 더 큰 주도권

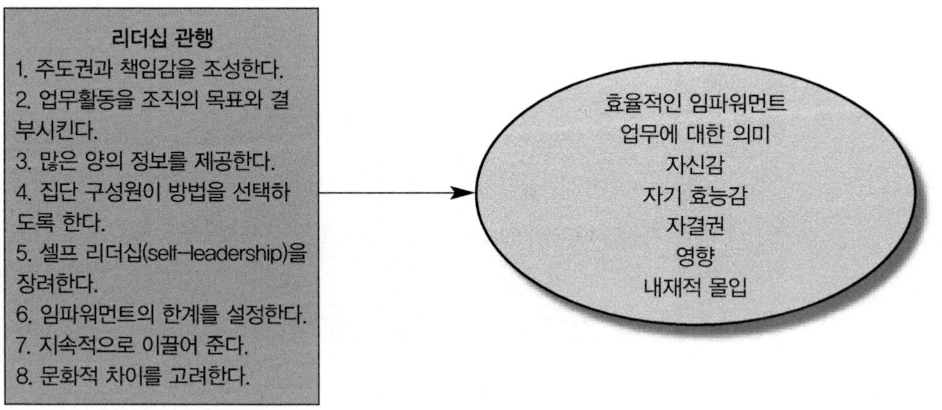

그림 11-2 **효율적인 임파워먼트 관행**
일부 리더십 및 경영 관행은 효율적인 임파워먼트로 이어지고, 결국 이것은 일반적으로 더 높은 동기부여와 생산성으로 이어진다.

리더십 자기 평가 퀴즈 11-1

임파워먼트하는 태도와 신념

방법 직원들을 성공적으로 임파워시키기 위해서 리더는 적절한 태도를 보이고 어떤 신념을 갖고 있어야 한다. 능력이 미치는 한 당신이 현재 갖고 있는 태도가 무엇이며 발전을 위해 어떠한 태도가 필요한지 명시한다.

임파워먼트하는 태도 또는 신념	지금	개발 필요
1. 대부분의 직원들은 유용하게 이용할 수 있는 활용되지 못한 상당한 재능을 갖고 있다.	____	____
2. 즉각적인 결과를 요구할 것이 아니라 리더는 집단 구성원들에게 필요한 정보와 기술을 개발할 시간을 줘야 한다.	____	____
3. 리더는 문제에 대한 새로운 관점을 개발할 수 있도록 팀 구성원들에게 질문을 하는 것이 생산적이다.	____	____
4. 책임감 있는 직원은 언제나 상관으로부터의 지시가 없어도 무엇을 해야 할지 알고 있다.	____	____
5. 전문성 있는 직원이 임무 완료를 위한 최선의 방법을 알아내도록 내버려 두는 것이 이상적이다.	____	____
6. 직원이 임파워먼트 받았다고 하더라도 리더의 영감과 격려는 여전히 유용하다.	____	____
7. 업무나 프로젝트에 대해 직원들이 상당한 책임감을 갖고 있다고 하더라도 직원들로부터의 피드백은 유용하다.	____	____
8. 직원들은 곧잘 특정 문제해결 방법에 대해 상관보다 더 많은 지식을 갖고 있다.	____	____
9. 부하들에게 문제를 문제라 생각하지 않고 기회로 생각하라고 충고한다(또는 충고할 것이다).	____	____
10. 직원들이 감독 없이 해결책 강구를 하게 될 때 좋은 결과가 나온다.	____	____

역량 개발 리더 또는 관리자로서 당신이 이미 이러한 태도의 대부분을 갖고 있고 이러한 대부분의 행동을 해봤다면, 당신은 임파워먼트에 능숙해질 것이다. 이러한 태도와 관행의 대부분은 당신의 성격을 변화시키지 않고도 개발할 수 있다.

출처: 9번과 10번 문장은 다음을 각색한 것이다: Robert P. Vecchio, joseph E. Justin, and Craig L. Pearse, "Empowering Leadership: An Examination of Mediating Mechanisms within a Hierarchical Structure," *Leadership Quarterly*, June 2010, p. 540.

과 책임감을 조성함으로써 그들을 임파워먼트시킬 수 있다. 예를 들어, 충전식 건설장비 제조업자는 회사의 정보통신기술 애호가에게 "지금부터 당신은 온라인 판매를 전담한다. 당신은 제품관련 지식과 IT 지식을 갖고 있다. 하지만 나는 그렇지 않다. 그것이 당신이 할 일이다."라고 통지할 수 있다.

헨리 민츠버그는 많은 전문 기술자들이 이미 상당한 주도권과 책임감을 갖고 있다는 것을 상기시켜 준다. 그에 따르면, "병원에서 일하는 의사처럼, 또는 벌집의 벌들처럼 진정으로 임파워된 직원은 경영자로부터의 선물을 기다리지 않는다. 그들은 자신이 거기에서 무엇을 해야 하는지를 알고 있으며, 그것을 할 뿐이다."[20] (행동하는 리더에서 기술한)트럭 디젤 엔진을 개발하는 스콜피온 팀에 배정된 직원들은 아마도 동일한 범주에 들어맞을 것이다. 그들이 상당한 주도권을 갖고 있지 않았다면 자발적으로 팀에 합류하지 않았을 것이다.

업무 활동을 조직의 목표와 결부시킨다. 임파워된 활동이 조직의 전략적 목표와 연계될 때 더 효과가 있다. 조직의 주요 목표를 지원하는 활동을 수행해야 하는 임파워된 직원은 회사와 자신을 더 동일시한다. 동시에 그들은 사업에서 파트너가 되었다는 감정을 갖게 된다.[21] 회사 감사역에게 업무 수행을 위해 상당한 여행 비용을 쓸 수 있는 권한이 위임되었다는 시나리오를 상상해 보자. 고위 경영진들의 전략적 목표가 정직한 사업 관행으로 존경 받을 수 있는 기업이 되자는 것이기 때문에 그녀는 이러한 권한을 위임 받았다.

많은 양의 정보를 제공한다. 임파워먼트가 효율적이 되기 위해서는 직원들이 자신의 업무에 영향을 미치는 모든 것에 대해 많은 양의 정보를 갖고 있어야 한다. 특히 중요한 것은 직원들이 자신의 행동이 회사의 경비와 이윤에 미치는 영향을 완전히 이해하는 것이다. 그러한 정보로 무장한 직원들은 회사 순익에 긍정적인 영향을 미치는 결정을 내릴 가능성이 높다. 그리고 그들은 사업 성공에 기여하는 결정을 내리는 데 임파워먼트를 활용할 가능성이 높다. 예를 들어, 가격 정보에 대한 권한이 위임된 영업 담당자는 회사에 손해를 끼치는 할인을 해줄 가능성이 적다.

집단 구성원이 방법을 선택하도록 한다. 이상적인 조건 하에서 리더나 관리자는 개인이나 집단에게 무엇을 해야 하는지를 설명하고(방향 설정), 관여된 사람들이 방법을 선택하게 한다. 왜 업무가 수행되어야 하는지를 설명하는 것도 중요하다. 진정한 프로의 역할 중 하나는, 예컨대 세무 전문가가 사업주를 위해 조세 부담 방법을 결정하는 것처럼 임무 완수를 위한 방법을 선택하는 것이다. 가장 효율적인 업무 기술을 결정하도록 하는 것은 임파워먼트의 핵심이다.[22]

셀프 리더십을 장려한다. 팀 구성원이 스스로를 이끌어가도록 격려하는 것은 임파워먼트의 핵심이다. **셀프 리더십**의 기본적인 개념은 모든 조직 구성원들이 적어도 어느 정도까지는 자신을 이끌어 나갈 수 있다는 것이다. 완전한 셀프 리더십은 직원들이 무엇을 해야 할지, 왜 그것을 해야 할지, 그리고 어떻게 과업을 완수할지를 결정하는 것이다. 셀프 리더십의 도화선은 소수의 재능 있는 직원들에게 일반적인 지침을 주는 것이다. "수익을 낼 수 있는 것을 구상하는 데 일주일에 몇 시간씩 투자하는 건 어떨까?"

직원들이 셀프 리더십을 실행할 때 그들은 임파워되었다고 느낀다. 고어텍스(GORE-TEX®)를 포함하여 절연재료를 제조하는 고어 앤 어소시에이트에는 상관이나 관리자가 없고 많은 리더들만 존재한다. 모든 직원들은 수익성 있는 신제품을 식별할 수 있는 능력을 가진 지식노동자로 간주되고 있다.[23]

임파워먼트의 한계를 설정한다. 임파워먼트가 불화와 역기능을 만들어내는 주요 상황 중 하나가 직원들이 임파워먼트의 정확한 범위에 대한 인식이 부족할 때이다. 임파워된 집단 구성원들은 그들이 관리자, 팀 리더, 또는 다른 팀 구성원들과 협의 없이 일방적으로 결정을 내릴 수 있다고 생각할 수 있다.[24] 임파워먼트에 대한 한계는 직원들이 이전보다 더 많은 권한은 갖고 있되, 다음과 같은 행동에 관여할 수 없다는 것을 직원들에게 설명하는 것을 의미한다.

- 자신과 경영진의 임금을 정한다.
- 인원감축 결정을 내린다.
- 주로 친구와 친척을 고용한다.
- 급료를 전액으로 받으면서 40시간 이하로 일한다.

많은 직원들은 "내가 원하는 것을 할 수 있는 권한을 위임 받았다."라고 말하면서 문제가 있는 행동을 정당화한다. 조직을 뒷받침하는 직원의 행동을 이끄는 것은 경영진의 책임이다.

지속적으로 이끌어 준다. 리더는 집단 구성원들에게 권한을 위임하지만, 여전히 지도를 해주고 감정적인 지원과 인정을 해줘야 한다. 마크 새뮤얼은 결과에 대한 책임감을 높이기 위해 회사를 팀으로 편성하는 것을 돕고 있다. 하지만 동시에 그는 리더의 역할을 강조한다. "임파워먼트는 흔히 리더십의 포기가 됩니다. 즉, 내가 당신에게 권한을 위임하면 나는 당신을 지도하지 않아도 됩니다. 사람들은 지도가 필요합니다. 리더는 지도를 해주는 역할을 버릴 수 없습니다."[25] 직원들에게 권한이 위임되었다는 것이 그들이 방치되었다는 것을 의미하지는 않기 때문이다.

마이애미 매리어트 마르퀴스 호텔의 총 지배인 플로렌치아 타베니는 계속적으로 직원들을 이끌어가면서도 그들에게 권한을 위임하는 것 사이에 적절한 균형을 찾는 것에 대한 현실적인 예를 제공한다. 그녀는 "나는 직원들을 임파워먼트시키는 것을 좋아합니다. 나는 이전보다 더 융통성이 있으며 인내심이 있습니다. 우리 직원들은 그들이 나한테 의지할 수 있으며 내가 항상 시간이 있다는 것을 알고 있습니다."라고 설명한다.[26]

문화적 차이를 고려한다. 모든 임파워먼트 관행은 다문화 요소에 영향을 받을 수 있다. 집단 구성원의 문화적 가치로 인해 임파워먼트를 쉽게 받아들이거나 꺼려할 수도 있다. 미국사람들은 개인주의자들로 정형화되어 있다. 그럼에도 불구하고 그들은 (스포츠를 포함하여)팀으로 일하는 것에 익숙하기 때문에 임파워된 팀의 일원이 되는 것이 자연스러울 것이다.

그러한 모든 문화가 임파워먼트를 지지하는 것은 아니다. 한 연구에서, 미국, 멕시코, 폴란드, 인도에 공장을 운영하는 단일 회사에서 일하는 직원들로부터 얻은 데이터가 임파워먼트 및 지속적인 개선 관행이 국민 문화에 적합한지를 테스트하는 데 사용되었다. 회사는 간단한 제조업에 종사하고 있었으며, 데이터는 약 40군데에서 수집하였다. 인도 공장에서는 임파워먼트가 작업 만족도에 부정적으로 연계되어 있었지만, 다른 세 곳에는 긍정적으로 연계되어 있었다. 저변에 깔린 문화적인 이유는 인도 사람들(적어도 인도에서 일하고 있는 사람들)은 리더나 관리자가 대부분의 결정을 하기를 기대한다는 것이다.[27] 지속적인 개선은 네 곳 모두의 만족도에 있어서 긍정적인 결과를 보였다.

임파워먼트는 리더십과 관리의 필수적인 부분이며, 따라서 개인과 조직의 효율성에 기여하는 것으로 추정된다. 102개 호텔의 관리팀에 관한 연구는 임파워먼트가 도움이 되지만 직접적인 효과는 없다는 것을 보여줬다. 임파워링 리더는 지식과 팀 효능감을 공유하는 직원들과 긍정적인 연계가 있었다. 팀 효능감은 목표달성에 대한 자신감을 이르는 것으로, "우리 호텔의 객실 점유율 목표달성에 자신이 있다."와 같은 자각으로 측정된다. 지식 공유와 효능감 모두는 호텔의 객실 점유율로 측정되는 것처럼 팀의 성과와 확실하게 관련되어 있었다.[28] 컨설팅 프로젝트에 참여한 MBA학생들을 대상으로 한 연구는 팀 리더와 집단 구성원 간에 리더십이 공유되었을 때, 클라이언트가 그 컨설팅 팀에게 더 호의적인 평가를 주는 경향이 있다는 것을 보여줬다. 경영학 지도 교수가 팀 리더였다. 임파워먼트와 결부시킬 수 있는 것은 공유된 리더십이 임파워먼트의 한 형태라는 것이다.[29]

효율적인 위임과 임파워먼트

임파워먼트에 크게 기여하는 것은 **위임**, 즉 특정 과업을 달성하기 위한 공식적인 권한과 책임을 다른 사람에게 할당하는 것이다. 위임이 없이는 효과적인 리더십과 경영이 있을 수 없다. 더 많은 업무를 해야 할 때, 그리고 그러한 업무가 복잡할 때 위임의 중요성은 더 커진다. 사람을 이끌어 나가는 것은 혼자서 모든 것을 완수하는 것이 아니라, 일의 완수를 위해 다른 사람에게 영감을 주고 그들을 설득하는 것이다.

위임은 특정 과업을 처리하는 것이기 때문에 임파워먼트보다 더 제한되어 있다. 반면 임파워먼트는 더 많은 책임을 맡는 것에 대한 다양한 범위의 활동과 정신 자세를 포함한다. 임파워먼트와 마찬가지로 위임은 집단 구성원들에게 그들의 스킬을 개발하고 능력을 보여줄 수 있는 기회를 제공하기 때문에 동기를 유발한다. 위임이 관리자와 리더에게 있어 단순히 개인의 업무량을 가볍게 하는 수단에 불과한 반면, 위임된 업무를 받은 사람에게는 개발의 기회가 된다.

위임이 약할 경우 자신이 업무에 대해 책임이 있다고 생각하는 사람과 위임자 간에 자주 충돌이 발생한다. 이러한 충돌의 전형적인 예가 윌리엄 페레즈가 설립자 필 나이트에게 보고해야 했던 나이키의 CEO로서 잠시 재임했던 동안에 발생했다. 페레즈는 자신이 나이트 회장으로부터 상당한 책임을 위임 받았다고 생각했다. 하지만 사실상 위임은 제한적이었다. 예컨대 페레즈는 자신이 마케팅 전략을 재편성할 수 있는 완전한 자유를 갖게 될 것이라고 생각했다. 그는 웹사이트와 나이키 매장을 통한 소비자 직판을 늘릴 것을 제안했다. 그러나 나이트가 불쑥 끼어들어 도매상을 통한 기존의 판매 관행을 지지했다. 페레즈가 CEO 자리에 머문 것은 불과 14개월이었다.[30]

당신은 [리더십 스킬 구축 연습 11-1]을 통해 임파워먼트의 실질적인 연습을 할 수 있을 것이다. 연습을 할 때 위임의 중요성을 명심하도록 한다.

11.3 조직 정치에 기여하는 요인들

여기에 사용된 것처럼, **조직 정치**라는 용어는 공로나 운 이외의 수단을 통해 권력을 얻기 위한 비공식적인 접근법을 의미한다. 정치는 직접적 또는 간접적으로 권력을 획득하는 데 영향을 미친다. 예를 들어, 자신의 합법적인 권한을 강화하려는 사람은 회사의 고위급 의사결정권자들에게 호의적으로 인식될 수 있는 다양한

리더십 스킬 구축 연습 11-1

임파워먼트 과정 수행하기

당신이 이미 관리자라면 임파워먼트 연습에 대한 설명은 임파워먼트에 관한 몇 가지 유용한 아이디어를 준다. 여기에 서술된 역할 연습을 통해 당신은 임파워먼트 스킬을 실습할 수 있는 기회를 갖는다. 한 사람이 리더의 역할을 하고 나머지 6명이 집단 구성원 역할을 한다. 당신은 임파워먼트를 시행하기 위해 오늘 구성원들과 만나고 있다. 당신은 프로세스 시작을 위해 구성원들과의 대화에 참여해야 한다. 다음의 시나리오에 다양한 학생 집단을 배치하도록 한다.

IT 기술 고객서비스 센터

당신은 IT 기술 콜센터의 책임자이며, 센터의 주요 활동은 회사 소프트웨어를 사용하는 데 있어 문제가 있는 고객들의 전화 문의에 응대하는 것이다. 전화를 받는 직원들은 풀타임 전문직이며, 이들 중 상당수는 최근 대학을 졸업한 사람들이다. 주요 목표는 직원들이 전화를 건 사람의 요구를 만족시킬 수 있을 정도의 권한을 그들에게 부여하는 것이다. 당신은 직원들이 고객의 문제에 대해 더 개인적인 책임감을 갖기를 원한다.

채권추심 전문가

당신은 채권추심 서비스를 제공하는 큰 회사의 지역 사무소 관리자이다. 당신 고객의 대부분은 다른 회사에 빚을 진 기업들이다. 당신 사무실은 5개월밖에 남지 않은 이번 회계연도의 현 시점에서 채권추심 목표가 25% 미달이다. 회사가 규정한 채권추심 표준 방법은 충분히 효과적이지 않아 보인다. 오늘 당신은 일련의 편지와 전화 같은 채권추심의 표준방법을 넘어설 수 있는 임파워먼트하기 위해 직원들을 만난다.

이러한 연습은 당신이 집단 구성원을 임파워시키는 리더의 적절한 마음가짐을 개발하는 데 도움이 되기 때문에 유용하다. 또 다른 장점은 당신이 집단 구성원들에게 권한을 위임하려고 할 때 망설임과 동요의 징후를 찾는 것이 중요하다는 것을 알게 해 준다는 것이다.

전술을 활용할 수 있다. 권력은 승진을 하거나, 더 큰 예산이나 자원을 받으며 자신의 업무 집단을 위해 더 많은 자원을 획득하거나, 아니면 원하지 않는 임무에서 제외되는 것처럼 다양한 방법을 통해 얻을 수 있다. **조직 정치**의 의미는 긍정적이고 건설적인 방향으로 계속 바뀌고 있다. 연구자들은 다음과 같은 결론을 내렸다. "정치적 스킬은 사회적 인식을 원활한 커뮤니케이션 능력과 결합하는 대인관계 방식이다."[31] 리더는 자신의 구성원들을 위한 연합을 구축하고 자원을 얻는 등의 목적을 위한 정치적 스킬이 필요하다. 그러나 많은 저자들은 여전히 조직 정치를 다른 사람을 희생시키는 사리사욕으로 강조하고, 설명하기 힘든 활동에 관여하거나 아첨하는 것으로 생각한다.

사람들은 다양한 이유로 권력을 원한다. 이것이 정치적인 행위가 조직에서 만연한 이유이다. 말 그대로, 정치는 권력을 획득하는 데 사용된다. 다음에 서술되어 있는 것처럼 수많은 개인적 요인과 조직적 요인들이 정치적 행동에 기여한다.

피라미드 형태의 조직 구조

큰 조직의 형태야말로 조직 구성원들이 정치적인 행동을 하는 가장 근본적인 이유이다. 피라미드는 상부에 권력을 집중시킨다. 따라서 그 정도의 권력만을 더 원하는 사람들에게 분배할 수 있다. 조직도상의 연속적인 각각의 층은 위의 층보다 더 적은 권력을 행사한다. 조직의 제일 아래쪽에 있는 직원들은 자신의 합법적인 권리를 제외하고는 제한된 권력을 갖고 있다. 또한, 경직된 노동시장에서 유익한 기술을 가진 신입직원들은 약간의 사용 가능한 권력을 갖는다. 오늘날 대부분의 조직은 이전 조직들보다 더 적은 조직 층을 갖고 있기 때문에 권력을 향한 경쟁은 더 강렬해졌다. 임파워먼트는 많은 직원들에게 동기부여를 할 수는 있지만 공식적인 직권을 쟁취하려는 도전을 만족시킬 수는 없다. 직원들은 여전히 중역실 또는 중역실의 한 귀퉁이라도 차지하기 위해 몸부림치고 있다.

성과의 주관적인 기준들

사람들은 조직이 자신의 성과와 승진 적합성을 객관적이고 공정하게 판단하는 방법을 갖고 있다고 믿지 않기 때문에 조직 정치에 의지한다. 마찬가지로, 관리자들이 덜 효율적인 사람들로부터 효율적인 사람들을 구분 지을 객관적인 방법을 갖고 있지 않을 때, 그들은 편애에 의존할 것이다. "무엇을 아느냐가 아니라 누구를 아느냐이다."라는 격언은 성과 판단에 대한 명확한 기준이 부족한 조직에 적용된다.

환경적 불확실성과 불안정성

사람들은 불안정하고 예측 불가능한 환경에서 업무를 볼 때 정치적으로 행동하는 경향이 있다. 불확실성은 그들이 실제로 성취해야 하는 것을 결정하기 어렵게 만들기 때문에 그들은 좋은 인상을 만들기 위해 조직 정치에 의존한다.

기업 인원감축으로 야기된 불확실성, 혼란, 불안정은 사내 정치의 주요 요인들이다. 많은 사람들은 직감적으로 편애를 누가 인원감축에서 살아남을지를 결정하는 중요한 역할로 생각한다. 이러한 인식에 대한 대응으로 조직 구성원들은 영향력 있는 사람들에게 잘 보이려고 한다.

정서적 불안

일부 사람들은 자신의 재능과 능력에 확신이 부족하기 때문에 상급자들에게 잘 보이기 위해 정치 공작에 의지한다. 회사의 투자를 이끌어 연간 15%의 수익률을 내고 있는 연기금 관리자는 능력에 대한 자신감이 있으므로 지나치게 정치적일 필요는 없다. 어떤 사람의 정치적 전략의 선택은 정서적인 불안감을 보일 수 있다. 예를 들어, 불안한 사람은 상사가 하는 모든 우스꽝스러운 얘기에 큰 소리로 웃을 것이다.

마키아벨리식 성향

일부 사람들은 때때로 자신의 개인적 이익을 위해 다른 사람을 조종하고 싶어 하기 때문에 정치적인 행동을 한다. **마키아벨리즘**이라는 용어는 이탈리아의 사상가이자 정치가였던 마키아벨리(Niccolò Machiavelli, 1469-1527)에서 유래했다. 그의 가장 유명한 작품인 『군주론(The Prince)』은 리더가 권력을 획득하고 유지하는 방법을 서술하고 있다. 마키아벨리의 이상적인 군주는 이탈리아의 도시국가 플로렌스에 예전의 영광을 회복시켜 줄 비윤리적으로 사람을 조정하는 폭군이었다. 360년 후의 비버만(Gerald Biberman)의 연구는 마키아벨리즘과 정치적 행위의 성향을 측정하는 설문지를 바탕으로 하여 마키아벨리즘과 정치적 행위 간의 긍정적 상관관계를 보여 주었다.[32]

부하들의 칭찬 부추기기

대부분의 조직 리더들은 자신들이 아부를 부추기지 않으며 부하의 정직한 피드백을 선호한다고 말한다. 하지만 본의 아니게 동일한 관리자와 리더들은 아부와 비굴한 칭찬을 부추긴다. 예컨대 다른 직원들과 마찬가지로 관리자가 칭찬을 받은 후 미소를 짓거나, 부정적인 피드백을 받았을 때 미간을 찡그리는 것처럼 자신이 칭찬 받길 원한다는 미묘한 신호를 보낸다. 또한 숭배자들이 좋은 곳에 배치를 받거나 높은 직무능력 평가를 받을 가능성이 높다. 경영자 코치 마샬 골드스미스는 많은 관리자들은 의도치 않지만 다른 사람들에게 완전히 정당하지 않은 포상을 하는 것을 사람들이 배우도록 하는 환경을 만든다고 설명한다. 사람들은 일반적으로 이러한 성향을 타인에게서는 보지만 자기 자신한테서는 보지 못한다.[33]

소셜 미디어를 포함한 커뮤니케이션 스킬은 상급자에 대한 예찬을 용이하게 한다. 상급자에게 직접적으로, 또는 전화로 칭찬하는 것을 불편하게 느낄 수 있는 부하는 온라인에 쉽게 칭찬을 포스팅할 수 있다. 예를 들어, 페이스북이나 트위터의 상태 업데이트에서 "방금 쉐나에게서 몇 가지 멋진 피드백을 받았다. 그녀는 나를 올바른 방향으로 이끌어 주었다."라고 언급할 수 있다.

11.4 정치적 전술과 전략

조직 정치를 효과적으로 활용하기 위해 리더는 특정 정치적 전술과 전략을 알고 있어야 한다. 대부분의 정치적 전술을 선별하고 설명하기 위해서는 수년간의 연구와 관찰이 필요할 것이다. 리더들은 빈번하게 자신의 프로그램에 대한 뒷받침을 필요로 하기 때문에 그들은 혁신적인 유형의 정치적 행위를 추구한다. 게다가, 직장이 점점 더 경쟁적이 되어감에 따라 새로운 전술이 계속 나오고 있다. 여기서 우리는 윤리적인가 아닌가에 따라 분류된 대표적인 정치 전술을 살펴보기로 한다(아부와 같이 10장에서 서술된 몇 가지 영향력을 가진 전술 또한 정치적 행위로 간주할 수 있다).

윤리적인 정치 전술과 전략

지금까지 우리는 특정 전술과 전략에 대한 제시 없이 조직 정치에 대해 논의해 왔다. 이 절은 다음의 세 개의 관련 그룹으로 나누어지는 윤리적 정치 행위의 표본을 설명한다. (1) 권력 획득, (2) 상사 및 동료와의 관계 형성, 그리고 (3) 정치적인 실수 피하기를 겨냥한 전술과 전략이다. 이러한 정치적 접근법은 모두 리더가 권력을 얻거나 되찾는 데 도움이 된다. 이러한 정치적 접근법의 활용은 리더가 스트레스가 많은 업무 환경에서 성공하고 그러한 업무 환경을 관리하는 데 도움을 줄 수 있다. 일단의 연구자들이 정의한 것처럼 정치적 스킬은 건설적인 힘이다. 그것은 사회적으로 빈틈이 없고 자신감, 신뢰, 성실의 감정으로 이어지는 행동으로 발현되는 대인관계 유형이다.[34] 예를 들어, 정치적 스킬을 갖춘 중간 관리자는 희생양을 찾고 있는 화가 난 CEO로부터 자신의 집단을 방어할 수 있을 것이다.

[리더십 자기 평가 퀴즈 11-2]는 긍정적인 정치적 전술과 전략에 관여하는 당신의 성향을 판단할 수 있는 기회를 제공한다.

리더십 자기 평가 퀴즈 11-2

긍정적인 조직 정치에 관한 설문지

방법 대안이 당신의 의견을 가장 잘 설명하는지 결정하는 것이 어려울 수 있겠지만 각각의 질문에 "대체로 동의" 또는 "대체로 반대"로 답한다.

	대체로 동의	대체로 반대
1. 상사를 기쁘게 하는 것이 나의 중요한 목표다.		
2. 일부러 주요 인사들에게 아첨한다.		
3. 보답으로 나에게 도움을 줄 수 있는 사람들에게 호의를 베풀 가능성이 높다.		
4. 영향력 있는 사람들과 교제하려고 하거나 이미 교제하고 있다.		
5. 비록 칭찬할 만한 것에 대해 곰곰히 생각해 봐야 하겠지만, 동료를 칭찬할 것이다.		
6. 상사가 도움이 필요하다고 생각하고 내가 전문 지식을 갖고 있다면, 나는 상사에게 사생활을 위한 전자장치의 사용 방법을 보여줄 것이다.		
7. 적어도 나의 상사가 약간은 웃긴다고 생각하는 한, 나는 상사의 유머에 진심으로 웃는다.		
8. 깔끔해 보이는 한, 회사의 복장 규정에 별로 신경 쓰지 않을 것이다.		
9. 이메일을 통해 고객이 나에게 칭찬의 말을 보내오면 나는 상관과 다른 영향력 있는 사람에게 이메일을 전달할 것이다.		
10. 직장에서 내가 진짜 좋아하는 사람들에게만 미소를 짓는다.		
11. 사람들에게 인상을 남기는 효과적인 방법은 그들이 듣고 싶은 말을 하는 것이다.		
12. 상사가 저지른 실수를 공개적으로 바로잡지 않을 것이다.		
13. 승진을 하기 위해 또는 좋은 곳으로 이동하기 위해 개인적인 인맥을 활용할 용의가 있다.		
14. 회사 내에서 간부직으로 승진한 사람에게 축하문을 보내는 것은 좋은 아이디어라고 생각한다.		
15. 사내 정치는 자신의 능력으로 성공할 수 없는 사람들을 위한 것이라고 생각한다.		
16. 이미 유용한 네트워크 구축을 시작했다.		
17. 그럴만한 가치가 있는 경우 소셜 미디어 사이트상에 회사에 대한 부정적인 의견을 발언할 수 있다.		
18. 사생활은 경력과 무관한 것이기 때문에 인터넷에 바보 같은 사진이 있는 것에는 신경 쓰지 않는다.		
19. 인터넷에 상사에 대해 긍정적인 의견을 올린다.		
20. 인터넷에 고용주에 대해 긍정적인 의견을 올린다.		

채점 및 해석 해답지와 일치하는 답변에 1점을 준다. 1점의 점수를 받은 각각의 질문은 긍정적인 조직 정치에 영향을 미치는 성향을 보여준다.

답안지는 다음과 같다.

1. 대체적 동의	5. 대체로 동의	9. 대체로 동의	13. 대체로 동의	17. 대체로 반대
2. 대체로 동의	6. 대체로 동의	10. 대체로 반대	14. 대체로 동의	18. 대체로 반대
3. 대체로 동의	7. 대체로 동의	11. 대체로 동의	15. 대체로 반대	19. 대체로 동의
4. 대체로 동의	8. 대체적 반대	12. 대체로 동의	16. 대체로 동의	20. 대체로 동의

- 1~9점 사내 정치를 하는 성향이 평균 이하
- 10~14점 사내 정치를 하는 성향이 평균
- 15점 이상 사내 정치를 하는 성향이 평균 이상으로 강한 권력욕

역량 개발 대부분의 성공한 리더들은 적당히 정치적이기 때문에 직장에서의 정치적 성향에 대해 생각하는 것은 당신의 경력에 있어 중요하다. 정치를 효과적이고 윤리적으로 활용하는 능력은 중역실에서 중요성을 더 하고 있다. 대부분의 임원진들은 효율적인 사내 정치인들이다. 하지만 지나치게 노골적으로 정치적인 것은 불신으로 이어져서 당신의 경력을 손상시킬 수 있다.

권력 획득을 위한 전략 모든 정치적 전술은 까다로운 임무 회피를 위한 권력을 포함하여, 권력을 획득하고 유지하는 것을 목표로 하고 있다. 톰 피터스는 권력이 종종 남용될 수 있지만 많은 사람들에게 유익하게 사용될 수 있다고 말한다. "그리고 경력을 쌓는 도구로서 느리지만 꾸준한(그리고 세심한) 권력의 축적은 성공으로의 가장 확실한 길이다."[35] 여기서 직접적인 권력 획득을 위한 11가지 기술을 살펴보기로 한다.

1. **유력한 인물과 인맥 쌓기.** 영향력 있는 조직 구성원 및 외부인들과 우호적이고 협조적인 관계를 구축하는 것은 출세하고자 하는 리더의 명분을 더 용이하게 만들 수 있다. 유력한 인물과 인맥을 쌓는 것은 소셜 네트워킹의 집중화된 유형이다. 이러한 연줄은 회의나 다른 공개적인 포럼에서 그 사람의 아이디어를 지지함으로써 그 사람에게 이득이 된다. 이러한 인맥을 개발하는 한 가지 방법은, 예컨대 파티를 열어 유력한 인물들과 그들의 친구들을 초대하여 더 사교적이 되는 것이다. 그러한 일부 조직과 몇몇 상사들은 사교적인 친밀함을 못마땅해 한다. 그리고 실권자들은 초대를 많이 받기 때문에 시간이 없을 수도 있다.

   유력한 인물과의 인맥 쌓기를 위한 네트워킹은 현재 링크드인과 같은 전문직을 위한 소셜 네트워킹 사이트와 영업 및 마케팅, 그리고 IT 기술과 같은 특수산업 집단을 위한 전문 사이트를 통해 이루어지고 있다. 비즈니스 전문 작가인 데니스 캠벨은 최고 경영인에게서의 골프처럼 소셜 미디어 웹사이트가 비즈니스 전문가와 기업인들에게 전략적으로 상거래를 연결하고 시행할 수 있는 기회가 되고 있다고 지적한다. 또한 소셜 미디어는 시간, 장소, 또는 사회적 지위에 대한 제약 없이 많은 사람들의 접속을 허용함으로써 공평한 경쟁의 장을 만들 수 있다.[36]

리더십 스킬 구축 연습 11-2

네트워크 구성원들로부터의 호의 갚기

대부분의 독자들은 효율적인 네트워커가 자신에게 호의를 베푼 네트워크 내 사람들에게 빚을 갚는 방법을 찾는다는 것을 알고 있다. 예를 들어, 가게 주인이 당신을 인맥이 닿는 사람에게 보내 면접으로 이어졌다면, 당신은 그 사람의 가게로 고객을 보낼 수 있다. 그러나 네트워크 구성원의 호의에 보답하기 위한 유용한 방법을 찾는 것은 그렇게 쉽지 않다. 여러분이 할 일은 문제해결을 위한 대안을 개발하기 위해 집단으로 브레인스토밍을 하는 것이다. "네트워크 구성원이 우리에게 호의를 베풀었을 때 어떻게 보답을 할 수 있을까?" 네트워크 구성원은 오프라인으로 구축된 사람들뿐만 아니라 페이스북 멤버와 같이 가상적으로 구축된 사람들일 수 있다. 적어도 12가지 제안을 하도록 한다. 우선 제안들을 정리한 후, 중복된 것을 수정하여 정밀한 리스트를 만든다. 리스트를 6개의 가장 효과적인 제안으로 축소한다. 가능하다면, 각 그룹의 팀 리더는 다른 학생들에게 추려진 제안을 발표한다.

그러고 나서 학생들은 다음의 질문에 대한 답변을 논의해야 한다. (1) 가장 빈번하게 제시된 제안은 무엇인가? (2) 현재 또는 미래에 충분히 사용할 수 있는 제안은 무엇이라고 생각하는가?

네트워킹의 핵심적인 측면은 네트워크 구성원이 당신에게 유용한 인맥을 제공하거나 다른 방식으로 당신을 도울 경우 화답하는 방법을 찾는다는 것이다. [리더십 스킬 구축 연습 11-2]는 네트워킹을 할 때 상호성에 대한 통찰력을 제공한다.

2. **강력한 비전을 갖는다.** 스탠포드대학의 저명한 조직행동학 교수인 제프리 페퍼는 강력한 비전이 리더가 권력을 행사하는 데 도움이 된다고 저술한다. 이 맥락에서의 강력한 비전은 사회적으로 가치 있는 목표이다. 학교 시스템 내에 있는 리더는 보통 좋은 교사에 대한 보상을 수립하는 것과 같은 특정 계획을 권고할 것이다. 왜냐하면 그것이 아이들에게 가장 도움이 되기 때문이다. 비즈니스 조직에서는 리더가 또 다른 회사의 인수와 같은 계획을 제안할 수 있는데, 그것이 주주의 이익에 기여하기 때문이다.[37]

3. **중요한 정보를 통제한다.** 개인의 권력에 대한 논의에서 지적한 바와 같이 권력은 중요한 정보를 통제하는 사람들에게 생긴다. 많은 전직 공직자들이나 군장교들은 공직 사회를 떠난 후 업계에서 자신에게 꼭 맞는 권력 틈새시장을 발견한다. 흔히, 그러한 개인들은 정부와 사업을 하는 회사의 워싱턴 대변인으로 고용될 것이다. 그들은 정부계약을 승인 받는 데 걸림돌이 되는 것을 피해가기 위해 누구와 접촉을 해야 하는지를 아는 중요한 정보를 통제한다.

   당장 정보를 얻을 수 있는 즉각적인 대답은 "구글에서 찾아봐"이겠지만, 개인적인 인맥은 여전히 기록되지 않은 정보를 얻는 데 있어 중요하다. 중요한 정보의 통제를 용이하게 하기 위해서는 정치적으로 정보를 지속적으로 얻는 것이 중요하다. 성공한 리더는 회사 내에서 전개된 사건들의 최근 정황을 빠짐없이 챙기기 위해, 또는 앞서 챙기기 위해 정보 루트를 개발한다. 이러한 이유로, 정치적으로 영악한 사람은 대통령 보좌관과 친구관계를 맺는다. 행정 보좌관처럼 많은 정보를 얻을 가능성이 있는 원천은 더 이상 없기 때문이다.

4. **대화의 창구를 통제한다.** 정보 통제와 관련되어 있는 것은 대화의 창구, 특히 핵심 인물들에 대한 접근을 통제하는 것이다. 행정 비서와 비서진들은 경영진의 일정을 통제한다. 내부 사람과 외부 사람 모두 중요한 경영진을 만나기 위해서는 중간 전달자의 환심을 사야 한다. 많은 사람들은 이메일을 통해 경영진과 직접 접촉하려고 시도하지만, 일부 경영진들은 이메일 메시지를 걸러내는 역할을 보좌관에게 위임한다. 보좌관은 전화도 걸러내기 때문에 경영진과 직접 이야기할 수 있는 사람을 선별하게 된다.

5. **정치적 환경이 요구하는 것을 한다.** 고급 정치 전략은 당신의 목표를 달성하기 위해 정치적 환경이 요구하는 것을 하는 것이다. 이러한 방식으로, 당신은 의사결정자의 지지를 얻는다. 랄프 크로스비는 에어버스가 속해 있는 거대기업 EADS(European Aeronautic Defence & Space Co.)의 미국 무기 회사인 북미 EADS의 회장이다. 몇 년 전, 그가 회사 CEO로서 미국 정부로부터 수주를 용이하게 하기 위한 그의 첫 번째 행보 중 하나가 미국 내에 헬리콥터 완제품 공장을 설립하는 것이었다. 이러한 행보는 텍사스, 미시시피, 앨라배마 주에 보수가 높은 645개의 생산라인 일자리를 창출했다. 크로스비는 또한 방위예산 결정을 하는 상원위원과의 관계 구축을 위해 거물급의 미국 도급업자들과 파트너가 되었다.[38]

6. **외부 전문가를 영입한다.** 자신의 지위를 정당화하기 위해 경영진들은 때로 연구를 수행하거나 의견을 제시하기 위한 컨설턴트를 고용한다. 의식적으로 또는 무의식적으로 대부분의 컨설턴트는 은혜를 원수로 갚는 것을 주저한다. 따라서 컨설턴트는 보통 경영진의 지위를 지지할 것이다. 결국, 경영진은 자신이 옳다는 것을 증명하기 위해 컨설턴트의 결과물을 활용하는 것이다. 이러한 전략은 윤리적으로 간주될 수 있다. 왜냐하면 경영진은 자신이 객관적인 의견을 얻었다고 믿기 때문이다.

7. **빨리 실력을 발휘한다.** 극적인 결과를 보여주는 것은 개인의 노력 또는 집단의 노력에 대한 인정을 받는 데 도움이 될 수 있다. 한 사람이 첫 번째 문제를 해결하는 능력으로 경영진들에게 깊은 인상을 주었다면, 그 사람은 더 큰 권력을

가져올 문제해결에 착수할 수 있다. 전문가 직원이 사람들의 관심을 더 끌 수 있도록 자발적으로 회사 홈페이지를 단장하였다면, 후에 그는 e-커머스 팀에 합류를 권유 받을 수도 있다.

8. **모두가 보답을 바란다는 것을 기억한다.** 상호주의법칙에 따르면 이 세상 모든 사람들은 보답을 바란다.[39] 사람들이 당신에게 베푼 선행에 대해 상환할 수 있는 방법을 찾지 않는다면, 당신에게 선행을 베풀 사람들은 없어질 것이다. 당신의 계획을 지지하는 것과 같은 선행의 대부분이 당신에게 권력을 가져다주었기 때문에 당신의 권력 기반은 곧 침식될 것이다. 당신의 계획을 지지한 사람에게 보답하는 방법은 문제의 사람이 당신 제안서의 기술적인 측면에 어떤 전문적인 조언을 해주었는지를 당신이 공개적으로 언급하는 것이다.

   [리더십 스킬 구축 연습 11-2]는 네트워크 구성원들이 당신에게 베푼 호의에 대해 화답하는 문제에 대한 실질적인 해결책을 개발할 수 있는 기회를 제공한다.

9. **정치적으로 옳아야 한다.** 정치적 단정은 누군가를 기분 나쁘게 하거나 무시하지 않기 위해 조심하는 것, 그리고 예의 바르고 존경심을 보이는 것과 관련되어 있다.[40] 정치적으로 올바른 사람은 따라서 적을 만드는 것을 피한다. 정치적 단정의 효과적인 활용의 예로 "선반 맨 위 칸을 이용해야 하는 직원들의 신장에 차이가 나기 때문에 우리 부서에는 사다리가 필요하다."라는 언급을 들어보자. "키가 작아서 선반 맨 위 칸에 손이 닿지 않는 직원이 있기 때문에 사다리가 필요하다."라고 말하는 것은 정치적으로 올바르지 않은 것이다.

10. **합리적인 변화를 수용하는 첫 번째 사람이 된다.** 대부분의 사람들의 타고난 성향은 변화에 저항하는 것이다. 따라서 합리적인 변화를 먼저 나서서 받아들이는 사람은 약간의 정치적인 이익을 얻을 것이다. 변화를 환영하는 팀 구성원은 변화에 주저하는 집단 구성원들에게 긍정적인 영향을 발휘한다. 예컨대 인사고과를 온라인 시스템으로 바꿔서 서류 기록물을 없애고자 하는 회사에서 새로운 시스템을 초기에 먼저 수용하는 것은 정치적으로 현명한 일일 것이다.

11. **긍정심리적 자본을 개발한다.** 권력을 획득하고 관계를 형성하기 위한 포괄적인 전략은 **긍정심리적 자본**(positive psychological capital)을 개발하는 것이다. 이 용어는 개인의 긍정적 개발의 심리 상태를 이르는 것으로 자기 효능감, 희망, 낙관주의, 그리고 회복력의 네 가지 심리적 자원으로 분류된다(자기 효능감은 힘든 과제를 성공하기 위해 책임을 지고 필요한 노력을 투자하는 자신감을 지칭하는 것

이다). 행동의 복잡한 양상에도 불구하고 긍정 심리 자본은 시간이 지나면서, 특히 개인이 한 번에 네 가지 자원 중 한 가지에 집중할 때 개발될 수 있다. 상당한 긍정 심리 자본을 가진 사람은 영향력을 갖고 있는 경향이 있다.

79명의 경찰 리더들과 264명의 경사를 대상으로 시행된 연구는 리더의 심리 자원이 팀 구성원의 직무 능력과 긍정적인 관계에 있다는 것을 보여주었다. 성과는 연구를 위해 개발된 간단한 척도를 가지고 측정되었으며, 항목 중 하나는 "개인의 전반적인 능숙도를 어떻게 판단하는가?"였다.[41] 이 연구에서 권력과 연관된 결론은 부하들의 강력한 직무능력이 리더에게 권력을 가져다 준다는 것이다.

관계형성을 위한 전략과 전술 관계형성이 직장에서의 성공에 있어 핵심적인 부분이라고 생각하지 않았다면 아마도 당신은 리더십에 대해 공부하지 않을 것이다. 이러한 의견을 보강하기 위해 삭스 백화점의 회장이자 최고 경영자인 스티븐 새도브가 자신의 가장 큰 리더십 교훈이라고 말한 것이 여기 있다.

> 나는 내가 매일매일 대하는 한정된 사람들이 아니라, 다양한 사람들과의 관계를 갖고 그들과 관계를 형성하기 위한 기회를 활용했습니다. 그리고 그것은 큰 차이를 만들었습니다. 그것은 관계형성의 중요성에 관한 나의 철학을 형성하였습니다. 그것은 사실상 사업을 운영하는 방법에 대한 나의 전반적인 철학의 기저를 이루고 있습니다.[42]

조직 정치에서 가장 큰 부분은 지금 또는 후에 도움이 될 수 있는 네트워크 구성원들과 긍정적인 관계를 형성하는 것이다. 이 네트워크는 상관, 부하, 기타 하급 직원, 동료, 외부 고객, 그리고 공급업자를 포함한다. 다음은 몇몇 대표적인 전략과 전술이다.

1. **충성심을 보인다.** 조직은 불충한 직원들보다는 충성스러운 직원들과 함께 더 번영을 하기 때문에 충성스러운 직원이 중요시 된다. 맹목적인 충성—조직은 실수를 할 수 없다는 믿음—은 필요 없다. 대부분의 합리적인 조직들은 건설적인 비판을 환영한다. 조직에 대한 충성심의 명확한 형태는 장기근속이다. 과거보다 오늘 날에 직장을 옮겨 다니는 것이 더 많이 용인 되고 있지만, 회사 재직기간은 여전히 승진에 있어 이점이다. 재직기간은 첨단기술 회사보다는 식품 가공과 같은 전통적인 산업에서 승진 적격성에 더 많이 도움이 되는 경향이 있다.

2. **인상을 관리한다.** 인상 관리는 이목을 끌어서 자신의 이미지를 강화하려는 행동을 포함한다. 흔히 타인의 관심은 옷과 차림새와 같은 자신의 피상적인 측면을 향한다. 그러나 인상 관리는 말을 잘하고 아이디어를 조리 있게 발표하는 것 같은 더 심오한 행동 측면도 다룬다. 나쁜 말버릇은 조직에서의 승진에 있어 방해물로 인식된다.[43]

   인상 관리의 또 다른 부분은 당신의 성공에 대해 다른 사람들에게 이야기하거나 당신이 내부자(insider)라는 것을 넌지시 비치는 것이다. 이메일은 오늘날 자신의 호의를 다른 사람들에게 각인시키기 위한 목적의 메시지를 보내는 데 광범위하게 사용된다. 좋은 비즈니스 예절을 보여주는 것은 인상 관리의 중요한 부분으로서 새로운 주목을 받고 있으며, 회사들은 핵심 인물들에게 우호적인 인상을 줄 수 있는 방법을 배우는 예절 교실에 직원들을 보내고 있다. 많은 사람들이 인생 초기에 예절을 배우는 것을 도외시했고, 직장 내 예의가 약화되고 있기 때문에 전문가와 관리자들을 위한 예절 교실은 수요가 높다.[44] 많은 경영학자들이 인상 관리를 별로 좋지 않게 생각하지만 이 주제는 주의 깊게 연구되고 있다.[45]

3. **만족한 고객으로 하여금 당신 상사에게 연락해 줄 것을 요청한다.** 고객 만족은 기업의 최우선 사항이기 때문에 고객의 호평은 상당한 영향력을 갖는다. 고객이 무언가 좋은 점에 대해 이야기했다면, 그러한 발언은 동료나 부하의 발언보다 더 많은 중요성을 갖는다. 동료와 부하는 정치적인 이유로 그 사람을 칭찬할 수도 있기 때문이다. 고객의 동기는 공급업자를 기쁘게 해주려는 것과는 거의 상관이 없기 때문에 순수한 것으로 간주된다.

4. **예의 바르고, 상냥하고, 긍정적이 된다.** 예의 바르고, 상냥하고, 긍정적인 사람은 제일 먼저 채용되고 가장 나중에 해고된다(그들이 다른 중요한 자질도 갖고 있다고 가정했을 때). 많은 사람들은 예의바른 것이 점점 더 보기 드문 자질이 되어가고 있다고 생각하기 때문에 공손한 행동은 우위를 가진다.

5. **조언을 구한다.** 업무와 관련한 주제에 대해 조언을 구하는 것은 다른 직원들과의 관계를 구축한다. 또 다른 사람—업무상 조언을 줄 필요가 없는 누군가—에게 조언을 구하는 것은 일반적으로 칭찬으로 인식될 것이다. 조언을 구하는 것은 다른 사람의 입장에서는 신뢰의 메시지를 전하는 것이다.

6. **많은 사람들에게 감사 편지를 보낸다.** 가장 기본적인 정치 전술 중 하나인 다량의 감사 편지 발송은 그야말로 건전한 인간관계의 적용이다. 수많은 성공한 사람들은 직원 및 고객들과 유대관계를 만들기 위해 그들에게 친필 편지를

보내는 데 상당한 시간을 들인다. 친필 편지는 전자통신과는 다른 신선한 변화이기 때문에 많이 통용되고 있다.

7. **분별 있게 다른 사람들에게 아첨한다.** 진심 어린 칭찬의 형태를 띤 아첨은 효과적인 관계 형성 인자가 될 수 있다. 신중한 칭찬을 통해 당신은 직장 동료의 방어를 낮추고 그들이 당신의 아이디어를 더 수용하게 만들 수 있다. 760명의 이사를 대상으로 한 조사는 최고 경영자의 환심을 사는 행동이 엘리트 학교에 등록하거나 엘리트 사회 연줄을 갖고 있는 것보다 이사 승진에 더 큰 역할을 한다는 것을 보여 줬다. 제임스 웨스트팔(James D. Westphal)과 이타이 스턴(Ithai Stern)은 이사 승진에 가장 효율적인 방법이 환심을 사는 행동을 하는 것(정치의 한 형태)이라고 결론을 내렸다. 정치적 행위의 유형은 아첨에 초점을 맞췄다. CEO에게 조언이나 정보를 자주 제공하는 것이 유리했다. 그리고 이사회 구성원의 전략적 결정을 지나치게 면밀히 주시하지 않는 것 또한 다른 이사회에 지명을 받는 데 효과적이었다. 소수 인종들과 여성들보다 백인 남성들이 동료 이사들의 환심을 사서 더 많은 이득을 얻는 것으로 나타났다.[46]

   효과적이고 일반적인 아첨은 당신이 그 사람이 성취한 무언가에 의해 감동을 받았다고 말하는 것이다. [리더십 스킬 구축 연습 11-3]은 당신의 아첨 기술을 향상시키는 데 도움이 될 것이다.

   관계형성에 기여하는 정치적 스킬에 관한 연구 증거의 한 예는 소매 서비

리더십 스킬 구축 연습 11-3

아첨 역할극

한 학생이 조직의 중요한 인물과 동맹을 형성하고 싶어 하는 팀 리더의 역할을 맡는다. 회사는 HDTV와 스마트폰을 포함한 가전제품의 선두 주자이다. 어느 날, 팀 리더는 비행기 탑승 줄에 서있으며, 탑승 수속까지 약 10분 정도 기다리면 된다. 다른 학생은 회사의 마케팅 부사장의 역할을 맡는다. 부사장은 뜻밖에 탑승 수속 줄의 팀 리더 바로 뒤에 서 있다.

마케팅 부사장은 중년으로 가정이 있으며 25년 동안 회사에서 근무해왔다. 동맹을 구축하고자 하는 팀 리더는 자신이 최고 중역과 처음으로 접촉을 하고 좋은 업무 관계를 시작할 수 있는 시간이 약 7분 정도라는 것을 계산한다. 따라서 팀 리더는 적절한 아첨을 하기로 결심한다. 마케팅 부사장은 적어도 팀 리더와 대화를 할 의향은 있어 보인다. 학생들 앞에서 약 6분 동안 시나리오를 진행한다. 나머지 학생들은 상황을 관찰하고 아첨 기술의 효율성에 대해 피드백을 제공한다.

이 연습이 잠재적으로 기여하는 바는 이것이 당신이 건설적인 정치적 행동을 할 수 있는 기회에 대한 인식을 높여줄 수 있다는 것이다. 정치적 이득을 얻기 위한 기회를 인식하는 것은 리더의 경력에 도움이 될 수 있다.

스 조직에서 179명의 직원들을 대상으로 시행된 연구에서 찾아볼 수 있다. 정치적 스킬 테스트에서 높은 점수를 받은 직원들은 리더-구성원 교환관계의 도전적인 측면을 극복하는 경향을 보였다. 이전 연구에 의하면, 일반적으로 동일한 인종의 상관과 부하가 더 우수한 리더-구성원 교환관계(즉 관계의 질)를 갖고 있었다. 상대적으로, 인종적 차이는 낮은 수준의 리더-구성원 교환관계와 관련이 있었다. 검토 중인 연구의 결과는 좋은 정치 역량을 가진 부하가 인종이 다른 상관과 더 나은 관계를 형성할 수 있다는 것을 보여줬다.[47]

정치적 실수를 피하기 위한 전략 권력을 유지하기 위한 전략은 권력을 약화시키는 실수를 자제하는 것이다. 정치적으로 둔감한 행동을 하는 것 또한 권력 획득을 방해할 수 있다. 몇 가지 중요한 실수는 다음과 같다.

1. **공개 토론에서 상사를 비난하기.** 인간관계에 대한 가장 오래된 속담은 "공개적으로 칭찬하고 사적으로 비난하는" 것이다. 그러나 화가 난 순간에는 상사를 공개적으로 비난하고 싶은 주체할 수 없는 충동에 굴복할 수 있다. 또한 특히 페이스북과 같은 소셜 미디어 웹사이트에 자신의 상사에 대한 앙심을 품은 말을 함으로써 수백 명의 사람들이 직장을 잃었다.[48]
2. **상사를 건너뛰기.** 예의상의 관례는 계층 조직에서 여전히 높이 존중되고 있다. 따라서 문제해결을 위해 상사를 건너뛰는 것은 위험하다. 당신은 우회를 할 수는 있겠지만 당신의 경력은 손상되고 당신이 기댈 수 있는 곳은 제한될 수 있다. 노골적인 성희롱이나 범죄 행위와 같은 터무니없는 직권 남용의 경우를 제외하고, 당신 상사의 상사는 아마도 당신 상사의 편일 것이다.
3. **경영진으로부터의 제의 거절하기.** 경영진의 제의를 거절하는 것, 특히 한 번 이상 거절하는 것은 정치적인 실수이다. 따라서 당신은 상부의 요청을 거절하는 실수와 당신의 시간을 관리하는 것 사이에 현명하게 균형을 잡아야 한다. 오늘날, 새로운 업무 상 지리적인 재배치가 되는 경우 관리자와 전문가들 인원수의 증가로 인해 승진 기회가 감소한다. 이러한 사람들의 경우 가족과의 생활 선호가 업무상 정치적 우위보다 더 중요하다.
4. **실언하기(쓸데없이 요령이 없음).** 당신의 경력 손상을 피하기 위해 영향력 있는 사람들에 대해 노골적으로 눈치가 없는 사람이 되는 것을 피하든가, 아니면 적어도 최소화하는 것이 중요하다. 한 가지 예가 당신이 말을 잘 못하기 때문에 다른 사람에게 연설을 위임해야 한다는 말은 CEO에게 하는 것이다. "당신

이 번번이 눈치가 없다면 상급자가 될 수 없을 것이다."라고 뉴욕에 있는 구인 회사의 책임자는 충고한다.[49] 당신이 바로 중요한 순간 직전에 있다고 느끼는 경우, 대답을 미루고 나중에 발표할 수 있도록 말을 수정하라. 당신의 감성 지능을 활용하자! 당신이 쓸데없이 요령이 없다면 나중에 충분한 사과를 함으로써 당신이 할 수 있는 최선의 보상을 하라.

실언은 또한 많은 사람들에게 부정적인 의미를 갖게 하거나 무관심을 반영하는 것으로 비춰지는 공개적인 진술의 형태를 띨 수 있다. 2010년 심해 석유 굴착기 폭발 사고로 인해 수억 갤런의 석유가 멕시코 만으로 유출되어 11명의 근로자가 사망했다. 당시 BP 최고경영자였던 토니 헤이워드는 회사의 복구 노력을 설명하는 공식 석상에 여러 번 등장했다. 한 공식 석상에서 헤이워드는 "정상적인 생활로 돌아가고 싶다."고 말했는데, 그것이 많은 사람들을 분노하게 만들었다. 왜냐하면 사람들은 많은 재앙의 희생자들에 비해 그가 아직 많은 고통을 받지 않았다고 생각했기 때문이었다. 이 실수로 많은 미국 대중들로부터 외면을 당하고 얼마 안 있어 그는 해임되었다.[50]

5. **회사 복장 규정 안 따르기.** 많은 조직에서 어느 정도의 독립성과 자유로운 사고가 용인되지만 복장 규정을 어기는 것은 당신이 더 많은 권력을 획득하는 데 방해가 될 수 있다. 복장 규정을 따르는 것은 당신이 팀의 일원이며 기대하는 바를 이해한다는 것을 나타낸다. 복장 규정은 너무 형식에 구애 받지 않게 입거나 또는 너무 차려 입음으로써, 그리고 문화적 정체성을 상징하는 의상을 입음으로써 침해될 수 있다.[51]

6. **당황스러운 또는 누명을 씌우는 이메일 메시지 작성하기.** 흔히 저지르는 정치적 실수는 발각되었을 경우 당신을 당혹스럽게 하거나 해고 위기에 처할 수 있는 메시지를 보내는 데 회사 이메일을 사용하는 것이다. 많은 직원들이 "CEO는 바보다."라는 의미의 메시지를 보냈고, 이 메시지는 나중에 증거로서 직면하게 된다(거의 모든 이메일 메시지는 IT 전문가에 의해 복원될 수 있다). 앞에서 언급했듯이, 부적절한 인터넷 포스팅은 정치적인 실수가 될 수 있다.

비윤리적 정치 전술과 전략

권력을 잡기 위한 모든 스킬은 극단적으로 실행되는 경우 기만적이 될 수 있다. 회사 주식 가격에 영향을 미칠 수 있는 내부 정보를 상사에게 제공하여 지원하는 사람은 기만적인 사람이다. 다음에 설명되어 있는 접근법처럼, 일부 접근법은 명백하게 비윤리적이다. 결국 그러한 접근법들은 신뢰성을 떨어뜨림으로써 리더의 효율성을 약화시킨다. 기만적인 전술은 리더, 조직 또는 둘 다에 대한 소송으로 이어질 수 있다.

모함하기 아주 흔히 있는 모함은 좋은 사람인 척 하지만 내내 누군가의 종말을 계획하는 것이다. 모함의 흔한 유형은 같이 모시는 상사의 약점에 대해 경쟁자와 이야기를 시작해서 부정적인 논평을 하게 한 다음, 그 사람이 말한 것을 주의 깊게 마음에 새겨두는 것이다. 이러한 언급이 상사에게 전달되면 경쟁자는 불충하고 어리석은 사람이 된다. 이메일은 모함의 매체가 될 수 있다. 메시지를 보내는 사람이 다른 개인이 저지른 실수를 기록하고 수신자에 주요 인물들을 포함한다. 어느 관리자가 그렇게 해서 라이벌에게 보낸 메시지는 다음과 같이 시작되었다. "안녕, 테드. 당신과 중요한 회의를 할 수 없어서 유감이야. 다른 더 중요한 일이 있었을 거라고 생각해. 하지만 우리가 씨름하고 있는 다음의 주요 회의 안건에 대한 당신의 조언이 필요해..."

포섭하거나 제거하기 "포섭하지 못하면 제거하라!"라는 오래된 전술에 따르면, 당신의 공적으로 인한 과거의 상처로 고통 받는 사내 라이벌을 제거해야 한다. 그렇지 않으면 상처를 입은 라이벌은 당신이 상처받을 수 있는 순간에 보복을 할 수 있다. 이러한 종류의 전략은 적대적 인수합병 이후 흔하다. 많은 임원들은 인수합병에 반대했기 때문에 일자리를 잃는다. 포섭 또는 제거하기의 변형은 새로운 회사의 문화를 채택하는 데 반대하는 합병된 조직의 관리자들을 해고하는 것이다. 예를 들어, 인수기업의 관료적 문화를 반대하는 자유분방한 관리자는 "우리의 미션에 일치하지 않기 때문에"라는 이유로 해고될 수 있다.

실수 유발하기 설정의 목적은 그 사람을 완전히 실패하거나 무능해 보이는 상황에 처하게 하는 것이다. 예를 들어, CEO가 싫어하는 임원을 시장이 급속도로 붕괴되고 있는 사업 부문에 책임자로 앉히는 것이다. 새로 임명된 본부장은 실적 악화를 막을 수 없고 그 후 부진한 실적 때문에 해고된다.

분할 통치 오래된 군사 및 행정 전략인 이 전술은 종종 사업에도 활용된다. 목적은 부하들을 자기네끼리 싸우도록 만들어 권력의 추를 다른 사람에게 넘겨주는 것이다. 팀 구성원이 다른 구성원들과 의견을 달리하는 경우, 그들은 공동의 상급자와 의견이 일치할 기회가 늘어난다. 부하들을 서로 싸우게 만드는 방법 중 하나는 그들이 자원을 놓고 경쟁하게 만드는 것이다. 한 예로 그들에게 그들의 예산이 라이벌이 제시한 예산보다 왜 더 가치가 있는지를 설명하는 데이터를 증명하도록 요구하는 것이다.

영토 분쟁 게임하기　　영역싸움이라고도 불리는 **영토게임**은 정보, 인간관계, 의사결정 권한과 같은 하나의 권력을 주는 자원을 보호하고 비축하는 것과 관련되어 있다. 아넷 시먼스(Annette Simmons)에 따르면, 세력권 행동은 전적으로 협조를 하려는 사람들의 욕구를 제한하는 숨겨진 힘을 기반으로 하고 있다. 사람들은 생물학적으로 기업 환경에서 생존에 필요한 것에 대해 탐욕스럽도록 프로그램 되어 있다.

영토 게임의 목적은 현대의 기업 생존게임에서 세 가지 **영역**, 즉 정보, 인간관계, 또는 권한을 차지하기 위해 경쟁하는 것이다. 인간관계는 다른 사람이 주요 고객을 방문하는 것을 단념하게 하거나 높은 성과를 보인 사람이 승진하거나 이동하는 것을 방해하는 것과 같은 전술을 통해 축적된다.[52] 예를 들어, 관리자가 어떤 사람이 주요 이동 대상자로 검토되는 것을 막기 위해 최고의 실적을 낸 그 사람을 평범하다고 다른 사람들에게 말하는 것이다. 영토게임의 또 다른 예에는 클라이언트와의 시간을 독점하여 누군가가 참석하지 못하게 회의 스케줄을 잡고 중요한 인사 배정에서 동료가 들어오지 못하게 차단하는 것이 있다.

연구와 이론을 살펴보면, 영토권은 때때로 직원의 헌신을 늘리고 분쟁을 줄임으로써 조직에 도움이 된다. 개인적으로 장식을 한 좁은 사무공간에서 편한 마음을 갖는 것처럼, 직원들이 주인 의식을 느낄 수 있기 때문에 헌신이 증가할 수 있다. 사람들이 서로의 영역 밖에 머무르게 됨으로써 분쟁이 줄어들 수 있다. 그러나 영토권의 심각한 부정적 결과는 직원들이 자기중심적이 되어 직원들의 조직에 대한 집중력을 손상시킨다. 영토권은 직원 간의 고립을 초래할 수 있으며, 이것은 조직 내에서 타인과의 유대감을 떨어트릴 수 있다.[53] 한 마케팅 관리자가 말했다. "왜 우리 회의에 금융 쪽 사람들을 초대해야 하지?"

거짓 재앙을 만든 다음 해결하기　　기만적인 상급 전술은 관리자가 재난이 있는 척하여 재난으로부터 다른 사람들을 '구제'해 내고, 그렇게 함으로써 슈퍼히어로가 된 것처럼 보이는 것이다.[54] 정치 플레이어가 난입하여 모든 것이 엉망이며 상황은 거의 절망적이라고 선언한다. 잠시 후 그가 문제를 해결한다. 새로 임명된 IT 기술 매니저가 최고 경영진에게 자신이 인계받은 시스템은 구식이며 회사 운영에 심각한 손상을 줄 수 있는 지경에 이르렀다고 통보한다. 일주일 후, 새로운 장비를 주문하고 몇몇 핵심 인물을 고용함으로써 그는 기적적으로 정보 시스템을 정비했다고 주장한다.

권력 남용 권력 남용은 비윤리적인 정치적 전술로 개념화될 수 있다. 남용은 흔히 공식적인 책임을 벗어나는 행동과 관련되어 있기 때문이다(권력 남용의 공식적인 방법은 CEO가 자신이 싫어하는 관리자가 감독하는 공장을 폐쇄하거나, 엄청나게 호화스러운 개인 사무실을 만드는 데 회사 펀드를 유용하는 것 등이 될 수 있다). 정치적인 권력 남용은 회의에서 부하에게 소리 지르며 욕하고, 성희롱하고, 모욕하는 것과 같은 행위를 포함한다. 비아콤의 회장인 섬너 레드스톤은 부하들에게 분노를 표출하는 것으로 악명이 높다. 몇몇 조사에 따르면 상스러운 욕을 하는 것과 같이 무례하고 부적절한 행동의 대부분은 가장 공식적인 권한을 가진 사람들에게서 나온다.[55]

11.5 제대로 작동하지 않는 정치에 대한 통제력 행사

도를 넘어선 조직 정치는 조직과 구성원들에게 타격을 줄 수 있다. 과도한 정치 공작은 시간과 노력의 낭비로 이어질 수 있으며, 그로 인해 생산성을 떨어뜨릴 수 있다. 한 연구팀은 조직 정치에 대한 인식과 특정 주요 결과 간의 관계에 관한 유효한 연구들에 대해 메타분석을 실시했다. 정치적 행위의 인식은 "나는 여기서 어떤 정치적 행위도 용납할 수 없다."라고 하는 것처럼, 조직 정치가 존재한다는 것을 인식하는 것을 이른다. 정치 인식과 관련된 주요 결과는 다음과 같았다. (1) 더 많은 중압감, 또는 스트레스의 부작용, (2) 회사를 그만두려는 의사, (3) 더 낮은 직무 만족도, (4) 고용주에 대한 더 낮은 감정적 헌신, (5) 더 낮은 과업 수행도, 그리고 (6) 더 낮은 조직 시민 행동[56]이 있다.

결국, 고도의 정치적 행위가 존재한다고 인식되는 경우에 그것은 개인과 조직에게 피해를 줄 수 있다. 이러한 부정적인 결과를 피하기 위해 리더는 정치적 행위가 과도하고 제 기능을 못할 때 정치적 행위를 방지하는 것이 좋다. [표 11-1]은 제 기능을 못하는 사내 정치의 일부 증상을 보여준다.

정치를 통제하려는 전반적인 전략에서 조직 리더는 정치의 원인과 기술을 알고 있어야 한다. 예를 들어, 인원감축을 하는 동안 CEO는 중상모략의 경우와 비

표 11-1 제 기능을 못하는 사내 정치의 증상(DOOP 척도)

다음에 나오는 10개의 문장은 업무상 대인관계에서의 윤리에 관한 것이다. 이러한 행동이 더 빈번하게 발생할수록, 조직이나 조직 단위가 제 기능을 못하는 사내 정치에 시달릴 가능성이 높다.
1. 둘 이상의 사람이나 집단 간의 갈등이 무엇이 더 이치에 맞는가와 무엇이 더 도움이 되는가보다는 누가 대부분의 권력을 잡고 있느냐를 바탕으로 해결되었다.
2. 개인이나 집단이 어떻게 해서든 다른 사람이나 집단에게 앙갚음을 했다.
3. 업무상 무슨 일이 일어나고 있는지에 대한 정보가 사람들이나 집단에게 공표되지 않았다.
4. 일부 다른 사람 또는 집단에 의해 의도적으로 과장되고 곡해되거나 대부분 허위로 만들어진 어떤 한 사람 또는 집단에 대한 정보가 보고되었다.
5. 다른 것이 명확하게 사실인 경우에도 개인이나 집단은 한 가지만을 믿게 유도되었다.
6. 개인이나 집단이 오로지 불화를 야기하지 않기 위해 다른 사람이나 집단에게 동의했다.
7. 개인이나 집단의 가치 있는 노력이나 계획이 의도적으로 손상되었다.
8. 특별한 이득을 얻기 위해 한 개인이 개인이나 집단에 대한 기밀 정보 또는 불리한 정보를 보고하였다.
9. 사물을 다르게 바라보고 다른 관점을 가진 사람이나 개인이 다른 개인이나 집단에 의해 처벌을 받았거나 침묵을 당했다.
10. 조직의 결정이 무엇이 이치에 맞는지 그리고 무엇이 더 도움이 되는가보다 사리사욕에 바탕을 두고 있었다.

출처: Thomas P. Anderson, "Creating Measures of Dysfunctional Office and Organizational Politics: The DOOP and Short Form DEEP Scales," *Psychology: A Journal of Human Behavior*, vol 31, no. 2, 1994, 34. 저자의 허가 하에 재출판함.

위를 맞추려는 속이 들여다보이는 시도를 경계해야 한다. 개방된 커뮤니케이션 또한 정치적 행위의 영향을 제약할 수 있다. 개방된 커뮤니케이션은 자원 할당에 대한 원칙을 모두가 알 수 있도록 해주어서 정치공작을 줄일 수 있다. 사람들이 자원이 어떻게 할당될 것인지를 미리 안다면, 상사의 비위를 맞추려는 시도의 유효성은 줄어들 것이다. 커뮤니케이션이 개방되면 일부 사람들이 정보를 통제하고 정치적 무기로서 소문을 전달하는 것이 어려워진다.

편애와 정실인사 피하기—당신이 가장 좋아하는 집단 구성원에게 또는 오랜 친구에게 최고의 보상을 해주는 것을 피하는 것—는 작업 집단 내 정치를 최소화하는 강력한 방법이다. 집단 구성원이 보상을 얻는 데 있어 상사가 자신을 좋아하게 하는 것이 좋은 업무성과보다 중요하지 않다고 생각한다면, 그들이 상사에게 아부하는 빈도가 더 적을 것이다. 편애를 최소화하기 위해 관리자는 업무관련 활동에서 자신에게 깊은 인상을 남긴 직원에게 보상을 해야 한다.

조직의 상부에서 좋은 선례를 만드는 것은 조직 정치의 빈도와 강도를 줄이는 데 도움이 될 수 있다. 리더가 자신의 행동에 있어서 비정치적인 경우, 그들은 정치적 행위가 환영 받지 못한다는 것을 교묘한 방법으로 보여준다. 리더가 직원회의에서 기만적인 정치 행위는 바람직하지 않으며 직업윤리에 어긋난다고 말하는 것이 도움이 될 수 있다.

정치적 행위의 정도를 줄이는 또 다른 방법은 **목표일치**로 설명할 수 있는 상황으로써 **개인과 조직이 동일한 목표를 공유**하는 것이다. 정치적 행위가 목적을 달성하려는 회사와 개인을 방해한다면 목표 일치성을 가진 직원들이 과도하게 사내 정치를 할 가능성은 적다. 프로젝트 리더가 회사의 성공을 원하는 경우 상사를 기쁘게 하기 위해 상사의 아이디어가 훌륭하다고 거짓으로 말할 가능성은 낮아진다.

정치는 때때로 **공개 포럼에서 의심스러운 정보를 논의하겠다는 위협**에 의해 제한될 수 있다. 기만적인 정치를 행하는 사람들은 일반적으로 비밀리에 남몰래 작업을 하고 싶어 한다. 그들은 자신이 출처라는 것이 밝혀지지 않는 한, 암시와 빈정거림을 던져주며 다른 사람에 관해 직접적인 신랄한 발언을 할 것이다. 다른 사람에 대한 불신을 멈추는 효과적인 방법은 화제를 공개적으로 논의할 것을 제안하는 것이다.[57] 의심스러운 정보를 넘겨주려고 하던 사람은 일반적으로 뒤로 물러나서 진실에 가까운 발언을 할 것이다.

마지막으로, **성실한 사람을 고용하는 것**은 좋지 못한 정치 플레이어의 수를 감소시키는 데 도움이 된다. 후보자의 성실함과 정직함에 관해 추천서를 신중하게 확인해야 한다.[58] "○○이 어느 정도로 정치적으로 행동했는지 알려주시기 바랍니다."라고 추천인에게 말한다. [리더십 스킬 구축 연습 11-4]는 근무 중에 과도한 정치적 행위를 막는 교묘한 기술을 연습할 수 있는 기회를 제공한다.

리더십 스킬 구축 연습 11-4

사내 정치 통제하기

한 학생이 핵심부서 중 하나를 방문하는 회사 중역 역할을 한다. 다른 여섯 명의 학생들은 부서 내의 관리자 역할을 맡는다. 각각의 매니저들은 회의를 하는 동안 상사에게 깊은 인상을 남기고 싶어 한다. 회사 중역은 관리자들의 최근 활동과 실적을 논의하기 위해 차례로 그들에게 질문을 하면서 회의를 시작한다. 각각의 부서장급 관리자들은 회사 중역에게 아주 긍정적인 인상을 남기려는 시도를 할 것이다. 자신의 비위를 맞추는 관리자들을 약 9분 정도 관찰한 이후, 회사 중역은 그러한 과도한 정치공작에 대해 조치를 취하기로 결정한다. 이러한 역할 연습을 하기 전에 정치 전술과 통제에 대한 정보를 검토한다.

요약

조직의 권력은 직위권력(합법적, 보상, 강압적, 그리고 정보)과 개인적 권력(전문적, 준거적, 그리고 위상)을 포함하여 많은 원천에서 나온다. 권력은 또한 지분, 의존, 기회 활용, 중요한 문제 관리, 그리고 권력에의 근접성으로부터 기인한다.

완전한 임파워먼트는 의미, 자결권, 자신감, 영향, 그리고 내부적 헌신의 차원을 포함한다. 임파워시키는 리더가 되기 위해 취할 수 있는 조치에는 다음과 같은 것들이 포함된다. 주도권과 책임감을 조성한다, 업무 활동을 조직의 목표와 결부시킨다, 많은 양의 정보를 제공한다, 집단 구성원이 방법을 선택하도록 한다, 셀프 리더십을 장려한다, 임파워먼트의 한계를 설정한다, 그리고 지속적으로 이끌어 준다. 또한 임파워먼트를 받아들이는 방법에서의 문화적 차이를 고려한다. 위임은 임파워먼트의 또 다른 중요한 부분이다.

권력을 획득하고 유지하기 위해 리더는 조직 정치를 능숙하게 활용해야 한다. 정치의 의미는 긍정적이고 건설적인 방향으로 계속 바뀌고 있다. 조직 정치에 기여하는 요인에는 피라미드 형태의 조직구조, 성과의 주관적인 기준, 환경적 불확실성, 정서적 불안, 마키아벨리식 성향, 그리고 부하들의 존경 부추기기가 포함된다.

조직 정치를 효과적으로 활용하기 위해 리더들은 특정 정치 전술과 전략을 알고 있어야 한다. 윤리적인 방법은 직접적으로 권력을 얻기 위한 것, 관계형성을 위한 것, 그리고 정치적 실수를 피하기 위한 것으로 나눌 수 있다. 포섭하거나 제거하기 전술과 같이 비윤리적이고 기만적인 전술은 정치적 행위의 또 다른 범주를 구성한다.

도를 넘어선 조직 정치는 조직과 구성원들에게 타격을 줄 수 있다. 정치적 행위의 원인과 유형을 아는 것은 리더가 문제를 처리하는 데 도움이 될 수 있다. 목표 합치를 이루는 것과 기만적인 정치 조작을 공개적으로 폭로하겠다고 위협하는 것 같은 비정치적 행위의 좋은 선례를 만드는 것이 도움이 된다. 성실함을 갖춘 사람들을 고용하는 것도 좋은 방법이다.

핵심 용어

권력	보상 권력	전략적 상황적합이론
위상 권력	자원의존 관점	긍정심리적 자본
임파워먼트	위임	개인적 권력
합법적 권력	강압적 권력	중심성
의존적 관점	조직 정치	영토게임
셀프 리더십	정보 권력	

행동 및 스킬 강화를 위한 지침

권력 획득의 두드러진 장점은 당신이 자신의 환경을 통제하는 데 도움이 된다는 것이다. 이것은 결국 더 적은 스트레스와 더 나은 육체 및 정신 건강으로 이어지며, 따라서 당신의 생명을 연장시킨다. 반면, 당신의 업무와 환경을 통제할 수 없는, 권력이 적은 상황은 스트레스를 유발하고 더 나쁜 육체 및 정신 건강으로 이어져 생명을 단축시킨다.[59] 따라서 당신의 권력을 늘이는 방법을 찾는 것은 중요한 삶의 기술이다.

직접적인 대면 네트워크와 가상 네트워크를 구축하는 것의 중요성에 관한 글과 얘기가 많이 있어왔기 때문에 인맥이 많을수록 더 좋은 것처럼 여겨진다. 일반적으로 더 작은 규모의 유용한 양질의 인맥을 갖는 것이 좋다. 영국의 인류학자 로빈 던바(Robin Dunbar)는 평균적인 인간은 150명의 가까운 사회적 인맥만을 유지할 수 있다고 주장한다. IT 기술로 인하여 그 숫자는 약간 늘어날 수 있지만 정신적 능력과 사용 가능한 시간이 유용한 네트워크 크기의 한계를 설정한다.[60]

토의 질문 및 토의 활동

1. GE와 혼다 같은 대기업에서 일하는 직원들은 어떻게 임원 타이틀을 달지 않고도 상당한 권력을 가질 수 있는가?
2. 리더는 어떻게 고위 임원직을 차지하고도 여전히 상대적으로 적은 권력을 가질 수 있는가?
3. 일반적인 의견과는 달리 주요 미국 회사들의 CEO들은 다양한 사립대학과 주립대학 출신들이며, 잘 알려진 MBA 출신은 소수도 되지 않는다. 이러한 사실은 권력의 원천과 조직 정치에 대해 무엇을 말해 주는가?
4. 당신의 권력을 강화하기 위해 당신은 이번 주에 무엇을 할 수 있는가?
5. 적절한 형태의 의상과 액세서리를 착용하는 것이 실제로 어느 정도 그 사람을 더 영향력 있어 보이게 한다고 생각하는가?
6. 많은 기업주들이 "우리는 직원들이 생각 없이 행동하기를 원치 않기 때문에 임파워먼트를 실시한다."라는 취지의 말을 한다. 이들 리더들이 말하고 있는 것은 무엇인가?
7. 임파워먼트는 특히 결과에 대해 책임지는 사람이 없기 때문에 비판을 받아왔다. 이러한 비판에 대한 당신의 의견은 무엇인가?
8. 많은 사람들이 "사내 정치가 무능한 사람들을 위한 것만은 아니지 않은가?"라는 질문을 해왔다. 이 질문에 대한 당신의 답은 무엇인가?
9. 당신 또는 당신 네트워크의 누군가가 목격한 정치적 실수에 대한 사례를 들어보자. 이러한 실수로 인해 개인에게 미친 결과는 무엇이었는가?
10. 경험이 많은 직원에게 조직 정치의 성공적인 적용 사례를 요청한다. 어떤 전술이 사용되었으며 결과는 어떠했는가?

리더십 사례 문제 A

요동치는 다이렉트 메일(DM)의 권한 이양

고객들을 위한 다양한 직접 마케팅 전략을 만드는 회사인 DM의 사업은 잘 되고 있다. 온라인 광고의 증가에도 불구하고 광고용 우편물 산업은 최근 몇 년 동안 성장하고 있다. DM의 서비스에는 수신자의 관심을 끌기 위한 제품을 갖춘 개인 맞춤형 광고 전단지가 있다. 이 전단지는 집과 사무실 양쪽으로 배송된다. 예를 들어, 고급 포도주를 온라인 또는 전화로 주문한 고객은 와인 선반이나 와인 저장고에 관한 브로슈어를 받을 수 있다. DM이 제공하는 또 다른 서비스는 거래형 판촉, 즉 동일한 페이지에 광고가 있는 청구서를 배달하는 서비스이다.

DM의 설립자이자 CEO인 데니스 파커는 자신의 산업의 성장에 놀랐다고 말한다. 그가 회사를 시작했을 때, 파커는 광고우편물 사업에 뛰어 드는 것은 위험성이 높은 모험이라는 충고를 받았다. 그러나 최근에 광고주들은 사람들이 인터넷 광고나 신문과 잡지의 일반적인 광고에 반응하는 것보다 더 높은 비율로 자신의 흥미를 겨냥한 전단지에 반응한다는 것을 알게 되었다.

파커는 그가 여러 가지 이유로 자신의 사업에 대해 열정적이라고 말한다. 그는 디지털 인쇄 기술을 쫓아가는 것을 즐기고, 명성을 바탕으로 많은 새로운 사업들이 DM으로 들어오는 것을 보고 즐긴다. 파커는 또한 자신은 성장하는 사업을 운영하고 있다는 리더십과 관리의 도전을 즐긴다고 말한다. "나는 특히 임파워먼트를 통해 직원들을 동기화하는 데 능숙하다."고 그는 말한다.

마케팅 이사인 발렌틴은 그녀의 주도로 그의 리더십 임파워먼트 스타일에 대해 이야기하기 위해 파커와 저녁을 먹고 있었다. 다정하게 웃으며 발렌틴은 파커에게 말했다. "오늘 밤 내가 당신에게 말하는 것은 적어도 전에 여섯 번은 암시를 줬던 것입니다. 경영팀은 당신이 예리한 사업가이며 다정한 관리자라는 것을 알고 있습니다. 하지만 당신은 또한 변덕이 심한 위임자이기도 합니다."

"그게 무슨 뜻이죠, 내가 변덕이 심한 위임자라구요?"라고 파커가 물었다.

"설명해 드릴게요, 데니스. 당신은 똑같은 행동을 나, 재무부장, 그리고 우리 작업자들에게 하고 있어요. 당신이 '우리 회사는 가정용 가구 분야에서 아직 거래가 많은 것 같지 않군. 그 분야에서 당신이 만들어 낼 수 있는 새로운 사업을 찾아보는 건 어떨까?'라고 나에게 말한 것을 기억해 보세요. 나는 가정용 가구 담당임원과 함께 선두를 차지하기 위해서 최선을 다했습니다. 내가 당신에게 진척 상황을 이야기하면 당신은 자신이 거래를 마무리 지을 수 있게 본보기를 넘겨 달라고 요청했습니다. 여기에서의 변덕스러운 점은 당신이 나에게 무언가 할 일을 주고, 그것이 괜찮아 보일 때 당신이 가져가 버린다는 것입니다. 당신이 내보낸 것은 당신에게 재빨리 돌아가지요."

변덕스러운 위임에 관한 발렌타인의 피드백을 들은 후, 파커는 조용히 설명했다. "이 업계에서는 고위급 인맥과 인간관계가 중요합니다. 임파워먼트가 모든 것을 이룰 수는 없습니다. 거물 고객들은 CEO와 직접적으로 거래하는 것을 좋아할 겁니다. 그것이 당신을 돕기 위해 내가 개입을 하는 이유입니다."

질문

1. 그의 임파워먼트 접근법에 대해 파커에게 어떠한 조언을 해 줄 수 있는가?
2. 상관에게 그가 변덕이 심한 위임자라고 말한 것에 있어서 발렌타인이 어느 정도까지 정치적인 실수를 저지르고 있는가?
3. 대략 우편물 수신자의 95% 이상이 우편물을 즉시 버린다는 것을 감안할 때, 광고용 우편물 사업에서 기업의 사회적 책임에 대해 어떻게 평가하는가?

관련 역할극

CEO 데니스는 오늘 아침 마케팅 이사 발렌타인에게 문자 메시지를 보낸다. "변덕스러운 위임자로 물리는 것이 마음에 들지 않습니다. 내 사무실에서 보도록 합시다." 발렌타인은 "당신이 화가 났다니 유감이군요. 언제 만날까요?"라는 답문을 보낸다. 하루가 끝날 무렵 데니스와 발렌타인은 핵심 상품에 대한 그의 위임 스타일에 대한 불만을 논의하기 위해 만난다. 한 학생은 그가 원하는 방식으로 위임할 수 있는 권한을 갖고 있다고 생각하는 데니스의 역할을 한다. 다른 학생은 그녀가 옳다고 생각하지만 여전히 데니스와 좋은 업무 관계를 유지하고 싶은 발렌타인의 역할을 맡는다.

관찰자들은 자신의 논점을 인정받으려고 하지만 잘못된 정치적 실수를 하고 싶지 않은 발렌타인의 정치적 스킬에 특별한 관심을 기울이도록 한다.

리더십 사례 문제 B

트위터 리더 브랜다

브랜다는 중소기업을 위한 급여와 수당관리를 전문으로 처리하는 업무처리 아웃소싱 회사에서 클레임 처리를 담당하는 이사이다. 그녀의 매니저인 CEO는 그녀의 리더십 스킬이 만족스럽지만 그녀의 책임 분야에서 직원들에게 더 큰 영향을 미칠 수 있으면 좋겠다고 브랜다에게 말했다. "그들의 삶에 더 관여하세요, 더 큰 영향을 미치도록 하세요."라고 CEO는 브랜다에게 말했다. "방법을 생각해 내는 것은 당신이 할 일입니다."

가능성 있는 전술에 대해 생각한 브랜다는 격려의 트위터 메시지를 발송하여 자신의 직속 부하들뿐 아니라 회사의 다른 구성원들에게 더 큰 영향을 미치리라고 생각했다. 브랜다는 심사숙고 했다. "트위터를 사용하면 긍정적인 관계를 형성하는 데 매일 밤 약 30분만 쓰면 된다. 점심이나 휴식 시간에 관계를 형성하려면 며칠 몇 시간이 걸릴 것이다."

이틀 후, 브랜다는 트위터 캠페인을 시작했다. 대단히 수월하게도 그녀의 목표 집단에 있는 대부분의 사람들이 계정을 갖고 있다는 것을 알게 되었다. 브랜다가 보낸 트위터 메시지 중 일부는 다음과 같다.

"아주 잘하고 있어요. 당신과 같이 동일한 고용주를 위해 일할 수 있어서 기뻐요."

– 회사 직원용 트위터 계정을 가진 직원에게 보낸 메시지

"손목골 증후군은 자연히 치유될 수 있어요. 참고 기다리세요."

– 손목골 증후군으로 병가를 간 입력 담당 직원에게 보낸 메시지

"당신은 흐린 날의 한 줄기 햇살이에요."

– 네 명의 우편물실 직원들에게 보낸 메시지

"사랑해요. 하지만 속도를 좀 내도록 해요."

– 그녀의 행정 보좌관에게 보낸 메시지

"당신 없이는 살 수 없어요. 원치도 않구요."

– 기술 지원 직원에게 보낸 메시지

트위터 메시지를 받은 사람 중 한 명이 다른 사람에게 말했다. "요즘 브랜다가 아주 끝내줘. 트위터로 앞서나가고 있어." 트위터 메시지를 받은 또 다른 사람은 말한다. "브랜다가 자신의 트위터 계정에서 하고 있는 것을 봤니? 그녀는 내가 트위터를 매일 확인하지 않게 하는 또 다른 좋은 이유를 주었어."

질문

1. 브랜다의 트위팅이 리더십 효율성에 어떠한 영향을 미칠 것이라고 생각하는가?
2. 동일한 트위터 메시지를 몇몇의 직원에게 동시에 보내는 것의 정치적 효율성은 무엇이라고 생각하는가?
3. 리더십 도구로서 트위터를 더 효과적으로 사용할 수 있도록 브랜다에게 어떠한 제안을 하겠는가?

관련 역할극 의견차 해결하기

한 학생이 브랜다의 직속 부하 직원 역할을 맡는다. 직원은 브랜다에게 "오늘은 우리 모두 승자가 될 거라고 생각합니다."라고 쓰여 있는 또 다른 메시지를 받는다. 직원은 집과 직장에서 일진이 사납다. 그 결과 직원은 브랜다의 트위터 메시지를 짜증스럽게 생각하고 몇몇 동료들에게 다음과 같은 이메일을 보낸다. "브랜다의 오늘의 트위터 메시지가 너도 역겹지 않았니?" 그리고 나서 직원은 브랜다로부터 메시지를 받는다. "나의 최근 트위터 메시지가 당신을 역겹게 만들었다고 들었습니다. 뭐가 문제지요?" 또 다른 학생은 맞 트윗이 섣부른 판단을 반영한다고 생각하여 직원에 대한 자신의 불만을 표현하기로 결심한 브랜다의 역할을 맡는다.

리더십 스킬 구축 연습 11-5

리더십 포트폴리오

이 장의 연습을 위해서 당신의 리더십 포트폴리오 안에서 정치적 전술을 사용했어야 하는 최근의 모든 기회를 생각해 보자. 상황을 어떻게 처리했는가? 기회를 활용하였는가? 윤리적인 접근법을 사용했는가? 비윤리적인 전술을 사용했는가? 정치적인 실수를 저질렀는가? 여기에 예시가 있다.

나는 기업경영 협회에서 메릴린치의 간부를 연사로 초청한다는 전단을 보았다. 나는 공부와 일, 사회생활로 바빴지만 시간을 들여 참석하기로 했다. 그것은 효과가 있었고, 회의는 좋은 인맥을 쌓을 수 있는 훌륭한 기회였다. 강연 이후 나는 연사에게 말을 걸고 그녀에게 찬사를 보냈다. 우리는 투자은행에서 어떻게 일자리를 찾을 수 있는지에 관해 짧은 대화를 나눴으며, 그녀는 나에게 자신의 명함을 주었다. 다음날 나는 그녀에게 이메일을 보내 시간을 내준 것에 대해 감사의 뜻을 전했다. 나는 또한 회의에서 몇몇 중요한 인물들을 만났으며 그들의 명함도 얻었다.

리더십 스킬 구축 연습 11-6

정치적 실수 처리하기

한 학생이 마이크로소프트의 중간 관리자 역할을 한다. 관리자는 부서의 몇몇 직원들이 아이폰을 사용하고 있다는 것을 발견했다는 내용의 이메일을 CEO 스티브 발머로부터 받았다. 발머는 충성스러운 마이크로소프트 직원들은 특히 사내에서 아이폰을 사용하지 않아야 한다고 주장하고 있다. 왜냐하면 아이폰은 라이벌인 애플이 제조하기 때문이다. 중간 관리자는 몇몇 직원이 아이폰과 아이패드에 정서적으로 집착하여 포기하고 싶어 하지 않는다는 것을 알고 있다. 그러나 중간 매니저는 발머가 의지가 강하고 독선적이라는 것을 알고 있기 때문에 그를 기쁘게 하는 것이 중요하다는 것을 알고 있다. 또 다른 사람은 변덕스러운 스티브 발머의 역할을 맡는다. 그는 마이크로소프트 직원이 아이폰과 아이패드를 사용하는 것을 목격하게 되어 화가 많이 났으며, 따라서 중간 관리자와 직접 만나기로 한다. 회의에서 중간 관리자의 목표는 발머와 정치적인 평화를 유지하는 것이지만, 여전히 강력한 리더로서의 자신의 위상을 지키는 것이다.

관찰자들은 상황을 처리하는 중간 관리자의 정치적 기술에 초점을 맞춘다.

출처: 이 연습을 위한 가상 시나리오는 Nick Wingfield가 제공한 사실에서 암시를 얻어 쓴 것이다. "Forbidden Fruit: Microsoft Workers Hide their iPhones," *The Wall Street Journal*, March 13-14, 2010, pp. A1, A10.

CHAPTER 12

타인과의 커뮤니케이션 및 갈등 해결

학습 목표

이 장을 학습하고 연습문제를 풀고 나면, 다음의 것들을 할 수 있을 것이다.

- 업무 완수를 위해 리더가 커뮤니케이션 네트워크를 활용하는 방법을 설명한다.
- 영감을 주고 감정을 자극하는 커뮤니케이션의 기본을 설명한다.
- 권력지향적 언어 스타일의 주요 기능을 설명한다.
- 설득의 여섯 가지 기본 원칙을 설명한다.
- 선택적 듣기의 난관과 순회의 기본을 설명한다.
- 커뮤니케이션에서 문화적 장벽의 극복이 중요함을 헤아린다.
- 갈등을 해결하고 절충하기 위한 기본적인 접근법을 찾는다.

개요

12.1 리더를 위한 커뮤니케이션 네트워크
- 대면 커뮤니케이션 네트워크
- 소셜 미디어 네트워크

12.2 영감을 주는 강력한 커뮤니케이션
- 말하기와 쓰기
- 설득의 여섯 가지 기본 원칙
- 화상회의 및 원거리 영상회의를 포함한 비언어적 커뮤니케이션

12.3 리더십 스킬로서의 듣기
- 문제에 대한 선택적 듣기
- 순회하기

12.4 문화적 커뮤니케이션 장벽 극복하기

12.5 갈등 해결과 협상에서의 리더의 역할
- 갈등 관리 유형
- 두 집단 구성원 간의 갈등 해결
- 절충 및 협상

- 요약
- 핵심 용어
- 행동 및 스킬 강화를 위한 지침
- 리더십 사례 문제 A
- 리더십 사례 문제 B

2010년 초반 스티븐 프라이버그는 주로 온라인 주식 중계로 알려진 금융 서비스 회사 E*트레이드의 CEO가 되었다. 금융 부문에서의 프라이버그의 경력은 금융 및 재무학사 그리고 뉴욕 주 헴스테드의 호프스트라대학 프랭크 가브 경영대학원에서 MBA를 받으면서 시작되었다. 그리고 그는 시티그룹에서 30년간 일하다가 2009년도에 은퇴했다.

시티그룹에서 그가 맡았던 임원직은 글로벌 컨슈머 그룹의 공동회장 겸 CEO, 시티카드의 회장 겸 CEO, 그리고 시티코프 투자그룹의 회장 겸 CEO였다. 시티그룹에서의 그의 가장 큰 업적은 1990년대 말, 회사의 침체된 지점 네트워크를 책임지고 2년 내에 흑자로 만든 것이었다. 프라이버그는 비즈니스의 소비자 측면에서 걸출한 고위급 금융서비스 경영진으로 명성을 떨쳤다.

특히 경청을 강조하는 경영 리더로서 프라이버그의 많은 성공은 직원들과 커뮤니케이션하려는 의지로 인해 가능했었던 것으로 보인다. 사려 깊은 경청으로 인해, 그는 때때로 내성적이라는 말을 들었다. 동시에 그는 문제해결과 조직 효율성 달성에 있어 유명하다.

프라이버그가 처음 E*트레이드에 합류했을 때 우선순위는 문제가 많은 회사의 방향성과 운영을 다수의 직원들과 논의하는 것이었다고 말했다. E*트레이드는 주택담보 대출에서의 손실로 매각될 것이라는 소문이 돌고 있었다. 프라이버그는 그러한 논의를 경험하면서 매각이 가치를 강화시키기 위한 하나의 대안이 될 수 있지만 우선적인 목표는 회사의 사업을 발전시키는 것이라고 말했다.[1]

위에서 언급한 경영 리더는 많은 리더들이 무시하는 명백한 진실 즉, 리더들과 집단 구성원 간의 개방적 커뮤니케이션은 조직의 문제를 극복하고 성공하는 데 도움이 된다는 진실을 따르고 있다. 능력 있는 관리자들과 리더들은 직원의 말에 귀를 기울이며, 개방적 커뮤니케이션은 리더십 효율성에 도움이 된다. 존 햄(John Hamm)은 효율적인 커뮤니케이션이 조직 구성원들이 더 나은 미래에 대한 책임을 지게 만드는 리더의 본질적인 일을 수행하는 데 있어 가장 필수적인 도구라고 말한다.[2]

효과적인 커뮤니케이션 스킬은 영감을 주는 리더십(inspirational leadership)에 기여한다. 4장에서 카리스마적 리더가 얼마나 언어적 커뮤니케이션에 능숙한지를 설명하였다. 이 장은 이 주제를 확대하여 비언어적인, 서면으로 된 협력적 커뮤니케이션의 기여를 다루고 있다. 더불어, 이 장은 리더의 커뮤니케이션 네트워크의 활용과 문화적 커뮤니케이션 장벽을 극복하는 능력이 어떻게 리더십 효율성을

리더십 자기 평가 퀴즈 12-1

나의 커뮤니케이션 효율성에 대한 자화상

방법 다음의 항목들은 커뮤니케이션 효율성의 다양한 측면과 관련되어 있다. 가장 정확한 답은 어느 정도 상황에 따라 다를 수 있지만, 각각의 항목들이 대체적으로 맞는지 아니면 대체적으로 틀린 것인지 표시한다. 당신의 커뮤니케이션 태도를 잘 알고 있는 사람에게 도움을 요청함으로써 대답의 정확도를 높일 수 있다.

	대체로 맞음	대체로 틀림
1. 내가 사람들에게 말을 하면, 대부분의 사람들은 말하던 것을 멈추고 내 쪽으로 돌아서서 경청한다.	☐	☐
2. 이메일 메시지와 소셜 미디어 포스팅을 포함하여 내가 쓴 글에 대해 칭찬을 받는다.	☐	☐
3. 나의 음성 메일에 있는 부재중 응답 메시지에 대한 반응은 좋은 편이다.	☐	☐
4. 사람들 앞에서 말할 수 있는 기회를 환영한다.	☐	☐
5. 편집자에게 보내는 편지, 학교신문 기사, 또는 회사 소식지에서의 논평을 포함하여, 무언가를 게재한 적이 있다.	☐	☐
6. 나만의 웹사이트가 있으며, 사이트의 효율성에 대해 적어도 두 번의 칭찬을 받았다.	☐	☐
7. 학창 시절 쓴 프로젝트의 대다수는 B나 A를 받았다.		
8. 사람들은 보통 내가 농담을 하거나, 내가 생각하는 바를 재치 있게 말할 때 웃음을 터트린다.	☐	☐
9. 신문을 읽고 TV에서 뉴스를 보거나 뉴스 웹사이트를 읽음으로써 정보를 얻는다.	☐	☐
10. 정열적인, 생동감 있는, 흥미진진한 또는 역동적 같은 단어를 나에게 적용하는 것을 들어본 적이 있다.	☐	☐
11. 내가 보낸 문자 메시지는 내가 받은 대부분의 문자 메시지보다 맞춤법이나 문법 측면에서 더 나아 보인다.	☐	☐

총점

채점 및 해석 당신과 관련하여 이들 항목 중 8개 이상이 진실이라면 당신은 효율적인 커뮤니케이터일 가능성이 크다. 3개 이하의 항목이 진실이라면 당신은 커뮤니케이션 스킬의 근본적인 개선이 필요할 수 있다. 당신의 점수는 아마도 카리스마와 높은 연관성이 있을 수 있다.

역량 개발 리더 영향력의 상당 부분은 자신의 커뮤니케이션 스킬에 의해 결정되기 때문에, 자기 평가 퀴즈에 있는 11개의 항목을 통해 보여준 행동들은 리더에게 있어 특별한 의미가 있다. 효율적인 리더의 커뮤니케이션 스킬은 가지각색이지만, 그들이 일반적으로 커뮤니케이션을 잘 할 수 있다면 긍정적인 영향을 준다. 성공한 경영자의 커뮤니케이션 스타일에 대한 감각을 키우기 위해 CNBC 채널이나 유사한 채널에 나오는 몇몇 현직 경영자들을 관찰해 보자.

강화하는지를 설명하다. 마지막으로, 리더는 갈등 해결에 상당한 시간을 쓰기 때문에 갈등 해결과 협상 기술에 대해서도 논의할 것이다.

커뮤니케이션 효율성에 대한 당신의 생각을 알아보기 위해 [리더십 자기 평가 퀴즈 12-1]를 풀어본다.

12.1 리더를 위한 커뮤니케이션 네트워크

리더의 커뮤니케이션의 주요 특징은 직접적인 네트워크와 컴퓨터 네트워크에 의존한다는 것이다. 다른 사람과 연계되지 않고 리더가 자신의 다양한 역할을 이끌어 가는 것은 거의 불가능하다는 것을 알게 될 것이다. 커뮤니케이션 연구가 브루스 호프(Bruce Hoppe)와 클레어 레이너트(Claire Reinelt)는 리더십 네트워크는 학습과 복잡한 문제해결을 용이하게 하기 때문에 상호 연결이 중요한 급변하는 세상에 대한 대응이라고 말한다. 네트워크는 리더에게 자원과 도움을 제공한다. 리더들은 네트워크를 통해서 더 많은 사람들에게 영향을 끼치기 때문에 더 많은 영향력을 갖는다.[3]

이러한 관계의 상당수는 조직 내에 있지만 상당수는 외부에도 있다. 수노코의 기술정보 이사인 피터 왓넬은 업계 동료와의 네트워크의 중요성을 설득력 있게 설명한다.

> 네트워크 내에서 많은 아이디어가 나옵니다. 그 네트워크가 당신 업계에 있을 필요는 없습니다. 당신이 의료시스템 회사의 누군가에게서 의사들의 의료정보 접속을 가능하게 하는 모바일 기기의 활용 방법에 대한 이야기를 듣고, "정유공장 현장 기술자들을 돕기 위해 동일한 접근을 활용할 수 있겠다"라고 생각할 수 있습니다.[4]

여기서 우리는 조직 리더들이 커뮤니케이션을 위해 대면(즉 직접적인) 네트워크뿐 아니라 소셜 미디어 네트워크를 어떻게 활용하는지 설명하기로 한다. 하지만 항목이 종종 중복된다는 것을 인식하기 바란다. 리더는 회사 카페테리아에서 다른 부서의 동료와 잡담을 하고 네트워크 회원들에게 트위터로 메시지를 통해서 그날 저녁 커뮤니케이션을 계속할 수 있다.

대면 커뮤니케이션 네트워크

실시간 대인 네트워크를 개발하는 것은 리더가 관계를 형성하며 타인들에게 동기부여를 하고 협력을 달성하는 데 있어 여전히 중요한 수단이다. 동시에 몇 개의 모바일 기기를 가지고 다니는 블랙베리에 중독된 대부분의 경영자들조차도 자신의 메일 주소록에 일부 개인적 연락처를 저장한다.

다양한 유형의 리더십 네트워크가 확인되었는데 그 중 네 가지는 특히 관련이 있다. 첫째는 공통된 관심사와 책무뿐 아니라 공유 작업을 통해 연결된 리더 간의 사회적 유대 시스템인 **동료 리더십 네트워크**(peer leadership network)이다. 네트워크 구성원들은 정보를 공유하며 조언과 지지를 보내고, 상호 학습에 참여하며 때때로 함께 협업한다. 리더의 네트워크 구성원들은 신뢰할 수 있는 자원을 제공하는 것으로 인식된다(위에서 언급한 수노코의 IT 이사는 동료 리더십 네트워크를 언급한 것으로 보인다).[5]

직업적 네트워크(operational network)는 주어진 책무를 더 효율적으로 하는 것을 목표로 한다. 네트워크 내에서 회원자격이 명백한 협력자들과의 더 강력한 인간관계 구축과 관련되어 있다. 이러한 관계의 일부는 경리부 직원에게서 원가 자료를 얻는 것과 같은 공식적인 구조의 일부일 수 있다. **개인적 네트워크**(personal network)는 조직 외부의 협조적인 사람들을 개인적 발전과 성공을 위한 노력에 관여시키는 것이다. 이 유형의 네트워킹은 상급 관리자의 성희롱 문제의 대처와 같은 문제해결 방법에 대한 멘토링일 수 있다(개인적 네트워크는 동료 네트워크와 상당부분 공통점이 있지만, 동료가 아닌 사람들을 포함할 수 있다).

전략적 네트워크(strategic network)는 사업목표를 직접적으로 달성하는 데 초점을 맞춘 네트워킹이다. 이 단계에서, 관리자는 아프리카 시장으로의 진출과 같은 회사를 위한 새로운 기회를 발견하고 활용하는 데 도움이 되는 네트워크를 만든다.[6] 매니저 자신의 회사가 사업 기회를 발견하는 데 있어 좋은 자원을 갖고 있다 하더라도, 외부 사람들에게 알림으로써 신선하고 유용한 시각을 얻을 수 있다.

소셜 미디어 네트워크

리더에게 있어 소셜 미디어의 주요 용도는 링크드인의 회원 네트워크처럼 전문적 네트워크를 구축하고 유지하는 것이다. 생산적인 리더는 수백 명의 엷은 네트워크 구성원을 모으는 데 초점을 맞추기보다는 관련 인맥이나 **밀도**에 집중할 가능성이 많다. 네트워킹에 사용되는 웹사이트는 외부적(또는 공개적)일 뿐아니라 내부적일 수도 있다. 액센츄어와 같은 대부분의 컨설팅 서비스 회사들은 폭넓은 내부 소셜 미디어 웹사이트를 갖고 있다.

유대의 강도의 관점에서 보면 강한 유대와 약한 유대 간의 차이점이 설명된다.[7] 네트워크에서 접속의 질은 소셜 미디어 네트워크에서 특히 중요한데, 대부분 접속의 유용성이 모호할 수 있기 때문이다. 이 이론의 핵심적인 부분은 각각의 네트워크에 서로 다른 밀도가 있다는 것이다. 고밀도 네트워크는 의견을 교환하는 동종 산업의 CEO처럼 서로 연계된 가까운 친구이거나 동료로 구성된다. 반면, 저밀도의 네트워크는 지인들로 구성되어 있다.

네트워크의 서로 다른 행위자 간의 관계는 대략적으로 강한 유대와 약한 유대 그리고 직접적 유대와 간접적 유대의 두 가지 주요 유형으로 분류될 수 있다. 지인은 약한 유대가 될 수 있는 반면, 친한 친구는 강한 유대가 될 수 있다. 유대의 강도는 일반적으로 접촉의 빈도를 통해 측정할 수 있다. 하지만 일부 교류는 상대적으로 피상적이며 일부 교류는 더 감정적이고 친밀하다. 멜리사는 트레버에게는 환율변동 예측에 대한 현황보고서를 요청하지만, 반면 실비아에게는 자신의 경력과 상사와의 관계에 대해 이야기한다(상사와의 관계에 대한 대화는 다른 사람들이 볼 수 없도록 아마도 소셜 미디어 사이트상에서 이루어질 것이다).

직접적 유대와 간접적 유대는 당신이 직접 관계를 진전시켜서 직접적으로 그 사람과 연결되었는지, 아니면 친구의 친구처럼 간접적으로 연결되었는지와 관련 있다. 마이크는 당신의 직접적 인맥이다. 그러나 마이크를 통해 샐리와 연결되어 있다면 샐리는 간접적 인맥이다.

야머(Yammer)와 채터(Chatter)같은 내부 소셜 네트워킹 사이트에서 주의할 점은 리더가 공개 소셜 네트워킹에서 흔히 볼 수 있는 무례하고, 모욕적이고, 지나치게 격식을 무시하여 소통할 수도 있다는 점이다. 그 결과 리더는 전문가다운 이미지가 손상된다는 점이다. 노스웨스턴대학의 행동과학 교수인 노셔 컨트랙터(Noshir Contractor)는 사람들이 내부 소셜 미디어 사이트상에서 너무 격식을 무시하는 함정에 빠질 수 있다고 경고한다. "당신이 승진 대상자라면, 당신이 야머에서 말한 어떤 것이라도 당신의 자격을 결정짓는 데 사용될 수 있습니다."라고 컨트랙터는 말했다.[8]

12.2 영감을 주는 강력한 커뮤니케이션

설득력 있게 효과적으로 커뮤니케이션하는 것에 대한 정보는 광범위하다. 여기에서는 효율적인 리더십에 기여하는 영향력이 큰 커뮤니케이션을 하기 위한 제안에 초점을 맞춘다. 효과적인 커뮤니케이션은 흔히 요직 승진을 위한 척도이다. 이 절에서, 영감을 주고 감정을 자극하는 커뮤니케이터가 되기 위한 제안은 다음 두 가지의 범주로 나누어진다. (1) 말하기와 쓰기, (2) 비언어적 커뮤니케이션. 더불어 설득의 여섯 가지 기본 원칙에 대해서도 살펴본다.

표 12-1 영감을 주는 말하기와 글쓰기를 위한 제안

A. 영감을 주는 다양한 전술
1. 신뢰
2. 당신의 메시지를 청중들에게 맞게 조절하기
3. 당신 제안의 이점을 집단 구성원들에게 납득시키기
4. 영향력이 크고 감정을 자극하는 단어 사용하기
5. 의미 전달을 위해 사례 활용하기
6. 데이터로 결론 뒷받침하기
7. 언어적 오류, 쓸모없는 단어, 음성화된 공백 최소화하기
8. 적정 수준의 비즈니스 전문 용어 활용하기
9. 메시지를 전면에 배치한 간결하고 명쾌한 메모, 편지, 보고서 쓰기
B. 권력지향적 언어 스타일
불확실성을 무시하고 간접적인 이야기보다 직접적으로 강조하고, 효과적인 커뮤니케이션의 프레임을 선택하는 등의 다양한 요인이 포함된다.

말하기와 쓰기

당신은 이미 효과적인 구두 커뮤니케이션과 서면 커뮤니케이션의 기본 원칙에 익숙할 것이다. 하지만 명확하게 쓰기와 말하기, 시선 유지, 웅얼거리지 않기와 같은 기본적인 것들은 시작에 불과하다. 효율적인 리더의 대부분은 일상적인 대화에서 그리고 연설을 할 때 자신만의 스타일에 특별한 관록을 갖고 있다. 동일한 에너지와 흥분이 말하기와 쓰기에서도 반영된다. 역동적이고 설득력 있는 구두 및 서면 커뮤니케이션을 위한 제안은 다음에 나오는 내용과 [표 12-1]에 제시되어 있다.

신뢰 영감을 주는 말하기와 쓰기를 포함한 설득을 위한 시도는 메시지 전달자의 신뢰성으로부터 시작된다. 연설자가 매우 신뢰할 수 있는 사람이라면, 설득적 커뮤니케이션 시도는 성공할 가능성이 높다. 신뢰성의 인식은 많은 요소들에 의해 영향을 받으며, 이 절 전체에서 다루어지고 있는 요소들이 포함된다. 신용할 수 있다는 것은 신뢰할 수 있다고 인식되는 것에 큰 영향을 미친다. 거짓말을 하기로 이름이 높은 리더는 아웃소싱과 같은 새로운 계획의 장점에 대해 사람들을 설득하는 데 어려움을 겪을 것이다. 총명하고 지적이라고 인식되는 것은 신뢰성에 기여하는 또 다른 중요한 요소이다.

스탠포드대학의 두 명의 회계학 교수가 실시한 연구에 따르면, 경영 리더들이 금융관계자들과 실적에 관한 전화 회의를 하는 동안 거짓말을 하는 경우 그들은 숨길 수 없는 징후를 보여준다(그 거짓말은 나중에 장부수정으로 들통났다). 진실을 숨기기 위한 일관된 단서에는 1인칭으로써 자신이나 자신의 회사에 대한 언급이 거의 회피되었다. “나”와 “우리”를 피하고, 대신 “팀”과 “회사”라는 단어를 사용하였다. 허위 진술에 대한 또 다른 단서는 아마도 사전에 미리 허위 진술에 대한 리허설을 꼼꼼히 하기 때문에 거의 망설이지 않고 짧게 진술을 한다는 것이었다. 이러한 허위 진술의 지표는 연구 당시 50%~65%의 정확한 예측을 하는 것으로 판명 되었다.[9]

당신의 메시지를 청중들에게 맞게 조절하기 설득력 있는 커뮤니케이션의 원칙은 연설자가 메시지를 청중들의 이해와 동기에 맞게 조절해야 한다는 것이다. 제조 공장을 방문하는 회사 CEO는 일자리를 다른 나라로 아웃소싱하지 않을 것이라고 말할 때 신중한 주목을 받고 지지를 구축할 것이다. 동일한 CEO가 비용 절감이 어떻게 주당 이익을 높이고 배당금을 확대할 것인지를 강조할 때 주주들의 지지를 받을 것이다. 집단의 평균 지능 수준은 설득력 있는 메시지를 만드는 데 있어 중요한 우연성 인자이다. 지능이 높은 사람들은 강력하고 논리적인 논거에 근거한 메시지에 더 많이 영향을 받는 경향이 있다. 똑똑한 사람들은 또한 결함이 있는 논리에 근거한 메시지를 거부할 가능성이 크다.[10]

당신 제안의 이점을 집단 구성원들에게 납득시키기 리더는 자신의 제안과 계획을 실행하려는 집단 구성원들의 의지에 의해 제약을 받는다. 그 결과, 리더는 자신이 제안하는 것으로부터 집단 구성원들이 어떠한 혜택을 받을 수 있는지를 설명해야 한다. 예를 들어, 가능한 많은 물자를 재활용하는 것의 이점을 직원들에게 납득시키고자 하는 공장 관리자는 “우리가 물류비용을 충분히 절감할 수 있다면, 한두 개의 일자리를 살릴 수 있을 것이다.”라고 말할 것이다. 미시간의 몰리나 헬스케어의 회장이자 CEO인 제스 토마스는 아이디어를 납득시키기 위한 커뮤니케이션 기법의 일부는 “언제나 돈에 관한” 것이라고 말한다.[11]

영향력이 크고 감정을 자극하는 단어 사용하기 적절한 맥락에서 사용되는 정확한 단어들은 당신의 연설에 힘과 영향력을 실어 준다. 편안하게, 자연스럽게, 그리고 진심으로 사용된 이 단어들은 리더십 능력이나 잠재력을 갖고 있는 자신감 있는 사람의 이미지를 반영한다. 영향력이 큰 구문의 두 가지 예를 보이자면 “임무 수행에 필수적이지 않은 지식 작업의 일부를 아웃소싱할 것입니다.”와 “우리는 제품 개발과 업무 절차 모두에서 혁신할 것입니다.”와 같다. 그러나 너무 많은 이러한 유형의 언어는 리더가 딜버트의 만화(관리자와 기업인을 풍자하는 장기 연재

만화)를 모방하는 것처럼 보이게 할 것이다.

감정을 자극하는 언어의 사용은 영향력이 큰 언어와 밀접하게 관련되어 있다. 전문적인 설득 전술은 감정을 자극하여 영감을 주는 단어를 연설에 섞는 것이다. 감정을 자극하는 단어들은 흥미로운 사건의 이미지를 유발한다. 감정을 자극하는 강력한 단어에는 "경쟁 **압도**," "고객과의 **유대**," "전기 이윤 **능가**," "고객의 충성심 **사로잡기**," 그리고 "하락세에서 **반등**" 등이 포함된다.

커뮤니케이션 전문가 프랭크 런트(Frank Lunt)는 결과, 영향, 신뢰, 임무, 약속이라는 다섯 가지의 단어가 현재 업계에서 반향을 일으키고 있다는 것을 발견했다. 따라서 이러한 단어를 자신의 비즈니스 용어에 포함시킨 리더는 영향력이 클 것이다.[12] 현대적인 것을 내포하는 단어와 구절을 활용하는 것도 도움이 된다. 현재 유행하는 단어와 구절에는 **가상 조직**(virtual organization), **투명한 조직**(transparent organization), **원활한 조직**(seamless organization) 등이 포함된다.

풍부한 어휘는 영향력이 크고 감정을 자극하는 단어를 사용하는 데 도움이 된다. 당신이 그 자리에서 누군가를 설득해야 할 때, 스마트폰으로 인터넷에 접속 가능하더라도 사전에서 적절한 단어를 곧 바로 찾아내기 어려울 것이다. 따라서 당신은 중요한 순간에 단어를 편안하게 사용할 수 있도록 꽤 많은 연습이 필요하다.

의미 전달을 위해 사례 활용하기 사례는 이 장과 카리스마 리더십에 관한 4장에서 이미 언급된 것처럼 리더의 설득력 있고 영향력 있는 전술의 매우 효과적인 일부분이다. 스토리 텔링은 아주 오래된 기술이지만, 다른 사람들에게 영향력을 행사하고 영감을 불어 넣기 위한 리더의 방법으로서 이전보다 더 많은 유행을 하고 있다.[13] 신중하게 선택된 사례 또한 조직 가치의 중요성에 대해 집단 구성원을 설득할 때 유용하다. 너무 자주 반복되지 않는 한, 사례는 중요한 메시지를 전달할 수 있다.

지포는 견고한 강철 라이터가 총알을 막음으로써 누군가의 목숨을 구했다는 수백 개의 사례를 갖고 있는 소비재 회사이다. 이야기는 2차 세계 대전에서 유래한 것이지만, 경찰관 주머니에 있던 지포 라이터가 어떻게 범인의 총알로부터 죽음을 막을 수 있었는지에 대한 이야기처럼 현재까지도 계속되고 있다. 지포의 리더들은 지포 라이터가 주역인 영웅적인 이야기들로 직원들에게 영감을 줄 수 있다. 최근 몇 년간 지포는 많은 비흡연관련 제품으로 옮겨갔지만, 그러한 사례들은 여전히 비흡연자들에게도 영감을 주고 있다.

데이터로 결론 뒷받침하기 당신의 구두 및 서면 프레젠테이션을 확실한 데이터로 뒷받침한다면 당신은 더 설득력을 가질 것이다. 데이터를 얻는 방법 중 하나의 예를 들면, 당신 고객이나 집단 구성원들에 대한 온라인 조사를 실시함으로써 스스로 데이터를 수집하는 것이다. 공개 자료 또한 논거를 위한 설득력 있는 데이터를 제공한다. 수백 개의 논거를 뒷받침하는 데이터는 신문 경제란, 경제 잡지 및 경제 신문, 그리고 인터넷에서 찾을 수 있다. 매년 출간되는 미국 통계요람(Statistical Abstract of the United States)은 수천 개의 논거를 위한 저렴하면서도 믿을 수 있는 참고자료이다.

그러나 조사에 너무 많이 의존하는 것에는 잠재적인 약점이 있다. 데이터에 너무 의존하는 것은 당신이 자신의 직감에 대한 믿음이 거의 없다는 것을 보여줄 수 있다. 예를 들어, 의견을 요청 받았을 때 당신이 "데이터를 수집할 때까지 대답할 수 없습니다."라고 답한다면 결단력이 약하다는 인상을 줄 수 있다. 리더는 일반적으로 결단력이 있다. 리더에게 있어 중요한 문제는 중요한 의사전달 시에 데이터에 의존하는 것과 직감을 활용하는 것 사이의 적절한 균형을 찾는 것이다.

언어적 오류, 쓸모없는 단어, 음성화된 공백 최소화하기 다채롭고 영향력 있는 단어를 사용하는 것은 신뢰할 수 있으며 리더십 자질을 갖고 있다는 인식을 강화시킨다. 또한 "~처럼," "당신도 알다시피," "아시겠지만," "그가 말하길," 그리고 "어"처럼 연설의 효과를 흐리게 하는 단어와 구절의 사용을 최소화하자. 그러한 쓸모없는 단어와 음성화된 공백은 특히 전문적인 장소에서 자신감이 부족하다는 인상을 전달하며, 예리한 커뮤니케이션의 이미지를 손상시킨다.

이러한 무관한 단어의 사용을 줄이는 효과적인 방법은 당신의 대화를 녹화해서 다시 틀어보는 것이다. 많은 사람들은 자신의 말을 녹음한 것을 들을 때까지 자신이 무관한 단어를 사용하고 있다는 것을 알지 못한다.

훌륭한 리더는 생각을 분명히 표현하고 아는 것이 많다는 인상을 주기 위해 항상 문법적으로 정확하게 글을 쓰고 말을 해야 하며, 그로 인해 자신의 리더십 위상을 돋보이게 해야 한다.

적정 수준의 비즈니스 전문 용어 활용하기 경영진들과 정부 행정관 그리고 전문가들은 전문 용어를 빈번하게 사용한다. 평소 전문 용어를 의식적이지 않게 자연스럽게 사용하며, 특별한 때에는 듣는 사람과의 관계 성립을 돕기 위해 전문 용어와 구절을 사용한다.

전문 용어의 절묘한 사용은 제품이나 서비스가 더 정교하고 매력적인 것처럼 들리게 할 수 있다. 인거솔 랜드는 현재 회사 스스로를 "안전하고, 편안하며 효율적인 환경을 만드는 선도자"라고 설명한다. 회사 제품 라인에는 자물쇠, 냉난방기기, 배터리로 작동하는 골프 카트가 포함되어 있다. 파커 하니핀의 제품에는 펌프와 밸브가 있는데, "모션 및 제어 기술의 선도자"라고 회사를 칭한다.[15]

사업 이야기에 전문 용어를 간간이 섞는 것은 관계를 확립하는 데 도움이 되며 그 사람의 인기를 높여 줄 것이다. 그러나 너무 많은 전문 용어를 사용하면 사고가 정형화되어 있는 것처럼 느끼게 되고, 심지어는 본심을 내보이지지 않으려고 하거나 능력이 없는 것처럼 여겨질 수 있다.

메시지를 전면에 배치한 간결하고 명쾌한 메모, 편지, 보고서 쓰기 경영자는 이메일이나 더 많은 공식 보고서에서 자신의 특색이 잘 들어나는 읽기 쉽고, 정리가 잘된 메시지를 쓴다. 말하기와 더불어, 쓰기는 대화, 이메일 메시지, 단락, 또는 문장의 앞부분에 핵심적인 아이디어를 배치할 때 더 설득력이 있다.[16] 전면에 배치된 메시지(문장 앞부분에 위치한 메시지)는 독자들에게 있어 특히 중요한데, 사람들은 리더가 강력한 커뮤니케이터이길 기대하기 때문이다. 전면에 배치된 강력한 메시지는 비용절감이 주요 주제라는 것을 강조하는, "비용절감은 즉각적인 우리의 최우선 과제가 되어야 한다."가 될 수 있는데, "우리 모두는 비용을 즉시 줄여야 한다."보다 더 간단명료하다.

메시지를 전면에 확실하게 배치하는 하나의 방법은 능동태를 활용하는 것으로, 문장의 주어가 무언가에 의해 행동하는 것이 아니라 스스로 행동을 하도록 하는 것이다.

효과적인 비즈니스 작문을 위한 제안들은 계속해서 진화하고 있으며, 이러한 팁 중 상당수는 리더나 잠재적 리더의 주목을 받을 만하다. 경영자의 말하기/쓰기(Executive Speak/Write Inc.)의 공동 설립자 클라우디아 카플론은 "~에 대해 감사드립니다."로 시작하는 비즈니스 편지나 연설을 생략할 것을 권한다. 대신 경험에 대해 감명 받은 것을 보여준다.[17] 집단에 대한 감사의 말은 "의심할 여지없이 당신들은 생산성을 25% 향상시켰으며, 그로 인해 회사의 수익에 이바지했습니다."와 같이 시작한다.

권력 지향적 언어 스타일 활용하기 설득력 확보의 주요 부문으로 개인 특유의 말하기 패턴이라고 할 수 있는 정확한 **언어 스타일** 선택을 포함한다. 태넌(Deborah Tannen)에 따르면, 언어 스타일은 단순 명쾌함, 속도 유지 및 일시 멈춤, 단어 선택, 그리고 농담, 비유법, 일화, 질문, 사과와 같은 커뮤니케이션 방법의

활용 양상을 포함한다.[18]

언어 스타일은 문화적으로 학습한 신호를 포함하기 때문에 복잡하다. 사람들은 다른 사람들이 말하는 것을 해석하여 사람을 평가하는 것과 더불어 신호를 통해 자신이 의미하는 바를 전달하기도 한다. 언어 스타일의 복잡성으로 인해 권력지향적인 하나의 언어 스타일을 사용하도록 처방을 내리는 것은 어렵다. 권력지향적인 언어 스타일의 많은 요소들은 영향력이 큰 단어 사용을 포함하여, 12장의 이 절에 있는 다른 제안에 포함되어 있다. 그럼에도 불구하고, 태넌과 다른 언어 전문가들이 관찰한 것처럼 많은 상황에서 메시지 전달자에게 힘과 권위를 줄 수 있는 언어 스타일의 몇 가지 요소들이 있다:[19]

- 적어도 평균적인 청력을 가진 대다수의 사람들이 들을 수 있도록 큰 소리로 얘기하라. 너무 부드럽게 말하는 것은 자신감이 낮다는 인식을 준다.
- 당신의 아이디어에 대한 공적을 더 많이 인정받을 수 있도록 나(I)라는 대명사를 활용하라(물론, 이것은 팀 기반 조직에서 역효과를 불러일으킬 수 있다).
- "어리석게 들릴 수도 있겠지만"과 같은 구절로 자신을 비하하는 것을 최소화하라. 사과는 가급적 조심하라. 특히 "죄송합니다."라고 말하는 것을 최소화하라.
- 요점을 빨리 말하라. 다른 사람들이 지루해 하거나 당신의 이야기를 저지하려고 한다면 이야기의 결론에 이르는 데 시간을 너무 많이 끌고 있다는 것을 알아야 한다.
- 간접적이기보다는 직접적인 말투로 강조하라. "내일 정오까지 당신의 보고서가 가능한지 궁금하다." 보다는 "내일 정오까지 당신의 보고서가 필요합니다."라고 말한다.
- 자신 없는 단어를 사용하지 말라. 다른 불확실한 단서를 한정하거나 주지 않게 소신 있게 얘기한다. "곧 가져가겠습니다." 또는 "문제없습니다."라고 하는 것보다 프로젝트 완성 날짜를 알려주는 것이 훨씬 낫다. "나는 추수감사절 전에 전략안에서 내가 받은 부분을 마칠 것입니다. 우리 팀의 의견을 모아서 정보를 선별할 필요가 있습니다."처럼 말을 하도록 한다.
- 당신이 원하는 바를 정확하게 이해하라. 당신의 마음속에 아이디어를 명확히 새기는 한 아이디어를 납득시킬 기회는 늘어난다. 회의 초반부에 더 명확하고 열정적일수록, 당신은 설득자로서 더 강력해지며 언어는 더 효과적이 된다.
- 상세하게 말하고, 대화의 의제를 설정하며, 농담을 하며 웃어라. 프로그램이나 계획의 제안 준비 뿐만 아니라 문제에 대한 해결책을 제시할 준비를 하라. 이러한 모든 요점은 듣는 사람들에게 신뢰감을 줄 가능성이 크다.

- 당신의 말이 대담해지도록 노력하라. 경험칙에 따라, 아이디어에는 대담하지만 사람에 대해서는 조심스러워하라. "이 문제를 풀 수 있는 계획이 내게 있어"라고 말한다면, 당신은 아이디어를 제공하는 것이지 사람을 공격하는 것이 아니다.
- 청자들의 이해력을 증가시키는 방향으로 논점의 프레임을 구축하라. 프레임은 다른 사람들의 요구에 대응하는 최고의 맥락을 중심으로 만들어진다. 사람들이 무언가 잘못되었다는 것은 알고 있지만 문제를 정확하게 찾아낼 수 없을 때 "좀 더 깊이 파고 들어가 봅시다."라는 프레임을 사용하는 것이 그 예가 될 수 있다. 당신의 목적은 근본적인 문제의 본질을 찾는 데 다름 사람들의 도움을 요청하는 것이다.

권력지향적인 언어 스타일을 갖기 위한 이러한 제안에도 불구하고, 태넌은 커뮤니케이션을 위한 하나의 최선의 방법은 없다고 경고한다. 당신의 권력과 권한을 투영하는 방법은 흔히 관여된 사람, 조직문화, 말하는 사람의 상대적 지위, 그리고 기타 상황적 요소에 달려 있다. 권력지향적인 언어 스타일은 일반적인 지침으로 해석되어야 한다.

설득의 여섯 가지 기본 원칙

설득은 영향력의 주요한 형태이다. 따라서 10장에서 설명한 이유처럼 관리자들은 공식적인 책임이 없는 사람들에게 자주 영향을 미쳐야 하므로 현대 조직에서의 중요성이 커지고 있다. 이러한 추세는 학습화된 기업의 계층 구조와 분화된 부서 간 장벽의 해소에 기인한다. 관리자는 명령계통이 불확실하거나 존재하지 않는 상황에서 동료를 설득해야 한다. 설득력을 갖는 하나의 방법은 사람들을 설득하는 방법에 대한 과학적인 근거를 활용하는 것이다. 로버트 치알디니(Robert B. Cialdini)는 사람들을 수긍하게 하고, 준수하게 하고, 또는 변화시키기 위한 방법에 대해 실험심리학과 사회심리학으로부터 지식을 종합했다. 이러한 원칙들은 영향력을 미치는 원칙으로 형식화되었지만, 설득에 초점을 맞출 수 있다.[20] 다음에 설명되어 있는 여섯 가지 원칙은 이 장에 설명되어 있는 설득에 대한 다른 접근법들을 보충하는 데 활용할 수 있는 부수적인 전략을 수반하고 있다.

1. **호의: 사람들은 자신을 좋아하는 사람을 좋아한다.** 리더로서 당신은 당신을 좋아하는 집단 구성원들을 설득하고 영향을 미칠 수 있는 더 나은 기회를 갖는다.

당신과 다른 사람 간의 유사성의 강조와 칭찬은 다른 사람이 당신을 좋아하도록 하는 가장 믿을 만한 두 가지 스킬이다. 따라서 리더는 집단 구성원과의 공통된 관심사와 같은 유사성을 강조해야 한다. 다른 사람에 대한 칭찬은 강력한 영향력 기술이며 상대적으로 작은 칭찬거리를 찾았을 지라도 효과적으로 사용될 수 있다. 진정한 칭찬은 효과가 더 크다.

2. **호혜: 사람들은 동일한 것으로 보답한다.** 관리자들은 흔히 우선 행동을 보여줌으로써 특정 방식으로 행동하도록 집단 구성원들에게 영향을 미칠 수 있다. 따라서 리더는 신뢰, 좋은 윤리관, 또는 회사 목표에 대한 강력한 헌신의 모델로서 역할을 해야 한다. 간단히 말하자면 당신이 받고자 하는 것을 주라.

3. **사회적 검증: 사람들은 비슷한 다른 사람들의 선례를 따른다.** 설득은 동료로부터 비롯될 때 큰 영향력을 가질 수 있다. 리더로서 당신이 사실상 사무실에서 종이 서류를 없애는 것과 같은 새로운 절차로 전환하도록 집단에게 영향력을 미치고 싶다면, 믿을 만한 사람에게 회의에서 분명하게 말하도록 부탁하거나 그 사람의 지지 성명을 이메일을 통해 보내도록 부탁한다(하지만 종이 문서로는 돌리지 않는다).

4. **일관성: 사람들은 자신의 분명한 약속에 맞춰 태도를 조정한다.** 당신이 바라는 일에 최선을 다하고 있다고 사람들이 느끼게 할 필요가 있다. 사람들은 지위에 대한 지지에 입각하거나 공식적인 기록에 근거하여 그러한 약속을 유지하는 것을 선호한다. 당신이 팀 리더이고 회사에 대한 좋은 이미지 제고를 위해 팀 구성원들이 지역 공동체에 더 적극적으로 관여하길 원한다고 가정해 보자. 팀 구성원들의 참여 계획을 토론하여 또한 그것을 문서화한다면, 그들은 끝까지 해낼 가능성이 높다. 관련된 사람들이 서로에게 자신의 실행계획을 읽어준다면 약속은 한층 더 강력해질 것이다.

5. **권위: 사람들은 전문가의 의견을 따른다.** 당신의 계획을 그들에게 설득할 수 있는 가능성을 높이는 당신의 전문 지식을 구성원들이 알게 하는 것이다. 리더는 영향력의 근거로 기술분야 자격증을 언급할 수 있다. 예를 들어, 품질 향상을 위해 통계자료를 활용하도록 팀 구성원들을 설득하려고 하는 리더는 자신이 식스시그마 자격증을 소지하고 있다고 언급할 수 있다.

6. **희소성: 사람들은 대개 자신들이 별로 가질 수 없는 것을 더 원한다.** 이 원칙은 문제가 되고 있는 자원이 급속하게 줄어들고 있다고 믿는 경우, 리더가 특정 방향으로 행동하도록 집단 구성원을 설득하는 데 적용할 수 있을 것이다. 예컨대

앞으로 오랜 시간 동안 강좌가 다시 열리지 않을 것이라는 말을 들으면, 그들은 '아웃소싱지식 연구' 강좌를 등록하는 데 영향을 받을 수 있다. 이 원칙을 적용하는 또 다른 방법은 다른 사람들이 쉽사리 얻을 수 없는 정보를 활용하여 집단 구성원들을 설득하는 것이다. "나는 매출에 대한 예비 정보를 갖고 있다. 이번 분기 마지막 달에 딱 10%의 매출만 늘릴 수 있다면, 우리는 회사에서 가장 실적이 좋은 부서가 될 수 있다."라고 리더는 말할 수 있다.

이러한 원칙의 개발자는 효과를 증대시키기 위해 원칙들이 복합적으로 적용되어야 한다고 설명한다. 예를 들어, 당신은 전문 지식을 확립하면서 동시에 사람들의 실적에 대한 칭찬을 할 수 있다. 다른 사람들에게 영향을 미치기 위해 데이터를 조작하지 않는 것과 같은 윤리적인 면도 중요하다.[21]

화상회의 및 원거리 영상회의를 포함한 비언어적 커뮤니케이션

효율적인 리더는 능수능란한 비언어 커뮤니케이터이자 언어적 커뮤니케이터이다. 리더십은 단어만으로는 설득력 있는 커뮤니케이션이 불가능한 감정을 수반하기 때문에 비언어적 커뮤니케이션이 중요하다. 메시지의 정서적 영향의 주요 요소들은 비언어적으로 전달된다.

자신감 있는 리더는 확신을 가지고 말하고 글을 쓸 뿐 아니라 몸의 자세, 제스처, 말투를 통해 자신감을 보여준다. 모두가 동일한 보디랭귀지와 차이 있는 비언어적 신호에 대해 동일한 방식으로 해석하는 것은 아니지만, 일부 비언어적 행위의 측면은 많은 상황에서 자신감 있는 리더의 이미지를 투영한다.[22]

- 걷거나 서있을 때, 또는 앉아있을 때 똑바른 자세의 유지. 수그리고 있거나 구부정한 자세는 거의 보편적으로 자신감이 낮다는 것을 보여주는 지표로 해석된다.
- 대치하는 동안 똑바로 서 있기. 몸을 웅크리는 것은 낮은 자신감과 부족한 리더십 자질의 표시로 해석된다.
- 고개를 가볍게 끄덕이면서 다른 사람의 등을 두드리기.
- 발끝이 안으로 향하지 않고 밖을 향하게 하여 서있기. 밖을 가리키는 발끝은 일반적으로 우월한 지위의 지표로 인식되는 반면, 안으로 향하는 발끝은 열등감을 표시하는 것으로 인식된다.
- 적당한 속도의 크고 자신감 있는 어투로 말하기. 자신감이 부족한 사람들은

너무 빠르게 말하거나 너무 느리게 말하는 경향이 있다.

- 여유 있고 자연스러운 미소 짓기.
- 주변 사람들과 계속 시선 마주치기.
- "당신이 옳습니다."나 "당신이 말할 차례입니다."를 나타내는 제스처의 사용 등의 비난이 아닌 환영의 몸짓으로 다른 사람을 가리키는 등, 편안하고 기계적이지 않은 몸짓하기.

자신감을 투영하는 비언어적 행위를 활용하는 것은 일반적으로 자신감 있고 영향력이 있는 것처럼 보이는 것을 목표로 하는 것이다. 이러한 유형의 자기 암시는 행위의 대부분을 무의식적인 것처럼 보이게 한다. "이번 회의에서 리더십 자질을 보여줄 거야."라고 자기암시한다면, 당신은 자신 있게 보이기 위한 목표를 향해 이미 한걸음 앞으로 나아간 것이다.

당신의 외부 이미지 또한 다른 사람들에게 메시지를 전달하는 데 중요한 역할을 한다. 사람들은 잘 차려 입고 말쑥하게 손질 되어 보이는 사람들에게 더 많은 경의를 표하고 더 많은 특권을 허락한다. 가장 효율적인 리더들은 평상복을 입는 날에도 다른 사람들보다 우월감을 주는 옷을 선택할 것이다. 외모는 복장 선택 이상의 의미를 내포한다. 자신감은 다음과 같은 작은 아이템들을 통해 투영된다.

- 깔끔하게 다려지고 아주 깨끗한 복장
- 번쩍번쩍 광이 나게 닦인 구두
- 깨끗한 손톱
- 완벽한 상태의 깨끗한 장신구
- 손질이 잘된 머리
- 흰색의 보기 좋은 치아

영향력 있고 자신감 있는 외부 이미지를 구성하는 것은 보통 조직문화에 의해 영향을 받는다. 예를 들어, 소프트웨어 개발 회사에서 영향력이 있는 사람들은 투자은행보다 더 캐주얼하게 옷을 입을 수 있다. 많은 법률회사의 리더들은 전문가를 위한 비즈니스 정장으로 다시 돌아가고 있다. 이전에 논의된 당신의 언어적 행위와 비언어적 행위의 방식들은 당신이 용인될 수 있는 복장을 한다면, 당신의 리더 이미지에 더 많은 기여를 한다.

화상회의는 리더, 관리자, 그리고 다른 참가자들의 비언어적 커뮤니케이션 스킬을 더 많이 요구한다. **텔레프레전스**(telepresence)라고 하는 화상회의의 최근의 진보는 사람의 형체가 더 가까이 보이기 때문에 비언어적 커뮤니케이션 스킬을 한층 더 많이 요구한다. 조명은 텔레프레전스 스튜디오에 앉아 있는 사람들의 얼굴 특징을 강조한다. 일부 텔레프레전스 시스템은 고화질 스크린과 카메라가 길게 늘어선 특별히 설계된 회의실이다. 회의실 밖에서 사용되는 휴머노이드 로봇 모양의 다른 시스템들도 있다. 물리적으로 다른 장소에 위치한 로봇을 가지고, 리더들은 지리적으로 흩어져 있는 직원들과 가상 티타임을 가질 수도 있다.[23]

산업 부동산 투자신탁의 최고 경영자인 제프리 슈와르츠는 화상회의가 멀리 떨어져 있는 관리자들에게 기업 본사에서 자신의 이름을 다시 알리기 위한 강력한 도구를 대표한다고 설명한다.[24] 그 반대의 경우도 마찬가지이다. 당신의 언어적 그리고 비언어적 커뮤니케이션 스킬이 빈약하다면 당신은 좋지 못한 인상을 남길 수 있다. 카메라는 머리를 긁고, 입술을 깨물고, 귀를 후비고, 무선 단말기를 확인하는 행동 등 당신이 하는 모든 행동을 확대한다. 화상회의를 하는 동안 강력한 비언어적 존재감을 만들기 위한 예절 정보는 다음과 같다(예절 정보는 일반적으로 비언어 커뮤니케이션 제안과 유사하다).

- 너무 복잡한 패턴은 화면에서 바보 같아 보일 수 있다는 것을 기억하여 신중하게 입을 옷을 선택하자. 또한 카메라에 전신이 찍힐 수 있기 때문에 정장에 운동화를 신지 않도록 한다.
- 간결한 대화 톤으로 말하고 주의를 기울이자(어투와 주의집중은 커뮤니케이션의 비언어적 측면이다).
- 비디오카메라가 미치는 범위를 절대 잊지 말자. 당신이 부하의 의견에 동의하지 않을 때 눈동자를 굴리는 모습이 포착될 수 있다.
- 많은 아시아 사람들을 불편하게 만드는 큰 손동작과 몸짓 등의 문화적으로 몰지각한 몸짓은 피하자. 아시아 사람들은 당신이 감정을 들어내기 전에 장기간의 관계를 쌓아야 한다고 생각한다.[25]

다른 비언어적 기술과 더불어 당신의 화상회의 및 텔레프레전스의 비언어적 기술을 연마하는 효과적인 방법은 수차례 동영상에 녹화를 하는 것이다. 당신이 좋아하지 않는 것을 조정하고, 당신이 좋아하는 것을 반복한다. 당신의 행위에 대한 다른 관찰자의 피드백은 상당히 도움이 될 것이다.

효과적인 언어적 그리고 비언어적 커뮤니케이션에 대한 당신의 사고를 새롭게 했으니, [리더십 스킬 구축 연습 12-1]을 풀어보자.

리더십 스킬 구축 연습 12-1

언어적 그리고 비언어적 행위에 대한 피드백

10명의 지원자들에게 자신이 선택한 강의관련 주제에 대한 3분짜리 발표를 준비하는 데 1주일의 시간이 주어진다. 발표의 주제는 "북미 자유무역협정의 중요성"이나 "나의 목표와 꿈"과 같이 광범위할 수 있다. 발표를 지켜본 수업 구성원들은 3x5 사이즈 카드에 피드백 쪽지를 준비하고, 발표자가 얼마나 강력하고 고무적으로 자기 의사를 전달했는지 서술한다. 일반적으로 발표자 당 한 장의 카드로 충분하다. 언어적 그리고 비언어적 피드백 두 측면 모두 적어야 한다.

긍정적인 피드백과 건설적인 제안에 중점을 두어야 한다. 학생들은 발표자들에 맞춰 피드백 카드를 전달한다. 솔직한 내용을 담을 수 있도록 카드를 익명으로 할 수 있지만, 내용이 옹졸해져서는 안 된다.

다른 사람을 설득하고 고무시키는 것은 리더십 연습을 위한 중요 수단의 하나이다. 다른 사람들이 당신을 어떻게 생각하는지 아는 것은 당신의 영향력을 다듬고 개선하는 데 도움이 된다.

12.3 리더십 스킬로서의 듣기

듣기(경청)는 기본적인 경영 및 리더십 스킬이다. 듣기는 또한 대화 기회를 제공하며, 대화를 통해 사람들은 돌아가면서 각자의 관점을 파악함으로써 서로를 더 잘 이해한다. 부하를 지원하고 격려해야 하는 리더의 경우, 코칭에 관한 논의에서 설명한 것처럼 적극적 경청이 필요하다. 또한 효율적인 상사-부하 간 상호 교환은 각 당사자가 서로에게 귀를 기울일 것을 요구한다. 두 당사자 간의 관계는 서로가 서로에게 귀를 기울이지 않는 한 강화될 수 없다. 게다가, 리더는 집단 구성원들의 말을 주의 깊게 듣지 않으면 문제를 찾아낼 수 없다. 태블릿 컴퓨터를 들여다보는 등 다른 작업을 하고 있는 리더는 화자에게 완전한 주의를 기울일 수 없기 때문에 다중 작업은 부하의 말에 경청하는 것을 방해하는 주요 요인이다.

리처드 해리스(Richard M. Harris)에 따르면, 오늘날의 복잡하고 급변하는 조직 속에서, 듣기를 포함한 효과적인 커뮤니케이션은 필수적이다. 그러나 너무나 빈번하게도 메시지는 잘못 해석되고 무시되거나 잊혀진다. 그 결과, 창조성이 억제되고 사기가 저하되며 목표는 실현되지 않을 것이다.[26]

효율적인 리더가 되는 것을 가로 막는 두 가지의 중요한 장애물이 있다. 첫째, 리더는 분석 작업 등의 부과된 책무가 너무나 많아서 부하의 말을 주의 깊게 들을 시간을 내기 어렵다. 둘째는 말하기와 듣기 간의 속도 차이이다. 평균 말하기 속도는 분당 110~200 단어 사이이지만, 사람들은 분당 400에서 3,000개 범위 내에 있는 단어를 들을 수 있다. 따라서 리더뿐 아니라 모든 사람들은 종종 딴 생각을 하게 된다.

여기서 우리는 대개 다른 과정에서 습득한 듣기에 관한 당신의 일반적인 지식을 보충하기 위해 듣기의 두 가지 리더십 측면인 문제에 대한 선택적 듣기, 순회하기를 살펴본다.

문제에 대한 선택적 듣기

조직 리더들은 보통 쏟아지는 요구와 정보를 받아들여야 하기 때문에 모든 문제에 주의를 기울이는 것이 어렵다. 따라서 리더는 몇몇 문제를 듣기 위해 의도적 또는 비의도적인 결정을 내린다. 에리카 제임스(Erika H. James)는 우리의 두뇌가 일반적으로 어떻게 작동하는지에 상관없이, 성공은 들어오는 모든 정보에 대해 열려 있느냐에 달려 있다고 한다.[27] 일이 바쁜 리더는 좋은 소식, 나쁜 소식, 또는 경제 뉴스와 같은 제한된 범주의 정보에 귀 기울이는 것을 피해야 한다. 재정적인 결과만을 들으려고 하는 경향이 있는 CEO는 회사가 이익을 내고 있는 한 다른 어떠한 문제에 대한 언급도 무시할 것이다.

순회하기

리더/관리자를 위한 강력한 커뮤니케이션 채널은 듣기에 주안점을 두고 부하와 다른 사람과의 대면 커뮤니케이션에 참여하는 것이다. **순회**(making the rounds)는 직원들의 성취, 고민과 문제에 대해 듣고 정보를 공유하기 위해 직원들에게 부담 없이 들르는 리더의 행동이다. 순회(회진)는 의사가 관련 문제와 진행 상황을 관찰하기 위해 직접 환자와 다른 의료 종사자들과 대화하는 것으로 의료 서비스에서 유래되어 정착된 개념이다.[28] 의사나 관리자가 주의 깊게 듣는다면 순회를 통해 중요한 정보를 모을 수 있다. 순회를 **현장 경영**(management by walking around)이라고도 하는데, 순회가 더 강조되고 체계적으로 보인다.

듣기의 관점에서 리더는 잠재적인 문제에 방심해서는 안 된다. "일이 어떻게 돌아가고 있는가?"라는 질문을 받은 부하가 "그렇게 지독하지는 않아요."라고 대답했다고 가정하자. 이러한 대답은 "심각한 일이 벌어지고 있나요?"라고 하는 조금은 심층적인 대응을 원하는 것이다.

순회를 하는 리더는 보통 조직이 어려운 시기를 겪고 있을 때 사기를 높일 수 있다. 경기 침체기 동안에 직원들과의 대면 접촉은 중요성을 더한다. 뉴멕시코주 앨버커키에 있는 광고 회사의 파트너인 바트 클리블랜드의 경험을 대표적인

리더십 스킬 구축 연습 12-2

리더의 경청

자신의 업무를 마무리하는 데 요구되는 사이클 타임을 줄이기 위한 새로운 방법을 모색하거나, 고위 경영진에게 팀 예산의 증액을 설득하기 위한 방법의 결정과 같은 중요한 운영상의 문제를 논의하기 위한 팀 미팅을 위해 6, 7명의 학생을 모은다. 한 사람이 팀 리더의 역할을 맡는다. 모든 그룹 구성원들은 차례로 유용한 제안과 유용하지 않은 제안 양 측면을 발표한다. 팀 구성원과 마찬가지로 팀 리더는 아이디어가 나올 때 마다 주의 깊게 듣는다. 집단 역할극에 직접적으로 참여하지 않는 학생들은 나중에 피드백을 줄 수 있도록 자신이 관찰한 경청 기술을 메모한다. 특히 선택적 듣기에 주의를 기울이자. 수업 시간이 허용된다면, 또 다른 팀의 예닐곱 명의 학생들이 집단 역할극을 반복할 수 있다.

예로 들 수 있다. 그는 경제 대공황 동안 대행사의 직원들이 과도하게 스트레스를 받는 것을 목격했다. 대행사에서의 리더십은 직원들과 고민에 대해 더 자주 커뮤니케이션하는 것을 필요로 했다. 클리블랜드는 더 많은 상사와의 대면시간이 필요하다고 인식하여 사무실을 순회하면서 직원들과 매일 대화하기 시작했다. 그의 접근 방식은 스트레스를 줄이고 사기를 높이는 것으로 나타났다.[29]

[리더십 스킬 구축 연습 12-2]는 기본적인 리더의 커뮤니케이션 스킬을 테스트해 볼 수 있는 기회를 제공할 것이다.

12.4 문화적 커뮤니케이션 장벽 극복하기

리더와 관리자들이 직면하고 있는 또 다른 커뮤니케이션의 문제는 이(異) 문화와 하위문화 출신의 사람들을 다루는 데 있어서 발생하는 커뮤니케이션 장벽을 극복하는 것이다. 리더들은 일반적으로 다른 나라 출신들의 사람들과 커뮤니케이션을 하기도 하고 자신의 국가에서 더 다양한 집단의 사람들과 커뮤니케이션을 하기도 한다. 이러한 업무 현장의 다양성으로 인해 다문화 인력을 관리할 수 있는 리더에 대한 수요가 높다. 여기서 우리는 다양한 문화적 커뮤니케이션 장벽을 극복하기 위한 몇 가지 지침을 제시할 것이다. 이러한 지침을 시행하는 것은 많은 커뮤니케이션 문제를 극복하고 예방하는 데 도움이 될 것이다. 여기에서 도움이 되는 출발점은 당신의 다문화 기술 및 태도를 생각하는 데 도움이 되는 [리더십 자기 평가 퀴즈 12-2]를 하는 것이다.

리더십 자기 평가 퀴즈 12-2

다문화 기술 및 태도

방법 여기에는 다양한 고용주와 다문화 전문가들이 문화적으로 다양한 환경의 동료들을 효과적으로 사이좋게 지내게 하는 데 중요하다고 생각되는 다양한 기술과 태도가 열거되어 있다. 각각의 항목이 당신에게 적용되는지 아닌지를 표시한다.

	현재 나에게 적용된다	아직은 아니다
1. 다른 국가에서 지낸 적이 있다.	☐	☐
2. 적어도 내 친구 중 한 명은 청각 장애나 시각 장애가 있거나, 휠체어를 사용한다.	☐	☐
3. 미국 달러가 유로와 비교하여 얼마만큼의 가치가 있는지에 대한 대략적인 개념을 갖고 있다.	☐	☐
4. 중국 식당이나 이탈리안 식당 외의 자신의 나라와는 상당히 다른 문화의 음식을 먹어 본 적이 있다.	☐	☐
5. 모국어 외에 할 수 있는 언어가 있다.	☐	☐
6. 모국어 외에 읽고 쓸 수 있는 언어가 있다.	☐	☐
7. 나와 다른 언어를 말하는 사람들을 이해할 수 있다.	☐	☐
8. 적어도 일주일에 한 번은 제2외국어를 사용한다.	☐	☐
9. 내 친구 중에는 나와 인종이 다른 사람들이 있다.	☐	☐
10. 내 친구 중에는 연령대가 다른 사람들이 있다.	☐	☐
11. 나와 성적 기호가 다른 사람을 친구로 삼는 것이 불편하지 않다(않을 것이다).	☐	☐
12. 다른 문화가 모국의 문화와 상당히 다르다고 해도 그 문화가 똑같이 훌륭하다는 것이 내 생각이다.	☐	☐
13. 내 집에 다른 문화의 미술품을 걸어 둘 의향이 있다(아니면 이미 걸어 놓았다).	☐	☐
14. 다른 국가에서 몇 달 이상 일하라는 제의를 받아들일 것이다(또는 이미 받아들였다).	☐	☐
15. 여권을 갖고 있다.	☐	☐

총점

채점 및 해석 10개 이상의 질문에서 "현재 나에게 적용된다."라고 답했다면, 당신은 아마도 다문화적 업무 환경에서 잘 지낼 것이다. 10개 이상의 질문에 "아직은 아니다"라고 답했다면, 당신은 다문화적 업무 환경에서 효과적으로 근무하기 위한 다문화적 인식과 기술을 더 개발할 필요성이 있다. 두 개의 언어를 할 줄 알면 이 퀴즈에서 적어도 4점은 얻을 수 있다는 것을 알게 될 것이다.

출처: 이 퀴즈에 대한 몇 가지 아이디어는 Dirks and Janet Buzzard의 "What CEOs Expect of Employees Hired for International Work," *Business Education Forum*, April 1997, pp.3-7; Gunnar Beeth, "Multicultural mangers Wanted," *Management Review*, May 1997, pp. 17-21에서 온 것이다.

1. **문화적 커뮤니케이션 장벽이 존재한다는 사실에 주의를 기울이기.** 이러한 잠재적 장벽을 인지하는 것은 장벽을 해소하기 위한 첫 단계이다. 다른 문화적 배경을 가진 사람을 다룰 때 커뮤니케이션에 대한 문화적 장벽을 최소화하기 위한 피드백을 구하라. 예컨대 특정 문화 집단에게 효과적이지 못한 칭찬이나 보상의 유형을 조사하라. 아시아 문화에서는 집단의 성과가 개인의 성과보다 더 가치 있는 것이기 때문에, 미국에 온지 얼마 안 되는 아시아인들은 다른 사람들 앞에서 칭찬 받는 것을 불편해 한다.

   가치, 태도, 예절의 문화적 차이에 조심하는 것은 다른 문화의 사람들과 더 효율적으로 커뮤니케이션하는 데 도움이 될 것이다. [표 12-2]에 있는 문화적 실수를 눈 여겨 보도록 한다. 동시에, 이러한 실수가 문화적 고정관념에 의한 것이며 다른 문화 집단 구성원들의 일반적인 또는 평균적인 행동을 반영한다는 것을 인지한다.

2. **당신의 문화적 추정에 의문 제기하기.** 문화 집단에 대한 추정은 커뮤니케이션 장벽을 만들 수 있다. 다른 집단에 대해 당신이 하는 가정이 반드시 잘못된 것은 아니지만, 추정에 의한 의문 제기를 멈추는 것이 커뮤니케이션을 용이하게 할 수 있다. 예를 들어, 미국인 리더는 독립성과 자율성의 규범을 직장 내 모든 집단이 소중하게 생각한다고 가정할 수 있다. 트루디 밀번(Trudy Milburn)은 평등의 개념조차도 문화 집단을 소외시키는 표현이 될 수 있다고 지적한다. 존슨 앤 존슨 강령 중 한 문장은 "모든 사람은 한 명의 개인으로 간주되어야 한다."이다. 그러나 개인이라는 단어가 모든 집단에게 긍정적인 의미를 갖지는 않는다. 많은 라틴 문화 집단 사이에서 개인이란 용어는 나머지 공동체로부터 한 사람을 분리한다는 뜻을 내포할 수 있기 때문에 모욕적인 용어이다.[30]

3. **모든 직원들을 존중하기.** 일반적으로 좋은 다문화 관계를 촉진하는 행위는 커뮤니케이션 장벽을 극복하는 데 도움이 된다. 광범위하게 적용되는 지적은 은연중에 타문화에서 온 사람에게 "당신의 억양이 이상하다"라고 말하는 결례이다. 당신이 그 사람의 문화 출신이었다면, 당신 또한 "우스운 억양"을 가졌을 것이다. 최상의 존경을 나타내는 태도는 다른 사람의 문화가 당신의 문화와 다르더라도, 그것이 당신의 문화보다 열등하지 않다는 당신의 믿음을 전달하는 것이다. 다른 문화를 존중하는 것은 커뮤니케이션 장벽을 극복하는 데 있어 2개 국어를 구사하는 것보다 더 중요할 수 있다.[31]

4. **간결한 언어를 사용하고, 천천히 명확하게 말하기.** 당신의 모국어를 유창하게 구사하지 못하는 사람들과 일할 경우, 이해하기 쉽게 얘기하라. 당신의 모국어

표 12-2 특정한 문화 집단에게 피해야 할 문화적 실수

국가	피해야 할 문화적 실수
유럽	
영국	• 개인적인 질문하기. 영국은 사생활을 보호한다. • 영국 출신 기업인이 "전혀 나쁘지 않다"라고 하는 말을 무관심하다고 해석하는 것. 영국인들은 긍정적인 감정을 축소하여 말한다. • 왕족에 대한 험담
프랑스	• 두 시간에 걸친 프랑스식 점심을 하는 동안 일을 마칠 수 있다는 기대. • 8월 바캉스 기간에 상당한 업무를 처리하려는 시도. • 처음 프랑스 사람을 만나서 sir 또는 madam(즉 monsieur, madam, 또는 mademoiselle)을 사용하지 않는 것.
이탈리아	• 메인 코스 요리가 아닌 파스타를 너무 많이 먹는 것. • 명함을 자유롭게 건네는 것. 이태리 사람들은 명함을 어쩌다 사용한다. • 시간 엄수 기대. 당신의 약속 상대는 일반적으로 20분에서 30분 늦는다. • 엄지와 집게손가락으로 미국식의 "OK" 사인을 하는 것. 스페인에서 (그리고 많은 다른 국가에서) 이것은 저속한 동작이다.
스칸디나비아(덴마크, 스웨덴, 노르웨이)	• 이들 국가에서 너무 계급을 의식하는 행위. 스칸디나비아 사람들은 계층에 따른 사람의 지위에 상대적으로 거의 신경을 안 쓴다.
아시아	
모든 아시아 국가	• 아시아인 구직자 또는 직원에게 자신의 성과를 자랑하라고 강요하기. 아시아인들은 개인적인 성과를 자랑할 때 수줍어하고 경력이 자신을 대변해 주는 것을 선호한다. 더불어, 그들은 개인적인 성취보다는 집단의 성취에 대해 이야기하는 것을 좋아한다.
일본	• 악수를 하거나 공개적으로 일본사람 (그리고 다른 아시아 사람들)을 포옹하는 것. 일본사람들은 그러한 관행을 불쾌하게 생각한다. • 일본 사업가들이 "고려해 보겠다."를 "안 된다"라고 해석하지 않는 것. 일본 협상가들이 "고려해 보겠다."라고 말할 때는 "안 된다"라는 것을 의미한다. • 사업을 할 때 일본인들에게 변변찮을 것이라고 생각하여 선물을 하지 않는 것. 일본인들은 이러한 선물을 받지 못한 것에 대해 불쾌해 한다. • 일본인 사업가에게 한 번 이상 명함 전달하기. 일본 사람들은 명함을 한 번만 주고받는 것을 좋아한다.
중국	• 문구류와 명함에 검정색 테두리 사용하기. 검정색은 죽음과 관련되어 있다. • 사업을 할 때 중국인들에게 사소한 선물을 하는 것. 중국 사람들은 이러한 선물에 불쾌해 한다. • 중국인 기업체 간부에게 임의적으로 전화하기. 중국 관료들과 처음으로 만날 때는 적절한 소개가 필요하다.
한국	• "아니다"라고 말하기. 한국인들은 방문객들이 좋은 감정을 갖고 떠나는 것이 중요하다고 생각한다.
인도	• 손으로 식사하지 않았으면 좋겠다고 인도사람에게 말하는 것. 인도 사람들이 식사할 때 포크와 나이프를 사용하지 않는 경우, 당신도 그들처럼 하기를 기대한다.
멕시코와 라틴 아메리카	
멕시코	• 아침에 멕시코로 날아가서 점심때까지 상담을 매듭짓기를 기대하는 것. 멕시코 사람들은 사업적 관계를 천천히 형성한다.
브라질	• 스페인어 몇 마디로 브라질 사람들에게 깊은 인상을 남기려는 시도. 브라질은 포르투갈어가 공식 언어이다.
대부분의 라틴 아메리카 국가들	• 업무 회의를 할 때 고상하고 값비싼 보석류 걸치기. 대부분의 남미인들은 미국인들이 업무 회의를 할 때 더 보수적으로 보여야 한다고 생각한다.

注: 미국과 캐나다 이외의 대부분의 국가에서 사업을 할 때 미국인들이 피해야 할 문화적 실수들은 사업에 빨리 착수하도록 강요하는 것이다. 작은 마을의 북미인들 또한 사업을 시작하기 전에 관계를 형성하는 것을 좋아한다. 또한, 첫 만남에서 다른 사람들을 이름으로 부르는 문화에서 온 사람들에서 입증되듯이, 전 세계는 격식에 덜 얽매이고 있다.

특유의 속어와 비유의 사용을 최소화하라. 인도 뉴델리 출신의 시스템 애널리스트는 관리자와의 인사고과 이후 혼란스러운 상태에서 헤어졌다. 관리자는 "우리 사이에는 통하는 데가 있기 때문에 당신에게 더 좋은 자리를 주겠다."라고 말했다. 그녀는 통하는 사이(good chemistry)가 관계(rapport)라는 의미를 이해하지 못했고, 무식하게 보이는 게 싫어서 설명을 요구하지 않았다.

전문가 수준으로 제2외국어를 읽고 쓸 줄 아는 사람이라도 일부 대화의 미묘한 차이를 알아채는 데 어려움을 느낄 수 있기 때문에 천천히 말하는 것 또한 중요하다. 당신의 얼굴 표정과 입술이 이해에 도움이 되기 때문에 다른 문화의 사람을 직접 대면하는 것 또한 커뮤니케이션을 향상시킨다. 그리고 너무 크게 말할 필요는 없다는 것을 명심하자.

5. **당신의 언어가 듣는 사람의 모국어가 아닐 경우 오해의 소지 찾기.** 오해의 징조는 당신이 말하는 것에 직접적으로 관련되어 있지 않은 고개의 끄덕임과 미소, 질문의 결여, 부적절한 웃음, 멍한 표정에서 나타날 수 있다. 이러한 징조가 있다면 앞의 4번의 제안을 더 열심히 적용하도록 하자.[32]

6. **적절한 상황인 경우, 다른 문화 사람의 언어로 이야기하기.** 다른 언어를 말할 수 있는 미국인들은 그 언어를 말하는 사업가를 상대할 때 경쟁 우위에 있다. 그러나 언어능력은 약간의 기본적인 단어와 문구를 말하는 것 이상이 되어야 한다. 그 지역의 언어를 하는 것은 보통 그 사람에게 통찰력을 주고 오해를 방지한다. 마찬가지로 중요한 것은 2개 국어를 말할 수 있는 능력은 리더의 완전한 신뢰성을 불러일으키는 데 일조한다.[33]

   영어가 모국어인 사람들이 타국어를 사용하면서 갖는 좌절감은 전 세계적으로 매우 많은 사람들이 영어로 말하는 기회를 활용한다는 점이다. 따라서 관계 수립하는 데(영어가 아닌) 다른 언어를 쓰는 리더는 묵살당할 수도 있다. 이러한 문제에도 불구하고, 직장 내에서 다른 언어로 말하는 것은 긍정적인 효과를 가질 가능성이 크다.

   더 많은 청각 장애인이 노동력에 통합되면서, 직원 중 몇몇이 청각 장애인인 경우 수화를 아는 것은 리더에게 큰 이점이 될 수 있다.

7. **예절에서의 문화적 차이를 지키기.** 양해 없이 예절을 어기는 것은 즉각적으로 커뮤니케이션에 장벽이 될 수 있다. 대부분 국가에서의 중요한 비즈니스 예절이 중요한 업무를 함께 하는 참여자들과 우선 식사를 같이 하면 좋다는 것이다. 중요한 사업 거래에 대해 논의하기 전날 밤 열리는 연회에 초대되었다면, 그 연회를 관계형성을 위한 중요한 기회로 여겨야 한다. 연회를 피하는 것은 중대한 실수이다.

8. **스타일, 억양, 문법, 또는 개인의 외모를 보고 즐거워하지 않기.** 이러한 피상적인 요소들은 모두 사업의 성공과 관련되어 있다고 하더라도, 다른 문화의 사람을 판단할 때 이러한 요소들을 해석하는 것이 쉽지만은 않다. 따라서 표현이나 행동의 가치를 판단하는 것이 더 낫다. 다른 문화 출신의 매우 똑똑한 직원은 아직 영어를 배우고 있는 중이어서 기본적인 실수를 할 수 있다. 그 사람은 또한 당신네 문화에서의 옷 입는 스타일에 대한 감각이 아직 없을 수 있다.

9. **커뮤니케이션에 있어 필수적인 경우를 제외하고 인종적 또는 민족적 구별 삼가기.** 사람의 인종 또는 민족성을 형용사 또는 다른 기술 요소로 사용하는 것은 흔히 부정적인 고정관념을 시사한다.[34] 예를 들어, 리더가 "나는 앙드레가 자랑스럽습니다. 그는 (자신의 인종 중에서) 매우 책임감 있는 고객 서비스 상담원입니다."라고 말했다고 가정하자. 이러한 표현에서 가능한 또 하나의 해석이 앙드레와 동일한 인종의 고객 서비스 상담원들 대부분은 책임감이 없다는 전제이다. 또는 리더가 "우리 팀에 마르샤가 들어와서 기쁩니다. 그녀는 사람들과 잘 지내는 사람입니다."라고 할 수 있다. 또 하나의 가능한 암시가 마르샤와 같은 특정 국가 출신의 여성들은 일반적으로 같이 일하기 쉽지 않다는 것이다.

10. **비언어적 커뮤니케이션의 차이 인식하기.** 다른 문화 출신의 사람은 비언어적 신호를 잘못 해석할 수도 있다. 긍정적인 강화를 활용하기 위해, 일부 매니저들은 직원들을 옆에서 안아주거나 직원의 팔을 만질 수 있다. 일부 문화 출신의 사람들은 동료가 만지는 것을 불쾌하게 생각하고 기분이 상할 수 있다. 한국인들은 직장에서 다른 사람이 만지거나 다른 사람을 만지는 것을 특히 싫어한다.

11. **개인의 외견상 차이점에 신경 쓰기.** 중요한 문화적 모욕은 그들이 동일한 인종 또는 민족 집단 구성원이라는 이유로 사람을 헷갈려 하는 것이다. 중국에서 자라서 미국에서 학생을 가르치고 있는 나이 많은 경제학 교수는 학생들의 이름을 익히는 데 힘들어서 그들과의 커뮤니케이션에 어려움을 겪었다. 교수의 변명은 "나에게 있어 많은 미국인들은 똑같아 보인다."였다. 연구에 따르면, 사람들은 소위 인종적 차이를 우선하여 보기 때문에 같은 인종의 다른 사람들 간의 개인적 차이를 식별하는 데 어려움을 느낀다. 타민족 사람들이 어떤 동양인에 대해 "그는 중국 사람의 코를 갖고 있다."고 표현할 수 있다. 그러나 보조개, 눈동자 색깔, 그리고 (진지한 또는 그렇게 진지하지 않은)표정과 같은 더 눈에 띄는 특징을 찾는 법을 배워야 한다.[35]

12.5 갈등 해결과 협상에서의 리더의 역할

리더와 관리자는 갈등을 해결하고 협상을 하는 데 상당한 시간을 허비한다. 그들이 협상을 포함하여 문제를 처리하는 데 자신의 시간의 약 20%를 쏟는다고 흔히 추산된다. 최고 경영진 사이에서 갈등은 흔히 발생하며, 이것은 조직에 심각한 결과를 가져올 수 있다. 자원을 놓고 경쟁하는 두 사업부서가 그러한 경쟁의 예이다.

부서 간의 경쟁은 모든 규모의 회사에서 추악한 맹점으로 여겨지고 있으며, 이것은 흔히 생산 지연, 비용 증가, 우위를 점하기 위한 부서 간의 막후 경쟁으로 인한 시장 점유율 감소로 이어진다. 오프라인과 온라인 부서 간에서 갈등은 흔히 발견된다.[36] 집단 간의 갈등이 해결될 때까지 협력은 어려울 것이다.[37] 예컨대 운영부서와 인사부서 간에 갈등이 있다면, 두 집단이 다양한 훈련 프로그램에서 협력하는 것은 어려울 것이다.

리더는 때때로 조직 외부의 집단과 갈등에 휘말리게 되는데, 그러한 갈등을 해결해야 한다. 한 예로 주정부가 부가세를 면제받았다고 주장하는 온라인 업체들에게 부가세를 요구하기 시작했다. 2011년 4월, 텍사스 감사국이 징수되지 않은 부가세 2억 6천 9백만 달러를 요구하면서 아마존 닷컴은 근교의 유통센터를 폐쇄했다. 그들은 분쟁 소송에 들어갔다.[38]

갈등 해결에 관한 광범위한 서술은 리더십 스킬 연구보다는 경영기술 연구에서 더 적합하다. 그 이유는 갈등 해결이 회사나 조직 단위가 새로운 단계로 진입하도록 하는 데보다는 평형을 유지하기 위해 해야 할 일들이 더 많기 때문이다. 여기서 우리는 갈등 해결의 유형 이해를 위한 기본적인 틀, 두 집단 구성원 간의 갈등 해결, 그리고 절충과 협상을 위한 몇 가지 제안에 대해 이야기할 것이다.

갈등 관리 유형

[그림 12-1]에서 알 수 있는 것처럼 케네스 토마스(Kenneth W. Thomas)는 경쟁, 조절, 공유, 협력, 그리고 회피라는 갈등 관리의 다섯 가지 중요한 유형을 구별하였다. 각 유형은 자신의 관심사 충족(자기주장)과 타인의 관심사 충족(협력)의 결합에 바탕을 두고 있다.[39] [리더십 자기 평가 퀴즈 12-3]은 당신의 갈등 관리 유형에 대해 생각할 수 있는 기회를 제공한다.

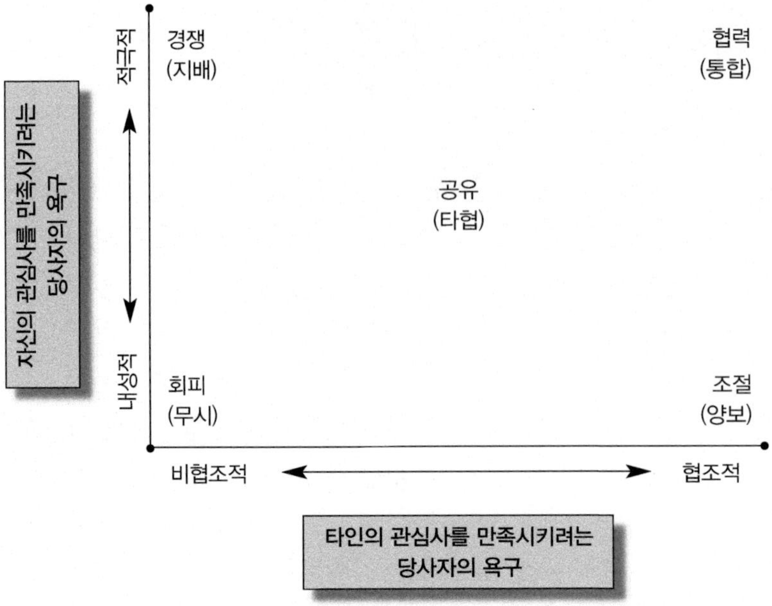

그림 12-1 **협력과 자기주장의 정도에 따른 갈등 처리 유형**

출처: Kenneth W. Thomas, "Organizational Conflict," in Marvin D. Dunnette, ed, *Handbook of Industrial and Organizational Psychology*, p. 900(Rand McNally). Copyright © 1973, Marvin D. Dunnette. Marvin. Dunnette의 허가 하에 사용됨.

경쟁적 유형 경쟁적 유형은 다른 당사자를 희생하여 자신의 목표를 달성하려는, 즉 지배하려는 열망이다. 경쟁적인 성향을 가진 사람은 승패의 권력 투쟁에 관여할 가능성이 크다.

순응적 유형 순응적 유형은 양보, 즉 자신의 관심사를 돌보지 않고 타인의 관심사를 충족시키는 것을 선호한다. 이러한 성향의 사람들은 관계의 유지를 위해 관대하거나 자신을 희생할 수 있다. "화가 난 고객의 입을 다물게 하기 위해" 전액 환불을 해줄 수 있다. 그러한 합의는 고객의 충성심을 유지하기 위한 것일 수도 있다.

공유 유형 공유 유형은 지배와 양보의 중간이다. 공유자들은 양쪽 당사자의 적정한 그러나 불완전한 만족을 선호하며, 그 결과 타협으로 이어진다. **절충안을 찾는다**(splitting the difference)는 개념은 이러한 성향을 반영하며, 이 개념은 일반적으로 집이나 차를 구매하는 행위에 적용된다.

리더십 자기 평가 퀴즈 12-3

나의 갈등 해결 유형

방법 다음에 있는 각각의 항목에 대해 당신이 상황을 처리했던 방식, 앞으로의 상황 처리 방식, 또는 명시된 태도에 당신이 얼마나 동의하는지에 대해 "대체로 맞음" 또는 "대체로 틀림"으로 답하라.

	대체로 맞음	대체로 틀림
1. 나 자신은 직설적이고 공격적인 협상가이다.	☐	☐
2. 갈등을 해결하는 최상의 방법은 상대방을 제압하는 것이다.	☐	☐
3. 가격을 흥정할 때, 적어도 상대방이 약간의 이익이라도 챙기기를 바란다.	☐	☐
4. 가격을 흥정할 때, 결국 실제로 원했던 가격을 받을 수 있도록 터무니없는 요구나 제안으로 시작한다.	☐	☐
5. 성공적인 협상 이후, 한쪽이 이기고 다른 한쪽이 손해를 본다.	☐	☐
6. 성공적인 협상 이후, 양측이 가치 있는 무언가를 얻어 나간다.	☐	☐
7. 누군가와 갈등이 있을 때, 그 사람의 관점을 이해하기 위해 그의 말을 새겨들으려고 한다.	☐	☐
8. 맞서라. 사업은 전쟁이며, 따라서 분쟁을 벌일 때 왜 양보를 해야 하는가?	☐	☐
9. 동료와의 불화를 해결할 때, 우리가 앞으로도 함께 일해야 한다는 사실을 명심한다.	☐	☐
10. 분쟁 해결에 관한 한 좋은 사람들이 마지막을 마무리한다.	☐	☐

총점

채점 및 해석 정답과 일치하는 답에 대해 1점을 매긴다.

1. 대체로 틀림
2. 대체로 틀림
3. 대체로 틀림
4. 대체로 맞음
5. 대체로 틀림
6. 대체로 맞음
7. 대체로 맞음
8. 대체로 틀림
9. 대체로 맞음
10. 대체로 틀림

➡ 당신의 점수가 8점, 9점, 또는 10점이라면 당신은 문제해결과 타협에 협력적(윈-윈) 접근법을 사용할 가능성이 높다. 점수가 7점 미만이라면, 문제해결과 타협에 경쟁적(윈-루즈) 접근법을 사용할 가능성이 높다. 협력적 접근법은 결국 당신의 리더십 효율성을 향상시킬 가능성이 높다.

협력적 유형 다른 유형과는 대조적으로, 협력적 유형은 양쪽 당사자의 욕구를 완전히 충족시키고자 하는 열망을 반영한다. 이것은 갈등이 해결된 후 양측이 무언가 가치 있는 것을 얻어야 한다는 믿음으로써, **갈등 해결을 위한 윈-윈 접근법**이라는 근본적인 철학에 기반하고 있다. 윈-윈 접근법을 활용하는 사람은 양 당사자의 요구를 만족시키거나, 적어도 상대측의 행복을 크게 손상시키지 않는 해결책에 도달하는 것에 큰 관심을 갖는다. 갈등 해결을 위해 협력적 접근법이 사용될 때, 당사자 간의 관계가 형성되고 발전된다.

갈등 관리의 협력적 유형에는 많은 변형이 있으며, 이 중 하나는 당신을 비판하는 사람과 의견을 같이 하는 것이다. 비평을 하는 사람에게 동의를 할 때 당신이 옳다는 것을 보여주기 위한 방식이 아니라, 당신이 해결책을 모색하고 있다는 것을 보여준다. 당신이 비평의 본질에 동의한다면, 당신은 상황을 이해하고 있으며 문제해결을 위해 최대한 노력할 준비가 되어 있다는 것을 보여준다.

예를 들어, 한 집단 구성원이 자신에 대한 평가가 너무 가혹했다고 당신을 비난한 경우, 당신은 "내 평가가 가혹했다는 것에는 동의하지만, 거기에는 목적이 있었습니다. 내가 생각하기에 개선이 필요하다고 생각하는 것에 대해 당신이 동기부여가 될 수 있도록 당신에게 솔직하게 이야기하고 싶었습니다."라고 말할 수 있다. 당신의 동의는 집단 구성원이 어떻게 향상될 수 있는지에 대한 추가적인 논의를 유발할 가능성이 높다. 협력적 유형은 결과가 생산성과 만족의 증가로 이어지기 때문에 효율적인 리더가 사용할 가능성이 가장 높은 접근법이다.

리더가 비판에 동의하는 또 다른 유형은 자신이 진정으로 잘못을 했을 때 사과하는 것이다. 상대방이 덜 호전적이 되기 때문에 사과는 보통 갈등을 줄이며, 협력의 장을 만들어준다. 경영진들이 회사에 금전적인 손실이 있고 직원들이 해고되고 있는 상황에서 자신들을 위한 대규모의 금융 보너스를 가결한다는 시나리오를 상상해 보자. 노조 또는 직원에게 "미안하다, 우리가 바보 같은 짓을 했다."라고 사과하는 것은 그들의 화를 누그러뜨리는 데 도움이 될 수 있다. 보너스의 일부를 반환하는 것은 더 도움이 될 것이다. 일반적으로, 용서를 솔직하게 호소하는 선의의 사과는 진실하게 느껴질 것이다.[40]

회피 유형 회피를 하는 사람은 협력의 결여에 내성적인 성격이 결합되어 있다. 그들은 다른 사람들의 관심사에 무관심하다. 그 사람은 실질적으로 갈등에서 물러나거나 운명에 의존할 것이다. 회피를 하는 사람의 예로 이견을 조율하도록 내버려 두면서 두 팀 구성원 간의 갈등에 관여하지 않는 관리자를 들 수 있다. 텍사스에서 물류 센터를 철수하기로 한 아마존닷컴의 결정은 회피로 설명될 수 있는데, 회사가 세금 갈등에 대해 상호간에 유리한 해결책을 생각해 내려는 시도를 하지 않았기 때문이다.

갈등 해결에 관여하는 사람들은 일반적으로 자신의 목적을 달성하기 위해 다섯 가지 해결 유형 중 몇 가지를 결합한다. 예를 들어, 일반적으로 갈등 해결을 위한 효율적인 방법은 자신에게는 중요하지만 상대방에게는 중요하지 않은 비용에 대해 경쟁력을 갖는 것이며, 동시에 자신에게는 중요하지 않지만 상대방에게는 중요한 비용에 대해 협상을 하는 것이다.[41]

어떤 유형의 갈등 처리 방식을 사용할지 결정하는 것은 변수의 수에 따라 다르다. 주요한 우발적 요소들은 갈등 문제의 중요성과 상대방의 상대적인 힘이다. 자신의 부서가 아웃소싱되는 것을 방지하는 것과 같은, 리더에게 아주 중요한 문제일 경우에 지배가 가장 효과적인 방식일 것이다. 그러나 때로 상대방이 더 많은 힘을 갖고 있을 때 리더는 갈등 관리의 조절 유형을 사용할 것이다. 그리고 리더는 미래의 더 중요한 문제를 위해 지배 방식을 남겨둘 것이다.

두 집단 구성원 간의 갈등 해결

고도의 경영기술은 두 명 이상의 집단 구성원이 그들 간의 갈등을 해결하도록 돕는 것이다. 관리자나 리더가 갈등 해결에 투자하는 대부분의 시간은 갈등을 해결하도록 다른 사람들을 돕는 것에 맞춰져 있다. 흔히, 갈등은 두 개의 다른 부서 또는 사업부의 책임자 간에 일어난다. 가장 유용한 접근법은 갈등 중인 당사자들을 대치와 문제해결에 관여시키는 것이다(대치는 진정한 문제를 논의하는 것에 주목하며, 문제해결은 갈등 해결을 위한 방법 모색에 주목한다). 관리자는 양측과 같이 앉아(관리자에게 보다는)서로에게 문제에 대해 이야기하도록 격려한다. 이러한 접근법은 쌍방이 자신이 각자 옳다고 관리자를 설득하려고 할 수 있기 때문에, 관리자나 리더와 단독으로 이야기하도록 각각 일방을 초대하는 것보다 바람직한 방법이다. 간략한 예를 들어보면 다음과 같다.

리더 당신들 중 한 명이 너무 많은 업무에 시달리고 있을 때, 업무량을 나눠 갖는 것에 대해 당신들이 갖고 있는 문제를 극복할 수 있는지 확인하기 위해 두 사람을 함께 오라고 했습니다.

스테파니 우리를 불러주셔서 기뻐요. 조쉬는 내가 고객의 요청에 파묻혀 있을 때에도 나를 도와주려고 하지 않습니다.

조쉬 그녀가 나를 돕는 데 동의했더라면 나는 기꺼이 스테파니를 도왔을 겁니다. 그녀는 휴식시간이면 휴대폰으로 수다를 떨기 위해 휴게실로 달려가죠.

스테파니 당신도 만만치 않아요. 나는 당신이 휴식시간에 차에서 낮잠 자는 것을 목격했어요.

리더 여기서 무슨 일이 벌어지고 있는지 알겠군요. 당신 두 사람은 서로에 대해 적대적이며, 흠잡을 곳을 찾고 있어요. 서로에게 좀 더 많은 존경심을 갖고 서로를 기꺼이 도와야 한다고 생각합니다.

조쉬 사실 스테파니가 그렇게 나쁜 건 아니에요. 그리고 그녀가 원하기만 하면 아주 잘 할 수 있다는 것을 알고 있습니다. 다음번에 그녀가 도움이 필요할 때 협력하겠습니다.

스테파니 '조쉬'라는 이름이 익살을 떠는 것과 관련이 있다는 것을 알고 있습니다. 하지만 우리의 조쉬는 따뜻한 마음씨를 가졌네요. 옛날 일은 잊고 다시 시작할 용의가 있습니다. 다음번에 그가 도움이 필요할 때 나에게 정중하게 요청할 수 있을 거예요.

갈등 해결 전문가 패트릭 뉴젠트(Patrick S. Nugent)는 집단 구성원들의 갈등에 개입을 가능하게 하는 것은 날로 중요성이 증대되고 있는 하나의 경영기술이라고 믿는다. 그러한 역량은 전통적인 계층 구조에 덜 기반하고, 좀 더 자율적 관리를 하는 부하와 팀을 개발하는 데 기초한 새로운 경영 유형에서 유용하다. 온라인 마케팅 대 오프라인 마케팅과 같이 서로 다른 두 집단 간에 갈등이 있을 때, 갈등 해결의 주요 목표는 양측이 회사의 더 큰 그림을 보게 하는 것이다.[42]

절충 및 협상

1장에서 언급했듯이 절충은 기본적인 리더의 역할이다. 이러한 개념을 뒷받침하기 위해, 마이클 왓킨스(Michael Watkins)는 리더가 선지자가 되는 것만으로는 충분치 않으며, 그들은 능력 있는 협상가가 될 필요가 있다고 말한다. 이유 중 하나는 젊은 사람들이 권력과 권위를 덜 받아들이는 경향이 있다는 것이다. 또 다른 이유는 평면 조직으로 향하는 추세와 매트릭스 구조의 활용은 리더에게 지속적인 절충을 요구한다(매트릭스 구조는 기능 구조에 중첩되는 프로젝트 팀이다)는 것이다. 사람들은 보통 절충을 한 이후에 명령을 받아들인다.[43]

갈등은 절충과 협상을 요구하는 상황 또는 문제해결을 위해 다른 사람과 협의하는 상황으로 생각할 수 있다. 직장을 옮기기 위해 적정 연봉을 협상할 때, 당신은 동시에 갈등을 해결하려고 한다. 처음에, 두 당사자의 요구는 양립할 수 없는 것으로 보일 수 있다. 하지만 절충을 통해 양 당사자를 만족시킬 수 있는 급여가 나올 수도 있다. 여기서 우리는 리더에게 유용하다고 생각할 수 있는 몇 가지 실질적인 협상 기술을 살펴보기로 한다. 여기에 제시된 협상 방법은 윈-윈 철학을 바탕으로 통합이나 협력의 전략을 강조한다.

상대방이 원하는 바를 알기 위해 먼저 경청하기 고급 협상 기술은 다른 사람 또는 집단의 관점을 요청하는 것으로 시작하는 것이다. 당신은 이 정보를 협상 목표를 세울 때 활용할 수 있으며, 목표 달성을 위해 어떻게 해야 할지를 알 수 있다.[44] 예를 들어, 사업단장이 제품 생산을 아웃소싱하는 것에 관해 본사 경영진과 협상을 한다. 단장은 왜 본사가 정말 아웃소싱을 원하는지를 분석하려고 할 것이다. 운영비를 줄이려고 하는 것인가? 품질 향상에 주된 관심이 있는 것인가? 이윤 증진에 주된 관심이 있는 것인가?

경청 기술은 큰 그림을 보는 데 필수적이다. 바비 코비(Bobby Covie)는 "협상가 사이에는 협상 중에 말을 가장 많이 한 사람이 진다는 말이 있다."고 한다. 우선 경청하는 것은 신뢰를 쌓는 데 도움이 된다. 경청은 또한 상대방이 하는 말에 주목하는 것이다.[45] 한 사람이 더 많은 부서 예산을 요구하는 협상 회의를 시작한다. 그러나 유의해서 들어보면 그가 자신의 부서를 위해 바라는 것은 더 많은 존중과 주목을 받는 것이라는 것을 알게 될 것이다. 따라서 쟁점은 금전적인 것이 아니다.

방금 제시한 예처럼 경청은 협상가가 상대측이 왜 무엇이 되길 원하는지에 관한 정보를 찾아내는 데 도움이 된다.[46] 상대측이 단지 더 많은 존중을 받기 위해 더 큰 예산을 원한다면, 더 큰 예산을 주는 것보다 존중을 해주는 것이 비용이 덜 드는 방법이다. 아마도 리더는 그 사람에게 더 멋진 직책을 주고 부서의 이름을 바꾸거나, 특별 프로젝트팀의 팀장을 맡길 수 있다. 예를 들어, 마케팅 팀장을 "브랜드 팀장", 그리고 부서를 "브랜드 개발부"로 바꾸는 것이다.

타당한 요구나 제안으로 시작하기 대부분의 사람들은 타협과 협상의 여지가 극단적인 요구나 제안으로부터 시작한다고 생각한다. 이 이론은 최종적인 타협이 현실적인 요구로 시작되는 협상보다 얻고자 하는 요구나 제안에 더 근접한 결과를 도출한다는 것이다. 하지만 타당한 요구가 선의의 홍정을 반영하기 때문에 더 낫다. 또한, 제3자가 갈등을 중재하는 경우 타당한 요구나 제안이 받아들이기 어려운 극단적인 요구나 제안보다 더 공감을 얻는다.

만족스러운 협상을 위해 타협을 필요로 할 때는, 일반적으로 **브레인스토밍**과 **물물교환**을 해야 할 때이다. 브레인스토밍은 협상이 벽에 부딪혔을 때, 그리고 타협안이 불가능할 때 도움이 된다. 협상 연구가 나딘 카슬로우(Nadine Kaslow)에 따르면, 양측이 다양하고 상호적인 해결책을 고려하는 것이 도움이 될 수 있다. 모든 당사자들은 적어도 10가지의 선택 안을 제시해야 한다.[47] 예컨대 양측은 이윤을 손상시키거나 주가를 낮추지 않고 직원 연금기금을 늘리기 위한 10가지 방법을 찾을 수 있다.

물물교환에서 당사자들은 양측을 기쁘게 할 수 있는 방식으로 일련의 상품과 서비스를 교환한다. 그러나 물물교환은 많은 유형의 협상에 적용되지 않을 수도 있다. 한 가지 가능한 예로 정보기술 서비스 회사의 리더가 새 빌딩에 대한 가격을 낮추기 위해 몇 년간 클라우드 컴퓨팅을 건설회사에 제공할 수도 있다.

입장이 아닌 이익에 집중하기 특정 협상 포인트를 고수하는 대신, 전반적인 이익에 유념하여 이익을 충족시키도록 노력해야 한다. 협상의 진정한 목적은 양측의 근본적인 이익을 만족시키는 것이다. 전문 조정관인 존 헤이스터(John Heister)가 설명하는 것처럼, 이익에 집중할 때 분쟁 중인 모든 당사자는 같은 입장에서 "우리는 해결해야 할 문제가 있습니다. 공동의 이해를 바탕으로 각 주주들의 요구를 충족시키는 해결책을 찾아야 합니다."라고 말할 수 있다.[48]

다음은 전략이 어떻게 작용하는지를 보여준다. 당신의 매니저가 당신에게 판매량을 늘릴 수 있는 제안서를 제출하라고 요구했다. 당신은 이것을 다른 유통업자들과 제휴하기 위한 중요한 기회로 이해했다. 당신이 아이디어를 제출했을 때, 당신은 경영진들이 중개인망을 확대하는 것이 아니라 전자 상거래에 뛰어들길 원한다는 것을 알게 되었다. 다른 중개인들과의 연계를 주장하는 대신에 융통성을 발휘하라. 전자 상거래의 참여를 위한 의사결정에 참여시켜 달라고 요청하라. 당신은 자신의 판매량(당신의 진정한 이해관계)을 늘릴 수 있을 것이며, 회사가 전자 상거래에서 더 강한 존재감을 키우는 데 일조했다는 부차적인 이득을 누릴 수 있다.

협상 유형에서의 국제적인 차이 주의하기 다문화 회사의 리더가 직면하고 있는 문제는 다른 문화 출신의 사람들과 성공적으로 협상하는 방법이다. 프랭크 아커프(Frank L. Acuff)는 미국인들이 흔히 현실적인 협상 방식을 갖고 있다고 언급한다. 미국식 협상 방식의 근간이 되는 핵심적인 태도는 "있는 그대로 말하는" 것이다.

이러한 유형의 솔직함과 외견상의 성급함이 갖는 문제는 다른 문화 출신의 사람들이 그러한 견해가 무례하다고 해석할 수 있다는 것이다. 결국, 부정적인 해석은 협상의 실패로 이어질 수 있다. 아커프는 다음과 같은 하나의 사례를 제시한다. "멕시코와 일본에서는 상대측이 어떤 질문에 대해 '네' 또는 '아니오'라고 대답하는 일이 거의 없습니다. 당신은 미국 협상가들이 사용하는 더 명확한 직접적인 신호보다는 하고 있는 말의 맥락을 통해 질문에 대한 답을 파악해야 할 것입니다."[49]

무엇이 효과적인 협상 스타일을 구성하는지 판단함으로써, 협상가는 공동의 해

리더십 스킬 구축 연습 12-3

윈–윈 협상

학급을 6명으로 이루어진 그룹들로 나누고, 각 그룹은 각각 3명으로 이루어진 2개의 협상 팀으로 나눈다. 협상 팀 구성원들은 양측으로 분리를 시킨 쟁점에 대한 윈–윈 (공동의) 해결책을 찾으려 할 것이다. 팀 구성원은 자유롭게 자신들 만의 현안 문제를 만들거나, 다음 중 하나를 선택할 수 있다.

- 경영진은 다음 해에 생계비를 조정하지 않음으로써 원가관리를 하고 싶어 한다. 직원들은 복지를 위해 생계비 조정이 절대적으로 필요하다고 생각한다.
- 마케팅 팀은 스마트폰 케이스를 개당 10불에 생산할 수 있다면 350,000개 팔 수 있다고 주장한다. 제조팀은 개당 15불미만으로 제조비용을 낮추는 것이 실현 불가능하다고 말한다.
- 타코 벨은 북미의 오래된 도시 중 한 곳의 사적지 인근의 새로운 장소에 지점을 내고 싶어 한다. 도시계획위원회 구성원들은 타코 벨 매장이 가져올 세제수입과 일자리는 환영하지만, 타코 벨 식당(또는 매장)이 사적지에 인접해 있는 것을 원하지 않는다.

팀들은 고도의 협상 기술을 통해 해결책에 도달한 후, 팀 동료들과 창의적인 해결책을 공유할 수 있다.

결책을 얻는 타당한 기회를 얻을 수 있다. 협상 스타일에서의 문화적 차이에는 다음과 같은 성향이 포함된다. 일본인들은 직접적인 대립을 피하며 의견 교환을 선호한다. 러시아인들은 논쟁을 갈망한다. 한국인들은 팀을 우선시한다. 나이지리아인들은 말로 하는 것을 선호하며, 인도인들은 글로 쓰는 것을 선호한다(우리는 문화적 고정관념이 대부분 맞지만, 항상 그런 것은 아니라는 것을 다시 한 번 주의해야 한다).[50]

협상을 할 때, 다른 날 동일한 당사자와 또 다른 거래를 할 수도 있다는 것을 인식하는 것은 중요하다. 결과적으로, 당신은 품위 있게 행동하고 자신을 위한 이익만을 극대화하여 상대방의 이익을 최소화시키려고 하면 안 될 것이다.

다른 리더십 및 경영기술과 마찬가지로, 절충과 협상은 개념적인 지식과 실천이 요구된다. [리더십 스킬 구축 연습 12–3]은 절충과 협상의 가장 통합적인 형태인 협력뿐 아니라 갈등 해결을 연습할 수 있는 기회를 제공할 것이다. 협상은 리더의 일 중에서 영향이 큰 부분이기 때문에 상호 이익을 위한 선택권 모색 연습은 리더에게 유용하다.

요약

회사 리더와 직원 간의 개방적 커뮤니케이션은 조직이 문제를 극복하고 성공을 달성하는 데 도움이 된다. 효과적인 커뮤니케이션 스킬은 고무적인 리더십에 도움이 된다. 비언어적 기술 또한 리더십 효율성에 있어 중요하다.

리더의 커뮤니케이션의 주요 특징은 직접적인 방식과 전자적인 방식을 통한 연락망에 의존한다는 것이다. 다른 사람과 연계되지 않고서는, 리더가 자신의 다양한 역할을 수행하는 것이 거의 불가능하다. 실시간 대인 연락망을 개발하는 것은 리더에게 있어 관계를 형성하고, 다른 사람들에게 동기를 부여하고, 협력을 얻어내는 데 필수적인 방법이다. 리더의 네트워크에는 동료, 운영, 개인, 전략적 네트워크가 포함된다.

리더에게 있어 소셜 미디어의 중요한 용도는 전문적인 네트워크를 형성하고 유지하는 것이다. 생산적인 리더는 추상적인 관계보다는 관련성이나 밀도 있는 관계에 더 중점을 둘 가능성이 높다. 연계 강도의 관점은 강한 연계와 약한 연계의 차이를 설명한다. 네트워크에서 서로 다른 행위자 간의 관계는 대략적으로 다음의 두 개의 주요 유형으로 구분할 수 있다. 강한 연계 대 약한 연계 그리고 직접적 연계 대 간접적 연계.

고무적이고 강력한 커뮤니케이션은 리더가 자신의 역할을 수행하는 데 도움이 된다. 고무적이고 강력한 말하기와 쓰기를 위한 제안에는 다음에 언급되는 것들이 포함된다. (1) 신뢰, (2) 당신의 메시지를 청중들에게 맞게 조정하기, (3) 당신 제안의 이점을 집단 구성원들에게 납득시키기, (4) 영향력이 크고 감정을 자극하는 단어 사용하기, (5) 의미 전달을 위해 일화 활용하기, (6) 데이터로 판단 뒷받침하기, (7) 언어적 오류, 쓸모없는 단어, 음성화된 공백 최소화하기, (8) 적절한 양의 비즈니스 전문 용어 활용하기, (9) 메시지를 전면에 넣은 간결하고 명쾌한 메모, 편지, 보고서 쓰기.

권력 지향적인 언어 스타일을 사용하는 것은 영감과 힘을 주는 또 다른 커뮤니케이션 방법이다. 이 스타일에는 불확실성 무시, 간접적인 대화보다는 직접적인 대화 강조, 효과적인 커뮤니케이션의 틀 선택 같은 다양한 기술이 포함된다. 리더는 또한 다음의 설득의 여섯 가지 원칙을 통해 자신의 커뮤니케이션 스킬을 향상시킬 수 있다. 좋아함, 호혜, 사회적 검증, 일관성, 권위, 그리고 희소성.

기술은 또한 힘, 통제, 설득력, 자신감을 함축하는 비언어적 커뮤니케이션을 사용함으로써 개발될 수 있다. 비언어적 커뮤니케이션을 위한 제안에는 똑바로 서있기, 크고 명확한 어조로 적정한 속도로 말하기, 편안하게 자주 웃기가 있다. 사람의 외적 이미지 또한 다른 사람에게 메시지를 전달하는 데 중요한 역할을 한다.

텔레프레전스를 포함한 화상 회의는 비언어적 커뮤니케이션을 크게 요구한다. 화상 회의는 멀리 떨어져 있는 관리자가 회사 본사에 이름을 알릴 수 있는 강력한 도구에 해당한다. 카메라는 머리를 긁는 것과 같이 사소한 비언어적 커뮤니케이션 실수를 확대하여 보여준다.

경청은 근본적인 경영 및 리더십 스킬이다. 잘 경청하고자 하는 리더를 방해하는 두 가지 요소는 (1) 리더가 이미 너무 바쁘다는 것과 (2) 사람들은 다른 사람들이 말할 수 있는 것보다 분당 더 많은 단어를 들을 수 있다는 것이다. 리더는 선별적으로 듣는 것에 대해 주의를 기울여야 한다. 리더/관리자를 위한 강력한 커뮤니케이션 채널은 순회를 통해 직속 부하들과 대면 커뮤니케이션에 참여하는 것이다. 이러한 순회는 사기 문제를 해결하는 데 있어 효과적이다.

다른 문화 출신의 사람들을 다루는 데 있어 발생하는 커뮤니케이션 장벽을 극복하는 것은 또 다른 리더와 경영진의 도전거리이다. 문화적 장벽 극복을 위한 지침에는 다음이 포함된다. (1) 문화적 커뮤니케이션 장벽의 존재 인식하기, (2) 당신의 문화적 추정에 이의 제기하기, (3) 모든 직원들을 존중하기, (4) 간결한 언어를 사용하고, 천천히 명확하게 말하기, (5) 당신의 언어가 듣는 사람의 모국어가 아닌 경우 오해의 소지 찾기, (6) 적절한 상황인 경우, 다른 문화 출신 사람의 언어로 이야기하기, (7) 예절에서의 문화적 차이를 준수하기, (8) 스타일, 억양, 문법, 또는 개인의 외모를 보고 즐거워하지 않기, (9) 커뮤니케이션에 있어 필수적인 경우를 제외하고 인종적 또는 민족적 구별 삼가기, (10) 비언어적 커뮤니케이션의 차이 인식하기, 그리고 (11) 개인의 외견상 차이점에 신경쓰기.

리더와 관리자는 외부인과의 갈등을 포함하여 갈등을 관리하는 데 상당한 시간을 쏟는다. 갈등 해결은 협력을 용이하게 한다. 갈등 관리의 다섯 가지 주요 유형은 다음과 같다. 경쟁, 조절, 공유, 협력(윈-윈), 그리고 회피. 각각의 유형은 자신의 관심사 만족(자기주장)과 타인의 관심사 만족(협력)의 조합에 기반을 두고 있다. 갈등 관리의 협력적 유형에는 비판을 하는 사람에게 동조하는 것과 사과가 포함된다. 갈등을 해결할 때, 사람들은 일반적으로 자신의 목적을 달성하기 위해 지배와 조절처럼 다섯 가지 해결 유형 중 몇 가지를 결합한다. 갈등 해결을 위해 어떤 유형을 사용할지는 쟁점의 중요성과 당사자 간의 상대적 우위와 같은 변수에 따라 다르다.

고급 경영 기술은 두 명 이상의 집단 구성원들이 그들 간의 갈등을 해결하는 데 도움을 주는 것이다. 가장 유용한 접근법은 갈등 중인 당사자들을 대치와 문제해결에 참여하도록 하는 것이다.

갈등은 절충과 협상을 필요로 하는 상황으로 간주할 수 있다. 특정 협상 기술에는 다음이 포함된다. (1) 상대방이 원하는 바를 알기 위해 먼저 경청하기, (2) 타당한 요구나 제안으로 시작하기, (3) 입장이 아닌 이익에 집중하기, 그리고 (4) 협상 유형에서의 국제적인 차이에 주의하기.

핵심 용어

언어 스타일　　순회　　갈등 해결을 위한 윈-윈 접근법

행동 및 스킬 강화를 위한 지침

효율적인 커뮤니케이터가 되는 데 있어 미묘한 부분은 상대방의 의견 표현을 단념하게 하거나, 더 나쁜 것은 그 사람의 입을 다물게 하는 언어를 피해야 한다는 점이다. 가끔 당신은 부하에게 결정타를 가하고 있다는 느낌을 가질 것이다. 그러나 결국 당신의 팀을 침묵하게 하는 것은 가치 있는 조언을 잃게 되는 것이기 때문에 역효과를 낳을 것이다. 여기서 리더와 관리자가 흔히 사용하게 되는 커뮤니케이션을 억압하는 발언의 세 가지 예를 들기로 한다. "이미 알고 있다," "왜 그것을 바꾸려고 하는가? 아직 고장이 나지 않았다," 그리고 "음. 이것이 내 결정이며 나는 거절하겠다."[51]

커뮤니케이션을 단축시키는 또 다른 기술은 표정 없이 의견에 반응하고 자신의 의견을 주지 않는 것이다. 그러한 행동은 당신이 그 사람이 말하고 있는 것의 현실성에 대해 상관하지 않거나 거부한다는 것을 암시한다.

토의 질문 및 토의 활동

1. 이 장을 공부한 지금 당신은 리더로서 자신의

커뮤니케이션 효율성을 개선하기 위해 어떻게 다르게 행동할 것인가?

2. 리더가 쓰거나 말한 강력한 메시지의 예를 찾아보자. 다른 사람들과 정보를 공유하기 위해 수업에 정보를 갖고 온다.
3. 권력지향적 언어 스타일을 사용하는 것의 잠재적인 단점은 무엇이라고 보는가?
4. 왜 설득이 리더의 필수적인 도구 중 하나로 간주되는가?
5. 사람들이 실제로 전문가의 의견을 따른다는 것을 고려할 때, 리더는 어떻게 자신의 전문지식을 인정받을 수 있는가?
6. 문화적 커뮤니케이션 장벽을 극복하기 위해 리더는 무엇을 걱정해야 하는가? 결국 리더가 권력을 잡아야 하는 것이 아닐까?
7. 일부 관리자들은 갈등 해결이나 부하와 협상을 해야 할 때 불리한 입장에 서고 싶지 않기 때문에 직속 부하들과 개인적인 친분을 쌓는 것을 피한다. 이러한 생각이 당신에게는 타당한가?
8. 3명의 직원을 추가함으로써 자신의 사업 부문 생산성이 두 배가 될 수 있다고 믿는 관리자가 있다고 가정하자. 하지만 현재 조직은 고용동결 상태이다. 고용동결을 풀기 위해 관리자가 회사 경영진들에게 최대한 활용할 수 있는 협상 기술은 무엇인가?
9. 리더가 다른 문화 출신의 집단 구성원을 존중한다는 것을 보여주기 위한 구체적인 조치는 무엇이 있는가?
10. 회의를 하는 동안, 중간 관리자가 부하직원으로부터 당신은 그 자리에 적합하지 않으며 사임해야 한다는 말을 들었다고 가정하자. 이러한 갈등 해결을 위해 리더가 취할 수 있는 접근법으로 무엇을 추천하겠는가?

리더십 사례 문제 A

마고, 다국적 커뮤니케이터

마고는 대폭 낮은 가격에 여성 및 남성용 고급 의류를 판매하는 온라인 소매업체의 판매 개발 매니저이다. 판매되는 대부분의 의류는 폐업 또는 파산하거나, 현금이 몹시 필요해서 상품을 정리한 최고급 소매업자의 재고품 전매를 통해 구한 것이다.

LA에 기반을 둔 온라인 매장은 사무실과 유통 창고를 갖고 있다. 그러나 일부 판매품은 곤궁에 처한 소매업자가 소액의 배송비를 지급 받고 직접 배송한다.

마고는 멕시코에서 자랐다. 그녀는 영어와 스페인어에 유창하여 LA에서 힘들이지 않고 일을 잘 할 수 있었다. 그러나 마고는 미국인, 라틴계인, 그리고 멕시코 출신 미국인과 일을 잘하는 것 이상으로 다문화적이라고 자처한다. "민족성과 인종에 상관없이 아무나 나한테 데리고 오세요. 나는 그 사람을 호의적으로 대할 겁니다." 라고 그녀는 말한다. 하지만 회사의 모든 직원들이 마고의 다문화 기술의 효과에 대해 확신하는 것은 아니다.

아프리카계 미국인인 회사 웹사이트 디자이너 데렉은 마고에 대해 이렇게 말했다. "나는 그 여자 분을 좋아해요. 하지만 가끔 그녀가 나를 가르치려 든다고 생각합니다. 그녀는 나에게 프로 농구에 대한 질문으로 거의 모든 대화를 시작합니다. 그래요. 대다수의 NBA 선수들이 흑인이라는 것을 알고 있습니다. 하지만 아프리카의 거의 모든 의사, 과학자, 변호사들도 흑인이죠. 마고의 비위를 맞추기 위해 나는 대화가 계속 진행될 수 있도록 농구에 대한 일반적인 얘기를 합니다."

구매 부서의 루시는 코스타리카에서 자란 라틴계 사람이다. 그녀는 자신과의 관계 형성을 위해 노력하는 마고에게 고마워하고 있지만, 코스타리카의 요리와 휴일에 대해 너무나 자주 질문을 하는 마고에게 질렸다고 말했다. "그래요. 나는 코스타리카에서 자랐어요. 그렇다고 그것이 내가 고국을 매일 생각하고 있다는 것을 의미하지는 않아요. 나는 여기 LA에서 살면서 일하고 있습니다."

구매 전문가인 바질은 회사의 최고 연장자이다. 그는 여성의류 구매에 40년의 경력을 갖고 있다. "나한테 마고는 조카와 같아요. 하지만 그녀가 연장자 다루는 법을 안다고는 생각하지 않습니다. 마고는 내 건강, 은퇴 계획, 그리고 온라인 비즈니스에서 젊은 사람들과 일하는 것을 얼마나 좋아하는지에 대해 계속 이야기합니다. 나는 노인문제에 대해 이야기하고 싶지 않습니다."

질문

1. 문화적 커뮤니케이션 장벽의 극복에 대해 마고에게 어떤 제안을 할 수 있는가?
2. 문화적 커뮤니케이션의 측면에서 마고가 하고 있는 실수에 일조하고 있는 요소는 무엇인가?
3. 위에서 언급된 3명의 직원들이 관계를 형성하려는 마고의 노력을 평가하는 데 있어서의 혹평은 어느 정도라고 생각하는가?

관련 역할극

한 사람이 오늘 데렉, 루시, 바질과 직접 짧은 대화를 나누는 마고의 역할을 한다. 그녀는 자신의 직원들과 관계를 형성하기 위해 평소와 같은 접근법을 사용할 것이다. 세 명의 다른 학생들은 데렉, 루시, 바질의 역할을 맡는다. 세 사람 모두 마고가 위에서 언급한 문화적 정체성에 너무 초점을 맞추지 않기를 원할 것이다(대부분의 사람들은 라틴계 사람이면서 동시에 Y세대인 것과 같이, 하나 이상의 문화적 정체성을 갖고 있다). 관찰자들은 이문화 간의 대화가 얼마나 잘 이어지는지 주의를 기울인다.

리더십 사례 문제 B

바쁘게 돌아가는 웨스트 코스트 웰러스(West Coast Wellness, WCW)

허더 와이오밍은 오늘이 전환점이 되리라고 믿었기 때문에 기분이 최고였다. WCW의 마케팅 이사로서 그녀는 자신의 상사인 CEO를 포함한 집행 위원회와 만나기로 되어 있었다. 히더의 목적은 3명의 새로운 판매 및 마케팅 책임자의 고용 승인을 받는 것이었다. 계획을 논의하기 위한 회의는 오전 8시 30분에 열렸다. 회의 내용을 기록한 일부 사본은 다음과 같다.

히더 오늘 아침 저를 만나 주셔서 감사합니다. 감사의 뜻으로 건강에 좋은 간단한 식사를 준비했습니다. 모든 패스트리, 도넛, 베이글에는 트랜스 지방이 없습니다. 그리고 주스들도 모두 갓 짜낸 것입니다.

모두들 건강해 보여서 기쁘군요. 왜냐하면 오늘 우리는 건강을 축하하고 있으니까요. WCW는 분주하게 돌아가고 있습니다. 우리는 지난 몇 달 동안 우리의 서비스를 사용하기로 한 6개의 새로운 회사 그리고 3개의 HMO와 계약을 맺었습니다. 우리는 또한 개인 멤버십을 개설함으로써 새로운 분야를 개척했습니다.

나는 확장 일로에 있는 기세를 유지하기 위해 3명의 새로운 판매 및 마케팅 책임자를 고용하는 데 있어 당신들의 승인을 요청합니다.

CEO WCW가 이들을 새로 고용하는 데 얼마의 비용이 들어가지요?

히더 비용은 들지 않습니다. 우리는 매년 각각의 책임자에게 약 3만 불을 투자할 것입니다. 그들은 일반적으로 매달 커미션을 받고 일하게 될 것입니다. 각각의 성공적인 책임자들이 약 20만 불의 순수익을 올릴 것으로 추정하고 있습니다. 따라서 실제적으로 연관되는 비용은 없습니다.

집행위원회 위원1 그러나 히더, 우리는 당신이 3명의 새로운 직원을 데려 오려고 한다는 사실을 간과할 수 없습니다. 그 상황은 WCW에 즉각적인 금융적 채무를 유발할 것입니다.

히더 당신의 생각을 이해합니다. 책임자들이 실적을 내지 못하면 우리는 많은 돈을 잃게 됩니다. 그러나 적절한 책임자를 고용함으로써 우리는 이 잠재적 채무를 큰 자산으로 전환할 수 있을 것입니다. 신중한 재무관리의 필요성을 이해합니다. 하지만 당신들에게 신중한 모험을 요청합니다.

집행위원회 위원2 지역경제는 상당히 냉각되었고, 많은 사람들이 해고되고 있습니다. 히더, 건강 서비스 시장을 확대할 수 있다고 긍정적으로 생각하는 이유는 무엇입니까?

히더 경제에 대한 당신의 우려에 공감합니다. 하지만 직원들의 건강을 유지하는 것은 엄청난 투자입니다. 직원들의 건강을 유지하도록 돕는 것이 생산성을 높인다는 것을 잠재적 고객들에게 보여줄 수 있습니다. 결근이 줄고 지각으로 인한 시간낭비가 적어지면, 직원들은 더 생산적이 될 것입니다. 우리가 갖고 있는 또 다른 대단한 판매 요소는 고용주가 우리의 서비스를 사용하면, 그들의 의료보험료가 일반적으로 내려간다는 점입니다.

집행 위원회 위원 3 히더, 우리 모두는 건강에 대한 당신의 열정을 공감합니다. 그렇지 않다면 우리가 집행위원회의 위원이 되지 않았을 것입니다. 하지만 나는 우리의 서비스 시장이 포화되고 있다는 점이 약간 우려됩니다. 3명의 책임자를 더 고용하는 것은 지나친 긍정론일 수 있습니다.

히더 요점을 잘 짚어주셨습니다. 하지만 건강에 대한 관심이 늘고 기업들은 직원들에게 건강 유지에 대한 재정적인 보상을 하고 있습니다. 비만은 모든 면에서 공격을 받고 있으며, 흡연자는 죄인 취급을 받습니다. 건강에 대한 관심은 진행 중에 있으며, 따라서 우리는 더 큰 시장 점유율을 얻을 수 있습니다.

CEO 히더, 나는 한 명의 신규 판매 및 마케팅 책임자 고용부터 시작할 것을 당신과 위원회에 제안합니다. 그 사람이 좋은 투자였다는 것을 입증하면, 당신이 다른 책임자를 고용하는 것을 허가하겠습니다.

히더 그 논리에 동의합니다. 우리 시장을 얼마나 확대할 수 있는지 증명할 기회를 저에게 주시기 바랍니다. 나는 성공으로 가는 길을 시작하려고 합니다. 현재로서는 한 명의 책임자이죠.

질문

1. 히더는 자신의 요구를 얼마나 성공적으로 협상하였는가?
2. 히더는 협상에서 아무 것도 남기지 못했는가?
3. 히더가 보여준 리더의 특성은 무엇인가?

관련 역할극

한 사람이 건강 프로그램을 위한 3명의 판매 책임자를 고용하는 데 최선을 다하는 히더의 역할을 한다. 그녀는 자신이 좋은 투자라고 믿는 것에 대해 치열하게 협상하려고 한다. 세 명의 다른 학생은 집행위원회 위원 역할을 맡는다. 관찰자들은 협상의 효율성에 대해 논평한다.

리더십 스킬 구축 연습 12-4

리더십 포트폴리오

이 장의 연습을 위해서, 당신의 리더십 포트폴리오 안에 들어 있는 자신의 경험 가운데 리더로서 커뮤니케이션할 수 있는 기회를 어떻게 처리했는지 잘 생각해 보자. 개인이나 집단을 설득할 수 있는 기회가 있었는가? 다른 사람에게 힘이 되어 줄 수 있는 기회가 있었는가? 직장에서 또는 수업 중에 프레젠테이션을 할 기회가 있었는가? 이러한 커뮤니케이션 기회에서, 당신은 리더로서 얼마나 좋은 인상을 남겼는가? 설득력 있는 기술과 따뜻함으로 누군가에게 깊은 인상을 주었는가? 레스토랑 부지배인인 카를로스는 자신의 포트폴리오를 작성하기 시작했다.

> 나는 고급 레스토랑의 운영을 돕고 있다. 종업원들은 식당에 있는 동안 최상의 상태여야 한다. 우수한 서비스가 없다면, 음식과 와인이 훌륭하다고 하더라도 아무도 우리에게 돈을 지불하지 않을 것이다. 어느 날 늦은 오후 릭이 도착했고, 그는 손님들에게 좋은 서비스를 제공할 수 있는 상태로 보이지 않았다. 그는 근심스럽고 주의가 산만해 보였다. 릭에게 집으로 가라고 이야기하는 대신에, 나는 그를 사무실로 데리고 갔다. 나는 그에게 직면하고 있는 문제가 무엇인지 전부 설명할 것을 요청했다. 우리는 둘 다 자리에 앉았고 나는 릭에게 커피를 따라주었다. 일 분쯤 후에 릭은 주차장에 있는 2피트 높이의 가드레일을 어떻게 자동차 후면으로 들이받았는지를 털어놓았다. 자동차의 유리 섬유 범퍼가 찢어졌고, 그것을 교체하는 데 650불이 들 것이라고 생각했다. 나는 판단을 내리지 않고 그의 이야기를 전부 들었다. 나는 수리비를 충당하기 위해 돈을 더 벌 수 있도록 이번 달에 그를 몇 시간 더 일하게 할 수 있는지 지배인과 상의해 보겠다고 말했다. 릭은 "들어줘서 고맙다"라고 말하며 더 나은 기분으로 그리고 손님을 대할 수 있을 정도로 안색이 좋아져서 일대일 면담을 마치고 떠났다.
>
> 나는 힘이 되는 리더가 되었다는 것에 나 자신에게 최고상을 수여한다. 하하!

리더십 스킬 구축 연습 12-5

조직 리더의 커뮤니케이션 스킬 평가하기

효율적인 리더를 위한 훌륭한 커뮤니케이션 스킬의 중요성에 대해서는 많이 이야기하였다. 당신의 과제는 기업체 간부와 같은 당신이 선택한 특정 조직의 리더를 관찰하는 것이다. 조직의 리더를 관찰하는 방법에는 (a) 텔레비전 뉴스 채널에 나오는 임원의 인터뷰, (b) 유튜브나 훌루에서 임원의 간단한 프레젠테이션 찾기, 그리고 (c) 임원이 강연을 하거나 방문객들과 교류하는 행사 참여 등이 포함된다. 당신의 평가를 준비하면서 설득력, 적절한 문법과 문장 구조, 메시지를 받아들이는 사람과의 관계형성 능력과 같은 요소들을 찾는다.

이 과제의 다른 일면은 당신 자신의 커뮤니케이션 효율성을 개선하기 위한 한두 가지 힌트를 얻기 위해 임원의 커뮤니케이션 스킬을 관찰하는 것이다.

CHAPTER

13 리더의 창의적 그리고 혁신적 측면

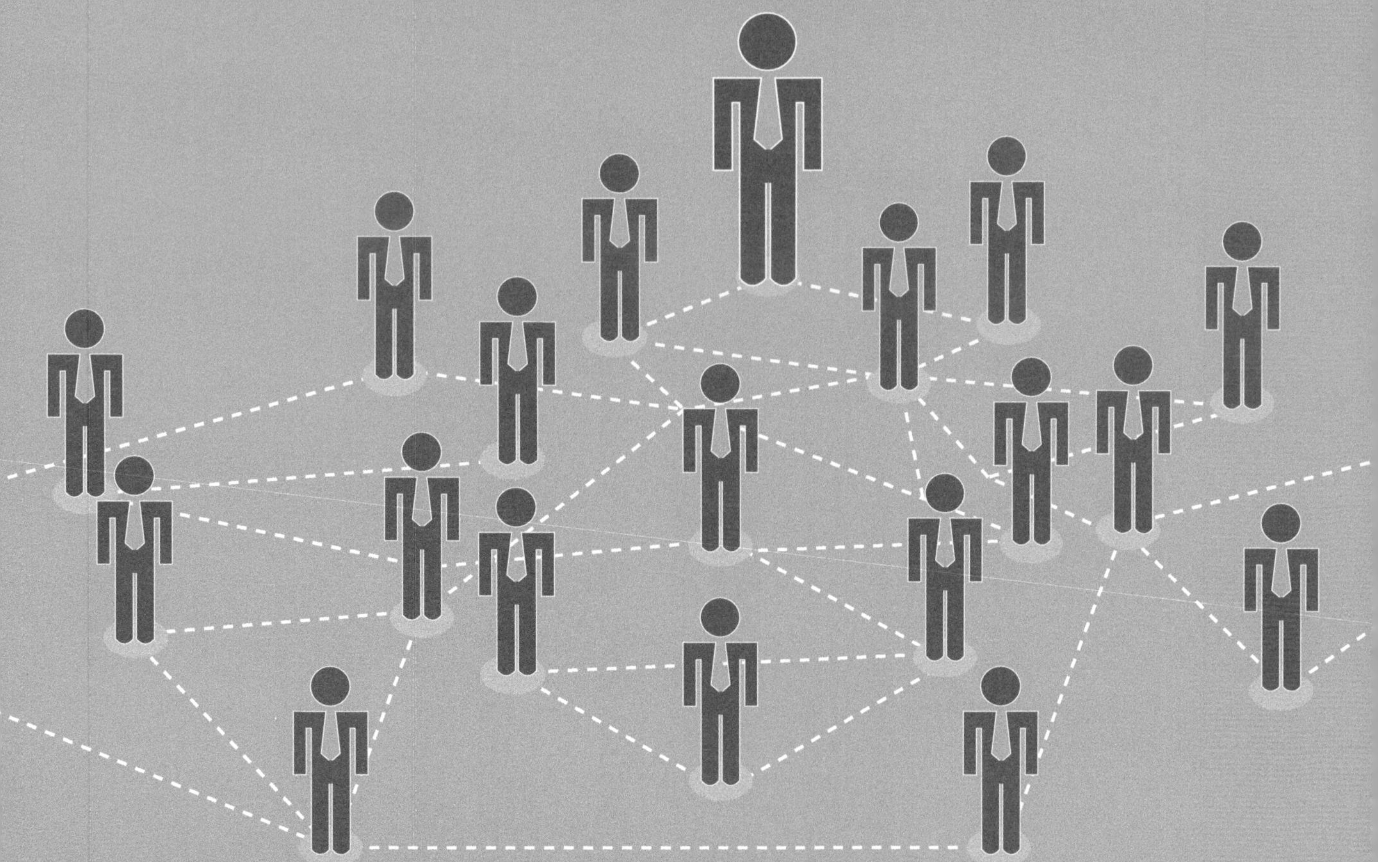

학습 목표

이 장을 학습하고 연습문제를 풀고 나면, 다음의 것들을 할 수 있을 것이다

- 창의적 과정의 단계를 식별한다.
- 창의적인 문제 해결자의 특징을 식별한다.
- 더 창의적이 되기 위해 전통적 사고를 극복할 준비를 한다.
- 창의적인 문제해결을 강화하기 위한 조직적 그리고 개인적 접근법 모두를 설명한다.
- 리더와 조직이 창의성을 육성하는 풍토를 확립할 수 있는 방법을 설명한다.
- 조직의 혁신에 기여하는 몇 가지 리더의 관행을 확인한다.

개요

13.1 창의적 과정의 단계

13.2 창의적 리더의 특성
- 지식
- 인지 능력
- 성격
- 일에 대한 열정과 몰입 경험

13.3 창의적인 전략으로 전통적 사고 극복하기

13.4 조직의 창의성 향상 방법
- 체계적으로 참신한 아이디어 수집하기
- 브레인스토밍
- 불만 기법 활용하기
- 생각을 위한 주방 설치하기
- 창의성 향상에 있어서의 도덕성

13.5 창의적인 문제해결 향상을 위한 자조(self-help) 기법
- 창의성을 향상시키는 활동하기
- 기회에 대한 경계를 게을리 하지 않기
- 행복한 상태로 열정적인 태도 유지하기
- 아이디어 기록을 위한 공간을 체계적으로 유지하고 활용하기
- 탐험가, 예술가, 판사, 변호사 역할하기
- 적절한 운동하기

13.6 창의적 사고를 위한 풍토 및 문화 확립
- 창의성 향상을 위한 리더십 관행
- 창의적인 직원 관리법

13.7 혁신을 강화하는 추가적인 리더십 관행

- ■ 요약
- ■ 핵심 용어
- ■ 행동 및 스킬 강화를 위한 지침
- ■ 리더십 사례 문제 A
- ■ 리더십 사례 문제 B

마리사 메이어는 굉장히 창의적인 사람들의 리더이자 스스로도 굉장히 창의적인 사람이다. 1975년생인 그녀는 수년간 구글의 검색 서비스 부문 부회장이었다. 회사에서의 그녀의 가장 최근 역할은 소비자 상품 부문 부회장이다. 메이어의 주요 책임은 기업의 지리적, 지역적 서비스 계획을 운영하는 것이다. 이러한 서비스는 소비자의 지리적 위치를 기반으로 하여 소비자에게 정보와 광고를 전달하는 일을 다룬다. 메이어는 개인적으로 구글이 제공하는 모든 제품과 서비스에 관여해왔다.

메이어는 1999년 스탠포드대학에서 컴퓨터공학으로 석사학위를 받은 후, 신출내기 검색 엔진 회사인 구글에 입사했는데, 회사의 20번째 직원이자 첫 번째 여성 엔지니어였다. 스스로를 괴짜라고 하는 그녀는 패션에도 큰 관심이 있으며 최상의 몸 상태를 유지하기 위해 매일 달리기를 한다.

자신의 이례적인 사업상의 성공으로부터 나온 창의성과 혁신에 대해 메이어는 많은 의견을 갖고 있다. 그녀는 아이디어가 어디에서나 나올 수 있다고 강조한다. 그렇게 아이디어를 얻고 나면 시제품을 만들고, 또한 사용자의 상상력과 관심을 어떻게 사로잡을지를 파악하여 그들의 요구를 충족시켜야 한다. 모든 제품은 당신이 원하는 방식으로 세상에 선보여야 한다. 사람들에게 제공하는 것에 대한 피드백은 제품을 개선하는 데 대단히 중요하다.

메이어는 또한 혁신 강화를 위해 아이디어와 프로젝트를 인트라넷에서 공유해야 한다고 생각한다. 혁신적인 상태를 유지하기 위해서, 사람을 고용할 때 경험보다는 지능을 선호해야 한다. 그녀는 또한 창의성에는 규제가 따라야 한다고 믿는다. "사람들에게 비전, 비전에 도달하기 위한 규칙, 그리고 마감시간을 주세요. 아니면 그들에게 가죽 끈과 재갈을 주십시오."[1]

혁신과 혁신적인 리더십에 관한 구글의 가장 막강한 실력자 중 한 사람의 관점은 이 장의 몇몇 주제와 잘 들어맞는다. 창의적이고 혁신적인 리더는 자기 자신이 혁신적이며, 창의성과 혁신을 육성하기 위한 리더십 및 경영 관행에 참여하기 위해 특별한 노력을 한다.

창의적 사고에 의해 새로운 기업을 만들거나 기존의 기업을 많은 사람들이 생산적인 활동에 참여할 수 있는 회사로 확장할 수 있다. 그러나 창의적인 생각은 앞으로 일어날 혁신을 위해 적절하게 실행되어야 한다. **창의성**과 **혁신**이라는 용어는 보통 대체 사용이 가능하지만, **혁신**은 새로운 아이디어의 창조와 아이디어의 **이행** 또는 **상업화**를 가리킨다. 혁신의 주된 관심사는 효율성을 위해 만들어진 조직을 이끌어 가고 창의성과 성장을 위해 조직을 재설계하는 것이다.[2] 창의성은 또한 새로운 사업을 시작하고 국제적인 규모에 도달한 후, 성공한 회사를 유지하기 위한 기업가 정신에 필수적인 것으로 간주된다.[3]

오랜 리더십의 권위자인 워렌 베니스는 창의성을 리더의 필수적인 특징으로 간주한다.[4] 창의적인 리더의 역할은 이전에 존재하지 않았던 또는 다른 형태로 존재하는 생각과 사물들을 창조하는 것이다. 리더는 현행의 문제 해결책에 얽매이지 않는다. 대신, 그들은 또 다른 가능성의 이미지를 창조한다. 리더는 흔히 회사를 새로운 영역으로 사업을 확장하거나 또 다른 서비스를 제공하는 새로운 부서를 창출한다.

이 장은 리더의 창의성 개발을 강조한다. 또한 창의성과 창조적인 사람들의 본질을 설명하며, 혁신에 도움이 되는 리더십 관행과 함께 집단 구성원이 더 창의적이 될 수 있는 분위기를 형성하는 데 있어서의 리더의 역할을 살펴본다.

13.1 창의적 과정의 단계

창의적이 되는 데 있어 중요한 부분은 **창의성**과 관련된 단계를 이해하는 것이다. 창의성은 일반적으로 새롭고 유용한 아이디어의 생산으로 정의할 수 있다. 거의 90년 전에 만들어졌지만 여전히 유용하게 받아들여지고 있는 창의성 모델을 조직에 적용할 수 있다. 이 모델은 [그림 13-1]에 있는 것처럼 창의적 사고를 다섯 단계로 나눈다.[5] 1단계는 **기회** 또는 **문제 인식**이다. 새로운 기회의 존재나 해결되어야 하는 문제를 인식하게 되는 단계이다. 1994년 어느 날, 제프 베조스라고 하는 금융전문가가 뉴욕의 헤지펀드 회사 디이쇼(D. E. Shaw)에 있는 자신의 책상에 앉아 있었다. 그는 인터넷 사용자 수가 매년 2,300% 증가하고 있다는 놀라운 통계를 알아차리고 이러한 발전을 상업화할 수 있는 좋은 방법이 있을 거라고 생각했다. 베조스는 자신이 또는 자신의 회사가 인터넷이라고 불리는 혁명적인 신 개발품을 아직 활용하지 못하고 있다는 것에 생각이 미쳤다. 일종의 사업 기회를 발견했지만 어떤 사업 기회인지는 아직 몰랐다.[6]

2단계는 **몰입**이다. 문제에 집중하고 점점 문제에 몰입한다. 관련 있어 보이는 정보를 기억해내고 수집하며, 정보를 가공하거나 평하지 않은 채 대안을 생각해낸다. 베조스는 통신 판매업에 관해 그가 할 수 있는 모든 사실을 파악했고, 어떤 것이 전화 주문이나 서면 주문 같은 전통적인 수단보다 인터넷을 통해 더 효율적으로 할 수 있는지에 대해 생각했다.

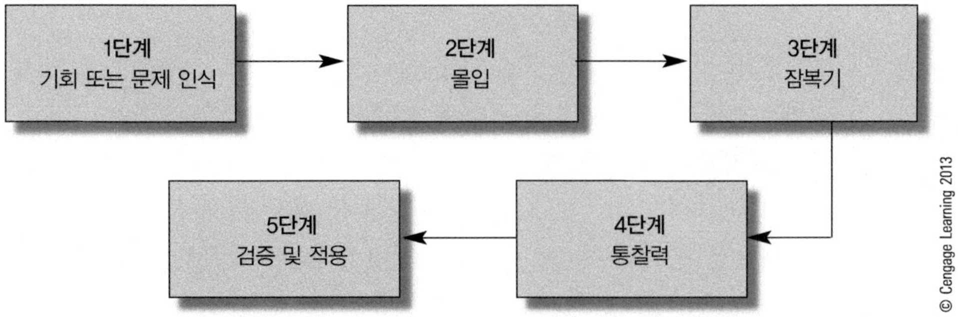

그림 13-1 **창의적 과정의 단계**
창의적인 문제 해결사들은 보통 의식적 자각 단계 아래에 있는 단계를 통과한다. 그러나 도전적인 문제에 직면했을 때(지식에 대한 몰입과 같은) 이들 단계를 안다는 것은 보통 창의적인 해결책을 찾을 가능성을 높여준다.

3단계는 **잠복기**이다. 수집한 정보를 잠시 동안 마음속에 간직한다. 문제에 적극적으로 관여하지 않는 것처럼 보이지만 무의식적인 마음에는 여전히 관여하고 있다. 정보가 들끓고 있긴 하지만 의미 있는 새로운 패턴으로 정리되고 있다. 베조스는 자신의 일상적인 업무를 하면서 통신 판매업을 위한 인터넷 활용을 계속 생각하고 있었다.

4단계는 **통찰력**이다. 문제를 정복할 수 있는 해결책이 예상치 않은 시간에, 예컨대 잠들려고 할 때나 샤워를 할 때, 또는 달리고 있는 동안 마음속에 갑자기 떠오른다. 통찰력을 **아하 체험**(Aha! experience)이라고도 한다. 갑자기 무엇인가가 분명해진다. 어느 순간 베조스의 뇌리에 책은 포괄적인 우편 주문 카탈로그가 존재하지 않는 상품이라는 것이 떠올랐다. 왜냐하면 이러한 유형의 카탈로그는 우편 발송하기에는 수익대비 비용이 너무 크기 때문이다. 방대한 데이터베이스는 거의 무한정의 사용자들과 공유할 수 있기 때문에 이런 유형의 카탈로그는 인터넷에 더할 나위 없이 적합할 것이다. 아하 체험은 일반적으로 2단계의 몰입에서 설명한 것처럼 몇 시간의 생각과 연구 후에 찾아온다.

5단계는 **검증 및 적용**이다. 창의적인 해결책이 가치가 있다는 증명에 착수한다. 검증 절차는 입증자료 수집, 논리적 설득 활용, 그리고 새로운 아이디어의 실험을 포함한다. 적용은 끈기가 요구되는데, 대부분의 새로운 아이디어는 처음에 비현실적이라고 거절당하기 때문이다. 통찰을 체험한 다음날, 베조스는 LA로 날아가 출판 사업에 대해 그가 할 수 있는 모든 것을 배우기 위해 전미 서점협의회에 갔다. 그가 발견한 하나의 중요한 사실은 대형 책 도매업자들은 이미 자신의 물품에 대한 데이터베이스를 모아놓고 있다는 것이었다. 구상하는 새로운 벤처는 책을 사는 대중이 재고를 찾고 직접 주문을 할 수 있는 하나의 인터넷 공간만 있으면 가능하다고 베조스는 판단했다.

그의 고용주는 인터넷 도서 판매 사업에 뛰어드는 것에 관심이 없었기 때문에, 베조스는 혼자서 사업을 하기로 결심하여 아마존닷컴을 설립했다. 그는 아내와 함께 새로운 사업을 시작하기 위해 워싱턴주 시애틀로 향하여 1988년산 쉐비 블레이저를 타고 고속도로를 달리면서 사업 계획을 세웠다.

베조스의 기회 포착은 현재 책과 음악 뿐 아니라 모든 종류의 상품과 클라우드 컴퓨팅과 같은 정보통신서비스를 판매하는 주요 회사로 진화했다. 오늘날, 아마존닷컴은 미국에서 가장 큰 온라인 소매업체이다. 베조스의 창의적인 사고의 최종 산물은 발명이라기보다는 사업 가능성이었다. 그럼에도 불구하고, 사업가들은 일반적으로 발명가들처럼 창의적인 사고의 다섯 단계를 동일하게 따라간다. 창의성은 일반적으로 동일한 단계를 따르지만, 껐다 켰다 할 수 있는 기계적인 공정은 아니다. 대부분의 창의성은 사람의 지적 능력과 성격에 복잡하게 얽혀있다.

13.2 창의적 리더의 특성

모든 유형의 창의적인 노동자들처럼 창의적인 리더는 덜 창의적인 리더들과는 여러모로 다르다. 그들은 자신의 분야에 전념하며 지적인 자극을 즐긴다. 그리고 그들은 현 상황에 도전하며, 이것이 그들이 개선책을 추구하도록 만든다. 구글의 공동 설립자이자 CEO인 래리 페이지는 회사의 성공에도 불구하고 현재 상황에 도전하는 것으로 유명하다. 최근 그는 구글을 재생 에너지와 로봇 자동차 분야의 진출에 대한 관심을 표명했다.[7] 무엇보다도, 창의적인 사람들은 정신적으로 유연하며 문제를 보는 전통적인 방식 이상의 것을 볼 수 있다.

다음에 설명하는 것처럼, 창의적인 리더를 포함한 창의적인 사람들의 특성은 네 가지 분야로 분류할 수 있다. 지식, 인지능력, 성격, 그리고 일에 대한 열정과 몰입 경험이다.[8] 이러한 특징은 [그림 13-2]에 강조되어 있다. 또한 우리는 이러한 특징이 어떻게 창의적인 산출물로 이어지는지를 설명하는 데 도움이 되는 인간의 행동에 관한 공식을 제공할 것이다. 이 정보에 대해 공부하기 전에 [리더십 자기평가 퀴즈 13-1]을 통해 창의적인 사람들의 사고와 당신의 사고를 비교해 보자.

지식

창의적인 문제해결은 사실과 관찰을 포함한 광범위한 배경의 지식이 요구된다.

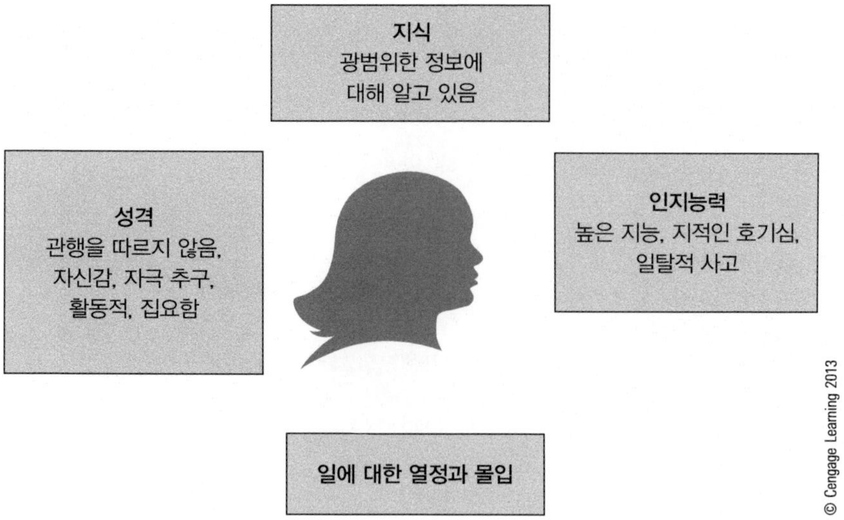

그림 13-2 **창의적인 리더들의 특징**
적절한 특성을 갖는 것은 창의적 문제 해결사와 창의적 리더가 되는 기회를 증가시킨다.

지식은 아이디어를 만들고 결합하기 위한 구성 요소를 제공한다. 대부분의 창의적 리더는 아는 것이 많으며, 그들의 지식은 카리스마에 도움이 된다. 잘 알려진 적절한 사례로 애플의 전직 최고 경영자였던 스티브 잡스가 있다. 그는 대부분의 애플 핵심 제품에 대한 디자인 및 마케팅 결정에 기여했으며, 인기 있는 아이폰과 아이패드의 개발에 중요한 역할을 했다. 잡스의 창의성에 기여한 것은 컴퓨터 하드웨어와 소프트웨어에 대한 그의 깊이 있는 기술적 지식이다. 잡스가 경력의 정점에 있을 때, 창의성은 연결하기에 충분한 점들(dots)을 가진 것의 결과라는 취지의 말을 했다(점들(dots)은 지식의 조각들이다).

그 점들을 연결하는 것의 한 예가 아이팟 나노와 나이키의 운동화를 이종 교배하는 것이었다. 운동화에 삽입된 칩은 운동화를 만보기로 변신시켰으며, 만보기는 아이팟 나노에 있는 수신기에 무선으로 연결되어 있다. 아이팟은 달린 거리와 소모된 칼로리 등의 정보를 보여준다.

인지 능력

지적 능력은 일반적인 지능과 추상적인 추리력 등의 능력으로 이루어진다. 특히 비즈니스에서 창의적 문제 해결사는 보통 똑똑하지만 총명함의 척도에서 가장 상위에 있지는 않다. 여기에서 특별한 예외가 창의성이 고도의 기술적인 문제에 초점이 맞춰진 경우 창의적인 사업가는 뛰어나다는 것이다. 이 장에서 지금까지 제

리더십 자기 평가 퀴즈 13-1

창의적 성격 테스트

방법 다음에 나오는 각각의 항목에 "대체로 맞음" 이나 "대체로 틀림"으로 설명한다.

	대체로 맞음	대체로 틀림
1. 즉각적인 관심분야 외의 잡지나 인터넷 기사, 그리고 책을 읽는 것은 일반적으로 시간 낭비이다.	☐	☐
2. 종종 내가 사용하는 제품과 서비스를 개선하기 위한 방법을 제안하고 싶은 충동을 느낀다.	☐	☐
3. 소설을 읽거나 미술관을 가는 것은 시간 낭비이다.	☐	☐
4. 나는 확고한 신념을 가진 사람으로 시시비비가 명확하다.	☐	☐
5. 상사가 모호한 지시를 건네도 나는 그것을 즐긴다.	☐	☐
6. 혼돈에서 질서를 만드는 것은 재미있다.	☐	☐
7. 오로지 비상상황에서만 해야 할 일 또는 하루의 계획에서 일탈한다.	☐	☐
8. 무언가 다른 것을 찾기 위해 구글과는 다른 검색 엔진을 종종 사용한다.	☐	☐
9. 규칙과 규정을 너무 심각하게 받아들여서는 안 된다. 대부분의 규칙은 특수한 상황 하에서 깨질 수 있다.	☐	☐
10. 결국에 나에게 아무런 이득이 없다고 하더라도 새로운 아이디어를 가지고 노는 것이 재미있다.	☐	☐
11. 최고의 아이디어 중 일부는 다른 사람의 아이디어를 기반으로 한 것이다.	☐	☐
12. 글을 쓸 때 특이한 단어의 조합을 사용하는 것을 피하려고 한다.	☐	☐
13. 나는 종종 미래에 하고 싶은 업무에서의 향상을 위한 비망록을 작성한다.	☐	☐
14. 빈번하게 장비나 소프트웨어를 업데이트 하기보다는 내가 잘 알고 있는 기기를 계속 쓰는 것이 좋다.	☐	☐
15. 연하장에 의지하기보다는 사랑하는 사람들에게 개인적인 메모나 시를 쓰는 것을 좋아한다.	☐	☐
16. 내 인생에서 한 번은 퍼즐을 즐긴 적이 있다.	☐	☐
17. 당신의 생각이 분명하다면, 문제에 대한 최고의 해결책을 찾을 것이다.	☐	☐
18. 당신처럼 생각하는 동료와 교류하는 것이 최고이다.	☐	☐
19. 신제품 개발 위원회에 배치되는 것을 기꺼이 받아들일 것이다.	☐	☐
20. 사람과 돈에 대한 엄격한 규제는 조직을 성공적으로 운영하는 데 필요하다.	☐	☐

총점

채점 및 해석 정답과 일치하는 답에 대해 1점을 매긴다.

1. 대체로 틀림	6. 대체로 맞음	11. 대체로 맞음	16. 대체로 맞음
2. 대체로 맞음	7. 대체로 틀림	12. 대체로 틀림	17. 대체로 틀림
3. 대체로 틀림	8. 대체로 맞음	13. 대체로 맞음	18. 대체로 틀림
4. 대체로 틀림	9. 대체로 맞음	14. 대체로 틀림	19. 대체로 맞음
5. 대체로 맞음	10. 대체로 맞음	15. 대체로 맞음	20. 대체로 틀림

매우 높은 점수나 낮은 점수가 가장 의미가 있다. 15점 이상의 점수는 당신의 성격과 태도가 창조적인 리더를 포함한 창조적인 사람들의 것과 유사하다는 것을 시사한다. 8점미만의 점수는 당신이 현재 오히려 지적 순응주의자라는 것을 암시한다. 낙심하지 말자. 대부분의 사람들은 더 창의적인 방향으로 발전할 수 있다.

어떻게 자신의 점수를 창의성에 대한 자가평가로 확신할 수 있겠는가? 당신의 생각과 업무를 알고 있는 누군가에게 당신의 창의성에 대한 피드백을 구할 것을 제안한다.

시된 2개의 사례가 마리사 메이어와 제프 베조스이다. 나중에 제시되는 산자이 자(SanJay Jha) 또한 뛰어난 사람이다.

창의성이 이례적으로 높은 지능이 요구되는 것은 아니지만, 창의적인 사람들은 단기간에 문제에 대한 창의적인 해결책을 손쉽게 만들어 낸다. 창의적인 사람들은 또한 일평생 젊은이다운 호기심을 유지하며, 자신의 전문 지식 분야에만 집중하지 않는다. 대신에, 그들의 관심분야는 다양한 분야의 지식을 망라하며 난해한 문제에 열광한다. 이러한 정신적 운동은 사람의 지능을 갈고 닦는 데 도움이 된다.

창의적인 사람들은 다르게 사고할 수 있다는 점 때문에 쉽게 인식 가능한 지적 유형을 보여준다. 그들은 문제에 대한 대안의 수를 늘려서 단일한 해결책에서 탈피한다. 그러나 창의적으로 생각하는 사람들은 또한 유용한 해결책의 수를 좁혀야 할 때를 안다. 예컨대 발산적 사고를 하는 사람은 비용을 줄이기 위한 27가지 방법을 생각하지만, 어떤 시점에서는 몇 가지 비용 절감 방법 중 최선의 것을 선택하는 방향으로 나가야 한다.

최근에 몇몇 회사들은 제품개발 팀에 디자인스쿨 졸업생을 포함시켰는데, 그 이유는 디자이너들이 유연하게 생각하는 경향이 있기 때문이다. 그 개념은 기존에 존재하지 않는 새로운 옵션을 찾는 것이다. 인텔이 나이 들어가는 베이비부머 세대의 미래 주택을 위한 신제품 개발에 착수하면서 디자인 전공 학생들과 함께 일하는 것이 그 예이다.[9]

아마존닷컴의 예처럼, 창의적 사업가의 특징은 다른 사람들이 간과하는 기회를 포착하는 것이다. 창의적인 개발업자는 버려진 공장에서 기회를 포착하여 공장을 아파트와 심미적인 환경에서 업무를 원하는 소기업들을 위한 사무실로 개조했다.

창의적인 기업 리더의 인지 유형과 관련된 주요 쟁점은 그들의 좌뇌(논리적이며 분석적)가 지배적인가, 또는 우뇌(창의적이며 직감적)가 지배적인가 하는 데 있다. 답은 "양쪽 모두"이다. 심리학 연구를 종합한 저자 대니얼 핑크(Daniel Pink)는 과거의 화이트칼라 직종에서는 좌뇌의 특징이 중요한 능력이었다고 설명한다. 이러한 능력은 논리적, 1차원적, 순차적, 분석적 스프레드시트(spreadsheet) 유형이다. 여전히 필요하기는 하지만 이러한 특징들만으로는 더 이상 충분하지 않다. 오늘날의 경제 환경에서 가장 중요한 능력은 예술적 수완, 공감, 독창성, 그리고 큰 그림을 그리는 사고이다.[10]

성격

성격적 요소 또는 개인의 비인지적 측면은 창의적인 문제해결에 큰 영향을 미친다. 창의적인 사람들은 맹목적으로 자신감 있어 하지 않으면서 긍정적인 자아상을 갖는 경향이 있다. 하지만, 그들은 상당한 자신감을 갖고 있기 때문에, 자신의 아이디어에 대한 비판에 대응하고 아이디어 개발을 위해 필요한 고립을 견딜 수 있다. 창의적인 직원의 자신감은 자신이 창의적으로 문제를 풀 수 있다는 믿음에 근거를 두고 있다. 다른 사람들에게 말을 거는 것은 아이디어를 얻는 좋은 방법이지만, 어떤 점에서 창의적 문제 해결자는 혼자서 일하고 집중해야 한다.

창의적인 사람은 보통 관행을 따르지 않는 사람이며 집단의 강고한 지지를 필요로 하지도 않는다. 관행을 따르지 않는다는 것은 개성이 강하다는 것을 의미할 수도 있다. 리차드 케베런(Richard E. Cheveron)은 말한다. "개성이 강한 사람은 실제로 회사에서 창의성의 중심에 있는 사람입니다. 하지만 많은 사람들은 그들이 상황을 복잡하게 만드는 것을 좋아하기 때문에 그들을 얼간이라고 생각합니다. 하지만 이들은 단지 익명으로 일을 성취하려는 의욕이 넘치는 사람들입니다. 그들은 단지 일을 완수하려고 하는 것이며 사무실 내의 정치적인 문제나 조직도에 신경 쓰지 않습니다. 그들은 사방에서 널리 인정받는 걸 좋아합니다."[11] 새로운 아이디어 개발을 위한 자유를 허용 받지 못한 특성인 사람은 다른 회사로 가거나 독자적인 사업을 시작할 가능성이 높다.

관행을 따르지 않는 개성이 강한 창의적인 직원은 합의에 이르는 것을 걱정하기보다는 대안을 찾는 것을 좋아한다. 양방향 프로모션 기업 이프라이즈(ePrize LLC)의 설립자이자 회장인 조쉬 링크너는 무슨 일이 있어도 만장일치를 얻어내려고 하는 집단 사고가 혁신을 저하한다고 말했다.[12]

많은 창의적인 문제 해결자들은 문제에 대한 창의적인 해결책 개발이 스릴의 원천이라는 것을 알고 있는, 스릴을 추구하고 모험을 좋아하는 사람들이다. 그 스스로가 모험을 즐기는 래리 페이지는 구글에서 가장 큰 수익은 무모한 아이디어와 투자에서 온다고 말한다.[13] 창의적인 사람들은 또한 끈기가 있다. 이것은 창의적인 사고의 검증과 적용 단계에서 특히 중요하다. 적절한 대상에게 창의적인 아이디어를 납득시키는 것은 상당한 후속 조치가 요구된다. 마지막으로, 창의적인 사람들은 모호성과 무질서를 다루는 것을 즐긴다. 덜 창의적인 사람들은 직무 설명이 불명확하고 무질서할 때 금방 당황하게 된다.

일에 대한 열정과 몰입 경험

창의적인 사람의 성격과 밀접한 관련이 있는 지배적인 특징은 일에 대한 열정이다. 테레사 애머빌(Teresa M. Amabile)과 그녀의 동료들은 20년 넘게 실시한 산업연구를 토대로 **창의성의 내재적 동기부여 원칙**이라는 것을 만들어 냈다. 사람들은 외부의 압력에 의해서가 아니라 주로 흥미, 만족 그리고 일 자체의 난관에 의해 동기가 부여될 때 가장 창의적이라는 의미이다.[14]

일에 대한 열정과 높은 내재적 동기는 결과적으로 일에 대한 전체적인 몰입도와 집중력 즉, **몰입 경험**(experience of flow)에 기여한다. 이것은 마음을 사로잡는 즐거운 경험이기 때문에 업무는 외부적인 결과에 상관없이 그 자체만으로 가치가 있어진다.[15] 아마도 취미나 분석적인 일에 완전히 몰입했었거나 스포츠나 댄스 등에서 최선을 다했을 때 이러한 경험을 얻었을 것이다(몰입은 영역 내에 존재함을 의미한다). 제품의 전 세계 유통을 위한 계획을 세우고 있는 경영주와 같이, 창의성이 높은 리더는 종종 몰입 경험을 얻는다.

스트레스가 많은 상황에서 창의적이 되려고 할 때의 문제점 중 하나가 압박이 고도의 창의성에 요구되는 집중력을 방해할 수 있다는 것이다. 창의적인 업무에 관여하는 직원들의 12,000개에 이르는 일지 분석을 바탕으로 하여, 애머빌은 시간적인 압박이 사람들이 문제에 깊이 관여하는 것을 방해할 수 있다는 것을 발견했다. 사람들은 큰 시간적인 압박을 받을 때 창의적이 될 수 있지만, 그들이 오로지 업무에 집중할 수 있을 때에 한해서이다.[16]

창의성에 대한 개인적 특징의 원인제공 요소를 완전히 이해하기 위해, 우리는 인간 행동의 기본적인 다음의 공식에 주목한다.

$$B=f(P\times E)$$ (행동(B)은 환경(E)과 상호작용하는 사람(P)의 함수이다)

이 맥락에서 특정의 개인적 특징은 창의적인 리더가 되는 것을 용이하게 할 수 있다. 하지만 창의적인 행동을 유발하기 위해서는 적절한 환경이 필요하다. 뒤에서 설명하겠지만, 적절한 환경에는 창의적인 사고를 장려하는 리더가 포함된다.

13.3 창의적인 전략으로 전통적 사고 극복하기

창의성 향상을 위한 모든 형태의 창의성 훈련과 제안에는 통일된 테마가 흐른다. 창의적인 문제해결은 전통적인 사고를 극복하는 능력이 요구된다. 전통적 사고의 개념은 상대적이지만, 일반적으로 문제에 대한 해결책 모색이 표준적이고 빈번하게 사용되는 방법을 지칭한다. 전통적인 문제 해결책은 따라서 최빈수의 즉, 가장 빈번하게 사용되는 해결책이다. 예를 들어, 전통적인 사고는 수입을 늘리기 위해 소매점이 세일을 해야 한다고 제안한다. 창의적인 사고는 또 다른 해결책을 제시할 것이다. 이런 경우 소매점은 약간의 수수료를 받고 물건을 배송하거나, 매장에서(가게 제품의) 온라인 쇼핑을 시행함으로써 판매를 늘릴 수 있다.

창의적인 사람은 새로운 관점에서 문제를 살펴보며, 문제에 대한 틀에 박힌 사고를 초월한다. 역사적으로 의미 있는 사례가 창의적인 문제해결 능력으로 유명했던 헨리 포드이다. 고기 도축업 임원이 시카고에 있는 자신의 공장으로 포드를 초대하여 직원들이 소고기를 가공하는 방법을 관찰하도록 하였다. 자동차 업계 임원은 공장 한편에 소의 사체들이 거대한 컨베이어 벨트 위에 놓여 있는 것을 보았다. 고기가 공장 안을 통과하면 직원들은 사체가 없어질 때까지 고기를 다양한 덩어리로 잘라냈다. 기발한 영감이 포드에게 떠올랐다. 과정을 뒤집으면 어떻게 될까, 그러면 모든 조각들이 다시 한 덩어리의 소가 될까? 포드는 자신에게 물었다. "자동차를 이런 식으로 만들 수는 없을까?" 그는 자신의 창의적인 아이디어를 가지고 디트로이트에 있는 포드자동차로 돌아갔고 세계 최초의 제조 조립 라인을 만들었다.[17]

창의적으로 되는 데 있어 가장 중요한 일은 새로운 아이디어를 방해하는 융통성 없는 사고를 깨부수는 것이다. 동시에 문제 해결사는 전통적인 접근법을 잊어야 한다. 포드는 자동차 제조에 대한 관습적인 접근법을 잊었기 때문에 조립 라인을 활용할 수 있었다(요즘에는 조립라인 접근법을 잊고 주문 제작으로 전환한 사람이 창의적이라고 여겨진다!).

전통적인 사고를 극복하는 것이 창의적인 사고에 매우 중요한데, 그 과정은 몇 가지 상이한 방식으로 특징지어진다. 가장 친숙한 것이 "**창의적인 사람은 틀을 벗어난 사고를 한다**(a creative person thinks outside the box)"는 것이다. 이런 점에서 틀은 사고를 국한시키고 제한하는 범주이다. 당신이 틀에 갇혀 있다면 틀 밖의 기회를 볼 수 없다. 예컨대 의료보험회사 경영진이 의료보험은 사람만을 위한 것이라고 생각한다면, 성장하고 있는 가축 의료보험 시장을 놓치게 될 것이다. 뒤에 첨부되어 있는 내용에서 새로운 사고에 대한 몇 가지 업계 사례를 찾을 수 있을 것이다.

독창적인 사고에 관해 주의할 사항은 직원들에게 여전히 어느 정도까지 독창적으로 생각하는 것을 허용할 것인지에 대한 제약이 필요하다는 것이다. 이 장의 초반에 마리사 메이어가 창의성은 제약을 좋아한다고 언급한 것을 기억할 것이다. 마찬가지로, 창의성 저술가 숀 코인(Shawn Coyne)은 제약이 없이 독창적으로 생각하라는 말을 들을 때, 사람들은 곧 무제한적인 업무 영역에 압도당하게 된다

사례

독창적 사고의 현대 비즈니스

- 사회적인 통념에 따르면 경쟁자로 하여금 당신의 매장이나 웹사이트에서 제품과 서비스를 파는 것을 허용하지 않는다. 그러나 아마존닷컴은 수년째 고객들이 웹사이트를 통해 다른 온라인 매장에서 쇼핑을 할 수 있는 프로그램을 갖추고 있다. 아마존닷컴은 소정의 수수료를 받고, 고객의 체험이 늘어나면서 매출이 증가했다.
- 통념상 보도는 시멘트나 콘크리트로 만들어져야 하며, 나무의 뿌리가 보도를 손상시키면 나무를 베어야 한다. 린드세이 스미스는 캘리포니아 가디너 근처에 있는 26그루의 나무가 보도를 손상시킨다는 이유로 베어지고 있다는 것을 알게 되었다. 고무재생 회사의 조언을 받아, 그녀는 미국과 캐나다의 60개 도시에 재생 타이어로 만든 보행로를 설치한 루버사이드웍스(Rubbersidewalks)라는 회사를 찾아냈다. 각각의 네모난 조각은 별도로 제거하여 수리할 수 있으며, 그렇게 함으로써 나무의 파괴를 막을 수 있었다. 또한 고무는 나무뿌리와 콘크리트보다는 더 조화를 이룬다.
- 통념상 비디오나 DVD를 빌리기 위해서는 비디오나 DVD 매장을 방문해야 한다. 넷플릭스(Netflix)는 매달 이용료를 내는 소비자들에게 인기 DVD를 온라인으로 대여하고 우편으로 빠르게 배달하는 단순한 비즈니스 모델로 어디에서도 새로운 분야를 창출할 수 없어 보였던 영화 대여 산업에서 빠져 나왔다(현재 DVD는 디지털로 접속할 수 있으며, 컴퓨터 모니터나 TV 수신기에서 다운로드하여 재생할 수 있다). 넷플릭스의 성공은 경쟁자들을 양산하였지만, 여전히 상당한 시장 점유율을 차지하고 있다.
- 통념상 약을 다시 처방 받는 것에 무관심한 고객들에 대해 약국이 할 수 있는 일은 많지 않다. 그로 인해 고객들은 건강상 문제로 고통 받을 뿐 아니라 약국은 수입을 포기해야 한다. CVS케어마크(CVS/Caremark)의 지도부는 사전 대책이 필요하다는 생각을 하게 됐다. 문제를 처리하기 위한 시스템이 도입되었다. 보험약제관리 프로그램에 등록된 환자가 약 복용을 중단하는 경우, CVS의 약사는 환자에게 약의 재 조제를 상기시켜주기 위해 전화를 걸 수 있다. 이 프로그램은 또한 너무나 아파 입원이 필요한 환자의 수를 줄이는 창의적인 방법으로 간주되고 있다.
- 통념상 은행은 독실한 이슬람교도에게 주택자금 융자를 할 수 없다. 코란(이슬람 성서)에 따르면 이슬람교도들은 이자를 내거나 받는 것이 금지되어 있기 때문이다. 그 결과, 시장의 잠재적인 고객인 이슬람교도들은 주택 모기지를 받을 수 없게 되었다. 미시간의 BOAA(Bank of Ann Arbor)은행은 종교적인 믿음 때문에 이자 지불이 금지된 사람들을 위한 독특한 무이자 프로그램을 개발했다. 은행은 전통적인 주택자금 융자를 상환 임대차 계약으로 대체하는 모기지 대체 대차 거래(mortgage alternative loan transaction, MALT)를 개발해냈다. 집은 은행에 신탁되고 고객은 그 신탁에 대해 매달 돈을 지불한다. 임대료에는 부동산의 순수 가치를 형성하는 저축의 설정 금액이 포함된다. 보통예금 계좌가 집의 원래 가격과 같아지면 고객은 집을 완전하게 소유하게 된다.

출처: Heather Green, "How Amazon Aims to Keep You Clicking." *BusinessWeek*, March 2, 2009, pp. 034-040; Stacy Perman, "Concrete Decision," *BusinessWeek SmallBiz*, February/March 2007, p. 034; Christopher Stem, "Netflix Braces for Amazon: DVD Rental Company Cuts Fees to Compete," *Washington Post*, October 16, 2004, P. 1E; Matthew Boyle, "CVS: Dispensing Drugs - and Health Reform," *BusinessWeek* February 23, 2009, pp. 42-43; Karen Dybis, "Banks Offer No-interest Options for Muslims," *Detroit News*, December 21, 2004(detnews.com).

고 주장한다. 효율적인 프로젝터 리더는 한도를 설정하여 팀원들을 특정 방향으로 인도함으로써 아이디어 생성을 준비하게 한다. 코인은 또한 최고의 아이디어는 "너무 크지도 않지만 너무 작지도 않은 매우 세심하게 디자인된 상자 안에서 생각할 때" 나온다고 설명한다.[18] 예컨대 팀 구성원에게 회사의 에너지 비용을 절약할 수 있는 방법을 찾되 너무 많은 비용이 들거나 광범위한 직원의 불평을 유발하는 제안은 활용하지 않을 것이라고 하는 제한을 둘 수 있다.

13.4 조직의 창의성 향상 방법

창의적인 문제해결을 향상시키기 위해 대부분의 조직들은 정기적으로 브레인스토밍을 한다. 여기에서는 브레인스토밍의 새로운 발전과 다른 창의성 향상 방법에 중점을 두기로 한다. 이러한 성격의 프로그램은 실제문제에 적용이 되며, 동시에 창의적인 사고를 발전시킬 수 있는 기회를 제공한다.

리더는 창의적인 문제해결 기법을 실행하는 데 있어 두 가지 역할을 한다. 집단 상호작용을 촉진하고, 창의성 결과물의 공정한 몫을 제공한다. 여기에 서술된 네 가지의 창의성을 향상시키는 문제해결 기법은 (1) 체계적으로 참신한 아이디어 수집하기, (2) 브레인스토밍, (3) 불만 기법 활용하기, 그리고 (4) 생각을 위한 주방 설치하기이다. 창의성 향상 방법에 있어 주목할 점은 어느 한 가지 방법이 다른 방법보다 꾸준히 더 낫지는 않다는 점이다. 기본적인 메커니즘은 각각의 창의성 향상 방법이 새로운 아이디어를 표면화하는 데 도움이 된다는 점이다. 혁신 컨설턴트이자 코카콜라에서 혁신을 주도한 사람이었던 대니 스트릭랜드(Danny Strickland)는 이러한 모든 창의적 수단들의 핵심은 단순하다고 지적한다. "창의적 수단들은 당신의 관점을 바꾸는 데 도움이 되는 새로운 정보를 전달하려고 합니다. 당신이 어떤 것에 대해 생각하는 방식을 바꾼다면, 갑자기 새로운 아이디어가 떠오르게 될 것입니다."[19]

체계적으로 참신한 아이디어 수집하기

창의성은 흔히 숫자 게임이라고 한다. 더 많은 아이디어를 시도할수록 효과 있는 아이디어를 찾을 가능성이 더 커지기 때문이다. 직원들을 위한 주목할 만한 참신한 아이디어 수집 방법은 누군가 신선한 아이디어가 필요할 때, 회사 검색 엔진을 통해 아이디어에 접근할 수 있도록 회사 데이터베이스를 직원들에게 제공하는 것이다. 인트라넷 상에 아이디어를 게시하는 것은 데이터베이스와 유사하다.

회사 리더의 경우 아이디어를 수집하는 간단한 방법은 혁신 모색에 더 많은 직원을 참여시키는 것이다. 대표적인 예가 가정용 청소 제품 및 개인위생 제품을 만드는 영국 회사 레킷벤키저이다. 회사는 관련된 새로운 시장 트렌드를 찾기 위해 많은 직원들을 구매, 마케팅, 고객 상담에 집중시켰다. 소규모의 내부 팀이 보고된 트렌드를 검증하고 트렌드에 초점을 맞추기 위해 노력한다. 팀은 어떤 제품이 추진할 만한 가치가 있는지를 결정하는 상위 관리자에게 결과물을 보고한다. 회사 대변인에 따르면 최근 수입의 40%는 3년 전에 시작한 혁신의 결과였다.[20]

참신한 아이디어를 쉽게 얻기 위해서 리더나 매니저는 매 회의 때마다 새로운 아이디어를 하나씩 가져오도록 직원들에게 요청하는 등의 아이디어 할당제를 설정할 수 있다. 이러한 아이디어의 상당수가 혁신으로 이어지지 않을 수 있지만, 약간의 좋은 아이디어가 나올 수 있다. 아이디어 할당제가 효과가 있는 이유 중 하나는 그것이 목표이기 때문이다. 또 다른 이유는 환경적 필요(이 경우에는 아이디어 할당제)가 훌륭한 창의성 자극제이기 때문이다.

브레인스토밍

가장 잘 알려진 창의성 향상 방법이 브레인스토밍으로 아마 이미 해본 적이 있을 것이다. 브레인스토밍은 흔히 피상적이라는 비난을 받지만 최첨단 기술 회사의 경우에 있어서도 핵심적인 아이디어 생성 방법이다. 대표적인 예가 마이크로소프트의 전직 기술최고 책임자였던 네이선 미어볼드가 공동 창립한 인텔렉추얼 벤처스(IV)로 이 기업의 주요 미션은 발명품을 개발하는 것이다. 미어볼드는 사내 발명가와 변호사와 함께 명석하다고 소문난 의사, 엔지니어, 과학자들을 온종일 지속되는 브레인스토밍 회의에 집결시킨다. IV직원들은 브레인스토밍 회의에서 나온 아이디어를 채택하여 특허권을 받는다. 발명가들은 최종 로열티의 지분을 얻게 된다.[21]

IV의 브레인스토밍 운용은 목표가 과정의 필수적인 부분이라는 의견을 강조한다. IV팀은 특허 가치가 있는 아이디어의 획득이라는 목표에 주력하고 있다. 로버트 리치필드(Robert C. Litchfield)의 가설에 따르면, 브레인스토밍의 다양한 규칙은 (a) 다수의 아이디어 생성하기, (b) 비평 삼가기, (c) 이전의 아이디어를 결합하고 개선하기, 그리고 (d) 자유분방함을 독려하기를 포함하는 목표로 간주할 수 있다.[22]

복습차원에서 [리더십 스킬 구축 연습 13-1]을 해보자. 대다수의 고용주들은 브레인스토밍을 활용하기 때문에, 단순하게 아이디어를 말하는 것보다는 몇 가지 새로운 지식을 알고 있는 것이 도움이 된다.

브레인스토밍의 핵심적인 측면은 모든 아이디어가 참신하고 더 유용한 아이디어를 위한 발판과 계기가 될 수 있다는 점이다. 한 아이디어가 또 다른 연관성과

리더십 스킬 구축 연습 13-1

효과적인 도메인 이름 선택하기

'효과적인 도메인 이름 선택하기'를 위해 그룹을 만든다. 당신의 임무는 몇 가지 제품이나 서비스를 위한 독창적인 도메인 이름을 개발하는 것이다. 효과적인 도메인 이름은 기억하기 쉽고 단순한 웹 검색에서 잠재적 고객을 사로잡는 것이다. 이 연습이 어려운 이유 중 하나는 "도메인 투기꾼들"이 사업주가 원할 수 있는 주인 없는 이름을 차지하고 있다가 나중에 이들 도메인을 판매한다는 점이다. 예컨대 도메인 투기꾼(즉, 도메인 이름을 선점한 사람)이 고양이 사료 온라인 소매업자가 미래에 이 도메인명을 원할 것이란 기대 하에 www.catfood.com이라는 도메인명을 미리 구축할 수 있다. catfood.com의 소유자는 인터넷을 통해 사료를 구매하려는 사람이 www.catfood.com으로 들어와 PetSmart로 연결될 때마다 PetSmart에게 청구할 수 있다.

당신의 팀은 몇 가지 가능한 도메인 이름을 생각해 낸 후, 그 도메인 이름이 이미 사용 중인지 확인하기 위해 인터넷으로 검색해 본다. 브라우저에 간단하게 "www"를 친 후 당신이 선택한 이름을 입력한다. 아니면 DomainCollection.com과 같은 회사 사이트를 방문한다. 아직 사용되지 않은 도메인명 목록을 만든 후, 팀 리더가 당신들의 결과물을 학급의 다른 사람들에게 발표한다.

- 문신 및 바디 피어싱 스튜디오
- 골동품 차나 클래식 카 교체 부품
- 아동을 위한 읽기 및 수학 학습 센터 가맹점
- 알츠하이머 질병 치료 센터
- 신용 등급이 낮은(서브프라임) 사람들을 위한 개인 대출
- 제조사를 위한 재활용 강철

관련성으로 이어질 수 있다. 따라서 브레인스토밍에서 아이디어를 생성하는 중에는 자발성이 힘을 얻을 수 있도록, 어떠한 식으로든 잠재적인 해결책을 비판하거나 평가하지 않는다.

마이크로소프트검색 엔진인 "Bing"이라는 이름의 어원은 브레인스토밍이 업계의 창의성에 있어 얼마나 중요한지를 보여준다. 검색엔진 이름 개발 계약을 체결한 인터브랜드는 "속도"와 "관련성"과 같은 주제에 초점을 맞춘 이름을 생각해 내기 위해 8명의 직원을 배정했다. 6주의 기간 동안 2,000개의 이름이 만들어졌다. 입력하기 어렵고 모욕적이거나, 다른 회사가 사용하고 있는 단어는 없애고 약 55개의 단어가 마이크로소프트에 제출되었다. 두 개의 차점자는 Kumo와 Hook이었으며 Bing이 최종 우승자였다.[23] 이 작업을 한 시간 안에 하도록 학생들에게 할당했다면 마이크로소프트는 시간과 돈을 절약할 수 있었을까?

브레인스토밍의 또 다른 변형은 **극단적인 사고**를 장려하는 것이다. 참가자들에게 아마도 효과는 있을 수 있지만 너무나 터무니없어 참가자 집단을 해고할 수도 있는 아이디어를 내 줄 것을 요청한다. 후에, 집단은 잠재적 해결책의 범위를 좁히는 방법을 알아낸다.[24] 여기에 제품 개발에 관한 브레인스토밍을 하는 동안 발생하는 극단적 사고의 두 가지 사례가 있다.

- HP에서 한 집단은 PC가 사양길에 있고 이윤이 줄어들고 있기 때문에 회사가 데스크탑 컴퓨터 사업에서 철수해야 한다고 제안한다.
- IBM에서 어떤 사람은 회사가 스마트폰, 알람시계, 연필 깎기와 같은 소비재에 뛰어 들어 회사의 브랜드 네임을 활용해야 한다고 제안한다.

다른 창의적 문제해결 기법과 마찬가지로 브레인스토밍은 혁신을 조성하고자 하는 조직문화에 가장 적합하다. 유명한 디자인 회사 IDEO에 있어서 이것은 필수적인 부분이다. 이 회사 직원들은 열정적으로 혁신을 신봉하고 있다. 그 결과, 그들은 문제에 대한 대안책에 대해 논쟁을 하면서도 여전히 효과적인 디자인을 개발하기 위한 결속이 가능하다.[25]

불만 기법 활용하기

조직 단위에 있어 리더십의 중요한 역할은 외부 및 내부 고객을 위한 서비스를 지속적으로 향상시키기 위한 방법을 찾는 것이다. **불만 기법**(Pet-peeve technique)은 다른 사람들이 집단의 조직 단위에 대해 가질 수 있는 가능한 모든 불평을 찾아보는 브레인스토밍 방법이다.[26] 브레인스토밍을 통해 집단 구성원은 자기 집단과 교류하는 사람들의 불평 목록을 만든다. 불평의 출처로는 내부 고객, 외부 고객, 경쟁자, 그리고 공급업체가 포함된다. 불만 기법은 잘 알려져 있지는 않지만 잠재적으로 가치가 있다.

집단 구성원들은 다양한 표적 집단으로부터 자신들에 관한 피드백을 요청함으로써 회의를 준비할 수 있다. 비공식적이고 가벼운 불만 집단의 유형에 맞춰 피드백은 비공식적으로 수집되어야 한다. 설문조사를 통해 표적 집단에 접근하기보다는 구성원들은 곧 있을 불만 회의에 대해 이야기하고 개인적으로 또는 온라인상으로 "당신은 어떤 불만을 제공할 수 있는가"라고 질문한다.

어떠한 제약도 없는 브레인스토밍 회의를 하는 동안 집단 구성원은 약간은 가상적이고 익살스러운 불평을 던질 수 있다. 유머는 창의적인 사고를 요하기 때문에 익살스러운 불평은 특히 중요하다. 모든 불만 사항을 토로한 후, 집단은 다음 회의에서 정보를 처리하며, 그 때 가장 심각한 문제를 개선하기 위한 실행계획을 만들 수 있다.

작은 전자 제품을 제조하는 업체의 인사부에서 열린 불만 회의에서는 다음과 같은 많은 불만이 쏟아져 나왔다.

리더십 스킬 구축 연습 13-2

불만 기법

본문에 있는 불만 기법에 대한 설명을 되새겨 본다. 약 다섯 명의 토론자로 구성된 그룹으로 학생들을 나눈다. 각 그룹은 조직 단위 역할을 맡는다. 직접적인 접촉을 통해 또는 간접적인 지식을 통해 그룹에 친숙한 조직체를 선택한다. 예를 들어, 당신은 회계 법인의 감사단, 당신이 다니는 학교의 학자금 대출 담당, 또는 자동차 대리점 서비스 부서의 대출 담당 역할을 맡을 수 있다. 당신 그룹에 대한 실제 그리고 가상적인 비평을 한다. 가장 심각한 비평 두 가지를 선택하고 당신의 그룹이 더 높은 단계로 나아가기 위한 실행계획을 세운다.

> "많은 사람들은 우리가 무엇을 하는지 궁금해 합니다. 그들은 우리가 단순히 서류 양식을 채우고 우리 자신을 위한 일을 만들어 내고 있다고 생각합니다."
>
> "일부 현장 관리자들은 우리의 일을 그들이 왜 최고의 입사 지원자를 고용하지 말아야 하는지 좋은 이유를 찾는 것이라고 생각합니다."
>
> "외부에서 온 지원자들은 우리의 작업이 이력서를 파쇄하는 것이라고 생각합니다. 그들은 우리가 회사에 도착하는 이력서의 90%를 버리거나 삭제한다고 생각합니다."

비록 과장되었기는 하나 이러한 예리한 자기비판의 결과로서, 인사부는 효율적인 실행 계획을 개발하였다. 부서의 리더는 부서의 역할을 논의하고 질문에 답을 하기 위해 조직 전체의 부서들과 간단한 회의를 주선했다.

불만 기법은 집단이 자신의 업무 프로세스를 개선하는 데 도움이 될 수 있기 때문에 잠재적으로 리더에게 있어 유용하다. 이 기법은 기분 좋은 마무리이기 때문에 위협으로 인식될 가능성은 없다. [리더십 스킬 구축 연습 13-2]는 불만 기법을 연습할 수 있는 기회를 제공한다.

생각을 위한 주방 설치하기

마이크 밴스(Mike Vance)에 따르면, 모든 사업체에는 창의성을 키우기 위해 만들어진 공간인 **생각을 위한 주방**이 필요하다. 물품은 칠판, 플립 차트, 커피 주전자, 냉장고, 연필 깎기, 그리고 그래픽 소프트웨어가 있는 컴퓨터 같은 일반적인 물품이 있을 수 있다. 창의성의 방에는 때때로 장난감 다트, 프리스비, 고무공, 박제된 동물과 같은 아이들 장난감들도 넣는다. 장난감의 용도는 사람들이 지적으로 그리고 감성적으로 긴장을 풀도록 도와 창의적인 사고를 자극하는 것이다.

생각을 위한 주방에서 장비보다 더 중요한 것은 사람들이 창의적인 사고를 위해 만날 수 있는 공용 회의공간의 존재이다. 밴스는 사람들의 자원이 제한되어 있는 경우에도, 그들은 여전히 창의적인 아이디어를 만들어 내는 데 자신의 독창성을 활용할 수 있다고 주장한다.[27]

생각을 위한 주방의 구체적인 사례는 나이키의 혁신주방(Innovation Kitchen)으로, 이곳은 운동에 대한 욕심, 예술, 터무니없는 과학이 아이디어로 함께 혼합되는 디자이너를 위한 싱크 탱크이다. 이들 아이디어는 나이키를 운동화와 의류의 선두 주자로 만들어 주었다. 주방은 모든 종류의 도구, 재료, 기계, 장난감, 기구, 소프트웨어, 게임, 그리고 영감을 자극하는 이미지가 즉석에서 가능한, 규제를 받지 않는 창의적인 어린이 놀이터라고 설명할 수 있다. 맨발로 달리는 이점을 모방한 운동화인 나이키 프리는 주방에서 만들어졌다.[28]

창의성 향상에 있어서의 도덕성

이 장의 여러 곳에서 설명한 창의적인 아이디어를 생성하는 방법과 창의성 향상을 위한 리더십 및 관리 조치는 윤리적이고 도덕적인 중요성을 갖는다. 창의성 저술가 제럴드 신델(Gerald Sindell)은 창의적으로 생각하는 사람은 자신의 작업을 도덕적인 맥락 안에 놓는 것이 필요하다고 강조한다. 그는 창의적인 작업과 결과물이 외부와 단절된 상태에서 절대 존재할 수 없다는 점을 언급한다. 반대로, 모든 아이디어와 제품은 크고 작은 점에서 잠재적으로 유해한 결과를 가질 수 있다.[29]

관련 사례가 수백만 명의 사람들이 손쉽게 비즈니스 및 개인적 용도로 커뮤니케이션할 수 있게 해주는 스마트폰이다. 그럼에도 불구하고 의도치 않은 유해한 결과도 많다. 운전하는 동안 문자 메시지 전송을 포함하여 스마트폰을 사용하는 것은 음주 운전하는 것과 거의 동일하게 위험하다. 또한 비업무적인 용도로 스마트폰을 쉽게 이용할 수 있게 됨으로써 직원들이 산만해 짐에 따라 생산성이 크게 떨어지고 있다. 또한 일부 과학자들은 스마트폰의 과도한 사용이 뇌종양을 유발할 수 있다고 우려한다. 수백 가지의 다른 제품과 서비스 또한 윤리적인 영향을 미친다. 예컨대 금융 파생 상품과 같이 기막히게 개발된 금융 상품 또한 많은 소비자들에게 해를 끼치고 있다.

신델은 창의적인 직원들이 혁신적인 제품이나 서비스의 가능한 모든 남용을 상상하고, 남용으로 인한 피해를 제한하기 위한 조치를 취해야 한다고 권고한다.[30] 경고 라벨과 정보 광고는 최소한의 합당한 조치이다.

13.5 창의적인 문제해결 향상을 위한 자조(self-help) 기법

문제를 더 창의적으로 해결하고자 하는 리더와 사람들은 임의적으로 사용할 수 있는 수백 가지의 방법을 찾을 수 있으며, 이런 모든 방법들은 정신적인 유연성을 증가시키는 것을 목표로 하고 있다. 창의적 문제해결을 강화하기 위한 여섯 가지의 전략과 특정 기술은 아래에 소개되어 있으며, [표 13-1]에 간략하게 요약되어 있다. 이러한 전략과 기술은 앞서 서술된 조직 프로그램을 뒷받침하고 보충한다. 이러한 기술들이 기본적으로 기여하는 바는 유연한 사고를 용이하게 하거나, 열린 눈으로 호기심을 갖고 세상을 바라보게 한다는 점이다.[31] 그러한 정신적인 상태를 가지고 있는 경우, 거의 모든 것으로부터 새로운 아이디어가 생성될 수 있다. 창고 관리자인 당신이 젊은 사람들이 공원에서 인라인 스케이트를 타는 것을 목격하였다. 창의적인 태도를 갖고 있다면 당신은 물류 담당자들이 걸어 다니는 대신 인라인 스케이트를 사용하면 더 능률적일 수도 있겠다는 생각을 할 수 있다.

창의성을 향상시키는 활동하기

인정받는 창의적인 사고 연마 방법은 정기적으로 유연한 사고를 촉진하는 활동에 참여하는 것이다. 사진 찍기를 즐긴다면 테마를 보여주는 사진 찍기를 해본다. 예를 들어, 당신 회사 제품의 적절한 용도를 보여주는 사진을 찍을 수 있다. 모든 유형의 퍼즐은 당신의 상상력을 펼치는 데 도움이 된다. 대다수의 창의적인 사람들은 정기적으로 십자 말 풀이를 한다. 당신의 사고를 펼칠 수 있는 또 다른 방법은 주어진 테마를 중심으로 우스갯소리를 쓰는 것이다. 당신은 리더의 창의성에 대해 우스갯소리를 쓸 수 있는가?

수화를 포함하여 제2외국어를 배우는 것은 창의성을 촉진시킬 수 있는데, 이것

표 13-1 창의성 향상을 위한 자조 기술
1. 창의성을 향상시키는 활동하기
2. 기회에 대한 경계를 게을리 하지 않기
3. 행복한 상태로 열정적인 태도 유지하기
4. 아이디어를 기록하기 위한 공간을 체계적으로 유지하고 활용하기
5. 탐험가, 예술가, 판사, 변호사의 역할하기
6. 적절한 운동하기

리더십 스킬 구축 연습 13-3

다수의 용도 찾기 기술

창의성 개발을 위한 표준 기법은 일반적인 사물의 다양한 용도를 찾는 것이다. 즉, 이 연습을 하는 사람들은 표준 대상에 대한 잠재적 용도를 시각화함으로써 통상적인 사고를 넘어서야 한다. 이 연습의 요점은 유연하게 생각하는 기술을 개발하는 것이다. 쉬운 예로 수프 그릇을 화분이나 서진(書鎭) 용도로 사용하는 것이다. 혼자서 작업을 하건 그룹 브레인스토밍을 활용하건 간에 다음 대상에 대한 6개의 잠재적인 용도를 찾아보자.

1. 클립*
2. 벽돌**
3. 쇼핑 카트
4. 이메일 주소
5. 노후된 또는 구식 휴대 전화
6. 5파운드의 무게가 나가는 참고서

다른 친구들과 결론을 공유하는 것이 유의미할 것이다. 다른 사람들이 당신이 제안한 대안적 용도를 언급하지 않았는지, 아니면 드물게 언급하였는지를 확인하는 데 도움이 된다. 거의 언급하지 않았다는 것은 꼭 실용적이지는 않지만, 상상력이 높다는 것을 암시한다.

* 클립의 다양한 용도를 찾는 것은 역사상 최초의 창의력 개발 연습일 수 있다.
** 벽돌의 다양한 용도를 찾는 것은 역사상 두 번째 (또는 공동 1위)의 창의력 개발 연습일 수 있다.

은 습관적인 마음가짐을 바꿔야 하기 때문이다. 예를 들어, 제2외국어를 배울 때 모든 명사의 성을 기억하고 명사의 성과 수(단수 대 복수)에 따라 각각의 형용사 철자를 맞춰야 한다.

[리더십 스킬 구축 연습 13-3]은 창의적인 사고를 연습할 수 있는 기회를 제공한다. 이러한 유형의 연습 문제를 하는 것은 창의적인 문제해결을 향상시킨다.

기회에 대한 경계를 게을리 하지 않기

창의적인 리더의 특징은 다른 사람들이 간과하는 기회를 포착할 수 있다는 점이다. 기업가는 충족되지 않은 고객의 요구에 맞춰 조직을 만들 수 있기 때문에, 기회 탐색은 기업가 리더십과 관련되어 있다. 스타벅스 커피매장의 해외 체인점 아이디어는 스타벅스 커피, 티 앤드 스파이스라는 4곳 매장의 상품 소매 운영 이사였던 하워드 슐츠가 이탈리아 밀라노에서 열린 가정용품 컨벤션에 참여하면서 시작되었다. 슐츠는 커피전문점 현상에 주목했다. 밀라노에만 1,500개의 커피전문점이 있었고, 모두 에스프레소와 같은 트렌디한 음료를 제공하고 있었다. 미국에서도 커피전문점이 번성할 것이라고 믿은 슐츠는 스타벅스가 커피전문점을 열도록 설득했다. 슐츠는 자신 만의 작은 커피전문점 체인을 만들기 위해 회사를 그만두고 두 명의 창업 파트너를 데리고 나왔으며, 스타벅스를 자신이 만든 회사와 합병했다(슐츠가 알아낸 충족되지 않은 고객의 요구는 무엇이었는가?).[32]

행복한 상태로 열정적인 태도 유지하기

경영 리더가 창의적 문제 해결사가 되는 데 있어 판단력과 창의적 사고 사이의 충돌 해결이라는 주요한 걸림돌에 직면한다. 많은 업무 상황에서 판단적 상황(또는 그런 결정을 내릴)의 필요가 제기된다. 판단력을 요구하는 상황이란 제출된 경비의 검토와 제품 품질 또는 안전 결함에 대한 검사 등을 얘기한다. 판단력은 창의성에 대해 스스로 규제를 가하는 것과 같다.

창의적인 사고는 창의적인 대안을 찾을 때 수반된다. 전직 광고책임자이자 브레인스토밍의 창시자인 알렉스 오스본(Alex F. Osborn)은 그의 책에서 판단력과 상상력이 얼마나 자주 충돌하는지를 다음과 같이 서술한다.

> 대체로 분위기에 어울리지 않는다는 사실은 판단력과 상상력이 충돌하는 경향이 있다는 것을 설명한다. 냉철한 사고에 맞는 분위기는 대개 부정적이다. "무엇이 문제지? 아니야, 이것은 성공하지 못할 거야." 판단을 해야 할 때는 이러한 반응이 적절하다.

반대로, 창의적인 사고는 긍정적인 태도를 요구한다. 희망적이 되어야 한다. 열정이 요구된다. 자신감 있는 수준에 이르기까지 자신을 격려해야 한다. 수포로 돌아가지 않을까 하는 완벽주의를 경계해야 한다.[33] 따라서 창의적이기 위한 행동 조치는 마음의 긍정적인 프레임에 자신을 투영하는 것이다. 같은 원칙은 판단 업무에 대해 창의적이 되려고 하는 경우에도 적용된다. 예컨대 리더가 원가 절감을 위한 창의적인 방법을 찾아야 하는 업무에 직면할 때, 관리자가 부정적으로 생각하는 것에 대해 긍정적으로 생각해야 한다!

창의성에 기여하는 열정과 밀접하게 관련되어 있는 것은 좋은 기분 상태가 창의성을 촉진한다는 것이다. 그러한 결과는 수첩이나 일기 분석을 통해 알 수 있다. 일기 내용은 사람들이 창의적인 아이디어를 내놓을 때 가장 행복하다는 것을 보여줬다. 사람들이 전날에 행복했다면 획기적인 아이디어를 만들어낼 가능성이 크다. 어느 날의 행복은 보통 다음날의 창의적인 아이디어의 전조가 된다.[34]

아이디어 기록을 위한 공간을 체계적으로 유지하고 활용하기

창의적인 아이디어를 주의 깊게 기록하지 않는 한 그것을 활용하는 것은 어렵다. 기억에 의지한 창의적인 아이디어는 매일의 일상에 눌려 잊혀 질 수 있다. 수첩에 적은 중요한 의견도 모호해질 수 있다. 창의적인 아이디어는 당신이 속한 그

롭과 당신 경력에 돌파구가 될 수 있다. 따라서 별도의 공책 또는 컴퓨터 파일, 아니면 당신에게 편한 다른 저장 장치에 간직할 가치가 있다. 기록 도구로는 공책이나 일기장, 스마트폰, 색인 카드, 녹음기, 자신에게 보내는 음성 메일과 이메일, 플립 차트, 주머니 사이즈의 메모지, 색인 카드용 보관함과 같은 아이디어 파일 데이터베이스가 포함된다.[35] 신중하거나 또는 잘 잊어 먹는 사람은 아이디어 사본을 두 군데, 즉 하나는 집에 그리고 하나는 사무실에 저장할 것을 권한다.

탐험가, 예술가, 판사, 변호사 역할하기

창의성을 향상시키는 또 다른 방법은 이전의 많은 방법들을 포괄한다. 직무상의 창의성을 향상시키길 원한다고 해보자. 이 방법은 당신의 사고에 있어 네 가지 역할의 채택을 요구한다.[36] 첫째, **탐험가**가 된다. 다른 분야의 사람들과 이야기하여 당신의 집단에 혁신을 유발할 수 있는 아이디어를 취한다. 예컨대 텔레커뮤니케이션 그룹을 관리하는 경우라면 판매원과 제조 전문가와 이야기를 해본다.

둘째, 당신의 상상력을 펼쳐 **예술가**가 된다. 당신의 일상 중 약 3%를 가정의 문제를 질문하는 데 사용하자. 예를 들어, 텔레커뮤니케이션 그룹의 리더는 "일부 새로운 연구가 통신 장치의 광범위한 사용이 높은 암 발생 비율과 관련이 있다고 발표한다면 어떻게 하겠는가?" 또한 당신 분야에서 흔하게 인식되는 규칙들에 이의를 제기하도록 한다. 예를 들어, 한 컴퓨터 서비스 매니저가 왜 고객들이 실제로 인쇄된 사용자 매뉴얼을 필요로 하는지 질문을 했다. 이러한 질문이 현재 표준이 된 새로운 회사 관행, 즉 사용설명서를 온라인에 게재하는 관행으로 이어진다.

셋째, **판사**가 되어야 할 때를 안다. 몇 가지 창의적인 아이디어를 생각해 낸 후, 어느 시점에서 아이디어를 평가해야 한다. 비판적이 되어서 자신의 창의적인 사고를 꺾어서는 안 된다. 그러나 설득력 없는 아이디어가 구현되지 않도록 충분히 비판적이어야 한다. 인정받는 법률 회사의 어떤 경영 파트너가 낮은 가격에 대중에게 법률서비스를 제공할 수 있는 가두(街頭) 지점을 두 곳에 개설하기 위한 계획을 세웠다. 지점은 라디오, 텔레비전, 온라인, 신문에 광고를 할 예정이다. 그러나 몇 주 동안 자신의 계획을 충분히 생각해 본 후, 그녀는 계획을 철회했다. 가두 지점이 새로운 시장을 창출하기보다는 본점으로부터 고객들을 선회시킬 가능성이 크다는 결론을 내렸다.

네 번째, **변호사**의 역할을 함으로써 당신의 창의적인 사고에 대한 성과를 얻어낸다. 당신 분야에서 또는 업무 장소에서 당신의 아이디어를 구현하기 위한 협상을 하고 방법을 찾는다. 창의적인 사고의 탐험가, 예술가, 판사의 단계에서는 창의적인 아이디어를 개발하는 데 시간이 오래 걸리지 않을 수 있다. 하지만 당신은 획기적인 아이디어를 구현하기 위해 몇 달 또는 몇 년을 보내야 할 수 있다. 최근 많은 세무대리회사들이 현재 예상되는 환급 세액에 해당하는 환급금을 고객들에게 빌려준다. 대형 세무대리회사의 매니저가 이 아이디어의 장점을 최고 경영진에게 납득시키는 데는 오랜 시간이 걸렸다.

적절한 운동하기

창의성 자극에 있어 좋은 방법은 신체적인 운동을 하는 것이다. 로드아일랜드 칼리지의 마케팅 교수인 스티븐 라모키(Stephen Ramocki)는 한 번의 에어로빅 체조가 학생들의 뇌를 최고조로 만들기에 충분하다는 것과, 그리고 그 효과가 적어도 두 시간 지속된다는 것을 발견했다. 체스 챔피언인 게리 카스파로프는 운동을 광적으로 좋아하며 뛰어난 지능을 갖고 있다. 그는 체스 기술 향상에 자신의 체력이 기여한다고 생각한다.

창조적인 통찰력이 흔히 운동을 하는 도중에 떠오른다는 사실은 몰입과 잠복기로 불리는 창의적 과정상의 단계에 들어맞는다. 운동이 창의성을 촉발하는 이유에 대한 또 다른 설명은 운동이 더 많은 피와 산소를 뇌로 보낸다는 것이다. 운동은 또한 추상적인 추론과 집중에 관여하는 뇌 부위인 전두엽의 활동을 향상시킨다.[37] 운동이 창의적인 사고를 끌어올릴 수 있다는 사실을 고립적으로 해석해서는 안 된다. 업무에 대한 지식과 열정의 보고와 같이 리더에게 해당되는 다른 요소들이 없다면 운동은 창의적인 돌파구로 이어지지 않을 것이다.

13.6 창의적 사고를 위한 풍토 및 문화 확립

리더는 생산성과 만족도 개선을 위해 자신만의 독창적인 아이디어를 개발해야 한다. 창의적인 문제해결에 도움이 되는 풍토나 문화를 확립하는 것은 효과적인 리더십의 또 다른 필수 요건이다. 핵심은 고위 경영진들이 조직을 더욱 혁신적으로 만들기 위한 조치를 의도적으로 취해야 한다는 점이다. 몇 년 전 P&G에서 혁신을 증가시킨 것은 혁신담당 최고 책임자의 임명과 다섯 배로 증가한 디자인 매니저의 수, 매니저들의 제품 디자인에 대한 사고를 훈련하는 장소인 **혁신 체육관**

리더십 진단 13-1

창조성과 혁신을 위한 풍토 평가하기

방법 다음에 나오는 각각의 특징이 당신이 알고 있는 조직에 얼마나 적합한지에 관해 "대체로 맞음" 또는 "대체로 틀림"으로 답한다. 현재 알고 있는 외부 조직이 없다면, 당신의 학교를 참조하여 이 질문들에 답한다.

	대체로 맞음	대체로 틀림
1. 경영진은 직원들이 창의적이길 원한다.	☐	☐
2. 새롭고 유용한 아이디어에 기여하는 사람들은 보통 금전적인 보상을 받는다.	☐	☐
3. 창의적인 사고는 대개 연구 및 개발, 그리고 마케팅과 같은 창의적인 작업을 해당하는 사람들의 몫이다.	☐	☐
4. 직원들은 제품이나 서비스에 대한 새로운 아이디어를 제안하는 데 자기 시간의 일정 부분을 써야 한다.	☐	☐
5. 창의적인 타입은 거의 승진하지 못한다.	☐	☐
6. 회사는 혁신에 상당한 재원을 투자한다.	☐	☐
7. 우리 지도자 중 혁신적인 사고를 하는 사람은 거의 없어 보인다.	☐	☐
8. 우리 조직에서 혁신적인 사고를 하는 사람은 공개적으로 인정받는다.	☐	☐
9. 독특한 아이디어를 제안하면 일반적으로 놀림을 받는다.	☐	☐
10. 이 조직 내에서 건설적인 변화는 환영 받는다.	☐	☐

총점

채점 및 해석 창의와 혁신을 위한 풍토의 방향성에 대한 평가는 질문 1, 2, 4, 6, 8, 10이 "대체로 맞음"이고, 질문 3, 5, 7, 9는 "대체로 틀림"이다. 점수가 7점 이상이면 풍토가 창의성과 혁신에 적합하다는 것을 의미한다. 점수가 4점에서 6점 사이인 경우 평균이며, 3점 이하이면 창의성과 혁신을 저해하는 풍토라는 것을 의미한다.

(innovation gym)의 설치로 인해 가능했다.[38]

조직의 창의성을 육성하는 기초 단계는 창의성을 포함하는 비전과 미션을 수립하는 것이다. 그 예가 듀퐁으로, "우리의 비전은 전 세계적으로 가장 역동적인 사이언스 컴퍼니가 되는 것이며, 전 세계 사람들의 더 나은, 더 안전한, 더 건강한 생활에 필수적인 지속 가능한 해결책을 만드는 것이다." 비전 선언문과 미션 선언문은 모범적이면서도 적절한 풍토, 즉 조직문화 그리고 이 장에 설명되어 있는 광범위한 기법 활용의 도움을 받아야 한다.

창의성을 위한 풍토는 (1) 창의성 향상을 위한 리더 관행 및 경영 관행, (2) 창의적인 직원관리 방법의 두 가지로 나눠 확립할 수 있다. 이러한 광범위한 내용을 세심하게 인식하기 위해 [리더십 진단 13-1]을 한다. 이것은 창의적인 문제해결을 고무시키거나 좌절시키는 수많은 경영 및 리더십 관행에 대해 심사숙고하게 할 것이다.

창의성 향상을 위한 리더십 관행

많은 연구자와 관찰자의 작업에서 밝혀진 것처럼 9가지의 리더십 및 경영 관행이 창의적 사고를 육성하는 데 특히 유용하다.[39] 이미 설명한 창의성 향상을 위한 조직의 방식 또한 리더십 관행으로 해석될 수 있다.

1. **외부에서 창의적인 사람들을 영입하고 내부에서 창의적인 사람 찾기.** 창의성 향상을 위한 가장 강력한 리더십 및 경영 관행은 창의적 소질이 있거나 실적이 있는 사람을 고용하는 것이다. 창의적인 사람들과 더불어 창의성 훈련을 시작하는 것은 훈련에서의 잠재력을 더욱 높여 준다. 동일한 주장은 혁신적인 사람을 고용하는 것이 혁신적인 환경을 조성하는 데 도움이 된다는 것이다. 선도적인 생명공학 기업인 제넨텍(Genentech)의 회장이자 최고 경영자인 아서 레빈슨은 "혁신적인 환경을 원한다면, 혁신적인 사람들을 고용하여 그들이 당신에게 원하는 바를 듣고 그대로 하면 된다."고 말한다.[40]

2. **지적 도전.** 사람들을 적절한 임무에 배치하는 것은 창의성을 향상시키는데, 이것은 전문 지식과 내적 동기를 뒷받침해주기 때문이다. 긴장의 크기는 목표이론(goal theory)과 일치한다. 도전이 작으면 지루함으로 이어지지만, 도전이 클 경우 압도당하고 통제력을 상실한다. 리더나 관리자는 집단 구성원에게 적절한 양의 도전을 제공할 수 있도록 집단 구성원들을 잘 알고 있어야 한다. 적절한 시간 압박은 때때로 도전을 적절한 양으로 조절할 수 있다.

3. **방법 선택의 자유를 포함한 임파워먼트.** 중국에서 일하는 IT기술 노동자들에 관한 연구는 임파워링 리더십이 노동자들의 창의성을 촉진한다는 개념을 뒷받침해주고 있다. 특히, 노동자들이 임파워먼트되었을 때 그들은 창의적인 문제해결을 위한 단계를 밟을 가능성이 높다. 이러한 창의성의 일부는 창의적인 사고를 촉발시키는 자결권을 가지는 임파워된 노동자들에게서 기인한 것이었다.[41]

   노동자들은 또한 작업 목표를 달성하는 데 가장 최선의 방법이 무언인지 선택할 수 있는 자유가 주어졌을 때 더 창의적이 되는 경향이 있다(11장의 임파워먼트 연구에서 설명하였음). 변화하는 목표에 대해 창의적으로 일하는 것은 어렵기 때문에 안정적인 목표가 중요하다.

표 13-2 매우 혁신적이라고 판단되는 5개의 기업 조직

기업	혁신적으로 여겨지는 근거
애플	애플은 태블릿 컴퓨터의 선두주자인 아이패드를 포함하여 소비자 위주의 디지털 기술에 대한 막대한 수요를 창출한 제품을 꾸준히 개발해 왔다. 전 세계의 기업 리더들은 스티브 잡스가 이끄는 애플의 창의성을 존경하며, 애플의 제품은 현재 현장에 매우 많이 적용되고 있다. 애플의 법무사들은 회사의 혁신적인 제품을 모방하는 기업들과 계속해서 싸우고 있다.
트위터	트위터는 폭발적인 성장을 해왔으며, 보통 커뮤니케이션을 재정립한 것으로 평가된다. 터무니없고 때론 기만적인 포스팅이 있긴 하지만, 이 소셜 네트워킹 사이트는 비즈니스 커뮤니케이션에서 없어서는 안 될 요소이기도 하다.
LG전자	가전제품 시장 진출을 돕기 위해, LG 경영진들은 IBM과 P&G 같은 다국적 기업의 리더들 중 핵심 인재들을 고용했다.
트레이더 죠	소비자들의 사랑을 받고 있는 이 식품 체인점은 미국에서 가장 인기 있는 전문 식품점이 되기 위해 홀 푸드(Whole Foods)를 뛰어 넘었다. 저가에 미식가의 관심을 끄는 식품을 선택하는 것이 혁신의 일부이다.
현대자동차	이전에 저가 자동차 업체로 알려졌던 현대자동차는 적절한 가격에 높은 품질과 뛰어난 스타일링을 갖고 있다는 평판을 듣는 열정적인 경쟁자이다.

출처: 다음에서 발췌한 정보에 일부 기반하고 있다: Michael Arndt and Bruce Einhorn, "The 50 Most Innovative Companies" *Bloomberg Business Week*, April 25, 2010, 38-39; Fast Company Staff, 'The World's Most Innovative Companies," *Fast Company*, March 2011, 66-82.

4. **적절한 자원의 충분한 공급.** 시간과 돈은 창의성을 향상시키는 데 가장 중요한 자원이다. 얼마나 많은 시간과 돈을 팀이나 프로젝트에 투입할지 결정하는 것은 창의성을 지원할 수도 아니면 억누를 수도 있는 어려운 개인적 판단이다. 어떤 상황에서 기한 설정은 적합한 도전이 될 수 있기 때문에 창의적인 사고를 촉발한다. 시장에서 신제품을 가장 먼저 출시하기 위해 서두르는 것이 그러한 경우이다. 잘못된 기한이나 어처구니없는 촉박한 기한은 불신과 극도의 피로를 유발할 수 있다. 창의적이 되기 위해 집단은 적절한 자금 지원을 받아야 한다.

   엔지니어들이 혁신에 관해 실제 고객들의 피드백을 얻을 수 있는 가든(Garden)이라고 명명된 이베이(eBay) 프로세스가 적절한 자원 제공의 예이다. 가든을 활용하여 엔지니어들은 고객들이 경매와 정찰 판매 중 선택을 해야 할 때, 어떻게 반응하는지를 관찰할 수 있었다. 그러고 나서 고객들에게 선택의 기회를 주는 것에 대한 개선이 이루어졌다.[42]

5. **업무 집단의 효율적인 구상.** 업무 집단이 서로를 뒷받침하고 다양한 배경과 관점을 갖고 있을 때 창의적이 될 가능성이 크다. 성, 인종, 민족의 혼합은 서로 다른 분야로부터의 관점이 혼재된 다기능 팀과 유사하게 오늘날 창의적인 사고에 기여하는 것으로 인식되고 있다. 창의적인 문제해결은 보통 다양한 관

점들이 결합되어 얻어지게 된다. 동질적인 팀은 논쟁이 적지만 보통 덜 창의적이다. 적절한 화학적 결합—적절한 수준의 다양성과 협조성—을 갖는 팀을 만드는 데는 리더의 입장에서 경험과 직감이 요구된다.

업무집단 구성과 관련된 리더십 및 경영의 실천은 혁신적인 사고를 유발하기 위해 대면 접촉을 장려하는 것이다. 지리적으로 분산된 직원들이 창의적으로 사고하는 것은 어렵다. 구글의 경영자 에릭 슈미트에 따르면 최고의 프로그래밍 팀은 두 사람이 함께 프로그래밍하는 것이다. 차선의 프로그래밍 팀은 모든 사람들을 하나의 방에 넣는 것이다. 다른 모든 변형들은 혁신에 주효하지가 않다.[43]

6. **감독관의 격려와 혁신과 업무 능력의 연계.** 리더가 혁신적인 문제해결을 하기 위해 취할 수 있는 가장 강력한 조치는 사람들에게 자유로운 생각을 장려하는 관대한 분위기를 형성하는 것이다. 창의적인 업무에 대해 칭찬하는 것이 중요한데 대부분의 사람들은 열정을 유지하기 위해 자신의 업무가 조직에 있어 중요하다는 인식이 있어야 하기 때문이다. 창의적인 아이디어의 검토 과정은 신속하게 평가되어야 한다.

   혁신의 장려에 덧붙여 리더는 혁신적인 사고가 업무 능력을 향상시킨다는 개념을 촉진시켜야 한다. 몇몇의 서로 다른 산업에 속하는 4개의 미국 기업에서 근무하는 239쌍의 노동자와 감독관을 대상으로 하여 실시한 연구는 직원들이 갖는 기대치의 중요성을 뒷받침해 준다. 직원들이 혁신적인 사고가 더 나은 업무 능력으로 이어질 수 있다고 믿는 경우, 그들은 문제를 좀 더 창의적으로 해결할 수 있었다. 어떻게 혁신이 업무 능력을 향상시키는지를 감독관들이 이해시킴으로써 그러한 과정이 가능했다.[44]

7. **조직의 지원.** 대단위로 창의성이 향상되려면 직속 관리자뿐 아니라 조직 전체가 창의적인 노력을 지원해야 한다. 평가와 재정적 인센티브를 포함하는 회사 전반의 보상 시스템이 창의성을 지원해야 한다. 조직의 리더는 정보의 공유와 협력을 장려해야 한다. 이것은 창의성에 필요한 전문 지식의 발전과 내재적 동기에 대한 더 많은 기회로 발전된다. 과도한 사내 정치와 싸우고 있는 임원들은 정치적인 싸움을 하는 대신에 창의적인 사람들이 업무에 집중할 수 있도록 도와야 한다. 극도로 정치적인 환경에서 직원들은 CEO가 특히 좋아하는 제품을 교체하는 등과 같은 정치적 실수로 인지되는 창의적인 아이디어를 제안하는 데 주저할 것이다.

8. **창의적인 직원들과 호의적인 의견 교환하기.** 창의적인 풍토 조장에 대한 또 다른 통찰력은 LMX이론(6장 참조)에서 정의된 것처럼, 리더가 집단 구성원들과 호의적인 의견 교환을 하는 것이다. 191명의 전문가들을 대상으로 한 연구는 감독관의 평가에 의해 측정된 LMX 평가와 직원의 창의성 간의 긍정적 상관관계를 밝혀냈다.[45] 집단 구성원이 자신의 관리자들과 긍정적인 관계를 갖고 있는 경우에 그들은 더 편안한 마음가짐을 갖게 되고, 그로 인해 창의성이 넘쳐흐르게 된다. 조직 내에서 창의성을 고취시키기 위한 유용한 전략은 높아진 인식과 새로운 가능성에 기민하게 대처하는 감각을 갖고 일하는 것이 중요함을 강조하는 것이다.

9. **혁신에 대한 재정적 보상 제공하기.** 창의성은 매우 고무적인 일이기 때문에 그 자체만으로도 어느 정도 보상이 된다. 그럼에도 불구하고 혁신적 공로에 대한 재정적 보상은 혁신 풍토를 유지하는 데 도움이 된다. 제프리 워즈워스(Jeffrey Wadsworth)는 이윤 창출을 위한 발명을 전문으로 하는 23,000명의 직원이 있는 싱크탱크, 바텔연구소의 최고 책임자이다. 그는 창의성에 대한 재정적 보상이 업계와 대학에 널리 확산되어 있다며 "당신이 특허를 출원한다면 일시에 많은 수입을 얻을 수도 있고, 옵션에 따른 개런티를 얻을 수도 있다."고 언급한다.[46] 한편으로 재정적인 보상이 수백 년 동안 유용한 발명품의 원동력이 되어 왔다는 것이다. 최근의 예로 2010년, 에너지등가차량대회(Progressive Insurance Automotive, PIAX prize)에서 1갤런 당 100마일의 연료 효율을 달성할 수 있는 최초의 상용화 가능한 자동차로 공동으로 수상한 3개의 팀을 들 수 있다.[47]

창의적인 직원 관리법

조직의 창의성을 장려하는 것과 밀접하게 관련 있는 것이 창의적 직원 관리를 위한 효율적인 방법이다. 다음에 제시하는 효율적인 리더십 및 관리 관행이 일반적으로 적용된다.[48]

1. **창의적인 사람들에게 그들의 업무를 부각시키는 도구와 자원 제공하기.** 창의적인 직원들은 강한 의욕을 갖고 있으며 따라서 높은 수준의 성과물을 얻고 싶어 한다. 그러한 수준의 달성을 위해 그들은 일반적으로 연구 수행을 위한 최첨단 장비와 넉넉한 여행비용 등의 적절한 자원이 필요하다.

2. **창의적인 사람들에 대해 유연성과 최소한의 체계 제공하기.** 많은 창의적인 직원들에게 과중한 체계는 창의성의 종말로 간주된다. 이들에게 체계(structure)는 규칙과 규율, 많은 승인 단계, 엄격한 복장 규정, 고정된 업무 시간, 융통성 없는 배치, 그리고 격식에 따르는 웹 보고서나 서류 업무를 의미한다(일반적으로 리더/매니저는 조직의 정책 체계 내에서 이 분야에 대한 실행 가능한 타협을 이루어내야 한다. 예를 들어, 정규 근무 시간은 모든 팀에 있어 규정 사항이지만, 대부분의 창의적인 사람들은 규정된 시간에 얽매일 수 없기에 회의 마감시간 등과 같은 부분의 지원이 필요할 것이다).

   체계가 최소화되어야 하지만, 제품이나 서비스 투입 비용과 혁신을 위한 시한에 대한 요구사항 제시 등의 리더가 요구하는 몇 가지 제약은 창의성을 강화할 수 있다. 구글의 마리사 메이어는 이러한 예시를 제공한다. 회사가 새로운 툴바를 개발할 때, 툴바는 모든 사용자들에게 유용해야 하며 모뎀에서도 빨리 다운로드 되어야 한다. 툴바 개발자들은 이러한 제약 내에서 작업해야 하며, 이러한 제약은 신속한 개발로 이어졌다. 실패를 빨리 발견할 수 있으면 빨리 철회할 수 있기 때문에 시간적 제약 또한 유용한 것으로 판명되었다.[49]

3. **아이디어를 거절할 때 조심스러운 피드백 주기.** 창의적인 직원들은 자신의 일에 감정적으로 연결된다. 그 결과, 그들은 아이디어에 대한 비평을 자부심에 대한 개인적인 공격으로 해석할 가능성이 있다(창의적인 학생들의 경우, 자신의 기말 리포트와 프로젝트에 대해 역시 동일한 생각을 갖는다).

4. **창의적인 직원들을 관리하고 평가하기 위해 창의적인 사람들을 고용하기.** 창의적인 직원들의 관리자는 창의성을 이해하고 리더로서 신뢰 받을 수 있도록 자신들이 어느 정도 창의적인 능력을 갖고 있어야 한다. 창의적인 과정을 이해하는 것은 다른 사람들의 창의적 기여도를 평가하는 데 있어 중요하다. 무엇이 창의적인 결과물을 구성하는지 평가하는 것은 어느 정도 주관적이다. 하지만 결과물은 객관적인 범주와 결부될 수 있다. 예컨대 홀마크 카드(Hallmark Cards, Inc.)에서는 창의적인 작품이 얼마나 잘 팔렸는지 그리고 소비자 선호도 평가에서 얼마나 좋은 성과를 보이는지와 같은 요소를 통해 창의성이 측정된다. 일반적으로, 창의적 아이디어나 제품의 잠재적 기여도에 대한 매니저의 직감이 평가에 있어 여전히 큰 비중을 차지한다.

부연하고 있는 [행동하는 리더]는 매우 창의적이면서, 또한 창의적이고 혁신적인 조직 구축의 중요성을 알고 있는 기술부문 리더를 기술하고 있다.

행동하는 리더

산자이 자, 모토롤라 모빌리티에서 창의성과 혁신의 문화를 강조하다

모토롤라는 2008년 회사의 무선 단말기 부문을 활성화시키기 위해 산자이 자(Sanjay Jha)를 채용했다. 그의 성공은 모토롤라 모빌리티라는 새로운 독립체로서의 단말기 부문 기업 분할로 이어져, 몇 년 후 회장 겸 최고 경영자로 임명되었다. 모토롤라에 합류하기 전에 자는 무선 칩 제조사인 퀄컴에서 연구 및 개발을 담당하는 최고 책임자였다. 그 회사에 있는 동안 그는 마케팅에 재능이 있으면서 수익성에 관심을 갖는 보기 드문 엔지니어라는 명성을 쌓았다. 모토롤라 이사회는 자의 능력이 시장 점유율과 재정적 손실의 측면에서 오랜 침체기를 겪고 있는 이동통신 부문을 끌어 올릴 수 있을 것이라고 생각했다.

인도에서 태어난 자는 스코틀랜드의 스트래스클라이드대학(University of Strathclyde)에서 전기전자공학 박사학위를 받았으며, 영국 리버풀대학에서 공학 석사학위를 받았다.

모토롤라 휴대용 단말기의 시장 점유율을 늘리기 위한 자의 주요 기술 전략은 드로이드와 드로이드X를 포함하는 구글 안드로이드 운영시스템을 기반으로 한 스마트폰을 만드는 것이었다. 그 부분을 회생시키기 위해 가장 중요한 것은 각 프로젝트에 대한 세부적인 분석을 요구하는 것이었다고 자는 말한다. 자는 파워포인트를 사용한 프레젠테이션을 아주 좋아하지만 그것이 적용되는 회의를 하기 전에 그 내용에 대해 상세히 연구한다.

혁신적인 문화를 구축하기 위해, 자는 엔지니어들의 결과물을 시장의 수요에 연동시키고, 씨름해야 할 관련 문제들을 제시하려고 노력했다. 자는 모토롤라에 왔을 때 모토롤라가 소비자가 구매하고 싶어하는 전화를 만들지 못하고 있다고 분석했다. 회사는 여전히 이미 시장에서 한물 간 레이저(Razr)의 엄청난 성공으로 먹고 살려고 하고 있었다.

자는 혁신을 용이하게 하기 위해 조직 구조를 개편했다. 모토롤라는 한 명의 임원이 각각의 제품이나 사업 라인을 책임지고, 그 아래 자체적인 엔지니어 팀과 마케팅 팀이 있는 계층적 시스템을 사용하고 있었다. 이것은 치명적인 실수를 했을 때 책임을 떠넘길 누군가가 있다는 안이한 구조에 다름 아니었다. 자는 엔지니어링 마케팅과 제품 관리와 같은 주요 기능에 그룹을 집중시킨 더 전형적인 기술적 회사를 만들기 위해 조직 구조를 바꿨다. 또한 그룹이 스스로의 차별성을 이끌어 나갈 수 있도록 위원회를 만들었다. 자는 새로운 조직 구조에 반영된 상호 책임감은 혁신에 필요한 절박감을 만들어 낼 것이라고 생각했다.

혁신적인 사고를 자극하기 위해 자는 모든 회의에서의 논의는 건의와 함께 시작할 것을 요구했다. 때때로 건의 사항이 즉시 수용되면 파워포인트 프레젠테이션을 건너뛸 수 있다. 자신의 엔지니어링 지식과 재능에 기초해서 작은 차이가 구매에서의 매력에 영향을 준다는 것을 알기 때문에 휴대용 단말기의 폭을 측정하기 위해 주머니에 캘리퍼스를 갖고 다닌다.

모토롤라 모빌리티는 극심한 경쟁에 계속 직면할 가능성이 크다. 하지만 많은 회사 관계자들은 자가 회사를 앞으로 더 끌고 나갈 수 있을 것이라고 생각한다. 회사의 재무담당이사는 "산자이의 열정은 반향을 일으키고 있습니다. 지금 사람들이 '일단 고비는 넘겼다고 생각한다'라고 말하는 것을 들을 수 있다."고 말한다. 모바일 부문은 2011년 구글에 매각되었지만 자의 위치는 변함이 없다.

질문

1. 창의적인 조직 문화에 산자이 자가 기여한 바는 무엇인가?
2. 창의성과 혁신을 향상시킬 수 있는 리더로서 산자이 자는 얼마나 믿음직스러운가?

출처: 다음 출처의 사실과 관찰을 바탕으로 스토리가 구성되었다: "Executive Team: Sanjay Jha," *Media Center* (http://mediacenter.motorola.com), January 2011, 1, Saul Hansell, "How Sanjay Jha Overhauled motorola's Culture," *The New York Times* (http://bits.blogs.nyimes.com), October 29, 2009. 1-3; Jessi Hempel, "Motorola Gets in the Game," Fortune, October 12, 2009, 82-84; Roger Chng, 'Droid Sales Drive motorola," *The Wall Street Journal*, July 30, 2010, B1; Rolfe Winkler, "Moto Must Weigh Greater Scale," *The Wall Street Journal*, April 8, 2011, C8.

13.7 혁신을 강화하는 추가적인 리더십 관행

조직의 창의성은 제품, 서비스, 그리고 (결제 시스템 또는 안전성 향상과 같은)프로세스의 혁신으로 이어진다. 따라서 창의적인 문제해결을 향상시키는 모든 리더십과 경영 관행은 혁신을 강화시킨다. 여기서 우리는 혁신을 강화시키는 8가지의 추가적인 리더십 조치를 설명한다.

1. **가능한 한 변혁적 리더십을 강조하기.** 혁신을 조성하는 리더의 역할에 관한 거시적 관점은 변혁적인 리더십을 연습하는 것이다. 4장에서 서술한 것처럼, 변혁적 리더는 변화와 성장을 위한 환경을 만들어 낸다. 사례를 바탕으로, 경영학 교수 아데고케 오케(Adegoke Oke), 나타샤 문쉬(Natasha Munshi), 프레드 와룸바(Fred O. Walumbwa)는 변혁적 리더가 특히 혁신 프로세스를 활성화하는 데 아주 적합하다는 결론을 내렸다.[50] 이것은 아마도 변혁적 리더가 지적인 자극을 제공하는 데 능숙하기 때문일 것이다(모토롤라의 자가 좋은 예이다).

2. **지속적인 혁신 추구하기.** 《포춘》에 실린 헤이그룹 컨설팅사가 편찬한 가장 존경받는 기업들(Most Admired Companies)의 주요 특징은 지속적인 혁신이다. 실질적인 의미에서 이것은 회사 리더가 혁신 가능성에 전력투구한다는 것을 의미한다. 새로운 기술이 산업을 소멸시키거나 심각한 위험에 처하게 할 수 있기 때문에 혁신이 중요하다. 연료 전지 산업이 완전히 자리 잡으면 정유 업계에는 어떤 일이 일어날까?

3. **위험을 감수하고 위험 부담 감수 장려하기.** "위험이 없이는 이익도 없다(no risk, no return)"는 혁신을 이끄는 리더십에도 동일하게 적용되는 삶의 규칙이다. 저성장 기조에서 기업들이 경쟁사보다 조금 더 낫다고 하여 시장에서 생존할 수는 없다. 불안하고 불안정한 시기에 지능적으로, 빈틈없이, 선별적으로 도박을 할 필요가 있다.[51] 대부분의 새로운 아이디어는 실패를 할 수도 있기에, 위험을 감수한다는 측면은 기꺼이 막다른 골목에 이르는 것을 꺼리지 않는 것이다.

4. **직원 간의 협력 강조하기.** 대부분의 혁신은 네트워크, 즉 협력하여 일하는 사람들의 집단으로부터 생성된다. 혁신에 필요한 직원들은 흔히 조직 내에 산재되어 있다. 프로젝트에 적절한 리더를 선택하는 것은 협력의 지름길이 될 수

있다. 새로운 아이디어 개발을 위해 선별된 직원들은 보통 개별적인 영역에서 최고의 성과를 보이는 사람들이다. 그러나 그들은 혁신적인 과업을 수행하기 위해 회사 내의 필수적인 인맥이 부족할 수 있다. 예컨대 어떤 두드러진 엔지니어가 회사의 주요 프로젝트를 이끌어 나가기 위해 선발되었다. 하지만 회사의 더 다양한 부문에서 일을 한 하위 엔지니어의 선택이 더 현명할 수 있을 것이다. 그 사람은 더 넓은 지식과 더 넓은 회사 내 인맥을 이용할 수 있기 때문이다.

어떤 소비재 기업은 의도적으로 비즈니스 컨퍼런스 동안에 친분을 쌓게 된 직원들을 한 프로젝트에 배치함으로써 기존 제품보다 훨씬 더 높은 가격의 주문형 캔디 포장과 디자인을 얻게 되었다.[52]

다수의 사업부가 있는 조직의 리더는 다양한 사업부 출신의 직원들이 각양각색의 제품에 유용할 수 있는 수많은 아이디어를 공유할 수 있기 때문에 혁신에 있어 유리한 위치에 있다. 예를 들어, 의료 회사의 한 사업부가 약물을 인체에 전달하는 패치를 개발했다면, 다른 사업부도 동일한 기술로 수익을 창출할 수 있을 것이다. 아이디어 공유 권장에 대한 이야기는 14장에서 다시 소개하기로 한다.

협력을 달성하는 더 직접적인 방법은 직원들을 모아 혁신을 위한 팀을 구성하는 것이다. 바텔연구소의 워즈워드는 그가 목격한 성공적인 혁신의 대부분이 놀라울 만큼 복합적인 팀에서 나왔다고 말한다. 회계사, 변호사, 고객서비스 직원과 같이 서로 다른 전공분야 출신의 사람들은 혁신을 표면화하기 위해 원활하게 함께 일해야 한다.[53]

5. 혁신 자체가 목적인 혁신 피하기. 리더는 또한 좋은 판단을 내리는 연습을 해야 한다. 혁신 자체만을 위한 혁신이 언제나 가치가 있는 것은 아니다. 많은 첨단 장치들은 과학적인 경이로움이지만 시장의 관심은 제한적이었다. 그 예가 잔디 깎는 로봇이다. 이 기계는 많은 사람들의 궁금증을 유발했지만 소비자에게 큰 매력은 없었다. 대부분의 회사들은 표면화된 흥미로운 아이디어를 많이 갖고 있다. 그러나 아주 적은 수만이 수익성 있는 제품이나 서비스로 변환된다. 63개국 1,090명의 임원들을 대상으로 한 조사에 따르면 48%만이 혁신으로부터 나오는 투자 수익률에 만족하는 것으로 나왔다.[54]

6. 느슨한 엄격(loose-tight) 리더십 활용하기. 느슨함은 새로운 아이디어와 탐구를 위한 공간을 보장하는 것을 의미하는 반면, 엄격한 접근법은 가능한 대안 중에서 최종적으로 선택을 하는 것을 의미한다. 혁신은 또한 조직 내 직원들의

실수 또는 일부 자원의 낭비에 대한 불이익이 없이 터무니없는 아이디어를 밀고 나갈 수 있을 때 향상된다. 창의성의 원칙은 상업적으로 성공적인 아이디어가 나타나기 전까지 많은 아이디어를 시험해 봐야 한다는 것이다.

7. **개발과 생산 통합하기.** 아이디어를 개발하는 사람들이 생산이나 제조를 책임지는 사람들과 긴밀하게 협력하지 않을 때 혁신은 어려울 수 있다. 수년 동안 일본 기업들은 비용 절감을 위해 제조업을 비용이 낮은 국가로 이전했다. 그러나 캐논의 고위 경영층은 신제품을 빨리 만들어내기 위한 핵심이 제품 개발자와 물리적으로 긴밀하게 일하는 제작 팀에 있다는 것을 발견했다. 그 결과 더 많은 투입과 커뮤니케이션이 이루어졌다. 첨단 디지털 카메라 같은 제품은 가격이 더 비싸더라도 높은 품질이 더 높은 소비자 수요로 이어진다.[55]

8. **제품과 아이디어가 완전히 실패했을 때 숨겨진 기회 감지하기.** 많은 제품 혁신은 실패작과 실패에서 비롯된 것이다. 그 이유는 누군가가 실패 속에서 등장한 새로운 기회를 인식할 수 있는 통찰력을 갖고 있었기 때문이다. 극단적인 실수로 보이는 제품의 쓰레기 속에서 성공이 등장했다. 그 두 가지의 유명한 사례가 다음과 같다.

- 1983년, 애플은 그래픽 사용자 인터페이스(GUI)를 특징으로 하는 첫 번째 상업용 컴퓨터인 리사(Lisa)를 만들었다. 리사는 속도가 느리고 가격이 비쌌기 때문에 거의 팔리지 않았다. 그러나 리사의 GUI는 아이맥, 아이팟, 아이폰, 아이패드를 포함하는 애플의 사용자 친화적 제품 라인에 대한 영감을 주는 데 기여했다.
- 1962년, 맥도날드는 금요일에는 고기를 먹지 않는(많은 기독교인들의 전통적 관행) 시카고 거주자들을 위해 빵에 구운 파인애플을 넣고 치즈를 얹은 훌라버거를 테스트했다. 소비자들은 훌라버거를 꺼려했고, 회사는 고기가 안 들어간다고 해서 터무니없는 재료를 넣어서는 안 된다는 것을 배웠다. 다음 해, 한 프랜차이즈 오너가 고기를 먹지 않는 금요일을 위해 더 맛있는 대안을 개발해 냈다. 이것이 휠레오피쉬(Filet-O-Fish, 휘시버거)로 맥도날드의 고전이 되었다.

모든 제품의 실패가 이윤을 내는 혁신으로 이어지지 않는다. 완전한 실패의 사례에서, 리더는 무엇이 잘못되었는지를 연구하고 관여한 제품 개발자들이 다음에 더 잘할 수 있도록 격려해야 할 것이다.[56]

요약

창의적인 아이디어가 실행되거나 상업화되면 혁신이 된다. 창의성은 리더의 필수적인 특성이다. 창의적 리더는 이전에 존재하지 않았던 또는 다른 형태로 존재했던 아이디어나 물건을 내놓는다. 창의적인 과정은 다음의 다섯 단계로 나뉜다. 기회 또는 문제 인식, 몰입(개인이 아이디어에 몰입한다), 잠복기(아이디어가 넘친다), 통찰력(해결책이 떠오른다), 그리고 검증 및 적용(아이디어를 뒷받침하고 실행한다).

창의적인 사람들의 두드러진 특징은 지식, 인지능력, 성격, 일에 대한 열정, 그리고 몰입 경험의 다섯 가지 범주로 나뉜다. 창의적인 사람들은 광범위한 지식, 훌륭한 지적 기술, 지적 호기심, 그리고 폭넓은 흥미를 갖고 있다. 창의적인 사람들의 성격적 특성은 긍정적인 자아상, 고립에 대한 인내, 관행을 따르지 않는 습성, 그리고 모호성과 무질서를 감내하는 능력을 포함한다. 일에 대한 열정과 몰입은 강한 본질적 동기부여와 관련되어 있다. 창의적인 사람들은 또한 다른 사람들과 교류하는 것을 즐긴다. 적절한 개인적 특성은 창의적 문제해결을 위해 적절한 환경과 상호작용해야 한다.

창의적이기 위한 주요 전략은 전통적인 사고나 전통적인 정신 자세를 극복하는 것이다. 또한, 새로운 아이디어를 방해하는 경직된 사고를 깨부숴야 한다. 하지만 직원들은 여전히 창의적 문제해결에 있어 약간의 제약이 필요하다.

창의적 사고는 체계적으로 참신한 아이디어를 수집하고 브레인스토밍을 함으로써 향상될 수 있다. 목표는 브레인스토밍에 있어 중요한 부분이다. 브레인스토밍의 변형은 극단적인 사고이다. 브레인스토밍의 파생물이 불만 기법이다. 이 기법을 통해 집단은 다른 사람들이 자신의 부서에 대해 가질 수 있는 모든 가능한 불평을 생각할 수 있다. 일부 조직은 생각을 위한 주방을 갖추고 있거나, 창의성을 위한 공간을 갖추고 있기도 하다.

창의적인 아이디어의 발생은 도덕적인 영향을 미친다. 모든 아이디어와 제품은 크건 작건 간에 잠재적으로 유해한 영향을 미친다.

창의적 문제해결을 강화하기 위한 자조 기법에는 (1) 창의성을 향상시키는 활동하기, (2) 기회에 대한 경계 게을리 하지 않기, (3) 열정적인 태도와 행복한 상태 유지하기, (4) 아이디어 기록을 위한 공간을 체계적으로 유지하고 활용하기, (5) 탐험가, 예술가, 판사, 변호사의 역할 수행하기, 그리고 (6) 적절한 운동하기가 포함된다.

창의적 문제해결에 도움이 되는 풍토를 조성하는 것은 효율적인 리더의 또 다른 필수 요건이다. 기초 단계는 창의성을 포함하는 비전 선언문과 미션을 확립하는 것이다. 특히, 리더는 (1) 외부에서 창의적인 사람들을 영입하고 내부에서 창의적인 사람을 발견하고, (2) 지적인 도전거리를 제공하고, (3) 직원들에게 권한을 부여하여 자신 만의 방법을 선택할 수 있는 자유를 주고, (4) 적절한 자원을 공급하고, (5) 작업 집단을 효율적으로 구상하고, (6) 감독관들이 창의적인 직원이 될 수 있도록 격려하고, (7) 창의성에 대해 조직적인 지원을 해주고 혁신이 어떻게 성과를 향상시키는지를 설명하고, (8) 창의적인 사람들과 호의적인 의견을 교환하며 혁신에 대해 재정적인 보상을 해야 한다.

창의적인 직원을 관리하는 데는 특별한 주의를 기울여야 한다. 뛰어난 도구와 자원을 제공하고, 창의적인 사람들에게 융통성을 보이고, 아이디어의 거절은 조심스럽게 하고, 창의적인 직원들을 관리하고 평가하기 위해 창의적인 사람을 고용해야 한다.

혁신을 강화하는 8가지 추가적인 리더십 조치

는 다음과 같다. 변혁적 리더십을 강조하기, 지속적인 혁신 추구하기, 위험을 감수하고 위험 부담 감수 장려하기, 협력 강조하기, 혁신 자체가 목적인 혁신 피하기, 느슨한 엄격 리더십 활용하기, 개발과 생산 통합하기, 그리고 실패작에서 숨겨진 기회 감지하기.

핵심 용어

혁신	생각을 위한 주방	불만 기법
몰입 경험	창의성	

행동 및 스킬 강화를 위한 지침

창의성이 리더에게 있어 중요하긴 하지만, 최근 연구에 따르면 매우 창의적이라고 인식되는 것에도 단점은 있다. 창의적인 사람들은 때때로 별나다고 인식되며, 그러한 인식은 리더와 경영자가 되려고 하는 시도를 차단할 수 있다. 인도의 기업 집단, 그리고 미국 대학생들을 대상으로 실시한 연구에서 더 창의적인 아이디어를 표현하는 개인은 리더의 재능이 덜 한 것으로 관찰되었다.[57]

리더의 자리에 오르고 싶은 창의적인 사람이 이러한 잠재적인 부정적 인식을 바꾸는 방법은 자신이 비즈니스 지향적이라는 것을 교묘하게 자주 상기시키는 것이다. 당신이 승진을 열망하는 창의적인 사람이라면, 자연스럽게 투자 이익과 같은 개념에 대한 당신의 생각을 언급하고 당신의 아이디어가 수익에 어떠한 기여를 할 수 있는지를 언급하라.

톰 프레스톤(Tom Freston)은 창의적 리더와 창의적 사람들의 매니저로서 오랜 경력을 갖고 있다. 그는 현재 컨설팅 및 투자 회사인 파이어플라이 세 번째 책임자이다. 그는 이전에 MTV와 VH-I와 같은 가정용 유선 텔레비전 방송망뿐 아니라 영화 스튜디오인 파라마운트 픽처스를 운영하는 비아콤의 최고 경영자였다. 프레스톤은 이 장에서 이미 제시한 몇 가지 아이디어를 보완해주는 창의적 조직 관리를 위한 다섯 가지 조언을 한다.[58]

1. 상부에 창의적인 사람을 집어넣는다.
2. 서열에 상관없이 아래로부터 아이디어가 나오게 한다.
3. 열정적으로 청중을 이해한다.
4. 열정적이고 다양한 사람들을 고용한다.
5. 즐거운 시간을 보낸다.

토의 질문 및 토의 활동

1. 제품이나 서비스의 개발이나 마케팅에 관련이 없는 사업에서의 창의성의 예를 들어 보자.
2. 사람들이 자신들이 아주 어렸을 때가 가장 창의적이었다고 생각한다면, 주요 소비재 회사의 제품 기획자에 8살짜리 아이를 고용하는 것은 어떨까?
3. 리더가 창의적이고 혁신적인 것이 중요한가? 그렇지 않다면, 그들은 단순히 창의적이고 혁신적인 직속 부하를 고용하면 되는가?
4. 많은 회사에서 관리직원과 전문직 종사자들은 (수트와 하이힐 같은)정장을 입는 것으로 되어 있다. 이러한 복장 규정이 창의성에 어떠한 영향을 미친다고 생각하는가?
5. 당신이 현재 공부하는 프로그램이 창의적 문제해결 능력에 어떠한 기여를 하고 있는가?
6. 흔히 팀워크에 대한 지나친 강조는 창의성을 억제한다는 의견이 있다. 이러한 주장에 대해

어떻게 생각하는가?

7. 왜 많은 사람들은 식스시그마의 활용과 같이 효율적인 것을 강조하면 창의성과 혁신이 악화될 수 있다고 생각하는가?
8. 몇몇 사람들은 트위터가 비즈니스 역사상 그리고 세계 역사상 가장 창조적인 개발품 중 하나라고 생각한다. 매우 창의적인 개발품인 트위터에 대한 당신의 의견은 어떠한가?
9. e-커머스와 휴대용 전화에 필적할 만한 최고로 창의적이며 비약적으로 발전할 향후의 제품은 어떤 것이라고 생각하는가?(제품 기획자와 기업주들이 당신의 대답을 기다리고 있다.)
10. 어떤 분야이더라도 당신이 알고 있는 가장 창의적인 사람에게 부탁하여, 그 사람이 사용하는 특별한 창의성 향상 기법이 있는지를 알아낸다. 수업에 결과물을 가져온다.

리더십 사례 문제 A

라피드 캐시 스토어는 아이디어가 필요하다

샘은 20개의 점포가 있는 라피드 캐시 스토어의 CEO이다. 이 회사의 주요 사업은 일반적으로 은행 계좌를 갖고 있지 않은 사람들에게 급여담보대출(payday loan)과 현금 수표를 제공하는 것이다. 급여담보대출은 100달러를 빌린 사람이 급여일로부터 10일 이내에 상환을 하는 것으로, 기본적으로 곧 다가올 월급을 담보로 하는 대출이다. 급여로 지불받는 수표는 라피드 캐시에게 양도되고, 라피드 캐시는 수수료를 제하고 대출자에게 수표를 준다. 현금화된 수표는 보통 은행 계좌가 없어서 수표가 직접 입금되지 않는 고용자들을 위한 급여 수표이다.

라피드 캐시 스토어와 다른 급여담보대출업자에 대한 비난은 대출에 대한 연이자율이 약 350%라는 점이다. 샘은 말한다. "이것은 부적절한 비난입니다. 1년 동안 대출을 하는 고객은 거의 없습니다. 우리는 돈이 궁한 사람들을 위해 타당한 수수료를 받고 유용한 서비스를 제공하고 있습니다. 왜 연간 이자율을 고려하지요? 하룻밤 동안 호텔방을 빌리면 150달러 정도 합니다. 호텔이 방에 대해 연간 54,750달러를 청구한다고 불평하는 사람이 있습니까?"

자신의 회사 관행과 업계의 관행에 대한 샘의 변론에도 불구하고, 그는 회사에 대해 늘어나는 비난이 수익 손실로 이어질 수 있다고 걱정하고 있다.

라피드 캐시 스토어에 대한 비난 중에는 회사가 가난한 사람들을 착취한다는 것도 있다. 게다가, 많은 할인점들이 급여담보대출과 수표 현금화 사업에 뛰어들고 있다. 예를 들어, 월마트의 머니센터는 급여담보대출업자들이 부과하는 수수료보다 더 낮은 수수료에 고객들에게 현금 수표를 제공한다.

샘은 자신의 사업에 대한 저항을 우려하여 최고 경영진들과 함께 문제해결에 착수하기로 결심했다. 샘은 문제에 대해 경영진들과 가볍게 이야기를 나누었지만, 실제적으로 그 문제를 안건으로 다루지는 않았다고 말했다. 샘은 회사의 새로운 수입원을 찾아야 하는 필요성을 알리는 이메일을 경영진들에게 보내고 문제해결을 위한 회의를 통보한다.

회의에서 샘은 경영진들에게 말한다. "라피드 캐시 스토어는 곤경에 빠져 있습니다. 우리의 수익은 작년에 15% 감소했을 뿐이지만, 불길한 조짐이 있습니다. 우리 사업 모델에 대한 비난은 한층 더 커지고 있으며, 지역 정치인들도 우리에게 등을 돌리고 있습니다. 대형 마트는 우리를 괴롭히고 있습니다. 나는 당신들이 경영팀으로서 라피드 캐시를 위한 새로운 수입원을 찾아 주길 원합니다."

"무례할 수도 있지만..." 마케팅 이사 킴이 말했다. "당신은 우리의 리더입니다. 당신은 라피드 캐시의 굳건한 미래를 창조할 혁신적인 아이디어를 제공해야 합니다. 우리는 우리의 서비스를 확대하는 것에 대해 자주 이야기했지만, 일반적으로 언제나 똑같은 벽에 부딪혔습니다. 가장 주목할 만한 아이디어는 우리 점포에 문신 시술소를 설치하는 것이었죠. 우리 고객의 상당수는 문신을 하고 있기 때문입니다."

"우리가 생각해낸 최고의 아이디어는 모든 점포에서 복권을 파는 것이었습니다. 하지만 몇 가지 잠재적인 법적 문제에 부딪칠 것으로 생각합니다."

그러자 샘은 말했다. "CEO로서 라피드 캐시 스토어를 위한 멋진 아이디어를 갖고 있어야 한다는 것에 동의하지 않는 것은 아닙니다. 하지만 지금은 그러한 아이디어가 없습니다. 따라서 당신들에게 창의적 제안을 하라고 요청하는 이유입니다."

CFO인 그레그는 말했다. "우리가 새로운 수입원을 어디서 찾을 수 있을지 보다 더 심오한 질문을 해야 한다고 생각합니다. 우리는 어디서 새로운 사업 라인을 찾고 누구에게 새로운 사업 라인에 대해 들어봐야 할지를 물어야 합니다."

질문

1. 라피드 캐시 스토어의 새로운 사업 창출을 위해 창의적인 아이디어를 제공해야 하는 샘의 개인적인 책임이 어느 정도까지라고 생각하는가?
2. 그레그의 발언과 관련해서 경영진들은 라피드 캐시 스토어의 수익을 확대하기 위한 창의적인 아이디어를 어디에서 찾아야 하는가?
3. 윤리적인 관점에서 봤을 때, 라피드 캐시 스토어가 사업을 유지해야 한다고 생각하는가? 자신의 논리를 설명하라.

관련 역할극

한 학생이 경영진과의 회의를 하는 동안 기존의 서비스를 더 많이 팔든지 새로운 서비스를 창조하든지 간에 라피드 캐시 스토어의 총매출(수익)을 확대하기 위한 유용한 아이디어를 적어도 한 가지를 제안하도록 경영진을 압박하는 샘의 역할을 맡는다. 다른 몇몇 학생들은 경영진의 역할을 맡는다. 그들은 의사결정에의 참여뿐만 아니라 창의적인 사고를 강화할 수 있는 이 기회를 즐긴다. 그러나 그들은 또한 라피드 캐시 스토어를 올바른 방향으로 이끌어 줌으로써 강력한 리더십을 발휘하는 것이 샘의 역할이라고 생각한다. 관찰자들은 이 문제해결 회의가 라피드 캐시 스토어의 혁신으로 이어질 수 있는지를 지켜본다.

리더십 사례 문제 B

식료품 회사 신제품 개발팀

맨체스터 식품은 21개의 부서로 구성되어있는 대형 식품 제조업체이며 가공 처리업체이다. 이들 부서 중 상당수는 최근 몇 년 동안 매입한 소규모 회사들이다. 게리 암브로제가 이끄는 임원진은 최근 새로운 식료품 개발을 담당할 일원화된 신제품 개발팀을 만들기로 결정하였다.

"몇몇 성공한 주요 식품 회사들이 이미 실행하고 있는 것을 맨체스터가 따라 할 때가 되었습니다. 올해 9월 1일 자로, 우리는 일원화된 자체 신제품 개발팀을 설립할 예정입니다. 많은 첨단 기술 회사의 모델을 본받아 이 부서는 회사 외부에 자리 잡게 될 것입니다. 임원진은 이 주요한 임무를 마리아 산체스에게 맡기기로 했습니다. 마리아는 토네이도 타코스를 개발한 성공한 기업가입니다. 어머니의 부엌에서 처음 일을 시작한 그녀는 3년 만에 자신의 제품에 대해 전국적인 유통망을 구축하였습니다. 우리는 토네이도 타코스의 성장과 수익성을 보고 매입하였습니다. 더 중요한 것은 우리가 마리아의 재능을 샀다는 것입니다."

"토네이도 타코스는 안드레 모랄레스가 이끌어 나갈 것이며 마리아는 신제품 개발팀의 매니저로 무기한 임명될 것입니다. 마리아는 여섯 명의 상상력이 넘치는 직원들과 일을 시작할 것입니다. 그녀와 팀원들은 성공적인 제품을 개발하고 있는 것으로 보이는 한 필요한 만큼 충분한 예산을 받게 될 것입니다."

게리가 발표를 하는 시점에 타이거펫츠 식품부 부서장인 거스 래들로가 손을 흔들었다. "설명해주세요, 게리. 신규 팀은 성공적인 제품개발을 할 것으로 보이는 한 자금을 지원받을 것이라고 말씀하셨죠. 성공적인 신제품을 개발하는 것은 위험한 사업입니다. 신제품 아이디어의 약 90%는 시장에서 성공하지 못합니다. 그리고 시중에 나온 10%의 약 절반은 일 년 내에 실패합니다."

"그러한 우울한 통계에 대해서는 알고 있습니다."라고 게리는 말했다. "하지만 신제품 개발을 밀고 나가지 않으면 맨체스터 식품은 정체되고 평범해 질 것입니다. 성공적인 신제품 개발팀을 추진하기로 합시다. 그리고 마리아에게 행운을 빌어 줍시다."

새로운 팀이 설립된 지 3개월 후, 게리가 마리아를 방문했다. "마리아, 여기에서 많은 일이 진행되고 있다는 인상을 받았소. 하지만 활동이 집중되어 있는 것 같지는 않군요. 진척 상황을 알려주겠어요?"라고 게리가 말했다.

"게리, 결과를 기대하기에는 아직 시기상조입니다. 우리는 우리만의 속도로 일을 진행할 수 있도록 회사에서 벗어났습니다. 이것은 단기 속성계획이 아닙니다. 토네이도 타코스 아이디어를 생각해 내기 전에 제가 3년 동안 식품 사업에서 일했다는 것을 잊지 마시기 바랍니다."

"우리가 신제품 팀에게서 즉각적인 결과를 기대하지 않는다는 것은 사실입니다. 하지만 당신은 상당한 자금을 받고 있습니다. 당신이 지금까지 개발한 신제품 아이디어에 대해서 힌트를 좀 줄 수 있을까요?"

마리아는 대답했다. "사실, 우리는 하나의 새로운 아이디어에 들떠 있습니다. 그것은 서든 씨푸드라고 하는 즉석 생선의 형태이죠. 바쁘고 건강에 신경 쓰는 전문직 종사자들은 이 제품을 좋아할 것입니다. 분말로 된 해산물에 끓는 물을 부으면 실제 해산물 맛이 나는 으깬 감자 같은 식품을 얻게 되죠. 우리가 시장에 이 제품을 선보이는 첫 번째 회사가 될 것이 확실합니다."

"역겹군요." 게리는 대답했다. "나는 맨체스터가 즉석 생선을 시장에 내놓기 위해 돈을 투자하는 데 반대할 것입니다. 아마도 당신은 그 아이디어에 있어서 타이거펫츠 부서에 관심을 가져야 할 것 같군요. 그 제품은 고양이와 여행을 할 때 유용할 겁니다."

3개월 후, 게리는 신제품 개발 팀의 마리아를 다시 찾아갔다. 그는 "다시 비공식적인 확인을 하려고 합니다. 근래 당신 팀이 생각하고 있는 신제품 아이디어는 무엇이지요?"라고 물었다.

"기획 중인 굉장한 제품이 있습니다."라고 마리아는 말했다. "세상은 진짜 풍미도 없으면서

맛도 없고, 정신을 깨우지도 못하는 고리타분한 청량음료에 질렸습니다. 우리는 라즈베리 맛이 나는 청량음료를 실험하고 있죠. 이 음료는 시중에 나와 있는 것보다 4배의 카페인과 3배의 설탕을 함유하고 있으며, 에너지 음료의 기능도 있습니다. 잠정적인 이름은 라즐 라즈베리입니다. 이것은 틀림없이 성공작이 될 것입니다."

"잠깐, 마리아. 당신은 문화를 거스르고 있어요. 에너지 음료를 제외하고, 전 세계는 강한 탄산음료에서 벗어나 무탄산 음료를 지향하고 있습니다. 당신은 실질적으로 마약과 같은 음료를 제안하고 있군요. 신제품 팀이 점점 판단을 잃고 있는 것 같군요."

"게리, 당신이 이 유망한 아이디어를 좋아하지 않는다니 유감이군요. 신제품 개발 팀의 임무를 논의하기 위해 당신과 임원진을 만나야 할 것 같습니다. 일이 제대로 돌아가고 있는 것 같지 않아요."

"당신이 좀 예민해 지는 것 같군요."라고 게리는 말했다.

질문

1. 게리가 신제품 개발팀의 결과물을 평가하는 방식에 대해 어떻게 생각하는가?
2. 마리아가 비평에 너무 민감해하고 있다고 생각하는가?
3. 이 사례에서 창의성에 대한 제약은 어떻게 개입되었는가?
4. 서든 씨푸드와 라즐 라즈베리의 잠재적인 성공에 대한 당신의 예감은 어떠한가?

관련 역할극

한 학생이 신제품 개발팀의 성과를 보고 참을성이 없어진 게리 암브로제의 역할을 맡는다. 그는 회사가 신제품 개발팀에 투자된 시간과 예산의 결과를 확인할 때가 되었다고 생각한다. 그래서 그는 마리아를 찾아가고 있다. 또 다른 사람은 회사에 중요한 기여를 하고 싶지만 창의성을 재촉해서는 안 된다고 생각하는 마리아 산체스의 역할을 한다. 관찰자들은 게리와 마리아 간의 만남이 그들의 의견 차이에 대한 건설적인 해결로 이어질 수 있는지를 관찰한다.

리더십 스킬 구축 연습 13-4

리더십 포트폴리오

짐작한 것처럼, 이 장의 연습을 위해서 당신의 리더십 포트폴리오 안에 학교를 비롯한 조직 활동과 관련하여 당신이 최근 가진 창의적 또는 혁신적인 아이디어를 기록한다. 아이디어를 기록한 후, 당신이 그런 아이디어를 개발하게 한 것이 무엇이었는지를 자문해 본다. 최근에 창의적인 생각을 한 적이 없다면, 당신이 할 일은 앞으로 열흘 동안 창의적인 아이디어를 개발하는 것이다. 가능하다면 아이디어 실행을 위한 계획을 세운다. 계획을 세우지 않으면 아이디어는 혁신으로 이어지지 않는다. 여기 마케팅을 전공하는 알렉시스가 주도하는 창의적인 공동체 계획의 사례가 있다.

우리 동네에는 10층짜리 건물이 있다. 실질적으로 모든 세입자들은 제한된 연금으로 사는 고령자들이다. 빌딩에 사는 사람들 중 일부는 80대이거나 90대이다. 특히 혈액순환이 나쁜 사람들에게는 이 건물이 노후 되어 따뜻하지도 않다. 나는 친구들과 가족들이 고층 빌딩에 사는 고령자들을 돕기 위해 무언가 해야 한다는 말을 자주 들었다. 하지만 약간의 동정심을 표시하는 것 이상의 것은 하지 않았다.

그때 기발한 생각이 떠올랐다. '시니어를 위한 양말 프로그램을 조직하는 것은 어떨까?'라고 생각했다. 친구들과 나는 달러제너럴 같은 할인점에서 일반적으로 한 켤레 당 약 3불에 파는 양말을 수십 켤레 구입하기로 했다. 우리는 보증금이 있는 병과 캔을 돌려줌으로써 약간의 돈을 모을 수 있었다. 내 친구 중 일부는 전화를 돌렸고, 곧 프로젝트를 위해 175불을 모을 수 있었다. 그리고 어느 추운 날 밤, 우리는 고층 빌딩을 방문해 초인종을 누르고 거주자들에게 우리가 하려고 하는 것을 설명하고 양말을 나눠주는 일을 허가 받았다. 우리는 엄청난 환대와 더불어 감사의 말을 들었다. 내 아이디어는 상당히 괜찮았다. 나는 이것을 매년 할 계획이다. 내 친구들도 나와 함께 할 것이며, 이 아이디어를 웹사이트에 올리면 전국으로 퍼질 수 있을 것이라고 생각했다.

리더십 스킬 구축 연습 13-5

멀티미디어 프레젠테이션

여기에 비즈니스의 창의성이라는 주제에 대해 창의적인 기회를 준다. 비즈니스에서 창의성의 중요성에 관한 멀티미디어 프레젠테이션을 개발하기 위해 개별적으로 또는 집단으로 작업하라. 멀티미디어를 통해서 작성한다는 것은 당신의 프레젠테이션을 작성하는 데 하나 이상의 미디어를 사용하는 것을 말한다. 예를 들어, 당신은 글머리 기호가 있는 목록, 묘사, 정물 사진, 비디오 클립, 인터넷 링크 등을 활용한 프레젠테이션을 만들 수 있다. 프레젠테이션을 소셜 네트워킹 사이트에 업로드하는 것도 가능하다. 프레젠테이션은 음악, 예술, 시, 또는 문학에서 따온 인용구를 포함할 수 있고, 음성 파일 또한 당신의 메시지를 전달하는 매체로 고려할 수 있다. 멀티미디어 프레젠테이션을 약 5분으로 제한한다면 수업 시간에 몇 명의 학생 또는 그룹이 발표를 할 수 있을 것이다.

CHAPTER

14 전략적 사고와 지식 경영

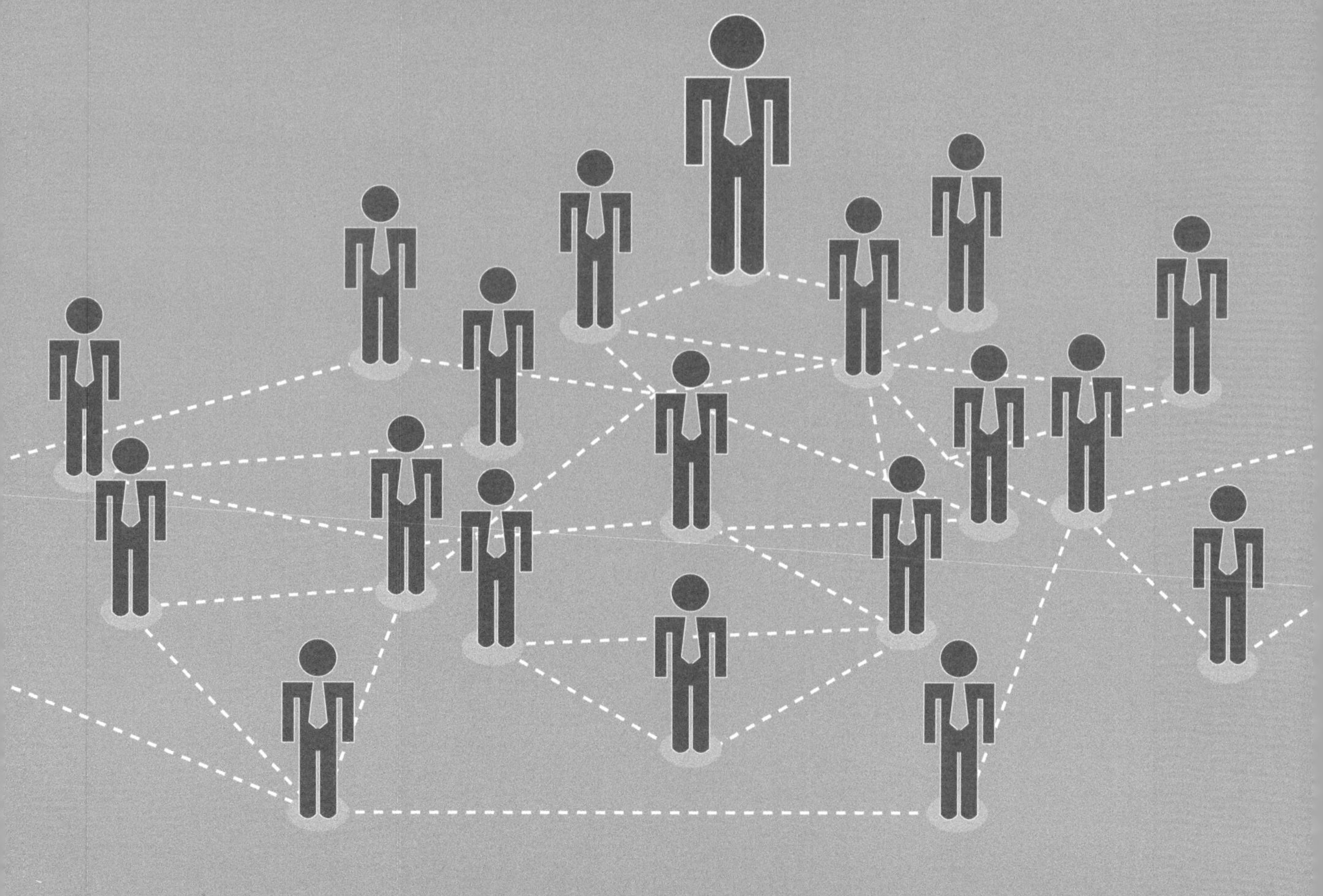

학습 목표

이 장을 학습하고 연습문제를 풀고 나면 다음의 것들을 할 수 있을 것이다

- 전략적 리더십의 특성을 설명한다.
- 전략적 계획을 돕기 위한 SWOT 모델 활용법을 설명한다.
- 현행 사업 전략의 수를 파악한다.
- 리더가 지식경영과 학습 조직에 기여하는지 설명한다.

개요

1980년 하계 인턴으로 처음 회사에 몸을 담았던 우르술라 번스는 2009년 제록스의 회장 겸 CEO가 되었다. 뉴욕시 동남부 지역의 저소득층 가정에서 자란 번스는 1980년 뉴욕대학교 폴리테크닉 인스티튜트에서 기계공학을 전공했다. 후에 그녀는 컬럼비아대학교에서 같은 분야로 석사학위를 받았다. 경력 초반에 번스는 주로 기술적인 문제를 해결하는 일을 했었고, 후에 점차적으로 경영 및 전략 문제 해결 쪽의 일을 하게 되었다.

인턴십을 마친 후, 번스는 제품개발 및 계획 팀의 자리를 제의 받았다. 1992년부터 2000년 사이에 다양한 사업팀에서 일하며 그들 팀을 이끈 후, 번스는 기업전략서비스 부분의 수석 부사장으로 승진하였다. 제품개발, 마케팅, 글로벌 리서치에서의 폭넓은 경험은 그녀의 위상과 명성을 높여 주었다. 번스는 2007년 제록스의 회장으로 임명되었다. 번스가 CEO 겸 회장이 되었을 때, 메이저 기업을 이끄는 첫 아프리카계 미국 여성이라는 세계적인 명성을 얻었다.

번스가 이사진을 맡아서 그녀를 잘 아는 아메리칸 익스프레스의 회장이자 CEO인 케네스 체놀트는 이렇게 그녀를 칭찬한다. "우르술라는 사람들을 이끌어 가고자 하는 방향을 알고 있으며 그것을 정말로 잘 표현합니다. 그것이 그녀를 감화를 주는 지도자로 만드는 것 중 하나입니다."

번스는 복사기, 프린터 관련 장비로부터의 수익에 크게 의존하기보다는 서비스에서 더 많은 수익을 올리는 쪽으로 제록스의 변화를 주도했다. 제록스는 디지털 시대를 위한 전략을 진행시키는 데 있어 공격적인 자세를 취했다. 2010년, 비즈니스 프로세스 아웃소싱 기업인 어필레이티드 컴퓨터 서비스(ACS)를 인수하면서 더 서비스 중심으로 옮겨갔다(예컨대 ACS는 의료보험 청구를 처리한다). 번스는 제록스가 ACS에 대해 좋은 회사라고 말한다. 회사는 다각화되어 있었지만 강력한 브랜드가 부족했다. 또한 효율성과 전 세계적으로 영향력을 향상시키기 위한 기술과 자동화가 필요했다. "그런데 우리는 세 가지 모두를 갖고 있습니다."

번스에게 있어 제록스의 비즈니스 본질은 제록스가 고객사의 문서 집약적 프로세스를 이면에서 처리하는 동안, 고객으로 하여금 자신의 사업에 집중할 수 있게 하는 것이다. 제록스는 업무 수행에 적합한 기술을 선택하고 그것을 전 세계적으로 시행하고 있다.[1]

CEO이며 회장인 우르술라 번스의 이야기는 리더가 어떻게 회사의 사업 본질과 회사가 나아갈 방향에 대해 지속적으로 생각해야 하는지를 보여준다. 핵심적인 리더의 역할은 회사의 목표달성 방법에 관한 통합적인 총괄 개념인 **전략**을 수립하는 것이다.[2] 이 장에서, 우리는 사업 전략에 관한 광범위한 정보를 제공하기보

다는 리더의 역할 강조를 통해 전략적 리더십에 접근하고자 한다. 우선, 전략적 리더십의 특성을 살펴보고 개발 전략에 흔히 사용되는 도구인 SWOT 분석을 설명한다. 그리고 리더가 성공을 위해 가장 빈번하게 사용하는 전략을 살펴본다. 다음으로 전략, 지식경영, 그리고 학습 조직 개발에 있어 중요한 추진력에 리더가 기여하는 바를 설명한다.

14.1 전략적 리더십의 특성

전략적 리더십(Strategic Leadership)은 조직 또는 조직 단위의 주요 목표를 다루며, 따라서 일반적인 리더십과는 다른 곳에 초점을 맞추고 있다. 전략적 리더십은 조직의 지속적인 성공을 위해 조직의 단기적 요구와 장기적 요구 간의 균형을 강조한다. 리더들은 자기 조직의 경쟁 우위를 높이는 방향으로 행동하고 사고하며, 영향을 미칠 때 전략적 리더십을 사용한다.[3] 우리의 경우 **전략적 리더십**은 조직을 만들거나 유지하는 데 필요한 방향과 영감을 제공하는 과정이다. 넷플릭스의 설립자 리드 헤스팅즈는 조직의 개념을 만들고, 조직을 발전시키고, 목표달성을 돕도록 수많은 사람들을 감화시킴으로써 전략적 리더십을 보여줬다. 게다가, 인터넷 상에서의 존재감을 키운 것도 헤스팅즈의 방향 설정의 한 예이다.

전략적 리더십은 개인적 특성, 사고 패턴, 효율적 관리의 집합체이며, 모두 전략적으로 사고하는 능력에 초점을 맞추고 있다. 전략적 사고에 대한 당신의 성향

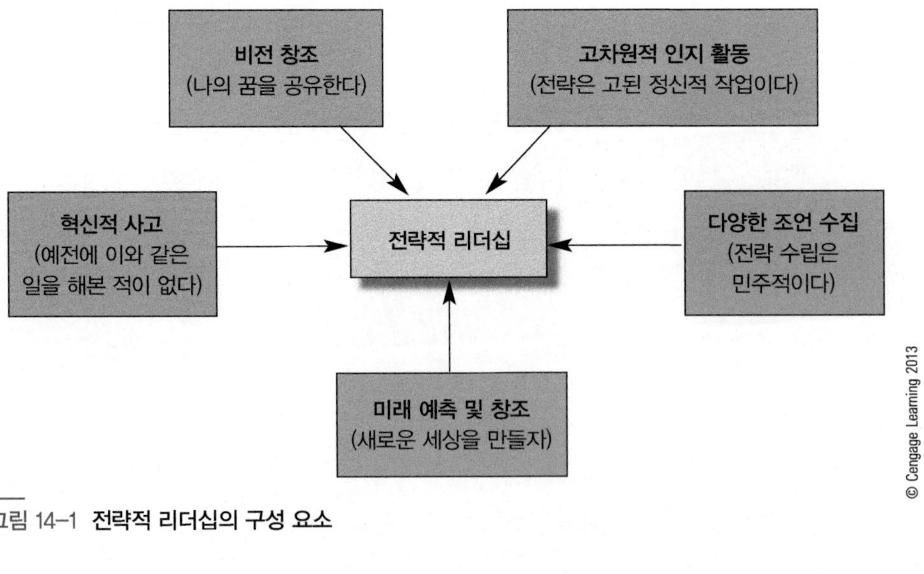

그림 14–1 **전략적 리더십의 구성 요소**

리더십 자기 평가 퀴즈 14-1

당신은 전략적인 사고를 하는가

방법 다음의 각 항목에 대한 동의 정도를 표시한다.
SD: 대단히 그렇지 않다 D: 그렇지 않다 N: 보통이다 A: 그렇다 SA: 매우 그렇다.

	SD	D	N	A	SA
1. 업무 중 취하는 모든 행동은 우리의 고객, 의뢰인, 또는 대중에게 도움이 되어야 한다.	①	②	③	④	⑤
2. 미래에 대한 심사숙고는 최고 경영진에게 맡기자. 나는 나만의 일이 있다.	⑤	④	③	②	①
3. 전략적 사고는 시시한 것이다. 조직 하부에 있는 누군가가 해야 할 일이다.	⑤	④	③	②	①
4. 회사는 흥미로운 비전이 없이는 대성할 수 없다.	①	②	③	④	⑤
5. 내가 매일 하는 일이 향후 수년 간 회사의 성과에 영향을 줄 수 있다.	①	②	③	④	⑤
6. 다음 달에 당장의 업무에 도움을 주는 기술 또는 지식이 아니라면 그 기술 개발 또는 지식 획득은 상당히 무의미하다.	⑤	④	③	②	①
7. 전략 계획(strategic planning)은 조직 전체의 사람들을 관여시키는 것보다는 별도의 부서에서 수행해야 한다.	⑤	④	③	②	①
8. "우리가 실제로 어떤 사업을 하고 있는가?"라고 최고 경영진들이 스스로에게 자주 질문을 하는 것이 타당하다.	①	②	③	④	⑤
9. 회사가 성공적으로 고객을 만족시키고 있다면, 상품이나 서비스의 변경에 대해 고민할 필요가 없다.	⑤	④	③	②	①
10. 조직의 비전은 내게 몽상이나 환상을 연상케 한다.	⑤	④	③	②	①
11. 나는 조직이 매니저와 전문가들을 2,3년에 한 번씩 외부 전략 회의에 보내는 것을 지지한다.	①	②	③	④	⑤
12. 전략 수립은 일반적으로 조직에 도움이 안 되는 관료적 행동이다.	⑤	④	③	②	①

총점

채점 및 해석 각 질문에 대한 점수를 합하여 총점을 낸다. 52점에서 60점은 당신이 이미 전략적으로 사고한다는 것을 암시하며, 그것은 다른 사람들에게 전략적 리더십을 제공하는데 도움이 된다. 30점에서 51점은 전략적으로 사고하는 것에 대해 다소 중립적이며 초연한 태도를 갖고 있음을 시사한다. 12점에서 29점은 지금 당장의 단기적인 것을 강조하는 사고를 시사한다. 이 범주에 속하는 사람들은 집단 구성원에게 전략적 리더십을 제공할 준비가 아직 안되어 있다.

역량 개발 모든 단계의 관리자들은 큰 그림을 봐야 하고 사람들에게 유용한 길을 알려줘야 하기 때문에, 전략적으로 사고하는 자신의 능력을 성찰하는 것은 도움이 된다.

을 분석하기 위해 [리더십 자기 평가 퀴즈 14-1]을 해본다. 전략적 리더십의 특성을 이해하기 위해 우리는 [그림 14-1]에 요약되어 있는 것처럼, 특정하게 관련되는 특성, 행동, 습관을 설명할 것이다. 4장에서 설명한 변혁적 리더십 또한 여기에 관련이 있다.

리더의 고차원적 인지 활동

전략적으로 사고한다는 것은 개념적으로 사고하고, 다양한 트렌드를 흡수하여 이해하며, 이러한 모든 정보를 간단한 행동 계획으로 요약하는 능력 등의 고차원적인 인지 기술을 요구한다. 정보를 처리하고 환경과의 상호작용 속에서 조직에 미치는 결과를 이해하는 능력을 흔히 **시스템 사고**(systems thinking)라고 한다. 시스템 사고는 사람이 시스템의 측면에서 사고한다는 것을 의미하며 과정은 매우 복잡하다.[4] 예를 들어, 시스템적 사고의 일부는 서로에 대해 그리고 외부 요소에 대해 시스템의 일부가 어떻게 반응하고 상호작용하는지 조사하는 것이다. 한 회사의 리더가 연구 개발 비용을 줄이기로 결정했다고 가정하자. 리더는 비용 삭감이 향후 몇 년 간 마케팅과 세일즈에 어떤 영향을 미칠지를 분석해야 한다.

장기적인 사고는 전략의 핵심적인 부분이다. CEO는 자신이 25년 동안 같은 기업에 있을 수 있는지 여부에 상관없이 25년의 관점을 가지고 일을 해야 한다.

리더의 인지 활동을 강조하는 것은 리더가 전략 수립에서 중요한 역할을 한다는 것을 강조하는 데 도움이 된다. 리더는 조직을 차별화할 수 있는 것을 심사숙고해야 하며, 조직의 목적을 정의해야 한다. 이러한 심오한 결론을 얻는 데는 창의성과 통찰력이 요구된다. 대부분의 뛰어난 회사들은 설립자가 정한 위대한 목적을 가지고 사업을 시작한다. 훌륭한 예가, "가능한 많은 사람들이 살 수 있도록 낮은 가격에 디자인이 좋고 기능적인 다양한 가정용 가구를 고객들에게 제공한다"는 IKEA의 목적이다.[5] 일반적으로 목적은 광범위한 분석보다는 직관에서 온다. 민츠버그는 정보를 통합하고 앞서 생각하는 것이 유용한 사업 전략을 개발하는 데 있어 전략 계획보다 더 중요하다고 믿는다.[6]

계층 구조의 위로 올라갈수록 업무 환경을 더 효과적으로 다루기 위해 더 많은 문제해결 능력과 상상력이 요구된다. 전략적 경영과 리더십을 사용하기 위해서는 개념적인 기량을 갖고 있어야 한다. 조직은 리더의 인지 능력이 일의 성격과 잘 맞아떨어질 때 성공할 것이다. 이것이 문제해결 능력에 대한 검증이 관리 업무에서의 성공에 긍정적인 상관관계가 있다는 많은 이유 중 하나이다.[7]

또한 전략적 리더는 조직을 만들기 위한 대안적인 행동 방침을 개발해야 하기 때문에 창의적인 문제해결이 중요하다. 더불어, 가정적(假定的)인 상황을 질문하는 데는 상상력이 요구된다. 예컨대 포드자동차의 앨런 멀래리는 "명품 브랜드를 매각하고, 머큐리 라인을 종료하고, 포드에 집중하면 어떻게 될까? 우리는 더 강한 회사가 될 수 있을까?"라는 질문을 했다(그는 옳았다).

전략 수립을 위한 다양한 조언 수집

많은 전략적 리더들은 비전 창조를 위해 다양한 이해 관계자들과 리서치 실행과 유사한 과정의 상담을 통해 조직의 미래에 대한 자신의 생각에 도달한다. 제프 베조스는 자신이 아마존닷컴을 최초로 구상했음에도 불구하고, 현재 많은 사람들이 회사의 전략적 방향에 기여하고 있다고 설명한다. 아마존에는 S팀(S는 시니어를 의미)이라 불리는 그룹이 있는데, 이 그룹은 회사가 시행하고 있는 현행의 기조를 유지하면서 전략적인 문제를 파고든다. 팀은 매주 화요일 4시간 정도 회의를 하며, 아마존을 위한 새로운 방향을 탐색하기 위한 회의를 일 년 중 두 차례에 걸쳐 이틀 동안 진행한다. 이러한 집단적 전략 수립의 결과로 경쟁사들로 하여금 아마존 사이트에서 자신들의 물건을 공급하게 하고, 최근에는 클라우드 컴퓨팅 서비스를 제공하는 등의 새로운 비즈니스 모델이 계속 적용되고 있다.[8]

다양한 조언을 수집하는 것은 사기를 진작시키는 추가적인 이득이 있다. 월풀은 중간 관리자와 고위 경영진들이 속해 있는 전략 팀에 자원한 생산 노동자를 배치함으로써 조립 라인 노동자들의 지지를 얻고 있다. 생산 노동자들은 미국 내 월풀 시설에 영향을 미치는 결정에 일조하고 있다. 그들은 최고 경영자들이 생산 및 노동력 문제에 있어 더 나은 시각을 얻을 수 있도록 경영진들과 함께 다른 국가에 있는 새로운 제조설비를 방문한다.[9] 그 결과 월풀의 지도층은 생산 및 노동력 문제에 있어 더 신속한 전략적 결정을 내릴 수 있다.

미래 예측 및 창조

리더십의 주요 요소는 방향 설정이다. 그것은 기업 또는 조직 단위의 미래를 예상하고 때때로 미래 창조를 수반한다. 방향을 설정한다는 것은 또한 조직이 해야 할 바를 알려주는 것이다. 미래를 위한 건설적인 방향 설정을 위해 리더는 미래를 정확하게 예측해야 한다. 미래에 대한 통찰력은 고객 선호도, 고객의 요구, 미래의 조직을 운영하는 데 필요한 역량의 함양에 관한 리더의 정확한 예측 등 다양한 형태를 취할 수 있다. 진정으로 예지력이 있는 리더는 많은 사람들이 실제로 나타날 거라고 예상하지 않는 미래를 예측한다. 고전적인 사례가 있다. 건식복사기 제로그라피의 초창기의 시장조사에 따르면 조사에 응한 대부분의 사람들은 카본 먹지를 대체할 제품의 필요성을 느끼지 못했었다.

미래를 창조하는 것은 미래를 예측하는 것보다 더 강력한 접근법이다. 팀 구성원의 광범위한 참여를 통해 도움을 받는 리더는 아직 존재하지 않는 조건들을 창출한다. 리더는 5년에서 10년 내에 산업의 형태가 어떠할지에 대한 질문을 해야 하며 회사에 매우 이로운 방식으로 산업이 발달할 수 있는 방법을 결정해야 한다. 게다가, 리더는 회사가 미래 산업에서 우위를 차지할 수 있도록 지금 획득해야 하는 기술과 능력을 인지해야 한다.

미래 창조는 산업의 재창조로 개념화되어 왔다. 기업 리더는 종종 그러한 활동에 관여한다. 적합한 전형적인 예가 다음과 같다. 프라할드(C. K. Prahald)는 신발 산업이 재창조의 좋은 실례라고 말한다. 나이키와 리복은 근본적으로 자신들의 산업을 재창조하여 결과적으로 그렇게 성숙된 산업에서 빠르게 성장하고 있는 기업들이다. 그들은 동종 산업 내에서의 성능가격비(price-performance) 관계를 변화시켰다. 두 회사 모두 첨단기술, 신소재, 대규모 광고, 글로벌 브랜드를 도입했다. 이들 요소 중 어떤 것도 이전의 신발 산업에서 두드러진 적이 없었다.[10] 미래 창조의 더 현대적인 사례가 애플의 고인이 된 잡스와 제품 디자이너들에 의한 아이패드 개발이었다. 휴대용 컴퓨터는 이전에도 존재했었지만 아이패드와 같은 특성을 지닌 것은 없었다. 기아자동차가 승용차와 S.U.V를 위한 운전자 매뉴얼뿐만 아니라 제품을 보여주기 위해 애플리케이션을 사용하는 등 아이패드의 산업용 애플리케이션은 급속도로 확산되었다.

그렇다면 경영 리더는 미래를 구상하는 데 얼마만큼의 시간을 투자해야 하는가? GE의 명예 CEO인 잭 웰치는 리더가 미래를 구상하는 데 20퍼센트에서 30퍼센트의 시간을 쏟아야 한다고 조언한다.[11] 수많은 급박한 경영 문제에 직면하는 경우에 아마도 기업 리더들은 미래에 대해 그렇게 많은 시간을 투자할 수는 없을 것이다. 미래 구상에 업무 시간의 약 5퍼센트라도 투자하는 것이 보다 현실적일 수 있다.

획기적 그리고 역행적 사고

개리 하멜(Gary Hamel)은 **산업 재창조**보다 더 강한 용어를 사용하여, 전략을 혁명적으로 되는 것이라 특징짓는다. 하멜에 따르면 기업은 점진주의의 한계에 도달하고 있다. 점진적 개선(incremental improvement)은 비용 압박, 몇 주 빠른 신제품 소개, 품질 수준의 향상, 또 다른 시장점유 시점 포착을 포함한다. 이러한 거듭되는 개선은 조직의 효율성을 향상시키고 따라서 기업의 성공에 있어 필수적이지만, 전략적 돌파구나 근본적인 혁신은 아니다.[12]

점진주의가 진정한 전략으로 분류되지는 않지만, 점진적 변화는 조직을 앞으로 잘 나아갈 수 있게 한다. 몇 년 전, 도미노피자는 기로에 서 있었다. 판매 부진으로 인해 108개의 미국 내 점포를 닫아야 했고, 피자에서 종이상자 같은 맛이 난다는 인식에 직면해 있었다. 도미노 경영진은 위험을 감수하고 49년 역사의 피자 레시피를 피망으로 맛을 낸 소스와 혼합한 모짜렐라와 플로볼로네 치즈를 제일 위에 뿌리고 마늘로 양념을 한 크러스트를 특징으로 하는 레시피로 바꿨다. 온라인 마케팅이 강화되었으며 이전의 피자가 별로 맛이 없었다는 것을 공개적으로 인정함으로써 이미지를 쇄신했다. 점진적인 변화는 약 11%의 판매 증가와 시장 점유율의 회복으로 나타났다.[13]

업계의 리더가 되기 위해서 회사의 리더는 획기적인 관점에서 생각해야 한다. 아마존닷컴과 넷플릭스 같은 획기적인 기업들은 다른 기업들이 따를 수밖에 없는 규칙을 만들어 낸다. 하멜에 따르면, 현재 상태에 진지하게 도전하지 않는 전략은 사실상 전략이 아니다. 대부분의 기업에서 전략으로 통하는 것은 때론 독창성이 없고 상상력이 부족한 것들이다.

전략 전문가 마이클 포터(Michael Porter)는 전략의 핵심 요소가 의도적으로 다른 것을 선택하는 것이라고 주장하면서 사업 전략의 획기적인 측면에 동의한다.[14] 다르다는 것은 때때로 사업의 미래에 대해 포괄적이고 명쾌한 개념을 갖는 것을 말한다.

다른 것을 선택한다는 것의 변형은 인기 없는 주식에서 숨은 가치를 찾으려는 투자자처럼 리더가 사회적 통념을 거부하는 역행적 사고를 한다는 것이다. 짐 란존은 에스크닷컴(Ask.com)의 전직 CEO이다. 란존은 성공이 업계의 리더가 되고자 하는 노력을 수반한다는 통념을 거부한다. "당신도 우리처럼 검색엔진 순위 4위가 될 수 있습니다. 우리는 지금 매우 만족합니다."라고 란존은 말한다. 그는 자신의 지침(또는 전략)은 이메일이나 블로그 서비스처럼 산만한 것보다는 검색결과 향상에 더 집중하는 것이었다고 말한다.[15]

비전 창조

우리는 이미 이 책에서 4장의 카리스마 리더십의 비전 구성 요소에 대한 설명을 포함하여 비전에 대한 언급을 했다. 비전은 전략적 리더십의 필수적인 부분이기 때문에 우리는 여기서 비전의 개념을 더 심도 깊게 살펴볼 것이다. 고위급 리더의 가장 중요한 도전 중 하나는 조직 구성원들이 좋은 성과를 내도록 동기를 부여하는 공유 비전을 창조하는 것이다.[16] 노력이 이루어지는지 여부 또한 리더의 행동 및 성격이 작용한다. 그렇지 않다면, 익명으로 작성하여 이메일로 보내진 정교하게 만들어진 비전마저 강한 동기 요인이 될 것이다.

최종적인 비전 선언문은 상대적으로 짧다. 비전 정립 전문가인 제임스 루카스(James R. Lucas)는 신중하게 생각하여 표현한 비전은 우리가 누구인지를 아는 데 도움이 된다고 얘기한다. 비전은 우리가 성공적으로 수행해야 할 것과 그렇지 않은 것, 그리고 우리가 취해야 하는 행동과 피해야 할 행동을 언급한다.[17] 동기를 유발하는 짧은 선언문의 예가 세일즈포닷컴(Salesfor.com)의 설립자인 마크 베니오프의 비전이다. "10년 내로, 나는 우리가 가장 크고 가장 영향력 있는 엔터프라이즈 클라우드 컴퓨팅 회사가 되기를 원합니다."[18] 비전 선언문을 개발하는 방법에 대한 몇 가지 세부 사항은 이 장의 [행동 및 기술 개발 지침]에 제시되어 있다.

비전을 명확하게 표현하는 것은 창업자가 벤처 투자자로부터 자금을 조달하여 몇몇 뛰어난 기업을 시작하는 데 도움이 되었다. 세르게이 브린과 래리 페이지가 회사를 시작하려고 계획 중이었을 때, 그들은 경험도 없었고 실적도 없었지만 강력한 하나의 비전을 갖고 있었다. 그들은 세콰이어 캐피탈의 투자자들에게 "우리는 클릭 한 번으로 전 세계의 정보를 전달할 것입니다."라고 말했다. 투자자들은 그들의 비전 선언문이 맘에 들었고, 구글이라는 회사에 투자했다.[19] 구글의 선언문은 미래가 아닌 현재를 언급하고 있기 때문에 미션을 다루는 것으로 분류될 수 있다. 여하튼, 업계에서 가장 현명한 사람들도 종종 **미션**과 **비전**을 같은 의미로 사용한다.

비전과 전략적 목표를 아주 중요하게 생각하는 기업에서는 기업 내의 모든 활동이 비전과 목표를 뒷받침하도록 되어 있다. 예를 들어, 세일즈포닷컴의 회사 지도부는 모든 직급의 직원들이 다른 회사들에 대한 클라우드 컴퓨팅 서비스를 향상시킬 수 있는 제안을 기대한다.

대부분의 고위급 리더들은 전략적으로 생각하는데, 다음에 있는 [행동하는 리더]는 전략적 사고로 잘 알려진 리더에 대해 서술하고 있다.

리더십 효율성과 전략 이행

세심하게 공을 들여 전략과 비전을 만든다고 해서 효율성이 충분한 것은 아니다. 전략과 비전 역시 리더/관리자에 의해 실행되어야 한다. 유능한 리더가 되는 것은 전략적 구상을 이행하는 것이다. 기본적인 예가 도미노피자 조직 전체의 관리자들이 피자 품질을 업그레이드하는 전략적 구상을 성공적으로 이행한 것이다.

의료계를 대상으로 한 연구는 조직 전체의 리더들이 유능하다고 인식되면, 전략적인 변화가 일어날 가능성이 크다는 것을 보여줬다. 이 연구에서, 전략적 변화는 접근성과 서비스에 대한 환자의 전반적인 만족도에서의 2년간의 변화로 정

행동하는 리더

JP모건의 유명한 은행가 제이미 다이먼은 크게 생각한다

제이미 다이먼은 미국에서 가장 큰 은행인 JP모건의 회장이자 최고 경영자이다. JP모건은 미국에서 가장 큰 신용카드 발행사이며, 오토론(auto loan) 업계에서 1위이다. 다이먼은 대마불사(大馬不死)인 금융 기관은 없으며 JP모건도 마찬가지라고 주장한다.

다이먼의 가장 인상적인 업적 중 하나는 2008년 거의 무너지기 일보직전이었던 베어스 스턴스의 매수를 합의하는 데 있어 미국 정부와 협력한 것이었다. 정부는 베어스 스턴스가 파산을 선언할 경우 부정적인 파급효과가 산업 전반에 감돌게 되는 것을 우려했다. 마찬가지로 JP모건은 워싱턴 뮤추얼도 구제했다.

다이먼은 많은 은행가들이 부자가 되었지만 그들의 은행을 망치고 많은 투자자들의 순자산을 감소시킨 극단적인 탐욕에 은행 간부들이 굴복하지 않도록 하는 지혜와 장기적인 관점을 갖고 있다는 점에서 높은 평가를 받고 있다. 그의 계획 중 하나는 은행이 비상사태에서 살아남을 수 있도록 수중에 충분한 자본을 확보하는 것이었다. 그는 또한 변동금리 모기지(adjustable rate mortgage, ARM)와 같은 위험한 대출을 피했으며, 부채담보부증권(collateralized debt obligation, C.D.O.'s)으로 알려진 모기지 증권에 약간의 투자를 했다.

다이먼은 원스톱 쇼핑을 제공하는 대형 은행의 전략을 선호한다. 그는 신용카드가 필요한 고객이 주택담보대출도 필요하며, 대출이 필요한 소기업이 투자 은행의 서비스를 원할 수 있다고 주장한다. 다이먼에 따르면, "규모의 경제는 좋은 것입니다. 규모의 경제가 없었다면, 우리는 여전히 텐트에서 살고 버팔로를 잡아먹고 있었을 것입니다."

다이먼도 인정했듯이 JP모건이 일부 실수는 했지만, 리먼 브러더스와 같은 투자 은행의 재난을 피하기에 충분한 소란을 겪었다. JP모건은 신용카드와 주택담보 대출에서 약간의 손실을 겪었다. 다이먼은 은행 규제에는 일부 찬성하지만 일부는 찬성하지 않는다. 규제 개혁에 대해 다이먼이 찬성하는 측면은 모기지 사업, 파생상품 투자에 대한 더 나은 통제, 그리고 당좌예금 계좌에 대한 초과 인출 수수료이다. 그러나 그는 "우리의 발목을 잡아 기업가 정신을 방해하는 관료주의"를 만드는 것에는 반대했다. 다이먼은 특히 주정부가 더 엄격한 규제를 도입하도록 하는 금융소비자보호기구(Consumer Financial Protection Agency)에 반대한다. 다이몬은 과잉규제를 방지하기 위한 변론을 위해 양당의 위원들을 만나러 워싱턴 D.C.를 방문했다.

신용카드사의 이자율 인상을 변호하는 데 있어 다이몬은 모든 비즈니스는 비용 청구할 바에 대해서 엄격하게 선별한다고 주장한다. 예컨대 식당은 당신에게 테이블보와 은식기를 무료로 제공하지만 음식에 대해서는 상당한 청구를 한다. 신용카드 회사는 편리한 서비스를 무료로 제공하지만 회사가 지출하는 경비에 대해 이자를 청구해야 한다. 이 경비에는 대출을 상환하지 못하는 사람들에 대한 손실 처리가 포함된다.

질문

1. 제임스 다이먼이 보여준 전략적 사고의 몇 가지 예를 찾아보자.
2. 로비스트로서의 다이먼의 활동은 어떤 식으로 전략적 사고의 일부가 될 수 있는가?

출처: 다음 출처에서 얻은 사실과 관찰을 바탕으로 이야기를 구성하였다: Charles Ferguson, "Jamie Dimon: The Survivor Shapes the Debate," *Time*, May 2, 2011, p. 124; Roger Lowsenstein, "Jamie Dimon: America's Least-Hated Banker," *The New York Times* (www.nytimes.com), December 1, 2010, pp. 1-15; Anita Raghavan, "Master Banker, Master Schmoozer," *Forbes*, November 30, 2009, pp.90-98; Shawn Tully, "Jamie Dimons' SWAT Team," *Fortune*, September 13, 2008, pp.64-78; Robin Sidel, "In a Crisis, It's Dimon Once Again," *The Wall Street Journal*, March 17, 2008, pp. C1, C2.

의하였다. 전략적 변화는 의료비용 경쟁이 아닌 품질 및 서비스에 대한 경쟁이었다. 대형 의료 조직이 저렴한 비용으로 서비스를 제공하고자 하는 경우, 조직이 너무 관료적이고 인간미가 없는 것으로 여겨지는 경향이 있다. 연구 참가자들은 총 40개의 과가 있는 6곳의 의료센터에서 일하는 8개 전공과의 280명의 의사들이었다. 대략 50,000개의 환자 조사 평가서가 만족도 측정을 위해 사용되었다.

의사들은 전략적 리더십을 반영하는 6개의 항목에 대해 자신의 리더의 등급을 매겼다. CEO, 의료센터 리더, 그리고 의국 리더 세 단계의 리더가 등급이 매겨졌다. 항목에 포함되어 있는 전략적 리더십의 척도는 리더가 전략을 명확하게 표현하고, 비전을 창출하며, 적절한 목표를 제공하고, 변화 노력에서의 진전을 보상하고, 반발을 처리하며, 의료진들이 변화하도록 동기를 부여하는 정도에 대한 평가였다. 반복하자면, 세 단계의 리더가 긍정적인 등급을 받으면 전략적 변화의 등급이 긍정적일 가능성이 더 높았다.[20]

14.2 SWOT 분석 실행

전략적 계획은 관리자가 전략적으로 조직을 이끌어 나가는 데 도움이 된다. **전략적 계획**은 목적 및 목표 선언과 전략 선택으로 이어지는 활동을 포함한다. 흔히, 기업은 전략적 계획을 세운 후 전략을 도출한다. 실제로 많은 경영 리더들은 전략적 계획보다 먼저 전략을 선택한다. 앞서 언급했듯이, 전략을 만드는 데 있어 때때로 직감과 판단력이 계획보다 더 중요하다. 기업이 전략적 동맹을 형성하는 등 전략을 수립하면 전략 실행을 위한 계획이 구상된다.

흔히, 전략적 계획은 특수한 상황에서의 내부의 강점과 약점 그리고 외부의 기회와 위협을 고찰하는 방법인 SWOT **분석**의 형식을 취한다. SWOT 분석은 당신의 조직이나 조직적 단위 그리고 외부 환경, 또는 당신이 경쟁하고 있는 시장 간의 상호작용을 조사하기 위한 노력을 보여준다.[21] 이 체계 또는 기법은 회사가 이전에 활용하지 못한 틈새를 확인하는 데 유용하다. 기본 SWOT 버전의 구성 요소는 다음에 설명되어 있다.

내부 강점

이 단계에서의 주안점은 계획 실행에 긍정적인 영향을 미치는 조직 내 요소들을 평가하는 것이다(SWOT 분석의 일부 버전에서 외부 환경 분석이 이 단계에 포함된다). 특정 대안의 좋은 점은 무엇인가? 당신의 장점은 무엇인가? 당신은 무엇을 잘하는가? 당신 자신의 판단력과 직감을 활용하고, 지식이 풍부한 사람들에게 질문을 한다. 기업 오너로서 당신은 당신의 경쟁자보다 고객들에게 좀 더 접근하기 쉬운 유리한 지리적 위치를 갖고 있을 수 있다. 또 다른 강점은 당신이 최근에 와서야 구할 수 있는 최첨단 장비에 투자했을 수도 있다는 점이다.

HP가 PC 판매에서 델을 다시 앞섰을 때의 경우가 내부 강점을 활용한 성공적인 사례이다. 회사의 PC 사업을 관리하기 위해 HP로 온지 몇 주 안에, 토드 브래들리는 HP가 잘못된 전장에서 델과 싸우고 있다는 결론을 내렸다. HP는 인터넷과 전화를 통한 직판이라는 델이 강점을 보이는 곳에서 델과 경쟁하기 위해 자원을 동원하고 있었다. 대신, 그는 HP가 델이 당시 진출하지 않았던 소매점이라는 자신의 강점을 활용해야 한다고 생각했다. 그는 소매업자들과 더 나은 관계를 구축하면서 PC 유통에 공을 들였다(효율적인 리더는 관계를 결코 무시하지 않는다). 소매의 강점을 활용한 결과, HP는 개인 컴퓨터 판매에서 1위 자리를 되찾았다.[22]

내부 약점

전략 개발자는 제안된 계획에 부정적인 영향을 미칠 수 있는 회사 내 요소들을 숨김없이 살펴본다. 저임금 국가에 하청을 주는 것(아웃소싱)처럼 특정 조치를 취하는 것의 리스크를 고려해 보자. 무엇이 개선될 수 있을까? 무엇이 잘못된 것일까? 무엇을 피해야 하는가? 내부 및 외부 관점에서 약점을 검토하자. 당신이 보지 못한 약점들을 외부인들은 감지하는가?(당신이 이러한 약점을 식별할 수 있도록 몇몇 외부인들에게 도움을 요청해야 할지도 모른다). 당신의 경쟁자가 더 높은 실적을 올리는 제품, 서비스, 또는 작업 공정이 있는가? 당신은 즉시 현실을 직시하여 가능한 빨리 불편한 진실을 직면하는 것이 좋다. 다시 말하면, 당신의 판단력을 이용하고, 정통한 사람들에게 질문을 한다. 매니저 또는 기업 오너로서 당신은 재고 품목을 관리하는 데 문제를 겪고 있거나 새로운 계획이나 벤처 사업을 이행하지 않는 고용인을 데리고 있을 수도 있다.

외부 기회

이 단계의 목적은 사회 경제적, 정치적, 환경적, 그리고 인구학적 요소가 조직에 가져올 수 있는 이득을 추산하기 위해 이들 요소들을 평가하는 것이다. 문화적으로 다양한 고객 기반을 창출하는 것과 같은 유망한 전략적 대안을 선택하는 경우 당신을 기다리고 있는 기회를 생각해 보자. 당신의 상상력을 동원하여 가능성을 예상해본다. 재미있는 동향을 살펴보자. 유용한 기회는 다음과 같은 사건들에서 얻을 수 있다.

• 광범위한 그리고 한정된 규모에서의 기술 및 시장의 변화
• 당신의 분야와 관련된 정부 정책의 변화
• 사회적 패턴, 인구 분석표, 라이프 스타일 등등의 변화

외부 위협

이 단계의 목적은 사회 경제적, 정치적, 환경적, 그리고 인구학적 요소들이 조직에 미칠 수 있는 부정적인 영향을 평가하는 것이다. 모든 대안에는 단점이 있기 때문에 앞서 생각하고 비상 계획을 세우도록 한다. 당신이 지금 시도하고 있는 바를 과거에 시도했었던 사람들에게 자문을 구하자. 다음과 같은 질문에 대답을 해 본다.

• 당신은 어떤 장애물에 직면해 있는가?
• 당신의 경쟁자는 무엇을 하고 있는가?
• 당신의 일, 제품, 또는 서비스의 요구사양이 변하고 있는가?
• 경쟁에서 성공하기 위해 당신의 능력을 변화시키도록 기술은 변하고 있는가?

위협에 대한 신중한 분석을 했음에도 불구하고 반대론자, 망설이는 자, 그리고 비관론자에게 설득 당하지 않도록 한다. 나이키를 인용하자면, "지금 당장 시도하라(Just do it)."

SWOT 분석을 하는 것은 흔히 무엇을 해야 하는지 지적하고 문제를 넓게 본다는 점에서 도움이 된다. 전략적 계획을 위한 더 복잡한 체계들이 개발되었지만, 그들은 모두 강점, 약점, 그리고 기회 분석의 일부만을 포함한다. [리더십 스킬 구축 연습 14-1]은 SWOT 분석의 기회를 제공한다.

리더십 스킬 구축 연습 14-1

SWOT 분석하기

파니니 레스토랑 체인, 애완동물 센터, 또는 전자기기 재활용 센터처럼 소규모 그룹으로 SWOT 분석을 위한 시나리오를 개발한다. 당신은 아마도 대개 가상의 데이터를 가지고 있기 때문에 자신의 상상력에 더 의존해야 할 것이다. 그룹 리더들은 수업을 듣는 나머지 사람들과 SWOT 분석의 결과를 공유할 수 있다. SWOT 분석을 하는 것은 행동 방식에 대해 전략적으로 생각하는 기술을 강화시킨다. 이러한 가상의 SWOT 분석을 준비하는 데 있어 가장 난관은 내부적 영향력과 외부적 영향력을 구분하는 것이다.

14.3 리더에 의해 정해진 사업 전략의 표본

우리는 리더와 관리자가 전략적 결정을 하는 과정에 초점을 맞춰왔다. 리더와 잠재적 리더들에게 또한 흥미로운 것은 그러한 결정의 내용이다. 사업 전략은 흔히 영향의 포커스에 따라 기업 수준, 사업 수준 또는 기능적 수준으로 구분된다. 기업적 수준 전략은 "우리가 어떤 사업을 하고 있는가?"라고 묻는다. 사업적 수준의 전략은 "우리는 어떻게 경쟁하고 있는가?"라고 묻는다. 그리고 기능적 수준의 전략은 "우리가 어떻게 사업적 수준의 전략을 지원할 것인가?"를 묻는다. 다음에 나오는 일부 사업 전략은 이러한 세 가지 수준 중 하나 이상에 해당한다. 이들 전략 중 처음 세 가지는 마이클 포터가 옹호하는 포괄적인 전략들이다.[23]

1. **차별.** 차별 전략은 이용 가능한 대체재들과는 다르다고 고객이 인지하는 제품이나 서비스를 제공하는 것이다. 조직은 이렇게 독특하다는 인식을 얻기 위해 광고, 독특한 특징, 특별한 서비스, 또는 새로운 기술을 활용할 수 있다. 당신이 좋아하는 제품 중 하나를 구별 짓는 것은 무엇인가? 차별 전략에 있어서의 난관은 제품이나 서비스가 성공적인 경우, 경쟁자들이 빠르게 진출한다는 것이다. 고객을 그룹화하는 지역 쇼핑 거래를 전문으로 하는 인기 웹사이트 그루폰(Groupon)은 즉각적인 선풍을 일으켰다. 비즈니스 모델이 특별한 기술을 요구하지 않기 때문에 아마존닷컴의 지원을 받는 사이트를 포함하여 다른 웹사이트들도 곧 경쟁에 뛰어 들었다.[24] 페이스북 또한 거래를 구하는 소비자 그룹을 위한 서비스를 개발했다.

2. **원가 경쟁력.** 기본적인 전략은 시장 점유율을 확보하기 위해 저가에 제품이나 서비스를 생산하는 것이다. 초특가 할인 식품매장 체인인 알디(Aldi)는 세계에서 8번째로 큰 소매점이다. 회사는 자체 기획상품(private label, PL)과 제한된 선택의 폭, 25센트의 쇼핑카트 사용료를 받아들이는 저가 알뜰구매자를 고객으로 한다. 적은 브랜드의 선택은 비용을 절감하는 데 도움이 된다. 알디는 신용카드나 수표는 받지 않으며 고객들이 장바구니를 가져올 것을 독려한다. 도심 식품 매장의 한 투자자는 "이제는 PL상품이 매력적입니다. 식품 영양 성분표도 붙어 있습니다. PL은 기업 전략의 일부죠."라고 말한다.[25] 달러 제너럴(Dollar General)과 패밀리 달러(Family Dollar) 같은 다양한 일반 상품 매장은 원가 경쟁 전략을 시행하고 있다.

3. **집중 또는 틈새.** 집중 전략에서 조직은 특정 지역 시장이나 소비자 집단에 집중한다. 시장 점유율 확보를 위해 기업은 목표한 시장에서 차별화나 원가 경쟁력 접근법을 활용할 것이다. 집중 전략은 모든 고객들을 만족시킬 수가 없기 때문에 자연스럽고 상식적인 비즈니스 접근법이다. 집중 전략은 시장에서 틈새를 찾거나 자신의 자리를 찾는 것과 비슷하다. 정비소에서 차량을 수리 중인 사람들에게 임대 차량을 제공함으로써 두각을 드러낸 엔터프라이즈 오토처럼 거의 모든 성공한 비즈니스 벤처들은 틈새에 자리를 잡고 설립되었다. 성공적이고 잘 기획된 집중 마케팅 전략의 예는 다음과 같다.

   - 이베이와 직접 경쟁하는 대신, 몇몇 소규모 온라인 옥션 회사들은 한정되고 성공적인 틈새를 고수하는데 그것은 회사에 정체성을 부여해 판매를 용이하게 한다. 그 예가 스텁허브(StubHub, Inc.)로서 이 회사는 스포츠 경기, 콘서트, 기타 관중 행사에 대한 티켓 판매 중개인으로 이베이와 경쟁하고 있다.

4. **고품질.** 기본적인 사업 전략은 경쟁자들보다 질 높은 상품이나 서비스를 제공하는 것이다. 오늘날은 과거에 비해 공식적인 품질관리 프로그램의 강조가 덜 노골적이라 하더라도, 리더들은 끊임없이 품질관리를 강조한다. 품질관리를 위한 통계적 접근을 강조한 식스시그마 프로그램은 강조되는 중요한 예외이다. GE와 3M의 리더들은 식스 시그마를 강조한다. 품질관리가 전략으로 구분되는 이유 중 하나는 그것이 비용과 차별성에서의 경쟁 우위에 이바지하기 때문이다. 현재 많은 고객들은 고품질을 기대하기 때문에 품질관리 전략은 고객이 원하는 맞춤형 기능과 서비스의 제공처럼, 다른 차별화된 점으로 보강해야 한다. 고품질관리 전략을 펼치는 티파니(Tiffany & Co.)의 보석이나 빅토리녹스 스위스 군용 나이프는 어떠한가?

   고품질 전략에서 멀어지는 것은 조직의 명성과 판매에 타격을 줄 수 있다. 몇 년 전, 도요타 자동차는 다양한 전자 및 기계적 문제로 인해 수백만 대의 자동차와 트럭을 리콜해야 했다. 아키오 도요타 회장은 일부 문제가 성장에 과도하게 초점을 맞췄기 때문이라고 했다. 그는 급속한 확장이 "회사 외부에서 많은 칭찬을 받았으며, 일부 사람들은 너무 자만해지고 이익에만 너무 과도하게 초점을 맞췄다."고 말했다.[27] 그것이 암시하는 바는 도요타의 고품질 전략이 약화되었다는 것이었다.

5. **모방.** 당신이 창의적이지 않다면, 최고를 모방하는 것은 어떤가? 디지털 카메라나 스마트폰 같은 인기 있는 디지털 기기의 제조사들은 모방 전략을 활용한다. 기업은 저가의 경쟁 품을 출시할 적당한 때를 기다린다. 벤치마킹은 관

찰을 통한 학습의 한 형태이다. 어떤 기업은 일반적으로 다른 기업의 제품이나 서비스 아이디어를 노골적으로 도용하지 않으면서 그 기업의 모범 경영을 모방한다. 자동차 산업은 다른 회사를 모방하는 회사가 만연하다. 다음 기회에 붐비는 주차장에 있거나 고속도로를 달리면서 당신은 얼마나 많은 자동차 후드와 라디에이터 그릴이 벤츠를 닮았는지 볼 수 있을 것이다.

6. **전략적 동맹.** 현대의 사업 전략은 시장 기회를 활용하기 위해 다른 회사와 제휴를 하거나 자원을 공유하는 것이다. 전략적 동맹은 또한 **가상 기업**(virtual corporation)이라고 알려져 있다. 전략적 동맹은 첨단기술 산업의 리더들이 다른 회사의 강점을 활용하려고 하면서 더 일반적으로 되었다. 몇 년 전, 마이크로소프트는 페이스북의 독점적인 제3의 광고 플랫폼 파트너가 되는 전략적 동맹을 맺고 페이스북에 투자를 했다. 마이크로소프트 경영진은 "이러한 투자와 파트너십 확대를 통해 마이크로소프트와 페이스북은 전 세계의 광고 기회를 활용하는 데 있어 더 유리한 위치를 차지할 것입니다"라고 말했다.[28]

   전략적 동맹은 때때로 제품이나 서비스가 잘 어울리는 경우 두 당사자들이 상당한 이득을 취할 수 있는 마케팅 파트너십의 형태를 취하기도 한다. 그런 이유로 파파존의 피자 레스토랑과 식스플래그 테마파크는 전략적 동맹을 맺었다. 파트너십에 의해 식스플래그 건물에서는 파파존 피자만 팔아야 한다. 이로 인해 식스플래그는 테마파크 반경 100마일 내에 있는 대략 1,100개의 파파존 레스토랑에서 고객들과 접촉할 수 있다.[29]

7. **기업인수를 통한 성장.** 성장을 위한 표준 전략은 한 회사가 다른 회사를 매수하는 것이다. 규모의 성장도 중요하지만 또한 새로운 기술을 얻거나 생산라인을 갖추기 위해 다른 회사를 매수할 수 있다. 새로운 기술을 매수하는 것은 보통 시장성이 있는 제품을 생산하지 못할 가능성도 있는 R&D에 거액을 투자하는 것보다 비용이 덜 든다. 시스코 시스템은 규모가 더 작은 회사 매수를 통해 많은 성장을 이루었고, 수년간에 걸친 GE 성장의 상당 부분은 다른 회사의 인수 덕분이라고 할 수 있다.[30]

   인수를 통한 성장의 또 다른 형태는 좋은 평판을 갖고 있지만 충분히 육성이 안 된 오래된 브랜드를 되살려 성장을 이루어 내는 것이다. 자덴 코퍼레이션은 콜맨, 바이시클, 그리고 크록팟과 같은 틈새 브랜드의 소유권을 통해 20,000명의 사원을 보유하고 있다.[31]

8. **고속 선점 전략.** 발 빠르게 움직이는 관리자들은 제품개발, 판매 대응, 고객 서비스를 포함한 자신의 모든 경영 활동에서 속도에 초점을 맞춘다. 그들은 시

간이 돈이라고 생각하기 때문에 시간을 경쟁 자원으로 선택한다. 경쟁자가 먼저 성공하거나 제품이나 서비스를 더 신속하게 제공할 수 있기 때문에 제품을 시장에 신속히 내놓는 것이 중요하다. 시장에 먼저 진출하는 것은 선점 전략과 관련이 있다. 스타벅스는 첫 번째 전국 커피 전문 체인이었다. 길을 마주한 매장의 많은 간판은 더 많은 고객을 얻기 위한 마케팅 장치로서 적합했다. 제품이나 서비스가 이미 성공한 후에 진입하는 것이 때때로 선점 전략을 이길 수 있다. 전형적인 예가 최초의 데스크탑 컴퓨터용 스프레트시트 프로그램인 비지칼크(Visicalc)인데, 로터스(Lotus)가 로터스 1-2-3을 가지고 그 분야를 장악하면서 설 자리를 잃었다. 이어서 곧 마이크로소프트의 엑셀이 그 분야를 장악했다.

9. **제품 다각화 및 글로벌 다각화.** 일반적인 사업 전략은 다양한 제품과 서비스를 제공하고, 시장 잠재력을 높이기 위해 전 세계에 걸쳐 판매하는 것이다. 코카콜라는 글로벌 다각화와 제품 다각화 모두에서 성공한 회사의 예이다. 콜라는 현재 미국 이외의 국가에서 수익과 영업 이익의 75%를 만들어 내고 있다. 콜라에 너무 많이 의존하는 회사의 명성에도 불구하고, 회사는 최근 몇 년간 더 작은 규모의 음료 브랜드를 인수하였다. 여기에는 2011년 메릴랜드 주 베데스타 지역의 유기농 음료 회사인 어네스트 티의 매수도 포함된다. 인수의 핵심은 어네스트 티가 고도로 성장하는 회사이며 많은 소비자들이 음료 소비에 있어 건강과 안녕을 추구하고 있다는 점이었다.[32]

   때때로 하나의 제품이나 서비스에 뛰어난 명성을 가진 회사가 회사 브랜드의 매력을 활용하여 새로운 분야로 진출하기도 한다. 유명한 스위스 군용 칼 제조업체인 빅토리녹스는 회사 브랜드를 표방한 시계, 가방, 의류, 향수 판매에서 상당한 성공을 거두었다.[33]

   글로벌 다각화는 이렇게 널리 이용되는 전략이므로 기업 리더는 그것을 추구해야 할 책임이 있다.

10. **핵심 능력 고수.** 모든 규모의 기업들은 자신이 최고의 성과를 내는 활동, 즉 자신의 핵심 역량에 노력을 한정한다면 자신들이 번창할 것이라고 믿는다. 기업 전략가 짐 콜린스(Jim Collins)는 이것을 깊이가 얕은 여러 영역에 확산되어 있는 기업군 중 어떤 하나에서 매우 훌륭하게 된다는 것을 의미하는 **고슴도치 개념**(hedgehog concept)이라고 칭한다.[34] 다각화를 통해 사세를 확장한 많은 기업들은 후에 사업체를 정리하고 자신의 명성을 쌓아온 활동으로 돌아갔다. 대표적인 예가 알루미늄 대기업 알코아(Alcoa)로, 이 회사는 알루미늄 채굴

과 생산에 다시 주력하기 위해 식품 포장용 랩과 일부 자동차 사업에서 철수했다. 회사가 식품 포장용 랩으로의 전력 분산을 막으면 경쟁에 더 유리할 수 있다는 것이 이유 중 일부였다.[35]

회사의 미션과 전략에서 벗어남으로써 역효과가 발생하기 때문에 종종 핵심 역량으로 회귀하기도 한다. 월마트의 미국 책임자 윌리엄 사이먼은 그의 전략의 일부에 회사를 많은 사람들에게 알린 "일상 염가판매(Every Day Low Prices)"로의 회귀가 포함되어 있다고 말한다. 회사는 지속적으로 낮은 가격으로 제공한다는 노선에서 벗어나, 몇몇 품목의 가격을 인하하는 대신에 다른 품목의 가격을 올렸었다. 사이먼은 월마트가 염가 판매점에 빼앗기고 있는 핵심 고객들, 즉 연간 3만 달러에서 7만 달러를 버는 가정의 일부를 되찾기 위해 전략을 수정했다.[36]

11. **브랜드 리더십.** 너무 빤할 수도 있겠지만, 브랜드의 지명도 향상을 통한 성공을 사업 전략으로 간주할 수 있다. 반대의 경우가 다른 사람들을 위한 부품을 만들고 다른 사람들은 그들의 이름으로 개발하여 제품을 출시하거나, 또는 콘크리트 블록 같이 하나의 구성품으로 자리매김 되는 것이다. 아마존닷컴의 제프리 베조스는 자신의 회사가 온라인 쇼핑몰의 대명사로 자리매김할 정도로 끈질긴 브랜드 리더십 전략을 수행했다. 브랜드 리더십 전략의 궁극적인 목표는 아마존닷컴을 인터넷에서 판매되는 것은 무엇이라도 구매할 수 있는 가장 유명한 사이트로 만드는 것이다.

    리서치 회사 인터브랜드에 따른 브랜드 경쟁력 세계 10위 선도 브랜드를 순서대로 나열하면 다음과 같다. (1) 코카콜라, (2) IBM, (3) 마이크로소프트, (4) 구글, (5) GE, (6) 맥도날드, (7) 인텔, (8) 노키아, (9) 디즈니, 그리고 (10) 휴렛팩커드.[37] 자신의 브랜드 명성을 쌓음으로써 (수많은 직원들의 도움을 받아) 고위 경영진들은 이들 회사들이 재정적으로 성공하는 것을 도와 왔다.

12. **환경 지속성에 집중.** 또 다른 전략은 회사 리더가 친 환경적인 면에 집중하는 즉, 외부 환경을 유지하는 데 도움이 되는 많은 활동에 참여하는 것이다. 녹색 전략에 적합한 수많은 활동 중에는 태양 전지판과 풍력 발전용 터빈을 사용하여 가능한 많은 에너지를 생성하고, 이면지를 사용하며 직원들의 카풀을 독려하는 것 등이 있다(이러한 다양한 환경 친화적 계획들은 5장에서 소개되었다).

    녹색 전략의 구체적인 사례가 독일 대기업 지멘스의 CEO 피터 로쉐에 의해 만들어 졌다. CEO가 되고 얼마 안 되어 그는 회사의 미래를 보장하기 위한 그린 비즈니스에 주력했다. 로쉐는 지멘스가 백열전구, 고속 열차, 공장

제어 시스템과 같은 지속성에 초점을 맞춘 제품을 판매하는 비율을 높였다. 지멘스는 또한 풍력, 태양열 에너지, 에너지 보존 전기 시설망의 판매를 통해 상당한 수입을 올렸다. 지멘스 직원의 약 1/4이 자원절약형 제품을 만들거나 내놓고 있기 때문에 그들을 **그린 컬러 노동자**로 분류하고 있다.[38] 지멘스의 녹색 전략은 회사 자체보다는 고객에 초점을 맞추고 있다는 점에 주목하라.

13. **인재 고용을 통한 경쟁우위.** 경쟁우위를 점하기 위한 강력한 전략은 모든 단계에서 재능있고 의욕적인 사람들로 조직을 구축하는 것이다. 뛰어난 회사를 만드는 데 있어 가장 필요한 것은 탁월한 사람들을 발굴 유지하는 것이다. 엘리트 비즈니스 컨설팅 회사와 더불어 마이크로소프트와 아마존닷컴은 인재 고용 전략을 명백하게 활용하는 기업의 사례이다. 인재는 약간의 리더십 지도만으로도 새로운 제품과 서비스를 구상하고 효율적인 업무 프로세스를 개발한다.

이러한 모든 인상적인 전략들은 적절히 실행되지 않는 한 영향력이 제한적이다. 이는 효율적인 경영이 전략적 리더십을 받쳐줘야 한다는 것을 의미한다. 반복하건대 비전에는 실행이 수반되어야 한다. 많은 회사들의 사례 연구를 바탕으로, 마이클 비어(Michael Beer)와 러셀 에이젠스타트(Russell A. Eisenstat)는 고위 경영진이 비즈니스를 위협하는 문제점을 인식하지 못하기 때문에 때때로 전략이 올바르게 이행되지 못한다는 것을 발견했다.

많은 조직에서 리더들이 하위 매니저로부터 여과되지 않은 진실을 듣는 것은 곤혹스러운 일이다. 비어와 에이젠스타트는 가장 유능한 매니저로 이루어진 프로젝트 팀이 전략적 문제와 조직문제에 대한 데이터를 수집하는 방법을 개발했다. 프로젝트 팀 구성원들은 진솔한 대화의 형식으로 고위 간부들에게 결과를 제출한다. 이러한 논의를 통해 고위 간부들은 전략을 바로잡기 위한 올바른 조치를 취할 수 있다.[39] 예컨대 프로젝트 팀은 전략이 실효가 없는 진짜 이유가 고위 경영진들이 사업 부문에 충분한 의사결정 권한을 주지 않기 때문이라는 점을 발견할 수 있을 것이다. 사업 부문 리더들에게 충분한 권한이 주어졌다면 그들은 더 좋은 성과를 낼 수도 있었을 것이다.

14.4 지식경영 및 학습 조직

또 다른 리더의 추진력은 직원과 조직이 더 나은 학습자가 되도록 도움으로써 조직이 환경에 더 잘 적응하도록 돕는 것이다. 이를 달성하기 위해서 리더는 지식을 관리하고 학습 조직을 양성한다. **지식경영**(knowledge management, KM)은 지식을 창조하고, 전달하며 적용하는 방법을 개선하기 위한 혼신의 노력이다.[40] 지식이 효과적으로 관리되면 정보는 인쇄되든 컴퓨터로 저장되든 직원의 머릿속에 남든지 간에 필요한 만큼 공유된다. 지식 관리는 지식의 창조, 습득, 전달과 새로운 지식과 통찰력을 반영하기 위한 행동의 수정에 능숙한 조직인 **학습 조직**(learning organization)을 만드는 데 도움이 된다.[41]

지식경영

지식경영(KM)은 지식 공유에 대한 문화적 초점을 다룬다. 직원의 공동 지혜를 체계적으로 활용하는 조직이 거의 없기 때문에 지식을 관리하는 것은 중요한 리더의 역할이다. 수많은 정보가 일반적으로 인트라넷과 같은 데이트베이스의 형태로 수집되지만 거의 체계적으로 활용되지 않는다. 여기서 우리는 KM 프로그램의 일반적인 형태를 살펴보기로 한다.

지식 경영은 토마스 데븐포트(Thomas H. Davenport), 로렌스 프루삭(Laurence Prusak), 브루스 스트롱(Bruce Strong)의 연구와 관찰을 통해 밝혀진 것처럼, 세 개의 구성 요소로 되어 있다.[42] **지식 창조**(knowledge creation)는 지식을 자극하는 데 사용된다. 지식 창조 프로그램은 연구 및 개발 직원에 전적으로 의지하기보다는 평사원, 고객, 비즈니스 파트너를 포함한 다양한 출처의 아이디어, 통찰력, 그리고 혁신이 요구된다. 예를 들어, P&G 제품의 40% 이상은 외부에서 출처된 요소를 갖고 있다. 이것은 6년 전 10%에서 늘어난 것이다.

IT기술을 통한 **지식 전파**(knowledge dissemination)는 지식경영 내에서 가장 빈번한 활동이다. 지식을 공유하는 방법은 회사 인트라넷, 웹 포털, 그리고 데이터베이스를 포함한다. 정보는 잠재적 사용자가 더 많이 접근할 수 있도록 한 장소에 통합된다. 일례가 주요 책무와 작업 프로세스를 지원하기 위한 원스톱 정보 네트워크인 인트라넷을 만드는 것이다. 인텔은 직원이 구매를 하는 데 필요한 모든 정보를 하나의 웹사이트에 만들어 놓았다. **지식 응용**(knowledge application)은 직원들이 자신이 하는 일을 더 잘할 수 있게 하는 과정이다. 많은 조직들은 직원들이 지식을 응용하도록 독려하는 가장 효과적인 방법이 멘토링, 사내 훈련, 워크샵 같은 기본 훈련을 통해서라는 것을 확인했다.

KM 프로그램의 일반적인 형태 지식경영시스템은 종종 잠재적으로 사용 가능한 정보를 수집하고 체계화하기 위해 컴퓨터 기반 시스템의 형태를 취한다. 그러나 상당수의 효율적인 시스템은 직접 대면하는 정보 교환에 의존한다. 예를 들어, 구글을 포함한 많은 IT분야의 회사들은 정보 기술자들이 서로 얼굴을 맞대고 쉽게 아이디어를 주고받을 수 있도록 사내에 화이트보드를 배치해 둔다.

우리는 의미를 전달하기 위해 리더가 일화를 활용하는 것이 얼마나 중요한지를 강조했었다. 데븐포트가 이 일화(문제의 회사가 부정적인 여론을 얻기 전에 만들어진)에서 보여주는 것처럼, 이야기 또한 지식 공유에서 중요한 역할을 한다.

> 지식경영 계획의 일부로 브리티시 페트롤륨(British Petroleum, BP)은 빠르게 아이디어를 공유하기 위해 화상회의 기술을 선보였다. 얼마 후에 알래스카 노스슬로프에 있는 가스 시추기 중 하나가 고장 났다. BP의 가스터빈 최고 전문가는 북해에서 일하고 있었다. 그가 알래스카까지 날아가서 도착하는 데는 20시간이 걸린다. BP는 그를 비행기에 태우는 대신 화상회의 시스템을 통해 노스슬로프를 수습하게 했는데, 그는 문제점을 정확하게 찾아내고 시추기가 다시 가동할 수 있도록 현장 기술자들과 작업했다. 그들은 그 일을 30분 만에 끝냈다. 이 이야기는 BP 내에 빠르게 퍼졌다. 이 방법은 다른 조직에도 흘러 들어갔다. 이 이야기는 실제 증거였기 때문에 지식공유 전설의 일부가 되었다.[43] (인간미가 기술기반 정보공유 방식을 납득시키는 데 유용했다는 점을 유의하도록 한다.)

지식경영의 진보는 알맞은 때에 또는 가장 필요한 시점에 전달하는 것이다. 예를 들어, 파트너 헬스케어시스템(Partners HealthCare System, Inc.)은 지식 검색이 더 이상 분리된 활동이 되지 않도록 의사들이 활용하는 시스템에 지식을 끼워 넣었다. 의사가 약품을 주문하거나 임상 테스트를 요구하면, 시스템은 방대한 병원 데이터베이스뿐 아니라 환자의 의료 기록과 대조하여 의사의 결정을 자동으로 체크한다. 저스트 인 타임(just-in-time) 방식의 지식 전달은 비즈니스에서도 유용하다. HP와 델의 고객서비스 대리인은 고객의 문제에 대응하는 데 도움이 되는 정보에 즉각적으로 접속할 수 있는 컴퓨터 시스템을 가지고 업무를 한다.[44] 이와 같이 대리인은 자신의 머릿속에 많은 정보를 갖고 있지 않아도 된다.

지식경영을 실행하기 위해 어떤 진보된 기술이 사용되건 간에, 지식경영은 지식을 중요시하고 지식의 전파를 장려하는 조직문화에 가장 적합하다. 121개의 신제품 개발팀과 41곳의 첨단기술 회사의 자회사 내에서 행해진 연구는 지식 공유에 영향을 주는 또 다른 요소를 계량화했다. 전문 기술자들은 조직 단위 내의 경쟁이 덜한 경우에 지식을 축적할 가능성이 더 낮았다.[45]

조직의 하위문화는 무엇이 지식을 구성하고 어떤 지식이 관리할 가치가 있는가에 대한 우리의 가정을 구체화한다.[46] 의류회사인 갭의 재정 팀 전문가들은 직원

리더십 자기 평가 퀴즈 14-2

지식 공유에 대한 나의 자세

방법 다음의 질문에 얼마나 동의하는지 표시한다.
SD: 대단히 그렇지 않다 D: 그렇지 않다 N: 보통이다 A: 그렇다 SA: 매우 그렇다

	DS	D	N	A	AS
1. 다른 학생의 숙제를 종종 도와주었다.	①	②	③	④	⑤
2. 브레인스토밍 회의에서 일반적으로 내 아이디어를 뺏기는 것이 싫어서 최고의 아이디어를 내는 것을 자제한다.	⑤	④	③	②	①
3. 업무 문제나 학교관련 문제가 있는 다른 사람들을 돕는 것을 즐긴다.	①	②	③	④	⑤
4. 인트라넷과 같은 회사 데이트베이스에 내가 가진 최고의 아이디어 중 일부를 제출할 수 있다.	①	②	③	④	⑤
5. 아이디어가 도용될 수 있기 때문에 학기말 과제에 나의 가장 창의적인 아이디어를 제출하는 것이 우려된다.	⑤	④	③	②	①
6. 팀의 일원으로 일하고 아이디어를 공유하는 것을 즐긴다.	⑤	④	③	②	①
7. 작업 동료 또는 동료 학생이 나의 생각을 빌리려고 할 때 조금은 의심스러워한다.	①	②	③	④	⑤
8. 내 아이디어에 대해 전적으로 인정을 받지 못하면 화가 난다.	⑤	④	③	②	①
9. 영화 대본 또는 소설에 대한 굉장한 아이디어를 갖고 있다면, 그 아이디어를 마무리 지을 때까지 다른 사람들에게 말하지 않을 것이다.	⑤	④	③	②	①
10. 종종 작업 효율을 개선하기 위해 내가 개발한 좋은 방법을 다른 사람들에게 알려준다.	①	②	③	④	⑤

총점

채점 및 해석 당신이 표시한 숫자를 더해서 점수를 집계한다.

- 40점 이상 당신은 지식 공유에 있어 관대하며 지식경영을 실행하는 조직과 아마도 잘 맞을 것이다.
- 20~39점 지식 공유에 대해 평균적인 태도를 갖고 있으며, 지식 공유에 대한 열의와 의심이 섞여 있다.
- 1~19점 아이디어를 공유하는 것에 상당히 조심스럽고 신중하다. 당신이 아이디어를 공유하려고 하지 않는 한, 당신은 지식경영을 강조하는 조직과는 잘 맞지 않을 것이다.

주: 당신은 가능한 많은 사람들과 이 퀴즈를 공유할 수 있다.

들이 근무 시간 중에 MTV를 보거나 인터넷 서핑을 하는 것이 근무시간 낭비라고 생각할 수 있다. 그러나 판매 부서에서는 MTV를 보고 인터넷 서핑을 하는 것이 의류 트렌드를 이해하는 가치 있는 방법으로 인식될 수 있다.

[리더십 자기 평가 퀴즈 14-2]를 통해 지식 공유에 대한 당신의 태도를 충분히 생각해 본다. 그리고 지식경영에 대한 당신의 이해를 완성하기 위해 [리더십 스킬 구축 연습 14-2]를 하도록 한다.

리더십 스킬 구축 연습 14-2

지식을 공유하는 조사팀

지식 공유의 개념에 있어서의 과제는 어떤 지식을 회사 구성원 간에 공유해야 하는지를 아는 것이다. 학급을 지식을 공유하는 조사팀으로 편성한다. 각 팀의 구성원들은 영리 또는 비영리 조직에서 지원부, 기술부, 판매부, 전문부서 또는 관리부에서 일하는 두 사람을 접촉한다. 접촉한 사람들에게 그들의 직장에서 공유할 만한 가치가 있는 지식이 무엇인지 질문한다. 전화, 문자, 또는 트위터 등 가장 쉬운 방법을 사용하여 의견을 주고받도록 한다.

그룹 내에서 결과물을 논의하고, 조직에서 공유할 가치가 있는 지식이 무엇인지에 대해 당신만의 의견을 추가할 수 있다. 조직 내에서 공유할 가치가 있는 지식의 다섯 가지 특정 유형에 대한 결론에 이르도록 한다. 당신의 결과물은 학급에 있는 다른 그룹의 구성원과 공유한다.

학습 조직

학습 조직은 자신들이 가치 있게 생각하는 결과를 만들기 위한 능력을 향상시키기 위해 함께 일하는 사람들의 집단으로 볼 수 있다.[47] 그러한 조직의 리더는 일반적으로 그러한 능력의 강화, 즉 학습이 일어날 수 있는 조건을 만들기 위한 계획을 세워야 한다. 이러한 목표를 향해 몇몇 기업들은 지식총괄책임자(chief knowledge officer, CKO), 또는 그에 상응하는 직위를 만들었다. 그러한 직위를 만든 주요한 명분은 많은 회사에서 인간관계 기술, 직관, 지혜가 가장 소중한 자원으로써 자본을 대체하고 있기 때문이다. 지식총괄책임자는 그러한 자산을 회사 곳곳에 확산시키고 혁신으로 전환하려 하고 있다. 그들은 체계적으로 정보를 수집하고 중요한 정보를 갖고 있는 사람들을 다른 이들과 연결하는 책임을 맡고 있다.

여기서 우리는 학습 조직을 용이하게 하는 다양한 리더십 관행과 태도를 살펴보기로 한다.

변혁적 리더십 대 거래적 리더십 그리고 조직의 학습 유럽의 대형 금융서비스 회사에 대한 최신 연구는 조직 내 학습에서의 리더의 역할에 주목하였다. 중요한 발견 중 하나는 변혁적 리더십 행위가 직원들이 탐구적인 혁신을 추구하도록 하는 데 상당히 기여한다는 것이다. **탐구적 혁신**(exploratory innovation)은 새로운 제품, 서비스, 프로세스, 또는 기술의 발견을 다룬다. 예컨대 지리적으로 먼 곳에 발령이 난 직원들을 위한 재배치 프로그램처럼, 전면 공개되는 새로운 프로그램을 발견한 은행을 예로 들 수 있다. 또 다른 주요한 발견은 거래적 리더십 행위가 기존 지식의 개선과 확대를 용이하게 하며 **활용적 혁신**(exploitative innovation)과 관련이 있다는 것이다.[48] 활용은 기존 제품, 서비스, 또는 프로세스를 점진적으로 개선시키는 학습 방법과 관련되어 있다. 특별히 1인 기업에 적합하도록 만들어진 여신 한도를 개발한 은행이 그 일례가 될 수 있다. 맛의 개선으로 인용된 도미노 피자의 사례는 활용적 혁신의 또 다른 예이다.

학습 조직 개선을 위한 리더십 계획 다양한 리더십 계획은 학습 조직을 만들고 개선할 수 있다. 이것을 이해하는 것은 조직의 학습을 개선하기 위한 리더의 역할이라는 개념을 잡는 데 도움이 될 것이다.[49]

학습 조직의 중요한 구성 요소는 학습지원 환경이다. 몇몇 요소들이 학습지원 환경을 구성한다. 직원들은 자신의 매니저나 동료와 의견이 일치하지 않거나 순진한 질문을 할 때 업신여겨지거나 소외되는 것을 두려워하지 않아야 한다. 대신에, 그들은 의견 차이나 당황스러움을 편하게 표현할 수 있어야 한다. 반대 의견으로 인한 차이는 포용되고 인정받아야 한다. 학습지원은 또한 새로운 아이디어에 대한 열린 자세를 갖는 것과 생각하고 숙고할 시간을 갖는 것을 포함한다. 많은 조직에서 창문을 보고 있는 사람을 업무와 관련된 문제를 생각하고 있다고 여기기보다는 공상에 잠겨 있다고 생각할 것이다.

학습 조직의 두 번째 구성 요소는 **구체적인 학습 프로세스와 실천**이다. 일례로 기업이 참가자들에게 돈을 주고 이마에 제품 광고용 일회용 문신을 새기는 최근 프로그램에 대해 무엇이 잘되고 잘못된 것이었는지를 토론하는 시간을 갖는 것을 들 수 있다.

세 번째 구성 요소는 **학습을 강화하는 리더십**이다. 리더가 직원들에게 적극적으로 질문하고 직원들의 말을 경청하는 경우, 대화와 토론뿐 아니라 학습도 고무된다. 이 절의 나머지 부분에 있는 대부분의 행위들은 학습을 강화하는 리더십의 구성 요소에 적합할 것이다.

고위급 리더는 **학습을 위한 전략적 의도를 만들어야 한다**. 그러면 조직 학습은 경쟁우위를 얻기 위한 수단이 된다. **공유 비전을 만드는 것**은 조직 구성원들이 조직 학습을 유지하기 위한 공동의 목적과 책무를 개발하기 때문에 학습이 강화된다. 모든 직급의 직원들이 회사가 위업을 향해 가고 있다고 믿는 경우, 그들은 위업 달성을 돕기 위해 학습에 의욕적이 될 것이다.

학습 조직에서 직원들은 **결정을 내리고 지속적인 향상을 추구할 수 있는 권한이 주어진다**. 이 말은 모든 직원들이 현명하고 효율적인 조직에 기여할 수 있다고 믿는 학습 공동체를 개발해야 한다는 것이다.

시스템 사고는 조직 학습과 거의 동의어이다. 리더는 조직 구성원이 그 조직을 업무가 다른 모두의 활동에 영향을 주는 시스템으로 간주하도록 돕는다. 시스템 사고는 또한 모두의 마음속에 가장 중요한 큰 그림을 유지하며, 외부 환경을 뚜렷이 인식하는 것을 의미한다. 시스템 사고의 큰 그림과 더불어 리더는 **업무의 개인적인 숙달**이라는 작은 그림을 권장해야 한다. 팀 구성원이 업무의 개인적 숙달을 달성하면 그들은 학습 조직에 필수적인 부분인 **팀 학습**(team learning)에 기여한다. 팀 학습은 구성원들이 용이한 문제해결을 위해 자유롭게 정보와 의견을 공유하는 집단 문제해결에 초점을 맞춘다.

행동 학습 즉, 실제 문제에 천착하는 동안의 학습은 학습 조직의 근본적 부분이다. 행동 학습 참가자들은 프로젝트의 주기 단축과 같이, 중요한 조직문제를 공략하기 위해 팀으로 작업해야 한다. 실제 업무문제를 해결하는 과정에서, 참가자들은 새로운 기술, 도구, 또는 개념을 획득하고 활용한다. 프로젝트가 진행됨에 따라 문제 처리를 하는 동안 새로운 기술이 적용된다. 예를 들어, 팀이 업무 프로세스의 측면에서 노력의 중복을 배제하는 방법을 배웠다면, 팀은 주기의 다른 지점에서의 중복 배제를 고려할 것이다.

실패로부터의 학습은 학습 조직에 대단한 기여를 한다. 어떤 영역으로의 다각화에 실패한 기업은 실패 원인을 분석하여 동일한 실수를 반복하지 않도록 한다. **지속적인 실험을 장려**하는 것은 학습 전략을 공들여 만들기 위한 또 하나의 중요한 연습이다. 리더는 직원이 경쟁자, 고객, 공급업체, 그리고 조직 내 다른 구성단위에서 배울 수 있도록 독려한다.

조직 학습을 순조롭게 진행하기 위해 조직 내 직원들은 **다른 사람과 관계를 맺고 다른 사람들에게 영향을 미치기 위한 정치적 기술**을 갖고 있어야 한다. 예를 들어, 생산 기술자가 물 소비량을 줄일 수 있는 효과적인 방법을 발견하였다면, 이 아이디어의 장점을 영향력 있는 사람에게 납득시킬 수 있는 기술을 갖고 있어야 한다.

학습 조직 창조에 대한 마지막 관점은 리더가 조직 구성원들이 창의적으로 사고할 수 있도록 즉, 기존에 존재하지 않았던 가능성을 상상하도록 독려해야 한다는 것이다. 유클(Gary Yukl)이 종합한 연구에 따르면 리더가 조직의 학습을 강화하기 위한 포괄적인 방법은 "조직 내에서 새로운 지식의 발견과 전파 그리고 적용을 장려하고 보상하는 프로그램과 시스템을 개발하고, 실행하고, 지원하는" 것이다.[50] 단순히 환경에 순응하기보다 조직은 창의성과 전략적 리더십에 관한 이전의 논의들에서 설명된 획기적인 사고 유형에 관여해야 한다.

요약

전략적 리더십은 조직 또는 조직 단위의 주요 목표를 다루며 조직을 창조하고 조직에게 방향을 제시하거나 조직을 유지하는 데 필요한 방향과 영감을 제공한다. 전략적 리더십은 다음의 다섯 가지 중요한 구성 요소를 갖고 있다. (1) 리더의 고차원적 인지 활동, (2) 전략 수립을 위한 다양한 조언 수집, (3) 미래 예측 및 창조, (4) 획기적 그리고 역행적 사고, 그리고 (5) 비전 창조.

비전을 창조하는 것은 전략적 리더십의 필수적인 부분이다. 최종 비전 선언문은 상대적으로 짧다. 비전을 구상한 후, 리더는 비전의 소통과 이행에 관여해야 한다. 신중하게 고려하여 만든 비전은 우리가 누구인지를 알게 해준다. 비전은 또한 우리가 성공적으로 해야 할 것과 하지 않아야 할 것, 우리가 어떤 활동을 해야 하는지, 그리고 무엇을 피해야 하는지를 알려준다. 비전과 전략적 목표를 신뢰하는 회사에서는 회사 내의 모든 활동이 비전과 목표를 뒷받침해야 한다.

세심하게 공을 들여 전략과 비전을 만든다고 해서 효율성이 충분한 것은 아니다. 전략과 비전 역시 리더, 매니저에 의해 실행되어야 한다. 대형 건강관리조직에 대한 연구는 모든 단계의 리더들이 효율적인 것으로 인식되었을 때, 전략적 변화가 일어날 가능성이 크다는 것을 보여주었다.

전략 계획은 종종 주어진 환경에서의 내부 강점 및 약점, 그리고 외부 기회 및 위협을 고려하는 SWOT 분석의 형태를 띤다. SWOT 분석은 조직과 환경 간의 상호작용을 검토한다.

전략적 리더는 수많은 다양한 유형의 전략을 활용하는데, 전략에는 다음이 포함된다. (1) 차별, (2) 원가 경쟁력, (3) 집중 또는 틈새, (4) 고품질, (5) 모방, (6) 전략적 동맹, (7) 인수를 통한 성장, (8) 고속 선점 전략, (9) 제품 다각화 및 글로벌 다각화, (10) 핵심 능력 고수, (11) 브랜드 리더십, (12) 환경 지속성에 대한 집중, 그리고 (13) 인재 고용을 통한 경쟁우위.

또 다른 리더의 전략적 추진력은 직원과 조직이 더 나은 학습자가 되도록 도움으로써 자신의 조직이 환경에 더 잘 적응하도록 돕는 것이다. 이 위업을 달성하기 위해서 리더는 지식을 관리하고 학습 조직을 양성한다. 지식경영은 정보를 알맞은 때에 전달하는 것을 포함하여, 체계적인 정보 공유에 초점을 맞추고 있다. 지식경영은 지식 창조, 전파, 그리고 적용으로 구성된다.

리더는 학습 조직에서 다양한 역할을 맡고 있다. 변혁적 리더는 탐구적 혁신을 장려하는 경향이 있는 반면, 거래적 리더는 활용적(기존에 존재하는 것에서의 변화) 혁신을 장려하는 경향이 있다.

학습 조직을 만들기 위한 주요 리더십 이니셔티브에는 학습을 위한 전략적 의도 창출, 공유 비전 창출, 그리고 의사결정을 내리고 지속적인 개선을 추구할 수 있도록 직원들에 대한 권한부여를 포함한다. 시스템 사고 장려, 업무의 개인적 숙달 장려, 그리고 팀 학습도 중요하다. 행동 학습, 즉 실제 문제에 착수하면서 학습하는 것, 실수로부터의 학습, 지속적인 실험 장려 역시 학습 조직의 일부이다. 직원들은 다른 사람과 관계를 맺고 다른 사람들에게 영향을 주기 위한 정치적 기술을 갖고 있어야 한다. 창의적인 사고를 장려하는 것 또한 학습 조직의 일부이다.

핵심 용어

전략	지식경영(KM)	SWOT 분석
전략적 계획	전략적 리더십	학습 조직

행동 및 스킬 강화를 위한 지침

모든 직원들이 회사가 가고자 하는 방향에 대한 비전을 이해할 수 있도록, 비전 선언문은 몇 가지 핵심적인 특징을 갖고 있어야 한다.[51]

1. **간결성.** 선언문은 직원들이 쉽게 기억할 수 있을 만큼 짧아야 한다. 비전은 어른 사이즈 티셔츠에 들어갈 수 있을 정도가 바람직하다.
2. **검증 가능성.** 검증 가능한 비전은 조직이 성과를 거두었다고 구성원들이 동의할 수 있는 것이다.
3. **집중.** 비전 선언문은 흔히 너무 많은 아이디어를 포함한다. 포드자동차의 비전 "직원 참여는 우리 삶의 방식이다(Employee involvement is our way of life)."처럼 중요한 목표에 초점을 맞추는 것이 좋다(이 비전은 인적자원관리에 관한 것이지, 제품이나 브랜드에 관한 것은 아니라는 점을 주의하라).
4. **이해 용이성.** 비전 선언문의 주요 목적은 직원들이 조직이 가고자 하는 바를 아는 것이고, 그것을 달성하기 위해 어떤 도움을 줄 수 있는지를 아는 것이다. 따라서 이해 가능하다는 것이야말로 비전 선언문의 핵심적인 특성이다. world class와 leading edge 같은 용어들은 폭넓게 해석할 수 있다. 다음에 나오는 H&T Block 비전 선언문의 요소는 대부분의 회사 직원들이 이해할 수 있을 것이다. "양질의 제품, 훌륭한 서비스, 적절한 금액(Quality products, excellent service, reasonable fees)."
5. **영감.** 영감을 주기 위해서 비전 선언문은 직원들이 조직을 위해 일하는 것을 긍정적으로 느낄 수 있도록 해야 하며, 그들을 주목할 만한 비즈니스 목표에 집중시켜야 한다.

조직은 지식을 관리하기 위해 지식총괄책임자에게만 의지할 수 없다. 전체 지식 프로세스는 직속 상사의 지위에 포함되어야 한다.[52]

토의 질문 및 토의 활동

1. 조직을 위한 전략을 개발하는 데 창조적인 사고가 왜 요구되는가? 리더가 좋은 전략을 찾는 데 단순히 검색 엔진을 활용하면 왜 안 되는가?
2. 사업 전략은 제품이나 서비스 외의 주제를 어떻게 다루어야 하는가?
3. 사업 전략은 어떠한 방법으로 직원들에게 동기를 부여하고 영감을 줄 수 있는가?
4. 리더로서 자신의 경력을 이끌어 가기 위해 사업 전략을 어떻게 적용할 수 있는가?
5. 많은 고위급 관리자들은 하위 관리자들이 전략적으로 사고하기를 원한다고 말한다. 중간 관리자나 일급 관리자들은 어떻게 전략적으로 사고할 수 있는가?
6. 왜 조직을 위한 틈새를 찾는 것이 전략적 리더의 가장 중요한 활동이 될 수 있는가?
7. 혼자서 작업하거나 몇몇의 팀 구성원들과 작업하여 어떤 기업의 혁신적 사고의 최신 사례를 들어 보자.
8. 경제 대공황 동안에 이전에 전통적인 슈퍼마켓에서 쇼핑을 하던 고객들이 염가 판매점과 할인 매장으로 기본적 쇼핑을 위해 이동했다.

게다가, 이들 쇼핑객들의 일부는 불경기 이후 저가 매장을 변함없이 지지하고 있다. 여기에서의 전략적 교훈은 무엇인가?

9. 어떤 방식으로 지식 관리를 잘 하는 것이 회사에 경쟁우위를 제공할 수 있는가?

10. 왜 연구자들은 지식경영이 조직에서 결실을 맺고 있다는 것을 증명하기 어렵다고 생각하는가?

리더십 사례 문제 A

월마트의 마이크 듀크, 사업을 파고들다

월마트는 세계에서 가장 큰 기업으로 간주되고 있으며, 연간 매출액이 약 4억 2천 5백만 불로 전 세계 8,500개의 점포를 갖고 있다. 2억만 명 이상의 고객과 회원들이 매주 15개 국가에서 서비스를 제공받는다. 회장이자 CEO인 마이크 듀크는 이 거대한 기업 제일의 리더이며 설립자인 샘 월튼을 제외하고 회사 역사상 4번째 경영자이다. 2009년 CEO가 되기 전, 듀크는 회사 국제 사업부에서 매우 성공한 사장이었다.

국제 사업부에 배정되기 전의 듀크는 물류업무를 담당했던 경험이 있다. 미국 판매 책임자이자 전임 월마트 CEO였던 리 스캇은 듀크가 자신보다 더 나은 매니저였다고 말했다. "데이터를 처리하고, 스케줄을 만들어 그 스케줄을 따르고, 일을 끝마쳐야 할 때 모든 일을 끝마치는 그의 능력은 대단하다고 생각합니다. 마이크는 단련이 되어 있습니다." 펩시코 CEO인 인드라 누이는 듀크를 "겸손하고 대단한 글로벌 싱커이며, 매우 세속적인 사람"이라고 묘사한다.

최고 경영자로서의 듀크의 관심사는 판매와 매장 디스플레이이다. CEO가 되고 얼마 안돼서 그는 매장을 더 깨끗하고 어수선해 보이지 않게 매장을 새롭게 단장한 프로젝트 임팩트라고 명명한 회사의 프로그램 효과를 연구했다. 고객들은 새롭게 단장된 모습을 좋아했지만 상품이 적게 구비되었기 때문에 판매는 악화됐다. 듀크는 프로젝트 임팩트 이전의 시절로 제품 공급의 수를 늘려버렸다. 듀크는 매장을 방문할 때면 바나나가 경쟁력 있는 가격으로 책정됐는지 그리고 속옷이 선반에 충분히 있는지와 같은 것을 관찰한다(속옷은 월마트에서 가장 잘 팔리는 품목 중 하나이다).

2010~2011년 동안, 월마트는 7분기 연속 매출 하락을 견뎌내고 있었다. 듀크는 부분적으로는 가스와 식료품 가격의 인상으로 인해 많은 월마트 고객들이 월말도 되기 전에 돈이 떨어지고 있다고 우려를 표명했다. 월마트 고객의 상당수는 근근이 살아가기 때문에 월초에 대량으로 쇼핑을 하고 자금이 줄어들면 구매를 줄인다. 제품의 가격 상승으로 인해 듀크는 월마트가 몇 가지 신선식품에 대해 좀 더 인상을 하고 전자제품 등의 다수의 비식품 품목에 대해서는 가격을 줄이고 있었다고 말했다.

듀크는 "돈을 아끼면 더 잘 살 수 있다. (Saving people money so they can live better)"라는 월마트의 강령을 수용하고 있다. 그는 가격이 소셜 미디어와 같은 수단을 통해 더 투명해지기 때문에 그러한 기술이 쇼핑에 지속적으로 중대한 영향을 줄 것이라고 생각한다. 그는 회사 매니저들에게 말했다. "가격 투명성의 시대에 어떤 형태의 소매업이 성공할까요? 그렇습니다. 가격주도 기업입니다. 우리는 사실상 생산성 루프(productivity loop)를 뒤흔들고 우리의 일상 염가판매(Every Day Low Price) 비즈니스 모델을 곳곳에서 이행해야 합니다. 우리는 가격주도에서 이길 것이며, 나아가 더 큰 승리를 거둘 것입니다."

고객들이 돈을 아끼고 더 나은 삶을 살 수 있도록 하기 위해 듀크는 주주총회에서 차세대 월마트 구축을 위한 네 가지 전략이 필요하다고 발표했다.

1. 진정한 글로벌 회사가 되기.
2. 소매업자가 직면하는 사업적 도전을 이해하고 해결하기.
3. 우리 고객에게 중요한 사회적 문제에서 더 큰 지도자 역할을 수행하기.
4. 우리의 문화를 곳곳에서 강하게 유지하기.

질문

1. 월마트는 어떤 사업 전략을 명백하게 강조하는가?
2. 듀크의 나열한 네가지 전략들이 실제로는 어느 정도까지 사업 전략으로 되겠는가?
3. 선반에 충분한 속옷이 있는지 확인하는 것 같은 판매 세부사항에 관련하여 세계 최대 기업의 회장이자 CEO는 어느 정도까지 관여해야 하는가?
4. 문제가 다시 발생할 시 당신은 월마트의 매출 감소 극복을 돕는 데 어떤 전략적 제안을 할 수 있는가?

출처: 원래의 사례는 다음 출처에 있는 사실과 관찰을 토대로 구성된 것이다: Brian O'Keefe, "Meet the CEO of the Biggest Company on Earth," *Fortune*, September 27, 210, pp. 80-94; "Walmart CEO Mike Duke Outlines Strategies for Building the "Next Generation Walmart." *Walmart Corporate*, June 4, 2010, pp.1-2; Parija Kavlianz, "Wal-Mart: Our Shoppers are 'Running out of Money'," *CNNMoney.com* (http://money.cnn.com), April 28, 2011, pp.1-2; Magiuel Bustillo, "New Chief at Wal-Mart Looks Abroad for Growth," *The Wall Street Journal*, February 2, 2009, pp. B1, B6; Anne D'Innocenzio, "Mike Duke, Wal-Mart CEO," *Huffpost Business* (www.hhuffingtonpost.com), November 21, 2008, pp.1-2.

관련 역할극 월마트 전략팀

약 6명의 학생으로 된 팀을 구성한다. 마이크 듀크는 기존의 전략을 보충하기 위한 월마트 전략을 찾기 위해 당신을 선발했다. 듀크는 당신에게 이메일을 통해 다음과 같이 말한다. "마음껏 나에게 전략적 제안을 하시기 바랍니다. 우리는 세계에서 가장 큰 회사입니다. 하지만 그것이 우리가 완벽하다거나, 경쟁자가 우리를 쓰러트릴 수 없다는 것을 의미하는 것은 아닙니다. 과감해 지십시오. 크게 생각하십시오. 나는 조지아텍 졸업생입니다. 따라서 나는 단번에 좋은 아이디어를 알아봅니다." 당신은 월마트를 위한 새로운 전략을 떠올리는 데 약 30분의 시간을 갖게 된다. 대안은 문제에 공을 들이기 위해서 수업 외의 추가적인 시간을 사용하는 것이다. 당신이 원하면 이메일이나 소셜 미디어를 통해 브레인스토밍을 하도록 한다.

리더십 사례 문제 B

"브릭스 교육감께서는 오늘 비전을 만드느라 바쁘십니다"

메리 브릭스는 탁아소, 초등학교, 중학교, 고등학교를 포함하여 60개 이상의 학교로 구성된 학군의 교육감이다. 학군은 어느 때든 한 번에 대략 5만 명의 학생들이 등록되어 있다. 학생 대다수는 잘하고 있지만 이 학군 또한 많은 문제가 있다. 50%미만의 학생들이 고등학교를 졸업하고 있으며, 고등학교 졸업생의 약 10%만이 대학이나 취업을 고려하고 있다.

지역 언론, 많은 학부모 집단, 그리고 시장실은 학군의 낮은 성과에 대해 자주 불평을 한다. 일부 사람들은 그 문제에 대해 교사와 학교장을 비난한다. 다른 사람들은 그 문제에 대해 부모와 지역적 영향을 탓한다. 여전히 그 밖의 사람들은 학군의 문제를 교육감 브릭스의 탓으로 돌린다. 사람들은 그가 리더로서 학군이 직면한 대부분의 문제들을 바로잡아야 한다고 믿는다.

교육위원회 위원들은 최근 메리 브릭스에게 그녀의 업무 중 가장 중요하다고 생각하는 것이 무엇인지를 물어보았다. 브릭스는 대답했다. "나는 비전을 만듭니다. 리더로서 나의 업무는 학교, 학생, 교사를 위한 더 나은 미래를 만들도록 하는 것입니다. 나는 우리 학교들의 미래가 밝다고 봅니다. 우리 학생들의 대부분은 현대를 살아가기 위한 기술과 지적 능력을 개발하고 있습니다. 그들은 어떠한 분야에 진출하던 우리 사회의 리더가 될 것입니다."

교육 위원회 위원들은 대답했다. "고마워요 닥터 브릭스. 그러나 나는 당신이 가난한 학생들을 위한 급식 프로그램의 예산이 충분치 않은 문제 등에 애쓸 필요가 있다고 생각합니다."

근무 중에 학교 교장들과 교감들은 한 학생이 교사나 학급의 다른 학생을 폭행하는 문제처럼, 일반적으로 당면한 문제의 처리를 위해 브릭스에게 조언을 구하는 이메일을 보낸다. 일반적으로 회신을 받는 데 약 24시간이 걸린다.

중요한 운영 문제에 대해 브릭스에게 이메일을 보내는 대신 일부 교장이나 교감들은 그녀에게 전화 통화를 시도하기도 한다. 일반적으로 전화 통화는 음성 메일로 연결되며, 이따금 전화는 브릭스의 행정 보좌관에게 연결된다. 많은 교장들과 교감들을 화나게 하는 보좌관의 응답은 "죄송합니다. 브릭스 교육감께서는 오늘 비전을 만드느라 바쁘십니다. 이 문제가 긴급 상황이 아닌 한 그녀는 당신과 통화할 수 없습니다." 그 결과, "브릭스 교육감은 오늘 비전을 만드느라 바쁘다."라는 말이 교장, 교감, 교사 간의 많은 농담에서 핵심적으로 회자되었다.

질문

1. 전략적 리더로서 메리 브릭스는 어떠한 실수를 하고 있는가?
2. 학교 교육감은 운영적인 문제에 비해 전략에 어느 정도의 시간을 더 쏟아야 하는가?
3. 학군 내에서 리더십 이미지를 강화하기 위해 브릭스에게 어떤 조언을 해줄 수 있는가?

관련 역할극 의견차 해결하기

한 학생이 방금 설명한 학군의 교원노조 위원장 역할을 맡는다. 교원노조 위원장은 메리 브릭스가 교실 폭력에 대한 교사의 불만을 처리하는 예처럼 운영상의 문제에 충분한 시간을 쏟지 않는다고 굳게 믿고 있다. 교원노조 위원장은 브릭스와 면담을 주선했다. 또 다른 학생은 일상적인 운영상의 문제에 많은 시간을 쏟을 수 없는, 교육 시스템의 선지자로서의 자신의 역할을 방어하는 브릭스의 역할을 맡는다.

리더십 스킬 구축 연습 14-3

리더십 포트폴리오

전략적 리더가 되는 것의 주된 부분은 전략적으로 사고하는 것이다. 우리는 매일 직면하고 있는 불가피한 사소한 일들에 사로잡혀 전략적 사상가(strategic thinker)가 되기 위해 요구되는 "큰 사고" 대신 "좁은 사고"에 사로잡혀 있기 쉽다. "좁은 사고를 가진 사람"은 리더십 세미나에 참여하였는데, 어설픈 점심이 나온 것에 대해 5불의 환불을 요구하는 데 5분을 소비할 것이다. "큰 생각의 소유자(big thinker)"는 고객 만족을 위해 소소한 세부사항까지 직원들의 배려가 중요하다는 교훈으로 부실하게 준비된 동일한 식사를 되새겨 볼 것이다. 당신의 리더십 포트폴리오에서의 이번 편을 위해, 지난 주 동안 전략적으로 생각할 수 있었던 기회를 어떻게 활용했는지, 아니면 활용 못했는지를 다음과 같은 예로 일기에 적어보자.

> 내 친구와 나는 토요일 아침 대형 쇼핑몰에 갔다. 우리는 쇼핑몰 입구 약 한 블록 내에서 빙빙 돌고 있는 수많은 자동차와 소형 트럭들에 주목했다. 운전자들은 입구에서 더 멀리 주차할 경우 한 블록을 걸어야 하기 때문에 한 블록을 걷지 않도록 입구 가까운 곳의 주차 공간을 찾고 있었다.
>
> 내 친구는 몸을 만드는 데 집착하는 사람이었기 때문에 주차 공간을 찾는 사람들이 쇼핑몰 입구에서 멀리 떨어진 곳에 주차함으로써 조금이나마 운동을 함으로써 자신에게 유익할 수 있다고 말했다. 전략적인 번뜩임이 내 머리를 스쳤다. 내가 또는 나아가서 영부인이 쇼핑몰 입구에서 멀리 떨어진 곳에 주차하자는 범국민적인 캠페인을 할 수만 있다면, 우리는 우리 사회가 직면하고 있는 중요한 문제 중 두 가지 문제에서 진척을 이룰 수 있을 것이다. 첫째, 신체활동 부족은 거의 담배만큼 큰 사망원인이 되고 있다. 둘째, 사람들이 낭비하고 있는 연료소비를 감안하여 국가적인 차원에서 사람들이 공간을 찾아 배회하는 것을 그만둘 경우 절약할 수 있는 에너지의 양을 고려해 보자. 나의 전략적 영감은 국가차원의 체력증진과 에너지 소비의 감소로 이어질 수 있다.

리더십 스킬 구축 연습 14-4

가전제품 수리점 체인을 위한 사업 전략 개발하기

당신과 몇몇 구성원들이 가정용 가전제품 수리점 체인이라는 고사 직전 사업의 경영 팀이라고 상상해 보자. 몇 년에 걸쳐 이 분야는 꾸준히 악화되고 있다. 주요인은 대부분의 사람들이 텔레비전, DVD 플레이어, 다리미, 히터, 헤어드라이어, 전기면도기 같은 가전제품을 수리하기보다는 대체하고 있다는 점이다. 오늘 당신은 당신 분야의 생존에 초점을 둔 사업 전략 회의를 열고 있다. 가능한 사고를 대담하게 하자. 하지만 수중에 돈이 많지 않을 수 있다는 점과 당신의 차입 한도가 제한되어 있다는 점을 명심하자. 30분 내로 적어도 가전제품 수리 사업의 생존을 위한 잠정적인 방향을 구성할 수 있는지 보자.

CHAPTER

15 리더 및 핵심인재 육성 계획 개발

학습 목표

이 장을 학습하고 연습 문제를 풀고 나면, 다음의 것들을 할 수 있을 것이다

- 리더가 자기 인식 및 자기 수양을 통해 어떻게 발전하는지 설명한다.
- 리더가 교육, 경험, 멘토링을 통해 어떻게 발전하는지 설명한다.
- 리더십 개발 프로그램의 특성을 요약한다.
- 리더십 승계(leadership succession)의 특성을 설명한다.

개요

15.1 자기 인식 및 자기 수양을 통한 발전
 자기 인식을 통한 리더십 개발
 자기 수양을 통한 리더십 개발

15.2 교육, 경험 및 멘토링을 통한 개발
 교육
 경험
 멘토링

15.3 리더십 개발 프로그램
 리더십 개발 프로그램 유형

15.4 리더십 승계
 이사회의 후임자 선택 방법
 GE 및 P&G의 핵심 인재 육성
 리더십 승계의 정서적 측면
 후임자 인력풀 개발
 인사이드-아웃사이드 리더 육성

15.5 새로운 리더가 되기 위한 도전

- 요약
- 핵심 용어
- 행동 및 스킬 강화를 위한 지침
- 리더십 사례 문제 A
- 리더십 사례 문제 B

많은 사람들은 뉴욕시 소방국(FDNY)의 용감하고 고도로 숙련된 소방관들에 대해 들어 본 적이 있다. 소방관들은 건물과 지하철의 화재를 진압하고 자동차 사고로 갇힌 사람들을 구출한다. 현재 엄선된 소방관들이 기업 지도자들을 육성하는 데 도움을 주고 있다.

일일 소방관 팀 챌린지는 뉴욕시 소방국의 팀 빌딩 및 리더십 실습을 기업 구성원들과 공유하기 위해 개발되었다. 교육 장소는 FDNY 트레이닝 아카데미이다. 참가자들은 팀워크와 리더십 기술을 강화하기 위한 최신 모의훈련 장치를 접하게 된다.

도전의 핵심 구성요소는 팀 빌딩, 리더십, 커뮤니케이션, 문제해결 기술을 향상시키기 위해 고안된 실제 훈련을 받는 4명으로 구성된 팀으로 기업들이 참가하는 것이다. 프로그램의 주된 목표는 리더들이 더 능숙하게 위기에 대처할 수 있도록 돕는 것이다.

훈련 기간 지정된 날짜에 약 20여 개의 서로 다른 회사에서 온 매니저들은 리더십 기술 향상을 위해 그날 오후 자기 회사 직원들과 함께 소방관 체험 모의 훈련에 참여한다. 4명으로 이루어진 팀은 가스 마스크를 포함한 소방 장비를 착용한다. 뉴욕시 소방관들의 지휘에 따라 4명으로 구성된 팀은 특히 불타는 건물로 뛰어 들어가고, 모의 지하철 사고로부터 승객들을 구출하는 비상 훈련을 체험한다.

4명으로 구성된 팀은 건물 화재나 지하철 사고에 대처하기 위해 집단 내에서 빠르게 임무를 분담해야 하기 때문에 리더십 기술이 요구된다. FDNY의 프로그램 진행 책임자는 각 팀을 한 명의 상관과 여러 명의 일반 사원으로 구성할 것을 추천한다.

메이저 로펌인 웨일 갓셜 앤 맨지스(Weil, Gotshal & Manges)의 스캇 패럴은 소방관 훈련에 관해 이렇게 논평했다. "정말로 경이롭고 독특한 경험입니다. 당신은 귀중한 팀 빌딩과 리더십 기술을 갖게 될 것이며, FDNY에 대한 새로운 자부심과 존경심을 갖게 될 것입니다."

멜린다 로비는 다음과 같은 말로 자신의 경험을 표현했다. "일일 소방관 팀 챌린지는 일생에 한번은 꼭 해야 하는 경험입니다! 나는 뉴욕에서 가장 용감한 사람들인 FDNY에게 새로운 존경심을 갖게 되었습니다."[1]

앞서 서술한 리더십 개발 프로그램(또 다른 유형의 원격지 교육)은 관리자와 기타 인력의 리더십 능력을 개발하는 데 있어 회사가 중점을 두고 있다는 것을 보여준

다. 이 책의 이전 장들에서는 리더를 개발하고 리더의 효율성을 강화하기 위한 정보와 활동에 관한 내용을 포함하고 있다. 이 장에서는 자기 개발이 리더십 효율성을 어떻게 향상시키는지를 설명하고, 현재와 미래의 리더를 개발하기 위해 조직에서 사용하는 절차를 설명한다. 그러한 활동과 과정은 일반적으로 리더십 개발 또는 경영자 교육이라고 한다. 리더십 개발이 중요한 이유 중 하나는 최고 경영진이 리더십 개발과 승계 계획에 우선순위를 두지 않는 한, 회사는 지속적인 인재 감소를 경험하게 될 것이기 때문이다. 그 결과, 회사는 상이한 운영방식과 조직문화를 가진 회사의 인수합병 등의 대 변화에 대처하는 데 어려움을 겪을 것이다.[2]

리더십 개발에 관해 별도의 장을 마련한 것은 리더는 타고난 것이자 만들어지는 것이라는 1장에서의 믿음에 기초한 것이다. 따라서 리더십 인재는 개발될 수 있다. 샤론 달로즈 파크스(Sharon Daloz Parks)가 말한 것처럼, 리더십은 전적으로 정확한 특성을 가질 뿐 아니라 행위를 수반한다. 그리고 이러한 행위들은 실행 가능한 과업으로 전환될 수 있기 때문에 코치에게서 배우는 것처럼 지도받을 수 있다.[3] 이 장에서 설명하는 바와 같이 특성도 어느 정도 개발될 수 있다.

이 장에서는 리더십 개발에 대한 다양한 접근법을 설명하는 것 외에 리더십 승계 문제도 다룬다. 리더십 승계가 여기에 포함된 이유는 리더십 개발의 중요한 부분 중 하나가 승진을 위한 훈련이기 때문이다. 본문은 새로 임명된 리더들이 직면하는 문제들을 잠시 살펴보고 마무리를 짓는다.

15.1 자기 인식 및 자기 수양을 통한 개발

리더십 개발은 흔히 교육과 훈련, 직장 경험, 코칭의 관점에서 인지되고 있다. 그러나 자조(self-help) 또한 리더십 역량 개발에 크게 기여하고 있다. 자조는 커뮤니케이션 스킬 향상, 카리스마 개발, 효과적인 리더의 행동 모델링을 위한 독자적인 노력을 포함하여 다양한 형태를 취하고 있다. 리더십 자기 개발의 두 가지 주요 구성요소는 자기 인식과 자기 수양이다.

자기 인식을 통한 리더십 개발

자기 개발의 근간을 이루는 중요한 메커니즘은 **자기 인식**(self-awareness)으로, 자신의 효율성을 향상시키기 위해 자기 자신에 대한 피드백을 통찰력 있게 처리하는 것이다. 기업 윤리학자 조셉 바다라코 주니어(Joseph L. Badaracco Jr.)는 성공하고자 하는 지도자들은 자기 자신에 대해 좀 더 알아야 한다고 지적한다. 예컨대 당신이 다른 사람을 리드하는 경우에 우선 스스로를 잘 관리할 수 있는 방법을 성찰해 봐야 한다.[4]

리더십 평가의 두 전문가들에 따르면 많은 직장 생활과 조직에서의 큰 실수들은 자기 인식에서의 차이로 인한 것이다.[5] 예를 들어, 한 경영 리더가 6개월에 걸쳐 3명의 핵심적인 집단 구성원이 떠나는 것을 목격했다. 리더는 "나는 우리들이 좋은 사람들을 잡아 놓을 수 있을 만큼 충분한 급여를 지불하지 않는 것 같아요."라는 분석으로 이 사실을 방어적으로 일축할 수 있다. 그녀의 1차 분석이 옳을 수 있다. 그러나 자기 인식의 성향을 가진 리더라면 이직률 이면의 이유에 대해 더 깊이 파고 들어갈 것이다. 그녀는 "내 리더십 접근법에 이직 문제를 유발하는 무언가가 있는가?"라고 자신에게 반문해야 한다. 그녀는 자신의 리더십 접근법에 대한 인식을 향상시키기 위해 퇴직자 면접 자료를 요청해야 한다.

크리스 아지라스(Chris Argyris)는 자기 인식의 수준을 구별하기 위해 **단일순환 학습**(single-loop learning)과 **이중순환 학습**(double-loop learning)이라는 용어를 만들었다.[6] **단일순환 학습**은 학습자가 대체적으로 자신의 기본 생각이나 행위에 직면하게 되는 최소한의 피드백을 추구할 때 발생한다. 이직률이 높은 리더의 사례에서 보듯이 단일순환 학습자는 방어적인 사고를 하며 그들이 받은 단서에 따라 조치하지 않는 경향이 있다. 아지리스는 방 온도가 화씨 68도(섭씨 20도) 아래로 떨어지면 자동 난방이 되는 자동온도 조절기를 예로 든다.

이중순환 학습은 사람들이 상황에 내재된 목표나 가치의 유효성을 직시하기 위해 피드백을 활용할 때 발생하는 심층 유형 학습이다. 앞서 언급한 리더가 자신의 리더십 접근법의 효율성에 대해 의문을 제기할 때 이중순환 학습에 관여된다. 이중순환 학습을 달성하기 위해서는 방어적인 사고를 최소화해야 한다. 많은 사람들은 자신의 무능력한 부분을 깨닫지 못하고 자신의 시야가 막혀 있다는 것을 알지 못한다. [그림 15-1]은 단일순환 학습과 이중순환 학습의 차이를 보여준다.

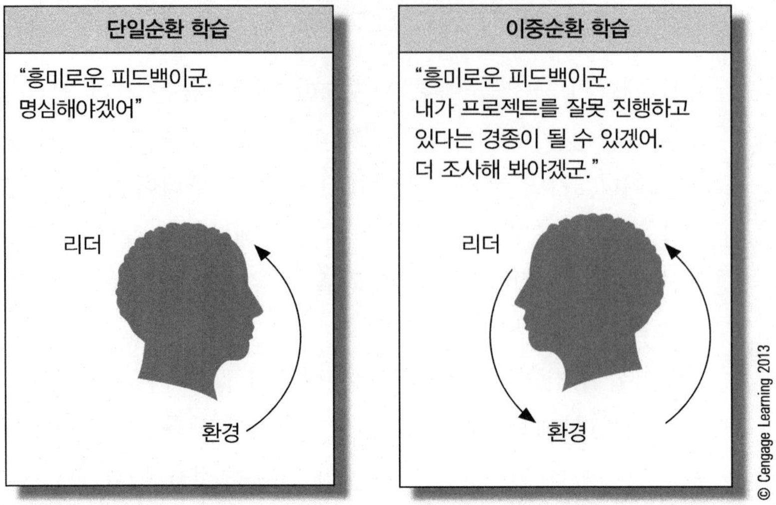

그림 15-1 **단일순환 학습 대 이중순환 학습**

이중순환 학습이 중대하게 기여하는 바는 리더가 좌절을 통해 배우고 이득을 얻을 수 있게 해준다는 것이다. 차질이 발생한 원인 분석은 리더가 다음에 더 잘할 수 있게 도움이 될 수 있다. 집단이 위기에 직면한 리더는 집단 구성원을 위한 더 나은 미래 비전을 수립할 것이다. 그 비전이 성과와 행동에서의 큰 변화로 이어지지 않는다는 것이 감지된다면, 아마도 집단이 비전에 대한 준비가 되어 있지 않은 것이다. 미래의 비슷한 상황에서 리더는 집단이 위기에서 벗어날 때까지 비전 형성을 자제할 것이다.

자기 인식의 유익한 영역은 리더들에게 있어 강압적 리더십 대 임파워먼트 리더십, 그리고 전략 대 운영이라는 리더십의 두 가지 핵심 차원들에서의 자신의 위치를 인식하는 것이다. 빕 케플란(Bob Kaplan)은 너무 강압적이거나 너무 많은 권한을 위임하는 것처럼, 리더가 각각의 차원에 지나치게 편중되어서는 안 된다고 설명한다. 리더는 또한 운용이 도외시되는 전략을 짜는 데 너무 많은 시간을 소비하거나, 전략이 도외시되는 운용에 너무 치중해서도 안 된다. 이러한 두 차원에서의 자기 인식 과정은 최상의 결과를 얻기 위해 음량을 높이거나 낮추는 음량 조절과 같다. [그림 15−2]는 극단적인, 즉 한쪽으로 치우진 상태에서의 자기 인식의 영역을 설명하고 있다. 리더는 두 가지 리더십 차원에서의 자신의 위치를 확인할 수 있는 리더십균형지수(Leadership Versatility Index®)를 활용할 수 있다. 이상적인 지점은 강압 대 임파워먼트, 그리고 전략 대 운용의 바로 우측이다. 타인으로부터의 피드백은 이러한 2개의 차원에서 리더가 자신의 위치를 인식하는 데 도움이 된다.[7]

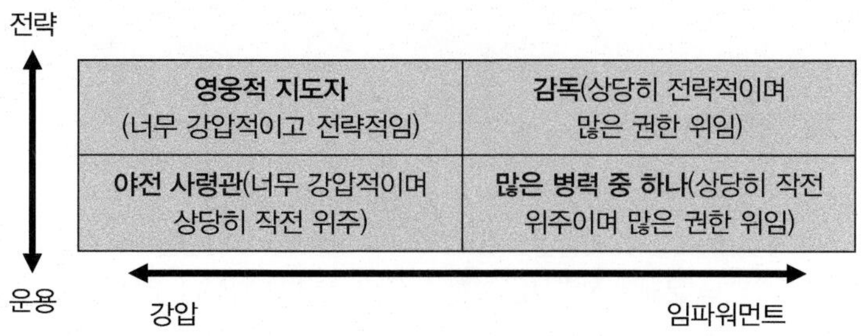

그림 15-2 **네 가지 유형의 일방적 리더십**

출처: Rob Kaiser과 Bob Kaplan의 *The Versatile Leader: Make the Most of Your Strengths - Without Overdoing it* (San Francisco: Pfeiffer, 2006)에 있는 개념을 기초로 함

자기 수양을 통한 리더십 개발

자기 개발의 다른 유형과 마찬가지로, 리더십 개발은 상당한 자기 수양을 필요로 한다. 현재적 맥락에서의 **자기 수양**(self-discipline)은 중요한 목표달성에 집중하기 위해 자신의 노력과 에너지를 동원하는 것이다. 자기 수양은 대부분의 리더십 개발 유형에서 요구된다. 예를 들어, 적극적 경청(active listening)이 중요한 리더십 행동이라고 확신하는 리더가 있다고 가정하자. 리더는 적극적 경청에 대한 책을 읽고 그것에 관한 워크샵에도 참여한다. 독서와 워크샵이 끝난 후, 리더는 적극적인 경청 자세를 잊지 않도록 애써 집중해야 한다. 종종 일상생활의 부담으로 인해 자기 개발에 대한 관심이 분산되기 때문에 자기 수양이 특히 필요하다.

자기 수양은 필요한 자기 개발이 나타날 수 있도록 자신의 행동을 지속적으로 모니터링하는 데 중요한 역할을 한다. 개발적 요구(developmental need)를 인식하고 나서 정기적으로 필요한 개선이 잘 이루어지고 있는지 살펴볼 필요가 있다. 어떤 사람이 카리스마를 강화하는 방법으로 더 다양한 커뮤니케이터가 되어야 하는 개발적 요구를 인식하고 있다고 가정하자. 그 사람은 적절한 상황에 놓였을 때 더 다양한 커뮤니케이션을 할 수 있도록 의식적인 노력을 하기 위한 자기 수양이 필요할 것이다. [리더십 자기 평가 퀴즈 15-1]은 대인관계와 관련된 스스로의 개발적 요구를 인식하는 데 도움이 되는 대인관계 기술 체크리스트를 포함하고 있다.

개발적 요구를 고심하는 리더의 구체적인 사례로 협상 기술의 연마가 자신의 경력을 끌어올려줄 것이라고 인식하는 광고 매니저 사만다 리브월슨이 있다. "나의 역할은 고객의 비즈니스 문제해결을 위한 최선의 방법을 찾기 위해 노력하는 것인데, 논거를 제시하고 변론을 하는 것이 요구됩니다."라고 그녀는 말한다. 그래서 그녀는 자신의 모교인 버나드 칼리지의 여성 리더십 프로그램 중 설득력 있는 주장에 관한 세미나에 등록했다.[8]

리더십 자기 평가 퀴즈 15-1

대인관계 기술 평가 항목

방법 다음은 리더십 및 영향력과 관련된 대인 관계 능력을 향상시킬 필요가 있다는 것을 보여 주는 행동의 특정 양상들이다. 일반적으로 당신에게 있어 진실인 항목에 각각 체크를 한다. 당신을 잘 아는 한 두 사람에게 당신에 대한 평가를 부탁함으로써 이 연습 문제에 신뢰성을 보탤 수 있다. 그리고 자신의 분석을 그들의 분석과 비교한다.

개별적 요구와 개선할 부분

1. 부끄러움을 잘 타고 내성적이다. ☐
2. 종종 다른 사람들을 괴롭히고 위협한다. ☐
3. 다른 사람들에게 진실을 강요하기보다는 그들이 듣고 싶어 하는 바를 말한다. ☐
4. 자신의 감정을 표현하는 것이 힘들다. ☐
5. 곧잘 집단 구성원에 대한 부정적인 평을 한다. ☐
6. 내가 회의 중에 내놓는 아이디어를 사람들은 거의 신경 쓰지 않는다. ☐
7. 내 성격은 별로 유쾌하지 않다. ☐
8. 사람들이 나를 지루하게 여긴다. ☐
9. 다른 팀 구성원과 동료들이 하는 말 이면의 숨은 뜻을 개의치 않는다. ☐
10. 다른 사람들을 비판하는 것이 무척 어렵다. ☐
11. 나는 늘 너무 진지하다. ☐
12. 다른 사람들을 상대할 때 논쟁을 피한다. ☐
13. 의사 전달을 잘 하지 못한다. ☐
14. 다른 사람들과 가벼운 대화를 하는 것이 어렵다. ☐
15. 내 업적에 대한 자랑을 많이 한다. ☐
16. 팀에 공을 돌리기보다는 개인적인 인정을 얻으려고 더 노력한다. ☐
17. 자신감이 부족하다. ☐
18. 나의 구두 메시지는 너무 단조롭다. ☐
19. 나의 서면 메시지는 너무 단조롭다. ☐
20. 나와 다른 문화를 가진 사람들을 잘 이해하지 못한다. ☐
21. 사람들 마음을 잘 헤아리지 못한다. ☐
22. 집단에서 일을 할 때 불안한 면을 많이 보인다. ☐
23. 사람들 앞에서 발표를 잘 못한다. ☐
24. 다른 사람과 마주 앉아 이야기하면서 전화를 받는 등 동시에 여러 가지 일을 한다. ☐
25. ______________________________ ☐
    (자신 만의 문장을 채우시오)

총점 ________

▶ 당신은(그리고 아마도 다른 한 두 사람은) 이제 변화가 필요한 특정 행동을 확인했으므로, 실행 계획을 세우도록 한다. 체크가 된 각 항목에 대해 당신이 달성하고 싶은 변화를 가져오기 위한 공략 계획을 짧게 서술한다. 아이디어는 자기개발서나 리더십 개발 및 인간관계 워크숍에서 나올 수 있다. 실행 계획을 만든 후, 성공적인 이행을 위해 자기 수양이 필요할 것이다. 예를 들어, "사람들이 나를 지루하게 여긴다."를 체크했다면, 당신은 광범위한 독서를 통해 그리고 역동적인 사람들과의 대화를 통해 지식의 확대를 꾀할 수 있다. 그리고 당신은 지속적으로 아이디어를 추구하고 이들 아이디어 중 일부를 당신의 대화에 반영하기 위한 자기 수양이 필요하게 된다.

이 연습 문제에 대한 또 다른 접근법은 학생들이 다른 사람과 공유할 수 있는 실행 계획이 결합된 개발적 요구를 하나 선택하는 것이다. 그리고 학생은 수업을 듣는 다른 학생들에게 자신의 개발적 요구와 실행 계획을 발표한다. 발표가 모두 끝난 후, 학생들은 자신들이 도달한 의견과 일반화에 대해 학급 토론을 한다.

자기 개발을 위한 자기 인식 및 자기 수양의 매개체를 만드는 데 있어 핵심은 자기 개발에 대한 건전한 믿음이다. 심리학 교수 캐롤 드웩(Carol Dweck)에 따르면, 일부 사람들은 살아가는 동안 그리고 직장 생활을 하는 동안 자신의 재능을 개발한다고 생각하는 건전한 믿음을 갖고 있는 반면, 다른 사람들은 재능이 타고난 것이며 재능을 수정하지 않고도 정상에 오를 수 있다고 믿는 고정된 사고방식을 갖고 있다.[9]

15.2 교육, 경험 및 멘토링을 통한 개발

많은 리더십 개발은 자기 인식과 자기 수양이나 리더십 개발 프로그램이 아닌 다른 수단을 통해 이루어진다. 리더십은 포괄적인 프로세스이기 때문에 거의 모든 일상생활 행위가 사람들이 리더십 역할을 준비하는 데 도움이 될 수 있다. 리더십 개발에 기여하는 세 가지의 중요한 생활 및 업무 경험은 교육, 리더로서의 경험, 그리고 멘토링이다. 다음 몇 페이지에서는 이러한 세 가지 요소와 리더십 간의 관계를 각각 살펴보기로 한다.

교육

교육은 일반적으로 즉각적인 적용을 유념하지 않고 지식을 습득하는 것을 의미한다. 잠재적 리더가 수학을 공부한다면 논리적 추론의 습득은 언젠가 조직이 직면하는 복잡한 문제를 해결하는 데 도움이 될 것이다. 결과적으로, 리더의 위상은 높아진다. 성공한 사람의 전기와 자서전을 읽는 것은 리더십에 대한 좋은 아이디어 원천이다. 정규교육은 분명 관리직과 리더 지위를 얻는 데 관련이 있다. 게다가, 정규교육의 양과 획득한 리더의 지위 수준 간에는 긍정적 상관관계가 있다.

그러나 교육과 리더 자격 간의 상관관계가 인과관계를 반영하지 않을 수 있다. 많은 사람들은 특정 교육수준을 달성해야만 비즈니스 리더의 자리에 오를 기회를 얻는다. 리더십과 정규교육 간의 통계적 연관성보다 더 중요한 쟁점은 교육이 어떻게 리더십 효율성에 기여하는가이다.

대부분의 고위급 리더들은 자신의 경력 전체에 걸쳐 지식을 축적하는 현명하고 분야에 정통한 사람들이다. 그들은 정규교육과 독학을 통해 축적된 지식을 통해 혁신적인 문제해결을 위한 정보를 제공받는다. 지적인 민첩함 또한 그들이 논리적 설득을 통해 영향력을 행사하는 데 도움이 된다.

경험

직장 경험은 명백히 리더십 효율성에 기여를 한다. 경험이 없이는 지식을 쉽게 기술로 전환할 수 없다. 예를 들어, 당신이 10장에서 공부한 적절한 영향력 전술을 실행에 옮기기 위해서는 경험이 필요할 것이다. 리더십 경험은 또한 정식으로 공부하지 않았을 수 있는 기술과 통찰력을 구축하는 데 도움이 된다. 경영진들에게 매장 운영 경험 습득을 요구하는 얌브랜드처럼 많은 회사 리더십 개발 프로그램은 참가자들에게 다양한 경험을 제공하는 데 초점을 맞추고 있다.

도전적 경험 리더십 개발에 있어 최고의 경험은 스트레스를 주는 문제의 해결을 포함하여, 실질적으로 관리자 일에 도전하는 것이다. 리더십 개발을 위한 환경을 만들기 위해 조직은 우선 적자생존에 대한 신념 자체를 없애야 한다. 리더십 개발의 목표는 관리자들을 실패 가능성이 있는 지점까지 밀어붙이는 것이라 아니라, 의미 있는 개발 기회를 제공하는 것이다.[10] 수많은 리더들을 위한 경험 확대의 예가 생산성과 사기가 낮은 조직 단위를 담당하는 자리에 배치하는 것이다. 관리자는 상황을 개선하기 위해 수많은 리더십 스킬을 적용할 필요가 있을 것이다.

현재 좋은 평가를 받고 있는 경영인 제임스 스미섹은 세계에서 가장 큰 항공사인 유나이티드 콘티넨탈의 CEO이다. 그는 1990년대 중반 거의 빈사상태였던 콘티넨탈을 구해낸 팀의 일원으로서 고생하며 항공 리더십 스킬을 개발했는데, 이것은 매우 도전적인 경험이었다. 항공사의 호전은 대표적인 사례 연구가 되었다.[11]

실패는 자신의 리더십 잠재력에 도달하는 데 크게 기여를 하는 특별한 유형의 도전적 경험이다. 그 한 가지 이유가 실패를 해본 적이 없는 사람은 큰 위험을 감수하려 하지 않기 때문이다. 대담한 성격의 버진 아틀란틱 항공의 회장 리차드 브랜슨은 "실패는 리더를 최고로 성장하게 하는 것이다."라고 주장한다. 실패를 활용하는 효과적인 방법은 당신이 미래에 다르게 행동하고자 하는 바를 반영하는 것이다. "일처리를 달리 하기 위해서 내 안에서 무엇이 변해야 하는가?"와 같은 질문을 스스로에게 해보자.[12] 예를 들어, 아마도 당신이 집단에게 충분한 지침을 제공하지 않았고 절박감을 전하지 않았기 때문에 프로젝트가 실패했다고 하자. 향후에는 당신이 더 많은 통제와 주장을 통해 팀을 이끌어 갈 것이다. [표 15-1]은 리더십과 관리 스킬 개발을 위한 일련의 강력한 학습 경험을 열거하고 있다.

리더나 관리자의 경우 도전적 경험을 활용하는 데 있어 중요한 부분은 문제해결 방법 선택에 있어 재량을 주는 것이다. 예를 들어, 팀 리더가 "생산성을 10% 늘리고, 동시에 비용을 10% 감소 시켜라."라는 말을 들었다고 하자. 팀 리더는 이

표 15-1 리더십 기술을 개발하기 위한 강력한 학습 경험

관리자와의 연구를 통해 리더와 관리자로서 발전하는 데 기여하는 강력한 15가지의 학습 경험의 유형이 밝혀졌다.

1. **익숙지 않은 책임.** 책임이 이전의 것보다 새롭고 상당히 다르거나 더 광범위하다. 결과적으로 상황은 그 사람의 현재 능력을 넘어서는 기술과 역량을 요구한다.
2. **자신을 증명하기.** 일을 처리할 수 있다는 것을 다른 사람에게 보여줘야 하는 부담감이 있다.
3. **새로운 방향 전개.** 리더는 무언가 새로운 것을 시작하고, 조직 개편을 실행하거나 빠른 기업 환경 변화에 대응해야 할 책임이 있다.
4. **승계된 문제들.** 관리자는 전임 관리자로 인한 문제를 해결해야 하거나 문제 직원에 대한 책임을 넘겨받는다.
5. **인원 감축 결정.** 관리자는 조업을 중지하거나 직원 수를 줄이는 것에 대한 결정을 내려야 한다.
6. **문제 직원 처리.** 경험이 충분치 않은 집단 구성원들은 기술이 부족하거나 저항을 한다.
7. **중대한 이해관계 직면.** 관리자는 빡빡한 기한, 고위 경영진의 압박, 높은 주목성, 그리고 성공 및 실패에 대한 책임 문제에 직면해 있다.
8. **사업복잡성 관리.** 관리자는 업무 범위가 넓으며, 다수의 역할, 집단, 제품, 고객 또는 시장을 책임지고 있다.
9. **역할 과부하.** 작업의 규모가 많은 시간과 에너지의 투입을 요구한다. 한 예가 당신으로 하여금 회사가 감당할 수 없는 고객의 요구를 처리하는 것이다.
10. **외부 압력 처리.** 관리자는 노조나 정부 기관과의 협상 또는 심각한 공동체 문제 대처 등 사업에 영향을 미치는 외부적 요소들을 처리해야 한다.
11. **독단적으로 영향력 발휘하기.** 직무 달성을 위해 동료, 고위 경영진, 외부 당사자, 또는 공식적인 통제권이 없는 기타 핵심 인물들에게 영향을 미쳐야 한다.
12. **불리한 사업 여건.** 사업 부문이 수입 감소 또는 극단적인 예산 삭감에 직면해 있다. 예를 들어, 투자자들로부터의 자금 모집이 필요하여 당신은 자신을 낮추고 거의 돈을 구걸하다시피 해야 한다.
13. **고위 경영진의 지원 부족.** 고위 경영진이 관리자의 주요 업무 활동 또는 신규 프로젝트에 대한 방향을 제시하고, 지원하거나 지원을 제공하는 것을 꺼린다.
14. **개인적 지원 부족.** 관리자가 핵심 네트워크에서 제외되어 있고 다른 사람들로부터 자신의 업무 활동에 대한 격려를 거의 받지 못한다.
15. **까다로운 상관.** 상사와의 성격 차가 뚜렷하거나 상사가 무능하다.

출처: C. McCauley, M. Ruderman, P. Ohlott, and J. Morrow, "Assessing the Developmental Components of Managerial Jobs," Journal of Applied Psychology 79, 4 (1994), pp. 544-560. Copyright © 1994 by the American Psychological Association. 허가 하에 각색. 1번 또한 다음에서 파생된 것이다: Fretchen M. Spreitzer, "Leadership Development Lessons from Positive Organizational Studies". Organizational Dynamics, Issue No. 4, 2006, P.307. 7번과 12번 또한 다음에서 파생된 것이다: "Moments of Truth: Global Executives Talk about the Challenges That Shaped Them as Leaders," Harvard Business Review, January 2007. pp. 16,17.

문제에 대한 해결책을 찾을 수 있는 개발 기회를 갖게 될 것이다.

가장 도전적인 경험은 흔히 멋진 성공보다는 대개 실패를 반영하는 주요한 사건과 경험 같은 **호된 시련**과 관련이 있다. 혹독한 시련은 하락세인 사업을 구제하거나 허리케인이 강타한 핵심 사업장을 재건하는 것처럼, 리더들이 이전에 해본 적이 없는 무언가를 할 것을 요구한다.[13]

경험의 원천 모든 업무 상황에서 중요한 두 가지 개발적 요소는 직장 동료와 업무 그 자체이다.[14] 직장 동료는 여러모로 개인의 발전을 도울 수 있다. 직속 상사는 효과적인 리더십의 긍정적 또는 부정적 모델이 될 수 있다. 직원회의에서 상관이 비용 초과 문제에 어떻게 능숙하게 맞서는지 관찰할 수 있다. 주의 깊게 관찰했다가 집단과의 문제에 대처해야 할 때 유사한 기법을 사용하면 된다. 반대로, 당신 상관의 대처 방법이 역효과를 낳아 집단이 방어적이 되고 다루기 어려워졌다고 가정하자. 당신은 대치하지 않는 방법을 배우게 된다. 고위 경영진 동료, 부하 또한 경험을 통해 배우는 데 도움이 될 수 있다. 예를 들어, 시행착오를 통해 직원은 어떤 유형의 칭찬이 다른 사람들에게 가장 좋은 영향을 미치는지 배울 수 있을 것이다.

일과 관련된 임무 또한 리더십 개발에 도움을 주는데, 리더의 역할 중 일부가 효율적이고 혁신적인 문제 해결사가 되는 것이기 때문이다. 개발을 촉진하기 위해 가장 많이 하는 임무는 개인이 이전에 직면했던 것보다 더 복잡하고 모호한 것들이다. 대리점망 구축과 같이 회사를 위한 새로운 활동의 시작은 개발적 경험의 전형적인 예이다.

리더십 스킬 개발을 위한 극단적인 접근법은 업무에 대한 적절한 기술이나 지식이 부족한 분야에 책임자로 배정되는 것이다. 한 가지 예로 마케팅 책임자를 운영 관리자로 임명하는 것을 들 수 있다. 글로벌 HR전문 기업인 DDI(Development Dimensions International)의 매트 파에스에 따르면, 리더십 능력은 기술적 전문지식이 부족한 분야에서 성공하는 가장 효과적인 방법이다. 특정 리더십 스킬 중의 하나는 필요한 전문지식을 가지고 있으면서 자신감을 풍기면서도 거만하지 않은 사람들과 컨설팅 하는 것이다.[15]

폭넓은 경험 리더십의 여러 측면들은 상황에 따라 따르다. 리더십 효율성을 향상시키기 위한 타당한 접근법은 상이한 환경에서 관리 경험을 쌓는 것이다. 임원 자리를 열망하는 사람은 마케팅과 관리부서와 같이 적어도 2개의 서로 다른 조직 기능에서 관리 경험을 쌓으라는 충고를 받는다.

보편화된 관행은 다른 분야와 협력하여 일하는 경험을 제공하기 위해 관리자를 다기능 팀(cross-functional team)에 배정하는 것이다. 팀의 목적이 더 시급할수록 더 의미 있는 리더십 개발이 이루어질 것이다. 폭넓은 경험을 쌓는 것은 유동성을 강조하는 요즘의 세태와 잘 맞아 떨어진다. 예를 들어, 과거보다 오늘 날의 전문가들은 새로운 기술을 습득할 수 있는 기회가 있다면 승진 대신 수평 이동을 하려고 한다. 한 예로, 시장 조사 관리자는 자신의 기술 포트폴리오를 향상시키기 위해 영업 부장(대략 동일한 수준의 지위)이 되는 것에 만족할 수 있다.

특히 경력 초기에 폭넓은 경험을 할 수 있는 효과적인 형태는 자신의 전문 분야에서 기술직으로 일하고, 그 일을 일선 감독과 결합하는 것이다. 대표적인 예가 네슬레 공장에서 경영 훈련을 시작한 26살의 저스틴 웰케이다.

> 일리노이에 있는 공장에서, 웰케는 미시간주립대학에서 받은 포장관련 학위에 연관된 비용 절감 계획을 신속하게 시행했다. 동시에, 그는 20명의 생산 노동자로 이루어진 팀을 감독했다. 웰케는 성과를 인정받아서 새로 유타에 있는 공장에 파견되었다. 그곳에서 그는 44명의 시간제 근로자를 관리했는데, 일부는 그의 부모님보다 나이가 많았다. 웰케는 "와! 최전방의 리더십 경험을 얻을 수 있는 기회를 갖게 되었어요. 사내에 있었더라면 얻을 수 없었을 경험이죠."라고 말했다.[16]

이중순환 학습에서 규정된 대로 경험은 그 사람이 현재 일어나고 있는 일에서 가치를 뽑아낼 때 가장 유용하다. 경험에서 혜택을 봄으로써 리더 자리에 대한 잠재력을 보여준 사람들의 속성을 설명하는 새로운 용어가 **촉매 학습 능력**(catalytic learning capability)이다. 이 능력을 가진 사람들은 새로운 아이디어를 검색할 수 있는 역량, 아이디어를 흡수할 수 있는 지적 능력, 새로 학습한 것을 고객과 조직을 위한 생산 활동으로 바꿀 수 있는 실용 지능을 갖고 있다.[17] 예를 들어, 포장 전문가이자 감독인 저스틴 웰케는 일부 화물 운반대가 용량대로 사용되지 않는다는 것을 알았다. 그는 하나의 운반대에 10개 이상을 쌓을 수 있는 공간을 확보하기 위해 상자를 다시 쌓기로 했고, 회사는 대략 연간 6만 불을 아낄 수 있었다.

당신이 유지해온 리더십 포트폴리오는 리더십 개발의 원천으로 경험을 활용하는 데 도움이 될 것이다.

멘토링

리더십 능력을 개발하는 또 다른 경험 기반 방법은 경험이 있고 지식이 있는 리더의 지도를 받는 것이다. 이런 사람을 보통 **멘토**라고 하는데, 멘토는 개인교습, 코칭, 지도, 정신적인 지지를 통해 제자의 능력을 개발하는 경험이 많은 사람이다. 다른 사람을 지도하는 것은 중요한 리더십 능력이다. 세이프웨이와 같은 일부 회사에서는 CEO를 비롯한 모든 관리자들이 적극적인 멘토를 하게 되어 있다.[18] 믿을 수 있는 조언자이자 지도자인 멘토는 일반적으로 그 사람의 관리자이다. 그러나 멘토는 전문 직원이나 동료가 될 수도 있다. 멘토링을 받는 사람과 멘토 사이에는 감정적인 유대가 있다. 멘토링의 대상에 맞추기 위해서 [리더십 자기 평가 퀴즈 15-2]를 풀어보고 멘토링 과정에 대한 당신의 자세를 테스트한다.

리더십 자기 평가 퀴즈 15-2

멘토링에 대한 나의 자세

방법 다음 10개의 항목에 "일반적으로 동의" 또는 "일반적으로 동의 안함"으로 대답하자.

	일반적으로 동의	일반적으로 동의 안함
1. 살면서 여러 번 어린 가족 구성원 또는 친구에게 유용한 기술을 가르쳐 왔다.	☐	☐
2. 누군가 도움의 손길을 주지 않았다면 성공한 사람의 수는 적었을 것이다.	☐	☐
3. 빅브라더 또는 빅시스터가 되는 것을 즐길 것이다(또는 즐겼다).	☐	☐
4. 숙련된 노동자는 덜 숙련된 노동자들에게 일하는 요령을 기꺼이 알려줘야 한다.	☐	☐
5. 내 분야에서 다른 사람들에게 좋은 역할 모델로 여겨지고 싶다.	☐	☐
6. 자신의 지식을 덜 숙련된 사람과 공유했을 때, 그 사람이 나의 자리를 대체할 것이라는 사실을 별로 신경 쓰지 않는다.	☐	☐
7. 적어도 나의 스승 중 한 명은 내 인생에서 감화를 주는 존재였다.	☐	☐
8. 일이나 공부에서 문제가 있는 다른 사람을 돕기 위해 지금 내가 하고 있는 일을 중단할 수 있다.	☐	☐
9. 인정을 받지 못한다 하더라도, 나의 아이디어를 다른 사람들과 나눌 의향이 있다.	☐	☐
10. 다른 사람을 돕는 것은 불후의 인물이 되는 데 도움이 된다.	☐	☐

채점 및 해석 이 퀴즈는 정확한 해답지가 없다. 그러나 질문에 더 많이 동의할수록 당신은 멘토가 되기에 적합한 마음가짐을 갖고 있을 가능성이 크다.

출처: Andrew J. DuBrin, *Coaching and Mentoring Skills*, First Edition, © 2005, p. 161. Pearson Education Inc., Upper Saddle River, N.J.의 허가 하에 각색했음.

비공식적 멘토링 대 공식적 멘토링 멘토링은 전통적으로 두 개인 간의 친화성에 기반을 둔 비공식적인 관계로 여겨진다. 실제로는, 고용주가 흔히 새로운 직원이 조직에 잘 적응하고 성공하는 것을 돕기 위해 공식적으로 그 사람에게 멘토를 지정한다. 벨레 로제 라긴스(Belle Rose Ragins)와 존 코테(John L. Cotte)는 남성과 여성을 위한 비공식 멘토링 대 공식 멘토링 프로그램의 효율성을 비교하는 연구를 수행했다.[19] 엔지니어링(남성 우세), 사회복지 업무(여성 우세), 그리고 언론계(성별 통합)의 세 가지 직업군을 연구하였다. 공식 멘토링 프로그램은 세 가지 직업군 모두에서 사용되었다.

비공식적 멘토를 가진 제자는 공식적인 멘토를 가진 제자보다 더 많은 혜택을 받았다. 비공식적 멘토가 또한 더 효율적인 것으로 간주되었다. 비공식적 멘토가 있는 제자들은 공식적 멘토가 있는 제자들보다 자신의 멘토가 더 많은 경력 개발 및 정신적, 사회적 지지를 해준다고 보고했다. 비공식적 멘토가 있는 제자들은 또한 더 높은 수입을 보여줬다. 이러한 결과에 대한 가능한 해석은 자신의 멘토를 끌어당길 수 있는 사람들이 더 경력 중심적이며 더 많은 수입을 얻는 데 도움이 되는 대인관계 기술의 유형을 갖고 있다는 것이다.

멘토링에 대한 또 다른 접근법은 **쉐도잉**(shadowing), 즉 한 달에 한 번처럼, 일정 기간 동안 멘토의 주위를 따라 다님으로써 멘토의 업무 활동을 직접적으로 관찰하는 것이다. 제자는 전략 회의, 주요 고객 방문, 노조 지도부와의 토론 등에 초대될 수 있다. 제자는 멘토가 상황을 어떻게 다루는지를 관찰하고, 특정 전략이 어떻게 그리고 왜 사용되었는지 논의하기 위한 업무수행 보고시간을 가질 수 있다.

온라인, 즉 가상 멘토링이 인기를 끌고 있는데, 이메일과 소셜 미디어 게시물은 지리적 거리, 제한된 시간, 음성 메일에 의해 발생하는 장벽을 극복하는 데 도움이 되기 때문이다. 제자는 경력 또는 업무에 대한 질문을 멘토에게 할 수 있으며, 그날 바로 유용한 답변을 받을 수 있다. 온라인 멘토링의 주요 장점은 이용 가능한 멘토 인력이 폭넓으며 멘토와 멘토링을 받는 사람 간에 더 나은 조합을 제공한다는 점이다. 온라인을 이용할 경우, 당신은 시카고에서 일하고 있지만 샌프란시스코나 런던에서 일하는 관리자와 잘 맞을 수 있다.

온라인 멘토링의 혁신 중 하나는 프로파일링 소프트웨어를 통해 멘토와 멘토링을 받는 직원을 연결하는 사이트로 소개팅 사이트를 따라 만든 것이다. 또 다른 혁신은 대면 접촉이 거의 없는 가상 멘토링이다. 한 시스템을 통해 멘토를 찾는 직원이 인터넷에 로그인하고 자신이 개발하고자 하는 직업의 관심 분야나 기술을 입력한다. "문자 그대로 단 몇 초 만에 전 세계의 회사에 있는 가능성 있는 멘토 리스트를 얻을 수 있습니다."라고 인텔의 "Leading Through People"의 프로그램 매니저인 케빈 가짜라(Kevin D. Gazzara)는 말한다.[20]

온라인 멘토링 효율성의 이점에도 불구하고, 활발한 관계를 유지하는 데 도움이 될 수 있도록 멘토와 대면 접촉하는 것을 권한다. 오로지 이메일과 사이트를 통해 당신과 연락을 주고받은 누군가가 당신의 승진을 추천하는 것을 상상할 수 있는가?

효과적인 멘토링 행동 상당수의 멘토들은 리더이기 때문에 유능한 멘토는 이 책 전반에 서술된 효율적인 리더의 행동 중 많은 것에 관여할 가능이 크다. 자문회사와 회계법인 같은 서비스 기업의 전문가와의 인터뷰는 특히 다음의 행동들이 좋은 멘토의 특징이라는 것을 보여준다.

- 매우 신뢰할 수 있으며 전달된 메시지가 긍정적인지 부정적인지를 통해 그 사람의 진실성이 드러난다.
- 필요한 경우 당신이 듣고 싶지 않은 것들을 이야기해 주며, 당신의 말에 귀를 기울인다.
- 당신의 효율성을 향상시키게 만드는 방법으로 당신과 상호 작용한다.
- 당신이 위험을 감수할 수 있을 정도로 안정감을 느끼게 한다.
- 당신 내면의 의심과 두려움을 떨칠 수 있을 정도로 당신의 자신감을 향상시키는 데 도움을 준다.
- 스스로 도전적 목표를 세울 수 있도록 격려한다.
- 기회를 제공하고 당신 자신이 볼 수 없었던 문제점을 지적한다.[21]

위에 열거한 행동들은 제자가 리더로서 발전하는 데 멘토가 기여하는 것들의 예이다.

리더십에 미치는 영향 멘토는 승진을 추천하고 유용한 연줄들과 친분을 쌓는 데 도움을 주는 것과 같은 다양한 방법으로 제자의 경력을 향상시킨다. 고위급 리더들은 때때로 멘토를 유용한 피드백을 얻는 수단으로 활용한다. 코칭은 멘토링의 한 요소가 될 수 있다. 높은 참여 수준을 보여주는 멘토들은 초심자들에게 특정 리더십 과제를 처리하는 방법을 지도하려는 경향이 있다. 멘토는 일반적으로 제자가 리더십을 연습하고 있을 때 실제적으로 참여하지 않는다. 그 대신, 제자가 리더십 상황을 요약하여 설명하고 비평을 요청한다. 급여 서비스 회사의 운영 매니저로 일하는 웬디 로페즈는 리더십 관련 사건에 관해 자신의 상사와 함께 한 멘토링 시간에 대해 이야기한다.

> 나는 맥스(그녀의 멘토이자 관리직 부사장)에게 주말 작업에 협력하도록 감독관들에게 동기를 부여하는 데 문제가 있었던 일을 설명했습니다. 많은 회사들이 자체 급여관리 부서를 축소시키기로 결정했기 때문에 우리 회사에 새로운 고객들이 쇄도했습니다. 우리 그룹은 새로운 작업량에 적응하는 데 문제가 있었습니다. 작업이 원활하게 돌아가지 않고 상황은 경직되었죠. 업무 달성의 중요성을 설명하려고 했지만 관리자들은 여전히 늑장을 부리고 있었습니다.
>
> 맥스는 나와 함께 문제를 검토했습니다. 그는 새로운 사업이 회사에 의미하는 바를 거시적으로 볼 수 있도록 감독관들을 도왔어야 했다고 말했습니다. 맥스는 내가 우리 회사의 미래가 얼마나 위태로운지를 충분하고 명확하게 전달하지 않았다고 생각했습니다. 그는

또한 내가 비상 상황에 협력하는 것이 관리자들에게 재정적으로 얼마나 도움이 되는지를 더 구체적으로 설명했었어야 했다고 말했습니다.

맥스가 뒤에서 지도해준 덕분에 나는 다음에 비상사태가 일어났을 때 협력을 구하는 데 더 잘할 수 있었습니다.

멘토가 잠재적 리더의 발전을 성공시키는 또 다른 방법은 그들이 조직의 정치적 측면을 이해하도록 돕는 것이다. 많은 경력 전문가들은 험난하고 경쟁적인 비즈니스 세계를 헤쳐 나가기 위한 방법을 찾고 있으며, 그렇게 길을 찾아 나가는 것은 가르침 없이는 어려운 일이다.[22]

강력한 멘토를 갖는 것에 있어 문제점은 언젠가는 멘토십에서 벗어나야 한다는 것이다. 당신의 멘토는 당신에게 오랜 기간 신뢰와 연줄을 제공했을 것이다. 하지만 어느 순간 당신은 자신의 힘만으로 리더로서 인식되기 위해 그 그늘에서 벗어나야 한다. 강력한 멘토로부터 자신을 분리하는 것은 때때로 멘토의 관할 영역을 벗어나 당신만의 몇 가지 성과를 이룸으로써 가능해 진다.[23]

한 명 이상의 멘토를 갖는 것의 중요성 던 챈들러(Dawn E. Chandler)와 릴리안 에비(Lillian Eby)가 수집한 사례를 보면 예비 멘토를 갖는 것의 중요성이 강조되어 있다. 문제는 멘토링 관계가 흔히 깨지기 쉬우며 문제가 발생할 수 있다는 것이다. 한 가지 잠재적인 문제가 멘토가 제자를 라이벌로 인식할 수 있으므로 험담과 같은 수단을 통해 제자의 경력을 손상시키려 한다는 것이다. 좀 더 일반적인 문제는 멘토가 자신이 해야 하는 일에 정신이 팔려서 제자를 방치하는 상황이 될 수 있다는 것이다. 한 번에 한 명 이상의 멘토를 갖는 것은 두 문제를 해소하는 데 도움이 된다.[24]

15.3 리더십 개발 프로그램

예로부터 장래의 새로운 리더 연습생을 개발하기 위한 전략은 리더십 개발 프로그램에 그들을 등록시키는 것이다. 많은 경영자 교육 프로그램도 리더십 개발을 목표로 하고 있다. 그러나 차이점은 경영자 교육프로그램이 계획, 조직, 통제 및 지도의 기능 내에 있는 수백 개의 주제를 포함하는 강좌를 제공한다는 것이다. 직원 훈련 및 개발에 사용된 돈의 약 20%는 리더십 훈련과 개발에 투자되고 있다. [표 15-2]는 리더십 개발 프로그램의 예를 열거한 것이다.

표 15-2 대학 그리고 훈련 및 양성 회사에서 제공하는 리더십 개발 프로그램 표본
The Executive Program(회사에서 전략 경영에 관여하는 최고 중역들을 위한 4주 프로그램)
The Exceptional Leader: Action Steps for Leadership Formation
Reinventing Your Business Strategy
Business Ethics for the Professional Manager
The Disney Approach to Leadership Excellence
Leading Change and Innovation
Transforming Your Leadership Strategy
Building Better Work Relationships
Implementing Successful Organizational Change
Managing People for Maximum Performance
Portfolio Management
Developing Exemplary Leaders: Key Practices for Achieving Results
The Voice of Leadership: How Leaders Inspire, Influence, and Achieve Results
The People Side of Great Business
Capitalizing on Social Media for Marketing and Internal Communications
Developing and Managing a Successful Technology and Product Strategy

주: 세미나와 강좌를 제공하는 조직은 University of Pennsylvania의 Wharton School, University of Michigan Business School, University of Chicago Graduate School of Business, Cornell University School of Industrial and Labor Relations, Massachusetts Institute of Technology, MIT Sloan School of Management, Center for Creative Leadership, Center for Management Research, American Management Association, Dale Carnegie Training, World Business Forum, Stanford Executive Briefings and DVD Programs, 그리고 Disney Institute이다.

리더십 개발은 많은 주요 기업과 정부 조직의 우선순위가 되었다. 좋은 예가 랭글러, 리, 노티카 등의 브랜드를 이끌고 있는 VF그룹의 CEO인 에릭 와이즈만의 견해이다. 성장을 위한 계획을 수립하면서 그는 다음과 같이 말했다. "나는 강력한 재정적 수단이 필요하며, 그것이 지금보다 더 중요했던 적은 없다. 나는 경쟁에서 이기고 있는 브랜드가 필요하다. 그리고 나는 재능이 필요하다. 돈과 브랜드는 재능이 없다면 내게 하나도 유익하지 않다."[25]

《포춘》지의 분석에 따르면 회사가 어떤 업계에 있든지 간에 실제 비즈니스가 리더를 만드는 것이다. 현재와 미래에 유능한 리더가 없는 경우 회사는 경쟁력을 잃게 될 것이다. 그 이유 중 일부는 리더가 혁신적인 아이디어를 제공하거나 혁신을 조성하는 조건을 만들어 내기 때문이다(13장 참조). 회사가 리더를 개발하도록 강제하는 환경 중 하나가 금융 자본에서 인적 자원에 대한 의존으로 세계 경제가 이동하고 있다는 것이다. 리더 개발에 관한 전체적인 그림은 멘토링과 성과에 대한 건설적인 피드백 제공을 포함하여, 그러한 개발을 문화의 일부로 만드는 것이다.[26] 리더십 개발에 대한 더 구체적인 그림은 다음에 소개하기로 한다.

리더를 개발하고 훈련하는 것은 장차 리더가 되려는 사람을 1주일짜리 세미나에 보내는 것에 비해 훨씬 더 복잡하다. 리더십 개발 프로그램은 적절한 후원을 받아 세심하게 만들어지고 전문적으로 수행되어야 한다.

리더십 개발 프로그램 유형

실제로 다양한 리더 개발 프로그램은 보통 중첩된다. 이해하기 쉽도록 이들 프로그램을 다음의 7개의 범주로 나누기로 하는데 다음과 같다. 피드백 집중 프로그램, 기술 개념적 지식, 인식에 바탕을 둔 프로그램, 자기성장 프로그램, 사회화 프로그램, 행동 학습 프로그램, 그리고 코칭 및 심리 요법에 기반 한 프로그램.

피드백 집중 프로그램 본문 여러 곳에서 내비친 것처럼, 리더로서 발전하기 위한 중요한 수단은 행동의 다양한 측면에 대해 피드백을 얻는 것이다. **피드백 집중 개발 프로그램**은 자신의 행동 패턴, 그러한 행동의 이유, 이러한 행동과 태도가 그들의 효율성에 미치는 영향을 더 명확하게 봄으로써 리더가 발전할 수 있도록 돕는다. 프로그램은 또한 리더 또는 잠재적 리더가 자신의 목표 달성에 더 건설적인 방법을 찾는 데 도움을 준다.

피드백 집중 프로그램뿐 아니라 실질적으로 모든 형태의 리더십 개발에 관한 교훈적인 점은 개발이 된 사람에게 후속 조치가 필요하다는 것이다. 당신이 화난 미소를 얼굴에 머금고 사람들과 자신을 차단하는 경향이 있다는 것을 알게 될 경우, 그 능글맞은 웃음을 없애는 연습을 하지 않는 한 당신은 피드백에서 많은 것을 얻지 못할 것이다. 리더십 코치 마샬 골드스미스(Marshall Goldsmith)는 "수업을 듣고 후속 조치를 취하지 않으면, 그것은 완전한 시간 낭비입니다."라고 말한다.[27]

기술 기반 프로그램 리더십 개발에서의 기술 훈련은 행동으로 전환될 수 있는 능력과 기법의 습득을 포함한다. 지식을 습득하는 것은 기술 습득에 선행하지만, 기술 기반 훈련에서는 지식을 적용하는 방법을 배우는 교육을 강조한다. 전형적인 예가 관리자가 코칭 기술을 개발하여 더 유능한 대면 지도자로 되는 것이다. 이를테면 기술 훈련은 실용적인 요소를 상당히 포함한다.

강의, 사례 연구, 역할극, 행동 역할 모델링, 그리고 모의실험과 같은 다섯 가지의 서로 다른 방법은 기술 개발 리더십 훈련에 자주 사용된다. 처음 세 가지 방법은 상당히 유사하기 때문에 여기에서는 뒤의 두 가지만 설명하기로 한다. 행동

역할 모델링(Behavioral role modeling)은 역할극의 연장선상에 있는 것이며 사회학습 이론에 기반을 두고 있다. 우선 당신은 적절한 행동 모델을 관찰하고 나서 행동에 대한 역할극을 하고 피드백을 모은다. 긍정적 강화를 주는 트레이너 비디오와 긍정적 강화를 주는 역할극을 볼 수도 있다. 마지막으로, 학급 트레이너와 다른 참가자들이 수행에 대한 피드백을 제공한다.

시뮬레이션을 통해 참가자들은 실제 조직을 모방해서 만든 문제를 해결할 기회를 갖게 된다. 전형적인 시뮬레이션에서 참가자들은 가상 회사에 대한 정보가 있는 출력본이나 전산화된 패킷을 받게 된다. 참가자들에게는 조직 차트, 회사의 재정상태, 다양한 부서에 대한 설명, 그리고 조직 또는 조직 단위가 직면하고 있는 핵심 문제와 같은 세부 사항이 주어진다. 그리고 참가자들은 회사 리더의 역할을 수행하고 문제에 대한 해결책을 마련한다. 보고를 하는 동안 참가자들은 문제 해결책의 내용과 그들이 사용한 방법에 대한 피드백을 받는다. 예를 들어, 그룹은 "전략적 제휴를 하기로 한 당신의 결정은 상당히 좋았습니다. 하지만 더 많은 집단 의사결정을 보았으면 좋았을 것입니다."라는 말을 들을 수 있다.

리더십 개발 시뮬레이션을 위한 최첨단 접근법은 **스타워즈 갤럭시스**와 같은 멀티 온라인 롤플레잉 판타지 게임을 활용하는 것이다. 갤럭시스의 구성 요소 중 하나가 유용한 제품을 만들어서 게임 세상에 내놓는 것이다. 게임 플레이어들은 공급망을 계속 충원하고 고객의 요구를 만족시킴으로써 발전한다. 이러한 유형의 시뮬레이션 개발자에 따르면 컴퓨터 게임은 속도, 위험 감수, 일시적으로 리더십 역할을 받아들이는 리더십 기술을 개발하는 데 도움이 된다.[28] 이전에 게임 기술을 습득한 적이 있는 참가자들은 리더십 개발에 대한 이러한 접근법에 관심을 갖는다.

개념적 지식 및 인식 프로그램 리더십 개발에 대한 일반적인 대학의 접근법은 사람들에게 리더십의 개념적 이해를 교육시키는 것이다. 개념에는 일반적으로 역할극과 사례와 같은 경험적 체험 활동이 추가된다. 개념적 지식은 리더가 리더십의 차이를 만들 수 있는 정보에 집중하도록 하기 때문에 매우 중요하다. 예를 들어, 어떤 사람이 리더가 변화를 가져오는 방법에 대해 공부한다면, 그 사람은 이러한 아이디어를 실천할 수 있다. 월드 비즈니스 포럼은 상당한 개념적 지식을 제공하는 안정적인 관리자들을 위한 리더십 개발 프로그램이다. 발표자들은 잘 알려진 경영진, 경영학 교수, 저자들이다. 예를 들어, 스타벅스의 하워드 슐츠는 "비전과 문화 관리(Managing Vision and Culture: The Makings of a Global Brand)"라는 프레젠테이션을 한다. [표 15-2]는 리더십 개발 프로그램에 포함된 개념적 지식의 유형 사례를 보여준다.

리더십 개발을 위한 대학 기반의 개념적 지식 프로그램이 계속적으로 인정을 받는 이유 중 하나는 이러한 프로그램들이 대개의 경우 비즈니스 당면 과제를 토픽으로 거론하기 때문이다. 예를 들어, 2008년 전 세계가 금융 위기에 처했을 때, 몇몇 경영자 훈련은 금융 위기에 대해 직접적인 지식이 있는 경제 전문가를 초빙했다.

자기성장 프로그램 자기성장에 초점을 맞춘 리더십 개발 프로그램은 리더가 자신의 개인적 꿈과 재능에 상당히 충실하며 꿈과 재능을 성취하기 위해 움직인다고 가정한다. 따라서 사람들이 자신의 내면의 욕망에 충실하여 그것을 실현할 수 있다면 그들은 리더가 될 것이다. 자기성장 훈련 프로그램의 무언의 가정은 리더십이 거의 소명의식이라는 것이다. 펩시코의 최고지도자 과정은 기업전략, 윤리, 변화와 혁신 발휘와 같은 자기성장과 비즈니스 주제에 초점을 두고 있다. 프로그램을 이끌고 있는 심리학자 짐 로허(Jim Loehr)는 참가자들이 자신의 삶을 되돌아보고 자신이 변화시키고자 하는 것, 즉 더 많은 에너지와 향상된 동기부여 기술을 줄 수 있는 무언가를 찾을 것을 그들에게 요구한다.[29]

사회화 프로그램 회사의 관점에서 리더십 개발 프로그램의 본질적 유형은 사회화되는 것, 즉 회사에 순응하고 비전과 가치를 수용하는 것을 강조하는 것이다. 고위 간부들은 참가자들이 존속시켜야 하는 비전과 가치를 철저하게 이해하는 역할 모델을 하기 때문에 이러한 프로그램에서 프레젠테이션을 한다.[30] 이제까지 제시된 수많은 다른 유형의 프로그램들 또한 특히 프로그램 출발시간에 사회화의 일부를 포함한다. 최고 경영자는 회사의 비전과 가치에 대한 프레젠테이션을 빈번하게 한다.

월트 디즈니는 조직문화가 잘 기능할 수 있도록 조직문화의 이해를 리더뿐 아니라 다른 직원들에게 강조하는 회사의 예이다. 디즈니의 전직 부사장 리 코커렐은 직원 개발에서의 자신의 노력에 대해 이렇게 말했다. "나는 나 자신을 힘든 시기 동안 문화의 명맥을 유지해 온 최고의 환경주의자라고 생각했습니다. 어떤 사업에서나 가장 중요한 요소는 좋은 고객 서비스입니다. 그리고 리더십의 질은 바로 더 나은 이윤으로 바뀝니다."[31]

행동 학습 프로그램 리더십 개발에 대한 직접적인 실용적 접근법은 리더와 잠재적 리더가 그들의 일반적인 영향권 밖에 있는 조직의 문제를 해결하기 위해 집단으로 함께 일하는 것이다. 14장에서 설명한 것처럼 행동 학습이 학습 조직의 일부라는 것을 기억할 것이다. 개발의 상당 부분은 문제해결과 창의성과 관련되어 있지만, 당신 회사 내의 새로운 사람들과 공동 작업하는 것 또한 대인관계 능력을 향상시킬 수 있다.

행동 학습은 또한 경험적 학습이라고도 할 수 있는데, 대표적인 발의 기업이 보잉이다. 회사는 오랫동안 직원 웰빙에 깊은 관심을 가져왔다. 몇 년 전, 행동 학습 프로젝트의 일환으로 한 집단에게 보잉사의 시설을 금연 지역으로 만드는 방법을 연구하는 업무가 주어졌다.[32] 행동 학습의 일환으로 구성원들은 팀 리더십 기술을 개발할 수 있는 충분한 기회를 얻었다.

리더십 개발을 위한 행동 학습에서의 변형은 관리자를 회사 운영과 관계없는 사회적 책임 프로젝트에 배정하는 것이다. 네츄럴 코스메티코스(Natural Cosmeticos of Brazil)는 종합 병원, 전문 병원, 복지관과 같은 비정부 조직을 조직하고 구축하는 데 상근 관리자들을 파견한다. 책임감은 리더십 스킬을 개발할 뿐 아니라 사회적 책임의 중요성에 대한 직접적인 견해를 개발하는 데 도움이 된다.[33]

행동 학습은 종종 의식화(consciousness raising) 요소를 수반하는데, 리더는 다른 그룹이 직면하고 있는 문제에 대한 직접적인 인식을 키워야 하기 때문이다. 이러한 유형의 활동 예가 포드자동차에 있었다. 기능 및 단위 사업의 수장들은 미시간의 디트로이트시 도심 빈민 지역에 있는 입양 기관인 흑인 어린이집(Homes for Black Children)에서 이사, 매니저, 그리고 직원들과 이야기를 나눴다. 포드의 리더들은 인생 경험, 일상의 문제들, 그리고 목표를 비영리 기관과 공유했다.[34] 포드 임원진들이 흑인 어린이집이 직면하고 있는 일부 문제를 처리하면서 행동 학습이 일어났다.

코칭 및 심리 요법 7장에서 설명한 경영자 코칭(executive coaching)은 엄연히 리더십 개발의 한 형태인데, 지도를 받은 관리자는 자신의 리더십 스킬과 관련된 조언과 격려를 받기 때문이다. 예를 들어, 코치는 리더에게 좋은 성과를 더 많이 인정해 주는 것이 그를 더 역동적인 리더로 만들 수 있을 것이라고 조언을 할 수 있다.

리더십 효율성을 높이는 매우 개인적인 또 다른 방법은 리더십 효율성을 가로막을 수 있는 감정적 문제에 대해 치료를 받는 것이다. 예를 들어, 성과를 인정하는 데 어려움을 느끼는 리더는 코칭에 부응하여 개선되지 못할 수 있다. 그는 사람들에게 적대적이어서 사실상 그들의 사기를 북돋아주고 싶지 않다는 근본적인 문제를 갖고 있을 수 있다. 심리요법이 도움이 될 수 있으나 항상 긍정적인 변화가 뒤따르는 것은 아니다. 정신과 의사인 케리 설코비츠(Kerry Sulkowicz)는 변화가 항상 빠르게 나타나는 것은 아니라고 말한다. 그러나 경영진들은 결과를 빨리 얻는 데 익숙해져 있는데, 그것이 그들을 아주 의욕에 넘치는 환자로 만들 수 있다.[35] 일반적으로 정서적 안정감에 대한 성격 차원에서 점수가 낮은 리더들은 심리요법 덕분에 대인관계에서 더 효율적이 될 수 있다. 부하들을 욕하고 경시하며, 성희롱하고, 독단적으로 직원을 해고하는 것 등의 경영진들이 보이는 몇 가지 이상 행동은 정신적 문제의 증상이다.

온라인 학습이 리더십 개발을 보완해 주고 있지만, 다른 리더와 강의 발표자와의 대면 상호작용은 인기를 유지할 가능성이 크다. C 레벨 경영진들을 위한 리더십 개발 프로그램이 온라인으로 운영될 가능성은 거의 없다. 왜냐하면 경영진들은 교수와 다른 경영진과의 직접적인 접촉이 학습 과정의 중요한 일부라고 믿기 때문이다.

많은 회사들은 리더십 개발 프로그램이 비용 측면에서 효과적인지 확인하기 위해 프로그램을 평가한다. 예를 들어, 한 대기업에서 프로그램에 참여한 리더와 그렇지 않은 리더에 대해 상사와 부하가 순위 평가를 하여 비교할 수 있다. 리더십 개발 프로그램의 성과를 평가하는 또 다른 방법은 프로그램 참가자들과 비참여자 간에 재무성과를 비교하는 것이다. 다음의 [행동하는 리더]는 전문 서비스 기업의 CEO가 리더십 개발에 부여하고 있는 중요성을 보여준다.

15.4 리더십 승계

효율적으로 관리되는 조직에서 사직, 은퇴, 또는 해고된 임원의 후임자는 매니저를 대신할 사람을 선별하고 육성하는 정연한 과정인 **리더십 승계**를 통해 선택된다. 승계 계획은 장기적인 조직의 건전성을 위해 필수적이기 때문에 고위 리더십의 중요한 책무이다. 핵심 인물이 조직에서 나가면 분주하지 않게 계획을 차근차근 순서에 따라 실행한다. 승계 계획은 두 가지의 중요한 방식으로 리더십 개발과 연계되어 있다. 우선, 후임자로서 교육을 받는 것은 리더십 개발의 일부이다. 둘째, 후임자를 선택하고 육성하는 과정은 관리자 자신의 개발의 일부이다.

승계 계획에 있어 우려스러운 점은 계획이 종종 부실하게 진행된다는 점으로 이는 책무에 적합하지 않은 리더를 낳게 한다. 차란 어소시에이츠의 램 차란(Ram Charan)은 5명의 CEO중 2명은 처음 18개월 안에 실패한다고 보고한다. 신제품에 대한 그릇된 결정을 하고, 조직의 사기를 꺾거나, 매우 비윤리적인 관행에 가담

행동하는 리더

딜로이트 CEO 배리 솔츠버그, 리더십 개발에 중점을 두다

배리 솔츠버그는 딜로이트에서 승진을 거듭하여 한 곳에서 총 44년의 직장 생활을 했다. 뉴욕에 근거지를 둔 컨설팅 전문 서비스 기업에서 비우호적인 첫 번째 매니저로부터 그가 승진하는 데 도움을 줬던 멘토까지 솔츠버그는 사람을 이끄는 방법과 지도를 받는 법을 배웠다. 그는 2007년 미국 딜로이트의 CEO가 되었고 4년 후 딜로이트 투쉬 토마츠(Deloitte Touche Tohmatsu Limited, DTTL)의 글로벌 CEO가 되었다.

다음 세대 리더들에게 주는 그의 메시지는 낡은 리더십 계층 구조는 더 이상 제 기능을 하지 못한다는 것이다. "직원들이 침묵하고, 요구하거나 맡겨진 것 이상은 거의 말을 하지 않던 사다리 오르기(climb-the-ladder) 모델, 명령하고 통제하는 노후한 환경은 이제 끝났습니다."라고 솔츠버그는 와튼 리더십 강의에서 청중들에게 말했다. "빽빽하게 중첩된 조직적 계층구조(organizational hierarchy)와 오늘날의 환경에 비해 너무 느릿하게 돌아가는 공룡 같이 육중한 구조의 시대도 끝났습니다."

그 대신 오늘날의 리더십은 평등하고 투명해야 한다고 솔츠버그는 말했다. 그리고 계속 변하는 세계 속에서 살아남기 위해서 기업은 연장자인 리더들이 그들이 아는 바를 전수하도록 격려하면서 조직 곳곳에 젊은 리더들의 육성에 적극적으로 임해야 한다. "리더십은 더 이상 조직 상부에 있는 몇몇 예외적인 리더에 관한 것이 아닙니다. 오히려, 미래는 특출한 팀 그리고 그 팀과 함께하며 경쟁자의 의표를 찌르고, 경쟁자보다 뛰어난 경영 능력을 보이며 경쟁자보다 뛰어난 혁신을 보일 수 있는 리더의 것입니다."

오늘날의 리더는 또한 투명해야 한다고 솔츠버그는 말한다. "오늘날의 소셜 미디어 환경에서 짧은 시간 내에 당신이 한 말이 조직 전체에 퍼지는 것을 목격하는 것은 매력적인 일입니다. 숨을 만한 곳이 거의 없는 것이죠."

솔츠버그가 조직 내에서 성장하고 원숙해 짐에 따라, 그는 많은 리더십 역할을 맡았고 1985년에 파트너가 되었다. "그때나 지금이나 파트너가 되기 위해서는 지지자가 필요합니다. 당신은 멘토가 필요합니다."라고 그는 지적했다. "멘토링은 본래 프로세스의 일부인 반면 엄격한 필요조건은 아닙니다. 오히려, 당신이 어느 정도 그렇게 느꼈다면 당신이 그렇게 했다는 것입니다. 그것은 선택의 문제이며, 아무도 실제로 그것을 감시하지는 않았습니다. 그때를 회상하면 이전 모델은 리더를 개발하는 데 있어 너무나 많은 것을 운에 맡겼습니다."

리더십 개발에 대한 솔츠버그의 새로운 접근은 딜로이트 전문가들이 강의를 하고 공부를 할 수 있는 독립적인 (3억 달러 예산의)대학 공간의 설립이다. 텍사스 웨스트레이크에 있는 100에이커가 넘는 캠퍼스는 리더도 다른 리더로부터 배워야 한다는 생각을 반영한 것이다. "그것을 '도제(徒弟)'라고 할 수 있습니다. 젊은이들을 재능 있고 숙련된 전문가와 리더로 바꿔놓기 위한 아주 오래된 모델입니다."

대학교는 딜로이트의 전문가들이 자신의 경험과 지혜를 다음 세대와 공유할 수 있는 기회를 제공한다. "최고의 리더는 자신의 경험, 시간, 그리고 리더십은 신뢰할 수 있는 동료와 함께 최고로 만들어가는 일생의 여정이라는 이해를 내어주는 데 관대합니다. 당신이 리더가 됐다면, 누군가 당신을 지도했을 가능성이 있습니다. 누군가 당신에게 도움을 줬고, 누군가 당신의 경력을 옹호했을 것입니다."

질문

1. 솔츠버그는 이 교재의 어딘가에서 설명한 리더십 중 어떤 유형을 옹호하고 있는 것으로 보이는가?
2. 리더로서 스스로 향상되는 데 대해 어떠한 조언이 당신을 솔츠버그의 지적으로부터 벗어날 수 있게 하는가?
3. 리더십 대학 건설에 3억 달러를 지출하는 전문 서비스로부터 얻을 수 있는 투자 수익에 대해서 어떻게 생각하는가?

출처: 다음에서 발췌하여 약간 각색함: "Deloitte CEO Barry Salzberg on Leadership as 'the Norm, Not the Exception'," *Knowledge @ Wharton* (http://knowledge.wharton.upenn.edu), May 11, 2011, pp. 1–3

하는 등 실패의 요인은 다양하다. 성공적인 승계 계획에서 가장 중요한 접근법의 하나는 회사 내에서 충분히 강력한 리더를 개발하는 것이다.[36]

승계의 리더십 측면을 이해하기 위한 접근법은 다음의 다섯 가지 주제에 초점을 맞춰 서술한다. (1) 이사회가 새로운 최고 경영자를 선택하는 방법, (2) GE와 P&G의 승계 계획, (3) 리더십 승계의 정서적 측면, (4) 후임자 인력풀 개발, (5) 인사이드-아웃사이드(inside-outside) 리더 육성. 이러한 요소를 이해하는 것은 요직에 새로운 사람을 임명하는 데 있어 더 많은 성공으로 이어질 것이다.

이사회의 후임자 선택 방법

이사회의 주된 책무는 최고 경영자 후임자를 선택하는 것이다. 일반적인 접근법은 후보와 일한 경험이 있는 사람들과의 대화 등 철저하게 후보자들을 검정하는 인력 선발 표준원칙을 따르는 것이다. 있을 수 있는 스캔들이나 불법 행위를 밝히기 위해 배경 조사를 하는 것도 중요하다. 후임자가 외부인을 대상으로 하는 경우 이사회는 한 명 또는 몇 명의 후보자를 찾기 위해 항상 (헤드헌터라고도 알려진)스카우트 회사를 활용한다. 이사회가 외부 후보자를 마음에 두고 있는 경우에도 중개인 역할을 하도록 스카우트 회사를 고용할 수 있다.

많은 이사회의 경험이 있는 조지 케네디(George D. Kennedy)는 최고 경영진 자리에 내부 후보자를 선별하는 대표적인 방법의 몇몇 구체적인 예를 제공한다. 우선, 실적평가 등 후임자를 위한 개발 프로그램에서 나온 정보를 주의 깊게 검토해야 한다. 둘째, 이사회는 모든 유망한 후보자들과 정기적으로 대면 접촉해야 하며, 일부 접촉은 공식적이어야 한다. 예컨대 후보자는 이사회 회의에서 정기적으로 프레젠테이션을 해야 한다. 이사진들은 저녁이나 점심을 먹으면서 하는 일상 대화 등의 수단을 통해 후보자의 성격적인 궁합에 대한 감각을 키우기 위해 시간을 투자해야 한다(승계에 관한 일부 의사결정은 주관적인 판단에 기인하기 때문에, CEO 후보자들은 반드시 조직 정치와 영향력을 갖는 전술에 능숙해야 한다.)[37]

GE 및 P&G의 핵심 인재 육성

GE는 흔히 진보적이고 철두철미한 경영 비법으로 잘 알려져 있다. 재능 있는 사람을 식별하고 개발하기 위한 회사의 시스템은 모범으로 받아들여지고 있다. 리더십 개발은 기업에 있어 매우 중요한 것이기 때문에 소문에 의하면 CEO 제프리 임멜트는 자신의 시간의 30%를 그 과정에 투자한다고 한다. GE에서 트레이닝을 받은 임원들은 다른 기업체에도 수요가 많다.

이러한 활동의 상당수는 승계 계획과 밀접하게 관련되어 있다. 이사진들은 회사 상위 130명의 매니저에 대해 진행 중인 평가에 밀접하게 관여하고 있다. 1년에 두 번, 이사들은 이들 중 15명을 면밀히 검토한다. 그들이 활용하는 정보는 관리자, 그들의 매니저, 전직 동료, 집단 구성원과의 장시간 인터뷰를 통해 얻은 것이다. 이사들은 매니저의 강점과 단점을 조사하고, 리더십 개발에 관한 제안을 하고, 장래의 배치에 관해 논의한다. 잭 웰치가 GE의 CEO였을 때 그는 매니저의 성과와 그들이 대표하는 업무를 평가하는 데 있어 가차 없는 정직함을 강조했다. 상급 매니저를 대체할 매니저를 선택해야 하는 날이 다가오면, 이사회는 내부의 추천을 자동으로 승인하기보다는 독립적인 결정을 내릴 준비를 한다.[38]

후임자를 선별하는 GE 시스템의 핵심적인 이점은 시스템이 다양한 의견을 기반으로 하고 있으며, 종적인 성과를 추적한다는 것이다. 그러나 시스템은 여전히 정치적 편견에 가득 차 있을 수 있다. 예를 들어, 이사진들은 자신이 가장 좋아하는 사람에게 또는 자신과 유사한 개인적 특징을 가진 사람에게 높은 점수를 주는 것에서 자유로울 수 없다.

또 하나의 유명한 기업인 P&G는 엄격하게 개발된 승계 프로그램을 갖고 있다. 내부로부터의 구축(Build from Within)으로 이름 붙여진 이 프로그램은 모든 매니저의 성과를 매우 상세하게 추적하며, 그 사람이 승진 자격이 있는지를 확인한다. 상위 50명의 리더 자리에는 각각 줄서서 기다리고 있는 3명의 대체 후보자가 있다. 대부분의 대체는 내부 인력으로부터 이루어지며, 주요 직책에 외부인을 승진시킴으로써 종종 야기되는 실패율을 50%까지 떨어트리는 데 기여한다. 후임자 개발의 핵심적인 부분은 큰 잠재력을 가진 매니저들에게 어떤 제품 파트의 부매니저가 되면, 그 다음에 캐나다나 아시아에 배치하는 등의 다양한 경험을 제공하는 것이다.[39]

리더십 승계의 정서적 측면

리더십 승계를 분리된 객관적인 관리 프로세스로 간주해서는 안 된다. 심지어 재정적으로 독립적인 임원들도 교체될 때 정서적 상실감을 경험할 가능성이 있다. 그들은 자신이 한때 누렸던 권력과 지위를 갈망할 것이다. 가족 기업에서의 리더십 승계는 여러 가지 이유로 상당히 정서적인 과정이다. 가족 구성원들은 누가 실권을 장악할 자격이 있는지에 관해 싸울 수 있으며, 또는 소유주이자 설립자가 가족 구성원 중 누구도 자격이 없다고 느낄 수 있다. 소유주가 가족 구성원에게 자신의 자리를 넘겨주고 싶은데 가족 구성원 중 누구도 원치 않을 때 격렬한 감정적 상황이 나타난다. 따라서 기업을 매각하거나 순순히 포기해야 할 수도 있다. 어떠한 경우이건 기업의 정체성은 사라질 것이다.

리더십 승계의 정서적 측면은 또한 회사가 가족 기업이건 아니건 간에 기업 설립자가 다른 리더로 대체될 때 분명해진다. 자신의 회사를 매각한 후, 기업 설립자는 흔히 고문 또는 회장으로 어느 정도 유임을 한다. 새로운 소유주가 기업을 운영하는 것을 지켜보는 것은 설립자에게 불편한 상황일 수 있다. 쟁점은 권한 위임에 대한 우려를 뛰어넘는다는 것이다. 기업가 리더는 일반적으로 자신이 설립한 기업에 감정적으로 관여를 하며 다른 사람이 회사를 운영하는 동안 지켜보는 것이 어렵다는 것을 알게 된다.

리더십 승계에 대한 감정적 대응은 최근 개리 밸린저(Gary A. Ballinger)와 데이비드 스쿠만(F. David Schoorman)이 개발한 이론에서 설명한 것처럼, 실무자 수준에서도 발생한다. 예컨대 떠나는 리더를 집단이나 팀이 각별히 좋아하는 경우, 새로운 리더가 권한을 행사하거나 집단 내에 받아들여지는 것이 더 어려울 수 있다. 또 다른 문제는 전임 리더가 사랑을 받은 경우에 집단의 이직률이 높아지고 생산성이 낮아질 수도 있다는 것이다. 물론 긍정적인 측면으로, 전임 리더가 각광받지 못한 경우에 이직률이 낮아지고 생산성이 높아질 수도 있다.[40]

후임자 인력풀 개발

후임자 인력풀을 개발하는 것은 일반적으로 특정 직무를 위해 한두 명의 후보자를 알아보는 승계 계획의 범위를 뛰어넘는 것이다. 후임자 인력풀 개발(또는 승계 관리)과 관련된 단계는 다음을 따른다.[41]

- 조직에서 발생 가능한 지도자 부족의 정도를 평가한다.
- 향후 기업의 비즈니스에서의 필요성, 가치 및 전력에 따라 필요한 임원의 역량을 확인한다.
- 인력풀에 포함될 가능성이 높은 개인을 식별하고, 누가 잠재력이 높은 인력풀에 남을 것인지를 결정하기 위해서 이들 개인의 강점과 개발적 필요를 알아보기 위해 평가한다.
- 잠재력이 높은 각 후보자들을 위해 리더십 개발 프로그램, 직무 순환, 특수 임무, 멘토링을 포함하는 개별 맞춤 개발 프로그램을 만든다. 기대주에게는 매 3년에서 5년마다 임무를 바꿀 기회를 주어야 한다.

- 성과, 경험, 잠재력에 따라 상급자 업무에 사람들을 선별하여 배치한다. 이 자리에 있는 동안, 리더들은 프레젠테이션을 하는 등 이사회 구성원들에게 접근할 수 있어야 한다. 매니저는 임원들에게 있어 무엇이 중요한지를 아는 분별력을 개발하고, 임원들은 곧 발현된 재능을 직접 볼 수 있게 한다.
- 지속적으로 프로그램을 모니터하고 최고 경영진이 프로그램을 지원하게 한다.

따라서 후보자 인력풀을 개발하는 것은 잠재력이 높은 개인들에게 적절한 유형의 개발 경험의 제공과 잠재력의 평가가 결합되어 있다. 이러한 절차들이 어느 정도 이행되면, 특정 기업의 지도자 부족 사태는 일어날 가능성이 적다.

향후 배치를 위한 후보자들의 강력한 인력풀을 유지하기 위해 거대 금융서비스 기업인 애트나는 잠재력이 높은 젊은 매니저의 멘토링에 중점을 두고 있다. 최고 경영자 로널드 윌리엄스를 포함하여 8명의 고위 매니저들이 일대일로 8명의 목표 후보자를 1년 동안 매달 한 시간씩 만나는 특별 프로그램이다. 자격을 얻기 위해 제자들은 회사에서 적어도 10년의 직무 경험이 있어야 하며 높은 인사고과를 받아야 한다.[42]

인사이드-아웃사이드 리더 육성

승계 계획에 관한 지속적인 논쟁거리는 기업이 최고 직위에 내부자를 승진시켜야 하는지 또는 외부인을 채용해야 하는지의 여부이다. 연구와 분석에 따르면 외부적 시각을 가진 내부자를 승진시키는 것이 최상의 해결책이다. 조셉 바우어(Joseph Bower)는 1,800건의 승계 분석을 통해 내부자를 CEO로 임명했을 때 회사의 성과가 실질적으로 더 좋다는 것을 확인했다. 다른 연구자들도 유사한 결론에 도달했다. 내부자들이 자신의 회사 내에서 승진할 수 있는 기회를 더 많이 가질 수 있다고 믿을 수 있기 때문에, 내부에서의 승진이 회사 내부자들에게 더 많은 희망을 준다는 이점도 있다.

최고 직위까지 올라간 회사 내부자들은 회사, 회사의 문화, 사람들에 대해 알고 있지만 종종 근본적인 변화의 필요성을 명확하게 보지 못한다. 또한, 그들 사이의 수많은 정치적 결합은 몇 가지 필요한 개별적 모색을 하는 데 방해가 될 수 있다. 외부자들은 새로운 접근법의 필요성을 인식하지만 회사 문화나 업계를 이해하지 못하기 때문에 제약이 있을 수 있다. 바우어는 회사가 외부적 시각을 개발해온 내부 후보자인 **인사이더-아웃사이더**(insider-outsiders)를 육성해야 한다고 권장한다.

인사이더-아웃사이더는 흔히 회사의 주류 밖에서(그리고 본부에서 떨어져) 상당한 경험을 쌓으면서 도전적인 기회를 받아들인 경험을 갖고 있는 사람들이다. P&G의 CEO로 선출되기 전, 라플리는 P&G의 핵심 사업보다는 회사의 중국 내 화장품 부서를 구축하는 데 수년간 종사했다.[43]

최근 연구에 따르면 CEO로 임명된 이사진들이 다른 유형의 후보자들보다 더 나은 결과를 내고 있는데, 그들은 내부자와 외부인의 강력한 조합을 보여주고 있기 때문이다. 이사진은 순수한 외부인보다는 회사에 관해 더 많은 지식을 갖고 있다. 하지만 동시에 그들은 정치적으로 환영 받지 못하는 결정을 하거나 고통스러운 변화를 가져오는 것에 있어 순수한 내부자가 갖는 제약이 없다. 예를 들어, 보통 내부자는 인기가 좋은데 평가는 좋지 않은 임원을 해고하는 것이 어렵다. 보잉사의 제임스 맥너니가 CEO 자리를 인계 받은 이사진의 예로서, 새로운 리더로서 상당한 성과를 보였다(전임 CEO는 성추문으로 사임했다).[44]

15.5 새로운 리더가 되기 위한 도전

사람들은 다음 두 가지의 일반적인 목표를 갖고 리더십 개발 프로그램에 참여한다. (1) 처음으로 리더가 되기 위한 준비, 또는 (2) 현재 지위 또는 더 많은 리더십 책임을 지는 자리로의 승진을 위한 리더십 향상. 이 책에 쓰여 있는 그리고 리더십 강좌에서 논의된 모든 것들은 이 두 가지 일반적인 목표에 부합한다. 처음으로 리더가 되기 위한 준비를 하는 또 다른 방법은 역할에서의 필연적인 난관을 생각해 보는 것이다. 1장에 있는 리더 역할 수행에서의 보상과 좌절에 대한 정보는 처음으로 공식적인 리더를 맡는 데 따른 난관을 시사한 것이다. 더불어, 처음으로 리더가 되는 사람들의 다섯 가지 추가적인 난관을 생각해 보자.

1. **사람들을 이끌어 나가는 것과 개인적인 업무를 하는 데 얼마만큼의 시간을 써야 하는지에 대한 불확실성.** 말단 직원의 1단계 감독관부터 이사회 의장까지 리더들은 예산 준비, 신제품에 대한 아이디어, 금융 거래 등 개별 담당자로서의 일부 시간을 보낸다. 새로운 리더로서 당신은 업무와 지도 간의 적절한 균형을 찾기 위해 당신의 매니저 그리고 어쩌면 직속 부하와 일을 해야 한다.
2. **당신의 직책을 원했던 집단 내 사람들의 적의 극복하기.** 당신이 집단 내에서 새로

운 리더로 선출되었다면, 당신의 자리를 원했던 몇몇 직속 부하의 적의와 부러움을 해결해야 한다. "다른 사람들도 집단의 리더가 되기에 똑같은 자격이 있다는 것을 알고 있습니다. 하지만 경영진들은 적어도 지금은 나를 이 자리에 선택했습니다. 나는 당신의 전문 지식을 존경하며, 당신의 기여가 필요합니다. 또한 당신은 선택된 리더로서 책무를 맡은 나를 존중해 주었으면 합니다."라고 이야기하면서 문제를 공개적으로 해결하는 것이 도움이 될 수 있다.

3. **신속한 관계 형성 및 팀워크 육성.** 새로운 리더로서 최우선 사항은 6장에서 설명한 다양한 기법을 활용하여 가능한 빨리 부하들과 건설적인 관계를 만드는 것이다. 당신의 전직 동료였던 몇몇 직속 부하들은 특별대우를 받기 위해 당신을 조정하여 이전의 우정을 이용하려고 할 수 있다. 가능한 한 전문적이고 성과에 기반을 둔 팀 분위기를 만드는 것이 필수적이다. 커리어 코치 아야 푸바라 에넬리(Aya Fubara Eneli)의 말에 따르면 다음과 같다. "우정은 동등한 사이에서 가장 도움이 됩니다. 당신이 이미 일부 스텝과 친구 사이라면 그러한 관계가 변할 것이란 걸 예상하십시오. 명령을 내리고 성과를 판단하는 동안 친구가 되기는 어렵습니다."[45]

4. **지금 당장 어느 정도를 수행할 수 있는지에 대한 현실적인 기대치 갖기.** 리더/관리자의 역할은 집수리 페인트공의 역할과는 다르다. 당신은 일반적으로 곧바로 뛰어난 결과를 볼 수 없다. 인내가 필수적이다. 많은 조직의 리더들과 국회의원들은 "모든 것이 처음부터 달라질 거야."라고 선언한다. 리더십은 관계 형성을 수반하기 때문에 과정에 시간이 걸린다.

리더십 스킬 구축 연습 15-1

미래를 위한 개발

이 책에서의 최종적인 연습인 피드백 서클 활용은 이 장과 이전 14개의 장에서 다루어진 다양한 양상의 리더십을 망라한다. 10명의 학급 구성원들은 의자를 원형으로 배열한다. 한 사람을 피드백 대상으로 선택하고, 나머지 9명은 그 사람들에게 돌아가면서 도움이 되는 피드백을 준다. 린다의 차례라고 가정해 보자. 원에 있는 각각의 사람들은 린다에게 다음의 2가지 피드백을 준다. (a) 그녀의 최고의 리더 자질, 그리고 (b) 미래를 위해 자질을 개발하는 방법. 피트백은 피드백을 주는 사람마다 약 30초 정도로 한다. 모든 구성원들로부터 조언을 받은 후에 린다는 견해를 밝힐 수 있다. 그리고 다음 사람이 피드백 대상이 된다.

원에 있지 않은 학급 구성원들은 벌어지고 있는 일들의 역학 관계를 관찰하고, 피드백 활동이 끝난 후 자신이 관찰한 것을 보고한다. 열심히 하면 전체 과정을 끝내는 데 약 90분 정도가 걸릴 것이다. 시간이 된다면 새로운 피드백 서클을 만들 수 있다. 그렇지 않으면, 학급을 동시에 여러 개의 원으로 나눠서 하거나 10명의 자원자만으로 하나의 원만 운영할 수 있다.

5. **모든 사람들에게 환영 받으려는 욕구 극복하기.** 모든 계층에서 가장 존경 받는 리더가 모두의 환영을 받는 일은 거의 드물다. 그들의 역할상 리더는 모두가 동의하지는 않는 결정을 내린다. 당신이 가져온 변화가 일부 사람들의 감정을 다치게 하고 그들의 자리를 위협할 수도 있다. 당신의 역할은 최대의 결과를 얻기 위한 목표를 세우고 이행하는 것이다.

[리더십 스킬 구축 연습15-1]은 당신에게 어울리는 리더 유형과 새로운 또는 숙련된 리더의 역할에 당신이 얼마나 잘 맞는지에 대한 약간의 통찰력을 제공할 것이다.

요약

리더십 및 관리 개발은 다양한 조직에서 폭넓게 행해지고 있으며, 자기 개발을 포함하여 다양한 형태를 취하고 있다. 자기 인식은 개인의 효율성을 향상시키기 위해 자신에 대한 통찰력 있는 피드백 과정을 수반한다. 단일순환 학습은 학습자가 대체로 자신의 기본적인 생각이나 행동에 직시할 수 있는 최소한의 피드백을 추구할 때 발생한다. 이중순환 학습은 사람들이 상황에 내재된 목표나 가치의 유효성에 직면하기 위해 피드백을 활용할 때 발생한다. 이를 통해 리더는 실패로부터 배우고 이득을 얻을 수 있다. 리더에게 있어 자기 인식의 유망한 부문은 리더십 두 가지 핵심 차원(강압 대 권한 부여, 그리고 전략 대 운용)에서 자신의 위치를 인식하는 것이다.

리더십 개발은 상당한 자기 수양을 요구한다. 예를 들어, 자기 수양은 필요한 자기 개발이 일어날 수 있도록 자신의 행동을 모니터하는 데 필요하다.

교육, 리더십 경험, 그리고 멘토링은 모두 리더십 개발에 중요한 기여 요소이다. 대부분의 고위 리더들은 총명하며, 직장 생활 동안 지식을 쌓은 사정에 정통한 사람들이다. 리더십 개발에 있어 최고의 경험은 현실적으로 매니저 역할에 도전하는 것이다. 리더/관리자가 도전 경험을 활용하는 데 있어 중요한 부분은 문제해결 방법에 대한 재량이 주어지는 것이다. 리더십 경험에서의 두 가지 중요한 측면은 동료와(복잡하고 모호한 배치 같은) 직무 그 자체이다. 리더십 스킬을 개발하기 위한 극단적인 접근법은 적절한 기술이나 사업적 지식이 부족한 분야에 책임자로 배치되는 것이다.

다기능 팀의 구성원들이 제안하는 것처럼 폭넓은 경험은 리더십 개발에 있어 중요하다. 경력 초기에 폭넓은 경험의 효과적인 유형은 일선 감독과 결합하여 자신의 전문 분야에서 기술직을 수행하는 것이다. 촉매 학습 능력(catalytic learning capability)을 가진 사람들은 경험으로부터 이득을 보기 때문에 리더십을 위한 좋은 잠재력을 갖는다.

리더십 능력을 개발하는 또 다른 경험 기반 방법은 멘토링을 받는 것이다. 일반적으로 멘토링은 비공식적인 관계이지만, 배정할 수도 있다.

연구에 따르면, 비공식적인 멘토는 일반적으로 공식적인 멘토보다 경력에 더 도움이 되며, 또한 더 높은 수입과 결부되어 있다. 인사부는 보통 공식적인 멘토링 프로그램을 편성한다. 쉐도잉(shadowing)은 멘토링의 한 유형이다. 멘토는 제자의 승진을 추천하고, 귀중한 교류 관계를 확립하는 데 도움을 주는 등 다양한 방식으로 제자의 경력을 향상시킨다. 또한 멘토는 효과적인(또는 무능한) 리더십 모델이 될 수 있다. 멘토링 관계가 실패할 수 있기 때문에 한 명 이상의 멘토를 갖는 것도 도움이 된다.

피드백 집중 개발 프로그램은 리더가 자신의 행동 패턴, 그러한 행동의 이유, 자신의 효율성이 이러한 행동과 태도에 미치는 영향을 더 명확하게 보게 함으로써 리더가 발전하는 데 도움이 된다. 리더십 개발에서의 기술 훈련은 행동으로 전환될 수 있는 기량과 기술의 체득을 포함한다. 그러한 훈련은 상당히 방법적인 요소가 포함된다. 기술에 기반을 둔 다섯 가지 훈련 방법에는 강의, 사례 연구, 역할극, 행동 역할 모델링과 시뮬레이션이 있다. 시뮬레이션을 하는 동안 참가자들은 회사 리더의 역할을 하며 문제에 대한 해결책을 고안한다. 수행에 대한 피드백이 주어진다.

리더십 개발에 대한 보편적인 대학의 접근법은 사람들이 리더십에 대한 개념적인 이해력을 갖추게 하는 것이다. 그러한 개념은 리더십 상황에 적용될 수 있다. 리더십 개발을 위한 개인 성장 경험은 리더가 자신의 꿈과 재능에 상당히 충실하며 그것들을 실현하기 위해 행동한다고 가정한다. 이들 프로그램에서 또 하나 강조되는 것은 당신이 되어야 하는 사람에 대한 학습이다. 회사의 관점에서 리더십 개발의 필수적인 유형은 회사의 비전과 가치에 친숙하게 하는 것이다. 행동 학습은 리더십 개발을 위한 직접적이고 실질적 접근법이며 참가자의 전문 분야 밖의 영역과 이어져 있을 수 있다. 코칭과 심리요법은 리더로서 발전하기 위한 매우 개인적인 두 가지 방법이다. 심리요법은 리더가 자신의 효율성을 낮추는 감정적 문제를 갖고 있을 때 필요하다.

후임자로 육성되는 것이 리더의 발전의 일부이기 때문에 리더십 승계는 리더십 개발과 연계되어 있다. 이사회는 CEO를 선발할 때 일반적인 선출 방법을 사용한다. 게다가, 그들은 내부자들과 공식적, 그리고 비공식적 접촉 모두를 기대한다. 외부인을 뽑을 경우 조직은 흔히 헤드헌터 기업을 활용한다. GE와 P&G는 엄격한 승계 계획을 활용하는 회사의 사례들이다. 리더십 승계는 대체된 리더에게 있어, 특히 설립자가 사업을 매각했을 때 매우 감정적인 문제이다. 가족 기업의 승계 문제는 흔히 가족 구성원 간의 분쟁으로 이어진다. 큰 가족 기업은 리더 승계자를 검증할 가능성이 높다. 잠재적인 리더 부족 사태에 대처하는 하나의 방법은 잠재력이 높은 개인들의 인력풀을 찾고 그들에게 개발 경험을 제공하는 것이다. 연구와 분석에 따르면, 내부 후보자와 외부 후보자 사이에서 볼 때 외부적 시각을 갖고 있는 회사 내부자를 승진시키는 것이 승계 문제의 최상의 해결책일 수 있다.

처음으로 리더가 되기 위해 준비하는 방법 중 하나는 다음에 제시하는 것 같이 역할에서 피할 수 없는 일부 문제들을 심사숙고하는 것이다. 사람들을 이끌어 나가는 것과 개인적인 업무를 하는데 얼마만큼의 시간을 써야 하는지에 대한 불확실성, 당신의 직책을 원했던 사람들의 적의 극복하기, 신속한 관계 형성 및 팀워크 육성, 빠른 성취에 대한 현실적인 기대치 갖기, 그리고 모든 사람들에게 환영 받으려는 욕구 극복하기.

핵심 용어

자기 인식	단일순환 학습	이중순환 학습
호된 시련	멘토	쉐도잉
피드백 중심 개발 프로그램	리더십 승계	자기 수양

행동 및 스킬 강화를 위한 지침

한 사람이 훗날 리더로서 발전할 것인지를 결정하는 중요한 요소는 리더십 발휘 동기이다. 일반적으로 이러한 동기는 인생 초년에 발달한다.

동기는 리더 역할을 자청하고 스포츠, 동호회, 근린 활동에서 솔선수범하여 이끄는 활동으로 나타난다.[46] 따라서 가능한 경력 초반에 직장 생활과 개인 생활에서의 리더 역할을 맡는 것이 중요하다.

리더십 개발의 수용 및 효율성 모두를 향상시키기 위한 중요한 방법은 욕구 분석(needs analysis), 즉 개발을 위한 욕구 진단이다. 욕구 분석은 리더와 미래의 리더 간에 개인적인 차이가 있다는 생각에 기반하고 있다. 예를 들어, 자스민은 리더십에 대해 훌륭한 개념적 지식을 갖고 있으나 팀 경험이 제한되어 있다. 그녀는 야외 교육훈련에 적합한 후보자가 될 것이다. 조단은 제한된 개념적 지식을 갖고 있는 훌륭한 팀 리더이다. 그는 리더십에 대한 형식적 지식에 집중한 리더십 개발 프로그램에 적합한 후보자일 것이다. 리더십의 개발적 요구를 평가하기 위한 자료의 인용은 다음을 포함한다.

1. 이 책에서 제시된 수많은 진단 수단의 결과를 포함한 개발적 요구의 자각.
2. 다면 설문 조사를 포함하여 개인의 개발적 요구를 상사, 부하, 동료를 통해 인식.
3. 개발적 요구의 심리적 평가
4. (회사 내에서, 고객과의, 그리고 전 세계적인) 다양성을 효과적으로 다룰 수 있는 리더의 중요성과 같은 개발의 조직적 요구에 대한 진술.

인식, 편견, 편애에서의 오류가 가능하기 때문에 다수의 자료 인용이 도움이 된다.

토의 질문 및 토의 활동

1. 당신이 물리적 역량을 갖췄다고 가정할 경우, 당신은 리더십 및 팀워크 스킬 개발의 일환으로 FDNY 일일 소방관 체험 팀 챌린지에 참여할 것인가? 당신의 논리를 설명하라.
2. 많은 기업체 간부들은 팀 스포츠를 하는 것이 개인이 리더로서 발전하는 데 도움이 된다고 믿는다. 리더십 개발 지식을 바탕으로 봤을 때, 이 문제에 대한 당신의 입장은 무엇인가?
3. 자신의 리더십 능력에 관한 솔직한 피드백을 어디에서 얻을 수 있는가?
4. 당신이 큰 회사의 수석 매니저를 갈망한다고 가정하자. 패스트푸드 레스토랑에서 사무 관리자, 상품 관리자, 또는 매니저로 일하는 것은 당신의 목표를 달성하는 데 어떤 도움이 될 것인가?
5. 다기능 팀의 일원이 되는 것이 미래의 리더에게 유용한 경험이라고 간주되는 이유는 무엇인가?
6. 최근의 리더십 개발 활동으로 부하 직원과 고객 모두와 더 잘 지낼 수 있도록 회계 관리자에게 유머를 가르치는 것이 있다. 리더십 개발을 위한 이러한 특정 접근 방식이 당신에게는 합당해 보이는가?

7. 현직 미국 대통령의 리더십 스킬과 관련하여 적어도 하나의 개발적 요구를 찾아보자. 당신이 명시한 특정 개발적 요구를 보여 주는 대통령의 특정 행동을 지적하라(답을 할 때 정치적이기보다는 객관적이 되도록 노력한다).
8. 부모로서, 미래의 부모로서, 또는 가까운 친척으로서 10살 미만의 아이가 훗날 리더가 되는 데 어떠한 도움을 줄 수 있는가?
9. 경험이 많은 리더에게 자신이 생각하는 가장 효과적인 리더십 스킬 개발 방법이 무엇인지 물어본다. 결과물을 수업 시간에 갖고 오라.
10. 리더십 과정을 마친 지금, "리더십이 인기 콘테스트가 되어서는 안 된다."라는 이 오래된 속담을 어떻게 생각하는가?

리더십 사례 문제 A

말콤, 중역실을 노리다

말콤은 자신의 부모를 포함하여 성공한 기업 임원이 많은 가정에서 태어났다. 십대였을 때 말콤은 회사 중역이 되는 상상에 매료되었다. 보다 일반적인 십대의 관심 이외에도 말콤은 종종 지역 신문의 경제면, 《월스트리트저널》, 《포브스》를 읽곤 했다. 그는 또한 워런 버핏, 도날드 트럼프, 마샤 스튜어트 등 기업 리더의 전기를 열심히 읽었다.

말콤은 학부에서 생산관리를 공부했으며, 그 프로그램이 기업 경영을 이해하는 데 단단한 기초를 제공할 것이라고 생각했다. 그는 학사 이후 리더십과 조직 행동에 중점을 두고 MBA를 취득했다. 말콤은 자기 자신, 가족, 친구들에게 "나는 중역 사무실에 도달하기 위한 조건을 알고 있다."라고 반복적으로 말했다.

자신의 탄탄한 교육성과를 연결시키는 데 최고의 대인관계 기술을 가진 말콤은 컴퓨터 장비 및 서비스 업체인 하이테크 분야의 한 메이저 회사의 캠퍼스 채용관으로부터 호평을 받았다. 그는 여러 업무 기능에 대략 1년 정도 배치되는 경영 교육 프로그램에 선발되었다. 그가 최초로 배치된 곳은 데스크톱 컴퓨터의 제조비용을 줄이는 것이 목적인 팀이었다.

팀에 배치된 지 6주 후, 말콤은 자신이 대학 때 공부했었던 중국어 능력을 개발하고 있다고 팀 리더에게 말했다. 말콤은 "우리 제조 분야 중 상당수를 중국에서 아웃소싱하고 있기 때문에 중국어는 나에게 도움이 될 겁니다. 게다가 제2외국어는 미래 경영 리더의 자산이 될 수 있습니다."라고 팀 리더에게 설명했다.

그 팀에서 약 15개월을 보낸 후, 말콤은 같은 제조 센터 내에 있는 회사 유통 센터의 구매 그룹의 감독관으로 임명되었다. 유통 센터 배치를 받아들이면서 말콤은 자신의 새 매니저에게 "나는 여기서 뛰어난 성과를 보일 수 있도록 최선을 다하겠습니다. 하지만 유통 센터에서 시간을 보내는 것이 이 회사의 중역이 되기 위한 나의 경력에 실제로 도움이 될지 궁금합니다."라고 말했다.

18개월간의 감독 직책을 마치고 말콤은 평가를 받았다. 그의 상사는 그의 성과가 약간 평균 이상이지만 그가 자신의 출세 야망에만 너무 초점을 맞추고 회사의 이익에는 충분히 중점을 두지 않았다고 말했다. 말콤이 다음 배치된 자리는 해외에서 제조된 장비의 이동을 추적하는 물류 그룹의 팀 리더였다. 회사 제조의 약 80퍼센트가 전 세계로 아웃소싱되고 있다는 것을 고려하면 물류는 회사에서 매우 중요했다.

말콤이 새로운 일을 시작한 지 몇 주 후, 그는 회사에서 지정한 멘토인 제조부문 이사 제시카 매그넘을 만났다. 회사 업무는 잘 되고 있는지 질문을 받았을 때, 말콤은 다음과 같이 대답했다. "당신이라면 나를 도울 수 있겠죠. 나는 내 일을 즐기고 있지만, 크게 앞으로 나아가야만 할 시점에 내 경력은 더디게 나아가고 있다고 생각합니다. 나는 전략팀이나 신제품 개발팀에 배치 받고 싶습니다. 이렇게 하면 더 빨리 중역실에 도달하는 데 필요한 경험과 지명도를 얻을 수 있을 것입니다."

제시카는 대답했다. "말콤, 나는 당신을 높게 평가하고 있습니다. 하지만 승진에 대한 당신의 생각은 구식이군요. 승진보다는 성과에 더 초점을 맞춰야 합니다."

질문

1. 이 사례는 어떤 식의 리더십 개발에 관한 것인가?
2. 당신은 말콤이 수월하게 임원의 자리에 오를 수 있도록 무엇을 추천하겠는가?
3. 제시카의 말이 어느 정도 타당하다고 생각하는가?

관련 역할극 말콤의 큰 포부

한 사람이 회사의 경영 및 조직 개발 이사인 피터와 간단한 미팅을 갖게 된 말콤의 역할을 맡는다. 말콤은 자신이 회사 임원이 될 잠재력을 가지고 있다고 자신을 변호할 생각이다. 그는 회사가 자신을 소홀히 여기지 않는다는 것을 확인하고 싶어 한다. 피터는 그의 말을 들어주지만 말콤에게 어떠한 약속도 하지 않으려고 한다. 동시에 피터는 말콤이 회사로부터 너무 성급하게 많은 것을 기대하고 있다고 생각한다. 관찰자들은 말콤이 인터뷰를 하는 동안 보여주는 리더십 잠재력의 흔적을 찾고자 할 것이다.

리더십 사례 문제 B

아스펜에서의 전면적인 피드백

작년 여름 10곳의 서로 다른 조직을 대표하는 10명의 매니저들이 콜로라도 아스펜에 있는 리조트에 모였다. 목적은 버지니아 아브라조가 이끄는 3일간의 리더십 개발 세미나였다. 이틀 반나절 동안 그룹은 전략적 리더십에 관한 강의, 집단 문제해결, 물건 찾기 게임 등의 다양한 활동에 참여했다. 또한 함께 저녁을 먹고 산에서 자연탐사 도보여행을 했다.

마지막 리더십 개발 세션을 위해 모였을 때, 아브라조는 다음과 같이 말했다. "이제 마무리를 할 시간입니다. 당신들 모두는 이틀 반나절 전에 여기에 도착해서 함께 작업을 했기 때문에 아마도 서로를 관찰했을 것입니다. 여러분은 지금 당신의 인생을 변화시킬 뿐 아니라 여러분을 더 나은 리더로 만들어 줄 수 있는 무언가를 경험하게 될 것입니다."

"이 방에 있는 모든 매니저들은 리더십 개발 세미나에서 여러분과 함께 작업한 9명의 나머지 매니저로부터 솔직한 피드백을 받게 될 것입니다. 우리는 여러분 중 한 사람을 원의 중앙에 앉혀서 시작하겠습니다. 나머지 9명의 참가자들은 각자 한 명씩 여러분을 똑바로 쳐다보면서 한 개인으로서 그리고 리더로서의 당신에 대한 피드백을 줄 것입니다. 나머지 9명의 참가자로부터 피드백을 받은 후, 여러분에게 답변할 수 있는 시간이 몇 분 주어질 것입니다."

그룹은 신경질적인 웃음소리를 냈다. 참가자 중 한 명인 개리는 말했다. "이게 무슨 일이죠? 이런 말도 안 되는 연습이 주주들을 위해 더 나은 투자 수익을 올리는 데 어떻게 도움이 된다는 겁니까?"

버지니아는 대답했다. "개리, 당신은 너무 방어적이군요. 한번 해봅시다. 나중에 가치를 알 수 있을 겁니다."

그리고 나서 버지니아는 웃으며 말했다. "누가 먼저 할까요?" 오피스 빌딩 건설 회사에서 온 운영 총괄인 스탄이 말했다. "오늘 자살 충동이 느껴지는군요. 따라서 제가 먼저 하겠습니다." 스탄의 피드백은 다음과 같이 진행되었다.

마릴린 스탄, 나는 당신이 좋은 사람이라고 생각해요. 당신과 맥주를 한잔 마시고 싶군요. 하지만 당신은 사람들의 호감을 받기 위해 너무 노력한다고 생각해요. 호감을 받으려는 자세를 조금 누그러뜨리세요.

버드 스탄, 나는 당신이 표면적으로 보이는 것만큼 좋은 사람이라고 생각하지 않습니다. 약간 가식적인 듯해요. 한편 당신은 진지할 때 단호한 호랑이가 됩니다. 두 가지의 조합은 당신을 진정으로 효과적인 리더로 만들어 줄 거라 생각합니다.

데릭 안녕, 스탄. 나는 당신이 압박을 받을 때 약간 초조해 한다는 것을 알아챘습니다. 지금과 같이 말이죠. 당신이 신경성 안면 경련을 조절할 수 있다면 더 나은 리더가 될 수 있을 것입니다. 봐요, 당신은 지금 얼굴을 긁고 있잖아요.

사라 스탄, 나는 당신이 정말 리더로서의 자질을 갖고 있다고 생각합니다. 나는 당신이 우리들 중 누구 못지않게 재무에 대해 말할 수 있다는 것을 알고 있어요. 그러나 동시에 당신은 호감이 가고 말을 붙이기 쉽죠. 나는 당신에게 최고상을 주고 안아줄 거예요.

게리 당신은 좋은 쪽이든 나쁜 쪽이든 나에게 큰 인상을 남기지 못했어요, 스탄. 그리고 그것은 문제가 될 수 있습니다. 리더는 돋보여야 합니다. 당신은 강한 존재감을 가질 필요가 있어요.

빌 스탄, 나는 당신이 다른 사람이 잘못하고 있다는 것을 알고 있을 때조차 비난하는 것을 주저한다는 것을 알고 있습니다. 마릴린이 인원 감축에 대해 내가 들어 본 것 중 가장 우스꽝스런 생각을 내놨던 지난번을 생각해 봐요. 당신이 그녀의 의견에 절대 반대한다는 것을 당신의 얼굴로 알 수 있었습니다. 하지만 당신은 미소만 띄웠죠.

로리 이런 부정적인 태도 때문에 침울해하지 않았으면 좋겠어요, 스탄. 당신은 많은 잠재력을 가진 정직한 사람이에요. 나는 당신이 사람들에게 단호하게 구는 것을 약간 조절할 필요가 있다고 생각합니다. 당신은 조금은 독단적이 될 수도 있어요.

휴 당신은 리더로서 나에게 참 좋아 보입니다. 하지만 머리 모양을 바꿀 수 있겠어요? 당신이 머리를 만지는 방식은 당신을 도널드 트럼프처럼 보이게 합니다. 당신이 빌딩 개발 사업에 종사하기 때문에 도널드를 흉내 내고 있는 건가요?(사람들의 웃음이 터져 나온다)

낸시 다른 남자가 당신의 헤어스타일을 걱정하는 것이 흥미롭네요, 스탄. 나는 당신이 많은 리더십 기질을 갖고 있다고 생각합니다. 하지만, 당신은 여성과 동등하게 일하는 것을 편안하게 느끼도록 조금은 개선을 할 필요가 있다고 생각합니다. 내가 회의실에 들어갔을 때 나를 위해 의자를 빼주는 것은 약간 성차별적인 행동으로 느꼈습니다.

스탄 모든 피드백에 감사합니다. 아마도 나는 좋은 이유에서 자살 충동을 느낀 것 같습니다. 하지만 진심으로 나에게 도움이 되는 것을 많이 배웠습니다. 또한 리더로서 더 발전하기 위해 해야 할 일이 많다는 것을 알았습니다.

스탄은 미소를 띠며 자리에서 물러났다. 그리고 나머지 9명의 참가자들에게 피드백을 주는 데 관심을 돌렸다.

질문

1. 당신은 리더십 개발을 목적으로 하는 이런 유형의 피드백이 어떤 가치가 있다고 보는가?
2. 스탄은 이 피드백 세션에서 나온 발전을 위한 구체적인 제안 중 어느 것을 취해야 한다고 생각하는가?
3. 당신이 세미나 리더인 버지니아라면 스탄의 헤어스타일에 대한 휴의 피드백에 반응을 보였을 것인가? 왜, 또는 왜 그렇지 않은가?

관련 역할극 부정적인 피드백으로부터의 회복

한 사람이 9명의 모든 집단 구성원으로부터 부정적인 피드백을 받은 아스펜 피드백 실험 참가자 역할을 한다. 참가자는 좌절감과 비통함을 느낀다(이들 피드백 집단 중 몇 사람에게도 나타날 것이다). 이 사람이 피드백 실험으로부터 정서적인 손상을 입을 만한 문제가 유발된다. 또 다른 사람은 버지니아 역할을 맡는다. 그녀는 두 사람이 피드백을 논의할 수 있도록 집단 구성원들에게 밖으로 나가 달라는 신호를 보낸다. 버지니아는 참가자가 받은 타격을 회복시키려 하지만, 참가자는 자신의 발전에 일부 유용한 피드백을 얻었다고 믿는다.

관찰자들은 참가자가 얼마나 심각하게 타격을 받았는지를, 그리고 버지니아가 그 사람을 얼마나 효과적으로 돕는지를 보게 될 것이다.

리더십 스킬 구축 연습 15-2

리더십 포트폴리오

당신의 리더십 포트폴리오의 마지막 항목은 현재보다 미래를 다루고 있다. 공식 또는 비공식적 리더 위치에서 리더십 경력을 쌓고 있을 경우, 가끔씩 분기에 1회 정도 일기를 업데이트한다. 당신이 했던 경험 중 무엇이 당신이 리더로서 발전하는 데 기여했는지를 되새겨 본다. 항목은 다음과 같은 형태를 띨 것이다.

- 1월에 회사는 까다로운 사람을 다루는 법에 대한 세미나에 나를 보냈다. 나는 그 사람의 행동이 생산성과 사기를 저해하고 있다는 것을 설명하는 방법 등 까다로운 사람들의 태도를 바꾸는 데 도움이 되는 몇 가지 좋은 통찰력을 얻어 왔다. 또한 많은 까다로운 사람들에게는 관심이 필요하다는 것을 배웠다. 따라서 내가 마주치게 되는 까다로운 사람에게 더 많은 관심을 갖도록 노력할 것이다.
- 지난 주 지역에 홍수가 났고 우리 사무실이 침수되었다. 우리는 심하게 타격을 입어 고객 응대를 할 수 없게 되기 전에 빨리 무언가를 해야 했다. 감독관은 마을 밖에 있었다. 나는 그녀의 핸드폰으로 전화를 해 구제 작업을 담당할 수 있도록 그녀의 허가를 요청했다. 나는 장비와 컴퓨터 기록을 구제하는 데 도움이 되는 활동을 지휘했다. 나는 내가 사실상 위기 관리 능력을 연마했다고 생각한다.

리더십 스킬 구축 연습 15-3

지역 리더 분석하기

개별 또는 그룹 프로젝트의 일환으로 강점, 약점, 그리고 개발적 요구의 관점에서 당신이 분석하고 싶은 지역 공동체의 리더를 찾는다. 분석하게 될 리더로서 가능성이 있는 사람들에는 유명한 사업가, 당신이 다니는 교육 기관의 장, 또는 체육 코치가 있을 수 있다. 이 특정 리더의 개발적 요구와 함께 긍정적인 그리고 부정적인 개인 특성 모두를 확인하기 위해 이 교재에 있는 정보와 자신만의 생각을 활용한다.

이것이 그룹 프로젝트인 경우 선택한 리더의 특성, 행동, 그리고 개발적 요구와 관련하여 그룹 간에 어떤 일관성이 있는지를 살펴본다. 분석이 건설적이라고 생각하면, 당신은 논의되고 있는 리더에게 분석 사본을 보낼 수도 있다.

참고문헌

CHAPTER 01

1. 다음의 출처에 있는 사실들을 바탕으로 이야기 구성: Vivian Sequera, "Veteran Engineer Behind Chile Rescue," The Associated Press, October 16, 2010; Terri A. Scandura, "Leadership Lessons from the Chilean Mine," *The Miami Herald* (www.miamiherald.com), October 25, 2010; Peggy Noonan, "Viva Chile! The Left No Man Behind," *The Wall Street Journal*, October 16-17, 2010, p. A17; Tim Padgett Anthony Espositio, and Aaron Helsen, "5: The Chilean Miners," *Time*, December 27, 2010-January 3, 2011, p. 105.
2. W. Kan Kim and Rene A. Maubourgne, "Parables of Leadership," *Harvard Business Review*, July. August 1992, p. 123.
3. 다음 문헌 리뷰에서 각색: Bernard M. Bass (with Ruth Bass), *The Bass Handbook of Leadership: Theory, Research, and Managerial Applications*, Fourth Edition (New York: The Free Press, 2008), pp. 15-23.
4. Jeffrey Zaslow, "Joe Montana: Leadership, Says the Legendary Quarterback of Four Super Bowls, Means 'Being Willing to Take the Blame,'" *USA Weekend*, January 30.February 1, 1998, p. 15.
5. Brian M. Carney, "Of Tax Cuts and Terror," *The Wall Street Journal*, June 30.July 1, 2007, p. A7.
6. James Kelly and Scott Nadler, "Leading from Below," *The Wall Street Journal*, March 3-4, 2007, p. R4.
7. Peter Block, *Stewardship: Choosing Service Over Self-Interest* (San Francisco: Berrett-Koehler Publishers, 1993), pp. 27-32.
8. Tamara L. Friedrich et al., "A Framework for Understanding Collective Leadership: The Selective Utilization of Leader and Team Expertise within Networks," *The Leadership Quarterly*, December 2009, pp. 933-958.
9. the February 2006 issue of *Black Enterprise* 2페이지에서 인용.
10. James M. Kouzes and Barry Z. Posner, *The Leadership Challenge*, 3rd ed. (San Francisco: Jossey-Bass, 2002), p. 20.
11. "Cisco: Making the Change with Web 2.0," *Executive Leadership*, February 2009, p. 1.
12. John P. Kotter, *A Force for Change: How Leadership Differs from Management* (New York: The Free Press, 1990); "*Managing*+Leading=True Leadership," *Executive Leadership*, September 2004, p. 8; Edwin A. Locke and Associates, The *Essence of Leadership: The Four Keys to Leading Successfully* (New York: Lexington/Macmillan, 1991), p. 4.
13. Henry Mintzberg, *Managing* (San Francisco: Berrett-Koehler Publishers, 2009), p. 8.
14. Diya Gullapalli, "GMO Taps 1st CEO in 32-Year

History," *The Wall Street Journal*, February 13, 2009, p. C9.

15. *Duke University Executive Leadership Survey*, Center on Leadership & Ethics, March 2009, pp. 1-17.
16. Gary Yukl, "How Leaders Influence Organizational Effectiveness," *The Leadership Quarterly*, December 2008, pp. 708-722.
17. Richard C. Morais, "Impatience," *Forbes*, June 16, 2008, pp. 128-132.
18. Nitin Nohria, William Joyce, and Bruce Roberson, "What Really Works," *Harvard Business Review*, July 2003, p. 51.
19. Ellen Shubart, "Success Hinges on Vital Skills Like the Human Factor," *The Wall Street Journal* (Special Advertising Section), March 29, 2007, p. D6.
20. Robert B. Kaiser, Robert Hogan, and S. Bartholomew Craig, "Leadership and the Fate of Organizations," *American Psychologist*, February-March 2008, p. 103.
21. Bruce J. Avolio, Rebecca J. Reichard, Sean T. Hannah, Fred O. Walumbwa, and Adrian Chan, "A Meta-Analytic Review of Leadership Impact Research: Experimental and Quasi-Experimental Studies," *The Leadership Quarterly*, October 2009, pp. 764-784.
22. Jon P. Howell, David E. Bowen, Peter W. Dorfman, Steven Kerr, and Philip Podaskoff, "Substitutes for Leadership: Effective Alternatives to Ineffective Leadership," *Organizational Dynamics*, Summer 1990, p. 23.
23. Jeffrey Pfeffer, "The Ambiguity of Leadership," *Academy of Management Review*, April 1977, pp. 104-112.
24. Cited in Jerry Useem, "Conquering Vertical Limits," *Fortune*, February 19, 2001, p. 94.
25. Thomas H. Hout, "Are Managers Obsolete?" *Harvard Business Review*, March-April 1999, pp. 161-162. (Books in Review)
26. Mary Uhl-Bien and Russ Marion, editors, *Complexity Leadership: Conceptual Foundations* (Charlotte, N.C.: Information Age, 2008).
27. J. Richard Hackman and Ruth Wageman, "Asking the Right Questions about Leadership," *American Psychologist*, January 2007, p. 43.
28. 다음을 업데이트하고 덧붙임: Henry Mintzberg, *The Nature of Managerial Work* (New York: Harper & Row, 1973); Kenneth Graham Jr. and William M. Mihal, *The CMD Managerial Job Analysis Inventory* (Rochester, N.Y.: Rochester Institute of Technology, Center for Management Development, 1987), pp. 132-133; Mary Jo Hatch, Monika Kostera, and Andrzej K. Koźmiński, "The Three Faces of Leadership: Manager, Artist, Priest," *Organizational Dynamics*, vol. 35, no. 1, 2006, pp. 49-68; Dave Ulrich, Norm Smallwood, and Kate Sweetman, *The Leadership Code: Five Rules to Lead By* (Boston: Harvard Business Press, 2008).
29. Christopher A. Bartlett and Sumantra Ghosal, "Changing the Role of Top Management Beyond Systems to People," *Harvard Business Review*, June 2002, pp. 132-133.
30. Justin Fox, "Employees First!" *Time*, July 7, 2008, p. 45에서 인용.
31. Emily Thornton, "Perform or Perish," *BusinessWeek*, November 5, 2007, p. 40.
32. Eilene Zimmerman, "Are You Cut Out for Management?" *The New York Times* (nytimes.com) January 16, 2011, p. 2.
33. Ronald A. Heifetz and Mary Linsky, "A Survival Guide for Leaders," *Harvard Business Review*, June 2002, pp. 65-74.
34. Thomas A. Stewart, "The Nine Dilemmas Leaders Face," *Fortune*, March 18, 1996, pp. 112-113.
35. 세 가지 사례는 다음과 같다: Martin M. Chemers, *An Integrative Theory of Leadership* (Mahwah, N. J.: Lawrence Erlbaum Associates, 1997), pp. 151-173; Francis Yammarino, Fred Dansereau, and Christina J. Kennedy, "A Multiple-Level Multidimensional Approach to Leadership: Viewing Leadership through an Elephant's Eye," *Organizational Dynamics*, Winter 2001, pp. 149-

162; Bruce J. Avolio, "Promoting More Integrative Strategies for Leadership Theory-Building," *American Psychologist*, January 2007, pp. 5-33.

36. Avolio, "Promoting More Integrative Strategies," pp. 25, 31.
37. Francis J. Yammarino and Fred Dansereau, "Multi-Level Nature of and Multi-Level Approaches to Leadership," *The Leadership Quarterly*, April 2008, p. 136.
38. "12 Common Skills Sought by Employers," www.dartmouth.edu, 2011년 2월 18일 접속; Randall S. and Katharine Hansen, "What Do Employers *Really* Want? Top Skills and Values Employers Seek from Job Seekers," *Quintessential Careers* (www.quintcareers), 2011년 2월 18일 접속.
39. Hackman and Wageman, "Asking the Right Questions," p. 45.
40. Nancy Lublin, "Let's Hear it for the Little Guys" *Fast Company*, April 2010, p. 33.
41. Barbara Kellerman, "What Every Leader Needs to Know About Followers," *Harvard Business Review*, December 2007, pp. 84-91.
42. Robert E. Kelley, "In Praise of Followers," *Harvard Business Review*, November-December 1988, pp. 142-148.
43. Warren Bennis, "The End of Leadership: Exemplary Leadership Is Impossible Without Full Inclusion, Initiatives, and Cooperation of Followers," *Organizational Dynamics*, Summer 1999, pp. 76-78. (이 문장은 시간이 지남에 따라 점점 진실이 되고 있다.)

CHAPTER 02

1. 다음 출처에 있는 사실과 관찰을 구성한 이야기이다: Mariko Sanchanta, "Cultivating Multiculturalism: At Nippon Sheet Glass, Local Flavor Is Good, Slang Is Bad," *The Wall Street Journal*, June 7, 2010, p. B6; "Nippon Sheet Glass Recognizes Need For Non-Japanese Leader," *News in Depth* (http://business.nikkeibp.co), May 6, 2010, pp. 1-2; "Nippon Sheet Glass Taps Former DuPont Exec as CEO." *Update 1* (http://news.alibaba.com), April 15, 2010, pp. 1-2.
2. James R. Hagerty, "'Lightning Bolt' Led Caterpillar to Look Outside," *The Wall Street Journal*, December 13, 2010, pp. B1, B5.
3. Dianna L. Stone, Book Review in *Personnel Psychology*, Spring 2010, pp. 260-261.
4. Jennifer Schramm, "Acting Affirmatively," *HR Magazine*, September 2003, p. 192.
5. Patricia Harris, "TheMcDonald'sDiversity Story," *Guest Insights* http://views.washingtonpost.com). November 25, 2009, p. 1.
6. Fay Hansen, "Diversity's Business Case Doesn't Add Up," *Workforce*, April 2003, pp. 28-32.
7. SusanMeisinger, "Diversity: More Than Just Representation," *HR Magazine*, January 2008, p. 8.
8. Irwin Speizer, "Diversity on the Menu," *Workforce Management*, November 2004, pp. 41-45.
9. 다음에서 인용: Annya M. Lott, "Future of Diversity: Cultural Inclusion Is a Business Imperative," *Black Enterprise*, August 2010, p. 75.
10. Nicole Ibarra, "Some Companies Turn to Their Diverse Workforce to Help with the Bottom Line," *Hispanic Business*, December 2007, p. 56.
11. "Allstate Diversity," www.allstate.com/diversity.aspx. © 2011 Allstate Insurance Company.
12. Scott E. Page, "Making the Difference: Applying a Logic of Diversity," *Academy of Management Perspective*, November 2007, p. 9.
13. 다음에서 인용: Frank Nelson, "U.S. Economy Gets a Life from Diversity Best Companies," *Hispanic Business*, September 2010, p. 14.
14. Aparna Joshi and Hyuntak Roh, "The Role of Context in Work Team Diversity Research: A Meta-Analytic Review, *Academy of Management Journal*, June 2009, p. 619.
15. Frances J. Milliken and Luis L. Martins, "Searching for Common Threads: Understanding the Multiple Effects of Diversity in Organizational Groups," *Academy of Management Review*, April 1996, p. 403. 또한 다음을 참조한다: Daan van

Knippenberg, Carsten K. W. De Dreu, and Astrid C. Homan, "Work Group Diversity and Group Performance: An Integrative Model and Research Agenda," *Journal of Applied Psychology*, December 2004, pp. 1008-1022.

16. Katherine J. Klein and David A. Harrison, "On the Diversity of Diversity: Tidy Logic, Messier Realities," *Academy of Management Perspectives*, November 2007, p. 31.
17. Mansour Javidan, Peter W. Dorfman, May Sully de Luque, and Robert J. House, "In the Eye of the Beholder: Cross Cultural Lessons in Leadership from Project GLOBE," *Academy of Management Perspectives*, February 2006, pp. 69-70. 유사한 차원이 다음에 서술되어 있다: Geert Hofstede, *Culture's Consequences: International Differences in Work Related Values* (Beverly Hills, Calif.: Sage Publications, 1980); 다음에서 업데이트하여 고쳐 씀: Hofstede, "Who Is the Fairest of Them All?" Galit Ailon's Mirror," *Academy of Management Review*, July 2009, pp. 570-571. 10번 차원은 앞선 연구에 포함되어 있지 않다.
18. Study reported in Bradley S. Klapper, "Report: U.S. Workers Are the Most Productive," Associated Press, September 2, 2007.
19. Geert Hofstede, "The Universal and the Specific in 21st-Century Global Management," *Organizational Dynamics*, Summer 1999, pp. 35-37.
20. 관료제에 대한 의견은 다음에서 온 것이다: Javidan, Dorfman, de Luque, and House, "In the Eye of the Beholder," p. 79.
21. Felix C. Brodbeck, Michael Frese, and Mansour Javidan, "Leadership Made in Germany: Low on Compassion, High on Performance," *Academy of Management Executive*, February 2002, pp. 16-30.
22. Jeffrey C. Kennedy, "Leadership in Malaysia: Traditional Values, International Outlook," *Academy of Management Executive*, August 2002, pp. 15-26.
23. Del Jones, "North vs. South: Leaders from Both Sides of the Mason-Dixon Line Have Strong Opinions About the Styles of Their Regionally Different Peers," *USA Today*, July 9, 2004, p. 5B.
24. Ibid.
25. Robert J. House, Paul J. Hanges, Mansour Javidan, Peter W. Dorfman, and Vipin Gupta, eds., *Culture, Leadership, and Organizations: The GLOBE Study of 62 Societies* (Thousand Oaks, Calif.: Sage, 2004), p. 7.
26. Carla Johnson, "Cultural Sensitivity Adds Up to Good Business Sense," *HR Magazine*, November 1995, pp. 83-85.
27. Christina Binkley, "Where Yellow's a Faux Pas and White Is Death," *The Wall Street Journal*, December 6, 2007, p. D8.
28. Diane Cadrain, "Accommodating Sex Transformations," *HR Magazine*, October 2009, pp. 59-62.
29. "*Managing* Diversity: When Cultures Collide," *Managing People at Work*, sample issue, 2008, p. 7.
30. P. Christopher Earley and Elaine Mosakowski, "Cultural Intelligence," *Harvard Business Review*, October 2004, pp. 139-146.
31. Javidan, Dorfman, de Luque, and House, "In the Eye of the Beholder," p. 85.
32. Joseph A. Petrick, Robert E. Scherer, James D. Bodzinski, John F. Quinn, and M. Fall Ainina, "Global Leadership Skills and Reputational Capital: Intangible Resources for Sustainable Competitive Advantage," The *Academy of Management Executive*, February 1999, pp. 58-69.
33. Gretchen M. Spreitzer, Morgan W. McCall Jr., and Joan D. Mahoney, "Early Identification of International Executive Potential," *Journal of Applied Psychology*, February 1997, pp. 6-29.
34. David Tessmann-Keys and Richard S. Wellins, *The CEO's Guide to Preparing Future Global Leaders* (Pittsburgh, Penn.: DDI, 2008), pp. 18-19.
35. Research cited in Douglas T. Hall, Guorong Zhu, and Amin Yan, "Developing Global Leaders: To Hold On to Them, Let Them Go," *Advances in Global Leadership*, vol. 2, 2001, p. 331.

36. Javidan, Dorfman, de Luque, and House, "In the Eye of the Beholder," p. 85.
37. Jeanne Brett, Kristin Behfar, and Mary C. Kern, "*Managing* Multicultural Teams," *Harvard Business Review*, November 2006, p. 87.
38. Joe Light, "Help Wanted: Multilingual Employees," *The Wall Street Journal*, January 18, 2011, p. B7.
39. Cited in Simon Kent, "Go Team, Go!" *PM Network*, November 2007, p. 41.
40. Paul Ingrassia and John Stoll, "Hottest Car Guy on Earth," *The Wall Street Journal*, January 14, 2006, p. A8; Alex Taylor III, "The World According to Ghosn," *Fortune*, December 11, 2006, p. 116; Sebastian Moffett, "Renault's No. 2 Executive Quits," *The Wall Street Journal*, April 12, 2001, p. B1.
41. Todd Campbell, "Diversity in Depth," *HR Magazine*, March 2003, p. 152.
42. "Allstate Insurance Company," *Vault/INROADS Guide to Diversity Internship, Co-op and Entry-Level Programs*, 2007 *Edition*, pp. 65-66.
43. Marc Adams, "Building a Rainbow One Stripe at a Time," *HR Magazine*, August 1998, pp. 73-74.
44. Wendy Harris, "Executive Partners: A Company's Diversity Efforts are Only as Good as Its Search Firm," *Black Enterprise*, October 2008, p. 73.
45. Rohini Anand and Mary-Frances Winters, "A Retrospective View of Corporate Diversity Training from 1964 to the Present," *Academy of Management Learning & Education*, September 2008, pp. 356-372.
46. Phred Dvorak, "Firms Push New Methods to Promote Diversity," *The Wall Street Journal*, December 18, 2006, p. B3.
47. Research reported in Shankar Vedantam, "Most Diversity Training Ineffective, Study Finds," *Washington Post* (washingtonpost.com), January 22, 2008; Fay Hansen, "Diversity of a Different Color," *Workforce Management*, June 2010, p. 25.
48. 다음에서 인용 " C. Douglas Johnson, "It's More Than the Five To Do's: Insights on Diversity Education and Training From Roosevelt Thomas, A Pioneer and Thought Leader in the Field," *Academy of Management Learning & Education*, September 2008, p. 411.
49. DeeDee Doke, "Perfect Strangers," *HR Magazine*, December 2004, p. 64.
50. Deborah Steinborn, "Cross-Cultural Training Gains," *The Wall Street Journal*, April 4, 2007, p. B5D.
51. Christina Binkley, "Americans Learn the Global Art of the Cheek Kiss," *The Wall Street Journal*, March 27, 2008, p. D1.
52. P. Christopher Earley and Randall S. Peterson, "The Elusive Cultural Chameleon: Cultural Intelligence as a New Approach to Intercultural Training for the Global Manager," *Academy of Management Learning and Education*, March 2004, p. 105.
53. "Allstate Diversity," (www.allstate.com/diversity). 2011sus 5월 16일 접속.
54. Nelson, "U.S. Economy Gets a Lift," p. 16.
55. Robert Rodriguez, "Diversity Finds Its Place," *HR Magazine*, August 2006, pp. 56, 58.
56. Hansen, "Diversity of a Different Color," p. 25
57. Lin Grensing-Pophal, "Hiring to Fit Your Corporate Culture," *HR Magazine*, August 1999, p. 52.
58. Gary D. Fackler, "The Texas Hispanic Touch," *Hispanic Business*, December 2010, pp. 35-36.
59. Michael Todd, "Report: Companies Should Help Workers Get Comfortable, Stay Awhile," *Hispanic Business*, March 2007, p. 44.
60. Julie Bennett, "'Corporate Angst' Can Generate Gaffes That Turn Off Coveted Candidates," *The Wall Street Journal*, October 21, 2003, p. D9.

CHAPTER 03

1. 이 이야기에 있는 일부 관찰은 다음에서 온 것이다: Donna Rawady, "Effective Leaders Need a Bird's Eye View," *Democrat and Chronicle*

Business (Rochester, New York), July 27, 2010, p. 5B.

2. Stephen J. Zaccaro, "Trait Based Perspectives of Leadership," *American Psychologist*, January 2007, p. 6.
3. Timothy A. Judge, Ronald F. Picccolo, and Tomek Kosalka, "The Bright and Dark Sides of Leader Traits: A Review and Theoretical Extension of the Leader Trait Paradigm," *Leadership Quarterly*, December 2009, pp. 855-875; Zaccaro, "Trait Based Perspectives," p. 11.
4. George P. Hollenbeck and Douglas T. Hall, "Self-Confidence and Leader Performance," *Organizational Dynamics*, no. 3, 2004, p. 254.
5. Bernard M. Bass (with Ruth Bass), *The Bass Handbook of Leadership: Theory, Research, and Managerial Applications*, 4th ed. (New York: The Free Press, 2008), p. 189.
6. Brian O'Keefe, "Battle-Tested: How a Decade of War Has Created a New Generation of Elite Business Leaders," *Fortune*, March 22, 2010, p. 112.에서 인용.
7. "Sully's Landing: More Than Good Luck," *Executive Leadership*, March 2009, pp. 1-2.
8. Stephen G. Harrison, "Leadership and Hope Go Hand in Hand," *Executive Leadership*, June 2002, p. 8.
9. Jim Collins, "Level 5 Leadership: The Triumph of Humility and Fierce Resolve," *Harvard Business Review*, January 2001, p. 70.
10. Judge, Picccolo, and Kosalka, "The Bright and Dark Sides of Leader Traits," p. 866.
11. Gareth R. Jones and Jennifer M. George, "The Experience and Evolution of Trust: Implications for Cooperation and Teamwork," *Academy of Management Review*, July 1998, pp. 531-546.
12. Roy J. Lewicki, Daniel McAllister, and Robert J. Bies, "Trust and Distrust: New Relationships and Realities," *Academy of Management Review*, July 1998, p. 439.
13. Thomas A. Stewart, "Whom Can You Trust? It's Not So Easy to Tell," *Fortune*, June 12, 2000, p. 334; "4 Keys to Building Trust Quickly," *Manager's Edge*, March 2005, p. 4.
14. Kurt T. Kirks and Donald L. Ferrin, "Trust in Leadership: Meta-Analytic Findings and Implications for Research and Practice," *Journal of Applied Psychology*, August 2002, pp. 611-628
15. Quy Huy and Christoph Zott, "Trust Me: For Entrepreneurs Looking to Gain Credibility, It's Often the Little Things That Count," *The Wall Street Journal*, November 30, 2009, p. R8.
16. Bill George, Peter Sims, Andrew N. McClean, and Diana Mayer, "Discovering Your Authentic Leadership," *Harvard Business Review*, February 2007, p. 130.
17. Ibid., pp. 129-138.
18. Fred O. Walumbwa, Peng Wang, Hui Wang, John Schaubroeck, and Bruce J. Avolio, "Psychological Processes Linking Authentic Leadership to Follower Behaviors," *Leadership Quarterly*, October 2010, pp. 901-914.
19. Timothy A. Judge, Joyce E. Bono, Remus Ilies, and Megan W. Gerhardt, "Personality and Leadership: A Qualitative and Quantitative Review," *Journal of Applied Psychology*, August 2002, pp. 765-780.
20. Judge, Picccolo, and Kosalka, "The Bright and Dark Sides of Leader Traits," p. 865에 기록된 내용 연구
21. Maurice Levi, Kai Li, and Feng Zhang, "Deal or No Deal: Hormones and Completion of Mergers and Acquisitions," *Journal of Management Science*, September 2010, pp. 1-36.
22. Robin Sidel, "Banga to B eMaster Card's Protector," *The Wall Street Journal*, May 29-30, 2010, p. B1.
23. Jared Sandberg, "The Office Pessimists May Not Be Lovable, But Are Often Right," *The Wall Street Journal*, November 27, 2007, p. B1.
24. "Leadership Concepts," *Executive Strategies*, July 9, 1991, p. 1에서 인용
25. Eric J. Romeo and Kevin W. Cruthirds, "The Use of Humor in the Workplace," *Academy of*

Management Perspectives, May 2006, 60, pp. 63-64.
26. Rick Weaver, "Five Essential Leadership Traits: The Story of Martha Stewart from Kmart to Macy's," *Ezine Articles* (http://ezinearticles.com), 2001년 1월 2일 접속.
27. "Starbucks: More Than a Caffeine High," *Executive Leadership*, August 2006, p. 4.
28. Daniel Goleman, "What Makes a Leader?" *Harvard Business Review*, November-December 1998, p. 94.
29. Daniel Goleman, Richard Boyatzis, and Annie McKee, "Primal Leadership: The Hidden Driver of Great Performance," *Harvard Business Review*, December 2001, pp. 42-51.
30. Stéphane Côté, Paulo N. Lopes, Peter Salovey, and Christopher T. H. Miners, "Emotional Intelligence and Leadership Emergence in Small Groups," *Leadership Quarterly*, June 2010, pp. 496-508.
31. Joe Nocera, "Real Reason for Ousting H. P.'s Chief," *The New York Times* (www.nytimes.com), August 13, 2010, pp. 1-5; Ben Worthen and Joann S. Lublin, "Mark Hurd Neglected to Follow H-P Code," *The Wall Street Journal*, August 9, 2010, pp. B1, B5; James B. Stewart, "Hewlett-Packard Still Can't Handle the Truth," *The Wall Street Journal*, August 11, 2010, p. C4.
32. Lynette M. Loomis, "Use Emotions to Guide Thinking, Enhance Results," Rochester, New York, *Democrat and Chronicle*, October 21, 2007, p. 2E.
33. Goleman, Boyatzis, and McKee, "Primal Leadership," pp. 42-51.
34. Stefanie K. Johnson, "I Second That Emotion: Effects of Emotional Contagion and Affect at Work on Leader and Follower Outcomes," *Leadership Quarterly*, February 2008, pp. 1-19.
35. John Antonakis, Neal M. Ashkanasy, and Marie T. Dasborough, "Does Leadership Need Emotional Intelligence?" *Leadership Quarterly*, April 2009, pp. 247-261; Frank Walter, Michael S. Cole, and Ronald H. Humphrey, "Emotional Intelligence: Sine Qua Non of Leadership or Folderol?" *Academy of Management Perspectives*, February 2011, pp. 45-59.
36. Kathleen K. Reardon, "Courage as a Skill," *Harvard Business Review*, January 2007, p. 63.
37. David C. McClelland and Richard Boyatzis, "Leadership Motive Pattern and Long-Term Success in Management," *Journal of Applied Psychology*, December 1982, p. 727.
38. Locke and Associates, The *Essence of Leadership: The Four Keys to Leading Successfully* (New York, 1992), p. 22.
39. Jeffrey Pfeffer, "The Courage to Rise Above," *Business 2.0*, May 2006, p. 86에서 인용.
40. Locke and Associates, The *Essence of Leadership*, p. 22.
41. Peter Burrows, "Cisco's Extreme Ambitions," *Business Week*, November 30, 2009, pp. 026-027.
42. John B. Miner, Normal R. Smith, and Jeffrey S. Bracker, "Role of Entrepreneurial Task Motivation in the Growth of Technologically Innovative Firms," *Journal of Applied Psychology*, August 1989, p. 554.
43. Matthew Rand, "Medicine Man," *Forbes*, November 27, 2006, p. 152; Evelyn M. Rusli, "Stewart Rahr's Second Act," *DealBook* (http://dealbook.nytimes.com), November 19, 2010.
44. Timothy A. Judge, Amy E. Colbert, and Remus Ilies, "Intelligence and Leadership: A Quantitative Review and Test of Theoretical Propositions," *Journal of Applied Psychology*, June 2004, pp. 542-552.
45. Bass, *The Bass Handbook of Leadership*, p. 84.
46. Robert J. Sternberg, "The WICS Approach to Leadership: Stories of Leadership and the Structures and Processes that Support Them," *The Leadership Quarterly*, June 2008, pp. 360-371.
47. Amy Palanjian, "A Knack for Languages Evolves into a Career," *The Wall Street Journal*, April 28, 2009, p. D4.
48. Chuck Bartels, "Wal-Mart Names Chief Merchandising Officer," The Associated Press,

January 28, 2011.

49. .Carol Hymowitz, "Leaders Must Produce Bold New Blueprints in Era of Architect CEO," *The Wall Street Journal*, April 17, 2006, p. B1에서 인용.
50. From Jeffrey E. Garten, *The Mind of the C.E.O.* (Cambridge, Mass.: Perseus Publishing, 2001), 마찬가지로 "Random Wisdom," *Executive Leadership*, April 4, 2002, p. 1.에서 인용.
51. James R. Hagerty, "'Lightning Bolt' Led Caterpillar to Look Outside," *The Wall Street Journal*, December 13, 2010, p. B5.
52. Jessica Shambora and Beth Kowitt, "The Queen of Pop," *Fortune*, September 28, 2009, p. 108.
53. "How Stanford Is Grooming Next Business Leaders," *The Wall Street Journal*, May 29, 2007, p. B6.
54. Scott Shane, *Born Entrepreneurs. Born Leaders* (London: Oxford University Press, 2010)에 기록된 내용 연구
55. Goleman, "What Makes a Leader?" p. 97.
56. "Practice Makes Perfect for Leaders, Too," *HR Magazine*, December 2005, p. 14.에서 인용
57. Kirkpatrick and Locke, "Leadership: Do Traits Matter?" p. 59.
58. Zacarro, "Trait-Based Perspectives," p. 14.
59. "Buff Up Your Emotional Intelligence," *Executive Leadership*, February 2009, p. 2.

CHAPTER 04

1. 다음의 몇 가지 사실을 바탕으로 한 이야기이다: Jessica Pressler, "Private Equity CEO Lynn Tilton Whips Men, and Companies Into Shape, *Daily Intel* (http://nymag.com/daily/intel), January 11, 2011; Robert Frank, "Tilton Flaunts Her Style at Patriarch," *The Wall Street Journal*, January 8-9, 2011, pp. B1,B17; *Forbes* Staffers, "Femme Fatale: The Very Unconventional Story of Lynn Tilton," *Forbes*, May 9, 2011, p. 68; "Lynn Tilton, "CEO and Principal," *Patriarch Partners* (www.patriarchpartners.com/our_team), January 11, 2011.
2. Jack and Suzy Welch, "It's Not about Empty Suits," *BusinessWeek*, October 16, 2006, p. 032.
3. Jay A. Conger and Rabindra N. Kanungo, *Charismatic Leadership in Organizations* (Thousand Oaks, Calif: Sage, 1998).
4. 플레이보이 엔터프라이즈의 설립자이자 편집장인 Hugh Hefner의 논평, *The Wall Street Journal*, December 13, 2007, p. C8.에 있는 광고에 들어가 있음.
5. Stephanie N. Mehta, "Why Him?" *Fortune*, November 23, 2009, pp. 89.90.
6. Daniel Lyons, "Digital Tools: Big Brother," *Forbes*, October 1, 2007, 51; Mehta, "Why Him?" p. 90.
7. Juan-Carlos Pastor, James R. Meindl, and Margarit C. Mayo, "A Network Effects Model of Charisma Attributions," *Academy of Management Journal*, April 2002, pp. 410.420.
8. Jay A. Conger, *The Charismatic Leader: Beyond the Mystique of Exceptional Leadership* (San Francisco: Jossey-Bass, 1989).에서 인용
9. William L. Gardner and Bruce J. Avolio, "The Charismatic Relationship: A Dramaturgical Perspective," *Academy of Management Review*, January 1998, pp. 32.58.
10. Angelo Fanelli and Vilmos F. Misangyi, "Bringing Out Charisma: CEO Charisma and External Stakeholders," *Academy of Management Review*, October 2006, p. 1053.
11. Eugene Schmuckler, *Personnel Psychology*의 책 리뷰, Winter 1989, p. 881.
12. Amir Erez, Vilmost Misangyi, Diane E, Johnson, Marcie A. LePine, and Kent C. Halverson, "Stirring the Hearts of Followers: *Charismatic Leadership* as the Transferal of Affect," *Journal of Applied Psychology*, May 2008, pp. 602-613.
13. Randall Smith and Ann Davis, "In Bloodletting on Street, Cruz Is Latest Casualty," *The Wall Street Journal*, November 30, 2007, p. C1.
14. Conger, Kanungo, and Associates, *Charismatic*

Leadership; Bernard M. Bass with Ruth Bass, *The Bass Handbook of Leadership: Theory, Research, & Managerial Applications*, 4th ed. (New York: The Free Press, 1990), pp. 578-580.

15. Michael E. Brown and Linda K. Treviño, "Socialized *Charismatic Leadership*, Values Congruence, and Deviance in Work Groups," *Journal of Applied Psychology*, July 2006, pp. 954-962; Brown and Treviño, "Leader-Follower Values Congruence: Are Socialized Charismatics Better Able to Achieve It?" *Journal of Applied Psychology*, March 2009, pp. 478-490.
16. Jane M. Howell and Boas Shamir, "The Role of Followers in the *Charismatic Leadership* Process: Relationships and Their Consequences," *Academy of Management Review*, January 2005, p. 100.
17. Mark Greer, "The Science of Savoir Faire," *Monitor on Psychology*, January 2005, pp. 28-39; Jane M. Howell and Bruce Avolio, "The Ethics of *Charismatic Leadership*: Submission or Liberation?" *The Academy of Management Executive*, May 1992, pp. 43-52.
18. 이 인용과 이전 인용은 다음에서 발췌한 것이다: Stephen Barlas, "New Horizons for Growth at GE," *Hispanic Business*, January/February 2011, p. 25.
19. Warren Bennis, "Acting the Part of a Leader," *BusinessWeek*, September 19, 2009, p. 080.
20. Brad Stone, "Up in the Air: Will Richard Branson's Virgin America Fly?" *Bloomberg Business Week*, January 3-January 9, 2011, pp. 66-67.
21. "This Is Your Brain on the Job," *The Wall Street Journal*, September 20, 2007, pp. B1, B6에 기록된 내용 연구.
22. "Vision and Mission: Know the Difference," *Executive Leadership*, February 2006, p. 1.에서 인용
23. Jim Collins, "Aligning Action and Values," Leader to Leader Institute, http://leadertoleader.org, 마찬가지로 "Actions: Louder Than Vision Statements," *Executive Leadership*, May 2004, p. 8에 기록되어 있음.
24. Ed Frauenheim, "On the Clock but Off on Their Own Pet Project: Programs Set to Gain Wider Acceptance," *Workforce Management*, April 24, 2006, p. 40.
25. "Who's Next: Laura Ipsen: SVP and GM, Smart Grid Cisco," *Fast Company*, December 2010, January 2011, p. 39.
26. 목록에 있는 몇 가지 아이디어는 다음에서 온 것이다: "Nailing Down Your Vision: 8 Steps," *Executive Leadership*, September 2007, p. 2.
27. Howell and Avolio, "The Ethics of *Charismatic Leadership*," p. 46.
28. Jay A. Conger, "Inspiring Others: The Language of Leadership," The *Academy of Management Executive*, February 1991, p. 39.
29. Ibid.
30. Stephen Denning, "Stories in the Workplace," *HR Magazine*, September 2008, pp. 130-131.
31. Diane Brady and Jena McGregor, "What Works in Women's Networks," *BusinessWeek*, June 18, 2007, pp. 58-60.
32. Adam Bryant, "The C.E.O., Now Appearing on YouTube," *The New York Times* (www.nytimes.com), May 10, 2009.
33. Dennis A. Romig, *Side by Side Leadership: Achieving Outstanding Results Together* (Marietta, Ga.: Bard Press, 2001), p. 157.
34. Greer, "The Science of Savoir Faire," p. 30.에서 인용된 연구임
35. Judy Martin, "Aligning Your Passion with Your Personal Brand," *San Francisco Examiner* (www.examiner.com), March 7, 2009.
36. Suzanne Hoppough, "Image Doctor," *Forbes*, February 26, 2007, p. 60.
37. Rolfe Winkler, "Cisco: The Too-Human Network," *The Wall Street Journal*, February 11, 2011, p. C8.
38. Marshall Sashkin and Molly G. Sashkin, *Leadership That Matters: The Critical Factors for Making a Difference in People's Lives and Organizations' Success* (San Francisco: Berrett-Koehler, 2003).

39. Bernard M. Bass, "Does the Transactional-Transformational Leadership Paradigm Transcend National Boundaries?" *American Psychologist*, February 1997, p. 130.
40. Holly Rosenkrantz, "What Andy Sterns Leaves Behind," *Bloomberg Business Week*, April 25, 2010, p. 23.
41. John J. Hater and Bernard M. Bass, "Superiors' Evaluations and Subordinates' Perceptions of Transformational and Transactional Leadership," *Journal of Applied Psychology*, November 1988, p. 65; Noel M. Tichy and Mary Anne Devanna, *The Transformational Leader* (New York: Wiley, 1990).
42. "Quiznos' Turnaround King," *Executive Leadership*, November 2008, p. 4.
43. Peter Koestenbaum, *Leadership: The Inner Side of Greatness* (San Francisco: Jossey-Bass, 1991).
44. Carlos Ghosn, "First Person: Saving the Business Without Losing the Company," *Harvard Business Review*, January 2002, p. 40.
45. W. Chan Kim and Renee Mauborgne, "Tipping Point Leadership," *Harvard Business Review*, April 2003, pp. 65-66; Susan Berfield. "Bill Bratton, Globocop," *Bloomberg Business Week*, April 12, 2010, p. 50.
46. 다음에서 논평된 문헌들이다: Sally A. Carless, Alexander J. Wearing, and Leon Mann, "A Short Measure of Transformational Leadership," *Journal of Business and Psychology*, Spring 2000, pp. 389-405; Joyce E. Bono and Timothy A. Judge, "Personality and Transformational and Transactional Leadership: A Meta-Analysis," *Journal of Applied Psychology*, October 2004, pp. 901-910; Taly Dvir, Dov Eden, Burce J. Avolio, and Boas Shamir, "Impact of Transformational Leadership on Follower Development and Performance: A Field Experiment," *Academy of Management Journal*, August 2002, pp. 735-744; Bass, *Bass's Handbook of Leadership*, pp. 633-636.
47. Timothy A. Judge and Joyce E. Bono, "Five-Factor Model of Personality and Transformational Leadership," *Journal of Applied Psychology*, October 2000, pp. 751-765; Bono and Judge, "Personality and Transformational and Transactional Leadership," pp. 901-910.
48. Robert S. Rubin, David C. Munz, and William H. Bommer, "Leading from Within: The Effects of Emotional Recognition and Personality on Transformational Leadership Behavior," *Academy of Management Journal*, October 2005, pp. 845-856.
49. Susan Adams, "Take Back the Streets," *Forbes*, October 5, 2009, pp. 34-36.
50. Nick Turner et al., "Transformational Leadership and Moral Reasoning," *Journal of Applied Psychology*, April 2002, pp. 304-311.
51. Ronald F. Piccolo and Jason A. Colquitt, "Transformational Leadership and Job Behaviors: The Mediating Role of Core Job Characteristics," *Academy of Management Journal*, April 2006, p. 327.
52. Joyce E. Bono, Hannah Jackson Foldes, Gregory Vinson, and John P. Muros, "Workplace Emotions: The Role of Supervision and Leadership," *Journal of Applied Psychology*, September 2007, pp. 1357-1367.
53. Timothy A. Judge and Ronald F. Piccolo, "Transformational and Transactional Leadership: A Meta-Analytic Test of Their Relative Validity," *Journal of Applied Psychology*, October 2004, pp. 755-768.
54. John Schaubroeck, Simon S. K. Lam, and Sandra E. Cha, "Embracing Transformational Leadership: Team Values and the Impact of Leader Behavior on Team Performance," *Journal of Applied Psychology*, July 2007, pp. 1020-1030.
55. Yan Ling, Zeki Simsek, Michael H. Lubatkin, and John Veiga, "The Impact of Transformational CEO on the Performance of Small- to Medium-Sized Firms: Does Organizational Context Matter?" *Journal of Applied Psychology*, July 2008, pp. 923-934.

56. Warren G. Bennis and Burt Nanus, *Leaders: Strategies for Taking Charge* (New York: Harper & Row, 1985), p. 223.
57. Bradley R. Agle, Nandu J. Nagarajan, Jeffrey A. Sonnefeld, and Dhinu Srinivasan, "Does CEO Charisma Matter? An Empirical Analysis of the Relationships Among Organizational Performance, Environmental Uncertainty, and Top Management Team Perceptions of CEO Charisma," *Academy of Management Journal*, February 2006, pp. 161-174.
58. Robert C. Tucker, "The Theory of *Charismatic Leadership*," *Daedalus*, Summer 1968, pp. 731-756.
59. 다음에서 인용: Greer, "The Science of Savoir Faire," p. 30.
60. 처음 여섯 개 항목은 다음에서 온 것이다: Roger Dawson, *Secrets of Power Persuasion: Everything You'll Need to Get Anything You'll Ever Want* (Upper Saddle River, N.J.: Prentice Hall, 1992), pp. 179-194; 7번째 항목은 다음에서 온 것이다: James M. Kouzes and Barry Z. Posner, *The Leadership Challenge*, 3rd ed. (San Francisco: Jossey-Bass, 2002), p. 158.

CHAPTER 05

1. 이 이야기에 있는 의류 산업에 대한 몇 가지 사실들은 다음에서 온 것이다: Chris Burritt, "Why 'Less Is More' Rules Fashion," *Bloomberg Business Week*, May 30-June 5, 2011, pp. 18-19.
2. James G. Clawson, *Level Three Leadership: Getting Below the Surface*, 2nd ed. (Upper Saddle River, N.J.: Prentice Hall, 2002), p. 54.
3. Joanne B. Ciulla, ed., *Ethics: The Heart of Leadership*, 2nd ed. (Westport, CT.: Praeger, 2004), p. 119.에서 인용
4. Karianne Kalshoven, Deanne N. Den Hartog, and Annebel H. B. De Hoogh, "Ethical Leadership at Work Questionnaire (ELW): Development and Validation of a Multidimensional Measure," *Leadership Quarterly*, February 2001, p. 51.
5. *National Business Ethics Survey*, Ethics Resource Center, Arlington, VA, 2009 survey (www.ethics.org).
6. Thomas E. Becker, "Integrity in Organizations: Beyond Honesty and Conscientiousness," *Academy of Management Review*, January 1998, pp. 154-161.
7. Robert Simons, Henry Mintzberg, and Kunal Basu, "Memo to CEOs Re Five Half-Truths of Business," *Fast Company*, June 2002, p. 118.
8. Tricia Bisoux, "Corporate Counter Culture," *BizEd*, November/December 2004, p. 18.
9. Douglas R. May, Adrian Y. L. Chan, Timothy D. Hodges, and Bruce J. Avolio, "Developing the Moral Component of Authentic Leadership," *Organizational Dynamics*, no. 3, 2003, p. 248.
10. Peter G. Northouse, *Leadership: Theory and Practice*, 2nd ed. (Thousand Oaks, Calif.: Sage, 2001), p. 263.
11. Pete Engardio, "Global Compact Strengthens Efforts to Promote Human Rights in Business," www.unglobalcompact.org, December 10, 2007; "Overview of the UN Global Compact." www.unglobalcompact.org., November 23, 2010.
12. Clawson, *Level Three Leadership*, p. 57.
13. "Fed Chief Points to Cautious Recovery," Gannett News Service, July 17, 2002.
14. "KPMG's Timothy Flynn: Restoring Credibility and Not Looking Back," *Knowledge @ Wharton*, December 12, 2007, p. 1.
15. Lawrence Kohlberg, *Essays on Moral Development* (New York: Harper & Row, 1984).
16. Susan Chandler, "Why Do Rich CEOs Steal? Entitlement," Knight Ridder News Service, September 19, 2004.
17. "Trends in CEO Pay," www.aflcio.org/corporatewatch, 2011.
18. Aaron Lucchetti and Monica Langley, "Performor-Die Culture Leaves Thin Talent Pool for Top Wall Street Jobs," *The Wall Street Journal*, November 5, 2007, p. A1.

19. Max H. Bazerman and Ann E. Tenbrunsel, "Ethical Breakdowns," *Harvard Business Review*, April 2011, pp. 61-62.
20. "The Ethical Mind: A Conversation with Psychologist Howard Gardner," *Harvard Business Review*, March 2007, pp. 51-56.
21. Timberly Ross, "Buffet Warns Execs to Avoid Temptation," The Associated Press, October 10, 2006.
22. James L. Bowditch and Anthony F. Buono, *A Primer on Organizational Behavior*, 5th ed. (New York: Wiley, 2001), p. 4.
23. Kate Kelly, "How Goldman Won Big on Mortgage Meltdown," *The Wall Street Journal*, December 14, 2007, pp. A1, A18.
24. Kunal Basu and Guido Palazzo, "Corporate Responsibility: A Process Model of Sensemaking," *Academy of Management Review*, January 2008, p. 124.
25. R. Edward Freeman, "From the Boardroom to the Classroom: An Ethics Revolution," *The Wall Street Journal*, December 10, 2007, p. A15.
26. Christine Arena, "'Corporate Social Responsibility': A Wobbly Concept," *The Christian Science Monitor* (CSMonitor.com), October 22, 2010, p. 2.
27. Richard L. Schmalensee, "The 'Thou Shalt' School of Business," *The Wall Street Journal*, December 30, 2003, p. B4.
28. Christina Rexrode, "Ringing Silence on Topic of Ethics, Banking," *The Charlotte Observer*, December 25, 2010.
29. Linda Klebe Trevino and Michael E. Brown, "*Managing* to Be Ethical: Debunking Five Business Ethics Myths," *Academy of Management Executive*, May 2004, p. 79.
30. Milton Moskowitz, Robert Levering & Christopher Tkaczyk, "100 Best Companies to Work For," *Fortune*, February 7, 2011, pp. 91-98; Robert Levering and Milton Moskowitz, "The 2008 List," *Fortune*, February 4, 2008, p. 75.
31. The Colvin Interview, "Linda Fisher: Chief Sustainability Officer, DuPont," *Fortune*, November 23, 2009, pp. 45-46; Jeremiah McWilliams, "Coca-Cola Names Bea Perez Chief Sustainability Officer" *The Atlanta Journal-Constitution* (www.ajc.com), May 19, 2011, p. 1.
32. Stephen Power, "Green Push Hits Tire Makers," *The Wall Street Journal*, December 11, 2007, p. A18.
33. Geoff Colvin, "The UPS Green Dream," *Fortune*, December 27, 2010, pp. 49-50.
34. Stacy Perman, "Save the World, Inc." *BusinessWeek SmallBiz*, April/May 2009, p. 54.
35. Erika Brown, "Rehab, Reuse, Recycle," *Forbes*, April 21, 2008, pp. 71, 72.
36. 상세한 내용은 www.gatesfoundation.org를 참조한다.
37. Brittany Hutson, "A Passion for Giving," *Black Enterprise*, May 2009, p. 70.
38. Robert J. Bies, Jean M. Bartunek, Timothy L. Fort, and Mayer N. Zald, "Corporations as Social Change Agents: Individual, Interpersonal, Institutional, and Environmental Dynamics," *Academy of Management Review*, July 2007, pp. 788-793.
39. Amy Merrick, "Gap Offers Unusual Look at Factory Conditions," *The Wall Street Journal*, May 12, 2004, pp. A1, A12; "Tara and Stacey Meet Gap," *Ethical Trading Initiative* (www.ethicaltrade.org), June 5, 2009.
40. Joanne Lozar Glenn, "Making Sense of Ethics," *Business Education Forum*, October 2004, p. 10.에서 인용
41. Jessica Holzer and Shayndi Raice, "IBM Settles Bribery Charges," *The Wall Street Journal*, March 19-20, 2011, p. B1.
42. Jonathan Karp, "At the Pentagon, An 'Encyclopedia of Ethical Failure,'" *The Wall Street Journal*, May 14, 2007, p. A15.
43. Lara Lakes Jordan, "Whistle-Blowers Identified $1.3 in Fraud over Year," The Associated Press, November 22, 2006.
44. "A Tip for Whistleblowers: Don't," *Mother Jones*,

June 2007, *The Wall Street Journal*, May 31, 2007, p. B6에서 재출판 됨.
45. Harry Markopolos, *No One Would Listen* (New York: Wiley, 2010).
46. Jean Thilmany, "Supporting Ethical Employees," *HR Magazine*, September 2007, p. 108.
47. Jane Porter, "Using Ex-Cons to Scare MBAs Straight," *Business Week*, May 5, 2008, p. 058.
48. Jonathan M. Tisch, "From 'Me' Leadership to 'We' Leadership," *The Wall Street Journal*, October 26, 2004, p. B2.
49. Craig L. Pearse, Charles C. Manz, and Henry P. Sims Jr., "The Roles of Vertical and Shared Leadership in the Enactment of Executive Corruption: Implications for Research and Practice," *Leadership Quarterly*, June 2008, pp. 353-359.
50. Alison Mackey, Tyson B. Mackey, and Jay B. Barney, "Corporate Social Responsibility and Firm Performance: Investor Preferences and Corporate Strategies," *Academy of Management Review*, July 2007, p. 833.
51. Sandra A. Waddock and Samuel B. Graves, "The Corporate Social Performance-Financial Performance Link," *Strategic Management Journal*, Spring 1997, pp. 303-319.
52. "Employees Who Work in an Ethical Environment Are More Inclined to Go the Extra Mile for the Boss," *Ethics Resource Center* (www.ethics.org), July 8, 2010.
53. Anne Field, "Mission Possible," *BusinessWeek SmallBiz*, December 2007-January 2008, pp. 41-42.
54. Daniel J. Brass, Kenneth D. Butterfield, and Bruce C. Skaggs, "Relationships and Unethical Behavior: A Social Network Perspective," *Academy of Management Review*, January 1998, pp. 14-31.

CHAPTER 06

1. Edwin A. Locke and Associates, *The Essence of Leadership: The Four Keys to Leading Successfully* (New York: Lexington/Macmillan, 1991), p. 94.
2. W. Dyer, *Team Building: Issues and Alternatives* (Reading, Mass.: Addison-Wesley, 1977), 마찬가지로 Lynn R. Offerman and Rebecca K. Spiros, "The Science and Practice of Team Development: Improving the Link," *Academy of Management Journal*, April 2001 , p. 380.에서 인용
3. Jon R. Katzenbach and Douglas K. Smith, "The Discipline of Teams," *Harvard Business Review*, March-April 1993, p. 112
4. Shari Caudron, "Teamwork Takes Work," *Personnel Journal*, February 1994, p. 45; Andrew J. DuBrin, *The Reengineering Survival Guide: Managing and Succeeding in the Changing Workplace* (Mason, OH.: Thomson Executive Press, 1996), pp. 129- 144.
5. Alan Murray, *The Wall Street Journal Essential Guide to Management* (New York: Harper Business, 2010), p. 89.
6. Frederick P. Morgeson, "The External Leadership of Self-*Managing* Teams: Intervening in the Context of Novel and Disruptive Events," *Journal of Applied Psychology*, May 2005, pp. 497-508.
7. Kannan Srikanth and Phanish Puranam, "Advice for Outsourcers: Think Bigger," *The Wall Street Journal*, January 25, 2010, p. R7.
8. David De Cremer and Daan van Knippenherg, "How Do Leaders Promote Cooperation? The Effects of Charisma and Procedural Fairness," *Journal of Applied Psychology*, October 2002, pp. 858-866.
9. "Clarify Team Roles to Ensure Success," *Manager's Edge*, August 2005, p. 6.
10. James M. Kouzes and Barry Z. Posner, *The Leadership Challenge*, 3rd ed. (San Francisco: Jossey-Bass, 2002), p. 244
11. John Blau, "At Nokia Temperament Is a Core

Competence, *Research Technology Management*, July/August 2003, p. 6; Stephen Baker, "Nokia: Can CEO Ollila Keep the Cellular Superstar Flying High?" *BusinessWeek*, August 10, 1998, p. 056.

12. Dean Tjos,101d and Mary M. Tjosvold, *The Emerging Leader: Ways to a Stronger Team* (New York: Lexington Books, 1993); "Improve Teamwork with a 'Code of Conduct,"' *Manager's Edge*, February 2005, p. 1.
13. Vanessa Urch Druskat and Steven B. Wolff, "Building the Emotional Intelligence of Groups," *Harvard Business Review*, March 2001 , pp.80-90.
14. Paul S. George, "Teamwork Without Tears," *Personnel Journal*, November 1987, p. 129.
15. Clive Goodworth, "Some Thoughts on Creating a Team," in Michel Syrett and Clare Hogg, eds., *Frontiers of Leadership* (Oxford, England: Blackwell Publishers, 1992), p. 472
16. Peter Pronovost and Eric Vobr, *Safe Patients, Smart Hospitals* (New York: Hudson Street Press, 2010).
17. Nancy Hatch Woodward, "The Coming of the X Managers," *HR Magazine*, March 1999, pp. 75, 76.에서 인용. 2011년 4월 12일 LinkedIn에 업데이트됨
18. Katzenbach and Smith, "The Discipline of Teams," pp. 118-119.
19. Lee G. Bolman and Terrence E. Deal, "What Makes a Team Work?" *Organizational Dynamics*, Autumn 1992, p. 6.
20. John Brodie, "King of Cool," *Fortune*, September 1, 2008, p. 52; Tina Gaudoin, "Mickey Drexler: Retail Therapist," *The Wall Street Journal* (http://magazine.wsj.com), June 10, 2010, p. 3
21. Anne Fisher, "In Praise of Micro*Managing*," *Fortune*, August 23, 2004, p. 40.
22. Bruce J. Avolio and Surinder S. Kahai, "Adding 'E' to E-Leadership: How It May Impact Your Leadership," *Organizational Dynamics*, vol. 31, no. 4, 2003, p. 325.
23. Arvind Malhotra, Ann Majchzak, and Benson Rosen, "Leading Virtual Teams," *Academy of Management Perspectives*, February 2007, pp. 60-70; Lynda Gratton, "Working Together ... When Apart," *The Wall Street Journal*, June 16-17, 2007, p. R4에 있는 연구; Bill Leonard, "*Managing* Virtual Teams," *HR Magazine*, June 2011, pp. 38-42.
24. John Cordery, Christine Soo, Bradley Kirkman, Benson Rosen, and John Mathieu, "Leading Parallel Global Virtual Teams: Lessons from Alcoa," *Organizational Dynamics*, July-September 2009, pp. 204- 216
25. "Teamwork: The Color Committee Gets to Work," *Fortune*, October 26, 2009, p. 37.
26. Richard Lepsinger, "Virtual Team Failure: Six Common Missteps that Threaten Your Team's Success," *Communication Briefings*, February 2011, p. 6.
27. Bolman and Deal, "What Makes a Team Work?" pp.41-42.
28. Thomas J. McCoy, *Creating an "Open Book" Organization ... Where Employees Think and Act Like Business Partners* (New York: AMACOM, 1999); John Case, "HR Learns How to Open the Books," *HR Magazine*, May 1998, pp. 71-76.
29. Jennifer Wang, "Unneatable," *Entrepreneur*, February 2011, p. 16.
30. John Chambers, "Cisco Sees the Future," *Harvard Business Review*, November 2008, p.55.
31. Todd Henemann, "Firms Making Friends with Social Media," *Workforce Management*, April 2010, p. 4.에서 인용
32. Sonia Alleyne, "Rallying the Troops," *Black Enterprise*, February 2011, p. 75.에서 인용
33. Joyce Gannon, "Horses Help People Learn to Work Better with Others," *Pittsburgh Post-Gazette*, June 4, 2004
34. Jeffrey M. O'Brien, "Team Building in Paradise," *Fortune*, May 26, 2008, pp. 112-116.
35. Jeffrey M. O'Brien, "Team Building in Paradise," *Fortune*, May 26, 2008, pp. 112-116.에서 인용
36. Michael P. Regan, "Radical Steps to Help Build

Teamwork," Associated Press, February 20, 2004 에서 인용

37. "Avoid 'Cringe Factor' in Team Building," *Manager's Edge*, May 2009, p. 8.
38. George Graen and J. E. Cashman, "A Role Making Model of Leadership in Formal Organizations: A Developmental Approach," in J. G. Hunt and L. L. Larson, eds., *Leadership Frontiers* (Kent, O.: Kenl State University Press, 1975), pp. 143-165; Robert P. Vecchio, "Leader-Member Exchange, Objective Performance, Employment Duration, and Supervisor Ratings: Testing for Moderation and Mediation," *Journal of Business and Psychology*, Spring 1998, p. 328.
39. Elaine M. Engle and Robert G. Lord, "Implicit Theories, Self-Schemas, and Leader-Member Exchange," *Academy of Management Journal*, August 1997, pp. 988-1010.
40. Xiaohua (Tracy) Zhou and Chester A Schriesheim, "Supervisor-Subordinate Convergence in Descriptions of Leader-Member Exchange (LMX) Quality: Review and Testable Propositions," *The Leadership Quarterly*, December 2009, pp. 920-932.
41. Howard J. Klein and Jay S. Kim, "A Field Study of the Influences of Situational Constraints, Leader-Member Exchange, and Goal Commitment on Performance," *Academy of Management Journal*, February 1998, pp. 88-95.
42. Randall P. Settoon, Nathan Bennett, and Robert C. Liden, "Social Exchange in Organizations: Perceived Organizational Support, Leader-Member Exchange, and Employee Reciprocity," *Journal of Applied Psychology*, June 1995, pp. 219-227.
43. Pamela Tierney and Talya N. Bauer, "A Longitudinal Assessment of LMX on Extra-Role Behavior," *Academy of Management Best Papers Proceedings*, 1996, pp. 298-302.
44. David A. Hofman and Frederick P. Morgeson, "Safety-Related Behavior as a Social Exchange: The Role of Perceived Organizational Support and Leader-Member Exchange," *Journal of Applied Psychology*, April 1999, pp. 286-296.
45. Ronald F. Piccolo and Jason A. Colquitt, "Transformational Leadership and Job Behaviors: The Mediating Role of Core Job Characteristics," *Academy of Management Journal*, April 2006, pp. 327-340
46. Vijaya Venkataramani, Stephen G. Green, and Deidra J. Schleicher, "Well-Connected Leaders: The Impact of Leaders' Social Network Ties on LMX and Members' Work Attitudes," *Journal of Applied Psychology*, November 2010, pp. 1071-1084.
47. Robert C. Liden, Sandy J. Wayne, and Deal Stilwell, "A Longitudinal Study on the Early Development of Leader-Member Exchanges," *Journal of Applied Psychology*, August 1993, pp.662-674.
48. Ruth Wageman, Colin M. Fisher, and J. Richard Hackman, "Leading Teams When the Time is Right: Finding the Best Moments to Act," *Organizational Dynamics*, July-September 2009, p. 193.
49. "Promote Teamwork by Rearranging the Office," *people@Work*, sample issue, 1999, published by Texas Professional Training Associates, Inc. Diana Louise Carter, "Global Crossing Fuses Staff," Rochester, New York, *Democrat and Chronicle*, January 18, 2008, pp. 6D, 5D.

CHAPTER 07

1. 이 이야기는 다음의 출처에서 찾은 사실을 바탕으로 꾸며진 것이다: Gary Rilvlin, "The Problem with Microsoft," *Fortune*, April 11, 2001, pp. 45-52; Peter Burrows, " Microsoft Defends Its Empire," *Business Week*, July 6, 2009, pp. 028-033; "Ballmer, Steve, "*Novelguide.com* (1999 by Gale Research(2001년 4월 1일 접속)); Jeff Atwood, "Steve Ballmer: Sweatiest Billionaire Ever," *Coding Horror* (www.codinghorror.com),

July 27, 2005, pp. 1-5.

2. Gary Kranz, "Employees Want Feedback, Even if It's Negative," *Workforce Management*, February 2010, p. 11.3.에서 인용

3. Ed Frauenheim, "Downturn Puts New Emphasis on Engagement," *Workforce Management*, July 20, 2009, p. 8.

4. Ed Frauenheim, "Commitment Issues," *Workforce Management*, November 16, 2009, p.20.

5. Garry Kranz, "Employees Want Feedback-Even If It's Negative," *Workforce Management*, February 2010, pp. 10-11.

6. Laura Raines, "Re-engaging Workers Is a Big Hurdle for HR," *AJC* (www.ajc.comJjobs), March 17, 2011, p. 2.에서 인용

7. "Special Report: Employee Engagement," *Workforce Management*, July 2011, p. 26.에서 인용된 설문 조사

8. Thad Green, *Motivation Management: Fueling Performance by Discovering What People Believe About Themselves and Their Organizations* (Palo Alto, CA: Davies-Black Publishing, 2000). 업무 동기부여에 적용된 기대이론의 원본은 Victor H. Vroom의 *Work and Motivation* (New York: Wiley, 1964).

9. Wendelien Van Eerde and Hank Thierry, "Vroom's Expectancy Models and Work-Related Criteria: A Meta-Analysis," *Journal of Applied Psychology*, October 1996, pp. 548-556.

10. David A. Nadler and Edward E. La Nler III, "Motivation: A Diagnostic Approach," in Richard Hackman, Edward E. Lawler III, and Lyman W. Porter, eds., *Perspectives on Behavior in Organizations*, 2nd ed. (New York: McGraw-Hill, 1983), pp. 67-78; James A. F. Stoner and R. Edward Freeman, *Management*, 4th ed. (Upper Saddle River, N.J.: Prentice Hall, 1989), p. 448.

11. Amir Erez and Alice M. 1sen, "The Influence of Positive Affect on the Components of Expectancy Motivation," *Journal of Applied Psychology*, December 2002, pp. 1055-1067.

12. "The Secret to Meeting Your Goals," *Manager's Edge*, Special Issue, 2008, p. 3.

13. Literature reviewed in Gerard H. Seitjts, Gary P Latham, Kevin Tasa, and Bradon W. Latham, "Goal Setting and Goal Orientation: An Integration of 'Two Different Yet Related Literatures," *Academy of Management Journal*, April 2004, pp. 227-228.

14. Edwin A. Locke and Gary P. Latham, *A Theory of Goal Setting and Task Performance* (Upper Saddle River, N.J.: Prentice Hall, 1990); Latham, *Work Motivation: History, Theory Research and Practice* (Thousand Oaks, CA: Sage, 2007).

15. "Motivate Staff with Noble Cause," *Manager's Edge*, June 2005, p. 1.

16. "Set Outrageous Goals," *Executive Leadership*, June 2001, p. 7.에서 인용

17. John J. Donavan and David J. Radosevich, "The Moderating Role of Goal Commitment on the Goal Difficulty-Performance Relationship: A Meta-Analytic Review and Critical Reanalysis," *Journal of Applied Psychology*, April 1998, pp. 308-315.

18. Don VandeWalle, Steven P. Brown, William L. Cron, and John W. Slocum Jr., "The Influence of Goal Orientation and Self-Regulation Tactics on Sales Performance: A Longitudinal Field Test," *Journal of Applied Psychology*, April 1999, pp.249-259.

19. Maurcie E. Schweitzer, Lisa Ordoñez, and Bambi Douma, "Goal Setting as a Moderator of Unethical Behavior," *The Academy of Management Journal* June 2004, p. 430.

20. The Problem with Financial Incentives-And What to Do About It," *Knowledge @Wharton* (http://knowledge.wharton.upenn.edu), March 30, 2011, pp. 1-4.

21. Lisa D. Ordóñez, Maurice E. Schweitzer, Adam D. Galinksy, and Max H. Bazerman, "Goals Gone Wild: The Systematic Side Effects of Overprescribing Goal Setting," *Academy of Management Perspective*, February 2009, p. 14.

22. Julie Bos, "Beating the Burnout: Six Top

Strategies for Effective Employee Rewards and Recognition," *Workforce Management*, October 2010, p. 40에서 인용.

23. Adrian Gostick and Chester Elton, *The Carrot Principle: How the Best Managers Use Recognition to Eŋgage Their People, Retain Talent and Accelerate Performance* (New York: The Free Press, 2007)에서 인용된 연구
24. Jennifer Laabs, " Satisfy Them with More Than Money," *Workforce*, November 1998, p. 43.
25. Leslie Gross Klaff, " Getting Happy with the Rewards King," *Workforce*, April 2003, p. 47.
26. Gostick and Elton, *The Carrot Principle*.
27. "Raise Workplace Morale without Spending a Dime," *Communication Briefings*, April, 2010, p. 5.
28. Andrew J. DuBrin, " Self-Perceived Technical Orientation and Attitudes Toward Being Flattered," *Psychological Reports*, 96, 2005, pp. 852-854.
29. John A. Byrne, "How to Lead Now," *Fast Company*, August 2003, p. 66.에서 인용
30. J. Stacy Adams, "Toward an Understanding of Inequality," *Journal of Abnormal and Social Psychology*, 67, 1963, pp. 422-436; M. R. Carrell and J. E. Dettrick, "Equity Theory: The Recent Literature, Methodological Considerations, and New Directions," *Academy of Management Review*, April 1978, pp. 202-210.
31. Jack and Suzy Welch, "Give Till It Doesn't Hurt," *BusinessWeek*, February 11, 2008, p. 092.
32. David Novak with John Boswell, *The Education of an Accidental CEO* (New York: Crown Business, 2007).
33. Carol Hymowitz, "Managers Lose Talent When They Neglect to Coach Their Staffs," *The Wall Street Journal*, March 19, 2007, p. B1.에서 인용
34. James M. Hunt and Joseph R. Weintraub, *The Coaching Manager: Developing Top Talent in Business* (Thousand Oaks, CA.: Sage, 2002).
35. Douglas Riddle, "Prepping Tomorrow's Leaders Today," *Leading Effectively* www.ccl.org, September 2006.
36. Robert D. Evered and James E. Selman, " Coaching and the Art of Management," *Organizational Dynamics*, Autumn 1989, p. 15.
37. Ian Cunningham and Linda Honold, "Everyone Can Be a Coach," *HR Magazine*, June 1998, pp.63-66.
38. "Coaching-One Solution to a Tight Training Budget," *HRfocus*, August 2002, p. 7.
39. "Request Permission to Coach," *Manager's Edge*, June 2003, p. 5.
40. Karen Wright, "A Chic Critique," *Psychology Today*, March/April 2011, p. 59
41. "Tips of the Month," *Communication Briefings*, October 2010, p. 1.
42. "Fast Tips for Savvy Managers," *Executive Strategies*, April 1998, p. 1.
43. Anna Marie Valerio and Robert J. Lee, *Executive Coaching: A Guide for the HR Professional* (San Francisco: Pfeiffer, 2005).
44. Diane Coutu and Carol Kaufman "What Can Coaches Do for You?" *Harvard Business Review*, January 2009, p. 92.
45. Douglas P. Shuit, "Huddling with the Coach," *Workforce Management*, February 2005, pp.53-57.
46. Erik De Haan, Colin Bertie, Andrew Say, and Charlotte Sills, " Clients' Critical Moments of Coaching: Toward a 'Client Model' of Executive Coaching," Academy of *Management Learning & Education*, December 2011 , p. 612.
47. Diane Brady, "The Unknown Guru," *Bloomberg Business Week*, November 29-December 5, 2010, p. 86.
48. 이 마지막 항목은 다음에서 발췌한 것이다: Joann S. Lublin, "Now, Add One More to the Hiring Process: The Boss's Coach," *The Wall Street Journal*, April3, 2007, p. B 1.
49. Amy Joyce, "Career Coaches Nurture Executives," *Washington Post* syndicated story, August 16, 2004.
50. Bob Rosner의 인터뷰, "'Team Players' Expect Real Choices," *Workforce*, May 2001 , p. 63.
51. Stratford Sherman and Alyssa Freas, "The Wild

West of Executive Coaching," *Harvard Business Review*, November 2004, pp. 86-88; Brady, "The Unknown Guru," *Bloomberg Business Week*, November 29, 2010, p. 84.
52. Steve Berglas, "The Very Real Dangers of Executive Coaching," *Harvard Business Review*, June 2002, pp. 86-92.
53. Michael Maccoby, "The Dangers of Dependence on Coaches," *Harvard Business Review*, January 2009, p.95

CHAPTER 08

1. 다음에서 발췌한 것이다: "From Soup to Negligee: Success According to Victoria's Secret's Lori Greeley and Campbell Soup's Denise Morrison," *Knowledge@Wharton* (http://knowledge. wharton.upenn.edu), March 02, 2011, pp. 1-5.
2. Ralph M. Stogdill and Alvin E. Coons, eds., *Leader Behavior: lts Description and Measurement* (Columbus, OH.: The Ohio State University Bureau of Business Research, 1957); Carroll L. Shartle, *Executive Performance and Leadership* (Upper Saddle River, N.J.: Prentice Hall, 1956).
3. Margaret Littman, "Best Bosses Tell All," *Working Woman*, October 2000, p. 50; Jeff Bailey, "Reinventing Applebee's," *Forbes.com*, December 2, 2009, pp. 1-3.
4. Cecilie Robwedder, "Marks & Spencer Plucks New CEO from Rival," *The Wall Street Journal*, November 19, 2009, p. B12.
5. "The World's Most Powerful Women," *Forbes*, September 7, 2009, pp. 84-88.
6. Timothy A. Judge, Ronald F. Piccolo, and Remus Ilies, "The Forgotten ones? The Validity of Consideration and Initiating Structure in Leadership Research," *Journal of Applied Psychology*, February 2004, pp. 36-51.
7. Larry Bossidy, "What Your Leader Expects of You, and What You Should Expect in Return," *Harvard Business Review*, April 2007, p. 64.
8. Geoffrey Colvin, "What Makes GE Great?" *Fortune*, March 6, 2006, p. 96.
9. Sharon Terlep and Joann S. Lublin, "New GM CEO: Brash, Blunt, and Demanding," *The Wall Street Journal*, August 16, 2010, p. B2.
10. Marcus Buckingham, "What Great Managers Do," *Harvard Business Review*, March 2005, pp.70-79.
11. Desa Philadelphia, "Q&A: Larry Bossidy on Execution." *Time Global Business*, July 2002, p. B5.
12. Brian O'Keefe, "Meet the CEO of the Biggest Company on Earth," *Fortune*, September 27, 2010, pp. 83, 84.
13. Henry Mintzberg, *Managing* (San Francisco: Berrett-Koehler, 2009), p. 88.
14. Joann S. Lublin, "Top Brass Try Life in the Trenches," *The Wall Street Journal*, June 25, 2007, p. B1.
15. David Kiley, "The New Heat on Ford,'" *Business Week*, June 4, 2007, p.035에서 인용.
16. Mitch Betts, "Hot Job: Corporate Anthropologist to Boost Collaboration," *Computerworld*, October 25, 2010 (www.computerworld.com).
17. "A CEO on the Go: Randy Komisar on the Art of Snap Leadership," *Executive Strategies*, July 2000, p. 3.
18. John P. Kotter, "What Leaders Really Do," *Harvard Business Review*, May-June 1990, pp. 105-106.
19. Nancy Dahlberg, "Hair Cuttery Founder: 'Just a Regular Guy' with a Big Vision," *The Miami Herald* (www.miamiherald.com). February 23, 2001 , pp. 1-3.
20. James R. DeLert and Ethan R. Burris, "Leadership Behavior and Employee Voice: Is the Door Really Open?" *Academy of Management Journal*, August 2007, p. 871.
21. David Kirkpatrick, "Inside Sam's $100 Billion Growth Machine," *Fortune*, June 14, 2004, p. 88.
22. Geoffrey Colvin, "How One CEO Learned to

Fly," *Fortune*, October 30, 2006, p. 98.

23. "Carrot and Stick Failing? Try Encouragement," *Executive Leadership*, July 2007, p. 4.
24. Adam Bryant, "Want the Job? Tell Him the Meaning of Life," *The New York Times* (www.nytimes.com). June 18, 2010, p. 3.에서 인용
25. "Covey Proposes Principle-Based Leadership," *Management Review*, September 1995, p. 21.
26. Bill George, *Authentic Leadership* (San Francisco: Jossey-Bass, 2003).
27. Erin White, "Authentic' Ways of Leading," *The Wall Street Journal*, December 3, 2007, p. B3.
28. Stacy Perlman, "The Secret Sauce at In-N-Out Burger," (Book Excerpt), *BusinessWeek*, April 20, 2009, pp. 068-069.
29. Robert K. Greenleaf, *The Power of Servant Leadership* (San Francisco: Berrett-Koehler, 1998).
30. 다음을 바탕으로 함: Robert K. Greenleaf, *Servant Leadership: A Journey into the Nature of Legitimate Power and Greatness* (Mahwah, N.J.: Paulist Press, 1997); Robert C. Liden, Sandy J. Wayne, Hao Zhao, and David Henderson, "Servant Leadership: Development of a Multidimensional Measure and Multi-Level Assessment," *The Leadership Quarterly*, April 2008, pp. 161-177.
31. "Be a Leader, Not a Pal," *Manager's Edge*, March 2007, p. 3.
32. "The Essence of Servant Leadership," *Manager's Edge*, January 2004, p. 3.
33. Liden et al., "Servant Leadership: Development of a Multidimensional Measure," p. 172.
34. Fred O. Walumbwa, Chad A. Hartnell, and Adegoke Oke, "Servant Leadership, Procedural Justice Climate, Service Climate, Employee Attitudes, and Organizational Citizenship Behavior," *Journal of Applied Psychology*, May 2010, pp.517-529.
35. D. Scott DeRue, Jennifer D. Nahrgang, Ned Wellman, and Stephen E. Humphrey, "Trait and Behavioral Theories of Leadership: An Integration and Meta-Analytic Test of Their Relative Validity," *Personnel Psychology*, Number 1, 2011, pp. 7-52.
36. Bruce Pfau and Ira Kay, "Does 360-Degree Feedback Negativel y Affect Company Performance?" *HR Magazine*, June 2002, pp. 58-59; Richard Lepsinger and Anntoinette D. Lucia, *The Art and Science of 360 Degree Feedback*, 2nd ed. (San Francisco: Pfeiffer, 2009).
37. Craig L. Pearse, "The Future of Leadership: Combining Vertical and Shared Leadership to Transform Know1edge Work," *Academy of Management Executive*, February 2004, pp.47-57.
38. "Ricardo Semler's Huge Leap of Faith," *Executive Leadership*, April 2006, p. 6.
39. Anders Skogstad et al., "The Destructiveness of Laissez-faire Leadership Behavior," *Journal of Occupational Health Psychology*, no. 1, 2007, pp.80-92
40. Cited in Martin Peers, "Google Turns the Page on Schmidt," *The Wall Street Journal*, January 21, 2011, p. C10.
41. "GM Boss-to-Be Has Hard-Nosed Reputation," *Detroit Free Press*, August 14, 2010
42. Robert R. Blake and Anne Adams McCanse, *Leadership Dilemmas-Grid Solutions* (Houston, TX: Gulf Publishing, 1991); http://www.gridintemational.com/gridtheory.html, 2007.
43. "Sallie Krawcheck: Bring on the Indies," *Investment News* (www.investmentnews.com) March 4, 2011, pp. 1-7 Dan Fitzpatrick, "B of A Sees Sharp Cut in Merrill Exits," *The Wall Street Journal*, January 15, 2010, p. C3.
44. J. Robert Baum and Edwin A. Locke, "The Relationship of Entrepreneurial Traits, Skill, and Motivation to Subsequent Venture Growth," *Journal of Applied Psychology*, August 2004, pp. 587-598; Gayle Sato Stodder, "Goodbye Mom and Pop: The Neighborhood's Not Big Enough for Today's Entrepreneur. Only the World Will Do," *Entrepreneur*, May 1999, pp. 145- 151.
45. Melissa S. Cardon, Joakim Wincent, Jagdip Singh, and Mateja Dronovsek, "The Nature and Experience of Entrepreneurial Passion," *Academy*

of Management Review, July 2009, pp. 511- 532. Roddick에 관한 인용문도 p. 511에서 인용.

46. "The World's 50 Most Innovative Companies," *Fast Company*, March 2010, p. 67에서 인용
47. Judy Rosener, "Ways Women Lead," *Harvard Business Review*, November-December 1990, pp.119-125.
48. Debra Phillips, "The Gender Gap," *Entrepreneur*, May 1995, pp. 110, 11 1.
49. Michael Schrage, "Why Can't a Woman Be More Like a Man?" *Fortune*, August 16, 1999, p. 184.에 보고된 연구
50. 이 주제에 관한 연구의 상당 부분은 다음에 요약되어 있다: Mary Crawford, *Talking Difference: On Gender and Language* (London Sage, 1995).
51. Jan Grant, "Women Managers: What Can They Offer Organizations?" *Organizational Dynamics*, Winter 1988, pp. 56-63.
52. Del Jones, "Female CEOs Taking Charge Firmly," *USA Today*, December 31, 2009에서 인용
53. Alice H. Eagly and Linda L. Carli, "Women and the Labyrinth of Leadership," *Harvard Business Review*, September 2007, p. 66
54. Daniel Goleman, "Leadership That Gets Results," *Harvard Business Review*, March-April 2000, pp. 78-90.
55. Felix Brodbeck, Michael Frese, and Mansour Havidan, "Leadership Made in Germany: Low on Compassion, High on Performance," *Academy of Management Executive*, February 2002, pp. 16-30.
56. David J. Henderson, Robert C. Liden, Brian C. Glibkowski, and Anjali Chaudhry, "LMX Differentiation: A Multilevel Review and Examination of its Antecedents and Outcomes," *Leadership Quarterly*, August 2009, pp. 517-534.
57. Ralph M. Stogdill, "Historical Trends in Leadership Theory and Research," Journal of Contemporary Business, Autumn 1974, p. 7
58. "Directive Management or Not?" *Working SMART*, December 1992, p. 3

CHAPTER 09

1. 첫 문장은 다음을 바탕으로 한 것이다: Matthew Dolan, "Crisis Mode Persists For Detroit Schools," *The Wall Street Journal*, February 11, 2011, p. A5. 나머지 정보는 다음에서 발췌하여 각색한 것이다: "Office of the Emergency Financial Manager," http://detroit12.org/azdmin/finance/manager/, p. 17. 2011년 3월 11일 접속, p. 17.
2. "Surprising and Effective Cure for Today's Biggest Workplace Crisis," *Executive Focus*, September 2004, p. 21.
3. Victor H. Vroom and Arthur G. Jago, "The Role of the Situation in Leadership," *American Psychologist*, January 2007, pp. 6-16.
4. Henry Mintzberg, *Managing* (San Francisco: Berrett-Koehler,2009),pp.106-107.
5. Karen Barrow, "Mindfulness Lets Leaders See More Possibilities," *Democrat and Chronicle* (Rochester, New York),January18, 2009, p. 2E에서 인용.
6. 주요 연구가들 중 한 명이 정리한 정황 이론의 종합판의 경우, 다음을 참조한다. Martin M. Chemers, *An Integrative Theory of Leadership* (Mahwah, N.J.: Erlbaum, 1997), pp. 28-38. 또한 다음도 참조한다. Bernard M. Bass with Ruth Bass, *The Bass Handbook of Leadership: Theory, Research, & Managerial Applications*, 4th edition (New York: The Free Press, 2008) ,pp. 522-527.
7. Vroom and Jago, "The Role of the Situation," p. 20.
8. Robert J. House, "A Path-Goal Theory of Leader Effectiveness," *Administrative Science Quarterly*, September 1971, pp. 321-328; Robert T. Keller, "A Test of the Path-Goal Theory with Need for Clarity as a Moderator in Research and Development Organizations," *Journal of Applied Psychology*, April 1989, pp. 208-212; Robert J. House and Terence R. Mitchell, "Path-Goal Theory of Leadership," *Journal of Contemporary Business*, Autumn 1974, pp. 81-97.
9. Vroom and Jago, "The Role of the Situation," p.

20.
10. Robert House, "Path-Goal Theory of Leadership: Lessons, Legacy, and a Reformulated Theory," *Leadership Quarterly*, no. 3, 1996, p. 348.
11. House and Mitchell, "Path-Goal Theory," p. 84; Bass, *The Bass Handbook of Leadership*, pp. 804-811.
12. Chemers, *An Integrative Theory of Leadership*, p. 48.
13. Kenneth H. Blanchard, David Zigarmi, and Robert Nelson, "Situational Leadership After 25 Years: A Retrospective," *Journal of Leadership Studies*, vol. 1, 1993, pp. 22-26; Kenneth Blanchard and Robert Nelson, "Recognition and Reward," *Executive Excellence*, no. 4, 1997, p. 15; "Building Materials Leader Builds Better Leaders," kenblanchard.com/casestudies/certainteed.pdf, 2004년 11월 26일 접속..
14. Victor H. Vroom, "Leadership and the Decision-Making Process," *Organizational Dynamics*, Spring 2000, pp. 82-93; Vroom, "Educating Managers in Decision Making and Leadership," *Management Decision*, vol. 10, 2003, pp. 968-978.
15. Richard H. G. Field and Robert J. House, "A Test of the Vroom-Yetton Model Using Manager and Subordinate Reports," *Journal of Applied Psychology*, June 1990, pp. 362-366.
16. 첫 두 문장은 다음을 바탕으로 한 것이다. Li Ma and Qing Qu, "Differentiation in Leader-Member Exchange: A Hierarchical Linear Modeling Approach," *Leadership Quarterly*, October 2010, pp. 733-744.
17. 두 번째 두 문장은 다음을 바탕으로 한 것이다. David J. Henderson, Robert C/ Liden, Brian C. Glibkowski, and Anjali Chaudrhy, "LMX Differentiation: A Multilevel Review and Examination of Its Antecedents," *Leadership Quarterly*, August 2009, pp. 517-534.
18. Kenneth J. Harris, Anthony R. Wheeler, and K. Michele Kacmar, "Leader-Member Exchange and Empowerment: Direct and Interactive Effects on Job Satisfaction, Turnover Intentions, and Performance," *Leadership Quarterly*, June 2009, p. 399.
19. Research cited in Gary Yukl, *Leadership in Organizations*, 5th ed. (Upper Saddle River ,N.J.: Prentice Hall,2002),p.344.
20. Ronald Heifetz, Alexander Grashow, and Marty Linsky, "Leadership in a (Permanent) Crisis," *Harvard Business Review*, July-August 2009, p. 64.
21. Joann S. Lublinand Jonathan D. Rockoff, "J&J Chief Tends Corporate Wounds,"*The Wall Street Journal*, August 30, 2010, p. B3.
22. Chris Warner and Don Schmincke, *High Altitude Leadership: What the World's Forbidding Techniques Teach Us About Success* (San Francisco: Jossey-Bass,2009),p.6.
23. 다음에 실려 있는 Bill George의 의견. Alan Murray, *The Wall Street Journal Essential Guide to Management* (New York: Harper Business, 2010), p. 18.
24. Suzanne Koudsi, "How to Cope with Tragedy," *Fortune*, October 1, 2001, p. 34.
25. Neil Simon, "Crisis Management: Department of Interior, Department of Labor," *Hispanic Business*, October 2010, p. 43.
26. Barbara Baker Clark, "Leadership During a Crisis," *Executive Leadership*, December 2001, p. 8.
27. Ben Casselman and Guy Chazan, "Disaster Plans Lacking at Deep Rigs." *The Wall Street Journal*, May 18, 2010, p. 1A.에서 인용
28. Douglas MacMillan, "Survivor: CEO Edition," *Bloomberg BusinessWeek*, March 1, 2010, p. 36.
29. Jia Lynn Yang, "A Recipe for Consistency," *Fortune*, October 29, 2007, p. 58.
30. Erika Hayes James and Lynn Perry Wooten, "How to Display Competence in Times of Crisis," *Organizational Dynamics*, vol. 34, no. 2, 2005, p. 146.
31. Demis M. Rousseau, "Presidential Address: Is There Such a Thing as 'Evidence-Based

Management'?" *The Academy of Management Review*, April 2006, pp. 256-269; Wayne F. Cascio, "Evidence-Based Management and the Marketplace for Ideas," *Academy of Management Journal*, October 2007, pp. 1009-1012.

32. Quint Studer, "Evidence-Based Leadership," *StuderGroup* (www.studergroup.com), January 14, 2008. 리더십 역량 구축 연습 9-2: 시간 중심 모델 적용하기의 경로를 제안하였다: H H H L H H L CONSULT GROUP.

CHAPTER 10

1. 이 이야기는 다음의 출처에서 찾은 사실과 관찰을 바탕으로 만들어진 것이다: David Vladek, "About the Bureau of Consumer Protection," *Federal Trade Commission, www.ftc.giv/bep/about.shtm* June 16, 2009; Maya Jackson Randall, "Warren Defends Watchdog Agency," *The Wall Street Journal*, March 17, 2011, p. C9; Jennifer Liberto, "Elizabeth Warren's Olive Branch to Big Business," *CNNMoney.com* (http://money.cnn.com), March 30, 2011, pp. 1-2; Edward Wyatt, "Obama Adviser on Consumer Agency to Address Business Leaders," *The New York Times* (www.nytimes.com), March 30, 2011, pp. 1-2; Michael Scherer, "The New Sheriffs of Wall Street,: *Time*, May 24, 2010, pp. 25-26; Carter Doughtery and Robert Schmidt, "Time's Nearly Up for Elizabeth Warren," *Bloomberg BusinessWeek*, April 18-April 24, 2011. pp. 29-30; Jim Puzzanghera, "Elizabeth Warren to Step Down from Consumer Agency Monday," *Los Angeles Times* (http: latimesblogs.latimes.com/money), July 218, 2011, p. 1.
2. Allan R. Cohen, Stephen L. Fink, Herman Gadon, and Robin D. Willits, *Effective Behavior in Organizations: Cases, Concepts, and Student Experiences*, 5th ed. (Homewood, Ill.: Irwin, 1992), p. 139.
3. Adam Lashinsky, "Where Does Google Go Next?" *Fortune*, May 26, 2008, p. 108에서 인용.
4. Geoff Colvin, "Power: A Cooling Trend," *Fortune*, December 10, 2007, p. 114.
5. Gary Yukl, *Leadership in Organizations*, 5th ed. (Upper Saddle River, NJ: Prentice Hall, 2002), p. 143.
6. "Steven Cohen: Speaking Softly but Carrying a Big Hedge Fund," *Time*, May 14, 2007, p. 165.
7. Mitchell S. Nesler, Herman Aguinis, Brian M. Quigley, and James T. Tedeschi, "The Effect of Credibility on Perceived Power," *Journal of Applied Social Psychology*, 1993, vol. 23, no. 17, pp. 1407-1425.
8. 여기에서 그리고 이 장의 다른 곳에서 제공된 문제의 영향력 전술을 보여주는 샘플 문장은 다음에서 온 것이다. Gary Yukl, Charles F. Seifert, and Carolyn Chavez, "Validation of the Extended Influence Behavior Questionnaire, "*The Leadership Quarterly*, October 2008, pp. 618-620 (© Gary Yukl).
9. Yukl, Seifert, and Chavez, "Validation of the Extended Influence Behavior Questionnaire," p. 610.
10. Yukl, Seifert, and Chavez, "Validation of the Extended Influence Behavior Questionnaire," p. 610. (각주 9와 10의 경우 정의는 Copyright © 2001 by Gary Yukl로 인정받은 것이다.)
11. "You Scratch My Back ... Tips on Winning Your Colleague's Cooperation," *Working Smart*, October 1999, p. 1.
12. Jeffrey Pfeffer, *Managing with Power: Power and Influence in Organizations* (Boston: Harvard Business School Press, 1992), p. 224.
13. Alan Murray, *The Wall Street Journal Essential Guide to Management* (New York: Harper Business, 2010), p. 90.
14. Nelson D. Schwartz, "Wall Street's Man of the Moment," *Fortune*, March 5, 2007, p. 76.
15. Gary Yukl, *Skills for Managers and Leaders: Text, Cases, and Exercises* (Upper Saddle River, NJ: Prentice Hall, 1990), p. 65.
16. Devon Leonard, "Company on Fire? Light a Cigar," *Bloomberg BusinessWeek*, March 28-April

3, 2011, pp. 84-90.
17. George Anders, "Tough CEOs Often Most Successful, a Study Finds," *The Wall Street Journal*, November 19, 2007, p. B3.
18. Amy Cortese, "I'm Humble, I'm Respectful," *BusinessWeek*, February 9, 1998, p. 40.
19. Gary Yukl and Cecilia M. Falbe, "Influence Tactics and Objectives in Upward, Downward, and Lateral Influence Attempts," *Journal of Applied Psychology*, April 1990, p. 133.
20. Jeffrey Pfeffer, "Power Play," *Harvard Business Review*, July-August 2010, p. 90.
21. Bernhard M. Bass (with Ruth Bass), *The Bass Handbook of Leadership: Theory, Research, & Managerial Applications*, 4th ed. (New York: The Free Press, 2008), p. 160.
22. "Create an Arsenal of Influence Strategies," *Manager's Edge*, March 2003, p. 1.
23. Anthony Bianco and Tom Lowry, "Can Dick Parsons Rescue AOL Time Warner?" *BusinessWeek*, May 19, 2003, p. 89.
24. David M. Buss, Mary Gomes, Dolly S. Higgins, and Karen Lauterbach, "Tactics of Manipulation," *Journal of Personality and Social Psychology*, December 1987, p. 1222.
25. 조직 행동론 교수가 익명으로 저자에게 제공한 논평.
26. Jordan Robertson, "CEO Interview: New HP CEO on Taking the Helm," Associated Press, March 22, 2011.
27. Diane Brady, "The Immelt Revolution: He's Turning GE's Culture Upside Down, Demanding Far More Risk and Innovation," *BusinessWeek*, March 28, 2005, pp. 64-66, 71-73.
28. Stanley Holmes, "Cleaning Up Boeing," *BusinessWeek*, March 13, 2006, p. 64.
29. Gary Yukl and J. Bruce Tracey, "Consequences of Influence Tactics Used with Subordinates, Peers, and the Boss," *Journal of Applied Psychology*, August 1992, pp. 525-535.
30. Martin M. Chemers, *An Integrative Theory of Leadership* (Mahwah, NJ: Lawrence Erlbaum Associates, 1997), p. 76.
31. Carole V. Wells and David Kipnis, "Trust, Dependency, and Control in the Contemporary Organization," *Journal of Business and Psychology*, Summer 2001, pp. 593-603.
32. Raymond T. Sparrowe, Budi W. Soetjipto, and Maria L. Kraimer, "Do Leaders' Influence Tactics Relate to Members' Helping Behavior? It Depends on the Quality of the Relationship," *Academy of Management Journal*, December 2006, pp. 1194-1208.
33. Olga Epitropaki and Robin Martin, "Implicit Leadership Theories in Applied Settings: Factor Structure, Generalizability, and Stability over Time," *Journal of Applied Psychology*, April 2004, pp. 297-299.
34. Epitropaki and Martin, "From Real to Ideal: A Longitudinal Study of Implicit Leadership Theories in Leader-Member Exchanges and Employee Outcomes," *Journal of Applied Psychology*, July 2005, pp. 659-676.
35. 다음에 서술되어 있는 연구이다: Chester A. Schriesheim and Linda L. Neider, eds., *Power and Influence in Organizations: New Empirical and Theoretical Perspectives* (Greenwich, Conn.: IAP, 2006), Chapter 1.

CHAPTER 11

1. 다음 출처에 있는 사실을 재구성한 이야기이다: "Sheryl Sandberg, Chief Operating Officer," www.facebook.com/press/info, 2011년 3월 25일 접속; Marshall Kirkpatrick, "Facebook Exec: All Media Will Be Personalized in 3 to 5 Years," *ReadWriteWeb* (www.readwriteweb), September 29, 2010, pp. 1-3; Brad Stone and Miguel Helft, "Facebook Hires a Google Executive as No. 2," *New York Times* (www.nytimes.com), March 5, 2008, pp. 1-3; Miguel Helft, "Mark Zuckerberg's Most Valuable Friend," *The New York Times* (www.nytimes.com), October 2, 2010, pp. 1-6; Evan

Hessel, "The World's Most Powerful Women," *Forbes*, September 7, 2009, pp. 78-83.

2. John R. French and Bertram Raven, "The Basis of Social Power," in Dorwin Cartwright, ed., *Studies in Social Power* (Ann Arbor, Mich.: Institute for Social Research, 1969); Timothy R. Hinkin and Chester A. Schriescheim, "Power and Influence: The View from Below," *Personnel*, May 1988, pp. 47-50.
3. Jeffrey McCracken, "J. P. Morgan Taps Simon to C-Lead Tech Team," *The Wall Street Journal*, October 13, 2009, p. C3.
4. Ann Davis and Randall Smith, "Merrill Switch: Popular Veteran Is In, Not Out," *The Wall Street Journal*, August 13, 2003, p. C1; Landon Thomas Jr., "Dismantling a Wall Street Club," www.nytimes.com, November 2, 2003; George Anders, "Is There a Second Act for O'Neal After Merrill?" *The Wall Street Journal*, October 31, 2007, p. A2.
5. Brian O'Keefe, "Meet the CEO of the Biggest Company on Earth," *Fortune*, September 27, 2010, pp. 80-94.
6. Sydney Finkelstein, "Power in Top Management Teams: Dimensions, Measurement, and Validation," *Academy of Management Journal*, August 1992, p. 510.
7. Finkelstein, "Power in Top Management Teams," p. 510.
8. Richard M. Emerson, "Power-Dependence Relations," *American Sociological Review*, vol. 27, 1962, p. 32.
9. Jeffrey Pfeffer, *Managing with Power: Power and Influence in Organizations* (Boston: Harvard Business School Press, 1992), pp. 100-101.
10. Alexandria Berzon and Christina S. N. Lewis, "Debating the Value of the Trump Name," *The Wall Street Journal*, February 26, 2010, pp. B1, B2; Diane Brady, "It's All Donald, All the Time," *BusinessWeek*, January 22, 2007, p. 051; "The *Forbes* 400 Landlords," *Forbes*, October 9, 2006, p. 110.
11. Jennifer Wang, "Patagonia, from the Ground Up," *Entrepreneur*, June 2010, pp. 26-28.
12. C. R. Hinings, D. J. Hickson, C. A. Lee, R. E. Schenck, and J. W. Pennings, "Strategic Contingencies Theory of Intraorganizational Power," *Administrative Science Quarterly*, 1971, pp. 216-229.
13. "Lessons in Power: Lyndon Johnson Revealed: A Conversation with Historian Robert A. Caro," *Harvard Business Review*, April 2006, pp. 47-52.
14. Gregory G. Dess and Joseph Picken, "Changing Roles: Leadership in the 21st Century," *Organizational Dynamics*, Winter 2000, p. 22.
15. "The Secrets of His Success," *Fortune*, November 29, 2004, p. 158.
16. George Anders, "Overseeing More Employees-With Fewer Managers," *The Wall Street Journal*, March 24, 2008, p. B6.
17. Gretchen M. Spreitzer, "Psychological Empowerment in the Workplace: Dimensions, Measurement, and Validation," *Academy of Management Journal*, October 1995, pp. 1442-1465.
18. Lauren Bennett Cattaneo and Aliya R. Chapman, "The Process of Empowerment: A Model for Use in Research and Practice," *American Psychologist*, October 2010, pp. 646-659.
19. Scott E. Seibert, Seth R. Silver, and W. Alan Randolph, "Taking Empowerment to the Next Level: A Multiple-Level Model of Empowerment, Performance, and Satisfaction," *Academy of Management Journal*, June 2004, pp. 332-349.
20. Henry Mintzberg, *Managing* (San Francisco: Berrett-Koehler,2009),p.64.
21. Barbara Ettorre, "The Empowerment Gap: Hype vs. Reality," *HRfocus*, July 1997, p. 5.
22. Phillip M. Perry, "Seven Errors to Avoid When Empowering Your Staff," *Success Workshop* (*Manager's Edge*의 부록), March 1999, p. 3.
23. Craig L. Pearce and Charles C. Manz, "The New Silver Bullets of Leadership: The Importance of Self- and Shared-Leadership in Knowledge Work," *Organizational Dynamics*, no. 2, 2005, pp.

130-140.
24. Kyle Dover, "Avoiding Empowerment Traps," *Management Review*, January 1999, p. 52.
25. Dimitry Elias Leger, "Tell Me Your Problem, and I'll Tell You Mine," *Fortune*, October 6, 2000, p. 408.
26. "Hotel Executive's Mantra: 'You Can Do It'," *The Miami Herald* (www.miamiherald.com), November 1, 2010, p. 2.에서 인용
27. Christopher Robert et al., "Empowerment and Continuous Improvement in the United States, Mexico, Poland, and India: Predicting Fit on the Basis of the Dimensions of Power Distance and Individualism,"*Journal of Applied Psychology*, October 2000, pp. 751-765.
28. Abhishek Srivastava, Kathryn M. Bartol, and Edwin A. Locke, "Empowering Leadership in Management Teams: Effects on Knowledge Sharing, Efficacy, and Performance," *Academy of Management Journal*, December 2006, pp. 1239-1251.
29. Jay B. Carson, Paul E. Telsuk, and Jennifer A. Marrone, "Shared Leadership in Teams: An Investigation of Antecedent Conditions and Performance," *Academy of Management Journal*, October 2007, pp. 1217-1234.
30. Stanley Holmes, "Inside the Coup at Nike," *BusinessWeek*, February 6, 2006, pp. 034-037.
31. Gerald R. Ferris et al., "Political Skill at Work," *Organizational Dynamics*, Spring 2000, p. 25.
32. Gerald Biberman, "Personality Characteristics and Work Attitudes of Persons with High, Moderate, and Low Political Tendencies," *Psychological Reports*, vol. 57, 1985, p. 1309.
33. Marshall Goldsmith, "All of Us Are Stuck on Suck-Ups," *Fast Company*, December 2003, p. 117.
34. Pamela L. Perrewe et al., "Political Skill: An Antidote for Workplace Stressors," *Academy of Management Executive*, August 2000, p. 115.
35. Tom Peters, "Power," *Success*, November 1994, p. 34.
36. Denise Campbell, "What's Your Social Media Strategy?" November 2010, p. 75.
37. Stanley Holmes," EADS' Unlikely American Ascent,"*BusinessWeek*, April 9, 2007, p. 068.
38. Jeffrey Pfeffer, "Power Play," *Harvard Business Review*, July-August 2010, p. 92.
39. Michael Warshaw, "The Good Guy's (and Gal's) Guide to Office Politics," *Fast Company*, April 1998, p. 160.
40. Robin J. Ely, Debra Meyerson, and Martin N. Davidson, "Rethinking Political Correctness," *Harvard Business Review*, September 2006, p. 80.
41. 심리 자본에 대한 정의와 연구 결과는 다음에서 온 것이다: Fred O. Walumbwa, Suzanne J. Peterson, Bruce J. Avolio, and "An Investigation of the Relationships Among Leader and Follower Psychological Capital, Service Climate, and Job Performance," *Personnel Psychology*, Winter 2010, pp. 937-963.
42. Adam Bryant, "For the Chief of Saks, It's Culture That Drives Results," *The New York Times* (www.nytimes.com), May 28, 2010.에서 인용
43. Joann S. Lublin, "To Win Advancement, You Need to Clean Up Any Bad Speech Habits," *The Wall Street Journal*, October 3, 2004, p. B1.
44. "Etiquette School," *Bloomberg BusinessWeek*, October 16-Octrober 24, 2010, pp. 89-91.
45. 인상 관리 학술 연구의 대부분은 다음에 실린 논평들이다: Andrew J. DuBrin, *Impression Management in the Workplace: Research, Theory, and Practice* (New York and London: Routledge,2011).
46. James D. Westphal and Ithai Stern, "Flattery Will Get You Everywhere (Especially If You Are a Male Caucasian): How Ingratiation, Boardroom Behavior, and Demographic Minority Status Affect Additional Board Appointments at U. S. Companies," *Academy of Management Journal*, April 2007, pp. 267-288.
47. Robyn L. Brouer, Allison Duke, Darren C. Treadway, and Gerald R. Ferris, "The Moderating Effect of Political Skill on the Demographic

Dissimilarity-Leader-Member Exchange Quality Relationship," *Leadership Quarterly*, April 2009, pp. 61-69.

48. "Etiquette School,"*Bloomberg BusinessWeek*, p. 90.

49. Joann S. Lublin, "Did I Just Say That?! How You Can Recover from Footin- Mouth," *The Wall Street Journal*, June 18, 2002, p. B1.에서 인용

50. Paul Sonne, "Hayward Fell Shortof Modern CEO Demands,"*The Wall Street Journal*, July 26, 2010, p. A7.

51. Tracy Minor, "Office Politics: Master the Game by Making Connections," *Monster: Diversity & Inclusion*, October 30, 2002 (monster.com).

52. Annette Simmons, *Territorial Games: Understanding & Ending Turf Wars at Work* (New York: AMACOM, 1998); Robert J. Herbold, *The Fiefdom Syndrome* (New York: Currency Doubleday, 2004).

53. Graham Brown, Thomas B. Lawrence, and Sandra L. Robinson, "Territoriality in Organizations," *Academy of Management Review*, July 2005, pp. 577-594.

54. Jared Sandberg, "Office Superheroes: Saving the Rest of Us from Unseen Dangers," *The Wall Street Journal*, December 10, 2003, p. B1.

55. Jonah Lehr, "The Power Trip," *The Wall Street Journal*, August 14-15, 2010, p. W1; Anne Kreamer, "Go Ahead-Cry at Work," *Time*, April 4, 2011, p. 52.

56. Chu-Hsiang Chang, Christopher C. Rosen, and Paul E. Levy, "The Relationship between Perceptions of Organizational Politics and Employee Attitudes, Strain, and Behavior: A Meta-Analytic Examination," *Academy of Management Journal*, August 2009, pp. 779-801.

57. Robert P. Vecchio, *Organizational Behavior*, 4th ed. (Fort Worth, Tex.: The Dryden Press, 2000), p.136.

58. "Throw Politics Out of Your Office," *Manager's Edge*, July 2001, p. 8.

59. 연구는 다음에 종합되어 있음: Pfeffer, "Power Play," p. 90.

60. Research cited in Chris Brogan, "The Network Is Everything," *Entrepreneur*, October 2010, p. 56.

CHAPTER 12

1. 다음 출처에 있는 사실과 관찰을 구성한 이야기이다: Susanne Craig, "E*Trade Fills Its CEO Post," *The Wall Street Journal*, March 23, 2010, p. C3; "Steven Freiberg, CEO of E*Trade; Colin Goddard, Former CEO of OSI Pharmaceuticals, Appointed to Hofstra Board," *PressZoom* (http://presszoom.com), January 16, 2001; Amit Chowdhry, "Former Citigroup Exec Steven Freiberg Becomes CEO of E*Trade," *Pulse2* (http://Pulse2.com), March 22, 2010, pp. 1-10.

2. John Hamm, "The Five Messages Leaders Must Manage," *Harvard Business Review*, May 2006, p. 116.

3. Bruce Hoppe and Claire Reinelt, "Social Network Analysis and the Evaluation of Leadership Networks," *Leadership Quarterly*, August 2010, p. 600.

4. Ben Worthen, "Battle Stations," December 8, 2008, p. R9.에서 인용

5. Hoppe and Reinelt, "Social Network Analysis," p. 601.

6. Herminia Ibarra and Mark Hunter, "How Leaders Create and Use Networks," *Harvard Business Review*, January 2007, pp. 40-47.

7. Mark Granovetter, "The Strength of Weak Ties: A Network Theory Revisited," *Sociological Theory*, Volume 1, 1983, pp. 201-233.

8. Jim Aley and Brian Bremmer (editors), "Trouble at the Virtual Water Cooler," *Bloomberg BusinessWeek*, May 2-May 8, 2011, 31.에서 인용

9. Research reported in Kyle Stock, "For Lying CEOs, 'Team,' Not 'I.'"*The Wall Street Journal*, August 12, 2010, p. C3.

10. Stephen P. Robbins and Phillip L. Hunsaker, *Training in Interpersonal Skills: Tips for*

Managing People at Work (Upper Saddle River, N.J.: Prentice Hall, 1996), p. 115. (이러한 결과는 오늘날에도 여전히 유효하다.)

11. Benice Atufunwa, "The Art of Effective Communication," *Black Enterprise*, November 2009, p. 47.에서 인용
12. Frank Luntz, "Words That Pack Power," *Business Week*, November 3, 2008, p. 106.
13. Stephen Denning, "Stories in the Workplace," *HR Magazine*, September 2008, pp. 129-132.
14. William Strunk Jr., E. B. White, and Maira Kalman, *The Elements of Style*, 6th ed. (Boston: Allyn and Bacon,2007).
15. James R. Hagerty, "Dad. What Do You Do at Work? I'm a Leader in Active Safety," *The Wall Street Journal*, November 26, 2010, p. A1.
16. Sherry Sweetham, "How to Organize Your Thoughts for Better Communication," *Personnel*, March 1986, p. 39.
17. Laura Raines, "Sharpen Your Communication Skills to Stand Out in World of Work," *www.ajc.com*, March 29, 2011, p. 3.에서 인용
18. Deborah Tannen, "The Power of Talk: Who Gets Heard and Why?" *Harvard Business Review*, September-October 1995, pp. 138-148.
19. Tannen, "The Power of Talk," pp. 138-148; "How You Speak Shows Where You Rank," *Fortune*, February 2, 1998, p. 156; "Speak Like You Mean Business," *Working Smart* (www. nibm.net), March 2004; "Weed Out Wimpy Words: Speak Up Without Backpedaling, Qualifying," *Working SMART*, March 2000, p. 2
20. Robert B. Cialdini, "Harnessing the Science of Persuasion," *Harvard Business Review*, October 2001, pp. 72-79.
21. Ibid., p. 79.
22. 여기 있는 몇몇 제안은 *Body Language for Business Success*에서 발췌한 것이다. (New York: National Institute for Business Management, 1989), pp. 2-29; "Attention All Monotonous Speakers," *Working SMART*, March 1998, p. 1.
23. Drake Bennett, "I'll Have My Robots Talk to Your Robots," *Bloomberg Business Week*, pp. 52-61.
24. Joann S. Lublin, "Some Dos and Don'ts to Help You Hone Videoconference Skills,"*The Wall Street Journal*, February 7, 2006, p. B1.에서 인용
25. Ibid.
26. Richard M. Harris, *The Listening Leader: Powerful New Strategies for Becoming an Influential Communicator* (Westport, Conn.: Praeger, 2006).
27. Erika H. James, "Selective Hearing Can Lead to a Blind Eye," *The Darden Perspective in First Person, The Wall Street Journal*에서 출판, December 4, 2007, p. A16.
28. Linda Dulye, "Get Out of Your Office," *HR Magazine*, July 2006, pp. 99-100; "'Making Rounds' Like a Physician," *Manager's Edge*, February 2006, p. 8.
29. Joyce M. Rosenberg, "Talking with Your Workers Lifts Morale," The Associated Press, October 12, 2009.
30. Trudy Milburn, "Bridging Cultural Gaps," *Management Review*, January 1997, pp. 26-29.
31. Gunnar Beeth, "Multicultural Managers Wanted," *Management Review*, May 1997, p. 17.
32. "When English Is Not Their Native Tongue," *Manager's Edge*, April 2003, p. 5.
33. Kathryn Kranhold, "Lost in Translation," *The Wall Street Journal*, May 18, 2004, p. B1.
34. "Cross-Cultural Communication: An Essential Dimension of Effective Education," *Northwest Regional Educational Library: CNORSE* (www. nwrel.org/cnorse).
35. Siri Carpenter, "Why Do'They All Look Alike'?" *Monitor on Psychology*, December 2000, p. 44.
36. Chris Penttila, "Turf Wars," *Entrepreneur*, March 2007, p. 90.
37. Jeff Weiss and Jonathan Hughes, "Want Collaboration? Accept-and Actively Manage-Conflict," *Harvard Business Review*, March 2005, pp. 92-101.
38. April Castro, "Amazon Closing TX Center Amid Dispute," Associated Press, February 10, 2011.

39. Kenneth Thomas, "Conflict and Conflict Management," in Marvin D. Dunnette, ed., *Handbook of Industrial and Organizational Psychology* (Chicago: Rand McNally, 1976), pp. 900-922.
40. Barbara Kellerman, "When Should a Leader Apologize and When Not?" *Harvard Business Review*, April 2006, pp. 72-81.
41. Elizabeth A. Mannix, Leigh L. Thompson, and Max H. Bazerman, "Negotiation in Small Groups," *Journal of Applied Psychology*, June 1989, pp. 508-517.
42. Patrick S. Nugent, "*Managing* Conflict: Third-Party Interventions for Managers," *Academy of Management Executive*, February 2002, p. 152.
43. "Questions for Michael Watkins," *Workforce*, December 11, 2006, p. 11.
44. Jeff Weiss, Aram Donigian, and Jonathan Hughes, "Extreme Negotiations," *Harvard Business Review*, November 2010, pp. 68-69.
45. Brenda Goodman, "The Art of Negotiation," *Psychology Today*, January/February 2007, p. 65.에서 인용
46. Deepak Malhotra and Max H. Bazerman, "Investigative Negotiation," *Harvard Business Review*, September 2007, pp. 72-78.
47. Tori DeAngelis, "Achieving Win-Win," *Psychology Today*, November 2008, p. 64.에서 인용
48. John Heister, "Collaborate to Solve Societal Ills," Rochester, New York, *Democrat and Chronicle*, May 14, 2004, p. 18A.
49. Frank Acuff, *The World-Class Negotiator: An Indispensable Guide for Anyone Doing Business with Those from a Foreign Culture* (New York: AMACOM, 1992).
50. Wendi L. Adair, Tetsushi Okumura, and Jeanne M. Brett, "Negotiation Behavior When Cultures Collide: The United States and Japan," *Journal of Applied Psychology*, June 2001, pp. 371-385.
51. "Avoid Language That Shuts People Up," *Executive Leadership*, January 2008, p. 8.

CHAPTER 13

1. 다음 출처에 있는 사실과 관찰을 구성한 이야기이다: Jessica Guynn, "How I Made It: Marissa Mayer, Google's Champion of Innovation and Design," *Los Angeles Times* (www.latimes.com), 1-3; E. B. Boyd, "Google's Marissa Mayer to Take Over Geo and Local Services," *Fact Company.com*, October 12, 2010, 1-2; "Google VP Marissa Mayer's 'Nine Notions of Innovation'," *DaxDesai.com* (www.daxdesai.com), September 30, 2006, 1; Marissa Mayer: V.P. of Search Product and User Experience, Google," *Design Thought Leader*, April 30, 2009, 1; Ujala Shegal, "Marissa Mayer," www.businessinsider.com, October 26, 2010, p. 1.
2. Jena McGregor, "The World's Most Innovative Companies," *BusinessWeek*, April 24, 2006, p. 64.
3. Teresa M. Amabile and Mukti Khaire, "Creativity and the Role of the Leader," *Harvard Business Review*, October 2008, p. 101.
4. Warren Bennis, "The Challenges of Leadership in the Modern World," *American Psychologist*, January 2007, p. 2.
5. Graham Wallas, *The Art of Thought* (New York: Harcourt Brace, 1926).
6. Josh Quittner, "How Jeff Bezos Rules the Retail Space," *Fortune*, May 5, 2008, pp. 126-132; "Jeff Bezos: Founder and CEO, Amazon.com," *Academy of Achievement* (www.achievement.org), August9, 2010, pp.1-4.
7. Michael Liedtke, "Google Founder Hopes to Prove He's Ready to Be CEO," Associated Press, April 1, 2011.
8. Teresa M. Amabile, "How to Kill Creativity," *Harvard Business Review*, September-October 1998, pp. 78-79; Darrell K. Rigby, Kara Gruver, and James Allen, "Innovation in Turbulent Times," *Harvard Business Review*, June 2009, pp. 79-86.
9. "The Talent Hunt: Desperate to Innovate, Companies Are Turning to Design Schools for Nimble, Creative Thinkers," *BusinessWeek*, October 9, 2006, p. 72.
10. Cited in "The Pink Prescription: Facing

Tomorrow's Challenges Calls for Right-brain Thinking," *Knowledge@Wharton* (http://knowledege.wharton.upenn.edu) June 10, 2009.

11. Anita Bruzzi, "Seek Out Creative Free Spirit," Gannett News Service, October 31, 2000.에서 인용. 또한 William C. Taylor and Polly LaBarre, *Mavericks at Work: Why the Most Original Minds in Business Win* (New York: William Morrow, 2006). 참조
12. Tim Devaney, "ePrize Exec Says Creativity Key to Detroit's Future," *The Detroit News* (www.detnews.com), February 18, 2011, p. 1.
13. "Larry Page on How to Change the World," *Fortune*, May 12, 2008, p. 84.에서 인용
14. Amabile, "How to Kill Creativity," p. 79.
15. Mihaly Csikszentmihalyi, "If We Are So Rich, Why Aren't We Happy?" *American Psychologist*, October 1999, p. 824.
16. Bill Breen, "The Six Myths of Creativity," *Fast Company*, December 2004, pp. 77-78.에서 인용
17. "Putting Creativity into Action," *Success Workshop, The Pryor Report* 부록, April 1996, p. 1.
18. Dawn Klingensmith, "Give Your Team Direction," CTW Features, March 8, 2011.에서 인용. Shawn Coyne, *Brainsteering: A Better Approach to Breakthrough Ideas* (New York: HarperCollins, 2011).에서 발췌한 정보를 바탕으로 함
19. Duane D. Stanford, "Coke's Chief Innovator Brings Together Consumer Need and Business Fit," *The Atlanta Journal-Constitution* (ajc.com), November 11, 2007.에서 인용
20. John Bessant, Kathrin Moslein, and Bettina von Stamm, "In Search of Innovation," *The Wall Street Journal*, June 22, 2009, p. R4.
21. Michael Orey, "Inside Nathan Myhrvold's Mysterious New Idea Machine," *BusinessWeek*, July 3, 2006, pp. 54, 57.
22. Robert C. Litchfield, "Brainstorming Reconsidered: A Goal-Based View," *Academy of Management Review*, July 2008, pp. 649-668.
23. Burt Helm, "The Dubbing of 'Bing'," *Business Week*, June 15, 2009, p. 23.
24. "Hold a Creativity Session," *Manager's Edge*, May 2006, p. 6.
25. Michael Schrage, "Playing around with Brainstorming," *Harvard Business Review*, March 2001, pp. 149-154; "Stock a Room to Improve Brainstorming," *Business Management Daily* (www.businessmanagementdaily.com), March 18, 2011, p. 1.
26. Anne Sagen, "Creativity Tools: Versatile Problem Solvers That Can Double as Fun and Games," *Supervisory Management*, October 1991, pp. 1-2.
27. Robert McGarvey, "Turn it On: Creativity Is Crucial to Your Business' Success," *Entrepreneur*, 1996, p. 156.에서 인용
28. Ellen McGirt, "Artist. Athlete. CEO." *Fast Company*, September 2010, p. 68.
29. Gerald Sindell, *The Genius Machine: The 11 Steps That Turn Raw Material into Brilliance* (Novato, Calif.: New World Library, 2009).
30. Sindell, *The Genius Machine*, p. 40.
31. Juanita Weaver, "The Mental Picture: Bringing Your Definition of Creativity into Focus," *Entrepreneur*, February 2003, p. 69.
32. Scott S. Smith, "Grounds for Success," *Entrepreneur*, May 1998, p. 120.
33. Alex F. Osburn, quoted in "Breakthrough Ideas," *Success*, October 1990, p. 38.
34. Breen, "The Six Myths of Creativity," p. 78.
35. Chuck Frey, "Ten Power Tools for Recording Your Best Ideas," *Innovation Tools* (www.innovationtools.com), December 10, 2003.
36. "Be a Creative Problem Solver," *Executive Strategies*, June 6, 1989, pp. 1-2.
37. Richard A. Lovett, "Jog Your Brain: Looking for a Creative Spark? Hop to the Gym," *Psychology Today*, May/June 2006, p. 55.
38. Tim Brown, "Change by Design," *BusinessWeek*, October 5, 2009, p. 54.
39. Amabile and Khaire, "Creativity and the Role of the Leader," pp. 100-109; "How to Kill Creativity," pp. 80-81; Teresa M. Amabile, Constance N. Hadley, and Steven J. Kramer, "Creativity Under the Gun," *Harvard Business Review*, August 2002, pp. 52-61; Giles Hirst,

Daan van Kippenberg, and Jing Zhou, "A Cross-Level Perspective on Employee Creativity: Goal Orientation, Team Learning Behavior, and Individual Creativity," *Academy of Management Journal*, April 2009, pp. 280-293.

40. Jena McGregor, "25 Most Innovative Companies," *BusinessWeek*, May 14, 2007, p. 52.에서 인용
41. Xiaomeng Zhang and Kathryn M. Bartol, "Linking Empowering Leadership and Employee Creativity: The Influence of Psychological Empowerment, Intrinsic Motivation, and Creative Process Engagement," *Academy of Management Journal*, February 2010, pp. 107-128.
42. Interview with EBay CEO John Donahoe, "How eBay Developed a Culture of Experimentation," *Harvard Business Review*, March 2011, p. 95.
43. "How Google Fuels Its Idea Factory," *Business Week*, May 19, 2008, p. 58.
44. Feron Yuan and Richard W. Woodman, "Innovative Behavior in the Workplace: The Role of Performance and Image Outcome Expectations." *Academy of Management Journal*, April 2010, pp. 323-342.
45. Pamela Tierney, Steven M. Farmer, and George B. Graen, "An Examination of Leadership and Employee Creativity: The Relevance of Traits and Relationships," *Personnel Psychology*, Autumn 1999, pp. 591-620.
46. "The Profit Motive," *The Wall Street Journal*, September 27, 2010, p. R11.에서 인용
47. Eric S. Hintz, "Creative Financing," *The Wall Street Journal*, September 27, 2010, p. R8.
48. Shari Caudron, "Strategies for *Managing* Creative Workers," *Personnel Journal*, December 1994, pp. 104-113; Chris Pentila, "An Art in Itself," *Entrepreneur*, December 2003, pp. 96-97.
49. Marissa Ann Mayer, "Creativity Loves Constraints," *BusinessWeek*, February 13, 2006, p. 102.
50. Adegoke Oke, Natasha Munshi, and Fred O. Walumbwa, "The Influence of Leadership Process on Innovational Processes and Activities," *Organizational Dynamics*, January-March 2009, pp. 64-72.
51. Keith H. Hammonds, "No Risk, No Reward," *Fast Company*, April 2002, pp. 81-93.
52. Rob Cross, Andrew Hargadon, Salvatore Parise, and Robert J. Thomas, "Together We Innovate," *The Wall Street Journal*, September 15-16, 2007, p. R6.
53. "The Profit Motive," p. R11.
54. Richard Evans, "A Cost-Benefit View of Innovation," *Los Angeles Times* (www.latimes.com), March 4, 2007.에서 인용된 설문 조사
55. Sebastian Moffett, "Separation Anxiety," *The Wall Street Journal*, September 27, 2004, p. R11.
56. JenaMcGregor,"HowFailureBreedsSuccess,"*BusinessWeek*, July10,2006,pp.42-45.
57. Jennifer Mueller, Jack A. Goncalo, and Dishan Kiamdar, "Recognizing Creative Leadership: Can Creative Idea Expression Negatively Relate to Perceptions of Leadership Potential?" *Journal of Experimental Social Psychology*, March 2011, pp. 494-498; "A Bias against 'Quirky'? Why Creative People Can Lose Out on Leadership Positions," *Knowledge@Wharton* (http://knowledge.wharton.edu), February 16, 2011, pp. 1-3.
58. Matthew Karnitschnig, "Mr. MTV Moves Up," *The Wall Street Journal*, January 9, 2006, B1.

CHAPTER 14

1. 다음 출처에 있는 사실과 관찰을 구성한 이야기이다: Dana Mattioli, "Xerox Touts Its Business-Services Side," *The Wall Street Journal*, September 2, 2010; Geoff Colvin, "Ursula Burns: Less than a Year into the Job, the Xerox CEO is Already Transforming the Company," *Fortune*, May 3, 2010, pp. 96-102; Jerome Nathaniel, "Chairman and CEO of Xerox to Speak at Commencement," *www.campustimes.org*, April 7, 2011, pp. 1-4; Sonia Alleyne, "Most Powerful Women in Business," *Black Enterprise*, February 2010, pp. 88-89.
2. Donald C. Hambrick and James W. Fredrickson, "Are You Sure You Have a Strategy?" *Academy of*

Management Executive, November 2001, p. 48.

3. Richard L. Hughes and Katherine C. Beatty, *Becoming a Strategic Leader: Your Role in Your Organization's Enduring Success* (San Francisco: Jossey-Bass,2005).
4. J. Brian Atwater, Vijay R. Kannan, and Alan A. Stephens, "Cultivating Systemic Thinking in the Next Generation of Business Leaders," *Academy of Management Learning & Education*, March 2008, p. 13.
5. Cynthia Montgomery, "Putting Leadership Back in Strategy," *Harvard Business Review*, January 2008, pp. 54-80.
6. Henry Mintzberg, *Managing* (San Francisco: Berrett-Koehler,2009),p.162.
7. Bruce J. Avolio and David A. Waldman, "An Examination of Age and Cognitive Test Performance Across Job Complexity and Occupational Types," *Journal of Applied Psychology*, February 1990, pp. 43-50.
8. Julia Kirby and Thomas A. Stewart, interview with Jeff Bezos, "The Institutional Yes," *Harvard Business Review*, October 2007, p. 76; "Amazon. com Apologizes for Multi-Day Cloud Computing Outage," *Los Angeles Times* (www.latimes.com), April 29, 2011, p. 1.
9. Samuel Greengard, "Leveraging a Low-Wage Workforce," *Workforce Online*, February, 2004.
10. Strategy Session with C. K. Prahalad, *Management Review*, April 1995, pp. 50-51.
11. Cited in "Jack Welch on Doing and on Dreaming," *Executive Leadership*, September 2009, p. 1.
12. Gary Hamel, "Revolution vs. Evolution: You Need Both," *Harvard Business Review*, May 2001, p. 150.
13. Jaclyn Trop, "Domino's Delivers on Its Turnaround Plan," *The Detroit News* (www. detnews.com), December 4, 2010, pp. 1-3.
14. Keith H. Hammonds, "Michael Porter's Big Ideas," *Fast Company*, March 2001, p. 153.
15. Susanna Hamner and Tom McNichol, "Ripping Up the Rules of Management," *Business 2.0*, May 2007, p. 63.
16. Adam Bryant, *The Corner Office* (New York: Times Books),2011.
17. James R. Lucas, "Anatomy of a Vision Statement," *Management Review*, February 1998, p. 26.
18. Victoria Barret, "The Web's Big Upstart," *Forbes*, December 6, 2010, p. 74.에서 인용
19. Carmine Gallo, "Be a Visionary Leader," *The Ladders.com Executive Coach* (TheLadders.com), January 23, 2008.
20. Charles A. O'Reilly, David F. Caldwell, Jenifer A. Chatman, Margaret Lapiz, and William Self, "How Leadership Matters: The Effect of Leaders' Alignment on Strategy Implementation," *Leadership Quarterly*, February 2010, pp. 104-113.
21. 이 SWOT 버전의 몇몇 아이디어는 다음에서 발췌한 것이다: "SWOT Analysis," *Business Owner's Tool Kit*, November 8, 1999 (www. toolkit.cch.com/text/p02_4341.asp); "Performing a SWOT Analysis," in *Business: The Ultimate Resources* (Cambridge, Mass.: Perseus Publishing, 2002),pp.226-227.
22. Christopher Lawton, "How H-P Reclaimed Its PC Lead over Dell: Shifting Battlefield to Stores Was Key; Help from Vera Wang," *The Wall Street Journal*, June 4, 2007.
23. Michael Porter, *Competitive Strategy* (New York: The Free Press, 1980), pp. 36-46.
24. Brad Stone and Douglas MacMillan, "Groupon's $6 Billion Snub," *Bloomberg Business Week*, December 13-December 19, 2010, p. 7.
25. Stephanie Clifford, "Where Wal-Mart Failed, Aldi Succeeds," *The New York Times* (www.nytimes. com), March 20, 2011, pp. 1-4.
26. Nick Wingfield, "Taking on eBay," *The Wall Street Journal*, September 15, 2004, p. R10.
27. Norihiko Shirouzu, "Toyoda Rues Excessive Profit Focus," *The Wall Street Journal*, March 2, 2010, p. B3.
28. "Facebook and Microsoft Expand Strategic Alliance," *Microsoft News Center* (www. microsoft.com), October 7, 2007, p. 1.
29. Melanie Haiken, "Innovative Partnering: Papa

John's and Six Flags," *Time* (Business 2.0 insert), December 11, 2006, p. 2.

30. Rolfe Winkler, "Cisco Grapples With Shock to System," *The Wall Street Journal*, July 13, 2011, C16.
31. www.jordan.com; Telis Demos, "The New King of Name Brands," *Fortune*, July 7, 2008, pp. 86-90.
32. Danielle Douglas, "Coca-Cola May Be Preparing to Acquire Honest Tea," *Capital Business* (www.washingtonpost.com), February 7, 2011, pp. 1-2
33. Joe Mandak, "Zippo's Burning Ambition Lies in Retail Expansion," Associated Press, March 23, 2011.
34. George Anders, "Homespun Strategist," *The Wall Street Journal*, January 6, 2004, p. B1.
35. Robert Guy Matthews, "Why Firms Are Returning to Their Roots," *The Wall Street Journal*, October 22, 2007, p. A2.
36. Miguel Bustillo, "With Sales Flabby, Wal-Mart Turns to Its Core," *The Wall Street Journal*, March 21, 2011, p. B1.
37. "Best Global Brands 2010," *Interbrand* (www.interbrand.com), © 2011.
38. "How Siemens Got Its *Geist* Back," *Bloomberg Business Week*, January 31 - February 6, 2011, pp. 18-20.
39. Michael Beer and Russell A. Eisenstat, "How to Have an Honest Conversation about Your Business Strategy," *Harvard Business Review*, February 2004, pp. 82-89.
40. Thomas H. Davenport, Laurence Prusak, and Bruce Strong, "Putting Ideas to Work: Knowledge Management CanMake a Difference, but It Needs to Be More Pragmatic," *The Wall Street Journal*, March 10, 2008, p. R11.
41. David A. Garvin, "Building a Learning Organization," *Harvard Business Review*, July-August 1993, p. 80.
42. Davenport, Prusak, and Strong, "Putting Ideas to Work," p. R11.
43. Bill Breen, "Hidden Asset," *Fast Company*, March 2004, p. 95.
44. Thomas H. Davenport and John Glaser, "Just-in-Time Delivery Comes to Knowledge Management," *Harvard Business Review*, July 2002, pp. 107-111.
45. Morten T. Hansen, Marie Louise Mors, and Bjorn Lovas, "Knowledge Sharing in Organizations: Multiple Networks, Multiple Phases," *Academy of Management Journal*, October 2005, p. 790.
46. David W. De Long and Liam Fahey, "Diagnosing Cultural Barriers to Knowledge Management," *Academy of Management Executive*, November 2000, pp. 115-117.
47. Robert M. Fulmer and J. Bernard Keys, "A Conversation with Peter Senge: New Developments in Organizational Learning," *Organizational Dynamics*, Autumn 1998, p. 35.
48. Justin J. P. Jansen, Dusya Vera, and Mary Crossan, "Strategic Leadership for Exploration and Exploitation: The Moderating Role of Environmental Dynamism," *Leadership Quarterly*, February 2009, pp. 5-18.
49. 세 가지 구성 요소는 다음에 온 것이다: David A. Garvin, Amy C. Edmondson, and Francesca Gino, "Is Yours a Learning Organization?" *Harvard Business Review*, March 2008, pp. 110-114. 목록의 나머지는 다음 출처에서 온 것이다: Robert M. Fulmer and Philip Gibbs, "The Second Generation Learning Organizations: New Tools for Sustainable Competitive Advantage," *Organizational Dynamics*, Autumn 1998, pp. 7-20; Peter M. Senge, *The Fifth Discipline* (New York: Doubleday, 1990); Thomas P. Lawrence, Michael M. Mauws, Bruno Dyck, and Robert F. Kleysen, "The Politics of Organizational Learning: Integrating Power into the 4I Framework," *Academy of Management Review*, January 2005, pp. 180-191; Joe Raelin, "Does Action Learning Promote Collaborative Leadership?" *Academy of Management Learning & Education*, June 2006, pp. 152-168.
50. Gary Yuyl, "Leading Organizational Learning: Reflections on Theory and Research," *Leadership Quarterly*, February 2009, p. 50.

51. "Making Vision Statements 'Visionary,'" *Manager's Edge*, December 1998, p. 1.
52. Neil Gross, "Mining a Company's Mother Lode of Talent," *Business Week*, August 28, 2000, p. 137.

CHAPTER 15

1. 다음 출처에 있는 사실과 관찰을 구성한 이야기이다: "FDNY Firefighter for a Day Team Challenge," *New York City Fire Department* (www.nyc.gov/html/events), 2001; "FDNY Firefighter for a Day Team Challenge," *FDNY Foundation* (www.fdnyfoundation.org), 2011; Garry Kranz, "Special Report: Leadership Development, from Fire Drills to Funny Skills," *Workforce Management*, May 2011, pp. 28-29.
2. Jeffrey M. Cohn, Rakesh Khurana, and Laura Reeves, "Growing Talent as If Your Business Depended on It," *Harvard Business Review*, October 2005, p. 64.
3. Sharon Daloz Parks, *Leadership Can Be Taught: A Bold Approach for a Complex World* (Boston: Harvard Business School Press,2005).
4. "Leadership in Literature: A Conversation with Business Ethicist Joseph L. Badaracco Jr." *Harvard Business Review*, March 2006, p. 55.
5. Robert Hogan and Rodney Warrenfeltz, "Educating the Modern Manager," *Academy of Management Learning and Education*, March 2003, p. 74.
6. Chris Argyris, "Teaching Smart People How to Learn," *Harvard Business Review*, May-June 1991, pp. 99-109; Argyris, "Double-Loop Learning, Teaching, and Research," *Academy of Management Learning and Education*, December 2002, p. 206.
7. Bob Kaplan with Rob Kaiser, *The Versatile Leader: Make the Most of Your Strengths-Without Overdoing It* (San Francisco: Pfeiffer, 2006).
8. Rita Pyrillis, "Programs Help Women Take the Lead,"*Workforce Management*, January 2011, p. 3.
9. Jared Sandberg, "Cubicle Culture: Why Learn and Grow on the Job? It's Easier to Feign Infallibility," *The Wall Street Journal*, January 22, 2008, p. B1.에서 인용
10. Morgan W. McCall, "Leadership Development Through Experience," *Academy of Management Executive*, August 2004, pp. 127-130; Jean Martin and Conrad Schmidt, "How to Keep Your Top Talent," *Harvard Business Review*, May 2010, p. 58.
11. Geoff Colvin, "Airline King," *Fortune*, May 2, 2011, p. 50.
12. "How Great Leaders Benefit from Failure," *Manager's Edge*, November 2004, p. 3.
13. Robert J. Thomas, "Life's Hard Lessons," *HR Magazine*, June 2008, p. 143.
14. Richard L. Hughes, Robert C. Ginnett, and Gordon J. Curphy, *Leadership: Enhancing the Lessons of Experience* (New York: McGraw-Hill/ Irwin, 2006), pp. 58-61.
15. Joann S. Lublin, "Leadership Skills Ease Stressful Promotion to Uncharted Area," *The Wall Street Journal*, July 3, 2007, p. A7.
16. Lindsey Gerdes, "The Best Places to Launch a Career," *Business Week*, September 14, 2009, p. 36.
17. Douglas A. Ready, Jay A. Conger, and Linda A. Hill, "Are You a High Potential?" *Harvard Business Review*, June 2010, p. 82.
18. Ann Pomeroy, "Cultivating Female Leaders," *HR Magazine*, February 2007, p. 48.
19. Belle Rose Ragins and John L. Cotton, "Mentor Functions and Outcomes: A Comparison of Men and Women in Formal and Informal Mentoring Relationships," *Journal of Applied Psychology*, August 1999, pp. 529-550. 유사한 관찰이 다음에서도 보고되었다: Kathy Kram in Jared Sandberg, "With Bad Mentors, It's Better to Break Up Than to Make Up," *The Wall Street Journal*, March 18, 2008, p. B1.
20. Donna M. Owens, "Virtual Mentoring," *HR Magazine*, March 2006, p. 106.
21. Thomas J. DeLong, John J. Gabarro, and Robert J. Lees, "Why Mentoring Matters in a

Hypercompetitive World," *Harvard Business Review*, January 2008, p. 117.

22. Wendy Harris, "Making the Connection: Mentors, Sponsors, and a Network You Can Count On," *Black Enterprise*, February 2007, p. 114.
23. Lublin, "Protégé Finds Mentor Gave Her a Big Boost, but Shadow Lingers," *The Wall Street Journal*, September 7, 2004, p. B1.
24. Dawn E. Chandler and Lillian Eby, "When Mentoring Goes Bad, "*The Wall Street Journal*, May 24, 2010, p. R3. 25. Fay Hansen, "What the CEO Wants," *Workforce Management*, July 20, 2009, p. 18.에서 인용
26. Geoff Colvin, "Leader Machines," *Fortune*, October 1, 2007, pp. 98, 101-102.
27. Jared Sandberg, "The Sensitive Me," *The Wall Street Journal*, April 11, 2006, p. B1.
28. Byron Reeves, Thomas W. Malone, and Tony O'Driscoll, "Leadership Online Labs," *Harvard Business Review*, May 2008, pp. 58-66.
29. Carol Hymowitz, "PepsiCo Chief Executive Asks Future Leaders to Train Like Athletes," *The Wall Street Journal*, September 9, 2003, p. B1.
30. Jay A. Conger and Beth Benjamin, *Building Leaders: How Successful Companies Develop the Next Generation* (San Francisco: Jossey-Bass, 1999), p. 79; Conger, "Can We Really Train Leadership?" www.strategy+leadership.com, 2006.
31. Emily Shearing, "Speaker Brings Disney Magic to Leadership Talk," *Democrat and Chronicle*, Rochester, New York, May 26, 2010, p. 5B.에서 인용
32. Nancy M. Davis, "Leading by Example: How the HR Chief Overseas the Drive to Train Leaders at Boeing Co.," *HR Magazine*, December 2008, p. 44.
33. "How Four Top Companies Mold Leaders," *Executive Leadership*, June 2010, p. 1.
34. Philip Mirvis, "Executive Development Through Consciousness-Raising Experiences," *Academy of Management Learning & Education*, June 2008, pp. 173-188.
35. Carol Hymowitz, "More CEOs Seek Psychotherapy," *The Wall Street Journal*, June 22, 2004, pp. B1, B3.에서 인용
36. Ram Charan, "Ending the Succession Crisis," *Harvard Business Review*, February 2005, pp. 72-81; Charan, *Leaders at All Levels* (San Francisco: Jossey-Bass, 2008).
37. Jay W. Lorsch and Rakesh Khurana, "Changing Leaders: The Board's Role in CEO Succession," *Harvard Business Review*, May-June 1999, p. 100.
38. Linda Grant, "GE: The Envelope, Please," *Fortune*, June 26, 1995, pp. 89-90; George Anders, "When Filling Top Jobs Inside Makes Sense-And When It Doesn't," *The Wall Street Journal*, January 16, 2006, p. B1; Bill Conaty and Ram Charon, *The Talent Masters: Why Smart Leaders Put People Before Numbers* (New York: Crown Business, 2010); Fay Hansen, "Training the Top at GE," *Workforce Management*, June 9, 2008, p. 26.
39. Mina Kimes, "P&G's Leadership Machine," *Fortune*, April 13, 2009, p. 22.
40. Gary A. Ballinger and F. David Schoorman, "Individual Reactions to Leadership Succession in Workgroups," *Academy of Management Review*, January 2007, pp. 118-136.
41. William C. Byham, "Grooming Next- Millennium Leaders," *HR Magazine*, February 1999, pp. 46-50; Joseph Weber, "The Accidental CEO," *BusinessWeek*, April 23, 2007, p. 68.
42. Victoria Barret, "Talent Search," *Forbes*, March 1, 2010, p. 26.
43. Joseph L. Bower, "Solve the Succession Problem by Growing Inside-Outside Leaders," *Harvard Business Review*, November 2007, pp. 90-96.
44. James M. Citrin and Dayton Ogden, "Succeeding at Succession," *Harvard Business Review*, November 2010, pp. 29-31.
45. Sonja D. Brown, "Congratulations, You're a Manager, Now What?" *Black Enterprise*, April 2006, p. 104.에서 인용
46. Ronald E. Riggio and Michael D. Mumford, "Introduction to the Special Issue: Longitudinal Studies of Leadership Development," *The Leadership Quarterly*, June 2011, p. 454.

용어 사전

e-리더십(E-leadership) 업무가 IT기술을 통해 이루어지는 상황에서 실행되는 리더십의 형태. [6]

SWOT분석(SWOT analysis) 주어진 환경에서의 내부 강점 및 약점, 그리고 외부 기회 및 위협을 고려하는 방법. [14]

가

갈등 해결을 위한 윈-윈 접근법(win-win approach to conflict resolution) 갈등이 해결된 후 양측이 무언가 가치 있는 것을 얻어야 한다는 믿음. [12]

감성 지능(emotional intelligence) 감정을 이해하고, 다른 사람을 동정하며 삶의 질을 향상시키기 위해 자신의 감정을 조절하는 것과 같은 일을 하는 능력. [3]

강압적 권력(coercive power) 공포를 바탕으로 한 권력으로 불응에 대해 벌을 주는 권력. [11]

개인 브랜드(personal brand) 당신을 규정하는 상표 즉, 당신을 특별하게 만드는 영향력들. [4]

개인적 권력(personal power) 조직보다는 개인에게서 나오는 권력. [11]

개인적 매력(personal magnetism) 매력적이고, 카리스마적인 자질을 가진 매혹적이고 고무적인 개성. [10]

개인화된 카리스마(personalized charismatic) 가장 자신의 이익을 위해 권력 사용에 거의 제한을 두지 않는 카리스마 리더. [4]

결과(outcome) 보상과 같이 성과에서 기인할 수 있는 무엇. [7]

경로 목표이론(path-goal theory) 주어진 상황에서 높은 생산성과 사기를 달성하기 위해 리더가 해야 하는 것을 명시하는 리더십 효율성에 대한 설명. [9]

경영 개방성(management openness) 부하직원이 자신의 의견을 내도록 하는 동기와 특히 관련되어 있는 일체의 리더 행위. [8]

곤란한 질문(tough question) 개인이나 집단이 멈춰서서 그들이 왜 그 일을 하는지 또는 하지 않고 있지 않는가에 대해 생각하도록 만드는 것. [8]

공정성이론(equity theory) 직원 만족과 동기 부여는 그들이 동료들과 비교하여 얼마나 공정하게 대우를 받고 있다고 믿는지에 따라 다르다고 주장하는 동기에 대한 설명. [7]

구조 주도(initiating structure) 특정 업무 할당, 후속 절차 구체화, 업무 일정 짜기 및 팀 구성원 기대치 명확화 등과 같은 활동을 통해 집단 내 관계를 조직화하고 규정하는 것. [8]

권력 거리(power distance) 문화적 가치로서 권력이 불평등하게 분배될 것이라고 사회 구성원들이 예상하고, 그리고 예상해야 하는 정도. [2]

권력(power) 의사결정에 영향을 미치고 자원을 통제하는 잠재력이나 능력. [11]

권모술수에 강한 사람들(machiavellians) 다른 사람들을 무자비하게 조종하는 직장 내 사람들. [10]

규범적 의사결정 모델(normative decision model) 어떤 의사결정 유형이 가장 효율적일지를 결정하기 위해 상황 내에서 특정 요인들을 검토하는 것으로 리더십을 의사결정 과정으로 보는 것. [9]

글로벌 리더십 스킬(global leadership skill) 다양한 국가에서 효과적인 리더십을 행사할 수 있는 능력. [2]

궁정 심리 자본(positive psychological capital) 개인의 긍정적인 개발 심리 상태를 이르는 것으로, 다음의 네 가지 심리적 자원으로 분류된다. 자기 효능감, 희망, 낙관주의, 그리고 회복력. [11]

기대(expectancy) 노력이 올바른 업무 성과로 이어질 것이라는 개연성에 대한 개인의 평가. [7]

기대이론(expectancy theory) 사람이 쏟은 노력의 양은 그들이 보답으로 기대할 수 있는 보상이 얼마나 큰가에 따라 다르다는 전제를 바탕으로 한 이론. [7]

기업의 사회적 책임(corporate social responsibility) 조직이 소유주나 주주보다는 사회의 집단에 대한 의무와 법이나 조합규약에 규정된 것 이상의 의무를 갖고 있다는 개념. [5]

나

남녀 평등주의(gender egalitarianism) 문화적 가치로서 남녀 불평등을 최소화하고, 그리고 최소화해야 하는 정도. [2]

내부 고발자(whistleblower) 조직의 잘못된 행동에 조치를 취할 수 있는 당사자에 폭로하는 직원. [5]

내재적 리더십이론(implicit leadership theory) 이상적인 조직 리더를 특징짓는 특성과 능력에 대한 개인적 가정. [10]]

내적 통제성(internal locus of control) 자신이 사건 이면의 주도자라는 믿음. [3]

내집단 집단주의(in-group collectivism) 문화적 가치로서 개인이 자신의 조직과 가족들에 대한 자부심, 충성도, 응집력을 표현하거나 표현해야 하는 정도. [2]

다

다면평가(360-degree feedback) 동료나 상사로부터, 때로는 고객과 공급자들까지 포함한 사람들에게서 나오는 의견에 근거한 상관에 대한 공식 평가. [8]

다문화 직원(multicultural worker) 모든 문화가 똑같이 훌륭하다고 확신하며 다른 문화에 대해 배우는 것을 즐기는 직원. [2]

다문화 훈련(cross-cultural training) 직원들이 다른 문화의 관습, 전통 및 신념을 이해하도록 돕기 위한 일단의 학습 경험. [2]

다양성 훈련(diversity training) 다양한 동료들과 더 잘 지낼 수 있는 방법을 사람들에게 가르침으로써 작업장의 화합을 가져오도록 하기 위한 학습 경험. [2]

단일순환 학습(single-loop learning) 학습자가 자신의 기본 생각이나 행위를 실질적으로 직시할 수 있는 최소한의 피드백을 추구할 때 발생하는 상황. [15]

도덕률(morals) 자신의 가치에 의해 영향을 받는 옳고 그름에 대한 개인의 결정. [5]

동기(drive) 목표를 달성하기 위해 많은 에너지와 그러한 에너지를 적용하기 위한 지속성을 발휘하는 성향. [3]

라

리더-구성원 교환관계(leader-member exchange model, LMX) 리더가 집단 구성원과 독특한 업무 관계를 개발하도록 제안하는 리더십에 대한 설명. [6]

리더십 그리드™(leadership grid™) 생산과 사람에 대한 리더의 관심 정도를 명시하는 틀. [8]

리더십 다양성(leadership diversity) 문화적으로 이질적인 리더 집단의 존재. [2]

리더십 대체재(substitute for leadership) 임무 수행을 위한 지침과 동기를 제공하는 작업 환경 내 요소들이며, 리더의 역할을 거의 불필요하게 만듦. [1]

리더십 승계(leadership succession) 임원을 대체하기 위해 사람을 선별하고 훈련하는 규칙적인 과정. [15]

리더십 양극성(leadership polarity) 리더들은 보통 존경받거나 그렇지 않으면 매우 인기가 없는데, 사람들은 그들에 대해 중간의 입장을 취하는 경우 거의 없다고 하는 리더에 대한 견해의 차이. [4]

리더십 유형(leadership style) 리더를 특징짓는 행동의 상대적으로 일관된 패턴. [8]

리더십 효율성(leadership effectiveness) 생산성, 품질, 주어진 상황에 대한 만족과 같은 바람직한 성과를 얻는 것. [1]

리더십(leadership) 조직의 목표 달성을 위해 필요한 사람들에게 자신감을 고취시키고 그들을 지원해 주는 능력. [1]

리더십에 대한 상황적 접근법(contingency approach to leadership) 리더가 집단 구성원의 특성을 포함한 상황의 힘에 따라 행동을 할 때 가장 효과적이라는 주장. [9]

마

마이크로매니지먼트(micromanagement) 관리자나 리더에 의한 집단 구성원 행위 대부분에 대한 밀접한 모니터링. [6]

멘토(mentor) 개인교습, 코칭, 지도, 정신적인 지지를 통해 제자의 능력을 개발하는 경험이 많은 사람. [15]

목표(goal) 성취하려고 노력하는 무엇. [7]

몰입 경험(experience of flow) 외부적인 결과에 상관없이 업무가 마음을 사로잡고 즐거워서 그 자체로 할 만한 보람이 있게 되는 경험. [13]

몰입(engagement) 직원의 고용주에 대한 헌신을 일컫는 최근의 유행어. [7]

문화 지능(cultural intelligence, CQ) 동료가 보여주는 낯설고 모호한 몸짓을 해석하는 외부자의 능력. [2]

문화적 민감성(cultural sensitivity) 다른 문화의 사람들이 왜 그렇게 행동하는지 조사하려는 관심과 의지. [2]

미래 지향성(future orientation) 문화적 가치로서 개인이 만족을 지연시키고, 계획을 짜고, 미래에 대한 투자를 하는 것과 같은 미래 지향적인 행동에 관여하는(그리고 관여해야 하는) 정도. [2]

민주적 리더(democratic leader) 최종 권한을 집단에 위임한 사람. [8]

바

배려(consideration) 리더가 감정적인 지원, 따뜻함, 친근감과 신뢰의 환경을 만드는 정도. [8]

밴드웨건 기법(bandwagon technique) 단순히 다른 사람들이 하기 때문에 똑같이 그것을 하는 조정 방법. [10]

변혁적 리더(transformational leader) 조직에 긍정적이고 중대한 변화들을 가져오는 사람. [4]

보상 권력(reward power) 직원들에게 명령 준수에 대한 보상을 제공하는 권한. [11]

불만 기법(pee-peeve technique) 다른 사람들이 집단의 조직 단위에 대해 가질 수 있는 모든 가능한 불평을 찾아보는 브레인스토밍 방법. [13]

불확실성 회피(uncertainty avoidance) 문화적 가치로서, 사회 구성원이 미래 사건의 불확실성을 줄이기 위해 사회적 규범, 규칙, 절차에 의존하는(그리고 의존해야 하는) 정도. [2]

비전(vision) 색다르고 더 나은 조건과 그것을 달성하기 위한 방법을 상상하는 능력. [4]

사

사회화된 카리스마(socialized charismatic) 다른 사람의 이익을 위하여 권력의 사용을 제한하는 카리스마 리더. [4]

상부에 대한 효소(upward appeal) 영향력을 발휘하기 위해 더 공식적인 권한을 가진 사람을 데리고 오는 영향력의 수단. [10]

상황 리더십(situational leadership II, SLII) 주어진 과업에서 리더십 유형을 집단 구성원의 능력에 얼마나 잘 맞는지를 설명하는 리더십 모델. [9]

생각을 위한 주방(kitchen for the mind) 창의력 육성을 위해 설계된 공간. [13]

서번트 리더(servant leader) 자신의 목적이 아니라 구성원들의 목적 달성을 돕기 위해 그들을 대신하여 일함으로써 구성원들을 섬기는 사람. [8]

선견지명(farsightedness) 행동과 정책에 대한 장기적인 영향을 이해하는 능력. [3]

선순환(virtuous cycle) 기업의 사회적 성과와 기업의 재무 실적이 서로를 충족시키고 강화한다는 개념. [5]

성과 지향성(performance orientation) 문화적 가치로서 사회가 성과 개선 및 우수성에 대해 집단 구성원을 격려하고(또는 격려해야 하고) 보상을 하는 정도. [2]

성취동기(achievement motivation) 성취 자체에서 즐거움을 찾는 것. [3]

셀프 리더십(self-leadership) 모든 조직 구성원들이 적어도 어느 정도까지는 자신을 이끌어 나갈 수 있다는 개념. [11]

솔선수범(leading by example)긍정적인 역할 모델을 함으로써 다른 사람들에게 영향을 미치는 것. [10]

수단(instrumentality) 성과가 특정 결과로 이어질 개연성에 대한 개인의 평가. [7]

순회하기(making the rounds) 직원들의 성취, 우려와 문제에 대해 듣고 정보를 공유하기 위해 직원들에게 부담 없이 들리는 리더. [12]

쉐도잉(shadowing) 교육을 받는 사람이 일정 기간 동안 멘토의 주위를 따라 다니는 멘토링 접근법. [15]

스토리텔링을 통한 경영(management by storytelling) 대단히 흥미로운 이야기를 함으로써 구성원들에게 영감을 주고 지시를 하는 기법. [4]

시간 지향성(time orientation) 문화적 가치로서 국가와 개인이 시간에 부여한 중요성. [2]

신뢰(trust) 다른 사람의 의도와 동기에 대한 개인의 확신과 그 개인의 말의 진정성에 대한 확신. [3]

실용 지능(practical intelligence) 환경에 적응하고 환경을 형성하는 경험 기반 지식을 사용하여 일상의 문제를 해결하는 능력. [3]

아

언어 스타일(linguistic style) 사람 특유의 말하기 패턴. [12]

업무 지향성(work orientation) 문화적 가치로서 휴가나 다른 비업무 활동과 대비하여 업무에 투자할 것으로 예상하는 주당 업무 시간과 연간 업무 주간의 수치. [2]

연합(coalition) 자신의 권력을 결합하기 위해 함께 행동하는 당사자들의 특정한 합의. [10]

영토 게임(territorial games) 영역 다툼이라고도 함. 정보, 인간관계, 의사결정 권한과 같은 하나의 권력을 주는 자원을 보호하고 비축하는 것을 수반하는 정치적 전술. [11]

영향력(influence) 특정 방향으로 타인의 행동에 영향을 미치는 능력. [10]

오픈북 경영(open-book management) 모든 직원들이 교육을 이수하여 임파워되며, 회사의 사업 목표를 이해하고 추구할 동기를 부여 받은 경영 접근법. [6]

위기 리더십(crisis leadership) 갑작스럽고 대개 예기치 못하는 몹시 부정적이며 감정적으로 진을 빼 놓는 상황에서 집단 구성원을 이끌고 헤쳐 나가는 과정. [9]

위상 권력(prestige power) 개인의 지위와 명성으로부터 기인하는 권력. [11]

위임(delegation) 특정 과업을 완수하기 위한 타인에게의 공식적 권한과 책임의 배정. [11]

유연성(flexibility) 다른 상황에 적응하는 능력. [3]

유의성(valence) 결과의 가치나 매력. [7]

윤리적 사고방식(ethical mind) 일반적으로 자신의 동료, 회사 및 사회에 중요한 선행을 개인이 갈망하도록 돕는 관점. [5]

윤리학(ethics) 도덕적 의무 또는 옳고 그름을 구별하는 학문. [5]

의존성 관점(dependence perspective) 자신들이 가치 있게 여기는 것에 대해 의존하는 다른 사람을 통해 권력을 축적한다는 관점. [11]

이중순환 학습(double-loop learning) 목표의 유효성이나 상황에 내재된 가치에 마주하기 위해 피드백을 사용할 때 발생하는 학습의 심화 유형. [15]

인간 지향성(humane orientation) 문화적 가치로서 공정하고, 이타적이고, 타인을 배려하는 개인을 사회가 격려하고 보상하거나 그렇게 해야 하는 정도. [2]

임원 코칭(executive coaching) 전문적인 개발이나 비즈니스 성과와 관련된 목표를 달성할 수 있도록 코치와 관리직 클라이언트 간의 정식 계약된 1대1 개발 과정. [7]

임파워먼트(empowerment) 관리자로부터 집단 구성원들에게 의사결정 권한 및 책임 전달. [11]

자

자격(entitlement) 경영진의 비윤리적인 행동과 관련하여 일부 CEO들이 현실 감각을 상실하고 무엇이든 처벌을 모면하거나 훔칠 수 있는 권한을 위임받았다고 느끼는 개념. [5]

자기 수양(self-discipline) 중요한 목표 달성에 집중하기 위해 자신의 노력과 에너지를 동원하는 능력. [15]

자기 인식(self-awareness) 개인의 효율성을 향상시키기 위해 자기 자신에 대한 피드백을 통찰력 있게 처리하는 것. [15]

자기 효능감(self–efficacy) 특정 업무 수행 능력에 대한 신뢰. [7]

자기주장(assertiveness) 요구, 의견, 감정 및 태도를 표현하는 솔직성. [3] 문화적 가치로서, 개인이 다른 사람과의 관계에서 적극적이고, 대립적이며 공격적인(그리고 그렇게 되어야 하는) 정도. [2]

자원 의존 시각(resource dependence perspective) 조직은 지속적인 인력, 돈, 소비자와 고객, 기술적 투입, 지속적인 기능을 위한 재료의 유입이 필요하다는 시각. [11]

저항(resistance) 리더에 의한 영향력 시도가 성공적이지 못할 때 발생하는 상태. 목표대상은 요청을 수행하는 것을 반대하며 준수하지 않는 방법을 찾거나 형편없이 일을 한다. [10]

전략 계획(strategic planning) 목표 및 목적 선언문과 전략의 선택으로 이어지는 활동들. [14]

전략(strategy) 기업이 목표를 달성하는 방법에 대한 통합된 전반적인 개념. [14]

전략적 리더십(strategic leadership) 올바른 방향과 영감을 제공하여 조직을 만들거나 유지하는 과정. [14]

전략적 상황적합이론(strategic contingency theory) 회사의 중대한 문제점과 불확실성에 가장 잘 대처할 수 있는 부서가 상대적으로 큰 권력을 획득한다고 제안하는 권력의 원천에 대한 설명. [11]

전문가 영향력(expert power) 전문 지식, 기술, 또는 능력으로 인해 다른 사람들에게 영향을 미칠 수 있는 능력. [4]

전제적 리더(autocratic leader) 스스로 권한의 대부분을 보유하고 있는 사람. [8]

정보 권력(information power) 사람들이 일을 할 때 필요로 하는 정보에 대한 공식적인 통제로부터 기인하는 권력. [11]

조직 정치(organizational politics) 공로나 운 이외의 수단을 통해 권력을 얻기 위한 비공식적인 접근법. [11]

준수(compliance) 사람들이 그다지 대단치 않게 노력하는 것으로 리더의 영향력 시도의 부분적 성공. [10]

증거 기반 리더십 또는 관리(evidence-based leadership or management) 관리자가 최고의 증거를 기반으로 한 관행을 조직 관행으로 옮기는 접근 방법. [9]

지시력(referent power) 자신의 바람직한 특성과 특징을 통해 다른 사람들에게 영향을 미칠 수 있는 리더의 능력. [4]

지식경영(knowledge management, KM) 지식을 창조하고, 전달하고, 적용하는 방법을 개선하기 위한 혼신의 노력. [14]

직원 네트워크(또는 친화) 집단(employee network or affinity group) 인종, 민족, 성별, 성적 성향, 또는 신체적 기능 상태와 같은 집단 특성을 바탕으로 연계된 회사 전체 직원의 집단. [2]

진실성(integrity) 감정이나 사회적 압박에 구애받지 않고 말하는 대로 실천하는 합리적 원칙에 대한 충성심. [5]

진정성(authenticity) 개성, 가치, 신념에 대해 진실되고 정직할 뿐 아니라 고결성을 갖는 것. [3]

집중성(centrality) 부서의 활동이 조직화된 활동의 시스템에 연계되어 있는 정도. [11]

차

참여적 리더(participative leader) 집단 구성원과 의사결정을 공유하는 사람. [8]

창의성(creativity) 새롭고 유용한 아이디어의 생산. [13]

창의적 효능감(creative self-efficacy) 자신이 업무 역할에서 창의적으로 할 수 있다는 직원의 믿음. [13]

카리스마(charisma) 목적, 권력 및 타고난 투지가 리더를 다른 사람들과 구분 짓게 하는 특수한 자질. [4]

타

통지(apprising) 목표 대상의 승진 등 영향력 행위자가 요청을 수행하거나 제안을 지지하는 것이 목표 대상에게 개인적으로 어떻게 도움이 될 것인지를 설명하는 영향력을 갖는 전술. [10]

통찰력(insight) 상당한 직감과 상식을 요구하는 이해의 깊이. [3]

팀(team) 개별 구성원이 최적의 성공과 성취를 경험하기를 원하는 경우 협력에 의존해야만 하는 업무 집단. [6]

팀워크(teamwork) 모든 팀 구성원이 집단의 목표를 이해하고 헌신하면서 업무를 수행하는 것. [6]

파

파트너십(partnership) 권력이 거의 균형이 잡힌 리더와 집단 구성원 간의 관계. [1]

포용(co-opt) 적대자를 당신 팀의 일원으로 만들거나 그들에게 시스템에서 이해관계를 제공하여 자기편으로 끌어들이는 것. [10]

품위 저하(debasement) 다른 사람의 행동을 제어하기 위해 품위를 손상시키고 모욕하는 행동. [10]

피그말리온 효과(pygmalion effect) 경영 리더가 집단 구성원이 성공할 것이라고 믿고 무의식중에 이 믿음을 전달할 때 발생하는 상황. [8]

피드백 집중 개발 프로그램(feedback-intensive development program) 자신의 행동 패턴, 그러한 행동에 대한 이유, 그리고 이러한 행동과 태도가 자신의 효율성에 미치는 영향을 더 명확하게 봄으로써 리더가 발전하는 데 도움이 되는 학습 경험. [15]

하

학습 조직(learning organization) 지식을 창조, 습득, 전달하는 데 능숙하고, 새로운 지식과 통찰력을 반영하기 위한 행동 수정에 능숙한 조직. [14]

합법적 권력(legitimate power) 의사결정을 하고 명령 준수를 요구하는 합법적 권리. [11]

합의적 리더(consensus leader) 문제에 대한 집단 토론을 장려하고 일반적인 합의를 반영하여 집단 구성원들이 지지하는 결정을 하는 사람. [8]

핵심자기평가(core self-evaluation) 자존심, 통제성, 일반화된 자기 효능감, 정서적 안정감으로 이루어진 실질적인 자기 평가를 포함하는 폭넓은 성격 특성. [3]

헌신(commitment) 사람들이 모든 노력을 기울이는 것으로 리더의 영향력 전술 중 가장 성공적인 결과. [10]

혁신(innovation) 새로운 아이디어와 그것의 구현을 만들어 내는 과정. [13]

협력이론(cooperation theory) 팀워크 구축을 위한 전략으로서 경쟁보다는 협력과 협업에 대한 믿음. [6]

협의적 리더(consultative leader) 의사 결정을 하기 전에 집단 구성원과 협의하는 사람. [8]

효율적 리더(effective leader) 좋은 품질 및 고객 만족뿐 아니라 직무 만족도 등 집단 구성원이 생산성을 달성하는 데 도움을 주는 사람. [8]

인명 사전

마

바

사

아

자

차

카

타

파

하

찾아보기

숫자

영문

A

B

C

D

E

한글

가

나

다

라

마

바

사

아

자

차

카

타